2020

湖南统计年鉴

HUNAN STATISTICAL YEARBOOK

湖南省统计局
国家统计局湖南调查总队 编

Compiled by
Hunan Provincial Bureau of Statistics
Survey Office of the National Bureau of Statistics in Hunan

（总第38期 NO.38）

中国统计出版社
China Statistics Press

地区生产总值（亿元）

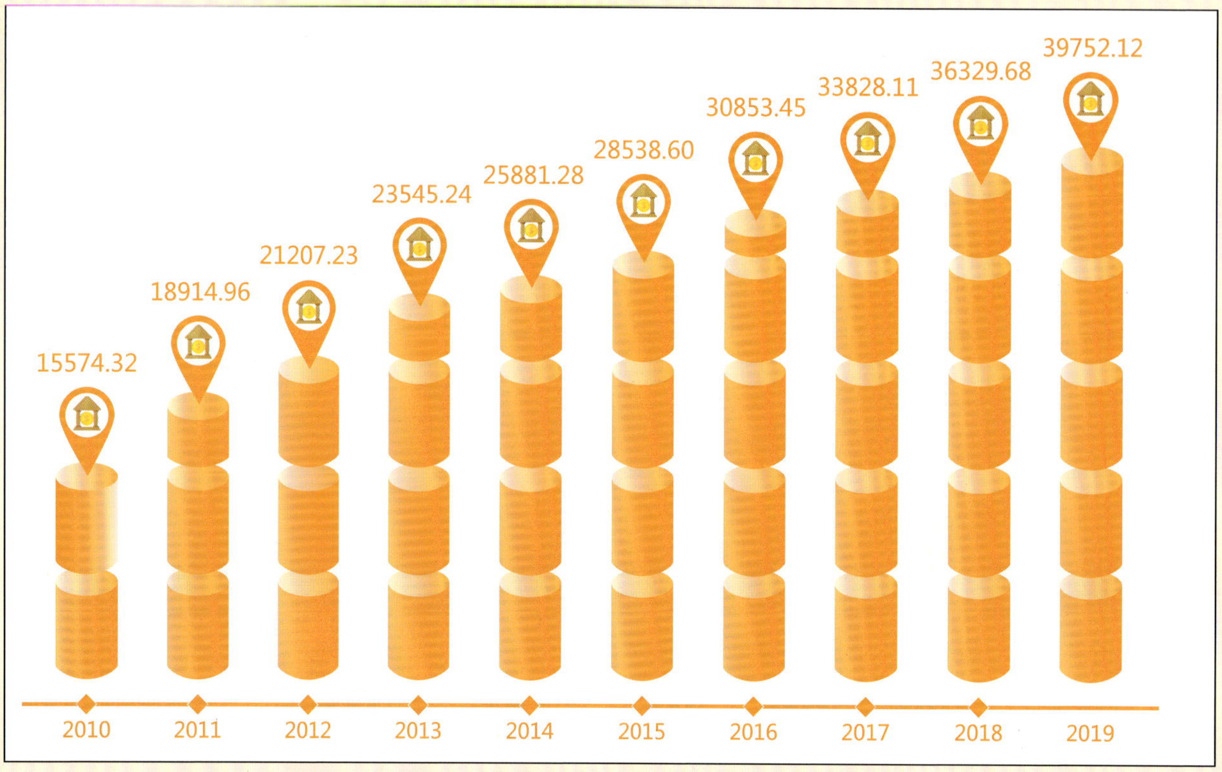

三次产业增加值（亿元）

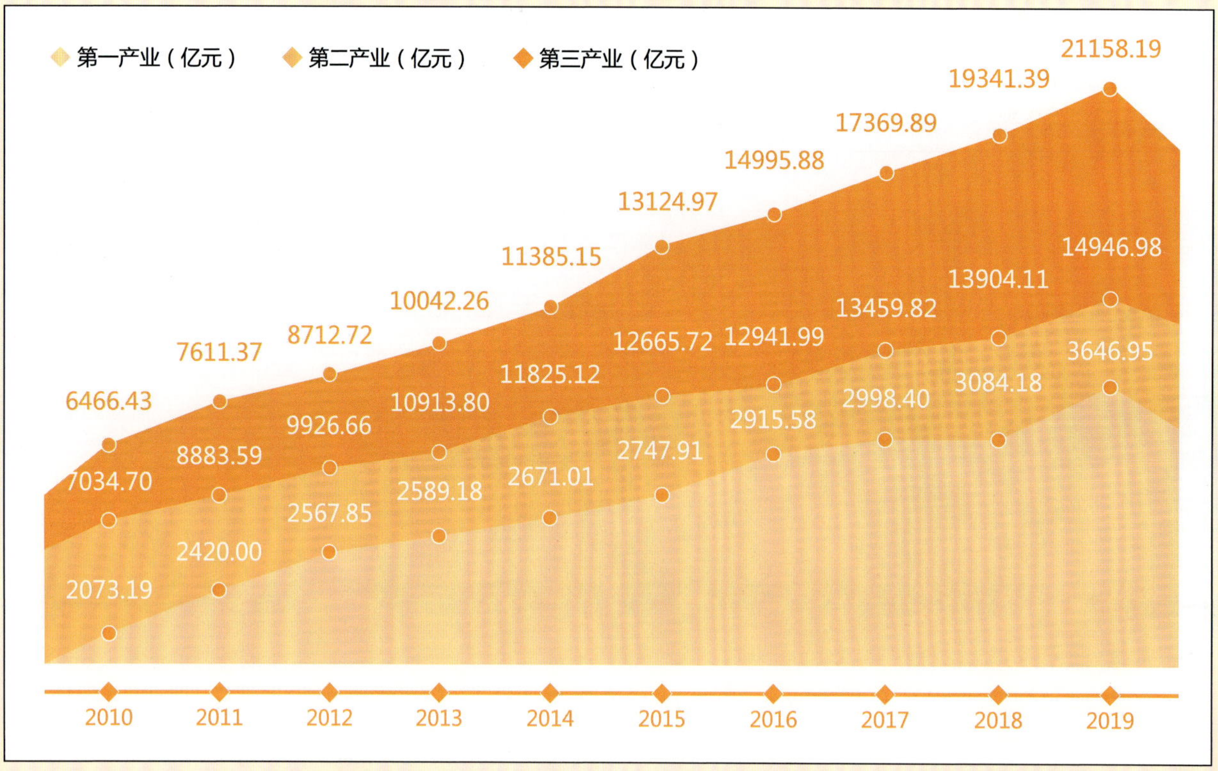

人均生产总值（元）

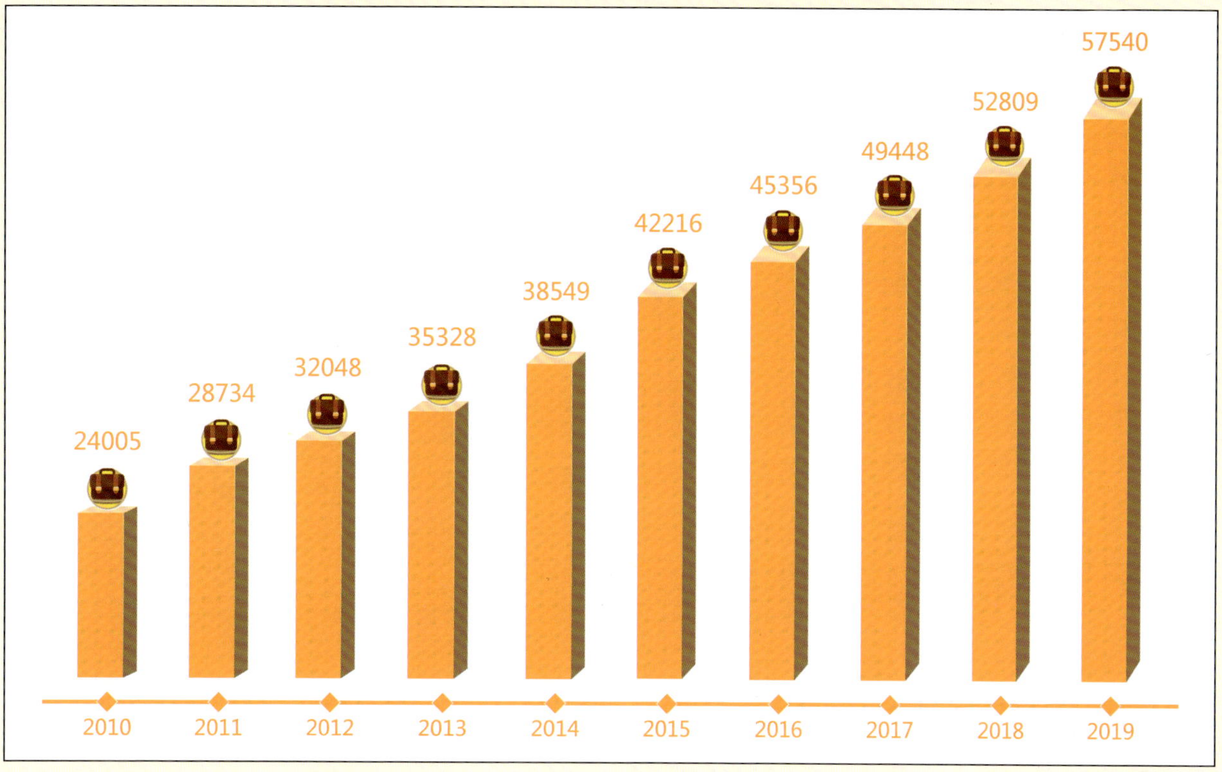

工业增加值增速（%）

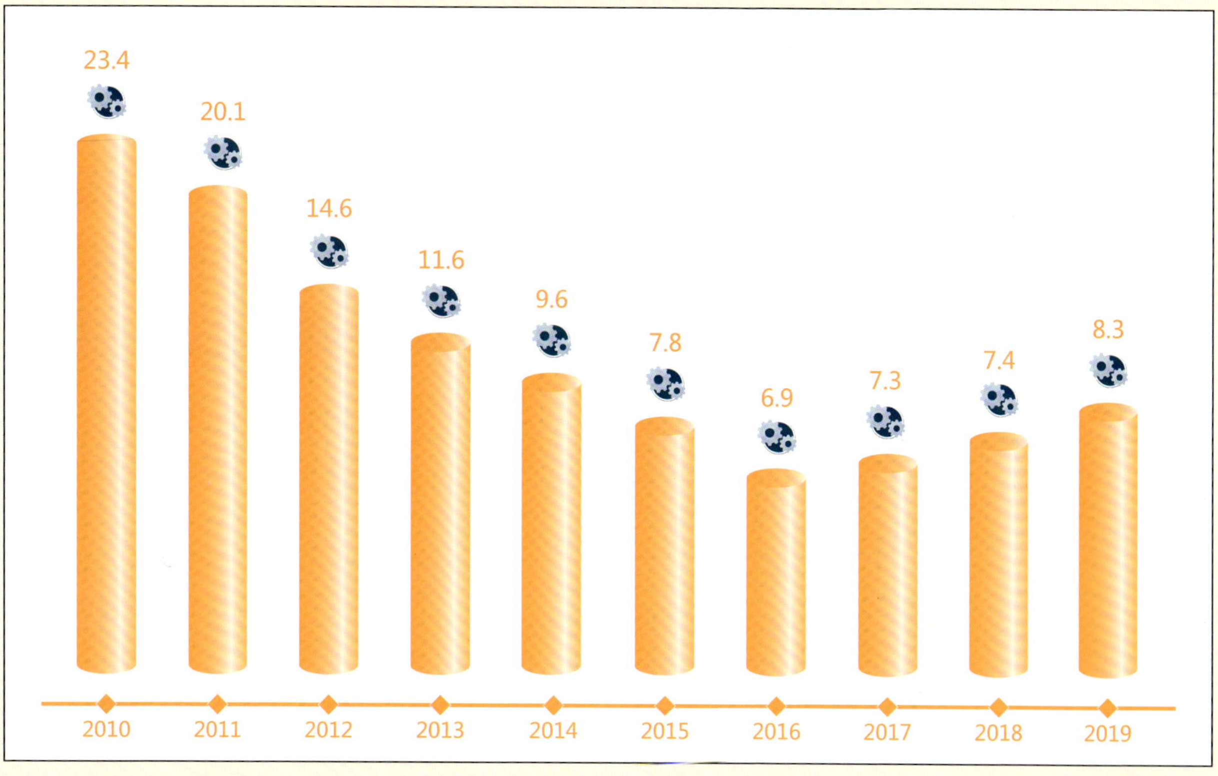

户籍人口（万人）

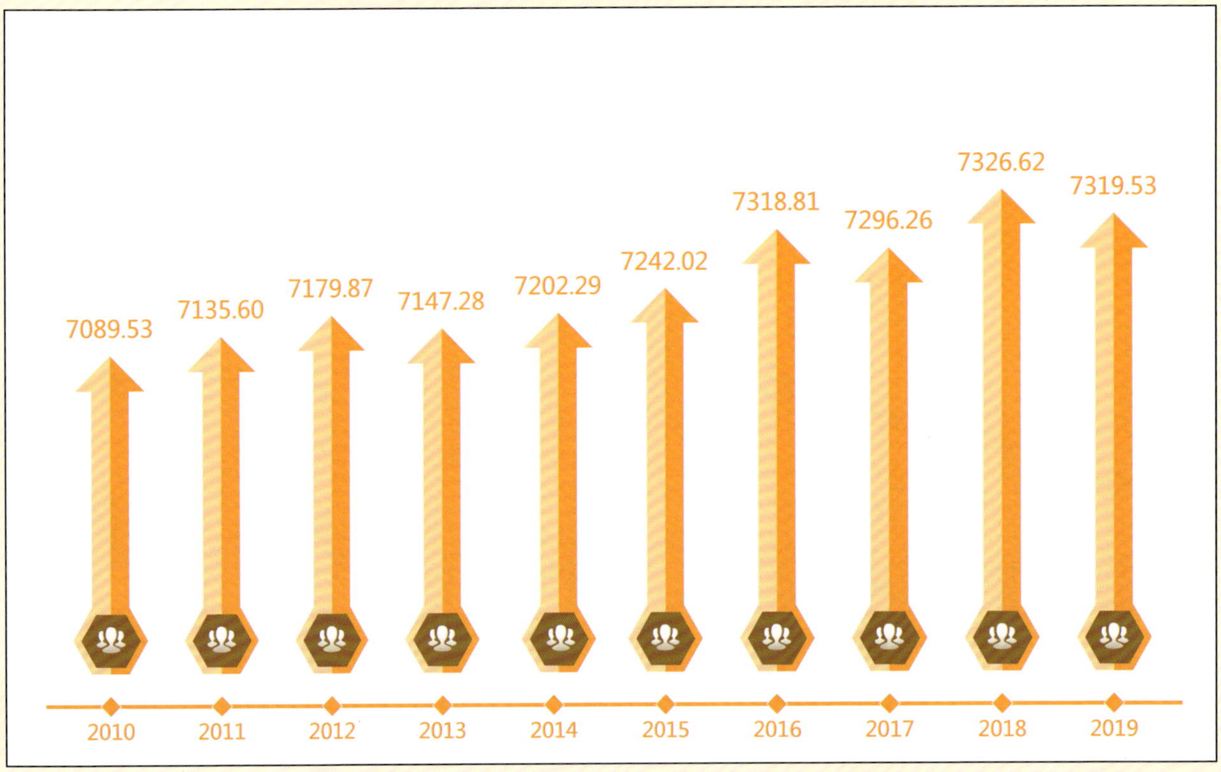
7089.53
7135.60
7179.87
7147.28
7202.29
7242.02
7318.81
7296.26
7326.62
7319.53
2010
2011
2012
2013
2014
2015
2016
2017
2018
2019

城镇化率（%）

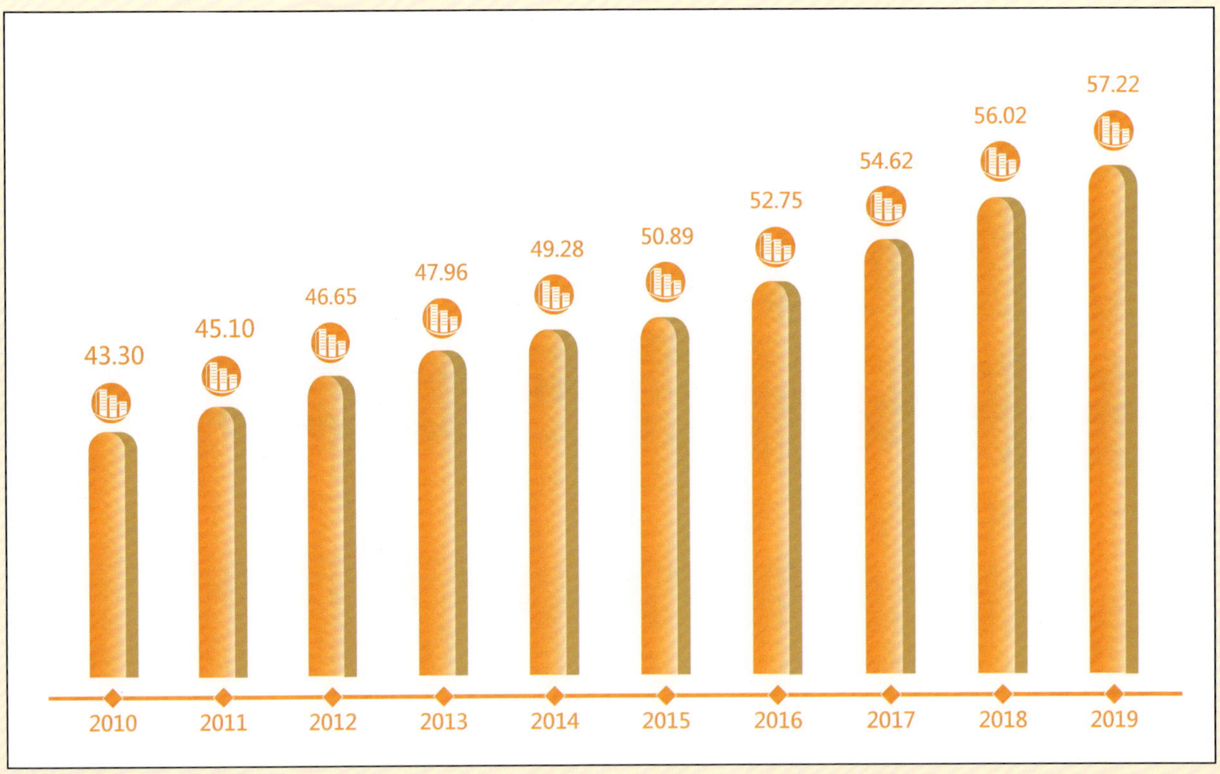
43.30
45.10
46.65
47.96
49.28
50.89
52.75
54.62
56.02
57.22
2010
2011
2012
2013
2014
2015
2016
2017
2018
2019

三次产业从业人口（万人）

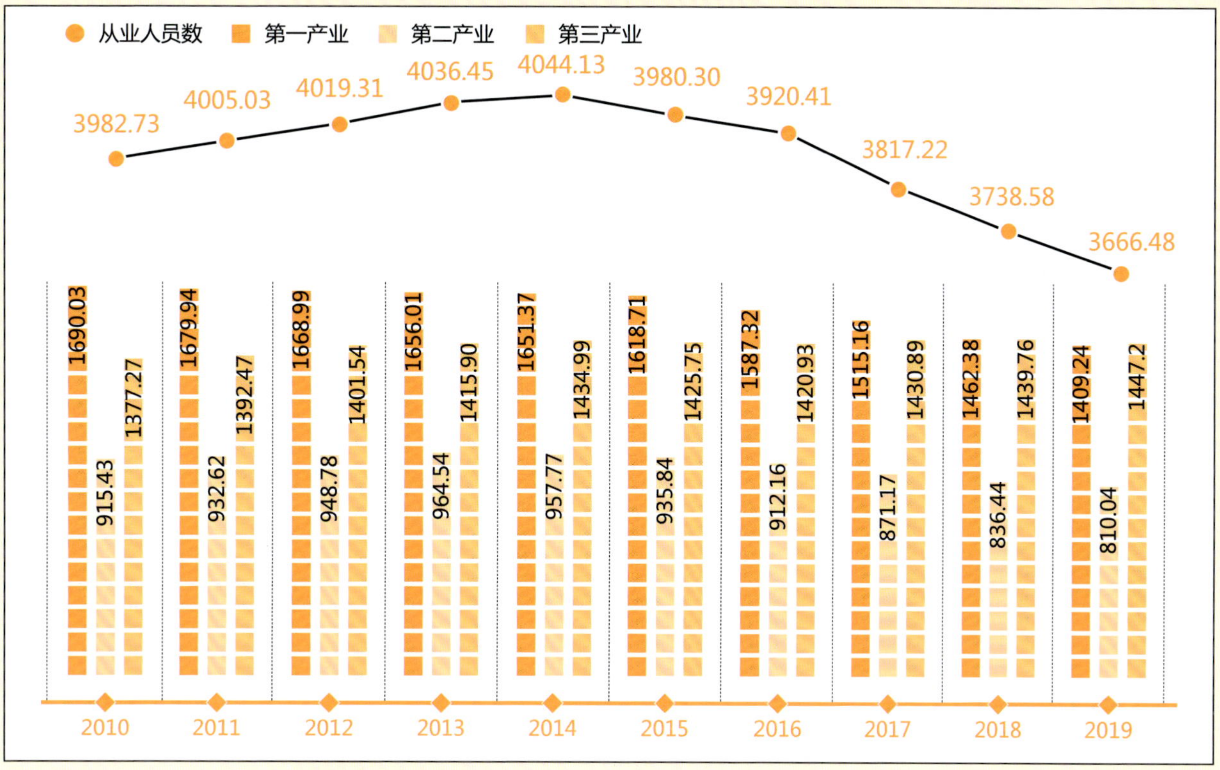

财政收支（亿元）

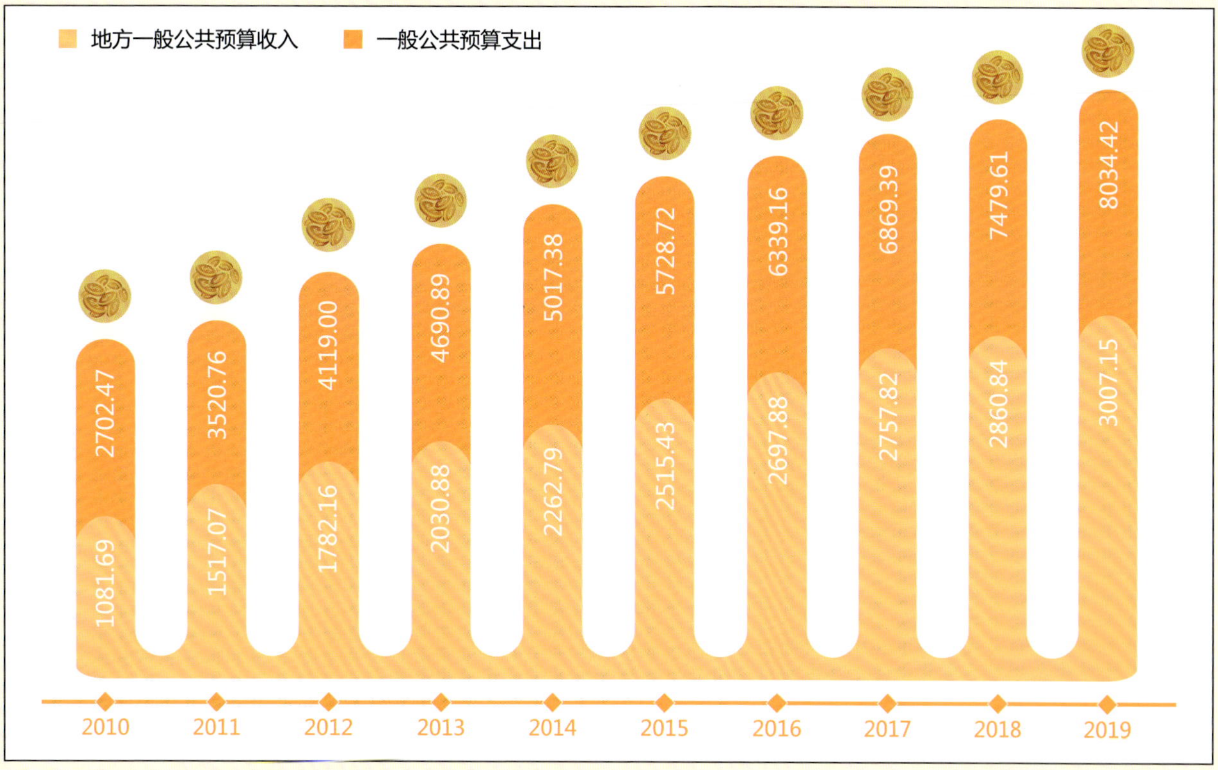

全社会固定资产投资增速（%）

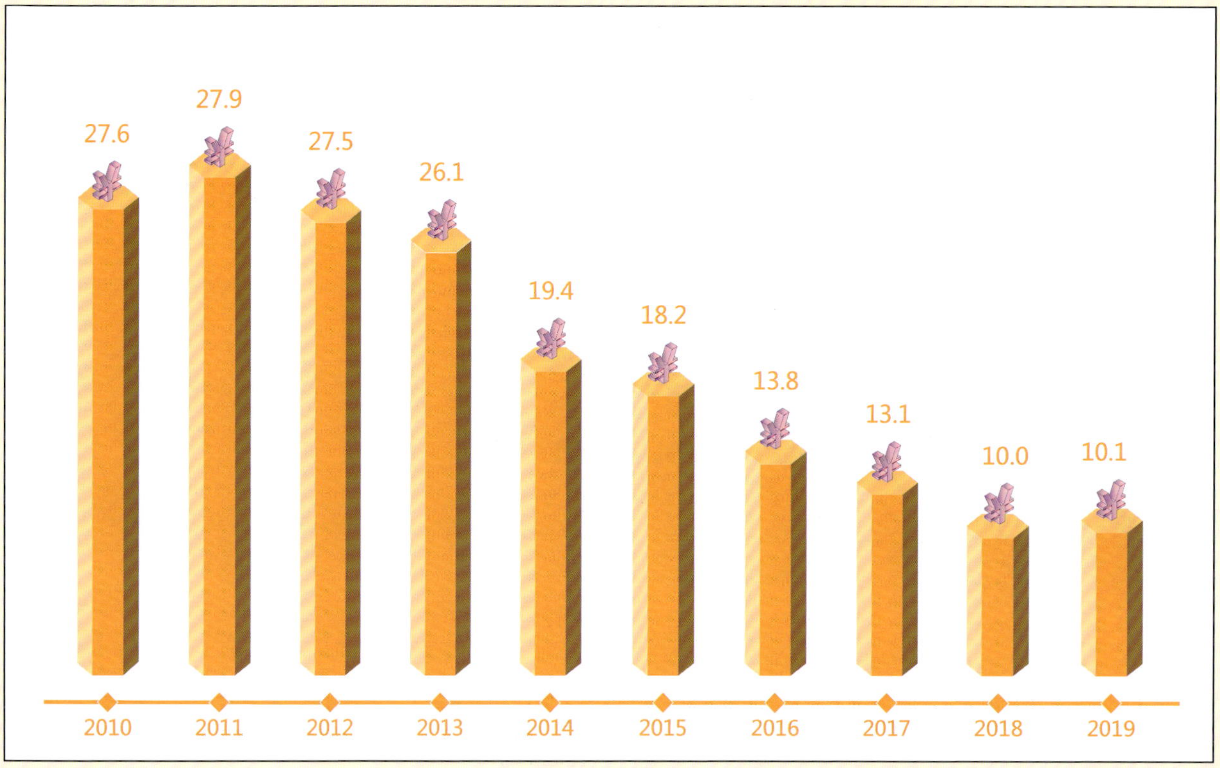

社会消费品零售总额（亿元）

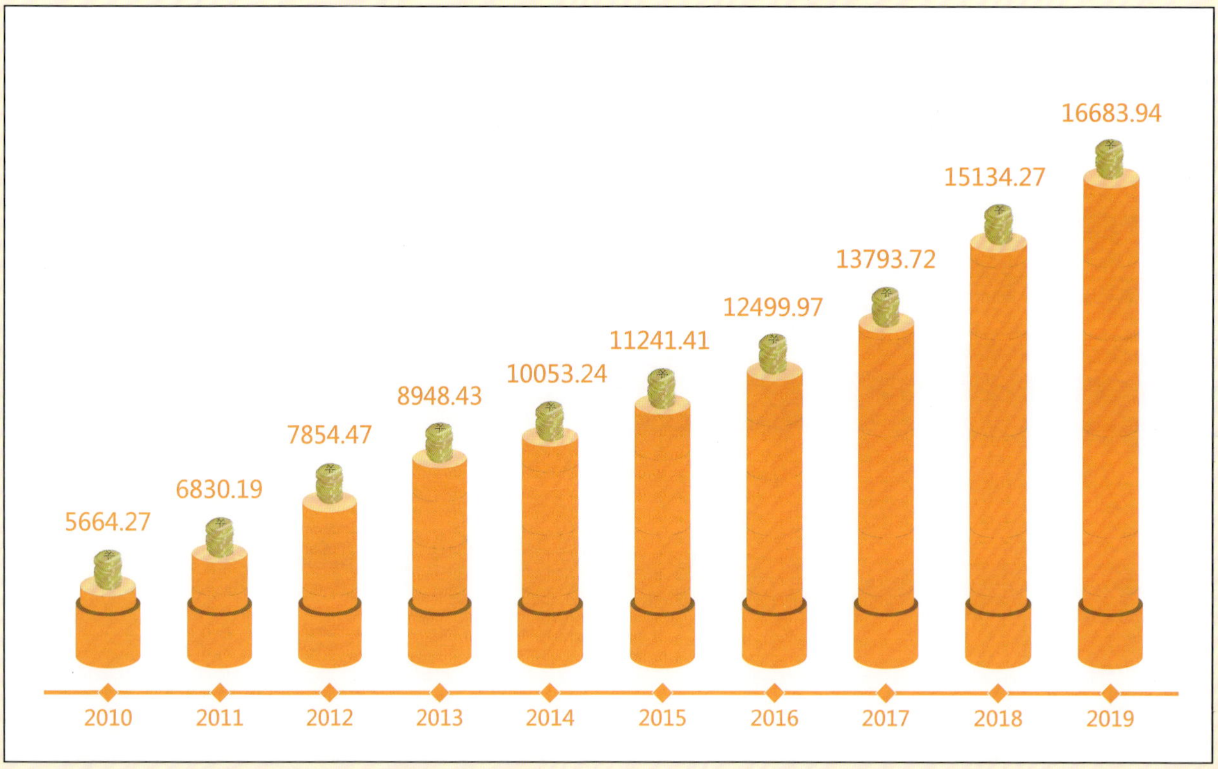

进出口总额（亿美元）

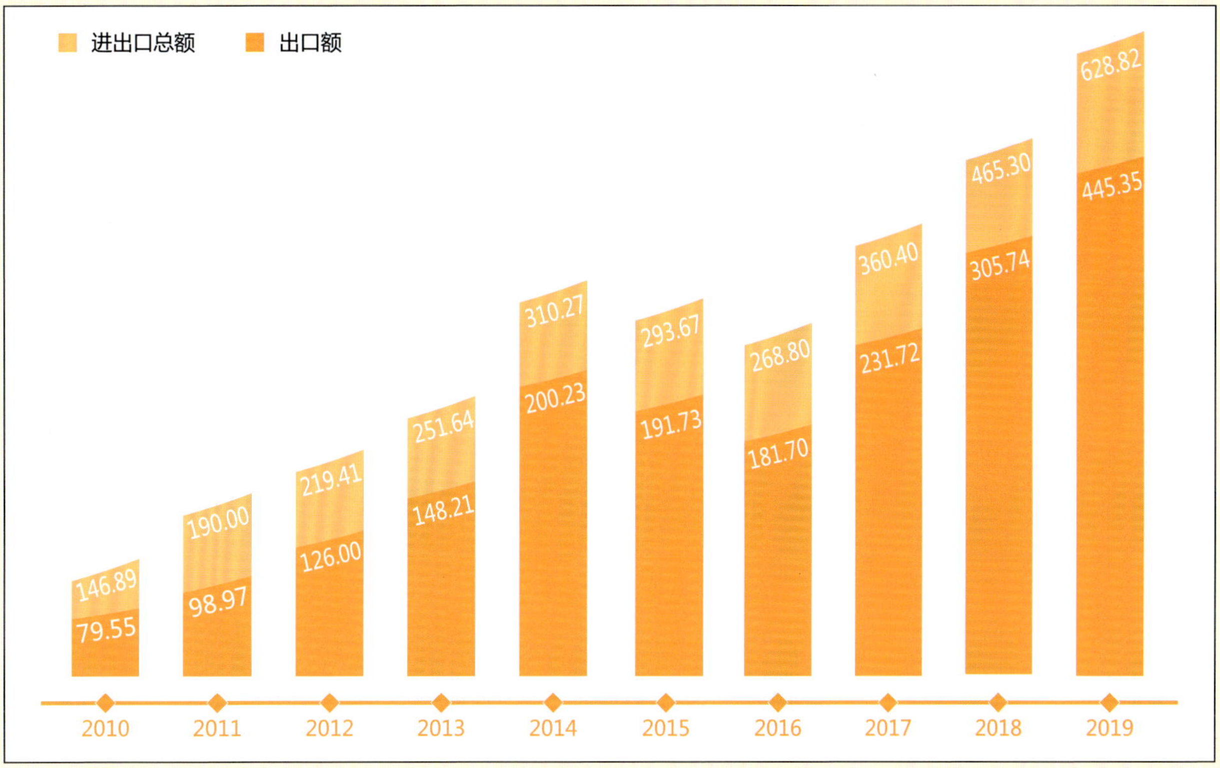

实际利用外资直接投资（亿美元）

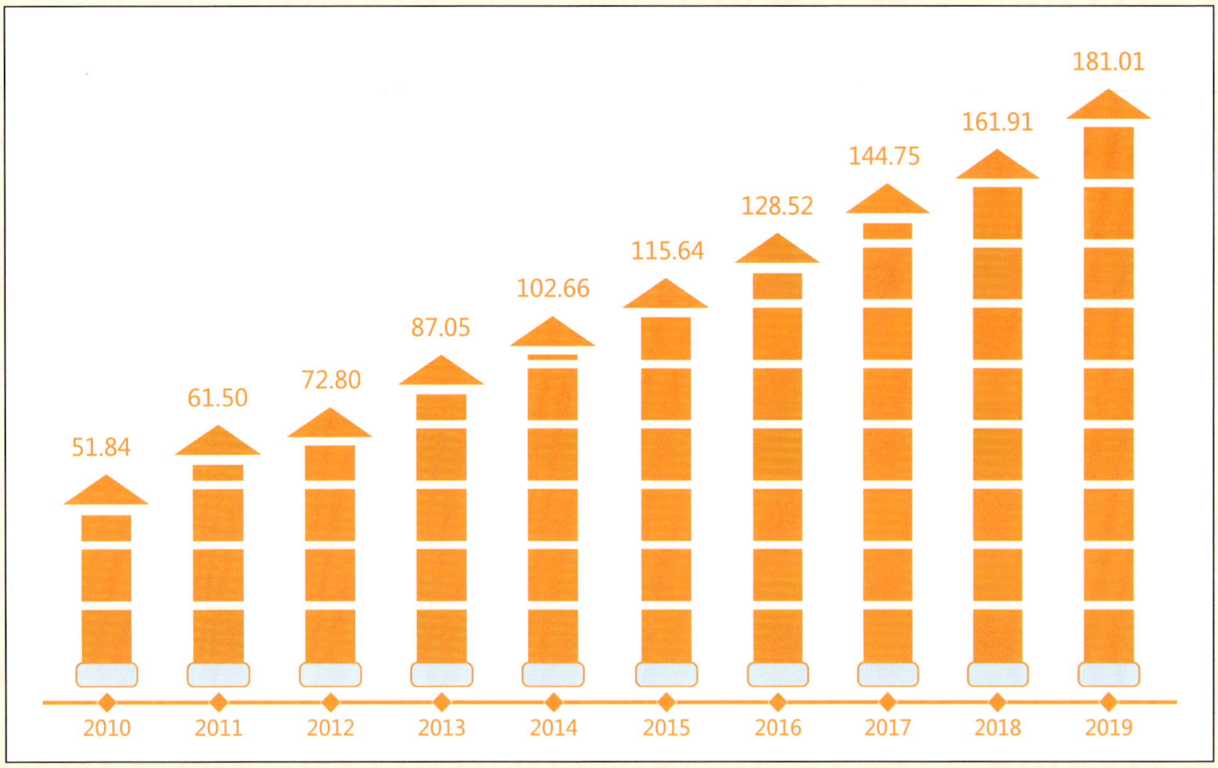

在岗职工年平均工资（元）

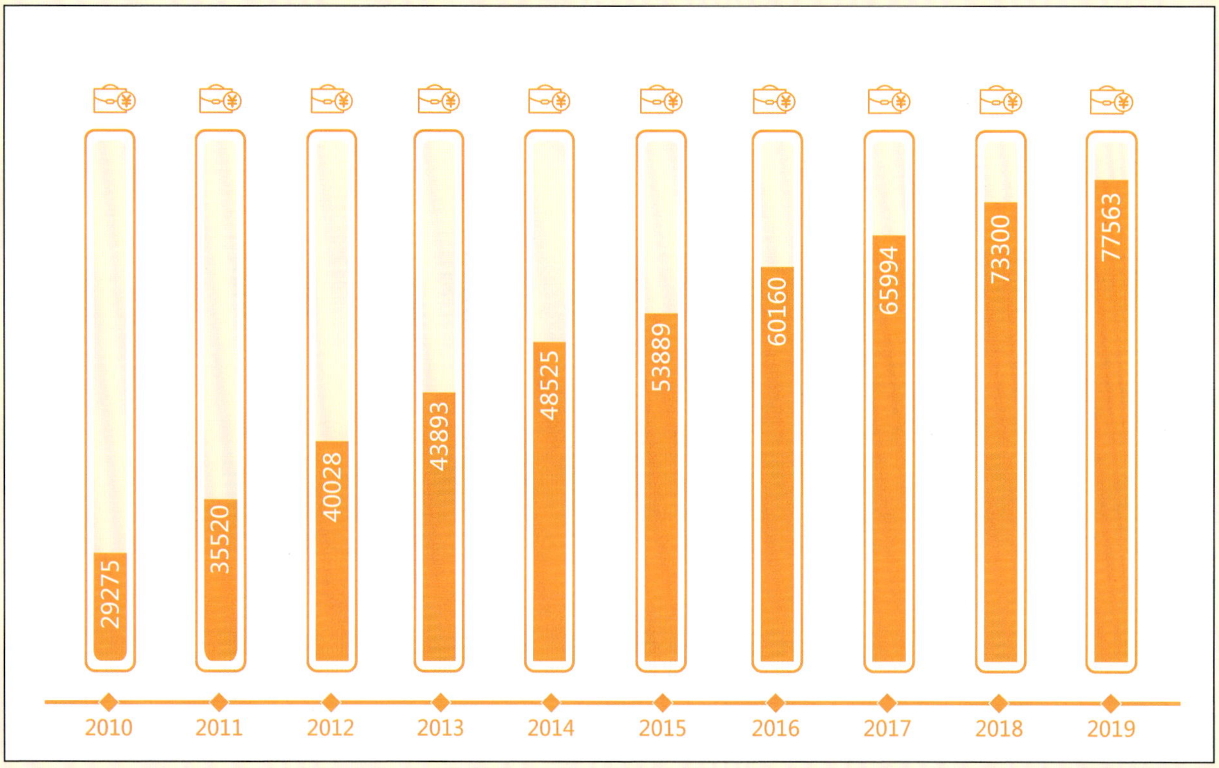

城乡居民人均可支配收入（元）

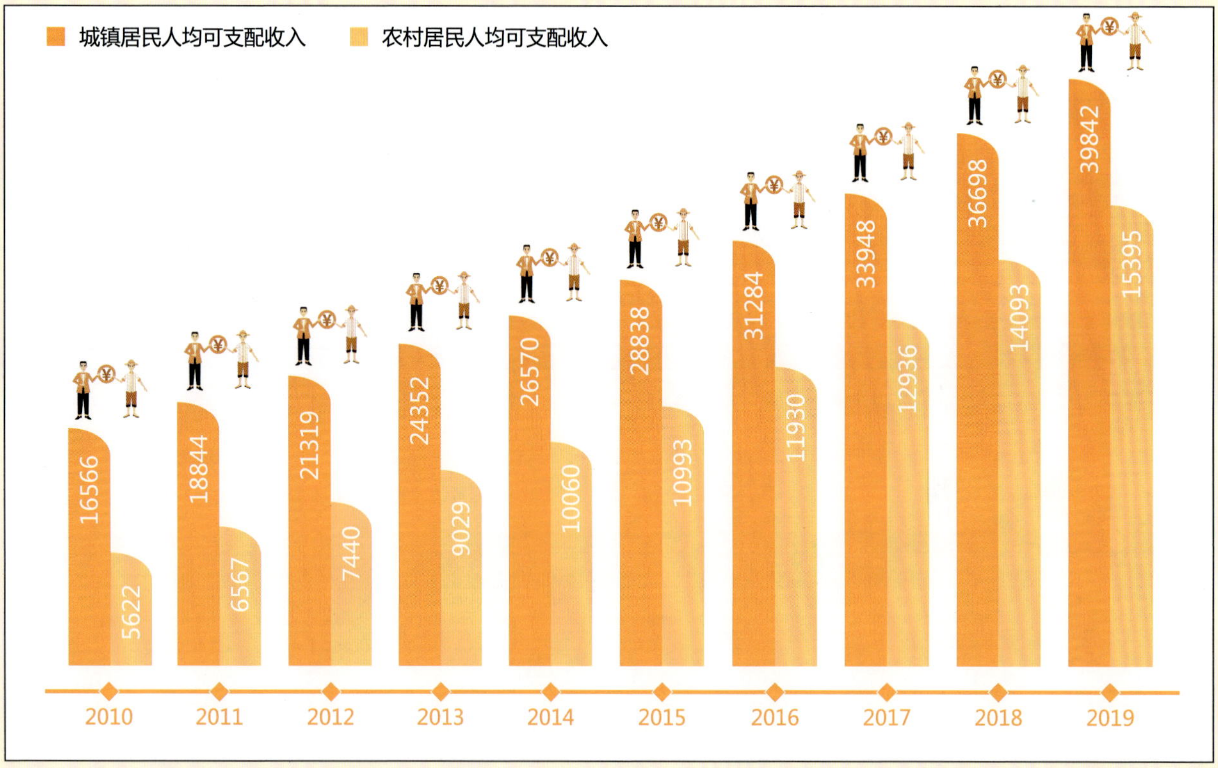

城乡居民人均消费支出（元）

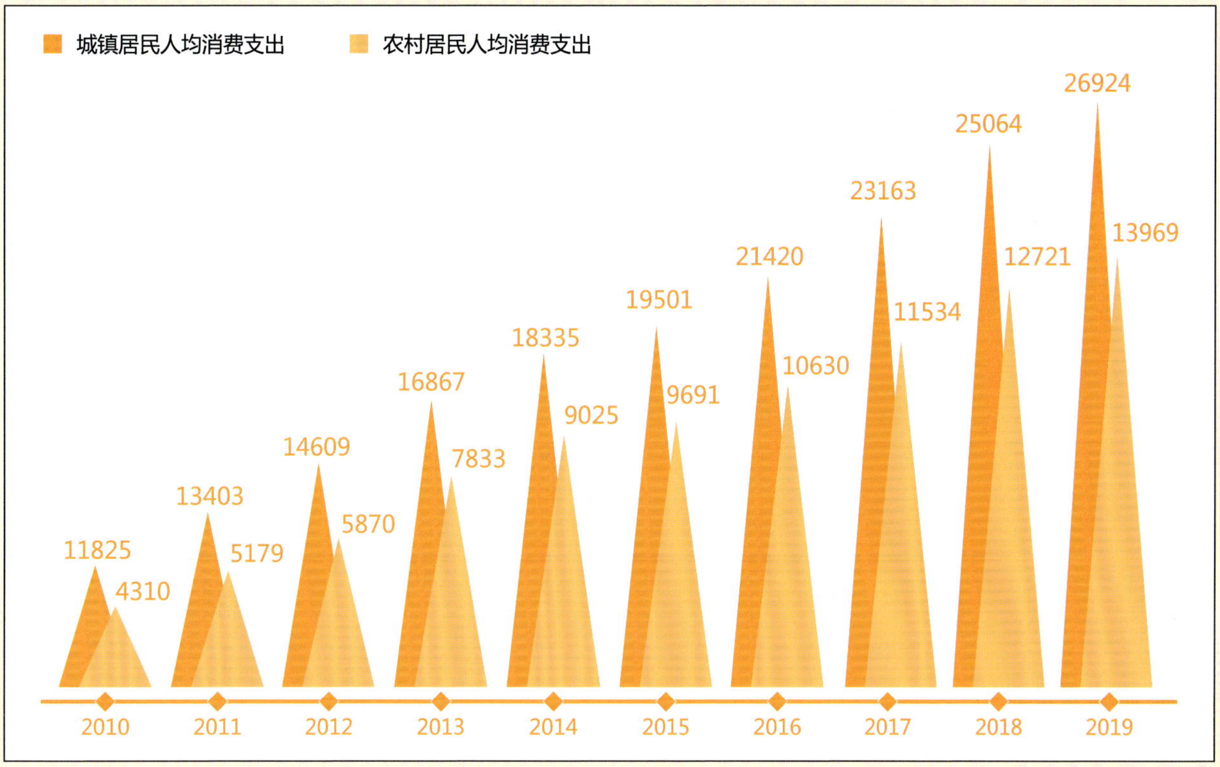

汽车拥有量（万辆）

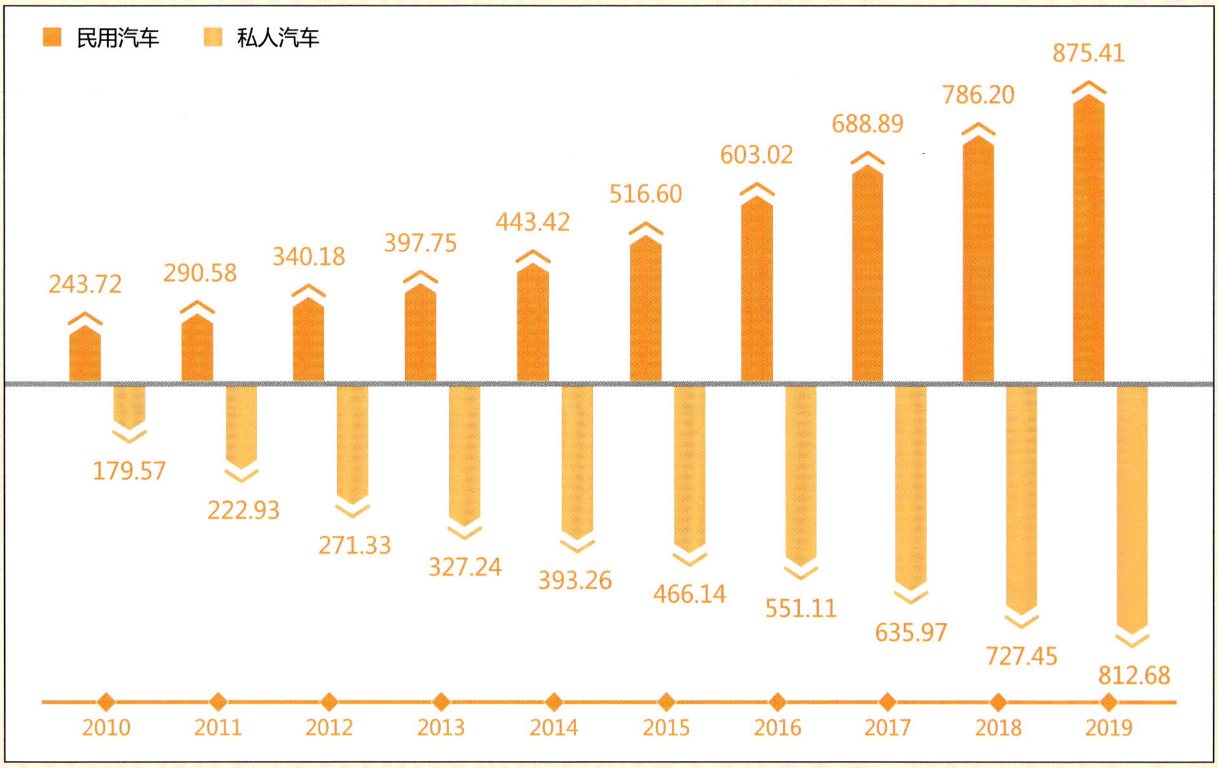

卫生技术人员与医生数（万人）

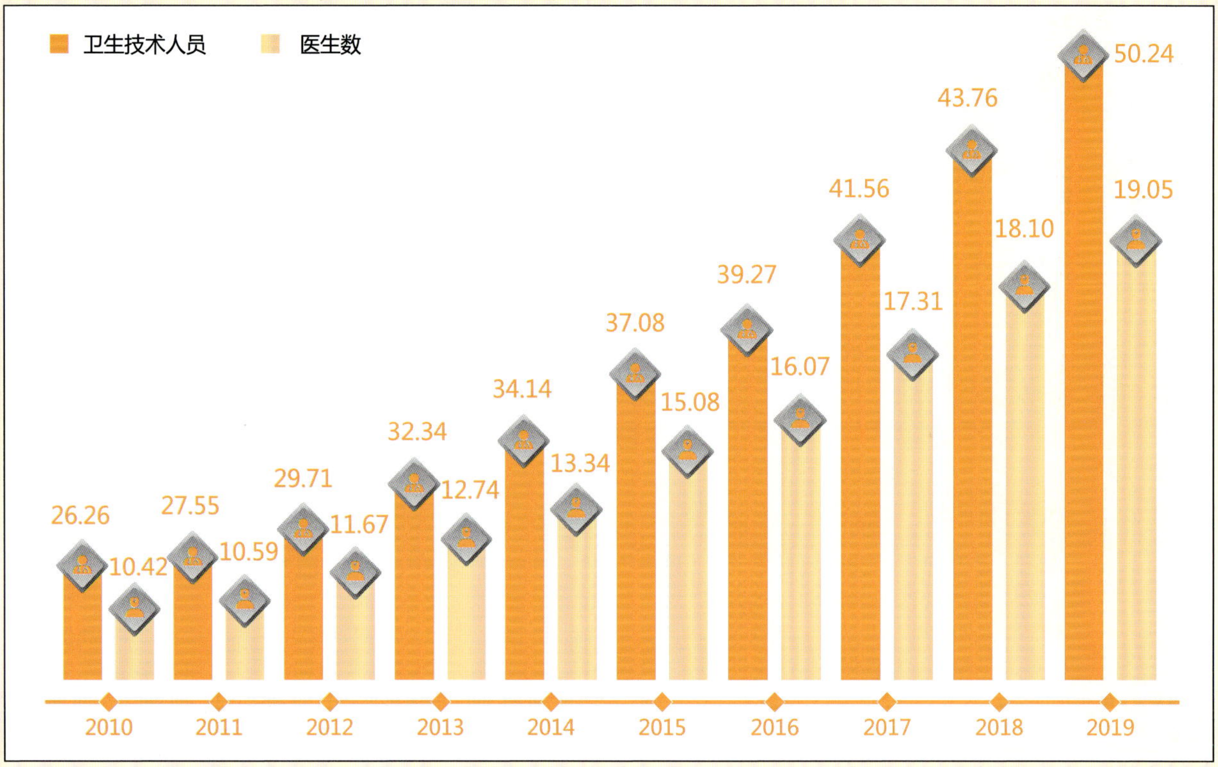

高等学校毕业生数（万人）

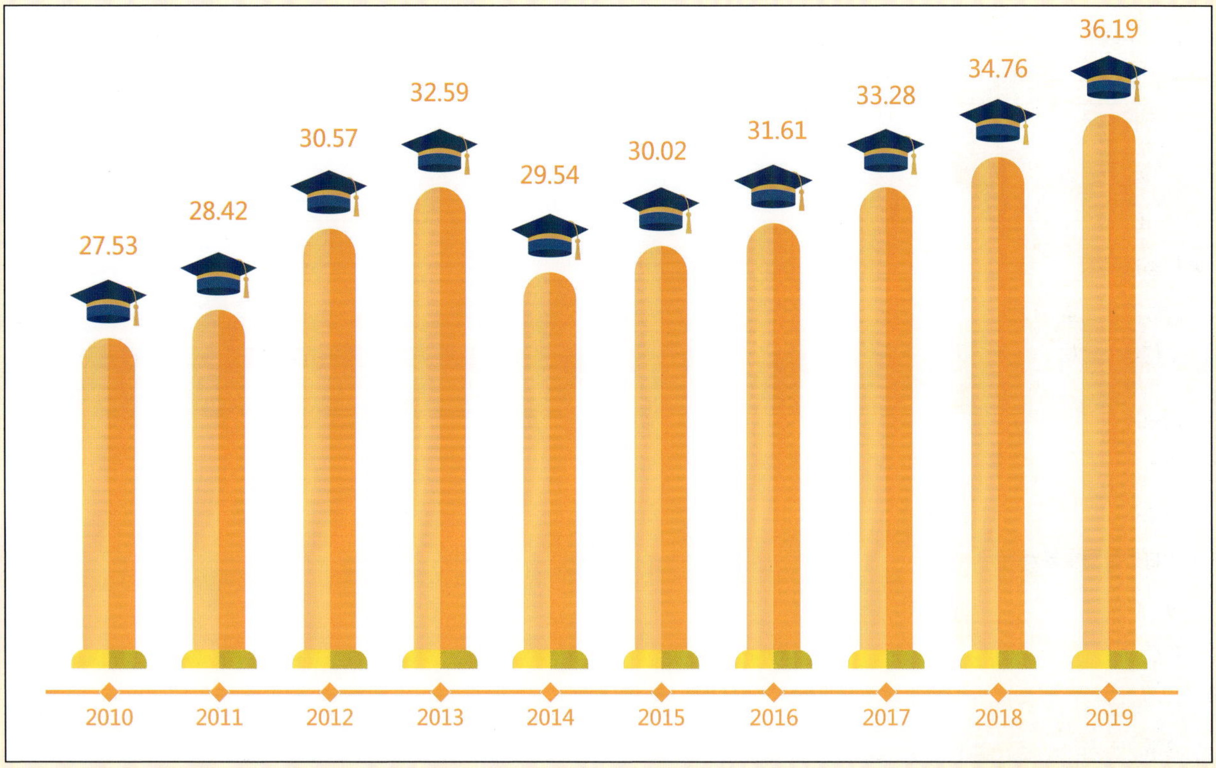

湖南的一天

指标	Item	2000	2010	2018	2019
全省每天创造的财富	**Daily Production**				
地区生产总值（亿元）	Gross Domestic Product (100 million yuan)	9.73	42.67	99.53	108.91
农林牧渔业总产值（亿元）	Total Output Value of Agriculture, Forestry, Animal Husbandry and Fishery (100 million yuan)	3.43	9.64	14.69	17.55
地方一般公共预算收入（万元）	General Public Budget Revenue (10 000 yuan)	4850.40	29635.34	78379.30	82387.60
布（万米）	Cloth (10 000 m)	93.42	127.46	78.90	48.85
机制纸及纸板（吨）	Machine-made Paper and Paperboard (ton)	1919.73	10537.78	11996.06	9075.79
原煤（万吨）	Coal (10 000 tons)	4.08	21.01	4.64	3.77
发电量（万度）	Electricity (10 000 kw.h)	9710.14	32505.23	38870.39	41247.12
原油加工量（吨）	Machining Crude Oil (ton)	14422.47	16182.82	25992.78	25591.78
粗钢（吨）	Crude Steel (ton)	8331.51	48397.88	63221.57	65362.30
钢材（吨）	Steel (ton)	8193.15	49636.35	64751.30	67166.65
水泥（万吨）	Cement (10 000 tons)	6.56	23.81	30.03	30.67
粮食（万吨）	Grain (10 000 tons)	7.88	7.80	8.28	8.15
棉花（吨）	Cotton (ton)	469.32	621.92	234.77	224.11
油料（吨）	Oil-bearing Crops (ton)	3817.81	4879.62	6423.19	6553.41
苎麻（吨）	Ramie (ton)	181.37	111.13	11.41	11.40
烤烟（吨）	Flue-cured Tobacco (ton)	426.03	423.26	522.05	503.10
茶叶（吨）	Tea (ton)	156.99	320.99	588.18	639.59
柑桔（吨）	Oranges (ton)	3449.86	10556.13	14481.37	15355.29
猪牛羊肉（吨）	Pork, Beef and Mutton (ton)	11959.18	12035.14	13139.73	10504.11
水产品（吨）	Aquatic Products (ton)	3649.59	5448.93	6918.76	7256.03
进出口总额（万美元）	Total Imports and Exports (USD 10 000)	688.49	4024.34	12747.90	17227.93
#进口额	#Total Imports	235.62	1844.93	4371.37	5026.65
出口额	Total Exports	452.88	2179.42	8376.53	12201.28
其他经济活动	**Other Daily Economic Activities**				
邮政业务总量（万元）	Business Volume of Postal Services (10 000 yuan)	250.96	877.47	6801.10	8816.16
电信业务总量（万元）	Business Volume of Telecommunications Services (10 000 yuan)	3609.86	8910.68	67865.75	116405.98
出版图书（万册）	Books Published (10 000 copies)	68.07	85.35	124.22	133.55
出版杂志（万册）	Magazines Published (10 000 copies)	28.78	34.96	24.02	25.89
出版报纸（万份）	Newspaper Published (10 000 pieces)	228.68	353.70	232.33	217.64
全省每天人口变动和婚姻	**Daily Population Changes and Marriages**				
出生（人）	Births (person)	2054	2510	2298	1967
死亡（人）	Deaths (person)	1218	1284	1334	1378
结婚（对）	Marriages (couples)	1050	1739	1155	1042
离婚（对）	Divorces (couples)	177	421	583	604

图书在版编目（CIP）数据

湖南统计年鉴. 2020 = Hunan Statistical Yearbook 2020 : 汉英对照 / 湖南省统计局，国家统计局湖南调查总队编. -- 北京 : 中国统计出版社，2020.12
ISBN 978-7-5037-9362-2

Ⅰ. ①湖… Ⅱ. ①湖… ②国… Ⅲ. ①统计资料—湖南—2020—年鉴—汉、英 Ⅳ. ①C832.64-54

中国版本图书馆 CIP 数据核字（2020）第 219462 号

湖南统计年鉴－2020

作　　者 / 湖南省统计局　国家统计局湖南调查总队
责任编辑 / 钟　钰
责任校对 / 徐　林　廖闻菲
装帧设计 / 徐　林　周　甜
出版发行 / 中国统计出版社有限公司
地　　址 / 北京市丰台区西三环南路甲 6 号
邮政编码 / 100073
电　　话 / 邮购（010）63376909　书店（010）68783171
网　　址 / http://www.zgtjcbs.com
印　　刷 / 湖南雅嘉彩色印刷有限公司
经　　销 / 新华书店
开　　本 / 890mm×1240mm　1/16
字　　数 / 1110 千字
印　　张 / 44.5　0.75 彩页
版　　别 / 2020 年 12 月第 1 版
版　　次 / 2020 年 12 月第 1 次印刷
定　　价 / 350.00 元　Price:350.00 yuan(RMB)

本书附同版本 CD-ROM 一张，光盘内容以书面文字为准。
如有印装差错，由本社发行部调换。

#《湖南统计年鉴—2020》编辑委员会和编辑工作人员

编辑委员会

编辑工作人员

Editorial Board and Editorial Staff

编辑说明

一、《湖南统计年鉴 -2020》系统收录了全省及各市、州、县 2019 年经济和社会发展方面的大量统计数据，以及重要历史年份的全省主要统计数据，是一部全面反映湖南省经济和社会发展情况的资料性年刊。

二、全书分为首卷和统计资料。首卷为特载《2020 年湖南省政府工作报告》和《2019 年湖南省国民经济和社会发展统计公报》。统计资料分为 22 个章节，即：1. 综合；2. 国民经济核算；3. 人口；4. 就业人员和工资；5. 价格；6. 人民生活；7. 固定资产投资；8. 对外经济、旅游和开发区；9. 能源；10. 财政、金融和保险；11. 城市建设和环境保护；12. 农业；13. 工业；14. 建筑业；15. 交通运输、邮电和其他服务业；16. 批发和零售业、住宿和餐饮业；17. 教育和科技；18. 文化、体育和卫生；19. 党群、政法和社会服务；20. 区域经济；21. 各市、州主要经济和社会统计指标；22. 各县（市、区）主要经济和社会统计指标。为方便读者使用，各篇章篇末附有《主要统计指标解释》。

三、与《湖南统计年鉴 -2019》相比较，本年鉴在内容和篇章结构上主要做了如下修订和补充：依据第四次全国经济普查全面调查资料，对“国民经济核算”2003 年以来的相关数据进行了修订；删除了住宅销售价格指数表、环境综合统计基本状况表、农林牧渔业增加值表、林产品产量表、商品交易市场经营情况表、规模以上工业企业 R&D 人员情况表、大中型工业企业办科技机构情况表；删除了分市州的计划生育指标表、规模以上工业企业按支出用途分 R&D 经费内部支出情况表、大中型工业企业按支出用途分 R&D 经费内部支出情况表；删除了分县市区的计划生育指标表、分行业法人单位表；根据现行统计调查制度修订和部门报表调整情况，对有关指标和表式进行了增减和调整，对有关统计资料进行了不同程度的充实。

四、本年鉴中 2019 年国民经济核算数据为快报数据。因国土详查原因，2019 年耕地面积暂缺。

五、价值指标均按当年价格计算，指数均按可比价格计算。如有变化，表后附有说明。本年鉴数据均为电脑合成，由于单位取舍按四舍五入处理产生的计算误差，均未作机械调整。

六、本年鉴按照《中国统计年鉴》大体框架和规范要求编辑。统一使用《中国统计年鉴》指标解释，统一采用国际度量衡标准计量单位，统一使用《中国统计年鉴》规范符号。

七、本年鉴中特载《2020 年湖南省政府工作报告》《2019 年湖南省国民经济和社会发展统计公报》使用的数据为快报数或初步统计数。

八、本年鉴表中的符号使用说明：“#”表示其中的主要项；“空格”表示指标数据不详、无该项统计数据或数据不足最小计量单位。

九、本年鉴编辑中如有不足之处，恳请广大读者批评指正。

EDITOR'S NOTES

Ⅰ. *Hunan Statistical Yearbook-2020* is an annual statistical publication, which reflects comprehensively the economic and social development of Hunan. It covers data for 2019 and key statistical data in some historically important years at provincial level and local levels of cities, prefecture and counties.

Ⅱ. *Hunan Statistical Yearbook-2020* includes a special issue and statistical figures. The special issue are Government Work Report and Statistical Communiqué of Hunan Province on the 2019 National Economic and Social Development. The statistical data contain the following 22 parts: 1. General Survey; 2. National Accounts; 3. Population; 4. Employment and Wages; 5. Price;6. People's life; 7. Investment in Fixed Assets; 8. Foreign Economy and Tourism; 9. Energy; 10. Finance, Banking and Insurance; 11. Construction of Cities and Environmental Protection; 12. Agriculture; 13. Industry; 14. Construction; 15. Transportation, Post , Telecommunication and Other Services; 16. Wholesale and Retail Trades, Hotels, Catering Services; 17. Education, Science and Technology; 18. Culture, Sports and Public Health; 19.Party and Mass, Politics and Law, Social Service; 20. Regional Economy; 21. Main Economic and Social Statistics Indicators of Cities and Prefecture; 22. Main Economic and Social Statistics Indicators of Counties and Cities (districts). To facilitate readers, at the end of each chapter, Explanatory Notes on Main Statistical Indicators are included.

Ⅲ. Compared with *Hunan Statistical Yearbook -2019*, this yearbook mainly makes the following revision and supplement in content and chapter structure: based on the comprehensive survey data of the fourth National Economic Census, the relevant data of "national economic accounting" since 2003 has been revised; The sales price index table of housing, the basic situation table of comprehensive statistics of environment, the added value table of agriculture, forestry, animal husbandry and fishery, the output table of forest products, the operation situation table of commodity trading market, the R&D personnel situation table of industrial enterprises above a certain scale, and the situation table of scientific and technological institutions of large and medium-sized industrial enterprises were deleted. The table of family planning indicators of cities and states, the table of internal expenditures of R&D funds for industrial enterprises above a certain size according to their purposes of expenditure, and the table of internal expenditures of R&D funds for large and medium-sized industrial enterprises according to their purposes of expenditure are deleted. The tables of family planning indicators and legal entities in different industries in different counties and districts were deleted; According to the revision of the current statistical investigation system and the adjustment of departmental financial statements, the relevant indicators and tables have been increased, decreased and adjusted, and the relevant statistical data have been enriched to varying degrees.

Ⅳ. The 2019 national Accounts data in this yearbook are express data. Due to detailed investigation of the territory, the arable land area is temporarily short in 2019.

Ⅴ. All of the value indicators are calculated by the same year's prices. All of the indices are calculated by the constant price. Explanatory notes are provided behind the list in which if there are changes. Data of the book are composed by computers.

Ⅵ. The book is edited according to the frame and standard of *China Statistical Yearbook*. The indicator explanatory notes are edited according to *China Statistical Yearbook*, and the units of measurement are internationally standard measurement units. The notations are standard notations of *China Statistical Yearbook*.

Ⅶ. Figures in Government Work Report and the communiqué are preliminary statistics.

Ⅷ. Notations used in the yearbook: “#” indicates the major items of the total; "(blank)" indicates that data are not available or the figure is not large enough to be measured with the smallest unit in the table.

Ⅸ. Based on our limited level, perhaps there are some mistakes in the book, we welcome all candid comments and criticism from our readers.

CONTENTS

目录

特载
SPECIAL ISSUE

统计资料
STATISTICAL DATA

一、综合
General Survey

二、国民经济核算

National Accounts

三、人口
Population

四、就业人员和工资

Employment and Wages

五、价格

Price

六、人民生活

People's life

七、固定资产投资

Investment in Fixde Assets

八、对外经济、旅游和开发区

Foreign Economy ,Tourism and Development Zones

九、能源

Energy

十、财政、金融和保险

Government Finance, Banking and Insurance

十一、城市建设和环境保护

Construction of Cities and Environmental Protection

十二、农业
Agriculture

十三、工业
Industry

十四、建筑业
Construction

十五、交通运输、邮电和其他服务业
Transportation, Postal, Telecommunication and Other Services

十六、批发和零售业、住宿和餐饮业

Wholesale and Retail Trades, Hotels and Catering Services

十七、教育和科技

Education, Science and Technology

十八、文化、体育和卫生

Culture, Sports and Public Health

十九、党群、政法和社会服务

Party and Mass, Politics and Law, Social Service

二十、区域经济

Regional Economy

二十一、各市、州主要经济和社会统计指标

Main Economic and Social Statistics Indicators of Cities and Prefecture

二十二、各县（市、区）主要经济和社会统计指标

Main Economic and Social Statistics Indicators of Counties and Cities (Districts)

2020年湖南省政府工作报告

——2020年1月13日在湖南省第十三届人民代表大会第三次会议上

湖南省人民政府省长　许达哲

各位代表：

现在，我代表省人民政府向大会作政府工作报告，请予审议，并请各位政协委员提出意见。

一、2019年工作回顾

2019年是新中国成立70周年。我们坚持以习近平新时代中国特色社会主义思想为指导，坚决落实党中央、国务院决策部署，在中共湖南省委的坚强领导下，认真贯彻习近平总书记对湖南工作的重要讲话指示精神，坚持稳中求进工作总基调，大力实施创新引领开放崛起战略，打好三大攻坚战，构建“四大体系”，打造“五大基地”，迈出了高质量发展的坚实步伐，为庆祝新中国成立70周年交上了优异答卷。

——*经济发展迈上新台阶*。地区生产总值增长7.6%，规模工业等主要经济指标增速位居全国前列。“四上”企业净增3000多家。全口径财政总收入突破5000亿元，全口径税收突破4000亿元，地方一般公共预算收入突破3000亿元，地方税收突破2000亿元，财税收入质量持续改善。

——*创新开放开拓新局面*。全社会研发投入强度增幅居全国前列，高新技术企业突破6000家，高新技术产业增加值增长14.3%。融入“一带一路”建设取得积极成效，成功举办首届中非经贸博览会，进出口总额突破4000亿元、增速居全国首位。

——*三大攻坚夺取新战果*。重大风险得到有效防范和化解。将有20个贫困县摘帽、718个贫困村出列、63万农村贫困人口脱贫，全部贫困县、贫困村将摘帽出列。全省地表水水质总体为优，国省考核评价断面Ⅰ—Ⅲ类水质比例提升。

——*民生改善取得新成效*。村卫生室、乡镇卫生院全科医生、县市二甲公立医院实现全覆盖。普遍提高企业退休人员基本养老金、乡村教师、退役军人待遇，提高最低工资、城乡低保、困难残疾人生活补贴和重度残疾人护理补贴标准。消除义务教育大班额2万个，建成启用芙蓉学校24所，创造了城乡义务教育一体化发展新经验。12件重点民生实事全部办成，人民群众获得感、幸福感、安全感不断提升。

过去一年，我们围绕推动高质量发展，重点抓了八个方面的工作。

一是精准施策稳定经济增长。不折不扣落实国家减税降费政策，新增减税超过460亿元，企业社保缴费减负60亿元。出台促进中小企业健康发展、降低企业经营成本等政策措施，规模工业企业每百元营业收入成本下降1.6%左右。持续开展产业项目建设年活动，新开工投资5000万元以上的产业项目2300多个，开工建设或建成投产100亿元以上的重大产业项目12个。坚持做强大企业、培育小巨人，新增千亿工业企业1家、国家认定的“专精特新”小巨人企业10家、制造业单项冠军4个。军民融合重大示范项目进展顺利，省军民融合公共服务平台上线运行。国家网络安全产业园区落户湖南。出台支持物流等服务业发展政策，旅游收入增长13%左右，最终消费对经济增长的贡献率超过50%。金融服务实体

经济能力增强，金融机构存贷款余额分别突破5万亿元、4万亿元，存贷比超过80%，中小微企业、民营企业贷款分别增长13.5%、13.7%，制造业贷款增长8.6%。建立覆盖市州的再担保体系，新增直接融资超过850亿元。

二是多措并举优化经济结构。三次产业结构调整为9.2 ∶ 37.6 ∶ 53.2。投资结构进一步改善，工业投资、技改投资、民间投资分别增长17.8%、35.7%和18.3%。新旧动能加快转换，战略性新兴产业增长10%左右，电子信息、新能源、新材料加速发展，大数据、人工智能等增速超过30%，移动互联网主营业务收入超过1300亿元。打造“135”工程升级版，新增千亿园区4家、达12家，园区技工贸收入增长9.3%、达4.8万亿元。农业结构进一步调整，粮食播种面积和总产保持稳定，超级杂交稻亩产再创新高，生猪生产逐步恢复，“一县一特”“一特一片”深入实施，确定重点支持30个农业、工贸、文旅特色产业小镇，农产品加工业营业收入增长9%。区域保持协调发展，长株潭一体化取得新进展，洞庭湖生态经济区绿色发展水平提升，湘南湘西承接产业转移示范区实际使用外资增幅超过全省平均水平。

三是凝心聚力打造创新开放高地。创新型省份建设加快。出台实施科技成果转化、高新技术企业经济贡献奖励、科研人员股权和分红激励等13项法规和文件。优化长株潭国家自主创新示范区空间布局，启动郴州国家可持续发展议程创新示范区建设。岳麓山实验室、生物种业创新中心、先进轨道交通装备创新中心建设稳步推进，岳麓山大学科技城、马栏山视频文创产业园分别新增企业1012家、812家。实施115个重大科技创新项目。全省技术合同交易额增长74%。“芙蓉人才行动计划”深入推进，引进高层次创新团队13个、外籍院士7名。新增两院院士7名。专利申请量、专利授权量、有效发明专利拥有量分别增长12.3%、11.7%和14.9%。31项成果获国家科学技术奖励。

发挥“一带一部”区位优势，深入实施开放崛起专项行动。积极应对中美经贸摩擦，与“一带一路”沿线国家贸易额增长54%。机电和高新技术产品出口分别增长52.9%、71.1%。进出口额过亿元、过十亿元企业分别新增277家、9家。引进112家“三类500强”企业投资项目201个，实际使用外资、到位内资分别增长11.8%、18.8%。客运航线覆盖五大洲，开通国际全货机航线8条，湘欧快线跻身全国中欧班列第一方阵。常德桃花源机场航空口岸获批开放。海关机构实现市州全覆盖，外商投资负面清单管理模式全面实施，国际贸易“单一窗口”主要业务申报率达100%，海关特殊监管区域实现进出口额增长64.9%。积极参与中俄“两河流域”地方合作，新结国际友城4对。不断加强与中部地区和泛珠三角区域合作，全国红色旅游融合发展创新区创建、“湘赣红”品牌打造等工作进展顺利，湘赣边区域合作实现良好开局；湖南—粤港澳大湾区投资贸易洽谈周取得丰硕成果。与央企对接合作更加紧密。去年，我们还成功举办了外交部湖南全球推介、“中国航天日”主场活动、世界计算机大会、国际工程机械展、国际轨道交通和装备制造产业博览会等重大活动，扩大了湖南的国际影响力，为更好地利用国际国内两个市场、两种资源开辟了空间、搭建了平台。

四是持之以恒强基础补短板。加快构建内外无缝对接的陆路、水运、航空、能源、信息大通道，浩吉、黔张常铁路开通运营，怀芷、南益高速公路建成通车，常益长铁路、平益高速公路全面开工，长益复线、龙琅高速公路加快建设，铁路、高速公路出省通道分别达19个、25个，新增铁路通车里程564公里；湘江2000吨级水运主通道上溯至衡阳；成功组建湖南首家航空公司，长沙机场改扩建前期工作进展顺利，长沙“四小时航空经济圈”正在形成；新粤浙管道工程湖南段全线贯通，鲤鱼江电厂转接湖南电网取得积极进展；长沙、株洲纳入全国5G试点城市，4G和光纤网络覆盖所有城镇和行政村。地下综合管廊等市政基础设施加快建设，农村危房改造、棚户区改造、公租房建设稳步推进。新建商品房销售面积和价格保持基本稳定。全省城镇化率提高 1.2 个百分点。实施乡村振兴战略，建设自然村通水泥（沥青）路 1.66 万公里；以“一拆二改三清四化”为抓手，实施“千村美丽、万村整治”工程，整治农业“大棚房”、农村“空心房”，完成 117 万户农村改厕任务，新建美丽乡村 300 个。

五是群策群力打好三大攻坚战。重大风险防控有力。健全化债工作考核评估和激励机制，设立省级债务化解基金，清减国库暂付款，清理整合 350 家融资平台，完成省高速公路集团、长沙市轨道交通集团两家融资平台转型，超额完成全年债务化解计划，有效防范和化解了政府隐性债务风险。坚持开前门、堵后门，首次发行棚户区改造、园区建设、“两供两治”等专项债券，保障重点项目融资需求。全面取缔 P2P 业务，严厉打击“一非三贷”等违法行为。开展道路交通等安全生产顽瘴痼疾集中整治，“两客”智能监管系统上线运行，安全生产事故起数、死亡人数明显下降。战胜多轮急重洪旱灾害。食品药品安全形势平稳。

脱贫攻坚成绩斐然。出台《关于贯彻落实习近平总书记等中央领导对湖南脱贫攻坚工作重要指示批示精神的实施方案》，新增统筹整合涉农资金的 50% 用于深度贫困地区，实施控辍保学行动，完善义务教育阶段资助政策，实行“扶贫扶志扶智十二条”，大力开展驻村扶贫、对口帮扶和“户帮户、亲帮亲，互助脱贫奔小康”行动，务实推进东西部扶贫协作，形成了“四带四推”“百里脐橙连崀山”等促进扶贫产业发展的新经验、新模式。全年投入产业扶贫资金 200 多亿元，带动 350 万贫困人口稳定增收。建档立卡贫困人口基本医疗、住房安全和饮水安全突出问题动态清零，“十三五”易地扶贫搬迁建设任务全部完成。

污染防治成效显著。出台洞庭湖水环境综合治理规划实施方案、湘江保护和治理第三个三年行动计划、我省长江经济带发展负面清单和流域生态保护补偿机制实施方案，率先建立省级环保督察和自然资源督察体制机制。狠抓中央环保督察“回头看”、长江经济带生态环境、长株潭绿心保护等突出问题整改，稳步推进“一江一湖四水”系统联治，大力开展违建别墅、张家界大鲵保护区小水电、大通湖水环境、洞庭湖矮围网围、河道采砂等综合整治。完成“夏季攻势”10 大类 1256 项任务。加强城乡环境基础设施建设，全面启动地级城市生活垃圾分类，推动工业园区污水处理在线监测全覆盖，推进矿业绿色发展和化工、船舶、尾矿库污染治理。开展山水林田湖草生态保护修复试点。全省森林覆盖率达 59.9%，湿地保护率达 75.8%。

六是坚定不移深化各项改革。巩固“三去一降一补”成果，累计关停取缔“散乱污”企业 1563 家，关停不安全小煤矿 48 处。推出 40 项改革举措，重要领域和关键环节市场化改革取得突破。省属国有企业“压层级、减法人、去僵尸”进展顺利，重组整合企业 6 家；混合所有制改革、员工持股试点改革取得成效。省级党政机关和事业单位经营性国有资产统一监管有序推进，国有金融资本实行统一管理。财政专项整合等工作深入推进。落实党和国家机构改革要求，全省政府机构改革任务整体完成。公务员职务与职级并行制度顺利实施。生态环境垂直管理制度、地勘单位改革扎实推进。工程项目建设审批制度和城乡建设用地增减挂钩改革加快推进。不动产统一登记改革不断深化。农村集体产权制度改革整省推进。绩效评估改革等工作得到中央有关部门肯定和推介。开展优化营商环境执行年活动，出台招商引资“十个严禁”，推行市州营商环境试评价，长沙营商环境改善得到社会高度认可。取消各类行政权力 105 项，全面推行“双随机、一公开”监管，公布 200 件“一件事一次办”事项，企业开办时间压缩至 3 个工作日以内。法人信息平台投入使用，自然人信息平台基本建成，自然资源和地理空间数据库不断完善。

七是坚持不懈保障和改善民生。财政民生支出增长 7.7%，占财政支出的 70.3%。城乡居民人均可支配收入分别增长 8.6% 和 9.2%，居民消费价格涨幅 2.9%。新增城镇就业 80.8 万人、农村劳动力转移就业 45.5 万人。率先实施企业职工养老保险省级统筹。建立城乡居民基本养老保险待遇确定和基础养老金正常调整机制。省职业年金基金正式运营。社会救助和保障标准与物价上涨挂钩联动。健全各级教育经费保障机制。高校“双一流”和教育信息化 2.0 建设加快。着力解决留守儿童监护缺失以及失学辍学问题。出生缺陷综合防治、医养结合不断强化。开展药品集中带量采购试点，部分药品价格非正常上涨势头得到有效遏制。现代公共文旅服务体系建设加强，炎帝陵景区成为全省第 9 家 5A 级景区，新开放公共文化场馆 12 个，4 部作品获得“五个一工程奖”。民族、宗教工作推进有力。开展集中化解信访积案百日行动和突出信访问题专项治理，“网格化 + 信息化”社会治理广泛推行。“一村一辅警”实现全覆盖，“城市快警”平台全面铺开。集中打击突出违法犯罪，深入推进新一轮禁毒人民战争。扫黑除恶专项斗争取得重大阶段性成果，促进了治安秩序、社会风气和发展环境持续改善，群众满意度明显提高。

八是从严从实加强政府自身建设。认真执行宪法宣誓制度。自觉接受人大法律监督、工作监督和政协民主监督及社会监督，提请审议环境保护条例、种子法实施办法等地方性法规草案 8 件，办理省人大代表建议 1309 件、省政协提案 709 件。建立省政府重要工作进展定期通报、年度目标任务清单制度，进一步完善督查激励措施。贯彻中央“基层减负年”部署，落实省委全面加强基层建设的要求，坚决整治形式主义、官僚主义。以省政府名义下发的文件、召开的会议分别减少 13.3%、39.5%，省级督查检查考核事项精简 80% 以上。真抓实干成效明显的 16 个方面工作受到国务院通报表扬。依法统计、依法普查，圆满完成第四次经济普查工作。强化“互联网 + 监督”，加快公共资源交易全流程电子化进程。坚持政府过紧日子，财政一般性支出压减 10%。严格落实“一岗双责”，加强政府系统党风廉政建设，坚决整治“拉款子”“打牌子”“提篮子”、串标围标、涉砂涉矿涉股等突出问题。

过去一年，我们不断加强国防动员和后备力量建设，全面深化民兵调整改革，创新发展兵役征集、国防教育、人民防空、军事设施保护和“双拥”工作，扎实做好移交安置、就业创业、拥军优抚、褒扬纪念、军休服务等工作。驻湘解放军和武警部队、广大民兵预备役人员在脱贫攻坚、抢险救灾、维稳处突和社会治理等方面发挥了积极作用，为全省改革发展稳定大局作出了突出贡献。

各位代表！

过去一年，我们扎实开展“不忘初心、牢记使命”主题教育，深入学习贯彻党的十九大和十九届二中、三中、四中全会精神，不断增强“四个意识”，坚定“四个自信”，做到“两个维护”，把“守初心、担使命，找差距、抓落实”的总要求贯穿到各个环节，覆盖到各个方面，推动全面建成小康社会取得新的重大进展。

我们全面贯彻新发展理念，狠抓发展第一要务，增强创新第一动力，用好人才第一资源，主动应对国内外风险明显上升、经济下行压力持续加大的严峻挑战，努力办好湖南的事情，迈出了建设富饶美丽幸福新湖南的坚实步伐。

我们同心欢庆新中国成立 70 周年，开展“壮丽 70 年 · 奋斗新时代”大型主题宣传，成功举办新中国成立 70 周年湖南专场新闻发布会，为国庆盛典作出了湖南贡献，展现了三湘大地的新变化新气象。袁隆平、张超分别获得“共和国勋章”“人民英雄”国家荣誉称号，彰显了三湘儿女的奋斗精神和良好风貌。

各位代表，过去一年的成绩来之不易。这是以习近平同志为核心的党中央坚强领导的结果，是中共湖南省委带领全省上下团结一心、拼搏奋斗的结果，是各级人大、政协监督和社会各界人士关心支持的结果。在此，我代表省人民政府，向全省各族人民、各民主党派、各人民团体，向驻湘人民解放军指战员和武警官兵、政法干警和民兵预备役人员，向中央驻湘单位，向关心支持湖南改革发展的海内外各界人士，表示诚挚感谢！

我们也清醒认识到，全省经济社会发展还面临不少困难和问题。一是稳增长压力较大。传统产业仍在转型，新兴产业尚在培育。企业经营困难增大，小微企业、民营企业融资难融资贵问题仍然突出。二是风险隐患不容忽视。较大以上安全事故尚未得到有效遏制，抵御自然灾害的能力还不强，财政收支矛盾和金融等领域风险挑战依然很大。三是民生工作还有不少短板。基本公共服务还存在薄弱环节。四是营商环境有待进一步改善。部分地方政策落实不够到位、措施不够有力，治理能力与新时代要求相比还有差距。我们要高度重视解决这些问题。

二、关于 2020 年工作

2020 年是全面建成小康社会和“十三五”规划收官之年，做好全年工作意义十分重大。今年形势将比去年更加复杂严峻，但我国经济稳中向好、长期向好的基本态势没有改变。我们要紧扣全面建成小康社会目标任务，胸怀中华民族伟大复兴的战略全局和世界百年未有之大变局这两个大局，抢抓长江经济带发展和中部地区崛起的战略机遇，进一步释放积蓄的发展动能和市场活力，加快建设富饶美丽幸福新湖南。

要坚持科学稳健，立足当前、着眼长远，坚持问题导向、目标导向、结果导向，坚决摒弃粗放式发展模式，努力扩大有效需求，正确处理稳增长与防风险的关系，保持经济运行在合理区间。

要坚持系统优化，强化全局观念，增强改革发展的系统性、整体性、协同性，运用系统工程方法优化经济治理方式，在多重目标中寻求动态平衡，在协调不同部门、地区和政策中增强治理效能。

要坚持改革创新，落实“巩固、增强、提升、畅通”八字方针，破除改革发展面临的体制机制障碍，着力构建系统完备、科学规范、运行有效的制度体系，着力提升科技实力和创新能力，加快培育经济合作和竞争新优势，打造内陆创新开放高地。

要坚持底线思维，增强忧患意识，全面防范和化解重大风险，整治安全隐患，维护社会稳定，守住就业底线，努力实现“一脱贫三促进六覆盖”。

今年工作的总体要求是：以习近平新时代中国特色社会主义思想为指导，全面贯彻党的十九大和十九届二中、三中、四中全会精神，认真贯彻习近平总书记对湖南工作的重要讲话指示精神，坚持稳中求进工作总基调，坚持新发展理念，坚持以供给侧结构性改革为主线，坚持以改革开放为动力，以“全面小康决胜年”为抓手，深入实施创新引领开放崛起战略，着力推动高质量发展，坚决打赢三大攻坚战，全面做好“六稳”工作，统筹推进稳增长、促改革、调结构、惠民生、防风险、保稳定，确保全面建成小康社会和“十三五”规划圆满收官。

今年主要预期目标是：地区生产总值增长 7.5% 左右，城镇调查失业率 5.5% 左右，居民消费价格涨幅 3.5% 左右，农村贫困人口全部脱贫，居民收入增长与经济增长同步，财政金融风险有效防控，生态环境进一步改善，万元 GDP 能耗下降 1%。

今年要重点抓好以下工作：

（一）坚持高质量发展，确保经济实现量的合理增长和质的稳步提升推动制造业高质量发展。加快建设制造强省，推动先进制造业发展，创新振兴实体经济的体制机制和政策措施，努力提高制造业占 GDP 的比重，实现规模工业增加值增长 7.5%。大力培育工程机械、轨道交通装备、中小航空发动机等世界级产业集群，提升电子信息、新材料、节能环保、新能源、装配式建筑等产业集群规模和水平，壮大消费品工业集群，推进工业新兴优势产业链强链补链延链，打造制造业高质量发展基地。加快制造业数字化、网络化、智能化、绿色化发展，鼓励引导食品、石化、有色等传统产业拓展“智能 +”，创建一批智能制造示范企业和示范车间，推进国家智能网联汽车(长沙)测试区等重大项目建设，力争在人工智能、区块链、5G 与大数据等领域培育形成一批新的增长点，打造以中国智能制造示范引领区为目标的现代制造业基地。推进军民融合深度发展，加快国家军民融合重点区域和网络安全产业园区建设，积极创建国防科技工业军民融合创新示范基地，打造一批具有重要影响力的军民科技协同创新平台。持续推进以产业项目建设为重点的“五个 100”工程，抓好一批百亿级重大产业项目建设投产。支持创建国家级高新区和经开区，打造“135”工程升级版，力争千亿园区达到 14 家。

做强大企业、培育小巨人。继续实施企业研发财政奖补、技术改造税收增量奖补政策。对发展贡献大的企业，实行“一企一策”对口服务和政策激励。支持一批自主创新能力强、技术水平先进、市场占有率高的大型企业和集团进一步做强做优做大，跻身“三类 500 强”。大力发展企业区域总部，以及采购中心、结算中心等功能性总部。促进中小企业走“专精特新”之路，鼓励细分领域标杆企业参与工业新兴优势产业和工业“四基”建设，培育一批小巨人企业，力争全年新增规模工业企业 1000 家。

提升现代服务业发展水平。促进先进制造业与现代服务业深度融合，实施服务业高质量发展三年行动。大力发展数字经济，加快发展基于移动互联网、云计算、区块链、物联网等新技术的信息服务。重点发展工业设计、技术转移转化、创业孵化、知识产权保护及应用等科创服务，积极发展法律咨询、会计审计、信用中介、检测检验认证、博览会展等商务服务，推动生产性服务业向专业化和价值链高端延伸。增加文化旅游、健康养老、家政和托育等生活服务有效供给，促进生活性服务业向高品质和多样化升级。大力发展高效安全、绿色普惠、开放创新的现代金融服务，构建科技金融、文化金融、绿色金融、供应链金融协同发展体系，加快湘江新区金融中心和基金小镇建设。在湖南股权交易所设立专板，培育科创板上市后备资源，推动企业上市。完善政府性融资担保体系，推动政银担风险分担机制落地。

推动消费稳定增长。扩大实物商品消费，促进服务消费提质扩容。挖掘汽车、家电、家居等重点领域消费潜力，积极培育体验消费、网络消费，打造时尚消费、品质消费和“夜经济”地标，力争新增限上企业 1000 家、总数突破 1.2 万家。继续实施内贸流通促进工程，完善农村商贸流通基础设施，健全农产品仓储保鲜冷链物流设施，畅通城乡物流配送网络，提振农村消费活力。加快消费环境配套公共设施便利化、智能化改造，健全缺陷产品强制召回、质量终身负责和服务质量保障制度，严厉打击制假售假、非法宣传行为，切实维护消费者权益。

营造透明公正便捷高效的营商环境。落实《优化营商环境条例》，继续开展市州营商环境评价，实行市场准入负面清单和公平竞争审查制度，加快打造市场化、法治化、国际化营商环境。深化“放管服”改革，有序推进“证照分离”改革全覆盖，加快完善“双随机、一公开”监管机制，突出抓好食品、药品、特种设备和重点工业产品质量安全监管。健全覆盖全社会的征信体系，落实“黑名单”制度，加大失信惩戒力度。巩固和拓展减税降费成果，加大规范涉企收费、清理拖欠企业账款力度，帮助企业解决用地、用电、用气、用工、物流和融资难融资贵等问题。弘扬优秀企业家精神，保护企业家合法权益，构建亲清政商关系。

（二）紧扣全面建成小康社会目标，坚决打好三大攻坚战

确保完成脱贫攻坚目标任务。坚持精准扶贫、精准脱贫基本方略，集中兵力打好深度贫困歼灭战，确保现行标准下剩余的19.9万农村贫困人口全部脱贫。加快补齐“两不愁三保障”和饮水安全短板，逐村逐户对账销号。加强返贫监测预警，及时将因病、因灾等返贫人口纳入帮扶。严格落实“四个不摘”要求，开展“三落实”“三精准”“三保障”问题“回头看”，加大产业扶贫、就业扶贫力度，扎实抓好易地扶贫搬迁后续帮扶工作，确保脱贫成果得到人民认可、经得起历史检验。推进“千企帮村、万社联户”、东西部扶贫协作和对口帮扶。持续开展扶贫领域腐败和作风问题专项治理。推动脱贫攻坚与乡村振兴有效衔接，加快提升大湘西等贫困地区的基础设施和基本公共服务水平，统筹贫困地区和非贫困地区发展，探索建立解决相对贫困问题的长效机制。

确保实现污染防治攻坚战阶段性目标。加大中央交办、督办的突出生态环境问题整改力度，继续开展污染防治攻坚战“夏季攻势”，打好蓝天、碧水、净土保卫战。水治理方面，推进“一江一湖四水”系统联治，加快实施山水林田湖草生态保护修复工程，全面完成重点水域禁捕退捕；深入推进洞庭湖水环境综合治理，实施湘江保护和治理第三个三年行动计划，持续开展饮用水水源地环境保护专项行动和黑臭水体治理，实现洞庭湖区乡镇污水处理设施全覆盖，确保地级城市集中式饮用水水源水质提升，完成1000个行政村生活污水治理。大气治理方面，加强重污染天气防范和应对，抓好长株潭及传输通道城市大气污染联防联控，推进钢铁等行业超低排放改造，完成超标排放柴油货车淘汰任务，推进船舶靠港使用岸电工作，开展扬尘、餐饮油烟等面源污染治理。土壤治理方面，推进长株潭地区重金属污染耕地种植结构调整，开展打击固体废物环境违法专项行动、“三磷”专项排查整治行动，积极推进垃圾就地分类和资源化利用。加强尾矿库污染防治，推动矿业绿色发展。推进全域土地整治，开展国土绿化行动，持续推进生态廊道建设、天然林保护修复。

确保不发生重大风险。加快地方融资平台市场化转型，做好政府债务化解工作。开展债务动态监控和风险预警，严禁新增隐性债务，严守政府债务管控底线，坚决杜绝违规举债。完善化债激励约束机制，严格执行化债方案，通过增收节支、盘活资产、债券置换、增信展期等措施，有效化解债务风险，严防虚假化债。做好地方政府债券发行和使用管理，发挥专项债券稳投资促增长的作用。开展政府资产负债管理试点。规范市县财政管理，实施“提升税收占比”三年行动计划，进一步压减国库暂付款，推进交易场所清理整顿，持续开展互联网金融风险、“一非三贷”和金融领域涉黑涉恶专项整治。完善应急管理体制机制，聚焦水旱、地质、气象、森林火灾和地震等自然灾害，聚焦煤矿和非煤矿山、危化品和烟花爆竹、水陆空交通、工程建筑和消防等重点领域，强化监测预警和应急处置，及时清零重大隐患，提高本质安全度，坚决杜绝重特大事故，坚决遏制较大事故。

（三）坚持创新引领开放崛起，打造内陆创新开放高地

加快建设创新型省份。推动长株潭国家自主创新示范区、郴州国家可持续发展议程创新示范区建设，支持有条件的市县创建国家创新型试点城市。加快岳麓山大学科技城、马栏山视频文创产业园“两山”建设，推进岳麓山工业创新中心和先进轨道交通装备、生物种业、耐盐碱水稻等技术创新中心建设，积极创建岳麓山国家实验室。紧扣国家科技重大专项和科技创新2030重大项目，实施重大装备、自主可控计算机、人工智能与机器人等重大专项，开展生物与农业、环境与生态、新材料与先进制造、人口与健康等领域

基础研究和原始创新，努力在关键材料、基础零部件、制造工艺、核心元器件、高端检验检测装备等领域取得重大突破。加快高新技术企业增量提质，支持企业和研发机构创制国家标准、国际标准。持续加大全社会研发投入。建立科技创新成果清单和企业需求清单，促进更多科技成果就地转化。深入推进“芙蓉人才行动计划”，健全人才引进、培育、激励和服务机制，引聚选育一批高层次创新团队和领军人物。

打造内陆开放新高地。主动服务国家开放战略，深化与“一带一路”沿线国家合作，落实与非洲、东南亚等地重点合作项目。建立健全对非经贸合作交流长效机制，加快建设中非经贸孵化园、研究院。建立与粤港澳大湾区跨省对话合作常态化机制，建设湘江源优质蔬菜生产基地，促进交通基础设施互联互通、能源设施共建共享。推动外贸高质量发展，支持轨道交通、装备制造、工程机械、建筑业等优势产业和企业“抱团出海”“借船出海”，扩大对外工程承包和劳务合作，打造一批产业集聚度高、产品竞争力强的外贸生产基地；实施“外贸破零倍增”“外贸综合服务”“外贸融资服务”等举措，加快培育跨境电商、市场采购等外贸新业态。构建对外开放新格局，增强长株潭城市群的创新开放引领带动作用，积极参与长江黄金水道建设与发展，构筑我省西部陆路出海大通道。加快临空临港经济区建设，打造长沙“四小时航空经济圈”和具有区域竞争优势的国际航空枢纽。积极创建中国（湖南）自贸区，抓好长沙、岳阳跨境电商综合试验区建设，推进高新区、经开区、海关特殊监管区域提质升级，优化口岸功能。落实国家区域发展战略，加强与中部和泛珠三角区域的创新合作，加快建设湘赣边区域合作示范区，推动湘鄂、湘桂黔协作发展。深化湘台交流合作。

（四）大力实施乡村振兴战略，着力推进农业农村现代化

加快发展现代农业。全面完成“十三五”高标准农田建设任务，统筹推进水库除险加固、农村水系综合整治、灌区节水配套改造等农村水利建设、运营和管护。稳住农业压舱石，落实粮食安全省长责任制，稳定粮食播种面积和产量。坚持走精细化路子，加快建设以精细农业为特色的优质农副产品供应基地。实施三个“百千万”工程、“六大强农行动”、优质粮油工程，发展“一县一特”“一村一品”，做强农业优势特色产业。加快农林产品生产标准化、特征标识化、营销数字化，大力推行“身份证”管理，提升“湘味”农产品品牌影响力和市场竞争力。发展设施农业，加快推进农业机械化、智能化和农业装备产业升级。完善科技等农业社会化服务体系，鼓励村级组织牵头成立专业技术协会、专业合作社。落实“菜篮子”市长负责制，强化非洲猪瘟疫情防控，做好生猪稳产保供工作，实施优质湘猪工程，推动畜牧业转型升级。大力推动农村创新创业，多渠道促进农民增收。实施乡村人才振兴行动计划，推动工商资本和人才下乡。

深化农业农村综合改革。深入推进农业供给侧结构性改革，稳步实施农村承包地“三权”分置改革，全面完成农村集体产权制度整省试点改革任务，加快农村宅基地房地一体确权登记颁证，扎实推进供销合作社、粮食收储、集体林权制度等改革。完善支持农业农村优先发展的制度政策，加大涉农资金统筹整合力度。加快多层次普惠性农业保险体系建设，提升农村金融服务水平。壮大集体经济，努力消除“空白村”。

加强和改进乡村治理。健全党组织领导的自治、法治、德治相结合的乡村治理体系。加大乡镇基本公共服务投入，推进农村社区综合服务设施建设，抓好全国乡村治理体系建设试点，推动社会治理和服务重心向基层下移，建设平安乡村。重视和发挥乡贤作用，加强村规民约建设，促进乡风更淳、乡情更浓。

大力改善农村人居环境。强化村庄规划编制和管理。全面完成农村人居环境整治三年行动计划，探

索农村人居环境管护长效机制，全面开展村庄清洁行动，推进农村生活垃圾污水治理。加强农业面源污染治理，做好农药化肥使用量负增长、畜禽养殖废弃物资源化利用、秸秆综合利用等重点工作。深入推进农村危房改造和“空心房”治理。开展全域推进美丽乡村示范创建。

（五）加强基础设施建设，推动形成优势互补高质量发展的区域经济布局

狠抓重大基础设施项目。加快市市通高铁的建设步伐，实现县县通高速、村村通硬化路。加快建设张吉怀、常益长、渝怀复线铁路，长益扩容、祁常、安慈、官新高速和湘西、郴州机场等在建项目，加快长沙机场改扩建，推进长赣、邵永、铜吉铁路和张官、炉慈高速等项目前期工作，加快高等级航道和重点港口建设。支持长沙、衡阳、岳阳、郴州、怀化加快建设国家物流枢纽。统筹推进莽山水库、毛俊水库、涔天河水库扩建工程灌区项目，抓好“四水”干支流堤防加固及椒花水库建设，加快启动犬木塘水库开工，推进大兴寨水库、洞庭湖重要堤防加固前期工作和河湖连通工程。大力实施市政设施、城乡环境、产业配套、防灾减灾、公共服务等五大补短板惠民生工程。加大泛在电力物联网建设力度，加快永州电厂、华容电厂、雅中直流工程湖南段、“气化湖南”工程、岳阳LNG储备基地等能源项目建设。积极建设5G商用和新一代信息基础设施、工业互联网。着力解决重大项目建设中要素保障问题。

提升区域协调发展水平。建立国土空间规划体系，统筹划定落实生态保护红线、永久基本农田、城镇开发边界三条控制线。加快推动长株潭一体化，推进“三干两轨”建设，打造长株潭半小时经济圈，建设高质量发展的示范区、基本实现现代化建设的先行区、区域一体化发展的样板区。加快推进洞庭湖生态经济区建设，着力创建长江经济带绿色发展先行区，构筑综合立体交通走廊，建设更加秀美富饶的大湖经济区。加快湘南湘西承接产业转移示范区建设，大力引进创新型企业和先进制造业企业，建设粤港澳重要的科技产业配套基地、制造业转移承接基地。继续推进娄底产业转型升级。

提高新型城镇化质量。加快实施以促进人的城镇化为核心、提高质量为导向的新型城镇化战略，促进城市群、大中小城市和小城镇合理布局、协调发展，力争城镇化率达到58%。以中心城市引领城市群发展，拓展湘江新区新片区，增强长沙辐射带动能力。统筹城市地上地下空间开发利用、城市特色风貌营造和历史文化保护，加大城市公共基础设施建设改造力度，推进停车设施、地下综合管廊、智慧城市管理建设。全面开展地级城市生活垃圾分类，推进建筑垃圾资源化利用。坚持“房子是用来住的、不是用来炒的”，完善住房市场体系和保障体系，推进住房租赁市场发展试点，建立健全房地产市场平稳健康发展长效机制。加快城镇棚户区、城市D级危房、城镇老旧小区改造和城区老工业区搬迁改造，做好城市困难群众住房保障工作，把住有所居落到实处。

激发县域经济活力。制定促进县域经济高质量发展的政策措施，引导各地发展特色优势产业，促进城乡生产、生活、生态一体发展，推动一二三产业融合。加快省级特色产业小镇建设，加大财政、金融、土地等政策支持力度，推动城镇基础设施、公共服务向农村延伸。深化扩权强县改革，推进符合条件的县撤县设市（区），加快经济发达镇行政管理体制改革。完善一般性转移支付支持市县抓重点、补短板、强弱项工作机制，选择48个县市区开展预算编制事前审核。

（六）锐意推进各项改革，不断加强制度建设

着力推进供给侧结构性改革。优化产业布局，巩固去产能成果，坚决淘汰煤矿和非煤矿山、烟花爆竹、造纸、冶金等领域过剩落后产能，推动城镇人口密集区危险化学品生产企业和“沿江一公里”化工企业搬迁改造。优化创新供给，完善以企业为主体、市场为导向、产学研深度融合的技术创新体系，深化科

技成果“三权”改革及技术收益分配制度改革，开展知识产权军民融合试点，推动潇湘科技要素市场向全省覆盖。

加快市场化改革步伐。推进国有经济布局优化和结构调整，探索在省属监管企业集团层面推进混合所有制改革，加快推进员工持股试点；完善国资监管方式，强化资金债务、项目投资等重点领域风险防控；加快剥离国企办社会职能。坚持“两个毫不动摇”，鼓励民营资本参与国企改制重组，支持民营企业进入交通基础设施、市政公用事业等领域。深化财政支出制度改革，加强预算管理，推广实施零基预算，出台深化政府采购制度改革实施方案，建立财政审计联动机制，促进全面预算绩效管理落地见效。建立统一的国有金融资本出资人制度。稳步推进党政机关和事业单位经营性国有资产集中统一监管。完善产权制度和要素市场化配置。

加强统筹城乡的民生保障制度建设。深化教育领域综合改革，完善高考改革配套政策措施。建立促进创业带动就业、多渠道灵活就业机制。完善覆盖全民的社会保障体系。健全基本医疗卫生制度，深化医疗、医保、医药联动改革，提高公共卫生服务、医疗服务、医疗保障、药品供应保障水平，缓解群众看病难看病贵问题。

坚持和完善生态文明制度。实行最严格的生态环境保护制度，发布省级“三线一单”，构建以排污许可制为核心的固定污染源监管制度体系，建立以国家公园为主体的自然保护地体系。开展重点区域自然资源统一确权登记，深化自然资源产权制度改革，完善省市县三级自然资源储备体系，落实资源有偿使用制度，实行资源总量管理和全面节约制度。建立完善统一行使监管城乡各类污染排放和行政执法职责制度，实行生态环境损害责任终身追究制。

（七）繁荣发展社会主义先进文化，凝聚砥砺奋进的强大精神力量

牢牢把握社会主义先进文化前进方向。坚持马克思主义在意识形态领域指导地位的根本制度，全面贯彻落实习近平新时代中国特色社会主义思想，落实意识形态工作责任制。加强和改进学校思想政治教育，建立全员、全程、全方位育人体制机制。坚持以社会主义核心价值观引领文化建设制度，推动理想信念教育常态化、制度化，加强党史、新中国史、改革开放史教育，加强爱国主义、集体主义、社会主义教育，实施公民道德建设工程，推进新时代文明实践中心试点建设。

大力发展文化事业。把社会主义核心价值观要求体现到文化产品创作生产全过程，发展新闻出版、广播影视等事业。深入开展“书香湖南”等群众文化活动，推进数字广播电视户户通建设，推动县级公共图书馆、文化馆、档案馆全面达标升级。抓好长征国家文化公园（湖南段）建设，加强历史文化名城名镇名村、传统村落和文物保护利用。促进非物质文化遗产传承。

深化文化体制改革。建立健全把社会效益放在首位、社会效益和经济效益相统一的文化创作生产体制机制。理顺县级融媒体中心体制机制。持续深化国有文化企业改革，健全引导新型文化业态健康发展机制。鼓励社会力量参与公共文化服务体系建设。深化文化市场综合行政执法改革。

促进文旅融合发展。推动文化与旅游产业做强做大。积极培育文旅装备制造、红色教育培训、特色民宿、生态旅游等文旅融合新产品、新业态。支持“广电湘军”“出版湘军”创新发展，加快建设马栏山视听节目国际版权交易中心、高清视频实验室，建设以影视出版为重点的文化创意基地。加强湖湘优秀传统文化、红色文化、生态文化等资源开发利用，着力打造伟人故里、魅力湘西、大美洞庭等精品旅游线路，建设以“锦绣潇湘”为品牌的全域旅游基地。创建国家级夜间文旅消费集聚区，推进湘赣边红色旅游协

作区建设，办好红色旅游博览会。

（八）着力保障和改善民生，共建共享全面小康社会

促进更充分更高质量就业。新增城镇就业70万人。坚持就业优先，落实稳岗补贴、技能提升补贴、社保降费等援企稳岗政策，抓好高校毕业生、下岗失业人员、农民工、退役军人等重点群体就业，托底帮扶残疾人、低保对象等困难群体就业，确保零就业家庭动态清零。深入推进“311”就业服务行动，完善就业兜底保障机制。以创业带动就业，完善创业担保贷款贴息以及创业资金奖补政策，降低小微企业创业担保贷款申请条件，对农民工回乡首次创业给予支持。健全保障农民工工资支付长效机制。坚决防止和纠正就业歧视，促进广大劳动者实现体面劳动、全面发展。

办好人民满意的教育。推动城乡义务教育一体化发展，推广泸溪县教育改革经验，加强和改进乡村寄宿制学校、村小及农村教学点规划建设，建成芙蓉学校37所、新开工39所，基本消除义务教育大班额。加快推进农村公办幼儿园建设，力争全省普惠性幼儿园覆盖率达到80%。提高普通高中生均公用经费拨款标准。推进高校“双一流”和高水平本科教育建设。积极创建国家职业教育改革先行示范区。大力推进“互联网+教育”升级和应用。完善立德树人体制机制，加强师德师风建设。支持和规范民办教育、合作办学。加快学校安防“三项建设”，抓好学校学生安全工作。继续开展控辍保学行动，落实义务教育阶段资助政策，解决进城务工人员子女上学难问题，让每个孩子在党的阳光雨露下茁壮成长。

加快健康湖南建设。推进国家医学中心、区域医疗中心建设，加强县级医院综合能力和基层医疗卫生服务体系建设，完善分级诊疗模式，推进“互联网+医疗”。组织实施健康湖南行动，加强公共卫生防疫、母婴安全保障、出生缺陷防治和重大传染病防控，遏制地方病、艾滋病、结核病和癌症等重大疾病。加强中医药人才培养、科技创新和药品研发。加快建设居家社区机构相协调、医养康养相结合的养老服务体系。加大对计划生育特殊困难家庭扶助保障力度。广泛开展全民健身活动，启动潇湘健身步道建设。认真备战2020年奥运会。

稳步提高社会保障水平。全面推进养老、失业、工伤保险省级统筹，实行基本医疗保险市级统筹，实现城乡居民养老保险、医疗保险应保尽保，调整提高退休人员基本养老金待遇。扩大集中带量采购和使用药品品种范围，加快推进个人医保卡全省通用。健全重特大疾病医疗保险、救助制度，开展长期护理保险制度试点。加强社保基金运行管理，划转部分国有资本充实社保基金。完善农村留守儿童和妇女、老年人关爱服务体系，建立事实无人抚养儿童基本生活补贴制度。认真执行社会救助和保障标准与物价上涨挂钩的联动机制，抓好特困人员和低收入困难群众的救助工作，确保困难群众基本生活得到有效保障和改善。全面建成小康社会，一个不能少。

用心用情办好12件重点民生实事。1.增加公办幼儿园学位25万个。2.完成政府补贴性职业技能培训55万人次，其中农村转移就业劳动者培训15万人次。3.建制乡镇卫生院配备2名全科医生全覆盖，每个行政村卫生室每年补助运行经费6000元。4.孕产妇免费产前筛查40万人次，农村及城镇低保适龄妇女“两癌”免费检查100万人。5.新改扩建特困人员集中供养机构50所以上，新增床位不少于5000张。6.开工改造1000个城镇老旧小区。7.新改建农村公路10000公里。8.新增和巩固农村通自来水人口120万。9.完成农村电网改造投资6亿元。10.改（新）建100万户农村户用厕所、1000个农村公厕。11.农村低保标准每人每年不低于4000元。12.实施残障人士康复救助，困难残疾人生活补贴和重度残疾人护理补贴均提标至每人每月65元。我们一定要把老百姓最急、最忧、最盼的事办好。

改进和创新社会治理。坚持和发展新时代“枫桥经验”，开展市域社会治理现代化试点，创新互联网时代群众工作机制。完善信访制度，畅通和规范群众诉求表达、利益协调、权益保障通道，及时就地化解矛盾纠纷。巩固完善“一村一辅警”“城市快警”工作，加强应急处突力量建设，构建立体化、信息化社会治安防控体系。推动扫黑除恶常态化长效化，集中打击突出违法犯罪行为。落实“四个最严”，加强食品药品监管。加快构建现代人防体系。开展民族团结进步创建，依法加强宗教事务管理。扎实做好地区生产总值统一核算、第七次全国人口普查工作，发挥统计监督职能作用。支持工会、共青团、妇联、红十字会等群团组织更好发挥作用。

全面支持国防和军队现代化建设。坚决贯彻习近平强军思想，完善应急应战、激励创新、军民融合的配套政策措施。巩固深化民兵调整改革成果，创新开展全民国防教育，推进“智慧动员”项目落地。构建省级兵役信息平台，建立兵役信息核验制度，全面规范基层武装部和专武干部队伍建设。健全退役军人工作体系和保障制度，落实军人军属待遇保障政策。深入开展新一轮“双拥”创建活动。

三、提升政府治理能力和水平，建设人民满意的服务型政府

坚持党对一切工作的领导，增强“四个意识”，坚定“四个自信”，做到“两个维护”，充分履行推动经济社会发展、管理社会事务、服务人民群众的重大职责，做到为人民服务、对人民负责、受人民监督，努力打造服务政府、责任政府、法治政府、廉洁政府。

不断砥砺初心、担当使命。坚定共产主义远大理想和中国特色社会主义共同理想，用习近平新时代中国特色社会主义思想武装头脑、指导工作。把不忘初心、牢记使命作为加强政府系统党的建设的永恒课题和全体党员、干部的终身课题，坚持不懈锤炼党员、干部忠诚干净担当的政治品格，切实增强学习本领、政治领导本领、改革创新本领、科学发展本领、依法执政本领、群众工作本领、狠抓落实本领、驾驭风险本领。全面贯彻党的基本理论、基本路线、基本方略，使政府一切工作顺应时代潮流、符合发展规律、体现人民愿望。我们一定要做政治上的明白人、老百姓的贴心人、干事创业的带头人。

构建职责明确、依法行政的政府治理体系。认真落实党的十九届四中全会精神，带头尊崇制度、执行制度、维护制度。推进机构、职能、权限、程序、责任法定化，完善和落实政府权责清单制度，推进机构职能优化协同高效，健全部门协调配合机制。完善政府立法体制机制，深化行政执法体制改革，规范执法自由裁量权，推进行政执法权限和力量向基层延伸。落实《重大行政决策程序暂行条例》，健全科学民主依法决策机制。认真落实省人大及其常委会决议决定，认真办理人大代表建议和政协提案。自觉接受省人大及其常委会监督、政协民主监督、监察监督、审计监督，主动接受社会和舆论监督。认真听取人大代表、政协委员意见，听取民主党派、工商联、无党派人士和各人民团体意见建议。

切实提高行政效能。推进基层政务公开标准化、规范化，用好法人、自然人信息平台及自然资源和地理空间数据库，推进跨系统、跨业务、跨部门、跨地区数据共享，破除部门数据壁垒，加快数字政府建设。深入推进“一件事一次办”，推动“互联网＋政务服务”一体化平台全覆盖，实现政务服务“网上办理、全程在线、一网通办”。大力推行行政审批、证明事项告知承诺制。探索建立全省中介服务超市。贯彻落实全面加强基层建设的若干意见，抓基层治理、抓基础设施、抓基础管理，推动资源向基层倾斜、人才向基层流动、干部在基层成长，打通抓落实的“最后一公里”。

坚持为民务实清廉。坚持人民至上，始终为人民利益和幸福而努力工作，加大力度消除民生痛点，真抓实干解民忧、纾民怨、暖民心，让人民群众获得感、幸福感、安全感更加充实、更有保障、更可持续。贯彻省委《关于建立容错纠错机制激励干部担当作为的办法(试行)》，用好绩效考核指挥棒，发挥真抓实干督查激励作用，引导广大干部不兴伪事、不务虚功，激发干事创业精气神。严守政治纪律和政治规矩，加强党纪国法教育。严格执行廉洁从政各项规定，落实党风廉政建设主体责任和“一岗双责”，加强行政审批、行政执法、工程建设、资源开发、公共资源交易、公共财政支出等重点领域监管，突出整治违规收送礼品礼金、接受管理服务对象宴请、出入私人会所、打着亲属经商的幌子谋取私利等问题。持之以恒正风肃纪，落实中央八项规定精神和省委实施办法，加大纠治“四风”力度，坚决反对形形色色的形式主义、官僚主义。坚守勤俭节约优良传统，做到量入为出、以收定支，大力压减一般性支出和非重点支出，兜牢“三保”底线，带头过紧日子，让老百姓过好日子。

科学编制“十四五”规划是今年的一项重大任务。要坚持以习近平新时代中国特色社会主义思想为根本遵循，全面贯彻新发展理念，认真落实“三个着力”要求，充分发挥“一带一部”区位优势，科学提出“十四五”时期发展目标、工作思路、重点任务，增强创新力、挖掘市场力、提升文化力，开启全面建设社会主义现代化新征程。

各位代表！历史正在我们手中创造，蓝图必将在接力前行中实现。让我们更加紧密地团结在以习近平同志为核心的党中央周围，在中共湖南省委的坚强领导下，齐心协力，开拓进取，为决胜全面建成小康社会、圆满收官“十三五”而努力奋斗！

湖南省2019年国民经济和社会发展统计公报[1]

湖南省统计局　国家统计局湖南调查总队

2020年3月17日

2019年，面对国内外风险挑战明显上升的复杂局面，在省委、省政府坚强领导下，全省上下坚持以习近平新时代中国特色社会主义思想为指导，认真贯彻落实党中央、国务院各项决策部署，坚持稳中求进工作总基调，大力实施创新引领开放崛起战略，坚决打好三大攻坚战，继续推进产业项目建设，扎实做好“六稳”工作，全省经济运行保持总体平稳、稳中有进、稳中向好的良好势头，为全面建成小康社会和“十三五”规划圆满收官打下了坚实基础。

一、综　合

初步核算，全年地区生产总值[2]39752.1亿元，比上年增长7.6%。其中，第一产业增加值3646.9亿元，增长3.2%；第二产业增加值14947.0亿元，增长7.8%；第三产业增加值21158.2亿元，增长8.1%。按常住人口计算，人均地区生产总值57540元，增长7.1%。

全省三次产业结构为9.2:37.6:53.2。第三产业增加值占地区生产总值的比重与上年持平；工业增加值占地区生产总值的比重为29.3%，比上年下降0.4个百分点；高新技术产业增加值占地区生产总值的比重为23.8%；非公有制经济增加值增长8.2%，占地区生产总值的比重为61.4%；战略性新兴产业增加值增长9.9%，占地区生产总值的比重为8.6%。第一、二、三产业对经济增长的贡献率分别为3.6%、44.4%和52.0%。其中，工业对经济增长的贡献率为39.3%，生产性服务业对经济增长的贡献率为23.8%，分别比上年提高5.5个和4.4个百分点。资本形成总额、最终消费支出、货物和服务净流出对经济增长的贡献率分别为44.5%、56.6%和-1.1%。

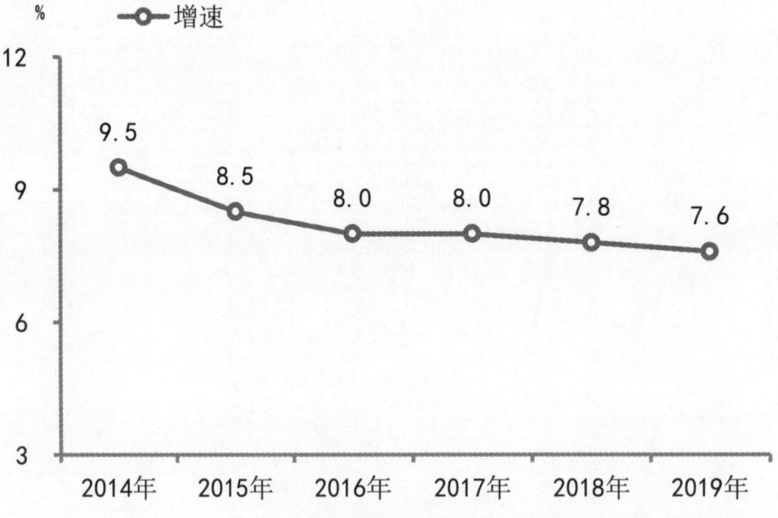

图1　2014-2019年地区生产总值增长速度

分区域看，长株潭地区[3]生产总值 16835.0 亿元，比上年增长 8.0%；湘南地区生产总值 7800.4 亿元，增长 7.7%；大湘西地区生产总值 6667.5 亿元，增长 7.9%；洞庭湖地区生产总值 9197.1 亿元，增长 7.7%。

二、农　业

全年农林牧渔业增加值 3850.2 亿元，比上年增长 3.5%。其中，农业增加值 2124.0 亿元，增长 3.6%；林业增加值 319.2 亿元，增长 9.4%；牧业增加值 916.3 亿元，下降 2.2%；渔业增加值 287.5 亿元，增长 7.1%。

全年粮食种植面积 4616.4 千公顷，比上年减少 131.5 千公顷。其中，夏粮面积 102.5 千公顷，减少 21.2 千公顷；早稻面积 1094.6 千公顷，减少 143.6 千公顷；秋粮面积 3419.3 千公顷，增加 33.3 千公顷。秋粮面积中，中稻及一季晚稻面积 1602.1 千公顷，增加 129.6 千公顷；双季晚稻面积 1158.5 千公顷，减少 139.8 千公顷。全年粮食产量 2974.8 万吨，比上年减产 1.6%。其中，夏粮产量 41.3 万吨，减产 19.6%；早稻产量 661.4 万吨，减产 12.5%；秋粮产量 2272.1 万吨，增产 2.5%。

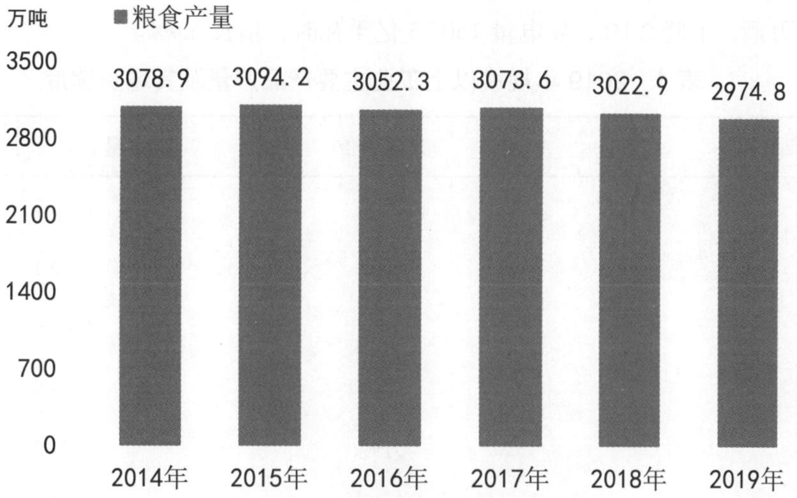

图 2　2014-2019 年湖南粮食产量

全年棉花种植面积 63.0 千公顷，比上年减少 0.9 千公顷；糖料种植面积 7.4 千公顷，增加 0.03 千公顷；油料种植面积 1365.5 千公顷，增加 20.8 千公顷；蔬菜种植面积 1313.2 千公顷，增加 48.3 千公顷。棉花产量 8.2 万吨，比上年减产 4.5%；油料 239.2 万吨，增产 2.0%；烤烟 18.4 万吨，减产 2.5%；茶叶 23.4 万吨，增产 8.7%；蔬菜 3969.4 万吨，增产 3.9%。

全年猪、牛、羊、禽肉类总产量 456.8 万吨，比上年下降 15.3%。其中，猪肉产量 348.5 万吨，下降 22.0%；牛肉产量 19.0 万吨，增长 6.1%；羊肉产量 15.9 万吨，增长 6.7%；禽肉产量 73.4 万吨，增长 22.9%。生猪出栏 4812.9 万头，下降 19.7%；牛出栏 162.5 万头，增长 6.4%；羊出栏 971.5 万只，增长 6.6%。年末生猪存栏 2698.3 万头，比上年末下降 29.4%；能繁母猪存栏 248.0 万头，下降 34.5%；牛存栏 410.4 万头，增长 6.5%；羊存栏 712.2 万只，增长 6.6%。禽蛋产量 114.7 万吨，增长 8.8%；牛奶产量 6.3 万吨，增长 1.6%；水产品产量 254.4 万吨，增长 3.0%。

全年新增农田有效灌溉面积 30.2 千公顷，新增节水灌溉面积 38.7 千公顷；开工各类水利工程 7.5 万处，投入资金 267.0 亿元，完成水利工程土石方 10.2 亿立方米；提质改造农村公路 5445.8 公里。

三、工业和建筑业

全年规模以上工业增加值增长 8.3%。在规模以上工业中，非公有制企业增加值增长 10.0%，占规模以上工业的比重为 74.4%，比上年提高 2.3 个百分点。高加工度工业和高技术制造业[4]增加值分别增长 13.1% 和 16.3%；占规模以上工业的比重分别为 37.8% 和 11.3%，比上年提高 1.5 个和 0.7 个百分点。装备制造业[5]增加值增长 14.1%，占规模以上工业的比重为 30.5%。省级及以上产业园区工业增加值增长 8.1%，占规模以上工业的比重为 69.7%。六大高耗能行业增加值增长 5.4%，占规模以上工业的比重为 29.1%，比上年下降 0.8 个百分点。分区域看，长株潭地区规模工业增加值增长 8.8%，湘南地区规模工业增加值增长 8.2%，大湘西地区规模工业增加值增长 7.8%，洞庭湖地区规模工业增加值增长 8.1%。

全年规模以上工业统计的产品中，62.7% 的产品产量比上年增长。主要产品中，大米 1469.0 万吨，下降 0.2%；饲料 1732.9 万吨，增长 3.0%；原油加工量 934.1 万吨，下降 1.5%；水泥 11194.9 万吨，增长 2.6%；钢材 2451.6 万吨，增长 2.8%；十种有色金属 193.9 万吨，下降 0.6%；混凝土机械 4.4 万台，增长 17.8%；汽车[6]85.0 万辆，下降 2.1%；发电量 1505.5 亿千瓦时，增长 5.9%。

表 1　2019 年规模以上工业主要产品产量及其增长速度

产品名称	计量单位	产　量	比上年增长（%）
原 煤	万吨	1374.7	−16.7
原 盐	万吨	322.1	−0.3
大 米	万吨	1469.0	−0.2
饲 料	万吨	1732.9	3.0
精制食用植物油	万吨	321.3	2.9
卷 烟	亿支	1651.5	1.0
机制纸及纸板	万吨	331.3	−8.0
原油加工量	万吨	934.1	−1.5
硫 酸（折 100%）	万吨	171.6	−0.7
烧 碱（折 100%）	万吨	58.4	30.4
合成氨	万吨	63.3	15.7
化 肥（折纯）	万吨	52.6	−2.0
水 泥	万吨	11194.9	2.6
平板玻璃	万重量箱	3394.6	35.5
生 铁	万吨	1973.9	0.5
钢 材	万吨	2451.6	2.8
十种有色金属	万吨	193.9	−0.6
白 银	吨	7080.6	−13.8

表1　续

产品名称	计量单位	产　量	比上年增长（%）
起重机	万吨	153.0	48.5
混凝土机械	万台	4.4	17.8
建筑工程用机械	万台	9.6	27.1
汽 车	万辆	85.0	–2.1
其中：轿车	万辆	33.6	–21.4
运动型多用途乘用车（SUV）	万辆	36.4	6.8
新能源汽车	万辆	11.8	148.1
城市轨道车辆	辆	1300	5.9
发电设备	万千瓦	160.9	–14.8
交流电动机	万千瓦	1114.0	–13.6
变压器	万千伏安	10560.7	12.7
发电量	亿千瓦时	1505.5	5.9
其中：火电	亿千瓦时	903.8	–0.7
水电	亿千瓦时	528.0	18.2

规模以上工业企业实现利润总额[7]1870.8 亿元，比上年增长 6.6%。分经济类型看，国有企业 83.6 亿元，增长 8.2%；集体企业 3.1 亿元，下降 0.3%；股份合作制企业 1.1 亿元，下降 3.6%；股份制企业 1568.3 亿元，增长 9.6%；外商及港澳台商投资企业 159.7 亿元，下降 16.5%；其他内资企业 55.0 亿元，增长 7.4%。利润总额居前五位的大类行业中，专用设备制造业 293.5 亿元，增长 44.0%；非金属矿物制品业 202.5 亿元，增长 6.4%；化学原料和化学制品制造业 144.6 亿元，下降 0.2%；计算机、通信和其他电子设备制造业 126.6 亿元，增长 3.9%；农副食品加工业 122.3 亿元，下降 7.2%。规模以上工业企业每百元主营业务收入中的成本为 81.9 元。年末规模以上工业企业资产负债率为 50.8%。

全年资质以上总承包和专业承包建筑业企业实现总产值 10800.6 亿元，增长 12.7%。房屋建筑施工面积 65247.3 万平方米，增长 10.1%。房屋建筑竣工面积 21043.8 万平方米，增长 5.6%。

四、固定资产投资

全年固定资产投资（不含农户）比上年增长 10.1%。其中，民间投资增长 18.3%。分经济类型看，国有投资下降 4.4%，非国有投资增长 16.8%。分投资方向看，民生工程投资增长 17.4%，生态环境投资增长 20.2%，基础设施投资下降 0.1%，高新技术产业投资增长 37.8%，工业技改投资增长 35.7%。分区域看，长株潭地区投资增长 10.7%，湘南地区投资增长 11.2%，大湘西地区投资增长 8.5%，洞庭湖地区投资增长 9.5%。

全年施工项目个数比上年增长 14.1%。其中，本年新开工项目增长 15.6%。本年投产项目个数增长

26.2%。

全年房地产开发投资4445.5亿元，比上年增长12.7%。其中，住宅投资3197.3亿元，增长15.7%。商品房销售面积9103.5万平方米，下降1.5%。其中，住宅销售面积8073.2万平方米，增长0.9%。商品房销售额5578.0亿元，增长4.2%。其中，住宅销售额4721.4亿元，增长7.9%。年末商品房待售面积1410.7万平方米，下降18.0%，比上年末减少309.7万平方米。

表2　2019年固定资产投资增长速度

指　标	比上年增长（%）
固定资产投资（不含农户）	10.1
第一产业	28.0
第二产业	14.2
其中：采矿业	15.4
制造业	18.4
电力、热力、燃气及水生产和供应业	13.4
建筑业	−86.7
第三产业	7.0
其中：交通运输、仓储和邮政业	4.0
信息传输、软件和信息技术服务业	63.2
批发和零售业	−19.8
住宿和餐饮业	−2.5
金融业	−0.9
房地产业	9.4
租赁和商务服务业	20.9
科学研究和技术服务业	22.7
水利、环境和公共设施管理	−4.3
居民服务、修理和其他服务业	−14.6
教育	23.9
卫生和社会工作	7.0
文化、体育和娱乐业	29.6
公共管理、社会保障和社会组织	−7.8

五、国内贸易和物价

全年社会消费品零售总额17239.5亿元，比上年增长10.2%。分经营地看，城镇消费品零售总额15557.7亿元，增长10.1%；乡村消费品零售总额1681.8亿元，增长11.1%。分消费类型看，商品零售额15093.0亿元，增长10.0%；餐饮收入额2146.5亿元，增长11.7%。分区域看，长株潭地区消费品零售总额7159.0亿元，增长10.2%；湘南地区消费品零售总额3402.3亿元，增长10.3%；大湘西地区消费品零售总额3041.0亿元，增长10.2%；洞庭湖地区消费品零售总额3637.2亿元，增长10.3%。

表 3 2019 年社会消费品零售额及其增长速度

指　　标	零售额（亿元）	比上年增长（%）
社会消费品零售总额	17239.5	10.2
按经营地分		
其中：城镇	15557.7	10.1
乡村	1681.8	11.1
限额以上法人批发和零售业商品零售额	5350.8	10.7
其中：粮油、食品类	597.2	19.6
饮料类	94.3	26.3
烟酒类	104.0	15.9
服装、鞋帽、针纺织品类	357.3	10.0
化妆品类	68.9	13.8
金银珠宝类	75.0	9.7
日用品类	175.8	17.0
五金、电料类	52.3	16.2
体育、娱乐用品类	13.7	23.7
书报杂志类	57.2	16.4
电子出版物及音像制品类	2.9	7.6
家用电器和音像器材类	344.5	7.2
中西药品类	223.5	16.5
文化办公用品类	96.0	24.1
家具类	70.5	26.3
通讯器材类	67.2	39.6
石油及制品类	991.0	5.2
建筑及装潢材料类	92.5	1.2
机电产品及设备类	41.7	−7.6
汽车类	1681.2	8.3

限额以上法人批发和零售业商品零售额 5350.8 亿元，比上年增长 10.7%。分商品类别看，粮油、食品类零售额增长 19.6%，化妆品类增长 13.8%，家用电器和音像器材类增长 7.2%，中西药品类增长 16.5%，家具类增长 26.3%，石油及制品类增长 5.2%，汽车类增长 8.3%。智能、环保型商品中，智能家用电器和音像器材零售额增长 39.7%，智能手机增长 71%，新能源汽车增长 1.9 倍。

全年实物商品网上零售额 1351.8 亿元，比上年增长 26.8%，占社会消费品零售总额的比重为 7.8%，比上年提高 1.2 个百分点。

全年居民消费价格比上年上涨 2.9%。其中，城市上涨 2.8%，农村上涨 3.1%。商品零售价格上涨 2.3%。工业生产者出厂价格下降 0.4%，工业生产者购进价格上涨 0.2%。固定资产投资价格上涨 1.7%。农产品生产者价格上涨 18.0%，农业生产资料价格上涨 2.5%。

表 4　2019 年居民消费价格比上年涨跌幅度

指　标	涨跌幅度（%）	按城乡分	
		城市	农村
居民消费价格	2.9	2.8	3.1
其中：食品烟酒	7.3	6.9	8.1
衣着	1.1	1.2	0.8
居住	1.5	1.3	1.7
生活用品及服务	0.5	0.6	0.1
交通和通信	−1.4	−1.5	−1.1
教育文化及娱乐	2.0	2.1	1.5
医疗保健	1.4	1.9	0.6
其他用品和服务	2.5	3.4	0.9

六、对外经济

全年进出口总额[8]4342.2 亿元，比上年增长 41.2%。其中，出口 3076.1 亿元，增长 51.9%；进口 1266.1 亿元，增长 20.4%。分贸易方式看，一般贸易出口 2411.9 亿元，增长 54.6%；加工贸易出口 550.0 亿元，增长 22.2%。出口额居前五位的商品中，服装及衣着附件出口 269.7 亿元，增长 72.6%；鞋类 121.9 亿元，增长 44.1%；玩具 113.0 亿元，增长 2.8 倍；陶瓷产品 105.3 亿元，增长 56.4%；钢材 99.9 亿元，增长 30.8%。分产销国别（地区）看，出口香港 608.3 亿元，增长 48.3%；出口美国 361.4 亿元，增长 24.0%；出口欧盟 453.9 亿元，增长 73.0%；出口东盟 502.9 亿元，增长 66.3%。

表 5　2019 年进出口总额及其增长速度

指　标	绝对数（亿元）	比上年增长（%）
进出口总额	4342.2	41.2
出口额	3076.1	51.9
按贸易方式分		
其中：一般贸易	2411.9	54.6
加工贸易	550.0	22.2
按重点商品分		
其中：机电产品	1335.4	52.9
高新技术产品	417.1	71.1
农产品	91.2	6.2
进口额	1266.1	20.4
按贸易方式分		
其中：一般贸易	772.8	9.2
加工贸易	396.3	32.4
按重点商品分		
其中：机电产品	545.6	20.7
高新技术产品	311.7	29.2
农产品	151.6	53.3

全年实际使用外商直接投资 181.0 亿美元，比上年增长 11.8%。其中，第一产业 7.2 亿美元，增长 15.7%；第二产业 80.3 亿美元，下降 0.7%；第三产业 93.5 亿美元，增长 25.0%。实际到位资金 3000 万美元以上外资项目 134 个。年末在湘投资的世界 500 强存续企业 175 家，新引进世界 500 强企业 3 家。实际到位境内省外资金 7133.3 亿元，增长 18.8%。其中，第一产业 517.8 亿元，增长 23.9%；第二产业 3566.7 亿元，增长 19.1%；第三产业 3048.8 亿元，增长 17.8%。引进 2 亿元以上境内省外项目 712 个，增长 15.2%；实际到位资金 2864.8 亿元，增长 28.3%。

全年新签对外承包工程、劳务合作和设计咨询合同金额 125.5 亿美元，比上年增长 30.6%；实现营业额 102.2 亿美元，增长 20.6%；外派劳务 16.4 万人，增长 24.2%。对外合同投资额 11.7 亿美元，下降 35.8%。其中，中方合同投资额 10.9 亿美元，下降 31.6%。对外实际投资额 9.6 亿美元，下降 42.4%。

七、交通、邮电和旅游

全年客货运输换算周转量 5660.3 亿吨公里，比上年增长 3.9%。货物周转量 4593.3 亿吨公里，增长 4.3%。其中，铁路周转量 855.4 亿吨公里，增长 5.2%；公路周转量 3297.7 亿吨公里，增长 5.9%。旅客周转量 1661.0 亿人公里，下降 0.4%。其中，铁路周转量 1006.0 亿人公里，增长 2.7%；公路周转量 433.5 亿人公里，下降 9.7%；民航周转量 218.0 亿人公里，增长 6.2%。

年末全省公路通车里程 24.1 万公里，比上年末增长 0.2%。其中，高速公路通车里程 6802 公里，比上年末增加 77 公里。年末铁路营业里程 5271 公里，其中高速铁路 1986 公里。年末民用汽车保有量 875.4 万辆，增长 11.3%；私人汽车保有量 812.7 万辆，增长 11.7%；轿车保有量 479.4 万辆，增长 11.4%。

表 6　2019 年各种运输方式完成客货运输量及其增长速度

指　标	计量单位	绝对数	比上年增长（%）
货运量	万吨	244098.2	5.6
其中：铁路	万吨	4554.1	1.9
公路	万吨	218236.2	6.8
水运	万吨	20090.4	-4.8
民航	万吨	9.1	12.4
管道	万吨	1208.3	2.9
客运量	万人	102970.6	-4.7
其中：铁路	万人	15625.9	12.1
公路	万人	84162.0	-7.5
水运	万人	1640.6	-5.1
民航	万人	1542.2	9.9

全年邮政业务总量（2010 年不变价）321.8 亿元，比上年增长 29.6%；电信业务总量（2015 年不变价）4250.0 亿元，增长 71.7%。年末固定电话用户 623.1 万户，下降 3.7%；移动电话用户 6648.1 万户，增长 5.5%。年末互联网宽带用户 1873.8 万户，增长 14.6%。

全年国内游客 8.3 亿人次，比上年增长 10.3%；入境游客 467.0 万人次，增长 24.5%。旅游总收入 9762.3 亿元，增长 15.6%。其中，国内旅游收入 9613.4 亿元，增长 15.3%；国际旅游收入 22.5 亿美元，增长 34.8%。

八、财政和金融

全年地方一般公共预算收入3006.99亿元，增长5.11%。其中，税收收入2061.92亿元，增长5.22%；非税收入945.07亿元，增长4.87%。税收收入中，国内增值税789.57亿元，增长1.83%；企业所得税247.16亿元，增长4.91%。

表7　2019年地方一般公共预算收入及其增长速度

指　标	绝对数（亿元）	比上年增长（%）
地方一般公共预算收入	3006.99	5.11
其中：税收收入	2061.92	5.22
国内增值税	789.57	1.83
企业所得税	247.16	4.91
非税收入	945.07	4.87

年末全省金融机构本外币各项存款余额52660.4亿元，比上年末增长7.5%。其中，住户存款余额28410.3亿元，增长11.9%；非金融企业存款余额13045.7亿元，与上年基本持平。本外币各项贷款余额42415.4亿元，增长16.0%。其中，住户贷款余额15706.2亿元，增长18.5%；非金融企业及机关团体贷款余额26617.8亿元，增长14.7%。

表8　2019年末金融机构本外币存贷款余额及其新增额

指　标	年末余额（亿元）	比年初新增额（亿元）
各项存款	**52660.4**	**3658.5**
其中：境内存款	52596.2	3621.8
#住户存款	28410.3	3022.0
活期存款	10441.1	810.7
定期及其他存款	17969.2	2211.3
非金融企业存款	13045.7	–0.3
活期存款	7409.4	–338.8
定期及其他存款	5636.3	338.5
非银行业金融机构存款	2112.7	260.3
境外存款	64.1	36.7
各项贷款	**42415.4**	**5829.8**
其中：境内贷款	42348.1	5862.2
#住户贷款	15706.2	2433.6
短期贷款	3977.7	762.8
中长期贷款	11728.4	1670.8
非金融企业及机关团体贷款	26617.8	3411.7
短期贷款	5523.5	633.4
中长期贷款	19512.4	2179.2
境外贷款	67.3	–32.3

年末全省境内 A 股上市公司 105 家，全年直接融资总额 3093.33 亿元，比上年增长 9.7%。A 股上市公司总市值 9865.93 亿元，增长 39.3%。年末证券公司营业部 437 家，增加 13 家。年末辖区共有期货公司 3 家，成交金额 45267.3 亿元。

全年保险公司原保险保费收入 1369.1 亿元，比上年增长 11.2%。其中，寿险保费收入 709.5 亿元，增长 4.8%；健康险保费收入 253.5 亿元，增长 34.0%；人身意外伤害险保费收入 35.3 亿元，增长 11.3%；财产险保费收入 397.8 亿元，增长 11.3%。原保险赔付支出 423.8 亿元，增长 3.2%。

九、教育和科学技术

年末全省有普通高校 110 所。普通高等教育研究生毕业生 2.1 万人，本专科毕业生 36.2 万人，中等职业教育毕业生 21 万人，普通高中毕业生 38 万人，初中学校毕业生 76.9 万人，普通小学毕业生 83.9 万人。在园幼儿 227.6 万人，比上年增长 1.1%。小学适龄儿童入学率[9]100%，高中阶段教育毛入学率[10]93.04%。各类民办学校 13496 所，在校学生 297.3 万人。发放高校国家奖学金、助学金（本专科生）16.1 亿元，资助高校学生（本专科生）73.3 万人次。发放中职国家助学金 3.8 亿元，资助中职学生 38 万人次。落实义务教育保障资金 94 亿元，发放普通高中国家助学金 4.8 亿元。

表 9　2019 年各级学校招生、在校及毕业生人数及其增长速度

指　标	招生人数		在校（学）人数		毕业人数	
	绝对数（万人）	比上年增长（%）	绝对数（万人）	比上年增长（%）	绝对数（万人）	比上年增长（%）
研究生教育	3.0	3.5	9.4	8.9	2.1	6.3
普通高等教育	45.6	9.6	140.7	6.1	36.2	4.1
成人高等教育	24.3	16.6	46.8	29.9	13.4	10.1
中等职业教育	25.3	10.6	67.0	1.8	21.0	2.6
普通高中	43.7	7.5	122.1	3.9	38.0	4.1
初中学校	85.1	1.0	248.3	3.2	76.9	6.1
普通小学	89.5	−3.8	528.8	1.3	83.9	0.8
特殊教育	0.8	13.4	4.7	28.8	0.6	17.3

年末全省有国家工程研究中心（工程实验室）16 个，省级工程研究中心（工程实验室）246 个。国家地方联合工程研究中心（工程实验室）38 个。国家认定企业技术中心 54 个。国家工程技术研究中心 14 个，省级工程技术研究中心 429 个。国家级重点实验室 18 个，省级重点实验室 306 个。签订技术合同 9023 项，技术合同成交金额 490.7 亿元。登记科技成果 814 项。获得国家科技进步奖励成果 23 项、国家技术发明奖 5 项、国家自然科学奖 3 项。岳麓山实验室、生物种业创新中心、先进轨道交通装备创新中心建设稳步推进，岳麓山大学科技城、马栏山视频文创产业园分别新增企业 1012 家、812 家。专利申请量 106113 件，比上年增长 12.3%。其中，发明专利申请量 39104 件，增长 10.4%。专利授权量 54685 件，增长 11.7%。其中，发明专利授权量 8479 件，增长 2.6%。工矿企业、大专院校和科研单位专利申请量分别为 56251 件、19157 件和 963 件，专利授权量分别为 30344 件、9142 件和 577 件。高新技术产业增加值 9472.9 亿元，增长 14.3%。

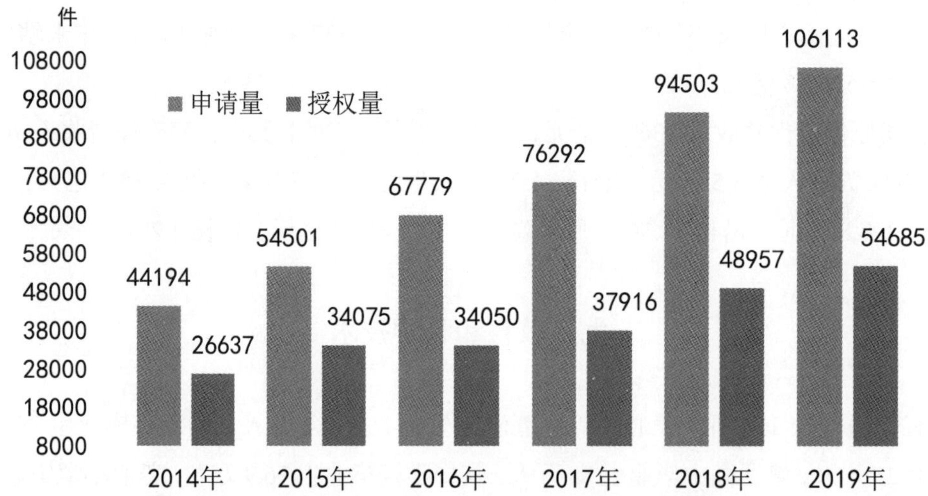

图 3　2014-2019 年专利申请量和授权量

年末全省有检验检测机构 1845 个，其中国家产品质量监督检验中心 17 个。法定计量检定机构 103 个。特种设备生产单位 1827 家，特种设备 37.62 万台。重点工业产品监督抽查合格率 86%。参与制定国际标准 9 项，参与制定国家标准 89 项，组织制定地方标准 238 项。公开出版地图 237 种，天地图用户访问量 71.9 万次，提供地理空间数据成果 224 万幅。

十、文化、卫生和体育

年末全省有艺术表演团体 510 个，群众艺术馆、文化馆 145 个，公共图书馆 140 个，博物馆、纪念馆 121 个。广播电台 14 座，电视台 16 座。有线电视用户 802.2 万户。广播综合人口覆盖率 99.36%，比上年提高 0.34 个百分点；电视综合人口覆盖率 99.72%，比上年提高 0.08 个百分点。国家级非物质文化遗产保护目录 118 个，省级非物质文化遗产保护目录 324 个。出版图书 10793 种、期刊 254 种、报纸 47 种，图书、期刊、报纸出版总印数分别为 4.5 亿册、0.9 亿册和 8.0 亿份。

年末全省共有卫生机构 57234 个。其中，医院 1616 个，妇幼保健院（所、站）136 个，专科疾病防治院（所、站）84 个，乡镇卫生院 2169 个，社区卫生服务中心（站）806 个，诊所、卫生所、医务室 11782 个，村卫生室 39504 个。卫生技术人员 50.3 万人，比上年增长 15.1%。其中，执业医师和执业助理医师 19 万人，增长 4.9%；注册护士 24.2 万人，增长 31.5%。医院拥有床位 36.5 万张，增长 4.8%；乡镇卫生院拥有床位 10.5 万张，增长 3.7%。

全省经常参加体育锻炼人数 2422 万人，开展全民健身项目 2670 项次。新建农民体育健身工程的行政村 880 个。全年获得 8 个世界冠军、14 个亚洲冠军和 77 个全国冠军。体育场地 130973 个。其中，体育馆 248 座，运动场 6506 个，游泳池 756 个，各种训练房 7032 个。

十一、人口、人民生活和社会保障

年末全省常住人口 [11]6918.4 万人。其中，城镇人 3958.7 万人，城镇化率 57.22%，比上年末提高 1.2 个百分点。全年出生人口 71.8 万人，出生率 10.39‰；死亡人口 50.3 万人，死亡率 7.28‰；人口自然增长率 3.11‰。0—15 岁（含不满 16 周岁）人口占常住人口的比重为 21.43%，比上年末提高 0.65 个百分点；16—59 岁（含不满 60 周岁）人口比重为 59.94%，下降 0.79 个百分点；60 岁及以上人口比重为 18.63%，提高 0.14 个百分点。

表 10　2019 年末常住人口数及构成

指　标	年末数（万人）	比重（%）
常住人口	6918.4	100
其中：城镇	3958.7	57.22
乡村	2959.7	42.78
其中：男性	3571.0	51.62
女性	3347.4	48.38
其中：0-15 岁（含不满 16 周岁）[12]	1482.4	21.43
16-59 岁（含不满 60 周岁）	4147.2	59.94
60 岁及以上	1288.8	18.63
其中：65 岁及以上	922.9	13.34

全年全省居民人均可支配收入 27680 元，比上年增长 9.7%；人均可支配收入中位数 22608 元，增长 9.2%。城镇居民人均可支配收入 39842 元，增长 8.6%；城镇居民人均可支配收入中位数 36036 元，增长 8.5%。农村居民人均可支配收入 [13]15395 元，增长 9.2%；农村居民人均可支配收入中位数 13920 元，增长 9.6%。城乡居民收入比由上年的 2.60 ∶ 1 缩小为 2.59 ∶ 1。分区域看，长株潭地区居民人均可支配收入 42861 元，增长 9.1%；湘南地区居民人均可支配收入 25582 元，增长 9.4%；大湘西地区居民人均可支配收入 19061 元，增长 10.3%；洞庭湖地区居民人均可支配收入 25101 元，增长 9.5%。贫困地区 [14] 农村居民人均可支配收入 11344 元，增长 10.3%。外出农民工人均月收入 4593 元，增长 8.5%。

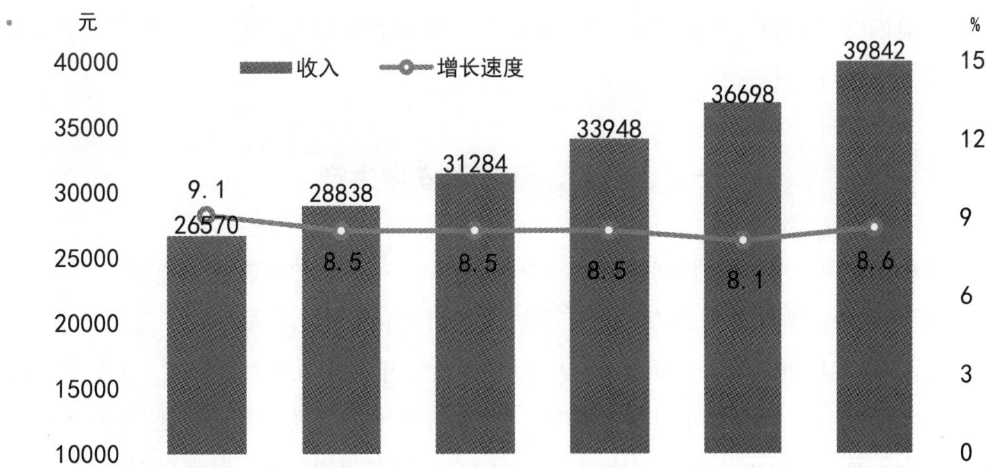

图 4　2014-2019 年城镇居民人均可支配收入及其增长速度

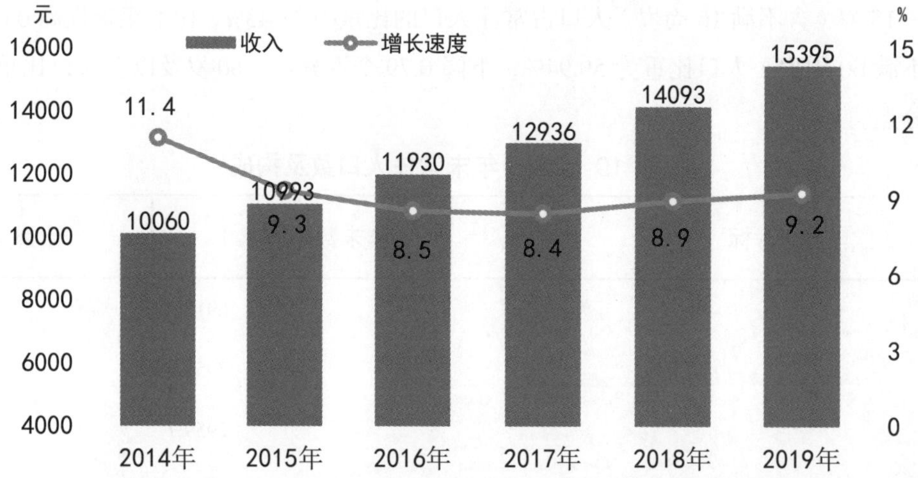

图 5　2014–2019 年农村居民人均可支配收入及其增长速度

全年全省居民人均消费支出 20479 元，比上年增长 8.9%。城镇居民人均消费支出 26924 元，增长 7.4%；农村居民人均消费支出 13969 元，增长 9.8%。恩格尔系数为 28.2%，比上年提高 0.2 个百分点，其中城镇为 27.9%，农村为 28.8%。

全年新增城镇就业人员 80.83 万人。农民工总量 1778.7 万人，比上年增长 1.2%。新生代农民工[15]963.1 万人，增长 0.4%。年末参加城镇职工基本养老保险人数 1557.9 万人，比上年末增加 155.5 万人。其中，参保职工 1071.9 万人，参保离退休人员 486 万人。参加基本医疗保险人数 6716.5 万人。其中，参加城镇职工基本医疗保险人数 930.6 万人，参加城乡居民基本医疗保险人数 5785.9 万人。参加失业保险职工人数 606.6 万人，增加 24.6 万人。参加工伤保险职工人数 807 万人。参加生育保险职工人数 600.0 万人。年末领取失业保险金职工人数 12.5 万人。获得政府最低生活保障的城镇居民 50.7 万人，发放最低生活保障经费 24.7 亿元；获得政府最低生活保障的农村居民 134.3 万人，发放最低生活保障经费 35.8 亿元。年末各类收养性社会福利单位床位 34.1 万张，收养各类人员 17.6 万人。城镇建立各种社区服务设施 18511 个，其中，综合性社区服务中心 6565 个。全年销售社会福利彩票 75.5 亿元，筹集福彩公益金 21.8 亿元。圆满完成重点民生实事任务。其中，减少义务教育大班额 2.01 万个，新增农村通自来水人口 133.46 万人，农村及城镇低保适龄妇女“两癌”免费检查 106.14 万人，基本消除村卫生室“空白村”1153 个，推行一村一辅警 2.53 万个。

十二、资源、环境和安全生产

全省已发现矿种 144 种，探明资源储量矿种 109 种。其中，能源矿产 7 种，金属矿产 39 种，非金属矿产 61 种，水气矿产 2 种。实施地质勘查项目（含续作项目）159 个，新发现大中型矿产地 5 处。

全省达到或优于 III 类标准的水质断面比例为 95.4%，比上年提高 0.9 个百分点。3 个市州城市空气质量达到二级标准。设市城市生活污水处理率 97.60%，设市城市生活垃圾无害化处理率 99.98%。已批准建设自然保护区 180 个，面积 150.9 万公顷。其中，国家级自然保护区 23 个，省级自然保护区 30 个。国家地质公园 14 个。全年完成造林面积 33.3 万公顷，年末林地面积 1299.6 万公顷，活立木蓄积 5.95 亿立方米，森林覆盖率 59.90%。

初步核算，全年全省规模工业综合能源消费量 6202.8 万吨标准煤，比上年增长 1.0%。其中，六大高耗能行业综合能源消费量 5160.4 万吨标准煤，增长 1.9%。主要污染物排放量与上年相比，化学需氧量减少 3.77%，二氧化硫减少 4.70%，氨氮减少 2.99%，氮氧化物减少 2.10%。

全年全省发生各类生产经营性安全事故 554 起，生产经营性安全事故死亡人数 595 人。亿元地区生产总值事故死亡人数 0.02 人，工矿商贸从业人员十万人事故死亡人数 0.9 人，煤矿百万吨死亡人数 0.54 人。全年发生道路交通事故（不含简易程序处理的事故）3846 起，下降 21.1%；道路交通死亡率 0.68 人 / 万辆，减少 0.23 人 / 万辆。

注释：

[1] 本公报数据均为初步统计数，部分数据因四舍五入的原因，存在与分项合计不等情况。

[2] 地区生产总值、三次产业及相关行业增加值、人均地区生产总值绝对数按现价计算，增长速度按不变价格计算。根据第四次全国经济普查结果，对地区生产总值等相关指标的历史数据进行了修订。

[3] 长株潭地区是指长沙、株洲和湘潭 3 市，湘南地区是指衡阳、郴州和永州 3 市，大湘西地区是指邵阳、张家界、怀化、娄底和湘西自治州 5 市（州），洞庭湖地区是指岳阳、常德和益阳 3 市。

[4] 高技术制造业包括医药制造业，航空、航天器及设备制造业，电子及通信设备制造业，计算机及办公设备制造业，医疗仪器设备及仪器仪表制造业，信息化学品制造业。

[5] 装备制造业主要包括金属制品业，通用设备制造业，专用设备制造业，汽车制造业，铁路、船舶、航空航天和其他运输设备制造业，电气机械和器材制造业，计算机、通信和其他电子设备制造业，仪器仪表制造业。

[6] 汽车产量统计包括上汽大众汽车有限公司长沙分公司等，2019 年汽车产量增速按可比口径计算。

[7] 由于统计调查制度规定的口径调整、统计执法、剔除重复数据、企业改革剥离、第四次全国经济普查核实调整等因素，2019 年规模以上工业企业财务指标增速及变化按可比口径计算。

[8] 根据有关规定，对外贸易采用人民币计价。

[9] 小学适龄儿童入学率指调查范围内已入小学学习的学龄儿童占校内外学龄儿童总数的百分比。

[10] 高中阶段教育毛入学率主要反映高中阶段教育覆盖面，是指高中阶段在校生总数占 15–17 岁学龄人口数的百分比。

[11] 常住人口是指实际经常居住在某地区一定时间的人口。按人口普查和抽样调查规定，主要包括：居住在本乡镇街道、户口在本乡镇街道或户口待定的人，居住在本乡镇街道、离开户口所在的乡镇街道半年以上的人，户口在本乡镇街道、外出不满半年或在境外工作学习的人。

[12]2019 年末，全省 0–14 岁（含不满 15 周岁）人口为 1396.6 万人，15–59 岁（含不满 60 周岁）人口为 4233.0 万人。

[13]2014 年起，指标由农村居民人均纯收入改为农村居民人均可支配收入。

[14] 贫困地区，包括集中连片特困地区、片区外的国家扶贫开发工作重点县和省级扶贫开发重点县，共 51 个县。

[15] 新生代农民工，即 1980 年及以后出生的农民工。

资料来源：

本公报中财政数据来自省财政厅；铁路运输、铁路里程数据来自中国铁路广州局集团有限公司、石长铁路有限责任公司和南宁铁路有限公司；公路运输、水路运输、公路里程数据来自省交通运输厅；民航运输数据来自省机场管理集团有限公司、中国南方航空股份有限公司湖南分公司；管道运输数据来自中国石油化工股份有限公司长岭分公司、中国石化集团资产经营管理有限公司长岭分公司、中国石化集团资产经营管理有限公司巴陵石化分公司、中国石化销售有限公司华中分公司湖南输油管理处、长沙新奥燃气有限公司、长沙华润燃气有限公司、湘潭新奥燃气有限公司、常德中石油昆仑燃气有限公司、娄底华润燃气有限公司；汽车保有量、道路交通事故、推行一村一辅警数据来自省公安厅；电信业务量、移动电话用户数、固定电话用户数、互联网宽带用户数来自省通信管理局；邮政业务量来自省邮政管理局；存贷款数据来自中国人民银行长沙中心支行；上市公司数据来自省地方金融监督管理局；证券、期货数据来自中国证券监督管理委员会湖南监管局；保险业数据来自中国银行保险监督管理委员会湖南监管局；教育数据来自省教育厅；科技数据来自省科技厅；专利、质量检测、行业标准数据来自省市场监督管理局；测绘、矿产资源数据来自省自然资源厅；旅游、艺术表演团体、博物馆、公共图书馆、文化馆、非物质文化遗产保护数据来自省文化和旅游厅；广播、电视数据来自省广播电视局；报纸、期刊、图书数据来自省委宣传部；卫生数据来自省卫生健康委员会；体育数据来自省体育局；城镇新增就业、社会保险数据来自省人力资源和社会保障厅；医疗保险、生育保险数据来自省医疗保障局；城乡低保、社会福利、社区服务数据来自省民政厅；水利建设、新增农村通自来水人口数据来自省水利厅；农村及城镇低保适龄妇女“两癌”免费检查数据来自省妇联；城市建设数据来自省住房和城乡建设厅；自然保护区、地质公园、林地、造林、活立木、森林覆盖率数据来自省林业局；地表水质量、污染物排放数据来自省生态环境厅；安全生产数据来自省应急管理厅；其他数据来自省统计局和国家统计局湖南调查总队。

Hunan Province Statistical Communiqué for the 2019 National Economic and Social Development [1]

Hunan Bureau of Statistics, Hunan Survey Office of the National Bureau of Statistics

March 17, 2020

Facing the complicated situation of mounting risks and challenges at home and abroad in 2019, under the leadership of Hunan Provincial Committee and Hunan Provincial People's Government, Hunan adhered to the guidance of Xi Jinping Thought on Socialism with Chinese Characteristics for a New Era, followed the decisions and arrangements made by the CPC Central Committee and the State Council, followed general work guideline of making progress while maintaining stability, vigorously implemented the strategy of innovation–led opening up and development, fought the "three critical battles", promoted industrial project constructions, and made numerious effort to ensure stability in areas of employment, financial sector, foreign trade, foreign investment, domestic investment and market expectation. Throughout the year, the economy kept stable and growing, and took solid steps towards high quality development, laying the crucial foundation needed to reach the goal of building a moderately prosperous society in all respects and to accomplish 13th Five–Year Plan.

I. General Outlook

According to preliminary estimation, Hunan's gross domestic product (GDP) [2] was 3,975.21 billion Yuan, representing a 7.6 percent increase over the previous year. Out of this total, the added value of the primary industry was 364.69 billion Yuan, up by 3.2 percent; that of the secondary industry was 1,494.70 billion Yuan, up by 7.8 percent; and that of the tertiary industry was 2,115.82 billion Yuan, up by 8.1 percent. Calculated over permanent population, the per capita GDP turned out to be 57,540 Yuan, up by 7.1 percent compared with 2018.

The proportion of the three industries in Hunan Province was calculated as 9.2 : 37.6 : 53.2. The added value of the tertiary industry accounted for the same percent with the previous year. The added value of the industrial sector accounted for 29.3 percent of Hunan's GDP, down by 0.4 percent from the preceding year. The added value of the high and new technology industry accounted for 23.8 percent of Hunan's GDP. The added value of non–public sector went up by 8.2 percent, accounting for 61.4 percent of Hunan's GDP. The added value of strategic emerging industry increased by 9.9 percent, accounting for 8.6 percent of Hunan's GDP. The contribution rates of the primary, secondary and tertiary industry to economic growth were 3.6 percent, 44.4 percent and 52.0 percent respectively. The contribution rate of industrial sector to economic growth was 39.3 percent, and that of producer services sector to economic growth was 23.8 percent, presenting increase rates of 5.5 percent and 4.4 percent respectively. The contribution rates of the gross capital formation, final consumption expenditure and net exports of goods and services to economic growth were 44.5 percent, 56.6 percent and –1.1 percent respectively.

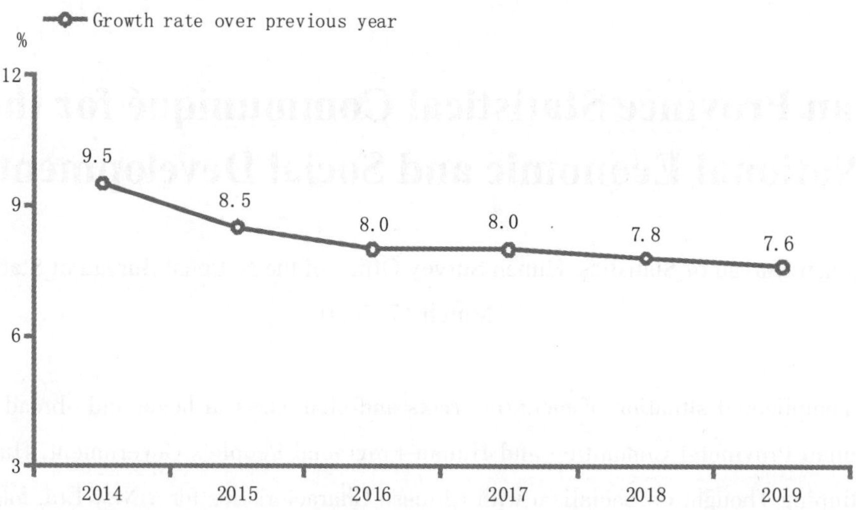

Figure 1:The Growth Rate of Gross Domestic Product,2014–2019

Looking from regions, the GDP of Changsha–Zhuzhou–Xiangtan (CZT) [3] region was 1,683.50 billion Yuan, up by 8.0 percent over the previous year; the GDP of southern Hunan was 780.04 billion Yuan, up by 7.7 percent; the GDP of large western Hunan was 667.75 billion Yuan, up by 7.9 percent; and the GDP of Dongting Lake areas was 919.71 billion Yuan, up by 7.7 percent.

II. Agriculture

In 2019, the added value of agriculture was 385.02 billion Yuan, up by 3.5 percent over the previous year. Of this total, the added value of farming was 212.40 billion Yuan, up by 3.6 percent; that of forestry was 31.92 billion Yuan, up by 9.4 percent; that of animal husbandry was 91.63 billion Yuan, down by 2.2 percent; and that of fishery was 28.75 billion Yuan, up by 7.1 percent.

The sown area of grain was 4,616,400 hectares, a decrease of 131,500 hectares compared with that in 2018, of which, summer crops was 102,500 hectares, a decrease of 21,200 hectares; early rice was 1,094,600 hectares, a decrease of 143,600 hectares; and autumn grain was 3,419,300 hectares, an increase of 33,300 hectares. Of the autumn grain sown area, medium rice and late rice was 1,602,100 hectares, an increase of 129,600 hectares; double cropping late–season rice was 1,158,500 hectares, an increase of 139,800 hectares. The total output of grain was 29,748,000 tons, down by 1.6 percent from the previous year. Of this total, the output of summer crops was 413,000 tons, down by 19.6 percent; the output of early rice was 6,614,000 tons, down by 12.5 percent; and the output of autumn grain was 22,721,000 tons, up by 2.5 percent.

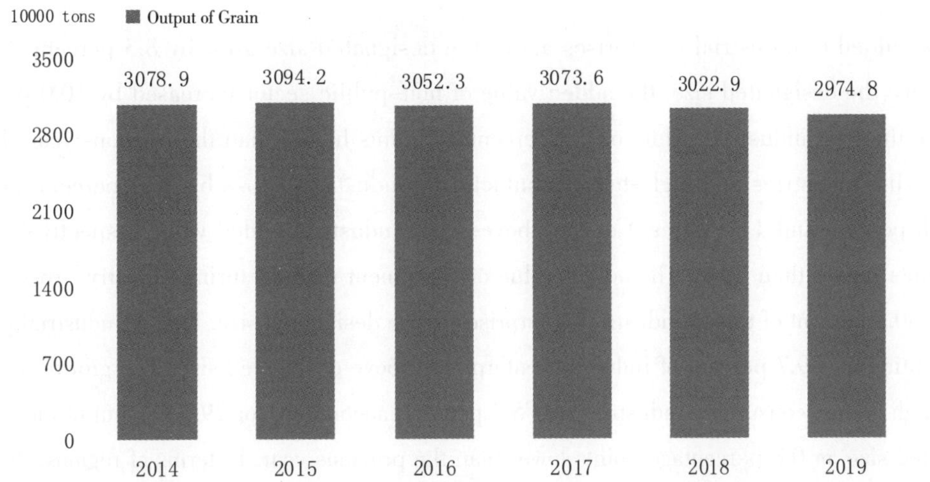

Figure 2:The Total Output of Grain,2014–2019

The sown area of cotton was 63,000 hectares, a decrease of 900 hectares from the preceding year. The sown area of sugar crops was 7,400 hectares, an increase of 30 hectares. The sown area of oil–bearing crops was 1,365,500 hectares, an increase of 20,800 hectares. The sown area of vegetables was 1,313,200 hectares, an increase of 48,300 hectares. The output of cotton decreased by 4.5 percent from the preceding year to 82,000 tons, that of oil–bearing crops increased by 2.0 percent to 2,392,000 tons, that of flue–cured tobacco dropped by 2.5 percent to 184,000 tons, that of tea increased by 8.7 percent to 234,000 tons, and the output of vegetables increased by 3.9 percent to 39,694,000 tons.

The total output of pork, beef, mutton and poultry in 2019 was 4,568 thousand tons, down by 15.3 percent over the previous year. Of this total, the output of pork was 3,485 thousand tons, down by 22.0 percent; that of beef was 190 thousand tons, up by 6.1 percent; that of mutton was 159 thousand tons, up by 6.7 percent; and that of poultry was 734 thousand tons, up by 22.9 percent. During the year, 48,129 thousand pigs were slaughtered, down by 19.7 percent; 1,625 thousand cattle were slaughtered, up by 6.4 percent; and 9,715 thousand sheep were slaughtered, up by 6.6 percent. At the end of 2019, 26,983 thousand pigs were registered in the total stocks, down by 29.4 percent; 2,480 thousand female hogs with fertility were registered, down by 34.5 percent; 4,104 thousand cattle were registered, up by 6.5 percent; and 7,122 thousand sheep were registered, up by 6.6 percent. The total output of eggs was 1,147 thousand tons, up by 8.8 percent. The production of milk was 63 thousand tons, up by 1.6 percent. The total output of aquatic products was 2,544 thousand tons, up by 3.0 percent over the previous year.

Over 30,200 hectares of farmland were newly equipped with irrigation systems, and another 38,700 hectares of farmland were newly equipped with water–saving irrigation systems. There were 75,000 water conservancy projects under construction with the investment of 26.70 billion Yuan, and the completed rock excavated volume was 1.02 billion cubic meters. The length of rural highway reconstructed was 5,445.8 kilometers.

III. Industry and Construction

The value added of industrial enterprises above the designated size grew by 8.3 percent. Of the industrial enterprises above the designated size, the added value of non–public sector increased by 10.0 percent, taking up 74.4 percent of the total industrial value, or 2.3 percentage points higher than the previous year. The added value of high–processing industries and high–tech manufacturing industries[4] rose by 13.1 percent and 16.3 percent, taking up 37.8 percent and 11.3 percent of the above–scale industrial added value respectively, or 1.5 and 0.7 percentage points higher than 2018. The added value of equipment manufacturing industry[5] rose by 14.1 percent, accounting for 30.5 percent of that of industrial enterprises above designated size. That of industrial parks rose by 8.1 percent, accounting for 69.7 percent of industrial enterprises above designated size. The growth of the added value for six major high energy consuming industries was 5.4 percent, accounting for 29.1 percent of industrial enterprises above designated size, or 0.8 percentage points lower than the previous year. In terms of regions, the value added of industrial enterprises above designated size in Changsha–Zhuzhou–Xiangtan(CZT) areas, southern Hunan, western Hunan and Dongting Lake areas grew up by 8.8 percent, 8.2 percent, 7.8 percent and 8.1 percent respectively.

In the statistic, the output of 62.7 percent products from industrial enterprises above designated size increased. Among the main products, the output of rice was 14,690 thousand tons, down by 0.2 percent; the output of fodder was 17,329 thousand tons, up by 3.0 percent; the volume of crude oil processing was 9,341 thousand tons, down by 1.5 percent; the output of cement reached 111,949 thousand tons, up by 2.6 percent; the output of rolled steel was 24,516 thousand tons, up by 2.8 percent; the output of ten kinds of non–ferrous metal was 1,939 thousand tons, down by 0.6 percent; the output of concrete machineries totaled 44 thousand, up by 17.8 percent; the output of cars[6] was 850 thousand, down by 2.1 percent; and the electric energy production was 150.55 billion kilowatt–hours, up by 5.9 percent compared with the preious year.

Table 1: Outputs and Growth Rates of Major Products in Industries above Designated Size in 2019

Product	Unit	Output	Increase over 2018 (%)
Crude Coal	10,000 tons	1374.7	–16.7
Crude Salt	10,000 tons	322.1	–0.3
Rice	10,000 tons	1469.0	–0.2
Feedstuff	10,000 tons	1732.9	3.0
Edible Vegetable Oil	10,000 tons	321.3	2.9
Cigarette	100 million	1651.5	1.0
Machine–made Paper and Paperboard	10,000 tons	331.3	–8.0
Crude Processing Volume	10,000 tons	934.1	–1.5
Sulfuric Acid（converted into 100%）	10,000 tons	171.6	–0.7
Caustic Soda（converted into 100%）	10,000 tons	58.4	30.4
Synthetic Ammonia	10,000 tons	63.3	15.7
Fertilizers（converted into pure）	10,000 tons	52.6	–2.0
Cement	10,000 tons	11194.9	2.6
Flat Glass	10,000 weight cases	3394.6	35.5
Pig iron	10,000 tons	1973.9	0.5

Table 1 continued

Product	Unit	Output	Increase over 2018 (%)
Rolled Steel	10,000 tons	2451.6	2.8
Ten kinds of Nonferrous Metals	10,000 tons	193.9	-0.6
Silver	tons	7080.6	-13.8
Jack-up Equipment	10,000 tons	153.0	48.5
Concrete Machinery	10,000 units	4.4	17.8
Construction Machinery	10,000 units	9.6	27.1
Motor Vehicles	10,000 units	85.0	-2.1
Of which: Car	10,000 units	33.6	-21.4
SUV	10,000 units	36.4	6.8
New-energy vehicles	10,000 units	11.8	148.1
Urban Rail Transit	units	1300	5.9
Power Generating Equipment	10,000 kilowatts	160.9	-14.8
AC Electric Motor	10,000 kilowatts	1114.0	-13.6
Transformer	10,000 KVA	10560.7	12.7
Electricity	100 million kilowatt-hours	1505.5	5.9
Of which: Thermal power	100 million kilowatt-hours	903.8	-0.7
Hydropower	100 million kilowatt-hours	528.0	18.2

The profits made by industrial enterprises above designated size [7] were 187.08 billion Yuan, up by 6.6 percent over the pervious year. In terms of ownership, the profits of the state-holding enterprises were 8.36 billion Yuan, up by 8.2 percent; those of the collective enterprises were 0.31 billion Yuan, down by 0.3 percent; those of the share collaboration enterprises were 0.11 billion Yuan, down by 3.6 percent; those of the share-holding enterprises were 156.83 billion Yuan, up by 9.6 percent; those of the enterprises funded by foreign investors and investors from Hong Kong, Macao and Taiwan were 15.97 billion Yuan, down by 16.5 percent; those of other domestic-funded enterprises were 5.5 billion Yuan, up by 7.4 percent. Among the top five industrial sectors, the profits of special equipment were 29.35 billion Yuan, up by 44.0 percent over the previous year; those of non-metallic mineral products were 20.25 billion Yuan, up by 6.4 percent; those of raw chemical materials and chemical products were 14.46 billion Yuan, down by 0.2 percent; those of computer, communication and other electronic equipment industry were 12.66 billion Yuan, up by 3.9 percent; those of agricultural and sideline food processing industry were 12.33 billion Yuan, down by 7.2 percent. The cost in industrial enterprises above designated size was 81.9 Yuan per 100 Yuan prime operating revenue. The asset-liability ratio of industrial enterprises above designated size was 50.8 percent at the end of 2019.

The added value of construction enterprises qualified for general contracts and specialized contracts reached 1,080.06 billion yuan, up by 12.7 percent over the previous year. The floor space under construction of building was 652.473 million square meters, up by 10.1 percent. The completed building area was 210.438 million square meters, up by 5.6 percent.

IV. Investment in Fixed Assets

In 2019, the total investment in fixed assets (excluding rural households) increased by 10.1 percent compared with the previous year. Of the total, the private investment increased by 18.3 percent. In terms of ownership, the investment of state-owned units decreased by 4.4 percent, and that of non-state-owned units increased by 16.8 percent. In terms of investment orientation, the investment in people's livelihood increased by 17.4 percent; that in ecology increased by 20.2 percent; that in infrastructure decreased by 0.1 percent; that in high and new technology industries increased by 37.8 percent, and that in industrial technology increased by 35.7 percent. In terms of region, the investment in Changsha-Zhuzhou-Xiangtan areas, southern Hunan, western Hunan and Dongting Lake areas grew by 10.7 percent, 11.2 percent, 8.5 percent and 9.5 percent respectively.

The provincial construction projects grew by 14.1 percent over the preceding year, among which the projects undertaken grew by 15.6 percent, and the projects put into operation grew by 26.2 percent.

In 2019, the investment in real estate development was 444.55 billion Yuan, up by 12.7 percent compared with the previous year. Of this total, the investment in residential buildings reached 319.73 billion Yuan, up by 15.7 percent. The floor space of commercialized buildings sold was 91.035 million square meters, a decrease of 1.5 percent, of which, the floor space of residential buildings sold was 80.732 million square meters, an increase of 0.9 percent. The sales revenue of commercialized buildings was 557.80 billion Yuan, an increase of 4.2 percent, of which, the residential buildings was 472.14 billion Yuan, an increase of 7.9 percent. At the end of the year, the area of commercialized buildings for sale was 14.107 million square meters, a decrease of 18.0 percent, or a decrease of 3.097 million square meters.

Table 2: Growth Rates of Investment in Fixed Assets in 2019

Index	Increase over 2018 (%)
Fixed Assets Investment (Excluding Rural Households)	10.1
Primary Industry	28.0
Secondary Industry	14.2
Of which: Mining Industry	15.4
Manufacturing Industry	18.4
Production and Supply of Electricity, Heat, Gas and Water	13.4
Construction Industry	−86.7
Tertiary Industry	7.0
Of which: Transportation, Warehousing and Postal Service	4.0
Information Transmission, Software and IT Service	63.2
Wholesale and Retail Sale	−19.8
Hotels and Catering Service	−2.5
Financial Industry	−0.9
Real Estate	9.4
Leasing and Commercial Service	20.9
Scientific Research and Technological Service	22.7
Management of Water Conservancy, Environment and Public Facilities	−4.3
Residents Service, Repair and Other Services	−14.6
Education	23.9
Sanitation and Social Work	7.0
Culture, Sport and Entertainment	29.6
Public Management, Social Security and Social Organization	−7.8

V. Domestic Trade and Price

In 2019, Hunan's total retail sales of consumer goods reached 1,723.95 billion Yuan, a growth of 10.2 percent over the previous year. An analysis on different areas showed that the retail sales of consumer goods in urban areas stood at 1,555.77 billion Yuan, up by 10.1 percent, and that in rural areas reached 168.18 billion Yuan, up by 11.1 percent. Grouped by consumption patterns, the retail sales of commodities was 1,509.30 billion yuan, up by 10.0 percent, and that of catering industry was 214.65 billion yuan, up by 11.7 percent. In terms of region, the retail sales of consumer goods in Changsha–Zhuzhou–Xiangtan (CZT) zone, southern Hunan, western Hunan and Dongting Lake areas were 715.90 billion Yuan, 340.23 billion Yuan, 304.10 billion Yuan and 363.72 billion Yuan respectively, with year–on–year growth of 10.2 percent, 10.3 percent, 10.2 percent and 10.3 percent.

Table 3: Retail Sales and Growth Rates of Social Consumer Goods in 2019

Index	Retail Sale (100 million Yuan)	Increase over 2018 (%)
Total Retail Sale of Consumer Goods	17239.5	10.2
Grouped by Location		
Of which: Town	15557.7	10.1
Village	1681.8	11.1
Retail Sales of Above–norm Corporate Wholesale and Retailing Merchandise	5350.8	10.7
Of which: Grain and Oils, and Food	597.2	19.6
Beverages and Alcohols	94.3	26.3
Tobaccos	104.0	15.9
Clothing, Shoes, Hats, Textiles	357.3	10.0
Cosmetics	68.9	13.8
Silver and Jewelry	75.0	9.7
Daily Commodity	175.8	17.0
Hardware and Electrical Materials	52.3	16.2
Sports and Recreation Articles	13.7	23.7
Newspapers and Magazines	57.2	16.4
Electronic Publications and Audio and Video Products	2.9	7.6
Household Appliances and Audio and Video Accessories	344.5	7.2
Traditional Chinese and Western Medicines	223.5	16.5
Culture and Office Articles	96.0	24.1
Furniture	70.5	26.3
Communication Appliances	67.2	39.6
Petroleum and Related Products	991.0	5.2
Building and Decoration Materials	92.5	1.2
Mechanical and Electrical Products	41.7	–7.6
Automobiles	1681.2	8.3

The retail sales of the legal entities'wholesale and retail industry above designated size was 535.08 billion Yuan, a growth of 10.7 percent over the previous year. Grouped by commodity type, the year–on–year growth of retail sales for grain, oil and food went up by 19.6 percent; cosmetics up by 13.8 percent; household appliances and audio–video equipment up by 7.2 percent; traditional Chinese and western medicines up by 16.5 percent; furniture up by 26.3 percent; petroleum and petroleum products up by 5.2 percent; and motor vehicles up by 8.3 percent. Among intelligent and environmentally friendly products, intelligent household appliances and audio–video equipment grew by 39.7 percent, smartphones grew by 71 percent, and new–energy vehicles grew by 190 percent.

The online retail sales of physical goods were 135.18 billion yuan, up by 26.8 percent over the previous year on a comparable basis, accounting for 7.8 percent of the total retail sales of consumer goods, or 1.2 percentage points higher than that of 2018.

The consumer prices index (CPI) of household in Hunan was 2.9 percent higher than the previous year, while in urban area the index grew up by 2.8 percent, and in rural area up by 3.1 percent. The retail prices of commodities increased by 2.3 percent. The producer price index for industrial products decreased by 0.4 percent and purchasing price index for industrial products grew by 0.2 percent. The investment price of fixed assets grew by 1.7 percent. The producer price of agricultural products grew by 18.0 percent. The prices for means of agricultural production grew by 2.5 percent.

Table 4: The Change Rates of Consumer Prices compared with the previous year in 2019

Index	Increase over 2018 (%)	Region	
		Urban	Rural
CPI (Consumer Price Index)	2.9	2.8	3.1
Of which: Food and Tobacco	7.3	6.9	8.1
Clothing Articles	1.1	1.2	0.8
Residence	1.5	1.3	1.7
Household AppliancesAnd Services	0.5	0.6	0.1
Traffic and Telecommunications	-1.4	-1.5	-1.1
Recreation, Education and Cultural Articles	2	2.1	1.5
Health Care and Personal Items	1.4	1.9	0.6
Other Products And Service	2.5	3.4	0.9

VI. Foreign Economic Relations

The total value of imports and exports[8] of goods reached 434.22 billion Yuan, an increase of 41.2 percent compared with the previous year. The value of goods exported was 307.61 billion Yuan, up by 51.9 percent, and the value of goods imported was 126.61 billion Yuan, up by 20.4 percent. In terms of trade, the value of goods exported through general trade totaled 241.19 billion Yuan, up by 54.6 percent, and the value of goods exported through processing trade totaled 55.00 billion Yuan, up by 22.2 percent. Among the top five kinds of goods exported, the value of clothes and clothing accessories totaled 26.97 billion Yuan, up by 72.6 percent; that of footwear totaled 12.19 billion Yuan, up by 44.1 percent; that of toys totaled 11.30 billion Yuan, up by 280 percent; that of ceramics totaled 10.53 billion Yuan, up by 56.4 percent; and that of rolled steel totaled 9.99 billion Yuan, up by 30.8 percent. In terms of region, the exports to Hong Kong, United States, European Union and ASEAN reached 60.83 billion

Yuan, 36.14 billion Yuan, 45.39 billion Yuan and 50.29 billion Yuan, with the growth rates of 48.3 percent, 24.0 percent, 73.0 percent, and 66.3 percent respectively.

Table 5: Total Exports and Imports and Growth Rates in 2019

Index	Absolute Number (100 million Yuan)	Increase over 2018 (%)
Total Imports and Exports	4342.2	41.2
Exports	3076.1	51.9
Grouped by Mode of Trade		
Of which: Original Trade	2411.9	54.6
Processing Trade	550.0	22.2
Grouped by Main Commodity		
Of which: Electromechanical Products	1335.4	52.9
High-tech Products	417.1	71.1
Agricultural Products	91.2	6.2
Imports	1266.1	20.4
Grouped by Mode of Trade		
Of which: Original Trade	772.8	9.2
Processing Trade	396.3	32.4
Grouped by Main Commodity		
Of which: Electromechanical Products	545.6	20.7
High-tech Products	311.7	29.2
Agricultural Products	151.6	53.3

The year 2019 witnessed the foreign direct investment actually utilized reached 18.10 billion US dollars, up by 11.8 percent over the previous year. The foreign direct investment utilized by primary industry totaled 0.72 billion US dollars, up by 15.7 percent; that utilized by secondary industry totaled 8.03 billion US dollars, down by 0.7 percent; and that utilized by tertiary industry totaled 9.35 billion US dollars, up by 25.0 percent. There were 134 projects actually utilizing more than 30 million dollars from foreign direct investment. At the end of 2019, there were 175 world top-500 leading enterprises in Hunan, with 3 enterprises newly invested. The actually utilized capital out of the province and inside China reached 713.33 billion Yuan, up by 18.8 percent, of which, the amount utilized by primary industry was 51.78 billion Yuan, up by 23.9 percent, that utilized by secondary industry was 356.67 billion Yuan, up by 19.1 percent, and that utilized by tertiary industry was 304.88 billion Yuan, up by 17.8 percent. There introduced 712 projects utilizing more than 200 million Yuan out of the province and inside China, with a growth of 15.2 percent over the previous year; and the actually installed capital reached 286.48 billion Yuan, with a growth of 28.3 percent.

The added contractual value signed through overseas engineering projects, labor forces and design and consultation amounted to 12.55 billion US dollars, with an increase of 30.6 percent over the previous year. The accomplished business revenue reached 10.22 billion US dollars, up by 20.6 percent. The number of labor forces sent abroad through overseas labor contracts was 164 thousand, up by 24.2 percent. The contractual foreign investment amounted 1.17 billion US dollars, with a decrease of 35.8 percent; of which, the domestic proportion was 1.09 billion US dollars, with a decrease of 31.6 percent. The actual foreign investment was 0.96 billion US dollars, with a decrease of 42.4 percent.

VII. Transportation, Post and Telecommunications and Tourism

The provincial converted turnover volume of passenger and freight transportation reached 566.03 billion ton-km, a growth of 3.9 percent compared with 2018. The freight flows were 459.33 billion ton-kilometers, with a growth of 4.3 percent compared with 2018. The volume of freight handled by railways totaled 85.54 billion ton-kilometers, up by 5.2 percent; that handled by highways totaled 329.77 billion ton-kilometers, up by 5.9 percent. The total passenger traffic reached 166.10 billion person-kilometers, down by 0.4 percent over 2018. Of this total, the volume of passenger handled by railways totaled 100.60 billion person-kilometers, up by 2.7 percent; that handled by highways totaled 43.35 billion person-kilometers, down by 9.7 percent; that handled by civil aviation totaled 21.80 billion person-kilometers, up by 6.2 percent.

At the end of 2019, the mileage in highway open to traffic reached 241 thousand kilometers, with an increase of 0.2 percent over the previous year, of which, the mileage in highways open to traffic reached 6,802 kilometers, with an increase of 77 kilometers over the previous year. The railroad lines in service reached 5,271 kilometers, of which, high-speed railways reached 1,986 kilometers. The total number of motor vehicles for civilian use reached 8.754 million by the end of 2019, up by 11.3 percent; the privately-owned vehicles reached 8.127 million, up by 11.7 percent; and the number of cars reached 4.794 million, up by 11.4 percent.

Table 6: Volume of Passenger and Freight Traffic by Various Means and Growth Rates in 2019

Index	Unit	Absolute Number	Increase over 2018 (%)
Volume of Freight Traffic	10,000 tons	244098.2	5.6
Of which: Railway	10,000 tons	4554.1	1.9
Highway	10,000 tons	218236.2	6.8
Waterway	10,000 tons	20090.4	-4.8
Civil Aviation	10,000 tons	9.1	12.4
Pipeline	10,000 tons	1208.3	2.9
Volume of Passenger Traffic	10,000 people	102970.6	-4.7
Of which: Railway	10,000 people	15625.9	12.1
Highway	10,000 people	84162.0	-7.5
Waterway	10,000 people	1640.6	-5.1
Civil Aviation	10,000 people	1542.2	9.9

The turnover of post services totaled 32.18 billion Yuan (2010 equivalent), up by 29.6 percent over the previous year. The turnover of telecommunication services totaled 425.0 billion Yuan (2015 equivalent), up by 71.7 percent over the previous year. There were 6.231 million fixed-line subscribers, down by 3.7 percent; and 66.481 million mobile phone subscribers, up by 5.5 percent. There were 18.738 million broadband internet users, up by 14.6 percent over the previous year.

The year 2019 registered 830 million domestic tourists, up by 10.3 percent over that of the previous year. The number of inbound visitors totaled 4.67 million, an increase of 24.5 percent. The revenue from tourism totaled 976.23 billion Yuan, up by 15.6 percent over the previous year. Of this total, the revenue from domestic tourism totaled 961.34 billion Yuan, up by 15.3 percent; and the revenue from international tourism totaled 2.25 billion US dollars, with an increase of 34.8 percent.

VIII. Finance and Financial Intermediation

The local general public budget revenue reached 300.699 billion Yuan, up by 5.11 percent compared with the previous year on a comparable basis, of which tax revenue reached 206.192 billion Yuan, up by 5.22 percent, and non–tax revenue reached 94.507 billion Yuan, up by 4.87 precent. Among the tax revenue, the value–added tax amounted to 78.957 billion Yuan, up by 1.83 percent; and the income tax amounted to 24.716 billion Yuan, up by 4.91 percent.

Table 7: Revenue and Expenditure of Public Finance and Growth Rates in 2019

Index	Absolute Number (100 million Yuan)	Increase over 2018 (%)
Revenue of General Public Budget	3006.99	5.11
Of which: Tax Revenue	2061.92	5.22
Of which: Value–added Tax Revenue	789.57	1.83
Income Tax Revenue	247.16	4.91
Nontax Revenue	945.07	4.87

Savings deposit in Renminbi and foreign currencies in all items of financial institutions reached 5,266.04 billion yuan at the end of 2019, an increase of 7.5 percent compared with that at the beginning of the year. Of this total, the deposit balance of household totaled 2,841.03 billion Yuan, up by 11.9 percent, and that of non–financial enterprises totaled 1,304.57 billion Yuan, basically flat with the previous year. Loans in Renminbi and foreign currencies in all items of financial institutions reached 4,241.54 billion Yuan, an increase of 16.0 percent, of which, loan balance of household totaled 1,570.62 billion Yuan, up by 18.5 percent, and that of non–financial enterprises and government organizations totaled 2,661.78 billion Yuan, up by 14.7 percent.

Table 8: Deposit and Loan Balances of RMB and Foreign Currencies in Financial Institutions and Added Balances at the End of 2019

Index	Balances (100 million Yuan)	Added Balances over the beginning of 2019 (100 million Yuan)
Total Deposit Balances	**52660.4**	**3658.5**
Of which: Domestic Deposits	52596.2	3621.8
Household	28410.3	3022.0
Current Deposits	10441.1	810.7
Time Deposits and Other Deposits	17969.2	2211.3
Non–financial Enterprise	13045.7	–0.3
Current Deposits	7409.4	–338.8

Table 8 continued

Index	Balances (100 million Yuan)	Added Balances over the beginning of 2019 (100 million Yuan)
Time Deposits and Other Deposits	5636.3	338.5
Non-banking Financial Institution	2112.7	260.3
Overseas Deposits	64.1	36.7
Total Loan Balances	**42415.4**	**5829.8**
Of which: Domestic Loans	42348.1	5862.2
Household	15706.2	2433.6
Short-term Loans	3977.7	762.8
Medium and Long-term Loans	11728.4	1670.8
Non-financial Enterprise and Government Organization	26617.8	3411.7
Short-term Loans	5523.5	633.4
Medium and Long-term Loans	19512.4	2179.2
Overseas Loans	67.3	-32.3

There were 105 A-share companies by the end of 2019 in Hunan. The fund raised through direct finance amounted to 309.333 billion Yuan, up by 9.7 percent compared with that in 2018. The market value of the 105 listed companies totaled 986.593 billion Yuan, an increase of 39.3 percent. There were 437 business departments of security companies, 13 more than that in 2018. There were 3 futures companies whose revenue reached 4,526.73 billion Yuan.

The premium of primary insurance totaled 136.91 billion Yuan, marking an increase of 11.2 percent. Of this total, life insurance premium of primary insurance amounted to 70.95 billion Yuan, up by 4.8 percent; health insurance premium of primary insurance amounted to 25.35 billion Yuan, up by 34.0 percent; casualty insurance premium of primary insurance amounted to 3.53 billion Yuan, up by 11.3 percent; and property insurance premium of primary insurance amounted to 39.78 billion Yuan, up by 11.3 precent. Insurance companies paid an indemnity worth of 42.38 billion Yuan, up by 3.2 percent.

IX. Education, Science and Technology

At the end of 2019, there were 110 regular institutions of higher learning in Hunan. The post-graduate education graduates were 21 thousand, the general tertiary education graduates were 362 thousand, the vocational secondary school graduates were 210 thousand, the senior secondary school graduates were 380 thousand, the junior secondary school graduates were 769 thousand, and the primary education graduates were 839 thousand. Children enrolled in kindergartens were 2,276 thousand, with an increase of 1.1 percent over the previous year. Enrollment rate[9] of children in primary education hit 100 percent. Gross enrollment rate[10] of teenagers in senior secondary school was 93.04 percent. The enrollment in the 13,496 voluntary schools were 2.973 million students. There were 733 thousand college students funded by 1.61 billion Yuan state scholarships and grants for colleges and universities, and 380 thousand vocational students supported by 380 million Yuan state grants. There were 9.4 billion Yuan allocated for compulsory education guarantee fund and 480 million Yuan were granted to regular high school students.

Table 9: Numbers of New Students Enrollment, Students Enrollment and Graduates in Schools at Different Levels and Growth Rates in 2019

Index	New Students Enrollment		Students Enrollment		Graduates	
	Absolute Number (10,000 people)	Increase over 2018 (%)	Absolute Number (10,000 people)	Increase over 2018 (%)	Absolute Number (10,000 people)	Increase over 2018 (%)
Post-graduate Education	3	3.5	9.4	8.9	2.1	6.3
Regular Higher Education	45.6	9.6	140.7	6.1	36.2	4.1
Adult Higher Education	24.3	16.6	46.8	29.9	13.4	10.1
Secondary Vocational Education	25.3	10.6	67	1.8	21	2.6
Regular Senior Secondary School	43.7	7.5	122.1	3.9	38	4.1
Junior Middle School	85.1	1	248.3	3.2	76.9	6.1
Regular Primary School	89.5	-3.8	528.8	1.3	83.9	0.8
Special Education	0.8	13.4	4.7	28.8	0.6	17.3

By the end of 2019, there were 16 national engineering research centers, 246 provincial engineering research centers, and 38 national combined with the local engineering research centers. There were 54 state-level enterprise technology centers, 14 national engineering technology research centers, 429 provincial engineering technology research centers, 18 national key laboratories, and 306 provincial key laboratories. A total of 9,023 technology transfer contracts were signed, totally worth of 49.07 billion Yuan. There were 814 scientific and technological achievements registered, 23 National Scientific and Technological Advancement Awards, 5 National Invention Awards and 3 Natural Science Awards. Yuelu Mountain Laboratory, Biological Seed Industry Innovation Center and Advanced Rail Transit Equipment Center were under construction. There were 1,012 and 812 new enterprises registered seperately in Yuele Mountain technological college town and Malanshan vedio culture industrial park. There were 106,113 patent applications, up by 12.3 percent over the previous year, of which, patent application for original inventions were 39,104, up by 10.4 percent. There were 54,685 patents authorized, up by 11.7 percent, of which, 8,479 were invention patents. The numbers of patent applications in industrial and mining enterprises, universities and colleges, and scientific research institutions reached 56,215, 19,157 and 963, while the numbers of patents authorized were 30,344, 9,142 and 577. The added value of high and new technology industries was 947.29 billion Yuan, up by 14.3 percent higher than the year 2018.

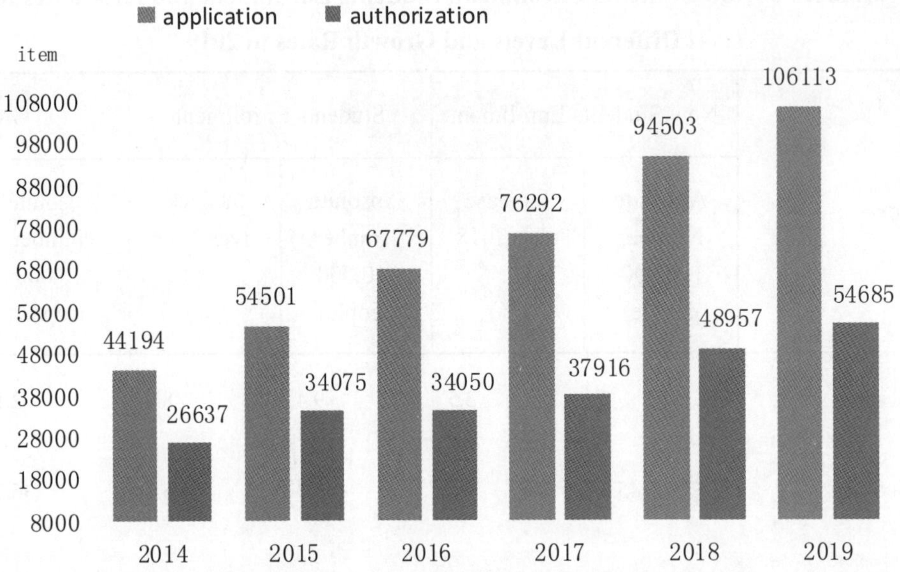

Figure 3:The number of patent application and patent authorization,2014–2019

There were 1,845 testing and inspection agencies, and 17 of them were national product quality supervision and inspection centers. There were 103 authorized measurement institutions. There were 1,827 entities for special equipment production and 376.2 thousand special equipment available. The qualification rate of key industrial products reached 86 percent. A total of 9 international standards, 89 national standards and 238 local standards were developed or revised during the year. Land and resources departments published 237 types of maps and provided 2,240 thousand achievements of geospatial data. The total visits to Map World reached 719,000.

X. Culture, Public Health and Sport

By the end of 2019, there were 510 art–performing groups, 145 mass art centers and culture centers, 140 public libraries, 121 museums and memorials, 14 radio broadcasting stations, and 16 television stations. Subscribers to cable television programs numbered 8.022 million. By the end of 2019, radio broadcasting coverage rate was 99.36 percent, up by 0.34 percentage points, and television broadcasting coverage rate was 99.72 percent, up by 0.08 percentage points. There were 118 state–level intangible cultural heritage protection projects and 324 provincial–level protection projects. There were 10,793 kinds of books, 254 types of magazines and 82 categories of newspapers published. The total copies were 450 million books, 90 million magazines and 800 million newspapers.

By the end of 2019, there were 57,234 medical and health institutions in the province, including 1,616 hospitals, 136 maternal and child health–care institutions, 84 specialized health institutions, 2,169 township centers, 806 community health service centers, 11,782 clinics and infirmaries, and 39,504 village clinics. There were 503 thousand health technical personnel, up by 15.1 percent, including 190 thousand licensed doctors and licensed assistant doctors, an increase of 4.9 percent, and 242 thousand registered nurses, an increase of 31.5 percent. The hospitals possessed 365 thousand beds, up by 4.8 percent; and the township centers possessed 105 thousand beds, up by 3.7 percent.

The fitness programs carried out during the year amounted to 2,670, and people participated in the programs amounted to 24.22 million. There were 880 administrative villages newly built with fitness equipment. The athletes won 8 World Championships, 14 Asian Championships and 77 National Championships. There were 130,973 sports fields, including 248 gyms, 6,506 sports grounds, 756 swimming pools, and 7,032 training rooms.

XI. Population, Living Conditions and Social Security

By the end of 2019, the permanent residents[11] of Hunan province reached 69.184 million, of which, urban permanent residents numbered 39.587 million, accounting for 57.22 percent of the total population (the urbanization rate of permanent residents), 1.2 percentage points higher than that at the end of 2018. The year 2019 saw 718 thousand births, a crude birth rate of 10.39 per thousand, and 503 thousand deaths, a crude death rate of 7.28 per thousand. The natural growth rate was 3.11 per thousand. The population aged 0–15 (under 16) accounted for 21.43 percent of the permanent resident population, up by 0.65 percent; the population aged 16–59(under 60) accounted for 59.94 percent of the permanent resident population, down by 0.79 percent; and the population aged 60 and above accounted for 18.65 percent, up by 0.14 percent over the previous year.

Table 10: Resident Population and its Composition at the End of 2019

Index	Number (10,000 people)	Proportion (%)
Resident Population	6918.4	100
Of which: Town	3958.7	57.22
Village	2959.7	42.78
Of which: Male	3571	51.62
Female	3347.4	48.38
Of which: Aged 0–15 (under 16) [12]	1482.4	21.43
Aged 16–59 (under 60)	4147.2	59.94
Aged 60 and Above	1288.8	18.63
Of which: Aged 65 and Above	922.9	13.34

In Hunan province, the per capita disposable income reached 27,680 Yuan, an increase of 9.7 percent, and the median of per capita disposable income reached 22,608 Yuan, an increase of 9.2 percent. The per capita disposable income of urban households reached 39,842 Yuan, up by 8.6 percent; and the median of per capita disposable income of urban households reached 36,036 Yuan, up by 8.5 percent. The per capita disposable income of rural households reached[13] 15,395 Yuan, up by 9.2 percent; and the median of per capita disposable income of rural households reached 13,920 Yuan, up by 9.6 percent. The urban-rural income ratio dereased to 2.59:1 from 2.60:1 in 2018. In terms of region, the per capita disposable incomes in Changsha–Zhuzhou–Xiangtan areas, southern Hunan, western

Hunan and Dongting Lake areas were 42,861 Yuan, 25,582 Yuan, 19,061 Yuan, and 25,101 Yuan respectively, up by 9.1 percent, 9.4 percent, 10.3 percent and 9.5 percent. The per capita disposable income of impoverished rural regions[14] was 11,344 Yuan, an increase of 10.3 percent. The average monthly income of migrant workers was 4,593 Yuan, up by 8.5 percent over that of the previous year.

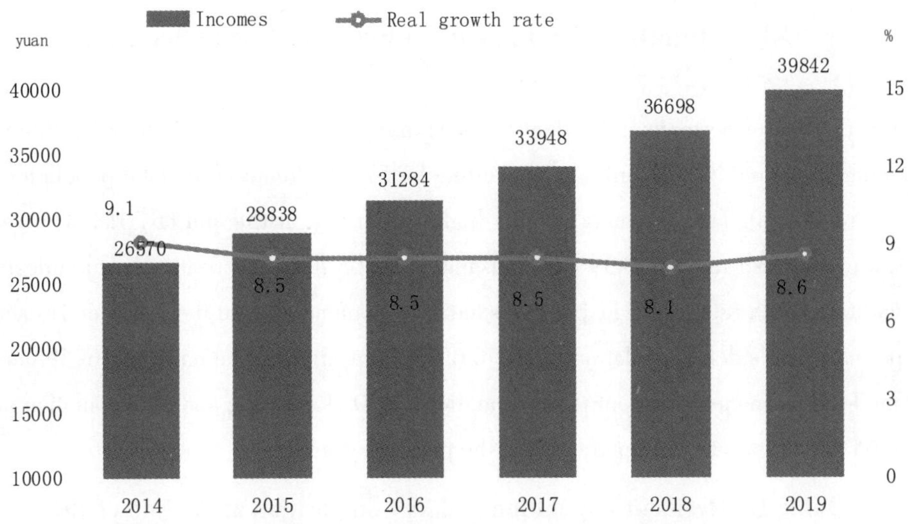

Figure 4:The Average per Capita Disposabie Incomes of City Dwellers and the Real Growth Rates,2014–2019

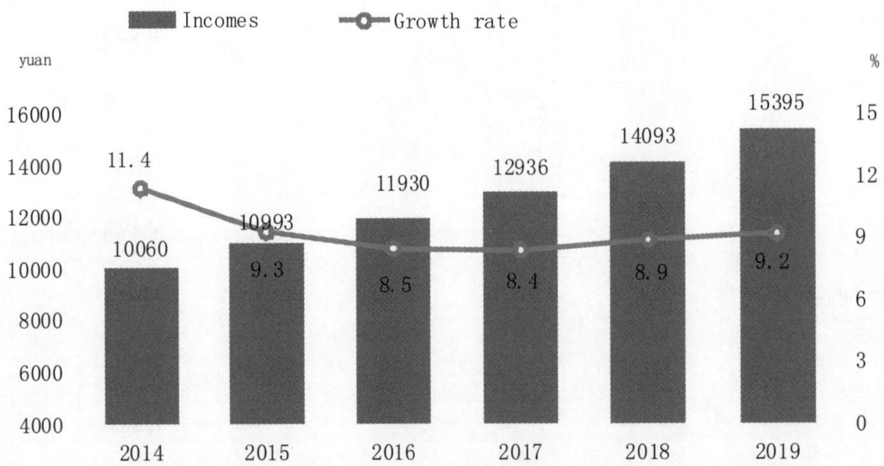

Figure 5:The Average per Capita net Incomes of Rural Residents and the Real Growth Rates,2014–2019

The per capita consumption expenditure reached 20,479 Yuan, up by 8.9 percent over the previous year. The per capita consumption expenditure of urban households was 26,924 Yuan, up by 7.4 percent; and the per capita consumption expenditure of rural households was 13,969 Yuan, up by 9.8 percent. The provincial Engel's Coefficient stood at 28.2 percent, 0.2 percentage points higher than that of the previous year, with that of urban and rural households standing at 27.9 percent and 28.8 percent respectively.

The newly increased employed people in urban areas numbered 808.3 thousand. The total number of migrant workers was 17.787 million, up by 1.2 percent. The new generation of migrant workers[15] totaled 9.631 million, up by 0.4 percent. At the end of 2019, a total of 15.579 million people participated in basic endowment insurance program for urban workers, an increase of 1.555 million over that by the end of 2018. Of the total, the insured employees was 10.719 million and the retirees was 4.86 million. A total of 67.165 million people participated in basic medical insurance program. Of this total, 9.306 million people participated in the program for workers, and 57.859 million people participated in the program for urban and rural residents. 6.066 million people participated in unemployment insurance program, an increase of 246 thousand. A total of 8.07 million people participated in work-related injury insurance. A total of 6 million people participated in maternity insurance program. The number of people receiving unemployment insurance payment stood at 125 thousand by the end of 2019. Minimum living allowances of 2.47 billion Yuan were granted to 507 thousand urban residents, and minimum living allowances of 3.58 billion Yuan were granted to 1,343 thousand rural residents. At the end of 2019, various types of Adopting Social Welfare Institutions provided 341 thousand beds and accepted 176 thousand inmates. There were 18,511 community service facilities set up in urban areas, of which, the number of comprehensive community service centers was 6,565. A total of 7.55 billion Yuan worth of social welfare lottery was sold, raising 2.18 billion Yuan of social welfare fund. Significant projects for people's livelihood were accomplished in 2019. There were 20.1 thousand large classes in compulsory education prohibited. 1,334.6 thousand rural residents were newly supplied with tap water. There were 1,061.4 thousand eligible women from poverished household provided for two cancer screenings. 1,153 village clinics were newly introduced, and there were 25.3 thousand auxiliary police officers under the implementation of one village one auxiliary police policy.

XII. Resources, Environment and Work Safety

A total of 144 minerals have been discovered in the province and the reserves of 109 minerals have been explored, including 7 energy minerals, 39 metal minerals, 61 non-metal minerals and 2 groundwater and gas minerals. Implementations of geological explorations projects (including continuing projects) were 159. A total of 5 new mineral deposits in large or medium size were discovered.

The water quality of Grade III and above the standard accounted for 95.4 percent, with an increase of 0.9 percent. The air quality of 3 cities met the Grade II standard. The handling rate of urban sanitary sewage was 97.6 percent. The harmless disposal rate of unban household garbage was 99.98 percent. A total of 180 natural reserves with an area of 1,509 thousand hectares were approved, including 23 state-level reserves and 30 provincial-level reserves. There were 14 national geology parks. In 2019, a total of 333 thousand hectares were reforested. At the end of the year, the area of closing hillsides to facilitate forestation was 12,996 thousand hectares. And there were 595 million cubic meters of standing forest stock. The forest coverage rate reached 59.90 percent.

According to preliminary estimation, comprehensive energy consumption of enterprises above designated size amounted to 62.028 million tons of standard coal equivalent, 1.0 percentage points higher than the previous year. The comprehensive energy consumption for the major six high energy consuming industries was 51.604 million tons of standard coal equivalent, up by 1.9 percent. Among main pollutants, chemical oxygen demand decreased by 3.77 percent. The emission of sulfur dioxide, ammonia nitrogen and nitrogen oxide decreased by 4.70 percent, 2.99 percent and 2.10 percent respectively.

In 2019, a total of 554 accidents of production and business were reported. The death toll due to commercial production safety accidents amounted to 595. The death toll from work accidents every 100 million Yuan worth of GDP was 0.02 people. Work accidents in industrial, mining and commercial enterprises caused 0.54 deaths out of every 100 thousand employees. The death toll in coalmines while producing one million tons of coal was 0.54. The year 2019 witnessed 3,846 traffic accidents (summary procedure excluded), down by 21.1 percent from the previous year. The road traffic death toll per 10 thousand vehicles was 0.68, a decrease of 0.23 per 10thousand vehicles compared with 2018.

Notes:

[1] All figures in this Communiqué are preliminary statistics. There may be slight discrepancy between the sum of individual items and the total owing to rounding.

[2] Gross domestic product (GDP) and industrial added value as quoted in this Communiqué are calculated at current prices, whereas their growth rates are calculated at constant prices. Historical data of GDP, value added of the three and related industries and other related indicators were revised based on the results of the fourth national economic census.

[3] Changsha-Zhuzhou-Xiangtan (CZT) region refers to Changsha, Zhuzhou and Xiangtan; southern Hunan refers to Hengyang, Chenzhou and Yongzhou; western Hunan refers to Shaoyang, Zhangjiajie, Huaihua, Loudi and Xiangxi autonomous prefecture; Dongting Lake areas refers to Yueyang, Changde and Yiyang.

[4] The high-tech manufacturing industries include the manufacturing of medicine, aerospace, electronic and telecommunication equipment, computer and office equipment, medical equipment and instrumentation, and chemicals used in information store.

[5] Equipment manufacturing industry includes Metal Product Manufacturing, Ordinarily Machinery Manufacturing, Special Equipment Manufacturing, Automobile Manufacturing; Railway, Shipbuilding, Aerospace and Other Transportation Equipment Manufacturing, Electrical Machinery and Equipment Manufacturing, Computer Communications and Other Electronic Equipment Manufacturing, Instrument Manufacturing.

[6] According to relevant state statistics regulations, vehicle output does not include Changsha Branch of Shanghai Volkswagen Automotive. The output of 2019 is calculated on a comparable basis.

[7] The growth rates and rate changes of financial indicators of industrial enterprises above the designated size of 2019 are calculated on a comparable basis due to adjustments of data coverage in the statistical programmes, statistical law enforcement, removal of duplicated data, corporate reforms, divestiture and the results of the fourth national economic census etc.

[8] According to relevant regulations, the foreign trades are accounted in RMB.

[9] The enrollment rate for elementary-age kids refers to the percentage of school-age children in primary school to the total number inside and outside of the school within the scope of investigation.

[10] The secondary gross enrollment ratio mainly reflects the coverage of senior secondary education, referring to the percentage of the total number of high school students to population aged 15-17.

[11] Resident population refers to the population of often living actually in a certain area in a certain time. According to the census and sampling requirements, it mainly includes people who live in the current townships and whose household registration are located or whose household registration is to be settled; people who live in the current townships and leave the townships of their household registration over 6 months; people who leave the townships of their household registration for less than 6 months or work or study overseas, with their household registration located in the current townships.

[12] At the end of 2019, the population aged 0-14 (under 15) was 13.966 million; the population aged 15-59 (under 60) was 42.33 million.

[13] Since 2014, per capita net income of rural residents had been changed to per capita disposable income of rural residents.

[14]Poor regions include the counties in National Concentrative poor Regions and the officially designated poor counties out of National Concentrative poor Regions, of which the number are 51 in total.

[15]The new generation of migrant workers are rural migrant workers born after 1980.

Source:

In this communique, fiscal data are from the Provincial Department of Finance; data of railway transportation and railway mileage are from China Railway Guangzhou Group Co., Ltd, Shichang Railway Co., Ltd, and China Railway Nanning Group Co., Ltd; data of highway transportation, waterway transportation and highway mileage are from Department of Transportation of Hunan Province; data of civil aviation are from Hunan Airport Management Co., Ltd and China Southern Airlines Company Limited Hunan Branch; date of pipelines are from Changling branch of China Petrochemical co., LTD, Changling Branch and Baling Branch of China Petrochemical Group Assets Management co., LTD, Hunan Oil Transportation Management Department of China Petrochemical Marketing co., LTD central-China Branch, Changsha ENN Gas co., LTD, Changsha Huarun Gas co., LTD, Xiangtan ENN Gas co., LTD, Changde Petrochina Kunlun Gas co., LTD and Loudi Huarun Gas co., LTD; data of motor vehicles for civilian use, traffic accidents and "one village and one auxiliary police" are from Public Security Department of Hunan Province; data of telecommunications services, mobile phone subscribers, fixed-line subscribers and broadband internet users are from Hunan Communications Administration; data of postal service are from Hunan Postal Service Administration; data of deposit and loans are from Changsha Central Sub-branch of the People's Bank of China; data of listed companies are from Hunan Local Financial Supervision and Adminstration; data of stocks and futures are from Hunan Authority of China Securities Regulatory Commission; insurance data are from Hunan Authority of China Insurance Regulatory Commission; education data are from Education Department of Hunan Province; data of science and technology are from Department of Science and Technology of Hunan Province; data of patent, quality inspection and industry standard are from Hunan Administration for Market Regulation; data of mapping and mineral resources are from Department of Natural Resources of Hunan Province; data of tourism, art performing groups, museums, public libraries, cultural centers and non-material cultural heritage protection are from Hunan Provincial Department of Culture and Tourism; data of radio and television are from Hunan Provincial Radio and Television Bureau; data of newspapers, periodicals and books are from Hunan Provincial Party Committee Propaganda Department; data of medical care are from Health Commission of Hunan Province; data of sports are from the Sports Bureau of Hunan Province; data of newly-added urban jobs and social security are from Human Resources and Social Security Department of Human Province; data of medical insurance and maternity insurance are from Healthcare Security Administration of Hunan Province; data of urban and rural minimum living allowances, social welfare and social services are from Department of Civil Affairs of Hunan Province; data of water conservancy constructions and rural residents newly supplied with tap water are from Water Resources Department of Hunan Province; data of eligible women from poverished household for two cancer screenings are from Provincial Women's Federation; data of city construction are from Hunan Provincial Department of Housing and Urban-Rural Development; data of nature reserves, geological parks, forestration, standing tree and coverage of forest are from Hunan Forestry Department; data of the quality of surface water and pollutant emission are from Ecology and Environment Department of Hunan; data of safe production are from Department of Emergency Management of Hunan Province; all the other data are from Hunan Bureau of Statistics and Hunan Survey Organization of National Bureau of Statistics of China.

01 综　合

General Survey

资料整理人员：唐双全　周　玲　欧阳普　王　丹
赵　宏　邓鸿鹄　吕　涛　田杰平
谢　凡　贺淑贞　陈　慧　段嘉欣
贺　震　杨　耒　宋　超　何　达
廖闻菲　彭开吾　陈晗文　朱　鹏
刘　洋　易　贝　周夜明　王　璐
谢开来　孙　炫　李清如　周江涛
周　围　王湘杰　孙　靖　陈　思
田　原　凌　骞　韩建芳　谢妮莉
蔡冬娥　肖首雄　赵莉淇　郭开金
彭铁桥

1-1 行政区划
Administrative Divisions

单位：个 (unit)

年 份 Year	市 州 Cities and A.P	地级市 Number of Cities at Prefectural Level	地州数 Number of Prefecture and A.P	县级市 Number of Cities at County Level	县 数 Number of Counties	市辖区数 Districts Under the Jurisdiction of Cities at Prefectural Level	镇 数 Number of Towns	乡 数 Number of Township
	1978	3	12	7	90	13	154	3295
	1980	5	12	9	90	22	155	3321
	1985	6	9	14	84	27	544	3011
	1986	6	7	16	82	27	581	2895
	1987	6	7	18	80	26	585	2903
	1988	8	6	17	78	30	596	2889
	1989	8	6	17	78	30	621	2807
	1990	8	6	18	78	29	628	2801
	1991	8	6	18	78	29	639	2784
	1992	8	6	19	77	26	663	2773
	1993	8	6	20	76	26	748	2689
	1994	9	5	20	74	28	769	2658
	1995	10	4	19	73	30	899	1406
	1996	11	3	17	73	32	950	1360
	1997	11	3	18	72	32	979	1327
	1998	12	2	17	72	33	1001	1350
	1999	13	1	16	72	34	1023	1330
	2000	13	1	16	72	34	1055	1310
	2001	13	1	16	72	34	1087	1275
	2002	13	1	16	72	34	1097	1257
	2003	13	1	16	72	34	1098	1264
	2004	13	1	16	72	34	1098	1244
	2005	13	1	16	72	34	1089	1087
	2006	13	1	16	72	34	1091	1085
	2007	13	1	16	72	34	1095	1071
	2008	13	1	16	72	34	1101	1063
	2009	13	1	16	72	34	1106	959
	2010	13	1	16	72	34	1109	1052
	2011	13	1	16	71	35	1121	1038
	2012	13	1	16	71	35	1131	952
	2013	13	1	16	71	35	1138	828
	2014	13	1	16	71	35	1153	805
	2015	13	1	16	71	35	1119	417
	2016	13	1	16	71	35	1135	401
	2017	13	1	17	70	35	1134	398
	2018	13	1	17	69	36	1138	392
	2019	13	1	18	68	36	1134	392
长沙市	Changsha City			2	1	6	69	5
株洲市	Zhuzhou City			1	3	5	61	7
湘潭市	Xiangtan City			2	1	2	35	10
衡阳市	Hengyang City			2	5	5	114	31
邵阳市	Shaoyang City			2	7	3	112	54
岳阳市	Yueyang City			2	4	3	88	14
常德市	Changde City			1	6	2	107	20
张家界市	Zhangjiajie City				2	2	34	30
益阳市	Yiyang City			1	3	2	71	10
郴州市	Chenzhou City			1	8	2	99	37
永州市	Yongzhou City				9	2	111	40
怀化市	Huaihua City			1	10	1	103	90
娄底市	Loudi City			2	2	1	55	14
湘西土家族苗族自治州	West Hunan Tujia and Miao A.P			1	7		75	30

1-1 续表 Continued

长沙市	Changsha City
芙蓉区 (Furong District)、天心区 (Tianxin District)、岳麓区 (Yuelu District)、开福区 (Kaifu District)、雨花区 (Yuhua District)、望城区 (Wangcheng District)、长沙县 (Changsha County)、浏阳市 (Liuyang City)、宁乡市 (Ningxiang City)	
株洲市	Zhuzhou City
荷塘区 (Hetang District)、石峰区 (Shifeng District)、芦淞区 (LuSong District)、天元区 (Tianyuan District)、渌口区 (Lukou District)、醴陵市 (Liling City)、攸县 (You County)、茶陵县 (Chaling County)、炎陵县 (Yanling County)	
湘潭市	Xiangtan City
雨湖区 (Yuhu District)、岳塘区 (Yuetang District)、湘乡市 (Xiangxiang City)、韶山市 (Shaoshan City)、湘潭县 (Xiangtan County)	
衡阳市	Hengyang City
珠晖区 (zhuhui District)、雁峰区（yanfeng District)、石鼓区 (shigu District)、蒸湘区（zhengxiang District)、南岳区 (Nanyue District)、耒阳市 (Leiyang City)、常宁市 (Changning City)、衡阳县 (Hengyang County)、衡南县 (Hengnan County)、衡山县 (Hengshan County)、衡东县 (Hengdong County)、祁东县 (Qidong County)	
邵阳市	Shaoyang City
双清区 (Shuangqing District)、大祥区 (Daxiang District)、北塔区 (Beita District)、武冈市 (Wugang City)、邵东市 (Shaodong City)、新邵县 (Xinshao County)、邵阳县 (Shaoyang County)、隆回县 (Longhui County)、洞口县 (Dongkou County)、新宁县 (Xinning County)、绥宁县 (Suining County)、城步苗族自治县 (Chengbu Miao Autonomous County)	
岳阳市	Yueyang City
岳阳楼区 (Yueyanglou District)、云溪区 (Yunxi District)、君山区 (Junshan District)、汨罗市 (Miluo City)、临湘市 (Linxiang City)、岳阳县 (Yueyang County)、平江县 (Pingjiang County)、湘阴县 (Xiangyin County)、华容县 (Huarong County)	
常德市	Changde City
武陵区 (Wuling District)、鼎城区 (Dingcheng District)、津市市 (Jinshi City)、安乡县 (Anxiang County)、汉寿县 (Hanshou County)、澧县 (Li County)、临澧县 (Linli County)、桃源县 (Taoyuan County)、石门县 (Shimen County)	
张家界市	Zhangjiajie City
永定区 (Yongding District)、武陵源区 (Wulingyuan District)、慈利县 (Cili County)、桑植县 (Sangzhi County)	
益阳市	Yiyang City
资阳区 (Ziyang District)、赫山区 (Heshan District)、沅江市 (Yuanjiang City)、南县 (Nan County)、桃江县 (Taojiang County)、安化县 (Anhuan County)	
郴州市	Chenzhou City
北湖区 (Beihu District)、苏仙区 (Suxian District)、资兴市 (Zixing City)、桂阳县 (Guiyang County)、永兴县 (Yongxing County)、宜章县 (Yizhang County)、嘉禾县 (Jiahe County)、临武县 (Linwu County)、汝城县 (Rucheng County)、桂东县 (Guidong County)、安仁县 (Anren County)	
永州市	Yongzhou City
零陵区 (Lingling District)、冷水滩区 (Lengshuitan District)、东安县 (Dongan County)、道县 (Dao County)、宁远县 (Ningyuan County)、江永县 (Jiangyong County)、江华瑶族自治县 (Jianghua Yao Autonomous County)、蓝山县 (Lanshan County)、新田县 (Xintian County)、双牌县 (Shuangpai County)、祁阳县 (Qiyang County)	
怀化市	Huaihua City
鹤城区 (Hecheng District)、洪江市 (Hongjiang City)、中方县 (Zhongfang County)、沅陵县 (Yuanling County)、辰溪县 (Chenxi County)、溆浦县 (Xupu County)、麻阳苗族自治县 (Mayang Miao Autonomous County)、会同县 (Huitong County)、新晃侗族自治县 (Xinhuang Tong Autonomous County)、芷江侗族自治县 (Zhijiang Tong Autonomous County)、靖州苗族侗族自治县 (Jingzhou Miao and Tong Autonomous County)、通道侗族自治县 (Tongdao Tong Autonomous County)	
娄底市	Loudi City
娄星区 (Louxing District)、冷水江市 (Lengshuijiang City)、涟源市 (Lianyuan City)、双峰县 (Shuangfeng County)、新化县 (Xinhua County)	
湘西土家族苗族自治州	West Hunan Tujia and Miao Autonomous Prefecture
吉首市 (Jishou City)、泸溪县 (Luxi County)、凤凰县 (Fenghuang County)、花垣县 (Huayuan County)、保靖县 (Baojing County)、古丈县 (Guzhang County)、永顺县 (Yongshun County)、龙山县 (Longshan County)	

1-2 人口和自然资源
Population and Natural Resources

项 目		Item		2019
人口		**Population**		
年底户籍人口数	（万人）	Household Population at the Year-end	(10 000 person)	7319.53
土地		**Land**		
土地面积	（万平方公里）	Area of Land	(10 000 sq.km)	21.18
耕地面积	（万公顷）	Area of Cultivated Land	(10 000 hectares)	
气候		**Climate**		
年平均降水量	（毫米）	Annual Average Precipitation	(mm)	1463.7
年降水总量	（亿立方米）	Annual Total Precipitation	(100 million cu.m)	3100.1
森林与湿地		**Forests and Wetlands**		
林地面积	（万公顷）	Area of woodland	(10 000 hectares)	1299.57
森林面积	（万公顷）	Area of Forest	(10 000 hectares)	1189.44
森林覆盖率	（%）	Forest Coverage Rate	(%)	59.9
森林蓄积量	（万立方米）	Forest stock	(10 000 cu.m)	56604.45
湿地面积	（万公顷）	Area of wetland	(10 000 hectares)	101.97
湿地保护率	（%）	Wetland Conservation Rate	(%)	75.77
水文、水利		**Water**		
5公里以上河流	（条）	Rivers Over 5 km	(unit)	5341
5公里以上河流长度	（万公里）	Total Length of Rivers Over 5 km	(10 000 km)	8.5
天然水资源总量	（亿立方米）	Natural Water Volume	(100 million cu.m)	2098
地表水资源总量	（亿立方米）	Surface Water Volume	(100 million cu.m)	2091
地下（浅层）水量	（亿立方米）	Shallow Ground Water Volume	(100 million cu.m)	475.6
矿产资源基础储量（截至2019年底）		**Basic Reserves of Mineral Resources (at the 2019 year-end)**		
煤炭	（亿吨）	Coal	(100 million tons)	6.51
铁矿（矿石）	（亿吨）	Iron Ore(ore)	(100 million tons)	1.84
磷矿（矿石）	（亿吨）	Phosphate Ore(ore)	(100 million tons)	0.15
盐矿（矿石）	（亿吨）	Salt Ore(ore)	(100 million tons)	8.71

注：耕地面积是指年末耕地总资源面积，包括常用耕地和临时性耕地。由国土部门提供（后同）。

The data of cultivated land is actual cultivated land total resources(year end),including common cultivated land and temporary cultivated land. The date came from Hunan Province Territory Resource Burear.The same as in the following table.

1-3 主要山脉基本情况
Major Mountain Ranges

名称	Name	平均高度(米) AverageHeight(m)	最高峰(米) Heightest Peak(m)	
雪峰山	Xuefeng Mountain Range	1500	2021 (城步县二宝顶)	Erbao Peak in Chengbu County
武陵山	Wuling Mountain Range	500-1200	2098.7 (石门县壶瓶山)	Huping Mountain in Shimen County
南岭山脉 (指大庾岭、骑田岭、萌渚岭、都庞岭、越城岭)	Nanling Mountain Range (Dayu Peak,Qitian Peak, Mengzhu Peak, DuPang Peak, Yuecheng Peak)		2009 (道县韭菜岭)	Jiucai Peak in Dao County
幕阜山—罗霄山	Mofu Mountain—Luoxiao Mountain Range	1000	2052 (炎陵县斗笠顶)	Douli Peak in Yanling County
			2041.1 (桂东县八面山)	Bamian Mountain in Guidong County

1-4 主要河流基本情况
Major Rivers

名称	Item	河长(公里) Length of River (km)	#省内 #In Province	河流条数(条) Number of River (unit)	流域面积(平方公里) Drainage Area (sq.km)	#省内 #In Province	省内年径流量(亿立方米) Annual Flow in Province (100 million cu.m)	水力资源蕴藏量(万千瓦) Hydro-power Resources (10 000 kw)	#可开发量 Develop-able Resources
总计	**Total**			**5341**		**211829**	**2560.00**	**1532.45**	**1083.84**
湘江	Xiangjiang River	856	670	2157	94660	85383	1059.62	470.70	318.29
资水	Zishui River	713	630	771	28142	26738	319.96	201.03	147.71
沅江	Yuanjiang River	1033	568	1491	89163	51066	609.49	537.51	460.21
澧水	Lishui River	388	388	326	18496	15505	190.55	152.46	137.11
洞庭湖水系	Water System of Dongting Lake			432		27269	299.71	140.20	13.65
鄱阳湖水系	Water System of Poyang Lake			16		683	10.79	3.12	0.58
珠江水系	Water System of Zhujiang River			148		5185	69.88	27.43	6.29

注：1. 河流条数指河长5公里以上的河流数，河长共9万公里。
2. 资水河长以夫夷水作水源计算。
3. 据1986年勘定，洞庭湖面积为2691平方公里。

a. Rivers refer to those which are more than 5 km long, and the total length of the rivers are 90 000 km.
b. The length of Zishui River refers to that of Fuyi River.
c. The figure on the area of Dongting Lake was taken from the survey in 1986.

1-5 主要城市平均气温 (2019年)
Monthly Average Temperature of Major Cities (2019)

单位：摄氏度 (℃)

城 市	City	1月 January	2月 February	3月 March	4月 April	5月 May	6月 June	7月 July
长沙市	Changsha	4.9	5.2	13.1	18.2	21.5	26.0	28.3
株洲市	Zhuzhou	5.4	5.8	13.4	18.6	22.0	26.5	28.9
湘潭市	Xiangtan	4.9	5.3	13.0	18.2	21.4	26.0	28.5
衡阳市	Hengyang	5.8	6.2	13.7	19.0	22.3	27.3	28.8
邵阳市	Shaoyang	4.8	4.9	12.5	17.7	20.7	25.2	27.0
岳阳市	Yueyang	4.7	4.6	13.2	18.4	21.7	26.3	29.0
常德市	Changde	4.2	4.1	12.5	17.3	20.4	24.9	27.8
张家界市	Zhangjiajie	5.6	5.7	12.8	18.2	20.6	25.4	28.2
益阳市	Yiyang	4.9	5.0	13.1	18.2	21.6	26.2	28.9
郴州市	Chenzhou	5.3	5.4	12.9	18.6	21.0	25.9	27.0
永州市	Yongzhou	6.1	6.3	13.6	19.1	21.8	26.8	28.0
怀化市	Huaihua	4.7	5.1	12.7	18.2	20.1	25.3	27.7
娄底市	Loudi	4.8	4.9	12.7	17.8	20.8	25.2	27.8
吉首市	Jishou	4.8	5.0	12.4	17.6	20.0	24.6	27.0

注：长沙为长沙黄花站资料。
Changsha huanghua station information for Changsha

1-5 续表 Continued

城 市	City	8月 August	9月 September	10月 October	11月 November	12月 December	全年平均 Annual Average	上年平均 Annual Average Preceding Year
长沙市	Changsha	30.1	26.4	19.9	14.5	8.8	18.1	18.2
株洲市	Zhuzhou	30.9	27.2	20.2	15.2	9.3	18.6	18.8
湘潭市	Xiangtan	30.1	26.1	19.2	14.4	8.6	18.0	18.2
衡阳市	Hengyang	31.5	27.8	20.7	15.9	10.3	19.1	19.2
邵阳市	Shaoyang	28.8	25.2	18.8	14.0	8.8	17.4	17.5
岳阳市	Yueyang	30.6	26.3	19.6	14.5	8.9	18.2	18.3
常德市	Changde	29.2	25.6	18.8	13.3	8.5	17.2	17.2
张家界市	Zhangjiajie	29.2	25.9	19.1	13.6	9.2	17.8	17.9
益阳市	Yiyang	31.0	26.3	19.2	14.5	8.8	18.1	18.3
郴州市	Chenzhou	28.1	25.3	19.3	14.6	9.9	17.8	17.7
永州市	Yongzhou	30.0	26.6	20.0	15.1	10.0	18.6	18.6
怀化市	Huaihua	28.6	25.2	18.6	13.4	8.5	17.3	17.6
娄底市	Loudi	29.5	25.9	19.1	14.1	8.9	17.6	17.7
吉首市	Jishou	28.5	24.7	18.3	12.9	8.5	17.0	17.1

1-6 主要城市降水量 (2019年)
Monthly Precipitation in Major Cities (2019)

单位：毫米 (millimeter)

城市	City	1月 January	2月 February	3月 March	4月 April	5月 May	6月 June	7月 July
长沙市	Changsha	93.9	125.5	138.4	167.5	219.6	177.3	192.3
株洲市	Zhuzhou	98.4	141.3	131.6	203.1	191.5	262.3	187.0
湘潭市	Xiangtan	81.9	120.0	163.3	110.8	181.0	307.9	210.4
衡阳市	Hengyang	92.9	172.9	164.1	164.2	127.5	128.2	391.3
邵阳市	Shaoyang	79.9	92.8	123.6	183.6	150.4	329.5	274.8
岳阳市	Yueyang	51.0	135.1	145.7	99.7	207.9	363.9	61.9
常德市	Changde	54.0	71.4	159.2	78.7	199.4	408.5	235.8
张家界市	Zhangjiajie	40.3	41.2	100.5	93.5	186.8	188.5	75.6
益阳市	Yiyang	54.5	111.8	153.5	160.0	234.8	385.6	255.1
郴州市	Chenzhou	62.0	153.5	225.0	314.1	246.9	233.0	246.9
永州市	Yongzhou	90.2	140.9	177.2	313.5	187.1	168.2	365.6
怀化市	Huaihua	93.3	70.2	101.2	175.3	250.7	407.3	189.2
娄底市	Loudi	71.0	73.3	121.7	149.4	156.2	275.5	239.0
吉首市	Jishou	58.9	41.3	86.8	140.1	265.3	420.9	139.9

注：长沙为长沙黄花站资料。
Changsha huanghua station information for Changsha

1-6 续表 Continued

城市	City	8月 August	9月 September	10月 October	11月 November	12月 December	全年 Annual Average	上年全年 Annual Total Preceding Year
长沙市	Changsha	58.6	4.3	49.6	43.9	68.3	1339.2	1315.0
株洲市	Zhuzhou	38.8	36.7	63.3	27.7	74.1	1455.8	1327.6
湘潭市	Xiangtan	57.0	11.5	77.5	24.3	77.5	1423.1	1089.5
衡阳市	Hengyang	31.4	25.4	54.4	18.6	63.9	1434.8	1109.0
邵阳市	Shaoyang	18.7	12.5	107.6	32.7	78.1	1484.2	1176.0
岳阳市	Yueyang	27.9	0.4	80.7	59.3	31.8	1265.3	1257.5
常德市	Changde	56.8	21.0	75.3	57.5	18.4	1436.0	1489.9
张家界市	Zhangjiajie	131.6	4.8	97.9	57.8	12.5	1031.0	1240.7
益阳市	Yiyang	25.5	12.1	114.6	56.6	38.5	1602.6	1352.3
郴州市	Chenzhou	68.3	17.8	70.7	30.1	58.0	1726.3	1450.4
永州市	Yongzhou	13.5	31.3	100.4	20.3	47.3	1655.5	1742.5
怀化市	Huaihua	84.8	20.0	106.0	53.5	37.1	1588.6	1038.9
娄底市	Loudi	56.7	28.1	132.5	23.8	79.9	1407.1	1181.9
吉首市	Jishou	73.4	16.5	127.7	65.5	31.5	1467.8	1394.7

1-7 主要城市日照时数 (2019年)
Monthly Sunshine Hours in Major Cities (2019)

单位：小时 (hour)

城 市	City	1月 January	2月 February	3月 March	4月 April	5月 May	6月 June	7月 July
长沙市	Changsha	24	17	90	97	92	109	186
株洲市	Zhuzhou	28	18	86	89	85	105	165
湘潭市	Xiangtan	26	12	77	91	77	108	190
衡阳市	Hengyang	17	15	68	81	82	116	132
邵阳市	Shaoyang	14	23	71	85	72	104	150
岳阳市	Yueyang	30	16	103	122	135	157	237
常德市	Changde	35	13	115	103	118	130	217
张家界市	Zhangjiajie	31	18	100	101	105	113	192
益阳市	Yiyang	31	23	100	90	101	109	186
郴州市	Chenzhou	31	30	66	104	65	119	135
永州市	Yongzhou	15	17	83	84	71	110	153
怀化市	Huaihua	23	29	86	79	70	109	167
娄底市	Loudi	15	22	82	90	90	96	177
吉首市	Jishou	11	28	78	76	75	104	158

注：长沙为长沙黄花站资料。
Changsha huanghua station information for Changsha

1-7 续表 Continued

城 市	City	8月 August	9月 September	10月 October	11月 November	12月 December	全年 Annual Average	上年全年 Annual Total Preceding Year
长沙市	Changsha	241	247	135	140	118	1496	1792
株洲市	Zhuzhou	240	249	137	144	121	1466	1706
湘潭市	Xiangtan	241	249	129	133	113	1446	1603
衡阳市	Hengyang	234	231	105	138	117	1335	1504
邵阳市	Shaoyang	219	200	135	135	118	1327	1304
岳阳市	Yueyang	262	241	124	106	103	1637	1725
常德市	Changde	230	195	117	92	116	1480	1562
张家界市	Zhangjiajie	207	173	96	74	90	1300	1413
益阳市	Yiyang	218	215	114	115	113	1413	1651
郴州市	Chenzhou	198	209	130	152	138	1376	1575
永州市	Yongzhou	226	212	126	140	119	1356	1462
怀化市	Huaihua	200	195	116	80	92	1247	1448
娄底市	Loudi	234	234	136	136	124	1436	1530
吉首市	Jishou	218	197	103	79	87	1214	1269

1-8 国民经济和社会发展总量指标
Principal Indicators of National Economy and Social Development

指 标	Item	总量指标 Aggregate Data 2000	2010	2018	2019
人口与就业	Population and Employment				
人口 （万人）	Population (10 000 person)				
年底户籍人口	Household population at the Year-end	6562.05	7089.53	7326.62	7319.53
城镇人口	Urban	1952.21	3069.77	2519.76	2557.35
乡村人口	Rural	4609.84	4019.76	4806.86	4762.18
男性人口	Male	3422.77	3674.49	3796.24	3794.45
女性人口	Female	3139.28	3415.04	3530.38	3525.08
就业 （万人）	Employmen (10 000 person)				
从业人员数	Employees	3577.58	3982.73	3738.58	3666.48
在岗职工数	Staff and Workers on the Job	580.82	531.00	496.78	541.95
宏观经济	Macro-economy				
国民经济核算 （亿元）	National Accounting (100 million yuan)				
地区生产总值	Gross Domestic Products	3551.49	15574.32	36329.68	39752.12
第一产业	Primary Industry	784.92	2073.19	3084.18	3646.95
第二产业	Secondary Industry	1293.18	7034.70	13904.11	14946.98
第三产业	Tertiary Industry	1473.39	6466.43	19341.39	21158.19
人均地区生产总值 （元）	Per Capita Gross Regional Product (yuan)	5590	24005	52809	57540
支出法地区生产总值	Gross Regional Product by Expenditure Approach	3551.49	15574.32	36329.68	39752.12
最终消费	Final Consumption	2543.58	7851.10	21048.00	22694.48
居民消费	Households Consumption	2000.75	6073.31	15894.85	17180.35
政府消费	Government Consumption	542.83	1777.79	5153.15	5514.13
资本形成总额	Gross Capital Formation	974.24	8050.28	17279.82	18895.16
固定资本形成	Gross Fixed Capital Formation	1010.19	7838.29	17013.49	18814.42
财政 （亿元）	Public Finance (100 million yuan)				
地方一般公共预算收入	General Public Budget Revenue	177.04	1081.69	2860.84	3007.15
一般公共预算支出	General Public Budget Expenditure	347.83	2702.47	7479.61	8034.42
利用外资 （万美元）	Utilization of Foreign Capital (USD 10 000)				
实际利用外商直接投资	Foreign Direct Investment	110843	518441	1619134	1810127
产业	Industry				
农业	Agriculture				
耕地面积 （万公顷）	Cultivated Areas (10 000 hectares)	392.16	413.75	415.54	
农林牧渔业从业人员 （万人）	Number of Person Engaged in Farming, Forestry, Animal Husbandry and Fishery (10 000 person)	2065.92	1861.85	1667.81	1644.09

1-8 续表 1 Continued

指 标	Item	总量指标 Aggregate Data			
		2000	2010	2018	2019
农林牧渔业总产值（亿元）	Gross Output Value of Farming, Forestry, Animal Husbandry and Fishery (100 million yuan)	1251.89	3518.10	5361.62	6405.06
农业	Planting	633.84	1848.89	2664.30	3052.06
林业	Forestry	51.01	207.43	387.15	430.66
牧业	Animal Husbandry	486.13	1062.04	1464.59	2003.09
渔业	Fishery	80.91	222.58	417.21	441.82
主要农产品产量（万吨）	Output of Major Farm Products (10 000 tons)				
粮食	Grain	2874.97	2847.50	3022.90	2974.84
棉花	Cotton	17.13	22.70	8.60	8.18
油料	Oil-bearing Crops	139.35	178.11	234.45	239.20
黄红麻（熟麻）	Jute and Ambary Hemp	0.23	0.07	0.03	0.03
苎麻	Ramie	6.62	4.06	0.42	0.42
烤烟	Fluecured Tobacco	15.55	15.45	18.82	18.36
茶叶	Tea	5.73	11.72	21.47	23.35
柑桔	Citrus	125.92	385.30	528.57	560.47
猪牛羊肉	Pork, Beef and Mutton	391.40	439.28	479.60	383.40
水产品	Aquatic Products	133.21	198.89	252.53	264.85
工业	**Industry**				
主要工业产品产量	Output of Major Industrial Products				
布（亿米）	Cloth (100 million m)	3.41	4.65	2.88	1.78
机制纸及纸板（万吨）	Machine-made Paper and Paperboards (10 000 tons)	70.07	384.63	437.86	331.27
合成洗涤剂（万吨）	Synthetic Detergents (10 000 tons)	8.12	36.30	33.58	36.19
原煤（万吨）	Coal (10 000 tons)	1490.81	7670.12	1692.86	1374.66
发电量（亿千瓦小时）	Electricity (100 million kw.h)	354.42	1186.44	1418.77	1505.52
粗钢（万吨）	Crude Steel (10 000 tons)	304.13	1766.52	2307.59	2385.72
钢材（万吨）	Steel (10 000 tons)	299.05	1811.73	2363.42	2451.58
水泥（万吨）	Cement (10 000 tons)	2395.72	8691.20	10962.40	11194.89
规模工业企业财务指标	Principal Financial Item of Industrial Enterprises above Designated Size				
利润总额（亿元）	Total Profits (100 million yuan)	34.48	1451.45	2014.60	2227.27
建筑业	**Construction**				
建筑业企业人数（万人）	Number of Employed Person (10 000 person)	76.30	150.41	275.15	294.62
建筑业总产值（亿元）	Gross Output Value of Construction (100 million yuan)	354.29	3161.73	9581.44	10800.62
施工房屋面积（万平方米）	Floor Space of Buildings Under Construction (10 000 m^2)	5087.93	27680.25	59247.37	65247.34
#竣工房屋面积	Floor Space of Buildings Completed	2603.03	10573.45	19929.34	21043.78
交通运输	**Transportation**				
货运量（万吨）	Freight Traffic (10 000 tons)	51228	149794	231110	190958
铁路	Railways	4676	5716	4468	4554
公路	Highways	42868	127635	204389	165096
水运	Waterways	3406	15811	21101	20090
客运量（万人）	Passenger Traffic (10 000 person)	87462	156871	108083	102971
铁路	Railways	5233	7111	13943	15626
公路	Highways	81005	148235	91007	84162
水运	Waterways	1094	919	1729	1641

注：2013 年开始，公路水路客货运输数据，源自交通运输业经济统计专项调查，统计口径有所调整（下表同）。2019 年公路货运数据采用交通运输部专项调查数据，统计口径发生改变。

Beginning in 2013,highway and waterway freignt volume data,from traffic transportation economic statistics,special inrestigation,statistical adjustments(the same below).Road freight data for 2019 are based on the special survey data of the Ministry of Transport.,the statistical caliber has changed .

1-8 续表 2 Continued

指 标	Item	总量指标 Aggregate Data 2000	2010	2018	2019
邮电通信业	**Postal and Telecommunications Services**				
邮政业务总量 （亿元）	Total Postal Services (100 million yuan)	9.16	32.03	248.24	321.79
函件 （万件）	Number of Letters Delivered (10 000 pieces)	21255.00	8358.00	2173.16	2096.28
报刊期发数 （万份）	Newspapers and Magazines Distributed (10 000 copies)	1042.72	718.00	540.29	481.52
快递业务量 （万件）	Express Business (10 000 pieces)			78932.57	103079.26
电信业务总量 （亿元）	Total Telecommunications Services (100 million yuan)	131.76	325.24	2477.10	4248.82
固定电话用户数（万户）	Local Telephone Subscribers (10 000 households)	638.48	1076.96	646.77	623.14
移动电话用户数（万户）	Mobile Telephone Subscribers (10 000 households)	279.00	3259.76	6302.89	6648.08
固定互联网用户数(万户）	Number of Local Internet Users (10 000 households)			1635.32	1873.77
移动互联网用户数(万户）	Number of Mobile Internet Users (10 000 households)			5226.59	5489.68
国内商业 （亿元）	**Domestic Trade (100 million yuan)**				
社会消费品零售总额	Total Retail Sales of Consumer Goods	1359.79	5664.27	15134.27	16683.94
对外经济贸易和旅游	**Foreign Trade and Tourism**				
进出口总额 （亿美元）	Total Exports and Imports (USD 100 million)	25.13	146.89	465.30	628.82
进口额	Imports	8.60	67.34	159.55	183.47
出口额	Exports	16.53	79.55	305.74	445.35
国际旅游	International Tourism				
来湘旅游人数（万人次）	Tourism to Hunan (10 000 person-times)	45.40	189.87	365.08	466.95
旅游外汇收入（亿美元）	Foreign Exchange Earnings from Tourism (USD 100 million)	2.21	8.87	15.20	22.51
金融保险 （亿元）	**Finance and Insurance (100 million yuan)**				
金融机构人民币存款余额	Total Saving Depositot of F inancial Institutions	2874.75	16553.78	48697.54	52312.47
金融机构人民币贷款余额	Total Loan Balances of F inancial Institutions	2403.39	11303.76	36211.75	42159.45
财产险保费收入	Premium Income from Property Insurance	13.12	100.70	357.30	397.80
人身险保费收入	Premium Income from Life Insurance	46.78	300.75	897.76	998.32
教育、科技、文化	**Education, Science and Technology, Culture**				
教育	**Education**				
专任教师数 （万人）	Full-time Teachers (10 000 person)				
普通高等学校	Institutions of Higher Education	2.03	5.96	7.27	7.65
中等职业学校	Specialized Secondary Schools	1.08	2.80	2.90	3.10
普通中学	Secondary Schools	22.37	24.05	25.54	26.62
小学	Primary Schools	30.64	25.00	27.45	28.71
在校学生 （万人）	Students Enrollment (10 000 person)				
普通高等学校	Institutions of Higher Education	25.31	104.43	132.68	140.71
中等职业学校	Specialized Secondary Schools			65.82	67.00
普通中学	Secondary Schools	391.73	316.82	358.01	370.39
小学	Primary Schools	663.93	479.16	521.98	528.77
国家财政性教育经费(亿元）	State Fiscal Funding on Education (100 million yuan)	85.77	480.57	1251.89	1350.82
科技	**Science and Technology**				
各类专业技术人员数(万人）	Scientific and Technical Personnel (10 000 person)	109.34	102.29	98.74	100.59
科技拨款 （亿元）	Funding for Scientific and Technical Activities (100 million yuan)	5.55	35.00	129.94	171.92
技术市场技术交易成交额（亿元）	Transaction Value in Technical Market (100 million yuan)	10.95	25.95	161.47	191.71
文化	**Culture**				
出版数量	Publications				
图书 （万册）	Number of Books (10 000 copies)	24844	31153	45340	48747
杂志 （万册）	Number of Magazines (10 000 copies)	10504	12762	8768	9451
报纸 （万份）	Number of Newspapers Issue (10 000 copies)	83467	129101	84801	79440
电视节目每周播出时间（小时）	Time for TV Programs Telecasting (hour)	2338	13740	14511	14694

注：对外贸易中的进出口总额，统一按海关统计数据。电信业务总量 2017 年起执行 2015 年不变价。邮政业务总量 2010 年起执行 2010 年不变价。

Figures on total imports and exports from foreign trade are obtained from the customs statistics.From 2017,the Revenue of Telecommunication Business application 2015's constant price. From 2010,the total amount of Postal Services application 2010's constant price.

1-8 续表 3 Continued

指 标	Item	总量指标 Aggregate Data			
		2000	2010	2018	2019
家庭、生活、环境	**Family, People's Livelihood and Environment**				
家庭 （人）	**Family (person)**				
城镇居民户均家庭人口	Average Household Size in Urban Areas	3.09	2.90	3.17	3.15
农村居民户均常住人口	Average Household Size in Rural Areas	3.97	3.88	3.23	3.18
婚姻 （万对）	**Marriages and Divorces (10 000 couples)**				
结婚数	Number of Marriages	38.31	63.46	42.16	38.03
离婚数	Number of Divorces	6.45	15.37	21.27	22.05
居住 （平方米/人）	**Housing (sq.m/person)**				
城市居民人均居住面积	Per Capita Floor Space of Urban Residents	11.75	31.20	48.76	49.66
农村居民人均住房面积	Per Capita Floor Space of Rural Residents	30.92	42.20	63.57	63.94
生活 （元）	**People's Livelihood (yuan)**				
城镇居民人均可支配收入	Disposable Income of Urban Households	6219	16566	36698	39842
农村居民人均可支配收入	Disposable Income of Rural Households	2197	5622	14093	15395
城镇居民人均消费支出	Per Capita Consumption Expenditure of Urban Households	5219	11825	25064	26924
农村居民人均消费支出	Per Capita Consumption Expenditure of Rural Households	1943	4310	12721	13969
工资福利	**Wages and Welfare**				
在岗职工工资总额 （亿元）	Total Wages on the Job (100 million yuan)	377.19	1413.82	3606.56	4137.00
在岗职工平均工资 （元）	Average Wage of Staff and Workers on the Job (yuan)	6515	30483	73300	77563
卫生	**Health Care**				
医院与卫生院 （个）	Number of Hospitals (unit)	3339	3066	3764	3789
执业（助理）医师 （万人）	Number of Doctors (10 000 person)	8.87	10.42	18.1	19.05
医院床位数 （万张）	Number of Hospital Beds (10 000 units)	9.32	14.99	34.85	36.51
市政建设	**City Construction**				
供水总量 （亿立方米）	Volume of Tap Water Supply (100 million tons)	28.24	18.92	21.87	22.32
排水管道长度 （公里）	Length of Sewer Pipelines (km)	3754	8882	18529	19601
液化石油气用量 （万吨）	Volume of Liquefied Petroleum Gas (10 000 tons)	20.20	25.29	24.11	25.69
天然气供气量 （万立方米）	Volume of Natural Gas (10 000 cu.m)			25.93	28.34
公共汽车总数 （辆）	Total Number of Public Buses (unit)	9083	12298	29476	31851
公交客运总量 （万人次）	Total Passenger Traffic of Public Transportation (10 000 person-times)	106227	246471	290104	284948
环境、灾害	**Environment and Disaster**				
火灾发生次数 （起）	Number of Fire Disasters (case)	3440	2928	7093	7419
火灾经济损失 （万元）	Loss of Fire Accidents (10 000 yuan)	4799	8754	18233	18105
交通事故发生次数 （起）	Number of Traffic Accidents (case)	23938	8651	4730	3840
交通事故直接经济损失 （万元）	Direct Loss of Traffic Accidents (10 000 yuan)	9662	4104	5657.21	3738.30

注：2002 年起，医生数是指执业医生数。2000 年起，城镇居民人均居住面积由建设厅提供。2006 年劳动厅取消有关离退休人员人数、劳保福利费等统计指标。2007 年起，卫生部网络直报数据包含了诊所、医务室、卫生所、社区服务站；而 2007 年前是没有包括的。

Data of doctors are doctors and assistant doctors since 2002. Data on living floor space of urban residents came from Constructional Bureau of Hunan Province since 2000. The statistical indicators on retired staff and workers have been canceled in 2006.The data submitted directly by network of Ministry of Health has included clinics,health service stations,health service centers for community from 2007, but before 2007, has not included.

1-9 国民经济和社会发展速度指标
Develop Speed of National Economy and Social Development

单位：% (%)

指 标	Item	发展速度（上年=100） Growth Rate (Preceding year=100)			
		2000	2010	2018	2019
人口与就业	**Population and Employment**				
人口	**Population**				
年底户籍人口	Household Population at the Year-end	100.5	102.7	100.4	99.9
城镇人口	Urban	113.2	103.0	103.0	101.5
乡村人口	Rural	95.9	102.6	99.1	99.1
男性人口	Male	101.0	102.5	100.4	100.0
女性人口	Female	99.9	103.0	100.5	99.9
就业	**Employment**				
从业人员数	Employees	99.3	101.2	97.9	98.1
在岗职工人数	Staff and Workers on the Job	98.3	105.6	95.5	109.1
宏观经济	**Macro-economy**				
国民经济核算	**National Accounting**				
地区生产总值	Gross Domestic Products	109.0	114.6	107.8	107.6
第一产业	Primary Industry	103.9	104.2	103.5	103.2
第二产业	Secondary Industry	110.6	120.3	107.4	107.8
第三产业	Tertiary Industry	110.5	111.5	109.1	108.1
人均地区生产总值	Per Capita Gross Regional Product	108.5	112.9	107.2	107.1
支出法地区生产总值	Gross Regional Product by Expenditure Approach	109.0	114.6	107.8	107.6
最终消费	Final Consumption	106.7	110.9	108.7	107.4
居民消费	Households Consumption	105.6	110.7	109.2	107.8
政府消费	Government Consumption	110.8	111.3	107.0	106.1
资本形成总额	Gross Capital Formation	104.3	119.3	106.6	106.8
固定资本形成	Gross Fixed Capital Formation	110.9	118.5	107.2	107.9
固定资产投资	**Investment in Fixed Assets**				
固定资产投资总额	Total Investment in Fixed Assets	113.0	127.6	110.0	110.1
国有投资	State Investment	109.8	113.6	92.0	95.6
非国有投资	Non-state Investment	117.0	136.2	120.9	116.8
财政	**Pubic Finance**				
地方一般公共预算收入	General Public Budget Revenue	106.3	127.6	103.7	105.1
一般公共预算支出	General Public Budget Expenditure	111.1	122.3	108.9	107.4
物价总指数	**Price Index**				
居民消费价格总指数	General Consumer Price Index	101.4	103.1	102.0	102.9
商品零售价格总指数	General Retail Price Index	99.3	103.1	102.3	102.3
农产品生产者价格指数	Producer Price Indices of Farm Products	96.8	109.9	95.4	118.0
利用外资	**Utilization of Foreign Capital**				
实际利用外商直接投资	Foreign Direct Investment	103.6	112.8	111.9	111.8
产业	**Industry**				
农业	**Agriculture**				
耕地面积	Cultivated Areas	122.1	100.1	100.1	
农林牧渔业从业人员	Number of Person Engaged in Farming, Forestry, Animal Husbandry and Fishery	99.6	99.7	98.9	98.6

1-9 续表 1 Continued

单位：%　　　　(%)

指 标	Item	发展速度（上年 =100）Growth Rate (Preceding year=100)			
		2000	2010	2018	2019
农林牧渔业总产值	Gross Output Value of Farming, Forestry,Animal Husbandry and Fishery	104.3	104.3	103.6	103.2
农业	Farming	103.1	104.3	103.2	103.7
林业	Forestry	104.3	106.9	109.4	109.5
牧业	Animal Husbandry	103.9	103.4	101.1	98.1
渔业	Fishery	111.5	105.5	107.5	106.9
主要农产品产量	Output of Major Farm Products				
粮食	Grain	106.5	98.1	98.4	98.4
棉花	Cotton	89.3	107.1	78.3	95.1
油料	Oil-bearing Crops	107.1	102.2	103.7	102.0
黄红麻（熟麻）	Jute and Ambary Hemp (Cooked Hemp)	100.0	149.7	159.4	100.4
苎麻	Ramie	173.3	74.1	107.4	99.9
烤烟	Fluecured Tobacco	125.4	75.0	92.0	97.6
茶叶	Tea	101.8	119.4	108.9	108.7
柑桔	Citrus	84.1	114.6	105.8	106.0
猪牛羊肉	Pork, Beef and Mutton	102.1	104.1	99.6	79.9
水产品	Aquatic Products	107.0	105.5	104.2	104.9
工业	**Industry**				
主要规模工业产品产量	Output of Major Industrial Products above Designated Size				
布	Cloth	118.8	95.7	75.5	71.2
机制纸及纸板	Machine-made Paper and Paperboards	132.1	109.9	108.8	75.7
合成洗涤剂	Synthetic Detergents	119.6	96.6	76.8	107.8
原煤	Coal	104.0	116.7	96.8	83.3
发电量	Electricity	106.6	120.6	106.0	105.9
粗钢	Crude Steel	98.4	123.0	113.0	103.4
钢材	Steel	103.6	120.5	106.9	103.7
水泥	Cement	105.4	115.3	92.0	102.1
规模工业企业财务指标	Principal Financial Item of Industrial Enterprises above Designated Size				
利润总额	Total Profits	212.7	191.4	96.2	110.6
建筑业	**Construction**				
建筑业企业人数	Number of Employed Person	98.9	103.8	102.8	107.1
建筑业总产值	Gross Output Value of Construction	106.1	126.1	113.8	112.7
施工房屋面积	Floor Space of Buildings Under Construction	97.8	123.3	108.5	110.1
竣工房屋面积	Floor Space of Buildings Completed	97.1	107.8	100.4	105.6
交通运输	**Transportation**				
货运量	Freight Traffic	100.1	116.1	102.0	
铁路	Railways	104.9	106.0	106.7	101.9
公路	Highways	99.0	114.6	102.8	
水运	Waterways	107.2	133.6	93.5	95.2
客运量	Passenger Traffic	99.6	111.2	93.0	95.3
铁路	Railways	104.5	111.0	108.3	112.1
公路	Highways	99.2	111.2	90.7	92.5
水运	Waterways	109.2	123.0	103.3	94.9

注：2019 年公路货运数据采用交通运输部专项调查数据，统计口径发生改变，与上年数据不可比。

Road freight data for 2019 are based on the special survey data of the Ministry of Transport. The statistical caliber has changed ,There is no comparison with last year's data.

1-9 续表 2 Continued

单位：%　　　　(%)

指　标	Item	发展速度（上年=100）Growth Rate (Preceding year=100) 2000	2010	2018	2019
邮电通信业	**Postal and Telecommunications Services**				
邮政业务总量	Total Postal Services	110.1		128.9	129.6
函件	Number of Letters Delivered	83.8	81.3	85.5	96.5
报刊期发数	Newspapers and Magazines Distributed	65.1	101.3	104.6	89.1
快递业务量	Express Business			133.4	130.6
电信业务总量	Total Telecommunications Services	156.6		266.8	171.5
固定电话用户数	Local Telephone Subscribers		92.3	95.9	96.3
移动电话用户数	Mobile Telephone Subscribers		119.1	110.9	105.5
固定互联网用户数	Number of Local Internet Users			124.3	114.6
移动互联网用户数	Number of Mobile Internet Users			106.2	105.0
国内商业	**Domestic Trade**				
社会消费品零售总额	Total Retail Sales of Consumer Goods	110.7	119.9	109.7	110.2
对外经济贸易和旅游	**Foreign Trade and Tourism**				
进出口总额	Total Exports and Imports	128.5	144.7	129.1	135.3
进口额	Imports	127.6	144.5	124.0	115.2
出口额	Exports	128.9	144.8	131.9	145.8
国际旅游	International Tourism				
来湘旅游人数	Number of Tourism to Hunan	117.7	145.1	113.1	124.5
旅游外汇收入	Foreign Exchange Earnings from Tourism	119.2	131.8	117.4	134.8
金融保险	**Finance and Insurance**				
金融机构人民币存款余额	Total Saving Depositit of F inancial Institutions	113.2	118.7	104.9	107.4
金融机构人民币贷款余额	Total Loan Balances of F inancial Institutions	99.8	120.6	114.8	116.1
财产险保费收入	Premium Income from Property Insurance	102.0	134.3	113.7	111.3
人身险保费收入	Premium Income from Life Insurance	159.0	110.0	112.8	111.2
教育、科技、文化	**Education, Science and Technology, Culture**				
教育	**Education**				
专任教师数	Full-time Teachers				
普通高等学校	Institutions of Higher Education	112.9	101.4	103.5	105.2
中等职业学校	Specialized Secondary Schools			107.4	107.0
普通中学	Secondary Schools	105.3	98.6	103.2	104.2
小学	Primary Schools	99.7	99.8	103.2	104.6
在校学生	Students Enrollment				
普通高等学校	Institutions of Higher Education	140.7	103.0	104.2	106.1
中等职业学校	Specialized Secondary Schools			95.9	101.8
普通中学	Secondary Schools	124.7	98.8	104.0	103.5
小学	Primary Schools	92.0	102.1	102.0	101.3
国家财政性教育经费	State Fiscal on Education	107.1	113.2	105.6	107.9
科技	**Science and Technology**				
各类专业技术人员数	Number of Scientific and Technical Personnel	101.8	100.1	101.2	101.9
科技拨款	Funding for Scientific and Technical Activities	126.1	118.2	142.1	132.3
技术市场技术交易成交额	Transaction Value in Technical Market	153.2	101.0	128.6	118.7
文化	**Culture**				
出版数量	Publications				
图书	Number of Books	80.8	118.9	98.8	107.5

注：对外贸易中的进出口总额，统一按海关统计数据。

Figures on total imports and exports from foreign trade are obtained from the customs statistics.

1-9 续表 3 Continued

单位：% (%)

指 标	Item	发展速度(上年=100) Growth Rate (Preceding year=100)			
		2000	2010	2018	2019
杂志	Number of Magazines	84.5	110.9	75.0	107.8
报纸	Number of Newspapers Issue	98.2	101.8	91.3	93.7
电视节目每周播出时间	Time for TV Programs Telecasting	107.7	103.0	99.7	101.3
家庭、生活、环境	**Family, People's Livelihood and Environment**				
家庭	**Family**				
城镇居民平均每户家庭人口	Average Household Size in Urban Areas	100.3	100.0	104.6	99.4
农村居民平均每户常住人口	Average Household Size in Rural Areas	101.0	99.7	101.6	98.5
婚姻	**Marriages and Divorces**				
结婚数	Number of Marriages	94.6	97.5	92.1	90.2
离婚数	Number of Divorces	113.8	107.9	87.7	103.7
居住	**Housing**				
城市居民人均自有现住房面积	Per Capita Floor Space of Urban Residents	104.5	103.3	104.9	101.8
农村居民人均自有现住房面积	Per Capita Floor Space of Rural Residents	103.5	101.2	100.1	100.6
生活	**People's Livelihood**				
城镇居民人均可支配收入	Disposable Income of Urban Households	106.9	109.8	108.1	108.6
农村居民人均可支配收入	Disposable Income of Rural Households	102.3	114.5	108.9	109.2
城镇居民人均消费支出	Per Capita Consumption Expenditure of Urban Households	108.7	109.2	108.2	107.4
农村居民人均消费支出	Per Capita Consumption Expenditure of Rural Households	101.2	107.2	110.3	109.8
工资福利	**Wages and Welfare**				
在岗职工工资总额	Total Wages on the Job	108.1	117.1	106.8	114.7
在岗职工平均工资	Average Wage of Staff and Workers on the Job	108.3	112.6	111.1	105.8
卫生	**Health Care**				
医院与卫生院	Number of Hospitals	99.4	98.8	106.3	100.7
执业(助理)医师	Number of Doctors	104.5	103.5	104.6	105.3
医院床位数	Number of Hospital Beds	106.5	109.7	109.1	104.8
市政建设	**City Construction**				
供水总量	Volume of Tap Water Supply	99.7	105.3	112.3	102.1
排水管道长度	Length of Sewer Pipelines	76.3	113.7	112.4	105.8
液化石油气用量	Volume of Liquefied Petroleum Gas	106.5	107.2	118.8	106.6
天然气供气量	Volume of Natural Gas			109.7	109.3
公共汽车总数	Total Number of Public Buses	102.2	104.8	108.9	108.1
公交客运总量	Total Passenger Traffic of Public Transportation	115.7	123.8	98.3	98.2
环境、灾害	**Environment and Disaster**				
火灾发生数	Number of Fire Disasters	119.8	114.2	80.1	104.6
火灾经济损失	Loss of Fire Accidents	57.7	87.9	123.1	99.3
交通事故发生数	Number of Traffic Accidents	156.1	116.2	68.9	81.2
交通事故直接经济损失	Direct Loss of Traffic Accidents	116.2	107.4	106.1	66.1

1-10 国民经济和社会发展效益指标
Beneficial Indicators of National Economy and Social Development

指 标		Item		2000	2010	2018	2019
人口与就业		**Population and Employment**					
人口出生率	(‰)	Birth Rate	(‰)	11.45	13.10	12.19	10.39
人口死亡率	(‰)	Death Rate	(‰)	6.79	6.7	7.08	7.28
人口自然增长率	(‰)	Natural Growth Rate	(‰)	4.66	6.4	5.11	3.11
就业者负担人口	(人)	Dependency Rate	(person)	1.83	1.78	1.85	1.89
宏观经济		**Macro Economy**					
全社会劳动生产率	(元/年人)	Overall Labor Productivity	(yuan/person year)	9894	39339	96164	107365
第一产业		Primary Industry		3785	12256	20716	25400
第二产业		Secondary Industry		15399	77646	162849	181563
第三产业		Tertiary Industry		21791	47497	134753	146578
人均地区生产总值	(元)	Per Capita Gross Regional Product	(yuan)	5590	24005	52809	57540
国有经济项目投产率	(%)	Rate of Projects Completed and Put into Use in State-owned Economic	(%)	62.3	50.5	55.2	58.5
地方一般公共预算收入相当于生产总值	(%)	General Public Budget Revenue to GDP	(%)	5.0	6.9	7.9	7.6
一般公共预算支出相当于生产总值	(%)	General Public Budget Expenditure to GDP	(%)	9.8	17.4	20.6	20.2
产业		**Industry**					
人均耕地面积	(公顷)	Per Capita Cultivated Land	(hectare)	0.06	0.06	0.06	
农业从业者人均耕地面积	(公顷)	Cultivated Land per Agricultural Laborer	(hectare)	0.19	0.22	0.25	
农业从业者人均农林牧渔业总产值	(元)	Agricultural Output Value per Agricultural Laborer	(yuan)	6060	18868	31970	38679
每公顷耕地农业机械总动力	(千瓦)	Total Power of Agricultural Machinery per Hectare Cultivated Land	(kw)	5.63	11.2	9.85	10.05
每公顷耕地用电量	(千瓦小时)	Electric Power Consumption per Hectare Cultivated Land	(kw.h)	1135.00	2384.53	3149.87	
每公顷播种面积化肥施用量	(公斤)	Chemical Fertilizer Consumption per Hectare Sown Area	(kg)	228.00	297.38	299.18	282.17
每公顷耕地生产的农业产值	(元)	Agricultural Output Value per Hectare Cultivated Land	(yuan)	31923	44700	64150	
每一农业从业者农产品产量	(公斤)	Output of Farm Products per Agricultural Laborer	(kg)				
油料		Oil-bearing Crops		67.32	95.52	139.80	144.45
水产品		Aquatic Products		64.35	106.82	169.22	177.51
每公顷播种面积农产品产量	(公斤)	Output of Farm Products per Hectare Sown Area	(kg)				
粮食		Grain		5716	5921	6367	6444
棉花		Cotton		1173	1297	1341	1299
油料		Oil-bearing Crops		1490	1506	1743	1765
规模以上工业企业效益		Benefits of Industrial Enterprises above Designated Size					
资产负债率	(%)	Size Ratio of Asset-liability	(%)	67.6	57.55	50.42	50.22
成本费用利润率	(%)	Ratio of Cost Profit	(%)	2.4	8.7	6.3	6.5
百元销售收入实现利润	(元)	Profits per 100 Yuan Sales Revenue	(yuan)	2.2	7.8	5.7	5.9

1-10 续表 Continued

指 标	Item	2000	2010	2018	2019
建筑业技术装备率 （元/人）	Value of Machinery in Construction per Laborer (yuan/person)	5428	9289	11715	7222
建筑业动力装备率 （千瓦/人）	Power of Machinery per Laborer (kw/person)	4.7	5.6	3.9	3.6
建筑业产值利税率 （%）	Ratio of Per-tax Profits to Gross Output Value (%)	4.3	7.2	3.3	6.7
建筑业全员劳动生产率 （元/人）	Overall Labor Productivity (yuan/person-year)	46436	193653	348142	366599
运输业铁路网密度（公里/万平方公里）	Railway Density in Transportation (km/10 000 sq.km)	138.07	174.46	239.38	263.41
运输业公路网密度（公里/万平方公里）	Highway Density in Transportation (km/10 000 sq.km)	2872.90	10764.77	11334.28	11358.17
全省人均消费品零售额 （元）	Per Capita Retail Sales of Consumer Goods (yuan)	2149.05	8730.32	21999.21	24149.61
进出口总额相当于生产总值 （%）	Proportion of Total Imports and Exports to GDP (%)	5.63	6.20	8.45	10.92
每一来湘旅游客人次支出 （美元）	Expenditure per International Tourist in Hunan (USD)	486.92	467.04	416.46	482.04
教育、科技、文化	**Education, Science and Technology , Culture**				
学龄儿童入学率 （%）	Rate of School-age Children Enrollment (%)	98.42	99.92	99.93	100.00
小学升学率 （%）	Rate of Graduates of Primary Schools Entering Junior Secondary Schools (%)	97.04	100.86	101.24	101.42
初中升学率 （%）	Rate of Graduates of Junior Secondary Schools Entering Senior Secondary Schools (%)	51.15	98.32	93.82	93.65
学校每一专任教师负担学生人数	Number of Students Supported by Each Fulltime Teacher				
#高等学校 （人）	#Institutions of Higher Education (person)	12.50	17.53	21.13	21.51
普通中学 （人）	Secondary Schools (person)	17.50	13.17	14.02	13.91
小学学校 （人）	Primary Schools (person)	21.70	19.16	19.01	18.42
国家财政性教育经费占GDP比例（%）	Proportion of State Fiscal Funding on Education to GDP (%)	2.42	3.00	3.44	3.40
科技拨款相当于生产总值 （%）	Proportion of Funding for Scientific and Technical Activities to GDP (%)	0.15	0.22	0.36	0.43
每百万人有艺术表演团体 （个）	Number of Troupes per Million Person (unit)	1.39	2.84	7.39	8.31
每百万人有公共图书馆 （个）	Number of Public Libraries per Million Person (unit)	1.75	1.75	2.03	2.04
家庭、生活、环境	**Family , People's Livelihood and Environment**				
离婚率 （‰）	Divorce Rate (‰)	1.97	4.39	3.08	3.19
每万人口中医院卫生院数 （个）	Number of Hospitals per 10 000 person (unit)	0.51	0.43	0.55	0.55
每万人口中执业（助理）医师数 （人）	Number of Doctors per 10 000 person (person)	13.52	14.70	26.24	27.54
每万人口中医院床位数 （张）	Number of Hospital Beds per 10 000 person (unit)	14.20	21.14	48.46	52.78
医院病床使用率 （%）	Utilization Rate of Hospital Beds (%)	45.59	93.10	84.36	83.7
城市用水普及率 （%）	Percentage of Households with Access to Tap Water (%)	97.50	95.17	96.35	95.33
城市燃气普及率 （%）	Percentage of Households with Access to Natural Gas (%)	78.35	87.00	93.64	96.65
人均公园绿地面积 （平方米）	Park Green Land Per Capita (sq.m)	5.10	8.89	10.99	11.54
每起火灾经济损失 （万元）	Average Loss of per Fire Disaster (10 000 yuan)	1.40	2.99	2.57	2.44
每起交通事故直接经济损失（万元）	Direct Economic Loss for Each Traffic Accident (10 000 yuan)	0.40	0.47	1.20	0.97

注：自2010年起艺术表演团体含民间职业剧团，此前为文化部门专业剧团数据。

Since 2010, arts performance troupes included folk troupes. And before that, arts performance troupes included professional troupes of cultural department only.

1-11 国民经济主要比例关系
Main Proportional Relations of National Economy

单位：% (%)

指 标	Item	2000	2010	2018	2019
地区生产总值（生产法）	**Ratio of Gross Domestic Products**				
第一产业	Primary Industry	22.1	13.3	8.5	9.2
第二产业	Secondary Industry	36.4	45.2	38.3	37.6
第三产业	Tertiary Industry	41.5	41.5	53.2	53.2
地区生产总值（支出法）	**Ratio of Gross National Expenditure**				
资本形成总额	Gross Capital Formation	27.4	51.7	47.6	47.5
#固定资本形成总额	# Fixed Capital Formation	103.7	97.4	98.5	99.6
存货增加	Changes in Inventories	-3.7	2.6	1.5	0.4
最终消费	Final Consumption Expenditure	71.6	50.4	57.9	57.1
#居民消费	#Resident Consumption	78.7	77.4	75.5	75.7
#农村居民	#Rural Household	45.1	29.7	27.2	26.7
城镇居民	Urban Household	54.9	70.3	72.8	73.3
政府消费	Government Consumption	21.3	22.6	24.5	24.3
固定资产投资的资金来源	**Ratio of Investment in Fixed Assets by Source of Finance**				
国家预算内投资	State Budgetary Appropriation	7.2	6.6	3.8	3.4
国内贷款	Domestic Loans	20.0	12.5	10.5	9.2
债券	Bunds	0.2	0.2	0.3	0.5
利用外资	Foreign Investment	2.1	0.8	0.3	0.2
自筹投资	Fundraising	58.5	67.6	60.6	61.7
其他投资	Others	12.1	12.3	24.4	25.1
国有经济投资中各行业	**Investment in Fixed Assets by Sector**				
（国有经济）	(State-owned Economic)				
农、林、牧、渔业	Agriculture, Forestry, Animal Husbandry and Fishery	0.8	3.4	2.1	2.6
工业	Industry	23.7	15.6	14.1	15.1
地方一般公共预算收入	**General Public Budget Revenue**				
企业所得税	Income Tax of Enterprises	6.77	5.57	8.24	8.22
国有企业亏损补贴	Subsidies to Loss-suffering State-owned Enterprises	-2.78	-0.18	-0.05	-0.05

注：从2013年执行新的三次产业划分规定，即第一产业不含农林牧渔服务业；第二产业不含采矿业的开采辅助活动和制造业的金属制品、机械和设备修理业，因此第二产业不等于工业加建筑业，下表同。

Since 2013,the rules of the new division of three industries has been excuted.That is the first industry exclude agriculture,forestry,animal musbandry and fishery services,the secondary industry exclude mining auxiliary activities in mining industry and metal products, machinery and equipment repair in manufacturing industry. So the secondary industry is not equal to the industry and the construction industry.The same applies to the relevant tables following.

1-11 续表 Continued

单位：% (%)

指 标	Item	2000	2010	2018	2019
农林牧渔业总产值	**Total Output Value of Agriculture, Forestry, Animal Husbandry and Fishery**				
农业	Agriculture	50.6	52.6	49.7	47.7
林业	Forestry	4.1	5.9	7.2	6.7
牧业	Animal Husbandry	38.8	30.2	27.3	31.3
渔业	Fishery	6.5	6.3	7.8	6.9
客运量	**Total Passenger Traffic**				
铁路	Railways	6.0	4.5	12.9	15.2
公路	Highways	92.6	94.5	84.2	81.7
水运	Waterways	1.3	0.6	1.6	1.6
民用航空	Civil Aviation	0.2	0.4	1.3	1.5
货运量	**Total Freight Traffic**				
铁路	Railways	9.2	3.8	1.9	2.4
公路	Highways	83.7	85.2	88.4	86.5
水运	Waterways	6.6	10.6	9.1	10.5
货物周转量	**Total Freight Ton-kilometers**				
铁路	Railways	58.8	35.1	18.5	32.7
公路	Highways	27.7	52.9	70.7	50.4
水运	Waterways	13.4	11.8	10.4	16.1
全社会消费品零售总额	**Total Retail Sales of Consumer Goods**				
城镇	Urban		90.4	86.7	86.6
其中：城区	City Proper		60.6	59.9	62.0
乡村	Rural		9.6	13.3	13.4

注：从2010年起，社会消费品零售总额统计采用新的分组，即将经营单位所在地分组由“市”、“县”、“县以下”改为“城镇”、“乡村”。公路货运、货运周转量使用2019年交通部专项调查数据，统计口径发生改变。

From 2010, new grouping method is adopted for the statistics on the total retail sales of consumer goods: grouping according to operation location changes from city, county and below county level to urban and rural areas.Road freight data for 2019 are based on the special survey data of the Ministry of Transport. The statistical caliber has changed.

1-12 平均每天主要社会经济活动
Selected Indicators of Average Daily Social and Economic Activities

指　标		Item		2000	2010	2018	2019
全省每天创造的财富		**Daily Production**					
地区生产总值	（亿元）	Gross Domestic Product	(100 million yuan)	9.73	42.67	99.53	108.91
农林牧渔业总产值	（亿元）	Total Output Value of Agriculture, Forestry, Animal Husbandry and Fishery	(100 million yuan)	3.43	9.64	14.69	17.55
地方一般公共预算收入	（万元）	General Public Budget Revenue	(10 000 yuan)	4850.40	29635.34	78379.30	82387.60
布	（万米）	Cloth	(10 000 m)	93.42	127.46	78.90	48.85
机制纸及纸板	（吨）	Machine-made Paper and Paperboard	(ton)	1919.73	10537.78	11996.06	9075.79
原煤	（万吨）	Coal	(10 000 tons)	4.08	21.01	4.64	3.77
发电量	（万度）	Electricity	(10 000 kw.h)	9710.14	32505.23	38870.39	41247.12
原油加工量	（吨）	Machining Crude Oil	(ton)	14422.47	16182.82	25992.78	25591.78
粗钢	（吨）	Crude Steel	(ton)	8331.51	48397.88	63221.57	65362.30
钢材	（吨）	Steel	(ton)	8193.15	49636.35	64751.30	67166.65
水泥	（万吨）	Cement	(10 000 tons)	6.56	23.81	30.03	30.67
粮食	（万吨）	Grain	(10 000 tons)	7.88	7.80	8.28	8.15
棉花	（吨）	Cotton	(ton)	469.32	621.92	234.77	224.11
油料	（吨）	Oil-bearing Crops	(ton)	3817.81	4879.62	6423.19	6553.41
苎麻	（吨）	Ramie	(ton)	181.37	111.13	11.41	11.40
烤烟	（吨）	Flue-cured Tobacco	(ton)	426.03	423.26	522.05	503.10
茶叶	（吨）	Tea	(ton)	156.99	320.99	588.18	639.59
柑桔	（吨）	Oranges	(ton)	3449.86	10556.13	14481.37	15355.29
猪牛羊肉	（吨）	Pork, Beef and Mutton	(ton)	11959.18	12035.14	13139.73	10504.11
水产品	（吨）	Aquatic Products	(ton)	3649.59	5448.93	6918.76	7256.03
进出口总额	（万美元）	Total Imports and Exports	(USD 10 000)	688.49	4024.34	12747.90	17227.93
#进口额		#Total Imports		235.62	1844.93	4371.37	5026.65
出口额		Total Exports		452.88	2179.42	8376.53	12201.28
其他经济活动		**Other Daily Economic Activities**					
邮政业务总量	（万元）	Business Volume of Postal Services	(10 000 yuan)	250.96	877.47	6801.10	8816.16
电信业务总量	（万元）	Business Volume of Telecommunications Services	(10 000 yuan)	3609.86	8910.68	67865.75	116405.98
出版图书	（万册）	Books Published	(10 000 copies)	68.07	85.35	124.22	133.55
出版杂志	（万册）	Magazines Published	(10 000 copies)	28.78	34.96	24.02	25.89
出版报纸	（万份）	Newspaper Published	(10 000 pieces)	228.68	353.70	232.33	217.64
全省每天人口变动和婚姻		**Daily Population Changes and Marriages**					
出生	（人）	Births	(person)	2054	2510	2298	1967
死亡	（人）	Deaths	(person)	1218	1284	1334	1378
结婚	（对）	Marriages	(couples)	1050	1739	1155	1042
离婚	（对）	Divorces	(couples)	177	421	583	604

注：电信业务总量从2017年起，由2010年不变价调整为2015年不变价；邮政业务总量从2010年起，由2000年不变价调整为2010年不变价。出生、死亡人口数从2014年起为常住人口口径。

The total volume of telecommunication services has been adjusted from the constant price in 2010 to the constant price in 2015 since 2017; the total amount of postal services has been adjusted from the constant price in 2000 to the constant price in 2010 since 2010.The number of births and deaths has been the permanent population since 2014.

1-13 人均主要工农业产品产量
Per Capita Output of Major Agricultural and Industrial Products

指 标		Item		2000	2010	2018	2019
甘蔗	（公斤）	Sugarcane	(kg)	17.70	5.12	4.91	4.95
烤烟	（公斤）	Flue-cured Tobacco	(kg)	2.40	3.15	2.74	2.66
茶叶	（公斤）	Tea	(kg)	0.90	3.04	3.12	3.38
水果	（公斤）	Fruit	(kg)	23.00	97.56	146.93	153.72
#柑桔	（公斤）	#Oranges	(kg)	19.20	77.20	76.83	81.13
水产品	（公斤）	Aquatic Products	(kg)	20.30	29.53	36.82	38.62
纱（混合数）	（公斤）	Yarn	(kg)	2.53	11.08	14.30	16.61
布（混合数）	（米）	Cloth	(meter)	5.19	6.56	4.17	2.58
机制纸及纸板	（公斤）	Machine-made Paper and Paperboard	(kg)	10.68	54.25	63.47	47.88
合成洗涤剂	（公斤）	Synthetic Detergents	(kg)	1.24	5.12	4.87	5.23
原盐	（公斤）	Salt	(kg)	11.11	32.24	46.85	46.56
卷烟	（箱／百人）	Cigarettes	(cases/100 person)	3.51	4.94	4.74	4.77
原煤	（吨）	Coal	(ton)	0.23	1.08	0.25	0.20
原油加工量	（千克）	Machining Crude Oil	(kg)	80.22	83.32	137.91	135.21
发电量	（千瓦小时）	Electricity	(kw.h)	540.11	1673.51	2062.33	2179.20
生铁	（公斤）	Pig Iron	(kg)	50.70	239.88	284.57	285.31
粗钢	（公斤）	Crude Steel	(kg)	46.35	249.17	334.49	344.84
钢材	（公斤）	Steel	(kg)	45.57	255.55	342.59	354.36
水泥	（吨）	Cement	(ton)	0.37	1.23	1.59	1.62
合成氨	（公斤）	Synthetic Ammonia	(kg)	25.49	23.14	7.80	9.16
农用化肥（折纯量）	（公斤）	Chemical Fertilizers	(kg)	21.60	47.05	10.25	7.60
#氮肥	（公斤）	#Nitrogen Fertilizers	(kg)	17.21	41.75	5.75	6.18
化学农药原药	（公斤）	Chemical Pesticide	(kg)	0.70	1.86	1.04	0.53
汽车	（辆／万人）	Motor Vehicles	(unit/10 000 person)	2.68	33.88	100.20	122.82
摩托车	（辆／万人）	Motorcycles	(unit/10 000 person)	21.72	32.72	18.26	17.61

1-14 贫困市县基本情况 (2019年)

Basic Statistics on Poverty Counties and Cities (2019)

市 县	Counties and Cities	常住人口 (万人) Total Population (10 000 person)	地区生产总值 (万元) Gross Regional Products (10 000 yuan)	第一产业增加值 (万元) Added Value of Primary Industry (10 000 yuan)	工业增加值 (万元) Added Value of Industry (10 000 yuan)	地方一般公共预算收入 (万元) General Public Budget Revenue (10 000 yuan)	粮食产量 (吨) Total Output of Grain (ton)	农村居民人均可支配收入 (元) Per Capita Disposable Income of Rural Households (yuan)
武陵山片区	**Wuling Mountainous Area**							
新邵县	Xinshao County	79.21	1600629	340654	279922	68016	297233	12328.1
邵阳县	Shaoyang County	90.15	1757885	402853	349687	53845	437106	11940.6
隆回县	Longhui County	110.34	2244915	441298	319818	87379	496549	11378.5
洞口县	Dongkou County	80.23	1778220	542165	296394	65880	461336	11848.1
绥宁县	Suining County	36.85	950442	214521	176125	33390	144726	11159.5
新宁县	Xinning County	58.77	1141717	294527	175198	59881	282031	11025.2
城步县	Chengbu County	27.54	535796	113250	54615	24106	79767	9291.2
武冈市	Wugang City	78.37	1607257	502927	134622	73171	438683	13379.4
石门县	Shimen County	58.05	2956715	451897	833161	100239	298437	12813.3
慈利县	Cili County	61.96	1782853	316830	146113	83910	317886	11650.3
桑植县	Sangzhi County	38.93	979231	137799	77063	37917	139712	9058.3
安化县	Anhua County	86.10	2321780	446090	637718	84949	233346	9882.2
中方县	Zhongfang County	26.79	1187327	159551	509217	45729	113288	12457.1
沅陵县	Yuanling County	60.93	1698059	269413	592415	86341	241300	10564.4
辰溪县	Chenxi County	47.64	1131397	194124	209082	50337	200115	11006.2
溆浦县	Xupu County	77.32	1729531	351389	318872	58957	350327	12479.8
会同县	Huitong County	33.43	884937	148775	89729	37685	129990	11177.2
麻阳县	Mayang County	35.02	886352	192393	197706	37954	113993	9612.8
新晃县	Xinhuang County	24.74	679927	97787	167111	37488	80547	9697.3
芷江县	Zhijiang County	34.04	1015974	212836	241843	54467	223485	9953.5
靖州县	Jingzhou County	26.14	832568	147045	199940	31724	133000	10872.3
通道县	Tongdao County	21.37	534254	78534	121558	26504	91216	9052.0
新化县	Xinhua County	115.52	2778372	493500	646944	108840	459731	9837.9
涟源市	Lianyuan City	99.44	2904006	415086	824807	74898	377033	11218.5
泸溪县	Luxi County	29.22	694778	97775	192540	34562	81698	9146.0
凤凰县	Fenghuang County	34.93	878783	106486	103581	80271	128697	11102.3
花垣县	Huayuan County	28.36	721215	81008	201011	50460	91578	9510.0
保靖县	Baojing County	29.02	701658	97384	193326	32326	90800	10564.8
古丈县	Guzhang County	13.45	311767	68573	65038	22936	32026	8616.5
永顺县	Yongshun County	44.49	864003	192348	106445	46830	223275	8823.2
龙山县	Longshan County	48.18	949372	221281	129791	63819	184027	10315.0
罗霄山片区	**Luoxiao Mountainous Area**							
茶陵县	Chaling County	59.36	2153478	346500	446193	77190	271237	10502.9
炎陵县	Yanling County	20.34	855928	125754	263217	34022	91714	9734.6
宜章县	Yizhang County	59.83	2159940	237493	672428	86210	253648	10556.4
汝城县	Rucheng County	35.53	874566	147822	165063	45715	140313	10949.6
桂东县	Guidong County	21.23	433597	57203	72731	24859	63167	10533.2
安仁县	Anren County	40.02	1084483	214871	229045	38806	277339	12070.0
片区外国扶县	**Other State Aided Counties**							
平江县	Pingjiang County	95.42	3224885	496183	1238459	98469	408369	10479.5
新田县	Xintian County	34.76	933193	203720	188920	48058	154218	10336.0
江华县	Jianghua County	45.65	1313604	281701	397809	76899	222784	11676.0
片区外省扶县	**Other Province Aided Counties**							
祁东县	Qidong County	95.63	2857040	494912	710486	88545	446310	15409.4
永定区	Yongding Distract	47.78	2295738	219371	190436	75379	145534	11211.2
武陵源区	Wulingyuan Distract	6.25	463142	20563	5624	34610	14289	14384.1
双牌县	Shuangpai County	20.04	707630	178893	224600	44650	71287	9960.6
江永县	Jiangyong County	24.20	776620	233051	138892	46949	125027	11324.0
宁远县	Ningyuan County	71.43	2255378	319895	477266	136182	295836	15942.8
双峰县	Shuangfeng County	81.59	2553489	526312	633245	75123	497653	13424.9
吉首市	Jishou City	36.18	1935560	83773	590902	103798	48171	11761.2

1-15 城乡私营企业基本情况(2019年)
Basic Statistics on Private Enterprises in Urban and Rural Areas (2019)

项 目	Item	户 数(户) Number of Enterprises (unit)	投资者(人) Employers (person)	雇工人数(人) Number of Employed Person (person)	注册资金(万元) Registered Capital (10 000 yuan)
总计	**Total**	**872268**	**1630763**	**3513088**	**517152612**
#城镇	#Urban	719873	1350887	263318	452201928
独资企业	Private-funded Enterprises	76311	75119	770508	5897835
合伙企业	Private Partnership Enterprises	17768	85390	229189	53674818
有限责任公司	Private Limited Liability Corporations	771522	1435461	2418178	440215322
股份有限公司	Private Share-holding Corporations Ltd.	6667	34793	95213	17364637

注：本表资料由湖南省市场监督管理局提供。
Data in the table were obtained from Administration for Market Regulation of Hunan Province.

1-16 城乡个体工商业基本情况(2019年)
Basic Statistics on Individuals and Commerce in Urban and Rural Areas (2019)

项 目	Item	期末户数(户) Number of Enterprise (household)	#城镇 Urban	期末从业人员(人) Number of Employees (person)	#城镇 Urban	期末注册资金(万元) Registered Capital (10 000yuan)	#城镇 Urban
总计	**Total**	**3277249**	**2518562**	**5350869**	**4944986**	**35435865**	**25814891**
农、林、牧、渔业	Farming, Forestry, Animal Husbandry and Fishery	73855	20289	157650	56183	2908954	678149
采矿业	Mining and Quarrying	1339	616	3058	2849	118475	43412
制造业	Manufacturing	140593	94801	324830	276465	2253817	1256166
电力、热力、燃气及水生产和供应业	Production and Distribution of Electricity, Heat,Gas and Water	2953	870	6333	2350	191585	47664
建筑业	Construction	11477	7345	32415	20822	276155	153757
批发和零售业	Wholesale and Retail Trades	2003578	1559661	2672390	2548558	17523340	14122584
交通运输、仓储和邮政业	Transport, Storage and Post	146017	79975	181791	110305	1755867	891347
住宿和餐饮业	Hotels and Catering Trades	456948	389990	1111495	1110602	5495772	4574412
信息传输、软件和信息技术服务业	Information Transfer, Computer Services and Software	28366	17910	38501	29415	227140	149935
金融业	Financial Intermediation	189	147	368		2857	2154
房地产业	Real Estate Trade	3538	3393	10447	8329	42191	39050
租赁和商务服务业	Tenancy and Business Services	58061	48722	114909	106656	967334	724318
科学研究和技术服务业	Scientific Research, Technical Services	2438	2099	5465	4481	31892	26815
水利、环境和公共设施管理业	Management of Water Conservancy, Environment and Public Facilities	10519	9743	22275	22263	69888	60304
居民服务、修理和其他服务业	Resident Services Repair and Other Services	302505	253806	568725	548332	2829905	2403545
教育	Education	2932	2474	9897	9401	64513	52900
卫生和社会工作	Health and Social Service	10917	9826	23968	22082	133924	123665
文化、体育和娱乐业	Culture,Sports and Entertainment	20640	16641	65791	65641	535293	460758
其他	Others	384	254	561	252	6964	3956

注：本表资料由湖南省市场监督管理局提供。
Data in the table were obtained from Administration for Market Regulation of Hunan Province.

1-17 “三资”企业投资基本情况 (2019年)

Basic Statistics on Investment of "Three Types of Capital" Enterprises (2019)

类 别	Item	本期实际投资（万美元） Used Value (USD 10 000)	年末实有企业数（个） Number of Registered Enterprises (unit)	#本年新增企业 Newly Increase this Year
总计	**Total**	**534560**	**9870**	**1105**
中外合资	Sino-foreign Joint Ventures	383799	1115	73
中外合作（法人）	Sino-foreign Cooperative Enterprises	5816	87	-9
中外合作（非法人）	Unincorporated Sino-foreign Cooperative Enterprises			
外资企业	Foreign Enterprises	142898	1436	97
外商投资股份有限公司	Companies Limited by Shares with Foreign Investment	474	34	-1
其他外商投资企业	Other Kinds of Foreign-invested Enterprises	1573	34	9
合伙企业	Partnerships		32	8
普通合伙企业	General Partnerships		5	
特殊的普通合伙企业	Special General Partnerships			
有限合伙企业	Limited Partnerships		27	8
其他企业	Others	1573	2	1
外商投资企业分支机构	Branches of Foreign-invested Enterprises		7164	936
按国民经济行业分组	**By Economic Sector**			
农、林、牧、渔业	Agriculture, Forestry, Animal Husbandry and Fishery	82982	162	-1
采矿业	Mining		14	-1
制造业	Manufacturing	50402	1036	3
电力、热力、燃气及水生产和供应业	Production and Distribution of Electricity, Heat, Gas and Water	12168	207	-112
建筑业	Construction	23185	75	4
批发和零售业	Wholesale and Retail Trade	56545	5264	1156
交通运输、仓储和邮政业	Transportation, Storage and Post	19935	118	-18
住宿和餐饮业	Hotel and Restaurants	405	720	42
信息传输、软件和信息技术服务业	Information Transmission, Software and Information Technology	21067	579	12
金融业	Financial Intermediation	9803	240	-63
房地产业	Real Estate Trade	30529	297	
租赁和商务服务业	Tenancy and Business Services	191119	663	23
科学研究和技术服务业	Scientific Research, Technical Services,	21907	258	39
水利、环境和公共设施管理业	Management of Water Conservancy, Environment and Public Facilities	5540	44	1
居民服务、修理和其他服务业	Services to Households, Repair and Other Services	8440	81	1
教育	Education	32	10	2
卫生和社会工作	Health and Social Service	158	10	
文化、体育和娱乐业	Culture, Sports and Entertainment	344	88	17

注：本表资料由湖南省市场监督管理局提供。

Data in the table were obtained from Administration for Market Regulation of Hunan Province.

1-17 续表 Continued

类 别	Item	本期实际投资（万美元）Used Value (USD 10 000)	年末实有企业数（个）Number of Registered Enterprises (unit)	#本年新增企业 Newly Increase this Year
按国别（地区）分组	**By Country (Territory)**			
亚洲	Asian	472087	2018	137
香港	Hong Kong	302803	1291	41
澳门	Macao	1708	35	-1
台湾	Taiwan	150841	380	44
日本	Japan	3168	59	3
韩国	Republic of Korea	868	62	10
亚洲其他国家（地区）	Other Asian Countries(region)	12699	191	40
非洲	Africa	354	47	5
欧洲	Europe	24136	186	10
德国	Federal Republic of Germany	20378	36	3
法国	France	160	13	1
英国	United Kingdom	1339	29	
欧洲其他国家（地区）	Other European Countries(region)	2257	108	6
拉丁美洲	Latin America	142	119	-7
维尔京群岛	Virgin Islands	142	97	-7
北美洲	North America	691	191	-3
加拿大	Canada	319	50	-1
美国	United States	293	131	-3
大洋洲	Oceanic	4935	70	7
澳大利亚	Australia	4357	35	5
新西兰	New Zealand	29	3	1

1-18 非公有制经济指标 (2019年)
Principal Indicators of Non-public Economy (2019)

指 标		Item	总量指标 Aggregate Date	发展速度（%）（以上年为 100) Growth Rate(%) (precending year=100)	人均增加值（元） Per Capita Value Added (yuan)
增加值	**（亿元）**	**Value Added of Non-public Economy (100 million yuan)**	**24390.14**	**108.2**	**35304**
农林牧渔业		Agriculture, Forestry, Animal Husbandry and Fishery	1122.92	100.1	
工业		Industry	8844.21	109.9	
建筑业		Construction	1862.77	107.4	
批发和零售业		Wholesale and Retail Trades	3704.30	106.2	
交通运输、仓储和邮政业		Transport, Storage and Post	785.75	104.0	
住宿和餐饮业		Hotels and Catering Trades	882.87	108.2	
金融业		Financial Intermediation	203.85	107.8	
房地产业		Real Estate	2577.30	105.6	
其他服务业		Others	4406.17	111.4	
第一产业		Primary Industry	919.69	98.3	
第二产业		Secondary Industry	10696.40	109.2	
第三产业		Tertiary Industry	12774.05	107.8	
实缴税金	（亿元）	Tax (100 million yuan)	2545.73	99.3	
第二、三产业从业人员数	（万人）	Employed Person in Secondary and Tertiary Industry (10 000 person)	2000.85	98.9	
增加值按市州分列	（亿元）	Cities and Prefecture (100 million yuan)			
长沙市		Changsha City	6901.66	108.9	83408
株洲市		Zhuzhou City	1877.68	110.1	46654
湘潭市		Xiangtan City	1531.35	108.6	53299
衡阳市		Hengyang City	2031.02	108.6	27929
邵阳市		Shaoyang City	1299.55	108.5	17714
岳阳市		Yueyang City	2510.43	108.6	43402
常德市		Changde City	2049.89	109.2	35347
张家界市		Zhangjiajie City	285.27	107.8	18481
益阳市		Yiyang City	1204.24	108.5	27262
郴州市		Chenzhou City	1510.51	108.0	31803
永州市		Yongzhou City	1154.86	107.4	21194
怀化市		Huaihua City	810.80	108.2	16276
娄底市		Loudi City	942.07	108.3	23931
湘西土家族苗族自治州		West Hunan Tujia and Miao A.P	474.57	107.5	17949

1-19 按登记注册类型分产业法人单位数 (2019年)
Corporate Units by Registration Type and Industry (2019)

单位：个 (unit)

指 标	Item	合计 Total	第一产业 Primary Industry	第二产业 Secondary Industry	第三产业 Tertiary Industry
总计	**Total**	**693318**	**58256**	**108035**	**527027**
内资	Internal-invested	691792	58225	107326	526241
国有	State-owned	56655	247	696	55712
集体	Collective-owned	6103	274	1301	4528
股份合作	Cooperated by Joint-stock	441	25	92	324
联营	Cooperative	752	25	87	640
国有联营	State-owned Cooperative	93	6	11	76
集体联营	Collective-owned Cooperative	257	10	52	195
国有与集体联营	State-owned and Collective-owned Cooperative	76	2	12	62
其他联营	Other Cooperative	326	7	12	307
有限责任公司	Limited Liability Company	26311	614	6384	19313
国有独资公司	Wholly State-owned Cooperative Company	2137	21	514	1602
其他有限责任公司	Other Limited Liability Company	24174	593	5870	17711
股份有限公司	Company Limited by Shares	3851	172	1103	2576
私营	Individual-owned	467496	21328	96798	349370
私营独资	Wholly Individual-owned	61382	6750	10741	43891
私营合伙	Individual-owned Partnership	13137	849	3917	8371
私营有限责任公司	Individual-owned Limited Liability Company	384417	13354	79868	291195
私营股份有限公司	Individual-owned Company Limited by Shares	8560	375	2272	5913
其他内资	Other Internal-invested	130183	35540	865	93778
港澳台商投资	Enterprises Funded by Entrepreneurs From Hong Kong, Macao and Taiwan	824	29	377	418
与港澳台商合资经营	Uoint Venture with Entrepreneurs From Hong Kong, Macao and Taiwan	341	12	149	180
与港澳台商合作经营	Cooperative Venture with Entrepreneurs From Hong Kong,Macao and Taiwan	12	1	4	7
港澳台商独资	Wholly Entrepreneurs-owned From Hong Kong, Macao and Taiwan	424	15	204	205
港澳台商投资股份有限公司	Enterprises Limited by Shares Funded by Entrepre-neurs From Hong Kong,Macao and Taiwan	25	1	10	14
其他港、澳、台商投资	Other Enterprises Funded by Entrepreneurs From Hong Kong, Macao and Taiwan	22		10	12
外商投资	Enterprises Funded by Foreigners	702	2	332	368
中外合资经营	Sino-foreign Joint Equity	297		167	130
中外合作经营	Sino-foreign Cooperative Ventures	18		9	9
外资企业	Foreign-funded Enterprise	301	1	133	167
外商投资股份有限公司	Enterprises Limited by Shares Funded by Foreigners	38	1	9	28
其他外商投资	Other Enterprises Funded by Foreigners	48		14	34

1-20 按登记注册类型分机构类型法人单位数 (2019年)
Corporate Units by Registration Type and Organization Type (2019)

单位：个 (unit)

指 标	Item	合计 Total	企 业 Enterprises	事业单位 Public Institution	机 关 Government Department	社会团体 Social Organization	民办非企业单位 Private Non-enterprise Units
总计	**Total**	**693318**	**495739**	**44606**	**10678**	**12162**	**18339**
内资	Internal-invested	691792	494214	44606	10678	12162	18339
国有	State-owned	56655	2635	40018	10677	2488	600
集体	Collective-owned	6103	2661	1430		841	702
股份合作	Cooperated by Joint-stock	441	220	12		14	166
联营	Cooperative	752	243	110		214	128
国有联营	State-owned Cooperative	93	43	42		6	1
集体联营	Collective-owned Cooperative	257	124	15		72	31
国有与集体联营	State-owned and Collective-owned Cooperative	76	29	29		17	
其他联营	Other Cooperative	326	47	24		119	96
有限责任公司	Limited Liability Company	26311	25943			76	237
国有独资公司	Wholly State-owned Cooperative Company	2137	2127			9	1
其他有限责任公司	Other Limited Liability Company	24174	23816			67	236
股份有限公司	Company Limited by Shares	3851	3769			14	55
私营	Individual-owned	467496	457736	1	1	467	8022
私营独资	Wholly Individual-owned	61382	55564			218	5210
私营合伙	Individual-owned Partnership	13137	11099			133	1482
私营有限责任公司	Individual-owned Limited Liability Company	384417	382633	1	1	115	1222
私营股份有限公司	Individual-owned Company Limited by Shares	8560	8440			1	108
其他内资	Other Internal-invested	130183	1007	3035		8048	8429
港澳台商投资	Enterprises Funded by Entrepreneurs From Hong Kong, Macao and Taiwan	824	823				
与港澳台商合资经营	Uoint Venture with Entrepreneurs From Hong Kong, Macao and Taiwan	341	341				
与港澳台商合作经营	Cooperative Venture with Entrepreneurs From Hong Kong,Macao and Taiwan	12	12				
港澳台商独资	Wholly Entrepreneurs-owned From Hong Kong, Macao and Taiwan	424	423				
港澳台商投资股份有限公司	Enterprises Limited by Shares Funded by Entrepreneurs From Hong Kong, Macao and Taiwan	25	25				
其他港、澳、台商投资	Other Enterprises Funded by Entrepreneurs From Hong Kong, Macao and Taiwan	22	22				
外商投资	Enterprises Funded by Foreigners	702	702				
中外合资经营	Sino-foreign Joint Equity	297	297				
中外合作经营	Sino-foreign Cooperative Ventures	18	18				
外资企业	Foreign-funded Enterprise	301	301				
外商投资股份有限公司	Enterprises Limited by Shares Funded by Foreigners	38	38				
其他外商投资	Other Enterprises Funded by Foreigners	48	48				

1-20 续表 Continued

单位：个 (unit)

指 标	Item	基金会 Foundation	居委会 Neighborhood Committee	村委会 Village Committee	农民专业合作社 Farmer Specialized Cooperative	其他组织机构 Other Organization
总计	**Total**	**223**	**5289**	**24521**	**73943**	**7818**
内资	Internal-invested	223	5289	24521	73943	7817
国有	State-owned	65				172
集体	Collective-owned	6				463
股份合作	Cooperated by Joint-stock					29
联营	Cooperative					57
国有联营	State-owned Cooperative					1
集体联营	Collective-owned Cooperative					15
国有与集体联营	State-owned and Collective-owned Cooperative					1
其他联营	Other Cooperative					40
有限责任公司	Limited Liability Company	2				53
国有独资公司	Wholly State-owned Cooperative Company					
其他有限责任公司	Other Limited Liability Company	2				53
股份有限公司	Company Limited by Shares					13
私营	Individual-owned	11				1258
私营独资	Wholly Individual-owned	5				385
私营合伙	Individual-owned Partnership	1				422
私营有限责任公司	Individual-owned Limited Liability Company	5				440
私营股份有限公司	Individual-owned Company Limited by Shares					11
其他内资	Other Internal-invested	139	5289	24521	73943	5772
港澳台商投资	Enterprises Funded by Entrepreneurs From Hong Kong, Macao and Taiwan					1
与港澳台商合资经营	Uoint Venture with Entrepreneurs From Hong Kong, Macao and Taiwan					
与港澳台商合作经营	Cooperative Venture with Entrepreneurs From Hong Kong,Macao and Taiwan					
港澳台商独资	Wholly Entrepreneurs-owned From Hong Kong, Macao and Taiwan					1
港澳台商投资股份有限公司	Enterprises Limited by Shares Funded by Entrepreneurs From Hong Kong, Macao and Taiwan					
其他港、澳、台商投资	Other Enterprises Funded by Entrepreneurs From Hong Kong, Macao and Taiwan					
外商投资	Enterprises Funded by Foreigners					
中外合资经营	Sino-foreign Joint Equity					
中外合作经营	Sino-foreign Cooperative Ventures					
外资企业	Foreign-funded Enterprise					
外商投资股份有限公司	Enterprises Limited by Shares Funded by Foreigners					
其他外商投资	Other Enterprises Funded by Foreigners					

1-21 按登记注册类型分行业法人单位数 (2019年)
Corporate Units by Registration Type and Sector (2019)

单位：个 (unit)

指标	Item	合计 Total	农、林、牧、渔业 Agriculture, Forestry, Animal Husbandry and Fishing	采矿业 Mining	制造业 Manufac-turing	电力、燃气及水的生产和供应业 Production and Supply of Electri-city,Gas and Water	建筑业 Constr-uction
总计	**Total**	**693318**	**79149**	**3837**	**65841**	**6927**	**32198**
内资	Internal-invested	691792	79113	3831	65223	6853	32185
国有	State-owned	56655	780	18	192	352	136
集体	Collective-owned	6103	345	73	513	530	191
股份合作	Cooperated by Joint-stock	441	34	12	48	32	1
联营	Cooperative	752	36	3	28	48	8
有限责任公司	Limited Liability Company	26311	797	180	3351	896	1978
股份有限公司	Company Limited by Shares	3851	207	64	670	143	230
私营	Individual-owned	467496	26746	3477	59657	4810	29583
其他内资	Other Internal-invested	130183	50168	4	764	42	58
港澳台商投资	Enterprises Funded by Entrepreneurs From Hong Kong,Macao and Taiwan	824	30	2	323	42	11
与港澳台商合资经营	Uoint Venture with Entrepreneurs From Hong Kong,Macao and Taiwan	341	13		125	21	4
与港澳台商合作经营	Cooperative Venture with Entrepreneurs From Hong Kong,Macao and Taiwan	12	1		3	1	
港澳台商独资	Wholly Entrepreneurs-owned From Hong Kong, Macao and Taiwan	424	15	2	181	17	4
港澳台商投资股份有限公司	Enterprises Limited by Shares Funded by Entrepreneurs From Hong Kong,Macao and Taiwan	25	1		9	1	
其他港、澳、台商投资	Other Enterprises Funded by Entrepreneurs From Hong Kong, Macao and Taiwan	22			5	2	3
外商投资	Enterprises Funded by Foreigners	702	6	4	295	32	2
中外合资经营	Sino-foreign Joint Equity	297		2	147	18	
中外合作经营	Sino-foreign Cooperative Ventures	18	1	1	8		
外资企业	Foreign-funded Enterprise	301	2	1	119	11	2
外商投资股份有限公司	Enterprises Limited by Shares Funded by Foreigners	38	1		9		
其他外商投资	Other Enterprises Funded by Foreigners	48	2		12	3	

1-21 续表 1 Continued

单位：个 (unit)

指 标	Item	批发和零售业 Wholesale and Retail Trade	交通运输、仓储和邮政业 Transport, Storage and Post	住宿和餐饮业 Lodging and Catering Services	信息传输、计算机服务和软件业 Information Transmission, Computer Services and Software	金融业 Banking	房地产业 Real Estate	租赁和商务服务业 Leasing and Business Services
总计	**Total**	**156356**	**14013**	**11828**	**25163**	**1975**	**21882**	**66616**
内资	Internal-invested	156147	13963	11769	25132	1925	21704	66532
国有	State-owned	424	592	108	382	149	309	2004
集体	Collective-owned	544	143	46	34	12	116	247
股份合作	Cooperated by Joint-stock	41	4	8	1	10	3	27
联营	Cooperative	55	12	3	4	3	7	32
有限责任公司	Limited Liability Company	4472	850	596	1105	236	3448	3548
股份有限公司	Company Limited by Shares	566	93	97	142	608	254	282
私营	Individual-owned	138755	12166	10842	23313	904	17509	57896
其他内资	Other Internal-invested	11290	103	69	151	3	58	2496
港澳台商投资	Enterprises Funded by Entrepreneurs From Hong Kong,Macao and Taiwan	88	30	33	17	9	125	57
与港澳台商合资经营	Uoint Venture with Entrepreneurs From Hong Kong,Macao and Taiwan	32	13	18	6	3	49	27
与港澳台商合作经营	Cooperative Venture with Entrepreneurs From Hong Kong,Macao and Taiwan		2			1	3	
港澳台商独资	Wholly Entrepreneurs-owned From Hong Kong, Macao and Taiwan	49	13	12	9	5	66	27
港澳台商投资股份有限公司	Enterprises Limited by Shares Funded by Entrepreneurs From Hong Kong,Macao and Taiwan	4		2	2		3	1
其他港、澳、台商投资	Other Enterprises Funded by Entrepreneurs From Hong Kong, Macao and Taiwan	3	2	1			4	2
外商投资	Enterprises Funded by Foreigners	121	20	26	14	41	53	27
中外合资经营	Sino-foreign Joint Equity	34	5	5	5	17	26	4
中外合作经营	Sino-foreign Cooperative Ventures	2	2	3			1	
外资企业	Foreign-funded Enterprise	66	13	17	7	8	20	16
外商投资股份有限公司	Enterprises Limited by Shares Funded by Foreigners	6		1	1	16	1	1
其他外商投资	Other Enterprises Funded by Foreigners	13			1		5	6

1-21 续表 2 Continued

单位：个 (unit)

指标	Item	科学研究和技术服务业 Scientific Research, Technical Service and Geologic Perambulation	水利、环境和公共设施管理业 Water Conservancy, Environment and Public Facilities Management	居民服务、修理和其他服务业 Services to Households and Other Services	教育 Education	卫生和社会工作 Sanitation, Social Security and Social Welfare	文化、体育和娱乐业 Culture, Sports and Entertainment	公共管理、社会保障和社会组织 Public Management and Social Organization	国际组织 International Organization
总计	**Total**	**46482**	**6865**	**13163**	**32085**	**11989**	**24337**	**72612**	
内资	Internal-invested	46423	6856	13146	32080	11986	24312	72612	
国有	State-owned	3810	2129	236	10325	5230	1675	27804	
集体	Collective-owned	186	127	40	456	1229	115	1156	
股份合作	Cooperated by Joint-stock	10		5	138	37	13	17	
联营	Cooperative	28	4	14	107	62	20	278	
有限责任公司	Limited Liability Company	1971	629	441	485	252	992	84	
股份有限公司	Company Limited by Shares	185	35	49	77	37	97	15	
私营	Individual-owned	28986	3630	12092	13304	2914	20369	543	
其他内资	Other Internal-invested	11247	302	269	7188	2225	1031	42715	
港澳台商投资	Enterprises Funded by Entrepreneurs From Hong Kong,Macao and Taiwan	25	6	9	1	1	15		
与港澳台商合资经营	Uoint Venture with Entrepreneurs From Hong Kong,Macao and Taiwan	13	3	6		1	7		
与港澳台商合作经营	Cooperative Venture with Entrepreneurs From Hong Kong,Macao and Taiwan						1		
港澳台商独资	Wholly Entrepreneurs-owned From Hong Kong, Macao and Taiwan	10	3	3	1		7		
港澳台商投资股份有限公司	Enterprises Limited by Shares Funded by Entrepreneurs From Hong Kong,Macao and Taiwan	2							
其他港、澳、台商投资	Other Enterprises Funded by Entrepreneurs From Hong Kong, Macao and Taiwan								
外商投资	Enterprises Funded by Foreigners	34	3	8	4	2	10		
中外合资经营	Sino-foreign Joint Equity	21	1	1	3	1	7		
中外合作经营	Sino-foreign Cooperative Ventures								
外资企业	Foreign-funded Enterprise	10	1	5	1	1	1		
外商投资股份有限公司	Enterprises Limited by Shares Funded by Foreigners	1	1						
其他外商投资	Other Enterprises Funded by Foreigners	2		2			2		

主要统计指标解释

行政区划 指国家对行政区域的划分。根据有关法规规定，我国的行政区域划分如下：(1) 全国分为省、自治区、直辖市；(2) 省、自治区分为自治州、县、自治县、市；(3) 自治州分为县、自治县、市；(4) 县、自治县分为乡、民族乡、镇；(5) 直辖市和较大的市分为区、县；(6) 国家在必要时设立的特别行政区。

国民经济行业分类 自 2017 年年报和 2018 年定期报表开始使用新的《国民经济行业分类》（GB/T4754–2017）。该分类是由国家统计局组织修订，国家质量监督检验检疫总局和中国国家标准化管理委员会于 2017 年 6 月 30 日发布。这次修订是在 2011 年分类标准的基础上，结合我国经济活动特点，参照联合国《全部经济活动的国际标准产业分类》（ISIC/Rev.4）进行的。修订后的《国民经济行业分类》（GB/T4754–2017）共有门类 20 个，大类 97 个，中类 473 个，小类 1382 个。

企业登记注册类型 是以在市场监管部门登记注册的各类企业为划分对象，以市场监管部门对企业登记注册的类型为依据，将企业登记注册类型分为内资企业、港澳台商投资企业和外商投资企业三大类。内资企业包括国有企业、集体企业、股份合作企业、联营企业、有限责任公司、股份有限公司、私营企业和其他企业；港澳台商投资企业和外商投资企业分别包括合资经营企业、合作经营企业、独资经营企业和股份有限公司等。

国有企业 指企业全部资产归国家所有，并按《中华人民共和国企业法人登记管理条例》规定登记注册的非公司制的经济组织。不包括有限责任公司中的国有独资公司。

集体企业 指企业资产归集体所有，并按《中华人民共和国企业法人登记管理条例》规定登记注册的经济组织。

股份合作企业 指以合作制为基础，由企业职工共同出资入股，吸收一定比例的社会资产投资组建，实行自主经营，自负盈亏，共同劳动，民主管理，按劳分配与按股分红相结合的一种集体经济组织。

联营企业 指两个及两个以上相同或不同所有制性质的企业法人或事业单位法人，按自愿、平等、互利的原则，共同投资组成的经济组织。联营企业包括国有联营企业、集体联营企业、国有与集体联营企业和其他联营企业。

有限责任公司 指根据《中华人民共和国公司登记管理条例》规定登记注册，由两个以上、五十个以下的股东共同出资，每个股东以其所认缴的出资额对公司承担有限责任，公司以其全部资产对其债务承担责任的经济组织。有限责任公司包括国有独资公司以及其他有限责任公司。

股份有限公司 指根据《中华人民共和国公司登记管理条例》规定登记注册，其全部注册资本由等额股份构成并通过发行股票筹集资本，股东以其认购的股份对公司承担有限责任，公司以其全部资产对其债务承担责任的经济组织。

私营企业 指由自然人投资设立或由自然人控股，以雇佣劳动为基础的营利性经济组织。包括按照《公司法》、《合伙企业法》、以及《个人独资企业法》规定登记注册的私营独资企业、私营合伙企业、私营有限责任公司、私营股份有限公司和个人独资企业。

其他企业 指上述企业之外的其他内资经济组织。

与港澳台商合资经营企业 指港澳台地区投资者与内地企业依照《中华人民共和国中外合资经营企业法》及有关法律的规定，按合同规定的比例投资设立，分享利润、分担风险的企业。

与港澳台商合作经营企业 指港澳台地区投资者与内地企业依照《中华人民共和国中外合作经营企业法》及有关法律的规定，依照合作合同的约定进行投资或提供条件设立，分配利润、分担风险和亏损的企业。

港澳台商独资经营企业 指依照《中华人民共和国外资企业法》及有关法律的规定，在内地由港澳台地区投资者全额投资设立的企业。

港澳台商投资股份有限公司 指根据国家有关规定，经商务部（原外经贸部）依法批准设立，并且其中港、澳、台商的股本占公司注册资本的比例达 25% 以上的股份有限公司。凡其中港、澳、台商的股本占公司注册资本的比例小于 25% 的，属于内资企业中的股份有限公司。

其他港澳台商投资企业 指在中国境内参照《外国企业或个人在中国境内设立合伙企业管理办法》和《外商投资合伙企业登记管理规定》，依法设立的港、澳、台商投资合伙企业等。

中外合资经营企业 指外国企业或外国人与中国内地企业依照《中华人民共和国中外合资经营企业法》及有关法律的规定，按合同规定的比例投资设立，分享利润和分担风险的企业。

中外合作经营企业 指外国企业或外国人与中国内地企业依照《中华人民共和国中外合作经营企业法》及有关法律的规定，依照合作合同的约定进行投资或提供条件设立，分配利润、分担风险和亏损的企业。

外资企业 指依照《中华人民共和国外资企业法》及有关法律的规定，在中国内地由外国投资者全额投资设立的企业。

外商投资股份有限公司 指根据国家有关规定，经商务部（原外经贸部）依法批准设立，并且其中外资的股本占公司注册资本的比例达 25% 以上的股份有限公司。凡其中外资股本占公司注册资本的比例小于 25% 的，属于内资企业中的股份有限公司。

其他外商投资企业 指在中国境内依照《外国企业或个人在中国境内设立合伙企业管理办法》和《外商投资合伙企业登记管理规定》，依法设立的外商投资合伙企业等。

Explanatory Notes on Main Statistical Indicators

Divisions of Administrative Areas refer to the division of administrative areas by the State. The relative laws define the administrative division as follows: 1) the whole country is divided into provinces, autonomous regions and municipalities directly under the Central Government; 2) provinces and autonomous regions are further divided into autonomous prefectures, counties, autonomous counties and cities; 3) autonomous prefectures are further divided into counties, autonomous counties and cities; 4) counties and autonomous counties are further divided into townships, ethnic townships and towns; 5) municipalities directly under the Central Government and large cities are divided into districts and counties, 6) the State shall, when necessary, establish special administrative regions.

Industrial Classification of the National Economy The new Industrial Classification of the National Economy (GB/T 4754-2017) is introduced starting from the compilation of 2017 annual statistics and 2018 monthly or quarterly statistics. The revision, based on the 2011 classification, was organized by the National Bureau of Statistics taking into consideration of the characteristics of economic activities in China and the International Standards of the Industrial Classification of All Economic Activities (ISIC/Rev.4) of the United Nations. The new Classification was promulgated by the National Administration of Quality Supervision, Inspection and Quarantine and the Standardization Administration of the People's Republic of China on June 30, 2017. The revised version of the Industrial Classification of the National Economy (GB/T 4754-2017) is composed of 20 sections, 97 divisions, 473 groups and 1382 classes.

Registration Status of Enterprises (units) Enterprises are classified into 3 categories, namely enterprises with domestic investment, enterprises with investment from Hong Kong, Macao and Taiwan, and enterprises with foreign investment, according to the registration status of an enterprise in market supervision administration. Domestic-invested enterprises include state-owned enterprises, collective-owned enterprises, cooperative enterprises, joint ownership enterprises, limited liability corporations, share-holding corporations Ltd., private enterprises and other enterprises. Included in the enterprises with investment from Hong Kong, Macao and Taiwan and enterprises with foreign investment are joint-venture enterprises, cooperative enterprises, sole- proprietorship enterprises and share-holding corporations Ltd.

State-owned Enterprises refer to non-corporation economic units where the entire assets are owned by the state and which have been registered in accordance with the Regulation of the People's Republic of China on the Management of Registration of Corporate Enterprises. Not included from this category are state sole-proprietorship corporations in the limited liability corporations.

Collective-owned Enterprises refer to economic units where the assets are owned collectively and which have been registered in accordance with the Regulation of the People's Republic of China on the Management of Registration of Corporate Enterprises.

Cooperative Enterprises refer to a form of collective economic units (enterprises) where capitals come mainly from employees as their shares, with certain proportion of capital from the outside, where production is organized on the basis of independent operation, independent accounting for profits and losses, joint work, democratic management, and a distribution system that integrates remuneration according to work with dividend according to capital share.

Joint Ownership Enterprises refer to economic units established by two or more corporate enterprises or corporate institutions of the same or different ownership, through joint investment on the basis of voluntary participation, equality, and mutual benefits. They include state joint ownership enterprises; collective joint ownership enterprises; joint state-collective enterprises; and other joint ownership enterprises.

Limited Liability Corporations refer to economic units established with investment from 2-50 investors and registered in accordance with the Regulation of the People's Republic of China on the Management of Registration of Corporations, each investor bearing limited liability to the corporation depending on its share of investment, and the corporation bearing liability to its debt to the maximum of its total assets. Limited liability corporations include state sole-proprietorship corporations and other limited liability corporations.

Share-holding Corporations Ltd. refer to economic units registered in accordance with the Regulation of the People's Republic of China on the Management of Registration of Corporations, with total registered capital divided into equal shares and additional capitals raised through issuing stocks. Each investor bears limited liability to the corporation depending on the holding of shares, and the corporation bears liability to its debt to the maximum of its total assets.

Private Enterprises refer to profit-making economic units invested and established by natural person, or controlled by natural person, using employed labour. Included in this category are private sole-proprietorship enterprise, private partnership enterprise, private limited liability companies, private limited-liability company by shares and individual sole-proprietorship enterprise registered in accordance with the Company Law, the Law on Partnership Business and the

Law on Individual Proprietorship Enterprises.

Other Domestic-Invested Enterprises refer to domestic-invested economic units other than those mentioned above.

Joint Venture Enterprises with Hong Kong, Macao and Taiwan are enterprises jointly established by investors from Hong Kong, Macao and Taiwan with enterprises in the mainland of China in accordance with the Law of the People's Republic of China on Sino-foreign Equity Joint Ventures and other relevant laws, where the establishment of the investment and the sharing of profits, taking risks and loss are stipulated in joint venture contracts.

Cooperative Enterprises with Hong Kong, Macao and Taiwan established by investors from Hong Kong, Macao and Taiwan with enterprises in the mainland of China in accordance with the Law of the People's Republic of China on Sino-foreign Contractual Joint Venture and other relevant laws, where the investment or provision of facilities and the sharing of profits and risks are stipulated under cooperative contracts.

Sole-proprietorship Enterprises with Investment from Hong Kong, Macao and Taiwan refer to enterprises established in the mainland of China with exclusive investment from investors from Hong Kong, Macao and Taiwan in accordance with the Law of the People's Republic of China on Enterprises with Foreign Investment and other relevant laws.

Share-holding Corporations Ltd. with Investment from Hong Kong, Macao and Taiwan refer to share-holding corporations Ltd. established with the approval from the Ministry of Commerce (the former Ministry of Foreign Trade and Economic Relations) in line with relevant state regulations, where the share of investment from Hong Kong, Macao or Taiwan businessmen exceeds 25% of the total registered capital of the corporation. In case the share of investment from Hong Kong, Macao or Taiwan is less than 25% of the total registered capital, the enterprise is to be classified as domestic-invested share-holding corporation Ltd.

Other Enterprises with Funds From Hong Kong, Macao and Taiwan refer to partnership enterprises with investments from Hong Kong, Macao and Taiwan established within the territory of China in accordance with Administrative Measures on the Establishment of Partnership Enterprises in China by Foreign Enterprises or Foreign Individuals and Regulations for the Administration of the Registration of Foreign-invested Partnership Enterprises.

Joint Venture Enterprises with Foreign Investment refer to enterprises jointly established by foreign enterprises or foreigners with enterprises in the mainland of China in accordance with the Law of the People's Republic of China on Sino-foreign Equity Joint Ventures and other relevant laws, where the sharing of investment, profits and risks is stipulated in contracts.

Cooperative Enterprises with Foreign Investment refer to enterprises jointly established by foreign enterprises or foreigners with enterprises in the mainland of China in accordance with the Law of the People's Republic of China on Sino-foreign Contractual Joint Venture and other relevant laws, where the investment or provision of facilities and the sharing of profits and taking risks and loss are stipulated in cooperative contracts.

Sole-proprietorship Enterprises with Foreign Investment refer to enterprises established in the mainland of China with exclusive investment from foreign investors in accordance with the Law of the People's Republic of China on Enterprises with Foreign Investment and other relevant laws.

Share-holding Corporations Ltd. with Foreign Investment refer to share-holding corporations Ltd. established with the approval from the Ministry of Commerce (the former Ministry of Foreign Trade and Economic Relations) in line with relevant state regulations, where the share of investment from foreign investors exceeds 25% of the total registered capital of the corporation. In case the share of foreign investment is less than 25% of the total registered capital, the enterprise is to be classified as domestic-invested share-holding corporation Ltd.

Other Enterprises with Foreign Funds refer to partnership enterprises established within the territory of China in accordance with Administrative Measures on the Establishment of Partnership Enterprises in China by Foreign Enterprises or Foreign Individuals and Regulations for the Administration of the Registration of Foreign-invested Partnership Enterprises.

02 国民经济核算

National Accounts

资料整理人员：唐双全　　周　玲

2–1 按产业分的地区生产总值
Gross Domestic Product by Industry

单位：亿元 (100 million yuan)

年份 Year	地区生产总值 Gross Domestic Product	第一产业 Primary Industry	第二产业 Secondary Industry	第三产业 Tertiary Industry	人均地区生产总值（元） Per Capita Gross Domestic Product(yuan)
1952	27.81	18.72	3.43	5.66	86
1953	30.29	18.48	4.28	7.53	91
1954	30.51	17.03	5.13	8.35	90
1955	35.83	21.13	5.76	8.94	104
1956	37.93	20.56	6.57	10.80	109
1957	45.20	26.41	7.45	11.34	127
1958	55.85	26.65	16.63	12.57	154
1959	61.95	23.60	21.57	16.78	168
1960	64.07	20.58	25.47	18.02	176
1961	46.64	20.78	11.69	14.17	132
1962	51.19	27.17	10.59	13.43	144
1963	48.08	25.11	11.37	11.60	131
1964	57.36	30.41	15.60	11.35	153
1965	65.32	34.00	19.17	12.15	170
1966	72.73	37.30	22.16	13.27	184
1967	73.51	40.07	19.89	13.55	181
1968	75.67	44.85	17.31	13.51	181
1969	81.26	44.08	21.98	15.20	189
1970	93.05	44.62	31.98	16.45	211
1971	99.10	46.31	35.33	17.46	218
1972	107.01	47.73	39.91	19.37	230
1973	115.80	51.91	43.35	20.54	244
1974	108.17	53.17	34.87	20.13	223
1975	118.40	54.97	41.96	21.47	239
1976	118.53	55.07	41.47	21.99	236
1977	129.17	55.95	49.59	23.63	254
1978	146.99	59.83	59.82	27.34	286
1979	178.01	79.40	68.42	30.19	343
1980	191.72	81.14	76.99	33.59	365
1981	209.68	93.29	77.78	38.61	394
1982	232.52	107.99	82.51	42.02	430
1983	257.43	117.79	93.37	46.27	470
1984	287.29	128.28	104.34	54.67	519
1985	349.95	147.72	127.08	75.15	626

2-1 续表 Continued

单位：亿元 (100 million yuan)

年份 Year	地区生产总值 Gross Domestic Product	第一产业 Primary Industry	第二产业 Secondary Industry	第三产业 Tertiary Industry	人均地区生产总值（元） Per Capita Gross Domestic Product(yuan)
1986	397.68	165.28	143.31	89.09	703
1987	469.44	187.09	172.45	109.90	818
1988	584.07	217.03	221.28	145.76	999
1989	640.80	234.31	238.15	168.34	1074
1990	744.44	279.09	249.98	215.37	1228
1991	833.30	301.02	281.95	250.33	1357
1992	986.98	323.91	337.17	325.90	1595
1993	1244.71	383.68	470.05	390.98	1997
1994	1650.02	532.89	589.72	527.41	2630
1995	2132.13	685.30	770.67	676.16	3359
1996	2540.13	793.98	920.06	826.09	3963
1997	2849.27	855.75	1041.79	951.73	4420
1998	3025.53	828.31	1123.08	1074.14	4667
1999	3214.54	778.25	1192.99	1243.30	4933
2000	3551.49	784.92	1293.18	1473.39	5590
2001	3831.90	825.73	1412.82	1593.35	6120
2002	4151.54	847.25	1523.50	1780.79	6734
2003	4659.95	869.68	1772.29	2017.98	7589
2004	5542.62	1022.45	2135.55	2384.62	9004
2005	6369.87	1078.34	2490.17	2801.36	10200
2006	7431.55	1244.63	3030.72	3156.20	11733
2007	9285.45	1563.81	3867.42	3854.22	14626
2008	11307.36	1761.78	4870.03	4675.56	17758
2009	12772.80	1795.80	5494.66	5482.34	19979
2010	15574.32	2073.19	7034.70	6466.43	24005
2011	18914.96	2420.00	8883.59	7611.37	28734
2012	21207.23	2567.85	9926.66	8712.72	32048
2013	23545.24	2589.18	10913.80	10042.26	35328
2014	25881.28	2671.01	11825.12	11385.15	38549
2015	28538.60	2747.91	12665.72	13124.97	42216
2016	30853.45	2915.58	12941.99	14995.88	45356
2017	33828.11	2998.40	13459.82	17369.89	49448
2018	36329.68	3084.18	13904.11	19341.39	52809
2019	39752.12	3646.95	14946.98	21158.19	57540

2-2 分行业增加值
Value Added by Sector

单位：亿元 (100 million yuan)

年份 Year	农、林、牧、渔业 Agriculture, Forestry, Animal Husbandry and Fishery	工业 Industry	建筑业 onstruction	批发和零售业 Wholesale and Retail Trade	交通运输、仓储和邮政业 Traffic, Transport, Storage and Post	金融业 Finance	房地产业 Real Estate
1952	18.72	2.94	0.49	2.50	1.10		
1953	18.48	3.53	0.75	3.54	1.64		
1954	17.03	4.22	0.91	3.98	1.77		
1955	21.13	4.25	1.51	3.83	2.07		
1956	20.56	5.19	1.38	4.83	2.38		
1957	26.41	5.94	1.51	4.51	2.71		
1958	26.65	12.40	4.23	4.58	3.51		
1959	23.60	16.57	5.00	6.04	5.45		
1960	20.58	19.22	6.25	6.60	5.42		
1961	20.78	10.25	1.44	4.95	3.20		
1962	27.17	9.46	1.13	4.93	2.73		
1963	25.11	10.31	1.06	2.82	3.25		
1964	30.41	13.50	2.10	3.45	2.57		
1965	34.00	16.86	2.31	3.68	2.98		
1966	37.30	19.67	2.49	4.41	3.14		
1967	40.07	17.46	2.43	4.54	3.03		
1968	44.85	15.03	2.28	4.22	2.92		
1969	44.08	19.39	2.59	5.20	3.37		
1970	44.62	28.83	3.15	5.67	3.96		
1971	46.31	30.35	4.98	5.63	4.34		
1972	47.73	34.31	5.60	6.68	4.89		
1973	51.91	37.92	5.43	7.23	5.01		
1974	53.17	29.21	5.66	6.98	4.34		
1975	54.97	35.58	6.38	7.29	4.92		
1976	55.07	34.95	6.52	7.17	4.83		
1977	55.95	43.41	6.45	8.06	5.33		
1978	59.83	51.94	7.88	8.78	5.91	2.55	2.03
1979	79.40	59.23	9.19	9.54	6.47	2.50	2.10
1980	81.14	65.31	11.68	10.11	6.77	2.70	2.32
1981	93.29	67.19	10.59	11.66	6.93	3.60	3.56
1982	107.99	71.31	11.20	10.91	7.61	5.02	3.96
1983	117.79	78.84	14.53	10.32	8.16	5.66	5.18
1984	128.28	90.79	13.55	13.07	9.30	6.53	5.76
1985	147.72	110.05	17.03	20.30	13.23	8.85	7.84

2-2 续表 Continued

单位：亿元 (100 million yuan)

年份 Year	农、林、牧、渔业 Agriculture, Forestry, Animal Husbandry and Fishery	工业 Industry	建筑业 onstruction	批发和零售业 Wholesale and Retail Trade	交通运输、仓储和邮政业 Traffic, Transport, Storage and Post	金融业 Finance	房地产业 Real Estate
1986	165.28	124.30	19.01	24.78	15.00	12.55	7.93
1987	187.09	149.67	22.78	31.42	20.13	15.94	8.53
1988	217.03	190.40	30.88	42.83	24.12	20.91	9.96
1989	234.31	212.21	25.94	41.20	26.81	26.94	11.00
1990	279.09	220.69	29.29	54.57	32.27	31.01	16.25
1991	301.02	242.96	38.99	63.93	41.68	38.26	17.73
1992	323.91	284.66	52.51	91.32	51.29	49.01	20.57
1993	383.68	399.58	70.47	109.32	72.71	47.53	26.45
1994	532.89	499.97	89.75	152.19	100.30	54.07	34.13
1995	685.30	658.67	112.00	191.47	133.71	64.96	44.43
1996	793.98	790.19	129.87	218.08	171.14	74.32	64.06
1997	855.75	903.90	137.89	235.76	198.66	82.66	75.47
1998	828.31	960.70	162.38	252.92	220.86	85.44	89.28
1999	778.25	1010.53	182.46	268.19	246.08	86.57	105.50
2000	784.92	1094.76	198.42	291.85	288.16	88.88	131.58
2001	825.73	1180.43	232.39	319.75	303.88	91.71	138.41
2002	847.25	1265.72	257.78	349.58	333.51	92.43	165.29
2003	886.47	1475.76	296.53	389.68	372.33	99.72	196.39
2004	1041.10	1768.81	366.75	499.51	323.80	116.49	206.99
2005	1100.65	2075.40	414.77	590.00	367.41	156.91	240.70
2006	1272.22	2547.40	483.32	649.30	418.13	198.84	299.94
2007	1594.93	3260.63	606.79	822.55	501.67	259.85	383.33
2008	1815.27	4110.84	759.19	1053.87	601.91	334.13	453.46
2009	1857.28	4565.66	929.00	1338.85	677.92	403.02	560.73
2010	2150.25	5913.41	1121.29	1594.03	795.45	463.84	682.83
2011	2509.78	7535.54	1348.05	1868.72	899.38	501.19	798.51
2012	2671.09	8423.06	1503.60	2108.96	1016.52	580.75	920.86
2013	2702.12	9179.73	1742.85	2356.56	1102.92	763.07	1095.51
2014	2793.05	9859.94	1975.78	2619.01	1184.81	962.67	1214.62
2015	2878.86	10458.80	2217.11	2884.78	1251.25	1209.83	1473.06
2016	3063.11	10540.12	2411.74	3141.53	1309.63	1340.07	1815.00
2017	3165.28	10709.81	2760.20	3423.25	1440.63	1701.79	2215.01
2018	3266.53	10785.57	3128.34	3705.44	1516.22	1809.85	2623.44
2019	3850.19	11630.55	3327.00	4022.92	1556.52	1960.07	2777.26

2-3 地区生产总值构成
Composition of GDP

单位：% (GDP=100) (%)

年份 Year	地区生产总值 Gross Domestic Product	第一产业 Primary Industry	第二产业 Secondary Industry	第三产业 Tertiary Industry
1952	100.0	67.3	12.3	20.4
1953	100.0	61.0	14.1	24.9
1954	100.0	55.8	16.8	27.4
1955	100.0	59.0	16.1	25.0
1956	100.0	54.2	17.3	28.5
1957	100.0	58.4	16.5	25.1
1958	100.0	47.7	29.8	22.5
1959	100.0	38.1	34.8	27.1
1960	100.0	32.1	39.8	28.1
1961	100.0	44.6	25.1	30.4
1962	100.0	53.1	20.7	26.2
1963	100.0	52.2	23.6	24.1
1964	100.0	53.0	27.2	19.8
1965	100.0	52.1	29.3	18.6
1966	100.0	51.3	30.5	18.2
1967	100.0	54.5	27.1	18.4
1968	100.0	59.3	22.9	17.9
1969	100.0	54.2	27.0	18.7
1970	100.0	48.0	34.4	17.7
1971	100.0	46.7	35.7	17.6
1972	100.0	44.6	37.3	18.1
1973	100.0	44.8	37.4	17.7
1974	100.0	49.2	32.2	18.6
1975	100.0	46.4	35.4	18.1
1976	100.0	46.5	35.0	18.6
1977	100.0	43.3	38.4	18.3
1978	100.0	40.7	40.7	18.6
1979	100.0	44.6	38.4	17.0
1980	100.0	42.3	40.2	17.5
1981	100.0	44.5	37.1	18.4
1982	100.0	46.4	35.5	18.1
1983	100.0	45.8	36.3	17.9
1984	100.0	44.7	36.3	19.0
1985	100.0	42.2	36.3	21.5

2-3 续表 Continued

单位：% (GDP=100) (%)

年份 Year	地区生产总值 Gross Domestic Product	第一产业 Primary Industry	第二产业 Secondary Industry	第三产业 Tertiary Industry
1986	100.0	41.6	36.0	22.4
1987	100.0	39.9	36.7	23.4
1988	100.0	37.2	37.9	24.9
1989	100.0	36.6	37.2	26.2
1990	100.0	37.5	33.6	28.9
1991	100.0	36.1	33.8	30.1
1992	100.0	32.8	34.2	33.0
1993	100.0	30.8	37.8	31.4
1994	100.0	32.3	35.7	32.0
1995	100.0	32.1	36.1	31.8
1996	100.0	31.3	36.2	32.5
1997	100.0	30.0	36.6	33.4
1998	100.0	27.4	37.1	35.5
1999	100.0	24.2	37.1	38.7
2000	100.0	22.1	36.4	41.5
2001	100.0	21.5	36.9	41.6
2002	100.0	20.4	36.7	42.9
2003	100.0	18.7	38.0	43.3
2004	100.0	18.5	38.5	43.0
2005	100.0	16.9	39.1	44.0
2006	100.0	16.7	40.8	42.5
2007	100.0	16.8	41.7	41.5
2008	100.0	15.6	43.1	41.3
2009	100.0	14.1	43.0	42.9
2010	100.0	13.3	45.2	41.5
2011	100.0	12.8	47.0	40.2
2012	100.0	12.1	46.8	41.1
2013	100.0	11.0	46.4	42.6
2014	100.0	10.3	45.7	44.0
2015	100.0	9.6	44.4	46.0
2016	100.0	9.4	42.0	48.6
2017	100.0	8.9	39.8	51.3
2018	100.0	8.5	38.3	53.2
2019	100.0	9.2	37.6	53.2

2-4 地区生产总值发展速度
Growth Rate of GDP

单位：% (上年 =100) (precending year=100) (%)

年份 Year	地区生产总值 Gross Domestic Product	第一产业 Primary Industry	第二产业 Secondary Industry	第三产业 Tertiary Industry	人均地区生产总值 Per Capita Gross Domestic Product
1978	116.4	111.7	121.8	115.6	115.2
1979	109.1	106.8	111.4	109.0	108.0
1980	105.2	98.9	111.0	105.4	103.9
1981	105.5	107.0	100.2	114.0	104.1
1982	109.4	113.0	106.0	108.1	107.7
1983	109.2	103.7	116.7	107.4	107.8
1984	109.4	106.6	109.7	115.2	108.3
1985	112.0	103.7	113.6	126.3	110.9
1986	108.1	105.2	107.7	113.9	106.8
1987	109.3	102.9	112.8	113.5	107.7
1988	108.2	97.7	115.0	111.7	106.2
1989	103.6	105.7	101.2	105.2	101.5
1990	104.0	103.2	104.6	104.0	102.4
1991	107.9	105.6	108.5	110.2	106.5
1992	111.1	103.5	117.3	113.5	110.3
1993	112.4	104.3	118.2	114.7	111.6
1994	110.6	105.4	115.4	110.1	109.9
1995	110.3	106.5	113.5	110.0	109.0
1996	112.1	106.2	116.3	112.2	111.0
1997	110.6	106.1	113.3	111.0	110.0
1998	108.5	100.9	111.5	110.9	107.9
1999	108.4	103.3	109.3	111.1	107.8
2000	109.0	103.9	110.6	110.5	108.5
2001	109.0	104.0	110.3	110.5	110.6
2002	109.0	102.6	110.9	110.5	110.7
2003	109.6	103.4	112.7	109.7	110.0
2004	111.1	107.3	114.5	109.7	110.8
2005	112.2	105.7	113.1	114.1	110.6
2006	112.8	104.7	117.3	111.8	111.2
2007	115.1	103.9	118.9	115.5	114.8
2008	114.1	105.1	115.6	115.4	113.7
2009	113.9	105.0	119.3	111.3	113.4
2010	114.6	104.2	120.3	111.5	112.9
2011	112.8	104.2	117.0	111.0	111.2
2012	111.4	102.8	113.0	112.1	110.8
2013	110.1	102.7	111.0	111.0	109.3
2014	109.5	104.5	109.6	110.7	108.7
2015	108.5	103.6	107.6	110.8	107.8
2016	108.0	103.3	106.8	110.1	107.3
2017	108.0	103.6	106.9	109.8	107.4
2018	107.8	103.5	107.4	109.1	107.2
2019	107.6	103.2	107.8	108.1	107.1

2-5 主要行业增加值发展速度
Growth Rate of Value Added by Sector

单位：% (上年 =100) (precending year=100) (%)

年份 Year	农、林、牧、渔 业 Agriculture, Forestry, Animal Husbandry and Fishery	工业 Industry	建筑业 Construction	批发和零售业 Wholesale and Retail Trade	交通运输、仓储和邮政业 Traffic, Transport, Storage and Post	金融业 Finance	房地产业 Real Estate
1978	111.7	121.6	123.3	116.2	110.7	115.3	104.0
1979	106.8	111.3	112.1	110.0	109.3	96.5	101.7
1980	98.9	109.7	120.4	102.3	104.5	97.8	110.4
1981	107.0	101.4	93.5	114.4	102.6	131.0	146.4
1982	113.0	106.1	105.4	90.3	109.6	137.3	110.3
1983	103.7	114.8	128.3	96.1	107.2	110.1	128.5
1984	106.6	113.0	91.7	122.2	113.9	111.9	110.0
1985	103.7	114.3	108.9	138.8	140.6	122.1	128.4
1986	105.2	108.5	102.0	113.8	112.6	135.3	100.9
1987	102.9	113.3	109.0	114.5	127.1	114.9	105.0
1988	97.7	115.3	112.7	107.2	120.4	104.6	109.5
1989	105.7	103.0	86.8	87.7	97.3	150.6	86.7
1990	103.2	104.5	105.5	82.1	113.7	109.0	109.0
1991	105.6	107.4	116.8	111.5	118.6	115.5	106.1
1992	103.5	116.8	120.8	108.8	112.8	130.3	110.6
1993	104.3	120.0	106.1	110.9	125.2	121.3	124.0
1994	105.4	115.9	111.6	107.1	110.6	105.7	112.0
1995	106.5	113.4	114.3	108.7	116.3	106.0	114.7
1996	106.2	116.8	112.4	109.2	117.8	110.6	117.1
1997	106.1	114.3	105.2	109.1	115.0	110.3	110.2
1998	100.9	111.2	114.1	109.4	113.4	105.2	113.3
1999	103.3	109.0	111.9	110.7	108.0	105.1	117.3
2000	103.9	110.5	111.4	111.4	114.5	106.0	109.2
2001	104.0	109.9	112.5	111.3	110.2	103.5	109.3
2002	102.6	111.0	110.4	111.5	109.9	103.2	111.2
2003	103.6	112.7	112.9	110.4	110.0	105.8	110.0
2004	107.4	114.0	117.0	109.7	113.6	102.5	106.6
2005	105.7	113.6	110.5	118.0	112.8	113.0	108.3
2006	104.7	118.2	112.5	112.5	111.0	115.6	112.7
2007	103.9	119.8	114.1	117.7	115.9	121.3	111.1
2008	105.2	116.3	111.8	119.7	116.0	118.5	107.8
2009	105.0	118.6	123.1	115.8	106.8	118.4	111.1
2010	104.3	121.2	115.6	112.5	112.9	109.5	110.3
2011	104.2	118.2	110.9	109.2	112.2	106.0	105.1
2012	103.0	113.7	109.4	108.8	111.1	114.0	107.9
2013	102.8	111.2	110.5	108.9	105.6	119.2	109.4
2014	104.6	109.3	111.2	108.4	104.6	124.3	103.9
2015	103.5	107.4	108.7	105.9	104.7	115.3	113.2
2016	103.5	106.5	108.0	106.8	102.7	108.0	110.0
2017	103.9	107.0	106.5	106.7	106.1	111.2	104.7
2018	103.7	107.4	107.1	104.8	102.3	102.9	106.5
2019	103.5	108.3	104.8	106.2	103.9	107.7	105.0

2-6 地区生产总值指数
Indices of Gross Domestic Product

(1952 年 =100) (year of 1952=100)

年份 Year	地区生产总值 Gross Domestic Product	第一产业 Primary Industry	第二产业 Secondary Industry	第三产业 Tertiary Industry	人均地区生产总值 Per Capita Gross Domestic Product
1952	100.0	100.0	100.0	100.0	100.0
1953	108.4	99.9	131.5	122.5	105.3
1954	106.3	89.8	157.9	130.1	101.5
1955	126.0	110.3	190.0	139.6	118.4
1956	132.8	106.4	226.8	163.6	123.4
1957	152.9	129.2	253.4	171.0	139.0
1958	183.1	130.9	522.7	181.4	163.5
1959	199.3	113.5	661.3	245.4	174.9
1960	197.3	90.4	766.4	260.9	175.4
1961	127.2	82.8	332.6	164.4	116.5
1962	131.1	101.8	284.7	144.1	119.3
1963	126.3	92.8	307.2	141.1	111.4
1964	150.1	107.1	433.2	146.9	129.6
1965	169.7	111.7	559.2	164.5	142.9
1966	191.5	121.9	670.5	180.7	156.6
1967	192.1	130.9	610.8	181.9	152.9
1968	189.4	142.3	512.5	178.5	146.5
1969	209.4	138.3	685.2	203.6	157.4
1970	246.3	139.6	1007.3	221.3	180.6
1971	260.1	140.4	1124.1	237.9	184.9
1972	280.9	142.9	1286.0	263.6	195.1
1973	300.0	154.4	1363.1	278.7	204.3
1974	277.8	158.1	1072.8	273.9	185.1
1975	306.7	162.7	1327.0	292.6	200.1
1976	305.2	162.8	1291.2	299.3	196.2
1977	334.4	165.3	1563.7	321.4	212.3
1978	389.3	184.6	1904.5	371.6	244.6
1979	424.7	197.2	2121.6	405.0	264.2
1980	446.8	195.0	2355.0	426.9	274.5
1981	471.4	208.6	2359.7	486.6	285.7
1982	515.7	235.8	2501.3	526.1	307.7
1983	563.1	244.5	2919.0	565.0	331.8
1984	616.1	260.6	3202.2	650.9	359.3
1985	690.0	270.3	3637.7	822.1	398.4

2-6 续表 1 Continued

(1952 年 =100) (year of 1952=100)

年份 Year	地区生产总值 Gross Domestic Product	第一产业 Primary Industry	第二产业 Secondary Industry	第三产业 Tertiary Industry	人均地区生产总值 Per Capita Gross Domestic Product
1986	745.9	284.3	3917.8	936.3	425.5
1987	815.3	292.6	4419.3	1062.7	458.3
1988	882.1	285.8	5082.2	1187.1	486.7
1989	913.9	302.1	5143.1	1248.8	494.0
1990	950.4	311.8	5379.7	1298.7	505.9
1991	1025.5	329.3	5837.0	1431.2	538.8
1992	1139.3	340.8	6846.8	1624.4	594.3
1993	1280.6	355.4	8092.9	1863.2	663.2
1994	1416.4	374.6	9339.2	2051.4	728.8
1995	1562.2	399.0	10600.0	2256.5	794.4
1996	1751.3	423.7	12327.9	2531.8	881.8
1997	1936.9	449.6	13967.5	2810.3	970.0
1998	2101.5	453.6	15573.7	3116.7	1046.6
1999	2278.1	468.6	17022.1	3462.6	1128.3
2000	2483.1	486.8	18826.4	3826.2	1224.2
2001	2706.6	506.3	20765.5	4228.0	1354.0
2002	2950.2	519.5	23029.0	4671.9	1498.8
2003	3233.4	537.1	25953.7	5125.1	1648.7
2004	3592.3	576.4	29716.9	5622.2	1826.8
2005	4030.6	609.2	33609.9	6414.9	2020.4
2006	4546.5	637.8	39424.4	7171.9	2246.7
2007	5233.0	662.7	46875.6	8283.5	2579.2
2008	5970.8	696.5	54188.1	9559.2	2932.6
2009	6800.8	731.3	64646.5	10639.4	3325.5
2010	7793.7	762.1	77769.7	11862.9	3754.5
2011	8791.3	794.1	90990.5	13167.8	4175.0
2012	9793.5	816.3	102819.3	14761.1	4625.9
2013	10782.6	838.3	114129.4	16384.9	5056.1
2014	11807.0	876.1	125085.9	18138.0	5496.0
2015	12810.6	907.6	134592.4	20097.0	5924.7
2016	13835.4	937.6	143744.7	22126.7	6357.2
2017	14942.3	971.3	153663.0	24295.2	6827.6
2018	16107.8	1005.3	165034.1	26506.0	7319.2
2019	17332.0	1037.5	177906.8	28653.0	7838.9

2-6 续表 2 Continued

(1978 年 =100) (year of 1978=100)

年份 Year	地区生产总值 Gross Domestic Product	第一产业 Primary Industry	第二产业 Secondary Industry	第三产业 Tertiary Industry	人均地区生产总值 Per Capita Gross Domestic Product
1978	100.0	100.0	100.0	100.0	100.0
1979	109.1	106.8	111.4	109.0	108.0
1980	114.8	105.6	123.7	114.9	112.2
1981	121.1	113.0	123.9	131.0	116.8
1982	132.5	127.7	131.3	141.6	125.8
1983	144.7	132.4	153.3	152.1	135.6
1984	158.3	141.2	168.1	175.2	146.9
1985	177.2	146.4	191.0	221.2	162.9
1986	191.6	154.0	205.7	252.0	174.0
1987	209.4	158.5	232.0	286.0	187.4
1988	226.6	154.8	266.8	319.5	199.0
1989	234.7	163.7	270.0	336.1	202.0
1990	244.1	168.9	282.5	349.5	206.8
1991	263.4	178.4	306.5	385.2	220.2
1992	292.7	184.6	359.5	437.2	242.9
1993	329.0	192.5	424.9	501.4	271.1
1994	363.8	202.9	490.4	552.1	298.0
1995	401.3	216.1	556.6	607.3	324.8
1996	449.9	229.5	647.3	681.4	360.5
1997	497.5	243.5	733.4	756.3	396.5
1998	539.8	245.7	817.7	838.8	427.9
1999	585.2	253.8	893.8	931.9	461.2
2000	637.8	263.7	988.5	1029.7	500.5
2001	695.2	274.3	1090.3	1137.9	553.5
2002	757.8	281.4	1209.2	1257.3	612.7
2003	830.6	291.0	1362.7	1379.3	674.0
2004	922.8	312.2	1560.3	1513.1	746.8
2005	1035.3	330.0	1764.7	1726.4	825.9
2006	1167.9	345.5	2070.0	1930.1	918.5
2007	1344.2	359.0	2461.3	2229.3	1054.4
2008	1533.7	377.3	2845.2	2572.6	1198.8
2009	1746.9	396.2	3394.3	2863.3	1359.5
2010	2002.0	412.8	4083.4	3192.6	1534.8
2011	2258.2	430.1	4777.6	3543.8	1706.8
2012	2515.7	442.2	5398.7	3972.6	1891.1
2013	2769.8	454.1	5992.5	4409.6	2067.0
2014	3032.9	474.6	6567.8	4881.4	2246.8
2015	3290.7	491.6	7067.0	5408.6	2422.0
2016	3553.9	507.9	7547.5	5954.9	2598.8
2017	3838.3	526.2	8068.3	6538.5	2791.1
2018	4137.7	544.6	8665.3	7133.5	2992.1
2019	4452.1	562.0	9341.2	7711.3	3204.5

2-7 主要行业增加值指数
Indices of Value Added by Sector

(1978 年 =100) (year of 1978=100)

年份 Year	农、林、牧、渔业 Agriculture, Forestry, Animal Husbandry and Fishery	工业 Industry	建筑业 onstruction	批发和零售业 Wholesale and Retail Trade	交通运输、仓储和邮政业 Traffic, Transport, Storage and Post	金融业 Finance	房地产业 Real Estate
1978	100.0	100.0	100.0	100.0	100.0	100.0	100.0
1979	106.8	111.3	112.1	110.0	109.3	96.5	101.7
1980	105.6	122.1	135.0	112.5	114.2	94.4	112.3
1981	113.0	123.8	126.2	128.7	117.2	123.6	164.4
1982	127.7	131.4	133.0	116.2	128.4	169.7	181.3
1983	132.4	150.8	170.7	111.7	137.7	186.9	233.0
1984	141.2	170.4	156.5	136.5	156.8	209.1	256.3
1985	146.4	194.8	170.4	189.5	220.5	255.4	329.1
1986	154.0	211.3	173.8	215.6	248.3	345.5	332.0
1987	158.5	239.4	189.5	246.9	315.6	397.0	348.6
1988	154.8	276.1	213.5	264.7	379.9	415.2	381.7
1989	163.7	284.3	185.3	232.1	369.7	625.3	331.0
1990	168.9	297.1	195.5	190.6	420.3	681.6	360.8
1991	178.4	319.1	228.4	212.5	498.5	787.3	382.8
1992	184.6	372.7	275.9	231.2	562.3	1025.8	423.3
1993	192.5	447.3	292.7	256.4	704.0	1244.3	524.9
1994	202.9	518.4	326.7	274.6	778.6	1315.2	587.9
1995	216.1	587.9	373.4	298.5	905.6	1394.2	674.3
1996	229.5	686.6	419.7	325.9	1066.7	1541.9	789.7
1997	243.5	784.8	441.5	355.6	1226.8	1700.8	870.2
1998	245.7	872.7	503.8	389.0	1391.1	1789.2	985.9
1999	253.8	951.3	563.7	430.6	1502.4	1880.4	1156.5
2000	263.7	1051.2	628.0	479.7	1720.3	1993.3	1262.9
2001	274.3	1155.2	706.5	533.9	1895.8	2063.0	1380.4
2002	281.4	1282.3	780.0	595.4	2083.4	2129.0	1535.0
2003	291.5	1445.2	880.6	657.3	2291.8	2252.5	1688.4
2004	313.1	1647.5	1030.3	721.0	2603.5	2308.8	1799.9
2005	331.0	1871.5	1138.4	850.8	2936.7	2609.0	1949.3
2006	346.5	2212.2	1280.8	957.2	3259.7	3016.0	2196.8
2007	360.0	2650.2	1461.3	1126.6	3778.0	3658.4	2440.7
2008	378.7	3082.1	1633.8	1348.5	4382.5	4335.2	2631.1
2009	397.7	3655.4	2011.2	1561.6	4680.5	5132.9	2923.1
2010	414.8	4430.4	2324.9	1756.8	5284.3	5620.5	3224.2
2011	432.2	5236.7	2578.3	1918.4	5929.0	5957.7	3388.6
2012	445.2	5954.1	2820.7	2087.2	6587.1	6791.8	3656.3
2013	457.6	6621.0	3116.9	2273.0	6956.0	8095.9	4000.0
2014	478.7	7236.8	3466.0	2463.9	7276.0	10063.2	4156.0
2015	495.4	7772.3	3767.5	2609.3	7618.0	11602.8	4704.6
2016	512.8	8277.5	4068.9	2786.7	7823.6	12531.0	5175.1
2017	532.8	8856.9	4333.4	2973.4	8300.9	13934.5	5418.3
2018	552.5	9512.3	4641.1	3116.1	8491.8	14338.6	5770.5
2019	571.8	10301.8	4863.8	3309.3	8823.0	15442.7	6059.0

2-8 支出法地区生产总值

Gross Domestic Product by Expenditure Approach

单位：亿元 (100 million yuan)

年份 Year	地区生产总值 GDP by Expenditure Approach	最终消费 Final Consumption Expenditures	居民消费 Household Consumption Expenditures	农村居民 Rural Household	城镇居民 Urban Household	政府消费 Government Consumption Expenditures
1952	27.81	24.87	24.12	20.98	3.14	0.75
1953	30.29	26.30	25.44	21.61	3.83	0.86
1954	30.51	26.61	25.46	21.43	4.03	1.15
1955	35.83	29.84	28.52	24.26	4.26	1.32
1956	37.93	32.23	30.56	25.28	5.28	1.67
1957	45.20	34.18	32.42	26.31	6.11	1.76
1958	55.85	36.98	35.16	27.57	7.59	1.82
1959	61.95	37.16	34.76	24.93	9.83	2.40
1960	64.07	37.96	35.47	24.92	10.55	2.49
1961	46.64	41.38	39.12	28.36	10.76	2.26
1962	51.19	45.28	43.51	33.32	10.19	1.77
1963	48.08	40.92	39.32	28.50	10.82	1.60
1964	57.36	43.61	41.32	30.59	10.73	2.29
1965	65.32	47.29	45.18	33.84	11.34	2.11
1966	72.73	51.61	49.26	37.93	11.33	2.35
1967	73.51	54.81	52.56	40.95	11.61	2.25
1968	75.67	55.30	53.27	41.60	11.67	2.03
1969	81.26	55.90	53.52	42.09	11.43	2.38
1970	93.05	58.04	55.60	43.54	12.06	2.44
1971	99.10	62.19	59.04	45.36	13.68	3.15
1972	107.01	67.40	63.76	47.81	15.95	3.64
1973	115.80	71.30	67.28	50.71	16.57	4.02
1974	108.17	74.50	69.54	51.98	17.56	4.96
1975	118.40	76.87	72.16	53.89	18.27	4.71
1976	118.53	78.41	73.13	53.94	19.19	5.28
1977	129.17	86.16	79.74	60.13	19.61	6.42
1978	146.99	100.83	93.93	70.87	23.06	6.90
1979	178.01	118.77	109.67	83.37	26.30	9.10
1980	191.72	136.94	125.42	93.15	32.27	11.52
1981	209.68	155.72	142.77	107.33	35.44	12.95
1982	232.52	174.68	159.45	121.93	37.52	15.23
1983	257.43	195.09	178.56	137.91	40.65	16.53
1984	287.29	218.09	199.24	152.95	46.29	18.85
1985	349.95	263.11	240.71	182.85	57.86	22.40

2-8 续表 1 Continued

单位：亿元 (100 million yuan)

年份 Year	地区生产总值 GDP by Expenditure Approach	最终消费 Final Consumption Expenditures	居民消费 Household Consumption Expenditures	农村居民 Rural Household	城镇居民 Urban Household	政府消费 Government Consumption Expenditures
1986	397.68	290.14	265.54	196.12	69.42	24.60
1987	469.44	328.34	298.85	218.93	79.92	29.49
1988	584.07	399.15	364.37	256.19	108.18	34.78
1989	640.80	439.54	393.49	270.81	122.68	46.05
1990	744.44	564.70	454.90	314.05	140.85	109.80
1991	833.30	621.93	500.84	340.27	160.57	121.09
1992	986.98	725.60	582.91	379.23	203.68	142.69
1993	1244.71	885.88	709.62	434.49	275.13	176.26
1994	1650.02	1188.55	964.13	565.53	398.60	224.42
1995	2132.13	1492.01	1214.61	688.72	525.89	277.40
1996	2540.13	1789.60	1462.70	859.46	603.24	326.90
1997	2849.27	1975.57	1585.43	887.73	697.70	390.14
1998	3025.53	2089.53	1662.14	906.18	755.96	427.39
1999	3214.54	2267.40	1789.71	901.12	888.59	477.69
2000	3551.49	2543.58	2000.75	901.86	1098.89	542.83
2001	3831.90	2732.84	2124.51	892.53	1231.98	608.33
2002	4151.54	2908.10	2228.61	918.79	1309.82	679.49
2003	4659.95	3202.31	2445.82	948.98	1496.84	756.49
2004	5542.62	3700.74	2832.17	1069.20	1762.97	868.57
2005	6369.87	4161.54	3230.96	1192.97	2037.99	930.58
2006	7431.55	4759.11	3642.61	1275.22	2367.39	1116.50
2007	9285.45	5486.14	4185.77	1401.15	2784.62	1300.37
2008	11307.36	6217.54	4788.84	1533.77	3255.07	1428.70
2009	12772.80	6976.39	5407.80	1639.79	3768.01	1568.59
2010	15574.32	7851.10	6073.31	1805.89	4267.42	1777.79
2011	18914.96	9145.30	7007.09	2098.61	4908.48	2138.21
2012	21207.23	10336.89	7947.68	2343.46	5604.22	2389.21
2013	23545.24	11738.72	9074.22	2903.07	6171.15	2664.50
2014	25881.28	13684.07	10359.33	3354.66	7004.67	3324.74
2015	28538.60	15125.42	11386.55	3586.08	7800.47	3738.87
2016	30853.45	16962.70	12737.85	3808.64	8929.21	4224.85
2017	33828.11	19142.03	14349.93	4063.73	10286.20	4792.10
2018	36329.68	21048.00	15894.85	4320.04	11574.81	5153.15
2019	39752.12	22694.48	17180.35	4578.65	12601.70	5514.13

2-8 续表 2 Continued

单位：亿元 (100 million yuan)

年份 Year	资本形成总额 Gross Capital Formation	固定资本 Fixed Capital	存货增加 Changes in Inventories	货物和服务净流出 Net Export of Goods&Services	资本形成率（投资率）(%) Rate of Capital Formation (%)	最终消费率（消费率）(%) Rate of Final Consumption(%)
1952	1.63	1.24	0.39	1.31	5.9	89.4
1953	2.69	1.93	0.76	1.30	8.9	86.8
1954	3.10	2.41	0.69	0.80	10.2	87.2
1955	5.36	1.93	3.43	0.63	15.0	83.3
1956	5.09	3.28	1.81	0.61	13.4	85.0
1957	7.99	3.81	4.18	3.03	17.7	75.6
1958	18.84	14.06	4.78	0.03	33.7	66.2
1959	24.54	16.43	8.11	0.25	39.6	60.0
1960	21.39	17.98	3.41	4.72	33.4	59.2
1961	3.69	4.62	–0.93	1.57	7.9	88.7
1962	0.89	2.73	–1.84	5.02	1.7	88.5
1963	6.83	3.91	2.92	0.33	14.2	85.1
1964	11.39	8.46	2.93	2.36	19.9	76.0
1965	12.69	9.39	3.30	5.34	19.4	72.4
1966	16.31	11.20	5.11	4.81	22.4	71.0
1967	13.93	9.41	4.52	4.77	18.9	74.6
1968	12.69	7.52	5.17	7.68	16.8	73.1
1969	16.78	10.81	5.97	8.58	20.6	68.8
1970	27.05	18.54	8.51	7.96	29.1	62.4
1971	33.51	22.12	11.39	3.40	33.8	62.8
1972	28.60	18.23	10.37	11.01	26.7	63.0
1973	28.24	19.00	9.24	16.26	24.4	61.6
1974	24.50	19.32	5.18	9.17	22.6	68.9
1975	26.36	21.31	5.05	15.17	22.3	64.9
1976	24.80	19.33	5.47	15.32	20.9	66.2
1977	28.00	17.83	10.17	15.01	21.7	66.7
1978	42.41	27.68	14.73	3.75	28.9	68.6
1979	41.82	29.81	12.01	17.42	23.5	66.7
1980	40.02	32.76	7.26	14.76	20.9	71.4
1981	41.19	27.95	13.24	12.77	19.6	74.3
1982	50.53	34.07	16.46	7.31	21.7	75.1
1983	56.63	43.89	12.74	5.71	22.0	75.8
1984	59.06	42.15	16.91	10.14	20.6	75.9
1985	92.19	58.14	34.05	–5.35	26.3	75.2

2-8 续表 3 Continued

单位：亿元 (100 million yuan)

年份 Year	资本形成总额 Gross Capital Formation	固定资本 Fixed Capital	存货增加 Changes in Inventories	货物和服务净流出 Net Export of Goods&Services	资本形成率（投资率）（%）Rate of Capital Formation (%)	最终消费率（消费率）（%）Rate of Final Consumption (%)
1986	115.02	75.57	39.45	−7.48	28.9	73.0
1987	139.84	91.79	48.05	1.26	29.8	69.9
1988	184.75	114.73	70.02	0.17	31.6	68.3
1989	169.41	83.19	86.22	31.85	26.4	68.6
1990	184.12	122.82	61.30	−4.38	24.7	75.9
1991	224.80	160.49	64.31	−13.43	27.0	74.6
1992	291.04	228.29	62.75	−29.66	29.5	73.5
1993	380.33	330.54	49.79	−21.50	30.6	71.2
1994	462.19	422.61	39.58	−0.72	28.0	72.0
1995	641.80	534.12	107.68	−1.68	30.1	70.0
1996	751.93	678.32	73.61	−1.40	29.6	70.5
1997	858.31	725.73	132.58	15.39	30.1	69.3
1998	919.50	846.37	73.13	16.50	30.4	69.1
1999	963.53	956.10	7.43	−16.39	30.0	70.5
2000	974.24	1010.19	−35.95	33.67	27.4	71.6
2001	1095.67	1138.72	−43.05	3.39	28.6	71.3
2002	1237.98	1227.41	10.57	5.46	29.8	70.0
2003	1443.25	1457.31	−14.06	14.39	31.0	68.7
2004	1925.02	1729.78	195.24	−83.14	34.7	66.8
2005	2294.70	2238.91	55.79	−86.37	36.0	65.3
2006	2835.93	2744.62	91.31	−163.49	38.2	64.0
2007	3920.02	3830.72	89.30	−120.71	42.2	59.1
2008	5180.28	5096.53	83.75	−90.46	45.8	55.0
2009	6154.05	6047.50	106.55	−357.64	48.2	54.6
2010	8050.28	7838.29	211.99	−327.06	51.7	50.4
2011	9996.64	9570.47	426.17	−226.98	52.9	48.3
2012	11273.28	10775.09	498.19	−402.94	53.2	48.7
2013	12512.88	12085.10	427.78	−706.36	53.1	49.9
2014	12947.77	12466.60	481.17	−750.56	50.0	52.9
2015	14526.18	14056.12	470.06	−1113.00	50.9	53.0
2016	15186.59	14926.68	259.91	−1295.84	49.2	55.0
2017	16445.14	16019.22	425.92	−1759.06	48.6	56.6
2018	17279.82	17013.49	266.33	−1998.14	47.6	57.9
2019	18895.16	18814.42	80.74	−1837.52	47.5	57.1

2-9 最终消费发展速度及指数

Growth Rate and Indices of Final Consumption Expenditure

单位：% (%)

年份 Year	以上年为 100 (preceding year=100)					以 1952 年为 100 (year of 1952 =100)				
	最终消费					最终消费				
		居民消费			政府消费		居民消费			政府消费
			农村居民	城镇居民				农村居民	城镇居民	
	Final Consumption Expenditures	Household Consumption	Rural Household	Urban Household	Government Consumption	Final Consumption Expenditures	Household Consumption	Rural Household	Urban Household	Government Consumption
1978	112.5	112.9	111.0	118.7	107.7	258.5	246.2	211.6	490.9	677.9
1979	112.3	110.8	110.3	112.2	131.4	290.3	272.8	233.4	550.8	890.8
1980	108.9	108.5	109.2	106.5	112.8	316.2	296.0	254.8	586.6	1004.8
1981	111.2	111.3	113.0	106.5	109.9	351.6	329.4	288.0	624.8	1104.3
1982	111.8	111.3	113.4	105.0	116.5	393.0	366.6	326.5	656.0	1286.5
1983	107.5	107.7	108.8	104.2	104.7	422.5	394.8	355.3	683.5	1347.0
1984	108.9	108.8	108.3	110.2	110.6	460.1	429.6	384.8	753.3	1489.8
1985	108.3	108.4	107.6	111.3	106.6	498.3	465.7	414.0	838.4	1588.1
1986	104.5	104.5	101.8	113.3	104.3	520.7	486.6	421.5	949.9	1656.4
1987	102.3	102.1	101.2	104.5	104.5	532.7	496.9	426.5	992.6	1730.9
1988	98.3	98.2	95.6	105.4	99.4	523.7	487.9	407.7	1046.2	1720.5
1989	97.7	96.8	97.0	96.2	107.9	511.6	472.3	395.5	1006.5	1856.5
1990	105.9	105.0	101.7	113.8	114.0	541.8	495.9	402.2	1145.4	2116.4
1991	105.4	105.3	104.1	108.0	106.0	571.1	522.2	418.7	1237.0	2243.4
1992	103.9	103.5	101.4	108.3	105.4	593.3	540.5	424.6	1339.7	2364.5
1993	105.5	104.7	100.7	112.2	108.9	625.9	565.9	427.6	1503.1	2574.9
1994	106.1	106.2	100.6	115.5	105.6	664.1	601.0	430.2	1736.1	2719.1
1995	108.6	109.0	105.4	114.2	107.0	721.2	655.1	453.4	1982.6	2909.4
1996	108.6	108.2	113.2	101.5	109.9	783.2	708.8	513.2	2012.3	3197.4
1997	106.7	105.2	100.8	111.7	113.7	835.7	745.7	517.3	2247.7	3635.4
1998	105.7	105.5	103.8	107.7	106.8	883.3	786.7	537.0	2420.8	3882.6
1999	106.7	106.2	99.5	115.1	108.7	942.5	835.5	534.3	2786.3	4220.4
2000	106.7	105.6	98.9	113.2	110.8	1005.6	882.3	528.4	3154.1	4676.2
2001	107.3	106.1	98.3	112.9	111.5	1079.1	936.1	519.4	3561.0	5214.0
2002	107.0	106.0	100.7	110.1	110.3	1154.6	992.3	523.1	3920.6	5751.0
2003	106.7	106.2	100.5	110.2	108.4	1232.0	1053.8	525.7	4320.5	6234.1
2004	108.4	107.6	103.5	110.3	110.8	1335.4	1133.9	544.1	4765.5	6907.4
2005	109.6	110.6	107.3	112.5	106.7	1463.6	1254.1	583.8	5361.2	7370.2
2006	109.6	109.3	103.5	112.7	110.6	1604.1	1370.7	604.2	6042.1	8151.4
2007	112.3	111.6	104.8	115.3	114.6	1801.5	1529.7	633.2	6966.6	9341.5
2008	110.7	109.3	103.7	112.0	115.6	1994.2	1672.0	656.7	7802.5	10798.8
2009	109.8	109.4	104.0	111.8	111.1	2189.6	1829.1	682.9	8723.2	11997.4
2010	110.9	110.7	105.8	112.8	111.3	2428.3	2024.9	722.6	9839.8	13353.2
2011	110.8	111.2	110.2	111.6	109.5	2690.6	2251.6	796.3	10981.2	14621.7
2012	109.6	109.8	108.6	110.3	109.0	2948.9	2472.3	864.7	12112.3	15937.7
2013	108.7	108.9	106.8	109.7	108.3	3205.4	2692.3	923.5	13287.2	17260.5
2014	109.2	110.1	109.0	110.6	105.8	3500.3	2964.3	1006.7	14695.7	18261.6
2015	109.0	108.6	105.2	109.9	110.4	3815.3	3219.2	1059.0	16150.5	20160.8
2016	108.3	108.6	103.6	110.9	107.3	4132.0	3496.0	1097.1	17910.9	21632.5
2017	108.1	108.4	103.4	110.6	107.2	4466.7	3789.7	1134.4	19809.5	23190.1
2018	108.7	109.2	105.6	110.7	107.0	4855.3	4138.3	1198.0	21929.1	24813.4
2019	107.4	107.8	105.1	108.9	106.1	5214.6	4461.1	1259.0	23880.8	26327.0

2-10 居民消费水平
Household Consumption

本表绝对数按当年价格计算，指数按不变价格计算
Level in this table are calculated at current prices, while indices are calculated at constant prices.

年份 Year	按当年价计算 (at current prices)			以上年为 100 (preceding year=100)			以 1952 年为 100 (year of 1952 =100)		
	居民消费水平(元) Household Consump-tion Level (yuan)	农村居民 Rural Household	城镇居民 Urban Household	居民消费水平 Household Consump-tion Level	农村居民 Rural Household	城镇居民 Urban Household	居民消费水平 Household Consump-tion Level	农村居民 Rural Household	城镇居民 Urban Household
1978	183	154	427	111.7	110.0	115.4	153.4	134.7	252.9
1979	211	181	454	109.6	110.0	104.5	168.2	148.2	264.3
1980	239	201	523	107.3	108.8	100.1	180.4	161.2	264.6
1981	268	229	552	109.9	112.0	102.4	198.3	180.6	270.9
1982	295	257	567	109.5	111.8	101.7	217.2	201.9	275.5
1983	326	287	603	106.2	107.4	102.4	230.6	216.8	282.1
1984	360	317	650	107.7	108.0	104.3	248.4	234.2	294.3
1985	430	379	751	107.3	107.6	102.9	266.5	252.0	302.8
1986	469	404	866	103.3	101.1	108.9	275.3	254.7	329.8
1987	521	446	969	100.7	100.0	101.6	277.2	254.7	335.0
1988	623	514	1256	96.4	94.2	101.0	267.2	239.9	338.4
1989	660	534	1372	100.0	103.6	91.8	267.2	248.6	310.6
1990	750	611	1533	103.6	100.0	111.9	276.9	248.6	347.6
1991	816	654	1714	104.0	102.9	105.9	288.0	255.8	368.1
1992	942	726	2106	102.7	101.1	104.9	295.8	258.6	386.1
1993	1134	849	2598	103.9	100.8	106.6	307.3	260.7	411.6
1994	1408	1027	3260	105.0	100.8	109.6	322.7	262.8	451.1
1995	1752	1294	3884	107.8	109.0	103.2	347.9	286.5	465.5
1996	2199	1710	4395	113.0	119.9	100.1	393.1	343.5	466.0
1997	2390	1851	4746	105.6	105.7	104.3	415.1	363.1	486.0
1998	2471	1921	4813	104.3	105.6	100.8	432.9	383.4	489.9
1999	2594	1945	5290	104.0	101.3	107.6	450.2	388.4	527.1
2000	3149	1973	6162	103.2	100.8	105.5	464.6	391.5	556.1
2001	3393	2044	6500	107.9	102.9	106.2	501.3	402.9	590.6
2002	3615	2173	6767	107.9	104.0	107.8	540.9	419.0	636.6
2003	3983	2298	7443	106.8	102.9	106.1	577.7	431.1	675.5
2004	4601	2652	8301	107.5	106.0	104.4	621.0	457.0	705.2
2005	5174	2997	9000	109.0	108.7	105.5	676.9	496.8	744.0
2006	5751	3240	9873	107.8	104.7	106.4	729.7	520.1	791.6
2007	6593	3653	11082	111.4	107.6	110.0	812.9	559.6	870.7
2008	7521	4104	12377	108.9	106.4	107.0	885.3	595.4	931.7
2009	8459	4475	13811	108.9	106.1	107.8	964.0	631.8	1004.4
2010	9361	4905	15207	109.1	105.3	109.7	1051.8	665.2	1101.8
2011	10644	5714	16869	109.6	110.5	107.6	1152.7	735.1	1185.5
2012	12011	6543	18460	109.2	111.4	105.7	1258.8	818.9	1253.1
2013	13615	8267	19573	108.1	108.9	105.6	1360.7	891.8	1323.3
2014	15430	9725	21457	109.3	111.0	106.8	1487.3	989.9	1413.3
2015	16844	10628	23037	107.8	107.5	106.0	1603.3	1064.1	1498.1
2016	18725	11621	25329	107.9	106.7	106.5	1730.0	1135.4	1595.4
2017	20976	12826	28006	107.8	107.0	106.2	1864.9	1214.9	1694.3
2018	23105	14055	30413	108.6	108.8	106.8	2025.3	1321.8	1809.6
2019	24868	15278	32215	107.4	107.8	105.9	2175.2	1424.9	1916.3

2-11 支出法地区生产总值构成
Composition of Gross Domestic Product by Expenditure Approach

单位：%　　　　(%)

年份 Year	以地区生产总值为 100 (GDP=100)			以最终消费为 100 (final consumption expenditure=100)		以居民消费为 100 (household consumption=100)	
	最终消费 Final Consumption Expenditures	资本形成总额 Gross Capital Formation	货物和服务净流出 Net Export of Good and Services	居民消费 Household Consumption Expenditures	政府消费 Government Consumption Expenditures	农村居民 Rural Household	城镇居民 Urban Household
1978	68.6	28.9	2.5	93.2	6.8	75.4	24.6
1979	66.7	23.5	9.8	92.3	7.7	76.0	24.0
1980	71.4	20.9	7.7	91.6	8.4	74.3	25.7
1981	74.3	19.6	6.1	91.7	8.3	75.2	24.8
1982	75.1	21.7	3.2	91.3	8.7	76.5	23.5
1983	75.8	22.0	2.2	91.5	8.5	77.2	22.8
1984	75.9	20.6	3.5	91.4	8.6	76.8	23.2
1985	75.2	26.3	-1.5	91.5	8.5	76.0	24.0
1986	73.0	28.9	-1.9	91.5	8.5	73.9	26.1
1987	69.9	29.8	0.3	91.0	9.0	73.3	26.7
1988	68.3	31.6	0.1	91.3	8.7	70.3	29.7
1989	68.6	26.4	5.0	89.5	10.5	68.8	31.2
1990	75.9	24.7	-0.6	80.6	19.4	69.0	31.0
1991	74.6	27.0	-1.6	80.5	19.5	67.9	32.1
1992	73.5	29.5	-3.0	80.3	19.7	65.1	34.9
1993	71.2	30.6	-1.8	80.1	19.9	61.2	38.8
1994	72.0	28.0		81.1	18.9	58.7	41.3
1995	70.0	30.1	-0.1	81.4	18.6	56.7	43.3
1996	70.5	29.6	-0.1	81.7	18.3	58.8	41.2
1997	69.3	30.1	0.6	80.3	19.7	56.0	44.0
1998	69.1	30.4	0.5	79.5	20.5	54.5	45.5
1999	70.5	30.0	-0.5	78.9	21.1	50.4	49.6
2000	71.6	27.4	1.0	78.7	21.3	45.1	54.9
2001	71.3	28.6	0.1	77.7	22.3	42.0	58.0
2002	70.0	29.8	0.2	76.6	23.4	41.2	58.8
2003	68.7	31.0	0.3	76.4	23.6	38.8	61.2
2004	66.8	34.7	-1.5	76.5	23.5	37.8	62.2
2005	65.3	36.0	-1.3	77.6	22.4	36.9	63.1
2006	64.0	38.2	-2.2	76.5	23.5	35.0	65.0
2007	59.1	42.2	-1.3	76.3	23.7	33.5	66.5
2008	55.0	45.8	-0.8	77.0	23.0	32.0	68.0
2009	54.6	48.2	-2.8	77.5	22.5	30.3	69.7
2010	50.4	51.7	-2.1	77.4	22.6	29.7	70.3
2011	48.3	52.9	-1.2	76.6	23.4	29.9	70.1
2012	48.7	53.2	-1.9	76.9	23.1	29.5	70.5
2013	49.9	53.1	-3.0	77.3	22.7	32.0	68.0
2014	52.9	50.0	-2.9	75.7	24.3	32.4	67.6
2015	53.0	50.9	-3.9	75.3	24.7	31.5	68.5
2016	55.0	49.2	-4.2	75.1	24.9	29.9	70.1
2017	56.6	48.6	-5.2	75.0	25.0	28.3	71.7
2018	57.9	47.6	-5.5	75.5	24.5	27.2	72.8
2019	57.1	47.5	-4.6	75.7	24.3	26.7	73.3

2-12 资本形成总额发展速度及指数
Growth Rate and Indices of Gross Capital Formation

单位：% (%)

年份 Year	以上年为100 (preceding year=100) 资本形成总额 Gross Capital Formation	固定资本 Fixed Capital	存货增加 Changes in Inventories	以1952年为100 (year of 1952=100) 资本形成总额 Gross Capital Formation	固定资本 Fixed Capital	存货增加 Changes in Inventories
1952				100.0	100.0	100.0
1955	172.8	84.5	514.0	322.3	170.1	860.5
1960	86.5	106.0	40.0	1351.5	1610.6	762.6
1965	119.4	120.8	114.1	752.8	825.8	631.5
1970	169.6	177.2	149.1	1705.4	1783.3	1751.5
1975	113.5	115.8	99.6	1761.3	2102.2	1014.7
1978	154.2	156.3	148.0	2708.0	2749.5	2992.9
1979	98.0	106.2	75.9	2653.9	2920.0	2270.6
1980	96.1	105.9	58.4	2550.4	3092.3	1327.0
1981	95.8	84.2	176.5	2443.2	2603.7	2342.7
1982	122.7	122.4	123.7	2997.9	3186.9	2898.9
1983	113.5	125.0	75.4	3402.6	3983.6	2186.4
1984	99.6	93.9	130.4	3389.0	3740.6	2850.1
1985	138.0	125.6	185.8	4676.8	4698.2	5295.1
1986	119.7	123.6	110.1	5598.1	5807.0	5828.1
1987	113.7	113.7	113.3	6365.0	6602.6	6602.0
1988	114.1	109.7	127.4	7262.5	7243.0	8409.8
1989	81.2	68.6	113.3	5897.1	4968.7	9525.7
1990	88.1	90.9	86.0	5195.4	4516.6	8192.1
1991	115.4	121.4	103.4	5995.5	5483.2	8470.6
1992	112.3	122.1	89.1	6732.9	6694.9	7547.3
1993	119.8	123.2	91.7	8066.0	8248.1	6920.9
1994	115.3	112.6	144.9	9300.1	9287.4	10028.4
1995	121.6	114.5	182.9	11308.9	10634.1	18341.9
1996	118.1	124.5	83.8	13355.8	13239.5	15370.5
1997	114.2	105.1	187.4	15252.3	13914.7	28804.3
1998	104.1	113.9	60.1	15877.6	15848.8	17311.4
1999	102.0	112.7	11.2	16195.2	17861.6	1938.9
2000	104.3	110.9		16891.6	19808.5	
2001	113.2	113.4		19121.3	22462.9	
2002	113.6	108.7		21721.8	24417.1	
2003	115.9	117.9		25175.5	28787.8	
2004	117.1	108.4		29480.6	31206.0	
2005	118.6	124.3	37.2	34963.9	38789.0	
2006	118.1	117.2	155.0	41292.4	45460.7	
2007	120.8	121.5	100.4	49881.2	55234.8	
2008	118.7	119.9	75.0	59209.0	66226.5	
2009	119.8	119.9	116.6	70932.4	79405.6	
2010	119.3	118.5	166.6	84622.4	94095.6	
2011	114.8	114.1	141.0	97146.5	107363.1	
2012	113.0	113.0	112.8	109775.5	121320.3	
2013	111.4	112.0	92.4	122289.9	135878.7	
2014	110.0	110.0	111.2	134518.9	149466.6	
2015	108.4	108.6	99.7	145818.5	162320.7	
2016	107.4	109.1	56.4	156609.1	177091.9	
2017	107.7	107.4	124.1	168668.0	190196.7	
2018	106.6	107.2	75.0	179800.1	203890.9	
2019	106.8	107.9	30.7	192026.5	219998.2	

2-13 三次产业对地区生产总值增长的贡献率和拉动
Contribution Share and Contribution of the Three Strata of Industry to the Growth of GDP

本表按不变价格计算
Data in this table are calculated at constant prices

年份 Year	贡献率（%） Contribution Share (%)				拉动（百分点） Contribution (percentage points)				
	第一产业 Primary Industry	第二产业 Secondary Industry	第三产业 Tertiary Industry	#工业 Industry	地区生产总值 Gross Regional Product	第一产业 Primary Industry	第二产业 Secondary Industry	第三产业 Tertiary Industry	#工业 Industry
1990	25.7	49.3	25.0	43.7	4.0	1.0	2.0	1.0	1.7
1991	26.6	36.1	37.3	27.8	7.9	2.1	2.9	2.9	2.2
1992	11.6	52.6	35.8	44.7	11.1	1.3	5.8	4.0	5.0
1993	11.9	52.3	35.8	50.0	12.4	1.5	6.5	4.4	6.2
1994	16.2	54.4	29.4	49.7	10.6	1.7	5.8	3.1	5.3
1995	19.1	51.3	29.6	45.2	10.3	2.0	5.3	3.0	4.7
1996	15.0	54.2	30.8	49.5	12.1	1.8	6.6	3.7	6.0
1997	15.9	52.4	31.7	50.2	10.6	1.7	5.5	3.4	5.3
1998	2.8	57.9	39.3	50.6	8.5	0.2	4.9	3.4	4.3
1999	9.7	48.7	41.6	42.2	8.4	0.8	4.1	3.5	3.5
2000	10.2	52.2	37.6	46.2	9.0	0.9	4.7	3.4	4.2
2001	9.8	41.7	48.5	33.9	9.0	0.9	3.7	4.4	3.1
2002	6.1	44.6	49.3	38.0	9.0	0.6	4.0	4.4	3.4
2003	7.0	49.7	43.3	41.9	9.6	0.7	4.8	4.1	4.0
2004	12.4	50.2	37.4	41.0	11.1	1.4	5.6	4.1	4.6
2005	8.4	42.7	48.9	37.2	12.2	1.0	5.2	6.0	4.5
2006	6.2	53.0	40.8	46.6	12.8	0.8	6.8	5.2	6.0
2007	4.0	51.1	44.9	45.0	15.1	0.6	7.7	6.8	6.8
2008	5.2	46.8	48.0	41.4	14.1	0.7	6.6	6.8	5.8
2009	4.7	59.2	36.1	48.7	13.9	0.7	8.2	5.0	6.8
2010	3.5	62.3	34.2	55.0	14.6	0.5	9.1	5.0	8.0
2011	4.4	60.1	35.5	53.9	12.8	0.6	7.7	4.5	6.9
2012	3.1	53.7	43.2	47.8	11.4	0.4	6.1	4.9	5.5
2013	3.0	52.0	45.0	45.1	10.1	0.3	5.3	4.5	4.6
2014	5.0	48.3	46.7	40.2	9.5	0.5	4.6	4.4	3.8
2015	4.2	42.7	53.1	35.5	8.5	0.4	3.6	4.5	3.0
2016	3.9	37.7	58.4	29.8	8.0	0.3	3.0	4.7	2.4
2017	4.2	38.0	57.8	31.7	8.0	0.4	3.0	4.6	2.5
2018	4.0	40.7	55.3	33.8	7.8	0.3	3.2	4.3	2.6
2019	3.6	44.4	52.0	39.3	7.6	0.3	3.4	3.9	3.0

2-14 三大需求对地区生产总值增长的贡献率和拉动
Contribution Share and Contribution of the Three Components of GDP to the Growth of GDP

本表按不变价格计算
Data in this table are calculated at constant prices

年份 Year	最终消费支出 Final Consumption Expenditure		资本形成总额 Gross Capital Formation		货物和服务净流出 Net Exports of Goods and Services	
	贡献率（%） Contribution Share (%)	拉 动（百分点） Contribution (percentage points)	贡献率（%） Contribution Share (%)	拉 动（百分点） Contribution (percentage points)	贡献率（%） Contribution Share (%)	拉 动（百分点） Contribution (percentage points)
2000	68.7	6.2	23.1	2.1	8.2	0.7
2001	55.7	5.0	40.0	3.6	4.3	0.4
2002	53.1	4.8	44.1	4.0	2.8	0.3
2003	48.8	4.7	49.0	4.7	2.2	0.2
2004	44.2	4.9	50.2	5.6	5.6	0.6
2005	56.2	6.9	49.6	6.1	−5.8	−0.7
2006	49.1	6.3	51.2	6.6	−0.3	0.0
2007	51.9	7.8	52.2	7.9	−4.1	−0.6
2008	47.3	6.7	52.8	7.4	−0.1	0.0
2009	42.4	5.9	59.0	8.2	−1.4	−0.2
2010	43.2	6.3	57.5	8.4	−0.7	−0.1
2011	42.5	5.4	59.8	7.7	−2.3	−0.3
2012	41.8	4.8	60.1	6.9	−1.9	−0.2
2013	42.2	4.3	60.2	6.1	−2.4	−0.2
2014	46.5	4.4	57.0	5.4	−3.5	−0.3
2015	50.4	4.3	53.1	4.5	−3.5	−0.3
2016	54.9	4.4	47.1	3.8	−2.0	−0.2
2017	54.3	4.3	48.8	3.9	−3.1	−0.2
2018	58.9	4.6	42.3	3.3	−1.2	−0.1
2019	52.7	4.0	45.2	3.4	2.1	0.2

主要统计指标解释

国内生产总值(GDP) 指一个国家所有常住单位在一定时期内生产活动的最终成果。国内生产总值有三种表现形态，即价值形态、收入形态和产品形态。从价值形态看，它是所有常住单位在一定时期内生产的全部货物和服务价值与同期投入的全部非固定资产货物和服务价值的差额，即所有常住单位的增加值之和；从收入形态看，它是所有常住单位在一定时期内创造的各项收入之和，包括劳动者报酬、生产税净额、固定资产折旧和营业盈余；从产品形态看，它是所有常住单位在一定时期内最终使用的货物和服务价值与货物和服务净出口价值之和。在实际核算中，国内生产总值有三种计算方法,即生产法、收入法和支出法。三种方法分别从不同的方面反映国内生产总值及其构成。

对于一个地区来说，称为地区生产总值或地区 GDP。

国民总收入(GNI) 原称国民生产总值（GNP），指一个国家所有常住单位在一定时期内收入初次分配的最终结果。一国常住单位从事生产活动所创造的增加值在初次分配中主要分配给该国的常住单位，但也有一部分以生产税（扣除生产补贴）、劳动者报酬和财产收入等形式分配给非常住单位；同时，国外生产所创造的增加值也有一部分以生产税（扣除生产补贴）、劳动者报酬和财产收入等形式分配给该国的常住单位，从而产生了国民总收入的概念。它等于国内生产总值加上来自国外的初次收入分配净额。与国内生产总值不同，国民总收入是个收入概念，而国内生产总值是个生产概念。

三次产业 三次产业的划分是世界上较为常用的产业结构分类，但各国的划分不尽一致。根据《国民经济行业分类》（GB/T 4754—2011）和《三次产业划分规定》，我国的三次产业划分是：

第一产业是指农、林、牧、渔业（不含农、林、牧、渔服务业）。

第二产业是指采矿业(不含开采辅助活动)，制造业(不含金属制品、机械和设备修理业)，电力、热力、燃气及水生产和供应业，建筑业。

第三产业即服务业，是指除第一产业、第二产业以外的其他行业。

劳动者报酬 指劳动者从事生产活动应获得的全部报酬，既包括货币形式的报酬，也包括实物形式的报酬。主要包括工资、奖金、津贴和补贴，单位为其员工交纳的社会保险费、补充社会保险费和住房公积金、行政事业单位职工的离退休金、单位为其员工提供的其他各种形式的福利和报酬等。

生产税净额 指生产税减生产补贴后的差额。其中，生产税指政府对生产单位从事生产、销售和经营活动，以及因从事生产活动使用某些生产要素（如固定资产和土地等）所征收的各种税收、附加费和其他规费。生产税分为产品税和其他生产税，产品税主要有：增值税、消费税、进口关税、出口税等；其他生产税主要有：房产税、车船使用税、城镇土地使用税等。生产补贴则相反，它是政府为影响生产单位的生产、销售及定价等生产活动而对其提供的无偿支付，包括农业生产补贴、政策亏损补贴、进口补贴等。生产补贴作为负生产税处理。

固定资产折旧 指由于自然退化、正常淘汰或损耗而导致的固定资产价值下降，用以代表固定资产通过生产过程被转移到其产出中的价值。原则上，固定资产折旧应按照固定资产的重置价值计算。

营业盈余 指常住单位创造的增加值扣除劳动者报酬、生产税净额和固定资产折旧后的余额。

支出法国内生产总值 是从最终使用的角度反映一个国家(或地区)一定时期内生产活动最终成果的一种方法，包括最终消费支出、资本形成总额及货物和服务净出口三部分。计算公式为：

支出法国内生产总值 = 最终消费支出 + 资本形成总额 + 货物和服务净出口

最终消费支出 指常住单位为满足物质、文化和精神生活的需要，从本国经济领土和国外购买的货物和服务的支出。它不包括非常住单位在本国经济领土内的消费支出。最终消费支出分为居民消费支出和政府消费支出。

居民消费支出 指常住住户在一定时期内对于货物和服务的全部最终消费支出。居民消费支出除了直接以货币形式购买的货物和服务的消费支出外，还包括以其他方式获得的货物和服务的消费支出，后者称为虚拟消费支出。居民虚拟消费支出主要包括：单位以实物报酬及实物转移的形式提供给劳动者的货物和服务；住户生产用于自身消费的货物（如自产自用的农产品），以及纳入生产核算范围并用于自身消费的服务（如住户的自有住房服务）；银行和保险机构提供的间接计算的金融服务。

政府消费支出 指政府部门为全社会提供的公共服务的消费支出和免费或以较低的价格向居民住户提供的货物和服务的净支出，前者等于政府服务的产出价值减去政府单位所获得的经营收入的价值，后者等于政府部门免费或以较低价格向居民住户提供的货物和服务的市场价值减去向住户收取的价值。

资本形成总额 指常住单位在一定时期内获得减去处置的固定资产和存货的净额，包括固定资本形成总额和存货变动两部分。

固定资本形成总额 指常住单位在一定时期内获得的固定资产减处置的固定资产的价值总额。固定资产是通过生产活动生产出来的，且其使用年限在一年以上、单位价值在规定标准以上的资产，不包括自然资产、耐用消费品、小型工器具。固定资本形成总额包括住宅、其他建筑和构筑物、机器和设备、培育性生物资源、知识产权产品（研发支出、矿藏的勘探、计算机软件）的价值获得减处置。

存货变动 指常住单位在一定时期内存货实物量变动的市场价值，即期末价值减期初价值的差额，再扣除当期由于价格变动而产生的持有收益。存货变动可以是正值，也可以是负值，正值表示存货上升，负值表示存货下降。存货包括生产单位购进的原材料、燃料和储备物资等存货，以及生产单位生产的产成品、在制品和半成品等存货。

货物和服务净出口 指货物和服务出口减货物和服务进口的差额。出口包括常住单位向非常住单位出售或无偿转让的各种货物和服务的价值；进口包括常住单位从非常住单位购买或无偿得到的各种货物和服务的价值。货物的出口和进口都按离岸价格计算。

当年价格 指报告期的实际价格，如工业品的出厂价格，农产品的收购价格，商业的零售价格等。按当年价格计算，是指一些以货币表现的物量指标，如工农业总产值、国内生产总值等，按照当年的实际价格来计算总量。使用当年价格计算的数字，是为了使国民经济各项指标互相衔接，便于考察当年社会经济效益，便于对生产流通、生产和分配、生产和消费进行经济核算和综合平衡。

按当年价格计算的价值指标，在不同年份之间进行对比时，因为包含有各年间价格变动的因素，不能确切地反映实物量的增减变动。必须消除价格变动因素后，才能真实反映经济发展动态。因此，在计算增长速度时都使用按可比价格计算的数字。

可比价格 指计算各种总量指标所采用的扣除了价格变动因素的价格，可进行不同时期总量指标的对比。按可比价格计算总量指标有两种方法：一种是直接用产品产量乘某一年的不变价格计算，另一种是用价格指数进行换算。

Explanatory Notes on Main Statistical Indicators

Gross Domestic Product (GDP) refers to the final products produced by all resident units in a country during a certain period of time. Gross domestic product is expressed in three different perspectives, namely value, income, and products respectively. GDP in its value perspective refers to the balance of total value of all goods and services produced by all resident units during a certain period of time, minus the total value of input of goods and services of the nature of non-fixed assets; in other words, it is the sum of the value-added of all resident units. GDP from the perspective of income refers to the sum of all kinds of revenue, including Compensation of Employees, Net Taxes on Production, Depreciation of Fixed Assets, and Operating Surplus. GDP from the perspective of products refers to the value of all goods and services for final demand by all resident units plus the net exports of goods and services during a given period of time. In the practice of national accounting, gross domestic product is calculated from three approaches, namely production approach, income approach and expenditure approach, which reflect gross domestic product and its composition from different angles.

For a region, it is called as Gross Regional Product(GRP) or regional GDP.

Gross National Income (GNI) originally known as Gross National Product(GNP), refers to the final result of the primary distribution of the income created by all the resident units of a country during a certain period of time. The value-added created by the resident units of a country engaged in production activities is distributed, during the primary distribution, mainly to the resident units of that country, while part of it is distributed to the non-resident units in the form of production tax (minus subsidies to production), compensation of employees and property income. In the meantime, a part of the value-added created abroad is distributed to the resident units of the country in the form of production tax (minus subsidies to production), compensation of employees and property income. The concept of Gross National Income is thus developed, which equals to Gross Domestic Product plus the net income from initial distribution from abroad. Unlike GDP which is a concept of production, GNP is a concept of income.

Three Strata of Industry Classification of economic activities into three strata of industry is a common practice in the world, although the grouping varies to some extent from country to country. In China, according to Industrial classification for National Economic Activities(GB/T 4754—2011) and Dividing Basis of Three Industries, economic activities are categorized into the following three strata of industry:

Primary industry refers to agriculture, forestry, animal husbandry and fishery industries (not including services in support of agriculture, forestry, animal husbandry and fishery industries).

Secondary industry refers to mining and quarrying(not including support activities for mining), manufacturing(not including repair service of metal products, machinery and equipment), production and supply of electricity, heat, gas and water, and construction.

Tertiary industry refers to all other economic activities not included in the primary or secondary industries.

Compensation of Employees refers to the total payment of various forms to employees for the productive activities they are engaged in. It includes the employees earn in cash or in kind. It mainly include: wages, bonuses and allowances, subsidies, social insurance paid by company or unit for its staff, supplementary social insurance, housing fund, the pension for the employees of the administrative institution, other forms of welfare and remuneration provide by the units for its employees.

Net Taxes on Production refers to taxes on production less subsidies on production. The taxes on production refers to the various taxes, extra charges and fees levied on the production units on their production, sale and business activities as well as on the use of some factors of production, such as fixed assets, land etc. in the production activities they are engaged in. Taxes on production are divided into product tax and other kinds of taxes on production, product tax mainly includes: value-added tax, consumption tax, import duty, export duty; other taxes on production mainly include: House Property Tax, Tax on Vehicles and Boat Operation, Urban Land Use Tax, etc. In contrast to taxes on production, subsidies on production refer to the payment by the government for free to the production units to influence production activities of production units such as production, sales and pricing, which include agricultural production subsidies, subsidies for policy losses, import subsidies, etc. Subsidies on production are therefore regarded as negative taxes on production.

Depreciation of Fixed Assets Refers to the decline of the value of fixed assets due to natural deterioration, normal elimination or loss, it reflects the value of transfer of the fixed assets in the production of the current period. In principle, the depreciation of fixed assets should be calculated on the basis of the re-purchased value of the fixed assets.

Operating Surplus refers to the balance of the value

added created by the resident units after deducting the labourers remuneration, net taxes on production and the depreciation of fixed assets.

GDP by Expenditure Approach refers to the method of measuring the final results of production activities of a country (region) during a given period from the perspective of final uses. It includes final consumption expenditure, gross capital formation and net export of goods and services. The formula for computation is.:

GDP by expenditure approach = final consumption expenditure + gross capital formation + net export of goods and services

Final Consumption Expenditure refers to the total expenditure of resident units for purchases of goods and services from both the domestic economic territory and abroad to meet the needs of material, cultural and spiritual life. It does not include the expenditure of non-resident units on consumption in the economic territory of the country. The final consumption expenditure is broken down into household consumption expenditure and government consumption expenditure.

Household Consumption Expenditure refers to the total expenditure of resident households on the final consumption of goods and services. In addition to the consumption of goods and services bought by the households directly with money, the household consumption expenditure also includes expenditure on goods and services obtained by the households in other ways, i.e. the latter so-called imputed consumption expenditure, which mainly includes: (a) the goods and services provided to households by employers in the form of payment in kind and transfer in kind; (b) goods and services produced and consumed by the households themselves (such as self produced agricultural products); (c) financial intermediate services provided by banking and insurance institutions.

Government Consumption Expenditure refers to the consumption expenditure spent for the provision of public services provided by the government to the whole country and the net expenditure on the goods and services provided by the government to households free of charge or at reduced prices. The former equals to the output value of the government services minus the value of operating income obtained by the government departments. The latter equals to the market value of the goods and services provided by the government free of charge or at reduced prices to the households minus the value received by the government from the households.

Gross Capital Formation refers to the fixed assets acquired less disposals and the net value of inventory, thus including gross fixed capital formation and changes in inventories.

Gross Fixed Capital Formation refers to the value of acquisitions less those disposals of fixed assets during a given period. Fixed assets are the assets produced through production activities with unit value above a specified amount and which could be used for over one year. Natural assets, consumer durables, small instruments are not included. Gross Fixed Capital Formation includes the value of housing, other buildings and structure, equipment and machinery, breeding biological resources, intellectual property right product (expenditure for R&D, the prospecting of minerals and the acquisition of computer software) minus the disposal of them.

Changes in Inventories refers to the market value of the change in the physical volume of inventory of resident units during a given period, i.e. the difference between the values at the beginning and at the end of the period minus the gains due to the change in prices. The changes in inventories can have a positive or a negative value. A positive value indicates an increase in inventory while a negative value indicates a decrease in inventory. The inventory includes raw materials, fuels and reserve materials purchased by the production units as well as the inventory of finished products, semi-finished products and work-in-progress.

Net Export of Goods and Services refers to the exports of goods and services subtracting the imports of goods and services. Exports include the value of various goods and services sold or gratuitously transferred by resident units to non-resident units. Imports include the value of various goods and services purchased or gratuitously acquired resident units from non-resident units. Because the provision of services and the use of them happen simultaneously, the acquisition of services by resident units from abroad is usually treated as import while the acquisition of services by non-resident units in this country is usually treated as export. The exports and imports of goods are calculated at FOB.

Current Price refers to the actual price during the reporting period, such as Ex-factory Price of Industrial Products, purchasing price of agricultural produces and retail price. Some indicators calculated at current price are volume indicators in the value form, such as total value of output of industrial and agricultural industries and GDP, etc. Data calculated at current price are useful when it comes to evaluating the economic development and analyzing different aspects of economy, such as production, circulation, distribution and consumption.

When the different indicators calculated at current price are compared, it is in evitable that price changes will affect the comparison. Therefore, the change in volume cannot be showed. In order to eliminate the effect of price and reflect economic development, growth rate is calculated at current price.

Constant Price refers to the price without the effect of price change. By using constant price, total amount indices of different periods can be compared. There are two methods in which total amount indices are obtained, one using current price of some year to multiply the physical volume of certain products and the other using price index.

03 人 口

Population

资料整理人员：赵　宏　　张　驰

3-1 户籍人口数
Household Population

年份 Year	总户数（万户） Households (10 000 households)	总人口（万人） Total Population (10 000 person)	按性别分 By Gender 男 Male	女 Female	按城乡分 By Residence 市镇 Urban	乡村 Rural
1949	689.40	2986.83	1558.45	1428.38	235.95	2750.88
1950	683.75	3074.34	1601.97	1472.37	245.79	2828.55
1951	743.32	3190.67	1664.24	1526.43	255.57	2935.10
1952	830.46	3271.20	1707.79	1563.41	259.08	3012.12
1953	836.11	3349.70	1751.22	1598.48	260.55	3089.15
1954	844.34	3429.02	1807.89	1621.13	277.21	3151.81
1955	855.56	3472.83	1831.58	1641.25	327.94	3144.89
1956	870.53	3507.43	1836.26	1671.17	329.02	3178.41
1957	883.15	3603.24	1887.55	1715.69	314.67	3288.57
1958	881.54	3672.72	1919.61	1753.11	352.78	3319.94
1959	874.96	3691.95	1933.47	1758.48	494.52	3197.43
1960	891.98	3569.37	1857.07	1712.30	404.63	3164.74
1961	932.08	3507.98	1819.55	1688.43	477.73	3030.25
1962	928.07	3600.26	1870.89	1729.37	384.66	3215.60
1963	920.52	3715.20	1926.81	1788.39	375.34	3339.86
1964	920.20	3785.13	1965.75	1819.38	429.54	3355.59
1965	934.09	3901.47	2022.78	1878.69	405.64	3495.83
1966	939.30	4009.65	2079.48	1930.17	411.87	3597.78
1967	953.11	4122.56	2138.25	1984.31	429.40	3693.16
1968	967.12	4238.65	2198.68	2039.97	446.93	3791.72
1969	981.34	4358.01	2260.82	2097.19	464.46	3893.55
1970	995.77	4480.76	2324.73	2156.03	481.97	3998.79
1971	1044.49	4598.27	2384.91	2213.36	470.86	4127.41
1972	1055.62	4700.56	2438.55	2262.01	489.75	4210.81
1973	1069.65	4809.79	2497.79	2312.00	506.49	4303.30
1974	1082.86	4900.86	2545.64	2355.22	522.34	4378.52
1975	1102.82	4991.36	2594.18	2397.18	531.82	4459.54
1976	1125.37	5056.81	2629.85	2426.96	544.71	4512.10
1977	1149.83	5111.83	2657.88	2453.95	561.21	4550.62
1978	1167.53	5165.91	2684.80	2481.11	593.86	4572.05
1979	1184.84	5223.05	2712.32	2510.73	639.60	4583.45
1980	1197.88	5280.95	2740.40	2540.55	671.05	4609.90
1981	1228.84	5360.05	2783.12	2576.93	694.72	4665.33
1982	1251.33	5452.12	2831.03	2621.09	774.75	4677.37
1983	1273.06	5509.43	2864.09	2645.34	794.46	4714.97
1984	1299.34	5561.32	2893.92	2667.40	857.56	4703.76
1985	1334.54	5622.49	2928.44	2694.05	915.90	4706.59

注：1995 年以前的人口数均为年报数；2000 年和 2010 年的人口数根据人口普查有关数据推算，其余各年人口数均根据人口变动抽样调查资料推算。2015 年起，为公安户籍统计数据。

The data on the total population are collected from the year-reports before 1995. The data on the total population in 2000 and 2010 are collected from population surveys. The data of other years are estimated on the basis of the data collected from the sample surveys on population changes. Since 2015, data of population at the year-end were provied by Public Security Bureau.

3-1 续表 Continued

年份 Year	总户数（万户） Households (10 000 households)	总人口（万人） Total Population (10 000 person)	按性别分 By Gender		按城乡分 By Residence	
			男 Male	女 Female	市镇 Urban	乡村 Rural
1986	1407.45	5695.73	2966.85	2728.88	963.15	4732.58
1987	1485.85	5782.61	3012.59	2770.02	1003.28	4779.33
1988	1562.45	5915.68	3079.65	2836.03	1044.12	4871.56
1989	1623.00	6013.62	3130.76	2882.86	1049.25	4964.37
1990	1661.65	6110.89	3178.31	2932.58	1072.46	5038.43
1991	1697.69	6166.33	3208.42	2957.91	1147.86	5018.47
1992	1725.72	6207.78	3231.73	2976.05	1217.74	4990.04
1993	1745.47	6245.58	3249.20	2996.38	1205.95	5039.63
1994	1765.67	6302.58	3279.07	3023.51	1356.56	4946.02
1995	1796.19	6392.00	3322.27	3069.73	1550.99	4841.01
1996	1799.97	6428.00	3339.25	3088.75	1606.95	4821.05
1997	1798.83	6465.00	3356.43	3108.57	1629.00	4836.00
1998	1809.00	6502.00	3374.33	3127.67	1684.00	4818.00
1999	1814.64	6532.00	3389.32	3142.68	1724.00	4808.00
2000	1874.87	6562.05	3422.77	3139.28	1952.21	4609.84
2001	1884.47	6595.85	3409.72	3186.13	2031.52	4564.33
2002	1899.30	6628.50	3433.56	3194.94	2121.12	4507.38
2003	1929.59	6662.80	3453.33	3209.47	2232.04	4430.76
2004	1991.34	6697.70	3470.75	3226.95	2377.68	4320.02
2005	2031.01	6732.10	3490.59	3241.51	2490.88	4241.22
2006	2048.17	6768.10	3513.35	3254.75	2619.93	4148.17
2007	2085.91	6805.70	3533.87	3271.83	2752.91	4052.79
2008	2113.88	6845.20	3549.30	3295.90	2885.25	3959.95
2009	2126.05	6900.20	3583.24	3316.96	2980.89	3919.31
2010	2152.90	7089.53	3674.49	3415.04	3069.77	4019.76
2011	2186.60	7135.60	3699.10	3436.50	3218.16	3917.44
2012	2224.69	7179.87	3725.63	3454.24	3349.41	3830.46
2013	2286.57	7147.28	3712.32	3434.96	3427.84	3719.44
2014	2313.58	7202.29	3740.97	3461.32	3549.29	3653.00
2015	2330.12	7242.02	3761.09	3480.93	2037.29	5204.73
2016	2353.70	7318.81	3797.57	3521.24	2187.82	5130.99
2017	2363.83	7296.26	3781.75	3514.51	2446.87	4849.39
2018	2383.84	7326.62	3796.24	3530.38	2519.76	4806.86
2019	2386.27	7319.53	3794.45	3525.08	2557.35	4762.18

3-2 人口出生率、死亡率、自然增长率
Birth Rate, Death Rate and Natural Growth Rate of Population

年份 Year	出生率（‰） Birth Rate（‰）	死亡率（‰） Death Rate（‰）	自然增长率（‰） Natural Growth Rate（‰）	出生人口数（万人） Population of Birth (10000 person)	死亡人口数（万人） Population of Death (10000 person)	自然增长人数（万人） Population of Natural Growth (10000 person)
1950	37.00	20.00	17.00	112.13	60.61	51.52
1951	37.00	19.00	18.00	115.90	59.52	56.39
1952	37.00	19.00	18.00	119.54	61.39	58.16
1953	36.00	17.00	19.00	119.18	56.28	62.90
1954	37.85	17.54	20.31	128.29	59.45	68.84
1955	31.10	16.36	14.74	107.32	56.46	50.87
1956	29.59	11.51	18.08	103.27	40.17	63.10
1957	33.47	10.41	23.06	119.00	37.01	81.99
1958	29.96	11.65	18.32	108.99	42.38	66.61
1959	24.00	12.99	11.00	88.38	47.83	40.54
1960	19.49	29.42	-9.93	70.76	106.81	-36.05
1961	12.51	17.48	-4.97	44.27	61.86	-17.59
1962	41.40	10.23	31.16	147.14	36.36	110.78
1963	47.29	10.26	37.03	172.97	37.53	135.45
1964	42.20	12.88	29.31	158.26	48.30	109.95
1965	42.25	11.19	31.06	162.38	43.01	119.37
1966	37.23	10.15	27.08	147.27	40.15	107.12
1967	35.61	9.89	25.72	144.79	40.21	104.58
1968	33.99	9.63	24.36	142.10	40.26	101.84
1969	32.37	9.37	23.00	139.14	40.28	98.86
1970	30.75	9.11	21.64	135.90	40.26	95.64
1971	29.13	8.86	20.26	132.24	40.22	92.02
1972	29.93	9.01	20.91	139.16	41.89	97.27
1973	29.21	8.05	21.15	138.90	38.28	100.62
1974	27.11	8.67	18.44	131.63	42.10	89.53
1975	25.04	8.34	16.70	123.85	41.25	82.60
1976	20.07	7.70	12.36	100.83	38.69	62.15
1977	18.61	7.79	10.82	94.62	39.61	55.01
1978	17.40	7.01	10.39	89.42	36.02	53.39
1979	17.84	7.12	10.72	92.67	36.98	55.68
1980	17.68	6.88	10.80	92.86	36.13	56.72
1981	21.11	7.03	14.08	112.32	37.40	74.91
1982	21.98	6.77	15.21	118.83	36.60	82.23
1983	16.48	6.79	9.69	90.32	37.21	53.11
1984	16.66	7.20	9.46	92.22	39.85	52.36
1985	18.16	6.47	11.69	101.55	36.18	65.37

3-2 续表 Continued

年份 Year	出生率（‰） Birth Rate（‰）	死亡率（‰） Death Rate（‰）	自然增长率（‰） Natural Growth Rate（‰）	出生人口数（万人） Population of Birth (10000 person)	死亡人口数（万人） Population of Death (10000 person)	自然增长人数（万人） Population of Natural Growth (10000 person)
1986	19.90	6.30	13.60	112.62	35.65	76.96
1987	23.62	7.07	16.55	135.56	40.58	94.98
1988	23.32	6.82	16.50	136.40	39.89	96.51
1989	22.91	7.07	15.84	136.65	42.17	94.48
1990	23.93	7.23	16.70	145.07	43.83	101.24
1991	20.50	7.30	13.20	125.84	44.81	81.03
1992	16.70	7.30	9.40	103.32	45.17	58.16
1993	14.08	7.13	6.95	87.67	44.40	43.28
1994	13.88	7.03	6.85	87.08	44.11	42.98
1995	13.02	7.15	5.87	82.64	45.38	37.26
1996	12.81	7.20	5.61	82.11	46.15	35.96
1997	12.59	6.99	5.60	81.16	45.06	36.10
1998	12.31	7.10	5.21	79.81	46.03	33.78
1999	11.72	7.12	4.60	76.38	46.40	29.98
2000	11.45	6.79	4.66	74.96	44.45	30.51
2001	11.80	6.72	5.08	77.63	44.21	33.42
2002	11.56	6.70	4.86	76.44	44.30	32.14
2003	11.82	6.87	4.95	78.55	45.66	32.90
2004	11.89	6.80	5.09	79.43	45.43	34.00
2005	11.90	6.75	5.15	79.91	45.33	34.58
2006	11.92	6.73	5.19	80.46	45.43	35.03
2007	11.96	6.71	5.25	81.17	45.54	35.63
2008	12.68	7.28	5.40	86.55	49.69	36.86
2009	13.05	6.94	6.11	89.69	47.70	41.99
2010	13.10	6.70	6.40	91.63	46.87	44.77
2011	13.35	6.80	6.55	94.95	48.37	46.59
2012	13.58	7.01	6.57	97.20	50.17	47.03
2013	13.50	6.96	6.54	96.71	49.86	46.85
2014	13.52	6.89	6.63	90.77	46.26	44.51
2015	13.58	6.86	6.72	91.80	46.37	45.43
2016	13.57	7.01	6.56	92.31	47.69	44.62
2017	13.27	7.08	6.19	90.78	48.43	42.35
2018	12.19	7.08	5.11	83.86	48.71	35.15
2019	10.39	7.28	3.11	71.78	50.29	21.49

3-3 第1-4次全国人口普查基本情况

Basic Statistics on National Population of 1st-4th Censuses

单位：万人 (10 000 person)

指 标	Item	第一次 1953 First	第二次 1964 Second	第三次 1982 Third	第四次 1990 Fourth
总户数 （万户）	**Total Households (10 000 households)**	**836.11**	**916.20**	**1233.88**	**1573.79**
家庭户	Family Households			1227.89	1564.88
集体户	Non-Family Households			5.99	8.91
总人口	**Total Population**	**3322.69**	**3718.23**	**5401.05**	**6065.80**
男性人口	Male	1752.64	1931.70	2805.23	3149.76
女性人口	Female	1570.05	1786.53	2595.82	2916.04
#育龄妇女（15—49岁）	#Women at Childbearing Age(Age 15-49)	750.73	819.43	1301.08	1607.99
各年龄组人口	**Population by Age**				
0—6岁	Age 0-6	669.02	706.05	701.81	869.47
7—14岁	Age 7-14	519.19	768.91	1131.16	826.93
劳动年龄人口	Population within Working Age	1720.75	1878.68	2936.91	3618.26
男60、女55岁以上人口	Males Age 60 and Females Age 55 and Over	319.57	285.00	503.39	628.16
民族人口	**Population by Nationality**				
汉族	Han Nationality	3254.67	3589.80	5180.92	5583.42
少数民族	Minority Nationalities	68.02	128.43	220.13	482.38
15岁以上婚姻人口	**Marital Status of Population Aged 15 and Over**				
未婚	Unmarried			1009.86	1099.89
有配偶	Married			2271.76	2963.86
丧偶	Widowed			262.16	278.87
离婚	Divorced			24.31	26.77
6岁以上文化程度人口	**Population Aged 6 and Over by Educational Level**				
大学本科	University		9.77	24.56	20.72
大学专科	Three Years College				48.27
中专	Specialized Secondary School		40.99	353.64	81.82
高中	Senior Secondary School				404.79
初中	Junior Secondary School		160.27	932.53	1370.42
小学	Primary School		1256.03	2325.78	2552.16
不识字或识字很少	Illiterate and Semi-Illiterate		1255.57	1173.52	822.76
#文盲、半文盲人口	#Illiterate and Semi-Illiterate Aged 15 and Over		1255.57	943.97	742.56
在业人口	**Employed Population**			**2827.75**	**3489.74**
不在业人口	**Unemployed Population**			**740.34**	**879.65**
市镇县人口	**Population of Cities,Towns and Counties**				
市	Cities	134.97	161.31	507.43	765.62
镇	Towns	157.57	160.79	260.00	328.20
县	Counties	3030.15	3396.13	4633.62	4971.98

注：1. 劳动年龄人口指男16-59岁，女16-54岁人口。

2. 各年龄组人口缺15岁人口和年龄不详人口，加总不等于总人口。

3. 由于四次普查所设指标不同，故此表空栏处均表示该年度普查无此调查项目。

4.1964年人口普查时，6-12岁不在校儿童没有调查其相当的文化程度，故各项文化程度人口加总不等于6周岁及以上人口数。

a. Working age range refers to 16-59 years for men and 16-54 years for women.

b. The sum of the population of the age group is not equal to the total population, because the population aged 15 is not shown and there is population whose true age is unknown.

c. Since the quota in the four population censuses were set differently, the blank space indicates the absence of this item of the year.

d. Data in 1964 excludes the children in school aged from 6-12, thus the sum of the population at all education levels does not equal to the population aged above six.

3-4 第五次全国人口普查基本情况
Basic Statistics on National Population of Fifth Censuses

单位：万人 (10 000 person)

指 标	Item	数量 Volume
总户数 （万户）	**Number of Households (10 000 households)**	**1800.38**
家庭户	Family Households	1766.21
集体户	Non-Family Households	34.17
总人口	**Total Population**	**6327.42**
家庭户人口	Population of Family Households	6106.15
集体户人口	Population of Non-Family Households	221.27
平均家庭户规模 （人/户）	**Average Family Size (person/household)**	**3.46**
总人口中：男性人口	**In Total:** Male	3299.37
女性人口	Female	3028.05
性别比	Sex Ratio	108.96
总人口中：汉族人口	**In Total:** Han Nationality	5686.35
少数民族人口	Minority Nationalities	641.07
少数民族人口比重 （%）	Percentage of Minonrity Nationalities Population (%)	10.13
总人口中：市镇人口	**In Total:** Urban Population	1915.92
乡村人口	Rural Population	4524.15
总人口中：0—5岁人口	**In Total:** Age 0-5	387.71
6—14岁人口	Age 6-14	1012.25
15—64岁人口	Age 15-64	4454.80
65岁以上人口	Aged 65 and Over	472.66
6周岁及以上人口	**Population Aged 6 and Over by Educational Level**	**5939.70**
未上过学	Unschool	298.22
扫盲班	Literacy Courses	67.69
小学	Primary School	2421.99
初中	Junior Secondary School	2259.38
高中和中专	Senior and Specialized Secondary School	707.25
大专及以上	College and Over	185.17
每十万人口中：小学文化 （人）	**Per 100000 Population:** Primary School (person)	38278
初中文化 （人）	Junior Secondary School (person)	35708
高中和中专 （人）	Senior and Specialized Secondary School (person)	11177
大专及以上 （人）	College and Over (person)	2926
文盲、半文盲人口	**Population of Illiterate and Semi Literate**	**294.96**
文盲率 （%）	**Illiterate Rate (%)**	**5.99**
普查年度出生率 （‰）	**Birth Rate in Census Year (‰)**	**11.45**
普查年度死亡率 （‰）	**Death Rate in Census Year (‰)**	**6.79**
普查年度自然增长率 （‰）	**Natural Growth Rate in Census Year (‰)**	**4.66**

注：1. 表中的各项数据均按普查登记的口径计算，不包括本省外出的人口，包括外省来本省的人口。

2. 普查年度是指1999年11月1日0时至2000年10月31日24时。

3. 城乡人口是按国家统计局1999年发布的《关于统计上划分城乡的规定(试行)》计算。

a. The data in table are calculated according to the approach of censuses. The data excluded the population of going to other provinces and included the population from other provinces.

b. The censuses year is 1999-11-1 zero o'clock to 2000-10-31 24 o'clock.

c. The urban population and rural population are calculated according to the 《regulations concerning plot out urban and rural in the statistical (test run)》promulgated in 1999.

3-5 第六次全国人口普查基本情况
Basic Statistics on National Population of Sixth Censuses

单位：万人 (10 000 person)

指 标		Item		数量 Volume
家庭户	**（万户）**	**Number of Households**	**(10 000 households)**	**1862.57**
总人口		**Total Population**		**6570.08**
家庭户人口		Population of Family Households		6191.14
集体户人口		Population of Non-Family Households		378.93
平均家庭户规模	**（人/户）**	**Average Family Size**	**(person/household)**	**3.32**
总人口中：		**In Total**		
男性人口		Male		3377.65
女性人口		Female		3192.43
性别比		Sex Ratio		105.80
总人口中：		**In Total**		
0-14 岁人口		Age 0-14		1157.65
15-64 岁人口		Age 15-64		4770.49
65 岁以上人口		Aged 65 and Over		641.94
0-14 岁人口比重	（%）	Proportion of age 0-14	(%)	17.62
15-64 岁人口比重	（%）	Proportion of age 15-64	(%)	72.61
65 岁以上人口比重	（%）	Proportion of aged 65 and over	(%)	9.77
受教育程度		**Population Aged 6 and Over by Educational Level**		
小 学		Primary School		1760.09
初 中		Junior Secondary School		2597.71
高中和中专		Senior and Specialized Secondary School		1013.39
大专及以上		College and Over		499.19
每十万人口中：		**Per 100000 Population**		
小学文化	（人）	Primary School	(person)	26790
初中文化	（人）	Junior Secondary School	(person)	39539
高中和中专	（人）	Senior and Specialized Secondary Schoo	(person)	15425
大专及以上	（人）	College and Over	(person)	7598
文盲、半文盲人口		**Population of Illiterate and Semi Literate**		**175.43**
文盲率	**（%）**	**Illiterate Rate**	**(%)**	**3.24**

注：1. 以上数据均为 2010 年人口普查机器汇总数。

2. 普查登记的对象是指普查标准时点在中华人民共和国境内的自然人以及在中华人民共和国境外但未定居的中国公民，不包括在中华人民共和国境内短期停留的境外人员。

3. 各市州的人口，是普查登记的 2010 年 11 月 1 日零时的常住人口。常住人口包括，居住在本乡镇街道、户口在本乡镇街道或户口待定的人；居住在本乡镇街道、离开户口所在的乡镇街道半年以上的人；户口在本乡镇街道、外出不满半年或在境外工作学习的人。

4. 家庭户是指以家庭成员关系为主、居住一处共同生活的人组成的户。

5. 文盲率是指全省常住人口中 15 岁及以上不识字人口所占比重。

a. All figures above are machine results of the 2010 Population Census.

b. The population census covers all natural person residing in the territory of the People's Republic of China and the Chinese citizens residing outside but not permanently settled down in locations beyond the territory of the People' s Republic of China at the census reference time, excluding foreigners temporarily staying in the territory of the People' s Republic of China.

c. The population of each city and the XiangXi autonomous prefecture is the resident population, which was registered on zero hour of November 1, 2010.Resident population of a given town/street include: people living in the current town/street where their household registration is located or with their household registration to be settled; people living in the current town/street and leaving the town/street of their household registration for over 6 months; people leaving the town/street of their household registration for less than 6 months or working or studying overseas, with their household registration located in the current town/street.

d. Population of family households refer to households consists of person, bonded by family relations, staying under the same roof and sharing living arrangement.

e. Illiterate rate refers to the population over 15 years of age who cannot read divided by the Resident population of the Whole province.

主要统计指标解释

人口数　指一定时点、一定地区范围内有生命的个人总和。

年度统计的年末人口数指每年12月31日24时的人口数。年度统计的全国人口总数内未包括香港、澳门特别行政区和台湾省以及海外华侨人数。

城镇人口和乡村人口　城镇人口是指居住在城镇范围内的全部常住人口；乡村人口是除上述人口以外的全部人口。

出生率（又称粗出生率）　指在一定时期内（通常为一年）一定地区的出生人数与同期内平均人数（或期中人数）之比，用千分率表示。本资料中的出生率指年出生率，其计算公式为：

$$出生率=\frac{年出生人数}{年平均人数}\times1000‰$$

式中：出生人数指活产婴儿，即胎儿脱离母体时（不管怀孕月数），有过呼吸或其他生命现象。年平均人数指年初、年底人口数的平均数，也可用年中人口数代替。

死亡率（又称粗死亡率）　指在一定时期内（通常为一年）一定地区的死亡人数与同期内平均人数（或期中人数）之比，用千分率表示。本资料中的死亡率指年死亡率，其计算公式为：

$$死亡率=\frac{年死亡人数}{年平均人数}\times1000‰$$

人口自然增长率　指在一定时期内（通常为一年）人口自然增加数（出生人数减死亡人数）与该时期内平均人数（或期中人数）之比，用千分率表示。计算公式为：

$$人口自然增长率=\frac{本年出生人数-本年死亡人数}{年平均人数}\times1000‰$$
$$=人口出生率-人口死亡率$$

Explanatory Notes on Main Statistical Indicators

Total Population　refers to the total number of people alive at a certain point of time within a given area.

The annual statistics on total population is taken at midnight, the 3lst of December, not including residents in Taiwan province, Hong Kong SAR and Macao SAR and Chinese national residing abroad.

Urban Population and Rural Population　Urban population refers to all people residing in cities and towns, while rural population refers to population other than urban population.

Birth Rate (or Crude Birth Rate)　refers to the ratio of the number of births to the average population (or mid-period population) during a certain period of time (usually a year), expressed in ‰. Birth rate in the chapter refers to annual birth rate. The following formula is used:

$$\text{Birth Rate}=\frac{\text{Number of Births}}{\text{Annual Average Population}}\times1000‰$$

Number of births in the formula refers to live births, i.e. when a baby has breathed or showed any vital phenomena regardless of the length of pregnancy.

Annual average population is the average of the number of population at the beginning of the year and that at the end of the year. Sometimes it is substituted by the mid-year population.

Death Rate (or Crude Death Rate)　refers to the ratio of the number of deaths to the average population (or mid-period population) during a certain period of time (usually a year), expressed in ‰. Death rate in the chapter refers to annual death rate. The following formula is used:

$$\text{Death Rate}=\frac{\text{Number of Deaths}}{\text{Annual Average Population}}\times1000‰$$

Natural Growth Rate of Population　refers to the ratio of natural increase in population (number of births minus number of deaths) in a certain period of time (usually a year) to the average population (or mid-period population) of the same period, expressed in ‰. The following formula is applied:

$$\text{Natural Growth Rate of Population}=\frac{\text{Number of Births - Number of Deaths}}{\text{Annual Average Population}}\times1000‰$$

Natural Growth Rate of Population = Birth Rate-Death Rate

04 就业人员和工资

Employment and Wages

资料整理人员：欧阳普　　王　丹

4-1　年末从业人员人数

Number of Employed Person at the Year-end

单位：万人　　　　(10 000 person)

年份 Year	从业人员人数 Number of Employed Person	在岗职工人数 Number of Staff and Workers on the Job	国有经济 State-owned Economic Units	城镇集体经济 Urban Collective-owned Economic Units	其他经济类型 Economic Units of Other Types	城镇个体私营企业从业人员 Employees in Urban Private Enterprises and Self-Employed Individuals	农村从业人员 Employees in Rural
1950	1107.76	40.67	22.81	0.18	17.68	38.93	1028.16
1951	1147.20	52.01	33.55	0.37	18.09	42.71	1052.48
1952	1188.76	69.25	48.87	0.77	19.61	46.70	1072.81
1953	1213.15	76.15	53.12	2.32	20.71	50.68	1086.32
1954	1223.84	80.68	54.61	8.56	17.51	42.92	1100.24
1955	1250.49	90.26	60.67	14.10	15.49	31.45	1128.78
1956	1271.31	121.24	73.66	35.78	11.80	7.62	1142.45
1957	1353.51	130.24	81.84	36.62	11.78	2.00	1221.27
1958	1461.08	226.98	190.02	30.49	6.47		1234.10
1959	1466.09	218.08	174.09	36.76	7.23		1248.01
1960	1508.04	242.89	182.44	54.05	6.40		1265.15
1961	1302.48	234.40	163.50	70.90		3.92	1064.16
1962	1401.22	201.97	135.76	66.21		5.62	1193.63
1963	1443.01	191.19	129.40	61.79		3.11	1248.71
1964	1508.43	192.88	130.34	62.54		4.99	1310.56
1965	1551.93	206.96	139.24	67.72		3.91	1341.06
1966	1607.49	211.73	144.17	67.56		3.41	1392.35
1967	1668.06	215.65	148.25	67.40		2.97	1449.44
1968	1728.41	216.95	149.71	67.24		2.59	1508.87
1969	1795.01	222.02	154.93	67.09		2.26	1570.73
1970	1880.85	243.75	176.81	66.94		1.97	1635.13
1971	1975.89	272.00	205.21	66.79		1.72	1702.17
1972	2056.50	285.73	219.04	66.69		1.50	1769.27
1973	2089.11	285.65	218.99	66.66		1.32	1802.14
1974	2117.00	291.53	223.43	68.10		1.10	1824.37
1975	2152.00	304.17	232.56	71.61		0.32	1847.51
1976	2183.24	313.31	238.79	74.52		0.26	1869.67
1977	2216.19	321.24	242.64	78.60		0.37	1894.58
1978	2280.05	363.78	282.06	81.72		0.35	1915.92
1979	2328.12	388.16	299.36	88.80		0.32	1939.64
1980	2399.95	409.16	316.80	92.36		1.81	1988.98
1981	2449.46	426.88	332.46	94.42		3.43	2019.15
1982	2541.05	441.48	344.41	97.07		5.21	2094.36
1983	2594.37	447.81	348.97	98.84		9.72	2136.84
1984	2672.86	460.71	340.94	119.75	0.02	13.18	2198.97
1985	2728.71	475.15	352.73	122.34	0.08	16.19	2237.37

注：1. 全省从业人员人数及分三次产业从业人数根据劳动力抽样调查资料推算。

2. 从 2011 年起，“职工人数”指标更改为“在岗职工人数”指标。

a. The data of total employees and employees by type of industry are estimated on the data collected from the sample surveys on labor.

b. From 2011,the index of "Staff and Workers "changed into"Staff and Workers of the Job”.

4-1 续表 Continued

单位：万人 (10 000 person)

年份 Year	从业人员人数 Number of Employed Person	在岗职工人数 Number of Staff and Workers on the Job	国有经济 State-owned Economic Units	城镇集体经济 Urban Collective-owned Economic Units	其他经济类型 Economic Units of Other Types	城镇个体私营企业从业人员 Employees in Urban Private Enterprises and Self-Employed Individuals	农村从业人员 Employees in Rural
1986	2808.87	492.79	367.31	125.25	0.23	18.44	2297.64
1987	2904.10	515.22	386.34	128.60	0.28	24.72	2364.16
1988	2998.64	530.20	401.75	128.14	0.31	30.75	2437.69
1989	3091.37	536.64	411.34	124.81	0.49	30.43	2524.30
1990	3158.42	551.03	422.28	128.07	0.68	31.94	2575.45
1991	3222.43	567.07	435.66	130.35	1.06	32.52	2622.84
1992	3278.83	579.74	447.88	130.43	1.43	39.93	2659.16
1993	3345.61	588.87	454.26	126.70	7.91	60.42	2675.75
1994	3400.29	589.48	459.14	121.57	8.77	106.51	2685.54
1995	3467.31	597.50	466.00	119.13	12.37	133.86	2717.38
1996	3514.16	596.84	471.55	114.47	10.82	166.21	2732.35
1997	3560.29	597.48	471.52	110.48	15.48	200.36	2744.33
1998	3603.17	594.16	461.65	101.21	31.30	222.46	2772.59
1999	3601.39	590.75	461.83	96.01	32.91	210.29	2784.00
2000	3577.58	580.82	456.28	90.33	34.21	148.54	2832.04
2001	3607.96	534.22	407.55	70.95	55.72	199.76	2856.70
2002	3644.52	525.28	398.42	66.19	60.67	231.87	2870.32
2003	3694.78	500.27	379.72	56.55	64.00	335.94	2836.36
2004	3747.10	471.07	353.36	49.38	68.33	457.18	2792.67
2005	3801.48	451.80	293.79	40.12	117.89	547.83	2776.76
2006	3842.17	450.89	290.67	37.72	122.50	603.29	2762.41
2007	3883.41	460.03	283.72	37.50	138.81	635.94	2762.07
2008	3910.06	460.31	276.11	34.83	149.37	654.57	2761.85
2009	3935.21	474.43	268.57	29.21	176.65	665.17	2769.94
2010	3982.73	531.00	287.13	33.24	210.63	698.48	2753.25
2011	4005.03	514.73	258.99	23.92	231.82	894.18	2596.12
2012	4019.31	523.27	261.12	24.60	237.56	951.90	2544.14
2013	4036.45	554.44	249.67	20.92	283.85	1018.02	2463.99
2014	4044.13	552.81	245.28	19.53	288.00	1114.06	2377.26
2015	3980.30	534.77	229.95	16.14	288.68	1156.56	2288.97
2016	3920.41	523.97	228.35	16.78	278.84	1209.58	2186.86
2017	3817.22	520.37	219.75	14.83	285.79	1272.86	2023.99
2018	3738.58	496.78	219.21	11.10	266.47	1367.07	1874.73
2019	3666.48	541.95	229.67	11.90	300.38	1398.99	1725.54

4-2 按三次产业分年末从业人员

Number of Employed Person at Year-end by Three Strata of Industry

年份 Year	从业人员人数（万人） Number of Employed Person (10 000 person)	第一产业 Primary Industry	第二产业 Secondary Industry	第三产业 Tertiary Industry	构成（以合计为100） Composition in Percentage (total=100)	第一产业 Primary Industry	第二产业 Secondary Industry	第三产业 Tertiary Industry
1950	1107.76	980.83	54.86	72.07	100.0	88.5	5.0	6.5
1951	1147.20	1001.38	64.12	81.70	100.0	87.3	5.6	7.1
1952	1188.76	989.38	76.72	122.66	100.0	83.2	6.5	10.3
1953	1213.15	1014.03	90.34	108.78	100.0	83.6	7.5	9.0
1954	1223.84	982.69	89.39	151.76	100.0	80.3	7.3	12.4
1955	1250.49	1061.22	74.72	114.55	100.0	84.9	6.0	9.2
1956	1271.31	1055.72	101.21	114.38	100.0	83.0	8.0	9.0
1957	1353.51	1134.13	93.05	126.33	100.0	83.8	6.9	9.3
1958	1461.08	898.17	251.10	311.81	100.0	61.5	17.2	21.3
1959	1466.09	861.58	258.27	346.24	100.0	58.8	17.6	23.6
1960	1508.04	1023.93	199.05	285.06	100.0	67.9	13.2	18.9
1961	1302.48	1053.45	128.89	120.14	100.0	80.9	9.9	9.2
1962	1401.22	1180.33	98.04	122.85	100.0	84.2	7.0	8.8
1963	1443.01	1222.67	111.47	108.87	100.0	84.7	7.7	7.5
1964	1508.43	1274.86	116.73	116.84	100.0	84.5	7.7	7.8
1965	1551.93	1305.83	124.66	121.44	100.0	84.1	8.0	7.8
1966	1607.49	1355.48	129.72	122.29	100.0	84.3	8.1	7.6
1967	1668.06	1405.14	135.05	127.87	100.0	84.2	8.1	7.7
1968	1728.41	1456.39	140.79	131.23	100.0	84.3	8.2	7.6
1969	1795.01	1511.41	151.70	131.90	100.0	84.2	8.5	7.4
1970	1880.85	1564.21	179.69	136.95	100.0	83.2	9.6	7.3
1971	1975.89	1624.30	206.63	144.96	100.0	82.2	10.5	7.3
1972	2056.50	1683.60	227.31	145.59	100.0	81.9	11.1	7.1
1973	2089.11	1718.66	226.17	144.28	100.0	82.3	10.8	6.9
1974	2117.00	1732.28	236.13	148.59	100.0	81.8	11.2	7.0
1975	2152.00	1742.28	257.39	152.33	100.0	81.0	12.0	7.1
1976	2183.24	1759.48	266.42	157.34	100.0	80.6	12.2	7.2
1977	2216.19	1775.31	273.17	167.71	100.0	80.1	12.3	7.6
1978	2280.05	1788.17	305.37	186.51	100.0	78.4	13.4	8.2
1979	2328.12	1798.27	325.70	204.15	100.0	77.2	14.0	8.8
1980	2399.95	1846.46	339.06	214.43	100.0	77.0	14.1	8.9
1981	2449.46	1887.54	339.52	222.40	100.0	77.0	13.9	9.1
1982	2541.05	1955.49	350.79	234.77	100.0	77.0	13.8	9.2
1983	2594.37	1966.48	361.77	266.12	100.0	75.8	13.9	10.3
1984	2672.86	1971.93	414.00	286.93	100.0	73.8	15.5	10.7
1985	2728.71	1946.85	458.68	323.18	100.0	71.4	16.8	11.8

注：全省从业人员人数及分三次产业从业人员人数根据劳动力抽样调查资料推算。

The data of total employees and employees by type of industry are estimated on the data collected from the sample surveys on labor.

4-2 续表 Continued

年份 Year	从业人员人数（万人） Number of Employed Person (10 000 person)	第一产业 Primary Industry	第二产业 Secondary Industry	第三产业 Tertiary Industry	构成（以合计为 100） Composition in Percentage (total=100)	第一产业 Primary Industry	第二产业 Secondary Industry	第三产业 Tertiary Industry
1986	2808.87	1969.64	494.51	344.72	100.0	70.1	17.6	12.3
1987	2904.10	2011.35	531.70	361.05	100.0	69.3	18.3	12.4
1988	2998.64	2050.72	550.38	397.54	100.0	68.4	18.4	13.2
1989	3091.37	2104.60	550.26	436.51	100.0	68.1	17.8	14.1
1990	3158.42	2176.70	553.83	427.89	100.0	68.9	17.5	13.6
1991	3222.43	2219.82	570.35	432.26	100.0	68.9	17.7	13.4
1992	3278.83	2213.42	613.57	451.84	100.0	67.5	18.7	13.8
1993	3345.61	2140.76	679.22	525.63	100.0	64.0	20.3	15.7
1994	3400.29	2076.14	731.01	593.14	100.0	61.1	21.5	17.4
1995	3467.31	2071.61	756.54	639.16	100.0	59.8	21.8	18.4
1996	3514.16	1994.90	810.38	708.88	100.0	56.8	23.0	20.2
1997	3560.29	1998.59	802.25	759.45	100.0	56.1	22.5	21.4
1998	3603.17	2002.51	822.49	778.17	100.0	55.6	22.8	21.6
1999	3601.39	2026.09	839.09	736.21	100.0	56.3	23.3	20.4
2000	3577.58	2120.98	840.52	616.08	100.0	59.3	23.5	17.2
2001	3607.96	2078.36	748.90	780.70	100.0	57.6	20.8	21.6
2002	3644.52	2034.04	757.26	853.22	100.0	55.8	20.8	23.4
2003	3694.78	1961.93	790.68	942.17	100.0	53.1	21.4	25.5
2004	3747.10	1885.06	804.91	1057.13	100.0	50.3	21.5	28.2
2005	3801.48	1846.90	818.10	1136.48	100.0	48.6	21.5	29.9
2006	3842.17	1790.46	829.92	1221.79	100.0	46.6	21.6	31.8
2007	3883.41	1743.65	854.35	1285.41	100.0	44.9	22.0	33.1
2008	3910.06	1720.44	875.84	1313.78	100.0	44.0	22.4	33.6
2009	3935.21	1693.05	896.57	1345.59	100.0	43.0	22.8	34.2
2010	3982.73	1690.03	915.43	1377.27	100.0	42.4	23.0	34.6
2011	4005.03	1679.94	932.62	1392.47	100.0	41.9	23.3	34.8
2012	4019.31	1668.99	948.78	1401.54	100.0	41.5	23.6	34.9
2013	4036.45	1656.01	964.54	1415.90	100.0	41.0	23.9	35.1
2014	4044.13	1651.37	957.77	1434.99	100.0	40.8	23.7	35.5
2015	3980.30	1618.71	935.84	1425.75	100.0	40.7	23.5	35.8
2016	3920.41	1587.32	912.16	1420.93	100.0	40.5	23.3	36.2
2017	3817.22	1515.16	871.17	1430.89	100.0	39.7	22.8	37.5
2018	3738.58	1462.38	836.44	1439.76	100.0	39.1	22.4	38.5
2019	3666.48	1409.24	810.04	1447.20	100.0	38.4	22.1	39.5

4-3 年末城镇从业人员

Number of Employed Person in Urban Areas at the Year-end

年份 Year	城镇从业人员合计（万人） Number of Employed Person in Urban Areas (10 000 person)	国有经济 State-owned Economic	城镇集体经济 Urban Collective-owned Economic	其他经济 Economic Units of Other Types	内资经济 Domestic Funded Economic	港澳台投资经济 Economioc With Funded From H.K, Macao and Taiwan	外商投资经济 Economic With Funded Foreign	城镇私营经济 Urban Private Economic	城镇个体经济 Urban Individuals Economic
1978	364.13								
1979	388.48								
1980	410.97								
1981	430.31								
1982	446.69								
1983	457.53								
1984	473.89								
1985	491.34								
1986	511.23								
1987	539.94								
1988	560.95								
1989	567.07								
1990	582.97								
1991	599.59								
1992	619.67								
1993	669.86								
1994	714.75								
1995	749.93	482.68	120.83	12.56	6.62	2.73	3.21	17.60	116.26
1996	781.81	487.94	116.61	11.05	5.12	2.59	3.34	22.80	143.41
1997	815.96	486.58	113.19	15.83	9.23	2.96	3.64	26.94	173.42
1998	830.58	472.37	103.56	32.19	25.21	3.20	3.78	36.89	185.57
1999	817.39	474.23	98.95	33.92	27.54	3.19	3.19	34.52	175.77
2000	745.54	467.98	92.99	36.04	29.81	3.07	3.16	33.54	114.99
2001	751.26	419.71	73.62	58.17	52.35	3.15	2.67	44.43	155.33
2002	774.20	410.13	68.73	63.47	56.88	3.51	3.08	65.63	166.24
2003	858.42	395.39	59.65	67.45	60.04	3.50	3.90	87.56	248.38
2004	954.43	370.64	52.86	73.75	65.62	4.31	3.82	143.11	314.07
2005	1024.72	306.70	43.43	126.76	111.93	8.29	6.54	165.80	382.03
2006	1079.76	302.73	40.96	132.78	116.28	8.50	8.00	214.19	389.10
2007	1121.34	294.47	40.63	150.30	131.93	9.13	9.24	223.33	412.61
2008	1148.21	291.65	37.73	164.26	144.57	9.90	9.79	218.99	435.58
2009	1175.27	283.50	32.48	194.13	170.51	11.02	12.60	227.67	437.49
2010	1229.48	287.13	33.24	210.63	186.38	11.91	12.34	234.04	464.44
2011	1408.91	275.01	27.84	248.58	218.97	16.16	13.45	260.62	596.86
2012	1475.17	282.57	27.46	257.45	225.47	18.64	13.34	291.65	616.03
2013	1572.46	265.99	23.69	311.47	274.36	21.64	15.47	311.84	659.47
2014	1666.87	261.52	22.07	314.31	277.58	22.04	14.69	334.81	734.16
2015	1691.33	244.57	18.53	316.04	281.97	20.29	13.78	364.53	747.66
2016	1733.55	242.25	19.24	306.92	269.67	23.57	13.68	385.30	779.84
2017	1793.23	232.85	17.19	315.70	275.93	26.17	13.60	406.29	821.20
2018	1863.85	232.11	13.28	300.89	265.77	21.70	13.42	423.12	894.45
2019	1940.94	243.31	14.02	339.37	302.94	23.66	12.77	439.02	905.22

4-4 按类型分的年末从业人员
Employees by Type at the Year-end

单位：万人 (10 000 person)

类 别	Item	2018 合计 Total	2018 #城 镇 Urban	2019 合计 Total	2019 #城 镇 Urban
从业人员总计	**Total Number of Employed Person**	**3738.58**	**1863.85**	**3666.48**	**1940.94**
按就业身份分	**By Status**				
在岗职工	Staff and Workers on the Job	496.78	496.78	541.95	541.95
私营业主	Private Enterprises Owner	144.39	120.00	163.08	135.09
私营企业和个体从业人员	Number of Employees in Private Enterprises and Self-Employed Individuals	814.37	650.41	886.39	701.14
农村劳动力	Laborer in Rural	1686.38		1512.30	
其他从业人员	Others	596.66	596.66	562.76	562.76
按经济类型分	**By Economic Types**				
国有经济	State-owned Economy	232.11	232.11	243.31	243.31
集体经济	Collective-owned Economy	1699.66	13.28	1526.32	14.02
私营经济	Private Enterprises	500.06	423.12	528.39	439.02
个体经济	Self-Employed Individuals	1005.86	894.45	1029.09	905.22
联营经济	Joint Ownership Enterprises	0.56	0.56	0.82	0.82
股份制经济	Share-holding Corporations Enterprises	255.24	255.24	280.27	280.27
外商投资经济	Enterprises With Foreign Investment	13.42	13.42	12.77	12.77
港、澳、台投资经济	Enterprises With Investment from Hong Kong, Macao and Taiwan	21.70	21.70	23.66	23.66
其他经济类型	Enterprises of Other Types of Ownership	9.97	9.97	21.85	21.85
按国民经济行业分	**By Sector**				
农、林、牧、渔业	Agriculture,Forestry,Farming of Animals and Fishing	1462.38	29.30	1409.24	28.92
采矿业	Mining	27.59	19.91	25.78	20.28
制造业	Manufacturing	453.18	323.95	427.25	332.13
电力、热力、燃气及水生产和供应业	Production and Distribution of Electricity,Heat,Gas and Water	42.16	36.34	42.82	36.55
建筑业	Construction	313.51	233.21	314.19	253.30
批发和零售业	Wholesale and Retail Trade	372.07	296.58	361.14	308.32
交通运输、仓储和邮政业	Traffic,Transport, Storage and Post	176.54	130.85	182.63	136.25
住宿和餐饮业	Accommodation and Catering	171.57	125.58	150.68	120.39
信息传输、软件和信息技术服务业	Information Transfer,Software and Information technology Services	80.20	70.44	73.53	64.15
金融业	Finance	51.17	48.76	53.84	51.05
房地产业	Real Estate Trade	43.45	40.03	38.57	36.31
租赁和商务服务业	Tenancy and Business Services	84.43	80.69	78.86	76.09
科学研究和技术服务业	Scientific Research and Technical Services	22.92	22.57	32.96	32.13
水利、环境和公共设施管理业	Management of Water Conservancy ,Environment and Public Establishment	18.43	17.22	20.39	18.73
居民服务、修理和其他服务业	Resident Services , Repair and Other Services	111.92	106.30	110.72	104.39
教育	Education	109.38	101.50	133.25	126.93
卫生和社会工作	Sanitation and Social Work	72.55	63.89	77.56	71.19
文化、体育和娱乐业	Culture,Sports and Entertainment	38.63	34.18	43.46	34.99
公共管理、社会保障和社会组织	Public Management, Social Security and Social Organization	86.50	82.55	89.61	88.84

4-5 各行业年末从业人员及构成(2019年)

Number of Employees and Its Composition by Sector at the Year-end (2019)

行业	Item	从业人员 Employees	在岗职工 Staff and Workers on the Job	城镇个体私营企业 Urban Private and Individuals	农村从业人员 Employees in Rural	其他从业人员 Other Employees
总计 (万人)	**Total (10 000 person)**	**3666.48**	**541.95**	**1344.24**	**1725.54**	**54.75**
农、林、牧、渔业	Agriculture,Forestry,Farming of Animals and Fishing	1409.24	1.21	27.57	1380.32	0.14
采矿业	Mining	25.78	4.73	15.29	5.50	0.26
制造业	Manufacturing	427.25	91.82	237.83	95.12	2.48
电力、热力、燃气及水生产和供应业	Production and Distribution of Electricity, Heat.Gas and Water	42.82	14.79	21.45	6.27	0.31
建筑业	Construction	314.19	84.76	148.28	60.89	20.27
批发和零售业	Wholesale and Retail Trade	361.14	20.85	286.62	52.82	0.85
交通运输、仓储和邮政业	Traffic,Transport, Storage and Post	182.63	25.20	110.30	46.38	0.75
住宿和餐饮业	Accommodation and and catering	150.68	6.14	114.10	30.29	0.15
信息传输、软件和信息技术服务业	Information Transfer,Software and Information technology Services	73.53	7.85	56.01	9.38	0.29
金融业	Finance	53.84	19.84	15.37	2.79	15.84
房地产业	Real Estate Trade	38.57	13.41	22.24	2.26	0.66
租赁和商务服务业	Tenancy and Business Services	78.86	13.36	62.19	2.77	0.53
科学研究和技术服务业	Scientific Research and Technical Services	32.96	12.49	18.78	0.83	0.86
水利、环境和公共设施管理业	Management of Water Conservancy, Environment and Public Establishment	20.39	8.31	9.21	1.66	1.22
居民服务、修理和其他服务业	Resident Services, Repair and Other Services	110.72	2.26	102.09	6.33	0.04
教育	Education	133.25	80.09	42.84	6.32	3.99
卫生和社会工作	Sanitation and Social Work	77.56	44.11	25.26	6.37	1.82
文化、体育和娱乐业	Culture, Sports and Entertainment	43.46	5.73	28.79	8.47	0.46
公共管理、社会保障和社会组织	Public Management, Social Security and Social	89.61	84.98	0.04	0.77	3.82
构成 (以合计为100)	**Composition in Percentage (total=100)**					
农、林、牧、渔业	Agriculture,Forestry,Farming of Animals and Fishing	38.4	0.2	2.1	80.0	0.3
采矿业	Mining	0.7	0.9	1.1	0.3	0.5
制造业	Manufacturing	11.7	16.9	17.7	5.5	4.5
电力、热力、燃气及水生产和供应业	Production and Distribution of Electricity, Heat. Gas and Water	1.2	2.7	1.6	0.4	0.6
建筑业	Construction	8.6	15.6	11.0	3.5	37.0
批发和零售业	Wholesale and Retail Trade	9.8	3.8	21.3	3.1	1.6
交通运输、仓储和邮政业	Traffic,Transport, Storage and Post	5.0	4.6	8.2	2.7	1.4
住宿和餐饮业	Accommodation and and catering	4.1	1.1	8.5	1.8	0.3
信息传输、软件和信息技术服务业	Information Transfer, Software and Information technology Services	2.0	1.4	4.2	0.5	0.5
金融业	Finance	1.5	3.7	1.1	0.2	28.9
房地产业	Real Estate Trade	1.1	2.5	1.7	0.1	1.2
租赁和商务服务业	Tenancy and Business Services	2.2	2.5	4.6	0.2	1.0
科学研究和技术服务业	Scientific Research and Technical Services	0.9	2.3	1.4	0.0	1.6
水利、环境和公共设施管理业	Management of Water Conservancy,Environment and Public Establishment	0.6	1.5	0.7	0.1	2.2
居民服务、修理和其他服务业	Resident Services, Repair and Other Services	3.0	0.4	7.6	0.4	0.1
教育	Education	3.6	14.8	3.2	0.4	7.3
卫生和社会工作	Sanitation and Social Work	2.1	8.1	1.9	0.4	3.3
文化、体育和娱乐业	Culture, Sports and Entertainment	1.2	1.1	2.1	0.5	0.8
公共管理、社会保障和社会组织	Public Management, Social Security and Social Organization	2.4	15.7	0.0	0.0	7.0

4-6 年末城乡劳动力资源与分配
Resources and Distribution of Labor Force in Urban and Rural Areas at theYear-end

单位：万人 (10 000 person)

类　别	Item	合计 Total		城　镇 Urban		乡　村 Rural	
		2018	2019	2018	2019	2018	2019
总计	**Total**	**5535.97**	**5436.00**	**3101.25**	**3110.48**	**2432.72**	**2325.52**
经济活动人口	Economy Active Population	3813.01	3754.04	1938.28	2028.50	1874.73	1725.54
从业人员	Employees	3738.58	3666.48	1863.85	1940.94	1874.73	1725.54
失业人员	Unemployment	74.43	87.56	74.43	87.56		
非经济活动人口	Non-Economy Active Population	1722.96	1681.96	1162.97	1081.98	559.99	599.98

4-7 年末城镇非私营单位按行业分组的女性从业人员 (2019年)
Number of Female Employees in Urban Non Private Units at the Year-end by Sector (2019)

单位：万人 (10 000 person)

行　业	Item	各单位女性从业人员 Number of Female Employees in Units	国有经济 State-owned Economic Units	城镇集体 Urban Collective-owned Economic Units	其他经济 Economic Units of Other Types
总计	**Total**	**228.30**	**107.30**	**4.25**	**116.74**
农、林、牧、渔业	Agriculture, Forestry, Farming of Animals and Fishing	0.35	0.20	0.03	0.12
采矿业	Mining	0.70	0.03	0.10	0.56
制造业	Manufacturing	34.35	0.49	0.54	33.32
电力、热力、燃气及水生产和供应业	Production and Distribution of Electricity, Heat, Gas and Water	4.38	2.54	0.12	1.71
建筑业	Construction	11.69	0.58	0.88	10.22
批发和零售业	Wholesale and Retail Trade	11.61	0.72	0.20	10.70
交通运输、仓储和邮政业	Information Transfer,Computer Services and Software	6.97	2.07	0.11	4.79
住宿和餐饮业	Accommodation and Catering	3.95	0.35	0.06	3.55
信息传输、软件和信息技术服务业	Information Transfer, Software and Information technology Services	3.28	0.25		3.02
金融业	Finance	21.30	1.64		19.66
房地产业	Real Estate Trade	5.48	0.16	0.10	5.22
租赁和商务服务业	Tenancy and Business Services	4.61	0.76	0.08	3.77
科学研究和技术服务业	Scientific Research and Technical Services	3.95	1.70	0.03	2.22
水利、环境和公共设施管理业	Management of Water Conservancy, Environment and Public Establishment	3.73	2.87	0.03	0.83
居民服务、修理和其他服务业	Resident Services , Repair and Other Services	0.94	0.17	0.01	0.77
教育	Education	50.66	38.97	0.60	11.10
卫生和社会工作	Sanitation and Social Work	31.22	26.74	1.23	3.24
文化、体育和娱乐业	Culture,Sports and Entertainment	2.94	1.35	0.03	1.56
公共管理、社会保障和社会组织	Public Management, Social Security and Social Organization	26.19	25.72	0.09	0.38

4-8 各行业年末在岗职工 (2019年)
Total Number of Staff and Workers on the Job by Sector at the Year-end (2019)

单位：万人 (10 000 person)

行 业	Item	全部在岗职工 Number of Staff and Workers on the Job	国有经济 State-owned Economic	城镇集体 Urban Collective-owned Economic
总计	**Total**	**541.95**	**229.67**	**11.90**
农、林、牧、渔业	**Agriculture, Forestry, Farming of Animals and Fishing**	**1.21**	**0.71**	**0.09**
农业	Agriculture	0.20	0.08	0.02
林业	Forestry	0.32	0.25	0.04
畜牧业	Farming of Animals	0.09	0.01	
渔业	Fishing	0.08	0.01	0.01
农、林、牧、渔专业及辅助性活动	Agriculture, Forestry, Animal husbandry, Fishery and Auxiliary Activities	0.53	0.36	0.02
采矿业	**Mining**	**4.73**	**0.11**	**0.32**
煤炭开采和洗选业	Mining and Washing of Coal	2.37	0.06	0.21
石油和天然气开采业	Petroleum and Natural Gas Extraction			
黑色金属矿采选业	Mining of Ferrous Metal Ores	0.03		0.01
有色金属矿采选业	Mining of Non-ferrous Metal Ores	1.57	0.04	0.02
非金属矿采选业	Mining and Processing of Nonmetal Ores	0.76		0.08
开采辅助活动	Mining Auxiliary Activities			
其他采矿业	Mining of Other Mineral			
制造业	**Manufacturing**	**91.82**	**1.73**	**1.45**
农副食品加工业	Processing of Food from Agricultural Products	5.05	0.18	0.09
食品制造业	Manufacture of Foods	2.81		
酒、饮料和精制茶制造业	Manufacture of Beverage，Drink and Tea	2.03	0.03	0.01
烟草制品业	Manufacture of Tobacco	1.22	0.86	
纺织业	Manufacture of Textile	1.53		0.02
纺织服装、服饰业	Manufacture of Textile Wearing Apparel	1.14		0.05
皮革、毛皮、羽毛及其制品和制鞋业	Leather,Fur,Feather and Its Products and Footwear Products	4.90		
木材加工和木、竹、藤、棕、草制品业	Processing of Timbers, Manufacture of Wood, Bamboo, Rattan,Palm and Straw Products	0.90	0.04	0.04
家具制造业	Manufacture of Furniture	0.29		
造纸和纸制品业	Manufacture of Paper and Paper Products	1.35	0.02	0.06
印刷和记录媒介复制业	Printing,Reproduction of Recording Media	1.19	0.02	0.21
文教、工美、体育和娱乐用品制造业	Manufacture of Articles for Culture,Education and Sport Activity	1.35	0.01	
石油、煤炭及其他燃料加工业	Processing of Petroleum, Coal and Other Fuels	1.03		
化学原料和化学制品制造业	Manufacture of Chemical Raw Material and Chemical Products	4.75	0.01	0.14
医药制造业	Manufacture of Medicines	2.62	0.01	0.05
化学纤维制造业	Manufacture of Chemical Fiber	0.14		
橡胶和塑料制品业	Manufacture of Rubber and plastic	1.29		0.12
非金属矿物制品业	Manufacture of Non-metallic Mineral Products	8.33	0.03	0.20
黑色金属冶炼和压延加工业	Manufacture and Processing of Ferrous Metals	3.31		0.08
有色金属冶炼和压延加工业	Manufacture and Processing of Non-ferrous Metals	3.97	0.07	0.04
金属制品业	Manufacture of Metal Products	2.53		0.02
通用设备制造业	Manufacture of General Purpose Machinery	3.50	0.11	0.10
专用设备制造业	Manufacture of Special Purpose Machinery	5.09	0.02	0.03
汽车制造业	Automobile Industry	6.39	0.03	

4-8 续表 1 Continued

单位：万人 (10 000 person)

行业	Item	全部在岗职工 Number of Staff and Workers on the Job	国有经济 State-owned Economic	城镇集体 Urban Collective-owned Economic
铁路、船舶、航空航天和其他运输设备制造业	Manufacture of Railway,Marine,Aerospace and Other Transport Equipment	3.73		0.03
电气机械和器材制造业	Manufacture of Electrical Machinery and Equipment	4.40	0.23	0.03
计算机、通信和其他电子设备制造业	Manufacture of Communication Equipment, Computer and Other Electronic Equipment	15.67	0.04	
仪器仪表制造业	Manufacture of Measuring Instrument	0.62		
其他制造业	Other Manufacture N.E.C	0.14	0.02	
废弃资源综合利用业	Recycling and Disposal of Waste	0.37		0.04
金属制品、机械和设备修理业	Mental Products,Machine and Equipment Repair	0.17		0.07
电力、热力、燃气及水生产和供应业	**Production and Distribution of Electricity,Gas and Water**	**14.79**	**8.87**	**0.38**
电力、热力生产和供应业	Production and Supply of Electric Power and Heat Power	11.32	7.44	0.25
燃气生产和供应业	Production and Distribution of Gas	0.59	0.02	
水的生产和供应业	Production and Distribution of Water	2.87	1.41	0.13
建筑业	**Construction**	**84.76**	**3.69**	**5.15**
房屋建筑业	Construction of Building	61.06	1.72	5.03
土木工程建筑业	Construction of Civil Engineering	17.14	1.82	0.05
建筑安装业	Architectural Installation	3.54	0.06	0.07
建筑装饰和其他建筑业	Architectural Decoration and Other Construction	3.03	0.09	
批发和零售业	**Wholesale and Retail Trade**	**20.85**	**2.16**	**0.43**
批发业	Wholesale	6.58	1.67	0.10
零售业	Retail Trade	14.27	0.49	0.33
交通运输、仓储和邮政业	**Traffic,Transport,Storage and Post**	**25.20**	**5.28**	**0.47**
铁路运输业	Transport Via Railway	7.72		
道路运输业	Transport Via Road	12.53	2.74	0.25
水上运输业	Water Transport	0.31	0.04	0.02
航空运输业	Air Transport	0.67	0.03	
管道运输业	Pipeline Transportation Industry	0.04		
装卸搬运和运输代理业	Loading,Unloading,Portage and Other Transport Services	0.19		
仓储业	Storage	1.23	0.19	0.20
邮政业	Post	2.51	2.28	
住宿和餐饮业	**Accommodation and Restaurants**	**6.14**	**0.49**	**0.09**
住宿业	Accommodation	3.51	0.44	0.08
餐饮业	Restaurants	2.63	0.05	0.01
信息传输、软件和信息技术服务业	**Information Transfer,Software and Information Technology Service**	**7.85**	**0.64**	**0.01**
电信、广播电视和卫星传输服务	Telecom, Broadcasting and Satellite Transmission Service	5.30	0.52	0.01
互联网和相关服务	The Internet and Related Services	1.06	0.03	
软件和信息技术服务业	Software and Information Technology Service	1.49	0.10	
金融业	**Finance**	**19.84**	**2.95**	**0.01**
货币金融服务	Monetary and Financial Services	11.30	2.78	0.01
资本市场服务	Capital Markets Services	1.12		
保险业	Insurance	7.32	0.15	
其他金融业	Other Financial Activities	0.10	0.01	
房地产业	**Real Estate**	**13.41**	**0.43**	**0.21**
房地产开发经营	Real Estate Exploitation Management	8.14	0.13	0.00
物业管理	Management Concerning Dwelling	4.25	0.09	0.04
房地产中介服务	Real Estate Agency Service	0.39	0.02	
房地产租赁经营	Real Estate Leasing	0.48	0.07	0.16

4-8 续表 2 Continued

单位：万人 (10 000 person)

行业	Item	全部在岗职工 Number of Staff and Workers on the Job	国有经济 State-owned Economic	城镇集体 Urban Collective-owned Economic
租赁和商务服务业	**Tenancy and Business Services**	**13.36**	**2.23**	**0.23**
租赁业	Tenancy	0.21	0.01	
商务服务业	Business Service	13.16	2.21	0.23
科学研究和技术服务业	**Scientific Research,Technical Service**	**12.49**	**5.25**	**0.10**
研究和试验发展	Research and Experimental Development	1.42	0.88	0.01
专业技术服务业	Professional Technique Services	7.93	3.75	0.07
科技推广和应用服务业	Services of S&T Intercommunion and Generalization	3.14	0.62	0.02
水利、环境和公共设施管理业	**Management of Water Conservancy,Environment and Public Establishment**	**8.31**	**6.20**	**0.09**
水利管理业	Management of Water Conservancy	1.62	1.47	0.05
生态保护和环境治理业	Environmental Management	0.64	0.43	0.01
公共设施管理业	Management of Public Establishment	5.49	4.24	0.03
土地管理业	Land Management	0.55	0.06	
居民服务、修理和其他服务业	**Resident Services and Other Services**	**2.26**	**0.39**	**0.03**
居民服务业	Resident Services	1.54	0.20	0.01
机动车、电子产品和日用产品修理业	Motor,Electronic Products and Daily Products Repair Service	0.12	0.01	0.02
其他服务业	Other Services	0.60	0.17	
教育	**Education**	**80.09**	**64.12**	**0.88**
学前教育	Preschool Education	7.14	1.60	0.11
初等教育	Primary Education	20.55	17.96	0.29
中等教育	Secondary Education	39.96	34.95	0.45
高等教育	Higher Education	8.51	7.52	
特殊教育	Special Education	0.28	0.25	
技能培训、教育辅助及其他教育	Skills Training, Educational Assistance and other Education	3.66	1.85	0.03
卫生和社会工作	**Health and Social Work**	**44.11**	**37.76**	**1.69**
卫生	Health	42.53	36.92	1.62
社会工作	Social Work	1.58	0.84	0.07
文化、体育和娱乐业	**Culture, Sports and Entertainment**	**5.73**	**2.80**	**0.07**
新闻和出版业	Journalism and Publishing Activities	0.72	0.40	
广播、电视、电影和影视录音制作业	Broadcasting,Movies,Television and Audiovisual Activities	1.87	1.12	0.02
文化艺术业	Culture and Art	1.76	0.99	0.04
体育	Sports Activities	0.36	0.18	
娱乐业	Entertainment	1.03	0.11	0.01
公共管理、社会保障和社会组织	**Public Management and Social Organization**	**84.98**	**84.63**	**0.03**
中国共产党机关	Organ of Communist Party of China	3.86	3.86	
国家机构	Organ of State	78.82	78.82	
人民政协、民主党派	People's Political Consultative Conference and Democratic Party	0.45	0.45	
社会保障	Social Insurance	0.78	0.74	0.01
群众团体、社会团体和其他成员组织	Mass Community,Social Community and Religion Organizations	1.08	0.76	0.02

4-9 在岗职工工资总额及年平均工资
Total Wages and Average Annual Wage of Staff and Workers on the Job

年份 Year	在岗职工工资总额（亿元） Totel Wages of Staff and Workers on the Job (100 million yuan)	国有经济 State-owned Economic	城镇集体经济 Urban Collective-owned Economic	其他经济 Economic Units of Other Types	在岗职工年平均工资（元） Average Annual Wages of Staff and Workers on the Job (yuan)	国有经济 State-owned Economic	城镇集体经济 Urban Collective-owned Economic	其他经济 Economic Units of Other Types
1978	20.33	16.29	4.04		563	589	474	
1979	23.39	18.50	4.89		628	644	580	
1980	28.73	23.09	5.64		718	746	625	
1981	30.09	24.17	5.92		725	748	643	
1982	32.46	26.13	6.33		750	772	670	
1983	34.48	27.71	6.77		780	803	700	
1984	41.69	32.28	9.41		922	965	800	
1985	49.30	38.36	10.93	0.01	1059	1111	912	1270
1986	58.80	45.97	12.81	0.02	1220	1281	1043	1078
1987	70.14	55.16	14.94	0.04	1400	1470	1190	1483
1988	87.38	69.78	17.54	0.06	1688	1777	1407	1966
1989	96.78	78.66	18.02	0.10	1836	1945	1475	2125
1990	108.97	88.92	19.91	0.14	2014	2141	1593	2089
1991	119.67	97.57	21.91	0.19	2152	2278	1727	2361
1992	143.69	118.37	24.96	0.36	2526	2686	1966	2852
1993	181.84	148.64	29.51	3.69	3142	3324	2379	4970
1994	238.22	198.56	34.76	4.90	4104	4388	2910	5762
1995	282.05	233.48	41.12	7.45	4797	5082	3525	6259
1996	299.57	251.74	41.59	6.24	5100	5412	3724	5897
1997	314.91	265.53	40.70	8.68	5326	5683	3736	5733
1998	323.76	269.17	35.94	18.65	5473	5849	3585	5994
1999	349.06	293.70	34.55	20.81	5939	6385	3627	6403
2000	377.19	318.62	34.21	24.36	6515	6999	3800	7217
2001	407.58	335.75	29.00	42.83	7698	8295	4146	7825
2002	458.53	374.41	30.05	54.07	8734	9403	4522	8958
2003	494.42	400.01	29.04	65.37	9855	10484	5108	10327
2004	543.76	432.98	31.20	79.58	11463	12173	6228	11602
2005	616.86	426.50	33.17	157.19	13718	14521	8355	13522
2006	715.23	488.02	36.31	190.90	16031	16898	9792	15874
2007	898.65	600.05	47.05	251.55	19711	21173	12921	18482
2008	1057.07	688.10	53.73	315.24	23082	24939	15529	21379
2009	1225.42	755.58	51.98	417.86	26008	28202	17867	23994
2010	1434.62	845.54	60.02	529.06	29275	31343	20221	27757
2011	1797.05	942.06	65.43	789.52	35520	36654	27034	35139
2012	2076.46	1080.35	72.93	923.18	40028	41628	30204	39270
2013	2407.62	1127.78	69.09	1210.75	43893	45342	33919	43330
2014	2665.89	1219.28	72.94	1373.67	48525	49784	37487	48196
2015	2866.49	1311.08	65.53	1489.88	53889	57308	41324	51860
2016	3111.00	1506.02	69.86	1535.12	60160	66349	42684	56073
2017	3375.91	1648.07	65.67	1662.17	65994	75394	45651	59668
2018	3606.06	1816.46	54.80	1734.80	73300	83190	51122	65991
2019	4137.22	1990.73	63.89	2082.60	77563	87187	54756	70981

注：从2011年起，"职工工资总额"及"职工年平均工资"指标更改为"在岗职工工资总额"及"在岗职工年平均工资"指标。

Form 2011,Index of "Wages of Saff and Workers"and "Average Annual Wages of Staff and Workers" Changed into"Wages of Saff and Workers on the Job"and "Average Annual Wages of Staff and Workers on the Jobs".

4-10 各行业在岗职工工资总额(2019年)
Total Wages of Staff and Workers on the Job by Sector (2019)

单位：万元 (10 000 yuan)

行 业	Item	全部在岗职工 Number of Staff and Workers on the Job	国有经济 State-owned Economic	城镇集体 Urban Collective-owned Economic
总计	**Total**	**41372244**	**19907340**	**638945**
农、林、牧、渔业	**Agriculture, Forestry, Farming of Animals and Fishing Farming of Animals and Fishing**	**65360**	**41339**	**3626**
农业	Agriculture	9469	4212	842
林业	Forestry	17087	14338	1428
畜牧业	Farming of animals	4116	750	45
渔业	Fishing	4772	816	472
农、林、牧、渔专业及辅助性活动	Agriculture, Forestry, Animal husbandry, Fishery and Auxiliary Activities	29918	21224	839
采矿业	**Mining**	**275278**	**6245**	**15549**
煤炭开采和洗选业	Mining and Washing of Coal	132384	4743	9792
石油和天然气开采业	Petroleum and Natural Gas Extraction			
黑色金属矿采选业	Mining of Ferrous Metal Ores	1941		370
有色金属矿采选业	Mining of Non-ferrous Metal Ores	100801	1381	1302
非金属矿采选业	Mining and Processing of Nonmetal Ores	39789	121	4016
开采辅助活动	Mining Auxiliary Activities			
其他采矿业	Mining of Other Mineral	364		69
制造业	**Manufacturing**	**6460892**	**276846**	**86669**
农副食品加工业	Processing of Food from Agricultural Products	248235	7362	3864
食品制造业	Manufacture of Foods	138556	49	63
酒、饮料和精制茶制造业	Manufacture of Beverage，Drink and Tea	113970	919	206
烟草制品业	Manufacture of Tobacco	250042	228021	
纺织业	Manufacture of Textile	72218	167	924
纺织服装、服饰业	Manufacture of Textile Wearing Apparel	56695		2605
皮革、毛皮、羽毛及其制品和制鞋业	Leather,Fur,Feather and Its Products and Footwear	236071	21	240
木材加工和木、竹、藤、棕、草制品业	Processing of Timbers, Manufacture of Wood, Bamboo, Rattan, Palm and Straw Products	41488	2801	1918
家具制造业	Manufacture of Furniture	14218		24
造纸和纸制品业	Manufacture of Paper and Paper Products	84116	1153	2206
印刷和记录媒介复制业	Printing,Reproduction of Recording Media	74211	942	14186
文教、工美、体育和娱乐用品制造业	Manufacture of Articles for Culture,Education and Sport Activity	74743	400	210
石油、煤炭及其他燃料加工业	Processing of Petroleum, Coking, Processing of Nucleus Fuel	125949		20
化学原料和化学制品制造业	Manufacture of Chemical Raw Material and Chemical Products	316217	561	6038
医药制造业	Manufacture of Medicines	165852	318	2381
化学纤维制造业	Manufacture of Chemical Fiber	8213		
橡胶和塑料制品业	Manufacture of Rubber and Plastic	75924	47	9916
非金属矿物制品业	Manufacture of Non-metallic Mineral Products	500109	1263	7842
黑色金属冶炼和压延加工业	Manufacture and Processing of Ferrous Metals	330654		6815
有色金属冶炼和压延加工业	Manufacture and Processing of Non-ferrous Metals	266218	2211	2187
金属制品业	Manufacture of Metal Products	147728	91	1144
通用设备制造业	Manufacture of General Purpose Machinery	248785	9084	6565
专用设备制造业	Manufacture of Special Purpose Machinery	473962	1404	1533
汽车制造业	Automobile Industry	512194	1168	95

4-10 续表 1 Continued

单位：万元 (10 000 yuan)

行 业	Item	全部在岗职工 Number of Staff and Workers on the Job	国有经济 State-owned Economic	城镇集体 Urban Collective-owned Economic
铁路、船舶、航空航天和其他运输设备制造业	Manufacture of Railway,Marine,Aerospace and Other Transport Equipment	476023		2662
电气机械和器材制造业	Manufacture of Electrical Machinery and Equipment			
计算机、通信和其他电子设备制造业	Manufacture of Communication Equipment,	300207	13157	1463
	Computer and Other Electronic Equipment	997495	3742	362
仪器仪表制造业	Manufacture of Measuring Instrument	59881		58
其他制造业	Other Manufacture N.E.C	9523	1904	117
废弃资源综合利用业	Recycling and Disposal of Waste	25270		2333
金属制品、机械和设备修理业	Mental Products,Machine and Equipment Repair	16128	63	8697
电力、热力、燃气及水生产和供应业	**Production and Distribution of Electricity,Gas and Water**	**1422910**	**926850**	**17726**
电力、热力生产和供应业	Production and Supply of Electric Power and Heat Power	1171058	826943	11363
燃气生产和供应业	Production and Distribution of Gas	44202	1331	
水的生产和供应业	Production and Distribution of Water	207650	98576	6363
建筑业	**Construction**	**4553111**	**170820**	**235610**
房屋建筑业	Construction of Building	3089513	76230	230208
土木工程建筑业	Construction of Civil Engineering	1118865	87765	2645
建筑安装业	Architectural Installation	205778	3137	2707
建筑装饰和其他建筑业	Architectural Decoration and Other Construction	138955	3688	50
批发和零售业	**Wholesale and Retail Trade**	**1292909**	**273335**	**16833**
批发业	Wholesale	592387	250711	4261
零售业	Retail Trade	700522	22624	12572
交通运输、仓储和邮政业	**Traffic,Transport,Storage and Post**	**2165426**	**441311**	**16897**
铁路运输业	Transport Via Railway	927426		
道路运输业	Transport Via Road	815359	192228	7161
水上运输业	Water Transport	25041	3255	941
航空运输业	Air Transport	73199	5682	
管道运输业	Pipeline Transportation Industry	2696		
装卸搬运和运输代理业	Loading,Unloading,Portage and Other Transport Services	13685	61	
仓储业	Storage	72602	12109	8794
邮政业	Post	235417	227977	
住宿和餐饮业	**Accommodation and Restaurants**	**244304**	**21618**	**4111**
住宿业	Accommodation	160180	20077	3762
餐饮业	Restaurants	84124	1542	349
信息传输、软件和信息技术服务业	**Information Transfer,Software and Information Technology Service**	**759562**	**46423**	**450**
电信、广播电视和卫星传输服务	Telecom, Broadcasting and Satellite Transmission Service	521233	36887	376
互联网和相关服务	The Internet and Related Services	72896	3695	70
软件和信息技术服务业	Software and Information Technology Service	165433	5841	4
金融业	**Finance**	**2667060**	**406128**	**342**
货币金融服务	Monetary and Financial Services	1725511	391787	342
资本市场服务	Capital Markets Services	251296	188	
保险业	Insurance	679704	13614	
其他金融业	Other Financial Activities	10548	539	
房地产业	**Real Estate**	**932004**	**32953**	**11672**
房地产开发经营	Real Estate Exploitation Management	664189	7681	149
物业管理	Management Concerning Dwelling	194867	9394	2116
房地产中介服务	Real Estate Agency Service	29483	1576	60
房地产租赁经营	Real Estate Leasing	31068	3944	9010

4-10 续表 2 Continued

单位：万元 (10 000 yuan)

行 业	Item	全部在岗职工 Number of Staff and Workers on the Job	国有经济 State-owned Economic	城镇集体 Urban Collective-owned Economic
租赁和商务服务业	**Tenancy and Business Services**	**828413**	**160120**	**11255**
租赁业	Tenancy	9930	695	40
商务服务业	Business Service	818484	159425	11215
科学研究和技术服务业	**Scientific Research,Technical Service&Geologic Perambulation**	**1117469**	**470871**	**6975**
研究和试验发展	Research and Experimental Development	158952	85325	820
专业技术服务业	Professional Technique Services	808190	343164	4784
科技推广和应用服务业	Services of S&T Intercommunion and Generalization	150327	42382	1370
水利、环境和公共设施管理业	**Management of Water Conservancy, Environment and Public Establishment**	**476407**	**347295**	**6058**
水利管理业	Management of Water Conservancy	102612	93308	3091
生态保护和环境治理业	Environmental Management	43561	28496	1141
公共设施管理业	Management of Public Establishment	285716	221192	1827
土地管理业	Land Management	44518	4300	
居民服务、修理和其他服务业	**Resident Services and Other Services**	**146334**	**26962**	**1350**
居民服务业	Resident Services	113232	14627	550
机动车、电子产品和日用产品修理业	Motor, Electronic Products and Daily Products Repair Service	5952	771	800
其他服务业	Other Services	27151	11564	
教育	**Education**	**6339161**	**5434811**	**66944**
学前教育	Preschool Education	295785	89705	3975
初等教育	Primary Education	1469999	1308210	21196
中等教育	Secondary Education	3174173	2825291	39974
高等教育	Higher Education	1132461	1050740	22
特殊教育	Special Education	24393	23002	
技能培训、教育辅助及其他教育	Skills Training, Educational Assistance and other Education	242350	137863	1777
卫生和社会工作	**Health and Social Work**	**4401351**	**3935557**	**119200**
卫生	Health	4311972	3881520	116259
社会工作	Social Work	89379	54037	2941
文化、体育和娱乐业	**Culture, Sports and Entertainment**	**583244**	**321674**	**3246**
新闻和出版业	Journalism and Publishing Activities	77630	41298	73
广播、电视、电影和影视录音制作业	Broadcasting, Movies, Television and Audiovisual Activities	310555	185884	1012
文化艺术业	Culture and Art	112097	72107	1795
体育	Sports Activities	23591	14586	123
娱乐业	Entertainment	59372	7799	243
公共管理、社会保障和社会组织	**Public Management and Social Organization**	**6641048**	**6619736**	**1541**
中国共产党机关	Organ of Communist Party of China	317036	317036	
国家机构	Organ of State	6149808	6149808	
人民政协、民主党派	People's Political Consultative Conference and Democratic Party	40473	40473	
社会保障	Social Insurance	56615	54750	301
群众团体、社会团体和其他成员组织	Mass Community,Social Community and Religion Organizations	77116	57668	1240

4-11 各行业在岗职工年平均工资 (2019年)
Average Annual Wage of Staff and Workers on the Job by Sector (2019)

单位：元 (yuan)

行 业	Item	全部在岗职工 Number of Staff and Workers on the Job	国有经济 State-owned Economic	城镇集体 Urban Collective-owned Economic
总计	**Total**	**77563**	**87187**	**54756**
农、林、牧、渔业	**Agriculture, Forestry, Farming of Animals and Fishing Farming of Animals and Fishing**	**54272**	**57688**	**40784**
农业	Agriculture	49368	53791	48924
林业	Forestry	53680	57652	34732
畜牧业	Farming of Animals	49528	53550	41091
渔业	Fishing	63368	60415	48194
农、林、牧、渔专业及辅助性活动	Agriculture, Forestry, Animal Husbandry, Fishery and Auxiliary Activities	55837	58614	42599
采矿业	**Mining**	**58293**	**58416**	**44311**
煤炭开采和洗选业	Mining and Washing of Coal	54147	74454	41545
石油和天然气开采业	Petroleum and Natural Gas Extraction			
黑色金属矿采选业	Mining of Ferrous Metal Ores	64275		54441
有色金属矿采选业	Mining of Non-ferrous Metal Ores	67376	34263	58631
非金属矿采选业	Mining and Processing of Nonmetal Ores	53250	41793	47138
开采辅助活动	Mining Auxiliary Activities			
其他采矿业	Mining of Other Mineral	93282		68700
制造业	**Manufacturing**	**71107**	**160036**	**58734**
农副食品加工业	Processing of Food from Agricultural Products	49965	40143	45615
食品制造业	Manufacture of Foods	50861	24400	45286
酒、饮料和精制茶制造业	Manufacture of Beverage, Drink and Tea	54181	34276	41120
烟草制品业	Manufacture of Tobacco	219277	262637	
纺织业	Manufacture of Textile	46743	48971	46677
纺织服装、服饰业	Manufacture of Textile Wearing Apparel	50476		54382
皮革、毛皮、羽毛及其制品和制鞋业	Leather,Fur,Feather and Its Products and Footwear	48830	30000	66556
木材加工和木、竹、藤、棕、草制品业	Processing of Timbers, Manufacture of Wood, Bamboo, Rattan, Palm and Straw Products	46901	65446	52972
家具制造业	Manufacture of Furniture	48427		39167
造纸和纸制品业	Manufacture of Paper and Paper Products	62596	52423	42182
印刷和记录媒介复制业	Printing,Reproduction of Recording Media	62583	52322	72044
文教、工美、体育和娱乐用品制造业	Manufacture of Articles for Culture, Education and Sport Activity	55678	78510	52475
石油、煤炭及其他燃料加工业	Processing of Petroleum, Coking, Processing of Nucleus Fuel	121257		32833
化学原料和化学制品制造业	Manufacture of Chemical Raw Material and Chemical Products	67083	51486	42856
医药制造业	Manufacture of Medicines	63266	57818	38400
化学纤维制造业	Manufacture of Chemical Fiber	60699		
橡胶和塑料制品业	Manufacture of Rubber and Plastic	59260	31467	80746
非金属矿物制品业	Manufacture of Non-metallic Mineral Products	60744	43993	41668
黑色金属冶炼和压延加工业	Manufacture and Processing of Ferrous Metals	97057		52299
有色金属冶炼和压延加工业	Manufacture and Processing of Non-ferrous Metals	68069	33394	63017
金属制品业	Manufacture of Metal Products	58858	50667	53695
通用设备制造业	Manufacture of General Purpose Machinery	73351	89233	64106
专用设备制造业	Manufacture of Special Purpose Machinery	96123	51797	48654
汽车制造业	Automobile Industry	75208	73434	38080

4-11 续表 1 Continued

单位：元 (yuan)

行 业	Item	全部在岗职工 Number of Staff and Workers on the Job	国有经济 State-owned Economic	城镇集体 Urban Collective-owned Economic
铁路、船舶、航空航天和其他运输设备制造业	Manufacture of Railway, Marine, Aerospace and Other Transport Equipment	128391		86432
电气机械和器材制造业	Manufacture of Electrical Machinery and Equipment	68300	56808	47957
计算机、通信和其他电子设备制造业	Manufacture of Communication Equipment,Computer and Other Electronic Equipment	66449	90386	90400
仪器仪表制造业	Manufacture of Measuring Instrument	99124		58200
其他制造业	Other Manufacture N.E.C	66871	78342	45038
废弃资源综合利用业	Recycling and Disposal of Waste	71084		64797
金属制品、机械和设备修理业	Mental Products,Machine and Equipment Repair	93878	78625	107233
电力、热力、燃气及水生产和供应业	**Production and Distribution of Electricity, Gas and Water**	**95494**	**103446**	**46660**
电力、热力生产和供应业	Production and Supply of Electric Power and Heat Power	102303	109654	45164
燃气生产和供应业	Production and Distribution of Gas	74868	91793	
水的生产和供应业	Production and Distribution of Water	72526	70221	49595
建筑业	**Construction**	**57031**	**49971**	**48371**
房屋建筑业	Construction of Building	53913	48240	48460
土木工程建筑业	Construction of Civil Engineering	68183	52204	51258
建筑安装业	Architectural Installation	61584	48708	40338
建筑装饰和其他建筑业	Architectural Decoration and Other Construction	50009	39832	29588
批发和零售业	**Wholesale and Retail Trade**	**62850**	**126603**	**39064**
批发业	Wholesale	90473	151177	43260
零售业	Retail Trade	49953	45193	37821
交通运输、仓储和邮政业	**Traffic, Transport, Storage and Post**	**86574**	**83560**	**35179**
铁路运输业	Transport Via Railway	120922		
道路运输业	Transport Via Road	65057	69399	27887
水上运输业	Water Transport	80132	82614	53783
航空运输业	Air Transport	110472	169612	
管道运输业	Pipeline Transportation Industry	74679		
装卸搬运和运输代理业	Loading,Unloading,Portage and Other Transport Services	70109	55182	
仓储业	Storage	60939	64755	42689
邮政业	Post	97599	101301	
住宿和餐饮业	**Accommodation and Restaurants**	**40030**	**44047**	**45324**
住宿业	Accommodation	45602	45827	45823
餐饮业	Restaurants	32474	29254	40558
信息传输、软件和信息技术服务业	**Information Transfer,Software and Information Technology Service**	**97470**	**73130**	**47830**
电信、广播电视和卫星传输服务	Telecom, Broadcasting and Satellite Transmission Service	98340	71723	53729
互联网和相关服务	The Internet and Related Services	68589	134360	33286
软件和信息技术服务业	Software and Information Technology Service	115711	62804	12000
金融业	**Finance**	**135950**	**136757**	**55210**
货币金融服务	Monetary and Financial Services	152260	139600	55210
资本市场服务	Capital Markets Services	222091	78500	
保险业	Insurance	96398	90281	
其他金融业	Other Financial Activities	102711	53910	
房地产业	**Real Estate**	**70158**	**77903**	**56198**
房地产开发经营	Real Estate Exploitation Management	82803	55862	38154
物业管理	Management Concerning Dwelling	46445	114835	57347
房地产中介服务	Real Estate Agency Service	68295	81632	35176
房地产租赁经营	Real Estate Leasing	63729	54246	56209

4-11 续表 2 Continued

单位：元 (yuan)

行 业	Item	全部在岗职工 Number of Staff and Workers on the Job	国有经济 State-owned Economic	城镇集体 Urban Collective-owned Economic
租赁和商务服务业	**Tenancy and Business Services**	**63004**	**71983**	**50000**
租赁业	Tenancy	48272	53431	49750
商务服务业	Business Service	63239	72092	50000
科学研究和技术服务业	**Scientific Research,Technical Service&Geologic Perambulation**	**90727**	**90858**	**67847**
研究和试验发展	Research and Experimental Development	112652	98391	84577
专业技术服务业	Professional Technique Services	103471	93001	68737
科技推广和应用服务业	Services of S&T Intercommunion and Generalization	48571	67768	58306
水利、环境和公共设施管理业	**Management of Water Conservancy, Environment and Public Establishment**	**57486**	**56054**	**66357**
水利管理业	Management of Water Conservancy	63037	63320	57768
生态保护和环境治理业	Environmental Management	66182	65268	95058
公共设施管理业	Management of Public Establishment	52341	52325	70818
土地管理业	Land Management	82030	73876	
居民服务、修理和其他服务业	**Resident Services and Other Services**	**66816**	**70803**	**48736**
居民服务业	Resident Services	76235	72054	56153
机动车、电子产品和日用产品修理业	Motor,Electronic Products and Daily Products Repair Service	50651	79474	44676
其他服务业	Other Services	46230	68792	
教育	**Education**	**79868**	**85428**	**76858**
学前教育	Preschool Education	41791	56836	37079
初等教育	Primary Education	72271	73489	72665
中等教育	Secondary Education	80149	81421	91286
高等教育	Higher Education	134027	140854	54000
特殊教育	Special Education	89646	95604	
技能培训、教育辅助及其他教育	Skills Training, Educational Assistance and Other Education	66813	74962	52562
卫生和社会工作	**Health and Social Work**	**100437**	**104932**	**70674**
卫生	Health	102043	105833	71991
社会工作	Social Work	57086	65120	41015
文化、体育和娱乐业	**Culture, Sports and Entertainment**	**102035**	**114970**	**43628**
新闻和出版业	Journalism and Publishing Activities	108285	102146	45875
广播、电视、电影和影视录音制作业	Broadcasting, Movies, Television and Audiovisual Activities	165833	167267	57829
文化艺术业	Culture and Art	64088	73072	42833
体育	Sports Activities	65804	79271	45630
娱乐业	Entertainment	58270	69948	22673
公共管理、社会保障和社会组织	**Public Management and Social Organization**	**78459**	**78541**	**56033**
中国共产党机关	Organ of Communist Party of China	83042	83042	
国家机构	Organ of State	78323	78323	
人民政协、民主党派	People's Political Consultative Conference and Democratic Party	90362	90362	
社会保障	Social Insurance	73004	73797	29822
群众团体、社会团体和其他成员组织	Mass Community, Social Community and Religion Organizations	71180	76060	71247

4-12 社会保险参保人员情况

Basic Indicators of Staff and Workers Participated in Social Security System

单位：万人 (10 000 person)

年份 Year	养老保险参保人数 Person in Pension Insurance	机关事业单位 Agencies and Institutions	企业单位 Enterprises	离退休人员 Lay-off Workers	城乡居民 Rural Residents	医疗保险参保人数 Person in Health Programs	城镇职工 Urban Workers	城乡居民 Rural Residents	失业保险参保人数 Person in Unemployment Programs	工伤保险参保人数 Person in Injury Insurance	生育保险参保人数 Person in Maternity Insurance
1999	419.46		314.36	105.10		35.00	35.00		345.60		
2000	568.07	133.24	323.33	111.50		127.30	127.30		346.48		
2001	603.41	140.79	314.62	148.00		351.60	351.60		351.99		
2002	616.36	145.48	313.18	157.70		398.13	398.13		326.61		3.37
2003	636.19	151.25	317.44	167.51		423.50	423.50		347.50	8.59	3.28
2004	691.70	152.50	353.80	185.40		476.97	476.97		380.46	203.33	212.92
2005	718.65	154.26	369.15	195.24		503.35	503.35		382.67	228.22	250.24
2006	751.65	155.63	386.14	209.88		560.47	560.47		386.30	280.1	308.53
2007	783.98	155.89	400.77	227.32		724.47	620.57	103.90	388.97	342.44	369.34
2008	829.06	157.13	436.59	235.34		1348.51	682.02	666.49	390.12	403.53	431.55
2009	879.07	157.47	475.46	246.14		1831.93	746.40	1085.53	392.01	472.08	502.43
2010	937.66	155.97	516.88	264.81		1894.47	777.32	1117.15	399.50	515.97	527.13
2011	988.19	156.14	554.15	277.90		1941.21	789.52	1151.70	429.70	635.48	538.77
2012	1048.08	156.40	591.22	300.46		2341.90	797.60	1544.30	449.90	693.83	546.00
2013	1091.73	156.55	605.67	329.51		2316.19	799.25	1516.94	461.66	731.15	535.96
2014	1118.89	156.82	613.03	349.04		2300.70	807.89	1492.81	509.50	747.97	537.59
2015	1160.06	156.57	634.50	368.99		2662.40	818.80	1843.60	521.00	777.98	544.00
2016	1204.00	154.00	662.00	388.00		2647.00	830.00	1817.00	538.00	773.00	543.00
2017	4595.23	170.36	685.00	417.86	3322.01	6906.27	867.15	6039.12	563.00	782.82	561.91
2018	4807.36	177.97	770.00	454.42	3404.97	6838.03	898.48	5939.55	584.00	793.00	571.81
2019	4971.42	182.18	889.67	485.98	3413.59	6716.52	930.62	5785.90	606.59	807.00	599.97

主要统计指标解释

劳动力资源 指16周岁及以上有劳动能力的人口。

经济活动人口 指在16周岁及以上，有劳动能力，参加或要求参加社会经济活动的人口。包括就业人员和失业人员。

就业人员 指在一定年龄以上，有劳动能力，为取得劳动报酬或经营收入而从事一定社会劳动的人员。具体指年满16周岁，为取得报酬或经营利润，在调查周内从事了1小时（含1小时）以上劳动的人员；或由于学习、休假等原因在调查周内暂时处于未工作状态，但有工作单位或场所的人员；或由于临时停工放假、单位不景气放假等原因在调查周内暂时处于未工作状态，但不满三个月的人员。

单位就业人员 指报告期末最后一日在本单位工作，并取得工资或其他形式劳动报酬的人员数。该指标为时点指标，不包括最后一日当天及以前已经与单位解除劳动合同关系的人员，是在岗职工、劳务派遣人员及其他就业人员之和。就业人员不包括：

(1) 离开本单位仍保留劳动关系，并定期领取生活费的人员；

(2) 在本单位实习的各类在校学生；

(3) 本单位以劳务外包形式使用的人员，如：建筑业整建制使用的人员。

城镇私营和个体就业人员 城镇私营就业人员指在工商管理部门注册登记，其经营地址设在县城关镇（含县城关镇）以上的私营企业就业人员，包括私营企业投资者和雇工。城镇个体就业人员指在工商管理部门注册登记，并持有城镇户口或在城镇长期居住，经批准从事个体工商经营的就业人员，包括个体经营者和在个体工商户劳动的家庭帮工和雇工。

在岗职工 指在本单位工作且与本单位签订劳动合同，并由单位支付各项工资和社会保险、住房公积金的人员，以及上述人员中由于学习、病伤、产假等原因暂未工作仍由单位支付工资的人员。在岗职工还包括：

(1) 应订立劳动合同而未订立劳动合同人员（如使用的农村户籍人员）；

(2) 处于试用期人员；

(3) 编制外招用的人员，如临时人员；

(4) 派往外单位工作，但工资仍由本单位发放的人员（如挂职锻炼、外派工作等情况）。

工资总额 指根据《关于工资总额组成的规定》(1990年1月1日国家统计局发布的一号令）进行修订，本单位在报告期内（季度或年度）直接支付给本单位全部就业人员的劳动报酬总额。包括计时工资、计件工资、奖金、津贴和补贴、加班加点工资、特殊情况下支付的工资，是在岗职工工资总额、劳务派遣人员工资总额和其他就业人员工资总额之和。

工资总额是税前工资，包括单位从个人工资中直接为其代扣或代缴的房费、水费、电费、住房公积金和社会保险基金个人缴纳部分等。

工资总额不论是计入成本的还是不计入成本的，不论是以货币形式支付的还是以实物形式支付的，均应列入工资总额的计算范围。

平均工资 指单位就业人员在一定时期内平均每人所得的工资额。它表明一定时期工资收入的高低程度，是反映就业人员工资水平的主要指标。计算公式为：

$$平均工资=\frac{报告期实际支付的全部就业人员工资总额}{报告期全部就业人员平均人数}$$

平均货币工资指数 指报告期就业人员平均工资与基期就业人员平均工资的比率，是反映不同时期就业人员货币工资水平变动情况的相对数。计算公式为：

$$平均工资指数=\frac{报告期就业人员平均工资}{基期就业人员平均工资}\times 100\%$$

平均实际工资指数 就业人员平均实际工资指扣除物价变动因素后的就业人员平均工资。就业人员平均实际工资指数是反映实际工资变动情况的相对数，表明就业人员实际工资水平提高或降低的程度。计算公式为：

$$平均实际工资指数=\frac{报告期就业人员平均工资指数}{报告期城镇居民消费价格指数}\times 100\%$$

城镇登记失业人员 指有非农业户口，在一定的劳动年龄内(16周岁至退休年龄)，有劳动能力，无业而要求就业，并在当地劳动保障部门进行失业登记的人员。

城镇登记失业率 城镇登记失业人员与城镇单位就业人员（扣除使用的农村劳动力、聘用的离退休人员、港澳台及外方人员）、城镇单位中的不在岗职工、城镇私营业主、个体户主、城镇私营企业和个体就业人员、城镇登记失业人员之和的比。

Explanatory Notes on Main Statistical Indicators

Labor Resources refer to the population aged 16 years and above who are able to work.

Economically Active Population refers to the population aged 16 and over who are capable of working, are participating in or willing to participate in economic activities, including employed person and unemployed person.

Employed Person refers to person above a specified age who had labour capacity and performed some social work for compensation or business gains. Specifically, it refers to person, aged 16 and over, who performed some work for compensation or business gains for one hour or more during the reference period; or person who do not work for the reasons of study or on holiday, but had work units or sites during the reference period; or person temporary absence from a job for disorganization or suspension of work, recession, etc, but not exceeding three months during the reference period.

Person Employed in Various Units refer to the total number of employees who work at his unit and obtain wages or other forms of payment at the end of the reporting period. This indicator is a kind of time point index and it equals to the sum of the number of employed staff and workers, labor dispatch personnel and other employed person. Employed person do not include:

(1) person who have left their working units while keeping their labour contract (employment relation) unchanged and receiving regular alimony;

(2) all kinds of enrolled students who do internship in various units;

(3) person employed due to labor outsourcing, for example, person employed in the organizational system of construction industry.

Person Employed in Private Enterprises and Self-Employed Individuals in Urban Areas Person employed in private enterprises refer to the person employed in the private enterprises which have been registered at the departments of industrial and commercial administration for which the business operation are situated at a county town (i.e. a town where the county government is located), or at urban areas with administrative hierarchy higher than a county town. The self-employed individuals in urban areas refer to person who hold the certificates of residence in urban areas or have resided in the urban areas for a long time and have been registered at the departments of industrial and commercial administration and approved to be engaged in individual industrial or commercial business, including self-employed person as well as helpers and hired laborers who work in individual households.

Employed Staff and Workers refer to person who signed labor contracts with working units and working units would pay wages, social insurance and housing funds for them. Person who have their work posts but are temporarily absent from work for reasons of study or on sick, injury or maternal leave and still receive wages from their working units are also included. Employed staff and workers also include:

(1) Person who should have signed the labor contracts but not (like people with rural household registration);

(2) Employees on probation;

(3) Employees beyond the staffing quota, for example, temporary employees;

(4) Employees who are sent to other working units but still obtain wages from their original units (situations like on-the-job placement, expatriated assignment, etc.)

Total Wage Bill It is revised according to the "Provision of Composition of Total Wages" (Order No.1 by National Bureau of Statistics on January, 1st, ,1990), total wage bill refers to the total remuneration payment to all employed person in various units during the reporting period (by quarter or by year), including hourly-paid wages, piece-rate wages, bonuses, allowance and subsidies, overtime wages and wages paid under special circumstances. It equals to the sum of total wages of employed staff and workers, dispatch labors and other employed person.

Total wage bill is pre-tax wages, including the room charges, utility bills, housing funds and social insurance paid or withheld by employee's units.

Total wage bill, whether or not included in cost, whether or not paid in money or in kind, shall be included in the calculation of total wage.

Average Wage refers to the average per capita wage during a certain period of time for employed person. It shows the general level of wage income during a certain period of time, one major indicator to reflect the wage level. It is calculated as follows:

$$\text{Average Wage} = \frac{\text{Total Wage Bill of Employed Persons at Reference Time}}{\text{Average Number of Persons Employed at Reference Time}}$$

Average Money Wage Indices refers to the ratio of average wage of employed person the reporting period to that at the base period, which reflects the change of money wage of employed person at the different period. It is calculated as follows:

$$\text{Average Wage Indices} = \frac{\text{Average Wage of Employed Persons at Reference Time}}{\text{Average Wage of Persons Employeds at Base Period}} \times 100\%$$

Average Real Wage Indices average real wage of employed person refers to the average wage of employed person after removing the effects of the price changes and average real wage indices of employed person refers to the change of real wage, which reflects the relative increasing or decreasing level of real wage of employed person ,which is calculated as follows:

$$\text{Average Real Wage Indices} = \frac{\text{Average Wage Indices of Employed Persons at the Reference Time}}{\text{Urban Consumer Price Indices at Reference Time}} \times 100\%$$

Registered Unemployed Person in Urban Areas refer to the person with non-agricultural household registration at certain working ages (16 years old to retirement age), who are capable of working, unemployed and willing to work, and have been registered at the local employment service agencies to apply for a job.

Registered Unemployment Rate in Urban Areas refers to the ratio of the number of the registered unemployed person to the sum of the number of person employed in various units (minus the employed rural labour force, re-employed retirees, and Hong Kong, Macao, Taiwan or foreign employees), laid-off staff and workers in urban units, owners of private enterprises in urban areas, owners of self-employed individuals in urban areas, employees of private enterprises in urban areas, employee of self-employed individuals in urban areas, and the registered unemployed person in urban areas.

05 价　格
Price

资料整理人员：易立华　傅磊峰　邵　羽　孙　炫
王湘杰　肖　鹏　肖植松

5-1 各种物价总指数
Various Price Indices

(上年 =100) (Preceding=100)

年份 Year	居民消费价格指数 Consumer Price Index	商品零售价格指数 Retail Price Index	农产品生产者价格指数 Producer Price Indices for Farm Products	工业生产者购进价格指数 Producer Price Indices for Industrial Producers	工业品出厂价格指数 Producer Price Indices for Industrial Products	固定资产投资价格指数 Price Index for Investment in Fixed Assets
1985	110.9	111.1	111.6			105.2
1986	105.3	104.8	105.7			108.8
1987	109.8	110.6	110.2			109.1
1988	125.6	125.9	123.1			119.2
1989	118.2	118.1	106.8	122.5	118.1	105.7
1990	100.4	99.4	94.1	103.3	100.6	107.3
1991	104.4	104.1	94.3	110.4	104.7	108.1
1992	110.7	109.5	99.1	116.2	111.1	116.4
1993	116.8	115.1	114.7	139.7	128.9	129.5
1994	125.3	124.5	114.1	119.6	117.6	113.5
1995	119.0	115.5	117.2	117.6	121.4	109.5
1996	107.7	105.2	104.9	105.7	105.6	104.9
1997	102.8	100.3	95.3	100.1	99.2	101.8
1998	100.2	97.9	90.4	94.8	95.9	102.7
1999	100.5	97.6	91.1	96.2	98.5	100.5
2000	101.4	99.3	96.8	106.7	102.9	102.3
2001	99.1	98.8	100.9	101.1	99.8	101.3
2002	99.5	99.2	99.9	99.3	99.2	100.4
2003	102.4	100.6	106.8	106.7	102.6	102.8
2004	105.1	103.9	127.3	114.4	108.0	105.5
2005	102.3	102.3	99.5	109.4	106.0	103.6
2006	101.4	101.3	100.7	106.5	104.3	103.1
2007	105.6	104.3	130.6	106.1	106.1	105.8
2008	106.0	105.6	126.7	112.0	109.3	109.9
2009	99.6	98.5	90.6	92.6	94.3	99.7
2010	103.1	103.1	109.9	110.0	106.9	104.0
2011	105.5	105.5	121.9	110.8	108.5	107.2
2012	102.0	101.7	100.2	100.1	99.1	101.7
2013	102.5	101.7	102.1	98.4	98.5	101.3
2014	101.9	101.2	98.6	97.9	98.4	101.5
2015	101.4	99.9	104.1	94.5	96.3	100.4
2016	101.9	101.0	104.7	98.0	98.9	100.4
2017	101.4	101.3	98.0	107.2	105.8	105.7
2018	102.0	102.3	95.4	103.5	103.2	104.8
2019	102.9	102.3	118.0	100.2	99.6	101.7

注：1. 主要原材料、燃料、动力购进价格指数和工业品出厂价格指数以 1988 年为 100。
2. 固定资产投资价格指数以 1982 年为 100。
a. The main raw material, fuel and power purchase price index and industrial producer price index were 100 in 1988.
b. The investment price index of fixed assets was 100 in 1982.

5-1 续表 Continued

(1978 年 =100) (year of 1978=100)

年份 Year	居民消费价格指数 Consumer Price Index	商品零售价格指数 Retail Price Index	农产品生产者价格指数 Producer Price Indices for Farm Products	工业生产者购进价格指数 Producer Price Indices for Industrial Producers	工业品出厂价格指数 Producer Price Indices for Industrial Products	固定资产投资价格指数 Price Index for Investment in Fixed Assets
1985	143.6	137.1	190.3			111.3
1986	151.2	143.7	201.1			121.0
1987	166.0	158.9	221.6			132.1
1988	208.5	200.1	272.8			157.4
1989	246.4	236.3	291.4	122.5	118.1	166.4
1990	247.4	234.9	274.2	126.5	118.8	178.5
1991	258.3	244.5	258.6	139.7	124.4	193.0
1992	285.9	267.7	256.3	162.3	138.2	224.6
1993	333.9	308.2	294.0	226.7	178.1	290.9
1994	418.4	383.6	335.5	271.1	209.4	330.2
1995	497.9	443.1	393.2	318.8	254.2	361.6
1996	536.2	466.1	412.5	337.0	268.4	379.3
1997	551.2	467.5	393.1	337.3	266.3	386.1
1998	552.3	457.7	355.4	319.8	255.4	396.5
1999	555.1	446.7	323.8	307.6	251.6	398.5
2000	562.9	443.6	313.4	328.2	258.9	407.7
2001	557.8	438.3	316.2	331.8	258.4	413.0
2002	555.0	434.8	315.9	329.5	256.3	414.6
2003	568.3	437.4	337.4	351.6	263.0	426.2
2004	597.3	454.5	429.5	402.2	284.0	449.7
2005	611.0	465.0	427.4	440.0	301.0	465.9
2006	619.6	471.0	430.4	468.6	313.9	480.3
2007	654.3	491.3	562.1	497.2	333.0	508.2
2008	693.6	518.8	712.2	556.9	364.0	558.5
2009	690.8	511.0	645.3	515.7	343.3	556.8
2010	712.2	526.8	654.3	567.3	367.0	579.1
2011	751.4	555.8	797.6	628.6	398.2	620.8
2012	766.4	565.2	799.2	629.2	394.6	631.3
2013	785.6	574.8	816.0	619.1	388.7	639.6
2014	800.5	581.7	804.6	606.1	382.5	649.1
2015	811.7	581.1	837.6	572.8	368.3	651.7
2016	827.1	586.9	877.0	561.3	364.3	654.4
2017	838.9	594.2	859.4	601.7	385.4	691.7
2018	855.4	607.7	819.9	622.8	397.7	724.9
2019	880.2	621.7	967.5	624.0	396.1	737.2

5-2 居民消费价格指数
Consumer Price Indices

年份 Year	居民消费价格指数（上年=100） Consumer Price Index (preceding year=100)	城 市 Urban Household	农 村 Rural Household	居民消费价格指数（1985年=100） Consumer Price Index (year of 1985=100)	城 市 Urban Household	农 村 Rural Household
1985	110.9	111.9	110.2	100	100	100
1986	105.3	105.4	105.3	105.3	105.4	105.3
1987	109.8	111.3	108.8	115.6	117.3	114.6
1988	125.6	125.7	125.4	145.2	147.5	143.7
1989	118.2	117.3	119.1	171.6	173.0	171.1
1990	100.4	100.6	100.2	172.3	174.0	171.4
1991	104.4	105.1	103.8	179.9	182.9	178.0
1992	110.7	113.5	107.9	199.2	207.6	192.0
1993	116.8	117.4	116.4	232.6	243.7	223.5
1994	125.3	124.8	125.6	291.5	304.1	280.7
1995	119.0	118.1	119.5	346.9	359.2	335.7
1996	107.7	107.2	108.2	373.6	385.1	363.2
1997	102.8	103.0	102.5	384.1	396.7	372.3
1998	100.2	100.5	100.1	384.9	398.7	372.7
1999	100.5	99.6	101.4	386.8	397.1	377.9
2000	101.4	101.3	101.4	392.2	402.3	383.2
2001	99.1	98.9	99.3	388.7	397.9	380.5
2002	99.5	99.6	99.4	386.8	396.3	378.2
2003	102.4	101.4	104.1	396.1	401.8	393.7
2004	105.1	104.1	105.7	416.3	418.3	416.2
2005	102.3	102.1	102.8	425.8	427.1	427.9
2006	101.4	101.6	101.2	431.8	433.9	433.0
2007	105.6	105.2	106.9	456.0	456.5	462.9
2008	106.0	105.8	107.4	483.4	483.0	497.2
2009	99.6	99.7	99.6	481.5	480.5	495.2
2010	103.1	103.1	103.2	496.4	495.4	511.1
2011	105.5	105.5	105.6	523.7	522.6	539.7
2012	102.0	102.2	101.6	534.2	534.1	548.3
2013	102.5	102.6	102.5	547.6	548.0	562.0
2014	101.9	102.1	101.4	558.0	559.5	569.9
2015	101.4	101.5	101.1	565.8	567.9	576.1
2016	101.9	101.9	101.9	576.4	578.5	587.2
2017	101.4	101.6	101.1	584.8	587.8	593.7
2018	102.0	101.9	102.0	596.3	599.3	605.5
2019	102.9	102.8	103.1	613.6	616.1	624.3

5-3 农村相关价格指数
Rural-related Price Indices

(上年 =100) (preceding year=100)

年份 Year	农村居民消费价格指数 Rural Consumer Price Index	农业生产资料价格指数 Price Index of Agricultural Production	农产品生产者价格指数 Producer Price Indices for Farm Products
1978	99.4	100.1	101.7
1979	103.3	100.0	127.1
1980	113.6	102.0	111.2
1981	102.6	100.1	107.3
1982	101.6	103.2	103.7
1983	102.7	104.1	105.4
1984	102.9	107.5	102.9
1985	110.2	108.0	111.6
1986	105.3	102.5	105.7
1987	108.8	114.6	110.2
1988	125.4	128.3	123.1
1989	119.1	124.4	106.8
1990	100.2	99.9	94.1
1991	103.8	101.2	94.3
1992	107.9	105.6	99.1
1993	116.4	114.6	114.7
1994	125.6	118.6	144.1
1995	119.5	129.3	117.2
1996	108.2	107.3	104.9
1997	102.5	97.9	95.3
1998	100.1	89.5	90.4
1999	101.4	95.3	91.1
2000	101.4	99.3	96.8
2001	99.3	98.4	100.9
2002	99.4	98.9	99.9
2003	104.1	102.6	106.8
2004	105.7	112.1	127.3
2005	102.8	111.2	99.5
2006	101.2	100.7	100.7
2007	106.9	113.0	130.6
2008	107.4	126.5	126.7
2009	99.6	95.0	90.6
2010	103.2	101.4	109.9
2011	105.6	110.9	121.9
2012	101.6	104.7	100.2
2013	102.5	102.3	102.1
2014	101.4	100.2	98.6
2015	101.1	104.1	104.1
2016	101.9	101.7	105.4
2017	101.1	101.0	98.0
2018	102.0	102.7	95.4
2019	103.1	102.5	118.0

5-4 居民消费价格分类指数 (2019年)
Consumer Price Indices by Category (2019)

(上年 =100) (preceding year=100)

项目名称	Item	合计 Total Indeces	城市 Urban Household	农村 Rural Household
居民消费价格指数	**Consumer Price Index**	**102.9**	**102.8**	**103.1**
服务项目价格指数	**Price indices for services**	**101.5**	**101.4**	**101.6**
工业品价格指数	**Industrial price index**	**100.5**	**100.6**	**100.1**
消费品价格指数	**Consumer Goods Price Index**	**103.7**	**103.6**	**103.9**
扣除食品和能源价格指数	**Core price index**	**101.3**	**101.4**	**101.1**
食品烟酒	**Food tabacoo and Liquor**	**107.3**	**106.9**	**108.1**
食品	Food	109.9	109.5	110.8
粮食	Grain	100.4	100.2	100.8
薯类	Tubers	104.7	107.4	101.7
豆类	Beans	100.4	101.4	98.6
食用油	Edible Oil and Fats	103.1	102.2	104.4
菜	Vegetables	105.5	106.2	104.3
畜肉类	Meat of Livestock	131.2	130.5	132.4
禽肉类	Meat of Poultry	110.7	109.1	113.3
水产品	Aquatic Products	98.7	99.5	96.8
蛋类	Eggs	106.3	105.3	107.9
奶类	Milk	100.9	100.9	100.9
干鲜瓜果类	Dried and Fresh Melons and Fruits	107.4	106.1	110.5
糖果糕点类	Candy and Cake	100.6	101.1	99.6
调味品	Falvoring	101.4	101.9	100.6
其他食品类	Other Foods	100.7	101.0	100.3
茶及饮料	Tea ang Beverages	100.5	100.6	100.2
烟酒	Tobacco and Liquor	101.9	102.5	101.2
在外餐饮	Dining Out	101.6	101.9	100.9
衣着	**Clothing**	**101.1**	**101.2**	**100.8**
服装	Garments	101.2	101.4	100.8
服装材料	Clothing Materials	101.8	100.5	104.4
其他衣着及配件	Other Clothing and Parts	100.0	100.1	99.9
衣着加工服务费	Clothing Manufacturing Services	104.4	104.6	103.3
鞋类	Footware	100.4	100.4	100.5
居住	**Residence**	**101.5**	**101.3**	**101.7**
租赁房房租	Rent of Renral Housing	101.7	101.8	101.3
住房保养维修及管理	Housing Maintenance and Management	101.6	101.5	101.7
水电燃料	Water,Electrcity and Fuels	100.6	100.7	100.4
自有住房	Private Housing	101.8	101.5	102.5
生活用品及服务	**Articles for Daily Use and Services**	**100.5**	**100.6**	**100.1**
家具及室内装饰品	Funiture and Interior Decorations	100.2	100.2	100.2
家用器具	Home Appliances	100.0	100.2	99.7
家用纺织品	Home Textiles	100.3	100.4	99.9
家庭日用杂品	Daily Use Household Articles	100.7	101.0	100.1
个人护理用品	Personal-care Supplies	100.5	100.5	100.5
家庭服务	Household Services	102.4	102.3	102.5
交通和通信	**Transport and Communications**	**98.6**	**98.5**	**98.9**
交通	Transport	98.3	98.3	98.2
通信	Communications	99.3	98.9	100.3
教育文化和娱乐	**Education, Culture and Recreation**	**102.0**	**102.1**	**101.5**
教育	Education	102.5	102.8	102.0
文化娱乐	Culture and Recreation	101.1	101.3	100.5
医疗保健	**Health Care**	**101.4**	**101.9**	**100.6**
药品及医疗器具	Medicine and Medical Instrument	103.5	104.7	101.5
医疗服务	Medical Services	100.1	100.1	100.1
其他用品和服务	**Other Articles and Services**	**102.5**	**103.4**	**100.9**
其他用品类	Other Articles	103.7	105.2	100.9
其他服务类	Other Services	101.6	101.9	100.9

5-5 商品零售价格指数

Retail Price Index

年份 Year	上年=100 (preceding year=100)			1985年=100 (year of 1985=100)		
	商品零售价格指数 Retail Price Index	城市 Urban	农村 Rural	商品零售价格指数 Retail Price Index	城市 Urban	农村 Rural
1985	111.1	112.4	110.1	100.0	100.0	100.0
1986	104.8	105.2	104.4	104.8	105.2	104.4
1987	110.6	111.3	110.2	115.9	117.1	115.0
1988	125.9	126.0	125.8	145.9	147.5	144.7
1989	118.1	116.2	119.4	172.3	171.4	172.8
1990	99.4	99.2	99.6	171.3	170.0	172.1
1991	104.1	104.4	103.1	178.3	177.6	177.4
1992	109.5	111.4	106.6	195.2	197.7	189.2
1993	115.1	115.7	114.6	224.8	228.9	216.8
1994	124.5	121.7	126.5	279.9	278.4	274.3
1995	115.5	114.5	116.8	323.2	318.9	320.3
1996	105.2	105.2	105.1	340.0	335.5	336.6
1997	100.3	100.6	99.8	341.0	337.5	335.9
1998	97.9	98.3	97.4	333.8	331.8	327.3
1999	97.6	97.8	97.5	325.9	324.4	319.0
2000	99.3	99.8	98.4	323.6	323.8	313.9
2001	98.8	98.1	99.4	319.7	317.6	312.0
2002	99.2	99.1	99.3	317.1	314.7	309.9
2003	100.6	100.1	101.1	319.0	315.1	313.3
2004	103.9	103.0	105.0	331.4	324.6	329.0
2005	102.3	101.6	103.0	339.0	329.7	338.8
2006	101.3	101.2	101.4	343.5	333.7	343.5
2007	104.3	103.6	106.7	358.2	345.8	366.6
2008	105.6	104.5	108.7	378.4	361.1	398.3
2009	98.5	98.2	98.8	372.7	354.8	393.7
2010	103.1	102.9	103.3	384.2	365.2	406.7
2011	105.5	105.4	105.6	405.3	384.9	429.5
2012	101.7	101.7	101.8	412.2	391.4	437.2
2013	101.7	101.4	102.3	419.2	396.9	447.3
2014	101.2	101.3	101.1	424.2	402.0	452.2
2015	99.9	99.7	100.0	423.8	400.8	452.2
2016	101.0	101.0	101.1	428.0	404.7	457.2
2017	101.3	101.2	101.4	433.4	409.7	463.5
2018	102.3	102.3	102.0	443.2	419.2	472.9
2019	102.3	102.2	102.4	453.4	428.4	484.2

5-6 工业生产者出厂、购进价格指数

Producer Price Indices for Industrial Products、Producer Price Indices for Industrial Producers over the years

（上年 =100） (preceding year=100)

年份 Year	工业生产者出厂价格指数 Producer Price Indices for Industrial Products	工业生产者购进价格指数 Producer Price Indices for Industrial Producers
1989	118.1	122.5
1990	100.6	103.3
1991	104.7	110.4
1992	111.1	116.2
1993	128.9	139.7
1994	117.6	119.6
1995	121.4	117.6
1996	105.6	105.7
1997	99.2	100.1
1998	95.9	94.8
1999	98.5	96.2
2000	102.9	106.7
2001	99.8	101.1
2002	99.2	99.3
2003	102.6	106.7
2004	108.0	114.4
2005	106.0	109.4
2006	104.3	106.5
2007	106.1	106.1
2008	109.3	112.0
2009	94.3	92.6
2010	106.9	110.0
2011	108.5	110.8
2012	99.1	100.1
2013	98.5	98.4
2014	98.4	97.9
2015	96.3	94.5
2016	98.9	98.0
2017	105.8	107.2
2018	103.2	103.5
2019	99.6	100.2

5-10 农产品生产者价格指数
Producer Price Indices for Farm Products

（上年 =100） (preceding year =100)

指 标	Item	2012	2013	2014	2015	2016	2017	2018	2019
合计	**Total**	**100.2**	**102.1**	**98.6**	**104.1**	**104.7**	**98.0**	**95.4**	**118.0**
农业产品	**Farm Products**	**103.1**	**101.1**	**100.0**	**101.5**	**96.2**	**107.4**	**98.2**	**102.0**
谷物（原粮）	Grain(Raw Grain)	104.9	98.1	101.4	102.2	96.2	101.7	99.5	98.9
稻谷	Rice	105.1	97.9	101.4	102.3	96.7	101.5	99.0	99.0
早籼稻	Early Indica Rice	107.7	98.0	101.6	100.0	100.3	99.2	102.7	
晚籼稻	Late Indica Rice	103.1	97.7	102.3	104.3	93.9	103.2	96.5	
中籼稻	Middle Indica Rice				101.5	95.1	102.7	94.8	
玉米	Corn	107.0	102.7	99.7	100.1	85.7	106.7	108.2	97.8
薯类	Tubers	112.2	106.2	101.1	89.2	124.8	104.3	110.1	112.1
马铃薯	Potatoes	111.3	126.1	91.1	97.3	114.7	99.8	119.9	
甘薯	Sweet potato				87.0	127.6	105.5	133.7	
油料	Oil-bearing Crops	103.3	103.9	100.4	102.0	102.9	103.6	100.7	105.5
花生	Peanuts	109.2		97.9	100.0				
油菜籽	Rapeseeds	104.6	104.1	100.0	103.0	100.1	101.1	96.3	
豆类	Legume	104.7	104.9	101.4	101.1	108.4	97.3	89.7	104.3
棉花（籽棉）	Cotton(Seed Cotton)	90.2	99.1	87.1	90.5	91.5	121.9	93.9	103.2
未加工烟草	Raw Tobacco				103.1	103.8	110.4		
蔬菜及食用菌	Vegetables and Edible Fungus				101.6	101.6	98.8	100.4	
蔬菜	Vegetables	106.5	109.5	98.0	101.6	101.6	98.8	100.3	117.5
叶菜类	Leaf Vegetables	114.4	100.8	100.8	101.7	107.5	77.4	106.3	
白菜类	Chinese cabbage				102.2	110.7	88.8	103.3	
甘蓝类	Cabbage				103.5	109.5	83.2	103.0	
瓜菜类	Melon Vegetables	116.0	109.0	96.1	103.1	103.6	100.6	93.6	
根茎类	Root Vegetables	90.9	110.1	109.9	97.7	97.2	103.6	101.4	
茄果类	Solanum Vegetable	111.5	111.7	97.8	102.6	96.4	103.8	101.3	
莴苣类	Lettuce				98.8	104.9	88.6	99.0	
葱蒜类	Shallot and Garlic Vegetables	106.2	103.8	97.5	104.0	103.8	101.4	115.5	
豆类（蔬菜）	Vegetable Legume	113.7	105.6	99.5	100.1	103.9	101.1	103.5	
食用菌	Edible Fungus	109.7	102.1	106.6	103.0	102.4	95.5	109.7	
水果	Fruits				111.3	82.1	122.8	91.3	117.8
梨	Pear				106.1	110.7	116.4	96.4	
柑橘类水果	Orange				115.7	73.4	123.8	90.7	
葡萄	Grape				94.4	96.3	96.8	88.5	
瓜类水果	Melon Fruit	116.9	104.0		104.6	101.8	129.7	94.1	
茶及饮料原料	Tea and Other Beverages	122.7	96.1	106.4	104.0	99.6	98.1	101.9	
茶叶	Tea	122.7	96.1	106.4	104.0	99.6	98.1	101.9	112.8
中草药材	Chinese Herbs	91.7	93.4	100.1	105.5	95.1	105.3	113.2	

5-10 续表 Continued

（上年 =100） (preceding year =100)

项 目		2012	2013	2014	2015	2016	2017	2018	2019
林业产品	**Forestry Products**	**104.1**	**111.5**	**104.9**	**96.3**	**93.0**	**91.9**	**101.4**	**101.2**
木材采伐产品	Wood	104.5	103.9	93.6	95.6	95.8	95.7	102.8	95.3
原木	Logs	104.5	106.0	93.6	95.6	95.8	95.7	102.8	
竹材采伐产品	Bamboo-Wood	105.2	102.0	101.8	95.1	90.5	88.3	93.9	102.1
竹材	Bamboo				95.1	90.5	88.3	93.9	
饲养动物及其产品	**Animal Husbandry**	**96.0**	**102.2**	**95.9**	**108.1**	**115.9**	**86.6**	**91.6**	**139.8**
活牲畜	Livestock	95.1	101.9	95.1	108.6	117.6	85.4	89.8	149.6
牛	Cow	107.2	116.6	105.6	100.4	96.5	104.1	86.9	112.9
羊	Sheep	104.7	108.4	104.9	94.8	88.0	90.5	97.9	116.6
猪	Pig	95.6	99.5	92.9	100.8	121.6	82.5	110.9	149.6
活家禽	Fowl	106.5	105.8	106.2	103.7	103.6	97.7	105.0	110.1
活鸡	Chickens	102.4	102.8	106.4	105.5	99.8	110.5	109.4	
活鸭	Ducks	109.3	107.7	106.1	102.5	106.1	89.3	102.1	
禽蛋	Eggs	106.2	105.8	102.8	101.8	89.4	98.8	119.0	99.4
鸡蛋	Henapple	109.2	104.8	103.9	102.8	84.4	107.2	114.7	
鸭蛋	Duck Eggs	103.7	106.7	101.9	101.0	93.5	91.9	122.5	
渔业产品	**Fishery Product**	**104.6**	**104.9**	**102.7**	**101.2**	**103.1**	**102.8**	**95.8**	**101.1**
淡水养殖产品	Freshwater aquaculture	104.6	104.9	102.7	101.2	103.1	102.8	95.8	101.1
养殖淡水鱼	Freshwater Fish	104.7	104.9	102.9	100.7	99.5	102.4	95.7	
养殖淡水青鱼	Black Carp	103.4		103.5	101.3	106.6	98.5	92.2	
养殖淡水草鱼	Grass Carp	105.0	103.1	106.7	101.1	100.0	108.5	102.9	
养殖淡水鲤鱼	Common Carp	104.4	106.6	101.4	103.5	105.0	105.5	108.5	
养殖淡水鲢鱼	Silver Carp	104.7	107.1	100.2	100.9	97.1	98.1	97.4	
养殖淡水鲫鱼	Crucian Carp	102.9	103.6	98.6	99.9	102.1	102.9	90.0	
养殖淡水鳙鱼	Bighead	105.5	99.5	101.3	101.2	100.3	105.0	98.7	
养殖淡水鳊鲂	Bream				96.4				
养殖淡水鲶鱼	Catfish				96.0				
养殖淡水黄鳝	Monopterus Albus				96.4				
养殖淡水泥鳅	Loach				76.9				
淡水养殖蟹	Crab				97.6	82.8	114.0	99.5	

5-11 农业生产资料价格分类指数
Price Index of Agricultural Production by Category

（上年 =100） (preceding year=100)

类 别	Item	2012	2013	2014	2015	2016	2017	2018	2019
农业生产资料价格指数	**General Index**	**104.7**	**102.3**	**100.2**	**104.1**	**101.7**	**101.0**	**102.7**	**102.5**
农用手工工具	Farm Handtools	100.8	105.0	108.0	107.9	106.2	105.6	101.5	100.0
饲料	Forage	101.1	103.3	102.2	101.6	100.3	98.4	101.2	99.9
仔畜幼禽及产品畜	Newborn Animals & Poultry,and Commodity Animals	111.2	98.3	100.7	111.5	121.9	94.3	90.1	136.0
半机械化农具	Semi-mechanized Farm Tools	103.2	104.6	100.5	101.7	99.7	100.8	102.2	100.2
机械化农具	Mechanizred Farm Machiney	101.6	100.4	98.2	97.3	98.8	100.4	104.8	102.2
化学肥料	Chemical Fertilizer	106.7	101.6	96.1	104.6	101.2	104.1	106.4	99.4
农药及农药器械	Pesticide and Its Appliances	101.1	101.2	101.4	101.1	100.2	100.4	105.2	101.9
化学农药	Chenical Pesticide	100.9	101.1	101.6	101.3	100.3	100.4	105.5	102.0
农药器械	Pesticides Appliances	104.9	103.5	96.9	96.9	98.5	100.1	100.6	99.5
农机用油	Oil for Farm Machinery	106.1	102.6	98.6	87.8	96.8	112.1	113.8	95.6
其他农用生产资料	Other Means of Agricultural Production	106.6	102.7	100.2	101.8	99.4	102.6	101.6	101.9
农用种子	Agricultural Seeds	109.4	103.6	99.7	101.2	100.1	102.5	101.9	101.9
农业生产服务	Servie for Agricultural	104.4	106.9	104.5	106.3	102.3	101.4	102.0	103.4

主要统计指标解释

居民消费价格指数 是反映一定时期内城乡居民所购买的生活消费品和服务项目价格变动趋势和程度的相对数。

商品零售价格指数 是反映一定时期内城乡商品零售价格变动趋势和程度的相对数。

农业生产资料价格指数 是反映一定时期内农业生产资料价格变动趋势和程度的相对数。

农产品生产者价格指数 是反映一定时期内，农产品生产者出售农产品价格水平变动趋势及幅度的相对数。该指数可以客观反映全国农产品生产价格水平和结构变动情况，满足农业与国民经济核算需要。其中某代表品生产价格指数是通过对全部有出售该产品行为的调查单位的个体指数进行几何平均求得的，类价格指数是通过对其所属的类（或代表品）的价格指数进行加权平均求得的。季度累计价格指数的计算方法与分季指数的计算方法相同。

工业生产者出厂价格指数 是反映一定时期内全部工业产品第一次出售时的出厂价格总水平的变动趋势和变动幅度的相对数。

工业生产者购进价格指数 是反映作为中间投入的原材料、燃料、动力购进价格总水平的变动趋势和变动幅度的相对数。

固定资产投资价格指数 是反映一定时期内固定资产投资品及取费项目的价格变动趋势和变动幅度的相对数。

Explanatory Notes on Main Statistical Indicators

Consumer Price Indices are relative figures reflecting the trend and degree of changes in prices of consumer goods and services purchased by urban and rural households during a given period.

Retail Price Indices are relative figures reflecting the trend and degree of changes in retail prices of commodities during a given period.

Price Indices for Means of Agricultural Production are relative figures reflecting the trend and degree of changes in the prices of the means of agricultural production during a given period.

Producer Prices Indices for Farm Products are relative figures reflecting the trend and degree of changes in producers' prices received by farmers when they sell farm products during a given period. These indices depict the change in the level and structure of producer prices for farm products of the country and meet the needs of agricultural statistics and national accounts statistics. The producer price index for a given product is calculated as the geometrical mean of individual indices for all surveyed units which sell such products, and the indices for a product category is obtained as the weighted mean of price indices for all products in the category. Method for calculating accumulative quarterly indices is the same as for calculating the distinctive quarterly indices.

Producer Price Indices for Industrial Products are relative figures reflecting the trend and degree of changes in general ex-factory prices of all manufactured goods for first sale during a given period.

Purchasing Price Indices for Industrial Producers are relative figures reflecting changes in the level and degree of purchasing prices such as intermediate input such as raw materials, fuels and power.

Price Indices for Investment in Fixed Assets are relative figures reflecting the trend and degree of changes in prices of investment goods and projects in fixed assets during a given period.

06 人民生活

People's Living Conditions

资料整理人员：罗　旻　　王　璐　　李清如　　肖宇旻

6-1 城镇居民生活
Urban Households' Life

年份 Year	平均每人每年（元） Per Capita Per Year (yuan)					每一就业者负担人数（人） Supported by Per Employee (person)	人均居住面积（平方米） Living Floor Space of Residents (sq.m)
	全部收入 Total Income	可支配收入 Disposable Income	指数 (1978 年 =100) Indices (year of 1978 = 100)	消费支出 Consumption Expenditure	#食品支出 Food		
1978	323.9	323.9	100.0	289.6	166.1	1.90	3.90
1980	475.9	475.9	125.2	425.5	244.1	1.76	4.30
1981	505.1	505.1	118.7	465.8	260.3	1.72	4.80
1982	519.0	519.0	116.8	449.4	264.5	1.70	5.10
1983	564.0	564.0	123.2	492.7	289.4	1.72	5.40
1984	645.0	645.0	138.0	540.8	310.4	1.71	5.80
1985	760.8	760.8	161.8	685.3	366.5	1.88	6.00
1986	904.4	904.4	182.5	775.3	427.9	1.90	6.40
1987	1017.8	1017.8	184.5	871.6	497.1	1.87	6.50
1988	1255.0	1255.0	181.0	1142.7	580.7	1.84	6.90
1989	1492.6	1492.6	183.5	1234.0	678.3	1.82	7.00
1990	1591.5	1591.5	194.5	1294.0	720.3	1.80	6.91
1991	1783.2	1783.2	207.3	1446.0	772.1	1.80	7.07
1992	2172.0	2166.5	221.9	1732.0	881.6	1.76	7.41
1993	2822.0	2816.5	245.8	2194.0	1049.4	1.73	8.14
1994	3893.0	3887.6	271.9	3138.0	1496.8	1.70	7.93
1995	4705.2	4699.2	278.7	3886.0	1898.1	1.67	7.75
1996	5060.0	5052.1	279.2	4098.0	1986.6	1.64	8.06
1997	5248.9	5209.7	280.1	4317.2	1972.8	1.64	8.66
1998	5474.6	5434.3	290.7	4371.0	1907.6	1.62	9.91
1999	5855.7	5815.4	312.2	4800.0	1942.2	1.66	10.77
2000	6261.2	6218.7	328.9	5218.8	1943.7	1.71	11.75
2001	6832.6	6780.6	362.6	5546.2	1943.6	1.77	11.80
2002	7371.8	6958.6	399.7	5574.7	1985.9	1.97	12.40
2003	8145.1	7674.2	434.7	6082.6	2179.3	1.89	24.43
2004	9190.2	8617.5	468.9	6884.6	2479.6	1.88	25.39
2005	10106.1	9524.0	507.6	7505.0	2689.4	2.05	22.03
2006	11146.1	10504.7	551.2	8169.3	2850.9	2.03	22.54
2007	14148.9	12293.5	613.2	8990.7	3243.9	1.99	34.71
2008	14577.3	13821.2	651.2	9945.5	3970.4	2.10	36.52
2009	16078.1	15084.3	713.1	10828.2	4174.6	2.06	37.25
2010	17657.1	16565.7	759.4	11825.3	4322.1	2.07	37.51
2011	20083.9	18844.1	819.4	13402.9	4943.9	2.15	39.69
2012	22804.6	21318.8	907.1	14609.0	5441.6	2.05	40.22
2013	26107.6	24352.0	970.6	16867.3	5323.0	1.95	39.97
2014	28796.4	26570.2	1037.6	18334.7	5596.0	1.84	39.52
2015	31468.3	28838.1	1109.2	19501.4	6075.5	1.90	41.02
2016	35055.6	31283.9	1181.3	21420.0	6407.7	1.96	44.04
2017	38845.9	33947.9	1261.6	23162.6	6585.0	1.98	46.48
2018	42316.8	36698.3	1338.6	25064.2	6848.9	2.03	48.76
2019	46345.4	39841.9	1413.7	26924.0	7499.6	2.02	49.66

注：1. 1991 年及以前的可支配收入均系全部收入。

2. 2002 年起，可支配收入剔除了出售财物收入和个人交纳的社会保障支出；消费支出中，居住支出剔除了自有房屋折算金。

a. Data on disposable income prior to 1991 refer to those on the total income.

b. Since 2002,Data on disposable income exclude income of selling property and individul expenditure for social security programs; Data on living expenditure exclude converted rents of self-owned housing .

6-2 历年城镇居民平均每人家庭收入及来源
Per Capita Annual Income of Urban Households by Source

单位：元 (yuan)

年份 Year	可支配收入 Disposable Income	全部收入 Total Income	工资性收入 Income of Wages and Salaries	经营净收入 Net Business Income	财产性收入 Net Income from Property	转移性收入 Net Income from Transfer
1978	323.9	323.9	306.0			
1980	475.9	475.9	466.2			9.7
1981	505.1	505.1	496.6	0.3		8.2
1982	519.0	519.0	507.3	0.1		11.6
1983	564.0	564.0	549.7			14.3
1984	645.0	645.0	627.7	0.4		16.9
1985	760.8	760.8	651.1	9.5		100.2
1986	904.4	904.4	752.4	9.7		142.4
1987	1017.8	1017.8	840.4	11.2		166.2
1988	1255.0	1255.0	1078.7	21.3		155.0
1989	1492.6	1492.6	1213.2	28.2	14.2	237.0
1990	1591.5	1591.5	1327.7	23.6	16.4	223.7
1991	1783.2	1783.2	1567.0	14.4	19.8	182.1
1992	2166.6	2172.0	1768.2	18.2	28.8	356.8
1993	2821.6	2822.0	2298.9	31.2	54.5	437.4
1994	3892.7	3893.0	3154.5	27.8	81.5	629.2
1995	4699.2	4705.2	3971.1	26.0	81.6	626.5
1996	5052.1	5060.0	4309.5	44.3	86.8	619.4
1997	5209.7	5248.9	4433.6	35.2	112.0	668.1
1998	5434.3	5474.6	4517.5	35.4	142.6	779.1
1999	5815.4	5855.7	4723.6	52.4	153.9	925.8
2000	6218.7	6261.2	4954.2	140.1	158.8	1008.1
2001	6780.6	6832.6	5168.4	170.0	239.5	1254.7
2002	6958.6	7371.8	5408.2	235.4	111.0	1617.2
2003	7674.2	8145.1	5984.8	356.2	100.7	1703.4
2004	8617.5	9190.2	6807.3	494.0	92.9	1796.0
2005	9524.0	10106.1	6805.4	872.2	195.6	2232.9
2006	10504.7	11146.1	7401.7	929.8	287.2	2527.3
2007	12293.5	14148.9	8612.5	2343.4	170.9	3022.1
2008	13821.2	14577.3	9071.0	1575.1	316.5	3614.7
2009	15084.3	16078.1	9854.1	1744.4	419.2	4060.5
2010	16565.7	17657.1	10782.0	1880.9	541.1	4453.0
2011	18844.1	20083.9	11550.1	2674.2	770.7	5089.0
2012	21318.8	22804.6	13237.1	3008.3	867.8	5691.4
2013	24352.0	26107.6	13453.0	3254.8	2387.3	5256.8
2014	26570.2	28796.4	14661.7	3566.7	2628.6	5713.1
2015	28838.1	31468.3	15902.8	3993.6	2801.0	6140.8
2016	31283.9	35055.6	17274.9	4339.2	3009.6	6660.2
2017	33947.9	38845.9	18765.9	4605.8	3204.1	7372.2
2018	36698.3	42316.8	20021.5	5252.5	3715.3	7708.9
2019	39841.9	46345.4	21534.1	5946.8	3950.9	8410.1

6-3 历年城镇居民平均每人消费性分类支出
Consumption Expenditures of Urban Households

单位：元 (yuan)

年份 Year	消费性支出 Consumption Expenditure	食品烟酒 Food,Tobacco and Liquor	衣　着 Clothing	居　住 Residence	家庭设备用品及服务 Household Facilities, Articles and Services	交通和通讯 Transport and Communications	文教娱乐用品及服务 Education, Cultural and Recreation	医疗保健 Health Care and Medical Services	其他商品和服务 Miscellaneous Goods and Services
1978	289.6	166.1					99.5		24.0
1980	425.5	244.1	54.0	17.0	46.3	6.4	32.8	2.8	22.2
1981	465.8	260.3	57.8	18.5	50.6	5.8	47.0	3.8	21.9
1982	449.4	264.5	54.8	20.0	42.7	6.1	35.6	4.2	21.4
1983	492.7	289.4	61.9	21.4	46.8	7.2	39.1	4.2	22.7
1984	540.8	310.4	70.4	22.2	53.9	7.8	47.5	4.2	24.4
1985	685.3	366.5	86.5	33.0	80.2	7.6	74.8	8.3	28.6
1986	775.3	427.9	102.0	36.4	89.0	8.4	67.2	9.7	34.7
1987	871.6	497.1	101.5	36.0	96.6	9.4	77.3	10.3	43.3
1988	1142.7	580.7	132.0	54.9	168.1	11.9	110.9	18.4	65.8
1989	1234.4	678.3	146.4	51.5	144.9	14.9	108.3	21.6	68.6
1990	1294.1	720.3	170.4	60.0	124.6	26.8	122.8	19.2	50.0
1991	1445.5	772.1	197.6	71.3	142.8	33.2	135.4	25.6	67.6
1992	1731.6	881.6	237.0	95.9	164.7	39.3	176.8	41.1	95.3
1993	2194.0	1049.4	305.0	141.8	230.6	72.4	215.2	57.7	121.9
1994	3138.2	1496.8	420.7	184.5	301.9	184.6	316.6	82.1	151.0
1995	3885.6	1898.1	481.1	244.3	370.7	206.9	408.4	108.7	167.5
1996	4098.3	1986.6	507.1	267.8	334.1	210.6	460.9	149.8	181.4
1997	4317.2	1972.8	497.6	316.7	327.8	276.7	576.4	161.3	188.1
1998	4371.0	1907.6	458.4	411.2	332.2	255.8	642.7	183.9	179.2
1999	4800.0	1942.2	512.3	492.6	401.4	321.3	697.2	206.1	226.5
2000	5218.8	1943.7	495.2	576.7	544.5	395.6	753.8	270.2	239.1
2001	5546.2	1943.6	551.5	662.4	460.1	474.7	826.9	328.6	298.4
2002	5574.7	1985.9	577.7	581.9	420.4	596.0	883.6	343.7	185.6
2003	6082.6	2179.3	621.3	586.9	420.2	680.2	993.9	391.3	209.5
2004	6884.6	2479.6	689.5	640.7	388.2	881.9	1091.3	475.6	237.9
2005	7505.0	2689.4	790.7	771.5	451.0	801.3	1138.7	601.3	261.2
2006	8169.3	2850.9	868.2	871.7	513.6	965.1	1182.2	632.5	285.0
2007	8990.7	3243.9	1017.6	869.6	603.2	986.9	1285.2	668.5	315.8
2008	9945.5	3970.4	1090.7	960.8	674.8	971.1	1110.1	791.0	376.6
2009	10828.2	4174.6	1146.3	1074.7	798.4	1233.8	1207.7	784.7	408.1
2010	11825.3	4322.1	1277.5	1182.3	903.8	1541.4	1418.9	776.9	402.5
2011	13402.9	4943.9	1499.0	1292.6	940.8	1975.5	1526.1	790.8	434.3
2012	14609.0	5441.6	1624.6	1301.6	1034.3	2084.2	1737.6	918.4	466.7
2013	16867.3	5323.0	1387.9	3427.8	1108.3	2141.2	2016.4	1022.8	439.8
2014	18334.7	5596.0	1442.1	3567.6	1098.6	2462.1	2537.5	1209.8	421.0
2015	19501.4	6075.5	1638.1	3519.6	1202.6	2430.2	2934.1	1174.6	526.6
2016	21420.0	6407.7	1666.4	3918.7	1384.1	2837.1	3406.1	1362.6	437.4
2017	23162.6	6585.0	1682.4	4353.2	1492.6	2904.6	3972.9	1693.0	478.9
2018	25064.2	6848.9	1823.5	5060.9	1635.6	3220.3	3924.5	2034.4	516.0
2019	26924.0	7499.6	1843.7	5447.8	1660.4	3425.2	4172.2	2305.2	569.8

注：1. 1992 年以前的数据，按现行的指标进行重新计算。
2. 2013 年起，居住消费中加入自有住房折算租金。

a. Data prior to 1992 are recalculated to current indicators.

b. Since 2013, Data on residence expenditure include converted rents of self-owned housing.

6-4 历年城镇居民可支配收入指数
Indices of Disposable Incomes of Urban Households

年份 Year	可支配收入（元/人） Disposable Income (Per Capita)	上年=100 (preceding year=100)		1978年=100 (year of 1978=100)	
		货币收入 Money Income	实际收入 Real Income	货币收入 Money Income	实际收入 Real Income
1978	323.9			100.0	100.0
1980	475.9			146.9	125.2
1985	760.8	117.0	104.6	234.9	161.8
1990	1591.5	106.0	105.4	491.4	194.5
1995	4699.2	121.0	102.5	1452.6	278.7
1999	5815.4	107.0	107.4	1795.2	312.2
2000	6218.7	106.9	105.5	1919.9	328.9
2001	6780.6	109.0	110.2	2092.7	362.6
2002	6958.6	109.8	110.2	2298.6	399.7
2003	7674.2	110.3	108.8	2534.9	434.7
2004	8617.5	112.3	107.9	2846.2	468.9
2005	9524.0	110.5	108.2	3145.6	507.6
2006	10504.7	110.3	108.6	3469.6	551.6
2007	12293.5	117.0	111.2	4059.4	613.2
2008	13821.2	112.4	106.2	4562.8	651.2
2009	15084.3	109.1	109.5	4978.0	713.1
2010	16565.7	109.8	106.5	5465.9	759.4
2011	18844.1	113.8	107.9	6220.2	819.4
2012	21318.8	113.1	110.7	7035.0	907.1
2013	24352.0	109.8	107.0	7724.4	970.6
2014	26570.2	109.1	106.9	8427.4	1037.6
2015	28838.1	108.5	106.9	9146.7	1109.2
2016	31283.9	108.5	106.5	9924.1	1181.3
2017	33947.9	108.5	106.8	10769.2	1261.6
2018	36698.3	108.1	106.1	11641.6	1338.6
2019	39841.9	108.6	105.6	12638.8	1413.7

注：1. 实际收入指数，指扣除价格上涨因素后的指数。

2. 1991 年及以前的可支配收入均系全部收入。

3. 2002 年起，可支配收入剔除了出售财物收入和个人交纳的社会保障支出；消费支出中，居住支出剔除了自有房屋折算金。

a. The real income is calculated without the factor of price increase.

b. Data on disposable income prior to 1991 refer to those on the total income.

c. Since 2002,Data on disposable income exclude income of selling property and individul expenditure for social security programs; Data on living expenditure exclude converted net rent from owner-occupied housing.

6-5 按户数五等份分组的城镇居民家庭人均收支 (2019年)
Per Capita Disposable Income and Consumption Expenditure of Urban Households by Income Quintile (2019)

单位：元 (yuan)

项 目	Item	低收入户 Low Income Households	中低收入户 Lower Middle Income Households	中等收入户 Middle Income Households	中高收入户 Upper Middle Income Households	高收入户 High Income Households
可支配收入	**Disposable Income**	**15229.0**	**26388.0**	**36184.0**	**49398.0**	**86552.0**
工资性收入	Income of Wages and Salaries	8497.3	14658.8	20493.9	26712.3	45469.8
经营净收入	Net Business Income	1854.5	3158.5	3602.2	6106.4	17306.3
财产净收入	Net Income from Property	1315.0	2543.1	3710.5	4977.6	10261.6
转移净收入	Net Income from Transfer	3562.3	6027.6	8377.4	11601.7	13514.3
消费支出	**Consumption Expenditure**	**15086.4**	**19686.8**	**25063.6**	**32624.2**	**49260.4**
食品烟酒	Food,Tobacco and Liquor	4766.2	6154.3	7583.1	9156.9	11197.4
衣着	Clothing	947.3	1278.2	1700.8	2348.7	3478.5
居住	Residence	3181.9	4022.5	5239.1	6561.9	9568.8
生活用品及服务	Household Facilities,Articles and Services	852.1	991.4	1478.4	2156.6	3368.4
交通通信	Transport and Communications	1396.3	2303.2	2971.6	3863.8	7869.3
教育文化娱乐	Education,Cultural and Recreation	2352.4	3113.6	3868.1	5175.3	7412.4
医疗保健	Health Care and Medical Services	1404.9	1533.3	1814.7	2724.0	4751.6
其他用品和服务	Miscellaneous Goods and Services	185.4	290.3	407.7	637.0	1614.1

6-6 农村居民生活
Rural Households' Life

年份 Year	平均每人每年（元） Per Capita Per Year (yuan)					每一劳动力负担人数（人） Supported by Per Employee (person)	人均自有现住房面积（平方米） Per capita self-owned housing area (sq.m)
	可支配收入 Disposable Income	指 数（1978年=100） Indices (year of 1978 = 100)	总支出 total expenditure	生活消费支出 Consumption Expenditure	#食品支出 Food		
1978	142.56		167.10	140.07	97.93	2.33	10.50
1980	219.72	147.6	236.13	192.95	127.70	2.09	11.15
1981	241.70	160.5	265.29	207.59	135.98	1.95	11.87
1982	284.40	186.5	323.22	248.69	164.02	2.00	12.89
1983	315.70	205.0	409.19	273.86	175.62	1.77	16.10
1984	348.20	221.9	441.76	293.19	190.96	1.74	16.77
1985	395.26	239.4	519.85	348.45	219.43	1.69	18.20
1986	439.70	255.9	568.00	386.35	228.96	1.68	19.25
1987	471.30	257.4	639.14	434.75	245.68	1.67	20.01
1988	515.35	244.8	730.06	480.75	266.89	1.65	20.48
1989	558.34	236.5	786.48	516.29	290.35	1.63	21.57
1990	664.23	229.4	930.23	608.73	390.73	1.65	22.27
1991	688.91	234.4	1008.06	655.54	412.63	1.69	22.58
1992	739.40	239.7	1116.06	707.79	442.56	1.67	23.12
1993	851.90	244.5	1306.48	816.56	498.95	1.63	24.56
1994	1155.00	257.0	1766.51	1088.73	665.72	1.60	24.23
1995	1425.16	270.4	2203.36	1367.30	823.91	1.60	25.57
1996	1792.30	292.8	2784.64	1736.71	1025.32	1.56	26.88
1997	2037.06	318.9	2853.42	1815.79	1078.00	1.56	27.37
1998	2064.85	326.6	2829.93	1889.18	1107.23	1.54	28.79
1999	2147.18	344.6	2772.35	1920.15	1122.96	1.52	29.88
2000	2197.2	361.1	2964.9	1942.9	1053.4	1.46	30.92
2001	2299.5	379.5	3030.1	1990.3	1053.2	1.45	32.87
2002	2397.9	398.5	3114.7	2068.7	1086.1	1.44	34.05
2003	2532.9	417.2	3184.3	2139.2	1111.3	1.42	35.09
2004	2837.8	450.6	3729.1	2472.3	1338.7	1.40	36.55
2005	3117.7	483.0	4289.5	2756.4	1433.0	1.40	38.38
2006	3389.8	519.7	4502.7	3013.1	1463.3	1.38	39.28
2007	3904.3	562.8	5009.9	3377.4	1675.2	1.37	40.18
2008	4512.5	607.8	5695.0	3805.0	1947.5	1.37	40.72
2009	4910.0	664.3	6024.2	4020.9	1967.5	1.36	41.69
2010	5622.0	737.1	6507.9	4310.4	2087.9	1.36	42.01
2011	6567.1	815.2	8480.5	5179.4	2343.1	1.35	46.62
2012	7440.2	909.0	9356.8	5870.1	2574.8	1.36	46.78
2013	9028.6	998.0	14349.5	7832.6	2708.9	1.51	52.93
2014	10060.2	1096.8	16612.3	9024.8	3095.2	1.50	54.2
2015	10992.5	1185.6	17387.2	9690.6	3188.9	1.50	57.3
2016	11930.4	1262.7	18231.3	10629.9	3370.7	1.68	60.6
2017	12935.8	1353.6	19309.0	11533.6	3521.2	1.71	63.5
2018	14092.5	1445.7	23632.9	12720.5	3713.9	1.83	63.6
2019	15394.8	1531.8	24603.3	13968.8	4024.9	1.87	63.9

注：从2013年开始收入指标改为可支配收入，收支口径有所变化。主要变化是参与平均的人口由家庭户籍人口改为家庭常住人口。居住面积也因人口口径变化而变化，指标名称由农村人均居住面积改为农村居民人均自有现住房面积。收入指数扣除价格因素影响。

Since 2013, the income index has been changed to disposable income, and the income and expenditure lines have changed. The main change is that the participating average population is changed from household registered population to permanent resident population. The living area also changed due to the change of population caliber, and the name of the indicator was changed from rural per capita living area to rural per capita self-owned housing area. The income index after deducting the price factor.

6-7 历年农村居民平均每人家庭收入及来源
Per Capita Annual Income of Rural Households by Source

单位：元 (yuan)

年份 Year	可支配收入 Disposable Income	工资性收入 Income of Wages and Salaries	经营净收入 Net Business Income	财产性收入 Net Income from Property	转移性收入 Net Income from Transfer
1978	142.56				
1979	177.12				
1980	219.72	104.21	88.51	26.99	
1981	243.17	110.52	102.49	30.17	
1982	284.39	132.32	124.55	27.52	
1983	315.67	50.10	236.04	29.53	
1984	348.20	52.99	266.45	28.76	
1985	395.26	53.81	326.23	15.22	
1986	439.66	59.18	364.40	16.08	
1987	471.30	74.85	379.53	16.92	
1988	515.35	86.53	409.52	19.31	
1989	558.34	99.88	436.21	22.25	
1990	664.23	85.11	557.10	22.03	
1991	688.91	94.16	570.76	23.99	
1992	739.42	114.01	601.11	24.30	
1993	851.87	135.85	685.85	30.17	
1994	1155.00	206.77	903.01	45.22	
1995	1425.16	268.00	1095.89	61.27	
1996	1792.25	352.07	1367.11	73.07	
1997	2037.06	459.97	1508.55	68.54	
1998	2064.85	613.10	1383.34	68.41	
1999	2147.18	695.62	1372.68	78.88	
2000	2197.2	789.7	1329.1	20.7	57.6
2001	2299.5	840.1	1371.1	23.2	65.1
2002	2397.9	914.3	1376.7	29.0	77.9
2003	2532.9	988.4	1427.2	32.3	85.0
2004	2837.8	1081.2	1614.6	41.9	100.1
2005	3117.7	1228.8	1713.4	42.1	133.6
2006	3389.8	1449.7	1743.5	42.5	154.2
2007	3904.3	1712.3	1963.9	39.9	188.1
2008	4512.5	1990.5	2196.6	57.1	268.3
2009	4910.0	2234.0	2257.3	81.2	337.5
2010	5622.0	2655.6	2463.9	101.6	400.9
2011	6567.1	3240.8	2725.2	112.2	488.9
2012	7440.2	3847.6	2903.2	112.8	576.6
2013	9028.6	3671.6	3255.5	130.7	1970.7
2014	10060.2	4088.1	3638.9	165.6	2167.5
2015	10992.5	4515.2	3911.7	174.1	2391.5
2016	11930.4	4946.2	4138.6	143.1	2702.5
2017	12935.8	5340.8	4368.9	148.2	3077.9
2018	14092.5	5769.3	4785.7	179.3	3358.2
2019	15394.8	6224.0	5268.3	208.8	3693.6

6-8 历年农村居民生活消费分类支出
Consumption Expenditures of Rural Households

单位：元 (yuan)

年份 Year	消费性支出 Consumption Expenditure	食品烟酒 Food,Tobacco and Liquor	衣着 Clothing	居住 Residence	家庭设备用品及服务 Household Facilities, Articles and Services	交通和通讯 Transport and Communications	文教娱乐用品及服务 Education, Cultural and Recreation	医疗保健 Health Care and Medical Services	其他商品和服务 Miscellaneous Goods and Services
1978	140.07	97.93	14.29	18.15					
1980	192.85	127.91	20.46	27.29	3.05	0.51	7.54	3.15	2.94
1981	207.59	135.98	23.06	27.85					
1982	248.69	164.02	24.74	35.83					
1983	273.86	175.62	26.71	41.77	16.27	1.29	6.38	4.70	1.12
1984	293.19	191.19	28.81	41.51	16.15	1.62	7.03	5.53	1.33
1985	348.45	219.57	33.77	50.96	15.69	6.63	11.92	7.49	2.42
1986	386.35	229.13	36.47	66.81	23.92	2.65	16.08	8.33	2.96
1987	434.75	248.06	36.93	79.33	29.70	3.08	22.97	10.68	4.00
1988	480.75	269.77	38.69	88.38	33.00	3.86	31.52	11.61	3.92
1989	516.29	293.98	39.64	87.67	33.53	4.64	37.05	16.14	3.64
1990	608.73	390.73	37.29	82.75	28.62	8.83	39.18	18.29	3.04
1991	655.54	412.63	42.87	92.29	34.67	6.79	41.14	20.56	4.59
1992	707.29	442.56	43.51	98.80	35.92	8.23	52.59	22.69	3.49
1993	816.55	498.95	45.40	108.07	40.13	16.14	74.16	24.37	9.33
1994	1088.73	665.72	61.23	148.63	50.39	21.59	98.91	29.28	12.98
1995	1367.30	823.91	73.51	192.42	68.79	26.29	128.84	35.78	17.75
1996	1736.71	1025.32	96.04	229.74	84.74	38.70	176.96	58.66	26.55
1997	1821.13	1081.60	90.53	241.93	84.24	46.30	187.99	58.26	30.29
1998	1889.18	1107.23	91.45	251.73	85.69	45.90	206.60	61.69	38.88
1999	1920.15	1122.96	82.65	267.92	79.73	60.24	207.67	62.13	36.86
2000	1942.9	1053.4	89.8	251.9	78.1	99.4	222.5	82.2	65.7
2001	1990.3	1053.2	93.4	268.7	80.8	102.4	234.4	95.7	61.8
2002	2068.7	1086.1	97.9	271.3	84.8	118.6	248.6	102.8	58.7
2003	2139.2	1111.3	106.2	272.0	79.6	146.9	270.5	105.2	47.5
2004	2472.3	1338.7	112.4	293.2	92.4	174.5	280.0	124.1	57.1
2005	2756.4	1433.0	127.9	307.3	114.3	219.0	329.3	168.2	57.5
2006	3013.1	1463.3	137.7	420.8	129.8	249.6	341.7	196.5	73.6
2007	3377.4	1675.2	161.8	508.3	152.6	278.8	293.9	220.0	86.9
2008	3805.0	1947.5	169.1	629.8	171.1	286.0	278.7	244.2	78.7
2009	4020.9	1967.5	182.5	691.6	203.7	341.3	291.0	258.1	85.3
2010	4310.4	2087.9	209.9	719.2	243.9	343.8	315.9	293.6	96.2
2011	5179.4	2343.1	260.4	969.7	330.7	421.7	346.6	396.5	110.6
2012	5870.1	2574.8	318.0	1088.2	373.5	481.6	400.2	497.2	136.6
2013	7832.6	2708.9	403.1	1764.6	511.6	798.8	733.8	747.1	164.6
2014	9024.8	3095.2	468.0	1982.4	541.9	871.9	1112.1	771.4	181.9
2015	9690.6	3188.9	494.5	2191.0	604.7	920.2	1276.4	844.1	170.7
2016	10629.9	3370.7	508.3	2369.4	639.9	1083.1	1477.3	986.5	194.6
2017	11533.6	3521.2	527.2	2562.5	642.8	1234.5	1710.2	1171.8	163.4
2018	12720.5	3713.9	624.1	2920.6	756.8	1449.7	1678.6	1385.5	191.4
2019	13968.8	4024.9	674.9	3152.9	787.7	1642.9	1851.0	1614.5	220.1

6-9 历年农村居民人均可支配收入指数
Indices of Disposable Incomes of Rural Residents

年份 Year	可支配收入（元/人）Disposable Income (yuan/person)	上年=100 (preceding year=100) 货币收入 Money Income	实际收入 Real Income	1978年=100 (year of 1978=100) 货币收入 Money Income	实际收入 Real Income	1990年=100 (year of 1990=100) 货币收入 Money Income	实际收入 Real Income
1978	142.6			100.0	100.0		
1980	219.7	124.1	119.6	154.1	147.6		
1981	241.7	110.0	108.2	169.5	160.5		
1982	284.4	117.7	116.2	199.5	186.5		
1983	315.7	111.0	109.9	221.4	205.0		
1984	348.2	110.3	108.2	244.2	221.9		
1985	395.3	113.5	107.9	277.3	239.4		
1986	439.7	111.2	106.9	308.4	255.9		
1987	471.3	107.2	100.6	330.6	257.4		
1988	515.4	109.3	95.1	361.5	244.8		
1989	558.3	108.3	96.6	391.6	236.5		
1990	664.2	119.0	97.0	465.9	229.4	100.0	100.0
1991	688.9	103.7	102.2	483.2	234.4	103.7	102.2
1992	739.4	107.3	102.0	518.7	239.7	111.3	104.2
1993	851.9	115.2	102.0	597.6	244.5	128.2	106.1
1994	1155.0	135.6	105.1	810.2	257.0	173.9	111.6
1995	1425.2	123.4	105.2	999.7	270.4	214.6	117.4
1996	1792.3	125.8	108.3	1257.2	292.8	269.8	127.1
1997	2037.1	113.7	108.9	1428.9	318.9	306.7	138.5
1998	2064.9	101.4	102.4	1448.4	326.6	310.9	141.8
1999	2147.2	104.0	105.5	1506.3	344.6	323.3	149.6
2000	2197.2	102.3	104.8	1540.8	361.1	330.8	156.8
2001	2299.5	104.7	105.1	1613.2	379.5	346.2	164.8
2002	2397.9	104.3	105.0	1682.0	398.5	361.1	173.0
2003	2532.9	105.6	104.7	1776.2	417.2	381.3	181.1
2004	2837.8	112.0	108.0	1989.3	450.6	427.1	195.6
2005	3117.7	109.9	107.2	2186.2	483.0	469.4	209.7
2006	3389.7	108.7	107.6	2376.4	519.7	510.2	225.6
2007	3904.3	115.2	108.3	2737.6	562.8	587.8	244.3
2008	4512.5	115.6	108.0	3164.7	607.8	679.5	263.8
2009	4910.0	108.8	109.3	3443.2	664.3	739.3	288.3
2010	5622.0	114.5	111.0	3943.6	737.1	846.4	321.3
2011	6567.1	116.8	110.6	4606.1	815.2	988.6	355.4
2012	7440.2	113.3	111.5	5218.7	908.9	1120.1	396.3
2013	9028.6	112.5	109.8	6331.4	998.0	1359.3	435.1
2014	10060.2	111.4	109.9	7054.8	1096.8	1514.6	478.2
2015	10992.5	109.3	108.1	7708.6	1185.6	1655.0	516.9
2016	11930.4	108.5	106.5	8363.8	1262.7	1795.6	550.5
2017	12935.8	108.4	107.2	9066.4	1353.6	1946.5	590.1
2018	14092.5	108.9	106.8	9873.3	1445.7	2119.7	630.3
2019	15394.8	109.2	106.0	10781.7	1532.4	2314.7	668.1

注：2012年及以前为纯收入。
Data prior to 2012 refer to net income.

6-10 按户数五等份分组的农村居民人均收支(2019年)

Per Capita Disposable Income and Consumption Expenditure of Rural Households by Income Quintile (2019)

单位：元 (yuan)

项 目	Item	低收入户 Low Income Households	中低收入户 Lower Middle Income Households	中等收入户 Middle Income Households	中高收入户 Upper Middle Income Households	高收入户 High Income Households
可支配收入	**Disposable Income**	**4672.0**	**10283.0**	**14552.0**	**19312.0**	**35168.0**
工资性收入	Income of Wages and Salaries	2186.9	4563.4	7215.7	9046.5	11012.4
经营净收入	Net Business Income	627.8	2348.2	3359.2	5788.6	17897.4
财产净收入	Net Income from Property	49.6	110.1	181.1	204.6	642.0
转移净收入	Net Income from Transfer	1807.6	3261.2	3796.1	4272.4	5616.2
消费支出	**Consumption Expenditure**	**9794.3**	**11986.7**	**13574.2**	**16430.1**	**20339.3**
食品烟酒	Food,Tobacco and Liquor	3005.2	3572.1	3886.3	4500.8	5774.4
衣着	Clothing	439.4	599.3	676.7	818.8	948.7
居住	Residence	2281.0	2879.7	2874.7	3580.1	4667.9
生活用品及服务	Household Facilities,Articles and Services	532.2	660.4	786.6	986.0	1098.3
交通通信	Transport and Communications	914.9	1116.1	1603.3	2033.4	2931.6
教育文化娱乐	Education,Cultural and Recreation	1431.7	1669.1	2094.0	2195.8	2039.4
医疗保健	Health Care and Medical Services	1051.7	1331.8	1440.9	1996.6	2566.5
其他用品和服务	Miscellaneous Goods and Services	138.3	158.2	211.7	318.6	312.6

主要统计指标解释

从2012年四季度起，国家统计局对分别进行的城乡住户调查实施了一体化改革，规范了城乡划分范围，统一了城乡居民收入指标名称、分类和统计标准，建立了城乡统一的一体化住户调查，并据此采集全国居民有关数据。1978–2012年的数据，根据国家统计局城镇住户调查和农村住户调查的历史数据，按照住户收支与生活状况调查可比口径推算得到。

一、居民可支配收入

居民可支配收入指居民可用于最终消费支出和储蓄的总和，即居民可用于自由支配的收入。既包括现金收入，也包括实物收入。按照收入的来源，可支配收入包含四项，分别为：工资性收入、经营净收入、财产净收入和转移净收入。

工资性收入 指就业人员通过各种途径得到的全部劳动报酬和各种福利，包括受雇于单位或个人、从事各种自由职业、兼职和零星劳动得到的全部劳动报酬和福利。

经营净收入 指住户或住户成员从事生产经营活动所获得的净收入，是全部经营收入中扣除经营费用、生产性固定资产折旧和生产税之后得到的净收入。计算公式为：

经营净收入＝经营收入－经营费用－生产性固定资产折旧－生产税

财产净收入 指住户或住户成员将其所拥有的金融资产、住房等非金融资产和自然资源交由其他机构单位、住户或个人支配而获得的回报并扣除相关的费用之后得到的净收入。财产净收入包括利息净收入、红利收入、储蓄性保险净收益、转让承包土地经营权租金净收入、出租房屋净收入、出租其他资产净收入和自有住房折算净租金等。财产净收入不包括转让资产所有权的溢价所得。

转移净收入 计算公式为：转移净收入＝转移性收入－转移性支出

转移性收入 指国家、单位、社会团体对住户的各种经常性转移支付和住户之间的经常性收入转移。包括养老金或退休金、社会救济和补助、政策性生产补贴、政策性生活补贴、救灾款、经常性捐赠和赔偿、报销医疗费、住户之间的赡养收入，本住户非常住成员寄回带回的收入等。转移性收入不包括住户之间的实物馈赠。

转移性支出 指调查户对国家、单位、住户或个人的经常性或义务性转移支付。包括缴纳的税款、各项社会保障支出、赡养支出、经常性捐赠和赔偿支出以及其他经常转移支出等。

根据住户收支与生活状况调查，分城镇和农村的居民人均可支配收入等数据的覆盖人群主要变化：一是计算城镇居民人均可支配收入时分母包括了在城镇地区常住的农民工，计算农村居民人均可支配收入时分母不包括在城镇地区常住的农民工；二是由本户供养的在外大学生视为常住人口。

二、居民消费支出

居民消费支出是指居民用于满足家庭日常生活消费需要的全部支出，既包括现金消费支出，也包括实物消费支出。消费支出可划分为食品烟酒、衣着、居住、生活用品及服务、交通通信、教育文化娱乐、医疗保健以及其他用品及服务八大类。

食品烟酒 指用于各种食品和烟草、酒类的支出。

衣着 指与居民穿着有关的支出，包括服装、服装材料、鞋类、其他衣类及配件、衣着相关加工服务的支出。

居住 指与居住有关的支出，包括房租、水、电、燃料、物业管理等方面的支出，也包括自有住房折算租金。

生活用品及服务 指家庭及个人的各类生活品及家庭服务。包括家具及室内装饰品、家用器具、家用纺织品、家庭日用杂品、个人用品和家庭服务。

交通通信 指用于交通和通信工具及相关的各种服务费、维修费和车辆保险等支出。

教育文化娱乐 指用于教育、文化和娱乐方面的支出。

医疗保健 指用于医疗和保健的药品、用品和服务的总费用。包括医疗器具及药品，以及医疗服务。

其他用品及服务 指无法直接归入上述各类支出的其他用品与服务支出。

服务性消费 指住户用于各种生活服务的消费支出，包括餐饮服务、衣着鞋类加工服务、居住服务、家庭服务、交通通信服务、教育文化娱乐服务、医疗服务和其他服务等。

Explanatory Notes on Main Statistical Indicators

In the fourth quarter of 2012, the NBS launched its reform on the household survey programme, to develop an integrated survey, instead of two separate urban and rural household surveys. The reform aims at regulating the division of urban and rural areas, integrating the concepts, classifications and standards, implementing the integrated household survey, and collecting household data in the whole country thereafter. Data from 1978 to 2012 are estimated based on the historical data of Urban Household Survey and Rural Household Survey according to the comparable definition and coverage of main income and consumption indicators of Household Survey on Income and Expenditure and Living Conditions.

I. Disposable Income of Residents

Disposable Income of Residents refers to the income of residents for purpose of final expenditure and savings. It includes income both in cash and in kind. By sources of income, disposable income includes four categories: income from wages and salaries, net business income, net income from properties and net income from transfer.

Income from Wages and Salaries refers to remuneration and benefits of all kinds of employed person, including those employed by other units or individuals, freelance workers, part-time jobs, and sporadic workers.

Net Business Incomes refers to net income earned by households and their members engaged in production and business activities. It refers to the net income of operating revenue minus operating costs, depreciation of productive fixed assets, and production tax. The formula is:

Net business income = operating revenue-operating costs -depreciation of productive fixed assets-production tax

Net Income from Properties refers to the net income received as returns by households or members through lending of their financial assets, non-financial assets such as housing, to other institutions, households or individuals, minus relevant costs. Net income from properties includes net income of interest, bonus income, net income of saving insurance, net income from transferring management right of contract land, income from lending of housing, income from lending other assets, net converted rents of self-owned housing. Net income from properties do not include premium of transferring ownership of assets.

Net Income from Transfer The formula is:

Net income from transfer = income from transfer - expenditure from transfer

Income from Transfer refers to the regular transfer received from governments, institutions, social organizations to households and between households. It includes old-age and retirement pension, disaster relief funds, regular donation and compensation, reimbursement of medical fees, supporting income between households, income from non-resident members of households, etc. Income from transfer do not include gifts in kinds between households.

Expenditure from Transfer refers to regular or obligatory transfer paid to government, institutions, households or individuals. It includes tax payment, expenditure on all kinds of social security, supporting expenditure, regular donation, compensation payment and other regular transfer expenditure.

According to Household Survey on Income and Expenditure and Living Conditions, main changes of population coverage of per capita disposable income of urban and rural residents includes: migrant workers residing in urban areas are included in the denominator when calculating per capita disposable income of urban residents, and not included in denominator when calculating per capita disposable income of rural residents; students studying in universities or colleges in other places who are supported by the households are regarded as permanent residents of the households.

II. Consumption Expenditure of Residents

Consumption Expenditure of Residents refers to all expenditure of residents for living expenditure to satisfy family daily living. It includes expenditure in cash and in kind. It includes eight categories: food, tobacco and liquor; clothing and footwear; housing; household equipments, furnishings and services; transport and communications; education, culture and recreation; health care and medical services, and miscellaneous goods and services.

Food, Tobacco and Liquor refers to expenditure for food, tobacco and liquor of all kinds.

Clothing and Footwear refers to expenditure related to clothing, including clothes, clothing materials, footwear, other clothing and accessories, processing services related to clothing.

Housing refers to expenditure related to housing, including rents, water, electricity, fuel, property management, as well as imputed rent on owner-occupied dwellings.

Household Equipments, Furnishings and Services refers to expenditure of households and individuals on equipments, furnishings and articles for living purpose and on household services. It includes furniture and interior decoration, home appliances, home textiles, household miscellaneous daily articles, personal articles, and household services.

Transport and Communications refers to expenditure on transport and communication and related services, maintenance and repairs, and vehicle insurance.

Education, Culture and Recreation refers to expenditure on educational, cultural and recreational activities.

Health Care and Medical Services refers to expenditure on drugs, supplies and services of medical and health care. It includes medical appliances and drugs, and medical services.

Miscellaneous Goods and Services refers to expenditure on all other articles and services that can not classified into the above categories.

Service Consumption refers to consumption expenditure of households for various living services, including catering services, clothing and footwear processing services, housing services, household services, transportation and communication services, education, culture and entertainment services, medical services and other services.

07 固定资产投资

Investment in Fixde Assets

资料整理人员：田杰平

7-1 固定资产投资及构成
Composition of Investments in Fixed Assets over the Years

单位：亿元 (100 million yuan)

年份 Year	固定资产投资 Investment in Fixed Assets	中央 Central Investment	固定资产投资增速（%） Fixed asset investment growth (%)	国有投资 Stateowned Investment	非国有投资 Non-Stateowned Investment
1978	20.15			14.71	5.44
1979	25.29			17.56	7.73
1980	32.20			20.32	11.88
1981	33.45			18.67	14.78
1982	40.18			25.34	14.84
1983	55.66			25.06	30.60
1984	60.54			29.39	31.15
1985	83.52			43.86	39.66
1986	99.26			50.40	48.86
1987	116.39			60.98	55.41
1988	140.04			72.97	67.07
1989	114.41			62.94	51.47
1990	124.17			72.01	52.16
1991	157.07			94.85	62.22
1992	233.39			149.72	83.67
1993	320.24			203.17	117.07
1994	420.89			251.21	169.68
1995	524.01			316.90	207.11
1996	678.33			375.27	303.06
1997	700.73			366.24	334.49
1998	848.59			457.00	391.59
1999	943.34			522.95	420.39
2000	1066.27	248.26		574.12	492.15
2001	1210.63	225.54		618.54	592.09
2002	1355.87	166.88		665.70	690.17
2003	1557.00	114.09		701.33	855.67
2004	1981.29	150.68		879.95	1101.34
2005	2563.96	175.48		1000.96	1563.00
2006	3242.39	255.23		1205.49	2036.90
2007	4294.36	354.63		1546.59	2747.76
2008	5649.69	457.13		1985.68	3664.01
2009	7695.27	288.58		2923.52	4771.75
2010	9821.06	281.61		3322.32	6498.75
2011	11431.48	353.67	27.9	3563.13	7868.35
2012	14576.61	435.37	27.5	4580.72	9995.89
2013	18381.44	334.14	26.1	5574.42	12807.02
2014	21950.77	460.48	19.4	6393.07	15557.70
2015	25954.27	492.75	18.2	7829.93	18124.34
2016	27688.45	443.50	13.8	9253.52	18434.93
2017	31328.08	417.48	13.1	10395.04	20933.04
2018			10.0		
2019			10.1		

注：从2011年起，固定资产投资起报点由50万元提高到500万元，全社会固定资产投资指标调整为固定资产投资。

From 2011, the starting point of reporting Investment in Fixed Assets increased from five hundred thousand yuan to five million yuan. The Index of "Total Investment in Fixed Assets" adjusted to the "Investment in Fixed Assets".

7-2 固定资产投资
Investment in Fixed Assets

指　标	Item	2000	2010	2019年比上年±% Increase Rate in 2019 over 2018(%)
投资总额　（亿元）	**Total Investment (100 million yuan)**	**1066.27**	**9821.06**	**10.1**
按经济类型分	**Grouped by Ownership**			
国有经济	State-Owned Units	574.12	3322.32	-4.4
集体经济	Collective-Owned Units	118.80	379.00	161.7
个体经济	Individuals	281.89	2672.61	12.0
联营经济	Joint Owned Economic Units	1.36	19.74	-31.9
股份制经济	Share Holding Economic Units	49.80	2740.15	24.1
外商投资经济	Foreign Funded Economic Units	24.72	97.05	-0.5
港澳台投资经济	Economic Units Funded by Entrepreneurs from Hong Kong,Macao and Taiwan	13.69	111.82	7.5
其他经济	Others	1.91	478.37	19.8
按资金来源分	**Grouped by Source of Funds**			
国家预算内投资	State Budgetary Appropriation	76.49	652.68	-8.7
国内贷款	Domestic Loans	213.41	1227.99	-9.6
债券	Bonds	2.34	20.94	49.5
利用外资	Foreign Investment	22.01	75.20	-36.0
自筹投资	Fundraising	623.37	6637.69	4.5
其他资金	Others	128.65	1206.57	343.0
按构成分	**Grouped by Use of Funds**			
建筑安装工程	Construction and Installation	759.94	6320.16	11.2
设备、工器具购置	Purchase of Equipment and Instruments	198.68	1807.17	10.9
其他费用	Others	107.65	1693.73	1.7
按隶属关系分	**Grouped by Administrative Relationship**			
中央	Central	248.26	283.20	53.2
地方	Local	818.02	9537.87	9.3
按用途分：住宅	**Grouped by Industry: Residential Buildings**	297.00	1377.33	14.4
房屋建筑面积（万平方米）	**Floor Space of Buildings (10 000 sq.m)**			
施工面积	Floor Space Under Construction	13170.34	30339.44	3.8
竣工面积	Floor Space Completed	10892.52	11098.05	-4.9
#住宅	#Residential Buildings	9117.54	8971.75	-6.6

7-3 按经济类型分固定资产投资构成 (2019年)
Investments in Fixed Assets Composition by Economic Types (2019)

单位：%　　(%)

类 别	Item	投资额占比 Investment Proportion
按资金来源分	**Grouped by Source of Funds**	
#国家预算内投资	#State Budgetary Appropriation	3.4
国内贷款	Domestic Loans	9.2
债券	Bonds	0.5
利用外资	Foreign Investment	0.2
自筹投资	Fundraising	61.7
其他资金	Others	25.1
按构成分	**Grouped by Use of Funds**	
#建安工程	#Construction and Installation	78.3
设备、工具、器具购置	Purchase of Equipment and Instruments	11.9
其他费用	Others	9.7
按用途分：住宅	**Grouped by Industry:Residential Buildings**	**12.7**

注：其他含联营经济、股份制经济、中外合资经营、中外合作经营、外资、与大陆合资经营、与大陆合作经营、港澳台独资等经济。

Other types of ownership refer to the types of ownership of joint-owned economic units, share holding economic units, economic units funded by Chinese and foreign ventures, Chinese-foreign joint ventures, foreign-funded economic units, and the economic units funded by enterpriser from Hong Kong, Macao and Taiwan.

7-4 按行业分固定资产投资
Investment of Fixed Assets by Sector

指　标	Item	2017	2018	2019	2019年比上年 ±% Increase Rate in 2019 over 2018(%)
总计　　　（亿元）	**Total　　　(100 million yuan)**	**31328.08**			**10.1**
农、林、牧、渔业	Agriculture,Forestry,Farming of Animals and Fishing	1496.07			32.4
采矿业	Mining	436.96			15.4
制造业	Manufacturing	9469.87			18.4
电力、燃气及水的生产和供应业	Production and Distribution of Electricity,Gas and Water	1131.12			13.4
建筑业	Construction	355.65			-86.7
交通运输、仓储和邮政业	Traffic,Transport, Storage and Post	2104.35			4.0
信息传输、计算机服务和软件业	Information Transfer,Computer Services and Software	388.66			63.2
批发和零售业	Wholesale and Retail Trade	1320.34			-19.8
住宿和餐饮业	Accommodation and Restaurants	353.30			-2.5
金融业	Finance	60.91			-0.9
房地产业	Real Estate Trade	4849.70			9.4
租赁和商务服务业	Tenancy and Business Services	897.75			20.9
科学研究、技术服务和地质勘查	Scientific Research,Technical Service and Geologic Perambulation	434.43			22.7
水利、环境和公共设施管理业	Management of Water Conservancy,Environment and Public Establishment	5421.34			-4.3
居民服务和其他服务业	Resident Services and Other Services	158.32			-14.6
教育	Education	692.64			23.9
卫生、社会保障和社会福利业	Sanitation,Social Security and Social Welfare	483.88			7.0
文化、体育和娱乐业	Culture,Sports and Entertainment	650.22			29.6
公共管理和社会组织	Public Management and Social Organization	622.58			-7.8
构成　　　（%）	**Composition in Percentage　　　(%)**				
农、林、牧、渔业	Agriculture,Forestry,Farming of Animals and Fishing	4.78	4.15	4.99	
采矿业	Mining	1.39	0.85	0.89	
制造业	Manufacturing	30.23	28.46	30.60	
电力、燃气及水的生产和供应业	Production and Distribution of Electricity,Gas and Water	3.61	3.37	3.47	
建筑业	Construction	1.14	1.18	0.14	
交通运输、仓储和邮政业	Traffic,Transport, Storage and Post	6.72	7.57	7.15	
信息传输、计算机服务和软件业	Information Transfer,Computer Services and Software	1.24	0.86	1.28	
批发和零售业	Wholesale and Retail Trade	4.21	2.28	1.66	
住宿和餐饮业	Accommodation and Restaurants	1.13	0.93	0.83	
金融业	Finance	0.19	0.15	0.14	
房地产业	Real Estate Trade	15.48	20.88	20.74	
租赁和商务服务业	Tenancy and Business Services	2.87	3.12	3.43	
科学研究、技术服务和地质勘查	Scientific Research,Technical Service and Geologic Perambulation	1.39	1.71	1.91	
水利、环境和公共设施管理业	Management of Water Conservancy,Environment and Public Establishment	17.31	16.35	14.21	
居民服务和其他服务业	Resident Services and Other Services	0.51	0.41	0.32	
教育	Education	2.21	2.44	2.75	
卫生、社会保障和社会福利业	Sanitation,Social Security and Social Welfare	1.54	1.77	1.72	
文化、体育和娱乐业	Culture,Sports and Entertainment	2.08	2.50	2.94	
公共管理和社会组织	Public Management and Social Organization	1.99	1.01	0.84	

7-5 按行业分固定资产投资额占比 (2019年)

The Proportion of Iinvestment in Fixed Assets by Sector (2019)

单位：%　　(%)

指　标	Item	投资额占比 Investment Proportion
总计	**Total**	
农、林、牧、渔业	**Agriculture, Forestry, Animal Husbandry and Fishing**	**5.0**
农业	Agriculture	2.5
林业	Forestry	0.3
畜牧业	Animal Husbandry	0.9
渔业	Fishing	0.3
农、林、牧、渔服务业	Service Activities for Agriculture, Forestry, Animal Husbandry	1.1
采矿业	**Mining**	**0.9**
煤炭开采和洗选业	Mining and Washing of Coal	0.1
石油和天然气开采业	Extraction of Petroleum and Natural Gas	
黑色金属矿采选业	Mining and Processing of Ferrous Metal Ores	0.0
有色金属矿采选业	Mining and Processing of Non-Ferrous Metal Ores	0.2
非金属矿采选业	Mining and Processing of Nonmetal Ores	0.6
开采辅助活动	Support Activities for Mining	0.0
其他采矿业	Mining of Other Ores	0.0
制造业	**Manufacturing**	**30.6**
农副食品加工业	Processing of Food from Agricultural Products	2.3
食品制造业	Manufacture of Foods	0.9
酒、饮料和精制茶制造业	Wine, Soft Drinks and Refined Tea Industry	0.6
烟草制品业	Manufacture of Tobacco	0.1
纺织业	Manufacture of Textile	0.5
纺织服装、鞋、帽制造业	Manufacture of Textile Wearing Apparel, Footware, and Caps	0.4
皮革毛皮羽毛(绒)及其制品业	Manufacture of Leather, Fur, Feather and Related Products	0.5
木材加工及木竹藤棕草制品业	Processing of Timber, Manufacture of Wood, Bamboo, Rattan, Palm, and Straw Products	0.6
家具制造业	Manufacture of Furniture	0.5
造纸及纸制品业	Manufacture of Paper and Paper Products	0.3
印刷业和记录媒介的复制	Printing,Reproduction of Recording Media	0.3
文教体育用品制造业	Manufacture of Articles For Culture, Education and Sport Activity	0.5
石油加工、炼焦及核燃料加工业	Processing of Petroleum, Coking, Processing of Nuclear Fuel	0.2
化学原料及化学制品制造业	Manufacture of Raw Chemical Materials and Chemical Products	2.1
医药制造业	Manufacture of Medicines	0.9
化学纤维制造业	Manufacture of Chemical Fibers	0.1
橡胶和塑料制品业	Rubber and Plastic Products Industry	0.8
非金属矿物制品业	Manufacture of Non-metallic Mineral Products	3.4
黑色金属冶炼及压延加工业	Smelting and Pressing of Ferrous Metals	0.4
有色金属冶炼及压延加工业	Smelting and Pressing of Non-ferrous Metals	0.9
金属制品业	Manufacture of Metal Products	1.5
通用设备制造业	Manufacture of General Purpose Machinery	1.9
专用设备制造业	Manufacture of Special Purpose Machinery	2.9
汽车制造业	Automotive Manufacturing	1.4
铁路、船舶、航空航天和其他运输设备制造业	Railroad, Marine, Aerospace and Other Transportation Equipment Manufacturing	0.6
电气机械及器材制造业	Manufacture of Electrical Machinery and Equipment	2.3
通信设备、计算机及其他电子设备制造业	Manufacture of Communication Equipment, Computers and Other Electronic Equipment	2.4
仪器仪表制造业	Instrument Manufacturing	0.5
其他制造业	Other Manufacturing	0.4
废弃资源综合利用业	Comprehensive Utilization of Waste Resources Industry	0.4
金属制品、机械和设备修理业	Metal Products, Machinery and Equipment Repair Industry	0.0
电力燃气水的生产和供应业	**Production and Distribution of Electricity, Gas and Water**	**3.5**
电力、热力的生产和供应业	Production and Distribution of Electric Power and Heat Power	1.6
燃气生产和供应业	Production and Distribution of Gas	0.4
水的生产和供应业	Production and Distribution of Water	1.5
建筑业	**Construction**	**0.1**
房屋建筑业	Housing Construction	0.0
土木工程建筑业	Civil Engineering Construction	0.1
建筑安装业	Building Installation	0.0
建筑装饰和其他建筑业	Architectural Decoration and Other Construction	0.0

7-5 续表 Continued

单位：% (%)

指 标	Item	投资额占比 Investment Proportion
交通运输、仓储和邮政业	**Transport, Storage and Post**	**7.1**
铁路运输业	Railway Transport	0.8
道路运输业	Road Transport	4.5
水上运输业	Water Transport	0.1
航空运输业	Air Transport	0.1
管道运输业	Transport Via Pipelines	0.0
装卸搬运和其他运输服务业	Loading, Unloading and Other Transport Services	0.3
仓储业	Storage	1.2
邮政业	Post	0.1
信息传输、软件和信息技术软件业	**Information Transmission, Software and IT Software Industry**	**1.3**
电信、广播电视和卫星传输服务	Telecommunications, Radio and Television and Satellite Transmission Services	0.4
互联网和相关服务	Internet and Related Services	0.4
软件和信息技术服务业	Software and IT Services	0.5
批发和零售业	**Wholesale and Retail Trade**	**1.7**
批发业	Wholesale Trade	0.7
零售业	Retail Trade	0.9
住宿和餐饮业	**Hotel and Restaurants**	**0.8**
住宿业	Hotels	0.6
餐饮业	Restaurants	0.2
金融业	**Financial Intermediation**	**0.1**
货币金融服务	Monetary and Financial Services	0.1
资本市场服务	Capital Market Services	0.0
保险业	Insurance	0.0
其他金融业	Other Financial Activities	0.0
房地产业	**Real Estate**	**20.7**
租赁和商务服务业	**Leasing and Business Services**	**3.4**
租赁业	Leasing	0.2
商务服务业	Business Services	3.3
科学研究、技术服务业	**Scientific Research, Technical Service and Geologic Prospecting**	**1.9**
研究与试验发展	Research and Experimental Development	0.4
专业技术服务业	Professional Technical Services	0.4
科技交流和推广服务业	Services of Science and Technology Exchanges and Promotion	1.1
水利、环境和公共设施管理业	**Management of Water Conservancy, Environment and Public Facilities**	**14.2**
水利管理业	Management of Water Conservancy	1.0
环境管理业	Environmental Management	2.7
公共设施管理业	Management of Public Facilities	10.4
土地管理业	Land Management Industry	0.2
居民服务和其他服务业	**Services to Households and Other Services**	**0.3**
居民服务业	Services to Households	0.2
机动车、电子产品和日用产品修理业	Motor Vehicles, Electronics and Household Goods Repair Industry	0.1
其他服务业	Other Services	0.0
教育	**Education**	**2.7**
卫生、社会工作	**Health, Social Work**	**1.7**
卫生	Health	1.2
社会工作	Social Work	0.5
文化、体育和娱乐业	**Culture, Sports and Entertainment**	**2.9**
新闻出版业	Journalism and Publishing Activities	0.0
广播、电视、电影和影视录音制作业	Radio, Television, Film and Video Production Industry Recordings	**0.2**
文化艺术业	Cultural and Art Activities	0.7
体育	Sports Activities	0.4
娱乐业	Entertainment	1.6
公共管理、社会保障和社会组织	**Public Administration, Social Security and Social Organizations**	**0.8**
中国共产党机关	Organs of Communist Party of China	0.0
国家机构	Government Agencies	0.7
人民政协和民主党派	People's Political Consultative Conference and Democratic Parties	
社会保障	Social Security	0.0
群众团体、社会团体和宗教组织	Mass Organizations, Social Organizations and Religious Organizations	0.0
基层群众自治组织	Grass-roots Mass Self-government Organizations	0.1

7-6 固定资产投资项目个数、项目投产率(2019年)
Number of Fixed Assets Investment Projects, Project Production Rate (2019)

行 业	Sector	施工项目（个）Projects under Construction (unit)	全部建成投产项目（个）Projects Completed and Put into Uses (unit)	项目建成投产率（%）Rate of Project Completed and Put into Uses (%)
总计	**Total**	**43788**	**27796**	**63.5**
按行业分	**By Sector**			
农、林、牧、渔业	Agriculture,Forestry,Farming of Animals and Fishing	4448	2843	63.9
采矿业	Mining	804	583	72.5
制造业	Manufacturing	16311	10725	65.8
电力、燃气及水的生产和供应业	Production and Distribution of Electricity, Gas and Water	1856	1152	62.1
建筑业	Construction	102	84	82.4
批发和零售业	Wholesale and Retail Trade	1360	860	63.2
交通运输、仓储和邮政业	Transportation, Storage and Postal Services	2201	1417	64.4
住宿和餐饮业	Accommodation and Catering	568	366	64.4
信息传输、软件和信息技术服务业	Information Transmission, Software and IT Services	695	430	61.9
金融业	Finance	102	66	64.7
房地产业	Real Estate Trade	1231	755	61.3
租赁和商务服务业	Tenancy and Business Services	1084	682	62.9
科学研究、技术服务	Scientific Research, Technical Services	1101	723	65.7
水利、环境和公共设施管理业	Management of Water Conservancy, Environment and Public Establishment	6967	3935	56.5
居民服务、修理和其他服务业	Resident Services, Repairs and Other Services	286	221	77.3
教育	Education	1708	1023	59.9
卫生和社会工作业	Health and Social Work Sector	938	576	61.4
文化、体育和娱乐业	Culture,Sports and Entertainment	1304	868	66.6
公共管理、社会保障和社会组织	Public Administration, Social Security and Social Organizations	722	487	67.5

7-7 国有经济固定资产投资及构成
Investment in Fixed Assets and Its Composition of State-owned Units

年份 Year	固定资产投资总额 Total Invest-ment in Fixed Assets	新建 New Construction	扩建 Expansion	改建和技术改造 Re-construction	新增固定资产 Newly Increased Fixed Assets	新建 New Construction	扩建 Expansion	改建和技术改造 Re-construction
绝对数(亿元)	Absolute Figure (100 million yuan)							
1978	14.71	9.53	3.25	1.93	10.56			
1980	20.32	9.26	6.80	4.04	15.24			
1985	43.86	12.78	5.23	19.04	30.66			
1990	72.01	16.76	31.64	18.78	47.27			
1995	316.90	103.85	107.46	58.83	202.81			
1996	375.27	111.67	132.65	81.62	269.99			
1997	366.34	113.10	115.35	80.96	269.20			
1998	457.00	153.36	137.95	98.20	290.91			
1999	522.95	207.96	191.31	97.60	348.43			
2000	574.12	177.16	186.39	132.98	388.40			
2001	618.54	229.62	198.75	128.41	349.76			
2002	665.70	261.48	207.49	129.69	489.89			
2003	701.33	344.15	158.87	138.55	465.20			
2004	879.95	443.39	202.39	163.27	421.20	148.15	128.32	98.27
2005	1000.96	483.07	213.80	227.20	562.40	269.85	124.09	116.92
2006	1205.49	657.92	212.01	263.65	695.17	237.32	206.85	209.43
2007	1546.59	804.90	293.32	331.67	585.50	217.92	189.98	132.96
2008	1985.68	1032.23	320.92	466.39	692.67	259.35	158.31	220.04
2009	2923.52	1647.32	448.59	667.71	1174.41	511.83	246.71	363.07
2010	3322.32	2012.73	514.70	709.45	1335.38	599.05	270.05	429.26
2011	3563.13	2148.15	451.61	805.07	1633.03	838.62	302.89	417.01
2012	4580.72	2722.13	553.30	1134.54	2561.10	1231.53	410.65	800.14
2013	5574.42	3329.97	718.98	1287.07	3377.07	1747.12	550.60	927.00
2014	6393.07	4161.49	798.22	1252.00	4027.68	2471.96	551.44	897.46
2015	7829.93	5052.12	1169.97	1420.23	5508.18	3446.11	852.02	1101.33
2016	9253.52	7021.29	902.47	1058.36	4928.47	3558.18	529.68	697.97
2017	10395.04	7998.08	1058.10	1045.23	6639.39	4989.55	763.40	757.36
2018								
2019								
构成(%)	Composition in Percentage (%)							
1978	100.0	64.8	22.1	13.1	100.0			
1980	100.0	45.6	33.5	19.9	100.0			
1985	100.0	29.1	11.9	43.4	100.0			
1990	100.0	23.3	43.9	26.1	100.0			
1995	100.0	32.8	33.9	18.6	100.0			
1996	100.0	29.8	35.3	21.7	100.0			
1997	100.0	30.9	31.5	22.1	100.0			
1998	100.0	33.6	30.2	21.5	100.0			
1999	100.0	39.8	36.6	18.7	100.0			
2000	100.0	30.9	32.5	23.2	100.0			
2001	100.0	37.1	32.1	20.8	100.0			
2002	100.0	39.3	31.2	19.5	100.0			
2003	100.0	49.1	22.7	19.8	100.0			
2004	100.0	50.4	23.0	18.6	100.0	35.2	30.5	23.3
2005	100.0	48.3	21.4	22.7	100.0	48.0	22.1	20.8
2006	100.0	54.6	17.6	21.9	100.0	34.1	29.8	30.1
2007	100.0	52.0	19.0	21.4	100.0	37.2	32.4	22.7
2008	100.0	52.0	16.2	23.5	100.0	37.4	22.9	31.8
2009	100.0	56.3	15.3	22.8	100.0	43.6	21.0	30.9
2010	100.0	60.6	15.5	21.4	100.0	44.9	20.2	32.1
2011	100.0	60.3	12.7	22.6	100.0	51.4	18.5	25.5
2012	100.0	59.4	12.1	24.8	100.0	48.1	16.0	31.2
2013	100.0	59.7	12.9	23.1	100.0	51.7	16.3	27.4
2014	100.0	65.1	12.5	19.6	100.0	61.4	13.7	22.3
2015	100.0	64.5	14.9	18.1	100.0	62.6	15.5	20.0
2016	100.0	75.9	9.8	11.4	100.0	72.2	10.7	14.2
2017	100.0	76.9	10.2	10.1	100.0	75.2	11.5	11.4
2018	100.0	59.9	7.8	9.9				
2019	100.0	78.6	6.5	11.1				

注：因投资统计方法制度改革，2018年开始，计划总投资5000万元以下项目投资表取消了新增固定资产这一指标。

Due to the reform of the investment statistics method and system, starting from 2018, the index of newly added fixed assets has been removed from the investment table of projects with a total planned investment of less than 50 million yuan.

7-8 国有经济各种分组的固定资产投资占比(2019年)

The Proportion of Iinvestment in Fixed Assets in Various Groups of State-owned Units (2019)

单位：% (%)

指 标	Item	投资额占比 Investment Proportion
按构成分	**Grouped by Use of Funds**	
建筑安装工程	Construction and Installation	85.9
设备、工具、器具购置	Purchase of Equipment and Instruments	5.9
其他费用	Others	8.2
按建设性质分	**Grouped by Type of Construction**	
新建	New Construction	78.6
扩建	Expansion	6.5
改建	Reconstruction	11.1
按行业分	**Grouped by Sector**	
农、林、牧、渔业	Agriculture,Forestry, Farming of Animals and Fishing	2.6
采矿业	Mining	0.1
制造业	Manufacturing	8.8
电力、燃气及水的生产和供应业	Production and Distribution of Electricity, Gas and Water	6.2
建筑业	Construction	0.1
批发和零售业	Traffic,Transport, Storage and Post	14.9
交通运输、仓储和邮政业	Information Transfer, Computer Services and Software	0.8
住宿和餐饮业	Wholesale and Retail Trade	0.8
信息传输、软件和信息技术服务业	Accommodation and Restaurants	0.2
金融业	Finance	0.1
房地产业	Real Estate Trade	11.0
租赁和商务服务业	Tenancy and Business Services	3.6
科学研究、技术服务业	Scientific Research, Technical Service and Geologic Perambulation	1.2
水利、环境和公共设施管理业	Management of Water Conservancy, Environment and Public Establishment	35.1
居民服务、修理和其他服务业	Resident Services and Other Services	0.4
教育	Education	5.6
卫生和社会工作业	Sanitation, Social Security and Social Welfare	3.0
文化、体育和娱乐业	Culture,Sports and Entertainment	3.1
公共管理、社会保障和社会组织	Public Management and Social Organization	2.6

7–9 非国有经济投资各种分组的固定资产投资占比 (2019年)

The Proportion of Investment in Fixed Assets in Various Groups of Non-State-owned Units (2019)

单位：%　　　　(%)

指　标	Item	投资额占比 Investment Proportion
按构成分	**Grouped by Use of Funds**	
建筑安装工程	Construction and Installation	75.5
设备、工器具购置	Purchase of Equipment and Instruments	14.2
其他费用	Others	10.3
按建设性质分	**Grouped by Type of Construction**	
新建	New Construction	48.7
扩建	Expansion	8.4
改建	Reconstruction	18.9
按行业主要门类分	**Grouped by Main Sector**	
农、林、牧、渔业	Agriculture, Forestry, Animal Husbandry and Fishery	5.9
工业	Industry	42.5

7-10 新增生产能力(2019年)
Newly Increased Production Capacity (2019)

生产能力(或效益)名称		Production capacity Item(or Efficiency)		合计 Total	国有经济 State-owned Economic	其他经济 Other Types of Ownership
原煤开采	(万吨/年)	Loal Mining	(10 000 tons/year)	126.06		126.06
焦炭	(万吨/年)	Coke	(10 000 tons/year)			
铁矿石原矿开采	(万吨/年)	Iron Ore Mining	(10 000 tons/year)			
炼铁	(万吨/年)	Iron-making	(10 000 tons/year)			
钢材	(万吨/年)	Steel-making	(10 000 tons/year)	85.50		85.50
铜冶炼	(吨/年)	Copper-making	(ton/year)	80000.00		80000.00
铅冶炼	(吨/年)	Lead-making	(ton/year)	15000.00		15000.00
其中:电解铅	(吨/年)	Electronlyted lead	(ton/year)			
锌冶炼	(吨/年)	Zinc-making	(ton/year)	61049.10		61049.10
锡冶炼	(吨/年)	Zinc-making	(ton/year)			
电解铝	(吨/年)	Electronlyted Al	(ton/year)	8500.00		8500.00
铝加工	(吨/年)	Al-making	(ton/year)	31058.00		31058.00
黄金	(公斤/年)	Gold	(kg/year)			
银选矿(银含量)	(公斤/年)	Silver Content	(kg/year)			
水力发电	(万千瓦)	Hydropower	(10 000kw)	12.33	3.15	9.18
火力发电	(万千瓦)	Thermal	(10 000kw)	165.40	0.40	165.00
核能发电	(万千瓦)	Nuclear Power Generation	(10 000kw)			
风力发电	(万千瓦)	Wind Power Generation	(10 000kw)	123.30	42.80	80.50
太阳能发电	(万千瓦)	Solar power	(10 000kw)	33.80	5.34	28.46
其它发电	(万千瓦)	Other Power Generation	(10 000kw)	11.39	0.99	10.40
输电线路长度(11万伏及以上)	(公里)	Transmission Line(>110 000 v)	(km)	549.20	532.50	16.70
水 泥	(万吨/年)	Cement	(10 000tons/year)	492.70		492.70
载货汽车制造	(辆/年)	Truck Manufacturing	(unit/year)			
轿车制造	(辆/年)	Sedan	(unit/year)	4987	4987	
其它汽车制造	(辆/年)	Other Automobile Manufacturing	(unit/year)	1178		1178
机制纸浆	(万吨/年)	Machine -made Paper Pulp	(10 000 tons/year)	15.70	0.90	14.80
新建公路	(公里)	Length of New Highways	(km)	5434.10	5236.40	197.70
#高速公路		Expressway		322.12		322.12
#一级公路		First-class Highway		13.40	13.40	
#二级公路		Second-class Highway		321.90	304.50	17.40
改建公路	(公里)	Length of Reconstructed Highways	(km)	2958.91	2783.71	175.20
#高速公路		Expressway				
#一级公路		First-class Highway		12.00		12.00
#二级公路		Second-class Highway		860.25	755.85	104.40
新建独立公路桥梁	(延长米)	Newly Build Highway Bridge	(extend metre)	2803	2803	
	(座)		(set)	31	31	
新(扩)建客、货运站	(个)	New (Expand) Customer, Freight Sstation	(unit)	13	7	6
	(平方米)	Passenger and Freight Station	(sq.m)	18708	13400	5308
城市自来水供水能力	(万吨/日)	Capacity of City Tap Water Supply	(10 000 tons/day)	366.1	252.1	114.0
城市污水处理能力	(万吨/日)	Capacity of City Sewage Treatment	(10 000 tons/day)	524.4	367.0	157.4

7-11 房地产开发统计主要指标(2019年)
Major Statistics Indicators of Real Estate Development (2019)

单位：亿元 (100 million yuan)

指标	Item	总计 Total	国有 State-owned	集体 Colective-owned	其他 Other Types of Ownership
计划总投资	**Panning Gross Investment**	**28519.92**	**1192.96**	**1.75**	**27325.21**
累计完成投资	Accumulative Investment Completed	18969.15	797.13	1.83	18170.18
本年完成投资	Investment Made in This Year	4445.47	175.03	0.63	4269.80
按构成分：	Group by Form:				
建筑工程	Construction	3106.08	120.49	0.58	2985.01
安装工程	Installation	416.58	10.52	0.01	406.05
设备、工具器具购置	Purchase of Equipment,Tools,Apparatus	112.66	3.67	0.01	108.98
按工程用途分	Group by use of Projects				
住宅	Residential Buildings	3197.35	112.89	0.59	3083.88
办公楼	Business Buildings	166.40	8.78		157.62
商业营业用房	Commercial Buildings	600.30	23.84	0.04	576.42
其他	Others	481.41	29.53		451.88
房地产开发企业本年资金来源	Group by Source of Funds	5848.64	257.03	0.21	5591.40
国内贷款	Domestic Loans	677.37	71.28		606.09
自筹资金	Fund Raising	1835.50	75.72		1759.78
本年新增固定资产	Newly Increased Fixed Assets	1307.01	47.63		1259.38
本年施工房屋面积（万平方米）	Floor Space of Buildings Under Construction (10 000 sq.m)	40045.12	1334.97	7.00	38703.15
#住宅	# Residential Buildings	29252.68	906.63	5.47	28340.58
本年竣工房屋面积（万平方米）	Floor Space of Buildings Completed (10 000 sq.m)	3975.24	104.01		3871.23
#住宅	# Residential Buildings	2969.35	79.81		2889.54
本年竣工房屋价值	Value of Buildings Completed	1154.03	36.73		1117.31
#住宅	# Residential Buildings	841.77	28.44		813.33
商品房销售额	Total Sales of Commercial House	5577.99	155.82	0.64	5421.53
商品房销售建筑面积（万平方米）	Floor Space of Selling Commercial House (10 000 sq.m)	9103.50	265.83	1.77	8835.90

主要统计指标解释

全社会固定资产投资 是以货币形式表现的在一定时期内全社会建造和购置固定资产的工作量以及与此有关费用的总称。该指标是反映固定资产投资规模、结构和发展速度的综合性指标。全社会固定资产投资按登记注册类型可分为国有、集体、联营、股份制、私营和个体、港澳台商、外商、其他等。

固定资产投资（不含农户） 指城镇和农村各种登记注册类型的企业、事业、行政单位及城镇个体户进行的计划总投资500万元及以上的建设项目投资和房地产开发投资，包括原口径的城镇固定资产投资加上农村企事业组织项目投资，该口径自2011年起开始使用。

民间固定资产投资 指具有集体、私营、个人性质的内资企事业单位以及由其控股(包括绝对控股和相对控股)的企业单位在中华人民共和国境内建造或购置固定资产的投资。

基础设施投资 指为社会生产和生活提供基础性、大众性服务的工程和设施，是社会赖以生存和发展的基本条件。包括以下行业投资：铁路运输业、道路运输业、水上运输业、航空运输业、管道运输业、多式联运和运输代理业、装卸搬运业、邮政业、电信广播电视和卫星传输服务业、互联网和相关服务业、水利管理业、生态保护和环境治理业、公共设施管理业。

房地产开发投资 指房地产开发企业本年完成的全部用于房屋建设工程、土地开发工程的投资额以及公益性建筑和土地购置费等的投资。

实际到位资金 指用于固定资产投资的各种货币资金。包括国家预算资金、国内贷款、利用外资、自筹资金和其他资金。

国家预算资金 国家预算包括一般预算、政府性基金预算、国有资本经营预算和社保基金预算。各类预算中用于固定资产投资的资金全部作为国家预算资金填报，其中一般预算中用于固定资产投资的部分包括基建投资、车购税、灾后恢复重建基金和其他财政投资。各级政府债券也应归入国家预算资金。

国内贷款 指报告期固定资产投资项目单位向银行及非银行金融机构借入用于固定资产投资的各种国内借款，包括银行利用自有资金及吸收存款发放的贷款、上级拨入的国内贷款、国家专项贷款（包括煤代油贷款、劳改煤矿专项贷款等），地方财政专项资金安排的贷款、国内储备贷款、周转贷款等。

利用外资 指报告期收到的境外（包括外国及港澳台地区）资金(包括设备、材料、技术在内)。包括对外借款(外国政府贷款、国际金融组织贷款、出口信贷、外国银行商业贷款、对外发行债券和股票)、外商直接投资、外商其他投资(包括利用外商投资收益在国内进行固定资产再投资活动的资金)。不包括我国自有外汇资金(国家外汇、地方外汇、留成外汇、调济外汇和国内银行自有资金发放的外汇贷款等)。各类外资按报告期的外汇牌价（中间价）折成人民币计算。

自筹资金 指固定资产投资单位在报告期收到的，由各企、事业单位筹集用于固定资产投资的资金，包括各类企事业单位的自有资金和从其他单位筹集的用于固定资产投资的资金，但不包括各类财政性资金、从各类金融机构借入资金和国外资金。

其他资金来源 指在报告期收到的除以上各种资金之外的用于固定资产投资的资金。包括社会集资、个人资金、无偿捐赠的资金及其他单位拨入的资金等。

固定资产投资按国民经济行业分 指根据其从事的社会经济活动性质对各类单位进行的分类。应根据建设项目建成投产后的主要产品种类或主要用途及社会经济活动种类来划分，不能根据项目单位本身的行业类别来划分。如果项目投产后有几种产品，应根据主要产品来确定行业类别。一般情况下，一个建设项目只能属于一种国民经济行业。

固定资产投资按隶属关系分 是按建设单位或企业、事业、行政单位的主管上级机关确定的。

(1) 中央　是指中共中央、人大常委会和国务院各部、委、局、总公司以及直属机构直接领导的建设项目和企业、事业、行政单位。这些单位的固定资产投资计划由国务院各部门直接编制和下达，统一组织或委托下级实施。包括有中央垂直管理的部门（如国家统计局各级调查队）和中央直属企业、事业单位(如工商银行、中国电信、中国石油)等。

(2) 地方　是由省(自治区、直辖市)、地(区、市、州、盟)、县（区、市、旗）三级政府及业务主管部门直接领导和管理的建设项目、企业、事业、行政单位。地方项目还包括不隶属以上各级政府及主管部门的建设项目和企业、事业单位，如外商投资企业和无主管部门的企业等。

固定资产投资按建设性质分　按整个建设项目情况来确定。建设项目的性质一般分为新建、扩建、改建和技术改造、单纯建造生活设施、迁建、恢复、单纯购置。农户投资不划分建设性质。

（1）新建　指从无到有"平地起家"开始建设的项目。现有企业、事业、行政单位投资的项目一般不属于新建。但如有的单位原有基础很小，经过建设后新增的固定资产价值超过该企业、事业、行政单位原有固定资产价值（原值）三倍以上的，也应作为新建。

（2）扩建　指在厂内或其他地点，为扩大原有产品的生产能力（或效益）或增加新的产品生产能力，而增建的生产车间（或主要工程）、分厂、独立的生产线等项目。行政、事业单位在原单位增建业务性用房（如学校增建教学用房、医院增建门诊部、病房等）也作为扩建。

现有企、事业单位为扩大原有主要产品生产能力或增加新的产品生产能力，增建一个或几个主要生产车间（或主要工程）、分厂，同时进行一些更新改造工程的，也应作为扩建。

（3）改建和技术改造　指现有企业、事业单位对原有设施进行技术改造或更新（包括相应配套的辅助性生产、生活福利设施）的建设项目。改建项目包括企业、事业单位为适应市场变化的需要，而改变企业的主要产品种类（如军工企业转民用产品等）的建设项目；原有产品生产作业线由于各工序（车间）之间能力不平衡，为填平补齐充分发挥原有生产能力而增建但不增加主要产品生产能力的建设项目。技术改造是指企业、事业单位在现有基础上用先进的技术代替落后的技术，用先进的工艺和装备代替落后的工艺和装备，以改变企业落后的技术经济面貌，实现以内涵为主的扩大再生产，达到提高产品质量、促进产品更新换代、节约能源、降低消耗、扩大生产规模、全面提高社会经效益的目的。技术改造具体包括以下内容：机器设备和工具的更新改造；生产工艺改革、节约能源和原材料的改造；厂房建筑和公共设施的改造；保护环境进行的"三废"治理改造；劳动条件和生产环境的改造等。

固定资产投资按构成分

（1）建筑工程　指各种房屋、建筑物的建造工程。这部分投资额必须兴工动料，通过施工活动才能实现，是固定资产投资额的重要组成部分。

（2）安装工程　指各种设备、装置的安装工程。在安装工程中，不包括被安装设备本身价值。

（3）设备工器具购置　指报告期内购置或自制的，达到固定资产标准的设备、工具、器具的价值。新建单位及扩建单位的新建车间，按照设计或计划要求购置或自制的全部设备、工具、器具，不论是否达到固定资产标准均计入"设备工器具购置"中。

（4）其他费用　指在固定资产建造和购置过程中发生的，除建筑安装工程和设备、工器具购置投资完成额以外的应当分摊计入固定资产投资的费用，不指经营中财务上的其他费用。

本年新增生产能力（或工程效益）　指在本年度内按照新增生产能力（或工程效益）的计算条件和标准，实际建成投入生产或交付使用的生产能力（或工程效益）。

房屋建筑面积　指房屋建筑物勒脚以上外墙外围的水平截面面积，包括房屋建筑物的有效面积和结构面积。该指标是从实物形态上反映建设规模和建设成果的重要指标之一，也是检查工程形象进度、计算工程造价、分析投资效果、研究施工任务和建筑材料之间平衡情况的重要依据。

房屋施工面积　指房地产开发企业本年施工的全部房屋建筑面积。包括本年新开工的房屋建筑面积、上年跨入本年继续施工的房屋建筑面积、上年停缓建在本年恢复施工的房屋建筑面积、本年竣工的房屋建筑面积以及本年施工后又停缓建的房屋建筑面积。多层建筑应填各层建筑面积之和。

房屋新开工面积　指房地产开发企业本年新开工建设的房屋建筑面积，以单位工程为核算对象。不包括在上年开工跨入本年继续施工的房屋建筑面积和上年停缓建而在本年恢复施工的房屋建筑面积。房屋的开工应以房屋正式开始破土刨槽（地基处理或打永久桩）的日期为准。房屋新开工面积指整栋房屋的全部建筑面积，不能分割计算。

房屋竣工面积　指房地产开发企业本年按照设计要求已全部完工，达到住人和使用条件，经验收鉴定合格或达到竣工验收标准，可正式移交使用的各栋房屋建筑面积的总和。

商品房销售面积　指房地产开发企业本年出售商品房屋的合同总面积（即双方签署的正式买卖合同中所确定的建筑面积）。

商品房销售额　指房地产开发企业本年出售商品房屋的合同总价款（即双方签署的正式买卖合同中所确定的合同总价）。该指标与商品房销售面积同口径。

Explanatory Notes on Main Statistical Indicators

Total Investment in Fixed Assets in the Whole Country refers to the volume of activities in construction and purchases of fixed assets of the whole country and related fees, expressed in monetary terms during the reference period. It is a comprehensive indicator which shows the size, structure and growth of the investment in fixed assets, providing a basis for observing the progress of construction projects and evaluating results of investment. Total investment in fixed assets in the whole country includes, by type of ownership, the investment by State-owned units, collective-owned units, joint ownership units, share-holding units, private units, individuals as well as investments by entrepreneurs from Hong Kong, Macao and Taiwan, foreign investors and others.

Investment in Fixed Assets (Excluding Rural Households) refers to the investment in construction projects with a total planned investment of 5 million yuan and over by enterprises of various ownerships, institutions, administrative units and urban self-employed individuals, and the investment in real estate development in both urban and rural areas. Since 2011, it covers the urban investment in fixed assets under the previous statistical coverage plus project investments by rural enterprises and institutions.

Non-governmental Investment in Fixed Assets refers to the investment in the construction or purchase of fixed assets in the territory of the People's Republic of China by domestic-funded enterprises and institutions with collective, private and personal nature and by enterprises and institutions controlled by them (including absolute and relative holding).

Infrastructure Investment refers to projects and facilities that provide basic and popular services for social production and life. It is the basic condition for the survival and development of society. It includes: railway transport, road transport, water transport, air transport, pipeline transport, multimodal transport and transport agent Intermodality and Forwarding Agency, loading and unloading, posts, telecommunications, radio and television and satellite transmission services, Internet and related services, water management industry, ecological protection and environmental governance, public facilities management.

Investment in Real Estate Development refers to the investment made by real estate development companies in the construction of housing, development of land, nonprofit buildings and value of land purchased.

Investment in Real Estate Development refers to the investment made by real estate development companies in the construction of housing, development of land, nonprofit buildings and value of land purchased.

Fund from the State Budget State budget consists of general budget, government fund budget, operation budget of state-owned assets and social security fund budget. Funds for investment in fixed assets from various budgets are reported as fund from the state budget, of which, the general budget utilized on fixed assets investment includes investment on infrastructure construction, vehicle purchase tax, post-disaster restoration and reconstruction funds and other financial investment. Government bonds at all levels should also be included.

Domestic Loans refer to loans of various forms borrowed by investing units from banks and non-bank financial institutions during the reference period for the purpose of investment in fixed assets, including loans issued by banks from their self-owned funds and deposit, loans appropriated by higher responsible authorities, special loans by government (including loan for substituting petroleum with coal, special loans for reform-through-labour coal mines), loans arranged by local government from special funds, domestic reserve loan, and revolving loan, etc.

Foreign Investment refers to overseas (including foreign countries, Hongkong, Macao and Taiwan) funds received during the reference period (covering equipment, materials and technology), including foreign borrowings (loans from foreign governments and international financial institutions, export credit, commercial loans from foreign banks, issue of bonds and stocks overseas), foreign direct investment and other foreign investments (including funds from foreign direct investment income that are reinvested in fixed assets domestically). Excluded from this category is capital in foreign exchanges owned by China (foreign exchanges owned by the central and local governments, foreign exchanges retained by enterprises, foreign exchanges by enterprises through the regulating mechanism, loans in foreign exchanges issued by the Bank of China with its own fund, etc.). In calculating the utilization of foreign capital, foreign currencies are converted into Chinese Renminbi applying the exchange rate (central parity rate) at the end of the reference period.

Self-raised Funds refer to funds for investment in fixed assets received during the reference period by investing units, including investment in fixed assets using own funds of various enterprises and institutions or funds raised from other units other than financial funds, funds borrowed from financial institutions and overseas funds.

Other Funds refer to funds for investment in fixed assets received from sources other than those listed above, including funds raised from individuals and through donations, and funds transferred from other units.

Investment in Fixed Assets by Sector refers to the classification of investment by the nature of social economic activities the investing units are engaged in. The classification of construction projects by sector is determined by the major products or the purpose of the projects when they are put into production or use, and by the nature of their social economic activities, instead of being determined by industrial classification of the project enterprises. The project will be classified according to major product if there are several kinds of products yielded. In general, one project can only be classified into one sector.

Investment in Fixed Assets by Jurisdiction of Management refers to the classification of investment by the competent authorities under which investment is made by construction units, enterprises, institutions or administrative units.

(1) Central investment refers to the investment in projects or by enterprises, institutions or administrative units which are under the direct leadership and management of the State Council and of the national commissions, ministries, agencies and State-owned large corporations. Various ministries and departments of the State Council prepare and implement plans through unified organization or lower-level commissions, which include departments direct under central government (i.e. survey offices at all level of the National Bureau of Statistics) and enterprises and institutions directly under central government (like the Industrial and Commercial Bank of China, China Telecom and China National Petroleum Corporation).

(2) Local investment refers to the investment in projects or by enterprises, institutions or administrative units which are under the direct leadership and management of competent departments and governments at the level of province (autonomous regions and municipalities directly under the Central Government), prefecture (prefectures, cities and leagues) and county (districts, cities and banners). Also included are projects by foreign-invested enterprises and enterprises without competent managing authorities.

Investment in Fixed Assets by Type of Construction Construction projects in general can be classified, by the type of construction, into new construction, expansion, reconstruction and technical transformation, purely construction of living facilities, moving, restoration and purely purchasing. However, investment by type of construction is not applied to investment by real-estate development units and investment by rural households.

(1) New construction in general refers to construction projects, which start from scratch. The existing projects invested by enterprises, institutions and administrative agencies cannot be classified as new construction. In case the size of the existing unit is quite small, and the value of newly added fixed assets is more than three times of the original value, the expansion will be considered as new construction.

(2) Expansion refers to projects of construction of new production workshop, branch factory or independent production line within a factory or in other locations, for the purpose of increasing the production capacity (or improving efficiency) or adding new production capacity. Newly constructed accommodation for the operation of institutions and administrative organizations (such as newly constructed buildings for teaching in schools, buildings for clinics or wards in hospitals, etc.) are also classified as expansion.

Also included in expansion are investments by existing enterprises or institutions in building major production line(s) or branch factory (ies) along with some work on innovation, for the purpose of expanding the production capacity of original products or producing new products.

(3) Reconstruction and technical transformation refers to construction projects by existing enterprises or institutions in innovation or technical transformation of the old facilities (including auxiliary production equipment and welfare facilities). Also considered as reconstruction is the construction of new workshops by the existing enterprises or institutions to change the variety of products to meet the market demand (such as the production of civil products by defence industries), or to bring the designed production capacity into full play through a more balanced production process on production lines. Technical transformation refers to replacement of old technology or equipment by new technology or equipment, in order to expand the reproduction through improvement of technology contents in production, to improve product quality, to promote new products, to save energy, to reduce consumption, to expand the production scale and to improve overall social-economic efficiency. Contents of technical transformation include: updating of machinery, equipment and tools; reforming production process by using energy or materials saving technology; construction of factory workshops and transformation of public facilities; treatment transformation of "three wastes" (waste gas, waste water and industrial residue) aiming at environmental protection; improvement of working conditions and environment, etc.

Investment in Fixed Assets by Structure

(1) Construction refers to the construction of houses and buildings, also known as work volume of construction. This part of investment can only be achieved through construction activities, it is the major component of the total investment in fixed assets.

(2) Installation refers to the installation of various kinds of equipment and instruments, also known as work volume of installation.

The value of equipment installed itself is not included in the value of installation projects.

(3) Purchase of equipment and instruments refers to the total value of equipment, tools, and instruments purchased or self-produced which come up to the cut-off point for fixed

assets during the reference period. Equipment, tools and instruments purchased or self-produced for new workshops by newly established or expanded units are categorized as "purchase of equipment and instruments" no matter whether they come up to the cut-off point for fixed assets.

(4) Other expenses refer to expenses arising during the construction or purchase of fixed assets other than those expenses on construction, installation and purchase of equipment and instruments. Other financial expenses arising in operation are not included.

The Newly Increased Production Capacity (project efficiency) of Current Year refers to the production capacity (project efficiency) that has been completed and put into operation in current year according to the calculation conditions and standards on newly increased production capacity (project efficiency).

Floor Space of Buildings under Construction refers to the total floor space of the horizontal section of outer walls above the plinth of the building, including the effective area and the area occupied by the structure. This indicator is one of the important indicators in physical terms to reflect the scale and accomplishment of the construction industry and also an important basis for monitoring the progress, calculating the cost, analyzing the efficiency and studying the supply of building materials in relation to the construction projects.

Floor Space of Buildings under Construction refers to the total space area of the buildings under construction in the year by real estate development companies. It includes buildings started in the year, continued from the previous year, suspended in earlier years but restarted in the year, completed in the year, and started in the year but suspended in the year as well. The floor space of a multi-storied building should be the sum of floor space of all the stories.

Floor Space of Buildings Started This Year refers to the total floor space area of the buildings started in the year by real estate development companies. It excludes the buildings started in previous years and continued in the year, and the buildings suspended in previous years but restarted in the year. The start of a construction is defined by the date of ground breaking or pile driving. The floor space of the building includes that of the entire building.

Floor Space of Buildings Completed refers to the total floor space area of the buildings completed in the year by real estate development companies, which meet the requirements as designed, reach the criteria set for people to live in or use, have passed the acceptance checks, and are ready for delivery or use.

Area of Commercialized Housing Sold refers to total contracted area of commercialized housing (i.e. area of floor space as designated in the formal contracts signed by both sides) sold by real estate development companies during the reference time.

Value of Commercialized Housing Sold refers to the total contracted value (i.e. value of sales/purchase for selling/purchase of commercialized housing as designated in the contract signed by both sides) received from the sales of the buildings by real estate development companies during the reference time. This indicator has the same coverage as the area of commercialized housing sold.

08 对外经济、旅游和开发区

Foreign Economy ,Tourism and Development Zones

资料整理人员：贺淑贞　　陈　慧

8-1 对外经济和旅游
Foreign Economy and Tourism

年份 Year	进出口总额（万美元） Total Imports And Exports (USD 10 000)	出口 Exports	进口 Imports	实际利用外商直接投资金额（万美元） Total Amount of Foreign Capital Actually Used (USD 10 000)	接待旅游总人数（万人次） Number of Tourists (10 000 person)	旅游业总收入（亿元） Income of Tourism (100 million yuan)	星级饭店数（个） Total Number of Tourist Hotels (unit)
1979	23363	22296	1067		0.81	0.01	
1980	32635	31389	1246		0.95	0.01	
1981	43531	35504	8027		1.33	0.02	
1982	42662	38369	4293		1.53	0.05	
1983	45667	40003	5664		1.99	0.03	
1984	46171	41703	4468		2.63	0.04	
1985	52549	39606	12943		3.20	0.04	
1986	62377	50305	12072		4.12	0.09	
1987	74642	61945	12697	235	5.72	0.10	
1988	83403	63860	19543	447	6.76	0.30	
1989	85201	66563	18638	1495	5.57	0.30	
1990	94161	80552	13609	1116	8.52	0.50	
1991	137525	101665	35860	2276	1210	3.68	
1992	207800	141145	66655	12853	1513	6.03	
1993	234800	161200	73600	43267	1615	11.62	
1994	201740	143321	58419	32512	2014	30.80	
1995	201664	145101	56563	48802	2518	43.41	
1996	176299	129074	47225	70344	3223	60.45	
1997	189445	144796	44649	91702	4040	79.59	
1998	178209	128290	49919	81816	4235	99.93	
1999	195604	128210	67394	65384	4339	120.35	
2000	251259	165308	85951	68182	4695	148.76	212
2001	275841	175400	100441	81011	5036	210.50	270
2002	287621	179542	108079	103089	5757	245.98	321
2003	373617	214626	158990	148907	5970	294.11	359
2004	543774	309778	233996	141806	6487	371.56	417
2005	600485	374667	225818	207235	7181	453.62	388
2006	735259	509401	225858	259335	9195	588.41	501
2007	968987	652342	316645	327051	10897	732.71	585
2008	1256584	840950	415634	400515	12830	851.75	569
2009	1015101	549189	465912	459787	16065	1099.47	567
2010	1468886	795487	673399	518441	20398	1425.80	549
2011	1900006	989747	910259	615031	25328	1785.78	568
2012	2194082	1259965	934117	728034	30506	2234.10	581
2013	2516439	1482083	1034356	870482	36058	2681.86	587
2014	3102729	2002348	1100380	1026585	41203	3050.70	555
2015	2936680	1917288	1019392	1156441	47331	3712.91	498
2016	2687970	1817002	870968	1285209	56548	4707.43	461
2017	3603951	2317175	1286776	1447489	66935	7172.62	407
2018	4652983	3057434	1595550	1619134	75301	8355.73	397
2019	6288194	4453465	1834729	1810127	83154	9762.32	315

注：进出口数据1994年前为外贸统计数，1994年及以后为海关统计数。

Figures on total imports and exports form foreign trade were obtained from foreign trade statistics before 1994 and the figures were obtained from the Changsha Customs statistics after 1994.

8-2 对外经济贸易和旅游概况
A Survey on Foreign Trade and Tourism

指 标	Item	2000	2010	2017	2018	2019
进出口总额 （亿美元）	**Total Imports And Exports (USD 100 million)**	**25.13**	**146.89**	**360.4**	**465.30**	**628.82**
出口总额	Total Exports	16.53	79.55	231.7	305.74	445.35
进口总额	Total Imports	8.60	67.34	128.7	159.55	183.47
进出口差额	Balance	7.93	12.21	103	146.19	261.87
实际利用外资 （亿美元）	**Total Amount of Foreign Capital Actually Used (USD 100 million)**	**11.08**	**51.84**	**144.75**	**161.91**	**181.01**
对外借款	Foreign Loans	3.37	1.94	5.07	1.65	1.99
外商直接投资	Foreign Direct Investments	6.82	49.09	9.53	8.52	11.53
外商其他投资	Other Foreign Investments	0.89	0.81	130.15	151.74	167.50
外商投资企业基本情况	**Registered Foreign-funded Enterprises**					
年底登记户数 （户）	Number of Registered Enterprises (unit)	2316	2621	2377	1881	2672
投资总额 （亿美元）	Total Investment (USD 100 million)	73.06	324.06	1633.92	1631.12	1841.10
注册资本 （亿美元）	Registered Capital (USD 100 million)	43.38	161.11	683.72	694.96	793.60
#外方	# Capital from Foreign Partners	26.51	114.61	532.77	567.07	606.22
对外经济合作合同金额 （亿美元）	**Contracted Value of Economic Cooperation With Foreign Countries & Territories (USD 100 million)**	**1.87**	**21.15**	**76.02**	**96.08**	**125.46**
对外承包工程	Contracted Projects	1.49	14.12	40.57	45.05	55.00
对外劳务合作	Labor Services	0.34	7.03	35.45	51.03	70.46
国际旅游人数 （万人次）	**Total Number of International Tourists (10 000 person-times)**	**45.40**	**189.87**	**322.68**	**365.08**	**466.95**
外国人	Foreigners	15.79	103.30	155.48	178.74	250.14
港澳台同胞	Compatriots from HongKong, Macao and Taiwan	29.61	86.57	167.2	186.34	216.81
旅游外汇收入总额（亿美元）	**Foreign Exchange Earnings from International Tourism (USD 100 million)**	**2.21**	**8.87**	**12.95**	**15.20**	**22.51**
星级饭店 （个）	**Total Number of Tourist Hotels (unit)**	**212**	**549**	**407**	**397**	**315**

注：外贸进出口资料统一按长沙海关统计数据，以下同。

Figures on total imports and exports form foreign trade are obtained from the Changsha Customs statitics.The same as in the following table.

8-3 进出口商品总值
Total Value of Imports and Exports

单位：万美元 (USD 10 000)

项　目	Item	2015	2016	2017	2018	2019
进出口总值	**Imports & Exports**	**2936680**	**2687970**	**3603951**	**4652983**	**6288194**
#出口	#Exports	1917288	1817002	2317175	3057434	4453465
进口	Imports	1019392	870968	1286776	1595550	1834729
进出口差额	**Balance**	**897896**	**946034**	**1030399**	**1461884**	**2618736**

8-4 进出口商品主要产销国别（地区）总值
Value of Imports and Exports by Main Producer and Sales ountries (Regions)

单位：万美元 (USD 10 000)

国家（地区）	Country(Region)	2017		2018		2019	
		进　口 Imports	出　口 Exports	进　口 Imports	出　口 Exports	进　口 Imports	出　口 Exports
总　计	**Total**	**1286776**	**2317175**	**1595550**	**3057434**	**1834729**	**4453465**
中国香港	Hong Kong, China	23378	543518	46759	616267	37423	881352
美　国	United States	96576	336335	100487	439895	73313	522475
日　本	Japan	129917	48564	140474	67105	142297	99194
韩　国	Republic of Korea	79017	85634	111097	140240	165500	177658
澳大利亚	Australia	117830	26383	137424	35159	179177	45493
南　非	South Africa	78981	41339	98493	38773	91403	44092
德　国	Germany	65810	53617	90295	72027	115283	118220
中国台湾	Taiwan, China	76807	23511	121022	39937	178383	63220
越　南	Vietnam	14372	84604	15043	95598	37568	140478
巴　西	Brazil	58307	25417	83858	35399	73179	43841
俄罗斯	Russia	16118	65267	23267	124846	12284	181021
马来西亚	Malaysia	9796	64487	34654	105303	32921	158057
英　国	United Kingdom	8952	62136	8541	59169	5673	137976
印　度	India	8980	61644	8053	90965	8834	143644
印度尼西亚	Indonesia	19901	44460	25769	55015	21399	66655
荷　兰	Netherlands	19274	39967	30883	64166	41789	93830
泰　国	Thailand	13130	44282	21086	58476	41216	58755
新加坡	Singapore	7985	39940	10345	63585	9107	158688
东盟（10国）	ASEAN(the ten countries)	78042	325139	117469	457570	168386	727778
欧盟（28国）	European Union(the twenty eight countries)	155645	301840	200055	397236	232503	656682

8-5 进出口商品机电电子产品情况
Import and Export Value of Machinery and Electrical Products

单位：万美元 (USD 10 000)

指 标	Item	2017		2018		2019	
		进 口 Imports	出 口 Exports	进 口 Imports	出 口 Exports	进 口 Imports	出 口 Exports
机电产品	**Mechanical & Electrical Products**	**578527**	**1089284**	**685677**	**1319779**	**790266**	**1933448**
金属制品	Metal and Related Products	8797	130847	7192	226417	10547	288485
机械设备	Machinery Equipment	148097	204186	149444	206247	123275	293214
电器及电子产品	Electrical Products	290066	543387	346915	591915	458558	904608
运输工具	Facilities of Transportation	76336	79023	95964	105989	113836	97886
仪器仪表	Instruments and Meters	48639	36463	72983	59344	69020	124261
其他	Others	6591	95379	13180	129868	15029	224994

8-6 进出口商品贸易方式
Value of Imports and Exports by Trade Ways

单位：万美元 (USD 10 000)

贸易方式	Trade Ways	2018		2019	
		进 口 Imports	出 口 Exports	进 口 Imports	出 口 Exports
一般贸易	Original Trade	1076590	2354974	1121055	3493572
国家间、国际组织无偿援助和赠送的物资	Assistant Goods from International Organization	4	1343		849
加工贸易	Processing Trade	451854	680071	573597	796319
来料加工装配贸易	Processing and Assembly Trade Provided with Raw Material	107935	114605	144823	142847
进料加工贸易	Processing Trade of Imported Material	343918	565465	428774	653472
边境小额贸易	Frontier Small Value Trade		1		17
加工贸易进口设备	Processing and Assembling Import Equipment Provided with Material	2625		2953	
对外承包工程出口货物	Constructed Projects in Foreign Countries		4148		4607
外商投资企业作为投资进口的设备、物品	Imported Equipment and Materials as Investment of Foreign Investment Enterprises	3897		607	
出料加工贸易	Processing Trade of Exported Material	162	171	295	247
海关特殊监管方式	Customs special supervision method	57030	15326	127120	82497
保税监管场所进出境货物	Import & Export Commodities in Protective Tariff Zone	35324	8601	61754	42909
海关特殊监管区域物流货物	Logistics Goods in Special Customs Surveillance Areas	18303	6725	57053	39588
海关特殊监管区域进口设备	Imported Equipments in Special Customs Surveillance Areas	3403		8312	
租赁贸易	Renting trade	15			

8-7 主要出口商品总值 (2019年)

Major Exports Commodities in Value (2019)

商品名称		Item		数 量 (Volume)	美元值（万美元）Dollar value (USD 10 000)
服装及衣着附件		Articles of Apparel & Clothing Accessories			390177
织物制服装		Garments with Textile			193758
裘皮服装	（吨）	Fur Garment	(tons)	2154.81	157608
鞋类	（万吨）	Footware	(10 000 tons)	9.23	176371
鞋	（万吨）	Shoes	(10 000 tons)	8.58	171053
扬声器	（万个）	Loudspeakers	(10 000 units)	6341.40	94384
钢材	（万吨）	Rolled Steels	(10 000 tons)	164.82	145441
箱包及类似容器	（万吨）	Travel Goods	(10 000 tons)	7.93	144138
陶瓷产品	（万吨）	Ceramic Products	(10 000 tons)	42.89	152255
家用陶瓷	（万吨）	Domestic Ceramics	(10 000 tons)	24.66	117078
灯具、照明装置及零件		Lamps, Lighting fixtures and Parts			128441
自动数据处理设备及其部件		Automatic Data Processing Equipment and Components			65479
玩具		Toys			163135
贵金属或包贵金属的首饰	（吨）	Precious Metal or Precious Metal Jewelry	(tons)	23.60	97971
电话机	（万台）	Telephones	(10 000 units)	3801.71	69275
手持或车载无线电话机	（万台）	Handheld or Vehicle Wireless Phones	(10 000 units)	3728.89	68719
烟花、爆竹	（万吨）	Fireworks and Firecrackers	(10 000 tons)	20.81	47516
纺织纱线、织物及制品		Textile Yarn,Textile and Related Products			86590
塑料制品	（万吨）	Plastic Products	(10 000 tons)	11.34	127416
集成电路	（亿个）	Integrated Circuit	(100 million units)	12.37	53354
圣诞用品	（万吨）	Christmas Goods	(10 000 tons)	1.29	53296
蓄电池	（万个）	Battery	(10 000 units)	7373.76	46933
手用或机用工具	（万吨）	Hand Tools and Tools For Machines	(10 000 tons)	3.02	35318
家具及其零件		Furniture and Parts			82440
蔬菜	（万吨）	Vegetables	(10 000 tons)	32.38	45072

8-8 主要进口商品总值 (2019年)

Major Imports Commodities in Value (2019)

商品名称		Item		数 量 (Volume)	美元值（万美元）Dollar value (USD 10 000)
铁矿砂及其精矿	（万吨）	Iron Ores and Concentrate	(10 000 tons)	2364.63	218192
集成电路	（亿个）	Integrated Circuit	(100 million units)	28.03	281354
汽车零配件		Parts of Motor Vehicles			32777
铜矿砂及其精矿	（万吨）	Cooper Ores and Concentrates	(10 000 tons)	32.25	50023
纸浆	（万吨）	Paper Pulp	(10 000 tons)	40.50	26069
计量检测分析自控仪器及器具		Measuring and Checking			28750
煤及褐煤	（万吨）	Coal and Lignite	(10 000 tons)	258.01	19623
合成橡胶（包括乳胶）	（万吨）	Synthetic Rubber (including latex)	(10 000 tons)	17.96	26272
乳品	（万吨）	Dairy	(10 000 tons)	6.04	53498
奶粉	（万吨）	Powdered Milk	(10 000 tons)	4.94	48041
肉及杂碎	（万吨）	Meat and Chop	(10 000 tons)	15.64	61813
牛肉	（万吨）	Beef	(10 000 tons)	5.43	26439
变压、整流、电感器及零件		Transformer, Rectifier, Inductor and Parts			28218
粮食	（万吨）	Foodstuff	(10 000 tons)	103.36	37242
大豆	（万吨）	Soybean	(10 000 tons)	79.29	30764
铅矿砂及其精矿	（万吨）	Lead Ores and Concentrates	(10 000 tons)	10.41	14979
汽车	（万辆）	Cars	(10 000 units)	1.31	79892
自动数据处理设备及其部件		Automatic Data Processing Equipment and Components			14085
钻石	（千克）	Diamond	(kgs)	101.82	17014
印刷电路	（亿块）	Printed Circuit	(100 million units)	2.13	15289
鲜、干水果及坚果	（万吨）	Fresh Fruit, Dried Fruit and Nut	(10 000 tons)	7.17	13652
初级形状的塑料	（万吨）	Plastic in Primary Form	(10 000 tons)	19.09	21816
锌矿砂及其精矿	（万吨）	Zinc Ores and Concentrates	(10 000 tons)	21.37	15086

8-9 利用外商直接投资
Foreign Direct Investments

单位：万美元 (USD 10 000)

项　目	Item	2000	2010	2017	2018	2019
总 计	**Total**	**68182**	**518441**	**1447490**	**1619134**	**1810127**
按产业类别分类	**Grouped By Industry**					
第一产业	Primary Industry	3335	35864	52801	62320	72104
第二产业	Secondary Industry	43425	432949	746387	808643	803096
第三产业	Tertiary Industry	21422	49628	648302	748171	934927
按企业主体分类	**Grouped by Form**					
中外合资	Equity Foint Venture	32671	87552	281739	409846	361415
中外合作	Contractural Foint Venture	7328	11808	102685	82760	96186
外商独资	Wholly Foreign-owned Entenprise	27940	418095	959553	1047648	1298044
外商投资股份制	FDI Share Holding Inc.	243	986	103512	78880	54482

8-10 外商直接投资签订合同情况 (分国别、地区) (2019年)
Basic Statistics on Signed Contracts of Direct Foreign Investment (by Country or Region) (2019)

国别（地区）	Countries (Region)	项目（合同）个数（个）Number of Projects (case)	实际利用外资（万美元）Actually Used Amount (USD 10 000)
总 计	**Total**	**269**	**1810127**
中国香港	Hongkong, China	101	1323348
中国台湾	Taiwan, China	55	116431
美 国	United States	9	48417
日 本	Japan	3	48196
维尔京群岛	Virgin Islands	1	69616
德 国	Germany	5	7068
新加坡	Singapore	8	14009
荷 兰	Netherlands	2	48083
澳大利亚	Australia	5	8504
英 国	United Kingdom	2	8068
韩 国	Korea	5	21355
开曼群岛	Cayman Islands	0	34510

8-11 旅游业基本情况
Basic Statistics of Tourism

项 目	Item	2000	2010	2017	2018	2019
接待旅游总人数 （万人）	**Number of Tourists (10 000 person)**	**4695.40**	**20398.03**	**66934.58**	**75300.53**	**83154.10**
#接待海外游客	#International Tourists	45.40	189.87	322.68	365.08	466.95
#接待国内游客	#Domestic Tourists	4650.00	20208.16	66611.90	74935.45	82687.15
旅游业总收入（人民币亿元）	**Income of Tourism (RMB 100 million yuan)**	**148.80**	**1425.80**	**7172.62**	**8355.73**	**9762.32**
#旅游创汇 （亿美元）	#Earnings from International Tourism (USD 100 million)	2.21	8.87	12.95	15.20	22.51
#国内旅游收入	#Earnings from Domestic Tourism	130.46	1365.54	7085.16	8255.12	9613.37

8-12 国际旅游人数和人天数
Number of International Tourists and Days of Tourism

项 目	Item	2000	2010	2017	2018	2019
接待入境旅游人数合计(人次)	**Total of International Tourists Arrivals (person-time)**	**454008**	**1898698**	**3226844**	**3650822**	**4669513**
#外国人	#Foreigners	157899	1032951	1554824	1787405	2501382
港澳台同胞	Compatriots From Hongkong,Macao and Taiwan	296109	865747	1672020	1863417	2168131
#台胞	#Compatriots from Taiwan	172731	372105	599574	610064	680925
入境旅游人天数合计 （人天）	**Total of International Tourist Arrivals (person-day)**	**1443640**	**4631994**	**6257835**	**7810131**	**10885519**
#外国人	#Foreigners	596216	3191532	3131866	4029021	6108077
港澳台同胞	Compatriots From Hongkong,Macao and Taiwan	847424	1440462	3125968	3781110	4777442
#台胞	#Compatriots from Taiwan	465221	633096	1134549	1230145	1390934

注：从 2000 年起，华侨并入外国人统计。
Overseas chinese are bring into foreigners since 2000.

8-13 接待外国人按国别分组
Number of Foreign Tourists by Country

单位：人次 (person-time)

国 别	Country	2014	2015	2016	2017	2018	2019
外国人总计	**Total**	**1000746**	**1181881**	**1274100**	**1554824**	**1787405**	**2501382**
#日本	#Japan	74916	43335	66575	98157	125885	175935
菲律宾	Philippines	7475	10715	9844	17879	25683	36739
新加坡	Singapore	37298	24936	32804	60354	59166	109352
泰 国	Thailand	27648	25698	54058	79140	93513	71627
印度尼西亚	Indonesia	32131	24790	56840	69292	45664	80586
美 国	United States	97254	71296	74906	80316	96106	92741
加拿大	Canada	24458	24389	30801	42574	43513	42764
德 国	Germany	28554	25454	30095	37609	53772	68945
英 国	United Kingdom	57868	39514	43140	48552	65164	68161
法 国	France	33555	30292	33252	39850	51457	59748
意大利	Italy	18788	19932	24346	27855	34908	36631
俄罗斯	Russia	17100	26602	35025	45426	52414	53066
澳大利亚	Australia	18541	22615	25614	39749	38168	37377
新西兰	New Zealand	6705	11376	11137	13584	18521	20673
其 他	Others	518455	780937	745663	854487	983471	1547037

8-14 湖南省级及以上产业园区基本情况 (2019年)

Basic Information of Provincial and Above Industrial Parks(2019)

指 标		Item		2019
规划面积	（平方公里）	Planning Areas in Development Zone	(Sq.km.)	2392.71
实际开发面积	（平方公里）	Actual Land Areas of Development Zone	(Sq.km.)	1060.08
#工业用地面积		#Industrial Land Area		732.18
园区企业个数	（个）	Number of Enterprises	(unit)	56216
#工业企业个数		#Industrial Enterprises		22984
#制造业企业个数		# Manufacturing Enterprises		21074
高新技术产业企业个数	（个）	New-and-High-Tech Enterprises	(unit)	6592
期末从业人员	（万人）	Population of Employment	(10 000 person)	382.82
#工业企业从业人员		#Employees in Industrial Enterprises		278.84
高新技术产业企业从业人员	（万人）	Employees in New-and-High-Tech Enterprises	(10 000 person)	147.41
技工贸总收入	（亿元）	Total Income of Technology, Industry and Trade	(100 million yuan)	48552.76
#工业企业主营业务收入		#Main Business Income of Industrial Enterprises		34856.07
高新技术产业主营业务收入	（亿元）	Main Business Income of New-and-High-Tech Industry	(100 million yuan)	22507.42
利润总额	（亿元）	Total Profit	(100 million yuan)	2357.71
上交税金总额	（亿元）	Total of the Tax Amount	(100 million yuan)	1603.60
专利申请授权数	（件）	Number of Patent Applications Granted	(item)	19336
本年完成固定资产投资总额	（亿元）	Total Investment in Fixed Assets Completed this year	(100 million yuan)	9704.14
实际使用外资额	（亿美元）	Actual Value of Foreign Investment	(USD 100 million)	98.44
实际使用省外境内资金额	（亿元）	Actual Value of Domestic Investment outside the province	(100 million yuan)	2901.89
出口总额	（亿元）	Value of Exports	(100 million yuan)	2107.51

8-15 湖南省国家级产业园区基本情况 (2019年)
Basic Information of National Industrial Park(2019)

指 标		Item		2019
规划面积	（平方公里）	Planning Areas in Development Zone	(Sq.km.)	1151.87
实际开发面积	（平方公里）	Actual Land Areas of Development Zone	(Sq.km.)	379.52
#工业用地面积		#Industrial Land Area		223.61
园区企业个数	（个）	Number of Enterprises	(unit)	31303
#工业企业个数		#Industrial Enterprises		9010
#制造业企业个数		# Manufacturing Enterprises		8296
高新技术产业企业个数	（个）	New-and-High-Tech Enterprises	(unit)	2821
期末从业人员	（万人）	Population of Employment	(10 000 person)	145.85
#工业企业从业人员		#Employees in Industrial Enterprises		91.77
高新技术产业企业从业人员	（万人）	Employees in New-and-High-Tech Enterprises	(10 000 person)	62.13
技工贸总收入	（亿元）	Total Income of Technology, Industry and Trade	(100 million yuan)	23212.31
#工业企业主营业务收入		#Main Business Income of Industrial Enterprises		14659.09
高新技术产业主营业务收入	（亿元）	Main Business Income of New-and-High-Tech Industry	(100 million yuan)	10454.57
利润总额	（亿元）	Total Profit	(100 million yuan)	1131.41
上交税金总额	（亿元）	Total of the Tax Amount	(100 million yuan)	874.65
专利申请授权数	（件）	Number of Patent Applications Granted	(item)	11689
本年完成固定资产投资总额	（亿元）	Total Investment in Fixed Assets Completed this year	(100 million yuan)	3849.49
实际使用外资额	（亿美元）	Actual Value of Foreign Investment	(USD 100 million)	42.41
实际使用省外境内资金额	（亿元）	Actual Value of Domestic Investment outside the province	(100 million yuan)	950.27
出口总额	（亿元）	Value of Exports	(100 million yuan)	1392.08

8-16 湖南省省级产业园区基本情况 (2019年)
Basic Information of Provincial Industrial Park (2019)

指 标		Item		2019
规划面积	(平方公里)	Planning Areas in Development Zone	(Sq.km.)	1240.84
实际开发面积	(平方公里)	Actual Land Areas of Development Zone	(Sq.km.)	680.56
#工业用地面积		#Industrial Land Area		508.57
园区企业个数	(个)	Number of Enterprises	(unit)	24913
#工业企业个数		#Industrial Enterprises		13974
#制造业企业个数		# Manufacturing Enterprises		12778
高新技术产业企业个数	(个)	New-and-High-Tech Enterprises	(unit)	3771
期末从业人员	(万人)	Population of Employment	(10 000 person)	236.97
#工业企业从业人员		#Employees in Industrial Enterprises		187.07
高新技术产业企业从业人员	(万人)	Employees in New-and-High-Tech Enterprises	(10 000 person)	85.28
技工贸总收入	(亿元)	Total Income of Technology, Industry and Trade	(100 million yuan)	25340.45
#工业企业主营业务收入		#Main Business Income of Industrial Enterprises		20196.98
高新技术产业主营业务收入	(亿元)	Main Business Income of New-and-High-Tech Industry	(100 million yuan)	12052.85
利润总额	(亿元)	Total Profit	(100 million yuan)	1226.30
上交税金总额	(亿元)	Total of the Tax Amount	(100 million yuan)	728.95
专利申请授权数	(件)	Number of Patent Applications Granted	(item)	7647
本年完成固定资产投资总额	(亿元)	Total Investment in Fixed Assets Completed this year	(100 million yuan)	5854.65
实际使用外资额	(亿美元)	Actual Value of Foreign Investment	(USD 100 million)	56.02
实际使用省外境内资金额	(亿元)	Actual Value of Domestic Investment outside the province	(100 million yuan)	1951.62
出口总额	(亿元)	Value of Exports	(100 million yuan)	715.43

8-17 湖南省高新技术产业开发区基本情况 (2019年)
Basic Information of New-and-High-Tech Development Park(2019)

指 标		Item		2019
规划面积	（平方公里）	Planning Areas in Development Zone	(Sq.km.)	940.64
实际开发面积	（平方公里）	Actual Land Areas of Development Zone	(Sq.km.)	390.48
#工业用地面积		#Industrial Land Area		262.25
园区企业个数	（个）	Number of Enterprises	(unit)	19838
#工业企业个数		#Industrial Enterprises		8683
#制造业企业个数		# Manufacturing Enterprises		8262
高新技术产业企业个数	（个）	New-and-High-Tech Enterprises	(unit)	3214
期末从业人员	（万人）	Population of Employment	(10 000 person)	137.66
#工业企业从业人员		#Employees in Industrial Enterprises		103.77
高新技术产业企业从业人员	（万人）	Employees in New-and-High-Tech Enterprises	(10 000 person)	61.84
技工贸总收入	（亿元）	Total Income of Technology, Industry and Trade	(100 million yuan)	18603.39
#工业企业主营业务收入		#Main Business Income of Industrial Enterprises		13654.31
高新技术产业主营业务收入	（亿元）	Main Business Income of New-and-High-Tech Industry	(100 million yuan)	9829.21
利润总额	（亿元）	Total Profit	(100 million yuan)	731.34
上交税金总额	（亿元）	Total of the Tax Amount	(100 million yuan)	608.55
专利申请授权数	（件）	Number of Patent Applications Granted	(item)	9755
本年完成固定资产投资总额	（亿元）	Total Investment in Fixed Assets Completed this year	(100 million yuan)	3585.67
实际使用外资额	（亿美元）	Actual Value of Foreign Investment	(USD 100 million)	34.53
实际使用省外境内资金额	（亿元）	Actual Value of Domestic Investment outside the province	(100 million yuan)	1103.27
出口总额	（亿元）	Value of Exports	(100 million yuan)	608.89

主要统计指标解释

货物进出口总额 指指实际进出我国国境的货物总金额。包括对外贸易实际进出口货物，来料加工装配进出口货物，国家间、联合国及国际组织无偿援助物资和赠送品，华侨、港澳台同胞和外籍华人捐赠品，租赁期满归承租人所有的租赁货物，进料加工进出口货物，边境地方贸易及边境地区小额贸易进出口货物，中外合资企业、中外合作经营企业、外商独资经营企业进出口货物和公用物品，到、离岸价格在规定限额以上的进出口货样和广告品（无商业价值、无使用价值和免费提供出口的除外），从保税仓库提取在中国境内销售的进口货物，以及其他进出口货物。该指标可以观察一个国家在对外贸易方面的总规模。我国规定出口货物按离岸价格统计，进口货物按到岸价格统计。

商品经营单位所在地进、出口额 指所在地海关注册登记的有进出口经营权的企业实际进、出口额。

商品目的地进口额和商品货源地出口额 目的地进口额指进口货物的消费、使用或最终抵运地的实际进口额；货源地出口额指出口货物的产地或原始发货地的实际出口额。

利用外资 指我国各级政府、部门、企业和其他经济组织通过对外借款、吸收外商直接投资以及用其他方式筹措的境外现汇、设备、技术等。

对外借款 指通过对外正式签订借款协议，从境外筹措的资金，包括外国政府贷款、国际金融组织贷款、外国银行商业贷款、出口信贷以及对外发行债券等。1996 年及以前还包括对外发行股票。该指标是我国利用外资的重要部分。

外商直接投资 是指外国投资者在我国境内通过设立外商投资企业、合伙企业、与中方投资者共同进行石油资源的合作勘探开发以及设立外国公司分支机构等方式进行投资。外国投资者可以用现金、实物、无形资产、股权等投资，还可以用从外商投资企业获得的利润进行再投资。

外商其他投资 指除对外借款和外商直接投资以外的各种利用外资的形式。包括企业在境内外股票市场公开发行的以外币计价的股票发行价总额，国际租赁进口设备的应付款，补偿贸易中外商提供的进口设备、技术、物料的价款，加工装配贸易中外商提供的进口设备、物料的价款。

对外直接投资 指我国企业、团体等（简称境内投资主体）在国外及港澳台地区以现金、实物、无形资产等方式投资，并以控制国（境）外企业的经营管理权为核心的经济活动。对外直接投资的内涵主要体现在一经济体通过投资于另一经济体而实现其持久利益的目标。

对外承包工程 根据《对外承包工程管理条例》，对外承包工程是指中国的企业或者其他单位承包境外建设工程项目的活动。

对外劳务合作 指组织劳务人员赴其他国家或地区为国外的企业或机构工作的经营性活动。

入境游客 指报告期内来中国（大陆）观光、度假、探亲访友、就医疗养、购物、参加会议或从事经济、文化、体育、宗教活动的外国人、港澳台同胞等游客（即入境旅游人数）。统计时，入境游客按每入境一次统计 1 人次。入境旅游人数包括入境过夜游客和入境一日游游客。

出境人数（出境游客） 指中国（大陆）居民因公或因私出境前往其他国家、中国香港特别行政区、澳门特别行政区和台湾省观光、度假、探亲访友、就医疗养、购物、参加会议或从事经济、文化、体育、宗教活动的人数（即出境游客）。统计时，出境游客按每出境一次统计 1 人次。

国内游客 指报告期内在中国（大陆）观光游览、度假、探亲访友、就医疗养、购物、参加会议或从事经济、文化、体育、宗教活动的中国（大陆）居民人数，其出游的目的不是通过所从事的活动谋取报酬。统计时，国内游客按每出游一次统计 1 人次。

国际旅游（外汇）收入 指入境游客在中国（大陆）境内旅行、游览过程中用于交通、参观游览、住宿、餐饮、购物、娱乐等全部花费。

国内旅游收入（旅游总花费） 指国内游客在国内旅行、游览过程中用于交通、参观游览、住宿、餐饮、购物、娱乐等全部花费。

国际旅行社 指经营对外招徕并接待外国人、华侨、港澳同胞和台湾同胞来中国、归国或回内地旅游业务的旅行社。

国内旅行社 指负责经营招徕、组团、接待国内旅客的旅游业务，以及不对外招徕，负责经营接待国际旅行社或其它涉外部门组织的外国人、华侨、港澳同胞和台湾同胞来中国、归 国或回内地的旅游业务的旅行社。

星级饭店 指设备、设施、服务符合《旅游饭店星级的划分与评定》（GB/T14308-2010）标准，经过有关旅游管理权威部门评定（验收）后授予“星级”称号的饭店。

Explanatory Notes on Main Statistical Indicators

Total Import and Export of Goods refer to the real value of commodities imported and exported across the border of China. They include the actual imports and exports through foreign trade, imported and exported goods under the processing and assembling trades and materials, supplies and gifts as aid given gratis between governments and by the United Nations and other international organizations, and contributions donated by overseas Chinese, compatriots in Hong Kong and Macao and Chinese with foreign citizenship, leasing commodities owned by tenant at the expiration of leasing period, the imported and exported commodities processed with imported materials, commodities trading in border areas, the imported and exported commodities and articles for public use of the Sino-foreign joint ventures, cooperative enterprises and ventures with sole foreign investment. Also included is import or export of samples and advertising goods for which CIF or FOB value are beyond the permitted ceiling (excluding goods of no trading or use value and free commodities for export), imported goods sold in China from bonded warehouses and other imported or exported goods. The indicator of the total imports and exports at customs can be used to observe the total size of external trade in a country. In accordance with the stipulation of the Chinese government, imports are calculated at CIF, while exports are calculated at FOB.

Import or Export Value by Location of China's Foreign Trade Managing Units refers to actual value of imports and exports carried out by corporations which have been registered by the local Customs house and are vested with right to run import export business.

Import Value of Commodities by Place of Destination and Export Value of Commodities by Place of Origin in China The former indicator refers to the value of import commodities of the places of their consumption, utilization or the places of their final destination. The latter indicator refers to the value of export commodities of the places of their origin or the places of the commodities dispatched.

Utilization of Foreign Capitals refers to remittance, equipment and technology financed from abroad, by loans, foreign direct investment and other forms undertaken by the Chinese governments at all levels, by various departments, enterprises and other economic units.

Foreign Borrowings refer to funds borrowed from abroad through formal signing of borrowing agreements with foreign institutions, including loans of foreign governments, loans of international financial institutions, commercial loans of foreign banks, export credit, and funds raised by Chinese bonds (and shares before 1996) issued abroad. It is an important part of China's utilization of foreign capitals.

Foreign Direct Investment refers to foreign investment in China through the establishment of foreign invested enterprises, cooperative exploration and development of pet- roleum resources with domestic investors and the establishment of branch organizations of foreign enterprises. Foreign investment can be made in forms of cash, physical investment, intangible assets and equity, in addition with reinvestment of the foreign enterprises with the profits gained from the investment.

Other Foreign Investment refers to all forms of utilization of foreign capitals other than foreign borrowings and foreign direct investment. It includes the total value of stock shares in foreign currencies issued by enterprises at domestic or foreign stock exchanges, rent payable for the imported equip- ment through international leasing arrangement, cost of imported equipment, technology and materials provided by foreign counterparts in compensation trade and processing and assembly trade.

Overseas Direct Investment refers to investment made by domestic enterprises and organizations (referred to as domestic investors) in foreign countries and Hong Kong SAR, Macao SAR and Taiwan province in forms of cash, physical investment and intangible assets, and the economic activities centring on operation and management of those enterprises are under the control of domestic investors. The content of overseas direct investment mainly reflects one economic entity by investing in another economic entity to achieve its goal of lasting interest.

Overseas Contracted Projects refer to activities of contracting overseas construction projects by Chinese enterprises or any other units, which are stipulated in the Regulations on Administration of Foreign Contracted Project.

Overseas Labour Services refer to operational activities of organizing labour force to go abroad providing services to foreign enterprises or agencies.

Overseas Visitor Arrivals refer to the number of tourists of foreigners, Chinese compatriots from Hong Kong, Macao and Taiwan who come to China (mainland) within the reference period for sight-seeing, vacation, visiting relatives, medical treatment, shopping, attending conference, or to engage in economic, cultural, sports and religious activities (namely the number of overseas visitor arrivals). In compiling statistics, each arrival is counted as one person-time. The number of overseas visitor arrivals includes inbound overnight tourists and one-day tourists.

Number of Chinese Residents Going Abroad (Chinese Outbound Visitors) refers to the number of Chinese (mainland) residents going to other countries, Hong Kong Special Administrative region, Macao Special Administrative region and Taiwan for on official or private purposes, for sight-seeing, vacation, visiting relatives, medical treatment, shopping, attending conference, or to engage in economic, cultural, sports and religious activities (namely the Chinese outbound visitors). In compiling statistics, each time of leaving is counted as one person-time.

Number of Domestic Tourists refers to the number of Chinese (mainland) residents who travel within China (mainland) for sight-seeing, vacation, visiting relatives, medical treatment, shopping, attending conference, or to engage in economic, cultural, sports and religious activities. In compiling statistics, each time of travelling is counted as one person-time.

Foreign Exchange Earnings from International Tourism refer to the total expenditure of foreigners, overseas Chinese, Chinese compatriots from Hong Kong, Macao and Taiwan during their stay in the mainland of China on transportation, sighting, accommodation, food, shopping and entertainment.

Income from Domestic Tourism refer to expenditure of domestic tourists on transportation, sighting, accommodation, food, shopping and entertainment while they travel.

International Travel Agencies refer to travel agencies engaged in the promotion, solicitation, organization and recaption of tours to the mainland of China by foreigners, overseas Chinese, Chinese compatriots from Hong Kong, Macao and Taiwan.

Domestic Travel Agencies refer to travel agencies engaged in the promotion, solicitation, organization and reception of domestic tourists, and in the reception of foreigners, overseas Chinese, Chinese compatriots from Hong Kong, Macao and Taiwan organized by international travel agencies or other departments concerned, without their own promotion and solicitation programmes.

Star-rated Hotels refer to hotels rated with stars as evaluated (accepted) by the relevant tourism authorities according to GB/T14308-2010 standard with reference to their infrastructure, facilities and service levels.

09 能　源
Energy

资料整理人员：贺　震　　杨　耒　　何　达　　黄少华

9−1 工业企业能源购进、消费及库存 (2019年)

Energy Purchase, Consumption and Stock of Industry (2019)

指 标	Item	年初库存 Stock at the Beginning of the Year	购进量实物量 Total Purchase	消费量合计 Total Consumption	工业生产消费 For Industral Production	原材料 Material Use	年末库存 Stock at the End of the Year
能源合计 （吨标准煤）	**Total Energy (tce)**			**107348425**	**106510198**		
原煤 （吨）	Raw Coal (ton)	4868373	58694466	58482678	58139688	1169907	5262772
其中：无烟煤	Blind Coal	573398	6811415	6693958	6671352	46037	755814
炼焦烟煤	Coking Coal	4436	225144	222071	221621	23112	8277
一般烟煤	Generally Coal	4290179	51621167	51530033	51210123	1100758	4498291
褐煤	Lignitous Coal	360	36739	36616	36592		390
洗精煤 （吨）	Cleaned Coal (ton)	183014	8366106	8409644	8409644		139476
其它洗煤 （吨）	Other Washed Coal (ton)	59967	2616519	2610336	2610336		65819
煤制品 （吨）	Coal Products (ton)	634	35219	35281	35169		566
焦炭 （吨）	Coke (ton)	234681	5982810	9494807	9494778	79296	281137
其它焦化产品 （吨）	Other Coking Products (ton)	486	15611	15871	15871		227
焦炉煤气 （万立方米）	Coke Oven Gas (10 000 Cu.M)		15965	200520	189181		
高炉煤气 （万立方米）	High Oven Gas (10 000 Cu.M)		278509	3174590	3160318		
转炉煤气 （万立方米）	Converter Gas (10 000 Cu.M)		26629	260076	224336		
发生炉煤气 （万立方米）	Producer Gas (10 000 Cu.M)		1555	1555	1555		
天然气（气态）（万立方米）	Natural Gas (10 000 Cu.M)	1641	287535	163244	162043	1518	1424
液化天然气（液态） （吨）	Liquefied Natural Gas (ton)	199	31456	30502	30097	227	181
煤层气（煤田）（万立方米）	Coal Seam Gas (10 000 Cu.M)						
原油 （吨）	Crude Oil (ton)	315513	9313853	9351230	9351227		277852
汽油 （吨）	Gasoline (ton)	727	138962	139361	107065	1284	289
煤油 （吨）	Kerosene (ton)	61	19811	19854	19829	406	16
柴油 （吨）	Diesel Oil (ton)	9346	305803	304454	264170	10805	10065
燃料油 （吨）	Fuel Oil (ton)	5857	120340	124514	124378	899	5629
液化石油气 （吨）	Liquefied Petroleum Gas (ton)	554	176815	170774	170647	6923	273
炼厂干气 （吨）	Refinery Gas (ton)		371	339991	339991		
石脑油 （吨）	Naphtha (ton)						
润滑油 （吨）	Lubricating Oil (ton)	537	38945	38926	38801	14772	262
石蜡 （吨）	Paraffin Wax (ton)	0	1774	1767	1767	56	21
溶剂油 （吨）	Solvnet Naphtha (ton)	217	8577	8598	8532	4286	291
石油焦 （吨）	Petroleum Coke (ton)	34346	301971	302738	302738	877	35505
石油沥青 （吨）	Petroleum Asphalt (ton)	3286	50632	50516	50516	41684	2933
其它石油制品 （吨）	Other Petroleum Products (ton)	34591	2337812	3050513	3050513	1076976	33388
热力 （百万千焦）	Heat (Million Kilo-Joule)		25635608	56869033	51507574		
电力 （万千瓦时）	Electricity (10 Thousand Kwh)		6924767	9577637	9474550		
煤矸石用于燃料 （吨）	Coal Gangue Solid Fuel (ton)	136094	2897905	2767244	2767244		111614
城市垃圾用于燃料 （吨）	Municipal Refuse Fuel (ton)	28750	1856793	2074865	2074865		30591
生物质废料用于燃料 （吨）	Biomass Waste Fuel (ton)	12332	1612652	1610660	1609621		10628
余热余压 （百万千焦）	Waste Heat And Excess Pressure (Million Kilo-Joule)		10228506	34735343	34735343		
其它工业废料用于燃料（吨）	Other Industrial Waste Fuel (ton)		87702	87702	87702		
其他燃料 （吨标准煤）	Other Fuel (tce)	726	705511	664865	664654		600

注：本表统计范围为年主营业务收入 2000 万元及以上的工业企业。

All Industry corporation enterises with an annual sales income of over 20 million yuan.

9-1 续表 1 Continued

指标	Item	工业生产消费量 For Production	加工转换投入合计 Input& Outputof Transfor-mation	火力发电 Thermal Power	供热 Heating Supply	原煤入洗 Coal Washing	炼焦 Coking
能源合计（吨标准煤）	**Total Energy (tce)**	**84849658**	**58379609**	**27978559**	**3301721**	**3921631**	**7734246**
原煤（吨）	Raw Coal (ton)	50393234	40718594	33204656	2117224	5396713	
其中：无烟煤	Blind Coal	5393142	4836358	4277003	100140	459215	
炼焦烟煤	Coking Coal	68797	4023	4023			
一般烟煤	Generally Coal	44931295	35878212	28923629	2017084	4937498	
褐煤	Lignitous Coal						
洗精煤（吨）	Cleaned Coal (ton)	8409644	8409644				8409644
其它洗煤（吨）	Other Washed Coal (ton)	2598320	1160309		1160309		
煤制品（吨）	Coal Products (ton)						
焦炭（吨）	Coke (ton)	9007788					
其它焦化产品（吨）	Other Coking Products (ton)						
焦炉煤气（万立方米）	Coke Oven Gas (10 000 Cu.M)	175219	36588	36588			
高炉煤气（万立方米）	High Oven Gas (10 000 Cu.M)	3035635	1825876	1230085	595791		
转炉煤气（万立方米）	Converter Gas (10 000 Cu.M)	224231	141122	141122			
发生炉煤气（万立方米）	Producer Gas (10 000 Cu.M)						
天然气(气态)（万立方米）	Natural Gas (10 000 Cu.M)	24402	7132	263	16		
液化天然气(液态)（吨）	Liquefied Natural Gas (ton)	1332					
煤层气(煤田)（万立方米）	Coal Seam Gas (10 000 Cu.M)						
原油（吨）	Crude Oil (ton)	9350169	9341016				
汽油（吨）	Gasoline (ton)	2110	1985				
煤油（吨）	Kerosene (ton)	120					
柴油（吨）	Diesel Oil (ton)	25112	4294	4232	62		
燃料油（吨）	Fuel Oil (ton)	15254	14937	3781	2550		
液化石油气（吨）	Liquefied Petroleum Gas (ton)						
炼厂干气（吨）	Refinery Gas (ton)	339620	48234	9511	23363		
石脑油（吨）	Naphtha (ton)						
润滑油（吨）	Lubricating Oil (ton)	689	15	15			
石蜡（吨）	Paraffin Wax (ton)						
溶剂油（吨）	Solvnet Naphtha (ton)						
石油焦（吨）	Petroleum Coke (ton)	279557	98718	61013	37705		
石油沥青（吨）	Petroleum Asphalt (ton)						
其它石油制品（吨）	Other Petroleum Products (ton)	2642208	1458720	51274			
热力（百万千焦）	Heat (Million Kilo-Joule)	26194645					
电力（万千瓦时）	Electricity (10 Thousand Kwh)	2617538					
煤矸石用于燃料（吨）	Coal Gangue Solid Fuel (ton)	1190676	1190676	1190676			
城市垃圾用于燃料（吨）	Municipal Refuse Fuel (ton)	2067709	2067709	2067709			
生物质废料用于燃料（吨）	Biomass Waste Fuel (ton)	532787	525523	516211	9312		
余热余压（百万千焦）	Waste Heat And Excess Pressure (Million Kilo-Joule)	34493254	22682860	22682860			
其它工业废料用于燃料（吨）	Other Industrial Waste Fuel (ton)	30965	18365	18365			
其他燃料（吨标准煤）	Other Fuel (tce)	615					

注：本表统计范围为辖区内有能源加工转换活动或回收利用的规模以上工业法人单位。

The statistical scope of this table is for industrial enterprises above designated size that have energy processing conversion activities or recycling in their jurisdiction.

9-1 续表 2 Continued

指 标	Item	炼油及煤制油 Petroleum Refineries	制气 Gas Works	天然气液化 Natural Gas Liquefaction	加工煤制品 Coal Processing	能源加工转换产出 Energy Processing Conversion	回收利用 Recycling
能源合计 （吨标准煤）	**Total Energy (tce)**	**15443451**				**38835223**	**5647042**
原煤 （吨）	Raw Coal (ton)						
其中：无烟煤	Blind Coal						
炼焦烟煤	Coking Coal						
一般烟煤	Generally Coal						
褐煤	Lignitous Coal						
洗精煤 （吨）	Cleaned Coal (ton)					2927315	
其它洗煤 （吨）	Other Washed Coal (ton)					705554	
煤制品 （吨）	Coal Products (ton)						
焦炭 （吨）	Coke (ton)					5862563	
其它焦化产品 （吨）	Other Coking Products (ton)					319186	
焦炉煤气 （万立方米）	Coke Oven Gas (10 000 Cu.M)					231971	
高炉煤气 （万立方米）	High Oven Gas (10 000 Cu.M)						3007592
转炉煤气 （万立方米）	Converter Gas (10 000 Cu.M)						259971
发生炉煤气 （万立方米）	Producer Gas (10 000 Cu.M)						
天然气（气态）（万立方米）	Natural Gas (10 000 Cu.M)	6854					
液化天然气（液态） （吨）	Liquefied Natural Gas (ton)						
煤层气（煤田）（万立方米）	Coal Seam Gas (10 000 Cu.M)						
原油 （吨）	Crude Oil (ton)	9341016					
汽油 （吨）	Gasoline (ton)	1985				2803010	
煤油 （吨）	Kerosene (ton)					988495	
柴油 （吨）	Diesel Oil (ton)					2192187	
燃料油 （吨）	Fuel Oil (ton)	8606				43079	
液化石油气 （吨）	Liquefied Petroleum Gas (ton)					833543	
炼厂干气 （吨）	Refinery Gas (ton)	15360				385111	
石脑油 （吨）	Naphtha (ton)					226654	
润滑油 （吨）	Lubricating Oil (ton)						
石蜡 （吨）	Paraffin Wax (ton)						
溶剂油 （吨）	Solvnet Naphtha (ton)						
石油焦 （吨）	Petroleum Coke (ton)					311753	
石油沥青 （吨）	Petroleum Asphalt (ton)					90641	
其它石油制品 （吨）	Other Petroleum Products (ton)	1407446				2596332	
热力 （百万千焦）	Heat (Million Kilo-Joule)					50268219	
电力 （万千瓦时）	Electricity (10 Thousand Kwh)					9026960	
煤矸石用于燃料 （吨）	Coal Gangue Solid Fuel (ton)						
城市垃圾用于燃料 （吨）	Municipal Refuse Fuel (ton)						
生物质废料用于燃料（吨）	Biomass Waste Fuel (ton)						
余热余压 （百万千焦）	Waste Heat And Excess Pressure (Million Kilo-Joule)						35203551
其它工业废料用于燃料（吨）	Other Industrial Waste Fuel (ton)						
其他燃料 （吨标准煤）	Other Fuel (tce)						

9-2 主要能源按工业行业分组工业生产消费量 (2019年)

指 标	Item	原煤（吨） Raw Coal (ton)	洗精煤（吨） Cleaned Coal (ton)	其他洗煤（吨） Other Washed Coal (ton)
煤炭开采和洗选业	Mining and Washing of Coal	5018712		
黑色金属矿采选业	Mining of Ferrous Metal Ores	19242		
有色金属矿采选业	Mining of Non-ferrous Metal Ores	84046		
非金属矿采选业	Mining and Processing of Nonmetal Ores	357304		
开采辅助活动	Mining Auxiliary Activities			
农副食品加工业	Processing of Food from Agricultural Products	361043		
食品制造业	Manufacture of Foods	315505		
酒、饮料和精制茶制造业	Manufacture of Liquor, Beverage and Refined Tea	97646		
烟草制品业	Manufacture of Tobacco	71		
纺织业	Manufacture of Textile	254911		
纺织服装、服饰业	Manufacture of Textile Wearing and Clothing Apparel	2340		
皮革、毛皮、羽毛及其制品和制鞋业	Leather, Fur, Feather and Its Products and Footwear	39416		
木材加工和木、竹、藤、棕、草制品业	Processing of Timbers,Manufacture of Wood, Bamboo, Rattan, Palm and Straw Products	253845		
家具制造业	Manufacture of Furniture	1073		
造纸和纸制品业	Manufacture of Paper and Paper Products	1180993		
印刷和记录媒介复制业	Printing,Reproduction of Recording Media	5500		
文教、工美、体育和娱乐用品制造业	Manufacture of Articles for Culture,Education and Sport Activity	1647		
石油、煤炭及其他燃料加工业	Processing of Petroleum, Coal and Other Fuels	2041649	2982176	
化学原料和化学制品制造业	Manufacture of Chemical Raw Material and Chemical Products	2056840		
医药制造业	Manufacture of Medicines	178533		
化学纤维制造业	Manufacture of Chemical Fiber	9190		
橡胶和塑料制品业	Manufacture of Rubber and plastic	35866		
非金属矿物制品业	Manufacture of Non-metallic Mineral Products	12098986		3565
黑色金属冶炼和压延加工业	Manufacture and Processing of Ferrous Metals	522142	5427467	2588703
有色金属冶炼和压延加工业	Manufacture and Processing of Non-ferrous Metals	654546		18069
金属制品业	Manufacture of Metal Products	253434		
通用设备制造业	Manufacture of General Purpose Machinery	35398		
专用设备制造业	Manufacture of Special Purpose Machinery	10036		
汽车制造业	Automobile Industry	2747		
铁路、船舶、航空航天和其他运输设备制造业	Manufacture of Railway,Marine,Aerospace and Other Transport Equipment	32387		
电气机械和器材制造业	Manufacture of Electrical Machinery and Equipment	47729		
计算机、通信和其他电子设备制造业	Manufacture of Communication Equipment, Computer and Other Electronic Equipment	6542		
仪器仪表制造业	Manufacture of Measuring Instrument	14091		
其他制造业	Other Manufacture N.E.C	5379		
废弃资源综合利用业	Recycling and Disposal of Waste	18765		
金属制品、机械和设备修理业	Mental Products,Machine and Equipment Repair			
电力、热力生产和供应业	Production and Supply of Electric Power and Heat Power	32121584		
燃气生产和供应业	Production and Distribution of Gas	448		
水的生产和供应业	Production and Distribution of Water	100		

注：本表统计范围为年主营业务收入2000万元及以上的工业企业。

All Industry corporation enterises with an annual sales income of over 20 million yuan.

Major Energy Sources are Grouped by Industrial Sector Industrial Production and Consumption (2019)

煤制品（吨） Coal Products (ton)	焦炭（吨） Coke (ton)	其他焦化产品（吨） Other Coking Products (ton)	焦炉煤气（万立方米） Coke Oven Gas (10 000 cu.m)	高炉煤气（万立方米） High Oven Gas (10 000 cu.m)	天然气（万立方米） Natural Gas (10 000 cu.m)	原油（吨） Crude Oil (ton)	汽油（吨） Gasoline (ton)	煤油（吨） Kerosene (ton)	柴油（吨） Diesel Oil (ton)	燃料油（吨） Fuel Oil (ton)
	3				90		136		3273	
	5780						183		1380	
	721				134		2330	323	5199	
	705				35		1026	96	18150	56
					16					
264	440				6411	8	7258	69	7701	270
					7455	3	9060		4140	211
	780	151			3379		894	563	2332	
					2438				2641	
9680	1922				654		1694	40	1186	
					268	2	208		1189	
					1446		247	2	885	
					31		937	9	3217	
					746		937		2024	
					1142		923		2501	15210
			717		1194	0	3996	4	3797	120
230					445		78		125	
14435			16715	55355	6890	9350169	2026		364	12550
1311	69377				12787	26	4660	1123	8489	18902
	73				4282		1463		1652	
									971	
	42				2429	72	2601	114	2828	3
7866	4407		7512	101989	36215		27079	1220	91470	66784
	9016113	5710	161400	2838717	10688		165	0	4178	
380	273722	10010			28913	940	3563	234	12860	4879
961	87033		9	241	4620		5304	296	7023	
36	3052				3223		4650	3658	9449	1307
6	1162				3538		8104	6920	19816	1
	8314				10584		2661	25	7868	3
					1433		895	12	3106	
	15		116		2537	7	4827	2991	9501	1238
	133				1087		3068	1268	7136	72
					198		3925		122	
					51		41	840	152	
	20983			10190	1003		58		5563	67
			717						29	
			1995	153826	2989		1016	5	5745	2704
					2619		659	5	1989	
					74		392	13	3110	

9-2 续表 Continued

指 标	Item	液化石油气（吨） Liquefied Petroleum Gas (ton)	其他石油制品（吨） Other Petroleum Products (ton)	热力（百万千焦） Heat (million kilo-joule)	电力（万度） Electricity (10 000 kwh)	其他燃料（吨标准煤） Other Fuel (tce)
煤炭开采和洗选业	Mining and Washing of Coal				65031	12282
黑色金属矿采选业	Mining of Ferrous Metal Ores				17233	65
有色金属矿采选业	Mining of Non-ferrous Metal Ores				115193	121
非金属矿采选业	Mining and Processing of Nonmetal Ores			5850442	82205	1421
开采辅助活动	Mining Auxiliary Activities				32	
农副食品加工业	Processing of Food from Agricultural Products	68		703732	294740	93192
食品制造业	Manufacture of Foods		3012	4437330	123214	7172
酒、饮料和精制茶制造业	Manufacture of Liquor, Beverage and Refined Tea	10		204031	78871	11543
烟草制品业	Manufacture of Tobacco			62999	17656	5084
纺织业	Manufacture of Textile		2280	7047	104565	12900
纺织服装、服饰业	Manufacture of Textile Wearing and Clothing Apparel	35	10		30374	2900
皮革、毛皮、羽毛及其制品和制鞋业	Leather, Fur, Feather and Its Products and Footwear			138772	62154	1675
木材加工和木、竹、藤、棕、草制品业	Processing of Timbers,Manufacture of Wood, Bamboo, Rattan, Palm and Straw Products	13		2116	108153	120098
家具制造业	Manufacture of Furniture				25708	15603
造纸和纸制品业	Manufacture of Paper and Paper Products	459		6549533	224177	105711
印刷和记录媒介复制业	Printing,Reproduction of Recording Media	650	2858	69081	57283	435
文教、工美、体育和娱乐用品制造业	Manufacture of Articles for Culture,Education and Sport Activity	31			41939	6288
石油、煤炭及其他燃料加工业	Processing of Petroleum, Coal and Other Fuels	818	2593859	9065408	243548	302
化学原料和化学制品制造业	Manufacture of Chemical Raw Material and Chemical Products	5835	344860	18392645	740575	44406
医药制造业	Manufacture of Medicines		7480	883184	84920	4701
化学纤维制造业	Manufacture of Chemical Fiber			84608	13863	13112
橡胶和塑料制品业	Manufacture of Rubber and plastic	208	20982	368400	106058	1078
非金属矿物制品业	Manufacture of Non-metallic Mineral Products	130957	57434	182735	1306126	116288
黑色金属冶炼和压延加工业	Manufacture and Processing of Ferrous Metals			574760	1253158	42102
有色金属冶炼和压延加工业	Manufacture and Processing of Non-ferrous Metals	3	771	2433043	542251	10598
金属制品业	Manufacture of Metal Products	1394	530	6379	259603	619
通用设备制造业	Manufacture of General Purpose Machinery	1043	988	54810	190088	466
专用设备制造业	Manufacture of Special Purpose Machinery	47	13548		167497	7918
汽车制造业	Automobile Industry	69	1236		164210	45
铁路、船舶、航空航天和其他运输设备制造业	Manufacture of Railway,Marine,Aerospace and Other Transport Equipment	22	0	9	54743	
电气机械和器材制造业	Manufacture of Electrical Machinery and Equipment	1162	7	1098823	195191	20086
计算机、通信和其他电子设备制造业	Manufacture of Communication Equipment, Computer and Other Electronic Equipment	7		3200	496893	4698
仪器仪表制造业	Manufacture of Measuring Instrument		510		11645	
其他制造业	Other Manufacture N.E.C	27816			14958	
废弃资源综合利用业	Recycling and Disposal of Waste			8006	32563	1062
金属制品、机械和设备修理业	Mental Products,Machine and Equipment Repair				1416	
电力、热力生产和供应业	Production and Supply of Electric Power and Heat Power		147	284984	1995614	685
燃气生产和供应业	Production and Distribution of Gas				8276	
水的生产和供应业	Production and Distribution of Water			41498	142653	

9-3 主要用能工业企业单位产品能源消耗情况
Unit Product Energy Consumption of Industry

单位：千克标准煤 / 吨 (kgce / ton)

指 标	Item	2017	2018	2019
吨原煤生产综合能耗	Total Energy Consumption of Raw Coal/ton			
万米印染布综合能耗 （千克标准煤 / 万米）	Total Energy Consumption of Dyed Cloth/10,000m (kgce/10 000m)	2050.00	2055.00	2027.30
机制纸及纸板综合能耗	Total Energy Consumption of Machine-Made Paper and Paperboard	304.16	308.05	242.37
炼焦工序单位能耗	Energy Consumption of Coking Process/unit	110.83	132.11	127.51
原油加工单位综合能耗 （千克标准油 / 吨）	Total Energy Consumption of Crude Oil Processing/unit (kg SO/ton)	68.07	65.53	64.63
单位烧碱生产综合能耗 （离子膜法 30%）	Total Energy Consumption of Caustic Soda Production/unit (Diaphragm Process 30%)	396.01	442.93	606.82
单位烧碱生产综合能耗 （隔膜法 30%）	Total Energy Consumption of Caustic Soda Production/unit (Diaphragm Process 30%)			
联碱法纯碱双吨产品生产综合能耗	Total Energy Consumption of Soda Production/double tons	170.24	164.07	147.37
单位合成氨生产综合能耗	Total Energy Consumption of Synthetic Ammonia/unit	1757.50	1814.15	1799.14
吨水泥熟料综合能耗	Total Energy Consumption of Cement/ton	105.56	104.02	105.02
吨水泥综合能耗	Total Energy Consumption of Cement Per Ton	82.51	82.62	83.59
每重量箱平板玻璃综合能耗 （千克标准煤 / 重量箱）	Total Energy Consumption of Plate Glass/weight box (kgce/weight case)	11.62	11.90	9.85
吨钢综合能耗	Total Energy Consumption of Steel/ton	545.55	529.34	500.76
炼铁工序单位能耗	Unit Energy Consumption of Iron Refining Process	377.66	364.18	389.82
铁矿烧结工序单位能耗	Unit Energy Consumption of Iron Ore Sintering Process	48.86	48.75	47.53
转炉炼钢综合工序单位能耗	Unit Energy Consumption of Converter Steelmaking Process	1.40	-0.60	-2.11
电炉炼钢综合工序单位能耗	Unit Energy Consumption of Electric Furnace Steelmaking Process	75.74	58.06	57.90
锰硅合金工序单位能耗 （千克标准煤 / 标准吨）	Unit Energy Consumption of Silicomanganese Alloy Process (kgce/standard ton)	732.36	236.18	77.36
轧钢工序单位能耗	Unit Energy Consumption of Steel Rolling Process	56.72	57.42	55.19
吨钢耗新水 （吨 / 吨）	New Water Consumption of Steel/ton (ton/ton)	2.70	2.91	3.02
吨铜加工材消耗能源量	Total Energy Consumption of Copper Refining/unit	540.60	554.24	639.99
单位粗铅综合能耗	Total Energy Consumption of Crude Lead/unit	374.20	321.66	278.29
单位铅冶炼综合能耗	Total Energy Consumption of Lead Refining/unit	446.16	423.79	436.46
单位精锌（电锌）综合能耗	Total Consumption of Refined Zinc (Electrolytic Zinc)/unit	1147.82	1241.23	1388.48
吨铝加工材消耗能源量	Energy Consumption of Aluminium Processing Material/ton	457.75	569.83	722.11
电厂火力发电标准煤耗 （克标准煤 / 千瓦时）	Standard Coal Consumption of Thermal Power Generation in the Power Plant (gce/kwh)	302.55	299.16	298.81
电厂火力供电标准煤耗 （克标准煤 / 千瓦时）	Standard Coal Consumption of Thermal Power Supply in the Power Plant (gce/kwh)	323.62	318.50	317.73

9-4 规模工业企业水消费
Water Consumption of Scale Industry

单位：万立方米 (10 000 cu.m)

项 目	Item	2014	2015	2016	2017	2018	2019
取水总量	**the Total Amount of Water Intake**	**371515.84**	**375964.33**	**367437.23**	**386128.39**	**386225.28**	**396468.75**
地表水	Surface Water	310620.87	320462.09	314016.22	329535.37	334983.43	346370.76
地下水	Groundwater	23106.22	20987.25	18828.74	20200.01	15126.50	15161.22
自来水	Tap Water	31527.52	33573.43	33539.16	34951.32	34449.51	33265.97
其他水	Other Water	2629.25	467.40	532.35	677.93	830.16	813.88
重复用水	Repeated Water	578978.95	541074.55	517752.92	514372.36	599480.18	615880.04
污水处理企业污水处理量	Sewage Treatment Capacity of Sewage Treatment Enterprises	64978.25	70848.28	74705.48	75866.71	108076.13	156966.68

注：根据国家新修订的报表制度，水、火电企业用于冷却机组的河湖海冷却用水(包括循环冷却用水和直抽直排冷却用水)不计入取水量。

According to the new revision of the reporting system, thermal power enterprises for the rivers and lakes water cooling water cooling unit (including circulating cooling water and cooling water straight pulling straight row) are not included in the water.

9-5 能源消耗指标
Indicators of Energy Consumption

项 目	Item	2014	2015	2016	2017	2018	2019
单位 GDP 能耗上升或下降 (±%)	Energy Consumption of Unit GDP Increase or Decrease (±%)	-6.24	-6.98	-5.27	-5.17	-5.17	-4.29
能源消费总量增速 (%)	Total Energy Consumption Growth (%)	2.67	0.99	2.29	2.39	2.26	2.94
单位 GDP 电耗上升或下降 (±%)	Electric Power Consumption of Unit GDP Increase or Decrease (±%)	-8.20	-6.80	-4.32	-2.07	2.33	-0.68

注：相关指标计算所用的2011-2015年单位GDP能耗、单位GDP电耗根据当年能耗、电耗与按2010年可比价计算的GDP相比较取得。2016-2017年单位GDP能耗、单位GDP电耗根据当年能源、电耗与按2015年可比价计算的GDP相比较取得。2016-2019年单位GDP能耗、能源消费总量、单位GDP电耗根据第四次全国经济普查调查结果进行了修订。

Related indicators used in the calculation 2011 - 2015 unit GDP energy consumption unit GDP power consumption according to the current energy consumption,power consumption and by 2010 comparable price compared with the calculation of GDP achieved.2016 - 2017 unit GDP energy consumption unit GDP power consumption according to the current energy consumption,power consumption and by 2015 comparable price compared with the calculation of GDP achieved..Energy consumption per unit of GDP, total energy consumption and electricity consumption per unit of GDP from 2016 to 2019 have been revised according to the results of the fourth National Economic Census.

9-6 非工业主要耗能单位综合能源消费量
Comprehensive Energy Consumption of Non-Industrial Major Enery Consuming Units

单位：吨标准煤 (tce)

指 标	Item	2018	2019
消费合计	**Total Energy**	**1613403.62**	**1620180.48**
按国民经济行业分组	**By Sector**		
建筑业	Construction	762178.81	824607.99
批发和零售业	Wholesale and Retail Trade	15077.67	8585.98
交通运输、仓储和邮政业	Traffic,Transport, Storage and Post	648102.33	565188.37
住宿和餐饮业	Accommodation and Restaurants	14859.46	18997.04
信息传输、软件和信息技术服务业	Information Transfer ,Computer Services and Software	171280.61	202164.35
金融业	Finance		
房地产业	Real Estate Trade		
租赁和商务服务业	Tenancy and Business Services	76.94	48.60
科学研究和技术服务业	Scientific Research, Technical Service	1809.43	561.15
水利、环境和公共设施管理业	Management of Water Conservancy Environment and Public Establishment		
居民服务、修理和其他服务业	Resident Services and Other Services	18.37	18.16
教育	Education		
卫生和社会工作	Sanitation,Social Security		
按登记注册类型	**Grouped by Registration**		
内资企业	Internal-invested Enterprises	1584596.47	1593844.31
港澳台商投资	Enterprises With Investment From Hong Kong, Macao and Taiwan	23573.61	21175.18
外商投资	Enterprises With Foreign Investment	5233.54	5160.99
国有控股	**State Controlling Share Hold Enterprises**	**1105837.24**	**1130717.89**

注：本表统计范围为年耗能3000吨标准煤以上的非工业企业。
The range of statistics is more than 3000 tons of standard coal consumption per year of non-industrial enterprises

主要统计指标解释

能源生产总量 指一定时期内，全国一次能源生产量的总和。该指标是观察全国能源生产水平、规模、构成和发展速度的总量指标。一次能源生产量包括原煤、原油、天然气、水电、核能及其他动力能（如风能、地热能等）发电量，不包括低热值燃料生产量、生物质能、太阳能等的利用和由一次能源加工转换而成的二次能源产量。

能源消费总量 指一定时期内，全国各行业和居民生活消费的各种能源的总和。该指标是观察能源消费水平、构成和增长速度的总量指标。能源消费总量包括原煤和原油及其制品、天然气、电力，不包括低热值燃料、生物质能和太阳能等的利用。能源消费总量分为终端能源消费量、能源加工转换损失量和能源损失量三部分。

(1) 终端能源消费量：指一定时期内，全国生产和生活消费的各种能源在扣除了用于加工转换二次能源消费量和损失量以后的数量。

(2) 能源加工转换损失量：指一定时期内，全国投入加工转换的各种能源数量之和与产出各种能源产品之和的差额。该指标是观察能源在加工转换过程中损失量变化的指标。

(3) 能源损失量：指一定时期内，能源在输送、分配、储存过程中发生的损失和由客观原因造成的各种损失量，不包括各种气体能源放空、放散量。

能源生产弹性系数 是研究能源生产增长速度与国民经济增长速度之间关系的指标。计算公式：

$$\text{能源生产弹性系数}=\frac{\text{能源生产总量年平均增长速度}}{\text{国民经济年平均增长速度}}$$

国民经济年平均增长速度，可根据不同的目的或需要，用国民生产总值、国内生产总值等指标来计算，本年鉴是采用国内生产总值指标计算的。

电力生产弹性系数 是研究电力生产增长速度与国民经济增长速度之间关系的指标。一般来说，电力的发展应当快于国民经济的发展，也就是说电力应超前发展。计算公式为：

$$\text{电力生产弹性系数}=\frac{\text{电力生产量年平均增长速度}}{\text{国民经济年平均增长速度}}$$

能源消费弹性系数 反映能源消费增长速度与国民经济增长速度之间比例关系的指标。计算公式为：

$$\text{能源消费弹性系数}=\frac{\text{能源消费量年平均增长速度}}{\text{国民经济年平均增长速度}}$$

电力消费弹性系数 反映电力消费增长速度与国民经济增长速度之间比例关系的指标。计算公式为：

$$\text{电力消费弹性系数}=\frac{\text{电力消费量年平均增长速度}}{\text{国民经济年平均增长速度}}$$

能源加工转换效率 指一定时期内，能源经过加工、转换后，产出的各种能源产品的数量与同期内投入加工转换的各种能源数量的比率。该指标是观察能源加工转换装置和生产工艺先进与落后、管理水平高低等的重要指标。计算公式为：

$$\text{能源加工转换效率}=\frac{\text{能源加工转换产出量}}{\text{能源加工转换投入量}}\times 100\%$$

单位国内生产总值能耗 指一定时期内，一个国家或地区每生产一个单位的国内生产总值所消耗的能源。计算公式为：

$$\text{单位国内生产总值能源}=\frac{\text{能源消费总量}}{\text{国内生产总值}}$$

单位国内生产总值电耗 指一定时期内，一个国家或地区每生产一个单位的国内生产总值所消耗的电力。计算公式为：

$$\text{单位国内生产总值电耗}=\frac{\text{全社会用电量}}{\text{国内生产总值}}$$

单位工业增加值能耗 指一定时期内，一个国家或地区每生产一个单位的工业增加值所消耗的能源。计算公式为：

$$\text{单位工业增加值能耗}=\frac{\text{工业能源消费量}}{\text{工业增加值}}$$

Explanatory Notes on Main Statistical Indicators

Total Energy Production refers to the total production of primary energy by all energy producing enterprises in the country in a given period of time. It is a comprehensive indicator to show the level, scale, composition and pace of development of energy production of the country. The production of primary energy includes that of coal, crude oil, natural gas, hydro-power and electricity generated by nuclear energy and other means such as wind power and geothermal power. However, it does not include the production of fuels of low calorific value, bio-energy, solar energy and secondary energy converted from primary energy.

Total Energy Consumption refers to the total consumption of energy of various kinds by the production sectors and the households in the country in a given period of time. It is a comprehensive indicator to show the scale, composition and pace of increase of energy consumption. Total energy consumption includes that of coal, crude oil and their products, natural gas and electricity. However, it does not include the consumption of fuel of low calorific value, bio-energy and solar energy. Total energy consumption can be divided into three parts: end-use energy consumption; loss during the process of energy conversion; and energy loss.

(1)End-use Energy Consumption: It refers to the total energy consumption by the production sectors and the households in the country (region) in a given period of time. It does not include the consumption during the conversion of primary energy into secondary energy and the loss in the process of energy conversion.

(2)Loss During the Process of Energy Conversion: It refers to the total input of various kinds of energy for conversion, minus the total output of various kinds of energy in the country in a given period of time. It is an indicator to show the loss that occurs during the process of energy conversion.

(3)Energy Loss: It refers to the total of the loss of energy during the course of energy transport, distribution and storage and the loss caused by any objective reason in a given period of time. The loss of various kinds of gas due to gas discharges and stocktaking is not included.

Elasticity Ratio of Energy Production is an indicator to show the relationship between the growth rate of energy production and the growth rate of the national economy. The formula is:

$$\text{Elasticity Ratio of Energy Production} = \frac{\text{Average Annual Growth Rate of Energy Production}}{\text{Average Annual Growth Rate of National Economy}}$$

The average annual growth rate of the national economy can be measured by indicators such as the Gross National Product and the Gross Domestic Product, depending on the purposes or needs. The Gross Domestic Product has been used in the calculation of the ratio in this Yearbook.

Elasticity Ratio of Electricity Production is an indicator to show the relationship between the growth rate of electricity production and the growth rate of the national economy. Generally speaking, the growth rate of electricity production should be higher than that of the national economy.Its formula is:

$$\text{Elasticity Ratio of Electricity Production} = \frac{\text{Average Annual Growth Rate of Electricity Production}}{\text{Average Annual Growth Rate of National Economy}}$$

Elasticity Ratio of Energy Consumption is an indicator to show the relationship between the growth rate of energy consumption and the growth rate of the national economy. The formula is:

$$\text{Elasticity Ratio of Energy Consumption} = \frac{\text{Average Annual Growth Rate of Energy Consumption}}{\text{Average Annual Growth Rate of National Economy}}$$

Elasticity Ratio of Electricity Consumption is an indicator to show the relationship between the growth rate of electricity consumption and the growth rate of the national economy. The formula is:

$$\text{Elasticity Ratio of Electricity Consumption} = \frac{\text{Average Annual Growth Rate of Electricity Consumption}}{\text{Average Annual Growth Rate of National Economy}}$$

Efficiency of Energy Processing and Conversion refers to the ratio of the total output of energy products of various kinds after processing and conversion to the total input of energy of various kinds for processing and conversion in the same reference period. It is an important indicator to show the current conditions of energy processing and conversion equipment, production technique and management. The formula is:

$$\text{Efficiency of Energy Processing \& Conversion} = \frac{\text{Output of Energy After Processing \& Conversion}}{\text{Input of Energy for Processing \& Conversion}} \times 100\%$$

Energy Consumption per Unit of GDP refers to the energy consumption per unit of Gross Domestic Product in a country or the Gross Regional Product in a region in the same reference period. The formula is:

$$\text{Energy Consumption per Unit of GDP} = \frac{\text{Total Energy Consumption}}{\text{Gross Domestic Product}}$$

Electricity Consumption per Unit of GDP refers to the electricity consumption per unit of Gross Domestic Product in a country or the Gross Regional Product in a region in the same reference period. The formula is:

$$\text{Electricity Consumption per Unit of GDP} = \frac{\text{Total Electricity Consumption}}{\text{Gross Domestic Product}}$$

Energy Consumption per Unit of Industrial Value-added refers to the energy consumption per unit of indu- strial value-added in a country or region in the same reference period. The formula is:

$$\text{Energy Consumption per Unit of Industrial Value-added} = \frac{\text{Total Energy Consumption}}{\text{Industrial Value-added.}}$$

10 财政、金融和保险

Government Finance, Banking and Insurance

资料整理人员：廖闻菲

10-1 财政、金融和保险
Government Finance, Banking and Insurance

单位：亿元 (100 million yuan)

年份 Year	地方一般公共预算收入 General Public Budget Revenue	一般公共预算支出 Public Budgetary Expenditure	金融机构人民币存款余额 Deposits of Financial Institutions	金融机构人民币贷款余额 Loans of Financial Institutions	全年各项保费收入 Premiums Institutions
1950	2.15	0.79	0.44	0.05	
1951	3.15	1.12	1.18	0.21	
1952	4.07	2.06	1.76	0.31	
1953	4.13	2.08	2.12	1.60	
1954	4.91	2.93	3.01	4.02	
1955	4.73	2.24	3.44	7.40	
1956	5.23	3.14	2.52	8.45	
1957	5.53	3.22	3.13	8.90	
1958	10.47	8.40	7.60	16.62	
1959	13.40	11.09	12.82	26.53	
1960	15.17	14.07	13.37	30.98	
1961	8.50	9.21	13.10	27.64	
1962	8.77	4.22	11.00	25.19	
1963	8.09	5.01	10.41	21.92	
1964	9.12	6.88	10.33	19.87	
1965	10.05	7.00	11.53	21.40	
1966	10.96	9.06	12.53	24.07	
1967	8.86	8.31	13.82	26.84	
1968	6.92	6.24	14.32	30.24	
1969	9.81	9.34	14.38	32.19	
1970	14.95	10.84	26.24	35.92	
1971	17.71	12.33	28.24	38.16	
1972	18.43	14.61	28.10	39.51	
1973	21.72	15.07	34.00	44.75	
1974	13.89	15.40	27.53	45.23	
1975	18.27	15.92	34.00	48.33	
1976	16.02	15.85	31.21	50.55	
1977	20.88	16.41	35.84	55.25	
1978	27.98	24.46	38.64	64.46	
1979	28.63	25.17	47.38	72.85	
1980	29.86	23.71	58.08	87.34	
1981	31.40	21.39	67.79	99.70	
1982	30.33	23.26	76.08	112.58	
1983	29.27	25.31	88.47	124.10	
1984	32.85	30.04	115.03	151.59	
1985	39.19	40.09	118.84	159.73	

10-1 续表 Continued

单位：亿元 (100 million yuan)

年份 Year	地方一般公共预算收入 General Public Budget Revenue	一般公共预算支出 Public Budgetary Expenditure	金融机构人民币存款余额 Deposits of Financial Institutions	金融机构人民币贷款余额 Loans of Financial Institutions	全年各项保费收入 Premiums Institutions
1986	47.65	54.29	157.51	201.04	
1987	54.38	55.93	192.89	239.39	
1988	56.54	64.89	325.74	366.49	
1989	68.86	74.23	395.60	428.29	
1990	70.07	80.08	369.96	517.90	3.15
1991	80.52	88.58	472.10	631.07	3.69
1992	92.78	99.10	595.10	776.79	5.46
1993	127.56	132.03	738.86	944.40	7.15
1994	85.89	151.49	1107.80	1263.11	12.23
1995	108.16	173.94	1389.05	1494.03	16.17
1996	130.36	217.74	1748.61	1880.94	21.03
1997	137.16	230.82	1769.91	2123.00	30.74
1998	156.77	273.64	2110.71	2274.41	34.47
1999	166.50	313.12	2539.75	2408.36	42.30
2000	177.04	347.83	2874.75	2403.39	59.91
2001	205.41	431.70	3342.91	2787.92	56.09
2002	231.15	533.02	3923.17	3227.46	87.22
2003	268.65	573.75	4669.00	3796.31	103.70
2004	320.63	719.54	5500.47	4258.03	115.81
2005	395.27	873.42	6498.23	4509.09	127.17
2006	477.93	1064.52	7719.43	5173.87	147.82
2007	606.55	1357.03	9083.27	6037.40	201.31
2008	722.71	1765.22	10895..49	6989.42	312.49
2009	847.62	2210.44	13948.00	9369.81	348.45
2010	1081.69	2702.47	16553.78	11303.76	438.53
2011	1517.07	3520.76	19334.70	13186.68	443.53
2012	1782.16	4119.00	23037.07	15336.52	465.11
2013	2030.88	4690.89	26756.64	17774.99	508.57
2014	2262.79	5017.38	30073.36	20356.39	587.73
2015	2515.43	5728.72	36009.09	23738.58	712.18
2016	2697.88	6339.16	41694.54	27215.51	886.46
2017	2757.82	6869.39	46437.72	31532.69	1110.18
2018	2860.84	7479.61	48697.54	36211.75	1255.07
2019	3007.15	8034.42	52312.47	42159.45	1396.12

10-2 财政收支基本情况
Government Financial Revenue and Expenditure

单位：亿元 (100 million yuan)

年份 Year	地方一般公共预算收入 General Public Budget Revenue	非税收入 Revenue form Enterprises	各项税收 Taxes Revenue	一般公共预算支出 Public Budgetary Expenditure	一般公共服务 General Public Services	社会保障和就业 Social Security Progams and Employment
1978	27.98	9.68	17.17	24.46	7.62	3.57
1979	28.63			25.17		
1980	29.86	9.58	19.53	23.71	4.86	3.44
1981	31.40			21.39		
1982	30.33	5.11	24.48	23.26	3.12	2.95
1983	29.27	2.25	26.16	25.31	3.48	3.26
1984	32.85	2.74	29.12	30.04	4.43	3.21
1985	39.19	1.61	36.83	40.09	4.60	4.01
1986	47.65	4.08	42.26	54.29	5.80	4.52
1987	54.38	4.37	48.36	55.93	4.65	3.09
1988	56.54	-0.47	54.25	64.89	5.21	5.88
1989	68.86	-1.48	64.88	74.23	5.44	6.91
1990	70.07	-3.70	67.33	80.08	5.60	8.17
1991	80.52	-0.91	74.14	88.58	6.16	8.81
1992	92.78	-0.78	84.90	99.10	6.23	9.86
1993	127.56	-0.66	116.31	132.03	7.73	12.89
1994	85.89	2.70	65.04	151.49	7.89	13.74
1995	108.16	2.74	78.05	173.94	9.65	14.55
1996	130.36	2.30	88.00	217.74	13.33	17.09
1997	137.16	2.72	105.75	230.82	13.78	17.66
1998	156.77	3.63	102.95	273.64	28.75	22.16
1999	166.50	6.04	105.50	313.12	37.66	21.49
2000	177.04	8.60	111.57	347.83	38.08	22.15
2001	205.41	19.35	124.45	431.70	39.40	25.55
2002	231.15	14.16	148.61	533.02	58.26	40.59
2003	268.65	14.69	173.15	573.75	51.40	36.21
2004	320.63	21.99	218.70	719.54	46.48	74.13
2005	395.27	32.67	267.87	873.42	74.98	71.91
2006	477.93	155.19	322.74	1064.52	72.67	84.32
2007	606.55	195.89	410.66	1357.03	256.59	220.98
2008	722.71	236.40	486.31	1765.22	295.56	310.31
2009	847.62	279.34	568.27	2210.44	336.07	360.75
2010	1081.69	350.85	730.84	2702.48	367.20	396.40
2011	1517.07	601.67	915.40	3520.76	466.74	484.44
2012	1782.16	671.42	1110.74	4119.00	550.26	525.71
2013	2030.88	731.73	1299.15	4690.89	628.45	625.94
2014	2262.79	824.27	1438.52	5017.38	627.24	661.97
2015	2515.43	987.91	1527.52	5728.72	634.17	779.84
2016	2697.88	1146.56	1551.33	6339.16	675.95	874.41
2017	2757.82	998.69	1759.13	6869.39	747.05	1017.90
2018	2860.84	901.18	1959.67	7479.61	797.30	1095.57
2019	3007.15	945.19	2061.96	8034.42	850.66	1160.33

注：2007年起，“基本建设支出”指标更改为“一般公共服务”，“支援农村生产支出及农业事业费”指标更改为“社会保障和就业”。

From 2007,the index of" expenditure for capital construction" has been changed into general public services and "expenditrue for supporting agricultural prodution and agricultural expense" changed into "social security programs and emplogment".

10−3 财政收入及构成 (2019年)
Government Financial Revenue and Composition (2019)

项　目	Item	财政收入（万元）Financial Revenue (10 000 yuan)	2019 年比上年增长（%）Increase Rate in 2019 over 2018(%)
地方一般公共预算收入	**General Public Budget Revenue**	**30071473**	**5.1**
税收收入	**Tax Revenue**	**20619581**	**5.2**
国内增值税	Domestic Value−Added Tax	7897103	1.8
企业所得税	Corporate Income Tax	2471556	4.9
个人所得税	Individual Income Tax	741460	−31.3
资源税	Resources Tax	106542	−5.8
城市维护建设税	City Maintenance and Construction Tax	1458585	0.1
房产税	House Property Tax	703128	10.6
印花税	Stamp Tax	300688	13.3
城镇土地使用税	Urban Land Use Tax	752548	7.2
土地增值税	Land Appreciation Tax	2217626	31.1
车船税	Tax on Vehicles and Boat Operation	273868	10.0
耕地占用税	Farm Land Occupation Tax	663203	33.6
契税	Deed Tax	2895651	9.5
烟叶税	Tobacco Leaf Tax	76526	−5.1
环境保护税	Environment Protection Tax	45453	45.1
其他税收收入	Other Tax Revenue	15644	−60.4
非税收入	**Non−tax Revenue**	**9451892**	**4.9**
专项收入	Special Program Receipts	2529819	8.9
行政事业性收费收入	Charge of Administrative and Insitutional Units	1510179	7.1
罚没收入	Penalty Receipts	1305890	14.3
国有资产经营收入	Operating Income from Government Capital	65035	208.6
国有资源（资产）有偿使用收入	Income from Use of State−owed Resources (Assets)	2518145	0.6
捐赠收入	Donation Tax Revenue	46725	33.6
政府住房基金收入	Government Housing Fund Tax Revenue	313878	17.3
其他收入	Other Revenue	1162221	−11.3

10-4 财政支出及构成 (2019年)
Government Financial Expenditure and Composition (2019)

项　目	Item	财政支出（万元）Financial Expenditure (10 000 yuan)	2019 年比上年增长（%）Increase Rate in 2019 over 2018(%)
一般公共预算支出	**General Public Budget Expenditure**	**80344155**	**7.4**
一般公共服务支出	Expenditure for General Public Services	8506583	6.7
外交、国防、公共安全支出	Foreign Affairs、National Defense、Pulic Safety	4294518	-0.5
教育支出	Expenditure for Education	12700248	7.0
其中：普通教育	Common	9491309	6.3
职业教育	Vocational	1301753	10.4
科学技术支出	Expenditure for Science and Technology	1719206	32.3
文化体育与传媒支出	Expenditure for Culture,Sport and Media	1448331	7.6
其中：文化	Culture	677769	17.0
体育	Sport	116184	5.0
社会保障和就业支出	Expenditure for Social Security and Employmenr	11603284	5.9
其中：财政对社会保障基金的补助	Subsidy on Social Insurance Fund	4462582	5.4
行政事业单位离退休	Subsidy on Retired Person in Administrative Department	3073816	12.2
企业改革补助	Subsidy on Reform of State-owned Enterprises	71343	36.8
就业补助	Subsidy on Employment	351839	-5.3
抚恤	Pension	640537	7.9
最低生活保障	Subsistence Allowances	644914	7.1
卫生健康支出	Expenditure for Medical and Health Care	6615794	5.5
节能环保支出	Environmence Protection	2426823	27.1
城乡社区支出	Expenditure for Urban and Rural Community Affairs	9523427	21.0
农林水支出	Expenditure for Agriculture,Forestry and Water Conservancy	9786759	5.7
其中：农业	Agriculture	2654789	9.3
林业和草原	Forest	859036	11.2
水利	Irrigation	2070300	20.2
扶贫	Poverty Reduction	2533840	-7.6
农业综合开发	Agricultural Exploitation	64852	-75.6
农业综合改革	Agricultural Reform	809989	7.3
交通运输支出	Expenditure for Transportation	3419496	-0.2
资源勘探信息等支出	Expenditure for Affairs of Resource Exploration and Information	1241906	-21.8
商业服务业等支出	Expenditure for Affairs of Commerce and Services	493957	-17.6
金融支出	Expenditure for Financial Affairs	229019	123.8
援助其他地区支出	Expenditure for Other Regional Assistance	48300	-16.8
自然资源海洋气象等支出	Expenditure for Land ,Sesources and Weather	1033769	6.5
住房保障支出	Expenditure for Housing Security	2137603	-16.7
粮油物资储备支出	Expenditure for Affairs of Management of of Grain &Oil Reserves	271387	-20.7
债务付息支出	Expenditure for Interest Payments on Debts	2071051	18.8
债务发行费用支出	Expenditure for Issuing Debts	13979	27.8
其他支出	Other Expenditure	337919	4.0

10-5 金融机构本外币信贷收支 (2019年)
Loans and Deposits of Financial Institutions (2019)

单位：万元 (10 000 yuan)

项 目	Item	年末余额 Balance at the Year-end	比年初增减 Increase Over the Year-beginning
各项存款	**Deposits**	**526603622**	**36584510**
境内存款	Domestic Deposits	525962182	36217692
住户存款	Household Deposits	284103273	30220018
活期存款	Demand Deposits	104410992	8107245
定期及其他存款	Regular and Other Deposits	179692281	22112773
非金融企业存款	Corporate Deposits	130456650	-3158
活期存款	Demand Deposits	74093541	-3388495
定期及其他存款	Regular and Other Deposits	56363108	3385337
广义政府存款	General Government Deposits	90275296	3397793
非银行业金融机构存款	Non-banking Financial Institutions Deposit	21126963	2603040
境外存款	Foreign Deposits	641440	366818
金融债券	**Financial Bonds**	**3684121**	**1351076**
卖出回购资产	**Sell Back Assets**	**172994**	**609**
借款及非银行业金融机构拆入	**Borrowing and Non-banking Financial Institutions are Dismantled**	**187721**	**25048**
联行往来（净）	**Inter-bank Credits**		
应付及暂收款	**Payable & Actually Received Funds**	**10430045**	**937185**
各项准备	**All Plans**	**11052793**	**903712**
所有者权益	**Creditors' Equity**	**21662779**	**2531862**
实收资本	Total Capital Hold	7688871	812170
其他	**Others**	**-31464657**	**790933**
资金来源总计	**All Sources**	**542329418**	**43124934**
各项贷款	**Loans**	**424154280**	**58298198**
境内贷款	Domestic Loans	423481445	58621682
住户贷款	Households Loans	157061632	24335799
短期贷款	Shortterm Loans	39777233	7627588
#消费贷款	#Consumption Loans	21125262	5290662
中长期贷款	Mediumterm and Longterm Loans	117284398	16708212
#消费贷款	#Consumption Loans	95290287	16125592
非金融企业及机关团体贷款	Non-financial Enterprises and Institutions Group Loans	266177952	34117383
非银行业金融机构贷款	Non-banking Financial Institution Loans	241861	168500
境外贷款	Foreign Loans	672835	-323484
债券投资	**Securities**	**49329927**	**5816828**
股权及其他投资	**Equity and Other Investments**	**24036754**	**234863**
买入返售资产	**Assets Purchased Under Resale greements**	**1608990**	**747588**
存放非银行业金融机构款项	**Deposit of Non-banking Financial Institutions**	**533129**	**165674**
联行往来（净）	**Inter-bank Credits**	**35079693**	**-22994494**
应收及预付款	**Account Receivable and Advance Payment**	**3852720**	**633393**
投资性房地产	**Investment Real Estate**	**6147**	**-72**
固定资产	**Fixed Assets**	**3727779**	**222956**
资金运用总计	**All Uses**	**542329418**	**43124934**

10-6 金融机构本外币存贷款分机构表 (2019年)

Statement of Local and Foreign Currency Deposits and Loans of Financial Institutions(2019)

单位：亿元 (100 million yuan)

项 目	Item	存款 Deposit 年末余额 Balance at the Year-end	存款 Deposit 比年初增减 Increase Over the Year-beginning	贷款 Loan 年末余额 Balance at the Year-end	贷款 Loan 比年初增减 Increase Over the Year-beginning
金融机构	**Financial Institutions**	**52660.36**	**3658.45**	**42415.43**	**5829.82**
工商银行	Industrial and Commercial Bank of China Limited	4543.30	342.60	3851.99	447.32
建设银行	China Construction Bank	7158.68	394.41	5344.35	646.13
农业银行	Agricultural Bank of China	4871.95	298.28	3068.43	450.44
中国银行	Bank of China	3138.48	97.62	2800.68	382.73
开发银行	China Development Bank	562.51	-148.25	3623.42	328.21
交通银行	Bnak of Communications	1635.28	109.51	1508.55	246.55
邮政储蓄银行	Postal Savings Bank of China	4773.18	250.84	1940.13	334.35
农发行	Agricultural Development Bank of China	554.73	-90.80	2270.59	238.34
进出口银行	Export-Import Bank of China	20.69	-11.20	859.03	63.60
招商银行	China Merchants Bank	699.57	134.64	512.53	94.76
浦发银行	Shanghai Pudong Development Bank	629.58	28.21	743.77	235.39
中信银行	China CITIC Bank	637.14	92.34	686.31	114.03
兴业银行	Industrial Bank Co.,Ltd.	1088.61	8.32	468.02	33.85
民生银行	China Minsheng Banking Corp., Ltd	582.43	27.11	582.24	123.20
光大银行	China Everbright Bank	933.83	-12.74	772.18	104.25
华夏银行	Hua Xia bank	233.72	34.90	213.29	-0.03
广发银行	China Guangfa Bank	307.09	40.17	269.61	19.45
平安银行	Ping An Bank	225.64	-8.78	285.00	55.78
恒丰银行	Hengfeng Bank	140.23	61.29	103.34	9.34
浙商银行	China Zheshang Bank Co.	95.39	26.77	111.25	35.16
渤海银行	Bohai Bank	133.03	8.78	170.40	-1.05
北京银行	Bank of Beijing	339.55	4.23	721.86	181.28
东莞银行	Bank of Dongguan	71.43	17.74	90.59	-1.33
南粤银行	Nanyue Bank	112.69	21.03	33.99	-5.11
上海农商行	Shanghai Rural Commercial Bank	9.93	0.55	39.15	6.28
电力财务	Power Finance Limited	69.78	9.32	52.05	23.65
长沙银行	Bank of Changsha	4311.36	569.37	2370.97	476.25
华融湘江银行	Huarong Xiangjiang Bank	2757.05	247.27	2057.69	249.17
农信机构	Rural Credit Institutions	9971.33	827.36	6069.89	719.30
三湘银行	Sanxiang Bank	369.87	220.03	241.77	100.97
信托公司	Trust and Investment Companies			6.56	6.56
财务公司	Finance Companies	289.90	-24.61	109.51	29.61
村镇银行	Village and Township Bank	470.74	30.40	327.53	36.95
三一金融	Sany Auto Finance Co., Ltd.	14.55	14.55	102.10	44.45
外资银行	Foreign Bank	32.29	4.66	54.68	14.45

注：外资银行包括汇丰、花旗、东亚、新韩、渣打和合作金库。
Foreign Banks include HSBC, Citigroup, East Asia, New Korea, Standard Chartered Bank and Co-operative.

10-7 主要金融机构大中小微型企业贷款分行业情况统计表 (2019年)

单位：亿元

项目	Item	企业合计 Enterprise Total	
		年末余额 Balance at the Year-end	比年初增减 Increase Over the Year-beginning
合计	**Total**	**24284.55**	**2872.54**
农、林、牧、渔业	Agriculture,Forestry,Farming of Animals and Fishing	259.14	-4.07
采矿业	Mining	150.68	18.66
制造业	Manufacturing	2790.88	220.90
电力、热力、燃气及水生产和供应业	Production and Distribution of Electricity,Gas and Water	1454.99	100.09
建筑业	Construction	1208.63	74.72
批发和零售业	Wholesale and Retail Trade	1291.84	114.11
交通运输、仓储和邮政业	Traffic,Transport, Storage and Post	4736.00	390.22
住宿和餐饮业	Accommodation and Restaurants	173.11	0.92
信息传输、软件和信息技术服务业	Information Transfer, Software and Information	105.63	9.22
金融业	Finance	298.13	76.05
房地产业	Real Estate	2812.30	430.58
租赁和商务服务业	Tenancy and Business Services	3885.90	714.76
科学研究和技术服务业	Scientific Research,Technical Service	67.09	-31.14
水利、环境和公共设施管理业	Management of Water Conservancy, Environment and Public Establishment	4621.72	682.63
居民服务、修理和其他服务业	Resident Services and Other Services	147.36	19.78
教育业	Education	69.60	20.00
卫生和社会工作	Health and Social Work	78.64	26.51
文化、体育和娱乐业	Culture,Sports and Entertainment	129.93	7.04
公共管理、社会保障和社会组织	Public Management and Social Organization	2.96	1.56

注：1. 本表仅统计人民币贷款，不含外汇贷款和票据融资。
2. 本表不含村镇银行、财务公司、信托公司。

Statistical Table on Loans by Sector of Major Financial Institutions, Large, Medium and Small Enterprises(2019)

(100 million yuan)

大型企业 Large Enterprise		中型企业 Medium-sized Enterprise		小型企业 Small Enterprise		微型企业 Miniature Enterprise	
年末余额 Balance at the Year-end	比年初增减 Increase Over the Year-beginning	年末余额 Balance at the Year-end	比年初增减 Increase Over the Year-beginning	年末余额 Balance at the Year-end	比年初增减 Increase Over the Year-beginning	年末余额 Balance at the Year-end	比年初增减 Increase Over the Year-beginning
8286.17	**951.52**	**7503.74**	**1086.80**	**7553.31**	**633.07**	**941.33**	**201.14**
64.90	-14.73	44.79	1.54	131.16	7.02	18.29	2.10
43.99	-15.44	58.70	30.65	41.74	1.69	6.26	1.77
1418.20	96.54	573.78	70.68	728.35	38.00	70.56	15.67
670.81	34.08	348.05	38.92	357.98	7.25	78.16	19.84
454.81	86.03	347.02	-28.80	346.54	31.04	60.25	-13.54
403.89	37.87	300.02	19.73	498.20	42.88	89.72	13.64
3511.36	333.34	733.53	125.55	399.29	-103.67	91.82	35.00
41.70	-11.09	32.93	5.34	87.86	4.10	10.62	2.57
23.21	-19.26	20.72	5.56	53.93	20.19	7.78	2.73
85.47	55.04	101.72	4.92	44.37	-1.03	66.57	17.11
248.47	91.50	1839.52	206.38	505.95	72.70	218.35	60.00
587.20	156.78	1271.46	227.95	1900.55	317.61	126.69	12.42
18.29	-10.03	11.39	-21.70	35.09	-0.43	2.33	1.02
628.63	111.54	1702.44	373.38	2215.19	173.12	75.46	24.60
30.07	7.50	25.12	4.44	86.28	4.82	5.89	3.02
6.32	4.30	29.51	10.01	30.64	4.86	3.13	0.83
21.75	6.67	24.39	9.94	29.73	7.91	2.78	1.99
27.11	0.88	38.64	2.31	57.50	3.47	6.68	0.38
				2.96	1.56		

a. The statistical scope in the table include RMB loans,not-include Foreign Currency Loans and Financing Instruments.

b. The statistical scope in the table non-include Village and Township Bank、Finance Companies、Trust and Investment Companies.

10−8 保险机构与人员 (2019年)
Institutions and Personnel of Insurance System (2019)

项　目		Item		合计 Total
全年各项保费收入	（亿元）	Premiums	(100 million yuan)	1396.1
保险机构数	（个）	Number of Institutions of Insurance System	(unit)	3207
法人机构		Legal Institutions		1
省级公司		Provincial Branches		57
地市级公司		Prefecture/City Branches		431
县支公司及营业部		County Branches		1269
营销服务部		Marketing Services Division		1449
年底实有职工人数	（人）	Employees at the Year-end	(person)	40899
专业保险代理公司法人机构数	（个）	Professional Insurance Agents of Corporate Institutions	(unit)	19
专业保险经纪公司法人机构数	（个）	Professional Insurance Brokers Corporate Institutions	(unit)	10
专业保险评估公司法人机构数	（个）	Professional Insurance Agencies Assess Corporate Institutions	(unit)	7
兼业保险代理机构数	（个）	Insurance Agencies and Industry	(unit)	10017

10−9 财产保险公司业务主要指标 (2019年)
Major Indicators of Property Insurance Business (2019)

单位：万元　(10 000 yuan)

指　标	Item	保费收入 Premiums	赔款支出 Indemnity Expenditure
合　计	**Total**	**4698284**	**2536479**
企业财产保险	Enterprises Property Insurance	112571	51690
家庭财产保险	Household Property Insurance	28088	7450
其中：投资型家财险	Investment Link Household Property Insurance	101	17
机动车辆保险	Motor Vehicle Insurance	2890098	1527351
工程保险	Project Insurance	25703	14384
责任保险	Liability Insurance	228259	95856
信用保险	Credit Insurance	39861	13436
保证保险	Guarantee Insurance	222119	89678
其中：机动车辆消费贷款保证保险	Motor Vehicle Consumption Loans	391	61
个人贷款抵押房屋保证保险	Personal Loans Home Mortagage	10	0
船舶保险	Ships Insurance	3184	1865
货物运输保险	Freight Transport Insurance	14719	6029
特殊风险保险	Special Venture Insurance	1876	810
农业保险	Agriculture Insurance	401852	260339
健康险	Health Insurance	563609	417052
意外伤害保险	Unforeseen Injury Insurance	156717	45105
其中：投资型意外险	Investment Link Unforeseen Insurance	6	2376
其他险	Other Property Insurance	9627	5433

10-10 人寿保险公司主要业务指标(2019年)
Major Indicators of Life Insurance Business (2019)

单位：万元 (10 000 yuan)

指　标	Item	合计 Total
一、原保险保费收入	**The Original Insurance Premium Income**	**9262882**
（一）按险种分	According to The Insurance Division	
1. 人寿保险	Life Insurance	3428270
（1）个人业务	Personal Business	3418087
新单保费	New Insurance Premium	1346817
续期保费	Renewal Premium	2071271
（2）团体业务	Group Insurance	10183
新单保费	New Insurance Premium	9625
续期保费	Renewal Premium	558
2. 年金保险	Pension Insurance	3666754
（1）个人业务	Personal Business	3665140
新单保费	New Insurance Premium	1205759
续期保费	Renewal Premium	2459381
（2）团体业务	Group Insurance	1614
新单保费	New Insurance Premium	956
续期保费	Renewal Premium	658
3. 意外伤害险小计	Accidence Injury Insurance	196330
（1）一年期以内业务	Within One Year Period	25485
（2）一年期业务	One Year Period	107873
（3）一年期以上业务	Over One Year Period	62972
4. 健康险小计	Health Insurance	1971529
（1）一年期以内及一年期业务	Within One Year Periodand One Year Period	502631
个人业务	Personal Business	242424
团体业务	Group Insurance	260207
（2）一年期以上业务	Over One Year Period	1468898
个人业务	Personal Business	1419761
团体业务	Group Insurance	49137
（二）按销售渠道分	According to The Sales Channels	
1. 公司直销小计	Direct Sales Company	657585
（1）人寿保险	Life Insurance	208693
（2）年金保险	Accidence Injury Insurance	129436
（3）意外伤害险	Health Insurance	27546
（4）健康险	Personal Agent	291910
2. 个人代理小计	Life Insurance	6045300
（1）人寿保险	Accidence Injury Insurance	1941328
（2）年金保险	Health Insurance	2451897
（3）意外伤害险	Professional Insurance Agents	122817
（4）健康险	Life Insurance	1529258
3. 银行邮政代理小计	The Insurance Company	2314368
（1）人寿保险	Accidence Injury Insurance	1237995
（2）年金保险	The Insurance Company	1041192
（3）意外伤害险	Health Insurance	9431
（4）健康险	The Insurance Company	25750
4. 保险专业代理小计	Bank of Postal Agent	100998
5. 其他兼业代理小计	Life Insurance	90374
6. 保险经纪业务小计	Accidence Injury Insurance	54257

10-10 续表 Continued

单位：万元 (10 000 yuan)

指 标	Item	合计 Total
二、赔付支出	**Indemnity Expenditure**	**1701123**
1. 赔款支出	Indemnity Expenditure	373055
（1）意外伤害险	Accidence Injury Insurance	47866
一年期以内业务	Within One Year Period	8086
一年期业务	One Year Period	39780
（2）短期健康险	Health Insurance Within One Year Periodand One Year Period	325189
个人业务	Personal Business	84776
团体业务	Group Insurance	240413
2. 死伤医疗给付	Casualty Medical Payment	309604
（1）人寿保险	Life Insurance	93666
个人业务	Personal Business	89926
团体业务	Group Insurance	3740
（2）年金保险	Accidence Injury Insurance	19282
个人业务	Personal Business	19169
团体业务	Group Insurance	113
（3）长期健康险	Health Insurance Over One Year Period	196657
个人业务	Personal Business	171019
团体业务	Group Insurance	25638
3. 满期给付	Mature payment	695621
（1）人寿保险	Life Insurance	662735
个人业务	Personal Business	655009
团体业务	Group Insurance	7726
（2）年金保险	Accidence Injury Insurance	31216
个人业务	Personal Business	31216
团体业务	Group Insurance	
（3）长期健康险	Health Insurance Over One Year Period	1670
个人业务	Personal Business	1670
团体业务	Group Insurance	
4. 年金给付	Annuity	322843
个人业务	Personal Business	308382
团体业务	Personal Business	14462
三、退保金	**Surrender Value**	**1149711**
1. 人寿保险	Life Insurance	572947
个人业务	Personal Business	572311
团体业务	Annuity Assurance	635
2. 年金保险	Accidence Injury Insurance	550998
个人业务	Personal Business	550534
团体业务	Group Insurance	465
3. 长期健康险	Health Insurance Over One Year Period	25766

主要统计指标解释

一般公共预算收入 指国家财政参与社会产品分配所取得的收入，是实现国家职能的财力保证。主要包括：（1）各项税收：包括国内增值税、国内消费税、进口货物增值税和消费税、出口货物退增值税和消费税、企业所得税、个人所得税、资源税、城市维护建设税、房产税、印花税、城镇土地使用税、土地增值税、车船税、船舶吨税、车辆购置税、关税、耕地占用税、契税、烟叶税、环境保护税等。（2）非税收入：包括专项收入、行政事业性收费收入、罚没收入、国有资本经营收入、国有资源（资产）有偿使用收入和其他收入。财政收入按现行分税制财政体制划分为中央本级收入和地方本级收入。

一般公共预算支出 指国家财政将筹集起来的资金进行分配使用，以满足经济建设和各项事业的需要。主要包括：一般公共服务、外交、国防、公共安全、教育、科学技术、文化旅游体育与传媒、社会保障和就业、卫生健康、节能环保、城乡社区、农林水、交通运输、资源勘探信息等、商业服务业等、金融、援助其他地区、自然资源海洋气象等、住房保障、粮油物资储备、灾害防治及应急管理、债务付息、债务发行费用等方面的支出。财政支出根据政府在经济和社会活动中的不同职权，划分为中央财政支出和地方财政支出。

中央一般公共预算收入和地方一般公共预算收入 属于中央一般公共预算的收入包括关税，进口货物增值税和消费税，出口货物退增值税和消费税，国内消费税，铁道部门、各银行总行、各保险公司总公司等集中缴纳的城市维护建设税，增值税 50% 部分，纳入共享范围的企业所得税 60% 部分，未纳入共享范围的中央企业所得税、中央企业上交的利润，个人所得税 60% 部分，车辆购置税，船舶吨税，证券交易印花税，海洋石油资源税，中央非税收入等。属于地方一般公共预算的收入包括城市维护建设税（不含铁道部门、各银行总行、各保险公司总公司集中缴纳的部分），房产税，城镇土地使用税，土地增值税，车船税，耕地占用税，契税，烟叶税，印花税（不含证券交易印花税），增值税 50% 部分，纳入共享范围的企业所得税 40% 部分，个人所得税 40% 部分，海洋石油资源税以外的其他资源税，地方非税收入等。

中央一般公共预算支出和地方一般公共预算支出 指根据政府在经济和社会活动中的不同职责，划分中央和地方政府的责权，按照政府的责权划分确定的支出。中央一般公共预算支出包括一般公共服务，外交支出，国防支出，公共安全支出，以及中央政府调整国民经济结构、协调地区发展、实施宏观调控的支出等。地方一般公共预算支出包括一般公共服务，公共安全支出，地方统筹的各项社会事业支出等。

存款 指企业、机关、团体或居民根据资金必须收回的原则，把货币资金存入银行或其他信贷机构保管并取得一定利息的一种信用活动形式。根据存款对象或性质的不同可划分为企业存款、财政存款、机关团体存款、城乡储蓄存款、农业存款、信托及委托类存款、其他存款等科目。它是银行信贷资金的主要来源。

贷款 指银行或其他信贷机构根据资金必须归还的原则，按一定利率，为企业、个人等提供资金的一种信用活动形式。我国银行贷款分为短期贷款、委托及信托类贷款、其他类贷款等。

保险公司 在中国境内的、经过保险监督管理部门批准设立，并依法登记注册的各类商业保险公司。

保险金额 指保险人承担赔偿或者给付保险金责任的最高限额。

保费 指投保人为取得保险人在约定范围内所承担赔偿责任而支付给保险人的费用。

赔款 指保险人根据保险合同的规定，向被保险人支付的赔偿保险责任损失的金额。

给付 包括死伤医疗给付和满期给付。死伤医疗给付是指保险人根据人寿保险及长期健康保险合同的规定，因被保险人在保险期内发生保险责任范围内的保险事故支付给被保险人（或受益人）的金额。满期给付是指被保险人生存期满，保险人按人寿保险合同规定支付给被保险人的满期保险金额。

Explanatory Notes on Main Statistical Indicators

General Public Budget Revenue refers to income for the government finance through participating in the distribution of social products. It is the financial guarantee to ensure government functioning. The government revenue includes the following main items: (1) Various tax revenues including domestic value added tax (VAT), domestic consumption tax, VAT and consumption tax from imports, VAT and consumption tax rebate for exports, corporate income tax, individual income tax, resource tax, city maintenance and construction tax, house property tax, stamp tax, urban land use tax, land appreciation tax, tax on vehicles and boat operation, ship tonnage tax, vehicle purchase tax, tariffs, farm land occupation tax, deed tax, and tobacco tax, environment protection tax, etc. (2) Non-tax revenue, including special program receipts, charge income of administrative and institutional units, penalty receipts, operating income from government capital, income from use of state-owned resources (assets) and others non-tax receipts.

General Public Budget Expenditure refers to the distribution and use of the funds which the government finance has raised, so as to meet the needs of economic construction and various undertakings. It includes the following main items: expenditure for general public services, expenditure for foreign affairs, expenditure for national defence expenditure for public security, expenditure for education, expenditure for science and technology, expenditure for culture, tourism, sport and media, expenditure for social safety net and employment effort, expenditure for health care, expenditure for energy conservation and environment protection, expenditure for urban and rural community affairs, expenditure for agriculture, forestry and water conservancy, expenditure for transportation, expenditure for resource exploration and information, expenditure for affairs of commerce and services, expenditure for finance, aid to other regions, expenditure for nature resources, ocean and weather, expenditure for housing security, expenditure for grain & oil reserves, expenditure for prevention of disasters and emergency management, interest payment for public debts, expenditure for issuing debts. General public budget expenditure is divided into general public budget expenditure of central government and general public budget expenditure of local government according to the different functions of the governments played in economic and social activities.

General Public Budget Revenue of the Central Government and the Local Governments The general public budget revenue of the Central Government includes tariff, VAT and consumption tax from imports, VAT and consumption tax rebate for exports, domestic consumption tax, city maintenance and construct tax from the Ministry of Railways, head offices of banks, head offices of insurance company, which are handed over to the government in a centralized way, 50% of the value added tax, 60% the share part of the corporate income tax, unshared part of corporate income tax of the central enterprises, profit handed in by the central enterprises, 60% of individual income tax, vehicle purchase tax, ship tonnage tax, stamp tax on securities transactions, resource tax on the offshore petroleum resources. The general public budget revenue of the local governments includes city maintenance and construct tax (excluding the part of the Ministry of Railways, head offices of banks, head offices of insurance company, which are handed over to the government in a centralized way), house property tax, urban land use tax, land appreciation tax, tax on vehicles and boat operation, farm land occupation tax, deed tax, and tobacco leaf tax, stamp tax (not including stamp tax on security exchange), 50% of the value added tax, 40% the share part of the corporate income tax, 40% of individual income tax, resource tax other than the tax on offshore petroleum resources, local non-tax revenue, etc.

General Public Budget Expenditure of the Central Government and Local Governments according to the different functions of the Central Government and local governments in economic and social activities, the rights of administration are demarcated between those of the Central Government and those of local governments; and the classification of the expenditure between the Central Government and local governments are made on the basis of the classification of the rights administration between them. The general public budget expenditure of the Central Government includes the expenditure for general public services, expenditure for foreign affairs, expenditure for public security, and the general public budget expenditure of the Central Government for adjusting the national economic structure; coordinating the development among different regions; and exercising macroeconomic regulation. The general public budget expenditure of the local governments includes mainly the expenditure for general public services, expenditure for public security, and expenditures for social development which are planed by local governments, etc.

Deposit is a form of credit by which enterprises, institutions, organizations or households can put money into banks and other credit institutions for safekeeping and interest earning under the principle of free withdrawal. According to different depositors, deposits are divided into enterprise deposits, treasury deposits, deposits of government agencies and organizations, capital construction deposits, savings deposits, rural saving deposits, entrusted deposits and other deposits. Deposits are major sources of the credit funds of banks.

Loan is a form of credit by which banks and other credit institutions provide funds at certain interest rate to enterprises and individuals in the light of the principle of unconditional repayment. Loans from Chinese banks include circulating capital loans, fixed assets loans, loans to urban and rural individuals engaged in industrial and commercial business and agricultural loans.

Insurance Companies refer to commercial insurance companies of various forms registered by law and established in China with the approval of insurance regulatory agencies.

Amount Insured refers to the maximum that the insurant will get for the claim of the case insured.

Premium is the fee paid by the insurant to the insurer to obtain the obligation of compensation from the insurance within the agreed terms.

Settled Claim is the compensation paid by the insurer to the insurant in accordance with the insurance contract.

Payment includes payment for death, injury or medical treatment and mature payment. Payment for death, injury or medical treatment refers to the money paid to the insurant (or the beneficiary) in accordance with the life or health insurance contract when the insurant encounters accidents within the insured period covered in the contract. Mature payment refers to the mature payment to the insurant in accordance with the life insurance contract at the end of the insured period.

11 城市建设和环境保护

Construction of Cities and Environmental Protection

资料整理人员：杨　未　　谢妮莉

11-1 城市公用事业基本情况
Basic Statistics for urban Public Utilities

指 标	Item	2000	2010	2018	2019
城市个数 （个）	**Number of Cities (unit)**				
省辖市	Cities Under the Jurisdiction of Province	13	13	13	13
县级市	Cities at County Level	16	16	17	17
城市规模	**City Size**				
城区人口 （万人）	Population of Cities (10 000 person)	1196.68	1151.41	1500.03	1457.92
供水	**Water Supply**				
综合生产能力（万立方米/日）	Production Capacity of Tap Water (10 000 cu.m/day)	1162	979	1018	994
供水管长度 （公里）	Length of Water Supply Pipelines (km)	7650	14400	31611	34638
供水总量 （万立方米）	Total Annual Volume of Water Supply (10 000 cu.m)	282357	189223	218678	223210
#生产用量	#For Production		46904	34374	43141
公共服务用量	For Republic Services		17283	12224	11778
家庭用量	For Family Use		76625	115251	114968
用水普及率 （%）	Percentage of Population with Access to Tap Water (%)	97.5	95.2	96.4	97.7
供煤气、液化石油气	**Coal Gas and Liquefied Petroleum Gas Supply**				
供气总量	Total Gas Supply				
液化石油气 （吨）	Liquefied Petroleum Gas (ton)	202033	252906	241126	256917
#居民家庭	#Consumption for Residential Use	189827	196219	206961	214366
天然气 （万立方米）	Natural Gas (10 000 cu.m)			259348	283440
#居民家庭	#Consumption for Residential Use			100526	111520
天然气管道长度 （公里）	Length of Natural Gas Pipelines (km)			20466	22191
燃气普及率 （%）	Percentage of Population with Access to Natural Gas (%)	78	87	94	97
公共交通	**Public Traffic**				
运营车辆合计 （辆）	Number of Public Transportation Vehicles (unit)	9083	12298	29476	31851
#汽车	#Buses	9083	12298	29476	31851
标准运营车数 （标台）	Convert into Standard Unit (unit)	7212	13748	34538	37505
运营线路长度 （公里）	Length of Public Transportation Lines (km)	3713	15338	35333	39378
出租汽车总计 （辆）	Total of Taxi (unit)	19534	23668	35475	35338
每万人拥有公共交通车辆 （标台）	Number of Public Transportation Vehicles per 10 000 person (unit)	10	12	12	14
公交客运总量 （万人次）	Number of Passengers Carried (10 000 person-times)	106227	246471	290104	284948

注：城市人口指标 2006 年起为城区人口，城市面积指标 2006 年起为城区面积。数据由湖南省住房和城乡建设厅提供。

Figure on population of cities means population of urban districts since 2006. Figure on city areas means urban district areas since 2006.The data in this table are provided by the Department of housing and urban rural development of Hunan province.

11-1 续表 Continued

指 标	Item	2000	2010	2018	2019
市政设施	**Municipal Engineering**				
道路长度 （公里）	Length of Paved Roads (km)	4739	8585	13192	13076
道路面积 （万平方米）	Area of Paved Roads (10 000 sq.m)	4816	15972	29355	29474
桥梁数 （座）	Number of bridges (unit)	637	588	1209	1187
#立交桥	#Cloverleaf Junction	82	71	122	109
路灯 （盏）	Number of Street Lights (unit)	115147	432349	819382	817133
排水管道长度 （公里）	Length of Sewer Pipelines (km)	3754	8882	18529	19601
污水排放量 （万立方米）	Number Volume of Let Sewage (10 000 cu.m)	165902	153696	208481	227086
污水处理厂 （座数）	Number of Sewage Disposal Farm (unit)	21	55	74	83
污水处理厂处理能力 （万立方米/日）	Daily Disposal Capacity of Sewage (10 000 cu.m/day)	61.2	376.7	605.8	660.3
其他污水处理装置处理能力 （万立方米/日）	Capacity of Engineering (10 000 cu.m/day)	83.9	170.8	31.9	31.5
污水年处理量 （万立方米）	Annual Volume of Sewage Treated (10 000 cu.m)	45316	115289	200159	220486
人均拥有道路 （平方米）	Per Capita of Road Areas (sq.m)	7.0	13.0	17.0	17.7
排水管密度(公里/平方公里)	Density of Drainage Pipelines (km/sq.km)	4.7	6.7	8.5	9.4
污水处理率 （%）	Rate of Sewage Disposal (%)	27.3	75.0	96.0	97.1
园林绿化	**Parks, Gardens and Green Areas**				
绿化覆盖面积 （公顷）	Coverage Space of Green Areas (hectare)	49290	54509	84158	84451
#建成区	#Developed Area	22646	48398	75611	76540
园林绿地面积 （公顷）	Area of Parks,Gardens and Green Areas in Cities(hectare)	44672	46028	72435	74359
#建成区	#Developed Area	19450	43611	67317	67663
公园绿地面积 （公顷）	Park Green Land (hectare)	3525	10969	19020	19672
公园个数 （个）	Number of Parks (unit)	116	175	368	395
公园面积 （公顷）	Area of Parks (hectare)	2646	6763	13344	14197
人均公园绿地面积（平方米）	Park Green Land Per Capita (sq.m)	5.1	8.9	10.99	11.8
建成区绿地率 （%）	Rate of Green Areas Developed (%)	24.3	33.0	36.6	36.5
建成区绿化覆盖率 （%）	Coverage Rate of Green Areas Developed (%)	28.3	36.6	41.2	41.2
环境卫生	**Environmental Sanitation**				
实际清扫面积 （万平方米）	Area Under Cleaning Program (10 000 sq.m)	3236	12331	31280	27955
#机械清扫	Machine Cleaning	412	6457	22398	22668
生活垃圾清运量 （万吨）	Volume of Garbage Disposal (10 000 tons)	358.46	505.22	824.49	775.45
垃圾无害化处理场 （座数）	Number of Factories to Treat Garbage Harmlessly (unit)	15	21	37	40
#处理能力 （吨/日）	Daily Disposal Capacity (ton/day)	4427	11818	26647	29677
垃圾无害处理量 （万吨）	Volume of Garbage Harmlessly Treatment (10 000 tons)	180.91	399.09	824.13	775.31
公共厕所数 （座）	Number of Public Lavatories (unit)	3001	2896	4331	4022
#三类以上	#Water Closet	1771	2328	2739	3001
市容环卫专用车辆设备总数(辆)	Environmental Sanitation Equipment (unit)	1213	1998	6779	6792
生活垃圾无害化处理率（%）	Ratio of Garbage Harmlessly Treatment (%)	50.5	79.0	100.0	100.0

11−2 城市设施水平 (2019年)
Indicators of Municipal Public Utilities Level (2019)

城 市	Cities	人口密度（人/平方公里） Population Density (person/sq.km)	供水普及率（%） Water Penetration Rate (%)	每万人拥有公共交通车辆（标台） Numberof Public TransportationVehicles Per 10 000person (unit)	燃气普及率（%） Gas Penetration Rate (%)
长沙市	Changsha	3207	97.32	29.46	99.29
浏阳市	Liuyang	1805	100.00	2.42	95.83
宁乡市	Ningxiang	1259	99.38	6.31	99.98
株洲市	Zhuzhou	1348	99.57	13.75	98.96
醴陵市	Liling	2175	100.00	2.95	93.21
湘潭市	Xiangtan	6925	99.63	12.90	98.78
湘乡市	Xiangxiang	9038	100.00	2.97	100.00
韶山市	Shaoshan	1563	98.00	5.19	92.40
衡阳市	Hengyang	7565	100.00	16.27	99.85
耒阳市	Leiyang	6279	98.40	9.31	88.90
常宁市	Changning	3285	100.00	3.06	98.64
邵阳市	Shaoyang	8383	89.11	14.46	87.67
武冈市	Wugang	7300	95.89	3.35	96.16
岳阳市	Yueyang	5557	95.37	10.57	94.29
汨罗市	Miluo	5743	99.22	1.98	100.00
临湘市	Linxiang	4237	91.04	2.79	100.00
常德市	Changde	2387	100.00	7.14	98.12
津市市	Jinshi	1408	100.00	3.33	100.00
张家界市	Zhangjiajie	5190	97.63	15.58	76.34
益阳市	Yiyang	6102	95.94	21.13	98.49
沅江市	Yuanjiang	9777	100.00	7.49	93.21
郴州市	Chenzhou	1154	94.89	28.50	98.00
资兴市	Zixing	6667	100.00	3.85	78.14
永州市	Yongzhou	5751	98.94	12.40	96.37
怀化市	Huaihua	9631	99.04	6.71	96.23
洪江市	Hongjiang	1964	97.71	7.35	78.70
娄底市	Loudi	8368	98.66	10.09	98.41
冷水江市	Lengshuijiang	4087	97.34	9.82	99.05
涟源市	Lianyuan	7472	94.97	1.68	94.91
吉首市	Jishou	6723	97.61	8.60	86.15

注：本表数据由湖南省住房和城乡建设厅提供。
The data in this table are provided by the Department of housing and urban rural development of Hunan province.

11-2 续表 Continued

城 市	Cities	人均城市道路面积（平方米）Per Capita Area of Urban Roads (sq.m)	建成区排水管道密度（公里/平方公里）Density of Drainage Pipe in Built-up Area (km/sq.km)	污 水 处理率（%）Ratio of Sewage Treatment (%)	园林绿化 Parks, Gardens and Green Areas 人均公园绿地面积（平方米）Park Green Land per Capita (sq.m)	建成区绿地率（%）Ratio of Green Area in Developed Areas (%)	建成区绿化覆盖率（%）Green Area Coverage Rate in Developed Areas (%)	生活垃圾无害化处理率（%）Ratio of Garbage Harmlessly Treatment (%)
长沙市	Changsha	13.91	8.46	97.56	11.57	35.25	41.36	100.00
浏阳市	Liuyang	11.35	10.73	97.25	11.74	37.03	42.59	100.00
宁乡市	Ningxiang	26.91	7.07	97.52	10.29	38.46	43.52	100.00
株洲市	Zhuzhou	21.72	7.14	97.85	14.58	34.91	43.20	100.00
醴陵市	Liling	18.45	10.49	94.05	11.56	34.35	39.03	100.00
湘潭市	Xiangtan	29.07	8.50	99.03	12.01	38.44	41.85	100.00
湘乡市	Xiangxiang	16.52	16.34	96.20	8.43	33.82	37.30	100.00
韶山市	Shaoshan	19.64	17.52	97.48	13.24	40.22	44.94	100.00
衡阳市	Hengyang	12.80	8.22	96.96	13.48	38.45	41.94	100.00
耒阳市	Leiyang	26.07	9.11	96.20	11.50	35.81	38.50	100.00
常宁市	Changning	13.90	6.28	96.30	12.81	28.30	30.74	100.00
邵阳市	Shaoyang	15.21	6.67	95.00	13.65	35.26	41.82	99.59
武冈市	Wugang	12.20	12.21	93.14	10.83	33.87	40.50	100.00
岳阳市	Yueyang	22.24	12.72	95.81	12.01	39.41	42.71	100.00
汨罗市	Miluo	31.20	11.15	85.51	12.75	35.69	38.50	99.47
临湘市	Linxiang	9.62	10.17	100.00	11.37	36.25	39.86	100.00
常德市	Changde	20.83	15.53	99.99	14.11	39.30	44.40	100.00
津市市	Jinshi	15.05	11.38	95.00	10.38	33.23	37.12	100.00
张家界市	Zhangjiajie	16.49	7.03	96.72	7.78	30.47	35.01	100.00
益阳市	Yiyang	19.03	11.62	96.21	9.84	38.95	40.06	100.00
沅江市	Yuanjiang	10.71	8.02	97.18	8.56	31.36	38.02	100.00
郴州市	Chenzhou	11.60	13.60	95.30	13.44	41.92	46.54	100.00
资兴市	Zixing	13.23	8.84	93.66	11.09	42.78	44.61	100.00
永州市	Yongzhou	21.02	9.32	98.24	11.53	34.92	37.86	100.00
怀化市	Huaihua	13.58	7.80	94.16	8.51	35.30	39.48	100.00
洪江市	Hongjiang	22.40	10.06	87.89	12.59	36.41	40.00	100.00
娄底市	Loudi	23.31	5.99	97.54	9.63	35.50	41.05	100.00
冷水江市	Lengshuijiang	11.73	5.53	93.63	13.08	35.59	35.99	100.00
涟源市	Lianyuan	16.80	11.40	95.15	7.19	31.71	38.54	100.00
吉首市	Jishou	31.39	6.74	94.10	10.62	35.89	41.25	100.00

11-3 城市供水 (2019年)
Tap Water Supply in Cities (2019)

城 市	Cities	综合生产能力（万立方米/日） Production Capacity of Tap Water (10 000 cu.m/day)	供水管道长度（公里） Length of Water Supply Pipelines (km)	供水总量（万立方米） Total Annual Volume of Water Supply (10 000 cu.m)	生产用量 For Productive Use	公共服务用量 For Republic Services	家庭用量 For Family Use	用水人口（万人） Number of Residents with Access to Tap Water (10 000 person)
长沙市	Changsha	240.00	6747	69466	11862	1840	40850	374.45
浏阳市	Liuyang	11.50	390	2994	645	16	1772	26.17
宁乡市	Ningxiang	28.00	1420	6091	2562	139	2194	43.30
株洲市	Zhuzhou	100.00	3207	18231	2983	2453	9410	112.77
醴陵市	Liling	10.00	822	2658	120	51	1735	24.75
湘潭市	Xiangtan	41.00	1932	9739	661	1280	5289	77.90
湘乡市	Xiangxiang	10.00	725	1740	220	80	1284	23.50
韶山市	Shaoshan	3.80	355	420	42	70	230	4.90
衡阳市	Hengyang	65.00	1568	17848	5956	96	5451	142.98
耒阳市	Leiyang	10.00	501	3031	362	690	1580	28.27
常宁市	Changning	10.00	960	1665	115	83	1008	19.91
邵阳市	Shaoyang	38.00	957	8524	1147	750	4184	62.00
武冈市	Wugang	8.00	455	2052	580	330	720	28.00
岳阳市	Yueyang	40.00	1511	9205	2155	30	4452	86.50
汨罗市	Miluo	6.00	408	1411	186	5	682	11.51
临湘市	Linxiang	4.00	211	1115	46	121	623	18.90
常德市	Changde	41.40	2106	10336	3007	180	4819	79.25
津市市	Jinshi	7.50	335	1126	335	65	470	10.02
张家界市	Zhangjiajie	20.00	595	4008	960	71	1920	27.97
益阳市	Yiyang	32.00	671	8350	447	120	4710	64.20
沅江市	Yuanjiang	8.50	204	1450	28	50	986	18.00
郴州市	Chenzhou	70.00	1370	9187	3237	548	4124	63.50
资兴市	Zixing	10.00	487	1423	360	86	676	16.42
永州市	Yongzhou	46.50	1368	10252	3213	778	4146	56.90
怀化市	Huaihua	26.00	1303	7499	503	791	3359	62.00
洪江市	Hongjiang	6.00	310	1094	121	154	485	11.10
娄底市	Loudi	20.00	960	5830	870	28	3880	51.35
冷水江市	Lengshuijiang	10.00	1803	1618	262	111	791	19.42
涟源市	Lianyuan	8.00	334	1847	343	91	1182	17.74
吉首市	Jishou	13.00	684	3066	150	675	1983	31.50

注：本表数据由湖南省住房和城乡建设厅提供。

The data in this table are provided by the Department of housing and urban rural development of Hunan province.

11-4 城市公共交通 (2019年)
Public Traffic in Cities (2019)

城市	Cities	公共汽车 Buses 运营车数合计（辆）Number of Public Transportation Vehicles (unit)	标准运营车数（标台）Number of Vehicles Convert into Standard unit (unit)	运营线路网长度（公里）Length of Public Transportation Lines (km)	客运总量（万人次）Number of Passengers Carried (10 000 persontimes)	出租汽车数（辆）Number of Taxis (unit)
长沙市	Changsha	9596	12258	7036	67996	7795
浏阳市	Liuyang	205	220	823	1370	400
宁乡市	Ningxiang	439	534	862	2431	468
株洲市	Zhuzhou	1454	1819	1219	18670	2155
醴陵市	Liling	158	184	146	2568	367
湘潭市	Xiangtan	1087	1254	1107	10858	1342
湘乡市	Xiangxiang	115	115	180	681	281
韶山市	Shaoshan	32	35	98	217	19
衡阳市	Hengyang	1789	2243	1376	12314	1110
耒阳市	Leiyang	550	545	238	4370	500
常宁市	Changning	109	121	261	2005	166
邵阳市	Shaoyang	703	896	525	8272	1100
武冈市	Wugang	106	120	161	720	153
岳阳市	Yueyang	982	1221	1019	18686	1742
汨罗市	Miluo	81	81	205	580	200
临湘市	Linxiang	80	80	62	960	276
常德市	Changde	728	797	915	10655	1139
津市市	Jinshi	72	58	113	565	150
张家界市	Zhangjiajie	410	489	402	7831	863
益阳市	Yiyang	1418	1782	793	7600	867
沅江市	Yuanjiang	308	283	619	2711	350
郴州市	Chenzhou	1544	1890	4319	16546	1220
资兴市	Zixing	80	88	210	1484	70
永州市	Yongzhou	756	910	517	10220	594
怀化市	Huaihua	315	396	638	5280	800
洪江市	Hongjiang	135	132	122	633	122
娄底市	Loudi	423	482	480	5800	950
冷水江市	Lengshuijiang	228	266	244	2506	323
涟源市	Lianyuan	71	71	80	1205	200
吉首市	Jishou	189	231	150	3500	697

11-5 城市市政设施(2019年)
Urban Civil Facilities (2019)

城 市	Cities	道路长度（公里）Length of Streets (km)	道路面积（万平方米）Area of Streets (10 000 sq.m)	桥梁数（座）Number of Bridges (unit)	立交桥 Cloverleaf Junction	路灯盏数（盏）Number of Street Lights (unit)	排水管道长度（公里）Length of Sewer Pipelines (km)	污水年排放量（万立方米）Annual Volume of Sewage Discharged (10 000 cu.m)
长沙市	Changsha	1483	5351	252	28	103917	3198	79994
浏阳市	Liuyang	161	297	34	1	6747	311	3010
宁乡市	Ningxiang	564	1173	88		19578	480	4604
株洲市	Zhuzhou	1845	2530	116	20	60900	2033	16636
醴陵市	Liling	244	457	44	3	20028	319	1637
湘潭市	Xiangtan	636	2383	20		29891	1258	16145
湘乡市	Xiangxiang	220	388	9		10473	351	1559
韶山市	Shaoshan	56	98			2463	148	747
衡阳市	Hengyang	877	1830	48	18	92928	1133	12494
耒阳市	Leiyang	316	815	3		8820	309	3057
常宁市	Changning	224	277	12	2	8280	221	1415
邵阳市	Shaoyang	332	1058	22	2	37035	630	6237
武冈市	Wugang	150	356	11		8365	268	1484
岳阳市	Yueyang	963	2064	28	3	49088	1450	14100
汨罗市	Miluo	94	362	9		9950	222	1033
临湘市	Linxiang	160	200	14		6532	165	1105
常德市	Changde	779	1650	96	5	71269	1781	10845
津市市	Jinshi	139	151	6		5751	202	1001
张家界市	Zhangjiajie	341	472	37	3	17200	294	3315
益阳市	Yiyang	580	1273	4		26260	1046	6702
沅江市	Yuanjiang	311	207	9	1	5600	157	1134
郴州市	Chenzhou	177	777	71	17	41466	1073	9330
资兴市	Zixing	143	217	5		6078	190	1007
永州市	Yongzhou	544	1209	21	5	37342	652	10355
怀化市	Huaihua	456	850	62	1	41388	507	6080
洪江市	Hongjiang	132	255	10		15311	170	1037
娄底市	Loudi	313	1213	28		26885	313	5581
冷水江市	Lengshuijiang	149	234	8		8760	172	1133
涟源市	Lianyuan	219	314	53		7000	292	1428
吉首市	Jishou	469	1013	67		31828	256	2880

注：本表数据由湖南省住房和城乡建设厅提供。

The data in this table are provided by the Department of housing and urban rural development of Hunan province.

11-5 续表 Continued

城 市	Cities	污水处理厂 Sewage Disposal Factory				其他污水处理装置处理能力（万立方米/日）	污水年处理量（万立方米）
		座数（座） Number of Units (unit)	二、三级处理 Biological and Chemical Disposal	处理能力（万立方米/日） Disposal Capacity (10 000 cu.m/day)	二、三级处理 Biological and Chemical Disposal	Capacity of Engineering (10 000 cu.m/day)	Annual Volume of Sewage Disposal (10 000 cu.m)
长沙市	Changsha	11	11	220.0	220.0		78046
浏阳市	Liuyang	1	1	8.0	8.0	8.0	2928
宁乡市	Ningxiang	3	3	15.0	15.0		4490
株洲市	Zhuzhou	7	7	50.0	50.0	9.0	16277
醴陵市	Liling	1		5.0		5.0	1540
湘潭市	Xiangtan	5	5	48.5	48.5		15988
湘乡市	Xiangxiang	1	1	5.0	5.0		1500
韶山市	Shaoshan	1	1	2.0	2.0		728
衡阳市	Hengyang	3	3	40.5	40.5		12114
耒阳市	Leiyang	1	1	10.0	10.0	0.7	2940
常宁市	Changning	1		4.0			1363
邵阳市	Shaoyang	3		20.0			5925
武冈市	Wugang	1	1	3.0	3.0		1382
岳阳市	Yueyang	9	9	43.5	43.5	7.0	13509
汨罗市	Miluo	1		2.5			883
临湘市	Linxiang	1	1	3.0	3.0		1105
常德市	Changde	5	5	29.0	29.0	0.1	10844
津市市	Jinshi	2		4.5		0.0	951
张家界市	Zhangjiajie	4	4	10.5	10.5	0.2	3206
益阳市	Yiyang	4	4	23.0	23.0		6448
沅江市	Yuanjiang	1		4.0		1.5	1102
郴州市	Chenzhou	3	1	26.5	12.0		8891
资兴市	Zixing	2	2	4.0	4.0		943
永州市	Yongzhou	2	2	30.0	30.0		10172
怀化市	Huaihua	2	2	17.0	17.0		5725
洪江市	Hongjiang	3	2	2.8	1.5		912
娄底市	Loudi	2	2	15.0	15.0		5444
冷水江市	Lengshuijiang	1		3.0			1061
涟源市	Lianyuan	1		4.0			1359
吉首市	Jishou	1	1	7.0	7.0		2710

11-6 城市绿地和园林 (2019年)
Urban Green Spaces and Gardens (2019)

城市	Cities	绿化覆盖面积（公顷）Coverage Space of Green Areas (hectare)	建成区 Developed Areas	园林绿地面积（公顷）Area of Parks, Gardens and Green Areas (hectare)	建成区 Developed Areas	公园绿地面积（公顷）Park Green Land (hectare)	公园个数（个）Number of Parks (unit)	公园面积（公顷）Area of Parks (hectare)
长沙市	Changsha	15633	15633	13324	13324	4450	42	2476
浏阳市	Liuyang	1235	1235	1074	1074	307	7	241
宁乡市	Ningxiang	2954	2954	2610	2610	448	13	272
株洲市	Zhuzhou	6299	6299	5090	5090	1698	20	1698
醴陵市	Liling	1201	1187	1132	1044	286	11	203
湘潭市	Xiangtan	5235	3350	4879	3076	985	14	600
湘乡市	Xiangxiang	802	802	730	727	198	2	113
韶山市	Shaoshan	328	230	310	206	66	6	89
衡阳市	Hengyang	8229	5781	7614	5300	1927	27	857
耒阳市	Leiyang	1306	1306	1215	1215	360	7	360
常宁市	Changning	1082	1082	996	996	255	7	255
邵阳市	Shaoyang	3865	3262	3123	2750	950	9	750
武冈市	Wugang	1186	889	878	744	316	6	190
岳阳市	Yueyang	6273	4869	5328	4493	1114	19	649
汨罗市	Miluo	767	767	711	711	148	3	331
临湘市	Linxiang	645	645	586	586	236	23	242
常德市	Changde	4673	4667	4134	4131	1118	15	834
津市市	Jinshi	668	643	607	576	104	8	141
张家界市	Zhangjiajie	1599	1361	1440	1185	223	19	209
益阳市	Yiyang	3293	3293	3202	3202	658	37	623
沅江市	Yuanjiang	759	735	663	606	165	6	146
郴州市	Chenzhou	3672	3672	3307	3307	899	30	899
资兴市	Zixing	957	957	918	918	182	4	182
永州市	Yongzhou	2751	2573	2471	2373	663	11	215
怀化市	Huaihua	2582	2566	2312	2295	533	12	481
洪江市	Hongjiang	834	596	726	543	143	6	204
娄底市	Loudi	2139	2139	1850	1850	501	15	449
冷水江市	Lengshuijiang	1111	900	997	890	261	7	257
涟源市	Lianyuan	580	580	478	478	134	4	133
吉首市	Jishou	1792	1568	1653	1364	343	5	98

注：本表数据由湖南省住房和城乡建设厅提供。

The data in this table are provided by the Department of housing and urban rural development of Hunan province.

11-7 城市燃气使用情况 (2019年)
Urban Coal Gas and Liquefied Petroleum (2019)

城 市	Cities	液化石油气 Liquefied Petroleum Gas			天然气 Gas			
		供气总量（吨）Total Gas Supply (ton)	家庭用量 Consumption for Residential Use	用气人口（万人）Population with Access to Gas (10 000 person)	供气总量（万立方米）Total Gas Supply (10 000 cu.m)	家庭用量 Consumption for Residential Use	用气人口（万人）Population with Access to Gas (10 000 person)	管道长度（公里）Length of Pipelines (km)
长沙市	Changsha	73573	56869	59	88998	37017	322.83	1668.0
浏阳市	Liuyang				6263	1533	25.08	187.0
宁乡市	Ningxiang	6947	4250	19	6408	1826	24.50	577.7
株洲市	Zhuzhou	6405	4817	4	25730	9947	111.24	2089.7
醴陵市	Liling	8201	1752	7	27121	4252	16.46	1311.0
湘潭市	Xiangtan	15695	15695	21	16700	6847	60.00	2188.0
湘乡市	Xiangxiang	4560	4550	10	1892	1806	13.40	315.0
韶山市	Shaoshan	340	340	2	400	131	2.42	135.3
衡阳市	Hengyang	7530	6680	11	23994	7097	131.50	4551.2
耒阳市	Leiyang	6800	6800	21	490.20	396.39	7.30	448.7
常宁市	Changning	1858	1839	6	689	482	13.34	310.0
邵阳市	Shaoyang	4280	3500	11	5843	3223	50.00	720.0
武冈市	Wugang	3200	3189	18	1200	459	10.08	393.2
岳阳市	Yueyang	23100	17300	11	24963	6589	77.00	1976.4
汨罗市	Miluo	1689	1683	5	3496	3346	6.75	158.5
临湘市	Linxiang	4532	4450	12	980	770	9.11	101.5
常德市	Changde	10392	10339	20	15621	4621	57.52	2514.5
津市市	Jinshi	1793	1793	4	550	346	6.21	193.9
张家界市	Zhangjiajie	8348	8097	6	3428	1862	15.69	402.4
益阳市	Yiyang	6269	5510	18	8099	3498	48.00	328.8
沅江市	Yuanjiang	1660	785	8	1700	623	10.18	26.0
郴州市	Chenzhou	11350	11350	19	5770	5764	46.22	727.0
资兴市	Zixing	3600	3600	8	872	246.07	5.01	55.8
永州市	Yongzhou	8715	7661	27	3868	2893	27.97	229.0
怀化市	Huaihua	18795	15259	46	1652	815	14.26	110.7
洪江市	Hongjiang	1530	1525	8	28.9	22.99	1.02	43.1
娄底市	Loudi	9060	8130	26	5490	4358	25.04	312.0
冷水江市	Lengshuijiang	1030	1030	19	296	69	1.26	38.8
涟源市	Lianyuan	2866	2850	15	203	90	2.98	28.0
吉首市	Jishou	2800	2723	24	695	592	3.50	50.4

注：本表数据由湖南省住房和城乡建设厅提供。
The data in this table are provided by the Department of housing and urban rural development of Hunan province.

11-8 全省环保产业统计情况 (2019年)
Statistical Report of Hunan Environmental Protection Industry (2019)

指 标	Item	合计 Total	长沙 Changsha	株洲 Zhuzhou	湘潭 Xiangtan	衡阳 Hengyang	邵阳 Shaoyang	岳阳 Yueyang	常德 Changde
环保产业单位数（个）	**The Number of Environmental Protection Industry Units (unit)**	**1506**	**274**	**191**	**61**	**131**	**101**	**167**	**77**
环保产业从业人数（万人）	**The Number of Employees in Environmental Protection Industry (10 000 person)**	**16.2**	**6.2**	**1.3**	**0.6**	**0.9**	**0.6**	**1**	**0.8**
环保产业年收入（亿元）	**Annual Income of Environmental Protection Industry (100 million yuan)**	**3004.6**	**1270.0**	**169.0**	**328.0**	**115.5**	**62.6**	**208.2**	**74.7**
#环境服务业	#Environmental Services	293.5	213.6	8.6	12	3.8	6	4.1	7.2
#环境保护产品生产	#Environmental Protection Products Production	205.6	153.9	6.9	6.3	4.1	6.6	2.2	7.8
#环境友好产品生产	#Environment Friendly Products Production	1521.8	831.8	147.0	266.0	2.1	1.1	40.8	37.2
#资源综合利用	#Comprehensive Utilization of Resources	983.7	70.7	6.5	43.7	105.5	48.9	161.1	22.5

注：本表数据由湖南省环境保护厅提供。
The data in this table are provided by the environmental protection department of Hunan province.

11-8 续表 Continued

指 标	Item	张家界 Zhangjiajie	益阳 Yiyang	郴州 Chenzhou	永州 Yongzhou	怀化 Huaihua	娄底 Loudi	湘西州 West Hunan
环保产业单位数（个）	**The Number of Environmental Protection Industry Units (unit)**	**10**	**55**	**185**	**41**	**63**	**89**	**61**
环保产业从业人数（万人）	**The Number of Employees in Environmental Protection Industry (10 000 person)**	**0.4**	**0.4**	**2.1**	**0.3**	**0.5**	**0.7**	**0.4**
环保产业年收入（亿元）	**Annual Income of Environmental Protection Industry (100 million yuan)**	**12.8**	**67.1**	**473.8**	**53.0**	**45.2**	**80.9**	**43.8**
#环境服务业	#Environmental Services	1.5	9.6	7.7	3.8	5.4	7	3.2
#环境保护产品生产	#Environmental Protection Products Production	0.3	4	5.7	0.7	3.9	2.3	0.9
#环境友好产品生产	#Environment Friendly Products Production	1.6	12.3	91.4	37.9	1.9	42.8	7.9
#资源综合利用	#Comprehensive Utilization of Resources	9.4	41.2	369	10.6	3.4	28.8	31.8

主要统计指标解释

供水综合生产能力 指按供水设施取水、净化、送水、出厂输水干管等环节设计能力计算的综合生产能力。包括在原设计能力的基础上，经挖、革、改增加的生产能力。计算时，以四个环节中最薄弱的环节为主确定能力。

供水管道长度 指从送水泵至用户水表之间所有管道的长度。不包括新安装尚未使用、水厂内以及用户建筑物内的管道。

城市供水总量 指报告期供水企业（单位）供出的全部水量。包括有效供水量和漏损水量。

生活用水 包括公共服务用水和居民家庭用水。公共服务用水指为城区社会公共生活服务的用水。包括行政事业单位、部队营区和公共设施服务、批发零售业、住宿餐饮业以及社会服务业等单位的用水。居民家庭用水指城市范围内所有居民家庭的日常生活用水。包括城市居民、农民家庭、公共供水站用水。

生产用水 指在城区范围内生产、运营的农、林、牧、渔业、工业、建筑业、交通运输业等单位在生产、运营过程中的用水。

用水普及率 指报告期末城区用水人口数与城市人口总数的比率。计算公式：

$$用水普及率=\frac{城区用水人口（含暂住人口）}{城区人口+城区暂住人口}\times 100\%$$

人工煤气生产能力 指报告期末人工燃气生产厂制气、净化、输送等环节的综合生产能力，不包括备用设备能力。一般按设计能力计算，当实际生产能力大于设计能力时，应按实际测定的生产能力计算。测定时应以制气、净化、输送三个环节中最薄弱的环节为主。

供气管道长度 指报告期末从气源厂压缩机的出口或门站出口至各类用户引入管之间的全部已经通气、投入使用的管道长度。不包括煤气生产厂、输配站、液化气储存站、灌瓶站、储配站、气化站、混气站、供应站等厂（站）内的管道。

城市供气总量 指报告期燃气企业（单位）向用户供应的燃气数量。包括销售量和损失量。

燃气普及率 指报告期末城区使用燃气的城市人口数与城市人口总数的比率。其中燃气包括人工煤气、天然气、液化石油气三种。计算公式为：

$$燃气普及率=\frac{城区用气人口（含暂住人口）}{城区人口+城区暂住人口}\times 100\%$$

城市供热能力 指供热企业（单位）向城市热用户输送热能的设计能力。

城市供热总量 指在报告期供热企业（单位）向城市热用户输送全部蒸汽和热水的总热量。

城市供热管道长度 指从各类热源到热用户建筑物接入口之间的全部蒸汽和热水的管道长度。不包括各类热源厂内部的管道长度。

道路长度 指道路长度和与道路相通的桥梁、隧道的长度，按车行道中心线计算。

城市桥梁 指为跨越天然或人工障碍物而修建的构筑物。包括跨河桥、立交桥、人行天桥以及人行地下通道等。

城市排水管道长度 指所有排水总管、干管、支管、检查井及连接井进出口等长度之和。

城市污水日处理能力 指污水处理厂（或污水处理装置）每昼夜处理污水量的设计能力。

年末公共交通车辆运营数 指年末城市用于公共交通运营业务的全部车辆数。新购、新制和调入的运营车辆，自投入之日起开始计算，调出、报废和调作他用的运营车辆，自上级主管机关批准之日起不再计入。

城市绿地面积 指报告期末用作园林和绿化的各种绿地面积。包括公园绿地、生产绿地、防护绿地、附属绿地和其他绿地的面积。

公园绿地 城市中向公众开放的、以游憩为主要功能，有一定的游憩设施和服务设施，同时兼有健全生态、美化景观、防灾减灾等综合作用的绿化用地。包括综合公园、社区公园、专类公园、带状公园和街旁绿地。其中综合公园、专类公园和带状公园面积之和为公园面积。

清扫保洁面积 指报告期末对城市道路和公共场所（主要包括城市行车道、人行道、车行隧道、人行过街地下通道、道路附属绿地、地铁站、高架路、人行过街天桥、立交桥、广场、停车场及其他设施等）进行清扫保洁的面积。一天清扫保洁多次的，按清扫保洁面积最大的一次计算。

市容环卫专用车辆设备 指用于环境卫生作业、监察的专用车辆和设备，包括用于道路清扫、冲洗、洒水、除雪、垃圾粪便清运、市容监察以及与其配套使用的车辆和设备。

每万人拥有公共汽电车辆 指按城市人口计算的每万人平均拥有的公共汽电车辆标台数。

Explanatory Notes on Main Statistical Indicators

Production Capacity of Water Supply refers to the designed overall production capacity of water facilities, covering the four segments of water collection, purification, conveyance, and outflow through trunk pipelines. Increased capacity through transformation and innovation projects is included as well. The capacity is determined mainly on the weakest of the above-mentioned four segments.

Length of Water Supply Pipelines refers to the total length of all the pipelines between the water pumps and the user water meters, excluding pipelines newly installed but not used yet, pipeline in the water factory, and pipeline in the user's buildings.

Total Volume of Urban Water Supply refers to the total volume of water supplied by water-works (units) during the reference period, including both the effective water supply and loss during the water supply.

Consumption of Water for Living Use It includes Consumption of Water for Public Service Use and Consumption of Water for Households Use. Consumption of Water for Public Service Use refers to water consumption for public service in the urban areas. It includes water consumption of administrative institutions, army camps, public facilities, wholesale and retail, accommodation and catering industry and social service industry, etc. Consumption of Water for Households Use refers to consumption of water for daily life of all households in cities, including households of urban residents and farmers, and public water supply stations.

Consumption of Water for Production and Operation Use refers to water consumption in the process of production and operation by production and operation units of agriculture, forestry, animal husbandry, fisheries, industry, construction industry, and transportation industry, etc. in urban areas.

Coverage Rate of Urban Population with Access to Tap Water refers to the ratio of the urban population with access to tap water to the total urban population at the end of reference period. The formula is:

$$\text{Coverage of urban population with access to tap water} = \frac{\text{Urban population with access to tap water}}{\text{Urban population}} \times 100\%$$

Production Capacity of Gaswork Gas refers to the overall production capacity of the urban gasworks in gas generation, purification and delivery at the end of the reference period, excluding capacity of the reserved facilities. In general, it is determined by the designed capacity, and when actual production capacity is larger than the designed capacity, the capacity is determined by the actual measurement on the weakest segment in the production, purification and delivery.

Length of Gas Pipelines refers to the total length of pipelines in use between the outlet of the compressor of gas-work or outlet of gas stations and the leading pipe of users, excluding pipelines within gasworks, delivery stations, LPG storage stations, refilling stations, gas-mixing stations and supply stations.

Volume of Gas Supply refers to the total volume of gas provided to users by gas-producing enterprises (units) during the reporting period, including the volume sold and the volume lost.

Coverage Rate of Urban Population with Access to Gas refers to the ratio of the urban population with access to gas to the total urban population at the end of the reference period. Gas here includes artificial coal gas, natural gas and liquefied petroleum gas. The formula is:

$$\text{Coverage rate urban population with access to gas} = \frac{\text{Urban population with access to gas}}{\text{Urban population}} \times 100\%$$

Heating Capacity in Urban Areas refers to the designed capacity of heating enterprises (units) in supplying heating energy to urban users during the reference period.

Quantity of Heat Supplied in Urban Areas refers to the total quantity of heat from steam and hot water supplied to urban users by heating enterprises (units) during the reference period.

Length of Urban Heating Pipelines refers to the total length of steam or hot water pipelines for sources of heat to the leading pipelines of the buildings of the users, excluding internal pipelines in heat generating enterprises.

Length of Paved Roads refers to the length of roads with paved surface including bridges and tunnels connected with roads. Length of the roads is measured by the central lines.

Urban Bridges refer to bridges built to cross over natural or man-made barriers, including bridges over rivers, overpasses for traffic and for pedestrians, underpasses for pedestrians, etc.

Length of Urban Sewage Pipes refers to the total length of general drainage, trunks, branch and inspection wells, connection wells, inlets and outlets, etc.

Daily Disposal Capacity of Urban Sewage refers to the designed 24-hour capacity of sewage disposal by the sewage treatment works or facilities.

Number of Vehicles under Operation at Year-end refers to the total number of vehicles under operation by public transport enterprises (units) at the end of the year, based on the records of operational vehicles by the enterprises (units).

Area of Urban Green Land refers to the total area occupied for green projects at the end of the reference period, including park green land, production green land, protection green land, green land attached to institutions, and other green areas.

Park Green Area refers to green areas open to the public for amusement and rest with the facilities of amusement, rest and services. Its function includes perfecting ecology, beautifying landscape, and preventing and reducing disaster. Park green areas include comprehensive park, community park, theme park, linear park and roadside green space. Total areas of comprehensive park, topic park and belt-shaped is the area of park.

Road Area Cleaned refers to the area which are regularly cleaned, as at the end of the reference period, at urban roads and public places (mainly including urban roadways, pedestrian walkways, vehicular tunnels, pedestrian underpasses, underground railway stations, lifted roads, pedestrians walk bridges, overpasses, plazas, parking lots and other facilities). If there are several times of cleaning in a day at a location, the area of that time of cleaning with the largest area cleaned will be taken.

Vehicles and Facilities Dedicated to Urban Cleanliness and Environmental Sanitation refer to vehicles and facilities dedicated for use in the operation, management and monitoring of environmental hygiene work. They include vehicles for road cleaning, washing, showering, ice removal, disposal of garbage and human wastes, cleanliness monitoring and related activities.

Public Transportation Vehicles per 10000 Population refers to the number of public transportation vehicles, calculated by urban population, per 10000 population in the city district.

12 农 业

Agriculture

资料整理人员：彭开吾　陈晗文　朱　鹏　刘　洋
易　贝　周夜明　周江涛　周　围
谢开来

12-1 农林牧渔业总产值和指数
Gross Output Value and Indices of Farming,Forestry, Animal Husbandry and Fishery

年份	农林牧渔业总产值（亿元） Gross Output Value of Farming, Forestry, Animal Husbandry (100 million yuan)					指数（1952 年 =100） Indices of Gross Output Value of Farming, Animal Husbandry (year of 1952=100)				
Year	总产值 Total	#农业 Farming	#林业 Forestry	#牧业 Animal Husbandry	#渔业 Fishery	总指数 Total	#农业 Farming	#林业 Forestry	#牧业 Animal Husbandry	#渔业 Fishery
1949	15.84	12.05	0.24	1.42	0.03	59.6	64.4	51.1	45.7	42.9
1950	19.18	14.09	0.30	1.70	0.04	72.2	75.3	63.8	54.7	57.1
1951	21.91	15.66	0.36	2.37	0.04	82.5	83.7	76.6	76.2	57.1
1952	26.57	18.72	0.47	3.11	0.07	100.0	100.0	100.0	100.0	100.0
1953	26.59	18.70	0.37	2.97	0.10	100.1	99.9	78.7	95.5	142.9
1954	24.39	16.59	0.37	2.76	0.10	91.8	88.6	78.7	88.7	142.9
1955	28.89	19.99	0.57	2.36	0.12	108.7	106.8	121.3	75.9	171.4
1956	28.15	18.78	0.84	2.83	0.11	105.9	100.3	178.7	91.0	157.1
1957	35.04	21.14	1.20	5.39	0.28	127.2	112.9	255.3	173.3	400.0
1958	33.25	23.38	2.58	4.30	0.60	132.4	122.8	411.7	108.6	774.2
1959	30.55	21.96	2.62	3.14	0.70	121.7	115.3	418.1	79.3	903.2
1960	25.89	18.98	2.34	1.85	0.48	103.1	99.7	373.4	46.7	619.4
1961	21.95	16.63	1.00	1.56	0.26	87.4	87.3	159.6	39.4	335.5
1962	26.18	20.10	0.96	2.39	0.28	104.3	105.6	153.2	60.4	361.3
1963	24.65	18.09	1.03	3.25	0.31	98.2	95.0	164.4	82.1	400.0
1964	28.07	20.22	1.23	4.24	0.35	111.8	106.2	196.3	107.1	451.6
1965	29.31	21.07	1.31	4.42	0.40	116.7	110.7	209.0	111.7	516.1
1966	32.74	24.29	1.39	4.55	0.45	130.4	127.6	221.8	115.0	580.6
1967	34.40	25.41	1.55	4.89	0.46	137.0	133.5	247.8	123.5	593.5
1968	36.99	27.05	1.80	5.52	0.45	147.3	142.1	287.2	139.5	580.6
1969	36.21	26.48	1.85	5.36	0.34	144.2	139.1	295.2	135.4	438.7
1970	38.03	27.94	1.63	5.85	0.39	151.4	146.8	260.1	147.8	503.2
1971	58.77	43.42	2.72	9.18	0.53	151.3	150.5	295.2	151.1	541.9
1972	62.67	44.88	2.82	11.54	0.45	161.4	155.5	306.1	189.9	460.1
1973	67.86	50.48	2.77	10.93	0.57	174.7	175.0	300.6	179.9	582.8
1974	69.29	51.64	3.21	11.22	0.62	178.4	179.0	348.4	184.7	634.0
1975	72.45	54.41	2.86	11.64	0.64	186.5	188.6	310.4	191.6	654.4
1976	72.72	55.12	2.45	11.77	0.65	187.2	191.0	265.9	193.7	664.6
1977	73.81	55.40	2.98	11.95	0.68	190.0	192.0	323.4	196.7	695.3
1978	81.37	62.72	3.12	12.55	0.70	209.5	217.4	338.6	206.5	715.8
1979	86.51	65.47	3.13	14.27	0.77	222.7	226.9	339.7	234.8	787.3
1980	116.34	81.13	7.31	21.87	1.94	218.4	218.2	391.8	236.3	961.2
1981	123.38	86.05	6.70	23.32	2.18	231.6	231.4	359.1	252.0	1080.1
1982	135.90	95.95	6.45	26.26	2.46	255.1	258.1	345.7	283.8	1218.8
1983	142.70	100.60	6.43	27.87	2.88	267.9	270.6	344.6	301.2	1426.9
1984	150.80	102.32	7.02	32.16	3.37	283.1	275.2	376.3	347.5	1669.7
1985	158.22	101.84	7.25	34.87	3.89	297.0	273.9	388.6	376.8	1927.3

注：本表绝对数按当年价格计算，指数按可比价格计算。

Absolute figures in this table are calculated at current prices while indices are calculated at comparable prices.

12-1 续表 Continued

年份 Year	农林牧渔业总产值（亿元） Gross Output Value of Farming, Forestry, Animal Husbandry (100 million yuan)					指数（1952 年 =100） Indices of Gross Output Value of Farming, Animal Husbandry (year of 1952=100)				
	总产值 Total	#农业 Farming	#林业 Forestry	#牧业 Animal Husbandry	#渔业 Fishery	总指数 Total	#农业 Farming	#林业 Forestry	#牧业 Animal Husbandry	#渔业 Fishery
1986	166.83	106.01	6.35	38.42	4.64	313.2	285.1	340.4	415.2	2298.9
1987	172.32	108.48	6.90	38.62	5.42	323.5	291.8	369.8	417.3	2685.3
1988	173.19	103.09	6.74	42.02	5.69	325.2	277.3	361.3	454.1	2819.1
1989	182.09	109.68	7.75	44.18	6.28	341.8	295.0	415.5	477.3	3112.3
1990	430.21	241.32	22.00	120.40	22.13	348.3	296.0	404.7	493.5	3205.7
1991	451.69	249.79	28.22	126.62	22.20	361.8	306.4	434.2	519.2	3215.3
1992	468.73	250.39	31.55	135.67	24.90	375.5	307.0	485.4	556.1	3614.0
1993	493.63	258.70	31.26	147.51	28.59	395.4	317.1	481.0	604.5	4141.6
1994	532.16	266.43	32.92	169.22	32.70	426.2	326.6	506.5	693.4	4738.0
1995	578.73	277.43	33.66	195.25	39.71	463.7	340.3	518.1	800.2	5751.9
1996	627.16	283.37	34.74	224.61	47.91	502.7	347.4	534.7	920.2	6936.8
1997	679.20	306.80	35.26	245.35	52.89	544.4	376.2	542.7	1004.9	7658.2
1998	686.21	297.81	36.12	255.34	56.67	552.6	365.3	555.7	1046.1	8201.9
1999	1200.94	624.70	48.20	458.62	69.42	571.4	383.6	586.3	1048.2	8841.6
2000	1251.89	633.84	51.01	486.13	80.91	596.0	395.8	611.5	1089.1	9858.4
2001	1313.23	665.70	51.88	510.42	85.23	619.6	409.7	630.7	1136.3	10400.7
2002	1349.92	666.65	54.78	538.64	89.85	636.3	410.6	659.5	1194.3	11014.3
2003	1452.96	671.66	81.73	575.08	96.97	659.9	421.6	685.9	1243.3	11818.3
2004	1913.31	874.00	91.31	796.95	119.92	709.4	461.7	734.0	1310.4	12657.4
2005	2056.24	947.70	100.90	834.50	138.40	750.5	482.5	805.9	1393.0	13872.5
2006	1991.81	1040.85	112.45	657.92	130.42	787.3	509.0	855.1	1440.3	14996.2
2007	2584.00	1210.06	144.12	1000.84	152.99	819.1	530.1	924.4	1477.8	15866.0
2008	3204.11	1370.88	155.44	1426.18	165.83	862.8	541.3	964.1	1610.8	16659.3
2009	3035.20	1472.53	174.18	1058.66	182.35	907.3	573.2	1007.5	1681.6	17542.3
2010	3518.10	1848.89	207.43	1062.04	222.58	946.3	597.8	1077.0	1738.8	18501.3
2011	4111.04	2089.89	239.11	1336.67	241.26	986.6	639.1	1151.3	1731.8	18566.1
2012	4390.34	2255.43	259.97	1377.85	261.89	1016.7	647.0	1208.9	1813.2	19587.2
2013	4432.69	2257.55	287.67	1340.83	286.70	1044.5	665.1	1281.4	1825.8	20821.2
2014	4577.08	2324.78	304.81	1356.00	310.03	1093.5	692.8	1356.1	1911.4	21976.6
2015	4682.31	2325.93	317.38	1408.13	328.34	1133.8	723.3	1466.7	1903.6	23537.0
2016	5057.52	2485.49	321.60	1549.59	354.95	1174.5	751.0	1587.8	1913.1	25046.7
2017	5213.48	2597.63	325.01	1505.78	393.06	1221.8	773.6	1731.5	1970.7	26655.9
2018	5361.62	2664.30	387.15	1464.59	417.21	1265.5	798.1	1895.1	1992.1	28665.7
2019	6405.06	3052.06	430.66	2003.09	441.82	1305.8	827.5	2074.8	1953.9	30657.9

注：本表绝对数按当年价格计算，指数按可比价格计算。2006-2017 年数据按照农业普查结果进行了修正。

Absolute figures in this table are calculated at current prices while indices are calculated at comparable prices.Data for 2006-2017 are revised based on the results of the agricultural census.

12-2 农业基本情况

Basic Indicators of Agriculture

年份 Year	农林牧渔业劳动力（万人） Number of Laborers (10 000 person)	年末实有耕地面积（万公顷） Cultivated Areas (yearend) (10 000 hectares)	当年减少耕地面积（万公顷） Decrease in Cultivated Area by Cause (10 000 hectares)	农作物播种面积（万公顷） Total Sown Areas (10 000 hectares)	#粮食作物 Grain Corps	造林面积（万公顷） Afforestation Areas (10 000 hectares)
1978				844.58	582.94	
1979				833.44	570.42	
1980				790.95	545.13	
1981				800.94	542.01	
1982				796.95	540.34	
1983				774.62	542.32	
1984				763.92	539.09	
1985	1908.43	334.17		747.71	516.14	34.40
1986				753.65	521.04	37.73
1987				747.47	515.10	32.91
1988				749.62	519.63	32.17
1989				774.88	533.05	33.99
1990	2133.07	331.23	1.16	795.18	536.56	37.59
1991				804.02	536.52	37.17
1992				796.08	524.36	37.75
1993				765.39	505.05	27.83
1994				773.05	507.74	13.44
1995	2114.71	324.97	1.83	784.04	511.56	10.95
1996				792.74	513.39	5.29
1997	2074.12	323.01	1.66	800.90	515.53	4.29
1998	2074.51	321.87	1.64	793.63	507.48	2.86
1999	2074.13	321.32	1.30	802.77	513.52	2.74
2000	2065.92	392.16	1.18	800.21	502.99	5.15
2001	2058.67	391.26	1.73	793.17	480.28	7.56
2002	2019.60	389.10	2.80	777.92	465.26	10.09
2003	1997.67	383.37	6.46	773.12	452.98	40.96
2004	1975.89	381.65	2.60	818.87	475.41	33.38
2005	1951.90	381.60	0.70	833.64	483.86	13.65
2006		378.76	3.88	853.19	454.54	13.45
2007	1890.17	378.90	0.61	739.70	453.97	7.62
2008	1877.91	378.94	0.61	761.35	460.71	8.04
2009	1867.33	413.50	0.75	785.22	482.72	12.50
2010	1861.85	413.75	0.97	805.80	484.78	21.34
2011	1793.64	413.77	0.91	817.81	493.22	40.24
2012	1857.39	414.62	0.72	829.96	497.53	40.42
2013	1832.65	414.97	0.99	835.27	501.00	34.98
2014	1808.33	415.32		839.86	506.56	39.19
2015	1762.31	415.35	0.37	835.52	505.37	37.60
2016	1696.81	414.88	0.85	829.20	501.07	33.66
2017	1686.3	415.10	0.84	827.01	497.89	55.41
2018	1667.81	415.54	0.65	810.93	474.79	58.43
2019	1644.09			812.28	461.64	57.69

注：从 2000 年起，耕地面积为省国土资源厅统计数据（下表同）。

The data of cultivated Areas from Hunan Province Territory Resource Bureau since 2000.The same as in the following table.

12-3 农村基层组织
Grassroots Units of Rural Areas

指　标	Item	2000	2010	2018	2019
农村基层组织	**Grassroots Units of Rural Areas**				
#乡(镇)个数　（个）	Number of Township (Town Governments)　(unit)	2353	2161	1530	1526
#乡个数	Number of Township	1314	1052	392	309
#民族乡	Number of National Township	104	97	87	83
镇个数	Number of Town Governments	1039	1109	1138	1134
村(居)民委员会个数　（万个）	Number of Villagers(Residential) Committees　(10 000 units)	5.01	4.56	2.79	2.79
#村民委员会　（万个）	Number of Villagers Committees　(10 000 units)	4.75	4.25	2.4	2.4
农村社会基础设施	**Country Society Basic Establishment**				
#自来水受益村数（万个）	Villages Tap Water Benefited　(10 000 units)	1.17	1.86	2.02	2.11
通汽车村数　（万个）	Villages Car Available　(10 000 units)	4.41	4.11	2.48	2.48
通电话村数　（万个）	Villages Telephone Available　(10 000 units)	4.05	4.21	2.49	2.49

12-4 耕地面积
Cultivated Areas

单位：千公顷　(1 000 hectares)

指　标	Item	2000	2010	2018	2019
年初实有耕地总资源	Actual Cultivated Land Total Resources at The Year Beginning	3926.52		4151.01	
年内增加耕地总资源	Increased Cultivated Land Total resources This Year	6.85		10.91	
年内减少耕地总资源	Decrease in Cultivated Land Total resources This Year	11.77		6.52	
年末实有耕地总资源	Actual Cultivated Land Total Resources at The Year End	3921.60	4137.50	4155.41	

12-5 农业生产条件
Condition of Agricultural Production

年 份 Year	农业机械总动力（万千瓦） Total Power of Agricultural Machinery (10 000 kw)	有效灌溉面积（千公顷） Effective Irrigated Area (1000 hectares)	化肥施用量（万吨） Consumption of Chemical Fertilizers (10 000 tons)	农村用电量（亿千瓦小时） Electricity Consumed in Rural Areas (100 million kwh)	每公顷面积产量（公斤） Yield per hectare (kg)		
					粮 食 Grain Crops	棉 花 Cotton	油 料 Oil-bearing Crops
1949	0.11	1199.21					
1950	0.10	1289.93					
1951	0.20	1360.65					
1952	0.33	1538.27	0.20				
1953	0.38	1586.24	0.10				
1954	0.43	1630.03	0.97				
1955	0.76	1666.75	2.40				
1956	1.95	1716.85	4.95				
1957	2.45	1777.03	5.18				
1958	7.44	1849.99	11.25				
1959	14.58	1716.96	12.84				
1960	22.43	1935.57	15.85				
1961	24.60	1957.07	9.36				
1962	26.57	1984.41	12.35				
1963	29.06	2019.75	23.91	0.50			
1964	33.91	2084.79	32.75	0.46			
1965	42.89	2163.53	53.15	0.91			
1966	54.47	2202.64	90.17	1.41			
1967	55.66	2262.00	86.20	1.58			
1968	63.93	2286.15	75.19	1.78			
1969	72.95	2307.52	101.41	2.00			
1970	89.50	2343.68	121.71	4.81			
1971	106.68	2377.67	130.29	3.27			
1972	132.77	2430.93	167.99	4.68			
1973	153.42	2483.15	198.07	4.14			
1974	186.16	2503.94	177.56	6.46			
1975	233.18	2583.35	193.84	6.82			
1976	283.42	2617.13	194.25	6.96			
1977	349.56	2657.09	202.95	7.36			
1978	428.64	2691.34	271.90	8.78			
1979	507.67	2730.43	325.23	9.26			
1980	588.99	2743.73	361.04	9.67			
1981	659.74	2753.03	371.20	11.20			
1982	704.94	2759.67	396.38	12.64			
1983	785.57	2773.45	421.54	13.81			
1984	805.43	2775.57	354.21	14.45			
1985	892.02	2771.18	369.64	15.06	4875	990	1005

注：化肥施用量 1989 年及以前均为实物量，1990 年及以后为折纯量。

Data of consumption of fertilizers refer to the consumption in quantity prior to 1989, and the consumption in purity in and after 1990.

12-5 续表 Continued

年 份 Year	农业机械总动力（万千瓦） Total Power of Agricultural Machinery (10 000 kw)	有效灌溉面积（千公顷） Effective Irrigated Area (1000 hectares)	化肥施用量（万吨） Consumption of Chemical Fertilizers (10 000 tons)	农村用电量（亿千瓦小时） Electricity Consumed in Rural Areas (100 million kwh)	每公顷面积产量（公斤） Yield per hectare (kg) 粮 食 Grain Crops	 棉 花 Cotton	 油 料 Oil-bearing Crops
1986	1059.37	2771.75	432.12	18.05			
1987	1053.56	2665.33	457.77	17.98			
1988	1112.91	2670.29	490.07	20.35			
1989	1168.74	2674.20	517.88	21.86			
1990	1209.17	2676.22	126.09	23.37	5025	1020	990
1991	1270.52	2612.70	138.66	25.77			
1992	1284.37	2664.98	146.18	27.71			
1993	1374.35	2676.11	148.15	30.44			
1994	1459.07	2675.09	159.41	33.04			
1995	1532.54	2680.03	167.91	37.64	5380	1206	1258
1996	1616.29	2667.07	167.08	38.91			
1997	1692.84	2672.38	175.30	41.68	5581	1448	1352
1998	1825.57	2675.14	179.93	42.01	5553	969	1323
1999	2006.97	2665.40	180.87	42.97	5632	1121	1391
2000	2209.74	2677.46	182.15	44.53	5716	1173	1490
2001	2358.02	2676.35	184.25	46.73	5622	1271	1505
2002	2498.09	2675.61	184.32	49.83	5376	1291	1334
2003	2664.45	2675.34	188.33	53.84	5393	1173	1449
2004	2923.93	2683.28	203.19	57.53	5530	1437	1591
2005	3189.86	2690.41	209.90	65.24	5477	1395	1569
2006	3416.61	2696.93	212.14	75.99	5478	1528	1628
2007	3684.43	2702.88	219.58	76.38	5944	1538	1598
2008	4021.14	2709.20	223.38	81.46	6126	1354	1267
2009	4352.64	2720.68	231.60	93.55	6067	1401	1555
2010	4651.55	2726.66	236.57	98.63	5944	1389	1432
2011	4935.59	2762.41	242.49	106.03	6049	1381	1635
2012	5189.24	3070.84	249.11	110.23	6154	1421	1510
2013	5435.93	2768.12	248.19	118.58	5967	1219	1582
2014	5680.34	3101.70	247.80	123.83	6078	1222	1628
2015	5894.05	3113.32	246.54	123.91	6123	1208	1701
2016	6097.54	3132.37	246.44	126.70	6092	1185	1702
2017	6254.83	3145.87	245.26	128.56	6173	1145	1724
2018	6338.57	3164.00	242.61	130.82	6367	1341	1743
2019	6471.82	3176.11	229.01	132.98	6444	1299	1752

注：化肥施用量1989年及以前均为实物量，1990年及以后为折纯量。

Data of consumption of fertilizers refer to the consumption in quantity prior to 1989, and the consumption in purity in and after 1990.

12-6 农林牧渔业分项产值

Gross Output Value of Farming, Forestry, Animal Husbandry and Fishery by Branch

单位：万元 (10 000 yuan)

指 标	Item	2018	2019
农林牧渔业合计	**Tatol**	**53616233**	**64050554**
农业产值	**Output Value of Farming**	**26643047**	**30520588**
谷物及其他作物	Cereal and Other Crops	10303267	10560883
谷物	Cereal	7510980	7610452
#小麦	#Wheat	21917	22295
稻谷	Rice	6774291	6815926
玉米	Corn	649024	704960
薯类	Tubers	254860	275678
油料	Oil-bearing Crops	1583251	1614892
#花生	#Peanuts	187160	193780
油菜籽	Rapeseeds	1312609	1321361
豆类	Beans	226431	259432
#大豆	#Soja	166076	196895
棉花	Cotton	61060	58466
生麻	Fiber Crops	4618	4838
糖料	Sugar Crops	40740	41970
烟草	Tobacco	465268	527213
其他农作物	Other Crops	156059	167944
蔬菜、食用菌及花卉盆景园艺产品	Vegetables and Gradening Plantations	10827514	13506140
蔬菜（含菜用瓜）	Vegetables	10368041	13011114
食用菌	Mushroom	185832	215382
花卉	Flowers	28556	30068
盆景园艺	Plants	245085	249576
水果、坚果、饮料和香料作物	Fruits,Nuts and Crops of Beverage&Perfumery	4002979	4597847
水果、坚果（含果用瓜）	Fruits and Nuts	2851600	3210949
茶及其他饮料	Tea and Other Beverage	1142212	1376857
#茶	#Tea	1142212	1376857
中草药材	Medicinal Materials	1509286	1855718
林业产值	**Output Value of Forestry**	**3871477**	**4306593**
林木的培育和种植	Forest Planting and Cultivating	1488961	1742780
育种育苗	Grow Seedlings and Seed Cultivation	1171663	1418229
造林	Cultivate Forest	86650	88163
抚育和管理	Cultivation and Management	184340	188606
竹木采运	Bamboo Cutting and Transportation	724745	772642
林产品	Forest Products	1657771	1791170
牧业产值	**Output Value of Animal Husbandry**	**14645929**	**20030869**
牲畜饲养	Livestock Rasing	1241004	1701775
牛的饲养	Cattle Raising	647306	832036
羊的饲养	Sleeps and Goats Raising	556987	831298
其他牲畜饲养	Other Livestock Raising	1020	1093
奶产品	Milk Products	35686	37341
毛绒产品	Wool Products	5	7
猪的饲养	Hogs Rasing	9703412	13800583
家禽饲养	Poultry Rasing	3304049	4102751
肉禽	Poultry for Meat	1389664	1961991
禽蛋	Poultry Egges	1914385	2140760
狩猎和捕捉动物	Hunting and Catching of Wild Animals	104032	108700
其他畜牧业	Other Animal Husbandry	293432	317060
渔业产值	**Output Value of Fishing**	**4172114**	**4418227**
#养殖	#Cultivation	3775937	4126968
鱼类	Fish	3232696	3214111
虾蟹类	Shrimps,Prawns and Crabs	781494	1043551
贝类	Shell-fish	25384	23392
其他	Others	132541	137172
农、林、牧、渔专业及辅助性活动产值	**Agriculture, Forestry, Animal husbandry, Fishery and Auxiliary Activities**	**4283666**	**4774278**

12-7 农业机械年末拥有量
Year-End Possession of Agriculture Machinery

指 标		Item		2000	2010	2018	2019
农业机械总动力合计	**（千瓦）**	**Total Power of Agricultural Machinery**	**(kw)**	**22097435**	**46515488**	**63385703**	**64718152**
柴油发动机		Diesel Engines		15719714	35478418	47856472	48803456
汽油发动机		Gasoline Engines		2310250	2748316	3915393	4120853
电动机		Electric Motor		3959172	8095821	11195611	11408600
其他机械		Other Machinery		108299	192933	418227	385243
机械分类		**Machinery by Tybe**					
大中型拖拉机	（混合台）	Large and Medium Tractors	(mixed unit)	15149	84992	123168	122262
	（千瓦）		(kw)	381244	2465058	4199608	4524591
小型及手扶拖拉机	（混合台）	Mini and Walking Tractors	(mixed unit)	209271	198611	284251	239862
	（千瓦）		(kw)	1916099	2076993	3109593	2876245
耕整机	（台）	Tillage Machinery	(unit)	536557	1349055	1882010	1885250
	（千瓦）		(kw)		5034046	7493198	7569630
大中型拖拉机配套农具	（部）	Farm Tools for Large and Medium Tractors	(unit)	6428	27684	70612	42133
小型拖拉机配套农具	（部）	Necessary Farm Tools for Mini Tractors	(unit)	63865	97051	129925	161896
# 农用水泵	（台）	# Pumps	(unit)	1208900	2099818	2351029	2320341
联合收获机	（台）	Machinery for Combine Harvesters	(unit)	3049	69051	130024	130995
	（千瓦）		(kw)	43837	2365043	4751514	4953025
增氧机	（台）	Machinery for Pond Oxygen Increase	(unit)		21471	100885	115496
农产品初加工动力机械	（千瓦）	Motorized Machinery for Products Processing	(kw)	3525247	6562481	7801649	7727054
# 柴油机动力	（千瓦）	# Diesel Engines Power	(kw)	2006630	3457597	3617948	3544063
农田基本建设机械	（台）	Machinery for Farmland Capital Construction	(unit)			35421	21027
	（千瓦）		(kw)			1295756	1324772
农用航空器	（架）	Agricultural Aircraft	(unit)			2015	2523
有人驾驶农用飞机		The Farm Plane was Manned				21	20
植保无人机		Plant Protection Uav				1988	2503

12-8 农作物生产情况 (2019年)
Basic Indicators of Farm Corp Production (2019)

指 标	Item	播种面积（千公顷）Sown Area (1 000 hectares)	单 产（公斤/公顷）Per Unit Area Yield (kg/hectare)	总产量（吨）Total Output (ton)
农作物总播种面积	**Total Sown Area**	**8123**		
粮食作物	**Grain Crops**	**4616**	**6444**	**29748400**
#谷物	#Cereal	4285	6644	28467800
#稻谷	#Rice	3855	6774	26115000
#早稻	#Early Season Rice	1095	6042	6614000
中稻与一季晚稻	Middle Season Rice and Late Rice of One-season	1603	7533	12068000
晚稻	Late Season Rice	1159	6416	7433000
小麦	Wheat	22	3371	75400
玉米	Corn	387	5699	2203000
高粱	Sorghum	11	3917	41900
其他谷物	Other Cereal	11	3060	32500
#大麦	#Barley	1	3929	5500
豆类	Soybeans	149	2504	373400
#大豆	#Beans	113	2544	288200
杂豆	Mixed Beans	2	2555	4700
#绿豆	#Mung Beans	12	2099	24200
薯类（按折粮薯类计算）	Tubers(Converted into Grain)	182	4994	907200
#红薯	#Sweet Potatoes	126	5030	635800
马铃薯	Potatoes	55	4908	271400
油料	**Oil-bearing Crops**	**1366**	**1752**	**2391994**
#花生果	#Peanuts	111	2640	292846
油菜籽	Rapeseeds	1241	1676	2080081
芝麻	Sesame	11	1413	15687
向日葵	Sunflower	1	1048	1383
其他油料	Other Oil-bearing Crops	1	1637	1997
棉花	**Cotton**	**63**	**1299**	**81837**
麻类	**Fiber Crops**	**2**	**2289**	**4481**
#黄、红麻	#Jute and Ambary Hemp		2080	290
苎麻	Ramie	2	2303	4161
甘蔗	**Sugarcane**	**7**	**46039**	**341714**
烟叶	**Tobacco**	**83**	**2227**	**185671**
#烤烟	#Flue-cured Tobacco	82	2231	183633
晒（土）烟	Sun-cured Tobacco	1	1925	2038
药材	**Medicinal Herbs**	**88**	**6892**	**604976**
蔬菜瓜类	**Vegetables and Melons**	**1450**	**30081**	**43624434**
#蔬菜（包括菜用瓜）	#Vegetables(include Snake Melons)	1313	30226	39694388
果用瓜	Fruit Melons	137	28685	3930046
其他作物:	**Other Crops**	**447**		
#青饲料	#Succulence	140		
绿肥	Green Manure	235		

12-9 粮食、棉花播种面积
Sown Area of Grain Crops and Cotton

单位：千公顷 (1000 hectares)

年份 Year	粮食 Grain Crops	稻谷 Rice	早稻 Early Rice	中稻 Medium Rice	晚稻 Late Rice	棉花 Cotton
1983	5423.2	4418.9	1895.0	509.7	2014.2	131.3
1984	5390.9	4401.1	1885.4	507.0	2008.7	132.6
1985	5161.4	4246.5	1825.1	495.0	1926.4	101.8
1986	5210.4	4327.6	1838.3	499.4	1989.9	86.1
1987	5150.9	4255.1	1779.5	508.4	1967.2	64.4
1988	5196.3	4293.7	1803.9	505.7	1984.1	91.4
1989	5330.5	4354.1	1827.8	497.8	2028.5	94.4
1990	5365.7	4370.5	1844.1	484.3	2042.1	118.5
1991	5365.2	4298.1	1813.3	512.0	1972.8	133.3
1992	5243.6	4188.0	1741.0	477.5	1969.5	167.6
1993	5050.5	4025.9	1618.0	516.9	1891.0	172.1
1994	5077.4	4040.7	1633.8	525.1	1881.8	209.1
1995	5115.6	4084.1	1675.6	510.2	1898.3	185.3
1996	5133.9	4064.1	1669.3	513.7	1881.1	174.1
1997	5155.3	4075.8	1651.2	515.0	1909.6	176.5
1998	5074.8	3976.4	1610.1	538.1	1828.2	198.7
1999	5135.2	3984.5	1571.1	585.4	1828.0	157.8
2000	5029.9	3896.1	1515.8	632.1	1748.2	146.0
2001	4802.8	3691.6	1361.1	707.4	1623.1	149.4
2002	4652.6	3541.5	1224.5	812.5	1504.5	129.1
2003	4529.8	3410.0	1173.3	834.5	1402.1	139.0
2004	4754.1	3716.8	1288.3	1061.8	1366.7	167.7
2005	4838.6	3795.2	1324.4	1068.6	1402.2	150.9
2006	4545.4	3931.7	1355.9	1156.3	1419.5	158.6
2007	4539.7	3915.1	1303.6	1232.1	1379.5	172.2
2008	4607.1	3968.3	1306.6	1258.3	1403.4	183.0
2009	4827.2	4103.4	1399.8	1225.3	1478.3	152.6
2010	4847.8	4105.2	1385.7	1251.2	1468.3	175.0
2011	4932.2	4160.8	1427.7	1245.6	1487.4	192.4
2012	4975.3	4209.6	1464.5	1216.5	1528.5	172.7
2013	5010.0	4218.5	1494.0	1210.1	1514.5	159.6
2014	5065.6	4275.0	1507.7	1217.6	1549.6	130.1
2015	5053.7	4287.8	1505.9	1228.3	1553.6	103.6
2016	5010.7	4277.6	1487.3	1263.0	1527.3	106.5
2017	4978.9	4238.7	1448.2	1291.3	1499.2	95.7
2018	4747.9	4009.0	1238.2	1472.5	1298.3	63.9
2019	4616.4	3855.2	1094.6	1602.1	1158.5	63.0

注：2004 年起为抽样调查数，2006、2007 年为农业普查口径修正数。

The number of sampling surveys since 2004, and the number of revised nongpu caliber in 2006 and 2007.

12-10 粮食、棉花产量
Output of Grain Crops and Cotton

单位：万吨 (10 000 tons)

年份 Year	粮食 Grain Crops	稻谷 Rice	早稻 Early Rice	中稻 Medium Rice	晚稻 Late Rice	棉花 Cotton
1983	2654.0	2458.1	1038.4	280.5	1139.2	9.8
1984	2613.0	2416.5	1069.0	280.8	1066.7	12.8
1985	2514.3	2338.8	991.7	247.3	1099.8	10.1
1986	2631.6	2464.4	1050.6	289.2	1124.6	8.3
1987	2593.7	2414.2	948.7	302.3	1163.2	5.6
1988	2519.8	2343.9	987.8	258.5	1097.6	4.4
1989	2648.2	2445.2	994.2	307.7	1143.3	6.7
1990	2651.4	2468.2	1033.5	302.4	1132.3	12.0
1991	2682.0	2473.3	957.5	314.1	1201.7	14.9
1992	2620.1	2423.1	916.1	305.0	1202.0	20.3
1993	2570.2	2343.5	825.7	324.8	1193.0	21.1
1994	2661.0	2414.9	903.5	350.6	1160.8	23.8
1995	2691.6	2438.5	854.7	336.8	1247.0	22.4
1996	2701.6	2418.6	854.6	344.2	1219.8	19.0
1997	2801.9	2495.8	945.2	359.6	1191.0	25.6
1998	2647.9	2345.1	830.6	357.1	1157.4	19.2
1999	2725.4	2360.6	817.5	404.4	1138.7	17.7
2000	2767.6	2392.5	877.6	436.1	1078.8	15.8
2001	2700.3	2328.9	783.2	478.4	1067.3	19.0
2002	2501.3	2119.2	627.8	590.8	900.6	15.3
2003	2442.7	2070.2	621.2	637.9	811.1	16.3
2004	2640.0	2285.5	716.4	720.0	849.1	20.3
2005	2678.6	2296.2	734.4	723.8	838.0	19.8
2006	2654.2	2414.5	747.6	782.0	884.9	22.7
2007	2698.5	2435.3	743.0	833.5	858.8	22.7
2008	2822.2	2551.3	774.1	890.9	886.3	24.7
2009	2928.8	2614.3	821.0	862.0	931.3	21.2
2010	2881.6	2551.8	779.5	867.1	905.2	22.7
2011	2983.6	2634.2	824.5	883.8	925.9	23.6
2012	3061.9	2704.3	841.6	881.4	981.3	25.1
2013	2989.5	2645.3	888.5	795.6	961.2	19.8
2014	3078.9	2732.7	886.8	847.1	998.8	12.9
2015	3094.2	2756.8	895.2	857.7	1003.9	12.3
2016	3052.3	2724.6	873.5	871.4	979.8	12.6
2017	3073.6	2740.4	846.5	932.6	961.3	11.0
2018	3022.9	2674.0	755.5	1086.7	831.8	8.6
2019	2974.8	2611.5	661.4	1206.8	743.3	8.2

注：粮食产量1988年起为抽样调查数，棉花产量1998年起为抽样调查数。2006、2007年为农业普查口径修正数。

Grain yield has been sampled since 1988, cotton production has been sampled since 1998. and the number of revised nongpu caliber in 2006 and 2007.

12-11 茶叶、水果生产情况(2019年)
Output of Tea and Fruit (2019)

单位：吨 (ton)

名 称	Item	数量 Number	名 称	Item	数量 Number
茶叶产量	**Output of Tea**	**233450**	**水果产量**	**Output of Fruits**	**10619894**
绿茶	Green Tea	104398	柑桔	Citrus	5604681
青茶	Green Tea	2565	桃子	Peaches	209342
红茶	Red Tea	23512	梨	Pears	194553
黑茶	Black Tea	95690	葡萄	Grapes	206892
黄茶	Yellow Tea	743	红枣	Red Chinese Dates	33779
白茶	White Tea	932	柿子	Fresh Persimmons	24146
其他茶	Other Tea	5610	其他水果	Other Fruits	4346501

注：从2013年起，水果产量统计包括瓜果和园林水果。
From 2013, the output of fruit included melon fruits and garden fruits.

12-12 林业情况
Basic Indicators of Forestry

单位：万公顷 (10 000 hectares)

指 标	Item	2000	2010	2018	2019
当年造林面积总计	**Total Afforestation Areas of the Current Year**	5.15	21.34	58.43	57.69
#竹林	Bamboo Forest	0.22	0.27	0.01	0.01
按主要林种用途分	**By the Use of Main Forestry**				
用材林	Timber Forest	2.22	7.19	8.71	9.50
经济林	Economic Forest	1.21	3.23	5.21	8.95
防护林	Shelter-forest	1.71	10.80	4.83	9.06
薪炭林	Charcoal Forest		0.06	0.05	0.48
特种用途林	Special Use Forest	0.01	0.07	0.01	0.12
封山育林面积	Close Hillsides to Facilitate Afforestation Areas			16.80	16.50
中幼林抚育面积	Areas of Middle and Young Growth Fostering	30.18	20.63	47.34	47.30
主要林产品产量 （万吨）	**Output of Main Forestry Products (10 000 tons)**				
油茶籽	Tea-oil Seeds	33.80	39.05	101.08	110.04
板 栗	Chestnuts	1.98	7.25	11.29	10.78
竹笋干	Bamboo Shoots	1.69	3.19	7.19	6.43

12-13 畜牧业年末存栏情况 (2019年)
Year-end Animals in Stock (2019)

项 目		Item		合计 Total	能繁母畜 Breeding Dams
大牲畜总头数	（万头）	Number of Large Animals	(10 000 heads)	412.04	
#从事劳役的		Draught Animals			
牛	（万头）	Cattle and Buffaloes	(10 000 heads)	410.40	
役用牛		Draught Animals		65.60	
肉牛		Beef Cattle		338.80	
乳牛		Dairy Cattle		6.00	
马	（匹）	Horses	(head)	13647	
驴	（匹）	Donkeys	(head)	1852	
骡	（匹）	Mules	(head)	930	
生猪	（万头）	Hogs	(10 000 heads)	2698.30	248.00
羊	（万只）	Goats and Sheep	(10 000 heads)	712.20	
山羊		Goats		712.20	
绵羊		Sheep			

12-14 畜禽出栏量
Amount Over the Slaughter of Livestock and Poultry

年份 Year	生猪（万头） Live Pig (10 000 heads)	牛（万头） Cattle (10 000 heads)	羊（万只） Sheep (10 000 heads)	禽（万只） Birds (10 000 heads)
1983	1850.1	11.9	27.6	
1984	2128.9	10.1	28.8	
1985	2296.6	9.3	30.1	8458.6
1986	2471.8	9.9	28.5	9453.9
1987	2657.4	11.7	30.3	10255.8
1988	2813.7	15.3	32.6	10548.9
1989	2866.5	15.8	35.2	11384.5
1990	3092.1	16.3	35.3	11832.6
1991	3247.9	20.2	42.9	12607.1
1992	3536.3	26.5	50.1	14187.4
1993	3813.2	33.4	71.0	15872.9
1994	4372.6	43.5	101.5	18441.2
1995	5001.7	58.0	157.9	23198.2
1996	4387.5	87.0	319.1	28315.8
1997	5127.0	96.5	291.1	31458.2
1998	5467.3	109.0	331.3	35703.4
1999	5385.3	118.8	354.2	27967.5
2000	5491.3	128.1	397.1	30448.9
2001	5540.5	125.0	435.2	32672.0
2002	5653.1	146.8	526.0	35286.0
2003	5905.8	148.3	604.9	41497.0
2004	6088.7	154.6	662.1	42816.6
2005	6176.3	167.4	763.4	39209.8
2006	5126.9	121.7	638.9	32867.8
2007	4816.7	127.3	648.5	32802.0
2008	5153.1	130.0	655.0	34770.0
2009	5508.7	139.6	680.0	36880.0
2010	5723.5	144.5	656.2	38355.2
2011	5575.9	141.5	633.1	39264.2
2012	5878.8	146.6	638.2	41650.3
2013	5902.3	155.8	657.6	41283.6
2014	6220.3	161.4	676.3	40043.8
2015	6077.2	168.5	699.9	41474.7
2016	5920.9	143.4	725.5	42671.9
2017	6116.3	147.0	901.8	42263.8
2018	5993.7	152.7	911.0	42476.7
2019	4812.9	162.5	971.5	51057.0

注：生猪 2000 年起为抽样调查数，牛 2001 起为抽样调查数，1997 年起禽为农普衔接数。

The hogs number from 2000 is spot check number; the cattle number from 2002 is spot check number;The sheep number is joined number of agriculture surveys; the poultry number from 2003 is spot check number.

12-15 主要畜禽存栏和水产品产量
Number of Live Stocks, Birds and Output of Aquatic Products

年份 Year	年底牛头数（万头） Cattle and Buffaloes (year-end) (10 000 heads)	年底猪头数（万头） Hogs(year-end) (10 000 heads)	年底羊只数（万只） Sheep and Goats (year-end) (10 000 heads)	猪牛羊肉（万吨） Pork,Beef, and Mutton (10 000 tons)	禽（万只） Birds (10 000 heads)	水产品（万吨） Aquatic Products (10 000 tons)
2006	405.67	3452.45	499.14	389.18	24346.50	160.04
2007	399.59	3776.39	511.91	373.31	26099.40	170.09
2008	399.55	3924.46	523.95	395.74	26882.40	178.59
2009	414.32	4046.99	553.80	421.93	27100.00	188.59
2010	401.68	4063.91	552.66	438.98	27262.60	198.89
2011	385.04	4182.65	567.30	432.17	27563.80	200.02
2012	381.75	4275.51	565.59	454.25	29023.40	220.08
2013	384.96	4130.69	590.64	458.89	29920.50	233.91
2014	389.18	4227.81	622.13	487.43	31024.60	247.96
2015	393.91	4122.72	655.38	478.77	32105.80	261.32
2016	374.13	3983.11	648.06	466.39	33101.10	238.35
2017	379.37	3968.10	661.71	480.79	33012.80	242.31
2018	385.40	3822.00	668.30	479.60	32616.00	252.53
2019	410.40	2698.30	712.20	383.40	36333.20	264.85

12-16 渔业生产情况
Basic Indicators of Fishery Production

名 称	Item	2000	2010	2018	2019
水产品总产量 （吨）	**Total Aquatic Products (ton)**	**1332133**	**1988859**	**2525347**	**2648451**
淡水产品捕捞产量 （吨）	**Freshwater Aquatic Products Caught (ton)**	**150442**	**168047**	**89259**	**86482**
#鱼类	#Fish	127725	145703	76768	73763
虾蟹类	Shrimps,Prawns and Crabs	9474	12635	7732	8006
贝类	Shellfish	10659	8137	3709	3673
其他	Others	2584	1572	1050	1039
淡水产品养殖产量 （吨）	**Freshwater Aquatic Products Cultured (ton)**	**1181691**	**1820812**	**2436088**	**2561970**
#鱼类	#Fish	1145678	1763313	2236954	2323668
虾蟹类	Shrimps,Prawns and Crabs	11396	23312	157349	196374
贝类	Shellfish	12902	15848	14423	14175
其他	Others	11715	18039	27363	27752
淡水养殖面积合计 （千公顷）	**Freshwater Cultured Area (1 000 hectares)**	**413.18**	**395.57**	**419.10**	**428.21**
#池塘养殖	#Pond Cultivated	214.96	192.10	237.19	241.55
#渔业专用塘	#Fishery Ponds for Special Use	112.02	137.60	165.97	167.81
湖泊养殖	Lake Cultivated	55.85	82.70	58.92	55.19
#粗养	#Extensive Cultivated	32.80	49.28	42.25	44.10
河沟养殖	Brook Cultivated	20.74	6.26	10.71	10.69
水库养殖	Reservoir Cultivated	102.23	111.93	104.41	103.23
#粗养	#Extensive Cultivated	48.01	49.26	51.91	51.63
其他养殖	Other Cultivated	19.40	2.58	7.86	17.56
附：稻田养殖	**Enclose: Paddy Cultivated**	**189.76**	**126.14**	**181.11**	**203.91**
#鱼种池面积	#Areas of Fish Ponds	14.98	17.86	19.81	20.19
成鱼面积	Growth Fish Areas	116.24	94.06	108.71	104.82

12-17 洞庭湖区主要社会经济指标

Major Economic Indicators and Social Indicators on The DongTing Lake Area

指 标	Item	2000	2010	2018	2019
常住户数 （万户）	Total Number of Households (10 000 households)		416.14	448.18	450.47
常住人口 （万人）	Total Number of Population (10 000 person)		1357.45	1426.10	1429.35
乡村人口 （万人）	# Number of Rural Population (10 000 person)	1213.70	1153.00	1112.13	1108.17
乡村从业人员数 （万人）	Employment of Rural Population (10 000 person)	634.76	598.89	609.94	605.94
#农林牧渔业	# Farming,Forestry,Animal Husbandry,Fishery	457.18	348.47	315.45	309.48
有效灌溉面积 （千公顷）	Effective Irrigated Area (1 000 hectares)	863.13	803.79	967.98	970.52
地区生产总值 （亿元）	Gross Domestic Products (100 million yuan)	981.39	3109.04	8747.22	9155.96
#第一产业增加值	# Added-Value of First Industry	260.21	566.61	832.89	965.09
第二产业增加值	Added-Value of Second Industry	394.52	1465.54	3802.09	3737.87
第三产业增加值	Added-Value of Third Industry	326.66	1076.90	4112.24	4453.00
农作物总播种面积 （千公顷）	Total Sown Area of Crops (1 000 hectares)	2380.14	2570.54	2276.44	2277.84
油料播种面积 （千公顷）	Sown Area of Oils-bearing (1 000 hectares)	375.15	485.63	482.86	483.49
棉花播种面积 （千公顷）	Sown Area of Cotton (1 000 hectares)	115.83	153.84	75.61	73.60
油料产量 （万吨）	Output of Oils-bearing (10 000 tons)	57.18	85.41	90.78	90.64
水产品总产量 （万吨）	Total Output of Aquatic Products (10 000 tons)	66.70	98.75	132.61	141.32
水果产量 （万吨）	Output of Fruits (10 000 tons)	33.95	147.15	186.38	199.07
地方一般公共预算收入（亿元）	General Public Budget Revenuee (100 million yuan)	24.42	77.99	212.82	438.25
普通中学在校学生数 （人）	Student Enrollment in General Secondary Schools (person)	897821	628556	551894	567167
小学在校学生人数 （人）	Student Enrollment in Primary Schools (person)	1417139	743468	797549	816352
医院、卫生院床位数 （张）	Hospital Beds (unit)	26203	26868	93580	95781
医院、卫生院技术人员数（人）	Medical Technical Personnel in Hospitals (person)	42438	31303	83982	94526

注：洞庭湖区包括：长沙市的望城区、岳阳市（除平江县）、常德市（除石门县）、益阳市（除安化县）.

Dongting Lake areas include:Changsha city Wangcheng District,Yueyang city(except Pingjiang county),Changde (except shimen county), Yiyang(except Anhua county)

12-18 农村主要能源及物资消耗
Consumption of Major Energy and Materials of Rural Areas

指　标	Item	2000	2010	2018	2019
农用化肥施用量	**Consumption of Agricultural Chemical Fertilizer**				
按实物量计算　（吨）	Calculated at Actual Quantity in Natural Form (ton)	6954529	8248980	8128465	7545011
#氮肥	Nitrogenous Fertilizer	3906876	4160132	3631620	3236480
磷肥	Phosphate Fertilizer	1777537	1943919	1822189	1644510
钾肥	Potash Fertilizer	600221	817743	841211	760245
复合肥	Compound Fertilizer	669895	1327186	1833445	1903777
每亩播种面积施用量（公斤）	Consumption of Per-mu Sown Areas (kg)	57.90	66.93	66.17	61.98
按折纯量计算　（吨）	Calculated at Quantity of 100% Content (ton)	1821508	2365718	2426145	2290078
#氮肥	Nitrogenous Fertilizer	980845	1103546	940590	838248
磷肥	Phosphate Fertilizer	242760	267177	255107	230231
钾肥	Potash Fertilizer	298514	404631	416399	376322
复合肥	Compound Fertilizer	299389	590364	814050	845277
农用薄膜使用量　（吨）	**Consumption of Agricultural Films (ton)**	**40446**	**73173**	**85397**	**83792**
#地膜使用量	Consumption of Ground Films	25309	51083	56357	55187
地膜覆盖面积　（公顷）	Ground Film Covered Areas (hectare)	313340	706696	719987	638974
农药使用量　（吨）	**Consumption of Pesticide (ton)**	**85611**	**118762**	**114155**	**105548**
农用柴油使用量　（吨）	**Consumption of Agricultural Diesel Oil (ton)**	**224315**	**377821**	**445594**	**447762**

12-19 自然灾害情况
Statistics on Natural Disaster

名 称		Item		2000	2010	2018	2019
受灾面积合计	**（千公顷）**	**Total Areas Covered**	**(1 000 hectares)**	**3170.1**	**2482.4**	**633.2**	**999.8**
旱灾	（千公顷）	Drought	(1 000 hectares)	649.7	407.3	345.5	356.2
水灾	（千公顷）	Flood	(1 000 hectares)	292.8	2011.3	68.5	607.2
风雹灾	（公顷）	Windstorm	(hectare)		82630.0	37.3	12647
病虫	（千公顷）	Plant Diseases and Insect Pests	(1 000 hectares)	1871.1	4.3		
霜冻	（公顷）	Frost	(hectare)		31040.0	152.8	23275.7
其他	（公顷）	Others	(hectare)	356.6	9590.0	4.6	
成灾面积	**（千公顷）**	**Areas Affected**	**(1 000 hectares)**	**759.2**	**1514.4**	**314.2**	**586.1**
旱灾	（千公顷）	Drought	(1 000 hectares)	231.4	244.7	174.9	200.8
水灾	（千公顷）	Flood	(1 000 hectares)	128.1	1236.7	36.3	361
风雹灾	（公顷）	Windstorm	(hectare)		41220.0	19.1	8633.2
霜冻	（公顷）	Frost	(hectare)		9020.0	69.1	15636.6
病虫	（千公顷）	Plant Diseases and Insect Pests	(1 000 hectares)	222.4	3.6		
其他	（千公顷）	Others	(1 000 hectares)	177.3	7.5	3.2	
死亡人数	**（人）**	**Number of Dead Population**	**(person)**	**176**	**80**	**27**	**31**
死亡大牲畜	**（头）**	**Dead Large Animals**	**(head)**	**59689**	**176671**	**4527**	**4922**
倒塌房屋	**（间）**	**Collapsed Houses**	**(unit)**	**149806**	**183396**	**2208**	**18070**
损坏房屋	**（间）**	**Destroyed Houses**	**(unit)**	**436459**	**519975**	**49513**	**109522**
因灾缺粮人口	**（人）**	**Population of Grains Shorted of Disaster**	**(person)**	**9374555**	**5233082**	**2824996**	
因灾经济损失合计	**（万元）**	**Total Economic Loss of Disaster**	**(10 000 yuan)**	**1081796**	**2890006**	**650917**	**2435550**
#水灾损失	（万元）	Flood Loss	(10 000 yuan)	662662	2534804	186621	2160442

主要统计指标解释

农林牧渔业总产值 指以货币表现的农、林、牧、渔业全部产品和对农林牧渔业生产活动进行的各种支持性服务活动的价值总量，它反映一定时期内农林牧渔业生产总规模和总成果。1957年以前的农林牧渔业总产值中包括了厩肥和农民自给性手工业（如农民自制衣服、鞋、袜，自己从事粮食初步加工等）。1958年及以后，林业中增加了村及村以下竹木采伐产值；牧业中取消了厩肥产值；副业中取消了农民自给性手工业产值，增加了村及村以下办的工业产值； 渔业中增加了海洋捕捞水产品产值。1980年及以后，在副业中增加了农民家庭兼营工业商品部分的产值。从1984年起村及村以下工业产值划归工业。从1993年起取消副业，将野生动物的捕猎划入牧业，野生植物采集和农民家庭兼营商品性工业划归农业。从2003年起，执行新的国民经济行业分类标准，农林牧渔业总产值中包括了农林牧渔服务业产值，2018年以后农林牧渔服务业产值改称农林牧渔专业及辅助性活动产值。林业中增加了森林采运业产值。农业中取消了家庭兼营商品性工业产值，将野生林产品的采集划归林业。第一、二、三次农业普查以后，根据农业普查结果，对农业、畜牧业、渔业年报数据和农业、畜牧业、渔业产值进行了修订。2010年执行《统计用产品分类目录》， 对2009年的农业、林业产值做了相应调整。

农林牧渔业总产值的计算方法通常是按农、林、牧、渔业产品及其副产品的产量分别乘以各自单位产品价格求得；少数生产周期较长，当年没有产品或产品产量不易统计的，则采用间接方法匡算其产值；然后将四业产品产值及农林牧渔专业及辅助性活动产值相加即为农林牧渔业总产值。

粮食产量 指农业生产经营者日历年度内生产的全部粮食数量。按收获季节包括夏收粮食、早稻和秋收粮食，按作物品种包括谷物、薯类和豆类。其产量计算方法：谷物按脱粒后的原粮计算，豆类按去豆荚后的干豆计算；薯类（包括甘薯和马铃薯，不包括芋头和木薯）1963年以前按每4公斤鲜薯折1公斤粮食计算，从1964年开始改为按5公斤鲜薯折1公斤粮食计算;城市郊区作为蔬菜的薯类（如马铃薯等）按鲜品计算，并且不作粮食统计。1989年以前全国粮食产量数据主要靠全面报表取得，1989年开始使用抽样调查数据。

棉花产量 指全社会的产量。包括春播棉和夏播棉。产量按皮棉计算。不包括木棉。

油料产量 指全部油料作物的生产量。包括花生、油菜籽、芝麻、向日葵籽、胡麻籽（亚麻籽）和其他油料。不包括大豆、木本油料和野生油料。花生以带壳干花生计算。

水产品产量 指渔业（捕捞和养殖）生产活动的最终有效成果，包括全部海水和淡水鱼类、甲壳类（虾、蟹）、贝类、头足类、藻类和其他类渔业产品的最终产量。水产品产量是通过各级水产部门逐级上报取得数据。1995年及以前，贝类中牡蛎按鲜肉计算；蚶、蛤、蛙按5斤鲜品折1斤计算。1996年以后则统一按鲜品计算。

猪、牛、羊肉产量 指当年出栏并已屠宰、除去头蹄下水后带骨肉（即胴体重）的重量。包括全社会范围内的产量。1996年以前为全面统计并逐级上报数据。1996年第一次农业普查以后，根据普查结果，对畜牧业主要年报数据进行了修正。1999年以后，国家统计局在部分地区开展了猪、牛、羊、禽等主要畜禽品种的抽样调查，并用抽样数据作为国家定案数据使用。未开展抽样调查的地区和品种，仍使用各级统计部门逐级上报数据。2008年，建立了主要畜禽监测调查制度，猪、牛、羊、禽等主要畜禽数据均以抽样调查数为法定数据。

期初（末）畜禽存栏头（只）数 指报告期初（末）农村各种合作经济组织和国营农场、农民个人、机关、团体、学校、工矿企业、部队等单位以及城镇居民饲养的大牲畜、猪、羊、家禽等畜禽的数量。数据上报方式及数据调整情况同猪、牛、羊肉产量。

农作物播种面积 指农业生产经营者应在日历年度内收获农作物在全部土地（耕地或非耕地）上的播种或移植面积。凡是本年内收获的农作物，无论是本年还是上年播种，都算为播种面积，但不包括本年播种，下年收获的农作物面积。

耕地灌溉面积 指具有一定的水源，地块比较平整，灌溉工程或设备已经配套，在一般年景下能够进行正常灌溉的耕地面积。在一般情况下，耕地灌溉面积应等于灌溉工程或设备已经配套，能够进行正常灌溉的水田和水浇地面积之和。它是反映我国农田水利建设的重要指标。

农用化肥施用量 指本年内实际用于农业生产的化肥数量，包括氮肥、磷肥、钾肥和复合肥。化肥施用量要求按折纯量计算数量。折纯量是指把氮肥、磷肥、钾肥分别按含氮、含五氧化二磷、含氧化钾的百分之百成份进行折算后的数量。复合肥按其所含主要成分折算。公式为：

折纯量＝实物量 × 某种化肥有效成份含量的百分比

农业机械总动力 指全部农业机械动力的额定功率之和。农业机械是指用于种植业、畜牧业、渔业、农产品初加工、农用运输和农田基本建设等活动的机械及设备。农机总动力按使用能源不同分为以下四部分：

柴油发动机动力：指全部柴油发动机额定功率之和；

汽油发动机动力：指全部汽油发动机额定功率之和；

电动机动力：指全部电动机（含潜水电泵的电动机）额定功率之和；

其他机械动力：指采用柴油、汽油、电力之外的其他能源，如水力、风力、煤炭、太阳能等动力机械功率之和。

这个指标的统计数据主要来源于农机部门。

乡村从业人员 指乡村人口中劳动年龄在 16 周岁以上实际参加生产经营活动并取得实物或货币收入的人员，包括劳动年龄内经常参加劳动的人员，也包括超过劳动年龄但经参加劳动的人员，但不包括户口在家的在外学生、现役军人和丧失劳动能力的人，也不包括待业人员和家务劳动者。从业人员按从事主业时间最长（时间相同按收入）分为农林牧渔业从业人员、工业从业人员、建筑业从业人员、交通运输业、仓储及邮电通信业从业人员、批零贸易业、餐饮业从业人员、其他非农行业从业人员。

Explanatory Notes on Main Statistical Indicators

Gross Output Value of Agriculture, Forestry, Animal Husbandry and Fishery refers to the total value of products of agriculture, forestry, animal husbandry and fishery, and total value of services in support of agriculture, forestry, animal husbandry and fishery activities. It reflects the total scale and results of agricultural production during a given period. Prior to 1957, China's gross agricultural output value included barnyard manure and handicraft products for self-consumption (clothes, shoes, stockings, and initial grain processing undertaken by peasants). Since 1958, cutting and felling of bamboo and trees by villages and other cooperative organizations under villages have been included in forestry; value of barnyard manure has been excluded from animal husbandry; self consumed handicrafts have not been included from sideline occupations, while the output value of industries run by villages and cooperative organizations under village has been included in sideline occupations; and the output value of fish catches by motor fishing boats has been added to fishery. Since 1980, the value of handicraft products made for sale by individuals in households has been added to sideline occupations. Since 1984, industries run by villages and under villages have been included in the sector of industry. Since 1993, the subdivision of sideline occupations has been cancelled, and the hunting of wild animals has been classified into animal husbandry, and the gathering of wild plants and commodity industry run by rural household have been included in farming. A new industrial classification of economic activities was introduced in 2003. Under the new classification, value of services to agriculture, forestry, animal husbandry and fishery is included in the gross output value of agriculture. In 2018, the output value of agriculture, forestry, animal husbandry and fishery services was renamed the output value of professional and auxiliary activities in support of agriculture, forestry, animal husbandry and fishery, value of wood felling and transport is included in forestry, value of industrial output by rural households is not included in agriculture. According to the result of the first, second, third Agriculture Census, efforts were made to adjust the annual reports of animal husbandry and fishery output and the output value of agriculture, animal husbandry and fishery output to make the figures from the annual reports consistent with the census data. "The Classification of Products for Statistical Purposes" implemented in 2010 made relevant revision on the output value of agriculture and forestry in 2009.

Gross output value of agriculture is obtained by multiplying the output of each product or by-product by its price, resulting in the output value of each single item. For a small number of products, annual output of which is not available or difficult to get due to the long production (growing) process involved, the output value is estimated through an indirect approach. The sum of output values of all products of agriculture, forestry, animal husbandry and fishery and professional and auxiliary activities in support of agriculture, forestry, animal husbandry and fishery is then equal to the gross output value of agriculture.

Grain Output refers to the total output of grains produced by agricultural producers within a calendar year. It includes summer grain, early rice and autumn grain if classified by harvest seasons; it covers cereal, tubers and beans if classified by type of crops. Output of cereal should be limited to husked grain only. Output of beans refers to dry beans without pods. The output of tubers (sweet potatoes and potatoes, not including taros and cassava) are converted into that of grain at the ratio 4:1, i.e. 4 kilograms of fresh tubers were equivalent to 1 kilogram of grain up to 1963. Since 1964 the ratio for conversion has been 5:1. Tubers supplied as vegetables (such as potatoes) in cities and suburbs are calculated as fresh vegetables and their output is not included in the output of grain. Data on grain production before 1989 were obtained through the Comprehensive Statistical Reporting System. Since 1989, data from sample surveys are used.

Cotton Output refers to cotton production in the whole country including cotton planted in spring and in autumn. Output is measured as the weight of ginned cotton. Ceiba is not included.

Output of Oil-bearing Crops refers to the total production of oil-bearing crops of various kinds, including peanuts (dry, in shell), rapeseeds, sesame, sunflower seeds, flax seeds, and other oil-bearing crops. Soybeans, oil-bearing woody plants, and wild oil-bearing crops are not included.

Output of Aquatic Products refers to final output actually yielded from fishing production (fishery and breeding), including all output of marine and freshwater fish, crustaceans (shrimps, crabs), shellfish, cephalopod, seaweed and other fishery products. Data on output of aquatic products are reported by aquatic product agencies level by level. Before 1995, among the shellfish, oyster was counted as fresh meat; 5 kilograms of ark shell, clams and frogs are equivalent to 1 kilogram of fresh aquatic products; they have all been counted as fresh aquatic products since 1996.

Output of Pork, Beef, and Mutton refers to the meat of slaughtered hogs, cattle, sheep and goats with head, feet, and offal taken away. Data refers to the production of the whole country. Before 1996, it was a comprehensive reporting from the lower level to the upper one. The First Agricultural Census of China in 1996 revealed some discrepancy between the production of animal products from the annual reports and that from the census. Efforts were made to adjust the output value of animal husbandry to make the figures from the annual reports consistent with the census data. Since 1999, the NBS conducted sample surveys for the major animal husbandry products, such as hogs, cattle, sheep and goats and fowls, and the data from sample surveys are used as national finalized data. Those products, which are not covered by the sample survey, are still reported by statistical agencies level by level. In 2008, A Monitoring and Survey Program was set up on main livestock, the data on the main livestock such as hog, cattle, sheep and poultry became the official data based on the sampling survey.

Number of Livestock or Poultry in Stock at Beginning (or End) of Period refers to the total number of large animals, pigs, sheep, fowls, etc. raised by rural cooperative organizations, State farms, rural individuals, government agencies, schools, industrial and mining enterprises, army, and urban residents at the beginning (or end) of the reference period. Data reporting system and data adjustment are the same as that in the output of pork, beef and mutton.

Sown Area of Crops refers to area of all land (cultivated or non-cultivated area) sown or transplanted with crops that are harvested within the calendar year by agricultural producers. All crops harvested within the year are counted as sown area, regardless of being sown in this year or the previous year. Crops sown this year but will be harvested in the coming year are excluded.

Irrigated Area of Cultivated Land refers to area of land that are effectively irrigated, i.e. relatively level land, where there are water sources or complete sets of irrigation facilities to lift and move adequate water for irrigation purpose under normal conditions. Under normal situations, irrigated area of cultivated land is the sum of watered fields and irrigated fields where irrigation systems or equipment have been installed for regular irrigation purpose. It is an important indicator to reflect the farmland water conservancy construction in China.

Consumption of Chemical Fertilizers in Agriculture refers to the quantity of chemical fertilizers applied in agriculture in the year, including nitrogenous fertilizer, phosphate fertilizer, potash fertilizer, and compound fertilizer. The consumption of chemical fertilizers is calculated in terms of volume of effective components by means of converting the gross weight of the respective fertilizers into weight containing effective component (e.g. nitrogen content in nitrogenous fertilizer, phosphorous pentoxide contents in phosphate fertilizer, and potassium oxide contents in potash fertilizer). Compound fertilizer is converted in regard to its major components. The formula is:

Volume of effective component= physical quantity× effective component of certain chemical fertilizer (%)

Total Power of Agricultural Machinery refers to the total rated capacity of all agricultural machinery. Agricultural machinery refers to the machineries and equipments which are used for activities of planting, animal husbandry, fishery, primary processing of agricultural products, agricultural transport and infrastructure construction of farmland. Total power of agricultural machinery is grouped into four parts according to the energy used:

Diesel engine power refers to the total rated capacity of all diesel engines.

Gasoline engine power refers to the total rated capacity of all gasoline engines.

Motor power refers to the total rated capacity of all motors (include submersible pump motors).

Other mechanical powers refer to the total mechanical capacity of the sources of energy besides diesel, gasoline and motor power, such as hydro power, wind power, coal and solar energy.

Data are mainly from agricultural machinery agencies.

Rural Employed Person refer to rural labor forces aged over 16 years old who are engaged in real production and management activities and receive payment in kind or wages, including those covered within the age frame and regularly participating in production activities, and those who are out of the range of age frame and also participating in production activities regularly. Excluding students studying in other places with their permanent residence registered in local areas, servicemen and person incapable of working; also excluding those who are waiting for jobs and those engaged in household work. Person employed are classified as person engaged in agriculture, forestry, animal husbandry or fishery activities; person engaged in industrial activities; person engaged in construction activities; person engaged in transport, storage and telecommunications activities; person engaged in whole sales and retail sales trade and catering activities; and person engaged in other non agriculture activities, depending upon the longest period of employment in major activities (or using income indicator when period of employment is the same).

13 工 业

Industry

资料整理人员：孙 靖　田 原　凌 骞　宋 超

13-1 规模以上工业企业基本情况
Basic Conditions of Industrial Enterprises above Designated Size

单位：亿元 (100 million yuan)

年份 Year	工业增加值增速（%） The speed of Value Added of Industry (%)	营业收入 Revenue of Bussiness	利润总额 Total Profits
1978		124.40	14.15
1979		137.89	17.29
1980		159.74	19.02
1981		167.95	17.70
1982		183.52	19.92
1983		198.22	21.85
1984		219.47	23.37
1985		271.98	26.23
1986		313.30	27.32
1987		382.17	30.48
1988		481.22	36.01
1989		527.17	29.24
1990		540.02	9.33
1991		632.96	10.27
1992		782.16	18.91
1993		1102.25	19.91
1994		1120.34	15.93
1995		1340.79	4.77
1996		1487.09	10.90
1997		1520.14	-1.22
1998		1212.79	3.18
1999		1366.59	16.21
2000		1563.26	34.48
2001	13.8	1699.15	51.42

13-1 续表 Continued

单位：亿元 (100 million yuan)

年份 Year	工业增加值增速（%） The speed of Value Added of Industry (%)	营业收入 Revenue of Bussiness	利润总额 Total Profits
2002	16.1	1980.04	69.02
2003	20.7	2604.98	111.25
2004	24.1	3544.38	154.77
2005	20.6	4585.31	189.25
2006	20.1	5968.67	272.69
2007	24.3	8348.97	488.24
2008	18.4	11285.44	663.56
2009	20.5	13077.27	758.48
2010	23.4	18669.79	1451.45
2011	20.1	25726.21	1832.99
2012	14.6	27823.31	1790.96
2013	11.6	31854.65	2047.87
2014	9.6	33489.44	1688.30
2015	7.8	35410.45	1808.70
2016	6.9	38314.28	1953.67
2017	7.3	38934.23	2093.98
2018	7.4	35086.89	2014.60
2019	8.3	37919.60	2227.27

注：1. 规模以上工业企业的统计范围：1998年至2006年为全部国有和年主营业务收入500万元及以上的非国有工业法人单位；2007年至2010年为年主营业务收入500万元及以上的工业法人单位；从2011年开始，为年主营业务收入2000万元及以上的工业法人单位。

2. 规模以上工业企业“主营业务收入”指标2018年调整为“营业收入”指标。

3.2017年以来全国规模以上工业企业主要经济指标数据与上年数据之间存在不可比因素，其主要原因是：（1）根据统计制度，每年定期对规模以上工业企业调查范围进行调整。每年有部分企业达到规模标准纳入调查范围，也有部分企业因规模变小而退出调查范围，还有新建投产企业、破产、注（吊）销企业等变化。（2）加强统计执法，对统计执法检查中发现的不符合规模以上工业统计要求的企业进行了清理，对相关基数依规进行了修正。（3）加强数据质量管理，剔除跨地区、跨行业重复统计数据。

a. The scopes of industrial enterprises above designated size were: all State-owned industrial enterprises and the non-State-owned industrial enterprises with revenue from principal business over 5 million yuan from 1998 to 2006; all industrial enterprises with revenue from principal business over 5 million yuan from 2007 to 2010; and all industrial enterprises with revenue from principal business above 20 million yuan since 2011.

b. Indicators of revenue from principal business for industrial enterprises above designated size change into business revenue in 2018.

c. Since 2017, data of main indicators of industrial enterprises above designated size nationwide are not comparable with previous years, the reasons are as following: (1) According to the statistical system, the investigation scope of industrial enterprises above designated size should be adjusted regularly every year. Every year, some enterprises meet the scale criteria to be included in the scope of investigation, some enterprises withdraw from the scope of investigation because of the smaller scale, and there are other changes: new enterprises, bankruptcy, annotation (cancellation) enterprises, etc. (2) Strengthening of statistical law enforcement, cleaning up enterprises found in the inspection of statistical law enforcement that do not meet the standard of industrial statistics above designated size, and amending the relevant cardinality in accordance with regulations. (3) Strengthening data quality management and eliminating duplicated statistical data across regions and across industries.

13-2 规模以上工业企业主要经济指标(2019年)

Major Economic Indicators of Industrial Enterprises above Designated Size (2019)

单位：亿元 (100 million yuan)

指 标	Item	企 业单位数(个) Number of Enterprises (unit)	亏损企业 Loss-making Enterprises	资产总计 Total Assets	流动资产合计 Circulating Funds
总计	**Total**	**16562**	**1083**	**29616.35**	**13441.53**
按登记注册类型：	**Grouped by Registration**				
内资企业	Internal-invested Enterprises	16111	1019	26405.85	12034.65
国有企业	State-owned Enterprises	118	29	2298.77	837.15
中央企业	Central Enterprises	19	3	2074.08	740.08
地方企业	Local Enterprises	99	26	224.7	97.07
集体企业	Collective-owned Enterprises	70	1	51.54	21.16
股份合作企业	Enterprises Cooperated by Joint-stock	11		5.39	1.83
联营企业	Cooperative Enterprises	6		2.47	0.48
有限责任公司	Limited Liability Company	2356	288	8066.39	3622.77
股份有限公司	Company Limited by Shares	554	52	4277.02	2353.52
私营企业	Individual-owned Enterprises	12993	649	11702.55	5197.08
其他企业	Enterprises of Other Types of Ownership	3		1.7	0.67
港、澳、台商投资企业	Enterprises Funded by Entrepreneurs From Hong Kong,Macao and Taiwan	251	28	1841.7	687.16
外商投资企业	Enterprises Funded by Foreigners	200	36	1368.8	719.72
按经济组织类型：	**Grouped by Ownership**				
独资企业	Enterprises Owned by a Sole Investor	884	65	3256.60	1244.08
合作、合伙企业	Enterprises of Partnership	334	6	231.56	51.72
股份有限公司	Company Limited by Shares	1058	94	6284.68	3383.98
有限责任公司	Limited Liability Company	14286	918	19843.51	8761.75
按企业规模分：	**Grouped by Size of Enterprises**				
大型企业	Large Enterprises	172	18	12161.72	6402
中型企业	Medium-sized Enterprises	1649	94	6531.91	2673.95
小型企业	Small Enterprises	13726	810	10133.89	4055.12
微型企业	Miniature Enterprise	1015	161	788.83	310.46
国有控股企业	**State Controlling Share Hold Enterprises**	**757**	**146**	**10142.65**	**4107.49**

13-2 续表 1 Continued

单位：亿元 (100 million yuan)

指 标	Item	应收账款 Net Value of Account Received	存货 Stock	产成品 Finished Products	固定资产原价 Original Price of Fixed Assets	累计折旧 Accumulated Depreciation
总计	**Total**	**3917.43**	**3054.83**	**1073.13**	**18311.89**	**8117.72**
按登记注册类型：	**Grouped by Registration**					
内资企业	Internal-invested Enterprises	3434.39	2862.72	983.26	16109.06	7195.47
国有企业	State-owned Enterprises	69.41	413.17	9.93	2397.13	1277.67
中央企业	Central Enterprises	33.23	400.91	9.14	2220.56	1180.07
地方企业	Local Enterprises	36.18	12.26	0.79	176.56	97.59
集体企业	Collective-owned Enterprises	4.92	4.3	0.88	34.37	15.25
股份合作企业	Enterprises Cooperated by Joint-stock	0.22	0.35	0.18	2.8	0.74
联营企业	Cooperative Enterprises	0.1	0.03	0.03	1.12	0.24
有限责任公司	Limited Liability Company	1103.45	811.96	266.46	5445.79	2490.69
股份有限公司	Company Limited by Shares	751.43	447.93	155.72	1436.8	603.06
私营企业	Individual-owned Enterprises	1504.81	1184.97	550.07	6790.02	2807.78
其他企业	Enterprises of Other Types of Ownership	0.05			1.03	0.04
港、澳、台商投资企业	Enterprises Funded by Entrepreneurs From Hong Kong,Macao and Taiwan	162.89	83.57	37.58	1418.13	584.18
外商投资企业	Enterprises Funded by Foreigners	320.16	108.53	52.30	784.69	338.07
按经济组织类型：	**Grouped by Ownership**					
独资企业	Enterprises Owned by a Sole Investor	226.44	492.82	48.03	3019.26	1543.01
合作、合伙企业	Enterprises of Partnership	12.95	11.25	6.75	165.14	48.62
股份有限公司	Company Limited by Shares	1074.2	608.8	217.29	2200.49	871.48
有限责任公司	Limited Liability Company	2603.84	1941.96	801.06	12927	5654.61
按企业规模分：	**Grouped by Size of Enterprises**					
大型企业	Large Enterprises	1935.64	1464.89	384.35	6502.47	3061.49
中型企业	Medium-sized Enterprises	687.15	623.28	258.09	4814.8	2274.58
小型企业	Small Enterprises	1221.71	918.69	406.94	6764.15	2711.93
微型企业	Miniature Enterprise	72.93	47.96	23.74	230.46	69.71
国有控股企业	**State Controlling Share Hold Enterprises**	**959.16**	**1139.24**	**201.01**	**7818.17**	**3654.06**

13-2 续表 2 Continued

单位：亿元 (100 million yuan)

指 标	Item	负债合计 Total Liability	流动负债合计 Total Circulating Liability	应付账款 Account Payable	所有者权益合计 Total Rights of Owners
总计	**Total**	**14872.72**	**11118.86**	**3276.96**	**14697.26**
按登记注册类型：	**Grouped by Registration**				
内资企业	Internal-invested Enterprises	13075.52	9738.03	2848.8	13281.73
国有企业	State-owned Enterprises	1113.06	786.47	240.22	1185.66
中央企业	Central Enterprises	973.5	681.93	213.01	1100.57
地方企业	Local Enterprises	139.55	104.54	27.21	85.09
集体企业	Collective-owned Enterprises	24.64	20.73	5.88	26.72
股份合作企业	Enterprises Cooperated by Joint-stock	1.37	0.99	0.21	4.02
联营企业	Cooperative Enterprises	0.7	0.69	0.05	1.78
有限责任公司	Limited Liability Company	4613.21	3490.06	1065.07	3446.32
股份有限公司	Company Limited by Shares	2229.85	1669.65	506.33	2043.65
私营企业	Individual-owned Enterprises	5091.59	3769.41	1031.05	6572.99
其他企业	Enterprises of Other Types of Ownership	1.12	0.04		0.59
港、澳、台商投资企业	Enterprises Funded by Entrepreneurs From Hong Kong,Macao and Taiwan	983.15	675.94	205.55	858.55
外商投资企业	Enterprises Funded by Foreigners	814.05	704.89	222.61	556.98
按经济组织类型：	**Grouped by Ownership**				
独资企业	Enterprises Owned by a Sole Investor	1505.26	1095.86	370.59	1751.04
合作、合伙企业	Enterprises of Partnership	62.52	35.39	9.92	168.24
股份有限公司	Company Limited by Shares	3237.35	2517.55	807.51	3037.64
有限责任公司	Limited Liability Company	10067.59	7470.05	2088.95	9740.34
按企业规模分：	**Grouped by Size of Enterprises**				
大型企业	Large Enterprises	7082.78	5712.33	1722.23	5078.94
中型企业	Medium-sized Enterprises	2995.15	2257.9	646.85	3536.77
小型企业	Small Enterprises	4404.02	2990.38	852.33	5732.21
微型企业	Miniature Enterprise	390.77	158.25	55.55	349.34
国有控股企业	**State Controlling Share Hold Enterprises**	**5653.64**	**3951.17**	**1091.64**	**4483.92**

13-2 续表 3 Continued

单位：亿元 (100 million yuan)

指　标	Item	实收资本 Paid-in Capital	国家资本 National Assets	集体资本 Collective Assets	法人资本 Corperative Assets
总计	**Total**	**6603.76**	**1208.38**	**76.75**	**3436.37**
按登记注册类型：	**Grouped by Registration**				
内资企业	Internal-invested Enterprises	5884.01	1069.73	73.4	3197.56
国有企业	State-owned Enterprises	439.95	117.76	0.89	320.13
中央企业	Central Enterprises	376.26	59.46	0.57	316.23
地方企业	Local Enterprises	63.69	58.3	0.32	3.9
集体企业	Collective-owned Enterprises	13.75	1.38	1.85	7.38
股份合作企业	Enterprises Cooperated by Joint-stock	2.09			0.37
联营企业	Cooperative Enterprises	0.32	0.1		
有限责任公司	Limited Liability Company	1987.41	618.53	24.44	1145.62
股份有限公司	Company Limited by Shares	753.05	269.40	13.5	222.59
私营企业	Individual-owned Enterprises	2686.9	62.56	32.72	1500.94
其他企业	Enterprises of Other Types of Ownership	0.54			0.52
港、澳、台商投资企业	Enterprises Funded by Entrepreneurs From Hong Kong,Macao and Taiwan	431.66	72.54	0.88	154.38
外商投资企业	Enterprises Funded by Foreigners	288.09	66.11	2.47	84.44
按经济组织类型：	**Grouped by Ownership**				
独资企业	Enterprises Owned by a Sole Investor	751.5	127.55	2.86	444.96
合作、合伙企业	Enterprises of Partnership	82.33	6.06	0.68	43.77
股份有限公司	Company Limited by Shares	1094.39	272.77	18.31	382.52
有限责任公司	Limited Liability Company	4675.53	802	54.91	2565.13
按企业规模分：	**Grouped by Size of Enterprises**				
大型企业	Large Enterprises	1905.58	602.51	0.92	977.47
中型企业	Medium-sized Enterprises	1809.44	347.85	21.82	982.16
小型企业	Small Enterprises	2753.85	252.69	51.25	1386.7
微型企业	Miniature Enterprise	134.89	5.33	2.76	90.04
国有控股企业	**State Controlling Share Hold Enterprises**	**2284.85**	**1071.53**	**12.09**	**1065.32**

13-2 续表 4 Continued

单位：亿元 (100 million yuan)

指 标	Item	实收资本 Paid-in Capital 个人资本 Individual Assets	港澳台资本 Assets from Hongkong, Maco and Taiwan Funded Enterprises	外商资本 Total Rights of Owners Foreign Assets
总计	**Total**	**1532.81**	**141.64**	**207.77**
按登记注册类型：	**Grouped by Registration**			
内资企业	Internal-invested Enterprises	1500.79	8.36	34.12
国有企业	State-owned Enterprises	1.16		0.01
中央企业	Central Enterprises			
地方企业	Local Enterprises	1.16		0.01
集体企业	Collective-owned Enterprises	3.14		
股份合作企业	Enterprises Cooperated by Joint-stock	1.72		
联营企业	Cooperative Enterprises	0.22		
有限责任公司	Limited Liability Company	185.68	1.52	11.6
股份有限公司	Company Limited by Shares	222.87	3.99	20.7
私营企业	Individual-owned Enterprises	1085.99	2.84	1.8
其他企业	Enterprises of Other Types of Ownership	0.02		
港、澳、台商投资企业	Enterprises Funded by Entrepreneurs From Hong Kong,Macao and Taiwan	21.92	128.69	53.25
外商投资企业	Enterprises Funded by Foreigners	10.1	4.58	120.4
按经济组织类型：	**Grouped by Ownership**			
独资企业	Enterprises Owned by a Sole Investor	53.87	61.92	60.35
合作、合伙企业	Enterprises of Partnership	28.92	1.36	1.55
股份有限公司	Company Limited by Shares	362.3	37.07	21.43
有限责任公司	Limited Liability Company	1087.72	41.29	124.43
按企业规模分：	**Grouped by Size of Enterprises**			
大型企业	Large Enterprises	144.46	74.06	106.15
中型企业	Medium-sized Enterprises	362.59	33.04	61.99
小型企业	Small Enterprises	990.51	33.44	39.23
微型企业	Miniature Enterprise	35.26	1.09	0.41
国有控股企业	**State Controlling Share Hold Enterprises**	**55.36**	**1.15**	**79.4**

13-2 续表 5 Continued

单位：亿元 (100 million yuan)

指 标	Item	营业收入 Revenue of Business	营业成本 Cost of Business	营业税金及附加 Tax and Surcharge of Business	销售费用 Operation Expenses	管理费用 Manage-ment Expense
总计	**Total**	**37919.6**	**30340.06**	**1083.43**	**1184.29**	**1497.76**
按登记注册类型：	**Grouped by Registration**					
内资企业	Internal-invested Enterprises	34799.44	27790.74	1028.99	1110.54	1394.31
国有企业	State-owned Enterprises	2111.08	1317.46	566.22	22.38	69.79
中央企业	Central Enterprises	1982.12	1218.49	564.69	12.52	58.45
地方企业	Local Enterprises	128.97	98.97	1.53	9.86	11.34
集体企业	Collective-owned Enterprises	103.43	90.41	1.23	2.37	4.32
股份合作企业	Enterprises Cooperated by Joint-stock	20.37	16.91	0.44	0.64	0.73
联营企业	Cooperative Enterprises	7.53	5.61	0.06	0.37	0.44
有限责任公司	Limited Liability Company	8418.62	6965.08	102.57	223.06	311.75
股份有限公司	Company Limited by Shares	3056.76	2356.82	126.54	142.8	126.18
私营企业	Individual-owned Enterprises	21080.63	17037.64	231.93	718.92	881.10
其他企业	Enterprises of Other Types of Ownership	1.00	0.81			0.01
港、澳、台商投资企业	Enterprises Funded by Entrepreneurs From Hong Kong,Macao and Taiwan	1603.87	1290.7	33.42	38.87	54.57
外商投资企业	Enterprises Funded by Foreigners	1516.29	1258.62	21.02	34.88	48.87
按经济组织类型：	**Grouped by Ownership**					
独资企业	Enterprises Owned by a Sole Investor	3617.99	2544.04	589.2	79.54	134.36
合作、合伙企业	Enterprises of Partnership	406.82	330.49	11.49	14.58	16.77
股份有限公司	Company Limited by Shares	5074.86	3993.44	163.42	222.99	205.30
有限责任公司	Limited Liability Company	28819.93	23472.08	319.31	867.19	1141.33
按企业规模分：	**Grouped by Size of Enterprises**					
大型企业	Large Enterprises	10019.22	7629.12	762.83	300.43	313.22
中型企业	Medium-sized Enterprises	8592.85	6860.22	97.95	310.78	410.05
小型企业	Small Enterprises	18763.08	15384.69	216.78	555.24	751.57
微型企业	Miniature Enterprise	544.45	466.03	5.88	17.84	22.91
国有控股企业	**State Controlling Share Hold Enterprises**	**7651.68**	**5813.28**	**728.4**	**165.26**	**273.47**

13-2 续表 6 Continued

单位：亿元 (100 million yuan)

指 标	Item	研发费用 Reserch and Development Costs	财务费用 Financial Expense	利息费用 Interest Charges	利息收入 Interest Income
总计	**Total**	**910.44**	**359.43**	**282.11**	**40.77**
按登记注册类型:	**Grouped by Registration**				
内资企业	Internal-invested Enterprises	834.98	319.94	241.35	37.96
国有企业	State-owned Enterprises	8.71	6.75	9.83	3.95
中央企业	Central Enterprises	6.17	4.96	8.70	3.92
地方企业	Local Enterprises	2.53	1.79	1.13	0.04
集体企业	Collective-owned Enterprises	0.82	0.53	0.27	0.03
股份合作企业	Enterprises Cooperated by Joint-stock	0.31	0.09	0.03	
联营企业	Cooperative Enterprises	0.03	0.03	0.01	0.01
有限责任公司	Limited Liability Company	230.70	97.71	79.07	8.27
股份有限公司	Company Limited by Shares	74.40	45.21	46.86	6.80
私营企业	Individual-owned Enterprises	520.02	169.58	105.24	18.89
其他企业	Enterprises of Other Types of Ownership		0.05	0.06	
港、澳、台商投资企业	Enterprises Funded by Entrepreneurs From Hong Kong,Macao and Taiwan	43.07	26.32	27.26	2.28
外商投资企业	Enterprises Funded by Foreigners	32.40	13.16	13.49	0.53
按经济组织类型:	**Grouped by Ownership**				
独资企业	Enterprises Owned by a Sole Investor	39.23	16.56	15.15	4.71
合作、合伙企业	Enterprises of Partnership	3.58	3.63	1.43	0.16
股份有限公司	Company Limited by Shares	129.36	59.87	61.29	9.22
有限责任公司	Limited Liability Company	738.26	279.37	204.25	26.67
按企业规模分:	**Grouped by Size of Enterprises**				
大型企业	Large Enterprises	253.86	85.07	109.25	27.34
中型企业	Medium-sized Enterprises	215.40	97.88	61.64	6.23
小型企业	Small Enterprises	432.40	168.11	105.11	6.86
微型企业	Miniature Enterprise	8.79	8.37	6.11	0.33
国有控股企业	**State Controlling Share Hold Enterprises**	**154.79**	**107.86**	**104.51**	**13.40**

13-2 续表 7 Continued

单位：亿元 (100 million yuan)

指 标	Item	营业利润 Operating Profit	投资收益 Income from Investment	营业外收入 Non-operating Income	利润总额 Total Profit
总计	**Total**	**2416.19**	**68.68**	**81.14**	**2227.27**
按登记注册类型:	**Grouped by Registration**				
内资企业	Internal-invested Enterprises	2247.28	63.77	73.80	2059.82
国有企业	State-owned Enterprises	92.54	1.75	6.94	93.49
中央企业	Central Enterprises	90.41	1.48	4.72	89.49
地方企业	Local Enterprises	2.12	0.27	2.22	4.00
集体企业	Collective-owned Enterprises	3.75	0.07	0.24	3.72
股份合作企业	Enterprises Cooperated by Joint-stock	1.26			1.26
联营企业	Cooperative Enterprises	1.01	0.01		1.01
有限责任公司	Limited Liability Company	516.79	29.70	20.77	486.36
股份有限公司	Company Limited by Shares	186.05	29.91	9.84	171.85
私营企业	Individual-owned Enterprises	1445.75	2.32	36.01	1301.99
其他企业	Enterprises of Other Types of Ownership	0.13			0.13
港、澳、台商投资企业	Enterprises Funded by Entrepreneurs From Hong Kong,Macao and Taiwan	110.77	3.18	3.59	111.71
外商投资企业	Enterprises Funded by Foreigners	58.14	1.74	3.75	55.74
按经济组织类型:	**Grouped by Ownership**				
独资企业	Enterprises Owned by a Sole Investor	183.84	2.63	10.33	184.41
合作、合伙企业	Enterprises of Partnership	26.34	0.02	0.16	26.32
股份有限公司	Company Limited by Shares	282.52	35.40	15.48	266.27
有限责任公司	Limited Liability Company	1923.49	30.64	55.17	1750.26
按企业规模分：	**Grouped by Size of Enterprises**				
大型企业	Large Enterprises	603.83	46.30	25.01	591.99
中型企业	Medium-sized Enterprises	603.14	14.72	17.78	587.34
小型企业	Small Enterprises	1192.37	7.33	36.78	1034.83
微型企业	Miniature Enterprise	16.84	0.34	1.58	13.10
国有控股企业	**State Controlling Share Hold Enterprises**	**420.64**	**37.30**	**22.51**	**418.89**

13-2 续表 8 Continued

单位：亿元 (100 million yuan)

指 标	Item	亏损企业亏损总额 Total Loss of Enterprises Running under Deficit	本年应付职工薪酬 Total Sum of Wages Payable this Year	全部从业人员年平均人数（万人） Average Number of Empolyment of the Current Year (10 000person)	百元固定资产原价实现利润（元） Profits per 100 Yuan of Original Value of Fix Assets (yuan)
总计	**Total**	**178.64**	**2983.69**	**308.41**	**12.16**
按登记注册类型:	**Grouped by Registration**				
内资企业	Internal-invested Enterprises	128.26	2671.78	280.02	12.79
国有企业	State-owned Enterprises	6.53	170.81	10.85	3.90
中央企业	Central Enterprises	4.99	147.50	8.29	4.03
地方企业	Local Enterprises	1.55	23.31	2.56	2.27
集体企业	Collective-owned Enterprises	0.01	12.77	1.75	10.82
股份合作企业	Enterprises Cooperated by Joint-stock		2.84	0.20	45.00
联营企业	Cooperative Enterprises		0.74	0.08	90.18
有限责任公司	Limited Liability Company	49.10	632.76	57.24	8.93
股份有限公司	Company Limited by Shares	46.96	223.97	19.61	11.96
私营企业	Individual-owned Enterprises	25.65	1627.86	190.29	19.18
其他企业	Enterprises of Other Types of Ownership		0.02	0.01	12.62
港、澳、台商投资企业	Enterprises Funded by Entrepreneurs From Hong Kong,Macao and Taiwan	4.04	203.94	19.43	7.88
外商投资企业	Enterprises Funded by Foreigners	46.34	107.98	8.96	7.10
按经济组织类型:	**Grouped by Ownership**				
独资企业	Enterprises Owned by a Sole Investor	12.77	343.11	32.14	6.11
合作、合伙企业	Enterprises of Partnership	0.34	42.34	5.94	15.94
股份有限公司	Company Limited by Shares	79.22	420.91	37.8	12.10
有限责任公司	Limited Liability Company	86.30	2177.33	232.53	13.54
按企业规模分:	**Grouped by Size of Enterprises**				
大型企业	Large Enterprises	85.27	861.12	61.99	9.10
中型企业	Medium-sized Enterprises	21.71	836.71	91.36	12.20
小型企业	Small Enterprises	56.82	1268.68	149.91	15.30
微型企业	Miniature Enterprise	14.85	17.18	5.15	5.68
国有控股企业	**State Controlling Share Hold Enterprises**	**65.20**	**610.69**	**43.11**	**5.36**

13-2 续表 9 Continued

单位：% (%)

指　标	Item	营业收入利润率 Operating Profit Markgin	资产负债率 Assets-Liability Ratio	总资产贡献率 Ratio of Total Assets to Industrial Output Vale	成本费用利润率 Rate of Cost Profits
总计	**Total**	**5.87**	**50.22**	**14.80**	**6.50**
按登记注册类型:	**Grouped by Registration**				
内资企业	Internal-invested Enterprises	5.92	49.52	15.12	6.55
国有企业	State-owned Enterprises	4.43	48.42	35.11	6.56
中央企业	Central Enterprises	4.51	46.94	38.50	6.88
地方企业	Local Enterprises	3.10	62.11	3.81	3.22
集体企业	Collective-owned Enterprises	3.60	47.81	13.34	3.78
股份合作企业	Enterprises Cooperated by Joint-stock	6.17	25.35	37.57	6.73
联营企业	Cooperative Enterprises	13.46	28.15	44.33	15.66
有限责任公司	Limited Liability Company	5.78	57.19	10.42	6.21
股份有限公司	Company Limited by Shares	5.62	52.14	9.73	6.26
私营企业	Individual-owned Enterprises	6.18	43.51	16.41	6.74
其他企业	Enterprises of Other Types of Ownership	12.90	65.56	11.13	14.87
港、澳、台商投资企业	Enterprises Funded by Entrepreneurs From Hong Kong,Macao and Taiwan	6.97	53.38	14.47	7.69
外商投资企业	Enterprises Funded by Foreigners	3.68	59.47	8.96	4.02
按经济组织类型:	**Grouped by Ownership**				
独资企业	Enterprises Owned by a Sole Investor	5.10	46.22	29.20	6.55
合作、合伙企业	Enterprises of Partnership	6.47	27.00	20.82	7.13
股份有限公司	Company Limited by Shares	5.25	51.51	10.54	5.77
有限责任公司	Limited Liability Company	6.07	50.73	13.71	6.61
按企业规模分:	**Grouped by Size of Enterprises**				
大型企业	Large Enterprises	5.91	58.24	14.88	6.90
中型企业	Medium-sized Enterprises	6.84	45.85	13.99	7.44
小型企业	Small Enterprises	5.52	43.46	16.07	5.98
微型企业	Miniature Enterprise	2.41	49.54	3.91	2.50
国有控股企业	**State Controlling Share Hold Enterprises**	**5.47**	**55.74**	**15.00**	**6.43**

13-3 规模以上工业企业行业大类主要经济指标 (2019年)

Main Economic indicators of Industrial Enterprises above Designated Size by Industrial Sector (2019)

单位：亿元 (100 million yuan)

指 标	Item	企业单位数（个）Number of Enterprises (unit)	亏损企业 Loss-making Enterprises	资产总计 Total Assets	流动资产合计 Cir-culating Funds
按行业划分：	**Grouped by Sector**	**16562**	**1083**	**29616.35**	**13441.53**
煤炭开采和洗选业	Mining and Washing of Coal	154	5	177.92	55.31
石油和天然气开采业	Petroleum and Natural Gas Extraction				
黑色金属矿采选业	Mining of Ferrous Metal Ores	26	4	25.24	8.16
有色金属矿采选业	Mining of Non-ferrous Metal Ores	115	11	230.44	44.58
非金属矿采选业	Mining and Processing of Nonmetal Ores	282	6	190.19	61.66
开采辅助活动	Mining of Other Ores N.E.C				
其他采矿业	Other Mining and Dressing	2		0.57	0.27
农副食品加工业	Processing of Food from Agricultural Products	1584	74	1218.76	504.04
食品制造业	Manufacture of Foods	515	29	613.27	291.08
酒、饮料和精制茶制造业	Manufacture of Liquor, Beverage and Refined Tea	514	19	419.31	171.18
烟草制品业	Manufacture of Tobacco	8		840.52	625.77
纺织业	Manufacture of Textile	260	38	424.83	167.11
纺织服装、服饰业	Manufacture of Textile Wearing and Clothing Apparel	271	10	201.30	60.68
皮革、毛皮、羽毛及其制品和制鞋业	Leather, Fur, Feather and Its Products and Footwear	610	12	223.48	103.67
木材加工和木、竹、藤、棕、草制品业	Processing of Timbers, Manufacture of Wood, Bamboo, Rattan, Palm and Straw Products	434	8	192.63	61.57
家具制造业	Manufacture of Furniture	204	2	97.70	38.93
造纸和纸制品业	Manufacture of Paper and Paper Products	256	16	502.90	234.51
印刷和记录媒介复制业	Printing,Reproduction of Recording Media	274	8	176.50	80.29
文教、工美、体育和娱乐用品制造业	Manufacture of Articles for Culture, Education and Sport Activity	280	8	140.68	63.33
石油、煤炭及其他燃料加工业	Processing of Petroleum, Coal and Other Fuels	81	5	234.49	74.04
化学原料和化学制品制造业	Manufacture of Chemical Raw Material and Chemical Products	1438	73	1446.84	542.56
医药制造业	Manufacture of Medicines	348	33	747.59	294.26
化学纤维制造业	Manufacture of Chemical Fiber	15	2	20.88	5.22
橡胶和塑料制品业	Manufacture of Rubber and Plastic	453	23	287.67	116.58
非金属矿物制品业	Manufacture of Non-metallic Mineral Products	2335	96	2296.04	773.6
黑色金属冶炼和压延加工业	Manufacture and Processing of Ferrous Metals	134	18	880.79	326.93
有色金属冶炼和压延加工业	Manufacture and Processing of Non-ferrous Metals	421	58	1386.18	619.1
金属制品业	Manufacture of Metal Products	935	56	689.29	269.51
通用设备制造业	Manufacture of General Purpose Machinery	907	77	1135.41	694.56
专用设备制造业	Manufacture of Special Purpose Machinery	797	61	4002.35	2669.82
汽车制造业	Automobile Industry	415	86	1645.84	902.41
铁路、船舶、航空航天和其他运输设备制造业	Manufacture of Railway,Marine,Aerospace and Other Transport Equipment	171	30	1099.29	721.36
电气机械和器材制造业	Manufacture of Electrical Machinery and Equipment	721	58	1417.21	800.93
计算机、通信和其他电子设备制造业	Manufacture of Communication Equipment, Computer and Other Electronic Equipment	689	72	2024.23	1197.48
仪器仪表制造业	Manufacture of Measuring Instrument	146	12	189.35	115.58
其他制造业	Other Manufacture N.E.C	84	3	117.09	52.59
废弃资源综合利用业	Recycling and Disposal of Waste	121	5	116.23	45.5
金属制品、机械和设备修理业	Mental Products,Machine and Equipment Repair	7		6.88	3.81
电力、热力生产和供应业	Production and Supply of Electric Power and Heat Power	350	40	3462.90	452.78
燃气生产和供应业	Production and Distribution of Gas	61	5	182.95	54.92
水的生产和供应业	Production and Distribution of Water	144	20	550.61	135.86

13-3 续表 1 Continued

单位：亿元 (100 million yuan)

指 标	Item	应收账款 Value of Account Received	存货 Stock	产成品 Finished Products	固定资产原价 Original Price of Fixed Assets	累计折旧 Accumulated Depreciation
按行业划分：	**Grouped by Sector**	**3917.43**	**3054.83**	**1073.13**	**18311.89**	**8117.72**
煤炭开采和洗选业	Mining and Washing of Coal	8.15	7.66	3.30	125.42	48.91
石油和天然气开采业	Petroleum and Natural Gas Extraction					
黑色金属矿采选业	Mining of Ferrous Metal Ores	1.07	1.01	0.53	12.70	4.02
有色金属矿采选业	Mining of Non-ferrous Metal Ores	7.38	11.25	4.87	173.61	61.46
非金属矿采选业	Mining and Processing of Nonmetal Ores	11.72	7.76	4.68	132.31	51.72
开采辅助活动	Mining of Other Ores N.E.C					
其他采矿业	Other Mining and Dressing	0.11			0.25	0.13
农副食品加工业	Processing of Food from Agricultural Products	96.81	153.16	67.43	870.36	396.46
食品制造业	Manufacture of Foods	41.25	83.94	23.89	417.10	182.88
酒、饮料和精制茶制造业	Manufacture of Liquor, Beverage and Refined Tea	26.64	62.88	27.82	286.49	120.59
烟草制品业	Manufacture of Tobacco	11.55	388.81	7.66	237.76	151.46
纺织业	Manufacture of Textile	43.73	44.54	24.98	214.92	76.22
纺织服装、服饰业	Manufacture of Textile Wearing and Clothing Apparel	13.66	17.98	9.41	145.04	54.23
皮革、毛皮、羽毛及其制品和制鞋业	Leather, Fur, Feather and Its Products and Footwear	38.87	28.21	14.60	132.66	42.70
木材加工和木、竹、藤、棕、草制品业	Processing of Timbers, Manufacture of Wood, Bamboo, Rattan, Palm and Straw Products	14.30	17.55	8.74	212.15	112.88
家具制造业	Manufacture of Furniture	12.74	9.37	4.12	83.31	41.89
造纸和纸制品业	Manufacture of Paper and Paper Products	49.80	90.54	12.75	328.10	132.09
印刷和记录媒介复制业	Printing,Reproduction of Recording Media	23.47	21.29	7.55	138.64	62.89
文教、工美、体育和娱乐用品制造业	Manufacture of Articles for Culture, Education and Sport Activity	17.88	19.74	7.97	84.91	34.42
石油、煤炭及其他燃料加工业	Processing of Petroleum, Coal and Other Fuels	12.74	35.03	8.13	309.35	167.47
化学原料和化学制品制造业	Manufacture of Chemical Raw Material and Chemical Products	128.44	124.65	70.85	959.43	377.16
医药制造业	Manufacture of Medicines	70.4	67.99	32.07	335.69	164.93
化学纤维制造业	Manufacture of Chemical Fiber	1.04	2.37	0.83	15.88	5.12
橡胶和塑料制品业	Manufacture of Rubber and Plastic	33.78	28.64	16.32	213.64	100.93
非金属矿物制品业	Manufacture of Non-metallic Mineral Products	275.64	139.76	70.34	1683.05	644.64
黑色金属冶炼和压延加工业	Manufacture and Processing of Ferrous Metals	58.51	81.48	21.84	864.12	483.75
有色金属冶炼和压延加工业	Manufacture and Processing of Non-ferrous Metals	82.08	234.58	46.70	877.73	478.78
金属制品业	Manufacture of Metal Products	88.77	65.63	32.56	513.82	236.73
通用设备制造业	Manufacture of General Purpose Machinery	283.9	143.35	58.46	478.43	214.37
专用设备制造业	Manufacture of Special Purpose Machinery	964.19	451.14	226.89	927.11	404.08
汽车制造业	Automobile Industry	379.82	142.43	69.37	655.62	240.88
铁路、船舶、航空航天和其他运输设备制造业	Manufacture of Railway,Marine,Aerospace and Other Transport Equipment	209.77	162.34	42.29	320.56	139.85
电气机械和器材制造业	Manufacture of Electrical Machinery and Equipment	308.96	158.97	66.24	566.37	258.69
计算机、通信和其他电子设备制造业	Manufacture of Communication Equipment, Computer and Other Electronic Equipment	394.81	156.55	62.50	724.59	274.70
仪器仪表制造业	Manufacture of Measuring Instrument	40.00	17.59	5.54	47.20	17.51
其他制造业	Other Manufacture N.E.C	10.82	14.41	3.70	55.21	18.94
废弃资源综合利用业	Recycling and Disposal of Waste	12.72	13.11	4.81	108.38	61.41
金属制品、机械和设备修理业	Mental Products,Machine and Equipment Repair	0.98	0.34	0.10	2.92	1.46
电力、热力生产和供应业	Production and Supply of Electric Power and Heat Power	97.45	37.70	1.30	4564.12	2090.82
燃气生产和供应业	Production and Distribution of Gas	22.54	4.34	1.18	124.85	37.40
水的生产和供应业	Production and Distribution of Water	20.95	6.75	0.80	368.06	123.14

13-3 续表 2 Continued

单位：亿元 (100 million yuan)

指 标	Item	负债合计 Total Liability	流动负债合计 Total Circulating Liability	应付账款 Account Payable	所有者权益合计 Total Rights of Owners
按行业划分：	**Grouped by Sector**	**14872.72**	**11118.86**	**3276.96**	**14697.26**
煤炭开采和洗选业	Mining and Washing of Coal	86.03	60.91	9.21	91.52
石油和天然气开采业	Petroleum and Natural Gas Extraction				
黑色金属矿采选业	Mining of Ferrous Metal Ores	11.54	9.20	2.30	13.14
有色金属矿采选业	Mining of Non-ferrous Metal Ores	101.96	72.55	9.59	128.31
非金属矿采选业	Mining and Processing of Nonmetal Ores	87.34	68.91	9.56	101.86
开采辅助活动	Mining of Other Ores N.E.C				
其他采矿业	Other Mining and Dressing	0.12			0.45
农副食品加工业	Processing of Food from Agricultural Products	468.17	361.09	91.53	745.96
食品制造业	Manufacture of Foods	287.57	234.72	47.41	322.16
酒、饮料和精制茶制造业	Manufacture of Liquor, Beverage and Refined Tea	150.89	114.22	24.06	268.42
烟草制品业	Manufacture of Tobacco	115.02	115.02	44.67	725.50
纺织业	Manufacture of Textile	188.87	157.25	44.29	234.92
纺织服装、服饰业	Manufacture of Textile Wearing and Clothing Apparel	53.44	35.51	9.71	147.86
皮革、毛皮、羽毛及其制品和制鞋业	Leather, Fur, Feather and Its Products and Footwear	84.98	54.22	24.66	137.89
木材加工和木、竹、藤、棕、草制品业	Processing of Timbers, Manufacture of Wood, Bamboo, Rattan, Palm and Straw Products	62.07	45.18	8.76	127.61
家具制造业	Manufacture of Furniture	36.33	20.71	6.88	61.27
造纸和纸制品业	Manufacture of Paper and Paper Products	279.71	199.43	45.82	223.08
印刷和记录媒介复制业	Printing,Reproduction of Recording Media	72.23	55.92	19.73	103.81
文教、工美、体育和娱乐用品制造业	Manufacture of Articles for Culture, Education and Sport Activity	48.17	33.83	11.41	92.52
石油、煤炭及其他燃料加工业	Processing of Petroleum, Coal and Other Fuels	133.37	106.50	25.04	101.12
化学原料和化学制品制造业	Manufacture of Chemical Raw Material and Chemical Products	539.16	408.82	110.39	906.99
医药制造业	Manufacture of Medicines	217.35	171.40	35.68	529.77
化学纤维制造业	Manufacture of Chemical Fiber	16.54	4.98	0.48	3.27
橡胶和塑料制品业	Manufacture of Rubber and Plastic	108.30	75.52	25.03	164.46
非金属矿物制品业	Manufacture of Non-metallic Mineral Products	876.16	657.22	213.58	1417.84
黑色金属冶炼和压延加工业	Manufacture and Processing of Ferrous Metals	481.20	432.88	78.37	399.48
有色金属冶炼和压延加工业	Manufacture and Processing of Non-ferrous Metals	763.68	527.53	94.29	622.50
金属制品业	Manufacture of Metal Products	311.04	226.53	58.62	377.87
通用设备制造业	Manufacture of General Purpose Machinery	603.90	509.20	235.03	530.69
专用设备制造业	Manufacture of Special Purpose Machinery	2357.47	1933.20	470.21	1645.00
汽车制造业	Automobile Industry	1227.12	980.86	365.17	413.81
铁路、船舶、航空航天和其他运输设备制造业	Manufacture of Railway,Marine,Aerospace and Other Transport Equipment	612.14	529.67	237.13	487.15
电气机械和器材制造业	Manufacture of Electrical Machinery and Equipment	760.87	654.57	245.48	653.76
计算机、通信和其他电子设备制造业	Manufacture of Communication Equipment, Computer and Other Electronic Equipment	938.72	811.11	402.50	1084.68
仪器仪表制造业	Manufacture of Measuring Instrument	73.72	54.69	17.80	115.64
其他制造业	Other Manufacture N.E.C	49.85	43.81	6.66	67.24
废弃资源综合利用业	Recycling and Disposal of Waste	49.55	31.21	9.93	66.68
金属制品、机械和设备修理业	Mental Products,Machine and Equipment Repair	6.03	5.86	0.85	0.84
电力、热力生产和供应业	Production and Supply of Electric Power and Heat Power	2141.61	1019.22	182.62	1321.79
燃气生产和供应业	Production and Distribution of Gas	115.53	101.69	29.84	64.78
水的生产和供应业	Production and Distribution of Water	354.98	193.67	22.68	195.63

13-3 续表 3 Continued

单位：亿元 (100 million yuan)

指 标	Item	实收资本 Paid-in Capital	国家资本 National Assets	集体资本 Collective Assets	法人资本 Corperative Assets
按行业划分：	**Grouped by Sector**	**6603.76**	**1208.38**	**76.75**	**3436.37**
煤炭开采和洗选业	Mining and Washing of Coal	52.81	5.58	0.51	26.14
石油和天然气开采业	Petroleum and Natural Gas Extraction				
黑色金属矿采选业	Mining of Ferrous Metal Ores	5.92			2.27
有色金属矿采选业	Mining of Non-ferrous Metal Ores	81.83	22.72	0.08	29.61
非金属矿采选业	Mining and Processing of Nonmetal Ores	67.13	2.16	0.24	36.94
开采辅助活动	Mining of Other Ores N.E.C				
其他采矿业	Other Mining and Dressing	0.45	0.10		
农副食品加工业	Processing of Food from Agricultural Products	329.60	24.53	7.68	178.44
食品制造业	Manufacture of Foods	142.51	5.89	2.55	73.33
酒、饮料和精制茶制造业	Manufacture of Liquor, Beverage and Refined Tea	117.25	18.13	2.68	49.08
烟草制品业	Manufacture of Tobacco	74.25	45.69	0.16	28.27
纺织业	Manufacture of Textile	89.82	17.04	2.87	38.76
纺织服装、服饰业	Manufacture of Textile Wearing and Clothing Apparel	74.98	1.16	0.35	35.69
皮革、毛皮、羽毛及其制品和制鞋业	Leather, Fur, Feather and Its Products and Footwear	60.73	0.79	0.74	38.53
木材加工和木、竹、藤、棕、草制品业	Processing of Timbers, Manufacture of Wood, Bamboo, Rattan, Palm and Straw Products	74.22	9.02	0.49	30.95
家具制造业	Manufacture of Furniture	29.86	0.19	0.01	13.02
造纸和纸制品业	Manufacture of Paper and Paper Products	120.71	62.48	1.07	39.32
印刷和记录媒介复制业	Printing,Reproduction of Recording Media	41.49	2.32	0.30	24.33
文教、工美、体育和娱乐用品制造业	Manufacture of Articles for Culture, Education and Sport Activity	46.55	1.41	0.58	25.00
石油、煤炭及其他燃料加工业	Processing of Petroleum, Coal and Other Fuels	116.00	80.97	0.25	30.01
化学原料和化学制品制造业	Manufacture of Chemical Raw Material and Chemical Products	505.95	101.95	6.88	259.74
医药制造业	Manufacture of Medicines	220.89	8.74	3.04	111.61
化学纤维制造业	Manufacture of Chemical Fiber	10.27			9.23
橡胶和塑料制品业	Manufacture of Rubber and Plastic	94.80	1.43	1.08	61.47
非金属矿物制品业	Manufacture of Non-metallic Mineral Products	710.03	39.45	10.58	429.15
黑色金属冶炼和压延加工业	Manufacture and Processing of Ferrous Metals	230.30	52.10	0.02	169.68
有色金属冶炼和压延加工业	Manufacture and Processing of Non-ferrous Metals	326.63	133.83	2.24	114.72
金属制品业	Manufacture of Metal Products	175.71	6.43	5.16	109.98
通用设备制造业	Manufacture of General Purpose Machinery	237.19	10.87	0.61	131.81
专用设备制造业	Manufacture of Special Purpose Machinery	312.28	34.20	2.80	147.97
汽车制造业	Automobile Industry	326.53	97.24	3.31	125.56
铁路、船舶、航空航天和其他运输设备制造业	Manufacture of Railway,Marine,Aerospace and Other Transport Equipment	239.08	19.60	0.72	198.35
电气机械和器材制造业	Manufacture of Electrical Machinery and Equipment	344.08	76.65	4.64	157.34
计算机、通信和其他电子设备制造业	Manufacture of Communication Equipment, Computer and Other Electronic Equipment	343.67	41.76	4.78	146.78
仪器仪表制造业	Manufacture of Measuring Instrument	34.50	0.25	1.31	15.37
其他制造业	Other Manufacture N.E.C	25.31	0.09	0.34	16.39
废弃资源综合利用业	Recycling and Disposal of Waste	30.11	2.22	0.27	16.28
金属制品、机械和设备修理业	Mental Products,Machine and Equipment Repair	0.93		0.21	0.52
电力、热力生产和供应业	Production and Supply of Electric Power and Heat Power	776.94	209.49	6.49	467.94
燃气生产和供应业	Production and Distribution of Gas	22.41	5.65	1.38	11.65
水的生产和供应业	Production and Distribution of Water	110.04	66.25	0.35	35.13

13-3 续表 4 Continued

单位：亿元 (100 million yuan)

指 标	Item	实收资本 Paid-in Capital		
		个人资本 Individual Assets	港澳台资本 Assets from Hongkong, Maco and Taiwan Funded Enterprises	外商资本 Total Rights of Owners Foreign Assets
按行业划分：	**Grouped by Sector**	**1532.81**	**141.64**	**207.77**
煤炭开采和洗选业	Mining and Washing of Coal	20.58		
石油和天然气开采业	Petroleum and Natural Gas Extraction			
黑色金属矿采选业	Mining of Ferrous Metal Ores	3.65		
有色金属矿采选业	Mining of Non-ferrous Metal Ores	28.48	0.20	0.75
非金属矿采选业	Mining and Processing of Nonmetal Ores	27.79		
开采辅助活动	Mining of Other Ores N.E.C			
其他采矿业	Other Mining and Dressing	0.34		
农副食品加工业	Processing of Food from Agricultural Products	112.19	3.33	3.44
食品制造业	Manufacture of Foods	50.33	3.05	7.36
酒、饮料和精制茶制造业	Manufacture of Liquor, Beverage and Refined Tea	38.60	3.44	5.33
烟草制品业	Manufacture of Tobacco	0.13		
纺织业	Manufacture of Textile	30.53	0.22	0.40
纺织服装、服饰业	Manufacture of Textile Wearing and Clothing Apparel	34.64	0.42	2.74
皮革、毛皮、羽毛及其制品和制鞋业	Leather, Fur, Feather and Its Products and Footwear	15.86	2.47	2.33
木材加工和木、竹、藤、棕、草制品业	Processing of Timbers, Manufacture of Wood, Bamboo, Rattan, Palm and Straw Products	33.73	0.04	
家具制造业	Manufacture of Furniture	16.64		
造纸和纸制品业	Manufacture of Paper and Paper Products	16.45	0.26	1.13
印刷和记录媒介复制业	Printing,Reproduction of Recording Media	12.56	1.25	0.74
文教、工美、体育和娱乐用品制造业	Manufacture of Articles for Culture, Education and Sport Activity	18.74	0.59	0.23
石油、煤炭及其他燃料加工业	Processing of Petroleum, Coal and Other Fuels	4.75		0.01
化学原料和化学制品制造业	Manufacture of Chemical Raw Material and Chemical Products	125.63	6.09	5.66
医药制造业	Manufacture of Medicines	96.95	0.32	0.23
化学纤维制造业	Manufacture of Chemical Fiber	0.48		0.56
橡胶和塑料制品业	Manufacture of Rubber and Plastic	26.80	1.06	2.93
非金属矿物制品业	Manufacture of Non-metallic Mineral Products	225.61	4.45	0.80
黑色金属冶炼和压延加工业	Manufacture and Processing of Ferrous Metals	8.50		
有色金属冶炼和压延加工业	Manufacture and Processing of Non-ferrous Metals	75.82		0.01
金属制品业	Manufacture of Metal Products	52.92	1.19	0.02
通用设备制造业	Manufacture of General Purpose Machinery	89.18	1.99	2.73
专用设备制造业	Manufacture of Special Purpose Machinery	106.81	4.48	16.02
汽车制造业	Automobile Industry	19.85	3.24	77.34
铁路、船舶、航空航天和其他运输设备制造业	Manufacture of Railway,Marine,Aerospace and Other Transport Equipment	14.41	0.22	5.77
电气机械和器材制造业	Manufacture of Electrical Machinery and Equipment	95.11	4.12	6.22
计算机、通信和其他电子设备制造业	Manufacture of Communication Equipment, Computer and Other Electronic Equipment	60.09	70.46	19.80
仪器仪表制造业	Manufacture of Measuring Instrument	17.30	0.21	0.05
其他制造业	Other Manufacture N.E.C	8.49		
废弃资源综合利用业	Recycling and Disposal of Waste	10.56	0.78	
金属制品、机械和设备修理业	Mental Products,Machine and Equipment Repair	0.20		
电力、热力生产和供应业	Production and Supply of Electric Power and Heat Power	25.72	24.42	42.88
燃气生产和供应业	Production and Distribution of Gas	2.05	1.58	0.10
水的生产和供应业	Production and Distribution of Water	4.35	1.77	2.20

13-3 续表 5 Continued

单位：亿元 (100 million yuan)

指 标	Item	营业收入 Revenue of Business	营业成本 Cost of Business	营业税金及附加 Tax and Surcharge of Business	销售费用 Operation Expenses	管理费用 Management Expense
按行业划分：	**Grouped by Sector**	**37919.60**	**30340.06**	**1083.43**	**1184.29**	**1497.76**
煤炭开采和洗选业	Mining and Washing of Coal	170.41	137.49	2.65	4.13	7.85
石油和天然气开采业	Petroleum and Natural Gas Extraction					
黑色金属矿采选业	Mining of Ferrous Metal Ores	31.26	25.55	0.35	0.94	2.09
有色金属矿采选业	Mining of Non-ferrous Metal Ores	246.66	193.25	5.63	6.84	16.81
非金属矿采选业	Mining and Processing of Nonmetal Ores	316.86	243.35	4.45	16.94	18.78
开采辅助活动	Mining of Other Ores N.E.C					
其他采矿业	Other Mining and Dressing	1.81	1.34	0.02	0.13	0.19
农副食品加工业	Processing of Food from Agricultural Products	3186.45	2670.68	29.16	95.13	119.31
食品制造业	Manufacture of Foods	1392.29	1131.31	10.85	62.67	54.77
酒、饮料和精制茶制造业	Manufacture of Liquor, Beverage and Refined Tea	713.68	554.88	11.62	41.23	39.31
烟草制品业	Manufacture of Tobacco	995.72	275.52	558.84	11.68	36.63
纺织业	Manufacture of Textile	664.54	566.37	6.28	19.11	23.73
纺织服装、服饰业	Manufacture of Textile Wearing and Clothing Apparel	323.54	256.84	3.31	14.51	18.55
皮革、毛皮、羽毛及其制品和制鞋业	Leather, Fur, Feather and Its Products and Footwear	772.23	664.46	4.63	17.11	26.81
木材加工和木、竹、藤、棕、草制品业	Processing of Timbers, Manufacture of Wood, Bamboo, Rattan, Palm and Straw Products	701.31	592.52	6.73	18.91	26.56
家具制造业	Manufacture of Furniture	261.21	213.06	2.57	8.63	12.36
造纸和纸制品业	Manufacture of Paper and Paper Products	533.57	435.38	9.20	18.30	21.05
印刷和记录媒介复制业	Printing,Reproduction of Recording Media	465.09	374.29	4.16	11.68	21.86
文教、工美、体育和娱乐用品制造业	Manufacture of Articles for Culture, Education and Sport Activity	386.63	319.01	3.58	9.54	16.08
石油、煤炭及其他燃料加工业	Processing of Petroleum, Coal and Other Fuels	771.80	600.27	121.26	5.27	23.83
化学原料和化学制品制造业	Manufacture of Chemical Raw Material and Chemical Products	2557.77	2064.99	54.96	79.04	115.42
医药制造业	Manufacture of Medicines	990.22	673.46	12.81	117.77	71.34
化学纤维制造业	Manufacture of Chemical Fiber	33.30	30.14	0.42	0.61	0.79
橡胶和塑料制品业	Manufacture of Rubber and Plastic	706.86	586.22	7.44	18.25	27.16
非金属矿物制品业	Manufacture of Non-metallic Mineral Products	3225.83	2526.91	40.28	134.42	158.66
黑色金属冶炼和压延加工业	Manufacture and Processing of Ferrous Metals	1409.96	1217.38	10.82	15.34	31.10
有色金属冶炼和压延加工业	Manufacture and Processing of Non-ferrous Metals	2022.60	1749.10	22.11	24.43	49.18
金属制品业	Manufacture of Metal Products	1573.70	1307.77	16.15	40.85	56.17
通用设备制造业	Manufacture of General Purpose Machinery	1665.25	1386.21	13.87	46.83	62.25
专用设备制造业	Manufacture of Special Purpose Machinery	2741.01	2044.99	20.61	142.48	100.75
汽车制造业	Automobile Industry	1711.80	1489.90	21.18	36.70	60.78
铁路、船舶、航空航天和其他运输设备制造业	Manufacture of Railway,Marine,Aerospace and Other Transport Equipment	817.29	660.18	4.46	23.34	45.49
电气机械和器材制造业	Manufacture of Electrical Machinery and Equipment	1639.87	1343.58	11.94	57.51	59.66
计算机、通信和其他电子设备制造业	Manufacture of Communication Equipment, Computer and Other Electronic Equipment	2351.23	1874.66	37.30	53.35	83.13
仪器仪表制造业	Manufacture of Measuring Instrument	152.62	107.73	1.50	7.21	9.20
其他制造业	Other Manufacture N.E.C	209.99	173.43	1.58	3.44	9.48
废弃资源综合利用业	Recycling and Disposal of Waste	210.87	180.78	3.31	3.13	6.00
金属制品、机械和设备修理业	Mental Products,Machine and Equipment Repair	8.77	7.30	0.07	0.19	0.58
电力、热力生产和供应业	Production and Supply of Electric Power and Heat Power	1611.13	1394.93	13.86	4.19	41.84
燃气生产和供应业	Production and Distribution of Gas	184.39	150.86	1.10	5.63	7.24
水的生产和供应业	Production and Distribution of Water	160.07	113.95	2.38	6.84	14.94

13-3 续表 6 Continued

单位：亿元 (100 million yuan)

指 标	Item	研发费用 Reserch and Development Costs	财务费用 Financial Expense	利息费用 Interest Charges	利息收入 Interest Expense
按行业划分：	**Grouped by Sector**	**910.44**	**359.43**	**282.11**	**40.77**
煤炭开采和洗选业	Mining and Washing of Coal	2.20	1.39	1.04	0.05
石油和天然气开采业	Petroleum and Natural Gas Extraction				
黑色金属矿采选业	Mining of Ferrous Metal Ores	0.47	0.33	0.10	0.04
有色金属矿采选业	Mining of Non-ferrous Metal Ores	4.66	3.22	1.70	0.10
非金属矿采选业	Mining and Processing of Nonmetal Ores	5.30	3.55	2.83	0.09
开采辅助活动	Mining of Other Ores N.E.C				
其他采矿业	Other Mining and Dressing	0.08	0.04		0.04
农副食品加工业	Processing of Food from Agricultural Products	64.90	23.62	13.25	1.53
食品制造业	Manufacture of Foods	24.54	10.69	6.67	0.01
酒、饮料和精制茶制造业	Manufacture of Liquor, Beverage and Refined Tea	14.65	5.47	3.20	0.4
烟草制品业	Manufacture of Tobacco	2.80	-3.98	0.01	3.75
纺织业	Manufacture of Textile	14.23	7.33	4.12	0.69
纺织服装、服饰业	Manufacture of Textile Wearing and Clothing Apparel	5.90	2.89	1.06	0.04
皮革、毛皮、羽毛及其制品和制鞋业	Leather, Fur, Feather and Its Products and Footwear	13.11	3.05	1.97	0.13
木材加工和木、竹、藤、棕、草制品业	Processing of Timbers, Manufacture of Wood, Bamboo,Rattan, Palm and Straw Products	13.24	4.92	2.98	0.21
家具制造业	Manufacture of Furniture	5.30	1.52	0.98	0.04
造纸和纸制品业	Manufacture of Paper and Paper Products	11.71	8.21	6.51	0.76
印刷和记录媒介复制业	Printing,Reproduction of Recording Media	10.04	2.75	1.59	0.12
文教、工美、体育和娱乐用品制造业	Manufacture of Articles for Culture, Education and Sport Activity	11.20	2.81	1.10	0.09
石油、煤炭及其他燃料加工业	Processing of Petroleum, Coal and Other Fuels	2.63	3.02	2.18	0.28
化学原料和化学制品制造业	Manufacture of Chemical Raw Material and Chemical Products	49.52	22.40	13.53	1.53
医药制造业	Manufacture of Medicines	33.22	12.84	4.66	0.87
化学纤维制造业	Manufacture of Chemical Fiber	0.46	0.40	0.41	0.15
橡胶和塑料制品业	Manufacture of Rubber and Plastic	15.94	4.27	2.07	0.29
非金属矿物制品业	Manufacture of Non-metallic Mineral Products	66.73	37.90	21.08	1.41
黑色金属冶炼和压延加工业	Manufacture and Processing of Ferrous Metals	42.94	8.23	8.26	-0.04
有色金属冶炼和压延加工业	Manufacture and Processing of Non-ferrous Metals	51.83	20.15	13.85	0.71
金属制品业	Manufacture of Metal Products	37.07	9.68	6.62	0.7
通用设备制造业	Manufacture of General Purpose Machinery	43.03	10.13	6.44	0.81
专用设备制造业	Manufacture of Special Purpose Machinery	109.99	32.32	46.49	14.61
汽车制造业	Automobile Industry	40.74	11.87	11.97	1.82
铁路、船舶、航空航天和其他运输设备制造业	Manufacture of Railway,Marine,Aerospace and Other Transport Equipment	36.53	3.18	3.49	3.1
电气机械和器材制造业	Manufacture of Electrical Machinery and Equipment	56.32	12.42	9.92	1.07
计算机、通信和其他电子设备制造业	Manufacture of Communication Equipment, Computer and Other Electronic Equipment	84.99	10.68	11.87	3.49
仪器仪表制造业	Manufacture of Measuring Instrument	7.60	1.14	0.91	0.12
其他制造业	Other Manufacture N.E.C	6.77	0.86	0.47	0.08
废弃资源综合利用业	Recycling and Disposal of Waste	4.05	1.58	0.95	0.04
金属制品、机械和设备修理业	Mental Products,Machine and Equipment Repair	0.10	0.01	0.01	
电力、热力生产和供应业	Production and Supply of Electric Power and Heat Power	11.60	67.98	59.11	0.98
燃气生产和供应业	Production and Distribution of Gas	1.66	1.40	0.98	0.57
水的生产和供应业	Production and Distribution of Water	2.38	9.18	7.76	0.07

13-3 续表 7 Continued

单位：亿元 (100 million yuan)

指 标	Item	营业利润 Operating Profit	投资收益 Income from Investment	营业外收入 Non-operating Income	利润总额 Total Profit
按行业划分：	**Grouped by Sector**	**2416.19**	**68.68**	**81.14**	**2227.27**
煤炭开采和洗选业	Mining and Washing of Coal	11.57	-1.56	0.28	11.71
石油和天然气开采业	Petroleum and Natural Gas Extraction				
黑色金属矿采选业	Mining of Ferrous Metal Ores	1.52		0.05	1.51
有色金属矿采选业	Mining of Non-ferrous Metal Ores	15.68	0.64	0.33	14.38
非金属矿采选业	Mining and Processing of Nonmetal Ores	24.15	0.03	0.08	23.77
开采辅助活动	Mining of Other Ores N.E.C				
其他采矿业	Other Mining and Dressing	0.02			0.02
农副食品加工业	Processing of Food from Agricultural Products	187.62	7.65	4.62	150.02
食品制造业	Manufacture of Foods	82.60	1.21	2.32	80.87
酒、饮料和精制茶制造业	Manufacture of Liquor, Beverage and Refined Tea	45.67	0.70	1.90	43.31
烟草制品业	Manufacture of Tobacco	87.39	1.22	1.34	85.14
纺织业	Manufacture of Textile	26.20	0.16	0.59	24.13
纺织服装、服饰业	Manufacture of Textile Wearing and Clothing Apparel	21.55	0.09	0.24	17.13
皮革、毛皮、羽毛及其制品和制鞋业	Leather, Fur, Feather and Its Products and Footwear	43.09	0.06	0.53	43.27
木材加工和木、竹、藤、棕、草制品业	Processing of Timbers, Manufacture of Wood, Bamboo, Rattan, Palm and Straw Products	32.42	0.14	0.47	29.24
家具制造业	Manufacture of Furniture	17.37		0.13	14.68
造纸和纸制品业	Manufacture of Paper and Paper Products	29.59	0.65	2.36	31.03
印刷和记录媒介复制业	Printing,Reproduction of Recording Media	39.83	0.15	0.84	32.58
文教、工美、体育和娱乐用品制造业	Manufacture of Articles for Culture, Education and Sport Activity	21.50	0.01	0.43	19.20
石油、煤炭及其他燃料加工业	Processing of Petroleum, Coal and Other Fuels	16.95	0.14	0.38	14.82
化学原料和化学制品制造业	Manufacture of Chemical Raw Material and Chemical Products	179.05	5.54	3.36	163.33
医药制造业	Manufacture of Medicines	73.05	5.00	1.94	73.26
化学纤维制造业	Manufacture of Chemical Fiber	0.60	0.11	0.09	0.68
橡胶和塑料制品业	Manufacture of Rubber and Plastic	46.87	0.28	1.55	38.95
非金属矿物制品业	Manufacture of Non-metallic Mineral Products	250.28	2.09	5.33	239.88
黑色金属冶炼和压延加工业	Manufacture and Processing of Ferrous Metals	100.95	15.97	1.34	98.19
有色金属冶炼和压延加工业	Manufacture and Processing of Non-ferrous Metals	79.10	7.70	4.56	49.22
金属制品业	Manufacture of Metal Products	106.04	1.08	1.99	96.84
通用设备制造业	Manufacture of General Purpose Machinery	100.00	-1.23	3.88	90.10
专用设备制造业	Manufacture of Special Purpose Machinery	300.63	17.07	9.10	286.91
汽车制造业	Automobile Industry	12.95	-7.89	3.91	12.44
铁路、船舶、航空航天和其他运输设备制造业	Manufacture of Railway,Marine,Aerospace and Other Transport Equipment	48.06	8.72	2.32	48.93
电气机械和器材制造业	Manufacture of Electrical Machinery and Equipment	88.08	2.67	6.50	86.59
计算机、通信和其他电子设备制造业	Manufacture of Communication Equipment, Computer and Other Electronic Equipment	169.35	-6.34	5.12	144.66
仪器仪表制造业	Manufacture of Measuring Instrument	20.01	1.19	1.24	19.96
其他制造业	Other Manufacture N.E.C	14.00	0.37	0.50	13.53
废弃资源综合利用业	Recycling and Disposal of Waste	11.84	0.06	3.13	12.97
金属制品、机械和设备修理业	Mental Products,Machine and Equipment Repair	0.52		0.08	0.59
电力、热力生产和供应业	Production and Supply of Electric Power and Heat Power	77.41	2.69	6.20	79.82
燃气生产和供应业	Production and Distribution of Gas	16.82	0.55	0.84	17.00
水的生产和供应业	Production and Distribution of Water	15.85	1.77	1.29	16.63

13-3 续表 8 Continued

单位：亿元 (100 million yuan)

指 标	Item	亏损企业亏损总额 Total Loss of Enterprises Running under Deficit	本年应付职工薪酬 Total Sum of Wages Payable this Yeart	全部从业人员年平均人数（万人） Average Number of Empolyment of the Current Year (10000 person)	百元固定资产原价实现利润（元） Profits per 100 Yuan of Original Value of Fix Assets (yuan)
按行业划分：	**Grouped by Sector**	**178.64**	**2983.69**	**308.41**	**12.16**
煤炭开采和洗选业	Mining and Washing of Coal	0.42	31.68	4.43	9.34
石油和天然气开采业	Petroleum and Natural Gas Extraction				
黑色金属矿采选业	Mining of Ferrous Metal Ores	0.19	3.06	0.47	11.89
有色金属矿采选业	Mining of Non-ferrous Metal Ores	1.20	24.89	3.22	8.28
非金属矿采选业	Mining and Processing of Nonmetal Ores	1.46	22.81	3.18	17.97
开采辅助活动	Mining of Other Ores N.E.C				
其他采矿业	Other Mining and Dressing		0.17	0.02	8.00
农副食品加工业	Processing of Food from Agricultural Products	2.77	195.06	22.98	17.24
食品制造业	Manufacture of Foods	0.95	152.49	14.15	19.39
酒、饮料和精制茶制造业	Manufacture of Liquor, Beverage and Refined Tea	2.26	54.36	6.92	15.12
烟草制品业	Manufacture of Tobacco		40.97	1.14	35.81
纺织业	Manufacture of Textile	2.45	59.19	6.43	11.23
纺织服装、服饰业	Manufacture of Textile Wearing and Clothing Apparel	0.13	39.42	5.90	11.81
皮革、毛皮、羽毛及其制品和制鞋业	Leather, Fur, Feather and Its Products and Footwear	0.20	98.12	11.15	32.62
木材加工和木、竹、藤、棕、草制品业	Processing of Timbers, Manufacture of Wood, Bamboo, Rattan, Palm and Straw Products	2.51	62.30	6.87	13.78
家具制造业	Manufacture of Furniture	0.04	18.84	2.41	17.62
造纸和纸制品业	Manufacture of Paper and Paper Products	1.17	38.18	4.68	9.46
印刷和记录媒介复制业	Printing,Reproduction of Recording Media	0.19	34.41	4.22	23.50
文教、工美、体育和娱乐用品制造业	Manufacture of Articles for Culture, Education and Sport Activity	0.12	32.10	4.57	22.61
石油、煤炭及其他燃料加工业	Processing of Petroleum, Coal and Other Fuels	0.21	28.65	1.62	4.79
化学原料和化学制品制造业	Manufacture of Chemical Raw Material and Chemical Products	4.79	213.60	27.17	17.02
医药制造业	Manufacture of Medicines	1.57	70.30	7.06	21.82
化学纤维制造业	Manufacture of Chemical Fiber	0.25	2.51	0.35	4.28
橡胶和塑料制品业	Manufacture of Rubber and Plastic	0.46	43.56	5.18	18.23
非金属矿物制品业	Manufacture of Non-metallic Mineral Products	13.07	253.82	33.17	14.25
黑色金属冶炼和压延加工业	Manufacture and Processing of Ferrous Metals	0.54	60.63	4.57	11.36
有色金属冶炼和压延加工业	Manufacture and Processing of Non-ferrous Metals	30.18	118.20	10.30	5.61
金属制品业	Manufacture of Metal Products	2.24	104.96	11.81	18.85
通用设备制造业	Manufacture of General Purpose Machinery	3.69	127.12	12.50	18.83
专用设备制造业	Manufacture of Special Purpose Machinery	8.05	202.58	14.96	30.95
汽车制造业	Automobile Industry	62.31	109.78	10.42	1.90
铁路、船舶、航空航天和其他运输设备制造业	Manufacture of Railway,Marine,Aerospace and Other Transport Equipment	7.36	119.79	6.91	15.26
电气机械和器材制造业	Manufacture of Electrical Machinery and Equipment	6.77	131.80	12.88	15.29
计算机、通信和其他电子设备制造业	Manufacture of Communication Equipment, Computer and Other Electronic Equipment	7.14	247.85	24.88	19.96
仪器仪表制造业	Manufacture of Measuring Instrument	1.62	15.92	1.57	42.29
其他制造业	Other Manufacture N.E.C	0.15	22.26	3.67	24.51
废弃资源综合利用业	Recycling and Disposal of Waste	0.22	8.20	1.18	11.97
金属制品、机械和设备修理业	Mental Products,Machine and Equipment Repair		1.37	0.20	20.21
电力、热力生产和供应业	Production and Supply of Electric Power and Heat Power	10.39	156.12	11.80	1.75
燃气生产和供应业	Production and Distribution of Gas	0.37	9.49	0.82	13.62
水的生产和供应业	Production and Distribution of Water	1.19	27.11	2.64	4.52

13-3 续表 9 Continued

单位：% (%)

指 标	Item	营业收入利润率 Output Tax of Current Year	资产负债率 Assets -Liability	总资产贡献率 Ratio of Per-tax Profits to Total Capital	成本费用利润率 Rate of Cost Profit
按行业划分：	**Grouped by Sector**	**5.87**	**50.22**	**14.80**	**6.50**
煤炭开采和洗选业	Mining and Washing of Coal	6.87	48.35	11.21	7.65
石油和天然气开采业	Petroleum and Natural Gas Extraction				
黑色金属矿采选业	Mining of Ferrous Metal Ores	4.83	45.71	10.62	5.14
有色金属矿采选业	Mining of Non-ferrous Metal Ores	5.83	44.25	11.34	6.40
非金属矿采选业	Mining and Processing of Nonmetal Ores	7.50	45.93	18.50	8.26
开采辅助活动	Mining of Other Ores N.E.C				
其他采矿业	Other Mining and Dressing	0.86	21.32	-0.48	0.88
农副食品加工业	Processing of Food from Agricultural Products	4.71	38.41	17.91	5.04
食品制造业	Manufacture of Foods	5.81	46.89	19.80	6.30
酒、饮料和精制茶制造业	Manufacture of Liquor, Beverage and Refined Tea	6.07	35.99	16.41	6.61
烟草制品业	Manufacture of Tobacco	8.55	13.68	88.79	26.39
纺织业	Manufacture of Textile	3.63	44.46	9.39	3.83
纺织服装、服饰业	Manufacture of Textile Wearing and Clothing Apparel	5.30	26.55	12.33	5.74
皮革、毛皮、羽毛及其制品和制鞋业	Leather, Fur, Feather and Its Products and Footwear	5.60	38.02	25.78	5.97
木材加工和木、竹、藤、棕、草制品业	Processing of Timbers, Manufacture of Wood, Bamboo, Rattan, Palm and Straw Products	4.17	32.22	23.06	4.46
家具制造业	Manufacture of Furniture	5.62	37.18	23.67	6.09
造纸和纸制品业	Manufacture of Paper and Paper Products	5.82	55.62	11.17	6.27
印刷和记录媒介复制业	Printing,Reproduction of Recording Media	7.01	40.92	25.20	7.75
文教、工美、体育和娱乐用品制造业	Manufacture of Articles for Culture, Education and Sport Activity	4.97	34.24	19.49	5.35
石油、煤炭及其他燃料加工业	Processing of Petroleum, Coal and Other Fuels	1.92	56.88	66.74	2.33
化学原料和化学制品制造业	Manufacture of Chemical Raw Material and Chemical Products	6.39	37.26	19.37	7.01
医药制造业	Manufacture of Medicines	7.40	29.07	16.10	8.06
化学纤维制造业	Manufacture of Chemical Fiber	2.05	79.24	7.25	2.11
橡胶和塑料制品业	Manufacture of Rubber and Plastic	5.51	37.65	20.54	5.98
非金属矿物制品业	Manufacture of Non-metallic Mineral Products	7.44	38.16	15.92	8.20
黑色金属冶炼和压延加工业	Manufacture and Processing of Ferrous Metals	6.96	54.63	16.43	7.47
有色金属冶炼和压延加工业	Manufacture and Processing of Non-ferrous Metals	2.43	55.09	8.06	2.60
金属制品业	Manufacture of Metal Products	6.15	45.12	20.84	6.67
通用设备制造业	Manufacture of General Purpose Machinery	5.41	53.19	12.30	5.82
专用设备制造业	Manufacture of Special Purpose Machinery	10.47	58.90	10.03	11.80
汽车制造业	Automobile Industry	0.73	74.56	4.03	0.76
铁路、船舶、航空航天和其他运输设备制造业	Manufacture of Railway,Marine,Aerospace and Other Transport Equipment	5.99	55.69	6.96	6.37
电气机械和器材制造业	Manufacture of Electrical Machinery and Equipment	5.28	53.69	9.21	5.66
计算机、通信和其他电子设备制造业	Manufacture of Communication Equipment, Computer and Other Electronic Equipment	6.15	46.37	14.06	6.87
仪器仪表制造业	Manufacture of Measuring Instrument	13.08	38.93	13.91	15.02
其他制造业	Other Manufacture N.E.C	6.44	42.57	14.99	6.98
废弃资源综合利用业	Recycling and Disposal of Waste	6.15	42.63	22.69	6.63
金属制品、机械和设备修理业	Mental Products,Machine and Equipment Repair	6.72	87.75	14.84	7.21
电力、热力生产和供应业	Production and Supply of Electric Power and Heat Power	4.95	61.84	6.37	5.25
燃气生产和供应业	Production and Distribution of Gas	9.22	63.15	10.97	10.19
水的生产和供应业	Production and Distribution of Water	10.39	64.47	5.81	11.29

13-4 规模以上国有控股工业企业主要经济指标(2019年)

Major Economic Indications of State-owned Share Holding Industrial Enterprises above Designated Size (2019)

单位：个 (unit)

指 标	Item	企业单位数 Number of Enterprises	亏损企业 Loss-making Enterprises
总计	**Total**	**757**	**146**
在总计中：	Of the Total		
亏损企业	Enterprises Running under Deficit	146	146
在总计中：	Of the Total		
中央企业	Central Enterprises	197	32
地方企业	Local Enterprises	560	114
在总计中：	Of the Total		
大型企业	Large Scale Enterprises	64	12
中型企业	Medium Scale Enterprises	193	33
小型企业	Small Enterprises	452	90
微型企业	Microenterprise	48	11
按行业分	Grouped by Sector		
煤炭开采和洗选业	Mining and Washing of Coal	15	1
石油和天然气开采业	Petroleum and Natural Gas Extraction		
黑色金属矿采选业	Mining of Ferrous Metal Ores		
有色金属矿采选业	Mining of Non-ferrous Metal Ores	19	2
非金属矿采选业	Mining and Processing of Nonmetal Ores	5	
开采辅助活动	Mining of Other Ores N.E.C		
其他采矿业	Other Mining and Dressing		
农副食品加工业	Processing of Food from Agricultural Products	41	3
食品制造业	Manufacture of Foods	18	4
酒、饮料和精制茶制造业	Manufacture of Liquor, Beverage and Refined Tea	8	2
烟草制品业	Manufacture of Tobacco	7	
纺织业	Manufacture of Textile	5	5
纺织服装、服饰业	Manufacture of Textile Wearing and Clothing Apparel	3	2
皮革、毛皮、羽毛及其制品和制鞋业	Leather, Fur, Feather and Its Products and Footwear	3	
木材加工和木、竹、藤、棕、草制品业	Processing of Timbers, Manufacture of Wood, Bamboo, Rattan, Palm and Straw Products	2	1
家具制造业	Manufacture of Furniture		
造纸和纸制品业	Manufacture of Paper and Paper Products	10	1
印刷和记录媒介复制业	Printing, Reproduction of Recording Media	9	1
文教、工美、体育和娱乐用品制造业	Manufacture of Articles for Culture,Education and Sport Activity	3	
石油、煤炭及其他燃料加工业	Processing of Petroleum, Coal and Other Fuels	6	1
化学原料和化学制品制造业	Manufacture of Chemical Raw Material and Chemical Products	29	7
医药制造业	Manufacture of Medicines	16	3
化学纤维制造业	Manufacture of Chemical Fiber	1	
橡胶和塑料制品业	Manufacture of Rubber and Plastic	3	
非金属矿物制品业	Manufacture of Non-metallic Mineral Products	73	13
黑色金属冶炼和压延加工业	Manufacture and Processing of Ferrous Metals	8	1
有色金属冶炼和压延加工业	Manufacture and Processing of Non-ferrous Metals	31	11
金属制品业	Manufacture of Metal Products	15	2
通用设备制造业	Manufacture of General Purpose Machinery	34	6
专用设备制造业	Manufacture of Special Purpose Machinery	35	5
汽车制造业	Automobile Industry	31	10
铁路、船舶、航空航天和其他运输设备制造业	Manufacture of Railway,Marine,Aerospace and Other Transport Equipment	26	5
电气机械和器材制造业	Manufacture of Electrical Machinery and Equipment	17	7
计算机、通信和其他电子设备制造业	Manufacture of Communication Equipment, Computer and Other Electronic Equipment	24	6
仪器仪表制造业	Manufacture of Measuring Instrument	5	1
其他制造业	Other Manufacture N.E.C	5	
废弃资源综合利用业	Recycling and Disposal of Waste	3	1
金属制品、机械和设备修理业	Mental Products,Machine and Equipment Repair	2	
电力、热力生产和供应业	Production and Supply of Electric Power and Heat Power	151	26
燃气生产和供应业	Production and Distribution of Gas	10	2
水的生产和供应业	Production and Distribution of Water	84	17

13-4 续表 1 Continued

单位：亿元 (100 million yuan)

指标	Item	资产总计 Total Assets	流动资产合计 Circulating Funds	负债合计 Total Liabilities
总计	**Total**	**10142.65**	**4107.49**	**5653.64**
在总计中：	Of the Total			
亏损企业	Enterprises Running under Deficit	2461.58	581.73	1715.79
在总计中：	Of the Total			
中央企业	Central Enterprises	5708.33	2234.64	3057.02
地方企业	Local Enterprises	4434.32	1872.85	2596.63
在总计中：	Of the Total			
大型企业	Large Scale Enterprises	6243.46	2649.77	3536.97
中型企业	Medium Scale Enterprises	1882.09	842.86	1123.75
小型企业	Small Enterprises	1691.68	502.49	821.09
微型企业	Microenterprise	325.43	112.37	171.84
按行业分	Grouped by Sector			
煤炭开采和洗选业	Mining and Washing of Coal	51.06	18.77	35.57
石油和天然气开采业	Petroleum and Natural Gas Extraction			
黑色金属矿采选业	Mining of Ferrous Metal Ores			
有色金属矿采选业	Mining of Non-ferrous Metal Ores	110.94	15.77	59.80
非金属矿采选业	Mining and Processing of Nonmetal Ores	19.67	5.64	5.63
开采辅助活动	Mining of Other Ores N.E.C			
其他采矿业	Other Mining and Dressing			
农副食品加工业	Processing of Food from Agricultural Products	77.24	34.94	39.93
食品制造业	Manufacture of Foods	59.43	28.14	37.89
酒、饮料和精制茶制造业	Manufacture of Liquor, Beverage and Refined Tea	52.50	30.85	18.41
烟草制品业	Manufacture of Tobacco	840.19	625.67	114.85
纺织业	Manufacture of Textile	74.33	2.74	4.08
纺织服装、服饰业	Manufacture of Textile Wearing and Clothing Apparel	1.60	1.15	0.59
皮革、毛皮、羽毛及其制品和制鞋业	Leather, Fur, Feather and Its Products and Footwear	15.00	8.72	4.67
木材加工和木、竹、藤、棕、草制品业	Processing of Timbers, Manufacture of Wood, Bamboo, Rattan, Palm and Straw Products	5.15	0.59	5.98
家具制造业	Manufacture of Furniture			
造纸和纸制品业	Manufacture of Paper and Paper Products	288.16	143.84	187.13
印刷和记录媒介复制业	Printing, Reproduction of Recording Media	22.47	13.63	6.47
文教、工美、体育和娱乐用品制造业	Manufacture of Articles for Culture,Education and Sport Activity	9.04	6.69	3.86
石油、煤炭及其他燃料加工业	Processing of Petroleum, Coal and Other Fuels	176.08	52.29	103.00
化学原料和化学制品制造业	Manufacture of Chemical Raw Material and Chemical Products	261.12	114.76	135.05
医药制造业	Manufacture of Medicines	66.68	44.68	21.12
化学纤维制造业	Manufacture of Chemical Fiber	5.52	1.41	9.93
橡胶和塑料制品业	Manufacture of Rubber and Plastic	2.53	1.44	0.47
非金属矿物制品业	Manufacture of Non-metallic Mineral Products	358.82	113.98	202.87
黑色金属冶炼和压延加工业	Manufacture and Processing of Ferrous Metals	696.76	225.37	400.20
有色金属冶炼和压延加工业	Manufacture and Processing of Non-ferrous Metals	357.65	151.94	213.07
金属制品业	Manufacture of Metal Products	72.47	33.87	21.39
通用设备制造业	Manufacture of General Purpose Machinery	329.87	259.58	243.89
专用设备制造业	Manufacture of Special Purpose Machinery	375.87	250.15	236.26
汽车制造业	Automobile Industry	480.47	261.06	344.64
铁路、船舶、航空航天和其他运输设备制造业	Manufacture of Railway,Marine,Aerospace and Other Transport Equipment	902.59	590.32	516.83
电气机械和器材制造业	Manufacture of Electrical Machinery and Equipment	396.50	228.48	258.54
计算机、通信和其他电子设备制造业	Manufacture of Communication Equipment, Computer and Other Electronic Equipment	525.92	359.64	180.89
仪器仪表制造业	Manufacture of Measuring Instrument	15.88	12.41	9.02
其他制造业	Other Manufacture N.E.C	45.95	28.19	31.04
废弃资源综合利用业	Recycling and Disposal of Waste	4.85	3.52	2.64
金属制品、机械和设备修理业	Mental Products,Machine and Equipment Repair	0.85	0.80	0.50
电力、热力生产和供应业	Production and Supply of Electric Power and Heat Power	3017.15	330.96	1908.00
燃气生产和供应业	Production and Distribution of Gas	17.54	3.66	8.72
水的生产和供应业	Production and Distribution of Water	404.79	101.86	280.70

13-4 续表 2 Continued

单位：亿元 (100 million yuan)

指 标	Item	实收资本 Assets Recevied	所有者权益 Paid-in capital	营业收入 Revenue of Business
总计	**Total**	**2284.85**	**4483.92**	**7651.68**
在总计中：	Of the Total			
亏损企业	Enterprises Running under Deficit	594.24	738.54	1501.22
在总计中：	Of the Total			
中央企业	Central Enterprises	1262.67	2651.31	4403.29
地方企业	Local Enterprises	1022.18	1832.61	3248.39
在总计中：	Of the Total			
大型企业	Large Scale Enterprises	1360.81	2706.49	5324.50
中型企业	Medium Scale Enterprises	512.97	758.34	1350.98
小型企业	Small Enterprises	368.91	872.82	916.27
微型企业	Microenterprise	42.15	146.27	59.93
按行业分	Grouped by Sector			
煤炭开采和洗选业	Mining and Washing of Coal	7.30	15.49	26.09
石油和天然气开采业	Petroleum and Natural Gas Extraction			
黑色金属矿采选业	Mining of Ferrous Metal Ores			
有色金属矿采选业	Mining of Non-ferrous Metal Ores	31.98	51.14	65.10
非金属矿采选业	Mining and Processing of Nonmetal Ores	6.50	14.05	19.97
开采辅助活动	Mining of Other Ores N.E.C			
其他采矿业	Other Mining and Dressing			
农副食品加工业	Processing of Food from Agricultural Products	14.77	37.31	171.48
食品制造业	Manufacture of Foods	16.83	21.55	97.98
酒、饮料和精制茶制造业	Manufacture of Liquor, Beverage and Refined Tea	13.82	34.09	28.26
烟草制品业	Manufacture of Tobacco	74.10	725.34	995.50
纺织业	Manufacture of Textile	14.43	70.25	4.55
纺织服装、服饰业	Manufacture of Textile Wearing and Clothing Apparel	0.28	1.00	1.83
皮革、毛皮、羽毛及其制品和制鞋业	Leather, Fur, Feather and Its Products and Footwear	1.89	10.32	5.54
木材加工和木、竹、藤、棕、草制品业	Processing of Timbers, Manufacture of Wood, Bamboo, Rattan, Palm and Straw Products	1.08	-0.83	1.70
家具制造业	Manufacture of Furniture			
造纸和纸制品业	Manufacture of Paper and Paper Products	63.65	101.03	115.70
印刷和记录媒介复制业	Printing, Reproduction of Recording Media	4.33	15.94	26.77
文教、工美、体育和娱乐用品制造业	Manufacture of Articles for Culture,Education and Sport Activity	2.99	5.18	7.35
石油、煤炭及其他燃料加工业	Processing of Petroleum, Coal and Other Fuels	100.11	73.08	658.73
化学原料和化学制品制造业	Manufacture of Chemical Raw Material and Chemical Products	124.62	126.07	238.06
医药制造业	Manufacture of Medicines	15.31	45.56	48.67
化学纤维制造业	Manufacture of Chemical Fiber	1.65	-4.41	4.04
橡胶和塑料制品业	Manufacture of Rubber and Plastic	0.62	2.06	1.97
非金属矿物制品业	Manufacture of Non-metallic Mineral Products	84.84	154.60	289.34
黑色金属冶炼和压延加工业	Manufacture and Processing of Ferrous Metals	194.27	296.56	1080.38
有色金属冶炼和压延加工业	Manufacture and Processing of Non-ferrous Metals	155.12	144.58	524.50
金属制品业	Manufacture of Metal Products	19.11	51.08	69.64
通用设备制造业	Manufacture of General Purpose Machinery	41.41	85.98	210.85
专用设备制造业	Manufacture of Special Purpose Machinery	52.44	139.60	174.98
汽车制造业	Automobile Industry	124.15	132.50	262.78
铁路、船舶、航空航天和其他运输设备制造业	Manufacture of Railway,Marine,Aerospace and Other Transport Equipment	199.37	385.77	583.15
电气机械和器材制造业	Manufacture of Electrical Machinery and Equipment	99.36	135.39	119.59
计算机、通信和其他电子设备制造业	Manufacture of Communication Equipment, Computer and Other Electronic Equipment	67.02	345.04	215.05
仪器仪表制造业	Manufacture of Measuring Instrument	0.99	6.86	8.72
其他制造业	Other Manufacture N.E.C	3.82	14.91	38.85
废弃资源综合利用业	Recycling and Disposal of Waste	1.72	2.21	3.68
金属制品、机械和设备修理业	Mental Products,Machine and Equipment Repair	0.37	0.35	1.22
电力、热力生产和供应业	Production and Supply of Electric Power and Heat Power	668.97	1111.37	1415.38
燃气生产和供应业	Production and Distribution of Gas	4.31	8.82	32.15
水的生产和供应业	Production and Distribution of Water	71.28	124.08	102.15

13-4 续表 3 Continued

单位：亿元 (100 million yuan)

指标	Item	营业成本 Cost of Businese	利润总额 Total Profit
总计	**Total**	**5813.28**	**418.89**
在总计中：	Of the Total		
亏损企业	Enterprises Running under Deficit	1429.18	-65.20
在总计中：	Of the Total		
中央企业	Central Enterprises	3129.53	233.31
地方企业	Local Enterprises	2683.75	185.59
在总计中：	Of the Total		
大型企业	Large Scale Enterprises	3966.60	246.87
中型企业	Medium Scale Enterprises	1067.33	118.56
小型企业	Small Enterprises	724.60	61.12
微型企业	Microenterprise	54.75	-7.65
按行业分	Grouped by Sector		
煤炭开采和洗选业	Mining and Washing of Coal	18.21	2.89
石油和天然气开采业	Petroleum and Natural Gas Extraction		
黑色金属矿采选业	Mining of Ferrous Metal Ores		
有色金属矿采选业	Mining of Non-ferrous Metal Ores	49.13	4.23
非金属矿采选业	Mining and Processing of Nonmetal Ores	12.41	3.03
开采辅助活动	Mining of Other Ores N.E.C		
其他采矿业	Other Mining and Dressing		
农副食品加工业	Processing of Food from Agricultural Products	153.16	3.45
食品制造业	Manufacture of Foods	87.91	0.86
酒、饮料和精制茶制造业	Manufacture of Liquor, Beverage and Refined Tea	12.78	4.85
烟草制品业	Manufacture of Tobacco	275.34	85.11
纺织业	Manufacture of Textile	3.62	-0.76
纺织服装、服饰业	Manufacture of Textile Wearing and Clothing Apparel	1.33	-0.02
皮革、毛皮、羽毛及其制品和制鞋业	Leather, Fur, Feather and Its Products and Footwear	4.52	0.15
木材加工和木、竹、藤、棕、草制品业	Processing of Timbers, Manufacture of Wood, Bamboo, Rattan, Palm and Straw Products	1.89	-1.07
家具制造业	Manufacture of Furniture		
造纸和纸制品业	Manufacture of Paper and Paper Products	95.81	4.32
印刷和记录媒介复制业	Printing, Reproduction of Recording Media	20.77	2.58
文教、工美、体育和娱乐用品制造业	Manufacture of Articles for Culture,Education and Sport Activity	6.04	0.47
石油、煤炭及其他燃料加工业	Processing of Petroleum, Coal and Other Fuels	507.80	7.80
化学原料和化学制品制造业	Manufacture of Chemical Raw Material and Chemical Products	205.16	8.65
医药制造业	Manufacture of Medicines	23.23	6.75
化学纤维制造业	Manufacture of Chemical Fiber	3.47	0.18
橡胶和塑料制品业	Manufacture of Rubber and Plastic	1.52	0.09
非金属矿物制品业	Manufacture of Non-metallic Mineral Products	195.01	50.82
黑色金属冶炼和压延加工业	Manufacture and Processing of Ferrous Metals	933.59	79.79
有色金属冶炼和压延加工业	Manufacture and Processing of Non-ferrous Metals	476.93	12.72
金属制品业	Manufacture of Metal Products	58.39	6.86
通用设备制造业	Manufacture of General Purpose Machinery	172.02	12.53
专用设备制造业	Manufacture of Special Purpose Machinery	136.04	10.54
汽车制造业	Automobile Industry	242.05	-22.13
铁路、船舶、航空航天和其他运输设备制造业	Manufacture of Railway,Marine,Aerospace and Other Transport Equipment	475.99	35.08
电气机械和器材制造业	Manufacture of Electrical Machinery and Equipment	96.34	-0.94
计算机、通信和其他电子设备制造业	Manufacture of Communication Equipment, Computer and Other Electronic Equipment	148.12	31.44
仪器仪表制造业	Manufacture of Measuring Instrument	5.70	1.41
其他制造业	Other Manufacture N.E.C	30.93	2.19
废弃资源综合利用业	Recycling and Disposal of Waste	2.64	0.46
金属制品、机械和设备修理业	Mental Products,Machine and Equipment Repair	1.17	0.03
电力、热力生产和供应业	Production and Supply of Electric Power and Heat Power	1250.70	57.19
燃气生产和供应业	Production and Distribution of Gas	29.11	1.32
水的生产和供应业	Production and Distribution of Water	74.43	6.04

13-4 续表 4 Continued

指 标	Item	本年应付职工薪酬（亿元）Total Sum of Wages Payable this Year (100 million yuan)	全部从业人员年平均人数（万人）Average Number of Empolyment of the Current Year (10 000person)
总计	**Total**	**610.69**	**43.11**
在总计中：	Of the Total		
亏损企业	Enterprises Running under Deficit	170.36	12.74
在总计中：	Of the Total		
中央企业	Central Enterprises	344.38	20.76
地方企业	Local Enterprises	266.30	22.35
在总计中：	Of the Total		
大型企业	Large Scale Enterprises	401.67	23.87
中型企业	Medium Scale Enterprises	130.96	12.04
小型企业	Small Enterprises	76.24	6.57
微型企业	Microenterprise	1.80	0.63
按行业分	Grouped by Sector		
煤炭开采和洗选业	Mining and Washing of Coal	12.49	1.80
石油和天然气开采业	Petroleum and Natural Gas Extraction		
黑色金属矿采选业	Mining of Ferrous Metal Ores		
有色金属矿采选业	Mining of Non-ferrous Metal Ores	9.97	1.05
非金属矿采选业	Mining and Processing of Nonmetal Ores	1.76	0.16
开采辅助活动	Mining of Other Ores N.E.C		
其他采矿业	Other Mining and Dressing		
农副食品加工业	Processing of Food from Agricultural Products	8.70	0.96
食品制造业	Manufacture of Foods	4.51	0.66
酒、饮料和精制茶制造业	Manufacture of Liquor, Beverage and Refined Tea	3.98	0.50
烟草制品业	Manufacture of Tobacco	40.95	1.14
纺织业	Manufacture of Textile	1.44	0.24
纺织服装、服饰业	Manufacture of Textile Wearing and Clothing Apparel	0.09	0.02
皮革、毛皮、羽毛及其制品和制鞋业	Leather, Fur, Feather and Its Products and Footwear	1.10	0.19
木材加工和木、竹、藤、棕、草制品业	Processing of Timbers, Manufacture of Wood, Bamboo, Rattan, Palm and Straw Products	0.37	0.10
家具制造业	Manufacture of Furniture		
造纸和纸制品业	Manufacture of Paper and Paper Products	7.18	0.69
印刷和记录媒介复制业	Printing, Reproduction of Recording Media	3.32	0.28
文教、工美、体育和娱乐用品制造业	Manufacture of Articles for Culture,Education and Sport Activity	0.89	0.09
石油、煤炭及其他燃料加工业	Processing of Petroleum, Coal and Other Fuels	23.05	0.96
化学原料和化学制品制造业	Manufacture of Chemical Raw Material and Chemical Products	18.10	1.29
医药制造业	Manufacture of Medicines	6.40	0.64
化学纤维制造业	Manufacture of Chemical Fiber	0.20	0.03
橡胶和塑料制品业	Manufacture of Rubber and Plastic	0.35	0.04
非金属矿物制品业	Manufacture of Non-metallic Mineral Products	19.53	1.68
黑色金属冶炼和压延加工业	Manufacture and Processing of Ferrous Metals	44.77	2.64
有色金属冶炼和压延加工业	Manufacture and Processing of Non-ferrous Metals	36.57	2.44
金属制品业	Manufacture of Metal Products	6.33	0.50
通用设备制造业	Manufacture of General Purpose Machinery	19.04	1.62
专用设备制造业	Manufacture of Special Purpose Machinery	18.93	1.38
汽车制造业	Automobile Industry	20.97	2.36
铁路、船舶、航空航天和其他运输设备制造业	Manufacture of Railway,Marine,Aerospace and Other Transport Equipment	93.34	4.48
电气机械和器材制造业	Manufacture of Electrical Machinery and Equipment	14.47	1.13
计算机、通信和其他电子设备制造业	Manufacture of Communication Equipment, Computer and Other Electronic Equipment	24.27	1.58
仪器仪表制造业	Manufacture of Measuring Instrument	1.49	0.16
其他制造业	Other Manufacture N.E.C	5.17	0.41
废弃资源综合利用业	Recycling and Disposal of Waste	0.35	0.04
金属制品、机械和设备修理业	Mental Products,Machine and Equipment Repair	0.80	0.09
电力、热力生产和供应业	Production and Supply of Electric Power and Heat Power	137.39	9.64
燃气生产和供应业	Production and Distribution of Gas	1.53	0.10
水的生产和供应业	Production and Distribution of Water	20.88	2.02

13-4 续表 5 Continued

单位：%　　(%)

指　标	Item	总资产贡献率 Ratio of Total Assets to Industrial Output Value	成本费用利润率 Ratio of Profits to Industrial Cost	资产负债率 Assets-Liability Ratio
总计	**Total**	**15.00**	**6.43**	**55.74**
在总计中：	Of the Total			
亏损企业	Enterprises Running under Deficit	0.45	-4.21	69.70
在总计中：	Of the Total			
中央企业	Central Enterprises	20.98	6.73	53.55
地方企业	Local Enterprises	7.30	6.08	58.56
在总计中：	Of the Total			
大型企业	Large Scale Enterprises	19.45	5.64	56.65
中型企业	Medium Scale Enterprises	10.23	9.67	59.71
小型企业	Small Enterprises	7.00	7.25	48.54
微型企业	Microenterprise	-1.32	-11.23	52.80
按行业分	Grouped by Sector			
煤炭开采和洗选业	Mining and Washing of Coal	13.13	12.96	69.66
石油和天然气开采业	Petroleum and Natural Gas Extraction			
黑色金属矿采选业	Mining of Ferrous Metal Ores			
有色金属矿采选业	Mining of Non-ferrous Metal Ores	8.42	7.05	53.90
非金属矿采选业	Mining and Processing of Nonmetal Ores	20.91	18.54	28.59
开采辅助活动	Mining of Other Ores N.E.C			
其他采矿业	Other Mining and Dressing			
农副食品加工业	Processing of Food from Agricultural Products	8.52	2.09	51.69
食品制造业	Manufacture of Foods	5.10	0.89	63.75
酒、饮料和精制茶制造业	Manufacture of Liquor, Beverage and Refined Tea	18.41	23.54	35.07
烟草制品业	Manufacture of Tobacco	88.82	26.39	13.67
纺织业	Manufacture of Textile	-0.70	-14.90	5.49
纺织服装、服饰业	Manufacture of Textile Wearing and Clothing Apparel	-0.26	-1.16	37.01
皮革、毛皮、羽毛及其制品和制鞋业	Leather, Fur, Feather and Its Products and Footwear	1.85	2.71	31.17
木材加工和木、竹、藤、棕、草制品业	Processing of Timbers, Manufacture of Wood, Bamboo, Rattan, Palm and Straw Products	-15.02	-38.74	116.18
家具制造业	Manufacture of Furniture			
造纸和纸制品业	Manufacture of Paper and Paper Products	4.19	3.81	64.94
印刷和记录媒介复制业	Printing, Reproduction of Recording Media	15.39	11.04	28.80
文教、工美、体育和娱乐用品制造业	Manufacture of Articles for Culture,Education and Sport Activity	9.34	6.78	42.68
石油、煤炭及其他燃料加工业	Processing of Petroleum, Coal and Other Fuels	82.11	1.46	58.49
化学原料和化学制品制造业	Manufacture of Chemical Raw Material and Chemical Products	5.86	3.74	51.72
医药制造业	Manufacture of Medicines	16.02	16.15	31.68
化学纤维制造业	Manufacture of Chemical Fiber	7.76	4.52	179.80
橡胶和塑料制品业	Manufacture of Rubber and Plastic	6.42	4.62	18.70
非金属矿物制品业	Manufacture of Non-metallic Mineral Products	19.99	21.68	56.54
黑色金属冶炼和压延加工业	Manufacture and Processing of Ferrous Metals	16.33	7.92	57.44
有色金属冶炼和压延加工业	Manufacture and Processing of Non-ferrous Metals	6.60	2.48	59.57
金属制品业	Manufacture of Metal Products	11.60	10.79	29.51
通用设备制造业	Manufacture of General Purpose Machinery	5.60	6.37	73.94
专用设备制造业	Manufacture of Special Purpose Machinery	4.72	6.39	62.86
汽车制造业	Automobile Industry	-2.63	-7.92	71.73
铁路、船舶、航空航天和其他运输设备制造业	Manufacture of Railway,Marine,Aerospace and Other Transport Equipment	6.11	6.38	57.26
电气机械和器材制造业	Manufacture of Electrical Machinery and Equipment	1.09	-0.77	65.20
计算机、通信和其他电子设备制造业	Manufacture of Communication Equipment, Computer and Other Electronic Equipment	7.35	16.85	34.39
仪器仪表制造业	Manufacture of Measuring Instrument	10.73	19.00	56.81
其他制造业	Other Manufacture N.E.C	4.72	6.10	67.55
废弃资源综合利用业	Recycling and Disposal of Waste	10.47	15.38	54.49
金属制品、机械和设备修理业	Mental Products,Machine and Equipment Repair	13.23	2.50	58.79
电力、热力生产和供应业	Production and Supply of Electric Power and Heat Power	6.16	4.24	63.24
燃气生产和供应业	Production and Distribution of Gas	11.88	4.36	49.71
水的生产和供应业	Production and Distribution of Water	4.26	6.15	69.35

13-5 集体工业企业主要经济指标(2019年)
Major Economic Indications of Collective-owned Industrial Enterprises (2019)

单位：个 (unit)

指 标	Item	企业单位数 Number of Enterprises	亏损企业 Loss-making Enterprises
总计	**Total**	**70**	**1**
在总计中：	Of the Total		
亏损企业	Enterprises Running under Deficit	1	1
在总计中：	Of the Total		
大型企业	Large Scale Enterprises		
中型企业	Medium Scale Enterprises	18	
小型企业	Small Enterprises	44	1
微型企业	Microenterprise	8	
按行业分	Grouped by Sector		
煤炭开采和洗选业	Mining and Washing of Coal	14	
石油和天然气开采业	Petroleum and Natural Gas Extraction		
黑色金属矿采选业	Mining of Ferrous Metal Ores	1	
有色金属矿采选业	Mining of Non-ferrous Metal Ores	1	
非金属矿采选业	Mining and Processing of Nonmetal Ores	6	
开采辅助活动	Mining of Other Ores N.E.C		
其他采矿业	Other Mining and Dressing		
农副食品加工业	Processing of Food from Agricultural Products	2	
食品制造业	Manufacture of Foods		
酒、饮料和精制茶制造业	Manufacture of Liquor, Beverage and Refined Tea		
烟草制品业	Manufacture of Tobacco		
纺织业	Manufacture of Textile		
纺织服装、服饰业	Manufacture of Textile Wearing and Clothing Apparel		
皮革、毛皮、羽毛及其制品和制鞋业	Leather, Fur, Feather and Its Products and Footwear		
木材加工和木、竹、藤、棕、草制品业	Processing of Timbers, Manufacture of Wood, Bamboo, Rattan, Palm and Straw Products	1	
家具制造业	Manufacture of Furniture		
造纸和纸制品业	Manufacture of Paper and Paper Products	2	
印刷和记录媒介复制业	Printing, Reproduction of Recording Media	5	
文教、工美、体育和娱乐用品制造业	Manufacture of Articles for Culture,Education and Sport Activity		
石油、煤炭及其他燃料加工业	Processing of Petroleum, Coal and Other Fuels		
化学原料和化学制品制造业	Manufacture of Chemical Raw Material and Chemical Products	6	
医药制造业	Manufacture of Medicines	1	
化学纤维制造业	Manufacture of Chemical Fiber		
橡胶和塑料制品业	Manufacture of Rubber and Plastic	2	
非金属矿物制品业	Manufacture of Non-metallic Mineral Products	6	
黑色金属冶炼和压延加工业	Manufacture and Processing of Ferrous Metals	2	
有色金属冶炼和压延加工业	Manufacture and Processing of Non-ferrous Metals	2	
金属制品业	Manufacture of Metal Products	1	
通用设备制造业	Manufacture of General Purpose Machinery	4	
专用设备制造业	Manufacture of Special Purpose Machinery	2	1
汽车制造业	Automobile Industry	1	
铁路、船舶、航空航天和其他运输设备制造业	Manufacture of Railway,Marine,Aerospace and Other Transport Equipment	1	
电气机械和器材制造业	Manufacture of Electrical Machinery and Equipment	2	
计算机、通信和其他电子设备制造业	Manufacture of Communication Equipment, Computer and Other Electronic Equipment		
仪器仪表制造业	Manufacture of Measuring Instrument		
其他制造业	Other Manufacture N.E.C		
废弃资源综合利用业	Recycling and Disposal of Waste	1	
金属制品、机械和设备修理业	Mental Products,Machine and Equipment Repair	1	
电力、热力生产和供应业	Production and Supply of Electric Power and Heat Power	5	
燃气生产和供应业	Production and Distribution of Gas		
水的生产和供应业	Production and Distribution of Water	1	

13-5 续表 1 Continued

单位：亿元 (100 million yuan)

指 标	Item	资产总计 Total Assets	流动资产合 计 Circulating Funds	负债合计 Total Liabilities
总计	**Total**	**51.54**	**21.16**	**24.64**
在总计中：	Of the Total			
亏损企业	Enterprises Running under Deficit	0.15	0.12	0.49
在总计中：	Of the Total			
大型企业	Large Scale Enterprises			
中型企业	Medium Scale Enterprises	28.30	15.74	15.35
小型企业	Small Enterprises	22.24	5.02	8.77
微型企业	Microenterprise	1.00	0.40	0.52
按行业分	Grouped by Sector			
煤炭开采和洗选业	Mining and Washing of Coal	11.64	7.74	5.17
石油和天然气开采业	Petroleum and Natural Gas Extraction			
黑色金属矿采选业	Mining of Ferrous Metal Ores	0.23	0.11	0.08
有色金属矿采选业	Mining of Non-ferrous Metal Ores	0.30	0.01	0.03
非金属矿采选业	Mining and Processing of Nonmetal Ores	3.88	0.52	1.17
开采辅助活动	Mining of Other Ores N.E.C			
其他采矿业	Other Mining and Dressing			
农副食品加工业	Processing of Food from Agricultural Products	2.80	0.16	0.57
食品制造业	Manufacture of Foods			
酒、饮料和精制茶制造业	Manufacture of Liquor, Beverage and Refined Tea			
烟草制品业	Manufacture of Tobacco			
纺织业	Manufacture of Textile			
纺织服装、服饰业	Manufacture of Textile Wearing and Clothing Apparel			
皮革、毛皮、羽毛及其制品和制鞋业	Leather, Fur, Feather and Its Products and Footwear			
木材加工和木、竹、藤、棕、草制品业	Processing of Timbers, Manufacture of Wood, Bamboo, Rattan, Palm and Straw Products	1.80	0.12	1.79
家具制造业	Manufacture of Furniture			
造纸和纸制品业	Manufacture of Paper and Paper Products	1.70	0.38	0.20
印刷和记录媒介复制业	Printing, Reproduction of Recording Media	4.07	1.97	1.18
文教、工美、体育和娱乐用品制造业	Manufacture of Articles for Culture,Education and Sport Activity			
石油、煤炭及其他燃料加工业	Processing of Petroleum, Coal and Other Fuels			
化学原料和化学制品制造业	Manufacture of Chemical Raw Material and Chemical Products	3.93	0.54	0.93
医药制造业	Manufacture of Medicines	0.09	0.07	0.08
化学纤维制造业	Manufacture of Chemical Fiber			
橡胶和塑料制品业	Manufacture of Rubber and Plastic	1.34	0.88	0.39
非金属矿物制品业	Manufacture of Non-metallic Mineral Products	2.97	1.26	1.22
黑色金属冶炼和压延加工业	Manufacture and Processing of Ferrous Metals	3.23	2.13	3.24
有色金属冶炼和压延加工业	Manufacture and Processing of Non-ferrous Metals	1.11	0.12	0.51
金属制品业	Manufacture of Metal Products	0.24	0.21	0.17
通用设备制造业	Manufacture of General Purpose Machinery	2.24	1.35	0.91
专用设备制造业	Manufacture of Special Purpose Machinery	0.64	0.30	0.50
汽车制造业	Automobile Industry	0.44	0.09	0.17
铁路、船舶、航空航天和其他运输设备制造业	Manufacture of Railway,Marine,Aerospace and Other Transport Equipment	0.02	0.02	0.02
电气机械和器材制造业	Manufacture of Electrical Machinery and Equipment	0.61	0.22	0.10
计算机、通信和其他电子设备制造业	Manufacture of Communication Equipment, Computer and Other Electronic Equipment			
仪器仪表制造业	Manufacture of Measuring Instrument			
其他制造业	Other Manufacture N.E.C			
废弃资源综合利用业	Recycling and Disposal of Waste	1.45	0.58	0.52
金属制品、机械和设备修理业	Mental Products,Machine and Equipment Repair	4.30	2.00	4.50
电力、热力生产和供应业	Production and Supply of Electric Power and Heat Power	2.34	0.28	1.03
燃气生产和供应业	Production and Distribution of Gas			
水的生产和供应业	Production and Distribution of Water	0.18	0.10	0.15

13-5 续表 2 Continued

单位：亿元 (100 million yuan)

指 标	Item	实收资本 Assets Recevied	所有者权益 Paid-in capital	营业收入 Revenue of Business
总计	**Total**	**13.75**	**26.72**	**103.43**
在总计中：	Of the Total			
亏损企业	Enterprises Running under Deficit	0.01	-0.35	0.29
在总计中：	Of the Total			
大型企业	Large Scale Enterprises			
中型企业	Medium Scale Enterprises	4.69	12.95	53.01
小型企业	Small Enterprises	9.04	13.47	45.87
微型企业	Microenterprise	0.02	0.30	4.56
按行业分	Grouped by Sector			
煤炭开采和洗选业	Mining and Washing of Coal	2.48	6.29	17.49
石油和天然气开采业	Petroleum and Natural Gas Extraction			
黑色金属矿采选业	Mining of Ferrous Metal Ores	0.05	0.15	0.36
有色金属矿采选业	Mining of Non-ferrous Metal Ores	0.09	0.26	0.59
非金属矿采选业	Mining and Processing of Nonmetal Ores	2.12	2.71	10.90
开采辅助活动	Mining of Other Ores N.E.C			
其他采矿业	Other Mining and Dressing			
农副食品加工业	Processing of Food from Agricultural Products	0.10	2.24	14.81
食品制造业	Manufacture of Foods			
酒、饮料和精制茶制造业	Manufacture of Liquor, Beverage and Refined Tea			
烟草制品业	Manufacture of Tobacco			
纺织业	Manufacture of Textile			
纺织服装、服饰业	Manufacture of Textile Wearing and Clothing Apparel			
皮革、毛皮、羽毛及其制品和制鞋业	Leather, Fur, Feather and Its Products and Footwear			
木材加工和木、竹、藤、棕、草制品业	Processing of Timbers, Manufacture of Wood, Bamboo, Rattan, Palm and Straw Products	0.01	0.01	0.70
家具制造业	Manufacture of Furniture			
造纸和纸制品业	Manufacture of Paper and Paper Products	0.63	1.50	1.10
印刷和记录媒介复制业	Printing, Reproduction of Recording Media	0.77	2.89	5.65
文教、工美、体育和娱乐用品制造业	Manufacture of Articles for Culture,Education and Sport Activity			
石油、煤炭及其他燃料加工业	Processing of Petroleum, Coal and Other Fuels			
化学原料和化学制品制造业	Manufacture of Chemical Raw Material and Chemical Products	2.72	3.00	7.24
医药制造业	Manufacture of Medicines	0.01	0.01	0.34
化学纤维制造业	Manufacture of Chemical Fiber			
橡胶和塑料制品业	Manufacture of Rubber and Plastic	0.51	0.95	4.02
非金属矿物制品业	Manufacture of Non-metallic Mineral Products	1.41	1.75	5.29
黑色金属冶炼和压延加工业	Manufacture and Processing of Ferrous Metals	0.02	-0.01	12.05
有色金属冶炼和压延加工业	Manufacture and Processing of Non-ferrous Metals	0.07	0.59	3.02
金属制品业	Manufacture of Metal Products		0.07	0.49
通用设备制造业	Manufacture of General Purpose Machinery	0.19	1.33	2.25
专用设备制造业	Manufacture of Special Purpose Machinery	0.03	0.14	0.63
汽车制造业	Automobile Industry		0.27	3.04
铁路、船舶、航空航天和其他运输设备制造业	Manufacture of Railway,Marine,Aerospace and Other Transport Equipment			1.05
电气机械和器材制造业	Manufacture of Electrical Machinery and Equipment	0.24	0.51	0.40
计算机、通信和其他电子设备制造业	Manufacture of Communication Equipment, Computer and Other Electronic Equipment			
仪器仪表制造业	Manufacture of Measuring Instrument			
其他制造业	Other Manufacture N.E.C			
废弃资源综合利用业	Recycling and Disposal of Waste	0.26	0.93	1.47
金属制品、机械和设备修理业	Mental Products,Machine and Equipment Repair	0.21	-0.21	4.24
电力、热力生产和供应业	Production and Supply of Electric Power and Heat Power	1.83	1.31	5.92
燃气生产和供应业	Production and Distribution of Gas			
水的生产和供应业	Production and Distribution of Water	0.01	0.03	0.40

13-5 续表 3 Continued

单位：亿元 (100 million yuan)

指 标	Item	营业成本 Cost of Businese	利润总额 Total Profit
总计	**Total**	**90.41**	**3.72**
在总计中：	Of the Total		
亏损企业	Enterprises Running under Deficit	0.27	-0.01
在总计中：	Of the Total		
大型企业	Large Scale Enterprises		
中型企业	Medium Scale Enterprises	45.62	2.00
小型企业	Small Enterprises	41.09	1.46
微型企业	Microenterprise	3.69	0.27
按行业分	Grouped by Sector		
煤炭开采和洗选业	Mining and Washing of Coal	15.93	0.48
石油和天然气开采业	Petroleum and Natural Gas Extraction		
黑色金属矿采选业	Mining of Ferrous Metal Ores	0.27	0.04
有色金属矿采选业	Mining of Non-ferrous Metal Ores	0.38	0.10
非金属矿采选业	Mining and Processing of Nonmetal Ores	10.02	0.27
开采辅助活动	Mining of Other Ores N.E.C		
其他采矿业	Other Mining and Dressing		
农副食品加工业	Processing of Food from Agricultural Products	12.55	0.14
食品制造业	Manufacture of Foods		
酒、饮料和精制茶制造业	Manufacture of Liquor, Beverage and Refined Tea		
烟草制品业	Manufacture of Tobacco		
纺织业	Manufacture of Textile		
纺织服装、服饰业	Manufacture of Textile Wearing and Clothing Apparel		
皮革、毛皮、羽毛及其制品和制鞋业	Leather, Fur, Feather and Its Products and Footwear		
木材加工和木、竹、藤、棕、草制品业	Processing of Timbers, Manufacture of Wood, Bamboo, Rattan, Palm and Straw Products	0.64	0.01
家具制造业	Manufacture of Furniture		
造纸和纸制品业	Manufacture of Paper and Paper Products	0.55	0.17
印刷和记录媒介复制业	Printing, Reproduction of Recording Media	4.95	0.27
文教、工美、体育和娱乐用品制造业	Manufacture of Articles for Culture,Education and Sport Activity		
石油、煤炭及其他燃料加工业	Processing of Petroleum, Coal and Other Fuels		
化学原料和化学制品制造业	Manufacture of Chemical Raw Material and Chemical Products	6.33	0.23
医药制造业	Manufacture of Medicines	0.21	0.03
化学纤维制造业	Manufacture of Chemical Fiber		
橡胶和塑料制品业	Manufacture of Rubber and Plastic	3.42	0.07
非金属矿物制品业	Manufacture of Non-metallic Mineral Products	4.48	0.30
黑色金属冶炼和压延加工业	Manufacture and Processing of Ferrous Metals	11.42	0.34
有色金属冶炼和压延加工业	Manufacture and Processing of Non-ferrous Metals	2.63	0.06
金属制品业	Manufacture of Metal Products	0.46	
通用设备制造业	Manufacture of General Purpose Machinery	1.90	0.15
专用设备制造业	Manufacture of Special Purpose Machinery	0.49	0.01
汽车制造业	Automobile Industry	2.31	0.23
铁路、船舶、航空航天和其他运输设备制造业	Manufacture of Railway,Marine,Aerospace and Other Transport Equipment	1.02	0.01
电气机械和器材制造业	Manufacture of Electrical Machinery and Equipment	0.27	0.02
计算机、通信和其他电子设备制造业	Manufacture of Communication Equipment, Computer and Other Electronic Equipment		
仪器仪表制造业	Manufacture of Measuring Instrument		
其他制造业	Other Manufacture N.E.C		
废弃资源综合利用业	Recycling and Disposal of Waste	1.42	0.08
金属制品、机械和设备修理业	Mental Products,Machine and Equipment Repair	3.53	0.42
电力、热力生产和供应业	Production and Supply of Electric Power and Heat Power	4.94	0.22
燃气生产和供应业	Production and Distribution of Gas		
水的生产和供应业	Production and Distribution of Water	0.31	0.06

13-5 续表 4 Continued

指 标	Item	本年应付职工薪酬（亿元）Total Sum of Wages Payable this Year (100 million yuan)	全部从业人员年平均人数（万人）Average Number of Empolyment of the Current Year (10 000person)
总计	**Total**	**12.77**	**1.75**
在总计中:	Of the Total		
亏损企业	Enterprises Running under Deficit	0.05	0.01
在总计中:	Of the Total		
大型企业	Large Scale Enterprises		
中型企业	Medium Scale Enterprises	7.85	1.05
小型企业	Small Enterprises	4.86	0.67
微型企业	Microenterprise	0.05	0.03
按行业分	Grouped by Sector		
煤炭开采和洗选业	Mining and Washing of Coal	1.77	0.23
石油和天然气开采业	Petroleum and Natural Gas Extraction		
黑色金属矿采选业	Mining of Ferrous Metal Ores	0.04	0.01
有色金属矿采选业	Mining of Non-ferrous Metal Ores	0.15	0.02
非金属矿采选业	Mining and Processing of Nonmetal Ores	0.52	0.07
开采辅助活动	Mining of Other Ores N.E.C		
其他采矿业	Other Mining and Dressing		
农副食品加工业	Processing of Food from Agricultural Products	1.98	0.14
食品制造业	Manufacture of Foods		
酒、饮料和精制茶制造业	Manufacture of Liquor, Beverage and Refined Tea		
烟草制品业	Manufacture of Tobacco		
纺织业	Manufacture of Textile		
纺织服装、服饰业	Manufacture of Textile Wearing and Clothing Apparel		
皮革、毛皮、羽毛及其制品和制鞋业	Leather, Fur, Feather and Its Products and Footwear		
木材加工和木、竹、藤、棕、草制品业	Processing of Timbers, Manufacture of Wood, Bamboo, Rattan, Palm and Straw Products	0.07	0.01
家具制造业	Manufacture of Furniture		
造纸和纸制品业	Manufacture of Paper and Paper Products	0.20	0.04
印刷和记录媒介复制业	Printing, Reproduction of Recording Media	1.33	0.15
文教、工美、体育和娱乐用品制造业	Manufacture of Articles for Culture,Education and Sport Activity		
石油、煤炭及其他燃料加工业	Processing of Petroleum, Coal and Other Fuels		
化学原料和化学制品制造业	Manufacture of Chemical Raw Material and Chemical Products	1.57	0.21
医药制造业	Manufacture of Medicines	0.17	0.06
化学纤维制造业	Manufacture of Chemical Fiber		
橡胶和塑料制品业	Manufacture of Rubber and Plastic	0.60	0.14
非金属矿物制品业	Manufacture of Non-metallic Mineral Products	0.69	0.15
黑色金属冶炼和压延加工业	Manufacture and Processing of Ferrous Metals	0.90	0.10
有色金属冶炼和压延加工业	Manufacture and Processing of Non-ferrous Metals	0.22	0.03
金属制品业	Manufacture of Metal Products	0.02	
通用设备制造业	Manufacture of General Purpose Machinery	0.17	0.04
专用设备制造业	Manufacture of Special Purpose Machinery	0.07	0.02
汽车制造业	Automobile Industry	0.04	0.01
铁路、船舶、航空航天和其他运输设备制造业	Manufacture of Railway,Marine,Aerospace and Other Transport Equipment	0.12	0.01
电气机械和器材制造业	Manufacture of Electrical Machinery and Equipment	0.09	0.01
计算机、通信和其他电子设备制造业	Manufacture of Communication Equipment, Computer and Other Electronic Equipment		
仪器仪表制造业	Manufacture of Measuring Instrument		
其他制造业	Other Manufacture N.E.C		
废弃资源综合利用业	Recycling and Disposal of Waste	0.19	0.01
金属制品、机械和设备修理业	Mental Products,Machine and Equipment Repair	0.23	0.07
电力、热力生产和供应业	Production and Supply of Electric Power and Heat Power	1.60	0.20
燃气生产和供应业	Production and Distribution of Gas		
水的生产和供应业	Production and Distribution of Water	0.03	0.01

13-5 续表 5 Continued

单位：%　　　　(%)

指 标	Item	总资产贡献率 Ratio of Total Assets to Industrial Output Value	成本费用利润率 Ratio of Profits to Industrial Cost	资产负债率 Assets-Liability Ratio
总计	**Total**	**13.34**	**3.78**	**47.81**
在总计中：	Of the Total			
亏损企业	Enterprises Running under Deficit	4.45	-4.02	332.85
在总计中：	Of the Total			
大型企业	Large Scale Enterprises			
中型企业	Medium Scale Enterprises	12.35	3.96	54.23
小型企业	Small Enterprises	11.69	3.32	39.43
微型企业	Microenterprise	78.08	6.68	52.23
按行业分	Grouped by Sector			
煤炭开采和洗选业	Mining and Washing of Coal	7.12	2.83	44.40
石油和天然气开采业	Petroleum and Natural Gas Extraction			
黑色金属矿采选业	Mining of Ferrous Metal Ores	27.66	12.33	35.33
有色金属矿采选业	Mining of Non-ferrous Metal Ores	53.12	22.20	10.86
非金属矿采选业	Mining and Processing of Nonmetal Ores	13.82	2.57	30.19
开采辅助活动	Mining of Other Ores N.E.C			
其他采矿业	Other Mining and Dressing			
农副食品加工业	Processing of Food from Agricultural Products	15.83	0.95	20.22
食品制造业	Manufacture of Foods			
酒、饮料和精制茶制造业	Manufacture of Liquor, Beverage and Refined Tea			
烟草制品业	Manufacture of Tobacco			
纺织业	Manufacture of Textile			
纺织服装、服饰业	Manufacture of Textile Wearing and Clothing Apparel			
皮革、毛皮、羽毛及其制品和制鞋业	Leather, Fur, Feather and Its Products and Footwear			
木材加工和木、竹、藤、棕、草制品业	Processing of Timbers, Manufacture of Wood, Bamboo, Rattan, Palm and Straw Products	2.17	1.38	99.44
家具制造业	Manufacture of Furniture			
造纸和纸制品业	Manufacture of Paper and Paper Products	13.67	18.76	11.86
印刷和记录媒介复制业	Printing, Reproduction of Recording Media	10.44	5.11	29.00
文教、工美、体育和娱乐用品制造业	Manufacture of Articles for Culture,Education and Sport Activity			
石油、煤炭及其他燃料加工业	Processing of Petroleum, Coal and Other Fuels			
化学原料和化学制品制造业	Manufacture of Chemical Raw Material and Chemical Products	11.86	3.38	23.69
医药制造业	Manufacture of Medicines	37.69	12.66	93.39
化学纤维制造业	Manufacture of Chemical Fiber			
橡胶和塑料制品业	Manufacture of Rubber and Plastic	11.87	1.72	29.19
非金属矿物制品业	Manufacture of Non-metallic Mineral Products	15.84	6.17	40.99
黑色金属冶炼和压延加工业	Manufacture and Processing of Ferrous Metals	17.18	2.93	100.35
有色金属冶炼和压延加工业	Manufacture and Processing of Non-ferrous Metals	19.69	2.12	46.42
金属制品业	Manufacture of Metal Products	6.92	0.75	70.40
通用设备制造业	Manufacture of General Purpose Machinery	9.11	7.25	40.58
专用设备制造业	Manufacture of Special Purpose Machinery	5.88	1.55	77.69
汽车制造业	Automobile Industry	152.74	9.07	38.50
铁路、船舶、航空航天和其他运输设备制造业	Manufacture of Railway,Marine,Aerospace and Other Transport Equipment	101.19	1.10	86.51
电气机械和器材制造业	Manufacture of Electrical Machinery and Equipment	7.65	5.35	16.37
计算机、通信和其他电子设备制造业	Manufacture of Communication Equipment, Computer and Other Electronic Equipment			
仪器仪表制造业	Manufacture of Measuring Instrument			
其他制造业	Other Manufacture N.E.C			
废弃资源综合利用业	Recycling and Disposal of Waste	6.70	5.64	36.06
金属制品、机械和设备修理业	Mental Products,Machine and Equipment Repair	16.24	10.90	104.83
电力、热力生产和供应业	Production and Supply of Electric Power and Heat Power	15.67	3.94	43.93
燃气生产和供应业	Production and Distribution of Gas			
水的生产和供应业	Production and Distribution of Water	46.93	19.48	82.77

13-6 私营工业企业主要经济指标(2019年)
Major Economic Indications of Private Industrial Enterprises (2019)

单位：个 (unit)

指 标	Item	企业单位数 Number of Enterprises	亏损企业 Loss-making Enterprises
总计	**Total**	**12993**	**649**
在总计中:	Of the Total		
亏损企业	Enterprises Running under Deficit	649	649
在总计中:	Of the Total		
大型企业	Large Scale Enterprises	45	2
中型企业	Medium Scale Enterprises	1038	37
小型企业	Small Enterprises	11100	489
微型企业	Microenterprise	810	121
按行业分	Grouped by Sector		
煤炭开采和洗选业	Mining and Washing of Coal	108	3
石油和天然气开采业	Petroleum and Natural Gas Extraction		
黑色金属矿采选业	Mining of Ferrous Metal Ores	23	4
有色金属矿采选业	Mining of Non-ferrous Metal Ores	74	7
非金属矿采选业	Mining and Processing of Nonmetal Ores	232	5
开采辅助活动	Mining of Other Ores N.E.C		
其他采矿业	Other Mining and Dressing	1	
农副食品加工业	Processing of Food from Agricultural Products	1268	46
食品制造业	Manufacture of Foods	416	19
酒、饮料和精制茶制造业	Manufacture of Liquor, Beverage and Refined Tea	398	7
烟草制品业	Manufacture of Tobacco	1	
纺织业	Manufacture of Textile	209	21
纺织服装、服饰业	Manufacture of Textile Wearing and Clothing Apparel	231	7
皮革、毛皮、羽毛及其制品和制鞋业	Leather, Fur, Feather and Its Products and Footwear	541	7
木材加工和木、竹、藤、棕、草制品业	Processing of Timbers, Manufacture of Wood, Bamboo, Rattan, Palm and Straw Products	384	3
家具制造业	Manufacture of Furniture	180	1
造纸和纸制品业	Manufacture of Paper and Paper Products	213	14
印刷和记录媒介复制业	Printing, Reproduction of Recording Media	224	4
文教、工美、体育和娱乐用品制造业	Manufacture of Articles for Culture,Education and Sport Activity	226	6
石油、煤炭及其他燃料加工业	Processing of Petroleum, Coal and Other Fuels	59	4
化学原料和化学制品制造业	Manufacture of Chemical Raw Material and Chemical Products	1208	47
医药制造业	Manufacture of Medicines	246	23
化学纤维制造业	Manufacture of Chemical Fiber	11	1
橡胶和塑料制品业	Manufacture of Rubber and Plastic	381	17
非金属矿物制品业	Manufacture of Non-metallic Mineral Products	1903	60
黑色金属冶炼和压延加工业	Manufacture and Processing of Ferrous Metals	107	13
有色金属冶炼和压延加工业	Manufacture and Processing of Non-ferrous Metals	291	31
金属制品业	Manufacture of Metal Products	789	41
通用设备制造业	Manufacture of General Purpose Machinery	728	49
专用设备制造业	Manufacture of Special Purpose Machinery	628	40
汽车制造业	Automobile Industry	259	38
铁路、船舶、航空航天和其他运输设备制造业	Manufacture of Railway,Marine,Aerospace and Other Transport Equipment	99	15
电气机械和器材制造业	Manufacture of Electrical Machinery and Equipment	563	40
计算机、通信和其他电子设备制造业	Manufacture of Communication Equipment, Computer and Other Electronic Equipment	541	50
仪器仪表制造业	Manufacture of Measuring Instrument	112	8
其他制造业	Other Manufacture N.E.C	70	3
废弃资源综合利用业	Recycling and Disposal of Waste	95	3
金属制品、机械和设备修理业	Mental Products,Machine and Equipment Repair	3	
电力、热力生产和供应业	Production and Supply of Electric Power and Heat Power	112	10
燃气生产和供应业	Production and Distribution of Gas	30	
水的生产和供应业	Production and Distribution of Water	29	2

13-6 续表 1 Continued

单位：亿元 (100 million yuan)

指 标	Item	资产总计 Total Assets	流动资产合 计 Circulating Funds	负债合计 Total Liabilities
总计	**Total**	**11702.55**	**5197.08**	**5091.59**
在总计中：	Of the Total			
亏损企业	Enterprises Running under Deficit	674.68	334.48	437.06
在总计中：	Of the Total			
大型企业	Large Scale Enterprises	2548.61	1734.44	1551.11
中型企业	Medium Scale Enterprises	2642.21	852.94	906.60
小型企业	Small Enterprises	6112.27	2442.16	2445.41
微型企业	Microenterprise	399.46	167.54	188.47
按行业分	Grouped by Sector			
煤炭开采和洗选业	Mining and Washing of Coal	98.15	26.00	35.59
石油和天然气开采业	Petroleum and Natural Gas Extraction			
黑色金属矿采选业	Mining of Ferrous Metal Ores	24.04	7.59	10.80
有色金属矿采选业	Mining of Non-ferrous Metal Ores	83.19	18.77	29.63
非金属矿采选业	Mining and Processing of Nonmetal Ores	103.55	32.04	38.42
开采辅助活动	Mining of Other Ores N.E.C			
其他采矿业	Other Mining and Dressing	0.39	0.12	0.10
农副食品加工业	Processing of Food from Agricultural Products	774.35	293.08	277.52
食品制造业	Manufacture of Foods	409.81	176.25	185.07
酒、饮料和精制茶制造业	Manufacture of Liquor, Beverage and Refined Tea	226.03	74.72	66.67
烟草制品业	Manufacture of Tobacco	0.33	0.09	0.16
纺织业	Manufacture of Textile	293.64	139.19	151.20
纺织服装、服饰业	Manufacture of Textile Wearing and Clothing Apparel	175.65	48.89	42.61
皮革、毛皮、羽毛及其制品和制鞋业	Leather, Fur, Feather and Its Products and Footwear	147.41	72.67	56.96
木材加工和木、竹、藤、棕、草制品业	Processing of Timbers, Manufacture of Wood, Bamboo, Rattan, Palm and Straw Products	162.28	53.07	42.79
家具制造业	Manufacture of Furniture	76.18	31.45	27.45
造纸和纸制品业	Manufacture of Paper and Paper Products	128.64	37.88	46.02
印刷和记录媒介复制业	Printing, Reproduction of Recording Media	116.36	47.43	48.31
文教、工美、体育和娱乐用品制造业	Manufacture of Articles for Culture,Education and Sport Activity	94.75	41.90	28.52
石油、煤炭及其他燃料加工业	Processing of Petroleum, Coal and Other Fuels	35.31	15.75	17.80
化学原料和化学制品制造业	Manufacture of Chemical Raw Material and Chemical Products	833.31	271.61	265.39
医药制造业	Manufacture of Medicines	338.04	123.59	101.93
化学纤维制造业	Manufacture of Chemical Fiber	8.76	2.28	2.15
橡胶和塑料制品业	Manufacture of Rubber and Plastic	209.89	84.87	82.15
非金属矿物制品业	Manufacture of Non-metallic Mineral Products	1417.51	440.82	455.78
黑色金属冶炼和压延加工业	Manufacture and Processing of Ferrous Metals	91.06	31.57	41.20
有色金属冶炼和压延加工业	Manufacture and Processing of Non-ferrous Metals	623.72	238.50	296.12
金属制品业	Manufacture of Metal Products	425.98	159.73	192.35
通用设备制造业	Manufacture of General Purpose Machinery	558.67	290.83	240.71
专用设备制造业	Manufacture of Special Purpose Machinery	2279.39	1463.73	1308.30
汽车制造业	Automobile Industry	177.94	92.58	102.38
铁路、船舶、航空航天和其他运输设备制造业	Manufacture of Railway,Marine,Aerospace and Other Transport Equipment	84.64	45.76	37.14
电气机械和器材制造业	Manufacture of Electrical Machinery and Equipment	658.23	351.72	321.59
计算机、通信和其他电子设备制造业	Manufacture of Communication Equipment, Computer and Other Electronic Equipment	531.56	319.54	295.12
仪器仪表制造业	Manufacture of Measuring Instrument	103.51	46.90	43.08
其他制造业	Other Manufacture N.E.C	60.21	19.48	14.95
废弃资源综合利用业	Recycling and Disposal of Waste	73.94	29.08	29.93
金属制品、机械和设备修理业	Mental Products,Machine and Equipment Repair	1.51	0.92	0.94
电力、热力生产和供应业	Production and Supply of Electric Power and Heat Power	209.00	47.37	114.51
燃气生产和供应业	Production and Distribution of Gas	38.35	10.09	24.25
水的生产和供应业	Production and Distribution of Water	27.29	9.26	15.98

13-6 续表 2 Continued

单位：亿元 (100 million yuan)

指 标	Item	实收资本 Assets Recevied	所有者权益 Paid-in capital	营业收入 Revenue of Business
总计	**Total**	**2686.90**	**6572.99**	**21080.63**
在总计中：	Of the Total			
亏损企业	Enterprises Running under Deficit	150.46	236.91	502.65
在总计中：	Of the Total			
大型企业	Large Scale Enterprises	83.98	997.49	1891.76
中型企业	Medium Scale Enterprises	801.49	1735.61	4496.82
小型企业	Small Enterprises	1722.86	3666.98	14299.11
微型企业	Microenterprise	78.57	172.90	392.94
按行业分	Grouped by Sector			
煤炭开采和洗选业	Mining and Washing of Coal	39.11	62.36	109.76
石油和天然气开采业	Petroleum and Natural Gas Extraction			
黑色金属矿采选业	Mining of Ferrous Metal Ores	5.66	12.67	30.09
有色金属矿采选业	Mining of Non-ferrous Metal Ores	29.25	53.39	127.00
非金属矿采选业	Mining and Processing of Nonmetal Ores	41.42	64.16	231.24
开采辅助活动	Mining of Other Ores N.E.C			
其他采矿业	Other Mining and Dressing	0.29	0.29	1.59
农副食品加工业	Processing of Food from Agricultural Products	237.79	492.39	2290.96
食品制造业	Manufacture of Foods	98.48	221.20	976.91
酒、饮料和精制茶制造业	Manufacture of Liquor, Beverage and Refined Tea	68.76	159.36	494.47
烟草制品业	Manufacture of Tobacco	0.15	0.17	0.22
纺织业	Manufacture of Textile	60.54	141.39	538.54
纺织服装、服饰业	Manufacture of Textile Wearing and Clothing Apparel	67.07	133.04	256.99
皮革、毛皮、羽毛及其制品和制鞋业	Leather, Fur, Feather and Its Products and Footwear	39.70	89.90	578.46
木材加工和木、竹、藤、棕、草制品业	Processing of Timbers, Manufacture of Wood, Bamboo, Rattan, Palm and Straw Products	66.58	116.75	614.52
家具制造业	Manufacture of Furniture	20.66	48.62	219.49
造纸和纸制品业	Manufacture of Paper and Paper Products	34.16	82.51	326.13
印刷和记录媒介复制业	Printing, Reproduction of Recording Media	26.63	67.64	388.97
文教、工美、体育和娱乐用品制造业	Manufacture of Articles for Culture,Education and Sport Activity	33.16	66.23	267.96
石油、煤炭及其他燃料加工业	Processing of Petroleum, Coal and Other Fuels	5.86	17.51	72.54
化学原料和化学制品制造业	Manufacture of Chemical Raw Material and Chemical Products	291.06	567.48	1764.24
医药制造业	Manufacture of Medicines	116.51	235.64	653.20
化学纤维制造业	Manufacture of Chemical Fiber	4.55	5.55	19.49
橡胶和塑料制品业	Manufacture of Rubber and Plastic	59.81	112.84	526.90
非金属矿物制品业	Manufacture of Non-metallic Mineral Products	490.68	961.04	2211.88
黑色金属冶炼和压延加工业	Manufacture and Processing of Ferrous Metals	23.82	49.86	179.09
有色金属冶炼和压延加工业	Manufacture and Processing of Non-ferrous Metals	79.40	327.60	795.06
金属制品业	Manufacture of Metal Products	109.09	233.25	1158.92
通用设备制造业	Manufacture of General Purpose Machinery	124.76	317.14	1195.01
专用设备制造业	Manufacture of Special Purpose Machinery	110.07	971.21	1922.36
汽车制造业	Automobile Industry	34.47	73.97	322.80
铁路、船舶、航空航天和其他运输设备制造业	Manufacture of Railway,Marine,Aerospace and Other Transport Equipment	14.22	47.51	121.95
电气机械和器材制造业	Manufacture of Electrical Machinery and Equipment	149.36	336.64	1083.65
计算机、通信和其他电子设备制造业	Manufacture of Communication Equipment, Computer and Other Electronic Equipment	85.11	235.64	1018.78
仪器仪表制造业	Manufacture of Measuring Instrument	23.46	60.44	92.08
其他制造业	Other Manufacture N.E.C	16.90	45.26	149.47
废弃资源综合利用业	Recycling and Disposal of Waste	17.27	44.01	165.09
金属制品、机械和设备修理业	Mental Products,Machine and Equipment Repair	0.26	0.57	2.92
电力、热力生产和供应业	Production and Supply of Electric Power and Heat Power	45.84	92.75	92.40
燃气生产和供应业	Production and Distribution of Gas	6.49	13.73	57.31
水的生产和供应业	Production and Distribution of Water	8.51	11.31	22.20

13-6 续表 3 Continued

单位：亿元 (100 million yuan)

指　标	Item	营业成本 Cost of Businese	利润总额 Total Profit
总计	**Total**	**17037.64**	**1301.99**
在总计中：	Of the Total		
亏损企业	Enterprises Running under Deficit	451.10	-25.65
在总计中：	Of the Total		
大型企业	Large Scale Enterprises	1358.03	222.19
中型企业	Medium Scale Enterprises	3581.56	275.18
小型企业	Small Enterprises	11764.32	787.47
微型企业	Microenterprise	333.73	17.16
按行业分	Grouped by Sector		
煤炭开采和洗选业	Mining and Washing of Coal	89.36	7.17
石油和天然气开采业	Petroleum and Natural Gas Extraction		
黑色金属矿采选业	Mining of Ferrous Metal Ores	24.70	1.35
有色金属矿采选业	Mining of Non-ferrous Metal Ores	102.11	7.18
非金属矿采选业	Mining and Processing of Nonmetal Ores	179.95	18.40
开采辅助活动	Mining of Other Ores N.E.C		
其他采矿业	Other Mining and Dressing	1.13	0.02
农副食品加工业	Processing of Food from Agricultural Products	1896.39	109.41
食品制造业	Manufacture of Foods	802.37	51.33
酒、饮料和精制茶制造业	Manufacture of Liquor, Beverage and Refined Tea	397.46	25.53
烟草制品业	Manufacture of Tobacco	0.17	0.03
纺织业	Manufacture of Textile	457.64	21.68
纺织服装、服饰业	Manufacture of Textile Wearing and Clothing Apparel	201.14	14.01
皮革、毛皮、羽毛及其制品和制鞋业	Leather, Fur, Feather and Its Products and Footwear	495.43	34.78
木材加工和木、竹、藤、棕、草制品业	Processing of Timbers, Manufacture of Wood, Bamboo, Rattan, Palm and Straw Products	518.46	25.81
家具制造业	Manufacture of Furniture	177.08	12.92
造纸和纸制品业	Manufacture of Paper and Paper Products	262.43	22.18
印刷和记录媒介复制业	Printing, Reproduction of Recording Media	313.14	27.43
文教、工美、体育和娱乐用品制造业	Manufacture of Articles for Culture,Education and Sport Activity	218.10	13.57
石油、煤炭及其他燃料加工业	Processing of Petroleum, Coal and Other Fuels	57.97	5.04
化学原料和化学制品制造业	Manufacture of Chemical Raw Material and Chemical Products	1411.68	117.12
医药制造业	Manufacture of Medicines	475.83	39.08
化学纤维制造业	Manufacture of Chemical Fiber	17.54	0.63
橡胶和塑料制品业	Manufacture of Rubber and Plastic	436.53	29.25
非金属矿物制品业	Manufacture of Non-metallic Mineral Products	1759.05	143.54
黑色金属冶炼和压延加工业	Manufacture and Processing of Ferrous Metals	153.49	6.75
有色金属冶炼和压延加工业	Manufacture and Processing of Non-ferrous Metals	675.54	37.93
金属制品业	Manufacture of Metal Products	965.57	71.88
通用设备制造业	Manufacture of General Purpose Machinery	1001.68	60.99
专用设备制造业	Manufacture of Special Purpose Machinery	1405.53	220.18
汽车制造业	Automobile Industry	265.24	21.30
铁路、船舶、航空航天和其他运输设备制造业	Manufacture of Railway,Marine,Aerospace and Other Transport Equipment	93.44	8.18
电气机械和器材制造业	Manufacture of Electrical Machinery and Equipment	894.46	62.41
计算机、通信和其他电子设备制造业	Manufacture of Communication Equipment, Computer and Other Electronic Equipment	813.13	43.81
仪器仪表制造业	Manufacture of Measuring Instrument	69.29	7.53
其他制造业	Other Manufacture N.E.C	125.77	9.88
废弃资源综合利用业	Recycling and Disposal of Waste	144.26	8.24
金属制品、机械和设备修理业	Mental Products,Machine and Equipment Repair	2.29	0.09
电力、热力生产和供应业	Production and Supply of Electric Power and Heat Power	67.67	10.05
燃气生产和供应业	Production and Distribution of Gas	47.95	3.59
水的生产和供应业	Production and Distribution of Water	16.67	1.71

13-6 续表 4 Continued

指 标	Item	本年应付职工薪酬（亿元）Total Sum of Wages Payable this Year (100 million yuan)	全部从业人员年平均人数（万人）Average Number of Empolyment of the Current Year (10 000person)
总计	**Total**	**1627.86**	**190.29**
在总计中：	Of the Total		
亏损企业	Enterprises Running under Deficit	40.92	6.48
在总计中：	Of the Total		
大型企业	Large Scale Enterprises	178.32	14.52
中型企业	Medium Scale Enterprises	477.83	55.89
小型企业	Small Enterprises	958.41	116.04
微型企业	Microenterprise	13.29	3.84
按行业分	Grouped by Sector		
煤炭开采和洗选业	Mining and Washing of Coal	15.03	2.00
石油和天然气开采业	Petroleum and Natural Gas Extraction		
黑色金属矿采选业	Mining of Ferrous Metal Ores	2.90	0.45
有色金属矿采选业	Mining of Non-ferrous Metal Ores	10.05	1.51
非金属矿采选业	Mining and Processing of Nonmetal Ores	16.41	2.46
开采辅助活动	Mining of Other Ores N.E.C		
其他采矿业	Other Mining and Dressing	0.17	0.02
农副食品加工业	Processing of Food from Agricultural Products	149.31	17.78
食品制造业	Manufacture of Foods	111.15	10.66
酒、饮料和精制茶制造业	Manufacture of Liquor, Beverage and Refined Tea	35.21	4.61
烟草制品业	Manufacture of Tobacco	0.02	0.01
纺织业	Manufacture of Textile	44.03	4.77
纺织服装、服饰业	Manufacture of Textile Wearing and Clothing Apparel	30.29	4.83
皮革、毛皮、羽毛及其制品和制鞋业	Leather, Fur, Feather and Its Products and Footwear	56.21	6.04
木材加工和木、竹、藤、棕、草制品业	Processing of Timbers, Manufacture of Wood, Bamboo, Rattan, Palm and Straw Products	55.77	5.93
家具制造业	Manufacture of Furniture	16.66	2.08
造纸和纸制品业	Manufacture of Paper and Paper Products	26.48	3.33
印刷和记录媒介复制业	Printing, Reproduction of Recording Media	25.00	3.12
文教、工美、体育和娱乐用品制造业	Manufacture of Articles for Culture,Education and Sport Activity	22.57	3.13
石油、煤炭及其他燃料加工业	Processing of Petroleum, Coal and Other Fuels	4.29	0.50
化学原料和化学制品制造业	Manufacture of Chemical Raw Material and Chemical Products	152.74	21.66
医药制造业	Manufacture of Medicines	40.89	4.19
化学纤维制造业	Manufacture of Chemical Fiber	1.50	0.19
橡胶和塑料制品业	Manufacture of Rubber and Plastic	33.33	3.91
非金属矿物制品业	Manufacture of Non-metallic Mineral Products	176.81	24.51
黑色金属冶炼和压延加工业	Manufacture and Processing of Ferrous Metals	10.76	1.30
有色金属冶炼和压延加工业	Manufacture and Processing of Non-ferrous Metals	58.33	5.14
金属制品业	Manufacture of Metal Products	75.01	8.89
通用设备制造业	Manufacture of General Purpose Machinery	81.70	8.42
专用设备制造业	Manufacture of Special Purpose Machinery	136.50	10.24
汽车制造业	Automobile Industry	21.49	2.95
铁路、船舶、航空航天和其他运输设备制造业	Manufacture of Railway,Marine,Aerospace and Other Transport Equipment	11.09	1.18
电气机械和器材制造业	Manufacture of Electrical Machinery and Equipment	86.77	8.68
计算机、通信和其他电子设备制造业	Manufacture of Communication Equipment, Computer and Other Electronic Equipment	76.31	9.41
仪器仪表制造业	Manufacture of Measuring Instrument	8.94	1.02
其他制造业	Other Manufacture N.E.C	15.80	3.09
废弃资源综合利用业	Recycling and Disposal of Waste	5.14	0.78
金属制品、机械和设备修理业	Mental Products,Machine and Equipment Repair	0.31	0.03
电力、热力生产和供应业	Production and Supply of Electric Power and Heat Power	8.28	1.00
燃气生产和供应业	Production and Distribution of Gas	2.80	0.26
水的生产和供应业	Production and Distribution of Water	1.80	0.21

13-6 续表 5 Continued

单位：% (%)

指 标	Item	总资产贡献率 Ratio of Total Assets to Industrial Output Value	成本费用利润率 Ratio of Profits to Industrial Cost	资产负债率 Assets-Liability Ratio
总计	**Total**	**16.41**	**6.74**	**43.51**
在总计中：	Of the Total			
亏损企业	Enterprises Running under Deficit	-1.69	-4.97	64.78
在总计中：	Of the Total			
大型企业	Large Scale Enterprises	11.22	13.62	60.86
中型企业	Medium Scale Enterprises	15.71	6.63	34.31
小型企业	Small Enterprises	19.47	5.98	40.01
微型企业	Microenterprise	7.20	4.64	47.18
按行业分	Grouped by Sector			
煤炭开采和洗选业	Mining and Washing of Coal	11.04	7.25	36.27
石油和天然气开采业	Petroleum and Natural Gas Extraction			
黑色金属矿采选业	Mining of Ferrous Metal Ores	10.27	4.74	44.93
有色金属矿采选业	Mining of Non-ferrous Metal Ores	13.52	6.25	35.62
非金属矿采选业	Mining and Processing of Nonmetal Ores	25.48	8.79	37.1
开采辅助活动	Mining of Other Ores N.E.C			
其他采矿业	Other Mining and Dressing	-1.65	0.98	25.77
农副食品加工业	Processing of Food from Agricultural Products	20.55	5.15	35.84
食品制造业	Manufacture of Foods	17.91	5.60	45.16
酒、饮料和精制茶制造业	Manufacture of Liquor, Beverage and Refined Tea	16.83	5.55	29.49
烟草制品业	Manufacture of Tobacco	14.51	14.63	49.4
纺织业	Manufacture of Textile	11.71	4.26	51.49
纺织服装、服饰业	Manufacture of Textile Wearing and Clothing Apparel	11.59	5.92	24.26
皮革、毛皮、羽毛及其制品和制鞋业	Leather, Fur, Feather and Its Products and Footwear	29.83	6.43	38.64
木材加工和木、竹、藤、棕、草制品业	Processing of Timbers, Manufacture of Wood, Bamboo, Rattan, Palm and Straw Products	24.04	4.50	26.37
家具制造业	Manufacture of Furniture	24.63	6.40	36.04
造纸和纸制品业	Manufacture of Paper and Paper Products	28.64	7.46	35.78
印刷和记录媒介复制业	Printing, Reproduction of Recording Media	31.56	7.82	41.52
文教、工美、体育和娱乐用品制造业	Manufacture of Articles for Culture,Education and Sport Activity	20.24	5.48	30.11
石油、煤炭及其他燃料加工业	Processing of Petroleum, Coal and Other Fuels	19.31	7.75	50.41
化学原料和化学制品制造业	Manufacture of Chemical Raw Material and Chemical Products	24.91	7.34	31.85
医药制造业	Manufacture of Medicines	18.81	6.45	30.15
化学纤维制造业	Manufacture of Chemical Fiber	12.40	3.35	24.56
橡胶和塑料制品业	Manufacture of Rubber and Plastic	20.40	6.01	39.14
非金属矿物制品业	Manufacture of Non-metallic Mineral Products	15.33	7.08	32.15
黑色金属冶炼和压延加工业	Manufacture and Processing of Ferrous Metals	14.85	4.02	45.25
有色金属冶炼和压延加工业	Manufacture and Processing of Non-ferrous Metals	8.91	5.19	47.48
金属制品业	Manufacture of Metal Products	24.52	6.74	45.16
通用设备制造业	Manufacture of General Purpose Machinery	17.25	5.48	43.09
专用设备制造业	Manufacture of Special Purpose Machinery	12.63	13.12	57.4
汽车制造业	Automobile Industry	16.49	7.14	57.54
铁路、船舶、航空航天和其他运输设备制造业	Manufacture of Railway,Marine,Aerospace and Other Transport Equipment	12.92	7.29	43.88
电气机械和器材制造业	Manufacture of Electrical Machinery and Equipment	13.15	6.22	48.86
计算机、通信和其他电子设备制造业	Manufacture of Communication Equipment, Computer and Other Electronic Equipment	11.42	4.82	55.52
仪器仪表制造业	Manufacture of Measuring Instrument	10.31	8.93	41.61
其他制造业	Other Manufacture N.E.C	21.22	7.16	24.83
废弃资源综合利用业	Recycling and Disposal of Waste	24.45	5.32	40.48
金属制品、机械和设备修理业	Mental Products,Machine and Equipment Repair	9.67	3.15	62.17
电力、热力生产和供应业	Production and Supply of Electric Power and Heat Power	7.35	12.28	54.79
燃气生产和供应业	Production and Distribution of Gas	11.14	6.72	63.25
水的生产和供应业	Production and Distribution of Water	11.15	8.41	58.55

13-7 外商投资和港澳台投资工业企业主要经济指标(2019年)
Main Indicators of Industrial Enterprises with Hong Kong, Taiwan and Foreign Funds (2019)

单位：个 (unit)

指 标	Item	企业单位数 Number of Enterprises	亏损企业 Loss-making Enterprises
总计	**Total**	**451**	**64**
在总计中：	Of the Total		
亏损企业	Enterprises Running under Deficit	64	64
在总计中：	Of the Total		
大型企业	Large Scale Enterprises	28	2
中型企业	Medium Scale Enterprises	136	10
小型企业	Small Enterprises	269	47
微型企业	Microenterprise	18	5
按行业分	Grouped by Sector		
煤炭开采和洗选业	Mining and Washing of Coal		
石油和天然气开采业	Petroleum and Natural Gas Extraction		
黑色金属矿采选业	Mining of Ferrous Metal Ores		
有色金属矿采选业	Mining of Non-ferrous Metal Ores	1	1
非金属矿采选业	Mining and Processing of Nonmetal Ores	1	
开采辅助活动	Mining of Other Ores N.E.C		
其他采矿业	Other Mining and Dressing		
农副食品加工业	Processing of Food from Agricultural Products	25	4
食品制造业	Manufacture of Foods	16	1
酒、饮料和精制茶制造业	Manufacture of Liquor, Beverage and Refined Tea	16	3
烟草制品业	Manufacture of Tobacco		
纺织业	Manufacture of Textile	7	1
纺织服装、服饰业	Manufacture of Textile Wearing and Clothing Apparel	14	
皮革、毛皮、羽毛及其制品和制鞋业	Leather, Fur, Feather and Its Products and Footwear	38	2
木材加工和木、竹、藤、棕、草制品业	Processing of Timbers, Manufacture of Wood, Bamboo, Rattan, Palm and Straw Products	2	
家具制造业	Manufacture of Furniture	2	
造纸和纸制品业	Manufacture of Paper and Paper Products	6	1
印刷和记录媒介复制业	Printing, Reproduction of Recording Media	8	1
文教、工美、体育和娱乐用品制造业	Manufacture of Articles for Culture,Education and Sport Activity	20	2
石油、煤炭及其他燃料加工业	Processing of Petroleum, Coal and Other Fuels		
化学原料和化学制品制造业	Manufacture of Chemical Raw Material and Chemical Products	26	1
医药制造业	Manufacture of Medicines	7	1
化学纤维制造业	Manufacture of Chemical Fiber	2	1
橡胶和塑料制品业	Manufacture of Rubber and Plastic	14	2
非金属矿物制品业	Manufacture of Non-metallic Mineral Products	29	2
黑色金属冶炼和压延加工业	Manufacture and Processing of Ferrous Metals		
有色金属冶炼和压延加工业	Manufacture and Processing of Non-ferrous Metals	6	3
金属制品业	Manufacture of Metal Products	8	
通用设备制造业	Manufacture of General Purpose Machinery	22	1
专用设备制造业	Manufacture of Special Purpose Machinery	15	3
汽车制造业	Automobile Industry	47	20
铁路、船舶、航空航天和其他运输设备制造业	Manufacture of Railway,Marine,Aerospace and Other Transport Equipment	10	5
电气机械和器材制造业	Manufacture of Electrical Machinery and Equipment	20	1
计算机、通信和其他电子设备制造业	Manufacture of Communication Equipment, Computer and Other Electronic Equipment	33	6
仪器仪表制造业	Manufacture of Measuring Instrument	3	
其他制造业	Other Manufacture N.E.C		
废弃资源综合利用业	Recycling and Disposal of Waste	2	
金属制品、机械和设备修理业	Mental Products,Machine and Equipment Repair	1	
电力、热力生产和供应业	Production and Supply of Electric Power and Heat Power	22	1
燃气生产和供应业	Production and Distribution of Gas	14	
水的生产和供应业	Production and Distribution of Water	14	1

13-7 续表 1 Continued

单位：亿元 (100 million yuan)

指 标	Item	资产总计 Total Assets	流动资产合 计 Circulating Funds	负债合计 Total Liabilities
总计	**Total**	**3210.50**	**1406.88**	**1797.19**
在总计中：	Of the Total			
亏损企业	Enterprises Running under Deficit	465.08	287.66	480.37
在总计中：	Of the Total			
大型企业	Large Scale Enterprises	1893.89	772.45	1249.52
中型企业	Medium Scale Enterprises	789.33	397.56	391.33
小型企业	Small Enterprises	514.93	232.58	148.77
微型企业	Microenterprise	12.36	4.28	7.58
按行业分	Grouped by Sector			
煤炭开采和洗选业	Mining and Washing of Coal			
石油和天然气开采业	Petroleum and Natural Gas Extraction			
黑色金属矿采选业	Mining of Ferrous Metal Ores			
有色金属矿采选业	Mining of Non-ferrous Metal Ores	1.92	0.73	1.18
非金属矿采选业	Mining and Processing of Nonmetal Ores	0.38	0.17	0.16
开采辅助活动	Mining of Other Ores N.E.C			
其他采矿业	Other Mining and Dressing			
农副食品加工业	Processing of Food from Agricultural Products	93.27	46.20	44.26
食品制造业	Manufacture of Foods	86.44	60.45	36.89
酒、饮料和精制茶制造业	Manufacture of Liquor, Beverage and Refined Tea	43.34	22.66	20.35
烟草制品业	Manufacture of Tobacco			
纺织业	Manufacture of Textile	10.42	3.69	4.68
纺织服装、服饰业	Manufacture of Textile Wearing and Clothing Apparel	13.52	4.64	4.78
皮革、毛皮、羽毛及其制品和制鞋业	Leather, Fur, Feather and Its Products and Footwear	41.93	15.05	16.26
木材加工和木、竹、藤、棕、草制品业	Processing of Timbers, Manufacture of Wood, Bamboo, Rattan, Palm and Straw Products	1.08	0.17	0.52
家具制造业	Manufacture of Furniture	1.82	0.34	0.71
造纸和纸制品业	Manufacture of Paper and Paper Products	54.26	42.79	34.25
印刷和记录媒介复制业	Printing, Reproduction of Recording Media	16.94	8.72	4.70
文教、工美、体育和娱乐用品制造业	Manufacture of Articles for Culture,Education and Sport Activity	11.82	5.13	6.11
石油、煤炭及其他燃料加工业	Processing of Petroleum, Coal and Other Fuels			
化学原料和化学制品制造业	Manufacture of Chemical Raw Material and Chemical Products	79.38	42.52	23.61
医药制造业	Manufacture of Medicines	20.89	12.36	6.15
化学纤维制造业	Manufacture of Chemical Fiber	6.34	1.46	4.25
橡胶和塑料制品业	Manufacture of Rubber and Plastic	37.02	13.84	8.43
非金属矿物制品业	Manufacture of Non-metallic Mineral Products	153.71	57.16	61.54
黑色金属冶炼和压延加工业	Manufacture and Processing of Ferrous Metals			
有色金属冶炼和压延加工业	Manufacture and Processing of Non-ferrous Metals	15.17	8.21	11.39
金属制品业	Manufacture of Metal Products	21.85	9.52	12.56
通用设备制造业	Manufacture of General Purpose Machinery	73.72	48.56	36.01
专用设备制造业	Manufacture of Special Purpose Machinery	38.58	24.23	17.06
汽车制造业	Automobile Industry	721.64	411.14	602.33
铁路、船舶、航空航天和其他运输设备制造业	Manufacture of Railway,Marine,Aerospace and Other Transport Equipment	15.91	8.60	5.72
电气机械和器材制造业	Manufacture of Electrical Machinery and Equipment	91.30	66.47	54.77
计算机、通信和其他电子设备制造业	Manufacture of Communication Equipment, Computer and Other Electronic Equipment	750.80	369.57	354.24
仪器仪表制造业	Manufacture of Measuring Instrument	3.77	2.20	1.92
其他制造业	Other Manufacture N.E.C			
废弃资源综合利用业	Recycling and Disposal of Waste	11.60	2.50	5.61
金属制品、机械和设备修理业	Mental Products,Machine and Equipment Repair	0.68	0.64	0.46
电力、热力生产和供应业	Production and Supply of Electric Power and Heat Power	649.28	75.01	330.28
燃气生产和供应业	Production and Distribution of Gas	101.41	34.29	67.72
水的生产和供应业	Production and Distribution of Water	40.32	7.85	18.30

13-7 续表 2 Continued

单位：亿元 (100 million yuan)

指 标	Item	实收资本 Assets Recevied	所有者权益 Paid-in capital	营业收入 Revenue of Business
总计	**Total**	**719.75**	**1415.53**	**3120.16**
在总计中：	Of the Total			
亏损企业	Enterprises Running under Deficit	111.42	-15.29	309.81
在总计中：	Of the Total			
大型企业	Large Scale Enterprises	369.73	644.37	1690.81
中型企业	Medium Scale Enterprises	200.68	398.00	881.32
小型企业	Small Enterprises	145.40	368.39	533.09
微型企业	Microenterprise	3.94	4.78	14.94
按行业分	Grouped by Sector			
煤炭开采和洗选业	Mining and Washing of Coal			
石油和天然气开采业	Petroleum and Natural Gas Extraction			
黑色金属矿采选业	Mining of Ferrous Metal Ores			
有色金属矿采选业	Mining of Non-ferrous Metal Ores	0.74	0.74	0.22
非金属矿采选业	Mining and Processing of Nonmetal Ores	0.08	0.22	1.29
开采辅助活动	Mining of Other Ores N.E.C			
其他采矿业	Other Mining and Dressing			
农副食品加工业	Processing of Food from Agricultural Products	15.23	49.01	102.04
食品制造业	Manufacture of Foods	13.09	49.55	148.70
酒、饮料和精制茶制造业	Manufacture of Liquor, Beverage and Refined Tea	11.38	22.99	70.65
烟草制品业	Manufacture of Tobacco			
纺织业	Manufacture of Textile	4.26	5.74	19.19
纺织服装、服饰业	Manufacture of Textile Wearing and Clothing Apparel	4.84	8.75	38.14
皮革、毛皮、羽毛及其制品和制鞋业	Leather, Fur, Feather and Its Products and Footwear	11.86	25.67	139.01
木材加工和木、竹、藤、棕、草制品业	Processing of Timbers, Manufacture of Wood, Bamboo, Rattan, Palm and Straw Products	0.43	0.56	2.67
家具制造业	Manufacture of Furniture	0.26	1.11	3.77
造纸和纸制品业	Manufacture of Paper and Paper Products	15.76	20.01	42.10
印刷和记录媒介复制业	Printing, Reproduction of Recording Media	4.18	12.24	18.56
文教、工美、体育和娱乐用品制造业	Manufacture of Articles for Culture,Education and Sport Activity	3.92	5.70	43.06
石油、煤炭及其他燃料加工业	Processing of Petroleum, Coal and Other Fuels			
化学原料和化学制品制造业	Manufacture of Chemical Raw Material and Chemical Products	19.26	55.77	109.78
医药制造业	Manufacture of Medicines	5.48	14.74	16.61
化学纤维制造业	Manufacture of Chemical Fiber	4.01	2.08	8.36
橡胶和塑料制品业	Manufacture of Rubber and Plastic	22.47	28.60	36.70
非金属矿物制品业	Manufacture of Non-metallic Mineral Products	38.02	92.17	88.93
黑色金属冶炼和压延加工业	Manufacture and Processing of Ferrous Metals			
有色金属冶炼和压延加工业	Manufacture and Processing of Non-ferrous Metals	2.68	3.78	31.07
金属制品业	Manufacture of Metal Products	7.88	9.29	23.60
通用设备制造业	Manufacture of General Purpose Machinery	16.77	37.71	87.50
专用设备制造业	Manufacture of Special Purpose Machinery	15.26	21.52	66.63
汽车制造业	Automobile Industry	149.55	119.31	800.46
铁路、船舶、航空航天和其他运输设备制造业	Manufacture of Railway,Marine,Aerospace and Other Transport Equipment	10.67	10.19	33.02
电气机械和器材制造业	Manufacture of Electrical Machinery and Equipment	21.66	36.53	111.80
计算机、通信和其他电子设备制造业	Manufacture of Communication Equipment, Computer and Other Electronic Equipment	157.69	396.56	844.16
仪器仪表制造业	Manufacture of Measuring Instrument	0.36	1.85	1.97
其他制造业	Other Manufacture N.E.C			
废弃资源综合利用业	Recycling and Disposal of Waste	2.30	5.99	5.83
金属制品、机械和设备修理业	Mental Products,Machine and Equipment Repair	0.24	0.22	0.87
电力、热力生产和供应业	Production and Supply of Electric Power and Heat Power	135.31	321.23	135.03
燃气生产和供应业	Production and Distribution of Gas	8.30	33.69	72.96
水的生产和供应业	Production and Distribution of Water	15.82	22.02	15.48

13-7 续表 3 Continued

单位：亿元 (100 million yuan)

指 标	Item	营业成本 Cost of Businese	利润总额 Total Profit
总计	**Total**	**2549.31**	**167.45**
在总计中：	Of the Total		
亏损企业	Enterprises Running under Deficit	329.83	-50.38
在总计中：	Of the Total		
大型企业	Large Scale Enterprises	1416.92	55.19
中型企业	Medium Scale Enterprises	681.42	80.21
小型企业	Small Enterprises	438.22	31.69
微型企业	Microenterprise	12.76	0.36
按行业分	Grouped by Sector		
煤炭开采和洗选业	Mining and Washing of Coal		
石油和天然气开采业	Petroleum and Natural Gas Extraction		
黑色金属矿采选业	Mining of Ferrous Metal Ores		
有色金属矿采选业	Mining of Non-ferrous Metal Ores	0.18	-0.30
非金属矿采选业	Mining and Processing of Nonmetal Ores	0.86	0.13
开采辅助活动	Mining of Other Ores N.E.C		
其他采矿业	Other Mining and Dressing		
农副食品加工业	Processing of Food from Agricultural Products	91.97	3.95
食品制造业	Manufacture of Foods	100.34	19.36
酒、饮料和精制茶制造业	Manufacture of Liquor, Beverage and Refined Tea	52.15	6.30
烟草制品业	Manufacture of Tobacco		
纺织业	Manufacture of Textile	17.14	0.37
纺织服装、服饰业	Manufacture of Textile Wearing and Clothing Apparel	32.36	2.31
皮革、毛皮、羽毛及其制品和制鞋业	Leather, Fur, Feather and Its Products and Footwear	122.37	5.26
木材加工和木、竹、藤、棕、草制品业	Processing of Timbers, Manufacture of Wood, Bamboo, Rattan, Palm and Straw Products	2.32	0.07
家具制造业	Manufacture of Furniture	3.42	0.08
造纸和纸制品业	Manufacture of Paper and Paper Products	37.86	2.11
印刷和记录媒介复制业	Printing, Reproduction of Recording Media	13.00	2.37
文教、工美、体育和娱乐用品制造业	Manufacture of Articles for Culture,Education and Sport Activity	37.17	0.75
石油、煤炭及其他燃料加工业	Processing of Petroleum, Coal and Other Fuels		
化学原料和化学制品制造业	Manufacture of Chemical Raw Material and Chemical Products	87.91	12.03
医药制造业	Manufacture of Medicines	5.97	2.65
化学纤维制造业	Manufacture of Chemical Fiber	7.84	-0.14
橡胶和塑料制品业	Manufacture of Rubber and Plastic	31.50	1.46
非金属矿物制品业	Manufacture of Non-metallic Mineral Products	68.59	9.40
黑色金属冶炼和压延加工业	Manufacture and Processing of Ferrous Metals		
有色金属冶炼和压延加工业	Manufacture and Processing of Non-ferrous Metals	30.91	-0.18
金属制品业	Manufacture of Metal Products	18.36	1.98
通用设备制造业	Manufacture of General Purpose Machinery	68.88	10.08
专用设备制造业	Manufacture of Special Purpose Machinery	53.02	6.91
汽车制造业	Automobile Industry	701.58	-10.03
铁路、船舶、航空航天和其他运输设备制造业	Manufacture of Railway,Marine,Aerospace and Other Transport Equipment	28.67	0.26
电气机械和器材制造业	Manufacture of Electrical Machinery and Equipment	90.76	7.09
计算机、通信和其他电子设备制造业	Manufacture of Communication Equipment, Computer and Other Electronic Equipment	690.55	50.15
仪器仪表制造业	Manufacture of Measuring Instrument	1.32	0.36
其他制造业	Other Manufacture N.E.C		
废弃资源综合利用业	Recycling and Disposal of Waste	2.21	2.85
金属制品、机械和设备修理业	Mental Products,Machine and Equipment Repair	0.86	0.02
电力、热力生产和供应业	Production and Supply of Electric Power and Heat Power	82.09	17.94
燃气生产和供应业	Production and Distribution of Gas	56.67	9.58
水的生产和供应业	Production and Distribution of Water	10.48	2.27

13-7 续表 4 Continued

指 标	Item	本年应付职工薪酬（亿元）Total Sum of Wages Payable this Year (100 million yuan)	全部从业人员年平均人数（万人）Average Number of Empolyment of the Current Year (10 000person)
总计	**Total**	**311.92**	**28.39**
在总计中：	Of the Total		
亏损企业	Enterprises Running under Deficit	19.76	2.05
在总计中：	Of the Total		
大型企业	Large Scale Enterprises	185.19	15.12
中型企业	Medium Scale Enterprises	84.78	8.81
小型企业	Small Enterprises	41.38	4.28
微型企业	Microenterprise	0.56	0.18
按行业分	Grouped by Sector		
煤炭开采和洗选业	Mining and Washing of Coal		
石油和天然气开采业	Petroleum and Natural Gas Extraction		
黑色金属矿采选业	Mining of Ferrous Metal Ores		
有色金属矿采选业	Mining of Non-ferrous Metal Ores	0.23	0.02
非金属矿采选业	Mining and Processing of Nonmetal Ores	0.09	0.02
开采辅助活动	Mining of Other Ores N.E.C		
其他采矿业	Other Mining and Dressing		
农副食品加工业	Processing of Food from Agricultural Products	5.83	0.51
食品制造业	Manufacture of Foods	10.79	0.95
酒、饮料和精制茶制造业	Manufacture of Liquor, Beverage and Refined Tea	5.31	0.50
烟草制品业	Manufacture of Tobacco		
纺织业	Manufacture of Textile	2.60	0.34
纺织服装、服饰业	Manufacture of Textile Wearing and Clothing Apparel	6.71	0.71
皮革、毛皮、羽毛及其制品和制鞋业	Leather, Fur, Feather and Its Products and Footwear	35.53	4.14
木材加工和木、竹、藤、棕、草制品业	Processing of Timbers, Manufacture of Wood, Bamboo, Rattan, Palm and Straw Products	0.13	0.02
家具制造业	Manufacture of Furniture	0.46	0.09
造纸和纸制品业	Manufacture of Paper and Paper Products	1.85	0.20
印刷和记录媒介复制业	Printing, Reproduction of Recording Media	2.43	0.27
文教、工美、体育和娱乐用品制造业	Manufacture of Articles for Culture,Education and Sport Activity	4.67	0.85
石油、煤炭及其他燃料加工业	Processing of Petroleum, Coal and Other Fuels		
化学原料和化学制品制造业	Manufacture of Chemical Raw Material and Chemical Products	7.38	0.61
医药制造业	Manufacture of Medicines	0.95	0.12
化学纤维制造业	Manufacture of Chemical Fiber	0.78	0.13
橡胶和塑料制品业	Manufacture of Rubber and Plastic	2.84	0.31
非金属矿物制品业	Manufacture of Non-metallic Mineral Products	8.20	0.96
黑色金属冶炼和压延加工业	Manufacture and Processing of Ferrous Metals		
有色金属冶炼和压延加工业	Manufacture and Processing of Non-ferrous Metals	0.49	0.06
金属制品业	Manufacture of Metal Products	2.31	0.22
通用设备制造业	Manufacture of General Purpose Machinery	7.59	0.47
专用设备制造业	Manufacture of Special Purpose Machinery	4.90	0.36
汽车制造业	Automobile Industry	42.09	2.77
铁路、船舶、航空航天和其他运输设备制造业	Manufacture of Railway,Marine,Aerospace and Other Transport Equipment	4.47	0.32
电气机械和器材制造业	Manufacture of Electrical Machinery and Equipment	10.74	1.06
计算机、通信和其他电子设备制造业	Manufacture of Communication Equipment, Computer and Other Electronic Equipment	123.58	11.13
仪器仪表制造业	Manufacture of Measuring Instrument	0.22	0.02
其他制造业	Other Manufacture N.E.C		
废弃资源综合利用业	Recycling and Disposal of Waste	0.80	0.05
金属制品、机械和设备修理业	Mental Products,Machine and Equipment Repair	0.77	0.08
电力、热力生产和供应业	Production and Supply of Electric Power and Heat Power	10.48	0.51
燃气生产和供应业	Production and Distribution of Gas	4.33	0.38
水的生产和供应业	Production and Distribution of Water	2.37	0.21

13-7 续表 5 Continued

单位：% (%)

指 标	Item	总资产贡献率 Ratio of Total Assets to Industrial Output Value	成本费用利润率 Ratio of Profits to Industrial Cost	资产负债率 Assets-Liability Ratio
总计	**Total**	**12.12**	**5.89**	**55.98**
在总计中：	Of the Total			
亏损企业	Enterprises Running under Deficit	-8.48	-14.26	103.29
在总计中：	Of the Total			
大型企业	Large Scale Enterprises	11.26	3.55	65.98
中型企业	Medium Scale Enterprises	15.07	10.28	49.58
小型企业	Small Enterprises	10.89	6.45	28.89
微型企业	Microenterprise	6.45	2.71	61.31
按行业分	Grouped by Sector			
煤炭开采和洗选业	Mining and Washing of Coal			
石油和天然气开采业	Petroleum and Natural Gas Extraction			
黑色金属矿采选业	Mining of Ferrous Metal Ores			
有色金属矿采选业	Mining of Non-ferrous Metal Ores	-15.64	-62.09	61.42
非金属矿采选业	Mining and Processing of Nonmetal Ores	43.48	11.13	41.58
开采辅助活动	Mining of Other Ores N.E.C			
其他采矿业	Other Mining and Dressing			
农副食品加工业	Processing of Food from Agricultural Products	6.16	3.95	47.45
食品制造业	Manufacture of Foods	37.25	17.12	42.68
酒、饮料和精制茶制造业	Manufacture of Liquor, Beverage and Refined Tea	21.78	10.02	46.95
烟草制品业	Manufacture of Tobacco			
纺织业	Manufacture of Textile	5.16	1.97	44.94
纺织服装、服饰业	Manufacture of Textile Wearing and Clothing Apparel	21.30	6.49	35.33
皮革、毛皮、羽毛及其制品和制鞋业	Leather, Fur, Feather and Its Products and Footwear	20.12	3.97	38.77
木材加工和木、竹、藤、棕、草制品业	Processing of Timbers, Manufacture of Wood, Bamboo, Rattan, Palm and Straw Products	10.05	2.81	48.18
家具制造业	Manufacture of Furniture	5.98	2.06	39.19
造纸和纸制品业	Manufacture of Paper and Paper Products	4.88	5.26	63.12
印刷和记录媒介复制业	Printing, Reproduction of Recording Media	19.97	14.88	27.76
文教、工美、体育和娱乐用品制造业	Manufacture of Articles for Culture,Education and Sport Activity	12.46	1.84	51.74
石油、煤炭及其他燃料加工业	Processing of Petroleum, Coal and Other Fuels			
化学原料和化学制品制造业	Manufacture of Chemical Raw Material and Chemical Products	19.13	12.22	29.74
医药制造业	Manufacture of Medicines	20.45	19.18	29.45
化学纤维制造业	Manufacture of Chemical Fiber	-1.56	-1.68	67.14
橡胶和塑料制品业	Manufacture of Rubber and Plastic	5.98	4.18	22.76
非金属矿物制品业	Manufacture of Non-metallic Mineral Products	9.30	11.79	40.03
黑色金属冶炼和压延加工业	Manufacture and Processing of Ferrous Metals			
有色金属冶炼和压延加工业	Manufacture and Processing of Non-ferrous Metals	17.91	-0.56	75.07
金属制品业	Manufacture of Metal Products	13.09	9.24	57.50
通用设备制造业	Manufacture of General Purpose Machinery	17.27	13.39	48.85
专用设备制造业	Manufacture of Special Purpose Machinery	21.48	11.86	44.22
汽车制造业	Automobile Industry	2.88	-1.32	83.47
铁路、船舶、航空航天和其他运输设备制造业	Manufacture of Railway,Marine,Aerospace and Other Transport Equipment	7.07	0.78	35.97
电气机械和器材制造业	Manufacture of Electrical Machinery and Equipment	11.33	6.80	59.99
计算机、通信和其他电子设备制造业	Manufacture of Communication Equipment, Computer and Other Electronic Equipment	20.81	6.58	47.18
仪器仪表制造业	Manufacture of Measuring Instrument	12.56	22.54	50.86
其他制造业	Other Manufacture N.E.C			
废弃资源综合利用业	Recycling and Disposal of Waste	31.66	88.39	48.38
金属制品、机械和设备修理业	Mental Products,Machine and Equipment Repair	14.61	2.23	67.28
电力、热力生产和供应业	Production and Supply of Electric Power and Heat Power	8.16	16.30	50.87
燃气生产和供应业	Production and Distribution of Gas	10.78	15.01	66.78
水的生产和供应业	Production and Distribution of Water	7.64	17.05	45.38

13-8 规模以上大中型工业企业主要经济指标及在工业中的地位（2019年）

Main Indicators of Large and Medium-sized Industrial Enterprises above Designated Size & Percentage of Industry Total (2019)

指 标	Item	企业单位数（个）Number of Enterprises (unit)	在工业中的地位（%）Status in Industry (%)	全部从业人员年平均人数（万人）Average Number of Employees (10 000 person)	在工业中的地位（%）Status in Industry (%)
总计	**Total**	**1821**	**11.0**	**153.35**	**49.7**
按登记注册类型：	**Grouped by Registration**				
内资企业	Internal-invested Enterprises	1657	10.3	129.42	46.2
国有企业	State-owned Enterprises	37	31.4	9.51	87.6
集体企业	Collective-owned Enterprises	18	25.7	1.05	60.0
股份合作企业	Enterprises Cooperated by Joint-stock	2	18.2	0.09	45.0
联营企业	Cooperative Enterprises	1	16.7	0.04	50.0
有限责任公司	Limited Liability Company	378	16.0	34.26	59.9
股份有限公司	Company Limited by Shares	138	24.9	14.07	71.7
私营企业	Individual-owned Enterprises	1083	8.3	70.41	37.0
其他企业	Enterprises of Other Types of Ownership				
港、澳、台投资企业	Enterprises Funded by Entrepreneurs From Hong Kong, Macao and Taiwan	95	37.8	17.17	88.4
外商投资企业	Enterprises funded by Foreigners	69	34.5	6.76	75.4
按经济组织类型：	**Grouped by Ownership**				
独资企业	Enterprises Owned by a Sole Investor	199	22.5	22.80	70.9
合作、合伙企业	Enterprises of Partnership	41	12.3	2.38	40.1
股份有限公司	Company Limited by Shares	235	22.2	27.59	73.0
有限责任公司	Limited Liability Company	1346	9.4	100.57	43.3
按行业划分：	**Grouped by Sector**				
煤炭开采和洗选业	Mining and Washing of Coal	36	23.4	2.83	63.9
石油和天然气开采业	Petroleum and Natural Gas Extraction				
黑色金属矿采选业	Mining of Ferrous Metal Ores	3	11.5	0.12	25.5
有色金属矿采选业	Mining of Non-ferrous Metal Ores	27	23.5	2.05	63.7
非金属矿采选业	Mining and Processing of Nonmetal Ores	15	5.3	0.72	22.6
开采辅助活动	Mining Auxiliary Activities				
其他采矿业	Other Mining and Dressing				

13-8 续表 1 Continued

指 标	Item	企业单位数（个）Number of Enterprises (unit)	在工业中的地位（%）Status in Industry (%)	全部从业人员年平均人数（万人）Average Number of Employees (10 000 person)	在工业中的地位（%）Status in Industry (%)
农副食品加工业	Processing of Food from Agricultural Products	122	7.7	8.68	37.8
食品制造业	Manufacture of Foods	66	12.8	8.39	59.3
酒、饮料和精制茶制造业	Manufacture of Liquor, Beverage and Refined Tea	35	6.8	2.21	31.9
烟草制品业	Manufacture of Tobacco	4	50.0	1.06	93.0
纺织业	Manufacture of Textile	68	26.2	4.15	64.5
纺织服装、服饰业	Manufacture of Textile Wearing and Clothing Apparel	48	17.7	3.26	55.3
皮革、毛皮、羽毛及其制品和制鞋业	Leather, Fur, Feather and Its Products and Footwear	69	11.3	6.47	58.0
木材加工和木、竹、藤、棕、草制品业	Processing of Timbers, Manufacture of Wood, Bamboo, Rattan, Palm and Straw Products	47	10.8	2.33	33.9
家具制造业	Manufacture of Furniture	15	7.4	0.61	25.3
造纸和纸制品业	Manufacture of Paper and Paper Products	26	10.2	1.83	39.1
印刷和记录媒介复制业	Printing,Reproduction of Recording Media	26	9.5	1.42	33.6
文教、工美、体育和娱乐用品制造业	Manufacture of Articles for Culture, Education and Sport Activity	35	12.5	1.88	41.1
石油、煤炭及其他燃料加工业	Processing of Petroleum,Coking, Processing of Nucleus Fuel	7	8.6	1.10	67.9
化学原料和化学制品制造业	Manufacture of Chemical Raw Material and Chemical Products	189	13.1	10.36	38.1
医药制造业	Manufacture of Medicines	56	16.1	3.62	51.3
化学纤维制造业	Manufacture of Chemical Fiber	2	13.3	0.13	37.1
橡胶和塑料制品业	Manufacture of Rubber and Plastic	20	4.4	1.11	21.4
非金属矿物制品业	Manufacture of Non-metallic Mineral Products	233	10.0	14.42	43.5
黑色金属冶炼和压延加工业	Manufacture and Processing of Ferrous Metals	13	9.7	3.23	70.7
有色金属冶炼和压延加工业	Manufacture and Processing of Non-ferrous Metals	56	13.3	4.73	45.9
金属制品业	Manufacture of Metal Products	70	7.5	3.43	29.0
通用设备制造业	Manufacture of General Purpose Machinery	74	8.2	4.87	39.0
专用设备制造业	Manufacture of Special Purpose Machinery	66	8.3	8.08	54.0
汽车制造业	Automobile Industry	54	13.0	6.58	63.1
铁路、船舶、航空航天和其他运输	Manufacture of Railway, Marine, Aerospace and Other	32	18.7	5.31	76.8
电气机械和器材制造业	Manufacture of Electrical Machinery and Equipment	81	11.2	6.08	47.2
计算机、通信和其他电子设备制造业	Manufacture of Communication Equipment, Computer	119	17.3	18.09	72.7
仪器仪表制造业	Manufacture of Measuring Instrument	10	6.8	0.48	30.6
其他制造业	Other Manufacture N.E.C	16	19.0	2.80	76.3
废弃资源综合利用业	Recycling and Disposal of Waste	6	5.0	0.17	14.4
金属制品、机械和设备修理业	Mental Products,Machine and Equipment Repair	2	28.6	0.16	80.0
电力、热力生产和供应业	Production and Supply of Electric Power and Heat Power	45	12.9	9.10	77.1
燃气生产和供应业	Production and Distribution of Gas	8	13.1	0.41	50.0
水的生产和供应业	Production and Distribution of Water	20	13.9	1.09	41.3

13-8 续表 2 Continued

指 标	Item	固定资产原价（亿元）Original Value of Fixed Assets (100 million yuan)	在工业中的地位（%）Status in Industry (%)	利润总额（亿元）Total Profits (100 million yuan)	在工业中的地位（%）Status in Industry (%)
总计	**Total**	**11317.27**	**61.8**	**1179.33**	**52.9**
按登记注册类型：	**Grouped by Registration**				
内资企业	Internal-invested Enterprises	9521.07	59.1	1043.93	50.7
国有企业	State-owned Enterprises	2301.52	96.0	90.51	96.8
集体企业	Collective-owned Enterprises	14.76	42.9	2.00	53.8
股份合作企业	Enterprises Cooperated by Joint-stock	0.61	21.8	0.11	8.7
联营企业	Cooperative Enterprises	0.17	15.2	0.09	8.9
有限责任公司	Limited Liability Company	3444.15	63.2	313.98	64.6
股份有限公司	Company Limited by Shares	1108.06	77.1	139.88	81.4
私营企业	Individual-owned Enterprises	2651.79	39.1	497.36	38.2
其他企业	Enterprises of Other Types of Ownership				
港、澳、台投资企业	Enterprises Funded by Entrepreneurs From Hong Kong, Macao and Taiwan	1292.12	91.1	96.85	86.7
外商投资企业	Enterprises funded by Foreigners	504.07	64.2	38.55	69.2
按经济组织类型：	**Grouped by Ownership**				
独资企业	Enterprises Owned by a Sole Investor	2710.63	89.8	142.70	77.4
合作、合伙企业	Enterprises of Partnership	66.69	40.4	5.01	19.0
股份有限公司	Company Limited by Shares	1642.55	74.6	198.05	74.4
有限责任公司	Limited Liability Company	6897.39	53.4	833.58	47.6
按行业划分：	**Grouped by Sector**				
煤炭开采和洗选业	Mining and Washing of Coal	54.08	43.1	3.92	33.5
石油和天然气开采业	Petroleum and Natural Gas Extraction				
黑色金属矿采选业	Mining of Ferrous Metal Ores	1.83	14.4	0.02	1.3
有色金属矿采选业	Mining of Non-ferrous Metal Ores	120.29	69.3	6.91	48.1
非金属矿采选业	Mining and Processing of Nonmetal Ores	39.23	29.7	5.48	23.1
开采辅助活动	Mining Auxiliary Activities				
其他采矿业	Other Mining and Dressing				

13-8 续表 3 Continued

指 标	Item	固定资产原价（亿元）Original Value of Fixed Assets (100 million yuan)	在工业中的地位（%）Status in Industry (%)	利润总额（亿元）Total Profits (100 million yuan)	在工业中的地位（%）Status in Industry (%)
农副食品加工业	Processing of Food from Agricultural Products	304.66	35.0	45.02	30.0
食品制造业	Manufacture of Foods	233.32	55.9	49.01	60.6
酒、饮料和精制茶制造业	Manufacture of Liquor, Beverage and Refined Tea	118.35	41.3	15.54	35.9
烟草制品业	Manufacture of Tobacco	229.99	96.7	84.36	99.1
纺织业	Manufacture of Textile	147.10	68.4	15.97	66.2
纺织服装、服饰业	Manufacture of Textile Wearing and Clothing Apparel	89.11	61.4	7.71	45.0
皮革、毛皮、羽毛及其制品和制鞋业	Leather, Fur, Feather and Its Products and Footwear	53.23	40.1	8.69	20.1
木材加工和木、竹、藤、棕、草制品业	Processing of Timbers, Manufacture of Wood, Bamboo, Rattan, Palm and Straw Products	97.72	46.1	7.46	25.5
家具制造业	Manufacture of Furniture	37.36	44.8	2.88	19.6
造纸和纸制品业	Manufacture of Paper and Paper Products	193.96	59.1	10.24	33.0
印刷和记录媒介复制业	Printing,Reproduction of Recording Media	59.67	43.0	13.9	42.7
文教、工美、体育和娱乐用品制造业	Manufacture of Articles for Culture, Education and Sport Activity	19.1	22.5	5.09	26.5
石油、煤炭及其他燃料加工业	Processing of Petroleum,Coking, Processing of Nucleus Fuel	287.14	92.8	10.17	68.6
化学原料和化学制品制造业	Manufacture of Chemical Raw Material and Chemical Products	481.62	50.2	52.47	32.1
医药制造业	Manufacture of Medicines	190.68	56.8	42.18	57.6
化学纤维制造业	Manufacture of Chemical Fiber	6.94	43.7	-0.14	-20.6
橡胶和塑料制品业	Manufacture of Rubber and Plastic	54.71	25.6	9.98	25.6
非金属矿物制品业	Manufacture of Non-metallic Mineral Products	788.16	46.8	95.99	40.0
黑色金属冶炼和压延加工业	Manufacture and Processing of Ferrous Metals	797.79	92.3	89.62	91.3
有色金属冶炼和压延加工业	Manufacture and Processing of Non-ferrous Metals	550.72	62.7	16.39	33.3
金属制品业	Manufacture of Metal Products	229.97	44.8	36.52	37.7
通用设备制造业	Manufacture of General Purpose Machinery	181.45	37.9	40.64	45.1
专用设备制造业	Manufacture of Special Purpose Machinery	661.53	71.4	242.3	84.5
汽车制造业	Automobile Industry	504.63	77.0	4.95	39.8
铁路、船舶、航空航天和其他运输	Manufacture of Railway, Marine, Aerospace and Other	273.78	85.4	41.69	85.2
电气机械和器材制造业	Manufacture of Electrical Machinery and Equipment	242.33	42.8	37.01	42.7
计算机、通信和其他电子设备制造业	Manufacture of Communication Equipment, Computer	564.22	77.9	108.78	75.2
仪器仪表制造业	Manufacture of Measuring Instrument	16.32	34.6	6.76	33.9
其他制造业	Other Manufacture N.E.C	35.36	64.0	8.77	64.8
废弃资源综合利用业	Recycling and Disposal of Waste	12.64	11.7	2.84	21.9
金属制品、机械和设备修理业	Mental Products,Machine and Equipment Repair	1.99	68.2	0.43	72.9
电力、热力生产和供应业	Production and Supply of Electric Power and Heat Power	3361.8	73.7	35.05	43.9
燃气生产和供应业	Production and Distribution of Gas	73.04	58.5	9.07	53.4
水的生产和供应业	Production and Distribution of Water	201.47	54.7	5.64	33.9

13-9 规模以上中小微型工业企业主要经济指标及在工业中的地位(2019年)
Main Indicators of Small and Medium-sized Micro Industrial Enterprises above Designated Size & Percentage of Industry Total (2019)

指 标	Item	企业单位数（个） Number of Enterprises (unit)	在工业中的地位（%） Status in Industry (%)	全部从业人员年平均人数（万人） Average Number of Employees (10 000 person)	在工业中的地位（%） Status in Industry (%)
总计	**Total**	**16390**	**99.0**	**246.42**	**79.9**
按登记注册类型:	**Grouped by Registration**				
内资企业	Internal-invested Enterprises	15967	99.1	233.15	83.3
国有企业	State-owned Enterprises	112	94.9	3.02	27.8
集体企业	Collective-owned Enterprises	70	100.0	1.75	100.0
股份合作企业	Enterprises Cooperated by Joint-stock	11	100.0	0.20	100.0
联营企业	Cooperative Enterprises	6	100.0	0.08	100.0
有限责任公司	Limited Liability Company	2297	97.5	41.17	71.9
股份有限公司	Company Limited by Shares	520	93.9	11.17	57.0
私营企业	Individual-owned Enterprises	12948	99.7	175.77	92.4
其他企业	Enterprises of Other Types of Ownership	3	100.0	0.01	100.0
港、澳、台投资企业	Enterprises Funded by Entrepreneurs from Hong Kong, Macao and Taiwan	235	93.6	7.47	38.4
外商投资企业	Enterprises funded by Foreigners	188	94.0	5.80	64.7
按经济组织类型:	**Grouped by Ownership**				
独资企业	Enterprises Owned by a Sole Investor	860	97.3	19.97	62.1
合作、合伙企业	Enterprises of Partnership	334	100.0	5.94	100.0
股份有限公司	Company Limited by Shares	1009	95.4	20.41	54.0
有限责任公司	Limited Liability Company	14187	99.3	200.11	86.1
按行业划分:	**Grouped by Sector**				
煤炭开采和洗选业	Mining and Washing of Coal	154	100.0	4.43	100.0
石油和天然气开采业	Petroleum and Natural Gas Extraction				
黑色金属矿采选业	Mining of Ferrous Metal Ores	26	100.0	0.47	100.0
有色金属矿采选业	Mining of Non-ferrous Metal Ores	111	96.5	2.64	82.0
非金属矿采选业	Mining and Processing of Nonmetal Ores	282	100.0	3.18	100.0
开采辅助活动	Mining Auxiliary Activities				
其他采矿业	Other Mining and Dressing	2	100.0	0.02	100.0

13-9 续表 1 Continued

指 标	Item	企业单位数 (个) Number of Enterprises (unit)	在工业中的地位 (%) Status in Industry (%)	全部从业人员年平均人数 (万人) Average Number of Employees (10 000 person)	在工业中的地位 (%) Status in Industry (%)
农副食品加工业	Processing of Food from Agricultural Products	1573	99.3	20.40	88.8
食品制造业	Manufacture of Foods	499	96.9	9.06	64.0
酒、饮料和精制茶制造业	Manufacture of Liquor, Beverage and Refined Tea	511	99.4	6.45	93.2
烟草制品业	Manufacture of Tobacco	7	87.5	0.28	24.6
纺织业	Manufacture of Textile	254	97.7	5.61	87.2
纺织服装、服饰业	Manufacture of Textile Wearing and Clothing Apparel	269	99.3	5.50	93.2
皮革、毛皮、羽毛及其制品和制鞋业	Leather, Fur, Feather and Its Products and Footwear	601	98.5	8.39	75.2
木材加工和木、竹、藤、棕、草制品业	Processing of Timbers, Manufacture of Wood, Bamboo, Rattan, Palm and Straw Products	434	100.0	6.87	100.0
家具制造业	Manufacture of Furniture	204	100.0	2.41	100.0
造纸和纸制品业	Manufacture of Paper and Paper Products	254	99.2	4.16	88.9
印刷和记录媒介复制业	Printing,Reproduction of Recording Media	274	100.0	4.22	100.0
文教、工美、体育和娱乐用品制造业	Manufacture of Articles for Culture, Education and Sport Activity	280	100.0	4.57	100.0
石油、煤炭及其他燃料加工业	Processing of Petroleum,Coking, Processing of Nucleus Fuel	78	96.3	0.84	51.9
化学原料和化学制品制造业	Manufacture of Chemical Raw Material and Chemical Products	1430	99.4	26.31	96.8
医药制造业	Manufacture of Medicines	339	97.4	5.88	83.3
化学纤维制造业	Manufacture of Chemical Fiber	15	100.0	0.35	100.0
橡胶和塑料制品业	Manufacture of Rubber and Plastic	452	99.8	5.08	98.1
非金属矿物制品业	Manufacture of Non-metallic Mineral Products	2329	99.7	31.91	96.2
黑色金属冶炼和压延加工业	Manufacture and Processing of Ferrous Metals	130	97.0	1.79	39.2
有色金属冶炼和压延加工业	Manufacture and Processing of Non-ferrous Metals	412	97.9	8.46	82.1
金属制品业	Manufacture of Metal Products	934	99.9	11.62	98.4
通用设备制造业	Manufacture of General Purpose Machinery	901	99.3	11.37	91.0
专用设备制造业	Manufacture of Special Purpose Machinery	788	98.9	10.11	67.6
汽车制造业	Automobile Industry	400	96.4	5.90	56.6
铁路、船舶、航空航天和其他运输	Manufacture of Railway, Marine, Aerospace and Other	160	93.6	2.65	38.4
电气机械和器材制造业	Manufacture of Electrical Machinery and Equipment	710	98.5	10.68	82.9
计算机、通信和其他电子设备制造业	Manufacture of Communication Equipment, Computer	673	97.7	12.09	48.6
仪器仪表制造业	Manufacture of Measuring Instrument	146	100.0	1.57	100.0
其他制造业	Other Manufacture N.E.C	82	97.6	1.87	51.0
废弃资源综合利用业	Recycling and Disposal of Waste	121	100.0	1.18	100.0
金属制品、机械和设备修理业	Mental Products,Machine and Equipment Repair	7	100.0	0.20	100.0
电力、热力生产和供应业	Production and Supply of Electric Power and Heat Power	344	98.3	4.61	39.1
燃气生产和供应业	Production and Distribution of Gas	61	100.0	0.82	100.0
水的生产和供应业	Production and Distribution of Water	143	99.3	2.48	93.9

13-9 续表 2 Continued

指 标	Item	固定资产原价（亿元）Original Value of Fixed Assets (100 million yuan)	在工业中的地位（%）Status in Industry (%)	利润总额（亿元）Total Profits (100 million yuan)	在工业中的地位（%）Status in Industry (%)
总计	**Total**	**11809.42**	**64.5**	**1635.28**	**73.4**
按登记注册类型：	**Grouped by Registration**				
内资企业	Internal-invested Enterprises	10917.92	67.8	1523.02	73.9
国有企业	State-owned Enterprises	241.12	10.1	12.83	13.7
集体企业	Collective-owned Enterprises	34.37	100.0	3.72	100.0
股份合作企业	Enterprises Cooperated by Joint-stock	2.80	100.0	1.26	100.0
联营企业	Cooperative Enterprises	1.12	100.0	1.01	100.0
有限责任公司	Limited Liability Company	3785.11	69.5	327.09	67.3
股份有限公司	Company Limited by Shares	664.10	46.2	97.17	56.5
私营企业	Individual-owned Enterprises	6188.27	91.1	1079.80	82.9
其他企业	Enterprises of Other Types of Ownership	1.03	100.0	0.13	100.0
港、澳、台投资企业	Enterprises Funded by Entrepreneurs From Hong Kong, Macao and Taiwan	383.83	27.1	47.36	42.4
外商投资企业	Enterprises funded by Foreigners	507.67	64.7	64.90	116.4
按经济组织类型：	**Grouped by Ownership**				
独资企业	Enterprises Owned by a Sole Investor	742.06	24.6	82.46	44.7
合作、合伙企业	Enterprises of Partnership	165.14	100.0	26.32	100.0
股份有限公司	Company Limited by Shares	1121.22	51.0	179.20	67.3
有限责任公司	Limited Liability Company	9781.01	75.7	1347.30	77.0
按行业划分：	**Grouped by Sector**				
煤炭开采和洗选业	Mining and Washing of Coal	125.42	100.0	11.71	100.0
石油和天然气开采业	Petroleum and Natural Gas Extraction				
黑色金属矿采选业	Mining of Ferrous Metal Ores	12.70	100.0	1.51	100.0
有色金属矿采选业	Mining of Non-ferrous Metal Ores	118.03	68.0	10.81	75.2
非金属矿采选业	Mining and Processing of Nonmetal Ores	132.31	100.0	23.77	100.0
开采辅助活动	Mining Auxiliary Activities				
其他采矿业	Other Mining and Dressing	0.25	100.0	0.02	100.0

13-9 续表 3 Continued

指 标	Item	固定资产原价（亿元） Original Value of Fixed Assets (100 million yuan)	在工业中的地位（%） Status in Industry (%)	利润总额（亿元） Total Profits (100 million yuan)	在工业中的地位（%） Status in Industry (%)
农副食品加工业	Processing of Food from Agricultural Products	816.01	93.8	141.33	94.2
食品制造业	Manufacture of Foods	319.46	76.6	56.71	70.1
酒、饮料和精制茶制造业	Manufacture of Liquor, Beverage and Refined Tea	266.95	93.2	36.63	84.6
烟草制品业	Manufacture of Tobacco	27.39	11.5	1.47	1.7
纺织业	Manufacture of Textile	193.86	90.2	20.77	86.1
纺织服装、服饰业	Manufacture of Textile Wearing and Clothing Apparel	140.90	97.1	15.62	91.2
皮革、毛皮、羽毛及其制品和制鞋业	Leather, Fur, Feather and Its Products and Footwear	116.07	87.5	40.08	92.6
木材加工和木、竹、藤、棕、草制品业	Processing of Timbers, Manufacture of Wood, Bamboo, Rattan, Palm and Straw Products	212.15	100.0	29.24	100.0
家具制造业	Manufacture of Furniture	83.31	100.0	14.68	100.0
造纸和纸制品业	Manufacture of Paper and Paper Products	197.22	60.1	28.46	91.7
印刷和记录媒介复制业	Printing,Reproduction of Recording Media	138.64	100.0	32.58	100.0
文教、工美、体育和娱乐用品制造业	Manufacture of Articles for Culture, Education and Sport Activity	84.91	100.0	19.20	100.0
石油、煤炭及其他燃料加工业	Processing of Petroleum,Coking, Processing of Nucleus Fuel	68.93	22.3	8.11	54.7
化学原料和化学制品制造业	Manufacture of Chemical Raw Material and Chemical Products	814.67	84.9	156.94	96.1
医药制造业	Manufacture of Medicines	300.26	89.4	56.48	77.1
化学纤维制造业	Manufacture of Chemical Fiber	15.88	100.0	0.68	100.0
橡胶和塑料制品业	Manufacture of Rubber and Plastic	190.06	89.0	38.19	98.0
非金属矿物制品业	Manufacture of Non-metallic Mineral Products	1656.26	98.4	236.64	98.6
黑色金属冶炼和压延加工业	Manufacture and Processing of Ferrous Metals	151.45	17.5	21.27	21.7
有色金属冶炼和压延加工业	Manufacture and Processing of Non-ferrous Metals	688.60	78.5	52.09	105.8
金属制品业	Manufacture of Metal Products	493.29	96.0	94.66	97.7
通用设备制造业	Manufacture of General Purpose Machinery	427.96	89.5	78.66	87.3
专用设备制造业	Manufacture of Special Purpose Machinery	452.21	48.8	81.78	28.5
汽车制造业	Automobile Industry	274.39	41.9	31.75	255.2
铁路、船舶、航空航天和其他运输	Manufacture of Railway, Marine, Aerospace and Other	95.70	29.9	12.52	25.6
电气机械和器材制造业	Manufacture of Electrical Machinery and Equipment	464.98	82.1	71.02	82.0
计算机、通信和其他电子设备制造业	Manufacture of Communication Equipment, Computer	319.42	44.1	60.66	41.9
仪器仪表制造业	Manufacture of Measuring Instrument	47.20	100.0	19.96	100.0
其他制造业	Other Manufacture N.E.C	31.05	56.2	10.96	81.0
废弃资源综合利用业	Recycling and Disposal of Waste	108.38	100.0	12.97	100.0
金属制品、机械和设备修理业	Mental Products,Machine and Equipment Repair	2.92	100.0	0.59	100.0
电力、热力生产和供应业	Production and Supply of Electric Power and Heat Power	1793.90	39.3	71.30	89.3
燃气生产和供应业	Production and Distribution of Gas	124.85	100.0	17.00	100.0
水的生产和供应业	Production and Distribution of Water	301.44	81.9	16.43	98.8

13-10 规模以上非公有制工业主要经济指标及在工业中的地位 (2019年) Main Indicators of Non-public Industrial Enterprises above Designated Size & Percentage of Industry Total (2019)

指 标	Item	企业单位数 (个) Number of Enterprises (unit)	在工业中的地位 (%) Status in Industry (%)	全部从业人员年平均人数 (万人) Average Number of Employees (10 000 person)	在工业中的地位 (%) Status in Industry (%)
总计	**Total**	**15644**	**94.5**	**261.40**	**84.8**
按登记注册类型:	**Grouped by Registration**				
内资企业	Internal-invested Enterprises	15229	94.5	234.46	83.7
股份合作企业	Enterprises Cooperated by Joint-stock	8	72.7	0.13	65.0
联营企业	Cooperative Enterprises	2	33.3	0.05	62.5
有限责任公司	Limited Liability Company	1769	75.1	31.46	55.0
股份有限公司	Company Limited by Shares	457	82.5	12.60	64.3
私营企业	Individual-owned Enterprises	12991	100.0	190.22	100.0
其他企业	Enterprises of Other Types of Ownership	2	66.7		
港、澳、台投资企业	Enterprises Funded by Entrepreneurs from Hong Kong, Macao and Taiwan	234	93.2	18.61	95.8
外商投资企业	Enterprises funded by Foreigners	181	90.5	8.32	92.9
按经济组织类型:	**Grouped by Ownership**				
独资企业	Enterprises Owned by a Sole Investor	696	78.7	19.55	60.8
合作、合伙企业	Enterprises of Partnership	324	97.0	5.82	98.0
股份有限公司	Company Limited by Shares	960	90.7	30.73	81.3
有限责任公司	Limited Liability Company	13664	95.6	205.30	88.3
按行业划分:	**Grouped by Sector**				
煤炭开采和洗选业	Mining and Washing of Coal	125	81.2	2.40	54.2
石油和天然气开采业	Petroleum and Natural Gas Extraction				
黑色金属矿采选业	Mining of Ferrous Metal Ores	25	96.2	0.46	97.9
有色金属矿采选业	Mining of Non-ferrous Metal Ores	91	79.1	2.03	63.0
非金属矿采选业	Mining and Processing of Nonmetal Ores	269	95.4	2.91	91.5
开采辅助活动	Mining Auxiliary Activities				
其他采矿业	Other Mining and Dressing	2	100.0	0.02	100.0

13-10 续表 1 Continued

指 标	Item	企业单位数（个）Number of Enterprises (unit)	在工业中的地位（%）Status in Industry (%)	全部从业人员年平均人数（万人）Average Number of Employees (10 000 person)	在工业中的地位（%）Status in Industry (%)
农副食品加工业	Processing of Food from Agricultural Products	1533	96.8	21.77	94.7
食品制造业	Manufacture of Foods	496	96.3	13.49	95.3
酒、饮料和精制茶制造业	Manufacture of Liquor, Beverage and Refined Tea	506	98.4	6.42	92.8
烟草制品业	Manufacture of Tobacco	1	12.5	0.01	0.9
纺织业	Manufacture of Textile	254	97.7	6.16	95.8
纺织服装、服饰业	Manufacture of Textile Wearing and Clothing Apparel	267	98.5	5.87	99.5
皮革、毛皮、羽毛及其制品和制鞋业	Leather, Fur, Feather and Its Products and Footwear	607	99.5	10.95	98.2
木材加工和木、竹、藤、棕、草制品业	Processing of Timbers,Manufacture of Wood, Bamboo, Rattan, Palm and Straw Products	431	99.3	6.76	98.4
家具制造业	Manufacture of Furniture	204	100.0	2.41	100.0
造纸和纸制品业	Manufacture of Paper and Paper Products	240	93.8	3.82	81.6
印刷和记录媒介复制业	Printing,Reproduction of Recording Media	259	94.5	3.77	89.3
文教、工美、体育和娱乐用品制造业	Manufacture of Articles for Culture, Education and Sport Activity	277	98.9	4.47	97.8
石油、煤炭及其他燃料加工业	Processing of Petroleum, Coal and Other Fuels	74	91.4	0.66	40.7
化学原料和化学制品制造业	Manufacture of Chemical Raw Material and Chemical Products	1395	97.0	25.48	93.8
医药制造业	Manufacture of Medicines	327	94.0	6.29	89.1
化学纤维制造业	Manufacture of Chemical Fiber	14	93.3	0.33	94.3
橡胶和塑料制品业	Manufacture of Rubber and Plastic	444	98.0	4.96	95.8
非金属矿物制品业	Manufacture of Non-metallic Mineral Products	2249	96.3	31.13	93.8
黑色金属冶炼和压延加工业	Manufacture and Processing of Ferrous Metals	123	91.8	1.82	39.8
有色金属冶炼和压延加工业	Manufacture and Processing of Non-ferrous Metals	385	91.4	7.80	75.7
金属制品业	Manufacture of Metal Products	915	97.9	11.21	94.9
通用设备制造业	Manufacture of General Purpose Machinery	866	95.5	10.72	85.8
专用设备制造业	Manufacture of Special Purpose Machinery	758	95.1	13.45	89.9
汽车制造业	Automobile Industry	382	92.0	8.04	77.2
铁路、船舶、航空航天和其他运输设备制造业	Manufacture of Railway,Marine,Aerospace and Other Transport Equipment	137	80.1	1.91	27.6
电气机械和器材制造业	Manufacture of Electrical Machinery and Equipment	698	96.8	11.69	90.8
计算机、通信和其他电子设备制造业	Manufacture of Communication Equipment, Computer and Other Electronic Equipment	664	96.4	23.28	93.6
仪器仪表制造业	Manufacture of Measuring Instrument	140	95.9	1.39	88.5
其他制造业	Other Manufacture N.E.C	79	94.0	3.26	88.8
废弃资源综合利用业	Recycling and Disposal of Waste	117	96.7	1.12	94.9
金属制品、机械和设备修理业	Mental Products,Machine and Equipment Repair	4	57.1	0.04	20.0
电力、热力生产和供应业	Production and Supply of Electric Power and Heat Power	177	50.6	1.76	14.9
燃气生产和供应业	Production and Distribution of Gas	50	82.0	0.71	86.6
水的生产和供应业	Production and Distribution of Water	59	41.0	0.62	23.5

13-10 续表 2 Continued

指 标	Item	固定资产原价（亿元） Original Value of Fixed Assets (100 million yuan)	在工业中的地位（%） Status in Industry (%)	利润总额（亿元） Total Profits (100 million yuan)	在工业中的地位（%） Status in Industry (%)
总计	**Total**	**10274.62**	**56.1**	**1778.09**	**79.8**
按登记注册类型:	**Grouped by Registration**				
内资企业	Internal-invested Enterprises	9044.76	56.1	1627.03	79.0
股份合作企业	Enterprises Cooperated by Joint-stock	2.04	72.9	0.70	55.6
联营企业	Cooperative Enterprises	0.21	18.8	0.11	10.9
有限责任公司	Limited Liability Company	1737.82	31.9	230.87	47.5
股份有限公司	Company Limited by Shares	519.62	36.2	94.53	55.0
私营企业	Individual-owned Enterprises	6784.03	99.9	1300.69	99.9
其他企业	Enterprises of Other Types of Ownership	1.03	100.0	0.13	100.0
港、澳、台投资企业	Enterprises Funded by Entrepreneurs from Hong Kong, Macao and Taiwan	710.01	50.1	89.47	80.1
外商投资企业	Enterprises funded by Foreigners	519.86	66.3	61.59	110.5
按经济组织类型:	**Grouped by Ownership**				
独资企业	Enterprises Owned by a Sole Investor	587.76	19.5	87.19	47.3
合作、合伙企业	Enterprises of Partnership	141.09	85.4	24.70	93.8
股份有限公司	Company Limited by Shares	1279.70	58.2	189.26	71.1
有限责任公司	Limited Liability Company	8266.07	63.9	1476.93	84.4
按行业划分:	**Grouped by Sector**				
煤炭开采和洗选业	Mining and Washing of Coal	93.54	74.6	8.34	71.2
石油和天然气开采业	Petroleum and Natural Gas Extraction				
黑色金属矿采选业	Mining of Ferrous Metal Ores	12.53	98.7	1.47	97.4
有色金属矿采选业	Mining of Non-ferrous Metal Ores	81.47	46.9	9.10	63.3
非金属矿采选业	Mining and Processing of Nonmetal Ores	102.90	77.8	19.88	83.6
开采辅助活动	Mining Auxiliary Activities				
其他采矿业	Other Mining and Dressing	0.25	100.0	0.02	100.0

13-10 续表 3 Continued

指 标	Item	固定资产原价（亿元）Original Value of Fixed Assets (100 million yuan)	在工业中的地位（%）Status in Industry (%)	利润总额（亿元）Total Profits (100 million yuan)	在工业中的地位（%）Status in Industry (%)
农副食品加工业	Processing of Food from Agricultural Products	804.99	92.5	145.74	97.1
食品制造业	Manufacture of Foods	388.00	93.0	79.81	98.7
酒、饮料和精制茶制造业	Manufacture of Liquor, Beverage and Refined Tea	259.63	90.6	38.46	88.8
烟草制品业	Manufacture of Tobacco	0.18	0.1	0.03	0.0
纺织业	Manufacture of Textile	206.78	96.2	24.57	101.8
纺织服装、服饰业	Manufacture of Textile Wearing and Clothing Apparel	144.57	99.7	17.15	100.1
皮革、毛皮、羽毛及其制品和制鞋业	Leather, Fur, Feather and Its Products and Footwear	129.01	97.2	43.12	99.7
木材加工和木、竹、藤、棕、草制品业	Processing of Timbers,Manufacture of Wood, Bamboo, Rattan, Palm and Straw Products	206.54	97.4	30.30	103.6
家具制造业	Manufacture of Furniture	83.31	100.0	14.68	100.0
造纸和纸制品业	Manufacture of Paper and Paper Products	134.97	41.1	25.70	82.8
印刷和记录媒介复制业	Printing,Reproduction of Recording Media	115.40	83.2	29.73	91.3
文教、工美、体育和娱乐用品制造业	Manufacture of Articles for Culture, Education and Sport Activity	83.01	97.8	18.74	97.6
石油、煤炭及其他燃料加工业	Processing of Petroleum,Coking, Processing of Nucleus Fuel	52.34	16.9	7.00	47.2
化学原料和化学制品制造业	Manufacture of Chemical Raw Material and Chemical Products	760.65	79.3	152.37	93.3
医药制造业	Manufacture of Medicines	306.43	91.3	64.54	88.1
化学纤维制造业	Manufacture of Chemical Fiber	10.96	69.0	0.50	73.5
橡胶和塑料制品业	Manufacture of Rubber and Plastic	210.69	98.6	38.1	97.8
非金属矿物制品业	Manufacture of Non-metallic Mineral Products	1379.62	82.0	188.17	78.4
黑色金属冶炼和压延加工业	Manufacture and Processing of Ferrous Metals	101.00	11.7	18.04	18.4
有色金属冶炼和压延加工业	Manufacture and Processing of Non-ferrous Metals	610.97	69.6	36.12	73.4
金属制品业	Manufacture of Metal Products	443.59	86.3	90.02	93.0
通用设备制造业	Manufacture of General Purpose Machinery	388.22	81.1	73.23	81.3
专用设备制造业	Manufacture of Special Purpose Machinery	800.91	86.4	270.57	94.3
汽车制造业	Automobile Industry	478.84	73.0	34.42	276.7
铁路、船舶、航空航天和其他运输	Manufacture of Railway, Marine, Aerospace and Other	76.39	23.8	10.05	20.5
电气机械和器材制造业	Manufacture of Electrical Machinery and Equipment	491.09	86.7	87.17	100.7
计算机、通信和其他电子设备制造业	Manufacture of Communication Equipment, Computer	644.38	88.9	113.47	78.4
仪器仪表制造业	Manufacture of Measuring Instrument	42.62	90.3	18.56	93.0
其他制造业	Other Manufacture N.E.C	37.73	68.3	11.34	83.8
废弃资源综合利用业	Recycling and Disposal of Waste	104.65	96.6	12.43	95.8
金属制品、机械和设备修理业	Mental Products,Machine and Equipment Repair	0.91	31.2	0.14	23.7
电力、热力生产和供应业	Production and Supply of Electric Power and Heat Power	335.84	7.4	19.10	23.9
燃气生产和供应业	Production and Distribution of Gas	110.76	88.7	15.37	90.4
水的生产和供应业	Production and Distribution of Water	38.93	10.6	10.53	63.3

13-11 规模以上工业主要产品产量
Output of Industrial Products above Designated Size

产 品		Item		2000	2010	2018	2019
化学纤维	（万吨）	Chemical Fiber	(10 000 tons)	7.79	4.55	8.87	8.91
纱（混合数）	（万吨）	Yarn	(10 000 tons)	16.63	78.53	98.63	114.92
布（混合数）	（亿米）	Cloth	(100 million m)	3.41	4.65	2.88	1.78
棉布	（亿米）	Cotton Cloth	(100 million m)	0.70	2.91	2.08	1.48
毛巾	（万条）	Towel	(10 000 cartons)	5394.00	111605.57	84256.46	103416.00
服装	（万件）	Clothes	(10 000 pieces)	1151.00	28574.94	19291.22	98718.11
麻袋	（万条）	Gunny-bag	(10 000 cartons)	339.75	361.94	5583.67	469.50
纸浆	（万吨）	Paper Pulp	(10 000 tons)	31.90	127.76	63.20	64.98
机制纸及纸板	（万吨）	Machine_made Paper and Paper boards	(10 000 tons)	70.07	384.63	437.86	331.27
日用玻璃制品	（万吨）	Household Glass Product	(10 000 tons)	5.40	23.93	40.18	32.41
玻璃保温容器	（万个）	Baowenrongqi Glass	(10 000 units)	1300.69	22479.00	1763.27	3812.88
合成洗涤剂	（万吨）	Synthetic Detergents	(10 000 tons)	8.12	36.30	33.58	36.19
铅酸蓄电池	（万千伏安时）	Lead-acid Dry Cell	(10 000 Kva)	0.57	60.12	200.13	369.42
大米	（万吨）	Rice	(10 000 tons)	102.40	829.09	1517.47	1468.96
原盐	（万吨）	Salt	(10 000 tons)	72.93	228.56	323.17	322.13
成品糖	（万吨）	Refined Sugar	(10 000 tons)	4.44	0.40		0.08
卷烟	（万箱）	Cigarettes	(10 000 cases)	230.43	350.55	327.11	330.29
罐头	（万吨）	Canned Food	(10 000 tons)	4.21	92.28	89.73	85.97
饮料	（万吨）	Drinks	(10 000 tons)	12.4	141.45	628.69	753.70

13-11 续表 1 Continued

产 品		Item		2000	2010	2018	2019
饮料酒	（万千升）	Liquor	(10 000 tons)	30.21	123.10	100.44	91.15
白酒（商品量）		Spirit		3.76	12.95	15.92	15.03
啤酒		Beer		26.42	104.10	67.98	62.31
乳制品	（吨）	Dairy Products	(tons)	5577.00	182554.00	257735.87	405268.86
食用植物油	（万吨）	Edible Vegetable Oil	(10 000 tons)	20.14	219.31	299.28	321.28
化学药品原药	（吨）	Chemical Medicine	(ton)	1964.76	6442.10	72184.89	117579.51
中成药	（吨）	Traditional Chinese Medicine	(10 000 tons)	11745.00	114362.00	167697.88	210553.51
饲料	（万吨）	Fixed-Forage	(10 000 tons)	163.62	993.73	1694.09	1732.90
塑料制品	（万吨）	Plastics Products	(10 000 tons)	7.29	74.27	375.19	405.83
皮革鞋靴	（万双）	Leather Shoe	(10 000 units)	429.49	7142.61	15383.20	12930.25
原煤	（万吨）	Coal	(10 000 tons)	1490.81	7670.12	1692.86	1374.66
原油加工量	（万吨）	Crude Process	(10 000 tons)	526.42	590.67	948.74	934.10
汽油	（万吨）	Gasoline	(10 000 tons)	120.19	125.54	279.12	280.30
柴油	（万吨）	Diesel oil	(10 000 tons)	215.53	215.02	221.37	219.22
发电量	（亿千瓦小时）	Electricity	(100 million kwh)	354.42	1186.44	1418.77	1505.52
水电		Hydro-power		191.15	462.69	447.83	903.75
火电		Thermal Power		163.27	723.75	912.49	527.97
生铁	（万吨）	Pig Iron	(10 000 tons)	332.72	1700.64	1963.17	1973.87
粗钢	（万吨）	Steel	(10 000 tons)	304.13	1766.52	2307.59	2385.72
钢材	（万吨）	Steel Products	(10 000 tons)	299.05	1811.73	2363.42	2451.58
铁道用钢材		Railway Steel		1.41	3.83	1.34	0.72
线材		Wire Rod		97.24	332.10	243.79	252.52
无缝钢管 x		Seamless Steel Pipe		31.63	108.09	148.92	151.95
焊接钢管		Welding Steel Pipe		2.17	12.03	9.50	2.05
铁矿石(原矿)	（万吨）	Iron Mineral	(10 000 tons)	4.27	451.36	185.09	142.10
水泥	（万吨）	Cement	(10 000 tons)	2395.72	8691.20	10962.40	11194.89
焦炭	（万吨）	Coke	(10 000 tons)	207.00	397.91	656.21	586.26
煤气	（亿立方米）	Gas	(100 million Cu.M)	3.20	10.73	380.52	349.95

13-11 续表 2 Continued

产 品		Item		2000	2010	2018	2019
平板玻璃	（万重量箱）	Plate Glass	(10 000 weight cases)	735.34	1756.20	2485.69	3394.59
硫酸（折 100%）	（万吨）	Sulfuric Acid	(10 000 tons)	128.17	260.34	177.62	171.58
纯碱	（万吨）	Sode Ash	(10 000 tons)	13.03	45.42	29.72	32.61
烧碱（折 100%）	（万吨）	Caustic Soda	(10 000 tons)	20.96	73.49	77.13	58.38
合成氨	（万吨）	Synthetic Ammonia	(10 000 tons)	167.30	164.06	53.82	63.35
农用化肥（折纯量）	（万吨）	Chemical Fertilizer	(10 000 tons)	141.74	333.58	70.74	52.57
氮肥		Nitrogen Fertilizers	(10 000 tons)	112.90	295.99	39.66	42.76
磷肥		Phosphate Fertilizers	(10 000 tons)	27.57	37.59	34.03	9.81
化学农药原药	（万吨）	Chemical Pesticide	(10 000 tons)	4.58	13.19	7.19	3.64
电石	（万吨）	Calcium Carbide	(10 000 tons)	10.44	20.66	10.21	13.48
初级形态的塑料	（万吨）	Primary Plastics	(10 000 tons)	23.10	48.29	60.15	57.07
合成橡胶	（万吨）	Synthetic Rubber	(10 000 tons)	9.83	15.37	42.19	81.59
矿山专用设备	（万吨）	Mining Special Equipment	(10 000 tons)	0.99	17.00	50.70	65.82
起重机	（万吨）	Crane	(10 000 tons)	1.48	87.58	132.97	152.97
金属冶炼设备	（万吨）	Metal Smelting Equipment	(10 000 tons)	0.45	3.26	2.40	7.11
发电设备	（万千瓦）	Power Generating Equipment	(10 000 kw)	9.92	119.97	104.15	160.87
交流电动机	（万千瓦）	AC Electric Motor	(10 000 kw)	137.59	1632.16	1284.29	1114.04
变压器	（万千伏安）	Transformer	(10 000 kva)	494.96	10733.24	9245.69	10560.73
泵	（万台）	Pump	(10 000 units)	14.24	354.65	119.61	182.33
金属切削机床	（台）	Metal-cutting Machine Tools	(unit)	907	3904	4638	4958
金属成形机床	（台）	Metal Forming Machine Tools	(unit)	1577	2460	16788	13064
汽车	（辆）	Motor Vehicles	(unit)	17614	240203	691259	849718
摩托车	（辆）	Motorcycles	(unit)	142452	231937	125974	121800
滚动轴承	（万套）	Rolling Bearings	(10 000 sets)	1940.13	1404.54	9940.87	10922.50
小型拖拉机	（万台）	Small Tractor	(10 000 units)	0.45	3.19	2.69	1.76
发动机	（万千瓦）	Engines	(10 000 kw)	175.94	20.42	1142.50	745.06
铁路机车	（辆）	Railway Locomotive	(unit)	69	772	290	346
铁路货车	（辆）	Railway Freight wagons	(unit)	3486	4012		4962
民用钢质船舶	（万载重吨）	Civil Plate ship	(10 000 tons)	1.35	12.77	26.68	22.42
工业锅炉	（蒸发量吨）	Industrial Boiler	(ton)	2976	59304	11933	13943

注：汽车产量包括在湘非法人汽车企业生产的整车产量。

Automobile output includes the complete vehicle output produced by unincorporated automobile enterprises in Hunan.

13-12 规模以上工业企业主要产品、生产能力及能力利用率综合表(2019年)

产品名称		Item		企业单位数(个) Number of nterprises (unit)
原煤	(万吨)	Raw Coal	(10 000 tons)	74
卷烟	(亿支)	Cigarette	(10 000 units)	1
棉纺锭/纺纱量	(万锭/万吨)	Cotton Spindle/Spinning Capacity	(10 000/10 000 tons)	60
气流纺锭/纺纱量	(万头/万吨)	Air Spindle/Spinning Capacity	(10 000/10 000 tons)	9
棉布织机/布	(万台/亿米)	Cotton weaving/cloth	(million/10 000 m)	24
原油加工能力/原油加工量	(万吨/万吨)	Crude Oil Ptocessing Capacity/Crude Oil Processing Capacity	(10 000 tons)	6
焦炭	(万吨)	Coke		5
烧碱(折100%)	(万吨)	Caustic Soda	(10 000 tons)	3
碳化钙(电石,折300升/千克)	(万吨)	Calcium Carbide(Calcium Carbide,Off 300liters/kg)	(10 000 tons)	1
农用氮、磷、钾化学肥料总计(折纯)	(万吨)	Agricultural Nitrogen,Phosphorus And Potassium Fertilizer Total(off net)	(10 000 tons)	11
初级形态塑料	(万吨)	Primary Form of Plastic	(10 000 tons)	36
焰火制品	(亿元)	Pyrotechnic Products	(100 million yuan)	330
烟花	(亿元)	Fireworks	(100 million yuan)	288
化学纤维	(万吨)	Chemical Fiber	(10 000 tons)	14
硅酸盐水泥熟料	(万吨)	Cement Clinker	(10 000 tons)	52
水泥	(万吨)	Cemnet	(10 000 tons)	132
平板玻璃	(万重量箱)	Plate Glass	(Million boxes)	7
生铁	(万吨)	Pig Iron	(10 000 tons)	9
粗钢	(万吨)	Crude Steel	(10 000 tons)	4
钢材	(万吨)	Steel	(10 000 tons)	16
铁合金	(万吨)	Ferroalloy	(10 000 tons)	60
原铝(电解铝)	(万吨)	Primary Aluminum	(10 000 tons)	
金属切削机床	(万台)	Metal Cutting Machine Tools	(10 000 tons)	11
挖掘机	(万台)	Excavator	(10 000 sets)	5
汽车	(万辆)	Car	(10 000 sets)	12
乘用车	(万辆)	Passenger Car	(10 000 sets)	5
新能源乘用车	(万辆)	New Energy Passenger Car	(10 000 sets)	3
商用车	(万辆)	Commercial Vehicles	(10 000 sets)	7
新能源商用车	(万辆)	New Energy Commercial Vehicles	(10 000 sets)	1
民用钢质船舶	(万载重吨)	Civil Steel Ship	(10 000 tons)	13
太阳能电池	(万千瓦)	Solar Battery	(10 000 KW)	4
家用电冰箱	(万台)	Household Refrigerators	(10 000 sets)	
房间空气调节器	(万台)	Room Air Conditiones	(10 000 sets)	2
家用洗衣机	(万台)	Household Washing Machines	(10 000 sets)	
微型计算机设备	(万台)	Micro Computers	(10 000 sets)	2
移动通信手持机(手机)	(万台)	Mobile Handset(cell phone)	(10 000 sets)	16
彩色电视机	(万台)	Color TV	(10 000 sets)	
发电设备容量总计/发电量	(万千瓦/万千瓦小时)	Total Capacity of Power Equipment/Power Generation	(10 000 KW/10 000 KW·h)	343
其中:火电设备容量/发电量	(万千瓦/万千瓦小时)	Of Which:Thermal Power Equipment Capacity/Power Generation	(10 000 KW/10 000 KW·h)	92
水电设备容量/发电量	(万千瓦/万千瓦小时)	Hydropower Equipment Capacity/Power Generation	(10 000 KW/10 000 KW·h)	191
风电设备容量/发电量	(万千瓦/万千瓦小时)	Capacity of Wind Power Equipment/Power Generation	(10 000 KW/10 000 KW·h)	47

Main Products, Production Capacity and Utilization Rate of Industrial Enterprises above Designated Size (2019)

年初生产能力 Early production	年末生产能力 At the end of production capacity	能力利用率 (%) Capacity Utilization (%)
1293.29	1377.19	80.73
2585.36	2554.20	64.26
110.42	111.80	60.46
4.48	5.09	94.96
1.15	1.14	103.80
1502.89	1504.46	62.53
601.00	621.00	95.95
60.50	62.50	94.93
10.50	10.50	116.35
87.86	93.41	62.30
69.13	74.01	101.38
421.51	469.44	87.51
226.09	257.45	86.33
16.24	19.52	94.09
8259.36	8262.84	85.01
14625.53	14814.62	75.00
4057.79	4065.22	91.15
1904.69	1924.22	104.45
2055.00	2055.00	116.09
2403.77	2415.11	100.65
172.75	185.25	62.64
0.78	0.80	53.53
7.97	8.92	90.01
102.05	110.59	55.91
93.40	101.40	56.93
54.00	57.00	19.63
1.00	1.00	44.80
8.65	9.19	65.48
60.16	60.00	36.67
135.70	120.70	95.05
714.32	641.25	94.61
60.05	160.01	104.84
3451.75	3878.36	61.75
4427.58	4465.24	44.84
2291.63	2289.39	46.68
1706.63	1711.39	47.31
364.69	390.03	26.13

13-13 按全省人口平均的主要产品产量
Per Capita Output of Major Industrial Products

产 品		Item		2000	2010	2018	2019
化学纤维	(公斤/人)	Chemical Fiber	(kg / person)	1.19	0.64	1.29	1.29
纱(混合数)	(公斤/人)	Yarn	(kg / person)	2.53	11.08	14.30	16.61
布(混合数)	(米/人)	Cloth	(m / person)	5.19	6.56	4.17	2.58
针棉织品(折用纱量)	(公斤/人)	Cotton Knitwear	(kg / person)	0.10	0.44	0.15	0.69
机制纸及纸板	(公斤/人)	Machine-made Paper and Paperboards	(kg/person)	10.68	54.25	63.47	47.88
合成洗涤剂	(公斤/人)	Synthetic Detergents	(kg / person)	1.24	5.12	4.87	5.23
原盐	(公斤/人)	Salt	(kg / person)	11.11	32.24	46.85	46.56
成品糖	(公斤/人)	Refined Sugar	(kg / person)	0.68	0.06		0.01
卷烟	(箱/百人)	Cigarette	(case /100 person)	3.51	4.94	4.74	4.77
原煤	(吨/人)	Coal	(ton / person)	0.23	1.08	0.25	0.20
原油加工量	(公斤/人)	Processing Output of Crude Oil	(kg / person)	80.22	83.32	137.91	135.21
发电量	(千瓦小时/人)	Electricity	(kwh / person)	540.11	1673.51	2062.33	2179.20
生铁	(公斤/人)	Pig Iron	(kg / person)	50.70	239.88	284.57	285.31
粗钢	(公斤/人)	Crude Steel	(kg / person)	46.35	249.17	334.49	344.84
钢材	(公斤/人)	Steel	(kg / person)	45.57	255.55	342.59	354.36
水泥	(吨/人)	Cement	(ton / person)	0.37	1.23	1.59	1.62
平板玻璃	(重量箱/人)	Plate Glass	(weight case / person)	0.11	0.25	0.36	0.49
硫酸(折 100)	(公斤/人)	Sulfuric Acid	(kg / person)	19.53	36.72	25.75	24.80
纯碱	(公斤/人)	Soda Ash	(kg / person)	1.99	6.41	4.31	4.71
烧碱(折 100)	(公斤/人)	Caustic Soda	(kg / person)	3.19	10.37	11.18	8.44
合成氨	(公斤/人)	Synthetic Ammonia	(kg / person)	25.49	23.14	7.80	9.16
农用化肥(折纯量)	(公斤/人)	Chemical Fertilizer	(kg / person)	21.60	47.05	10.25	7.60
氮肥	(公斤/人)	Nitrogen Fertilizer	(kg / person)	17.21	41.75	5.75	6.18
磷肥	(公斤/人)	Phosphate Fertilizer	(kg / person)	4.20	5.30	4.93	1.42
化学农药原药	(公斤/人)	Chemical Pesticide	(kg / person)	0.70	1.86	1.04	0.53
初级形态塑料	(公斤/人)	Primary Plastics	(kg / person)	3.52	6.81	8.77	8.25
合成橡胶	(公斤/人)	Synthetic Rubber	(kg/person)	1.50	2.17	6.12	11.79
汽车	(辆/万人)	Motor Vehicles	(unit/10 000 person)	2.68	33.88	100.20	122.82
摩托车	(辆/万人)	Motorcycles	(unit/10 000 person)	21.72	32.72	18.26	17.61

注:人均主要产品产量按常住人口计算。

The data are based on the permanent population.

13-14 各市、州规模以上工业主要经济指标(2019年)

Main Indicators of Industrial Enterprises above Designated Size by Region (2019)

单位：亿元 (100 million yuan)

类 别	Item	全省总计 Total	长沙市 Changsha City	株洲市 Zhuzhou City	湘潭市 Xiangtan City	衡阳市 Hengyang City	邵阳市 Shaoyang City	岳阳市 Yueyang City	常德市 Changde City
企业单位数（个）	Number of Enterprises (unit)	16562	2984	1619	1058	1052	1581	1452	1371
大型企业	Largest Enterprise	172	41	23	17	12	10	16	12
中型企业	Medium-sized Enterprises	1649	244	331	53	132	106	200	129
小型企业	Small Enterprises	13726	2496	1152	935	855	1389	1155	1134
微型企业	Micro Enterprises	1015	203	113	53	53	76	81	96
#亏损企业	#Loss-making Enterprises	1083	327	103	101	76	30	60	101
实收资本	Total Capital Hold	6603.76	1476.93	983.05	482.89	444.12	268.48	954.20	391.64
#外商资本	#Foreign Capital	207.77	99.89	10.99	15.60	5.32	2.17	13.20	3.65

13-14 续表 1 Continued

单位：亿元 (100 million yuan)

类 别	Item	张家界市 Zhangjiajie City	益阳市 Yiyang City	郴州市 Chenzhou City	永州市 Yongzhou City	怀化市 Huaihua City	娄底市 Loudi City	湘西州 West Hunan A.P
企业单位数（个）	Number of Enterprises (unit)	214	1142	1150	1076	692	936	251
大型企业	Largest Enterprise		11	11	7	2	6	1
中型企业	Medium-sized Enterprises	3	100	91	123	30	89	18
小型企业	Small Enterprises	185	965	1000	875	623	759	203
微型企业	Micro Enterprises	26	66	48	71	37	82	29
#亏损企业	#Loss-making Enterprises	16	45	60	45	35	39	58
实收资本	Total Capital Hold	32.12	234.04	394.72	237.14	185.64	347.37	67.41
#外商资本	#Foreign Capital		0.73	0.68	5.53	1.02	17.42	

13-14 续表 2 Continued

单位：亿元 (100 million yuan)

指　标	Item	全省总计 Total	长沙市 Changsha City	株洲市 Zhuzhou City	湘潭市 Xiangtan City	衡阳市 Hengyang City
全部从业人员年平均人数（万人）	Annual Average Number of Obtain Employees (10 000 person)	308.41	61.96	41.06	18.70	20.32
流动资产	Liquid Assets	13441.53	5594.63	1773.51	769.52	687.74
#存货	#Inventory	3054.83	1042.13	321.97	161.78	149.59
产成品	Products	1073.13	462.64	111.24	50.87	52.41
固定资产原价	Original Value of Fixed Assets	18311.89	3555.09	1877.87	1179.31	1156.26
累计折旧	Add up Depreciation of Fixed Assets	8117.72	1439.27	701.84	570.34	467.29
资产总计	Total Assets	29616.35	9869.44	3766.89	1852.05	1603.43
流动负债合计	Total Liquid Liabilities	11118.86	4202.86	1466.84	793.84	687.33
负债合计	Total Liabilities	14872.72	5393.50	1785.71	1020.16	910.45
所有者权益	Creditors Equity	14697.26	4429.24	1981.19	831.12	692.98
营业收入	Business Revenue	37919.60	8599.68	2714.47	3476.81	1638.78
营业成本	Business Cost	30340.06	6595.70	2165.59	3029.76	1267.55
营业税金及附加	Tax and Surcharge of Business	1083.43	280.28	31.27	21.38	14.13
管理费用	Administrative Expense	1497.76	328.78	145.81	80.86	92.01
利息费用	Interest Charges	282.11	86.80	17.48	20.69	16.72
利息收入	Interest Revenue	40.77	19.94	4.84	1.40	2.88
营业利润	Operating Profit	2416.19	731.09	147.51	132.95	95.65
利润总额	Total Profit	2227.27	742.89	151.37	136.15	96.72
本年应付职工薪酬	Total Wages Payable of the Year	2983.69	625.11	367.60	334.23	155.24
总资产贡献率（%）	Ratio of Total Assets to Output Value (%)	14.80	14.28	6.90	11.61	10.00
营业收入利润率（%）	Operting Profit Margin (%)	5.87	8.64	5.58	3.92	5.90
资产负债率（%）	Asset-Liability Ratio (%)	50.22	54.65	47.41	55.08	56.78
成本费用利润率（%）	Ratio of Profits to Cost (%)	6.50	9.76	5.93	4.16	6.48

13-14 续表 3 Continued

单位：亿元 (100 million yuan)

指 标	Item	邵阳市 Shaoyang City	岳阳市 Yueyang City	常德市 Changde City	张家界市 Zhangjiajie City	益阳市 Yiyang City
全部从业人员年平均人数（万人）	Annual Average Number of Obtain Employees (10 000 person)	23.47	35.63	21.19	1.46	19.11
流动资产	Liquid Assets	320.03	733.91	1225.72	40.82	455.31
#存货	#Inventory	94.42	226.65	436.80	9.31	125.48
产成品	Products	40.86	73.83	90.91	4.87	44.35
固定资产原价	Original Value of Fixed Assets	700.99	2809.47	1215.59	89.76	806.25
累计折旧	Add up Depreciation of Fixed Assets	237.23	1826.68	497.70	34.13	300.45
资产总计	Total Assets	977.99	2248.42	2153.42	116.88	1155.63
流动负债合计	Total Liquid Liabilities	256.26	673.02	776.30	37.99	434.20
负债合计	Total Liabilities	424.71	893.25	1003.69	55.08	591.46
所有者权益	Creditors Equity	547.63	1330.55	1254.66	61.80	564.17
营业收入	Business Revenue	2170.47	5511.29	3167.50	108.78	2691.49
营业成本	Business Cost	1778.15	4503.67	2282.10	86.95	2212.72
营业税金及附加	Tax and Surcharge of Business	15.17	201.99	360.16	0.79	18.43
管理费用	Administrative Expense	88.87	273.46	118.59	5.39	78.61
利息费用	Interest Charges	11.59	26.50	22.13	1.22	12.50
利息收入	Interest Revenue	0.65	4.60	3.23	0.09	0.59
营业利润	Operating Profit	167.25	231.33	194.54	7.16	254.62
利润总额	Total Profit	168.76	216.99	204.75	7.53	101.68
本年应付职工薪酬	Total Wages Payable of the Year	154.33	372.81	177.12	8.41	166.99
总资产贡献率（%）	Ratio of Total Assets to Output Value (%)	22.49	23.54	32.03	9.98	13.37
营业收入利润率（%）	Operting Profit Margin (%)	7.78	3.94	6.46	6.92	3.78
资产负债率（%）	Asset-Liability Ratio (%)	43.43	39.73	46.61	47.13	51.18
成本费用利润率（%）	Ratio of Profits to Cost (%)	8.48	4.26	7.87	7.46	4.20

13-14 续表 4 Continued

单位：亿元 (100 million yuan)

指 标	Item	郴州市 Chenzhou City	永州市 Yongzhou City	怀化市 Huaihua City	娄底市 Loudi City	湘西州 West Hunan A.P
全部从业人员年平均人数（万人）	Annual Average Number of Obtain Employees (10 000 person)	20.03	18.51	8.45	15.40	2.98
流动资产	Liquid Assets	714.69	290.09	203.89	497.63	143.44
#存货	#Inventory	211.64	80.60	43.65	118.71	35.38
产成品	Products	44.40	26.33	15.11	44.93	10.38
固定资产原价	Original Value of Fixed Assets	1140.58	858.36	844.26	1289.26	194.92
累计折旧	Add up Depreciation of Fixed Assets	420.69	345.03	368.82	624.36	85.09
资产总计	Total Assets	1952.88	999.79	804.54	1313.08	325.62
流动负债合计	Total Liquid Liabilities	613.29	186.13	166.67	499.84	155.27
负债合计	Total Liabilities	965.00	408.73	275.79	665.47	196.85
所有者权益	Creditors Equity	987.87	585.26	527.33	647.24	128.23
营业收入	Business Revenue	2847.00	1680.86	1021.35	2196.96	237.97
营业成本	Business Cost	2264.42	1397.31	819.04	1851.79	192.57
营业税金及附加	Tax and Surcharge of Business	64.39	36.95	7.38	25.64	3.92
管理费用	Administrative Expense	99.58	71.53	54.75	56.20	11.32
利息费用	Interest Charges	15.79	7.04	14.19	11.29	2.68
利息收入	Interest Revenue	1.27	0.70	0.45	-0.19	0.30
营业利润	Operating Profit	175.05	73.51	60.31	173.10	15.26
利润总额	Total Profit	132.24	73.39	61.62	175.58	8.80
本年应付职工薪酬	Total Wages Payable of the Year	190.51	169.92	85.28	148.68	21.40
总资产贡献率（%）	Ratio of Total Assets to Output Value (%)	12.35	14.29	13.93	18.89	6.52
营业收入利润率（%）	Operting Profit Margin (%)	4.64	4.37	6.03	7.99	3.70
资产负债率（%）	Asset-Liability Ratio (%)	49.41	40.88	34.28	50.68	60.46
成本费用利润率（%）	Ratio of Profits to Cost (%)	5.27	4.68	6.46	8.73	4.01

13-15 省级及以上产业园区规模工业营业收入(2019年)
Revenue from Principal Business of above the provincial level Industrial Park (2019)

单位：万元 (10 000 yuan)

园区名称	Park	营业收入 Revenue of Business	#国有经济 State-owned Economic	#集体经济 Collective Economic
长沙天心经济开发区	Changsha Tianxin Economic Development Zone	229428		
长沙高新技术产业开发区	Changsha High-tech Industrial Development Zone	9214640		
长沙金霞经济开发区	Changsha Jinxia Economic Development Zone	856277		
长沙雨花经济开发区	Changsha Yuhua Economic Development Zone	4775296	2788194	
望城经济技术开发区	Wangcheng Economic and Technological Development Zone	2613240		
长沙经济技术开发区	Changsha Economic and Technological Development Zone	19320105	2539	
湖南长沙暮云经济开发区	Muyun Industrial Park in Changsha, Hunan	371333		1704
湖南宁乡经济开发区	Ningxiang Economic and Technological Development Zone	6373760		
宁乡高新技术产业园区	Ningxiang Economic and Technological Development Zone	4846526		
浏阳经济技术开发区	Liuyang Economic Development Zone	8070131		
浏阳高新技术产业开发区	Liuyang High-tech Industrial Development Zone	2883829		
岳麓高新技术产业开发区	Yuelu High-tech Industrial Development Zone	21296		
株洲经济开发区	Zhuzhou Economic Development Zone	233602		
株州高新技术产业开发区	Zhuzhou Hi-tech Industrial Development Zone	11054142	13387	
湖南株洲渌口经济开发区	Zhuzhou Lukou Economic Development Zone, Hunan	445851		
湖南茶陵经济开发区	Economic Development Zone, Hunan Chaling	528170	3327	
湖南醴陵经济开发区	Hunan Liling Ceramics Industrial Park	4534167	341	
湖南湘潭经济技术开发区	Xiangtan Economic and Technological Development Zone, Hunan	5488812		
湖南湘潭高新技术产业园区	Xiangtan High-tech Industrial Development Zone, Hunan	5526679	153133	79313
湖南湘潭天易经济开发区	Xiangtan Tianyi Economic Development Zone, Hunan	4792303		
湖南湘潭岳塘经济开发区	Xiangtan Yuetang Economic Development Zone, Hunan	33442		
湖南湘乡经济开发区	Hunan Xiangxiang Industrial Park	7083170		
韶山高新技术产业开发区	Shaoshan High-tech Industrial Development Zone	2144077		
湖南衡阳松木经济开发区	Hunan Hengyang Pine Industrial Park	1173230	912	
湖南衡阳高新技术产业园区	High-tech Industrial Park in Hunan Hengyang	4328215		
湖南衡阳西渡高新技术产业园区	Hunan Hengyang Xidu High-tech Industrial Development Zone	1313139		
湖南衡山经济开发区	Economic Development Zone, Hunan Hengshan	921183	2610	
湖南衡东经济开发区	Hunan Hengdong Industrial Park	641374		
湖南祁东经济开发区	Hunan Qidong Economic Development Zone	672993		
湖南耒阳经济开发区	Hunan Leiyang Economic Development Zone	739866		
湖南常宁水口山经济开发区	Hunan Changning Shuikoushan Economic Development Zone	2178876		
湖南邵阳经济开发区	Hunan Shaoyang Economic Development Zone	2637908		
湖南邵东经济开发区	Hunan Shaodong Economic Development Zone	6674198	8624	
湖南新邵经济开发区	Hunan Xinshao Economic Development Zone	1307300	10092	
湖南洞口经济开发区	Hunan Dongkou Economic Development Zone	1297085		
湖南武冈经济开发区	Hunan Wugang Economic Development Zone	524556	2644	
隆回高新技术产业开发区	Longhui High-tech Industrial Development Zone	1459135		
岳阳经济技术开发区	Yueyang Economic and Technological Development Zone	4564577		
岳阳绿色化工高新技术产业开发区	Hunan Yueyang Green Chemical High-tech Industrial Development Zone	10964064		75799
湘阴高新技术产业开发区	Hunan Xiangyin High-tech Industrial Development Zone	2341607		
平江高新技术产业园区	Hunan Pingjiang High-tech Industrial Park	3846089		
汨罗高新技术产业开发区	Hunan Miluo High-tech Industrial Development Zone	6039825		

13-15 续表 Continued

单位：万元 (10 000 yuan)

园区名称	Park	营业收入 Revenue of Business	#国有经济 State-owned Economic	#集体经济 Collective Economic
湖南临湘工业园	Hunan Linxiang Industrial Park	3706117		
岳阳临港高新技术产业开发区	The Port of Yueyang Hi-tech Industrial Development Zone	900753		
岳阳高新技术产业园区	Yueyang High-tech Industrial Development Zone	4838490	225120	49784
湖南常德经济开发区	Changde Economic and Technological Development Zone	10364057	6046238	9531
常德高新技术产业开发区	Hunan Changde Hi-tech Industrial Development Zone	2590854		
湖南汉寿高新技术产业园区	Hunan Hanshou Hi-tech Industrial Development Zone	1932130		
湖南澧县经济开发区	Hunan Li county Economic Development Zone	1504221		
湖南临澧经济开发区	Hunan Linli Economic Development Zone	795213		
湖南石门经济开发区	Hunan shimen Economic Development Zone	2022898	23720	
津市高新技术产业开发区	Jinshi High-tech Industrial Development Zone	2421957		12481
桃源高新技术产业开发区	Taoyuan High-tech Industrial Development Zone	1917515		
张家界高新技术产业开发区	Hunan Zhangjiajie Economic Development Zone	181159		
湖南益阳长春经济开发区	Hunan Yiyang Changchun Industrial Park	3146551		
湖南益阳高新技术产业园区	Yiyang High-tech Industrial Development Zone	5729511		
湖南南县经济开发区	Hunan Nan County Economic Development Zone	1147648		
湖南桃江经济开发区	Hunan Taojiang Economic Development Zone	2145937		
湖南安化经济开发区	Hunan Anhua Economic Development Zone	509048	13376	
湖南沅江高新技术产业园区	Hunan Yuanjiang Hi-tech Industrial Development Zone	2130366		
湖南郴州经济开发区	Hunan Chengzhou Economic Development Zone	1772279	573912	
湖南郴州高新技术产业园区	Hunan Chenzhou Hi-tech Industrial Development Zone	3749419	24889	
湖南桂阳工业园区	Hunan Guiyang Industrial Park	5505849		
湖南宜章经济开发区	Hunan Yizhang Economic Development Zone	1079560		
湖南永兴经济开发区	Hunan Yongxing Economic Development Zone	3896570		
湖南嘉禾经济开发区	Hunan Jiahe Economic Development Zone	1436640		
湖南临武工业园区	Hunan Linwu Industrial Park	710895		
湖南汝城经济开发区	Hunan Rucheng Economic Development Zone	181475		
湖南资兴经济开发区	Hunan Zixing Economic Development Zone	3392728	43427	
湖南零陵工业园区	Hunan Lingling Industrial Park	1158921	453616	
永州高新技术产业开发区	Yongzhou High-tech Industrial Development Zone	2405198		
湖南祁阳经济开发区	Hunan Qiyang Industrial Park	2307444	21676	
湖南东安经济开发区	Hunan Dongan Economic Development Zone	1308953	11344	
湖南宁远工业园区	Hunan Ningyuan Industrial Park	1371002	2956	
湖南蓝山经济开发区	Hunan Lanshan Economic Development Zone	1548440		
湖南江华经济开发区	Hunan Jianghua Economic Development Zone	1609978	3273	
湖南怀化经济开发区	Hunan Huaihua Economic Development Zone	191053		
怀化高新技术产业开发区	Huaihua High-tech Industrial Development Zone	634778		
湖南娄底经济开发区	Hunan Loudi Economic Development Zone	7909664		161069
湖南双峰经济开发区	Hunan Shuangfeng Economic Development Zone	1528964		
新化高新技术产业开发区	Hunan Xinhua High-tech Industrial Development Zone	1130751		
湖南冷水江经济开发区	Hunan Lenshuijiang Economic Development Zone	2513065		
湖南娄底高新技术产业开发区	Hunan Loudi High-tech Industrial Development Zone	2504027	3348	
湖南吉首经济开发区	Hunan Jishou Economic Development Zone	53311		
湖南湘西经济开发区	Hunan Xiangxi Economic Development Zone	348889		
湖南永顺经济开发区	Hunan Yongshun Economic Development Zone	79994	28194	
泸溪高新技术产业开发区	Luxi High-tech Industrial Development Zone	270886		

主要统计指标解释

工业 指从事自然资源的开采，对采掘品和农产品进行加工和再加工的物质生产部门。具体包括：(1) 对自然资源的开采，如采矿、晒盐等(但不包括禽兽捕猎和水产捕捞)；(2)对农副产品的加工、再加工，如粮油加工、食品加工、缫丝、纺织、制革等；(3) 对采掘品的加工、再加工，如炼铁、炼钢、化工生产、石油加工、机器制造、木材加工等，以及电力、燃气及水的生产和供应等；(4) 对工业品的修理、翻新，如机器设备的修理等。

工业统计调查单位为工业法人单位。

工业法人单位指从事工业生产经营活动的法人单位。工业法人单位应同时具备以下条件：①依法成立，有自己的名称、组织机构和场所，能够独立承担民事责任；②独立拥有（或授权）使用资产，承担负债，有权与其他单位签订合同；③具有包括资产负债表在内的帐户，或者能够根据需要编制帐户。

国有控股企业 即原来的国有及国有控股企业，根据企业实收资本中国有经济成分的出资人的实际投资情况，或国有经济成分的出资人对企业资产的实际控制、支配程度进行分类。以下情况为国有控股：（1）在企业的全部实收资本中，国有经济成分的出资人拥有的实收资本（股本）所占企业全部实收资本（股本）的比例大于 50% 的国有绝对控股。（2）在企业的全部实收资本中，国有经济成分的出资人拥有的实收资本（股本）所占比例虽未大于 50%，但相对大于其他任何一方经济成分的出资人所占比例的国有相对控股；或者虽不大于其他经济成分，但根据协议规定拥有企业实际控制权的国有协议控股。（3）投资双方各占 50%，且未明确由谁绝对控股的企业，若其中一方为国有经济成分的，一律按国有控股处理。

本篇涉及的企业登记注册类型的解释详见综合篇。

资产总计 指企业过去的交易或者事项形成的、由企业拥有或者控制的、预期会给企业带来经济利益的资源。资产一般按流动性分为流动资产和非流动资产。其中流动资产可分为货币资金、交易性金融资产、应收票据、应收账款、预付款项、其他应收款、存货等；非流动资产可分为长期股权投资、固定资产、无形资产及其他非流动资产等。来源于会计“资产负债表”中“资产总计”项目的期末余额数。

流动资产合计 资产满足以下条件之一应归为流动资产：（1）预计在一个正常营业周期中变现、出售或耗用，主要包括存货、应收账款等；（2）主要为交易目的而持有；（3）预计在资产负债表日起一年内（含一年）变现；（4）自资产负债日起一年内，交换其他资产或清偿负债的能力不受限制的现金或现金等价物。包括货币资金、应收票据、应收账款、存货等项目。来源于会计“资产负债表”中“流动资产合计”项目的期末余额数。

负债合计 指企业过去的交易或者事项形成的，预期会导致经济利益流出企业的现时义务。负债一般按偿还期长短分为流动负债和非流动负债。来源于会计“资产负债表”中“负债合计”项目的期末余额数。

应收账款 指企业因销售商品、提供劳务等经营活动所形成的债权，包括应向客户收取的货款、增值税款和为客户代垫的运杂费等。来源于会计“资产负债表”中“应收账款”项目的期末余额数。

存货 指企业在日常活动中持有以备出售的产成品或商品、处在生产过程中的在产品、在生产过程或提供劳务过程中耗用的材料或物料等，通常包括原材料、在产品、半成品、产成品、商品以及周转材料等。来源于会计“资产负债表”中“存货”项目的期末余额数。

产成品 指企业已经完成全部生产过程并验收入库，可以按照合同规定的条件送交订货单位，或者可以作为商品对外销售的产品。来源于会计“产成品”科目的借方余额。

营业收入 指企业经营主要业务和其他业务所确认的收入总额。营业收入包括“主营业务收入”和“其他业务收入”。来源于会计“利润表”中“营业收入”项目的本年累计数。

营业成本 指企业经营主要业务和其他业务所发生的成本总额。包括企业（单位）在报告期内从事销售商品、提供劳务等日常活动发生的各种耗费。包括“主营业务成本”和“其他业务成本”。来源于会计“利润表”中“营业成本”项目的本年累计数。

销售费用 指企业在销售商品和材料、提供劳务的过程中发生的各种费用，包括保险费、包装费、展览费和广告费、商品维修费、预计产品质量保证损失、运输费、装卸费等以及为销售本企业商品而专设的销售机构（含销售网点、售后服务网点等）的职工薪酬、业务费、折旧费等经营费用。

管理费用 指企业为组织和管理企业生产经营所发生的费用，包括企业在筹建期间内发生的开办费、董事会和行政管理部门在企业经营管理中发生的，或者应当由企业统一负担的公司经费等。来源于会计“利润表”中“管理费用”项目的本年累计数。

财务费用 指企业为筹集生产经营所需资金等而发生的筹资费用，包括企业生产经营期间发生的利息支出（减利息收入）、汇兑损失（减汇兑收益）以及相关的手续费等。来源于会计“利润表”中“财务费用”项目的本年累计数。

利润总额 指企业在一定会计期间的经营成果，是生产经营过程中各种收入扣除各种耗费后的盈余，反映企业在报告期内实现的盈亏总额。来源于会计“利润表”中“利润总额”项目的本年累计数。

平均用工人数 指报告期企业平均实际拥有的、参与本企业生产经营活动的人员数。

Explanatory Notes on Main Statistical Indicators

Industry refers to the material production sector which is engaged in the extraction of natural resources and processing and reprocessing of minerals and agricultural products, including (1) extraction of natural resources, such as mining, salt production (but not including hunting and fishing); (2) processing and reprocessing of farm and sideline produces, such as grain and oil processing, food processing, silk reeling, spinning and weaving and leather making; (3) processing and reprocessing of mineral products, such as steel making, iron smelting, chemicals manufacturing, petroleum processing, machine building, timber processing, and production and supply of electricity, gas and water; (4) repairing and renovating of industrial products such as the machinery.

In industrial surveys, the units of enquiry are industrial corporate units.

Industrial corporate units refer to corporate units engaging in industrial production and operation activities, which meet the following requirements: (1) They are established legally, having their own names, organizations, location, and are able to take civil liability independently; (2) They possess (or are authorized to use) assets independently, assume liabilities and are entitled to sign contracts with other units; (3) They have accounts including the balance sheets or can compile the accounts according to the need.

State-holding Enterprises cover the original state-owned enterprises and state-holding enterprises. They are classified according to the actual investment made by the contribor of state-owned part in the paid-in capital of the enterprises, or the degree of control or dominance of the contributor on the assets of the enterprises. The following cases are regarded as state-holding: (1) Absolute state-holding in which the contribors of state-owned parts possess more than 50% of all the paid-in capital (stocks) of the enterprises; (2) Relative state-holding in which the contribors of state-owned parts possess no more than 50% of the paid-in capital (stocks) of the enterprises, but more than that of any other contributors; or Agreed state-holding in which the contribors of state-owned parts possess no more than other contributors but have actual control over the enterprises according to agreements; (3) In the case both contributors possess 50% and it is not clear which one is in absolute holding position, the enterprise is regarded as state-holding enterprise if one of the contributor has state-owned elements.

For explanation of types of registration covered in this chapter, please refer to General Survey.

Total Assets refer to all resources that are owned or controlled by enterprises through previous trades or transactions with expectation of making economic profits. Classified by the degree of liquidity, total assets include current assets and non-current assets. Current assets can be classified into monetary capital, trading financial assets, notes receivable, accounts receivable, advanced payments, other receivables and inventories. Non-current assets can be divided into long-term equity investment, fixed assets, intangible assets and other non-current assets. Data on this indicator can be obtained from the year-end figures of total assets in the Balance Sheet of accounting records.

Total Current Assets refer to the assets that meet one of the following requirements: (1) expected to be cashed, sold or used in a normal operation cycle, mainly including inventory and accounts receivable; (2) be owned for trading purpose mainly; (3) expected to be cashed in one year (including one year) from the day of the Balance Sheet; (4) unlimited cash or cash equivalents that can be exchanged with other assets or being capable of settling debts during one year since the day of the Balance Sheet. Included are monetary capital, notes receivable, accounts receivable and inventories. Data on this indicator can be obtained from the year-end figures of total current assets in the Balance Sheet of accounting records.

Total Liabilities refer to payable liabilities of enterprises that accumulated from previous trades or transactions with expectation of economic profits leaking out. In terms of payment, it can be divided into liquid liabilities and long-term liabilities. Data on this indicator can be obtained from the year-end figures of total liabilities in the Balance Sheet of accounting records.

Accounts Receivable refers to creditor's rights formed by business activities such as selling goods, providing labor, which include payment for goods that should be charged to the customer, value-added tax and advance freight for the clients. It comes from the ending balance of accounts receivable in balance sheet.

Inventories refers to finished goods or commodities held in preparation for sale in enterprises' daily activities, goods in the production process, material or the physical materials consumed in the production process or in the process of providing labor, usually include raw materials, goods in the production process, semi-finished products, finished products, goods and materials in flow. It comes from the ending balance of inventory in balance sheet.

Finished Goods refers to the products that the enterprises have completed all of the production process and accepted and put in storage, and can be sent to the ordering units in accordance with the contract stipulations, or can be on sale. It come from the debit balance of Finished Products of accounting.

Business Revenue refers to the total revenue recognized by an enterprise in its principal business and other business operations. Business revenue includes " revenue from principal Business" and " revenue from other business". It comes from this year's cumulative report of "business revenue" items from the "income statement".

Business Cost refers to the total cost incurred by an enterprise in its principal business and other business operations. It includes various expenditures incurred by enterprises (units) in their daily activities of selling goods and providing labour services during the reporting period. It includes "Cost of principal business" and "Cost of other business". It comes from this year's cumulative report of "operating cost" items from the "income statement".

Selling Expense refers to the cost during the sale of goods and materials, providing labour services, including insurance, packing, exhibition fees and advertising fees, merchandise maintenance costs, expected product quality guarantee loss, transportation fees, handling fees, and operating expenses for the sales of the company's products such as employee compensation, business expenses, depreciation costs for dedicated sales offices (including sales outlets, after-sales service outlets, etc.).

Administrative Expense refers to the expenses for the organization and management of enterprise operating, including the start-up costs during the construction of enterprises, funds occurred during enterprises operating by board of directors and executive management in the enterprise management, or burden by enterprises. It comes from this year's cumulative current amount of management cost in income statement.

Financial Expenses refers to cost of raising fund for enterprises to raise funds for production and operation, including interest payments (a reduction in interest income), exchange loss (less exchange gains) and related fees during the period of production. It comes from this year's cumulative current amount of financial expenses in income statement.

Total Profits refers to the operation results in a certain accounting period, and it is the balance of various incomes minus various spendings in the course of operation, reflecting the total profits and losses of enterprises in reference period. Data are obtained from the this year's cumulative amount of total profits in the profit statement of the accounting record of enterprise.

Annual Average Employees refers to the number of person engaged in the enterprise production and operation activities in the reporting period, which are actually owned by the enterprise.

14 建筑业

Construction

资料整理人员：吕　涛

14-1 建筑企业概况
General Survey of Construction Enterprises

单位：亿元 (100 millions yuan)

年份 Year	建筑业企业单位数（个） Number of Construction Enterprises (unit)	总产值 Gross Output Value of Construction	企业总收入 Total Income of Enterprises	利税总额合计 Total pre-tax Profits	利润总额合计 Total Profits
1980	3427	7.97			
1981	2771				
1982	2610				
1983	2822				
1984	3677				
1985	4248	16.48			0.95
1986	4013	20.33			0.92
1987	4083	23.23			0.73
1988	4015	29.95			0.86
1989	3887	32.39			0.48
1990	3713	33.47		1.31	0.26
1991	3718	40.55		1.89	0.53
1992	3967	55.04		2.47	0.92
1993	4759	81.77		3.40	1.04
1994	5262	115.35		4.35	0.94
1995	5169	148.80		5.73	1.05
1996	1656	278.38	248.05	11.96	3.54
1997	1748	296.50	261.67	12.23	2.97
1998	1840	327.32	288.72	11.58	1.95
1999	1812	333.90	303.46	12.10	1.72
2000	1812	354.29	316.13	15.29	4.39
2001	1628	489.79	464.73	25.52	8.64
2002	1442	595.77	552.65	31.89	11.10
2003	1593	818.84	769.26	45.25	15.61
2004	1940	1027.89	966.60	60.95	25.47
2005	1842	1219.35	1136.14	73.14	28.75
2006	1861	1462.88	1370.91	91.51	37.66
2007	1893	1828.81	1720.40	122.05	54.56
2008	1992	2115.44	1994.97	202.77	112.11
2009	1948	2507.40	2333.97	180.28	84.59
2010	2005	3161.73	3010.77	228.87	105.02
2011	2021	3915.01	3600.93	267.00	124.67
2012	2021	4407.92	4102.19	307.30	149.59
2013	2094	5283.84	4947.39	392.54	190.34
2014	2108	6020.97	5699.61	429.37	208.31
2015	2083	6630.82	6131.31	454.45	216.19
2016	2124	7304.22	7010.13	433.03	230.57
2017	2339	8423.00	7688.40	547.83	246.62
2018	2652	9581.44	8695.41	707.63	317.59
2019	2986	10800.62	9693.34	719.09	324.84

14-1 续表 1 Continued

指 标	Item	2000	2010	2018	2019
总产值 （万元）	**Gross Output Value of Construction (10 000 yuan)**	**3542866**	**31617292**	**95814427**	**108006192**
#国有企业	#State owned Enterprises	1581149	9817093	1961229	2644681
集体企业	Collective owned Enterprises	1509253	1453121	2554195	2563658
股份合作企业	Cooperative Enterprises	49773	77535	55016	97938
联营企业	Joint Ownership Enterprises	20538	49320	18879	85885
有限责任公司	Limited Liability Corporations	152616	12725894	45942429	64048546
股份有限公司	Share-holding Corporations Ltd.	174020	2356614	3416745	6267292
私营企业	Private Enterprises	41503	4773327	41465408	31911858
其他企业	Others Enterprises	566	272582		9891
港澳台商投资企业	Funded by Entrepreneurs from Hong kong,Macao and Taiwan	13448	81757	279886	214599
外商投资企业	Enterprises with Foreign Investment		10050	120641	161845
增加值 （万元）	**Value Aded of Construction (10 000 yuan)**				
#本年内提取的固定资产折旧	#Depreciation of Fixed Assets of the Year	77163	278811	491387	509021
应付工资	Wages Payable	490810	2952164	14077145	12412113
应付福利费	Welfare Expenses Payable	42946	302568		
劳动、失业保险费	Labor and Unemployment Insurance	28358	55032		
主营业务税金及附加	Taxes and Extra Charges on Main Business	101064	1192347	1487171	1464493
主营业务利润	Profits of Main Business	250524	1924353	3191488	3249297
管理费用中的税金	Taxes in Management Enpenses	8007	46166	2413154	2477995
实收资本 （万元）	**Capital Stock (10 000 yuan)**	**1004829**	**4315628**	**13150668**	**12992491**
#国有企业	#State owned Enterprises	337826	928108	370502	331363
集体企业	Collective owned Enterprises	488259	296638	253327	252994
股份合作企业	Cooperative Enterprises	17883	17205	3706	2731
联营企业	Joint Ownership Enterprises	5754	33322	9896	9968
有限责任公司	Limited Liability Corporations	48338	1750828	7089046	7481877
股份有限公司	Share-holding Corporations Ltd.	69068	374913	684175	639121
私营企业	Private Enterprises	30891	815004	4726265	4261349
其他企业	Others Enterprises	100	65129		
港澳台商投资企业	Funded by Entrepreneurs from Hong kong,Macao and Taiwan	6710	20105	8060	7398
外商投资企业	Enterprises with Foreign Investment		14376	5691	5691

注：1995 年至 2001 年，建筑施工企业为资质等级四级及以上的建筑施工企业。从 2002 年起，建筑施工企业的统计范围为具有新资质等级的施工总承包和专业承包企业。下表同。

Construction enterprises refer to the fourth and higher grade construction enterprises between 1995 and 2001. The Statistical Coverage of Construction Enterprises Just Included the New Grade Construction Enterprises of Overall Contract and Special Contract Since 2002. The Same as in the following table.

14-1 续表 2 Continued

指 标	Item	2000	2010	2018	2019
资产合计 （万元）	**Total Assets (10 000 yuan)**	**3552544**	**17526351**	**62934066**	**71035080**
#流动资产	# Circulating Funds	2311307	12773189	45668975	52309940
#固定资产	# Fixed Assets	1032597	3210345	5322948	5897804
#国有企业	# State owned Enterprises	1807419	6414214	1537588	1531640
集体企业	Collective owned Enterprises	1301816	803948	795274	799478
股份合作企业	Cooperative Enterprises	43725	30920	16177	26883
联营企业	Joint Ownership Enterprises	11063	68576	36005	34840
有限责任公司	Limited Liability Corporations	138182	6528396	43098932	48917592
股份有限公司	Share-holding Corporations Ltd.	182134	1097403	3144118	3185458
私营企业	Private Enterprises	58761	2284582	14058684	16254864
其他企业	Others Enterprises	155	159245		
港澳台商投资企业	Funded by Entrepreneurs from HongKong,Macao and Taiwan	9287	76484	97631	103708
外商投资企业	Enterprises with Foreign Investment		62583	149659	180618
负债合计 （万元）	**Total Liabilities (10 000 yuan)**	**2287791**	**11034064**	**39350165**	**45934145**
#流动负债	# Liquid Liabilities	2064425	10268489	32846580	39306024
长期负债	Long-term Liabilities	223366	765575		
#国有企业	# State owned Enterprises	1355446	4981922	884160	942006
集体企业	Collective owned Enterprises	697271	429443	422629	445170
股份合作企业	Cooperative Enterprises	21781	12290	5937	8413
联营企业	Joint Ownership Enterprises	4977	26822	19016	17498
有限责任公司	Limited Liability Corporations	82412	3918390	29783452	34213973
股份有限公司	Share-holding Corporations Ltd.	103449	457995	1704665	1791208
私营企业	Private Enterprises	19869	1068840	6351572	8344137
其他企业	Others Enterprises	50	52423		
港澳台商投资企业	Funded by Entrepreneurs from HongKong,Macao and Taiwan	2535	43895	78755	86772
外商投资企业	Enterprises with Foreign Investment		42045	99979	84969
所有者权益 （万元）	**Creditors' Equity (10 000 yuan)**	**1264753**	**6492317**	**23583901**	**25100935**
#国有企业	# State owned Enterprises	451973	1432322	653428	589634
集体企业	Collective owned Enterprises	604545	374505	372645	354308
股份合作企业	Cooperative Enterprises	21945	18630	10240	18470
联营企业	Joint Ownership Enterprises	6086	41754	16988	17342
有限责任公司	Limited Liability Corporations	55770	2610007	13315480	14703619
股份有限公司	Share-holding Corporations Ltd.	78685	639408	1439453	1394249
私营企业	Private Enterprises	38893	1215742	7707112	7910728
其他企业	Others Enterprises	105	106822		
港澳台商投资企业	Funded by Entrepreneurs from HongKong,Macao and Taiwan	6752	32588	18876	16936
外商投资企业	Enterprises with Foreign Investment		20539	49679	95649
企业总收入 （万元）	**Total Income of Enterprises (10 000 yuan)**	**3161339**	**30107702**	**87007521**	**96933387**
#主营业务收入	# Revenue of Main Business	3049291	29982962	86358016	96611814
主营业务成本	Costs of Main Business	2697703	26700081	78179567	87679043

14-1 续表 3 Continued

指 标	Item	2000	2010	2018	2019
#国有企业	# State owned Enterprises	1476206	9682690	2228044	1987846
集体企业	Collective owned Enterprises	1281118	1492663	1964093	1927944
股份合作企业	Cooperative Enterprises	47570	69547	57522	69609
联营企业	Joint Ownership Enterprises	17549	58086	68762	66663
有限责任公司	Limited Liability Corporations	133184	11726069	53218842	59163143
股份有限公司	Share-holding Corporations Ltd.	152984	2308216	5521094	5233768
私营企业	Private Enterprises	38906	4430061	23598784	28173178
其他企业	Others Enterprises	374	254482		
港澳台商投资企业	Funded by Entrepreneurs from Hong Kong, Macao and Taiwan	13448	75587	229015	149391
外商投资企业	Enterprises with Foreign Investment		10302	121367	161845
利税总额合计 （万元）	**Total Pre-tax Profits (10 000 yuan)**	**152949**	**2288715**	**7076268**	**7190904**
#利润总额	# Total Profits	43878	1050202	3175943	3248416
主营业务税金及附加	Taxes and Extra Charges on Main Business	101064	1192347	1487171	1464493
管理费用中的税金	Taxes in Management Enpenses	8007	46166	2413154	2477995
产值利税率（%）	Ratio of Pretax Profits to Output Value(%)	4.3	7.0	7.4	6.7
资产利税率（%）	Ratio of tax Profits to Assets(%)	4.7	13.0	8.9	10
#国有企业	# State owned Enterprises	42940	557708	209587	196553
集体企业	Collective owned Enterprises	82842	131249	242293	220385
股份合作企业	Cooperative Enterprises	3077	5077	6401	7059
联营企业	Joint Ownership Enterprises	1146	6490	11713	12944
有限责任公司	Limited Liability Corporations	7781	916356	3751946	3792731
股份有限公司	Share-holding Corporations Ltd.	11236	211455	496278	409817
私营企业	Private Enterprises	2585	429633	2309207	2480585
其他企业	Others Enterprises	14	21894		
港澳台商投资企业	Funded by Entrepreneurs from Hong kong,Macao and Taiwan	1344	5696	11068	6063
外商投资企业	Enterprises with Foreign Investment		3157	37776	64768
利润总额合计 （万元）	**Total Profits (10 000 yuan)**	**43878**	**1050202**	**3175943**	**3248416**
#国有企业	# State owned Enterprises	2640	235971	76284	70367
集体企业	Collective owned Enterprises	29367	50697	79954	76914
股份合作企业	Cooperative Enterprises	1437	1949	1030	1137
联营企业	Joint Ownership Enterprises	444	3071	5525	6553
有限责任公司	Limited Liability Corporations	2627	415403	1747161	1763486
股份有限公司	Share-holding Corporations Ltd.	5540	108859	218058	183240
私营企业	Private Enterprises	1024	216677	1016613	1090956
其他企业	Others Enterprises		12311		
港澳台商投资企业	Funded by Entrepreneurs from Hong kong,Macao and Taiwan	799	2444	2776	1323
外商投资企业	Enterprises with Foreign Investment		2822	28542	54441

14-2 建筑施工企业个数和平均人数
Number of Construction Enterprises and Its Average Annual Staff and Workers

年份 Year	总计 Total	国有经济 State-owned	集体经济 Collective-owned	其他经济 Others owned
施工企业个数（个）	Number of Enterprises (unit)			
2000	1812	313	1241	258
2001	1628	305	829	494
2002	1442	262	532	648
2003	1593	257	470	866
2004	1940	274	414	1252
2005	1842	229	364	1249
2006	1861	233	350	1278
2007	1893	239	329	1325
2008	1992	253	272	1467
2009	1948	233	221	1495
2010	2005	254	264	1487
2011	2021	247	248	1526
2012	2021	228	233	1560
2013	2094	322	191	1581
2014	2108	316	184	1608
2015	2083	312	176	1595
2016	2124	294	169	1661
2017	2339	296	158	1885
2018	2652	291	131	2230
2019	2986	283	234	2320
建筑业从业人员（万人）	Staff and Workers (10 000 person)			
1995	61.33	22.29	38.52	0.16
2000	76.30	22.66	41.98	11.66
2001	96.73	25.01	38.86	32.86
2002	92.72	21.56	28.70	42.46
2003	111.95	28.67	27.53	55.75
2004	115.53	25.59	20.90	69.04
2005	118.61	35.15	18.41	65.05
2006	125.97	28.90	17.14	79.93
2007	131.62	29.12	15.90	86.60
2008	137.90	27.85	12.78	97.27
2009	144.97	31.07	9.99	103.91
2010	150.41	32.48	12.41	105.51
2011	155.44	35.53	11.97	107.94
2012	118.82	16.79	10.30	91.73
2013	197.46	65.70	79.55	122.21
2014	211.55	70.26	9.48	131.81
2015	221.27	68.94	9.64	142.69
2016	229.15	71.95	10.55	146.65
2017	267.57	78.16	11.78	177.63
2018	275.22	81.00	8.99	185.23
2019	294.62	86.25	18.93	189.44

14-3 建筑施工企业主要效益指标(2019年)
Major Benefit Indicators of Construction Enterprises (2019)

指　标	Item	总计 Total	国有经济 State-owned	集体经济 Collective-owned	其他经济 Other owned
年末固定资产原值（万元）	Original Value Fixed Assets at the Yearend (10 000 yuan)	7488749	3164129	492636	3831984
年末固定资产净值（万元）	Net Value of Fixed Assets at the Yearend (10 000 yuan)	4520927	1899621	311214	2310091
流动资产年末合计（万元）	Circulating Funds at the Yearend (10 000 yuan)	52309940	26790694	1745958	23773289
利润总额（万元）	Total Profits (10 000 yuan)	3248416	1032041	172847	2043528
利税总额（万元）	Total Pre-tax Profits (10 000 yuan)	7190904	1974417	472948	4743539
资金利润率（%）	Ratio of Fund to Profits (%)	5.7	3.6	8.4	7.8
产值利润率（%）	Ratio of Profit to Gross Output Value (%)	3.0	2.4	3.2	3.4
产值利税率（%）	Ratio of Pre-tax Profit to Output Value (%)	6.7	4.7	8.8	7.8
按施工产值计算的劳动生产率（元/人年）	Overall Labor Productivity in Terms of Total Output Value (yuan /person-year)	366599	488496	285293	319220
人均竣工面积（平方米/人）	Floor Space of Buildings Completed per Laborer (sq.m/person)	71.4	60.3	100.7	73.6

注：本表不包括建筑业活动单位。2013年开始，国有经济企业指国有及国有控股企业（下同）。

This table does not indude the constuction sector. Beginning in 2013,state-owned economic enterprises reper to state-owned and state holding enterprises (the same below)

14-4 国有建筑企业主要经济指标

Major Economic Indicators on State-owned Construction Enterprises

指 标	Item	2000	2010	2018	2019
国有建筑施工企业	**State-owned**				
施工产值 （亿元）	Output Value of Projects (100 million yuan)	158.11	981.71	3816.93	4213.49
全员劳动生产率 （元/人）	Overall Labor Productivity (yuan/person)	69792	240748	471244	488496
计算劳动生产率的平均人数 （万人）	Average Number of Staff and Workers by Calculating Labor Productivity (10 000 person)	22.66	40.78	81.00	86.25
房屋建筑施工面积（万平方米）	Floor Space of Buildings Under Construction (10 000 sq.m)	1287.31	6158.88	26813.25	29430.18
房屋建筑竣工面积（万平方米）	Floor Space of Buildings Completed (10 000 sq.m)	580.12	1433.76	4754.62	5199.14
#住宅	# Residential Buildings		853.07	3413.73	3755.94
地方国有建筑施工企业	**Local State-owned**				
施工产值 （亿元）	Output Value of Projects (100 million yuan)	92.10	254.09	1895.88	1753.75
全员劳动生产率 （元/人）	Overall Labor Productivity (yuan/person)	59094	164952	387057	413252
计算劳动生产率的平均人数 （万人）	Average Number of Staff and Workers by Calculating Labor Productivity (10 000 person)	15.59	15.40	48.98	42.44
房屋建筑施工面积（万平方米）	Floor Space of Buildings Under Construction (10 000 sq.m)	1036.99	2095.68	11130.00	9721.22
房屋建筑竣工面积（万平方米）	Floor Space of Buildings Completed (10 000 sq.m)	481.60	794.38	2389.29	1859.56
#住宅	# Residential Buildings		459.04	1773.99	1268.05

注：本表国有建筑企业为国有及国有控股企业。

State owned construction enterprises in this table is the state owned and state holding enterprises.

14-5 房屋建筑面积
Floor Space of Building Construction

单位：万平方米 (10 000 sq.m)

年份 Year	房屋建筑面积 Floor Space of Building Construction		国有经济 State-owned		集体经济 Collective-owned	
	施工面积 Floor Space Under Construction	竣工面积 Floor Space Completed	施工面积 Floor Space Under Construction	竣工面积 Floor Space Completed	施工面积 Floor Space Under Construction	竣工面积 Floor Space Completed
1990	1159.10	558.70	572.40	233.50	586.70	325.20
1991	1282.70	653.20	577.20	269.50	705.50	383.70
1992	1554.00	711.30	699.40	279.80	854.60	431.50
1993	1869.50	802.20	867.90	334.60	1001.60	467.60
1994	2081.50	868.30	1011.10	378.40	1068.40	489.30
1995	4507.41	2313.70	1094.50	361.20	3223.05	1835.33
1996	4662.00	2393.05	1285.16	467.04	3333.59	1898.28
1997	4719.57	2279.89	1236.68	465.95	3444.90	1783.44
1998	5067.56	2382.33	1397.64	530.70	3373.22	1701.44
1999	5180.91	2681.81	1333.55	561.10	3417.60	1900.54
2000	5087.93	2603.08	1287.31	580.12	3017.81	1634.32
2001	6259.27	3204.60	1459.86	575.96	2734.12	1548.82
2002	7167.52	3665.71	1492.90	557.76	2342.29	1375.27
2003	10051.97	4969.67	2403.74	872.54	2667.99	1487.17
2004	12522.96	6250.66	2688.46	1105.49	2283.17	1342.06
2005	13774.87	6846.04	3155.37	1187.33	2310.26	1221.36
2006	15893.25	7451.71	4029.50	1203.42	2184.87	1280.53
2007	18796.15	8202.43	5031.99	1298.72	1885.13	1133.24
2008	21463.02	9077.52	4271.08	1240.98	1883.08	1038.20
2009	22442.34	9809.63	4014.66	1417.89	1617.52	889.23
2010	27680.25	10573.45	6158.88	1433.76	1920.30	1041.96
2011	32795.65	11777.74	10211.94	1870.29	2117.59	1100.78
2012	36412.18	13398.75	4175.97	1199.63	2292.37	1195.18
2013	43528.16	15890.95	15943.34	3831.35	2239.85	1142.34
2014	47433.19	16583.00	18252.67	3567.12	2356.22	1162.44
2015	47504.41	17389.97	18585.29	3873.21	2357.57	1366.82
2016	50329.04	18629.18	20693.91	4247.81	3887.89	2216.64
2017	54593.66	19840.34	23629.92	4756.15	2311.71	1304.30
2018	59253.25	19929.34	26813.25	4754.62	2276.14	1283.16
2019	65247.34	21043.78	29430.18	5199.14	3863.66	1905.06

14–6 国有、集体建筑企业生产指标 (2019年)
Production Indicators of State-owned and Collective-owned Construction Enterprises (2019)

指 标	Item	总 计 Total	国有经济 State-owned Economic	中 央 Central	地 方 Local	集体经济 Collective Owned Economic
企业个数 （个）	**Number of Enterprises (unit)**	**2986**	**283**	**33**	**158**	**234**
建筑业总产值 （万元）	**Gross Output Value of Construction (10 000 yuan)**	**108006192**	**42134866**	**22510709**	**17537544**	**5399251**
#建筑工程	# Construction projects	92748558	38171775	20553549	15796597	4438381
安装工程	Installation projects	8726429	2597202	1454689	1023108	761164
其他	Others	6531206	1365888	502470	717839	199706
竣工产值 （万元）	**Output Value Completed (10 000 yuan)**	**55211326**	**17337280**	**8637495**	**7677405**	**3365532**
房屋建筑施工面积 （万平方米）	**Floor Space of Buildings Under Construction (10 000 sq.m)**	**65247.34**	**29430.18**	**19272.88**	**9721.22**	**3863.66**
#本年新开工面积	# Floor Space of Buildings Started in Current Year	26437.26	8402.19	5236.64	2903.22	2099.56
房屋建筑竣工面积 （万平方米）	**Floor Space of Buildings Completed (10 000 sq.m)**	**21043.78**	**5199.14**	**3057.33**	**1859.56**	**1905.06**
计算建筑业劳动生产率的平均人数 （万人）	**Average of Staff and Workers by Calculating Construction Labor Productivity (10 000 person)**	**294.62**	**86.25**	**37.26**	**42.44**	**18.93**
按施工产值计算的劳动生产率 （元/人年）	**Overall Labor Productivity in Terms of Total Output Value (yuan /person-year)**	**366599**	**488496**	**604139**	**413252**	**285293**

14-7 建筑业企业分行业生产指标(2019年)

指 标		Item		房屋建筑业 Building Construction	土木工程建筑业 Construction of Civil Engineering
企业个数	(个)	Number of Enterprises	(unit)	1819	726
建筑业总产值	(万元)	Gross Output Value of Construction	(10 000 yuan)	71064623	25640171
#建筑工程		#Construction Projects		64254051	20538500
安装工程		Installation Projects		2650437	3445887
其他		Others		4160134	1655784
竣工产值	(万元)	Output Value Completed	(10 000 yuan)	38947781	10369323
房屋建筑施工面积	(万平方米)	Floor Space of Buildings Under Construction	(10 000 sq.m)	57846	2021
#本年新开工面积		#Floor Space of Buildings Started in Current Year		23253	1184
房屋建筑竣工面积	(万平方米)	Floor Space of Buildings Completed	(10 000 sq.m)	18926	810

14-7 续表

指 标		Item		建筑安装业 Archi-tectural Installation	电气安装 Electrical Installation
企业个数	(个)	Number of Enterprises	(unit)	237	82
建筑业总产值	(万元)	Gross Output Value of Construction	(10 000 yuan)	3941001	954241
#建筑工程		#Construction Projects		1687838	236730
安装工程		Installation Projects		2060359	671915
其他		Others		192804	45596
竣工产值	(万元)	Output Value Completed	(10 000 yuan)	2190122	576140
房屋建筑施工面积	(万平方米)	Floor Space of Buildings Under Construction	(10 000 sq.m)	437	95
#本年新开工面积		#Floor Space of Buildings Started in Current Year		141	26
房屋建筑竣工面积	(万平方米)	Floor Space of Buildings Completed	(10 000 sq.m)	175	45

Production Indicators of Construction Enterprises by Sector (2019)

铁路公路隧道桥梁建筑业 Construction of Railways, Roads, Tunnels and Bridgeworks	水利和港口建筑业 Construction of Water Conservancy and Harbor Engineering	海洋工程建筑业 Construction of Ocean Engineering	工矿工程建筑业 Construction of Industry and Mining Projects	架线和管道工程建筑业 Construction of Wire Laying and Pipework	其他土木工程建筑业 Construction of Other Civil Engineering
364	94		27	112	95
15846212	3617500		1202874	3126532	1201791
14363393	3335453		484774	1244298	813914
811181	156163		556635	1440842	173891
671638	125884		161465	441393	213986
5453021	1531904		260232	2104542	721226
1083	483		199	18	158
671	224		120	16	89
586	63		26	14	79

Continued

管道和设备安装 Piping and Equipment Installation	其他建筑安装业 Other Architectural Installation	建筑装饰和其他建筑业 Architectural Decoration	建筑装饰业 Architectural Decoration Industry	工程准备 Engineering Preparation	提供施工设备服务 Service of Supplying Construction Equipment	其他未列明的建筑活动 Other Construction Activities N.E.C
49	106	204	141		8	38
1639283	1347478	2137012	1626960		75972	236949
712231	738878	1358923	1179072		4064	122212
835625	552819	413270	286594		36387	85809
91427	55781	364819	161295		35521	28928
962653	651329	1417941	1116733		11559	132298
277	64	199	113		7	64
84	30	103	45		4	42
88	42	94	72			15

主要统计指标解释

建筑业统计单位 指从事房屋、构筑物建造和设备安装活动的法人企业。建筑业法人企业应具有建筑业资质并能够独立核算，同时其应具备以下条件：①依法成立，有自己的名称、组织机构和场所，能够承担民事责任；②独立拥有和使用资产，承担负债，有权与其他单位签订合同；③独立核算盈亏，能够编制资产负债表。

建筑业总产值 是以货币形式表现的建筑业企业在一定时期内生产的建筑业产品和提供的服务的总和。建筑业总产值包括：

(1) 建筑工程产值：指列入建筑工程预算内的各种工程价值。

(2) 安装工程产值：指设备安装工程价值，不包括被安装设备本身的价值。

(3) 其他产值：建筑业总产值中除建筑工程、安装工程以外的产值。包括房屋构筑物修理产值、非标准设备制造产值、总包企业向分包企业收取的管理费以及不能明确划分的施工活动所完成的产值。

a. 房屋构筑物修理产值：指房屋和构筑物修理所完成的产值，但不包括被修理房屋、构筑物本身价值和生产设备的修理价值。

b. 非标准设备制造产值：指加工制造没有定型的非标准生产设备的加工费和原材料价值（如化工厂、炼油厂用的各种罐、槽，矿井生产统一使用的各种漏斗、三角槽、阀门等）以及附属加工厂为本企业承建工程制作的非标准设备的价值。

建筑业增加值 指建筑业企业在报告期内以货币形式表现的建筑业生产经营活动的最终成果。

从 2004 年第一次全国经济普查开始，建筑业现价增加值按生产法和分配法（收入法）两种方法计算，以收入法的计算结果为准，即从收入的角度出发，根据生产要素在生产过程中应得的收入份额计算。具体计算方法：经济普查年度建筑业增加值按照《经济普查年度 GDP 核算方案》计算，非经济普查年度建筑业增加值按照《非经济普查年度 GDP 核算方案》计算。

房屋建筑施工面积 指在报告期内施过工的全部房屋建筑面积，包括本期新开工的房屋面积、上期施工跨入本期继续施工的房屋面积、上期停缓建在本期恢复施工的房屋面积、本期竣工的房屋面积及本期施工后又停缓建的房屋面积。

房屋建筑竣工面积 指在报告期内房屋建筑按照设计要求全部完工，达到了使用条件，经验收鉴定合格，正式移交使用单位的房屋建筑面积。

Explanatory Notes on Main Statistical Indicators

Statistical Unit in the Construction Industry refers to a corporate enterprise engaged in the construction of buildings and structures and in the installation of equipment. A corporate construction enterprise should have qualification certificates with independent accounting system, and should meet the following 3 requirements: a) being set up in line with relevant legal basis, having its full name, organization and location, and capable of taking civil liabilities; b) independently possessing and using its assets and assuming its liabilities, and entitled to sign contracts with other institutions; and c) making independent accounts of its profits and losses, and capable of compiling its own balance sheet.

Gross Output Value of Construction refers to total of construction products and services, expressed in money terms, produced or rendered by construction and installation enterprises during a given period of time. It includes:

(1) Output value of construction projects: the value of projects covered by the project budgets;

(2) Output value of installation projects: the value of the installation of equipment, (excluding the value of the equipment to be installed);

(3) Other output values: the output value of construction industry apart from that of construction projects and installation projects. It includes: output value of repair of buildings and structures; output value of non-standard equipment manufacturing; overhead expenses received by contracted enterprises from the sub-contracted enterprises and the completed output value of construction activities for which there is no clear definition.

a. Output value of repair of buildings and structures: the value created through the repairs of buildings or structures. It does not include the value of buildings or structures being repaired and the value of the repair of production equipment;

b. Output value of manufactured non-standard equipment: the value of non-standard production equipment, including raw materials and manufacturing cost, made for the construction project (i.e., chemical plant; kettles or tanks used by refineries; various fillers, triangle tanks, valves used by mines). It also includes the output value of equipment manufactured by subsidiary workshops.

Value-added of Construction refers to the final result of the activities of production and operation of enterprises of the construction industry in monetary terms during the reference period.

Starting from the 2004 economic census, value-added of construction is calculated by both production approach and income approach, with the figures from the income approach as the final figures., Under the income approach,, calculation starts from the perspective of income and is based on the share of income derived from the production process by the relevant factors of production.. Specifically, value-added of construction for the Census years is calculated in accordance with the Programme of Compilation of GDP and National Accounts for the Year of Economic Census, and value-added of construction for other years is calculated in accordance with the Programme of Compilation of GDP and National Accounts for the Non Economic Census Years.

Floor Space of Buildings Under Construction refers to floor space of buildings under construction during the reference period, including the floor space of buildings for which construction has newly started; buildings for which construc- tion has started earlier and is continuing during the reference period; and buildings for which construction has been suspended earlier but has restarted during the reference period; buildings completed during the reference period; and buildings under construction but construction has subsequently been during the reference period.

Floor Space of Buildings Completed refers to the floor space of buildings that are completed in the reference period in accordance with the requirements of the design, up to the standard for being put into use, and having been checked and accepted by departments concerned as qualified ones.

15 交通运输、邮电和其他服务业

Transportation, Postal, Telecommunication and Other Services

资料整理人员：谢妮莉　　韩建芳

15-1 运输线路长度和民用汽车拥有量

Length of Transportation Routes and Number of Civil Vehicles Owned

年份 Year	铁路营业里程（公里） Length of Railways in Operation (km)	#复线里程 Double-Tracking	#高速铁路 High Speed Railway	公路里程（公里） Length of Highways (km)	#高速公路 Expressway	内河航道（公里） Length of Navigable Inland Waterways (km)	民用汽车拥有量（万辆） Number of Civil Vehicles Owned (10 000 units)	#私人汽车 Private-Owned
1949	950			3142		10913		
1950	950			3420		10913	0.11	
1951	950			3631		10913	0.16	
1952	950			3790		10913	0.16	
1953	928			4231		10913	0.17	
1954	933			4352		10913	0.17	
1955	933			4469		10952	0.19	
1956	933			5430		11295	0.22	
1957	919			6437		11299	0.24	
1958	919			11282		14202	0.41	
1959	1007			15326		16607	0.57	
1960	1127			17223		17098	0.64	
1961	1193			17340		17098	0.62	
1962	1193			17340		17098	0.60	
1963	1193			18466		15768	0.66	
1964	1193			19487		16586	0.70	
1965	1416			20979		16586	0.78	
1966	1443			22726		16586	0.84	
1967	1464			23875		16586	0.93	
1968	1464			25148		16586	1.04	
1969	1464			27028		16586	1.16	
1970	1464			29437		16586	1.64	
1971	1538			32066		12099	1.77	
1972	1937			32824		10643	2.10	
1973	2053			35978		10828	2.60	
1974	2065			38331		11179	2.86	
1975	2065			46803		11147	3.34	
1976	2065			49943		11499	3.85	
1977	2065			55420		11558	4.39	
1978	2065			59541		10798	4.89	
1979	1681			54678		10137	5.69	
1980	1653			54897		10137	6.52	
1981	1653			55155		10149	7.09	
1982	2236			55289		10154	7.85	
1983	2236			55483		10164	8.70	
1984	2299			55756		10164	9.24	
1985	2299			56002		9941	10.84	

15-1 续表 Continued

年份 Year	铁路营业里程（公里） Length of Railways in Operation (km)	#复线里程 Double-Tracking	#高速铁路 High Speed Railway	公路里程（公里） Length of Highways (km)	#高速公路 Expressway	内河航道（公里） Length of Navigable Inland Waterways (km)	民用汽车拥有量（万辆） Number of Civil Vehi-cles Owned (10 000 units)	#私人汽车 Private-Owned
1986	2299			56636		10005	12.89	
1987	2302			56930		10051	14.88	2.64
1988	2302			57090		10037	16.91	3.35
1989	2302			57209		10092	18.10	3.68
1990	2302			57460		10110	18.75	3.71
1991	2302			57693		10110	20.35	4.20
1992	2302			58110		10010	22.91	5.55
1993	2273			58421		10010	26.55	7.34
1994	2273			58803	44	10010	32.11	10.01
1995	2273			59125	44	10050	35.24	12.66
1996	2273			59554	100	10050	37.49	13.78
1997	2273	642		59761	101	10050	38.12	16.55
1998	2275	642		60077	172	10050	41.58	21.12
1999	2891	1033		60416	280	10065	42.73	22.94
2000	2924	1836		60848	449	10041	46.10	25.98
2001	2894	1282		66593	585	10041	50.43	27.95
2002	2829	1282		84808	1012	10041	57.67	30.72
2003	2771	1273		85233	1218	11968	65.08	36.01
2004	2774	1282		87875	1218	11968	71.78	41.60
2005	2802	1247		88200	1403	11968	82.76	52.13
2006	2806	1246		171848	1403	11968	94.64	61.35
2007	2799	1250		175415	1764	11398	121.72	85.36
2008	2795	1246		184568	2001	11398	142.67	101.89
2009	3693	1852	606	191405	2226	11968	200.07	138.28
2010	3695	1847	606	227998	2386	11968	243.72	179.57
2011	3693	1852	604	232190	2649	11968	290.58	222.93
2012	3825	1987	604	234051	3968	11968	340.18	271.33
2013	4028	2033	786	235396	5084	11968	397.75	327.24
2014	4532	2540	1293	236250	5493	11968	443.42	393.26
2015	4521	2541	1293	236886	5653	11968	516.60	466.14
2016	4716	2982	1374	238273	6080	11968	603.02	551.11
2017	4698	3007	1396	239724	6419	11968	688.89	635.97
2018	5070	3336	1730	240060	6725	11968	786.20	727.45
2019	5579	3902	1986	240566	6802	11968	875.41	812.68

注：2006 年起，公路里程含村道。2019 年铁路管界调整。
From 2006, Length of Highways included Village Roads.Railway boundary adjustment in 2019.

15-2 运输线路、铁路机车基本情况
Basic Statistics on Transportation Routes and Railway Locomotives

单位：公里 (km)

指 标		Item		2000	2010	2018	2019
铁路营业里程		**Lengh of Railways in Operation**		**2924**	**3695**	**5070**	**5579**
复线里程		Double-Track		1836	1847	3336	3902
电气化线路里程		Lengh of Electrified Railway		672	2342	3962	4531
高速铁路里程		Lengh of High Speed Railway			606	1730	1986
公路线路里程		**Lengh of Highways**		**60848**	**227998**	**240060**	**240566**
有铺装路面（高级）		Paved Highways			131036	217055	221381
未铺装路面（中低无）		Non-Paved Highway			89905	21579	17856
等级公路		Expressway and Class Ⅰ to Ⅳ Highway		33380	184045	223667	226590
高速		Expressway		440	2386	6725	6802
一级		First Class		239	838	2068	2232
二级		Second Class		3761	8018	14478	15298
等外路		Highway Below Class Ⅳ		27468	43953	16393	13976
内河航道		**Lengh of Navigable Inland Waterway**		**10041**	**11968**	**11968**	**11968**
中央铁路		**Central Railway**					
内燃机车	（台）	Diesel Locomotives	(unit)	529	283	325	324
电力机车	（辆）	Electric Locomotives	(unit)	120	496	691	704
地方铁路（窄轨）		**Local Railway Locomotives(narrow gauge)**					
客车	（辆）	Passenger Coaches	(unit)	27	35	35	35

注：公路线路里程 2006 年起包含村道。
The figure on the lengh of highways includes country road since 2006.

15−3 民用车辆拥有量 (2019年)
Number of Civil Motor Vehicles (2019)

单位：辆 (unit)

指 标	Item	总计 Total	营业性 Business	非营业性 Non-Business	#个体 Individual	#新注册 New Registration
合计	**Total**	**14276080**	**707907**	**13157626**	**13216216**	**1406319**
民用汽车	Civil Motor Vehicles	8754132	615658	8118294	8126791	1004141
载客汽车	Passenger Vehicles	7851365	175427	7655758	7381844	906096
#大型	#Large	61625	51401	5743	618	7296
中型	Medium	42031	17780	8556	5713	1689
轿车	Cars	4793706	102004	4691702	4550776	527339
载货汽车	Trucks Vehicles	817745	411638	406107	678239	92385
#重型	#Heavy	177028	170702	6326	113568	19231
中型	Medium	49257	45431	3826	40109	2243
#普通载货	#Ordinary Trucks	335127	46298	288829	298120	40171
摩托车	Motors	5079557	40872	5038685	5066207	377461
拖拉机	Tractors	282085				8067
挂车	Truck Trailer	52024	51377	647	23218	11414
其他类型车	Other Motors Vehicles	108282				5236

15−4 水路运输工具拥有量 (2019年)
Number of Civil Transport Vessels (2019)

指 标	Item	总计 Total	#个体 Individual	内河运输 Reiver Shipping	#个体 Individual
机动船 （艘）	**Motor Vessels (unit)**	**4484**	**718**	**4467**	**718**
净载重量 （吨位）	Net Haulage Capacity (ton)	4265631	296691	4034063	296691
载客量 （客位）	Passenger Capacity (seat)	59886	554	59886	554
功率 （千瓦）	Power (kw)	1420332	115351	1379508	115351
客船 （艘）	Passenger Ship (unit)	1695	22	1695	22
载客量 （客位）	Passenger Capacity (seat)	59886	554	59886	554
功率 （千瓦）	Power (kw)	95791	462	95791	462
货船 （艘）	Cargoboat (unit)	2785	695	2768	695
净载重量 （吨位）	Net Haulage Capacity (ton)	4265631	296691	4034063	296691
功率 （千瓦）	Power (kw)	1322143	114229	1281319	114229
货船中：油船 （艘）	Oil Tanker (unit)	41		38	
净载重量（吨位）	Net Haulage Capacity (ton)	70260		48994	
功率 （千瓦）	Power (kw)	23686		17159	
拖船 （艘）	Drawing (unit)	4	1	4	1
功率 （千瓦）	Power (kw)	2398	660	2398	660
驳船 （艘）	**Barges (unit)**	**240**		**240**	
净载重量 （吨位）	Net Haulage Capacity (ton)	34967		34967	

15-5 旅客运量和旅客周转量
Passenger Traffic and Turnover Volume of Passenger Traffic

年份 Year	合计 Total	铁路 Railway	公路 Highway	水运 Waterway	民用航空 Civil Aviation
客运量（万人）	Total Passenger Traffic (10 000 person)				
2000	87462	5233	81005	1094	130
2001	92381	5202	85971	1063	145
2002	98244	5173	91653	1249	169
2003	96182	4850	90353	793	186
2004	106333	5326	99975	772	260
2005	116457	5423	109728	702	304
2006	118621	5550	112135	573	363
2007	123626	5891	116780	525	430
2008	131442	6239	124274	509	419
2009	141061	6407	133359	747	548
2010	156871	7111	148235	919	606
2011	171886	7915	161980	1327	664
2012	184872	8429	174386	1349	708
2013	197541	9067	149016	1480	757
2014	162540	9639	150583	1449	870
2015	132104	10368	119266	1534	935
2016	122851	11518	108627	1615	1091
2017	116178	12872	100390	1674	1241
2018	108083	13943	91007	1729	1403
2019	102971	15626	84162	1641	1542
周转量（亿人公里）	Total Passenger-kilometers (100 million passenger-km)				
2000	724.06	394.00	318.37	3.55	8.14
2001	761.62	410.65	337.90	3.23	9.84
2002	827.55	428.84	384.91	3.20	10.60
2003	831.24	431.00	384.67	2.43	13.14
2004	972.57	500.38	449.73	2.35	25.87
2005	1046.27	531.71	480.57	1.94	32.05
2006	1114.86	562.48	512.24	1.42	38.72
2007	1224.57	626.14	548.12	1.19	49.12
2008	1260.17	645.98	565.64	0.82	47.73
2009	1289.93	625.44	601.11	1.01	62.37
2010	1464.96	707.18	683.58	1.69	72.51
2011	1636.15	775.01	778.04	2.74	80.36
2012	1713.94	769.62	853.96	2.63	87.73
2013	1856.51	830.75	721.93	2.85	97.96
2014	1762.41	873.49	776.48	2.84	109.60
2015	1650.45	879.46	635.64	3.07	132.28
2016	1665.50	920.60	577.03	3.22	164.66
2017	1679.47	970.47	526.60	3.47	178.93
2018	1668.36	979.54	479.93	3.63	205.26
2019	1660.98	1006.05	433.47	3.45	218.02

注：2013 年开始，公路水路客货运输数据，源自交通运输业经济统计专项调查，统计口径有所调整（下同）。

Beginning in 2013,highway and waterway freignt volume data,from traffic transportation economic statistics,special inrestigation,statistical adjustments(the same below).

15-6 货物运量和货物周转量
Freight Traffic and Turnover Volume of Freight Traffic

年份 Year	合计 Total	铁路 Railway	公路 Highway	水运 Waterway	民用航空 Civil Aviation
货运量（万吨）	Total Freight Traffic (10 000 tons)				
2000	51228	4676	42868	3406	2.00
2001	53035	4965	44340	3572	2.00
2002	52156	4942	42982	3760	2.00
2003	59952	5214	51136	3600	2.00
2004	69680	5400	60291	3986	3.00
2005	76876	5218	67040	4615	3.00
2006	84998	5643	72457	6894	3.74
2007	99501	5831	85432	8234	3.77
2008	115810	5552	98759	11495	3.80
2009	128582	5392	111351	11834	4.62
2010	149168	5716	127635	15811	6.09
2011	168152	5951	144241	17954	6.11
2012	190712	5331	166670	18705	5.80
2013	210659	4890	156268	23097	6.07
2014	202800	4495	172613	25687	6.25
2015	199499	4184	172248	23061	6.08
2016	207553	4114	178968	23445	6.41
2017	226522	4185	198806	22560	6.96
2018	231110	4468	204389	21101	8.13
2019	190958	4554	165096	20090	9.14
周转量（亿吨公里）	Total Freight Ton-kilometers (100 million ton-km)				
2000	1074.50	632.12	297.79	143.76	0.11
2001	1132.18	674.39	316.03	141.22	0.14
2002	1223.09	730.86	355.96	135.48	0.16
2003	1361.12	782.60	455.45	121.74	0.24
2004	1574.21	896.49	513.45	162.21	0.32
2005	1661.97	930.29	538.57	190.32	0.38
2006	1781.11	951.66	592.37	236.66	0.42
2007	1981.63	1038.39	682.69	260.10	0.45
2008	2340.11	971.47	1085.06	283.10	0.48
2009	2505.27	990.00	1259.65	255.03	0.59
2010	2904.98	1022.71	1539.36	342.14	0.77
2011	3345.76	1046.16	1878.57	420.26	0.77
2012	3953.62	998.13	2392.49	562.26	0.74
2013	4227.44	923.76	2329.54	552.45	0.81
2014	4122.58	832.92	2578.90	709.94	0.82
2015	3884.64	749.95	2553.52	580.30	0.87
2016	4072.70	750.82	2686.57	619.47	0.94
2017	4316.43	813.13	2990.55	497.07	1.05
2018	4404.28	812.75	3114.85	458.96	1.26
2019	2612.24	855.38	1316.65	421.55	1.42

注：2019 年度公路货运数据采用交通部专项调查数据。

Road freight data for 2019 are based on the special survey data of the Ministry of Transport.

15-7 邮政业务基本情况
Basic Statistics of Postal Business

指 标		Item		2018	2019
邮政局、所	**（处）**	**Number of Post Offices**	**(unit)**	**2799**	**2810**
#设在农村的局、所		#Rural Post Offices		2170	2185
邮政局		Post Bureaus		111	136
邮政支局		Branch of Post Bureaus		1181	1092
自办邮政所		Post Places		487	649
代办邮政所		Agency of Post Places		1000	933
邮路总长度	**（公里）**	**Length of Postal Routes**	**(km)**	**114562**	**127942**
农村投递路线总长度	**（公里）**	**Length of Rural Delivery Routes**	**(km)**	**208932**	**203940**
邮政业务总量	**（亿元）**	**Revenue of Postal Business**	**(100 million yuan)**	**248.24**	**321.79**
包裹业务合计	**（万件）**	**Total of Parcels**	**(10 000 pieces)**	**42**	**25**
报刊业务	**（万份）**	**Business of Newspaper and Magazine**	**(10 000 copies)**		
报纸累计份数		Total of Newspapers		65560	62946
杂志累计份数		Total of Magazines		4178	3818
报纸期发份数		Number of Newspapers in one period		294	275
杂志期发份数		Number of Magazines in one period		246	207
邮政储蓄业务		**Postal Deposits Business**			
邮政储蓄网点数	（个）	Number of Places	(unit)	1659	1659
邮政储蓄年末余额	（万元）	Balance at the year-end	(10 000 yuan)	32082721	3449490
邮政其他业务量	**（万元）**	**Revenue of Other Postal Business**	**(10 000 yuan)**	**98131**	**107954**

注：邮政业务总量2010年起，由2000年不变价调整为2010年不变价。

From 2010, the index of Revenue From Postal is adjusted from 2000's constant price to 2010's constant price.

15-8 电信业务基本情况
Basic Statistics of Telecommunication

指 标		Item		2018	2019
销售营业网点数	**（处）**	**Number of Selling Places**	**(unit)**	**32107**	**33486**
自办营业网点数		Main Selling Places		544	619
电信业务代办网点数		Agency of Telecommunication Places		31563	32867
长途电信设备		**Equipment of Long Distance Telecommunication**			
长途光缆线路长度	（公里）	Length of Long Distance Optical Cables	(km)	41797	43219
移动通信主要设备		**Main Equipment of Mobile Communication**			
移动电话基站	（个）	Basic Station of Mobile Telephone	(unit)	240158	327200
互联网宽带接入端口	（万个）	Broad Band Subscribers Port of Internet	(10 000 ports)	2821.10	2997.94
电信业务总量	**（亿元）**	**Revenue of Telecommunication Business**	**(100 million yuan)**	**2477.10**	**4248.82**
固定电话用户	（万户）	Fixed Telephone User	(10 000 households)	646.77	623.14
移动电话年末用户	（万户）	Mobile Telephone User at the year-end	(10 000 households)	6302.89	6648.08
3G 移动电话用户		3G Mobile Phone Subscribers		505.17	318.09
4G 移动电话用户		4G Mobile Phone Subscribers		4710.94	5276.67
固定互联网上网用户	（万户）	Internet User	(10 000 households)	1635.32	1873.77
移动互联网上网用户	（万户）	Internet User	(10 000 households)	5226.59	5489.68

注：电信业务总量 2017 年起执行 2015 年不变价。
From 2017,the Revenue of Telecommunication Business application 2015's constant price.

15-9 邮电通信水平 (2019年)
Development of Postal and Telecommunications Services (2019)

指 标		Item		2019
平均每一邮政业营业网点服务面积	（平方公里）	Average Area Served by Every Postal Service	(sq.km)	18.3
平均每一邮政业营业网点服务人口	（万人）	Average People Served by Every Post Service	(10 000 person)	0.6
平均每人每年发函件数	（件）	Annual Average Number of Letters Mailes Per Capita	(piece)	0.3
平均每百人每年订购报刊数	（份）	Annual Average Number of Newspaper and Magazine Subscribers Per 100 ersons	(copy)	7.0
设有邮电局、所的乡镇比重	（%）	Percentage of Townships with Post and Telecommunication Offic	(%)	100.0
电话普及率（含移动）	（部 / 百人）	Popularization Rate of Telephone	(sets/100 person)	105.1
进入长途电话自动网的县（市）比重	（%）	Percentage of Townships with Connected Autoexchange Net of Long Distance Call	(%)	100.0
已通电话的乡（镇）比重	（%）	Percentage of Townships with Telephone Communication	(%)	100.0

注：邮政业营业网点含邮政企业和快递企业所属营业网点。
Postal service business outlets include postal enterprises and express enterprises affiliated business outlets.

15−10 规模以上服务业企业分类别经济指标(2019年)
Classification Economic Indicators of Service Enterprises above Designated Size (2019)

单位：亿元 (100 million yuan)

指 标	Item	单位数（个） Number of Enterprises (unit)	年初存货 Inventory Year-early	流动资产合计 Circulating Funds	应收账款 Net Value of Account Received	存 货 Stock
总计	**Total**	**6713**	**4569.75**	**16046.18**	**1347.85**	**4817.20**
按登记注册类型分：	**Grouped by Registration**					
内资企业	Internal-invested Enterprises	6659	4569.10	15958.52	1323.69	4816.54
国有企业	State-owned Enterprises	185	96.14	447.03	51.00	82.18
集体企业	Collective-owned Enterprises	40	0.59	10.60	1.19	0.57
股份合作企业	Enterprises Cooperated by Joint-stock	4	0.02	0.37	0.18	0.02
联营企业	Cooperative Enterprises	2	0.03	0.23	0.01	0.03
有限责任公司	Limited Liability Company	1844	4278.93	14337.61	1021.92	4528.08
股份有限公司	Company Limited by Shares	199	35.51	348.25	54.13	41.90
私营企业	Individual-owned Enterprises	3838	153.51	765.57	182.23	158.98
其他企业	Enterprises of Other Types of Ownership	547	4.37	48.86	13.03	4.79
港、澳、台商投资企业	Enterprises Funded by Entrepreneurs From Hong Kong,Macao and Taiwan	34	0.23	72.09	15.86	0.26
外商投资企业	Enterprises funded by Foreigners	20	0.42	15.58	8.31	0.40

15-10 续表 1

单位：亿元

指 标	Item	固定资产原价 Original Price of Fixed Assets	累计折旧 Accumulated depreciation	本年折旧 Deprecia-tion this Year	资产总计 Total Assets
总计	**Total**	**4922.46**	**1490.05**	**253.32**	**26515.82**
按登记注册类型分：	**Grouped by Registration**				
内资企业	Internal-invested Enterprises	4738.84	1396.84	244.56	26143.12
国有企业	State-owned Enterprises	243.36	87.67	15.58	741.02
集体企业	Collective-owned Enterprises	11.69	7.49	0.55	21.96
股份合作企业	Enterprises Cooperated by Joint-stock	1.68	0.42	0.05	1.89
联营企业	Cooperative Enterprises	3.77	2.04	0.10	2.12
有限责任公司	Limited Liability Company	2948.26	708.96	135.25	22155.79
股份有限公司	Company Limited by Shares	902.98	440.70	54.60	1399.66
私营企业	Individual-owned Enterprises	521.48	124.27	32.34	1662.62
其他企业	Enterprises of Other Types of Ownership	105.61	25.29	6.10	158.06
港、澳、台商投资企业	Enterprises Funded by Entrepreneurs From Hong Kong,Macao and Taiwan	127.26	60.38	5.76	196.01
外商投资企业	Enterprises funded by Foreigners	56.36	32.83	3.00	176.69

15-10 续表 2

单位：亿元

指 标	Item	财务费用 Financial Expense	利息收入 Interest Revenue	利息支出 Interest Expense	投资收益 Income from Investment
总计	**Total**	**233.79**	**19.52**	**108.35**	**48.20**
按登记注册类型分：	**Grouped by Registration**				
内资企业	Internal-invested Enterprises	227.64	19.37	102.31	47.76
国有企业	State-owned Enterprises	-0.11	3.70	4.25	1.65
集体企业	Collective-owned Enterprises	0.16	0.01	0.05	0.01
股份合作企业	Enterprises Cooperated by Joint-stock	0.03			
联营企业	Cooperative Enterprises	-0.01		0.01	0.01
有限责任公司	Limited Liability Company	198.70	9.00	77.46	31.13
股份有限公司	Company Limited by Shares	12.03	5.57	10.29	11.33
私营企业	Individual-owned Enterprises	14.38	1.06	9.14	3.71
其他企业	Enterprises of Other Types of Ownership	2.46	0.03	1.10	-0.08
港、澳、台商投资企业	Enterprises Funded by Entrepreneurs From Hong Kong,Macao and Taiwan	4.02	0.05	4.00	0.43
外商投资企业	Enterprises funded by Foreigners	2.13	0.10	2.04	0.02

Continued

(100 million yuan)

负债合计 Total Liability	所有者权益合计 Total Rights of Owners	营业收入 Operating Income	营业成本 Operating Cost	税金及附加 Tax and Extra Charges	销售费用 Operation Expenses	管理费用 Management Expense
15441.02	**11074.80**	**4341.66**	**3222.98**	**51.79**	**233.48**	**364.79**
15233.01	10910.11	4230.48	3159.68	51.08	217.37	356.30
411.28	329.73	284.32	247.69	1.44	12.35	40.50
13.24	8.72	9.44	6.46	0.24	0.44	1.47
0.73	1.16	1.15	0.94		0.02	0.19
3.58	-1.46	0.47	0.32			0.07
13247.64	8908.15	2144.16	1571.15	32.74	97.71	150.47
539.28	860.38	399.23	260.18	3.00	40.25	33.00
935.07	727.55	1218.85	941.31	12.58	62.52	115.61
82.17	75.89	172.88	131.63	1.08	4.06	15.00
89.76	106.26	82.16	43.17	0.34	14.35	5.89
118.26	58.43	29.02	20.12	0.37	1.76	2.60

Continued

(100 million yuan)

营业利润 Operating Profit	营业外收入 Non-operating Income	营业外支出 Operating Expense	利润总额 Total Profit	所得税费用 Income Tax and fee	应付职工薪酬 Total Sum of Wages Payable	平均用工人数（万人） Average Number of Empolyment of the Current Year (10 000 person)
299.23	**46.93**	**21.27**	**324.68**	**45.63**	**682.64**	**88.50**
285.15	46.51	20.48	310.97	42.05	665.73	86.82
-1.80	5.32	2.44	0.84	1.14	77.29	6.00
0.69	0.15	0.01	0.82	0.01	2.47	0.56
-0.04			-0.04		0.37	0.07
0.09		0.20	-0.11		0.21	0.03
149.33	30.85	7.38	172.85	26.29	292.00	31.53
55.64	2.07	3.21	54.50	5.43	70.29	6.43
62.93	7.73	6.94	63.69	8.65	195.64	36.78
18.32	0.40	0.30	18.42	0.53	27.46	5.42
12.31	0.31	0.75	11.87	3.01	9.37	1.10
1.77	0.11	0.04	1.84	0.57	7.54	0.58

15-11 规模以上服务业企业分行业大类经济指标(2019年)

单位：亿元

指 标	Item	单位数（个）Number of Institutions (unit)	年初存货 Inventory Year-early	流动资产合计 Circulating Funds
总计	**Total**	**6713**	**4569.75**	**16046.18**
铁路运输业	Railway Transport	6	0.74	8.49
道路运输业	Road Transport	716	6.00	4921.80
水上运输业	Water Transport	46	0.07	8.30
航空运输业	Air Transport	8	0.09	28.77
管道运输业	Transport Via Pipelines	5	0.07	17.47
多式联运和运输代理业	Multimodal Transport and Other Transport Services	63	0.38	15.63
装卸搬运和仓储业	Handling Industry and Storage	126	114.91	167.41
邮政业	Post	58	1.40	29.72
电信、广播电视和卫星传输服务	Telecommunications, Radio and Television and Satellite Transmission Services	188	4.93	74.26
互联网和相关服务	Internet and Related Services	114	2.68	78.03
软件和信息技术服务业	Software and IT Services	248	7.42	118.04
物业管理	Property Management	435	1.42	110.42
房地产中介服务	Real Estate Intermediary Services	36	0.05	18.75
房地产租赁经营	Real Estate leasing	34	46.53	106.07
租赁业	Leasing	80	1.39	8.26
商务服务业	Business Services	1209	960.57	2390.01
研究和试验发展	Research and Experimental Development	35	33.47	128.07
专业技术服务业	Professional Technical Services	496	31.32	435.72
科技推广和应用服务业	Services of Science and Technology Promotion and Application	340	5.34	60.60
水利管理业	Management of Water Conservancy	10		2.67
生态保护和环境治理业	Ecological Protection and Environmental Management	66	7.34	44.57
公共设施管理业	Management of Public Facilities	179	163.47	344.68
土地管理业	Land Management	69	3117.01	6219.86
居民服务业	Services to Households	154	4.66	33.87
机动车、电子产品和日用产品修理业	Motor Vehicles, Electronics and Household Goods Repair Industry	90	0.53	3.68
其他服务业	Other Services	88	0.29	5.21
教育	Education	461	1.55	48.10
卫生	Health	365	5.59	115.59
社会工作	Social Work	41	0.04	2.19
新闻和出版业	Journalism and Publishing Activities	43	7.93	97.27
广播、电视、电影和影视录音制作业	Radio, Television,Film and Video Production Industry Recordings	203	24.41	296.40
文化艺术业	Cultural and Art Activities	223	2.71	26.64
体育	Sports Activities	64	0.15	3.02
娱乐业	Entertainment	414	15.29	76.61

Main Economic Indicators of Service Enterprises above Designated Size by Service Sector (2019)

(100 million yuan)

应收账款 Net Value of Account Received	存　货 Inven-tory	固定资产原　价 Original Price of Fixed Assets	累计折旧 Accumulated depreciation	本年折旧 Depreciation this Year	资产总计 Total Assets	负债合计 Total liability	所有者权益合计 Tatol Rights of Owners	营业收入 Operating Income	营业成本 Operating Cost
1347.85	**4817.20**	**4922.46**	**1490.05**	**253.32**	**26515.82**	**15441.02**	**11074.80**	**4341.66**	**3222.98**
0.60	0.76	405.25	44.98	10.39	490.60	282.44	208.15	23.35	29.48
83.64	8.11	951.83	222.28	39.42	7359.40	4990.78	2368.62	594.85	401.42
2.39	0.08	18.65	7.48	0.95	30.17	11.69	18.48	15.88	13.19
4.14	0.09	121.86	34.34	4.59	161.68	58.28	103.41	23.79	19.94
0.27	0.40	8.20	2.93	0.26	53.00	35.97	17.03	5.85	3.79
4.19	0.63	8.28	3.00	0.57	28.74	16.70	12.04	42.48	42.60
9.33	98.10	93.84	31.72	4.30	274.19	196.34	77.85	90.43	89.45
14.09	1.31	35.90	20.54	2.66	50.73	34.53	16.19	125.51	105.85
22.63	4.36	1333.32	727.05	110.06	821.40	264.99	556.40	545.21	360.95
11.47	2.44	25.33	7.54	0.91	148.20	65.82	82.38	107.95	70.06
51.21	8.44	21.00	6.87	1.86	158.17	76.57	81.61	164.59	102.72
23.03	1.91	22.00	9.16	1.58	144.84	114.62	30.22	101.71	79.46
10.61	0.04	1.90	1.30	0.83	20.16	12.42	7.74	18.17	11.14
1.97	38.84	73.09	16.44	2.64	278.00	171.27	106.73	25.45	17.63
3.18	1.28	9.91	2.81	1.07	17.21	10.10	7.11	16.50	12.65
376.02	969.07	545.35	120.88	19.40	4477.78	2312.71	2165.07	698.73	552.36
12.77	44.83	18.20	7.36	0.96	308.69	113.93	194.76	55.67	45.57
129.72	35.43	88.09	30.34	5.52	625.52	383.86	241.67	459.64	368.86
6.23	6.06	36.11	7.38	2.09	203.78	109.21	94.57	127.03	98.48
0.15		1.84	0.65	0.05	8.03	4.72	3.31	0.92	0.63
10.10	7.03	11.72	3.44	0.93	92.70	55.75	36.95	28.53	21.69
32.60	165.11	89.78	14.18	2.73	728.65	401.01	327.64	69.31	44.55
437.27	3370.24	477.08	19.41	4.36	8546.85	4933.44	3613.40	286.90	226.27
1.66	5.30	14.70	4.63	1.00	53.42	39.43	13.99	44.01	29.20
0.76	0.56	3.44	0.92	0.35	8.13	3.40	4.73	13.77	9.60
1.90	0.25	3.52	1.24	0.32	10.92	5.62	5.29	15.48	11.86
13.41	1.03	118.75	26.81	6.20	186.42	96.89	89.53	81.43	58.20
20.32	6.31	118.07	39.47	7.98	240.25	169.61	70.63	150.51	107.04
0.30	0.06	4.47	0.56	0.19	7.49	4.43	3.06	3.93	2.84
5.37	8.61	24.40	7.69	0.78	204.70	33.75	170.96	46.77	31.62
45.22	21.17	61.97	31.99	4.67	439.70	209.53	230.17	224.48	169.80
2.06	3.26	50.06	9.71	3.49	90.26	46.96	43.29	40.61	24.23
0.51	0.20	9.57	3.65	0.52	15.66	11.05	4.61	10.71	7.09
8.71	5.90	114.97	21.33	9.69	230.40	163.21	67.20	81.52	52.75

15-11 续表

单位：亿元

指 标	Item	税 金及附加 Tax and Extra Charges	销售费用 Operation Expense	管理费用 Management Expense
总计	**Total**	**51.79**	**233.48**	**364.79**
铁路运输业	Railway Transport	0.04	0.06	0.81
道路运输业	Road Transport	8.62	7.55	44.58
水上运输业	Water Transport	0.12	0.14	1.32
航空运输业	Air Transport	0.56	0.05	2.32
管道运输业	Transport Via Pipelines	0.05	0.36	0.44
多式联运和运输代理业	Multimodal Transport and Other Transport Services	0.20	0.94	1.78
装卸搬运和仓储业	Handling Industry and Storage	0.68	3.76	7.64
邮政业	Post	0.46	0.59	11.56
电信、广播电视和卫星传输服务	Telecommunications, Radio and Television and Satellite Transmission Services	1.36	61.43	34.33
互联网和相关服务	Internet and Related Services	0.50	23.73	13.00
软件和信息技术服务业	Software and IT Services	1.47	10.76	15.34
物业管理	Property Management	1.17	2.37	13.53
房地产中介服务	Real Estate Intermediary Services	0.42	1.63	1.26
房地产租赁经营	Real Estate leasing	1.02	1.28	2.70
租赁业	Leasing	0.22	0.71	1.56
商务服务业	Business Services	9.05	28.08	54.18
研究和试验发展	Research and Experimental Development	0.42	2.50	6.04
专业技术服务业	Professional Technical Services	3.12	7.31	36.95
科技推广和应用服务业	Services of Science and Technology Promotion and Application	1.26	3.62	7.74
水利管理业	Management of Water Conservancy	0.02	0.03	0.31
生态保护和环境治理业	Ecological Protection and Environmental Management	0.41	0.81	2.45
公共设施管理业	Management of Public Facilities	1.25	3.90	6.24
土地管理业	Land Management	12.07	2.44	9.38
居民服务业	Services to Households	0.70	6.37	6.68
机动车、电子产品和日用产品修理业	Motor Vehicles, Electronics and Household Goods Repair Industry	0.32	0.86	0.99
其他服务业	Other Services	0.16	0.60	1.50
教育	Education	0.53	2.40	11.55
卫生	Health	0.41	11.44	22.75
社会工作	Social Work	0.05	0.13	0.55
新闻和出版业	Journalism and Publishing Activities	0.42	5.91	8.11
广播、电视、电影和影视录音制作业	Radio, Television,Film and Video Production Industry Recordings	1.83	27.04	21.41
文化艺术业	Cultural and Art Activities	0.59	3.68	4.84
体育	Sports Activities	0.24	0.80	1.59
娱乐业	Entertainment	2.05	10.17	9.36

Continued

(100 million yuan)

财务费用 Financial Expense	利息收入 Interest Revenue	利息支出 Interest Expense	投资收益 Income from Investment	营业利润 Operating Profit	营业外收入 Non-operating Income	营业外支出 Non-operating Expense	利润总额 Total Profit	所得税费用 Income Tax and fee	应付职工薪酬 Total Sum of Wages Payable	应交增值税 Value Added Payable	平均用工人数（万人）Average Number of Empolyment of the Current Year (10 000 person)
233.79	**19.52**	**108.35**	**48.20**	**299.23**	**46.93**	**21.27**	**324.68**	**45.63**	**682.64**	**80.59**	**88.50**
11.49	0.01	11.42		–10.71	0.61	0.03	–10.14	–0.08	3.27	0.27	0.20
148.82	0.58	31.85	5.41	13.63	16.12	1.56	28.20	7.80	93.39	9.96	13.70
0.05	0.02	0.07	0.04	1.24	0.02	0.26	1.04	0.12	2.38	0.39	0.33
0.06	0.25	0.26	–0.02	2.01	1.56	1.76	1.82	0.67	9.57	0.28	0.60
0.25	0.02	0.06	–0.01	0.95			0.96	0.24	0.36	0.12	0.04
0.28	0.01	0.18	0.02	1.14	0.16	0.25	1.06	0.24	2.53	0.37	0.36
0.79	3.17	4.18	–0.19	1.22	2.17	0.33	3.07	0.52	10.11	0.85	1.22
0.38	0.00	0.02	0.09	6.94	0.17	1.32	5.79	0.43	38.61	1.05	3.93
4.11	0.14	2.45	2.21	79.27	1.85	3.48	77.64	8.36	66.83	13.90	4.89
0.97	–0.03	0.22	0.79	–4.23	1.11	2.93	–6.04	0.68	15.95	1.56	2.18
0.41	0.01	0.38	0.33	25.45	1.11	0.12	26.43	2.88	28.69	6.97	2.42
0.52	–0.19	0.85	0.05	4.75	0.79	0.34	5.20	1.10	34.95	2.87	7.57
0.03	0.01	0.03	0.03	3.52	0.18	0.02	3.69	0.42	4.40	0.50	0.53
4.19	0.14	4.23	0.57	1.17	2.07	0.23	3.01	0.56	1.84	0.99	0.22
0.28		0.16		1.18	0.05	0.02	1.21	0.14	1.90	0.40	0.34
17.76	1.75	17.86	15.27	52.95	6.97	1.67	58.01	7.70	102.67	14.74	18.69
0.24	0.63	0.83	4.91	2.93	0.80	0.13	3.60	0.18	9.40	0.89	0.48
1.25	1.72	3.34	1.85	21.20	1.66	0.88	21.98	3.41	79.82	12.24	6.23
5.34	3.57	2.08	0.68	10.53	0.48	0.09	10.94	0.26	9.34	0.62	2.23
0.06	0.01	0.05		–0.13	0.14	0.04	–0.03		0.48	0.01	0.06
0.45	0.19	0.57	0.24	2.38	0.06	0.07	2.37	0.24	2.77	0.63	0.41
3.57	0.27	3.09	0.83	10.75	0.94	0.84	10.85	2.09	8.19	2.06	1.69
23.87	1.11	17.27	9.61	28.80	4.04	0.81	32.03	3.16	5.51	0.48	0.54
0.37	0.12	0.30	0.30	0.83	0.24	1.43	–0.36	0.35	15.34	1.05	2.22
0.17	0.01	0.05	0.27	2.09	0.03	0.03	2.09	0.07	1.45	0.25	0.31
0.14	0.01	0.10		1.12	0.02	0.02	1.12	0.13	5.10	0.54	1.41
2.31	0.04	1.70	0.04	6.35	0.46	0.43	6.33	0.50	25.40	0.72	4.71
2.89	0.14	2.36	0.17	8.11	0.75	0.96	7.90	1.25	42.40	0.31	5.04
0.05		0.02		0.31	0.09	0.03	0.37	0.01	1.04	0.03	0.23
–1.34	1.42	0.06	2.63	4.73	0.57	0.33	4.98	0.11	9.52	0.88	0.57
–1.14	1.86	0.66	1.75	5.69	0.98	0.47	6.20	0.27	30.22	2.19	1.47
1.13	0.04	0.36	0.26	6.72	0.33	0.19	6.86	1.00	5.85	0.69	1.20
0.18		0.13	–0.03	0.57	0.04	0.04	0.59	0.04	1.54	0.29	0.31
3.88	2.50	1.17	0.11	5.75	0.35	0.18	5.93	0.80	11.82	1.53	2.20

主要统计指标解释

铁路营业里程 又称营业长度，指投入客货运输营业或临时营业的线路长度。

电气化里程 指具备了电力机车牵引条件，并已交付运营的线路里程。

公路里程 指报告期末公路的实际长度。统计范围：包括城间、城乡间、乡（村）间能行驶汽车的公共道路，公路通过城镇街道的里程，公路桥梁长度、隧道长度、渡口宽度。不包括城市街道里程，断头路里程，农（林）业生产用道路里程，工（矿）企业等内部道路里程。统计原则：按已竣工验收或交付使用的实际里程计算；两条或多条公路共同经由同一路段的重复里程，只计算一次。

货(客)运量 指在一定时期内，各种运输工具实际运送的货物重量(旅客数量)。货运按吨计算，客运按人计算。货物不论运输距离长短、货物类别，均按实际重量统计。旅客不论行程远近或票价多少，均按一人一次客运量统计；半价票、儿童票也按一人统计。

货物(旅客)周转量 指在一定时期内，由各种运输工具运送的货物(旅客)数量与其相应运输距离的乘积之总和。该指标可以反映运输业生产的总成果，也是编制和检查运输生产计划，计算运输效率、劳动生产率以及核算运输单位成本的主要基础资料。计算货物周转量通常按发出站与到达站之间的最短距离，也就是计费距离计算。计算公式为：

货物（旅客）周转量 = Σ（货物（旅客）运输量 × 运输距离）

港口货物吞吐量 指经由水路进、出港区范围，并经过装卸的货物数量。按货物流向分为进港吞吐量和出港吞吐量，按货物的贸易性质分为内贸和外贸吞吐量。货物类别根据现行的交通行业《运输货物分类和代码》标准分类。

民用运输船舶拥有量 指报告期末在水路运输管理部门注册登记的从事水上客、货运输活动的我国企业或私人拥有的营业性运输船舶（含我国企业或私人拥有的悬挂外国旗的船舶）数量。不包括非运输船舶及农业、渔业生产船舶。

民用汽车拥有量 指报告期末，在公安交通管理部门按照《机动车注册登记工作规范》，已注册登记领有民用车辆牌照的全部汽车数量。汽车拥有量统计的主要分类：根据汽车结构分为载客汽车、载货汽车及其他汽车；根据汽车所有者不同分为个人(私人)汽车、单位汽车；根据汽车的使用性质分为营运汽车、非营运汽车；根据汽车大小规格不同，载客汽车分为大型、中型、小型和微型，载货汽车分为重型、中型、轻型和微型。

邮政、电信业务总量 指以货币形式表示的邮政、电信通信企业为社会提供各类邮政、电信通信服务的总数量。计算方法为各类业务的实物量分别乘以相应的不变单价，求出各类业务的货币量加总求得。没有不变单价的业务按其业务收入直接相加。

移动电话用户 指在电信运营企业营业网点办理开户登记手续，通过移动电话交换机进入移动电话网，占用移动电话号码的各类电话用户。包括各类签约用户、智能网预付费用户、无线上网卡用户。

互联网上网人数 指过去半年内使用过互联网的 6 周岁及以上中国居民人数。

固定电话用户 指在电信企业营业网点办理开户登记手续并已接入固定电话网上的全部电话用户。包括普通电话用户、无线市话用户、公用电话用户、窄带综合业务数字网（N—ISDN）用户、智能网专用接入终端用户等。

3G 移动电话用户 指报告期末在计费系统拥有使用信息，占用 3G 网络资源的在网用户。包括使用了 3G 业务或终端的用户。

4G 移动电话用户 指报告期末在计费系统拥有使用信息，占用 4G 网络资源的在网用户。包括使用了 4G 业务或终端的用户。

长途电话交换机容量 指电信企业用于接入长途电话网的电话交换机的设备额定容量。

移动电话交换机容量 指移动电话交换机根据一定话务模型和交换机处理能力计算出来的最大同时服务用户的数量。按报告期末已割接入网正式投入使用的设备实际容量统计。

互联网宽带接入端口 指用于接入互联网用户的各类实际安装运行的接入端口的数量，包括 xDSL 用户接入端口、LAN 接入端口、其他类型接入端口等，不包括窄带拨号接入端口。

规模以上服务业的统计范围及标准 规模以上服务业是指年营业收入或者年末从业人员达到一定规模标准的执行企业会计制度的服务业法人单位。其中，交通运输、仓储和邮政业，信息传输、软件和信息技术服务业，租赁和商务服务业，科学研究和技术服务业，水利、环境和公共设施管理业，教育，卫生和社会工作，物业管理、房地产中介及自有房地产经营活动等行业规模标准为年营业收入1000 万元及以上或者年末从业人员 50 人及以上的执行企业会计制度的法人单位；居民服务、修理和其他服务业，文化体育和娱乐业等行业规模标准为年营业收入 500 万元及以上或者年末从业人员 50 人及以上的执行企业会计制度的法人单位。

Explanatory Notes on Main Statistical Indicators

Length of Railways in Operation refers to the total length of the trunk line for passenger and freight transportation in full operation or temporary operation.

Length of Electrified Trunk Line refers to the length of the trunk line capable for the running of electrified locomotives and having been put into operation.

Length of Highways refers to the actual length of highways at the end of reference period. It covers public roads running vehicles among cities, city and rural areas, township (villages), highways passing through streets at small cities and towns, length of bridges and tunnels, width of ferry piers. It does not include the length of streets in cities, dead end highways, the length of streets built for agricultural (forest) production and inside factories (mines). It can only be calculated with the actual mileage having been completed, checked and accepted or put into operation. If two or more highways go the same section of the way, the length of the section is only calculated for once.

Freight (Passenger) Traffic refers to the weight of freight (number of passenger) transported with various means within a specific period of time. Freight transport is calculated in tons and passenger traffic is calculated in terms of number of person. Freight transport is calculated in terms of the actual weight of the goods and takes no account of the type of freight and distance of travel. Passenger traffic is calculated by the principle that one person can be counted only once in one trip and takes no account of the travelling distance and ticket price. The passengers who travel with a half price ticket or a child's ticket is also calculated as one person.

Freight Ton-kilometres (Passenger-kilometres) refers to the sum of the product of the volume of transported cargo (passengers) multiplied by the transport distance. It is an important indicator to reflect the achievement of the transportation industry. This is an important indicator to show the total results of the transport industry; to prepare and examine the transport plan; and to serve as the main basic data for calculating the efficiency, labour productivity and unit cost of transport. Normally, the shortest distance between the departure station and the destination station (i.e., the payable distance) is the basis in calculating the freight ton-kilometres. The formula is as follows:

$$\frac{\text{Freight ton - kilometres}}{\text{(passenger - kilometres)}} = \sum \frac{\text{freight}}{\text{(passenger)traffic}} \times \frac{\text{distance of}}{\text{transportation}}$$

Volume of Freight Handled in Coastal Ports refers to the volume of cargo passing in and out of the harbour area of the major coastal ports and having been loaded and unloaded. The volume of freight handled may be classified by direction of cargo flow as in-port freight and out-port freight, or by nature of cargo as freight for domestic trade and freight for foreign trade. It can also be classified by type of freight based on the existing standard classification for transportation industry "Classification and Coding for Freight".

Possession of Civil Transport Vessels refers to the total number at the end of reference period of operating transport vessels owned by Chinese enterprises or privately that are registered in the water transportation management institutions and permitted to perform cargo transport activities (including vessels with foreign flags but owned by Chinese enterprises or citizens). Non-transport vessels and vessels used for agriculture and fishery are not included.

Possession of Civil Motor Vehicles refer to the total numbers of vehicles that are registered and received vehicles license tags according to the Work Standard for Motor Vehicles Registration formulated by the Transport Management Office under the department of public security at the end of the reference period. They are divided into categories. According to the structure of motor vehicles, they are divided into passenger vehicles, trucks and others; according to ownership into private vehicles and vehicles for the unit's use; according to kind of usage into working vehicles and non-working vehicles; and according to size of vehicles into large passenger vehicles, medium-sized passenger vehicles, small passenger vehicles and mini passenger vehicles, heavy trucks, light-heavy trucks, light trucks and mini-trucks.

Business Volume of Post and Telecommunications refers to the total amount of postal and telecommunication services, expressed in value terms, provided by the post and telecommunications departments for society. Business volume of post and telecommunications is the sum of each service in kind multiplying with its correspondent unit price (constant price). Business without constant price add their business revenue directly.

Mobile Telephone Subscribers refer to person who have gone through registration procedures in the operation points of enterprises engaged in telecommunications and are hence connected with the mobile telephone communication network through the mobile telephone switchboards and occupy mobile phone numbers. Included are various types of subscriber, prepaid users for intelligent network and wireless network card users.

Internet Users refer to the number of Chinese citizens

aged 6 and over who use the Internet in the past six months.

Local Telephone Subscribers refer to all subscribers who have gone through registration procedures in the operation points of enterprises engaged in telecommunications and are hence connected to the local telecommunications service provider through fixed line network. Included are general subscribers, wireless local telephone subscribers, public telephones subscribers, N-ISDN subscribers and intelligent network terminal subscribers.

3G Mobile Phone Users refers to the final in the billing system with use of information, take up 3 g network resources in the network users. Including the use of 3G services or terminal users.

4G Mobile Phone Users refers to the final in the billing system with use of information, take up 4 g network resources in the network users. Including the use of 4G services or terminal users.

Capacity of Long Distance Telephone Exchanges refers to the rated capacity of telephone exchanges to connect long distance telephone network by enterprises engaged in telecommunications.

Capacity of Mobile Telephone Exchanges refers to the capacity of the maximum services provided to subscribers at any one time as computed based on a certain model of calls distribution and transacting capacity of the mobile telephone exchanges. It is calculated based on the actual capacity of equipments connected to network through cutover and put into operation officially at the end of the reference period.

Broadband Connection Terminals refer to the connection terminals to internet users actually installed and put into operation, including connection terminals for XDSL, connection terminals for LAN, and other types of connection terminals. N-ISDN connection terminals are not included.

The statistical scope and standard of service industry above Designated Size the service industry above designated size is a legal person unit of service industry which refers to the annual operating income or the implementation of enterprise accounting system with a certain scale standard at the end of the year. Among them, transportation, storage and postal industry, information transmission, software and information technology services, leasing and business services, scientific research and technical services, water conservancy, environ- ment and public facilities management industry, education, health and social work, corporate units, property management, real estate intermediary and private real estate business activities the scale of industry standards for annual revenues of 10 million yuan and above or at the end of the year, more than 50 employees and the implementation of enterprise accounting system; resident services, repairs and other services, culture, sports and entertainment industries corporation scale standard for the annual revenues of 5 million yuan and above or at the end of the year, more than 50 employees and the imple- mentation of enterprise accounting system.

16 批发和零售业、住宿和餐饮业

Wholesale and Retail Trades, Hotels and Catering Services

资料整理人员：段嘉欣

16−1 社会消费品零售总额
Retail Sale of Consumer Goods

单位：亿元 (100 million yuan)

年份 Year	社会消费品零售总额 Total Retail Sales of Consumer Goods	#商品销售额 Commodity Sales	餐饮消费额 Catering Consumption	城镇 Urban	乡村 Rural
1950	6.58	6.47	0.11	2.68	3.85
1951	8.72	8.53	0.19	3.91	4.72
1952	10.05	9.78	0.27	4.49	5.47
1953	11.61	11.34	0.27	5.04	7.16
1954	12.95	11.31	0.30	5.37	8.24
1955	13.22	12.77	0.45	5.49	8.49
1956	14.79	14.28	0.51	6.21	9.86
1957	15.73	15.15	0.58	6.73	10.22
1958	18.06	17.39	0.67	7.60	13.30
1959	21.29	20.43	0.86	9.03	16.17
1960	22.86	21.87	0.99	9.99	17.71
1961	21.47	19.91	1.56	10.18	13.59
1962	22.43	20.80	1.63	9.95	14.46
1963	22.46	21.11	1.35	8.99	15.61
1964	23.28	22.14	1.14	9.27	16.35
1965	23.10	22.10	1.00	9.43	16.91
1966	25.38	24.38	1.00	11.31	18.37
1967	28.21	27.11	1.10	11.52	20.50
1968	27.11	26.08	1.03	10.80	19.81
1969	30.01	29.10	0.91	12.26	21.86
1970	32.05	31.07	0.98	13.58	24.10
1971	34.42	33.33	1.09	15.18	26.03
1972	37.37	36.17	1.20	16.48	28.46
1973	41.21	39.93	1.28	18.17	31.65
1974	43.25	41.88	1.37	19.07	32.77
1975	47.01	45.53	1.48	19.97	36.83
1976	48.24	46.66	1.58	20.89	37.66
1977	50.98	49.30	1.68	21.93	40.31
1978	54.84	53.05	1.79	24.53	44.31
1979	65.20	63.03	2.17	30.59	51.21
1980	76.77	74.24	2.53	35.47	60.04
1981	87.24	84.45	2.79	37.31	66.87
1982	95.39	92.19	3.20	41.06	71.34
1983	107.36	91.70	3.69	43.30	81.61
1984	124.36	119.90	4.46	49.29	92.79
1985	157.47	151.84	5.63	68.80	108.50

16-1 续表 Continued

单位：亿元 (100 million yuan)

年份 Year	社会消费品零售总额 Total Retail Sales of Consumer Goods	#商品销售额 Commodity Sales	餐饮消费额 Catering Consumption	城 镇 Urban	乡 村 Rural
1986	180.61	174.03	6.58	77.24	127.44
1987	213.81	205.55	8.26	91.10	151.78
1988	277.71	267.14	10.57	123.92	192.32
1989	299.74	288.49	11.25	142.13	199.86
1990	300.95	289.59	11.36	197.84	103.11
1991	341.80	327.56	14.24	228.25	113.55
1992	401.17	383.20	17.97	273.73	127.44
1993	495.09	473.70	21.39	345.81	149.28
1994	669.18	630.24	38.94	468.68	200.50
1995	846.96	792.81	54.15	606.28	240.67
1996	955.41	885.10	70.31	666.39	289.01
1997	1047.38	966.39	80.99	738.97	308.41
1998	1128.22	1031.99	96.23	783.82	344.40
1999	1228.68	1113.90	114.79	867.86	360.82
2000	1359.79	1167.15	192.64	985.35	374.44
2001	1500.90	1344.04	156.86	1079.24	421.66
2002	1662.56	1480.48	182.08	1207.40	455.17
2003	1836.70	1585.53	251.17	1362.22	474.48
2004	2083.50	1784.41	299.09	1557.53	525.97
2005	2391.85	2034.94	356.90	1793.87	597.98
2006	2765.87	2376.12	389.76	2068.44	697.43
2007	3286.37	2825.25	461.13	2481.96	804.42
2008	4047.48	3478.10	569.39	3082.96	964.52
2009	4722.80	4148.84	573.96	4255.28	467.52
2010	5664.27	4962.39	701.88	5121.07	543.20
2011	6830.19	6001.36	828.83	6180.85	649.34
2012	7854.47	6908.83	945.64	7123.16	731.31
2013	8948.43	7852.41	1096.03	8096.00	852.43
2014	10053.24	8846.82	1206.42	9100.79	952.45
2015	11241.41	9892.32	1349.09	10175.47	1065.93
2016	12499.97	10968.63	1531.34	11299.95	1200.02
2017	13793.72	12083.66	1710.06	12453.40	1340.32
2018	15134.27	13271.68	1862.99	13124.24	2010.03
2019	16683.94	14603.71	2080.22	14450.22	2233.72

注：1.1992-2019 社会消费品零售总额统计数据根据第四次全国经济普查数据进行了调整，分组的部分数据不可比。

2. 从 2010 年起，社会消费品零售总额统计采用新的分组，即将经营单位所在地分组由"市""县"，"县以下"改为"城镇""乡 村"。

3. 2008 年及以前，城镇数据为"市"、"县"数据、"乡村"为"县以下"数据。

a.Statistics on total retail sales of consumer goods from 1992 to 2019 were adjusted according to the data of the fourth National Economic Census. The grouped partial data is not comparable.

b. From 2010, new grouping method is adopted for the statistics on the total retail sales of consumer goods: grouping according to operation location changes from city, county and below county level to urban and rural areas.

c. In 2008 and before, the urban data contained city and county data, the country data was below county data.

16-2 国内贸易基本情况
Basic Statistics on Domestic Trade

项　目	Item	2000	2010	2018	2019
社会消费品零售总额	**Total Retail Sales of Consumer Goods**	**1359.79**	**5664.27**	**15134.27**	**16683.94**
（亿元）	**(100 million yuan)**				
按经营地分	**By Location of Outlets**				
城镇	Urban		5121.07	13124.24	14450.22
其中：城区	City Proper		3433.58	9067.68	10337.53
乡村	Rural		543.20	2010.03	2233.72
按消费形态分	**By Consuming Pattern**				
餐饮收入	Food and Beverage Revenue	192.64	701.88	1862.99	2080.22
商品零售	Commodity Retail	1167.15	4962.39	13271.28	14603.71
亿元以上商品交易市场个数	**Number of Commodity Transaction Markets**		**290**	**309**	**303**
（个）	**above 100 Million Yuan (unit)**				
亿元以上商品交易市场成交额	**Turnover of Commodity Transaction Markets**		**2074.56**	**4030.89**	**4339.08**
（亿元）	**above 100 Million Yuan (100 million yuan)**				
法人单位（个）	**Number of Corporation Unit (unit)**				
批发零售贸易业	Wholesales and Retail Trades	756	2625	8412	9577
住宿餐饮业	Hotels and Catering Trades		1205	1992	2267
从业人员（万人）	**Employed Person (10 000 person)**				
批发零售贸易业	Wholesales and Retail Trades	15.49	23.74	41.68	41.83
住宿餐饮业	Hotels and Catering Trades		14.05	14.51	14.64
批发零售贸易业（亿元）	**Wholesales and Retail Trades (100 million yuan)**				
商品购进总额	Total Purchases	614.09	3422.49	9485.26	10363.78
商品销售总额	Total Salees	665.65	3760.89	11219.07	11955.08
商品库存总额	Total Inventory	91.86	275.77	739.10	801.56

注：法人单位、从业人员和批发零售贸易业商品购进、销售、库存总额为限额以上法人企业数据。

Figures on number of corporation unit,person employed , and total purchae,total in inventory of wholesale and retail trade refer to units above designated size.

16-3 限额以上批发零售、住宿餐饮业基本情况 (2019年)
Basic Conditions on Gross Value of Purchases, Sales and Inventory of Wholesale and Retail Trade above Designated Size (2019)

指 标	Item	法人单位（个）Number of Corporation (unit)	从业人数（人）Person Engaged (person)
总 计	**Total**	**11844**	**564692**
批发业	**Wholesale Trades**	**2968**	**128888**
内资企业	Domestic Funded Enterprises	2952	125090
国有企业	State-owned Enterprises	48	17621
集体企业	Collective-owned Enterprises	5	207
股份合作企业	Cooperative Enterprises		
联营企业	Joint Ownership Enterprises		
有限责任公司	Limited Liability Corporations	493	31008
股份有限公司	Share-holding Corporations Ltd.	63	5515
私营企业	Private Enterprises	2320	70330
其他企业	Other Enterprises	13	409
港澳台商投资企业	Enterprises with Funds From HongKong,Macao and Taiwan	7	3291
外商投资企业	Enterprises with Foreign Investment	9	507
零售业	**Retail Sale Trades**	**6609**	**289433**
内资企业	Domestic Funded Enterprises	6565	265551
国有企业	State-owned Enterprises	43	4003
集体企业	Collective-owned Enterprises	32	2355
股份合作企业	Cooperative Enterprises	4	183
联营企业	Joint Ownership Enterprises	1	7
有限责任公司	Limited Liability Corporations	839	51376
股份有限公司	Share-holding Corporations Ltd.	161	49738
私营企业	Private Enterprises	5478	157552
其他企业	Other Enterprises	7	337
港澳台商投资企业	Enterprises with Funds From HongKong,Macao and Taiwan	22	15716
外商投资企业	Enterprises with Foreign Investment	22	8166
住宿业	**Hotels Trades**	**1017**	**73219**
内资企业	Domestic Funded Enterprises	1004	70211
国有企业	State-owned Enterprises	36	3966
集体企业	Collective-owned Enterprises	6	492
股份合作企业	Cooperative Enterprises	2	260
联营企业	Joint Ownership Enterprises		
有限责任公司	Limited Liability Corporations	211	22443
股份有限公司	Share-holding Corporations Ltd.	26	2592
私营企业	Private Enterprises	722	40428
其他企业	Other Enterprises	1	30
港澳台商投资企业	Enterprises with Funds From HongKong,Macao and Taiwan	10	2750
外商投资企业	Enterprises with Foreign Investment	3	258
餐饮业	**Catering Trades**	**1250**	**73152**
内资企业	Domestic Funded Enterprises	1244	61463
国有企业	State-owned Enterprises	4	387
集体企业	Collective-owned Enterprises		
股份合作企业	Cooperative Enterprises		
联营企业	Joint Ownership Enterprises	1	44
有限责任公司	Limited Liability Corporations	156	10733
股份有限公司	Share-holding Corporations Ltd.	25	1504
私营企业	Private Enterprises	1055	48691
其他企业	Other Enterprises	3	104
港澳台商投资企业	Enterprises with Funds From HongKong,Macao and Taiwan	3	103
外商投资企业	Enterprises with Foreign Investment	3	11586

16-4 亿元以上商品交易市场基本情况 (2019年)

项 目	Item	市场数（个）Number of Markets (unit)
总计	**Total**	**303**
按市场类别分组	By Market Category	
综合市场	Integrated Markets	122
生产资料综合市场	Production Comprehensive Markets	1
工业消费品综合市场	Industrial Consumable Comprehensive Markets	25
农产品综合市场	Farm Produce Comprehensive Markets	40
其他综合市场	Other Comprehensive Markets	56
专业市场	Special Markets	181
生产资料市场	Production Markets	39
农用生产资料市场	Agricultural Production Markets	2
农用生产资料市场	Agricultural Production Markets	1
木材市场	Wood Markets	1
建材市场	Building Material Markets	22
化工材料及制品市场	Chemical Materials and Products Markets	3
金属材料市场	Metal Materials Markets	4
机械设备市场	Mechanical Equipments Markets	4
其他生产资料市场	Others	2
农产品市场	Farm Produce Markets	40
粮油市场	Grain and Oil Markets	3
肉禽蛋市场	Meat, Poultry and Eggs Markets	6
水产品市场	Aquatic Products Markets	4
蔬菜市场	Vegetables Markets	8
干鲜果品市场	Dried and Fresh Melons and Fruits Markets	7
其他农产品市场	Others	12
食品、饮料及烟酒市场	Food, Beverages, Tobacco and Liquor Markets	9
食品饮料市场	Food and Beverages Markets	3
茶叶市场	Tea market	1
烟酒市场	Tobacco and Liquor Markets	2
其他食品饮料及烟酒市场	Others	3
纺织、服装、鞋帽市场	Textiles, Clothing, Shoes and Hats Markets	31
布料及纺织品市场	Cloth and Textiles Markets	1
服装市场	Clothing Markets	25
鞋帽市场	Shoes and Hats Markets	2
其他纺织服装鞋帽市场	Others	3
日用品及文化用品市场	Daily Use Articles and Cultural Goods Markets	4
文具市场	Stationary Markets	1
图书、报刊杂志市场	Books, Newspapers and Magazines Markets	1
音像制品及电子出版物市场	Video Products and E-journal Markets	1
其他日用品及文化用品市场	Others	1
黄金、珠宝、玉器等首饰市场	Gold, jewelry, jade and other jewelry markets	1
电器、通讯器材、电子设备市场	Electrical Appliances, Communication Appl- iances and Electronical Appliances Markets	14
家电市场	Household Appliances Markets	8
通讯器材市场	Communication Appliances Markets	1
计算机及辅助设备市场	Computer and Auxillary Equipments Markets	4
其他电器、通讯器材、电子设备	Others	1
医疗、医疗用品及器材市场	Medicine, Medical Materials and Medical Instruments Markets	2
中药材市场	Chinese Medicine Market	2
家具、五金及装饰材料市场	Furniture, Hardware and Decoration Materials Markets	32
家具市场	Furniture Markets	7
装饰材料市场	Decoration Materials Markets	17
五金材料市场	Hardware Materials Markets	6
其他装修市场	Others	2
汽车、摩托车及零配件市场	Cars, Motorcycles and Spare Parts Markets	7
汽车市场	Cars Markets	3
摩托车市场	Motocycles Markets	1
机动车零配件市场	Vehicle Spare Parts Markts	3
花、鸟、鱼、虫市场	Flower, Bird, Fish and Insects Markets	1
花卉市场	Flower Markets	1
其他专业市场	Other professional markets	1
按营业状态分组	By Operating Status	
常年营业	Perennial Operation	300
季节性营业	Seasonal Operation	2
其他	Others	1
按经营方式分组	By Operating Mode	
以批发为主	Whole Sale	154
以零售为主	Retail	149
按经营环境分组	By Operating Circumstance	
露天式	Outdoor	24
封闭式	Indoor	230
其他	Others	49

Basic Statistics on Commodity Exchange Markets of Transaction Value over 100 Million Yuan (2019)

摊位总数（个） Number of Stalls (unit)	出租摊位个数（个） Number of rented stall(unit)	营业面积（万平方米） Operation Area (10000sq.m)	成交额（亿元） Turnover (100 millionyuan)
206475	**169828**	**1108.80**	**4339.08**
106006	92211	421.16	1842.17
174	174	0.62	2.22
34828	30389	126.91	1010.03
26420	23944	136.05	586.90
44584	37704	157.58	243.03
100469	77617	687.64	2496.91
27699	15494	190.61	750.07
570	154	10.80	9.62
42	37	2.90	5.10
550	519	6.50	1.96
19971	8917	125.60	81.46
1409	917	8.29	33.56
2760	2570	27.69	570.81
1727	1721	5.42	44.27
670	659	3.41	3.29
17857	15301	67.19	737.77
746	712	4.04	56.08
2234	1224	3.77	10.16
3591	3576	21.17	550.38
3689	3584	15.62	54.20
2074	1221	11.58	29.00
5523	4984	11.01	37.96
4103	3177	10.91	50.25
2226	1443	4.24	12.97
205	194	1.56	1.20
624	613	1.98	6.32
1048	927	3.14	29.77
25158	20882	75.42	174.10
280	258	1.20	5.22
18250	14825	59.04	115.37
910	685	2.80	4.37
5718	5114	12.38	49.14
718	634	3.48	25.21
65	60	1.30	2.65
420	415	1.32	18.24
163	101	0.65	3.22
70	58	0.21	1.10
50	50	2.00	47.16
4389	3345	20.31	75.00
1453	1326	10.58	49.55
450	146	0.13	1.26
1806	1246	8.40	18.87
680	627	1.20	5.33
1786	1747	47.77	83.07
1786	1747	47.77	83.07
14882	13578	177.49	279.89
1191	1123	16.20	10.93
9965	8876	93.75	186.74
3195	3068	55.02	77.06
531	511	12.52	5.16
3021	2603	80.59	245.80
1295	903	77.85	233.60
127	127	0.28	2.67
1599	1573	2.46	9.53
458	458	11.00	25.21
458	458	11.00	25.21
348	348	0.88	3.40
204850	168687	1105.17	4331.36
551	346	1.74	2.47
1074	795	1.90	5.25
116741	92182	741.98	3428.12
89734	77646	366.82	910.96
15792	13313	73.42	636.39
159104	128783	850.06	3040.46
31579	27732	185.32	662.23

16-5 亿元以上商品交易市场摊位分类情况

Classification of Commodity Exchange Markets of Transaction Value over 100 Million Yuan

项 目	Item	出租摊位个数（个） Number of Booths (unit)		成交额（亿元） Turnover (100 million yuan)	
		2018	2019	2018	2019
总计	**Total**	**181972**	**169828**	**4030.89**	**4339.08**
粮油、食品类	Food	53497	52769	1282.72	1510.05
#粮油类	#Grain and Oil	6165	6132	228.57	257.28
#肉禽蛋类	#Meat,Poultry and Eggs	7573	7695	113.78	123.77
饮料类	Beverages	4119	4008	53.72	66.27
烟酒类	Tobacco and Liquor	5226	5167	152.88	175.21
服装、鞋帽、针纺织品类	Garments, Shoes Hats Knit and Textile Goods	46964	40780	320.53	335.53
#服装类	#Garments	32955	28083	213.16	227.95
#鞋帽类	#Shoes and Hats	7973	7280	60.32	60.92
#针纺织品类	#Knit and Textile Goods	6036	5417	47.06	46.66
化妆品类	Cosmetics	1443	1371	19.04	18.42
金银珠宝类	Gold,Silver and Jewelry	223	235	49.36	50.66
日用品类	Articles for Daily Use	8086	7047	143.26	155.33
五金、电料类	Hardware & Electrical Materials	7016	6466	187.67	237.26
体育、娱乐用品类	Sports & Recreational	1196	966	14.41	13.03
书报杂志类	Newspapers and Magazines	557	546	13.18	13.69
电子出版物及音像制品类	Electronic Publication and Audiovisual Products	1145	997	19.81	19.42
家用电器和音像器材类	Household Appliances and Audiovisual Equipment	3591	3545	103.46	104.27
中西药品类	Traditional Chinese and Western Medicine	2234	2207	101.45	110.59
#西药类	#Western Medicine	139	119	4.87	4.40
#中草药及中成药类	#Chinese Herbal Medicine and Other Traditional Chinese Medicine	2018	2011	95.81	105.70
文化办公用品类	Cultural and Official Goods	3551	2920	94.79	85.57
家具类	Furniture	2737	2699	52.67	43.83
通讯器材类	Communication Appliances	765	821	10.87	9.41
煤炭及制品类	Coal and Related Products	62	48	0.30	0.23
木材及制品类	Wood and Wooden Products	1216	1348	10.36	9.61
石油及制品类	Oil and Related Products	259	254	1.83	1.76
化工材料及制品类	Chemical Materials and Related Products	1063	738	23.97	19.65
#化肥类	#Fertilizer	61	62	0.94	0.99
金属材料类	Metal Materials	3060	3107	575.88	576.51
建筑及装潢材料类	Building and Decoration Materials	21200	19503	338.02	316.00
机电产品及设备类	Mechanical & Electrical Products and Appliances	3290	2955	82.28	87.51
#农机类	#Agricultural Machinery	175	188	15.89	10.00
汽车类	Automobile	3101	3090	294.37	283.21
种子饲料类	Seed and Feedstuff	313	285	9.61	9.19
棉麻类	Cotton & Ambery	115	146	1.14	1.82
其他类	Others	5943	5810	73.30	85.03

16-6 限额以上批发、零售业商品购进、销售、库存总额(2019年)
Total Value of Purchases Sales and Inventory of above Designated Size in Wholesale and Retail Sales Trade (2019)

单位：亿元 (100 million yuan)

指标	Item	商品购进总额 Total Purchases	商品销售总额 Total Sales	批发 Wholesale Trade	零售 Retail Trade	年末库存总额 Inventory Year-end
总计	**Total**	**10363.78**	**11955.08**	**6787.24**	**5102.20**	**801.56**
批发业	**Wholesale Trade**	**6578.88**	**6890.17**	**6407.55**	**418.88**	**459.31**
按登记注册类型分组	**By Status of Registration**					
内资企业	Domestic Funded Enterprises	5955.71	6806.62	6333.81	409.07	433.04
国有企业	State-owned Enterprises	651.21	982.88	971.87	10.80	51.95
集体企业	Collective-owned Enterprises	16.07	16.01	11.83	4.18	0.74
股份合作企业	Cooperative Enterprises					
联营企业	Joint Ownership Enterprises					
有限责任公司	Limited Liability Corporations	2336.10	2539.78	2406.68	123.51	202.61
股份有限公司	Share-holding Corporations Ltd.	366.49	258.32	245.03	4.77	25.14
私营企业	Private Enterprises	2580.17	3003.40	2693.42	264.59	152.43
其他企业	Other Enterprises	5.67	6.23	4.98	1.22	0.17
港澳台商投资企业	Enterprises with Funds From HongKong, Macao and Taiwan	28.10	59.93	52.04	7.89	3.16
外商投资企业	Enterprises with Foreign Investment	595.08	23.62	21.70	1.92	23.11
按国民经济行业分组	**By Sector**					
农畜产品批发	Farming Products and Animal Products	148.05	199.71	171.71	25.40	44.78
食品、饮料及烟草制品批发	Foods、Beverages and Tobaccos	1075.32	1508.05	1430.26	73.91	124.68
纺织、服装及日用品批发	Textiles,Garments and Daily Consumer Goods	223.24	252.85	211.25	40.44	25.30
文化、体育用品及器材批发	Goods and Appliancea of Cultural and Sports	171.44	192.09	179.49	11.83	12.81
医药及医疗器材批发	Medicines and Medical Appliances	880.99	1011.04	961.73	44.15	75.43
矿产品、建材及化工产品批发	Mineral Products,Building and Chemical Materials	3195.14	2724.96	2558.25	125.63	122.37
机械、五金交电及电子产品批发	Machinery,Hardware,Transport,Electric Products	696.44	769.08	712.69	48.76	47.14
贸易经纪与代理	Trade brokers and agents	7.04	8.88	6.24	2.64	0.29
其他批发	Others	181.23	223.51	175.94	46.12	6.51

16-6 续表 Continued

单位：亿元 (100 million yuan)

指标	Item	商品购进总额 Total Purchases	商品销售总额 Total Sales	批发 Wholesale Trade	零售 Retail Trade	年末库存总额 Inventory Year-end
零售业	**Retail Trade**	**3784.90**	**5064.91**	**379.69**	**4683.32**	**342.25**
按登记注册类型分组	**By Status of Registration**					
内资企业	Domestic Funded Enterprises	3513.59	4654.47	355.79	4296.78	323.59
国有企业	State-owned Enterprises	23.54	120.50	17.33	103.16	1.30
集体企业	Collective-owned Enterprises	25.62	30.75	2.11	28.64	0.87
股份合作企业	Cooperative Enterprises	1.42	1.63	0.15	1.48	0.10
联营企业	Joint Ownership Enterprises	0.11	0.12		0.12	0.00
有限责任公司	Limited Liability Corporations	692.09	838.17	85.32	752.77	73.88
股份有限公司	Share-holding Corporations Ltd.	491.64	940.64	105.06	835.58	62.26
私营企业	Private Enterprises	2276.58	2719.30	144.79	2572.69	185.14
其他企业	Other Enterprises	2.60	3.36	1.02	2.34	0.03
港澳台商投资企业	Enterprises with Funds From HongKong, Macao and Taiwan	115.44	130.76	2.95	127.82	10.89
外商投资企业	Enterprises with Foreign Investment	155.86	279.67	20.95	258.72	7.78
按国民经济行业分组	**By Sector**					
综合零售	General Retail Trade	731.15	878.79	28.98	849.39	93.87
百货零售	Retail of Consumer Goods	286.55	349.30	9.70	339.60	30.15
超级市场零售	Retail of Super Markets	380.93	450.01	2.68	447.03	60.27
食品、饮料及烟草制品零售	Foods、Beverages and Tobaccos	156.94	206.13	40.28	165.69	9.11
纺织、服装及日用品零售	Textiles,Garments and Daily Consumer Goods	107.48	138.12	8.48	129.36	14.66
文化、体育用品及器材专业零售	Goods and Appliancea of Cultural and Sports	111.00	151.45	6.90	144.55	18.22
医药及医疗器材专门零售	Medicines and Medical Appliances	158.27	196.81	23.85	172.96	19.54
# 药品零售	# Medicines	149.00	184.70	20.90	163.80	19.17
汽车、摩托车、燃料及零配件专业零售	Motor Vehicles,Motorcycles and Parts,Fuels	1886.13	2706.74	205.89	2500.85	156.47
# 汽车零售	# Motor Vehicles	1371.74	1558.03	28.58	1529.45	136.98
机动车燃料零售	Retail of Motor Vehicles Fules	468.71	1093.86	175.26	918.60	15.43
家用电器及电子产品专业零售	Electronic Household Appliances and Products	261.47	310.09	25.12	284.88	15.01
五金、家具及室内装修材料专业零售	Hardware,Furniture and Fittering Material	124.47	162.90	19.56	143.28	5.91
无店铺及其他零售	Others	247.98	313.88	20.64	292.34	9.45

16-7 限额以上批发和零售业企业财务状况(2019年)
Financial Affairs of above Designated Size in Wholesale and Retail Trade Enterprises (2019)

单位：万元 (10 000 yuan)

项 目	Item	合 计 Total	内资企业 Domestic Funded Enterprises	国有企业 State-owned Enterprises	集体企业 Collective Owned Enterprises	股份合作企业 Cooperative Enterprises	联营企业 Joint Ownership Enterprises
企业数 （个）	number of enterprises (unit)	9577	9517	91	37	4	1
流动资产合计	Total Circulating Funds	35413686	33574100	1876522	36265	1801	208
#存货	#Inventories	7812891	7515373	450405	3878	705	42
固定资产原价	Original Value of Fixed Assets	11037888	10322430	1130523	41773	1070	82
累计折旧	Total Depreciation	4329271	4065286	535229	9272	178	46
#本年折旧	#Depreciation This Year	613992	572050	51876	648	17	6
资产总计	Total Assets	52865691	49498330	3313322	80583	3045	247
负债合计	Total Liabilities	34022049	32060070	542614	43476	1865	100
所有者权益合计	Total Creditors Equity	19249798	17844416	2769432	37108	1180	147
实收资本	Capitals Hold	11209873	10558296	199676	12280	1013	11
个人资本	Individual Capital	3864039	3860039	2698	290	10	
营业收入	Business Income	111026878	106641922	9921363	448280	14891	957
主营业务收入	Main Business Income	108829771	104556207	9831998	445997	14891	957
营业成本	Operating Cost	97000096	93437028	7123405	405748	14221	866
税金及附加	Taxes and Other charges	1614523	1598274	1039903	2354	91	4
其他业务利润	Other Business Profits	302743	259403	5863			
销售费用	Operating Expenses	4767706	4285123	296490	16662	311	15
管理费用	Overhead Expenses	2955858	2808384	386590	12405	116	40
财务费用	Financial Expenses	640173	631062	-29769	2731	92	3
利息费用	Expenses for Interest	380655	367426	1731	176		3
营业利润	Operating Profits	3954725	3727524	1152887	9319	59	30
利润总额	Total Profits	4021817	3800065	1152211	8806	86	30
应交所得税	Income Tax Payable	621605	585527	298026	868	2	
应付职工薪酬	Employee Compensation Payable	3421158	3169865	385045	8098	617	29
应交增值税额	Value-added Tax Payable	1390799	1309892	366824	1756	33	15

16-7 续表 1

单位：万元

项 目	Item	有限公司 Limitied Liability Corporation	股份公司 Share-holding Corporation Ltd.	私营企业 Private Enterprises	其他企业 Other Enterprises	港、澳、台商投资企业 Enterprises with Funds From HongKong, Macao and Taiwan	外商投资 Foreign Investment
企业数 （个）	number of enterprises (unit)	1332	224	7808	20	29	31
流动资产合计	Total Circulating Funds	13115078	5447812	13083448	12966	1520456	319130
#存货	# Inventories	2680811	1388562	2988875	2096	139844	157674
固定资产原价	Original Value of Fixed Assets	1916268	3011682	4214866	6166	239470	475988
累计折旧	Total Depreciation	701183	1193214	1625007	1158	62407	201577
#本年折旧	# Depreciation This Year	111999	107459	299701	344	21216	20725
资产总计	Total Assets	17527834	10293008	18260214	20076	2314353	1053007
负债合计	Total Liabilities	13259547	6637281	11570079	5108	1415649	546330
所有者权益合计	Total Creditors Equity	4238882	4260151	6523746	13770	898704	506678
实收资本	Capitals Hold	2714559	1098436	6524597	7726	157558	494019
个人资本	Individual Capital	302487	104767	3446094	3693		4000
营业收入	Business Income	31118986	11511553	53536656	89238	1795196	2589759
主营业务收入	Main Business Income	30731205	10885071	52556851	89238	1753969	2519596
营业成本	Operating Cost	28503868	10170444	47142783	75694	1215192	2347876
税金及附加	Taxes and Other charges	109264	67865	377608	1186	9566	6682
其他业务利润	Other Business Profits	65716	48976	138848		23504	19836
销售费用	Operating Expenses	1188837	434147	2345597	3065	333670	148914
管理费用	Overhead Expenses	533948	557177	1314134	3974	92023	55451
财务费用	Financial Expenses	219449	91089	347237	232	4868	4242
利息费用	Expenses for Interest	156742	50081	158655	39	10002	3227
营业利润	Operating Profits	593001	320785	1646372	5072	195031	32170
利润总额	Total Profits	627806	326326	1680300	4502	189509	32243
应交所得税	Income Tax Payable	82536	45107	158934	55	27154	8924
应付职工薪酬	Employee Compensation Payable	1140326	399477	1233654	2618	181706	69588
应交增值税额	Value-added Tax Payable	233229	82689	625116	231	59847	21059

Continued

(10 000 yuan)

批发业 Wholesale Trade	农畜产品 Farming Products and Animal Products	食品饮料烟草 Foods, Beverages, and Tobaccos	纺织服装日用品 Textiles, Garments, and Daily Consumer Goods	文体用品器材批发 Cultural and Sports Goods	医药医疗器材批发 Medicines and medical Appliances	矿产品建材及化工产品 Mineral Products, Building and Chemical Materials	机械五金交电及电子批发 Hardware, Transport and Electric	贸易经纪与代理 Trade brokers and agents	其他批发 Other wholesale Trade
2968	165	393	230	180	328	1125	423	11	113
21316819	654337	4676337	947214	484391	4934866	6757693	2344881	9532	507567
4157112	182281	1459898	228948	104219	745335	933374	432684	1161	69212
4011507	277038	1773574	94593	110428	338914	1182934	146859	2395	84773
1759191	115618	737324	24824	61709	99736	633122	56245	624	29988
184291	10225	84817	6664	6466	23008	33717	14159	82	5153
28081073	1013655	7343568	1100338	590618	5475917	8891433	3029812	12681	623053
18865234	514473	3644607	867922	344073	4281680	6316666	2534609	7048	354158
9726873	494458	3693601	228131	246019	1179946	3132100	486551	4976	261091
4083564	248363	629862	111192	112231	647470	1833920	290734	1425	208369
934709	70497	124778	24327	47792	125284	420873	66105	1023	54031
63306339	2112340	13891739	2339997	1735265	9134672	25079990	7065533	87142	1859661
62799603	2102947	13684557	2302508	1723020	9109358	24991191	6947480	87142	1851400
55793847	1963022	10514657	2088180	1516706	8103383	23601593	6400326	65971	1540008
1284098	12666	1058378	7566	17000	29667	104632	26542	2983	24665
66311	1731	14891	3962	93	22298	8785	6050		8502
2203972	70548	627379	142355	50500	434332	410320	334370	2695	131474
1293833	45547	504277	58988	34600	219328	261408	111786	2545	55356
322097	18383	12118	8452	5549	77163	139552	28560	2225	30096
242756	7626	32386	5071	3904	69738	99736	20576	13	3708
2472316	39406	1319420	50808	68453	263591	508925	128033	5205	88477
2527423	59306	1326016	52405	68739	266796	516344	133446	5168	99202
454415	2873	323272	7503	2364	54216	33530	14813	215	15630
1714330	37162	510247	66486	39295	249867	155190	601061	723	54300
893108	10579	425388	27538	29439	130431	155156	54333	1459	58785

16-7 续表 2

单位：万元

项目	Item	零售业 Retail Trade	综合零售 General Retail Trade	百货商店 Consumer Goods Shoping	超级市场 Super Markets
企业数（个）	number of enterprises (unit)	6609	765	323	299
流动资产合计	Total Circulating Funds	14096868	3117553	1790081	1196431
#存货	# Inventories	3655779	1196869	739235	429539
固定资产原价	Original Value of Fixed Assets	7026382	2775067	1494987	1208551
累计折旧	Total Depreciation	2570080	961367	483343	458557
#本年折旧	# Depreciation This Year	429701	148427	70817	71591
资产总计	Total Assets	24784618	7209420	3983507	2798478
负债合计	Total Liabilities	15156815	4191120	2418738	1536152
所有者权益合计	Total Creditors Equity	9522925	3001338	1558722	1253482
实收资本	Capitals Hold	7126309	985397	523397	294691
个人资本	Individual Capital	2929330	139932	75119	51487
营业收入	Business Income	47720539	8546557	3489904	4294695
主营业务收入	Main Business Income	46030168	7972407	3122047	4103855
营业成本	Operating Cost	41206250	6953954	2788645	3521964
税金及附加	Taxes and Other charges	330425	88514	49254	31328
其他业务利润	Other Business Profits	236432	87586	64693	20928
销售费用	Operating Expenses	2563734	558442	254006	241888
管理费用	Overhead Expenses	1662025	649655	222647	397120
财务费用	Financial Expenses	318076	92081	58664	28520
利息费用	Expenses for Interest	137899	25236	20491	4171
营业利润	Operating Profits	1482410	259428	145359	99557
利润总额	Total Profits	1494394	254333	139589	100447
应交所得税	Income Tax Payable	167190	45073	38901	5215
应付职工薪酬	Employee Compensation Payable	1706827	492620	169111	295761
应交增值税额	Value-added Tax Payable	497691	79354	44991	28110

Continued

(10 000 yuan)

食品饮料 烟 草 Foods, Beverages, and Tobaccos	纺织服装 日用品 Textiles, Garments, and Daily Consumer Goods	文体用品 器 材 Cultural and Sports Goods	医药医疗 器 材 Medicines and medical Appliances	汽车摩托 及燃料 Motor Vehicles, Motorcycles and Fuels	家用电器 及电子产品 Electronic Household Appliance, Electronic Products	五金家具 室内装修 Hardware Furniture and Fittering Material	无店铺及 其他零售 And other nonstore retail
538	280	251	254	2750	702	441	628
343072	442745	904921	1560142	6185526	659055	269918	613935
86840	135004	162095	197839	1537361	156305	96284	87182
259932	101023	269692	205562	2798942	180657	119452	316055
100649	38912	115843	54294	1045133	53751	50851	149282
12299	8504	22458	17262	177635	15429	7336	20351
675817	560958	1357224	2422019	10249009	923794	448348	938029
284410	396360	767416	1445650	6848610	549391	185647	488211
383876	161046	587873	975004	3369218	365173	253991	425405
217930	90422	284578	216456	4766516	177958	140307	246745
70254	33408	37611	44257	2415522	70963	45869	71514
1901076	1300582	1422326	1880481	24646185	2882997	1529018	3611317
1887583	1295236	1410686	1855881	24275787	2858532	1527087	2946970
1558514	1050363	1031403	1395305	22482136	2495704	1287018	2951852
20300	12945	13708	11840	118027	23855	17098	24139
8196	6572	10058	14562	86731	10498	3694	8535
110894	121724	135704	264630	874073	136178	56776	305314
75217	55171	100107	91068	450807	89839	49173	100989
18310	7149	6789	16991	136044	20249	8316	12147
6333	1381	4838	13404	76360	4535	2543	3268
83719	55478	120651	156700	473399	107972	106265	118798
92412	57316	119789	158430	478446	107241	106115	120311
6099	8167	2451	14215	65864	6571	7417	11332
127263	63088	116319	182572	515741	75304	33279	100642
19360	20453	15495	48770	213482	39130	23916	37729

16-8 限额以上批发零售企业商品分类零售额 (2019年)
Business Statistics of Commodity Exchange Markets (2019)

单位：万元 (10 000 yuan)

指　标	Item	2019	比 2018 年增长 (%) Increase over 2018 (%)
合　计	**Total**	**53508059.80**	**10.7**
按商品耐用性分	According to Product Durability Points		
耐用品类	Durable Goods	24824411.80	9.3
非耐用品类	Non Durable Goods	28683648.00	12.0
按商品用途分	According to the Use of Goods Branch		
吃类商品	Commodities Goods	7955534.70	19.8
穿类商品	Dress Goods	3573332.50	10.0
用类商品	Class Goods	31927061.10	10.5
烧类商品	Burning Ggoods	10052131.50	5.4
按商品类别分	According to the Category of Commodities		
基本生活类	Basic Life	13287047.90	16.6
#粮油食品类	#Grain and Oil Food	5972389.20	19.6
烟酒类	Tobacco and Liquor	1039868.00	15.9
居住类	Type of Residence	2153055.60	12.0
其中：建筑材料类	Building Materials	925239.90	1.2
燃料类	Fuel Type	10052131.50	5.4
#石油类	#Petroleum Oil	9910474.40	5.2

16−8 续表 Continued

单位：万元 (10 000 yuan)

指 标	Item	2019	比2018年增长(%) Increase over 2018 (%)
交通电器设备类	Traffic Electrical Equipment	21346447.70	8.5
#汽车类	#Class Car	16811665.30	8.3
家用电器类	Household Electric Appliances	3445491.70	7.2
文化娱乐体育健康类	Cultural and Recreational Sports and Health Class	3933893.90	18.4
#中西药类	#Drug Category	2235163.70	16.5
其他类	Other Categories	2735483.20	11.0
#金银珠宝类	#Gold and Silver Jewelry	750278.80	9.7
化妆品类	Cosmetics	688894.20	13.8
按商品需要性分	According to the Need of Goods		
必需品类	Staples	11445559.50	16.0
非必需品类	Non Staples	42062500.30	9.3
按生活生产资料性分	According to the Life of the Means of Production Branch		
生活资料类	Life Class	52130411.50	10.6
生产资料类	Production Class	1377648.30	12.4
按消费速度分	According to the Consumption Rate		
快速消费品类	Fast Moving Consumer Goods	12637773.30	18.5
非快速消费品类	Non Fast Moving Consumer Goods	40870286.50	8.5

16-9 限额以上住宿和餐饮企业财务状况 (2019年)

单位：万元

项 目	Item	合 计 Total	内资企业 Domestic Funded Enterprises	国有企业 State-owned Enterprises
企业数 （个）	number of enterprises (unit)	2267	2248	40
流动资产合计	Total Circulating Funds	2243695	2150717	63062
#存货	# Inventories	104668	99824	1541
固定资产原价	Original Value of Fixed Assets	3508580	3375577	138692
累计折旧	Total Depreciation	1463945	1410741	63093
#本年折旧	# Depreciation This Year	190352	183886	4953
资产总计	Total Assets	5686107	5388088	158489
负债合计	Total Liabilities	3733998	3568818	87867
所有者权益合计	Total Creditors Equity	1907412	1774544	65371
实收资本	Capitals Hold	1654036	1580381	44345
个人资本	Individual Capital	373374	359932	581
营业收入	Business Income	3440686	3194050	105805
主营业务收入	Main Business Income	3392998	3148151	103982
营业成本	Operating Cost	2003243	1883561	61363
税金及附加	Taxes and Other charges	69647	68548	2380
其他业务利润	Other Business Profits	28043	27392	1244
销售费用	Operating Expenses	573930	505466	20867
管理费用	Overhead Expenses	548121	515297	24407
财务费用	Financial Expenses	101724	99853	1083
利息费用	Expenses for Interest	58296	57271	192
营业利润	Operating Profits	171462	148244	-4299
利润总额	Total Profits	163532	140245	-906
应交所得税	Income Tax Payable	26837	20665	505
应付职工薪酬	Employee Compensation Payable	738565	689291	19640
应交增值税额	Value-added Tax Payable	62057	60416	1471

Financial Conditions of Hotels and Catering Services Enterprises above Designated Size (2019)

(10 000 yuan)

集体企业 Collective Owned Enterprises	股份合作企业 Cooperative Enterprises	联营企业 Joint Ownership Enterprises	有限公司 Limitied Liability Corporation	股份公司 Share holding Corporation Ltd.	私营企业 Private Enterprises	其他企业 Other Enterprises
6	2	1	367	51	1777	4
11930	364	246	532191	561028	981239	657
368		85	33235	1735	62580	281
11108	357	420	1446250	135308	1641308	2135
9829	229	246	645508	83848	606343	1645
600	172	4	78877	5101	94108	72
14168	875	420	1841947	765347	2605802	1039
4691	204	140	1322944	440800	1711519	653
9477	671	280	523196	324532	850631	386
4181	277	54	569401	148538	812935	650
201			66443	10344	282363	
14281	6182	1255	730388	90874	2238165	7100
14281	6182	1255	724050	90262	2201039	7100
5022	4384	974	372241	59905	1373669	6003
165	423	63	19526	2396	43410	186
			5301	11	20838	
4062	189	88	133515	7396	339030	319
3641	310	34	187838	20392	278482	194
209	141		34595	6878	56794	153
1			22328	3697	31033	21
1304	736	97	-6933	23457	133637	245
1325	736	97	-3967	3693	139022	245
229	1		4488	274	15156	12
2010	988	145	156568	19317	490155	467
342	12	9	14635	2359	41453	136

16-9 续表 1

单位：万元

项 目	Item	港澳台 Enterprises With Invest-ment from HongKong Macao and Taiwan	外商投资 Foreign Investment	住宿业 Hotels
企业数（个）	number of enterprises (unit)	13	6	1017
流动资产合计	Total Circulating Funds	83498	9480	1735920
#存货	#Inventories	2979	1865	57472
固定资产原价	Original Value of Fixed Assets	67876	65127	2729176
累计折旧	Total Depreciation	27512	25692	1183110
#本年折旧	#Depreciation This Year	3346	3120	142968
资产总计	Total Assets	214239	83780	4338512
负债合计	Total Liabilities	109249	55932	2950386
所有者权益合计	Total Creditors Equity	105020	27848	1359958
实收资本	Capitals Hold	57473	16182	1214724
个人资本	Individual Capital	2162	11280	213961
营业收入	Business Income	52549	194087	1644019
主营业务收入	Main Business Income	50821	194026	1616463
营业成本	Operating Cost	21214	98468	866408
税金及附加	Taxes and Other charges	564	535	38752
其他业务利润	Other Business Profits	651		13150
销售费用	Operating Expenses	16077	52387	289802
管理费用	Overhead Expenses	14139	18686	373644
财务费用	Financial Expenses	1476	396	73202
利息费用	Expenses for Interest	689	337	42454
营业利润	Operating Profits	-371	23589	35975
利润总额	Total Profits	-197	23484	24838
应交所得税	Income Tax Payable	90	6083	9045
应付职工薪酬	Employee Compensation Payable	11932	37342	456692
应交增值税额	Value-added Tax Payable	336	1305	33272

Continued

(10 000 yuan)

			餐饮业				
旅游饭店 Tourist Hotel	一般旅馆 General Hotel	其他住宿服务 Other residential services	Catering Services	正　餐 Dinner	快　餐 Snack	饮料冷饮 Beverage and Cold Drinks	其他餐饮 Others
494	450	61	1250	1194	26	9	14
955738	198740	573141	507775	474104	25503	1904	3774
40265	14585	2150	47195	43119	3615	80	278
2166336	422702	131415	779404	689547	83691	1612	2657
994650	124953	61297	280835	241540	37611	460	835
112836	23438	6062	47385	41369	5199	230	501
2830927	671693	814737	1347594	1213571	119858	3751	5606
2006241	433639	498136	783612	706185	72243	1182	1803
811434	224137	316601	547453	490871	47602	2569	3803
865644	204877	138436	439312	412254	21372	1861	2218
144054	59624	8637	159412	150368	4386	1330	1792
1095576	461435	77147	1796667	1469880	303906	4832	10793
1080663	449993	75979	1776535	1449895	303786	4831	10793
537786	278575	44315	1136835	964121	157057	2549	7025
24650	11947	2075	30895	29658	816	28	345
8656	4126	368	14893	13151	1737		2
212389	65953	10676	284129	189542	91399	1642	1326
281493	68142	21818	174477	149679	22582	452	1432
58960	9105	4878	28522	25059	3200	19	174
34556	4285	3455	15842	14700	1071	16	7
-8872	20774	23255	135486	105830	28025	673	443
-2115	22627	3411	138695	109156	27878	687	449
6101	2641	198	17792	11217	6483	12	56
280875	155999	18239	281874	221929	55711	1315	1957
22885	9156	1006	28785	26323	2070	135	169

16-10 限额以上住宿和餐饮企业经营情况
Business Statistics of Hotels and Catering Services Enterprises above Designated Size

单位：万元 (10 000 yuan)

指 标	Item	营业额 Total Operating Revenue 2018	2019	商品零售额 Retail Trade 2018	2019
总 计	**Total**	**3289571**	**3589154**	**2165710**	**2393512**
住宿业	**Hotels Trade**	**1656056**	**1711965**	**685517**	**708387**
按登记注册类型分组	**By Status of Registration**				
内资企业	Domestic Funded Enterprises	1599446	1659848	664789	687815
国有企业	State-owned Enterprises	85603	98282	40648	53902
集体企业	Collective-owned Enterprises	18489	14822	10035	8075
股份合作企业	Cooperative Enterprises	5179	6182	1698	2181
联营企业	Joint Ownership Enterprises				
有限责任公司	Limited Liability Corporations	515109	493838	214780	210771
股份有限公司	Share-holding Corporations Ltd.	68199	63811	31574	29330
私营企业	Private Enterprises	906867	982600	366055	383556
其他企业	Other Enterprises		312		
港澳台商投资企业	Enterprises with Funds From Hong Kong,Macao and Taiwan	48279	49886	17931	20178
外商投资企业	Enterprises with Foreign Investment	8331	2231	2797	394
按国民经济行业分组	**By Sector**				
旅游饭店	Restaurant for Tourism	1185849	1136078	523388	523025
一般宾馆	Ordinary Hotels	404888	485230	138973	153764
其他住宿服务	Others	64215	80276	22813	27859
餐饮业	**Catering Trade**	**1633516**	**1877189**	**1480193**	**1685125**
按登记注册类型分组	**By Status of Registration**				
内资企业	Domestic Funded Enterprises	1457598	1670848	1304276	1481424
国有企业	State-owned Enterprises	14084	10516	8632	6929
集体企业	Collective-owned Enterprises				
股份合作企业	Cooperative Enterprises				
联营企业	Joint Ownership Enterprises		1273		724
有限责任公司	Limited Liability Corporations	257057	269218	224209	226862
股份有限公司	Share-holding Corporations Ltd.	35920	30034	28596	24524
私营企业	Private Enterprises	1148998	1353058	1041737	1215645
其他企业	Other Enterprises	1540	6750	1102	6740
港澳台商投资企业	Enterprises with Funds From Hong Kong,Macao and Taiwan	1585	2572		2572
外商投资企业	Enterprises with Foreign Investment	174332	203768	174332	201129
按国民经济行业分组	**By Sector**				
正餐	Dinner	1346947	1531688	1195431	1350299
快餐	Snack	273319	321776	272078	312788
饮料及冷饮	Beverage and Cold Drinks	3270	4983	3270	4862
其他餐饮	Others	9240	11348	8675	11017

16-11 批发和零售业连锁经营情况 (2019年)
Business of Chain Stores above Designated Size of Whloesale and Retail Trade (2019)

项 目		Item		合计 Total	直营店 Under Direct Management	加盟店 Through License Arrangement
门店总数	（个）	Number of Stores	(unit)	11014	7968	3046
从业人数	（人）	Employed Person	(person)	94950	87691	7259
商品购进总额	（万元）	Total Purchases	(10 000 yuan)	8839698	8613310	226388
#统一配送商品购进额		# by Centyalized Purchased and Delivery		7619141	7428511	190631
零售营业面积	（万平方米）	Operational Area of Retail	(10 000 sq.m)	984.90	965.82	19.08
商品销售额	（万元）	Sales of Goods	(10 000 yuan)	13904762	13658450	246311

16-12 住宿和餐饮业连锁经营情况(2019年)
Business of Chain Stores above Designated Size of Whloesale and Catering Services (2019)

项 目		Item		合计 Total	直营店 Under Direct Management	加盟店 Through License Arrangement
门店总数	（个）	Number of Stores	(unit)	1023	582	441
从业人数	（人）	Employed Person	(person)	41948	24217	17731
商品购进总额	（万元）	Total Purchases	(10 000 yuan)	186070	171177	14892
#统一配送商品购进额		# by Centyalized Purchased and Delivery		161012	158279	2733
餐饮营业面积	（万平方米）	Operational Area of Catering	(10 000 sq.m)	53.68	20.14	33.53
客房数	（间）	Number of Rooms	(unit)	6604	5071	1533
床位数	（张）	The Number of Beds	(unit)	9596	7092	2504
餐位数	（个）	Number of Seats	(unit)	228315	92809	135506
营业额	（万元）	Total Sales	(10 000 yuan)	565998	377484	188514
餐费收入和商品销售额	（万元）	Revenue of Catering and Total Sales	(10 000 yuan)	561734	374182	187551

主要统计指标解释

批发业　指向其他批发或零售单位（含个体经营者）及其他企事业单位、机关团体等批量销售生活用品、生产资料的活动，以及从事进出口贸易和贸易经纪与代理的活动，包括拥有货物所有权，并以本单位（公司）的名义进行交易活动，也包括不拥有货物的所有权，收取佣金的商品代理、商品代售活动；还包括各类商品批发市场中固定摊位的批发活动，以及以销售为目的的收购活动。

零售业　指百货商店、超级市场、专门零售商店、品牌专卖店、售货摊等主要面向最终消费者（如居民等）的销售活动，以互联网、邮政、电话、售货机等方式的销售活动，还包括在同一地点，后面加工生产，前面销售的店铺（如面包房）；谷物、种子、饲料、牲畜、矿产品、生产用原料、化工原料、农用化工产品、机械设备（乘用车、计算机及通信设备除外）等生产资料的销售不作为零售活动；多数零售商对其销售的货物拥有所有权，但有些则是充当委托人的代理人，进行委托销售或以收取佣金的方式进行销售。

社会消费品零售总额　指企业（单位、个体户）通过交易直接售给个人、社会集团非生产、非经营用的实物商品金额，以及提供餐饮服务所取得的收入金额。个人包括城乡居民和入境人员，社会集团包括机关、社会团体、部队、学校、企事业单位、居委会或村委会等。

批发和零售业商品购进、销售、库存额　指各种登记注册类型的批发和零售业企业（单位）以本企业（单位）为总体的，从国内、国外市场购进的商品总量，销售和出口的商品总量，库存的商品总量等情况。该指标可以反映商品流转过程中商品的购进、销售、库存之间的比例关系和存在的问题。

商品购进额　指从本企业以外的单位和个人购进（包括从国外直接进口）作为转卖或加工后转卖的商品金额（含增值税）。商品购进包括：(1) 从工农业生产者、批发和零售业企业、住宿和餐饮业企业、出版社或报社的出版发行部门和其他服务业企业购进的商品；(2) 从机关团体、事业单位购进的商品；(3) 从海关、市场管理部门购进的缉私和没收的商品；(4) 从居民收购的废旧商品等。不包括：(1) 企业为本单位自身经营用，不是作为转卖而购进的商品，如材料物资、包装物、低值易耗品、办公用品等；(2) 未通过买卖行为而收入的商品，如接受其他部门移交的商品、借入的商品、收入代其他单位保管的商品、其他单位赠送的样品、加工回收的成品等；(3) 经本单位介绍，由买卖双方直接结算，本单位只收取手续费的业务；(4) 销售退回和买方拒付货款的商品；(5) 商品溢余。

商品销售额　指对本单位以外的单位和个人出售的商品金额（包括售给本单位消费用的商品，含增值税）。商品销售包括：(1) 售给城乡居民和社会集团消费用的商品；(2) 售给农业、工业、建筑业、服务业等国民经济各行业用于生产、经营用的商品，包括售予批发和零售业作为转卖或加工后转卖的商品；(3) 对国（境）外直接出口的商品。不包括：(1) 未通过买卖行为付出的商品，如随机构变动移交给其他企业单位的商品、借出的商品、归还受其他单位委托代保管的商品、付出的加工原料和赠送给其他单位的样品等；(2) 经本单位介绍，由买卖双方直接结算，本单位只收取手续费的业务；(3) 购货退回的商品；(4) 商品损耗和损失；(5) 出售本单位自用的废旧物资。

商品库存额　对于批发和零售业法人单位和个体经营户，是指报告期末取得所有权的全部商品金额（含增值税）；对于批发和零售业产业活动单位，是指报告期末实际在库且归属法人具有所有权的全部商品金额（含增值税）。库存商品包括：(1) 存放在本单位（如门市部、批发站、采购站、经营处）的仓库、货场、货柜和货架中的商品；(2) 挑选、整理、包装中的商品；(3) 已记入购进而尚未运到本单位的商品，即发货单或银行承兑凭证已到而货未到的商品；(4) 寄放他处的商品，如因购货方拒绝付款而暂时存在购货方的商品；(5) 委托其他单位代销（未作销售或调出）尚未售出的商品；(6) 代其他单位购进尚未交付的商品。不包括：所有权不属于本单位的商品；委托外单位加工的商品；外贸企业代理其他单位从国外进口，尚未付给订货单位的商品；代国家储备部门保管的商品。

住宿业　指为旅行者提供短期留宿场所的活动，有些单位只提供住宿，也有些单位提供住宿、饮食、商务、娱乐一体的服务，不包括主要按月或按年长期出租房屋住所的活动。

餐饮业　指通过即时制作加工、商业销售和服务性劳动等，向消费者提供食品和消费场所及设施的服务。

营业额　指住宿和餐饮业单位在经营活动中，因提供服务或销售商品等取得的全部收入（含增值税），收入主要来源于提供客房、餐费服务、商品销售和其他服务，如商务服务。不包括多产业法人企业附营的其他行业产业活动单位的餐费收入、商品销售收入等各项收入。其中，客房收入指住宿和餐饮业单位在经营活动中因提供住宿服务取得的收入（含增值税）。不包括多产业法人企业附营的其他行业产业活动单位的客房收入。餐费收入指本单位为顾客提供就餐服务取得的收入（含增值税）。包括：经烹饪、调制加工后出售的各种食品，如主食、炒菜、凉拌菜等的收入。不包括多产业法人企业附营的其他行业产业活动单位的餐费收入。

亿元商品交易市场成交额 指年成交额达到亿元以上，经工商部门批准、专门从事商品批发、零售业务活动的市场。其市场所有摊位成交总额称为商品交易市场成交额。

连锁总店（总部） 指负责连锁企业资源（商号、商誉、经营模式、服务标准、管理模式等等）的开发、配置、控制或使用等功能的企业核心管理机构。连锁经营是指经营同类商品或服务，使用统一商号的若干店铺，在同一总店（总部）的管理下，采取统一采购或特许经营等方式，实现规模效益的组织形式，包括直营连锁、特许连锁和自愿连锁三种形式。其中，直营连锁是指连锁店铺由连锁公司全资或控股开设，在总部的直接控制下，开展统一经营的连锁经营形式；特许连锁是指拥有注册商标、企业标志、专利、专有技术等经营资源的企业（特许人），以合同形式将其拥有的经营资源许可其他经营者（被特许人）使用，被特许人按合同约定在统一的经营模式下开展经营，并向特许人支付特许经营费用的连锁经营形式；自愿连锁是指若干个店铺或企业自愿组合起来，在不改变各自资产所有权关系的情况下，以同一个品牌形象面对消费者，以共同进货为纽带开展的连锁经营形式。

亿元以上商品交易市场 指年成交额在亿元及以上的商品交易市场。商品交易市场是指经有关部门和组织批准设立，有固定场所、设施，有经营管理部门和监管人员，若干市场经营者入内，常年或实际开业三个月以上，集中、公开、独立地进行生活消费品、生产资料等现货商品交易以及提供相关服务的交易场所，包括各类消费品市场、生产资料市场等。

Explanatory Notes on Main Statistical Indicators

Wholesale Trade refers to the activities of selling wholesale commodities for daily use and capital goods to enterprises of wholesale and retail trades (including self-employed individuals) and other enterprises, institutions and government organs and organizations, and the activities of engaging in import and export and acting as a trade agent. The wholesaler may have the ownership of the commodities for wholesale and trade in the name of its own (a company), and the wholesaler can act as commission agent or commodity broker without the ownership of commodities. Also included are the wholesale activities at the fixed stalls in wholesale market and the acquisition for sales purpose.

Retail Trade refers to the activities of department store, supermarket, franchised store, brand store, retail stall and on-the-spot-making-selling store selling commodities to the final consumers (residents) by any means including internet, post, telephone, sales machine. It also includes shops with sales and production located in the same places (such as bakeries). Retail trade excludes the activities of sales of capital goods such as grain, seed, feed, livestock, mineral products, raw material for production, industrial chemicals, chemical products for agricultural use, machine and equipment (excluding vehicles, computers and communication equipment). Most retailers have the ownership of commodities to sell, but some are acting as agents or brokers to make transactions for a commission.

Total Retail Sales of Consumer Goods refer to the amount obtained by enterprises (units, self-employed individuals) through direct sales of non-production and non-business physical commodity to individuals, social institutions, and revenue from providing catering services. Individuals include rural and urban households, population from abroad, social institutions include government agencies, social organizations, military units, schools, institutions, neighbourhood (village) committees.

Purchase, Sales and Stock of Commodities by Wholesale and Retail Trades refer to the total volume of commodities purchased, total volume of sales and exports, and the stock of commodities by wholesale and retail enterprises (establishments) of different status of registration from domestic and overseas markets. This indicator reflects the relationship among purchase, sales and stock of commodities in the circulation of goods and reveals the existing problems.

Total Purchases of Commodities refer to the total value of purchases of commodities by enterprises (establishments) from other establishments or individuals (including direct import from abroad) for the purpose of re-selling, either with or without further processing of the commodities purchased. The commodities include: (1) commodities purchased from agricultural and industrial producer, wholesaler, retailer, publishing house and other service business; (2) commodities purchased from institutions and government departments; (3) confiscated goods purchased from the customs authorities or market management agencies; (4) second-hand goods and wastes purchased from residents; The commodities exclude (1) commodities purchased by enterprises (establishments) for use in their own business operation, commodities obtained without buying or selling procedures such as materials, consumable goods of low value, office appliance, etc. (2) received goods without trading, such as goods handed over from others, borrowed goods, preserved goods for others, donated goods from others, processed and retrieved goods, etc. (3) goods of direct settlement between buyer and seller with handling fees introduced by others, (4) goods returned or refused to pay by the buyer, (5) excessive goods.

Total Sales of Commodities refer to value of commodities sold by the establishments to other establishments and individuals (including goods sold for self consumption, including the value-added tax). The commodities include: (1) commodities sold to urban and rural residents and social groups for their consumption; (2) commodities sold to establishments in all industries for their production and operation, including agriculture, industry, construction, and catering services including commodities sold to wholesale and retail establishments for re-selling, with or without further processing; and (3) commodities for direct export to abroad. Excluded are (1) extended commodities without trading, such as goods handed over to other enterprises and institutions because of the change of organizations, lent goods, returned goods preserved for others, extended processing materials and samples donated to others, (2) goods of direct settlement between buyer and seller with handling fees introduced by others, (3) goods returned after purchase, (4) damaged and spoiled goods, (5) waste and used goods of self use,

Total Stock of Commodities For the legal entities and self-employed individuals engaged in wholesale and retail trade, it refers to total value (including VAT) of commodities possessed at the end of the reference period; and for wholesale and retail establishments, it refers to the value (including VAT) of all commodities actually in stock and owned by their legal person at the end of reference period. The commodities in stock includes: (1) commodities located in storage, garages, counters, and shelves of operating places of wholesale and retail trades (such as sale stores, wholesale centres, procurement stations and operating offices); (2) commodities in the process of being selected, sorted, and packed; (3) commodities not arrived but recorded as purchase in the account, i.e. commodities not arrived but payment receipts for the commodities from the sellers or the banks arrived; (4) commodities deposited in other places rather than places mentioned above, for instance: commodities in the hold of purchasers temporarily due to the refusal of payment; (5) commodities entrusted to other units to sell but not sold yet; (6) commodities purchased for other units but not delivered yet. Commodities not included as stock are those not owned by the enterprises (units), commodities on commission for processing, imported commodities of agency of foreign trade enterprise but not yet delivered to ordering units and finally those put in stock on behalf of the state reserves units.

Hotel Services refer to short-term accommodation services provided to visitors. Some units may provide only accommodation while others provide a combination of accommodation, meals, business services and/or recreational facilities. It excludes activities related to the provision of long-term primary residences, typically leased on a monthly or annual basis.

Catering Services refer to the activities of providing foods, serving locations and facilities to customers through instant processing, commercial sales and service-type labor.

Business Revenue refers to total revenue (including VAT) of hotels and catering services received from providing services or selling commodities through business activities. Revenue comes mainly from providing hotels, catering services, selling of commodities and other services, such as commodity services. It does not include revenue from providing meals or selling of commodities by establishments affiliated to other multi-industrial corporate enterprises. Income from hotel rooms refers to income (including VAT) of hotels and catering services by providing lodging services through business activities. Income from meals refers to income (including VAT) from providing catering services, including selling of cooked or prepared foods, such as staple food, cooked dishes, or cold dishes. It does not include income from meals provided by establishments affiliated to other multi-industrial corporate enterprises.Volume of Transaction at Large Commodity Markets (with transaction value over 100 million yuan) refers to markets approved by the industrial and commercial administration departments, which specialize in wholesale and retail of commodities with an annual transaction of over 100 million yuan. The sum of sales of all sellers in the markets makes up the transaction value of the markets.

Chain Head Stores (headquarter) refer to the core leading stores responsible for development, allocation, administration and utilization of resources (name of stores, brand of stores, operation model, service standard, management way, etc.) of chain stores. Chain stores refers to the stores engaged in providing homogeneous commodities or services, with the central leadership of head store (headquarters) and guided by common policies, conduct centralized purchase and distributed selling of commodities, in order to gain better efficiency through standardized operation. The chain stores include regular chain stores, franchise chain stores and voluntary chain stores.

Regular Chain store refers to chain stores that are invested or controlled by the headquarters. They operate under direct and unified management from the headquarters.

Franchise chain store refers to the chain stores (franchisees) which are franchised with operation resources such as trade marks, names, patent and operation know-how by the franchisors in form of contract and pay the operation fees to the franchisors.

Voluntary chain store refers to the stores operate jointly on the voluntary bases while maintaining their status of independent legal entities with full ownership of their assets. They sell goods of same brand from same channel of resource to the consumers.

Large Commodity Markets with Transaction Value over 100 Million Yuan refers to the commodity markets with an annual transaction at and above 100 million. The commodity market refers to the markets approved and managed by related departments, where there are fixed sites, facilities, managers and administration offices, where there are a certain number of traders to operate for three month and above or all the year, where the commodities including the articles for daily consumption and capital goods and services are traded in a centralized, independent and open way. Such market includes markets of daily goods and market of capital goods, etc.

17 教育和科技

Education, Science and Technology

资料整理人员：蔡冬娥　　肖首雄　　赵莉淇　　郭开金
邓鸿鹄

17-1 教育基本情况

Basic Statistics for Education

年份 Year	专任教师数（人） Number of Full-time Teachers (person)				在校学生数（万人） Student Enrollment (10 000 person)				每万人口在校大学生数(人) University & College Student Enrollment per 10 000 Population (person)
	普通高等学校 Institutions of Higher Education	普通中等学校 Secondary Schools	普通中学 Regular Secondary Schools	小学 Primary Schools	普通本专科 Institutions of Higher Education	普通中等学校 Secondary Schools	普通中学 Regular Secondary Schools	小学 Primary Schools	
1949	500	1700	4400	92900	0.26	3.00	11.43	192.26	1.0
1950	600	600	3300	70300	0.26	0.90	5.00	116.88	1.0
1951	700	900	3500	90700	0.37	2.00	5.07	218.75	1.0
1952	800	1000	4700	96500	0.63	2.30	12.34	274.86	2.0
1953	900	1300	5800	102700	0.65	2.40	13.75	295.92	2.0
1954	1000	1400	6800	99200	0.79	2.20	15.48	276.40	2.0
1955	1200	1300	6900	100600	0.84	1.90	15.58	314.74	2.3
1956	1500	1500	7800	105600	1.18	2.20	20.28	383.65	3.4
1957	1800	1700	9100	110100	1.36	2.60	23.16	385.20	4.0
1958	2100	2900	16200	136700	2.24	7.90	47.22	525.71	6.0
1959	2600	3200	15400	142400	2.76	6.20	41.47	528.84	6.0
1960	4100	6200	20000	154000	3.94	12.70	54.73	573.35	11.0
1961	4600	4200	18800	142000	3.41	4.30	36.04	448.27	9.6
1962	4600	2200	18000	135300	2.91	2.20	30.30	376.09	8.0
1963	4400	2400	17900	135900	2.60	2.00	30.84	385.87	7.0
1964	3900	2600	18800	140400	2.09	1.90	36.83	494.80	5.5
1965	4000	2500	19800	142700	2.18	2.30	40.84	497.74	6.0
1966	3700	2800	22900	159300	1.92	3.10	49.99	550.61	5.0
1967	3700	2800	21500	161900	1.57	2.40	49.45	518.02	4.0
1968	3800	2600	28300	161900	1.10	1.40	54.54	476.93	3.0
1969	3700	1400	41700	176600	0.70	0.20	86.19	480.11	2.0
1970	4000	1200	56800	171100	0.43	0.80	123.58	516.91	1.0
1971	3600	1600	78500	186100	0.32	1.30	149.74	563.25	0.7
1972	4700	2000	81400	213600	1.03	1.60	171.72	650.79	2.0
1973	5200	2100	80100	236300	1.67	2.70	162.45	711.35	4.0
1974	5600	3000	79000	263600	2.18	3.50	165.86	809.73	4.5
1975	6000	3100	103600	274700	2.44	3.70	231.60	837.54	5.0
1976	6800	3400	151800	281600	2.55	3.20	320.47	842.69	5.0
1977	7300	3900	173500	280500	2.81	3.10	368.93	825.73	5.0
1978	8200	4200	166600	284800	3.57	3.50	346.44	829.32	7.0
1979	9200	5000	152800	293200	4.32	5.40	305.23	830.33	8.0
1980	9800	5700	149100	303200	5.45	5.40	281.77	832.24	10.0
1981	8900	6000	139900	311500	5.47	4.50	251.95	830.48	10.0
1982	10000	6500	134600	308500	4.82	4.40	243.59	810.64	8.8
1983	10600	6900	130000	311800	5.15	5.00	233.14	798.48	9.0
1984	11200	6700	129700	311400	5.82	5.70	242.36	791.56	10.0
1985	12700	6700	136400	313400	7.13	6.70	248.15	773.44	13.0

17-1 续表 Continued

年份 Year	专任教师数（人）Number of Full-time Teachers (person) 普通高等学校 Institutions of Higher Education	普通中等学校 Secondary Schools	普通中学 Regular Secondary Schools	小学 Primary Schools	在校学生数（万人）Student Enrollment (10 000 person) 普通本专科 Institutions of Higher Education	普通中等学校 Secondary Schools	普通中学 Regular Secondary Schools	小学 Primary Schools	每万人口在校大学生数（人）University & College Student Enrollment per 10 000 Population (person)
1986	13500	7400	142600	308300	7.82	7.30	262.53	759.23	14.0
1987	14300	8300	150400	306700	8.34	7.70	267.17	738.43	14.0
1988	14500	8700	153600	308600	8.73	9.20	251.88	721.65	14.7
1989	14500	9100	159000	321700	8.90	10.20	249.62	705.82	15.0
1990	14400	9100	158100	306600	8.82	9.90	253.78	693.96	14.0
1991	14200	9100	163100	305700	8.86	9.90	257.03	687.63	14.0
1992	14300	9200	166200	300400	9.54	10.70	252.87	685.04	15.0
1993	14500	9500	168600	300300	11.10	12.90	250.45	697.32	17.7
1994	15000	9700	172000	298800	12.31	15.40	265.35	715.35	19.5
1995	15300	10600	179100	298000	13.04	18.60	285.41	736.65	20.0
1996	15700	11600	187100	298500	13.57	21.30	305.22	765.91	21.2
1997	15900	12300	194800	299500	14.37	23.70	323.24	787.13	22.0
1998	16500	12400	201800	304100	15.67	25.90	336.23	769.35	24.0
1999	17990	11934	212435	307404	19.40	27.30	356.00	721.40	30.0
2000	20317	10775	223693	306387	25.31	25.83	391.73	663.93	38.7
2001	23878	9036	236161	291574	33.13	24.09	425.59	601.26	50.2
2002	30557	8598	248245	276535	41.94	22.37	466.91	529.49	63.3
2003	33229	6377	259281	260704	53.72	22.65	488.78	468.69	80.6
2004	38345	5362	260897	248345	62.60	24.60	471.90	432.60	93.5
2005	45272	25962	261449	246112	74.24	70.56	429.11	419.83	110.3
2006	49470	28099	256047	247567	81.95	75.78	384.62	429.31	121.0
2007	54751	30628	251451	249994	89.05	83.10	354.31	444.84	130.9
2008	57651	30040	246257	250229	94.86	76.35	333.92	458.44	138.6
2009	58846	29514	243831	250365	101.38	80.87	320.78	469.15	146.9
2010	59557	28004	240494	250039	104.43	76.48	316.82	479.16	147.3
2011	61156	27977	268602	222630	106.79	77.88	317.72	490.32	161.9
2012	62541	27293	238277	246859	108.05	73.42	313.77	473.79	162.7
2013	63869	24827	236461	246273	110.08	65.07	318.39	467.81	210.6
2014	64919	25106	238543	248118	113.50	64.48	326.34	473.84	214.5
2015	66615	26047	238254	226087	117.98	64.80	329.85	488.86	221.4
2016	68726	25620	241508	253718	122.47	66.09	335.96	501.81	225.1
2017	70249	27001	247395	265887	127.32	68.65	344.26	511.66	238.8
2018	72689	29029	255386	274527	132.68	65.82	358.01	521.98	258.4
2019	76527	31027	266201	287097	140.71	67.00	370.39	528.77	285.3

注：2005 年之后普通中等专业学校数为中等职业教育学校数据。

Prior to 2005 number of secondary vocation in shcools as number of regular specialized secondary schools.

17-2 各级学校单位数及教职工数
Number of Schools and School Staff

年份 Year	普通高等学校 Regular Institution of Higher Education	中等职业教育学校 Secondary Vocationl Schools	职业中学 Vocational Secondary Schools	技工学校 Technical Schools	普通中学 Regular Secondary Schools	普通小学 Primary Schools	特殊教育学校 Special Education Schools	学前教育 Pre-school education
单位数（所）	Number of Schools (unit)							
1980	46	117	179	115	7411	53400		15295
2000	52	144	539	167	4505	34521	57	5473
2005	93	665	477	147	4560	17108	53	4359
2006	96	677	496	138	4394	15859	52	4528
2007	99	708	534	140	4257	14677	51	4751
2008	100	687	539	144	4129	13929	50	5516
2009	115	682	533	128	4032	13263	51	6453
2010	117	626	486	129	3933	12692	54	7829
2011	120	567		129	3904	10824	58	9488
2012	106	525		129	3885	10165	61	11030
2013	107	496		129	3878	9270	69	12236
2014	109	501		129	3894	8560	76	12935
2015	109	471		129	3906	8412	78	13944
2016	109	460		130	3901	8272	79	14365
2017	109	467		131	3912	7757	79	14670
2018	109	472		133	3957	7335	85	15166
2019	110	487		139	4010	7245	86	15717
教职工数（人）	Number of Teachers and Staff (person)							
1980	24462	13262	1242	6391	192400	321900		39900
2000	46642	21078	22375	10050	259989	324199	1203	39790
2005	80766	39753	26081	8955	305413	261560	1213	37864
2006	86031	43243	30020	8890	300958	263305	1245	42932
2007	90417	46733	33309	8669	294108	264623	1314	49181
2008	93303	45475	32686	9217	288168	265680	1338	58230
2009	94428	44459	32023	9394	285576	266878	1397	69731
2010	94871	41822	29926	10074	281722	266854	1531	88538
2011	95652	40070		11097	312162	235773	1656	107361
2012	96322	38410		11552	309794	231358	1673	126187
2013	96915	33342		11820	301044	226699	1733	143739
2014	97652	33272		11229	301432	226307	1826	157461
2015	98746	34134		10946	302504	226087	1936	175737
2016	100543	33290		11056	304863	227973	2016	195150
2017	102318	34447		11128	313347	235374	2258	212635
2018	104086	36678		10573	325006	238800	2479	228288
2019	108434	39075		10803	340714	247537	2711	244405

注：本表高等学校含3所部属院校，不含军事院校、分院校和大专班。

Regular institutions of higher education includes three institutions managed by the national ministry,excluding military institutions, branches and Specialized Subject class.

17-3 各级学校招生及毕业生数
New Student Enrollment and Graduates

单位：人 (person)

年份 Year	普通高等学校 Regular Institution of Higher Education	中等职业教育学校 Secondary Vocationl Schools	职业中学 Vocational Secondary Schools	技工学校 Technical Schools	普通中学 Regular Secondary Schools		
						高中 Senior Secondary Schools	初中 Junior Secondary Schools

年份 Year	普通高等学校 Regular Institution of Higher Education	中等职业教育学校 Secondary Vocationl Schools	职业中学 Vocational Secondary Schools	技工学校 Technical Schools	普通中学 Regular Secondary Schools	高中 Senior Secondary Schools	初中 Junior Secondary Schools	普通小学 Primary Schools	特殊教育学校 Special Education	学前教育 Pre-school Education
招生数 New Student Enrollment										
1980	13004	20515	9267	16071	934300			1657300		
2000	101020	63625	93447	26683	1518734	260515	1258219	717496	2090	583324
2005	246520	317819	192156	60779	1325504	512714	812790	710905	1181	687422
2006	263799	314465	203364	59657	1216865	489621	727244	785684	1347	723322
2007	288712	336757	220657	56460	1171706	438131	733575	862812	2317	749784
2008	307575	280488	200876	61200	1111499	392351	719148	847528	2443	825608
2009	323592	348884	195299	60378	1076485	356521	719964	833027	2246	878680
2010	309776	302889	173050	59516	1104881	370508	734373	863796	2174	1001644
2011	310172	279918		51484	1104813	369889	734924	869704	1117	1035175
2012	324526	253092		46643	1112562	370069	742493	880773	1132	1082809
2013	325880	228682		40878	1140231	373754	766477	847605	2240	974589
2014	344724	227065		37444	1110833	365462	745371	813950	2924	1061997
2015	360030	237759		40291	1118969	380349	738620	886705	4625	989791
2016	376279	251324		47606	1174079	393932	780147	899873	5446	937912
2017	391611	250215		39563	1189640	398100	791540	884161	6295	862373
2018	416228	229118		38271	1249377	406744	842633	930488	4730	785219
2019	456160	253467		45870	1288589	437339	851250	895433	8262	794812
毕业生数 Graduates										
1980	1306	21260	2469	6114	522900			1297800		
2000	42428	73076	68800	20479	1000980	145587	855393	1302004	1138	
2005	147642	187911	98870	37958	1591964	340207	1251757	815684	760	
2006	187456	215907	119210	39551	1540757	378477	1162280	716297	937	
2007	207604	256378	152676	42407	1357555	408711	948844	712920	1538	
2008	240027	269438	181021	43441	1204202	429998	774204	702820	1551	
2009	253795	273181	184098	47353	1108959	415666	693293	718528	1606	
2010	275285	282883	172902	44142	1059256	361786	697470	723227	1378	
2011	284178	225490		45149	1018307	325598	692709	730155	613	516842
2012	305674	251480		41949	998786	310055	688731	770212	634	735088
2013	325880	237119		40248	983228	316720	666508	770482	1286	799267
2014	295442	205099		28593	972811	320363	652448	741023	1202	827392
2015	300161	204137		29936	1034745	334954	699791	730191	1768	903774
2016	316123	199567		29207	1081856	341973	739883	769729	3328	923857
2017	332792	194901		28339	1076681	344076	732605	781279	3070	949433
2018	347641	204504		30746	1089422	364539	724883	832334	4730	983284
2019	361908	209896		34656	1149037	379575	769462	839304	5550	997220

注：2005 年之前中等职业教育学校数据为普通中等专业学校数。

Prior to 2005 number of secondary vocational education in schools as number of regular specialized secondary schools.

17-4 硕士研究生在校学生、招生及毕业生数

Student Enrollment, New Student Enrollment and Graduates of Postgraduates

单位：人 (person)

年份 Year	招生数 New Student Enrollment	毕业生数 Graduates	在校学生数 Student Enrollment
1980	77		347
1990	705	812	2165
2000	3475	1311	7729
2001	4575	1639	10589
2002	5832	1942	14147
2003	8597	3099	19421
2004	10656	4148	26083
2005	11702	5243	32676
2006	13260	7329	38711
2007	14088	9492	43343
2008	14876	10982	46815
2009	17326	12434	51809
2010	18270	13145	56221
2011	18942	14338	60097
2012	19801	16216	62745
2013	18473	15745	54454
2014	18795	17414	55121
2015	19476	17007	57155
2016	20012	17243	58953
2017	24985	17255	65908
2018	25711	18493	72047
2019	26602	19567	78390

17-5 普通高等学校本科在校学生、招生及毕业生数

Student Enrollment, New Student Enrollment and Graduates of Colleges and Universities

单位：人 (person)

项　目	Item	在校学生数 Student Enrollment		招收学生数 New Student nrollment		毕业生数 Graduates	
		2018	2019	2018	2019	2018	2019
总　计	**Total**	**723763**	**748384**	**189973**	**196024**	**164199**	**166655**
哲　学	Philosophy	362	382	89	121	80	96
经济学	Economics	37996	38712	9857	9756	8951	8597
法　学	Law	23197	24203	5940	6395	5788	5601
教育学	Education	27425	28432	7537	7441	6056	6220
文　学	Literature	74542	78703	19525	21070	15988	17209
历史学	History	2168	2398	596	752	494	492
理　学	Science	48490	52462	13380	14548	10036	10608
工　学	Engineering	238277	247672	64681	66508	53319	54102
农　学	Agriculture	9646	9885	2698	2705	2349	2180
医　学	Medicine	70239	73406	17049	17505	14435	13887
管理学	Administration	120397	118983	29598	29674	30353	30815
艺术学	Artsciense	71024	73146	19023	19549	16350	16848

17-6 普通高等学校、中等职业教育学校教职工情况
Staff and Workers in General Institutions of Higher Education and Specialized Secondary Schools

单位：人 (person)

类 别	Item	高等学校 General Institutions of Higher Education			中等职业教育学校 Specialized Secondary Schools		
		2017	2018	2019	2017	2018	2019
教职工	**Staff and Teachers**	**102318**	**104086**	**108434**	**34447**	**36678**	**39075**
#校部教职工	# Staff and Workers	99032	100907	104933	34397	36607	39040
#专任教师	# Full-time Teachers	70249	72689	76527	27001	29029	31027
教辅人员	Auxiliary Teaching Staff	9654	13738	14058	2108	3245	3597
行政人员	Administrative Personnel	13766	9446	9476	3182	2159	2213
工勤人员	Logistics Personnel	5363	5034	4872	2106	2174	2203

17-7 普通高等学校分科专任教师情况 (2019年)
Full-Time Teachers in General Institutions of Higher Education by Field of Study (2019)

单位：人 (person)

类 别	Item	合 计 Total	正高级 Professors	副高级 Asso. Professors	中 级 Lecturers	初 级 Assistants	无职称 Instructors
总 计	**Total**	**77293**	**8577**	**22526**	**30588**	**7675**	**7927**
哲 学	Philosophy	1966	279	593	697	155	242
经济学	Economics	4118	419	1171	1682	438	408
法 学	Law	3032	378	865	1304	215	270
教育学	Education	7016	493	1778	2864	987	894
文 学	Literature	9580	670	2591	4461	968	890
历史学	History	674	105	199	237	55	78
理 学	Science	7349	1143	2468	2543	531	664
工 学	Engineering	21919	2723	6821	8557	1668	2150
农 学	Agriculture	1799	310	509	654	136	190
医 学	Medicine	7490	1080	2460	2471	905	574
管理学	Adminstration	6913	667	1924	2811	803	708
艺术学	Artscience	5437	310	1147	2307	814	859

17-8 中等职业教育分科专任教师和学生数(2019年)
Students and Full-Time Teachers in General Specialized Secondary Schools (2019)

单位：人 (person)

类别	Item	招生数 New Student Enrollment	毕业生数 Graduates	在校学生数 Student Enrollment	专任教师 Full-time Teachers
总计	**Total**	**253467**	**209896**	**669992**	**31027**
农林牧渔类	Denomination of Agriculture and Forestry	8298	7466	24383	599
资源环境类	Denomination of Natural Resources and Environment	106	254	234	28
能源与新能源类	Denomination of Energy Sources	267	319	913	16
土木水利类	Denomination of Civil and Water Conservancy Engineering	4272	4449	13640	292
加工制造类	Denomination of Processing and Manufacture	38218	33745	103238	2326
石油化工类	Denomination of Petrochemical	350	457	956	29
轻纺食品类	Denomination of Textile Food	1128	1474	3062	209
交通运输类	Denomination of Transportation	22495	17961	57438	1044
信息技术类	Denomination of Information Technique	62335	45355	157025	3477
医药卫生类	Denomination of Sanitation and Medicines	10144	14224	32906	500
休闲保健类	Denomination of Leisure Care	1292	874	3237	117
财经商贸类	Denomination of Financial Business	36353	27549	89817	1852
旅游服务类	Denomination of Travel Services	18216	14308	46116	1223
文化艺术类	Denomination of Culture and Arts	20218	14885	54517	1947
体育与健身	Denomination of Sports and Fitness	2917	1770	7326	656
教育类	Denomination of Education	19534	17435	54330	1234
司法服务类	Denomination of Justice	60		148	18
公共管理与服务类	Denomination of Public Management and Services	6201	6304	17291	617
其他	Other Denomination	1063	1067	3415	423

注：专任教师中含文化基础课教师和实习指导课教师。
Full-time teachers included teachers of basic culture and intern guide.

17–9 普通中学、小学按城乡和主办部门分组的情况 (2019年)
Basic Statistics on General Secondary Schools, Primary Schools by Urban and Rural Area and by Department (2019)

单位：人 (person)

类别	Item	合计 Total	按城乡分 By Urban and Rural Areas 城市 Urban Areas	县镇 Counties and Towns	农村 Rural Areas	按主办部门分 By Departments 教育部门和集体办 Schools Run by Educational Departments	其他部门和民办 Schools Run by Other Departments
普通中学	**Regular Secondary Schools**						
学校数（所）	Number of Schools (unit)	4010	712	2019	1279	3574	436
教职工数	Number of Staff and Teachers	340714	102916	183360	54438	287454	53260
#专任教师数	# Full-time Teachers	266201	80782	146546	38873	235101	31100
招生数	New Student Enrollment	1288589	405469	724014	159106	1070711	217878
毕业生数	Number of Graduates	1149037	346166	649875	152996	990686	158351
在校学生数	Student Enrollment	3703871	1141762	2086801	475308	3114143	589728
普通中学中：高中	**Senior Secondary Schools**						
学校数（所）	Number of Schools (unit)	642	252	353	37	470	172
专任教师数	Full-time Teachers	84365	31979	48996	3390	74299	10066
招生数	New Student Enrollment	437339	156868	259822	20649	357683	79656
毕业生数	Number of Graduates	379575	137186	226893	15496	329152	50423
在校学生数	Student Enrollment	1221359	438904	728547	53908	1023675	197684
普通中学中：初中	**Junior Secondary Schools**						
学校数（所）	Number of Schools (unit)	3368	460	1666	1242	3104	264
专任教师数	Full-time Teachers	181836	48803	97550	35483	160802	21034
招生数	New Student Enrollment	851250	248601	464192	138457	713028	138222
毕业生数	Number of Graduates	769462	208980	422982	137500	661534	107928
在校学生数	Student Enrollment	2482512	702858	1358254	421400	2090468	392044
小学	**Primary Schools**						
学校数（所）	Number of Schools (unit)	7245	1177	2483	3585	7073	172
教职工数	Number of Staff and Teachers	247537	70208	111847	65482	238787	8750
#专任教师数	# Full-time Teachers	287097	80265	130629	76203	269645	17452
招生数	New Student Enrollment	895433	288435	413787	193211	844206	51227
毕业生数	Number of Graduates	839304	226334	419526	193444	776329	62975
在校学生数	Student Enrollment	5287730	1574357	2542892	1170481	4945097	342633

注：1. 普通初中学校数包括初级中学、九年一贯制学校和职业初中；普通高中包括完全中学、高级中学和十二年一贯制学校。

2. 所有教职工数据均按学校类型统计，专任教师按教育层次统计。以九年一贯制学校为例，教职工全部统计为普通中学教职工，专任教师则分别统计为小学、初中专任教师。

a. Junior Secondary Schools include regular junior secondary schools、nine–year coherent shools and vocational junior secondary school; Senior secondary schools include regular senior secondart schools、full secondary schools and twlve–year coherent schools.

b. All data of staff statistics are according to the school type,full–time teachers in education level statistics. Take nine–year coherent schools as example, all school staff count as secondary school staff, and full–time teachers are respectively primary and junor secondary teachers.

17-10 各级学校在校女学生和女教职工数
Number of Female Students and Faculties by Level of School

类别	Item	2000	2010	2018	2019
女学生 （万人）	**Number of Female Students (10 000 person)**	**531.25**	**457.35**	**533.30**	**524.62**
普通高等学校	Regular Institutions of Higher Education	9.58	53.05	70.69	72.60
中等职业学校	Secondary Vocational Schools	15.06	11.71	30.72	31.04
普通中学	Regular Secondary Schools	179.12	149.80	168.36	174.52
普通小学	Primary Schools	317.81	220.51	242.16	245.45
女学生占全部学生 （%）	**Percentage of Female Students to Total Students (%)**	**47.09**	**47.41**	**47.85**	**47.82**
普通高等学校	Regular Institutions of Higher Education	37.85	50.80	53.28	56.18
中等职业学校	Secondary Vocational Schools	58.29	63.32	46.67	46.33
普通中学	Regular Secondary Schools	45.73	47.28	47.03	47.12
普通小学	Primary Schools	47.87	46.02	46.39	46.42
女教职工 （万人）	**Number of Female faculties (10 000 person)**	**24.79**	**30.79**	**40.49**	**43.34**
普通高等学校	Regular Institutions of Higher Education	0.69	4.27	5.13	5.34
中等职业学校	Secondary Vocational Schools	0.43	0.23	1.80	1.97
普通中学	Regular Secondary Schools	8.13	11.17	17.14	18.60
普通小学	Primary Schools	14.95	13.85	16.36	17.38
女教职工占全部教职工（%）	**Percentage of Female faculties to Total faculties (%)**	**42.97**	**45.38**	**57.37**	**58.81**
普通高等学校	Regular Institutions of Higher Education	33.96	45.02	49.31	49.20
中等职业学校	Secondary Vocational Schools	39.90	43.53	49.06	50.47
普通中学	Regular Secondary Schools	36.34	39.66	52.75	54.58
普通小学	Primary Schools	48.79	51.92	68.51	70.20

17-11 平均每万人口中在校学生
Student Enrollment Per 10,000 Population

项 目	Item	2000	2010	2018	2019
各类普通学校在校学生占全省人口 （%）	**Students as Percentage of Total Population (%)**	**17**	**14**	**20**	**20**
平均每万人口中在校学生 （人）	**Student Enrollment Per 10 000 Population (person)**				
普通高等学校	Regular Institutions of Higher Education	39	147	258	204
中等职业教育学校	Secondary Vocationl Schools	666	108	96	97
普通小学	Primary Schools	1012	676	761	767

注：1. 本表未包括技工学校在校学生。
2. 2006 年起中等学校改为中等职业教育。
a. Secondary schools excludes schools for skilled workers.
b. From 2006,Secondary Schools change Secondary Vocationl Schools.

17-12 民办（私立）学校情况
Statistics on Private Schools

单位：人 (person)

项 目	Item	2000	2010	2018	2019
普通中学	**Regular Secondary Schools**				
学校数 （所）	Number of Schools (unit)	166	252	392	422
教职工数	Staff and Teachers	4845	18959	45083	52168
专任教师数	Full-time Teachers	3367	13629	26488	30244
毕业生数	Graduates	9035	90021	133630	154710
招生数	New Student Enrollment	43333	106538	195116	213651
在校学生数	Student Enrollment	90112	290702	518903	577043
普通小学	**Primary Schools**				
学校数 （所）	Number of Schools (unit)	213	121	150	156
教职工数	Staff and Teachers	2451	9439	7566	8119
专任教师数	Full-time Teachers	1713	6099	15326	16856
毕业生数	Graduates	6183	20039	52634	61566
招生数	New Student Enrollment	5572	25136	51210	48465
在校学生数	Student Enrollment	45911	141929	310616	331970

17-13 特殊教育学校基本情况
Basic Statistics on Schools for Special Education

单位：人 (person)

项　目	Item	2000	2010	2018	2019
各类特殊学校数（所）	Number of Schools for Special Education (unit)	57	54	85	86
教职工数	Staff and Teachers	1203	1531	2479	2711
专任教师数	Full-time Teachers	918	1168	2202	2423
毕业生数	Graduates	1138	1378	4730	5550
招生数	New Student Enrollment	2090	2174	7288	8262
在校学生数	Student Enrollment	12179	13209	36544	47085

17-14 各类学校代课教师及临时工人数
Provisional Teachers and Temporary Workers by Type of School

单位：人 (person)

项　目	Item	2000	2010	2018	2019
普通中学	**Regular Secondary Schools**				
代课教师	Provisional Teachers	2593	1936	4026	4252
兼任教师	Part-time Teachers	440	673	504	477
普通小学	**Primary Schools**				
代课教师	Provisional Teachers	15718	6135	12338	12591
兼任教师	Part-time Teachers	71	312	974	750

17-15 平均每一教职工负担学生
Student / Staff and Worker Ratio

单位：人 (person)

项 目	Item	2000	2010	2018	2019
平均每一教职工负担的学生	**Student-Teacher Ratio**				
普通高等学校	Regular Institutions of Higher Education	5.50	11.01	14.76	14.99
中等职业学校	Secondary Vocational Schools	12.00	18.29	17.95	17.15
普通中学	Regular Secondary Schools	15.10	11.25	11.02	10.87
普通小学	Primary Schools	20.50	17.96	21.86	21.36
平均每一专任教师负担的学生	**Student-Full-time Teacher Ratio**				
普通高等学校	Regular Institutions of Higher Education	12.50	17.53	21.13	21.51
中等职业学校	Secondary Vocational Schools	23.97	27.31	22.67	21.59
普通中学	Regular Secondary Schools	17.50	13.17	14.02	13.91
普通小学	Primary Schools	21.70	19.16	19.01	18.42

17-16 初中和小学毕业生升学率及学龄儿童入学率
Percentage of Graduates of Junior Middle Schools and Primary Schools Entering Higher Level Schools, Percentage of School-Age Children Enrolled

单位：万人 (10 000 person)

项 目	Item	2000	2010	2018	2019
初 中	**Junior Middle Schools**				
毕业生数	Number of Graduates	85.77	69.75	72.49	76.95
高级中等学校招生数	New Student Enrollment of Senior Secondary Schools	43.87	68.58	68.01	72.06
升学率 （%）	Percentage of Graduates (%)	51.15	98.32	93.82	93.65
小 学	**Primary Schools**				
毕业生数	Number of Graduates	130.20	72.81	83.23	83.93
初级中等学校招生数	New Student Enrollment of Junior Secondary Schools	126.34	73.44	84.26	85.13
升学率 （%）	Percentage of Graduates (%)	97.04	100.86	101.24	101.42
学龄儿童	**School-age Children**	**645.08**	**462.07**	**727.55**	**746.08**
已入学学龄儿童	School-age Children Enrolled in Schools	634.90	461.69	727.04	746.03
入学率 （%）	Enrollment Rate (%)	98.40	99.92	99.93	99.99

注：2006年起初中升学率包括：普通高中招生数。职业高中招生数。技工学校招生数。普通中专招收初中应届毕业生数。成人中专招收初中应届毕业生数。

From 2006, the percentage of graduates in junior middle schools includes: the number of new student enrollment in senior schools, vocational high schools, technical training schools, vocational secondary schools and adult vocational schools.

17-17 学前教育基本情况
Basic Statistics on Pre-school Education

项 目		Item		2000	2010	2018	2019
幼儿园个数	（所）	Number of Kindergartens	(unit)	5473	7829	15166	15717
班数	（个）	Number of Classes	(unit)	29896	45426	80051	82517
在园幼儿数	（万人）	Student Enrollment	(10 000 person)	62.87	141.91	225.22	227.61
教职工数	（万人）	Number of Staff and Teachers	(10 000 person)	3.98	8.85	22.83	24.44
#专任教师		#Full-time Teachers		3.39	4.80	10.86	11.59

17-18 各类专业技术人员
Various Specialized Technical Personnel

单位：人 (person)

项 目	Item	2018			2019		
		合计 Total	企业 Enterprise	事业 Institutions	合计 Total	企业 Enterprise	事业 Institutions
总 计	**Total**	**987435**	**102449**	**884986**	**1005952**	**103212**	**902740**
#高级职称	#Senior	140228	5429	134799	151827	5503	146324
中级职称	Secondary	428394	28367	400027	431070	30407	400663
#女性	#Female	504494	35504	438990	517659	37659	480000
#自然科学	#Natural Sciences	873717	44226	829491	879077	44973	834104
#社会及人文科学	#Social Sciences and Humanities	113718	58223	55495	126875	58239	68636

注：此表未包括国家机关与人民团体中的专业技术人员。2008 年起，本表数据不含中央在湘单位，国有单位改为公有经济企业，集体单位改为事业单位（下表同）。事业单位自然科学和社会及人文科学只统计正式在册人员。

Technicians from government offices and mass organizations were excluded. Form 2008, Technicians from center units in Hunan province were excluded. State-Owned units changed into State-Owned Enterprises , Collective-Owned units changed into Institutions(The same as the following). Natural Sciences and Social Sciences and Humanities of Institutions only count Officially registered workers.

17-19 自然科学研究获奖成果
Number of Achievements in Natural Scientific Research

单位：项 (item)

项 目	Item	2000	2010	2018	2019
省自然科学奖	Provincial Natural Sciences Prize		45	48	74
省技术发明奖	Provincial Invention Prize		11	22	26
省科技进步奖	Provincial Scientific Technological Progress Prize	360	170	148	180
国家科学技术进步奖	National Scientific Technological Progress Prize	13	19	18	23
国家技术发明奖	National Invention Prize		1	7	5
国家自然科学奖	National Natural Sciences Prize	1	1	2	3

17−20 科技成果情况 (2019年)
Statistics on Achievements of Science and Technology (2019)

单位：项 (item)

项 目	Item	总 计 Total	科研院所 Research Institutions	大专院校 Universities and Colleges	工矿企业 Industrial and Mining Enterprises	其 他 Others
项目基本情况	**Basic Statistics on Items**					
登记项目数	Number of Registered Items	814	44	124	592	48
#基础理论成果	#Results of Foundation Theories	6		3	2	
软科学成果	Results of Soft Science	32	4		6	22
应用技术成果	Results of Applied Technique	776	40	121	584	26
#鉴定项目数	#Number of Appraised Items	27	1	2	24	
奖励项目数	Number of Prized Items					
项目计划管理情况	**Statistics of Items Planned Management**					
国家计划项目	National Plan Items	25	12	6	6	
省部计划项目	Provincial Plan Items	87	9	11	42	21
计划外项目	Non-plan Items	702	23	107	544	27
应用成果水平	**Level of Achievements**					
国际首创或领先	Originate and Keep Ahead at International	11	1	2	7	
国际先进	International Advanced Level	35	2	4	28	1
国内首创或领先	Originate and Keep Ahead at National	76	8	5	59	3
国内先进	Domestically Advanced Level	33	1	1	27	3
其他	Others	621	28	109	463	19

17-21 三种专利申请与批准项数
Three Types of Patent Applications Examined and Certified

单位：项 (item)

项　目	Item	申　请　数 Applications xamined		批　准　数 Applications Granted	
		2018	2019	2018	2019
总　计	**Total**	**94503**	**106113**	**48957**	**54685**
按种类分	**By Types**				
发　明	Creation and Inventions	35414	39104	8261	8479
实用新型	Utility Models	43361	48462	29132	32699
外观设计	Designs	15728	18547	11564	13507
按申请人类别分	**By Proposer**				
个　人	Personal	24935	28336	13183	14026
大专院校	Universities and Colleges	16614	19157	7768	9142
科研单位	Research Institutions	836	963	385	577
工矿企业	Industrial and Mining Enterprises	51019	56251	27314	30344
机关团体	Agencies and Organizations	1099	1406	307	596

17-22 各类技术合同签订及执行情况 (2019年)
Statistics on Contracts Signed and Performed (2019)

项　目	Item	合同数（项）Number of Contracts (item)	合同金额（万元）Contracted Value (10 000 yuan)	#技术交易额 Value of Technical Trade
总　计	**Total**	**9023**	**4906932.45**	**1917149.28**
技术开发合同	Contracts of Technical Development	2177	1048327.16	430218.31
技术转让合同	Contracts of Technical Alienation	230	103858.43	99323.03
技术服务合同	Contracts of Technical Services	5831	3624186.28	1307484.34
技术咨询合同	Contracts of Technical Consultative	785	130560.57	80123.60

17−23 各级科技计划项目进入技术市场情况(2019年) Statistics on Different Levels of Scientific Plan Items Put into Technical Markets (2019)

项 目	Item	总计 Total	国家计划 Country Level	部门计划 Department Level	省、自治区、直辖市及计划单列市计划 Province、Autonomous Region、Municipality and Cities Listed Separately Level	地市县计划 Cities and Counties Level	计划外 Unplanned
项目个数合计(项)	**Total (item)**	**9023**	**65**	**96**	**330**	**611**	**7901**
#机关法人	#Official Organ as a Legal Person	12			1	1	10
事业法人	Corporation of Public Utility	2750	26	56	86	135	2428
社团法人	Juridical Association	145					145
企业法人	Legal Body of Enterprise	6003	39	40	243	469	5211
自然人	Natural Personal	22				3	19
其他组织	Other Organizations	91				3	88
金额合计(万元)	**Total (10 000 yuan)**	**4906932.45**	**220376.11**	**13343.41**	**482929.36**	**400383.21**	**3786589.29**
#机关法人	#Official Organ as a Legal Person	7628.49			300.00	500.00	6828.49
事业法人	Corporation of Public Utility	208419.71	2119.24	780.50	4633.76	23658.43	174048.53
社团法人	Juridical Association	20368.67					20368.67
企业法人	Legal Body of Enterprise	4645985.92	218256.87	12562.91	477995.60	364113.91	3572924.81
自然人	Natural Personal	4056.65				1450.00	2606.65
其他组织	Other Organizations	20473.01				10660.87	9812.13

17-24 高新技术产业情况 (2019年)
Basic Statistics on High-tech Industries (2019)

项 目	Item	企业单位数（个）Number of Enterprises (unit)	高新技术产业总产值（万元）Gross Output Value of High-tech Industries (10 000 yuan)	高新技术产业增加值（万元）Added Value of High-tech Industries (10 000 yuan)
总 计	**Total**	**10213**	**320898741**	**94728940**
按登记注册类型分：	**By Registration Status**			
内资企业	Domestic-Funded Enterprises	9927	291175102	85434716
国有	State-owned Enterprises	95	5511543	2355897
集体	Collective-owned Enterprises	30	773725	261594
股份合作	Cooperative Enterprises	3	62147	14478
集体联营	Collective Joint Ownership Enterprises			
国有与集体联营	State-owned and Collective-associate Enterprises			
国有独资公司	State-funded Corporations	128	28326119	8909886
其他有限责任公司	Other Limited Liability Corporations	1825	87533005	26350423
股份有限公司	Share-holding Corporations Ltd.	517	27258951	8851562
私营独资	Private-funded Enterprises	90	1201727	346692
私营合伙	Private Partnership Enterprises	54	539358	162714
私营有限责任公司	Private Limited Liability Corporations	6671	128951416	35144818
私营股份有限公司	Private Share-holding Corporations Ltd.	434	10527574	2807097
其他内资	Other Enterprises	79	489538	229554
港澳台商投资企业	Enterprises With Investment from H.K,Macao and Taiwan	154	12933576	4574925
外商投资企业	Enterprises With Foreign Investment	132	16790063	4719299
按企业规模分：	**By Size:**			
大型企业	Large	326	127580958	40079013
中型企业	Medium	1576	82116793	23738554
按高新技术领域分：	**By High-tech Fields:**			
电子信息技术	Electron and Information	1522	33313721	12655933
生物与新医药技术	Biological Medicine and Medical Instrument	1841	49155057	13165383
航空航天技术	Avigation and Spaceflight	159	2735310	891279
新材料技术	New Materials	2199	72154767	18684660
高技术服务业	High-tech Services	866	20312307	7666467
新能源及节能技术	New Energy Resources，Energy Saving	431	10180450	2752411
资源与环境技术	Resources and Environmental Technology	633	13120976	3716930
高新技术改造传统产业	High-technology to Transform Traditional Industries	2120	76348841	20588334
其他领域	Other Fields	442	43577311	14607544

17-24 续表 Continued

项 目	Item	高新技术产业主营业务收入（万元） Main Bussiness Revenue of Hightech Industries (10 000yuan)	#出口收入 Exports Revenue	高新技术产业利税总额（万元） Peofits and Tax of High-tech Industries (10 000yuan)	#利润总额 Total of Profit and Tax
总 计	**Total**	**299806205**	**12844383**	**23198784**	**15451525**
按登记注册类型分:	**By Registration Status**				
内资企业	Domestic-Funded Enterprises	271509922	7293848	20925101	14019239
国有	State-owned Enterprises	3611686	19408	-974	-72769
集体	Collective-owned Enterprises	510077	250	25971	10469
股份合作	Cooperative Enterprises	62204		2488	1843
集体联营	Collective Joint Ownership Enterprises				
国有与集体联营	State-owned and collective-associate Enterprises				
国有独资公司	State-funded Corporations	27224375	915329	1987076	1150093
其他有限责任公司	Other Limited Liability Corporations	80622827	1219254	5966453	4035611
股份有限公司	Share-holding Corporations Ltd.	25836486	562603	2610595	1418924
私营独资	Private-funded Enterprises	1171214	60774	100727	75781
私营合伙	Private Partnership Enterprises	545481	14075	51440	37646
私营有限责任公司	Private Limited Liability Corporations	121854035	3692239	9177586	6611805
私营股份有限公司	Private Share-holding Corporations Ltd.	9566066	787452	939081	691272
其他内资	Other Enterprises	505470	22465	64659	58563
港澳台商投资企业	Enterprises With Investment from H.K,Macao and Taiwan	13840553	4964517	1283241	978563
外商投资企业	Enterprises With Foreign Investment	14455730	586018	990442	453724
按企业规模分:	**By Size:**				
大型企业	Large	119744196	8324199	10219972	6141359
中型企业	Medium	74883907	2516798	6183311	4398833
按高新技术领域分:	**By High-tech Fields:**				
电子信息技术	Electron and Information	33196768	5301325	2707582	2132302
生物与新医药技术	Biological Medicine and Medical Instrument	44600898	912164	3361516	2382487
航空航天技术	Avigation and Spaceflight	2543354	77790	130131	99083
新材料技术	New Materials	69172096	2580261	4968813	2820373
高技术服务业	High-tech Services	19610304	288239	1215725	725891
新能源及节能技术	New Energy Resources，Energy Saving	8796281	310932	723123	509692
资源与环境技术	Resources and Environmental Technology	12403997	184605	967976	679533
高新技术改造传统产业	High-technology to Transform Traditional Industries	68203605	2680243	6698381	4593789
其他领域	Other Fields	41278902	508825	2425537	1508375

17–25 全省R&D活动基本情况(2019年)
Basic Statistics on Scientific Research and Development (2019)

项 目	Item	总计 Total	科研机构 Scientific Research Institution	高等学校 Higher Education	工业企业 Industrial Enterprises	非工业企业 Non-Industrial Enterprises	事业单位 Institutions
有R&D活动的单位数(个)	**Number of Units Having R&D Activities (unit)**	**7974**	**82**	**199**	**7122**	**440**	**131**
R&D人员 (人)	**R&D Personnel (person)**	249107	7833	51662	160880	22935	5797
#女性	#Female	65005	2428	20536	35419	4153	2469
#全时人员	#Full-time Personnel	163954	6602	20634	117824	16634	2260
R&D人员全时当量(人年)	**Full-time Equivalent of R&D Personnel (man-year)**	**157277**	**7186**	**23109**	**106946**	**15876**	**4159**
基础研究人员	Basic Research	13342	932	11455	435	342	178
应用研究人员	Applied Research	21670	2477	9522	6160	1972	1539
试验发展人员	Experimental Development	122278	3777	2133	100356	13570	2442
R&D经费内部支出(万元)	**Intramural Expenditure on R&D (10 000 yuan)**	**7871638**	**390164**	**669184**	**5951214**	**780776**	**80300**
#政府资金	#Government Funds	885860	311895	395059	123909	13301	41696
按支出用途分	by Use						
日常性支出	Daily Expenses	7434835	314622	553220	5748861	761361	56771
#人员劳务费	#Service Fees	1744465	107279	205320	1180242	216706	34918
资产性支出	Capital Expenditures	436803	75542	115964	202353	19415	23529
#仪器和设备	#Instruments & Equipments	330076	36568	79443	180787	18729	14550
按活动类型分	by Activity						
基础研究支出	Basic Research	315091	30406	236942	30832	12325	4586
应用研究支出	Applied Research	869699	151452	331122	323271	46605	17248
试验发展支出	Experimental Development	6686848	208306	101121	5597111	721846	58466
R&D经费外部支出(万元)	**External Expenditure on R&D (10 000 yuan)**	**493043**	**139246**	**28269**	**295844**	**28322**	**1363**

17-26 R&D人员情况(2019年)
R&D Personnel (2019)

项　目	Item	有R&D活动的单位数(个) Number of Enterprises Having R&D Activities (unit)	R&D人员(人) R&D Personnel (person)	#女性 Femal	全时人员 Full-time Personnel	非全时人员 Parttime Personnel
总　计	**Total**	**7974**	**249107**	**65005**	**163954**	**85153**
按执行部门分组	**By Performer**					
科研机构	Scientific Research Institution	82	7833	2428	6602	1231
高等学校	Higher Education	199	51662	20536	20634	31028
企业	Enterprises	7562	183815	39572	134458	49357
工业企业	Industrial Enterprises	7122	160880	35419	117824	43056
非工业企业	Non Industrial Enterprises	440	22935	4153	16634	6301
事业单位	Institution	131	5797	2469	2260	3537
按国民经济行业分组	**By Sector**					
农、林、牧、渔业	Agriculture, Forestry, Farming of Animals and Fishing	19	119	9	67	52
采矿业	Mining	131	2189	475	1602	587
制造业	Manufacturing	6863	155911	34382	114373	41538
电力、燃气及水的生产和供应业	Production and Distribution of Electricity, Gas and Water	128	2780	562	1849	931
建筑业	Construction	94	11681	1565	7661	4020
交通运输、仓储和邮政业	Traffic,Transport,Storage and Post	21	201	41	141	60
信息传输、计算机服务和软件业	Information Transfer,Computer Services and Software	76	1807	405	1543	264
金融业	Finance	3	244	37	191	53
租赁和商务服务业	Tenancy and Business Services	27	268	89	221	47
科学研究、技术服务和地质勘查业	Scientific Research,Technical Service and Geologic Perambulation	277	17680	4524	14284	3396
水利、环境和公共设施管理业	Management of Water Conservancy,Environment and Public Establishment	31	505	147	386	119
教育	Education	199	51662	20536	20634	31028
卫生、社会保障和社会福利业	Sanitation,Social Security&Social Welfare	66	3606	2050	657	2949
文化、体育和娱乐业	Culture,Sports and Entertainment	39	454	183	345	109
按地区分组	**By Region**					
长沙市	Changsha	2025	105808	28117	70431	35377
株洲市	Zhuzhou	627	24699	6202	18750	5949
湘潭市	Xiangtan	467	18421	4506	10548	7873
衡阳市	Hengyang	622	16829	4057	10720	6109
邵阳市	Shaoyang	395	6427	1863	3832	2595
岳阳市	Yueyang	552	13681	3161	8187	5494
常德市	Changde	670	12949	3195	8593	4356
张家界市	Zhangjiajie	133	1428	366	908	520
益阳市	Yiyang	641	13289	3985	8805	4484
郴州市	Chenzhou	298	7240	1757	5028	2212
永州市	Yongzhou	668	10884	3444	6671	4213
怀化市	Huaihua	432	7641	2093	5005	2636
娄底市	Loudi	364	7122	1474	4875	2247
湘西州	West Hunan	80	2689	785	1601	1088

17-27 R&D 人员全时当量情况 (2019年)
Full-time Equivalent of R&D Personnel (2019)

单位：人年 (man-year)

项　目	Item	R&D 人员全时当量 Full-time Equivalent of R&D Personnel	基础研究人员 Basic Research Personnel	应用研究人员 Applied Research Personnel	试验发展人员 Experimental Development Personnel
总　计	**Total**	**157277**	**13342**	**21670**	**122278**
按执行部门分组	**By Performer**				
科研机构	Scientific Research Institution	7186	932	2477	3777
高等学校	Higher Education	23109	11455	9522	2133
企业	Enterprises	122822	777	8132	113926
工业企业	Industrial Enterprises	106946	435	6160	100356
非工业企业	Non Industrial Enterprises	15876	342	1972	13570
事业单位	Institution	4159	178	1539	2442
按国民经济行业分组	**By Sector**				
农、林、牧、渔业	Agriculture, Forestry, Farming of Animals and Fishing	79			79
采矿业	Mining	1544	5	25	1514
制造业	Manufacturing	103483	429	6076	96983
电力、燃气及水的生产和供应业	Production and Distribution of Electricity, Gas and Water	1919	1	59	1859
建筑业	Construction	8348	62	566	7721
交通运输、仓储和邮政业	Traffic,Transport,Storage and Post	146		6	140
信息传输、计算机服务和软件业	Information Transfer,Computer Services and Software	1280		23	1258
金融业	Finance	100			100
租赁和商务服务业	Tenancy and Business Services	208		3	205
科学研究、技术服务和地质勘查业	Scientific Research,Technical Service and Geologic Perambulation	14093	1346	4141	8614
水利、环境和公共设施管理业	Management of Water Conservancy,Environment and Public Establishment	362		43	321
教育	Education	23109	11455	9522	2133
卫生、社会保障和社会福利业	Sanitation,Social Security&Social Welfare	2260	44	1197	1019
文化、体育和娱乐业	Culture,Sports and Entertainment	346		12	334
按地区分组	**By Region**				
长沙市	Changsha	70104	8379	11502	50230
株洲市	Zhuzhou	15109	495	1899	12713
湘潭市	Xiangtan	10706	1657	1068	7981
衡阳市	Hengyang	10229	872	1202	8154
邵阳市	Shaoyang	3374	98	477	2798
岳阳市	Yueyang	7953	336	1835	5784
常德市	Changde	7943	303	674	6966
张家界市	Zhangjiajie	1044	23	40	980
益阳市	Yiyang	7724	128	552	7046
郴州市	Chenzhou	4319	118	367	3834
永州市	Yongzhou	6928	160	444	6324
怀化市	Huaihua	5626	368	1080	4177
娄底市	Loudi	4929	125	279	4525
湘西州	West Hunan	1293	280	250	763

17-28 按经费来源分 R&D 经费内部支出情况 (2019年)
Intramural Expenditure on R&D by Sources (2019)

单位：万元 (10 000 yuan)

项目	Item	R&D经费内部支出 Intramural Expenditure on R&D	政府资金 Government Funds	企业资金 Self-raised Funds by Enterprises	境外资金 Foreign Funds	其他 Other Funds
总计	**Total**	**7871638**	**885860**	**6812774**	**2537**	**170468**
按执行部门分组	**By Performer**					
科研机构	Scientific Research Institution	390164	311895	40193	182	37894
高等学校	Higher Education	669184	395059	162030	403	111692
企业	Enterprises	6731990	137210	6592795	1952	34
工业企业	Industrial Enterprises	5951214	123909	5826524	757	24
非工业企业	Non Industrial Enterprises	780776	13301	766271	1195	10
事业单位	Institution	80300	41696	17756		20848
按国民经济行业分组	**By Sector**					
农、林、牧、渔业	Agriculture, Forestry, Farming of Animals and Fishing	1835	298	1527		10
采矿业	Mining	58551	269	58282		
制造业	Manufacturing	5804312	122957	5680574	757	24
电力、燃气及水的生产和供应业	Production and Distribution of Electricity, Gas and Water	88350	682	87668		
建筑业	Construction	536506	310	536196		
交通运输、仓储和邮政业	Traffic,Transport,Storage and Post	7530	274	7256		
信息传输、计算机服务和软件业	Information Transfer,Computer Services and Software	49280	1170	48109		
金融业	Finance	2506		2506		
租赁和商务服务业	Tenancy and Business Services	3939	308	3630		
科学研究、技术服务和地质勘查业	Scientific Research,Technical Service and Geologic Perambulation	608022	356508	191450	1376	58689
水利、环境和公共设施管理业	Management of Water Conservancy,Environment and Public Establishment	7516	771	6745		
教育	Education	669184	395059	162030	403	111692
卫生、社会保障和社会福利业	Sanitation,Social Security&Social Welfare	26630	6847	19730		53
文化、体育和娱乐业	Culture,Sports and Entertainment	7477	406	7070		
按地区分组	**By Region**					
长沙市	Changsha	3161830	540721	2507483	983	112643
株洲市	Zhuzhou	874440	147987	719033	439	6982
湘潭市	Xiangtan	508482	47968	449963	743	9808
衡阳市	Hengyang	461595	48436	399393		13765
邵阳市	Shaoyang	209546	14065	193708		1774
岳阳市	Yueyang	591797	9767	575959	372	5698
常德市	Changde	491578	11344	476341		3892
张家界市	Zhangjiajie	29253	2763	26176		314
益阳市	Yiyang	336619	10592	319017		7010
郴州市	Chenzhou	275828	7926	266960		942
永州市	Yongzhou	314019	8732	302312		2976
怀化市	Huaihua	282273	15265	263569		3440
娄底市	Loudi	290049	6233	283577		239
湘西州	West Hunan	44331	14061	29283		986

17-29 按支出用途分 R&D 经费内部支出情况 (2019年)
Intramural Expenditure on R&D by Use (2019)

单位：万元 (10 000 yuan)

项　目	Item	R&D 经费内部支出 Intramural Expenditure on R&D	日常性支出 Daily Expenses	#人员劳务费 Service Fees	资产性支出 Capital Expenditures	#仪器和设备 Instruments & Equipments
总　计	**Total**	**7871638**	**7434835**	**1744465**	**436803**	**330076**
按执行部门分组	**By Performer**					
科研机构	Scientific Research Institution	390164	314622	107279	75542	36568
高等学校	Higher Education	669184	553220	205320	115964	79443
企业	Enterprises	6731990	6510222	1396948	221768	199516
工业企业	Industrial Enterprises	5951214	5748861	1180242	202353	180787
非工业企业	Non Industrial Enterprises	780776	761361	216706	19415	18729
事业单位	Institution	80300	56771	34918	23529	14550
按国民经济行业分组	**By Sector**					
农、林、牧、渔业	Agriculture, Forestry, Farming of Animals and Fishing	1835	1443	343	392	371
采矿业	Mining	58551	57051	10790	1500	1218
制造业	Manufacturing	5804312	5614311	1155299	190001	168849
电力、燃气及水的生产和供应业	Production and Distribution of Electricity, Gas and Water	88350	77499	14153	10852	10719
建筑业	Construction	536506	531626	105435	4880	4825
交通运输、仓储和邮政业	Traffic,Transport,Storage and Post	7530	3852	1549	3678	3635
信息传输、计算机服务和软件业	Information Transfer,Computer Services and Software	49280	46980	18780	2300	2196
金融业	Finance	2506	1232	1107	1275	1275
租赁和商务服务业	Tenancy and Business Services	3939	3387	1411	551	537
科学研究、技术服务和地质勘查业	Scientific Research,Technical Service and Geologic Perambulation	608022	509542	213028	98481	50305
水利、环境和公共设施管理业	Management of Water Conservancy,Environment and Public Establishment	7516	7027	3089	489	409
教育	Education	669184	553220	205320	115964	79443
卫生、社会保障和社会福利业	Sanitation,Social Security&Social Welfare	26630	20432	11368	6198	6090
文化、体育和娱乐业	Culture,Sports and Entertainment	7477	7234	2794	243	205
按地区分组	**By Region**					
长沙市	Changsha	3161830	2920938	892001	240892	182253
株洲市	Zhuzhou	874440	832315	252356	42125	27864
湘潭市	Xiangtan	508482	492483	105206	15998	14827
衡阳市	Hengyang	461595	428771	88966	32824	23883
邵阳市	Shaoyang	209546	199081	37007	10466	5277
岳阳市	Yueyang	591797	574835	69965	16962	13978
常德市	Changde	491578	470740	61744	20838	16979
张家界市	Zhangjiajie	29253	27353	5180	1900	1521
益阳市	Yiyang	336619	323151	62539	13468	12275
郴州市	Chenzhou	275828	263955	32692	11873	6335
永州市	Yongzhou	314019	307461	54112	6558	5347
怀化市	Huaihua	282273	277062	32626	5211	4380
娄底市	Loudi	290049	278072	39896	11978	11469
湘西州	West Hunan	44331	38620	10176	5711	3691

17-30 按活动类型分 R&D 经费内部支出情况 (2019年)
Intramural Expenditure on R&D by Activities (2019)

单位：万元 (10 000 yuan)

项 目	Item	R&D 经费内部支出 Intramural Expenditure on R&D	基础研究支出 Basic Research	应用研究支出 Applied Research	试验发展支出 Experimental Development
总 计	**Total**	**7871638**	**315091**	**869699**	**6686848**
按执行部门分组	**By Performer**				
科研机构	Scientific Research Institution	390164	30406	151452	208306
高等学校	Higher Education	669184	236942	331122	101121
企业	Enterprises	6731990	43158	369876	6318957
工业企业	Industrial Enterprises	5951214	30832	323271	5597111
非工业企业	Non Industrial Enterprises	780776	12325	46605	721846
事业单位	Institution	80300	4586	17248	58466
按国民经济行业分组	**By Sector**				
农、林、牧、渔业	Agriculture, Forestry, Farming of Animals and Fishing	1835			1835
采矿业	Mining	58551	190	4056	54306
制造业	Manufacturing	5804312	30637	315815	5457860
电力、燃气及水的生产和供应业	Production and Distribution of Electricity, Gas and Water	88350	5	3400	84946
建筑业	Construction	536506	3126	18099	515282
交通运输、仓储和邮政业	Traffic,Transport,Storage and Post	7530	3	322	7206
信息传输、计算机服务和软件业	Information Transfer,Computer Services and Software	49280		1226	48054
金融业	Finance	2506			2506
租赁和商务服务业	Tenancy and Business Services	3939			3939
科学研究、技术服务和地质勘查业	Scientific Research,Technical Service and Geologic Perambulation	608022	40647	187434	379941
水利、环境和公共设施管理业	Management of Water Conservancy,Environment and Public Establishment	7516		539	6977
教育	Education	669184	236942	331122	101121
卫生、社会保障和社会福利业	Sanitation,Social Security&Social Welfare	26630	3542	7215	15873
文化、体育和娱乐业	Culture,Sports and Entertainment	7477		472	7005
按地区分组	**By Region**				
长沙市	Changsha	3161830	202533	379664	2579633
株洲市	Zhuzhou	874440	6829	103857	763754
湘潭市	Xiangtan	508482	27926	36272	444283
衡阳市	Hengyang	461595	26386	49992	385217
邵阳市	Shaoyang	209546	2535	15481	191530
岳阳市	Yueyang	591797	21870	138198	431729
常德市	Changde	491578	4244	22112	465223
张家界市	Zhangjiajie	29253	606	201	28446
益阳市	Yiyang	336619	3320	21990	311309
郴州市	Chenzhou	275828	1030	15290	259508
永州市	Yongzhou	314019	5438	21220	287361
怀化市	Huaihua	282273	3729	53004	225540
娄底市	Loudi	290049	1326	7380	281343
湘西州	West Hunan	44331	7319	5037	31974

17-31 R&D经费外部支出情况(2019年)
External Expenditure on R&D (2019)

单位：万元 (10 000 yuan)

项 目	Item	R&D经费外部支出 External Expenditure on R&D	对境内研究机构支出 To Domestic Research Institutions	对境内高等学校支出 To Domestic Higher Education	对境内企业支出 To Domestic Enterprises	对境外机构支出 To Foreign Institutions
总 计	**Total**	**493043**	**104610**	**47538**	**320171**	**19707**
按执行部门分组	**By Performer**					
科研机构	Scientific Research Institution	139246	17767	1343	119407	
高等学校	Higher Education	28269	9257	7641	10511	756
企业	Enterprises	324165	77553	38518	189143	18951
工业企业	Industrial Enterprises	295844	74601	34795	168943	17506
非工业企业	Non Industrial Enterprises	28322	2953	3723	20201	1446
事业单位	Institution	1363	34	36	1110	
按国民经济行业分组	**By Sector**					
农、林、牧、渔业	Agriculture, Forestry, Farming of Animals and Fishing	66	41	25		
采矿业	Mining	639	394	192	52	
制造业	Manufacturing	291357	73074	33823	166955	17506
电力、燃气及水的生产和供应业	Production and Distribution of Electricity, Gas and Water	3848	1133	780	1935	
建筑业	Construction	4888	942	1033	2912	
交通运输、仓储和邮政业	Traffic,Transport,Storage and Post	2115		3	2113	
信息传输、计算机服务和软件业	Information Transfer,Computer Services and Software	590		13	577	
金融业	Finance	342	342			
租赁和商务服务业	Tenancy and Business Services	100		100		
科学研究、技术服务和地质勘查业	Scientific Research,Technical Service and Geologic Perambulation	158797	19427	3927	133706	824
水利、环境和公共设施管理业	Management of Water Conservancy,Environment and Public Establishment	1158			536	622
教育	Education	28269	9257	7641	10511	756
卫生、社会保障和社会福利业	Sanitation,Social Security&Social Welfare	852			852	
文化、体育和娱乐业	Culture,Sports and Entertainment	22			22	
按地区分组	**By Region**					
长沙市	Changsha	276180	41538	16490	209592	7721
株洲市	Zhuzhou	99427	11883	4051	74672	8819
湘潭市	Xiangtan	21897	2950	11944	4865	2138
衡阳市	Hengyang	11032	3363	1320	6173	
邵阳市	Shaoyang	5698	1274	964	3279	181
岳阳市	Yueyang	37111	24803	3810	8426	72
常德市	Changde	11378	4566	2622	4158	32
张家界市	Zhangjiajie	1181	131	117	312	622
益阳市	Yiyang	7182	4044	2729	362	48
郴州市	Chenzhou	4690	956	1417	2317	
永州市	Yongzhou	8418	5422	996	1994	6
怀化市	Huaihua	4247	613	160	3474	
娄底市	Loudi	3670	2200	904	523	43
湘西州	West Hunan	934	868	16	24	26

17-32 R&D 活动产出情况 (2019年)
Statistics on R&D Outputs (2019)

项 目	Item	专利申请数（件） Patent Applications (item)	#发明专利 Inventions	有效发明专利数（件） Inventions In Force (item)	发表科技论文（篇） Scientific Papers Issued (piece)
总 计	**Total**	**53099**	**24999**	**63779**	**72806**
按执行部门分组	**By Performer**				
科研机构	Scientific Research Institution	614	470	2012	2303
高等学校	Higher Education	15843	8487	13352	61623
企业	Enterprises	36405	15928	48273	6327
工业企业	Industrial Enterprises	30900	13356	39642	3546
非工业企业	Non Industrial Enterprises	5505	2572	8631	2781
事业单位	Institution	237	114	142	2553
按国民经济行业分组	**By Sector**				
农、林、牧、渔业	Agriculture, Forestry, Farming of Animals and Fishing	5	2	3	12
采矿业	Mining	146	75	176	46
制造业	Manufacturing	30016	12832	37660	2740
电力、燃气及水的生产和供应业	Production and Distribution of Electricity, Gas and Water	738	449	1806	760
建筑业	Construction	1342	307	789	1188
交通运输、仓储和邮政业	Traffic,Transport,Storage and Post	64	18	76	16
信息传输、计算机服务和软件业	Information Transfer,Computer Services and Software	636	356	617	29
金融业	Finance				1
租赁和商务服务业	Tenancy and Business Services	82	19	106	4
科学研究、技术服务和地质勘查业	Scientific Research,Technical Service and Geologic Perambulation	3788	2310	8902	4274
水利、环境和公共设施管理业	Management of Water Conservancy,Environment and Public Establishment	136	59	85	46
教育	Education	15843	8487	13352	61623
卫生、社会保障和社会福利业	Sanitation,Social Security&Social Welfare	175	77	70	2067
文化、体育和娱乐业	Culture,Sports and Entertainment	128	8	137	
按地区分组	**By Region**				
长沙市	Changsha	25101	12481	33157	46985
株洲市	Zhuzhou	7831	4559	14517	4299
湘潭市	Xiangtan	3901	1796	3945	5633
衡阳市	Hengyang	2478	979	2178	5187
邵阳市	Shaoyang	1536	260	615	1172
岳阳市	Yueyang	2002	711	1854	1125
常德市	Changde	2020	1042	1904	1555
张家界市	Zhangjiajie	414	110	226	180
益阳市	Yiyang	2212	920	1602	1591
郴州市	Chenzhou	1019	462	1021	919
永州市	Yongzhou	1550	715	881	1304
怀化市	Huaihua	1458	418	693	1008
娄底市	Loudi	1160	437	726	1025
湘西州	West Hunan	417	109	460	823

17-33 规模以上工业企业科技活动情况(2019年)

Basic Statistics on Scientific and Technological Activities in Industrial Enterprises above Designated Size (2019)

指标	Item	合计 Total	大型 Large	中型 Medium	小型 Small	微型 Miniature
企业基本情况	**Statistics on Industrial Enterprises**					
工业企业个数 （个）	Number of Industrial Enterprises Above Esignated Size (unit)	16565	170	1651	13723	1021
#有R&D活动的企业个数	#Number of Units Having R&D Activities	7122	140	1051	5751	180
R&D人员 （人）	R&D Personnel (person)	160880	41627	40077	77622	1554
#女性	#Female	35419	8384	9383	17320	332
#全时人员	#Full-time Personnel	117824	31533	28817	56342	1132
R&D活动情况	**Statistics on R&D Activities**					
R&D人员全时当量 （人年）	Full-time Equivalent of R&D Personnel (man-year)	106946	29061	26228	50623	1033
R&D经费内部支出 （万元）	Intramural Expenditure on R&D (10 000 yuan)	5931485	1955218	1373275	2562567	40424
按经费来源分	by Sources					
政府资金	Government Funds	123909	57073	28291	37654	890
企业资金	Self-raised Funds by Enterprises	5806795	1898126	1344541	2524594	39534
境外资金	Foreign Funds	757		439	319	
其他	Other Funds	24	20	4		
按支出用途分	by Use					
日常性支出	Daily Expenses	5738996	1911042	1313048	2475930	38977
#人员劳务费	#Service Fees	1180242	512144	283965	380654	3479
资产性支出	Capital Expenditures	192489	44176	60228	86638	1447
#仪器和设备	#Instruments & Equipments	180787	41917	56725	80754	1392
R&D经费外部支出 （万元）	External Expenditure on R&D (10 000 yuan)	295844	162363	51083	81252	1145
新产品开发及生产情况	**Statistics on New Products Development and Production**					
新产品开发项目数 （项）	Number of New Products (item)	21343	2419	4275	14204	445
新产品开发经费支出 （万元）	Expenditure on New Products Development (10 000 yuan)	6593679	2313641	1480018	2747784	52235
新产品销售收入 （万元）	Sales Revenue of New Products (10 000 yuan)	81053560	39434065	19711567	21761124	146804
#出口	#Exported	5078210	3790815	749437	535461	2498
专利情况	**Statistics on Patents**					
专利申请数 （件）	Patent Applications (item)	30900	7771	6947	15621	561
有效发明专利数 （件）	Inventions In Force (item)	39642	15597	7683	15873	489
发表科技论文 （篇）	Number of Published Scientific Papers (piece)	3546	2595	467	430	54
拥有注册商标数 （件）	Number of Registered Trademark (item)	21622	9792	4199	7272	359

17-34 规模以上工业企业 R&D 人员情况 (2019年)
R&D Personnel in Industrial Enterprises above Designated Size (2019)

类别	Item	有 R&D 活动的单位数（个） Number of Enterprises Having R&D Activities (unit)	R&D 人员（人） R&D Personnel (person)	#全时人员 Full-time Personnel	R&D 人员全时当量（人年） Full-time Equivalent of R&D Personnel (man-year)
总计	**Total**	**7122**	**160880**	**117824**	**106946**
按企业规模分组	**By Size**				
大型	Large	140	41627	31533	29061
中型	Medium	1051	40077	28817	26228
小型	Small	5751	77622	56342	50623
微型	Miniature	180	1554	1132	1033
按登记注册类型分组	**By Registration Status**				
内资企业	Domestic-Funded Enterprises	6906	150478	109745	100083
国有	State-owned Enterprises	30	2631	1926	1885
集体	Collective-owned Enterprises	11	125	86	93
股份合作	Cooperative Enterprises	2	36	28	26
国有联营	State Joint Ownership Enterprises				
集体联营	Collective Joint Ownership Enterprises				
国有与集体联营	Joint State-collective Enterprises	1	4	4	3
其他联营	Other Joint Ownership Enterprises				
国有独资公司	State-funded Corporations	71	8511	5733	5519
其他有限责任公司	Other Limited Liability Corporations	1014	32819	24031	21481
股份有限公司	Share-holding Corporations Ltd.	318	17146	12405	11783
私营独资	Private-funded Enterprises	128	1105	758	678
私营合伙	Private Partnership Enterprises	69	526	363	264
私营有限责任公司	Private Limited Liability Corporations	4990	79662	58367	53093
私营股份有限公司	Private Share-holding Corporations Ltd.	272	7913	6044	5257
其他内资	Other Enterprises				
港澳台商投资	Enterprises With Investment from Hong Kong, Macao and Taiwan	120	5832	4753	3745
外商投资	Enterprises With Foreign Investment	96	4570	3326	3118

17-34 续表 Continued

类 别	Item	有R&D活动的单位数（个） Number of Enterprises Having R&D Activities (unit)	R&D人员（人） R&D Personnel (person)	#全时人员 Full-time Personnel	R&D人员全时当量（人年） Full-time Equivalent of R&D Personnel (man-year)
按工业行业大类分组	**By Industrial Branch**				
煤炭开采和洗选业	Mining and Washing of Coal	35	297	256	209
黑色金属矿采选业	Mining of Ferrous Metal Ores	3	34	31	30
有色金属矿采选业	Mining of Non-ferrous Metal Ores	29	821	519	513
非金属矿采选业	Mining and Processing of Nonmetal Ores	64	1037	796	793
其他采矿业	Mining of Other Ores N.E.C				
农副食品加工业	Processing of Food from Agricultural Products	666	8527	5698	5339
食品制造业	Manufacture of Foods	223	5506	3480	3662
酒、饮料和精制茶制造业	Manufacture of Liquor, Beverage and Refined Tea	229	3369	2400	1804
烟草制品业	Manufacture of Tobacco	3	651	566	561
纺织业	Manufacture of Textile	111	2576	1766	1656
纺织服装、服饰业	Manufacture of Textile Wearing and Clothing Apparel	75	1128	803	713
皮革、毛皮、羽毛及其制品和制鞋业	Leather, Fur, Feather and Its Products and Footwear	195	2640	1501	1541
木材加工和木、竹、藤、棕、草制品业	Processing of Timbers, Manufacture of Wood, Bamboo, Rattan, Palm and Straw Products	158	2132	1439	1376
家具制造业	Manufacture of Furniture	78	956	700	625
造纸和纸制品业	Manufacture of Paper and Paper Products	84	1484	1065	1076
印刷和记录媒介复制业	Printing, Reproduction of Recording Media	116	1840	1399	1304
文教、工美、体育和娱乐用品制造业	Manufacture of Articles for Culture, Education, Artwork, Sport and Entertainment Activity	126	2126	1445	1279
石油、煤炭及其他燃料加工业	Processing of Petroleum, Coal and Other Fuels	34	502	367	318
化学原料和化学制品制造业	Manufacture of Chemical Raw Material and Chemical Products	633	9700	6337	6177
医药制造业	Manufacture of Medicines	220	6209	4569	4345
化学纤维制造业	Manufacture of Chemical Fiber	7	193	106	62
橡胶和塑料制品业	Manufacture of Rubber and Plastic Products	166	2103	1559	1295
非金属矿物制品业	Manufacture of Non-metallic Mineral Products	889	13530	9987	8783
黑色金属冶炼和压延加工业	Manufacture and Processing of Ferrous Metals	60	4401	2271	2800
有色金属冶炼和压延加工业	Manufacture and Processing of Non-ferrous Metals	217	8036	5333	5458
金属制品业	Manufacture of Metal Products	378	6368	4665	4067
通用设备制造业	Manufacture of General Purpose Machinery	448	9697	7296	6136
专用设备制造业	Manufacture of Special Purpose Machinery	435	17442	13450	12532
汽车制造业	Manufacture of Automobile	191	7011	5747	4606
铁路、船舶、航空航天和其他运输设备制造业	Manufacture of Railways, Ships, Aerospace and Other Transport Equipment	100	7647	6364	5164
电气机械和器材制造业	Manufacture of Electrical Machinery and Equipment	411	10277	7909	7049
计算机、通信和其他电子设备制造业	Manufacture of Computer, Communication and Other Electronic Equipment	429	15964	13171	11095
仪器仪表制造业	Manufacture of Measuring Instrument	97	2203	1729	1544
其他制造业	Manufacture of Other Manufacture N.E.C	28	632	493	454
废弃资源综合利用业	Comprehensive Utilization of Waste	53	783	544	463
金属制品、机械和设备修理业	Maintenance of Metal Products, Machinery and Equipment	3	278	214	197
电力、热力生产和供应业	Production and Supply of Electric Power and Heat Power	80	2005	1267	1364
燃气生产和供应业	Production and Distribution of Gas	16	373	277	300
水的生产和供应业	Production and Distribution of Water	32	402	305	256

17-35 规模以上工业企业按经费来源分 R&D 经费内部支出情况 (2019年)
Intramural R&D Expenditures in Industrial Enterprises above Designated Size by Sources (2019)

单位：万元 (10 000 yuan)

类 别	Item	R&D 经费内部支出 Intramural Expenditure on R&D	政府资金 Government Funds	企业资金 Self-raised Funds by Enterprises	境外资金 Foreign Funds	其 他 Other Funds
总计	**Total**	**5931485**	**123909**	**5806795**	**757**	**24**
按企业规模分组	**By Size**					
大型	Large	1955218	57073	1898126		20
中型	Medium	1373275	28291	1344541	439	4
小型	Small	2562567	37654	2524594	319	
微型	Miniature	40424	890	39534		
按登记注册类型分组	**By Registration Status**					
内资企业	Domestic-Funded Enterprises	5518634	118192	5399661	757	24
国有	State-owned Enterprises	77447	11564	65883		
集体	Collective-owned Enterprises	2556	35	2521		
股份合作	Cooperative Enterprises	1466		1466		
国有联营	State Joint Ownership Enterprises					
集体联营	Collective Joint Ownership Enterprises					
国有与集体联营	Joint State-collective Enterprises	180		180		
其他联营	Other Joint Ownership Enterprises					
国有独资公司	State-funded Corporations	356045	10173	345868		4
其他有限责任公司	Other Limited Liability Corporations	1254983	39130	1215395	439	20
股份有限公司	Share-holding Corporations Ltd.	555496	13767	541730		
私营独资	Private-funded Enterprises	38388	81	38307		
私营合伙	Private Partnership Enterprises	14437	56	14381		
私营有限责任公司	Private Limited Liability Corporations	2969574	35103	2934152	319	
私营股份有限公司	Private Share-holding Corporations Ltd.	248061	8282	239779		
其他内资	Other Enterprises					
港澳台商投资	Enterprises With Investment from Hong Kong, Macao and Taiwan	157394	2518	154876		
外商投资	Enterprises With Foreign Investment	255457	3199	252258		

17-35 续表 Continued

单位：万元 (10 000 yuan)

类 别	Item	R&D 经费内部支出 Intramural Expenditure on R&D	政府资金 Government Funds	企业资金 Self-raised Funds by Enterprises	境外资金 Foreign Funds	其 他 Other Funds
按工业行业大类分组	**By Industrial Branch**					
煤炭开采和洗选业	Mining and Washing of Coal	7791		7791		
黑色金属矿采选业	Mining of Ferrous Metal Ores	721		721		
有色金属矿采选业	Mining of Non-ferrous Metal Ores	23199	30	23169		
非金属矿采选业	Mining and Processing of Nonmetal Ores	26841	239	26602		
其他采矿业	Mining of Other Ores N.E.C					
农副食品加工业	Processing of Food from Agricultural Products	365460	4562	360898		
食品制造业	Manufacture of Foods	153093	2850	150243		
酒、饮料和精制茶制造业	Manufacture of Liquor, Beverage and Refined Tea	90912	972	89940		
烟草制品业	Manufacture of Tobacco	26933		26933		
纺织业	Manufacture of Textile	85391	858	84533		
纺织服装、服饰业	Manufacture of Textile Wearing and Clothing Apparel	27985	604	27381		
皮革、毛皮、羽毛及其制品和制鞋业	Leather, Fur, Feather and Its Products and Footwear	67299	458	66841		
木材加工和木、竹、藤、棕、草制品业	Processing of Timbers, Manufacture of Wood, Bamboo, Rattan, Palm and Straw Products	58890	378	58513		
家具制造业	Manufacture of Furniture	26493	111	26382		
造纸和纸制品业	Manufacture of Paper and Paper Products	75316	89	75227		
印刷和记录媒介复制业	Printing, Reproduction of Recording Media	62235	950	61284		
文教、工美、体育和娱乐用品制造业	Manufacture of Articles for Culture, Education, Artwork, Sport and Entertainment Activity	67593	872	66402	319	
石油、煤炭及其他燃料加工业	Processing of Petroleum, Coal and Other Fuels	16195	134	16062		
化学原料和化学制品制造业	Manufacture of Chemical Raw Material and Chemical Products	326766	5132	321635		
医药制造业	Manufacture of Medicines	182463	4632	177831		
化学纤维制造业	Manufacture of Chemical Fiber	9013		9013		
橡胶和塑料制品业	Manufacture of Rubber and Plastic Products	73835	1927	71908		
非金属矿物制品业	Manufacture of Non-metallic Mineral Products	417992	3141	414851		
黑色金属冶炼和压延加工业	Manufacture and Processing of Ferrous Metals	307793	2677	305116		
有色金属冶炼和压延加工业	Manufacture and Processing of Non-ferrous Metals	351700	5219	346481		
金属制品业	Manufacture of Metal Products	229140	3919	225222		
通用设备制造业	Manufacture of General Purpose Machinery	285981	16338	269642		
专用设备制造业	Manufacture of Special Purpose Machinery	921857	10879	910979		
汽车制造业	Manufacture of Automobile	277635	7205	270430		
铁路、船舶、航空航天和其他运输设备制造业	Manufacture of Railways, Ships, Aerospace and Other Transport Equipment	337059	21441	315159	439	20
电气机械和器材制造业	Manufacture of Electrical Machinery and Equipment	376309	10779	365531		
计算机、通信和其他电子设备制造业	Manufacture of Computer, Communication and Other Electronic Equipment	447544	13015	434524		4
仪器仪表制造业	Manufacture of Measuring Instrument	57651	2043	55607		
其他制造业	Manufacture of Other Manufacture N.E.C	23600	217	23383		
废弃资源综合利用业	Comprehensive Utilization of Waste	32588	1150	31438		
金属制品、机械和设备修理业	Maintenance of Metal Products, Machinery and Equipment	1866	408	1459		
电力、热力生产和供应业	Production and Supply of Electric Power and Heat Power	65307	544	64763		
燃气生产和供应业	Production and Distribution of Gas	9452	10	9442		
水的生产和供应业	Production and Distribution of Water	13591	128	13463		

17-36 规模以上工业企业按支出用途分 R&D 经费内部支出情况 (2019年) Intramural R&D Expenditures in Industrial Enterprises above Designated Size by Use (2019)

单位：万元 (10 000 yuan)

类 别	Item	R&D 经费内部支出 Intramural Expenditure on R&D	日常性支出 Daily Expenses	#人员劳务费 Service Fees	资产性支出 Capital Expenditures	#仪器和设备 Instruments & Equipments
总计	**Total**	**5931485**	**5738996**	**1180242**	**192489**	**180787**
按企业规模分组	**By Size**					
大型	Large	1955218	1911042	512144	44176	41917
中型	Medium	1373275	1313048	283965	60228	56725
小型	Small	2562567	2475930	380654	86638	80754
微型	Miniature	40424	38977	3479	1447	1392
按登记注册类型分组	**By Registration Status**					
内资企业	Domestic-Funded Enterprises	5518634	5338719	1105944	179915	169037
国有	State-owned Enterprises	77447	69029	22697	8419	8269
集体	Collective-owned Enterprises	2556	2553	364	3	
股份合作	Cooperative Enterprises	1466	1466	246		
国有联营	State Joint Ownership Enterprises					
集体联营	Collective Joint Ownership Enterprises					
国有与集体联营	Joint State-collective Enterprises	180	174	19	6	
其他联营	Other Joint Ownership Enterprises					
国有独资公司	State-funded Corporations	356045	348827	80560	7219	6926
其他有限责任公司	Other Limited Liability Corporations	1254983	1224152	278982	30832	27752
股份有限公司	Share-holding Corporations Ltd.	555496	540541	153448	14955	13840
私营独资	Private-funded Enterprises	38388	37169	4721	1219	1176
私营合伙	Private Partnership Enterprises	14437	14086	2279	351	306
私营有限责任公司	Private Limited Liability Corporations	2969574	2861244	494995	108330	102704
私营股份有限公司	Private Share-holding Corporations Ltd.	248061	239479	67632	8582	8064
其他内资	Other Enterprises					
港澳台商投资	Enterprises With Investment from Hong Kong, Macao and Taiwan	157394	152754	40716	4640	4226
外商投资	Enterprises With Foreign Investment	255457	247523	33582	7934	7524

17-36 续表 Continued

单位：万元 (10 000 yuan)

类别	Item	R&D经费内部支出 Intramural Expenditure on R&D	日常性支出 Daily Expenses	#人员劳务费 Service Fees	资产性支出 Capital Expenditures	#仪器和设备 Instruments & Equipments
按工业行业大类分组	**By Industrial Branch**					
煤炭开采和洗选业	Mining and Washing of Coal	7791	7757	1901	35	
黑色金属矿采选业	Mining of Ferrous Metal Ores	721	601	203	120	116
有色金属矿采选业	Mining of Non-ferrous Metal Ores	23199	22827	4098	372	202
非金属矿采选业	Mining and Processing of Nonmetal Ores	26841	25867	4588	974	900
其他采矿业	Mining of Other Ores N.E.C					
农副食品加工业	Processing of Food from Agricultural Products	365460	354597	40878	10863	9892
食品制造业	Manufacture of Foods	153093	149398	25150	3695	3397
酒、饮料和精制茶制造业	Manufacture of Liquor, Beverage and Refined Tea	90912	88455	13094	2457	2233
烟草制品业	Manufacture of Tobacco	26933	26786	19322	147	
纺织业	Manufacture of Textile	85391	83817	13132	1574	1380
纺织服装、服饰业	Manufacture of Textile Wearing and Clothing Apparel	27985	26823	5317	1161	1117
皮革、毛皮、羽毛及其制品和制鞋业	Leather, Fur, Feather and Its Products and Footwear	67299	66323	13981	976	942
木材加工和木、竹、藤、棕、草制品业	Processing of Timbers, Manufacture of Wood, Bamboo, Rattan, Palm and Straw Products	58890	58204	9092	686	412
家具制造业	Manufacture of Furniture	26493	25786	4434	707	626
造纸和纸制品业	Manufacture of Paper and Paper Products	75316	74396	7728	920	809
印刷和记录媒介复制业	Printing, Reproduction of Recording Media	62235	56501	9967	5734	5603
文教、工美、体育和娱乐用品制造业	Manufacture of Articles for Culture, Education, Artwork, Sport and Entertainment Activity	67593	67116	9697	476	392
石油、煤炭及其他燃料加工业	Processing of Petroleum, Coal and Other Fuels	16195	14895	2500	1300	1128
化学原料和化学制品制造业	Manufacture of Chemical Raw Material and Chemical Products	326766	313910	51757	12857	12212
医药制造业	Manufacture of Medicines	182463	174361	32167	8101	7312
化学纤维制造业	Manufacture of Chemical Fiber	9013	8993	655	20	20
橡胶和塑料制品业	Manufacture of Rubber and Plastic Products	73835	70057	9701	3778	3575
非金属矿物制品业	Manufacture of Non-metallic Mineral Products	417992	402016	66515	15976	14882
黑色金属冶炼和压延加工业	Manufacture and Processing of Ferrous Metals	307793	304447	59087	3346	3320
有色金属冶炼和压延加工业	Manufacture and Processing of Non-ferrous Metals	351700	335477	38864	16223	15593
金属制品业	Manufacture of Metal Products	229140	216718	34992	12422	11788
通用设备制造业	Manufacture of General Purpose Machinery	285981	273019	48632	12962	12289
专用设备制造业	Manufacture of Special Purpose Machinery	921857	904289	218258	17569	16556
汽车制造业	Manufacture of Automobile	277635	268558	43058	9077	8830
铁路、船舶、航空航天和其他运输设备制造业	Manufacture of Railways, Ships, Aerospace and Other Transport Equipment	337059	329935	122233	7124	6228
电气机械和器材制造业	Manufacture of Electrical Machinery and Equipment	376309	364948	65113	11361	10882
计算机、通信和其他电子设备制造业	Manufacture of Computer, Communication and Other Electronic Equipment	447544	433200	163385	14343	13467
仪器仪表制造业	Manufacture of Measuring Instrument	57651	54987	19941	2663	2443
其他制造业	Manufacture of Other Manufacture N.E.C	23600	23398	2703	202	184
废弃资源综合利用业	Comprehensive Utilization of Waste	32588	31170	3713	1418	1338
金属制品、机械和设备修理业	Maintenance of Metal Products, Machinery and Equipment	1866	1866	235		
电力、热力生产和供应业	Production and Supply of Electric Power and Heat Power	65307	54857	9533	10450	10353
燃气生产和供应业	Production and Distribution of Gas	9452	9452	2371		
水的生产和供应业	Production and Distribution of Water	13591	13190	2249	402	367

17-37 规模以上工业企业科技活动产出情况 (2019年)

Basic Statistics on Scientific and Technological Outputs in Industrial Enterprises above Designated Size (2019)

类 别	Item	新产品销售收入（万元）Sales Revenue of New Products (10 000 yuan)	#出口 Exported	专利申请数（件）Patent Applic-ations (item)	有效发明专利数（件）Inventions In Force (item)
总计	**Total**	**81053560**	**5078210**	**30900**	**39642**
按企业规模分组	**By Size**				
大型	Large	39434065	3790815	7771	15597
中型	Medium	19711567	749437	6947	7683
小型	Small	21761124	535461	15621	15873
微型	Miniature	146804	2498	561	489
按登记注册类型分组	**By Registration Status**				
内资企业	Domestic-Funded Enterprises	71005859	2068317	29038	38262
国有	State-owned Enterprises	6315442	34136	890	2221
集体	Collective-owned Enterprises	2614		24	12
股份合作	Cooperative Enterprises	35			
国有联营	State Joint Ownership Enterprises				
集体联营	Collective Joint Ownership Enterprises	799			
国有与集体联营	Joint State-collective Enterprises				
其他联营	Other Joint Ownership Enterprises				
国有独资公司	State-funded Corporations	7005055	423849	1276	2409
其他有限责任公司	Other Limited Liability Corporations	15352813	440971	6245	9402
股份有限公司	Share-holding Corporations Ltd.	8754117	461673	3205	6958
私营独资	Private-funded Enterprises	167800	3233	85	41
私营合伙	Private Partnership Enterprises	130229	103	82	9
私营有限责任公司	Private Limited Liability Corporations	30150886	589268	14885	14184
私营股份有限公司	Private Share-holding Corporations Ltd.	3126069	115084	2346	3026
其他内资	Other Enterprises				
港澳台商投资	Enterprises With Investment from Hong Kong, Macao and Taiwan	4392953	2852968	1199	647
外商投资	Enterprises With Foreign Investment	5654748	156926	663	733

17−37 续表 Continued

类 别	Item	新产品销售收入（万元）Sales Revenue of New Products (10 000 yuan)	#出口 Exported	专利申请数（件）Patent Applic-ations (item)	有效发明专利数（件）Inventions In Force (item)
按工业行业大类分组	**By Industrial Branch**				
煤炭开采和洗选业	Mining and Washing of Coal	34862			
黑色金属矿采选业	Mining of Ferrous Metal Ores	10234		15	4
有色金属矿采选业	Mining of Non-ferrous Metal Ores	229127		79	67
非金属矿采选业	Mining and Processing of Nonmetal Ores	238847		52	105
其他采矿业	Mining of Other Ores N.E.C				
农副食品加工业	Processing of Food from Agricultural Products	3606434	25028	930	1057
食品制造业	Manufacture of Foods	1942971	16117	498	550
酒、饮料和精制茶制造业	Manufacture of Liquor, Beverage and Refined Tea	865286	8922	488	433
烟草制品业	Manufacture of Tobacco	5871405	16113	301	345
纺织业	Manufacture of Textile	1357055	42656	192	247
纺织服装、服饰业	Manufacture of Textile Wearing and Clothing Apparel	124411	8696	144	94
皮革、毛皮、羽毛及其制品和制鞋业	Leather, Fur, Feather and Its Products and Footwear	428470	66909	302	66
木材加工和木、竹、藤、棕、草制品业	Processing of Timbers, Manufacture of Wood, Bamboo, Rattan, Palm and Straw Products	551507	12602	324	196
家具制造业	Manufacture of Furniture	153006	4732	169	154
造纸和纸制品业	Manufacture of Paper and Paper Products	1095696	5568	181	242
印刷和记录媒介复制业	Printing, Reproduction of Recording Media	718899	17241	316	200
文教、工美、体育和娱乐用品制造业	Manufacture of Articles for Culture, Education, Artwork, Sport and Entertainment Activity	641914	140300	454	263
石油、煤炭及其他燃料加工业	Processing of Petroleum, Coal and Other Fuels	848729		88	268
化学原料和化学制品制造业	Manufacture of Chemical Raw Material and Chemical Products	3396282	176954	1287	1874
医药制造业	Manufacture of Medicines	2311071	37612	1043	1340
化学纤维制造业	Manufacture of Chemical Fiber	11386	318	7	3
橡胶和塑料制品业	Manufacture of Rubber and Plastic Products	798243	8439	367	405
非金属矿物制品业	Manufacture of Non-metallic Mineral Products	3262931	65180	1805	1752
黑色金属冶炼和压延加工业	Manufacture and Processing of Ferrous Metals	5878989	198007	192	323
有色金属冶炼和压延加工业	Manufacture and Processing of Non-ferrous Metals	4881810	141919	1147	1896
金属制品业	Manufacture of Metal Products	2499874	26519	1339	1337
通用设备制造业	Manufacture of General Purpose Machinery	3516360	101828	2225	2297
专用设备制造业	Manufacture of Special Purpose Machinery	11022065	214099	5332	8015
汽车制造业	Manufacture of Automobile	8055133	128614	1569	1884
铁路、船舶、航空航天和其他运输设备制造业	Manufacture of Railways, Ships, Aerospace and Other Transport Equipment	3395145	267320	2067	4768
电气机械和器材制造业	Manufacture of Electrical Machinery and Equipment	4863297	121716	2731	2474
计算机、通信和其他电子设备制造业	Manufacture of Computer, Communication and Other Electronic Equipment	7376837	3198489	3389	3843
仪器仪表制造业	Manufacture of Measuring Instrument	468991	18985	651	889
其他制造业	Manufacture of Other Manufacture N.E.C	153072	5224	349	260
废弃资源综合利用业	Comprehensive Utilization of Waste	208891	2103	107	137
金属制品、机械和设备修理业	Maintenance of Metal Products, Machinery and Equipment	20904		22	48
电力、热力生产和供应业	Production and Supply of Electric Power and Heat Power	65834		595	1716
燃气生产和供应业	Production and Distribution of Gas	103914		62	64
水的生产和供应业	Production and Distribution of Water	43684		81	26

17−38 大中型工业企业科技活动情况 (2019年)
Basic Statistics on Scientific and Technological Activities in Large and Medium-Sized Industrial Enterprises (2019)

指 标		Item		合 计 Total	#大型 Large	#中型 Medium
企业基本情况		**Statistics on Industrial Enterprises**				
大中型工业企业个数	（个）	Number of Large and Medium-Sized Industrial Enterprises	(unit)	1821	170	1651
#有 R&D 活动的企业个数		#Number of Units Having R&D Activities		1191	140	1051
R&D 人员	（人）	R&D Personnel	(person)	81704	41627	40077
#女性		#Female		17767	8384	9383
#全时人员		#Full-time Personnel		60350	31533	28817
R&D 活动情况		**Statistics on R&D Activities**				
R&D 人员全时当量	（人年）	Full-time Equivalent of R&D Personnel	(man-year)	55289	29061	26228
R&D 经费内部支出	（万元）	Intramural Expenditure on R&D	(10 000 yuan)	3328494	1955218	1373275
按经费来源分		by Sources				
政府资金		Government Funds		85364	57073	28291
企业资金		Self-raised Funds by Enterprises		3242667	1898126	1344541
境外资金		Foreign Funds		439		439
其他		Other Funds		24	20	4
按支出用途分		by Use				
日常性支出		Daily Expenses		3224090	1911042	1313048
#人员劳务费		#Service Fees		796109	512144	283965
资产性支出		Capital Expenditures		104404	44176	60228
#仪器和设备		#Instruments & Equipments		98641	41917	56725
R&D 经费外部支出	（万元）	External Expenditure on R&D	(10 000 yuan)	213446	162363	51083
新产品开发及生产情况		**Statistics on New Products Development and Production**				
新产品开发项目数	（项）	Number of New Products	(item)	6694	2419	4275
新产品开发经费支出	（万元）	Expenditure on New Products Development	(10 000 yuan)	3793659	2313641	1480018
新产品销售收入	（万元）	Sales Revenue of New Products	(10 000 yuan)	59145632	39434065	19711567
#出口		#Exported		4540252	3790815	749437
专利情况		**Statistics on Patents**				
专利申请数	（件）	Patent Applications	(item)	14718	7771	6947
有效发明专利数	（件）	Inventions In Force	(item)	23280	15597	7683
发表科技论文	（篇）	Number of Published Scientific Papers	(piece)	3062	2595	467
拥有注册商标数	（件）	Number of Registered Trademark	(item)	13991	9792	4199

17−39 大中型工业企业 R&D 人员情况 (2019年)
R&D Personnel in Large and Medium-Sized Industrial Enterprises (2019)

类 别	Item	有 R&D 活动的单位数（个）Number of Enterprises Having R&D Activities (unit)	R&D 人员（人）R&D Personnel (person)	#全时人员 Full-time Personnel	R&D 人员全时当量（人年）Full-time Equivalent of R&D Personnel (man-year)
总计	**Total**	**1191**	**81704**	**60350**	**55289**
按企业规模分组	**By Size**				
大型企业	Large	140	41627	31533	29061
中型企业	Medium	1051	40077	28817	26228
按登记注册类型分组	**By Registration Status**				
内资企业	Domestic-Funded Enterprises	1083	73441	53927	50019
国有	State-owned Enterprises	16	2390	1734	1742
集体	Collective-owned Enterprises	1	9	8	7
股份合作	Cooperative Enterprises	1	17	11	9
国有联营	State Joint Ownership Enterprises	0	0	0	0
集体联营	Collective Joint Ownership Enterprises	0	0	0	0
国有与集体联营	Joint State-collective Enterprises	0	0	0	0
其他联营	Other Joint Ownership Enterprises	0	0	0	0
国有独资公司	State-funded Corporations	36	7787	5228	5096
其他有限责任公司	Other Limited Liability Corporations	213	19795	14428	13075
股份有限公司	Share-holding Corporations Ltd.	102	13124	9385	9225
私营独资	Private-funded Enterprises	22	280	222	177
私营合伙	Private Partnership Enterprises	15	160	137	84
私营有限责任公司	Private Limited Liability Corporations	612	25569	19333	17741
私营股份有限公司	Private Share-holding Corporations Ltd.	65	4310	3441	2865
其他内资	Other Enterprises	0	0	0	0
港澳台商投资	Enterprises With Investment from Hong Kong, Macao and Taiwan	61	4775	3904	2994
外商投资	Enterprises With Foreign Investment	47	3488	2519	2277

17–39 续表 Continued

类 别	Item	有R&D活动的单位数（个）Number of Enterprises Having R&D Activities (unit)	R&D人员（人）R&D Personnel (person)	#全时人员 Full-time Personnel	R&D人员全时当量（人年）Full-time Equivalent of R&D Personnel (man-year)
按工业行业大类分组	**By Industrial Branch**				
煤炭开采和洗选业	Mining and Washing of Coal	13	167	145	105
黑色金属矿采选业	Mining of Ferrous Metal Ores	1	11	10	11
有色金属矿采选业	Mining of Non-ferrous Metal Ores	16	637	402	418
非金属矿采选业	Mining and Processing of Nonmetal Ores	9	357	308	310
其他采矿业	Mining of Other Ores N.E.C	0	0	0	0
农副食品加工业	Processing of Food from Agricultural Products	76	2170	1290	1347
食品制造业	Manufacture of Foods	44	3220	1817	2259
酒、饮料和精制茶制造业	Manufacture of Liquor, Beverage and Refined Tea	20	1170	843	498
烟草制品业	Manufacture of Tobacco	2	623	561	546
纺织业	Manufacture of Textile	48	1737	1205	1140
纺织服装、服饰业	Manufacture of Textile Wearing and Clothing Apparel	23	524	396	354
皮革、毛皮、羽毛及其制品和制鞋业	Leather, Fur, Feather and Its Products and Footwear	45	1314	732	794
木材加工和木、竹、藤、棕、草制品业	Processing of Timbers, Manufacture of Wood, Bamboo, Rattan, Palm and Straw Products	17	457	289	265
家具制造业	Manufacture of Furniture	10	246	151	138
造纸和纸制品业	Manufacture of Paper and Paper Products	12	716	497	517
印刷和记录媒介复制业	Printing, Reproduction of Recording Media	13	479	361	361
文教、工美、体育和娱乐用品制造业	Manufacture of Articles for Culture, Education, Artwork, Sport and Entertainment Activity	28	756	487	446
石油、煤炭及其他燃料加工业	Processing of Petroleum, Coal and Other Fuels	3	212	154	120
化学原料和化学制品制造业	Manufacture of Chemical Raw Material and Chemical Products	107	3196	1973	1985
医药制造业	Manufacture of Medicines	45	3015	2188	2123
化学纤维制造业	Manufacture of Chemical Fiber	2	130	85	17
橡胶和塑料制品业	Manufacture of Rubber and Plastic Products	10	356	272	205
非金属矿物制品业	Manufacture of Non-metallic Mineral Products	165	4872	3794	3139
黑色金属冶炼和压延加工业	Manufacture and Processing of Ferrous Metals	11	3667	1796	2304
有色金属冶炼和压延加工业	Manufacture and Processing of Non-ferrous Metals	48	5237	3368	3740
金属制品业	Manufacture of Metal Products	41	2023	1468	1305
通用设备制造业	Manufacture of General Purpose Machinery	62	4391	3382	2575
专用设备制造业	Manufacture of Special Purpose Machinery	55	11556	9030	8752
汽车制造业	Manufacture of Automobile	43	4891	4150	3157
铁路、船舶、航空航天和其他运输设备制造业	Manufacture of Railways, Ships, Aerospace and Other Transport Equipment	23	6027	5071	4013
电气机械和器材制造业	Manufacture of Electrical Machinery and Equipment	63	5251	4096	3615
计算机、通信和其他电子设备制造业	Manufacture of Computer, Communication and Other Electronic Equipment	88	9460	7988	6696
仪器仪表制造业	Manufacture of Measuring Instrument	9	785	602	583
其他制造业	Manufacture of Other Manufacture N.E.C	4	174	154	130
废弃资源综合利用业	Comprehensive Utilization of Waste	5	170	120	111
金属制品、机械和设备修理业	Maintenance of Metal Products, Machinery and Equipment	1	220	162	169
电力、热力生产和供应业	Production and Supply of Electric Power and Heat Power	21	1275	815	881
燃气生产和供应业	Production and Distribution of Gas	5	128	112	96
水的生产和供应业	Production and Distribution of Water	3	84	76	63

17-40 大中型工业企业按经费来源分 R&D 经费内部支出情况 (2019年)

Intramural R&D Expenditures in Large and Medium-Sized Industrial Enterprises by Sources (2019)

单位：万元 (10 000 yuan)

类 别	Item	R&D 经费内部支出 Intramural Expenditure on R&D	政府资金 Government Funds	企业资金 Self-raised Funds by Enterprises	境外资金 Foreign Funds	其 他 Other Funds
总计	**Total**	**3328494**	**85364**	**3242667**	**439**	**24**
按企业规模分组	**By Size**					
大型企业	Large	1955218	57073	1898126		20
中型企业	Medium	1373275	28291	1344541	439	4
按登记注册类型分组	**By Registration Status**					
内资企业	Domestic-Funded Enterprises	2988362	81500	2906399	439	24
国有	State-owned Enterprises	71998	11472	60525		
集体	Collective-owned Enterprises	62		62		
股份合作	Cooperative Enterprises	687		687		
国有联营	State Joint Ownership Enterprises					
集体联营	Collective Joint Ownership Enterprises					
国有与集体联营	Joint State-collective Enterprises					
其他联营	Other Joint Ownership Enterprises					
国有独资公司	State-funded Corporations	337713	9629	328080		4
其他有限责任公司	Other Limited Liability Corporations	806261	32829	772974	439	20
股份有限公司	Share-holding Corporations Ltd.	438678	10260	428418		
私营独资	Private-funded Enterprises	14070	1	14070		
私营合伙	Private Partnership Enterprises	5334		5334		
私营有限责任公司	Private Limited Liability Corporations	1173463	12510	1160954		
私营股份有限公司	Private Share-holding Corporations Ltd.	140095	4801	135295		
其他内资	Other Enterprises					
港澳台商投资	Enterprises With Investment from Hong Kong, Macao and Taiwan	115749	2293	113456		
外商投资	Enterprises With Foreign Investment	224383	1570	222812		

17-40 续表 Continued

单位：万元 (10 000 yuan)

类 别	Item	R&D经费内部支出 Intramural Expenditure on R&D	政府资金 Government Funds	企业资金 Self-raised Funds by Enterprises	境外资金 Foreign Funds	其 他 Other Funds
按工业行业大类分组	**By Industrial Branch**					
煤炭开采和洗选业	Mining and Washing of Coal	4912		4912		
黑色金属矿采选业	Mining of Ferrous Metal Ores	175		175		
有色金属矿采选业	Mining of Non-ferrous Metal Ores	14882	30	14852		
非金属矿采选业	Mining and Processing of Nonmetal Ores	9793		9793		
其他采矿业	Mining of Other Ores N.E.C					
农副食品加工业	Processing of Food from Agricultural Products	92978	1346	91633		
食品制造业	Manufacture of Foods	77060	1858	75202		
酒、饮料和精制茶制造业	Manufacture of Liquor, Beverage and Refined Tea	25801	240	25561		
烟草制品业	Manufacture of Tobacco	26300		26300		
纺织业	Manufacture of Textile	60665	217	60448		
纺织服装、服饰业	Manufacture of Textile Wearing and Clothing Apparel	11883	427	11456		
皮革、毛皮、羽毛及其制品和制鞋业	Leather, Fur, Feather and Its Products and Footwear	27960	122	27838		
木材加工和木、竹、藤、棕、草制品业	Processing of Timbers, Manufacture of Wood, Bamboo, Rattan, Palm and Straw Products	11489	55	11434		
家具制造业	Manufacture of Furniture	6990		6990		
造纸和纸制品业	Manufacture of Paper and Paper Products	39502	62	39440		
印刷和记录媒介复制业	Printing, Reproduction of Recording Media	14811	780	14032		
文教、工美、体育和娱乐用品制造业	Manufacture of Articles for Culture, Education, Artwork, Sport and Entertainment Activity	22981	275	22705		
石油、煤炭及其他燃料加工业	Processing of Petroleum, Coal and Other Fuels	7627	126	7501		
化学原料和化学制品制造业	Manufacture of Chemical Raw Material and Chemical Products	99913	2686	97227		
医药制造业	Manufacture of Medicines	85944	2436	83508		
化学纤维制造业	Manufacture of Chemical Fiber	1348		1348		
橡胶和塑料制品业	Manufacture of Rubber and Plastic Products	13293	25	13268		
非金属矿物制品业	Manufacture of Non-metallic Mineral Products	141731	1494	140237		
黑色金属冶炼和压延加工业	Manufacture and Processing of Ferrous Metals	276700	2638	274063		
有色金属冶炼和压延加工业	Manufacture and Processing of Non-ferrous Metals	225609	3148	222461		
金属制品业	Manufacture of Metal Products	93496	1900	91595		
通用设备制造业	Manufacture of General Purpose Machinery	130163	12874	117289		
专用设备制造业	Manufacture of Special Purpose Machinery	757446	7023	750423		
汽车制造业	Manufacture of Automobile	218671	5823	212848		
铁路、船舶、航空航天和其他运输设备制造业	Manufacture of Railways, Ships, Aerospace and Other Transport Equipment	293994	20355	273181	439	20
电气机械和器材制造业	Manufacture of Electrical Machinery and Equipment	198986	8530	190456		
计算机、通信和其他电子设备制造业	Manufacture of Computer, Communication and Other Electronic Equipment	254165	8589	245571		4
仪器仪表制造业	Manufacture of Measuring Instrument	20071	833	19238		
其他制造业	Manufacture of Other Manufacture N.E.C	5385	200	5185		
废弃资源综合利用业	Comprehensive Utilization of Waste	5804	336	5468		
金属制品、机械和设备修理业	Maintenance of Metal Products, Machinery and Equipment	1375	408	967		
电力、热力生产和供应业	Production and Supply of Electric Power and Heat Power	41530	480	41050		
燃气生产和供应业	Production and Distribution of Gas	4573		4573		
水的生产和供应业	Production and Distribution of Water	2487	50	2437		

17-41 大中型工业企业按支出用途分R&D经费内部支出情况(2019年)

Intramural R&D Expenditures in Large and Medium-Sized Industrial Enterprises by Use (2019)

单位：万元 (10 000 yuan)

类 别	Item	R&D经费内部支出 Intramural Expenditure on R&D	经常费支出 Operating Expenses	#人员劳务费 Service Fees	资产性支出 Capital Expenditures	#仪器和设备 Instruments & Equipments
总计	**Total**	**3328494**	**3224090**	**796109**	**104404**	**98641**
按企业规模分组	**By Size**					
大型企业	Large	1955218	1911042	512144	44176	41917
中型企业	Medium	1373275	1313048	283965	60228	56725
按登记注册类型分组	**By Registration Status**					
内资企业	Domestic-Funded Enterprises	2988362	2893946	733667	94416	89205
国有	State-owned Enterprises	71998	63581	22233	8417	8269
集体	Collective-owned Enterprises	62	62	32		
股份合作	Cooperative Enterprises	687	687	113		
国有联营	State Joint Ownership Enterprises					
集体联营	Collective Joint Ownership Enterprises					
国有与集体联营	Joint State-collective Enterprises					
其他联营	Other Joint Ownership Enterprises					
国有独资公司	State-funded Corporations	337713	331435	77070	6278	5999
其他有限责任公司	Other Limited Liability Corporations	806261	784644	208221	21618	19250
股份有限公司	Share-holding Corporations Ltd.	438678	429342	131414	9335	8569
私营独资	Private-funded Enterprises	14070	13565	1794	505	505
私营合伙	Private Partnership Enterprises	5334	5076	878	258	246
私营有限责任公司	Private Limited Liability Corporations	1173463	1131407	245794	42056	40707
私营股份有限公司	Private Share-holding Corporations Ltd.	140095	134146	46119	5949	5659
其他内资	Other Enterprises					
港澳台商投资	Enterprises With Investment from Hong Kong, Macao and Taiwan	115749	112597	34351	3153	2860
外商投资	Enterprises With Foreign Investment	224383	217548	28091	6835	6577

17-41 续表 Continued

单位：万元 (10 000 yuan)

类别	Item	R&D经费内部支出 Intramural Expenditure on R&D	经常费支出 Operating Expenses	#人员劳务费 Service Fees	资产性支出 Capital Expenditures	#仪器和设备 Instruments & Equipments
按工业行业大类分组	**By Industrial Branch**					
煤炭开采和洗选业	Mining and Washing of Coal	4912	4878	1102	35	
黑色金属矿采选业	Mining of Ferrous Metal Ores	175	171	88	4	
有色金属矿采选业	Mining of Non-ferrous Metal Ores	14882	14535	3346	347	188
非金属矿采选业	Mining and Processing of Nonmetal Ores	9793	9571	1941	222	210
其他采矿业	Mining of Other Ores N.E.C					
农副食品加工业	Processing of Food from Agricultural Products	92978	91242	14939	1737	1560
食品制造业	Manufacture of Foods	77060	75122	15755	1938	1751
酒、饮料和精制茶制造业	Manufacture of Liquor, Beverage and Refined Tea	25801	25720	5418	81	4
烟草制品业	Manufacture of Tobacco	26300	26153	18995	147	
纺织业	Manufacture of Textile	60665	59437	9758	1228	1114
纺织服装、服饰业	Manufacture of Textile Wearing and Clothing Apparel	11883	11354	2658	530	512
皮革、毛皮、羽毛及其制品和制鞋业	Leather, Fur, Feather and Its Products and Footwear	27960	27202	6878	758	740
木材加工和木、竹、藤、棕、草制品业	Processing of Timbers, Manufacture of Wood, Bamboo, Rattan, Palm and Straw Products	11489	11251	2404	238	122
家具制造业	Manufacture of Furniture	6990	6639	1258	351	314
造纸和纸制品业	Manufacture of Paper and Paper Products	39502	39180	4600	322	266
印刷和记录媒介复制业	Printing, Reproduction of Recording Media	14811	14084	3330	728	685
文教、工美、体育和娱乐用品制造业	Manufacture of Articles for Culture, Education, Artwork, Sport and Entertainment Activity	22981	22903	4528	78	40
石油、煤炭及其他燃料加工业	Processing of Petroleum, Coal and Other Fuels	7627	6786	1412	841	673
化学原料和化学制品制造业	Manufacture of Chemical Raw Material and Chemical Products	99913	94688	22506	5225	5114
医药制造业	Manufacture of Medicines	85944	81645	18342	4299	3950
化学纤维制造业	Manufacture of Chemical Fiber	1348	1348	484		
橡胶和塑料制品业	Manufacture of Rubber and Plastic Products	13293	12586	2097	707	704
非金属矿物制品业	Manufacture of Non-metallic Mineral Products	141731	134936	32234	6796	6541
黑色金属冶炼和压延加工业	Manufacture and Processing of Ferrous Metals	276700	273823	55407	2878	2866
有色金属冶炼和压延加工业	Manufacture and Processing of Non-ferrous Metals	225609	213861	25211	11748	11387
金属制品业	Manufacture of Metal Products	93496	84641	16532	8854	8510
通用设备制造业	Manufacture of General Purpose Machinery	130163	125382	21273	4781	4448
专用设备制造业	Manufacture of Special Purpose Machinery	757446	744399	186359	13046	12371
汽车制造业	Manufacture of Automobile	218671	211523	32723	7147	6931
铁路、船舶、航空航天和其他运输设备制造业	Manufacture of Railways, Ships, Aerospace and Other Transport Equipment	293994	289398	111880	4596	3778
电气机械和器材制造业	Manufacture of Electrical Machinery and Equipment	198986	193227	39467	5759	5591
计算机、通信和其他电子设备制造业	Manufacture of Computer, Communication and Other Electronic Equipment	254165	247219	116051	6945	6452
仪器仪表制造业	Manufacture of Measuring Instrument	20071	18476	7858	1596	1448
其他制造业	Manufacture of Other Manufacture N.E.C	5385	5385	885		
废弃资源综合利用业	Comprehensive Utilization of Waste	5804	5345	1028	459	445
金属制品、机械和设备修理业	Maintenance of Metal Products, Machinery and Equipment	1375	1375			
电力、热力生产和供应业	Production and Supply of Electric Power and Heat Power	41530	31545	5530	9985	9928
燃气生产和供应业	Production and Distribution of Gas	4573	4573	1076		
水的生产和供应业	Production and Distribution of Water	2487	2487	758		

17-42 大中型工业企业科技活动产出情况 (2019年)

Basic Statistics on Scientific and Technological Outputs in Large and Medium-Sized Industrial Enterprises (2019)

类 别	Item	新产品销售收入（万元）Sales Revenue of New Products (10 000 yuan)	#出口 Exported	专利申请数（件）Patent Applic-ations (item)	有效发明专利数（件）Inventions In Force (item)
总计	**Total**	**59145632**	**4540252**	**14718**	**23280**
按企业规模分组	**By Size**				
大型企业	Large	39434065	3790815	7771	15597
中型企业	Medium	19711567	749437	6947	7683
按登记注册类型分组	**By Registration Status**				
内资企业	Domestic-Funded Enterprises	49777627	1590621	13413	22252
国有	State-owned Enterprises	6309755	31638	832	2180
集体	Collective-owned Enterprises	21		15	2
股份合作	Cooperative Enterprises				
国有联营	State Joint Ownership Enterprises				
集体联营	Collective Joint Ownership Enterprises				
国有与集体联营	Joint State-collective Enterprises				
其他联营	Other Joint Ownership Enterprises				
国有独资公司	State-funded Corporations	6863199	421157	1059	2146
其他有限责任公司	Other Limited Liability Corporations	11424276	363917	3225	6137
股份有限公司	Share-holding Corporations Ltd.	7322564	416011	2515	5316
私营独资	Private-funded Enterprises	23915		32	9
私营合伙	Private Partnership Enterprises	83740		14	1
私营有限责任公司	Private Limited Liability Corporations	15877613	289922	4492	4851
私营股份有限公司	Private Share-holding Corporations Ltd.	1872543	67976	1229	1610
其他内资	Other Enterprises				
港澳台商投资	Enterprises With Investment from Hong Kong, Macao and Taiwan	3950296	2814451	842	499
外商投资	Enterprises With Foreign Investment	5417709	135179	463	529

17-42 续表 Continued

类别	Item	新产品销售收入（万元） Sales Revenue of New Products (10 000 yuan)	#出口 Exported	专利申请数（件） Patent Applic-ations (item)	有效发明专利数（件） Inventions In Force (item)
按工业行业大类分组	**By Industrial Branch**				
煤炭开采和洗选业	Mining and Washing of Coal	13617			
黑色金属矿采选业	Mining of Ferrous Metal Ores				
有色金属矿采选业	Mining of Non-ferrous Metal Ores	153010		56	25
非金属矿采选业	Mining and Processing of Nonmetal Ores	92715		18	66
其他采矿业	Mining of Other Ores N.E.C				
农副食品加工业	Processing of Food from Agricultural Products	1574075	23150	125	155
食品制造业	Manufacture of Foods	1337823	2651	158	114
酒、饮料和精制茶制造业	Manufacture of Liquor, Beverage and Refined Tea	396671	629	79	127
烟草制品业	Manufacture of Tobacco	5871375	16113	295	342
纺织业	Manufacture of Textile	1221974	42522	118	197
纺织服装、服饰业	Manufacture of Textile Wearing and Clothing Apparel	60536		54	61
皮革、毛皮、羽毛及其制品和制鞋业	Leather, Fur, Feather and Its Products and Footwear	202783	24672	133	54
木材加工和木、竹、藤、棕、草制品业	Processing of Timbers, Manufacture of Wood, Bamboo, Rattan, Palm and Straw Products	226314	861	51	43
家具制造业	Manufacture of Furniture	59628	4732	18	19
造纸和纸制品业	Manufacture of Paper and Paper Products	865146		83	78
印刷和记录媒介复制业	Printing, Reproduction of Recording Media	196130	2909	62	67
文教、工美、体育和娱乐用品制造业	Manufacture of Articles for Culture, Education, Artwork, Sport and Entertainment Activity	219930	69603	204	47
石油、煤炭及其他燃料加工业	Processing of Petroleum, Coal and Other Fuels	800752		54	236
化学原料和化学制品制造业	Manufacture of Chemical Raw Material and Chemical Products	1343023	136616	298	333
医药制造业	Manufacture of Medicines	1421767	18633	503	696
化学纤维制造业	Manufacture of Chemical Fiber	318	318	4	1
橡胶和塑料制品业	Manufacture of Rubber and Plastic Products	255044	4650	27	18
非金属矿物制品业	Manufacture of Non-metallic Mineral Products	1673595	48148	737	596
黑色金属冶炼和压延加工业	Manufacture and Processing of Ferrous Metals	5609856	171541	123	259
有色金属冶炼和压延加工业	Manufacture and Processing of Non-ferrous Metals	3017057	75728	580	1121
金属制品业	Manufacture of Metal Products	1226280	16489	398	427
通用设备制造业	Manufacture of General Purpose Machinery	2151190	71748	830	813
专用设备制造业	Manufacture of Special Purpose Machinery	9494049	179999	3074	5994
汽车制造业	Manufacture of Automobile	7344551	89378	1000	1210
铁路、船舶、航空航天和其他运输设备制造业	Manufacture of Railways, Ships, Aerospace and Other Transport Equipment	3068608	266095	1580	4240
电气机械和器材制造业	Manufacture of Electrical Machinery and Equipment	2966991	106496	1195	1262
计算机、通信和其他电子设备制造业	Manufacture of Computer, Communication and Other Electronic Equipment	6041694	3143159	1873	2408
仪器仪表制造业	Manufacture of Measuring Instrument	136166	18188	186	462
其他制造业	Manufacture of Other Manufacture N.E.C	51049	5224	175	102
废弃资源综合利用业	Comprehensive Utilization of Waste	2345		17	16
金属制品、机械和设备修理业	Maintenance of Metal Products, Machinery and Equipment	15379		10	
电力、热力生产和供应业	Production and Supply of Electric Power and Heat Power	24458		533	1642
燃气生产和供应业	Production and Distribution of Gas	5000		27	46
水的生产和供应业	Production and Distribution of Water	4734		40	3

17-43 企业创新基本情况(2019年)
Basic Situation of Enterprise Innovation (2019)

指 标	Item	合 计 Total	#工业 Industry	#建筑业 Construction	#服务业 Services
企业创新基本情况	**The Basic Situation of Enterprise Innovation**				
企业数 (个)	Companies (unit)	31421	16565	1426	13430
开展创新活动企业数 (个)	Carry Out Innovation Activities (unit)	15994	11340	574	4080
实现创新企业	Realize Innovative Enterprises	12850	8358	534	3958
同时实现四种创新企业	Four Innovative Enterprises are Implemented Simultaneously	2437	1851	68	518
开展创新活动企业占比 (%)	The Proportion of Enterprises Engaged in Innovation Activities (%)	50.9	68.5	40.3	30.4
实现创新企业占比	Realize the Proportion of Innovative Enterprises	40.9	50.5	37.4	29.5
同时实现四种创新企业占比	At the Same Time, There are Four Innovative Enterprises	7.8	11.2	4.8	3.9
产品和工艺创新情况	**Product and Process Innovation**				
(一)产品和工艺创新分布情况	**The Distribution of Product and Process Innovation**				
1. 开展产品或工艺创新活动企业数 (个)	Number of Enterprises in Product or Process Innovation Activities (unit)	12129	10231	313	1585
实现产品创新企业	Implement Product Innovation Enterprise	4685	3662	133	890
实现工艺创新企业	Implement Innovation Enterprise	6813	5497	231	1085
2. 开展产品或工艺创新活动企业占比 (%)	Responsible for Product or Process Innovation Activities (%)	38.6	61.8	22.0	11.8
实现产品创新企业占比	The Proportion of Product Innovation Enterprises is Realized	14.9	22.1	9.3	6.6
实现工艺创新企业占比	Realize the Proportion of Technological Innovation Enterprises	21.7	33.2	16.2	8.1
同时实现产品和工艺创新企业占比	The Proportion of Product and Process Innovation Enterprises is Also Realized	11.9	17.8	8.4	5.0
仅实现产品创新企业占比(无工艺创新)	Only Realize the Proportion of Product Innovation Enterprises (No process innovation)	3.0	4.3	0.9	1.6
仅实现工艺创新企业占比(无产品创新)	Only Realize the Proportion of Technological Innovation Enterprises (No product innovation)	9.8	15.4	1.9	0.5
仅有正在进行或中止的创新活动企业占比	There is Only an Ongoing or Discontinued Innovation Enterprise Share	14.0	24.3	4.8	2.1
(二)产品创新开发情况	**Product Innovation and Development**				
在实现产品创新企业中,以下列形式进行开发的企业占比 (%)	In the Implementation of Product Innovation Enterprises, the Proportion of Enterprises Developed in the Following Form (%)				
本企业独立开发	Independent Development of the Enterprises	83.7	89.3	64.7	63.5
与集团内企业合作开发	Cooperation and Development of Enterprises Within the Group	7.6	5.8	15.8	13.9
与境内其他企业合作开发	Develop Cooperation with Other Enterprises in China	8.7	6.9	15.8	14.9
与境内研究机构合作开发	Working with Domestic Research Institutes	3.2	3.4	1.5	2.6
与境内高等学校合作开发	In Cooperation with Domestic Institutions of Higher Learning	13.3	14.3	14.3	9.1
与境外企业或机构合作开发	Working with Overseas Enterprises or Institutions	1.1	0.8		2.5
在其他单位基础上调整或改进	Adjust or Improve on Other Units	4.9	2.6	18.0	12.4
其他企业或机构开发	The Development of Other Enterprises or Institutions	3.8	1.2	12.8	13.0
其他	Other	4.9	2.9	9.0	12.4
(三)工艺创新开发情况	**Development of Technological Innovation**				
在实现工艺创新企业中,以下列形式进行开发的企业占比 (%)	In the Implementation of Technological Innovation Enterprises, the Proportion Enterprises Developed in the Following Form (%)				
本企业独立开发	The Company Develops Independently	79.7	85.8	61.0	52.4

17-43 续表 1 Continued

指 标	Item	合 计 Total	# 工业 Industry	# 建筑业 Construction	# 服务业 Services
本企业与集团内企业合作开发	The Enterprise Cooperation and Development with The Enterprise in The Group	6.5	5.3	9.5	12.4
本企业与境内其他企业合作开发	The Company is Cooperating with Other Enterprises in China	8.9	7.5	13.4	15.0
本企业与境内研究机构合作开发	The Company is Cooperating with Domestic Research Institutes	2.9	3.1	2.2	1.9
本企业与境内高等学校合作开发	The Company is Cooperating with The Higher Schools in China	10.6	11.4	10.0	6.8
本企业与境外企业或机构合作开发	The Company is Cooperating with Overseas Enterprises or Institutions	0.8	0.6	0.4	1.7
在其他单位开发的基础上调整或改进	To Adjust or Improve on The Basis of Other Unit Development	6.0	4.0	17.3	13.8
其他企业或机构开发	The Development of Other Enterprises or Institutions	6.2	2.9	17.7	20.4
其他	Other	6.0	4.3	4.8	12.9
产品或工艺创新活动类型及创新费用情况	**Product or Process Innovation Activity Type and Innovation Cost Situation**				
(一)产品或工艺创新活动类型	**Type of Product or Process Innovation**				
在开展产品或工艺创新活动企业中，有下列活动形式的企业占比(%)	Among the Enterprises that Carry Out Product or Process Innovation Activities, the Proportion of Enterprises with The Following Activities (%)				
内部研发	Internal Research and Development	61.7	69.6	30.0	16.8
外部研发	The External Research and Development	7.8	8.6	5.8	3.5
获得机器设备和软件	Get Machine Equipment and Software	67.4	75.2	35.5	23.3
从外部获取相关技术	Get the Technology from The Outside	2.8	1.5	10.5	9.3
相关培训	Related Training	25.0	22.1	48.2	39.6
市场推介	Market Introduction	12.4	10.4	19.5	23.3
相关设计	Related Design	11.5	11.3	4.5	14.1
其他创新活动	Other Innovative Activities	13.6	12.1	26.5	20.9
(二)工业企业创新费用支出情况	**Expenditure on Innovation Expenses of Industrial Enterprises**				
创新费用支出合计 (万元)	Total Expenditure on Innovation Expenses (10 000 yuan)	9266074	9266074		
1. 内部研发经费支出所占比重 (%)	Proportion of Internal r&d Expenditure (%)	64.0	64.0		
2. 外部研发经费支出所占比重 (%)	Proportion of External r&d Expenditure (%)	3.2	3.2		
3. 获得机器设备和软件经费支出所占比重 (%)	Account for the Proportion of Equipment and Software Expenditure (%)	31.1	31.1		
4. 从外部获取相关技术经费支出所占比重 (%)	The Proportion of Relevant Technical Expenses from External Access (%)	1.7	1.7		
产品或工艺创新信息来源情况	**Product or Process Innovation Information Source Situation**				
在开展产品或工艺创新活动企业中，下列信息对创新影响较大的企业占比 (%)	Among the Enterprises that Carry Out Product or Process Innovation Activities, the Following Information will Make up the Proportion of Enterprises with Greater Impact on Innovation (%)				
企业内部信息	Enterprise Internal Information	33.1	31.9	38.3	39.9
企业集团内部信息	Internal Information of Enterprise Group	7.7	6.1	17.9	16.0
来自高等学校的信息	Information from Institutions of Higher Learning	7.0	7.0	8.9	6.6
来自研究机构的信息	Information from the Research Institute	8.9	9.1	13.1	7.1
来自政府部门的信息	Information from Government Departments	13.6	11.3	27.8	25.6

注：创新费用支出情况仅包含规模工业企业。
The Cost of Innovation Expense Only Includes Scale Industrial Enterprises.

17-43 续表 2 Continued

指 标	Item	合 计 Total	#工业 Industry	#建筑业 Construc-tion	#服务业 Services
来自行业协会的信息	Information from industry associations	17.6	16.5	37.4	21.0
来自供应商的信息	Information from The Supplier	16.1	16.0	23.0	15.4
来自客户的信息	Information from the Customer	31.4	30.2	19.5	41.7
来自竞争对手或同行业企业的信息	Information from Competitors or Companies in the Same Industry	14.4	13.6	19.5	18.8
来自市场咨询机构的信息	Information from the Marketing Consultancy	4.5	3.8	6.1	8.3
来自展会的信息	Information from the Exhibition	9.4	9.6	5.8	8.6
来自文献、期刊的信息	Information from Literature and Periodicals	2.2	2.1	7.0	2.1
来自互联网的信息	Information from the Internet	9.0	6.6	19.5	22.5
其他	Other	4.4	3.8	6.7	8.0
产品或工艺创新合作情况	**Product or Process Innovation Cooperation**				
(一)产品或工艺创新合作开展情况	**Product or Process Innovation Cooperation**				
开展创新合作的企业数 (个)	Number of Enterprises Engaged in Innovative Cooperation (unit)	6714	5309	220	1185
创新合作企业占全部企业的比重 (%)	Innovative Cooperative Enterprises Account for the Proportion of All Enterprises. (%)	21.4	32.1	15.4	8.8
在创新合作企业中，与下列伙伴开展合作的企业占比 (%)	The Proportion of Enterprises Engaged in Cooperation with the Following Partners in Innovative Cooperative Enterprises (%)				
集团内其他企业	Other Enterprises Within the Group	26.8	24.1	40.5	36.3
高等学校	Institutions of Higher Learning	27.7	28.7	34.5	22.0
研究机构	Research Institution	19.8	21.0	22.7	13.5
政府部门	Government Departments	13.4	11.9	11.4	20.8
行业协会	Industry Association	24.3	23.2	30.9	27.8
供应商	Suppliers	32.9	33.3	38.6	30.2
客户	Clients	36.5	35.4	22.3	44.1
竞争对手或同行业企业	Competitors or Companies in the Same Industry	12.7	11.8	9.1	17.6
市场咨询机构	Marketing Consultancy	9.6	8.2	16.8	14.8
风险投资机构	Venture Capital Institution	0.7	0.5	0.5	2.0
其他合作对象	Other Cooperative Objects	15.0	13.5	19.1	20.8
(二)产品或工艺创新合作伙伴	**Product or Process Innovation Cooperation Partner**				
在创新合作企业中，下列合作伙伴对企业创新有较大价值的企业占比 (%)	Among the Innovative Cooperative Enterprises, the Following Partners Make up the Proportion of Enterprises with Greater Value for Enterprise Innovation (%)				
集团内其他企业	Other Enterprises Within the Group	22.5	20.3	33.2	30.4
高等学校	Institutions of Higher Learning	23.3	24.7	27.7	16.4
研究机构	Research Institution	16.4	17.9	18.2	9.4
政府部门	Government Departments	11.5	10.3	8.2	17.8
行业协会	Industry Association	20.8	20.2	24.5	23.1
供应商	Suppliers	27.9	28.4	34.1	24.6
客户	Clients	33.1	32.2	19.1	39.6
竞争对手或同行业企业	Competitors or Companies in the Same Industry	10.4	9.7	8.2	14.0
市场咨询机构	Marketing Consultancy	7.0	6.1	13.2	10.1
风险投资机构	Venture Capital Institution	0.4	0.3	0.5	0.8
其他合作对象	Other Cooperative Objects	11.7	10.7	15.5	15.5
(三)产学研合作形式	**Cooperation in Production and Study**				
开展产学研合作的企业数 (个)	The Number of Enterprises Engaged in the Cooperation of Production and Academic Research (unit)	2538	2128	96	314
产学研合作企业占比 (%)	Proportion of Industry-university-research Partners (%)	37.8	40.1	43.6	26.5

17-43 续表 3 Continued

指标	Item	合计 Total	#工业 Industry	#建筑业 Construction	#服务业 Services
在产学研合作企业中，以下列为主要合作形式的企业占比 (%)	**In the Cooperative Enterprise of Production and Research, the Following are Listed as the Proportion of Enterprises in the Form of Major Cooperation (%)**				
共同完成科研项目	To Jointly Complete the Research Project	64.9	64.5	67.7	66.6
在企业建立研发机构	Establish r&d Facilities in Enterprises		26.7	27.1	29.0
在高校或研究机构中设立研发机构	A Research and Development Institution is Established in a University or Research Institution	8.6	7.5	18.8	12.4
聘用高校或研究机构人员到企业兼职	Hire University or Research Staff to Work Part-time	33.2	31.8	40.6	40.1
其他形式	Other Forms	25.7	24.4	32.3	32.8
产品或工艺创新阻碍因素情况	**Product or Process Innovation Hinders the Situation**				
在全部企业中，下列各项是创新主要阻碍因素的企业占比 (%)	Among All Enterprises, the Following are the Proportion of Enterprises that are the Main Obstacles to Innovation (%)				
缺乏内部资金	Lack of Internal Funding	11.8	12.9	15.0	10.1
缺乏风险投资	Lack of Venture Capital	8.8	10.1	8.1	7.3
缺乏银行贷款	Lack of Bank Loans	12.2	15.1	11.3	8.7
创新成本过高	The Cost of Innovation is too High	21.9	27.3	22.9	15.3
缺乏人才或人才流失	Lack of Talent or Brain Drain	28.2	33.8	36.3	20.5
缺乏技术信息	Lack of Technical Information	17.9	21.9	25.3	12.1
缺乏市场信息	Lack of Market Information	9.5	9.0	10.6	10.0
难以找到创新合作伙伴	Find an Innovative Partner is Hard	6.7	6.3	9.9	6.9
市场已被占领	The Market has been Occupied	2.6	1.9	2.1	3.4
不能确定市场需求	Cannot Determine Market Demand	11.3	11.5	18.0	10.3
创新成果易被低成本模仿	Innovation is Easily Copied by Low Cost	4.8	6.2	2.7	3.3
没有创新的必要	There is no Need for Innovation	15.2	10.6	18.3	20.6
知识产权及相关情况	**Intellectual Roperty and Related Conditions**				
采取了知识产权保护或相关措施的企业数 (个)	The Number of Enterprises(s) Taking Intellectual Property Protection or Related Measures (unit)	17319	10911	713	5695
采取了知识产权保护或相关措施的企业占全部企业的比重 (%)	Enterprises Taking Intellectual Property Protection or Related Measures Account for The Proportion of all Enterprises (%)	55.1	65.9	50.0	42.4
在全部企业中，采取下列知识产权保护或相关措施的企业占比 (%)	In all Enterprises, the Proportion of Enterprises Taking the Following Intellectual Property Protection or Related Measures (%)				
申请了发明专利	Applied for the Invention Patent	8.8	15.3	5.2	1.2
申请了注册商标	Apply for a Registered Trademark	10.9	14.3	4.3	7.4
进行了版权登记	Copyright Registration	2.5	2.6	1.5	2.4
形成了国家或行业技术标准	A National or Industry Technical Standard is Formed	5.3	6.3	7.9	3.7
对技术秘密进行内部保护	Internal Protection of Technical Secrets	12.7	17.5	10.5	7.1
应用了难以复制的复杂技术	Applies Complex Technologies that are Difficult to Replicate	3.6	4.8	2.5	2.2
发挥了时间上的先发优势	Play the First Mover Advantage of Time	21.8	19.9	21.4	24.2
组织和营销创新情况	**Organizing and Marketing Innovation**				
实现组织或营销创新企业数 (个)	To Achieve Organizational or Marketing Innovation Enterprises (unit)	10910	6635	482	3793
在全部企业中，实现组织或营销创新企业占比 (%)	In all Enterprises, the Proportion of Organizational or Marketing Innovation Enterprises is Realized. (%)	34.7	40.1	33.8	28.2
实现组织创新企业占比	Realize the Proportion of Innovation Enterprises	27.7	32.2	31.7	21.7
实现营销创新企业占比	Realize the Proportion of Marketing Innovation Enterprises	27.6	33.0	14.7	22.3
同时实现组织和营销创新企业占比	The Company also Realizes the Proportion of Organization and Marketing Innovation Enterprises	20.6	25.2	12.6	15.8

17-44 企业家对创新的认识及相关情况 (2019年)
Entrepreneurs' understanding of Innovation and Related Situation (2019)

单位：% (%)

指 标	Item	合 计 Total	#工业 Industry	#建筑业 Construc-tion	#服务业 Services
企业家基本情况	**The Basic Situation of Entrepreneurs**				
(一)企业家教育程度构成	**Entrepreneur Education Degree Composition**				
在企业家中，下列各类人员占比	In the Enterprise Home, the Following Categories of Personnel				
博士	Dr.	1.0	1.2	0.7	0.8
硕士	A Master's Degree	4.8	5.0	4.3	4.5
本科	Undergraduate Course	39.1	39.0	55.7	37.5
大专	College	36.4	36.9	30.1	36.5
其他	Other	18.7	17.9	9.2	20.8
(二)企业家对创新的总体认识	**The Overall Understanding of Innovation by Entrepreneurs**				
在企业家中，认为创新对企业的生存和发展	In the Enterprise Home, Think Innovation to Enterprise'sSurvival and Development				
起了重要作用的人员占比	The Number of People Who Play an Important Role	27.1	32.5	23.7	20.7
起了一定作用的人员占比	The Proportion of People Who Play a Certain Role	58.7	56.5	63.8	61.0
不起作用的人员占比	Percentage of People Who are not Working	14.2	11.0	12.5	18.3
创新对企业的影响情况	**The Impact of Innovation on Enterprises**				
(一)影响最大的创新类型	**The Most Influential Types of Innovation**				
在实现创新企业中，认为下列各类创新对企业影响最大的企业家占比	Among the Innovative Enterprises, the Proportion of Entrepreneurs Who Believe that The Following Types of Innovations are The Biggest Influences on Enterprises				
产品创新	Product Innovation	11.5	16.4	10.4	4.9
工艺创新	Process Innovation	11.7	19.8	2.0	1.8
组织创新	Organizational Innovation	7.6	7.1	18.0	7.0
营销创新	Marketing Innovation	10.7	7.1	18.0	14.9
(二)产品创新对企业的影响	**The Impact of Product Innovation on Enterprises**				
在实现产品创新企业中，认为下列各项对企业影响程度为"高"的企业家占比	In the Realization of Product Innovation Enterprises, the Following are the Proportion of Entrepreneurs Who Have a "High" Impact on the Enterprise				
增加了产品品种	Product Variety has been Added	80.2	83.7		77.9
提高了产品性能	Product Performance is Improved	90.1	91.1	87.2	86.0
开拓了新市场	New Markets have been Opened up	81.0	82.1	69.2	78.4
扩大了市场份额	Expand Market Share	76.9	77.8	62.4	75.4
取代了过时产品	Replace Obsolete Products	72.8	73.9	70.7	68.6
(三)工艺创新对企业的影响	**Influence of Technological Innovation on Enterprises**				
在实现工艺创新企业中，认为下列各项对企业影响程度为"高"的企业家占比	In the Realization of Technological Innovation Enterprises, the Following Items are Considered as "High" Entrepreneurs				
提高了生产的灵活性	Improve the Flexibility of Production	76.4	77.2	73.2	72.7
提高了生产效率	Production Efficiency is Improved	85.2	86.8	81.0	78.3
降低了人力成本	It Lowers the Human Cost	72.5	74.2	70.6	64.2
节约了原材料	Save Raw Materials	68.3	71.3	70.1	52.7
降低了能源消耗	It Reduces Energy Consumption	68.4	71.3	68.4	53.3
减少了环境污染	Environmental Pollution is Reduced	70.9	73.7	72.3	56.3
改善了工作条件	Working Conditions are Improved	67.2	67.8	68.0	64.0

17-44 续表 Continued

单位：%　　(%)

指　标	Item	合　计 Total	#工业 Industry	#建筑业 Construction	#服务业 Services
创新成功影响因素情况	**Innovative Success Factors**				
在开展创新活动企业中，认为下列各项是创新成功最重要因素的企业家占比	Among the Enterprises that Carry out Innovative Activities, the Proportion of Entrepreneurs who Consider the Following are the Most Important Factors of Innovation Success				
有创新精神的企业家	Innovative Entrepreneurs	74.4	77.8	68.7	67.5
充足的经费支持	Adequate Funding Support	68.7	72.7	61.5	60.5
高素质的人才	High Quality Talent	75.5	78.5	69.1	69.3
员工对企业的认同感	Employees' Sense of Identity	77.5	78.2	74.7	76.3
企业内部的激励措施	Internal Incentives	74.7	75.5	71.6	73.5
有效的技术战略或计划	Effective Technical Strategy or Plan	69.6	71.6	65.3	65.8
畅通的信息渠道	Unblocked Information Channels	71.6	73.1	64.7	69.3
可信赖的创新合作伙伴	Trustworthy Innovative Partner	63.9	65.6	55.2	61.1
优惠政策的扶持	Support for Preferential Policies	68.9	71.9	58.6	63.3
创新激励措施及效果情况	**Innovative Incentive Measures and Effects**				
在开展创新活动企业中，认为下列措施"有效果"的企业家占比	Among the Innovative Enterprises, the Proportion of Entrepreneurs who Think the Following Measures are "Very Good"				
股权或期权	Stock or Option	20.0	20.9	12.8	19.1
增加工资或奖金	Increase Salary or Bonus	72.6	75.8	59.9	66.9
汽车住房等物质奖励	Car Housing and Other Material Rewards	22.0	24.0	14.6	18.4
岗位调整或升职机会	Post Adjustment or Promotion Opportunities	60.9	62.4	55.1	58.2
培训或深造机会	Training or Further Study	50.4	51.4	48.7	48.4
政策对创新的影响情况	**The Impact of Policy on Innovation**				
在开展创新活动企业中，认为下列政策效果较明显的企业家占比	Among the Enterprises that Carry out Innovation Activities, the Proportion of Entrepreneurs who Think the Following Policy Effect is Obvious				
企业研发费用加计扣除税收优惠政策	The Research and Development Expenses of the Enterprise Shall be Deducted from the Preferential Tax Policy	49.3	59.5	29.6	28.7
高新技术企业所得税减免政策	The Policy of Tax Reduction for High-tech Enterprises	44.5	52.9	30.5	27.5
企业研发活动专用仪器设备加速折旧政策	The Special Instrument Equipment for Enterprise Development Activities Accelerated Depreciation Policy	43.9	53.5	26.0	24.3
技术转让、技术开发收入免征增值税和技术转让减免所得税优惠政策	Technology Transfer and Technology Development Income are Exempted from Value-added Tax and Technology Transfer Tax Breaks	37.6	44.7	24.0	23.2
促进科技转化相关政策	Policies to Promote the Transformation of Science and Technology	47.2	56.2	17.9	28.8
科技创新进口税收政策	Scientific and Technological Innovation Import Tax Policy	31.1	36.8	33.6	19.9
鼓励企业吸引和培养人才的相关政策	Encourage Enterprises to Attract and Cultivate Talents Related Policies	49.0	56.2	30.5	34.6
金融支持相关政策	Financial Support Related Policies	47.1	53.9	32.5	33.9
创造和保护知识产权的相关政策	The Creation and Protection of Intellectual Property Rights Policies	50.0	58.9	29.8	31.9
优先发展产业的支持政策	Prioritize Industry Support Policies	50.9	59.4	30.5	34.3

17−45 规模以上工业企业创新活动总体情况 (2019年)
The Overall Situation of Large-Scale Industrial Enterprises Innovation Activities (2019)

类别	Item	开展创新活动企业数（个） Carry Out Innovation Activities (Unit)	#实现创新企业 Realize Innovative Enterprises	#同时实现四种创新企业 Four Innovative Enterprises are Implemented Simultaneously	在全部企业中占比（%） In the Total Enterprise roportion(%) 开展创新活动企业 Carry Out Innovation Activities	实现创新企业 Realize Innovative Enterprises	同时实现四种创新企业 Four Innovative Enterprises are Implemented Simultaneously
总计	**Total**	**11340**	**8358**	**1851**	**68.5**	**50.5**	**11.2**
按企业规模分组	**By Size**						
大型	Large	165	154	74	97.1	90.6	43.5
中型	Medium	1363	1054	322	82.6	63.8	19.5
小型	Small	9417	6857	1426	68.6	50.0	10.4
微型	Miniature	394	292	28	38.6	28.6	2.7
按登记注册类型分组	**By Registration Status**						
内资企业	Domestic-Funded Enterprises	11008	8089	1791	68.3	50.2	11.1
国有	State-owned Enterprises	51	36	5	43.2	30.5	4.2
集体	Collective-owned Enterprises	27	15	2	38.6	21.4	2.9
股份合作	Cooperative Enterprises	7	5	1	63.6	45.5	9.1
国有联营	State Joint Ownership Enterprises						
集体联营	Collective Joint Ownership Enterprises	1	1		50.0	50.0	
国有与集体联营	Joint State-collective Enterprises	1			33.3		
其他联营	Other Joint Ownership Enterprises						
国有独资公司	State-funded Corporations	113	99	29	69.8	61.1	17.9
其他有限责任公司	Other Limited Liability Corporations	1547	1208	276	70.4	54.9	12.6
股份有限公司	Share-holding Corporations Ltd.	444	348	111	78.9	61.8	19.7
私营独资	Private-funded Enterprises	267	167	11	54.6	34.2	2.2
私营合伙	Private Partnership Enterprises	134	87	2	45.0	29.2	0.7
私营有限责任公司	Private Limited Liability Corporations	8017	5804	1257	68.5	49.6	10.7
私营股份有限公司	Private Share-holding Corporations Ltd.	397	317	96	80.7	64.4	19.5
其他内资	Other Enterprises	1	1		33.3	33.3	
港澳台商投资	Enterprises With Investment from Hong Kong, Macao and Taiwan	189	150	32	75.3	59.8	12.7
外商投资	Enterprises With Foreign Investment	143	119	28	71.5	59.5	14.0

17-45 续表

指 标	Item	开展创新活动企业数（个） Carry Out Innovation Activities(Unit)
按工业行业大类分组	**By Industrial Branch**	
煤炭开采和洗选业	Mining and Washing of Coal	62
黑色金属矿采选业	Mining of Ferrous Metal Ores	13
有色金属矿采选业	Mining of Non-ferrous Metal Ores	61
非金属矿采选业	Mining and Processing of Nonmetal Ores	129
其他采矿业	Mining of Other Ores N.E.C	1
农副食品加工业	Processing of Food from Agricultural Products	1091
食品制造业	Manufacture of Foods	380
酒、饮料和精制茶制造业	Manufacture of Liquor, Beverage and Refined Tea	376
烟草制品业	Manufacture of Tobacco	6
纺织业	Manufacture of Textile	166
纺织服装、服饰业	Manufacture of Textile Wearing and Clothing Apparel	136
皮革、毛皮、羽毛及其制品和制鞋业	Leather, Fur, Feather and Its Products and Footwear	396
木材加工和木、竹、藤、棕、草制品业	Processing of Timbers, Manufacture of Wood, Bamboo, Rattan, Palm and Straw Products	268
家具制造业	Manufacture of Furniture	134
造纸和纸制品业	Manufacture of Paper and Paper Products	149
印刷和记录媒介复制业	Printing,Reproduction of Recording Media	183
文教、工美、体育和娱乐用品制造业	Manufacture of Articles for Culture, Education, Artwork, Sport and Entertainment Activity	195
石油、煤炭及其他燃料加工业	Processing of Petroleum, Coal and Other Fuels	56
化学原料和化学制品制造业	Manufacture of Chemical Raw Material and Chemical Products	975
医药制造业	Manufacture of Medicines	308
化学纤维制造业	Manufacture of Chemical Fiber	8
橡胶和塑料制品业	Manufacture of Rubber and Plastic Products	298
非金属矿物制品业	Manufacture of Non-metallic Mineral Products	1445
黑色金属冶炼和压延加工业	Manufacture and Processing of Ferrous Metals	82
有色金属冶炼和压延加工业	Manufacture and Processing of Non-ferrous Metals	304
金属制品业	Manufacture of Metal Products	666
通用设备制造业	Manufacture of General Purpose Machinery	679
专用设备制造业	Manufacture of Special Purpose Machinery	616
汽车制造业	Manufacture of Automobile	303
铁路、船舶、航空航天和其他运输设备制造业	Manufacture of Railways, Ships, Aerospace and Other Transport Equipment	141
电气机械和器材制造业	Manufacture of Electrical Machinery and Equipment	576
计算机、通信和其他电子设备制造业	Manufacture of Computer, Communication and Other Electronic Equipment	590
仪器仪表制造业	Manufacture of Measuring Instrument	129
其他制造业	Manufacture of Other Manufacture N.E.C	57
废弃资源综合利用业	Comprehensive Utilization of Waste	83
金属制品、机械和设备修理业	Maintenance of Metal Products, Machinery and Equipment	5
电力、热力生产和供应业	Production and Supply of Electric Power and Heat Power	170
燃气生产和供应业	Production and Distribution of Gas	35
水的生产和供应业	Production and Distribution of Water	67

Continued

		在全部企业中占比（%） In the Total Enterprise roportion (%)		
#实现创新企业 Realize Innovative Enterprises	#同时实现四种创新企业 Four Innovative Enterprises are Implemented Simultaneously	开展创新活动企业 carry out innovative activities	实现创新企业 Realize Innovative Enterprises	同时实现四种创新企业 Four Innovative Enterprises are Implemented Simultaneously
37	5	40.3	24.0	3.2
8	1	50.0	30.8	3.8
39	3	53.0	33.9	2.6
75	7	45.7	26.6	2.5
		50.0		
834	178	68.9	52.7	11.2
304	68	73.8	59.0	13.2
291	66	73.2	56.6	12.8
6	2	75.0	75.0	25.0
123	30	63.8	47.3	11.5
86	22	50.2	31.7	8.1
284	105	64.9	46.6	17.2
157	31	61.8	36.2	7.1
98	14	65.7	48.0	6.9
113	22	58.2	44.1	8.6
136	23	66.8	49.6	8.4
141	37	69.6	50.4	13.2
36	8	69.1	44.4	9.9
721	119	67.8	50.1	8.3
255	71	88.5	73.3	20.4
6	2	53.3	40.0	13.3
213	51	65.8	47.0	11.3
946	137	61.9	40.5	5.9
52	11	61.2	38.8	8.2
221	59	72.2	52.5	14.0
477	85	71.2	51.0	9.1
534	124	74.7	58.7	13.6
494	132	77.5	62.1	16.6
251	56	72.7	60.2	13.4
119	46	84.4	71.3	27.5
456	147	79.9	63.2	20.4
448	135	85.1	64.6	19.5
108	26	89.0	74.5	17.9
44	9	68.7	53.0	10.8
59	7	68.6	48.8	5.8
4	3	62.5	50.0	37.5
107	4	48.6	30.6	1.1
27	2	57.4	44.3	3.3
47	2	46.5	32.6	1.4

主要统计指标解释

普通高等学校 指按国家规定的设置标准和审批程序批准举办的，通过全国普通高等学校统一招生考试，招收高中毕业生为主要培养对象，实施高等学历教育的全日制大学、独立设置的学院和高等专科学校、高等职业学校及其他机构（独立学院和分校、大专班）。

大学、独立设置的学院主要实施本科层次以上教育。高等专科学校、高等职业学校实施专科层次教育。其他机构是承担国家普通招生计划任务不计校数的机构，包括独立学院、普通高等学校分校、大专班和批准筹建的普通高等学校等。独立学院指由普通本科高校按新机制、新模式举办的本科层次的二级学院，一些普通本科高校按公办机制和模式建立的二级学院，“分校”或其他类似的二级办学机构不属此范畴。

成人高等学校 指按照国家规定的设置标准和审批程序批准举办的，通过全国成人高等教育统一招生考试，招收具有高中毕业或同等学历的人员为主要培养对象，利用函授、业余、脱产等多种形式对其实施高等学历教育的学校。包括职工高等学校、农民高等学校、管理干部学院、教育学院、独立函授学院、广播电视大学、其他机构等。其他机构是承担国家成人招生计划任务不计校数的机构。

小学学龄儿童净入学率 指调查范围内已入小学学习的学龄儿童占校内外学龄儿童总数（包括弱智儿童，不包括盲聋哑儿童）的比重。计算公式为：

$$\text{小学学龄儿童净入学率} = \frac{\text{已入学的小学学龄儿童数}}{\text{校内外小学学龄儿童总数}} \times 100\%$$

国家财政性教育经费 包括国家财政预算内教育经费，各级政府征收用于教育的税费，企业办学校教育经费，校办产业、勤工俭学和社会服务收入用于教育的经费。

财政预算内教育经费 指中央、地方各级财政或上级主管部门在年度内安排，并计划拨到教育部门和其他部门主办的各级各类学校、教育事业单位，列入国家预算支出科目的教育经费，包括教育事业拨款、科研经费拨款、基建拨款和其他经费拨款。

科技活动 指在自然科学、农业科学、医药科学、工程与技术科学、人文与社会科学领域（简称科学技术领域）中，与科技知识的产生、发展、传播和应用密切相关的有组织的活动。可分为研究与试验发展(R&D)、研究与试验发展成果应用及相关的科技服务三类活动。该定义是联合国教科文组织考虑成员国特别是发展中国家开展科技统计工作的需要，而对科技活动所作的统计界定。

科技活动人员 指直接从事科技活动、以及专门从事科技活动管理和为科技活动提供直接服务，累计的实际工作时间占全年制度工作时间10%及以上的人员。（1）直接从事科技活动的人员包括：在独立核算的科学研究与技术开发机构、高等学校、各类企业及其他事业单位内设的研究室、实验室、技术开发中心及中试车间（基地）等机构中从事科技活动的研究人员、工程技术人员、技术工人及其它人员；虽不在上述机构工作，但编入科技活动项目（课题）组的人员；科技信息与文献机构中的专业技术人员；从事论文设计的研究生等。（2）专门从事科技活动管理和为科技活动提供直接服务的人员，包括：独立核算的科学研究与技术开发机构、科技信息与文献机构、高等学校、各类企业及其他事业单位主管科技工作的负责人，专门从事科技活动的计划、行政、人事、财务、物资供应、设备维护、图书资料管理等工作的各类人员，但不包括保卫、医疗保健人员、司机、食堂人员、茶炉工、水暖工、清洁工等为科技活动提供间接服务的人员。该指标用来反映投入科技活动人力的规模。

科技活动经费内部支出 指报告年内用于科技活动的实际支出，包括劳务费、科研业务费、科研管理费，非基建投资购建的固定资产、科研基建支出以及其他用于科技活动的支出。不包括生产性活动支出、归还贷款支出及转拨外单位支出。反映科技投入实际完成情况。

研究与试验发展(R&D) 指在科学技术领域，为增加知识总量，以及运用这些知识去创造新的应用进行的系统的创造性的活动，包括基础研究、应用研究、试验发展三类活动。国际上通常采用R&D活动的规模和强度指标反映一国的科技实力和核心竞争力。

基础研究 指为了获得关于现象和可观察事实的基本原理的新知识（揭示客观事物的本质、运动规律，获得新发现、新学说）而进行的实验性或理论性研究，它不以任何专门或特定的应用或使用为目的。其成果以科学论文和科学著作为主要形式。用来反映知识的原始创新能力。

应用研究 指为获得新知识而进行的创造性研究，主要针对某一特定的目的或目标。应用研究是为了确定基础研究成果可能的用途，或是为达到预定的目标探索应采取的新方法（原理性）或新途径。其成果形式以科学论文、专著、原理性模型或发明专利为主。用来反映对基础研究成果应用途径的探索。

试验发展 指利用从基础研究、应用研究和实际经验所获得的现有知识，为产生新的产品、材料和装置，建立新的工艺、系统和服务，以及对已产生和建立的上述各项作实质性的改进而进行的系统性工作。其成果形式主要是专利、专有技术、具有新产品基本特征的产品原型或具有新装置基本特征的原始样机等。在社会科学领域，试验发展是指把通过基础研究、应用研究获得的知识转变成可以实施的计划（包括为进行检验和评估实施示范项目）的过程。人文科学领域没有对应的试验发展活动。主要反映将科研成果转化为技术和产品的能力，是科技推动经济社会发展的物化成果。

R&D 人员 指报告期 R&D 活动单位中从事基础研究、应用研究和试验发展活动的人员。包括直接参加上述三类 R&D 活动的人员，以及与上述三类 R&D 活动相关的管理人员和直接服务人员，即直接为 R&D 活动提供资料文献、材料供应、设备维护等服务的人员。不包括为 R&D 活动提供间接服务的人员，如餐饮服务、安保人员等。

R&D 人员全时当量 指报告期 R&D 人员按实际从事 R&D 活动时间计算的工作量，以“人年”为计量单位。为国际上比较科技人力投入而制定的可比指标。

R&D 经费支出 指报告期调查单位内部为实施 R&D 活动而实际发生的全部经费，按支出性质分为日常性支出和资产性支出。不包括调查单位委托其他单位或与其他单位合作开展 R&D 活动而转拨给其他单位的全部经费。

R&D 经费支出中政府资金 指 R&D 经费支出中来自于各级政府财政的各类资金，包括财政科学技术支出和财政其他功能支出的资金用于 R&D 活动的实际支出。

R&D 经费支出中企业资金 指 R&D 经费支出中来自于企业的各类资金。对企业而言，企业资金指企业自有资金、接受其他企业委托开展 R&D 活动而获得的资金，以及从金融机构贷款获得的开展 R&D 活动的资金；对科研院所、高校等事业单位而言，企业资金是指因接受从企业委托开展 R&D 活动而获得的各类资金。

R&D 项目（课题）数 R&D 项目（课题）是进行 R&D 活动的基本组织形式，通常由 R&D 活动执行单位依据项目立项书或合同书等形式明确项目任务、目标、人员和经费等。

R&D 项目（课题）人员全时当量 指实际参加研发项目（课题）活动人员折合的全时当量。

R&D 项目（课题）经费支出 指调查单位内部在报告年度进行研发项目（课题）研究和试制等的实际支出。包括劳务费、其他日常支出、固定资产购建费、外协加工费等，不包括委托或与外单位合作进行项目（课题）研究而拨付给对方使用的经费。

新产品销售收入 指报告期企业销售新产品实现的销售收入。新产品是指采用新技术原理、新设计构思研制、生产的全新产品，或在结构、材质、工艺等某一方面比原有产品有明显改进，从而显著提高了产品性能或扩大了使用功能的产品。既包括经政府有关部门认定并在有效期内的新产品，也包括企业自行研制开发，未经政府有关部门认定，从投产之日起一年之内的新产品。

专利 是专利权的简称，是对发明人的发明创造经审查合格后，由专利局依据专利法授予发明人和设计人对该项发明创造享有的专有权。包括发明、实用新型和外观设计。反映拥有自主知识产权的科技和设计成果情况。

发明（专利） 指对产品、方法或者其改进所提出的新的技术方案。是国际通行的反映拥有自主知识产权技术的核心指标。

实用新型（专利） 指对产品的形状、构造或者其结合所提出的适于实用的新的技术方案。反映具有一定技术含量的技术成果情况。

外观设计（专利） 指对产品的形状、图案、色彩或者其结合所作出的富有美感并适于工业上应用的新设计。反映拥有自主知识产权的外观设计成果情况。

Explanatory Notes on Main Statistical Indicators

Regular Institutions of Higher Education refer to educational establishments set up according to the government evaluation and approval procedures, recruiting graduates from senior secondary schools as the main target by National Matriculation TEST. They include full-time universities, colleges, institutions of higher professional education, institutions of higher vocational education, institutions of higher vocational education and others (non-university tertiary, branch schools and undergraduate classes).

Universities and colleges primarily provide undergraduate courses; institutions of higher professional education and institutions of higher vocational education primarily provide professional trainings; and others refer to educational establishments, which are responsible for enrolling higher education students under the State Plan but not enumerated in the total number of schools, including: branch schools of universities and colleges, and universities and colleges that have been approved and under plan for construction. Non-university tertiary refers to the regular undergraduate branch college which is running in new mechanism and mode, excluding the branch schools and other similar branches of educational institutions.

Institutions of Higher Education for Adults refer to educational establishments, set up in line with relevant rules approved by the government, enrolling staff and workers with senior secondary school or equivalent education, and providing higher education courses in many forms of correspondence, spare time, or full time for adults. Professionals thus trained receive a qualification equivalent to graduates studying regular courses at regular universities, colleges and professional colleges. Institutions of higher learning for adults include schools of higher education for staff and workers, schools of higher education for peasants, colleges for management cadres, pedagogical colleges, independent correspondence colleges, Radio and TV universities and other educational establishments. Other educational establishments have undertakings to enrol adult students but not enumerated in the schools under the State Plan.

Net Enrolment Ratio of Primary Schools refers to the proportion of school age children enrolled at schools to the total number of school age children both in and outside schools (including retarded children, but excluding blind, deaf and mute children). The formula is:

$$\text{Net Enrolment Ratio of Primary Schools} = \frac{\text{Total Primary School - age Children at Schools}}{\text{Total Primary School - age Children Whether or Not Attending School}} \times 100\%$$

Government Appropriation for Education refers to State budgetary fund for education, taxes and fees collected by governments at all levels that are used for education purpose, education fund for enterprise-run schools, income from school-run enterprises, work-study programme and social services that are used for education purpose.

Budgetary Fund for Education refers to education funding that is planned to be allocated to various schools and education institutions by central and local financial departments at various levels within the reference year, which is within the State budgetary expenditure, including: appropriated funds for education, for science and research, for capital construction and others.

Scientific and Technological Activities (S&T Activities) refer to organized activities which are closely related with the creation, development, dissemination and application of the scientific and technical knowledge in the fields of natural sciences, agricultural science, medical science, engineering and technological science, humanities and social sciences (referred to as scientific and technological fields). S&T activities can be classified in to 3 categories: research and development (R&D) activities, application of R&D results, and related S&T services. This statistical definition is made by UNICHIEF for scientific and technological activities to meet the need of carrying out statistical work in this field for its member countries in particular those developing countries.

Personnel Engaged in S&T Activities refer to personnel directly engaged in S&T activities, in the management of S&T activities, and in providing direct service to S&T activities, who spend over 10% of the total working hours in a year in S&T activities. (1) Personnel directly engaged in S&T activities include researchers, engineers, technicians and other related personnel engaged in S&T activities in independent accounting R&D institutions, institutions of higher learning, and in research institutes, laboratories, technology development centers and central experiment workshops under enterprises and institutions. Also included are people working in S&T research project teams, professional and technical personnel working in S&T information archiving institutes, and graduate students working on the design of their thesis.

(2) Personnel engaged in the management of S&T activities and in providing direct service to S&T activities include senior management people responsible for S&T activities in independent accounting R&D institutions, S&T information archiving institutes, institutions of higher learning, and in enterprises and institutions where S&T activities are undertaken. Also included are people responsible for the plan- ing, administration, personnel management,financial manage- ment,logistics supply, equipment maintenance, information and library management that are related with S&T activities. People providing indirect services are excluded, such as security, medical service, drivers, plumbers, cleaners and those providing catering and related service. This indicator reflects the size of personnel engaged in S&T activities.

Internal Expenditures for Scientific and Technological Activities refers to the actual expenditure for scientific and technological activities during the year of the report, including labor, scientific research, business expenses, the scientific research management fees, the infrastructure investment and construction of fixed assets for science and technology activities, scientific research infrastructure spending and other spending. Excluding productive activity expenditures, repayment of loan expenditures and transfer of out-of-unit expenditures. To reflect the actual completion of technology input.

Research and Development (R&D) refers to systematic and creative activities in the field of science and technology aiming at increasing the knowledge and using the knowledge for new application. R&D includes 3 categories of activities: basic research, applied research and experimentation for development. The scale and intensity of R&D are widely used internationally to reflect the strength of S&T and the core competitiveness of a country in the world.

Basic Research refers to empirical or theoretical research aiming at obtaining new knowledge on the fundamental principles regarding phenomena or observable facts to reveal the intrinsic nature and underlying laws and to acquire new discoveries or new theories. Basic research takes no specific or designated application as the aim of the research. Results of basic research are mainly released or disseminated in the form of scientific papers or monographs. This indicator reflects the innovation capacity for original knowledge.

Applied Research refers to creative research aiming at obtaining new knowledge on a specific objective or target. Purpose of the applied research is to identify the possible uses of results from basic research, or to explore new (fundamental) methods or new approaches. Results of applied research are expressed in the form of scientific papers, monographs, fundamental models or invention patents. This indicator reflects the exploration of ways to apply the results of basic research.

Experiments and Development refer to systematic activities aiming at using the knowledge from basic and applied researches or from practical experience to develop new products, materials and equipment, to establish new production process, systems and services, or to make substantial improvement on the existing products, process or services. Results of experiment and development activities are embodied in patents, exclusive technology, and monotype of new products or equipment. In social sciences, experiment and development activities refer to the process of converting the knowledge from basic or applied researches into feasible programmes (including conduct of demonstration projects for assessment and evaluation). There are no experiment and development activeties in the science of humanities. This indicator reflects the capability of transferring the results of S&T into technique and products, and measures the realization of S&T in spearheading the economic and social development.

R&D Personnel refer to person of R&D activities units engaged in basic research, applied research, and experimental development at the reference period, including person of directly participating in the three activities above, as well as managment and direct service staff related to R&D activities, such as literature provision, material supply,equipment maintenance staff, it excludes person providing indirect support and ancillary services, such as canteen and security staff.

Full-time Equivalent of R&D Personnel refers to the ratio of working hours actually spent on R&D during a specific reference period (usually a calendar year) divided by the total number of hours conventionally worked in the same period by an individual or by a group. The measurement unit of the ratio is "man-years". This is an internationally comparable indicator of S&T manpower input.

Expenditure on R&D refers to the real expenditure of surveyed units on their own R&D activities in reporting period. It is divided into current expenditures and gross fixed capital expenditures for R&D according to the nature of expenditure. It doesn't include the fees transferred to cooperated or entrusted agencies on R&D activities.

Expenditure on R&D from Government Funds refers to the expenditure of funds on R&D activities from government agencies at different levels, including appropriate funds on science and technology from financial departments, and the real expenditure of other fiscal functional funds on R&D activities from government agencies.

Expenditure on R&D from Enterprises funds refers to the expenditure of all kinds of funds on R&D activities from enterprises. In terms of enterprises, it refers to the expenditure of self-raised funds of enterprises, funds from other enterprises through entrustment, loans from financial institutions on R&D activities. In terms of public institutions, such as institution of scientific research and universities, it refers to the expenditure of funds from enterprises through entrustment.

Number of R&D Projects (subjects) R&D Projects (subjects) are the basic forms of R&D activities, The project task, target, personnel and expenditure are usually defined by R&D activity execution unit according to project approval specification or contract document.

Full-time Equivalent of Personnel on R&D Projects (subjects) refers to the full-time equivalent of person actually engaged in R&D projects (subjects).

Expenditure on R&D Projects (subjects) refers to the real expenditure of internal funds of the surveyed units on research and test of R&D projects (subjects) at the reference year, including service fee, other daily expenditure, cost for fixed assets, cost of external process, it excludes expenditure of funds transferred to other cooperated or entrusted units of the projects.

Sales Income of New Products refers to the sales income of new products of the enterprises at the reference period. New products refer to products developed and produced with new technologies and designs or improved in structure, material, process or other aspects so that their performance are improved or their functions expanded. New products include those affirmed by government authorities in their validity period and also those developed by enterprises without the affirmation of government authorities within one year after they are put into production.

Patent is an abbreviation for the patent right and refers to the exclusive right of ownership by the inventors or designers for the creation or inventions, given from the patent offices after due process of assessment and approval in accordance with the Patent Law. Patents are granted for inventions, utility models and designs. This indicator reflects the achievements of S&T and design with independent intellectual property.

Patented Inventions refer to new technical proposals to the products or methods or their modifications. This is universal core indicator reflecting the technologies with independent intellectual property.

Patented Utility Models refer to the practical and new technical proposals on the shape and structure of the product or the combination of both. This indicator reflects the condition of technological results with certain technical content.

Designs refer to the aesthetics and industrially applicable new designs for the shape, pattern and colour of the product, or their combinations. This indicator reflects the appearance design achievements with independent intellectual property.

18 文化、体育和卫生

Culture, Sports and Public Health

资料整理人员：蔡冬娥　　肖首雄　　赵莉淇

18-1 文化事业基本情况
Basic Statistics on Culture

年份 Year	艺术表演团体（个） Art Performance Troupes (unit)	公共图书馆（个） Public Libraries (unit)	博物馆（个） Museums (unit)	图书出版总印数（万册） Number of Books Published (10 000 copies)	杂志出版总印数（万册） Number of Magazines Published (10 000 copies)	报纸出版总印数（万份） Number of Newspapers Published (10 000 copies)	广播人口覆盖率（%） Listener Rating (%)	电视人口覆盖率（%） Viewer Rating (%)
1949	53	1						
1950	53	1						
1951	75	1	1	484	43			
1952	90	1	1	1647	245	5785		
1953	108	2	1	1489	40	4719		
1954	113	2	1	1976	6	4503		
1955	111	3	1	2671	52	5402		
1956	114	13	2	3237	116	6851		
1957	116	15	3	3610	169	6530		
1958	118	35	4	9591	371	19317		
1959	137	36	7	8326	678	25253		
1960	134	53	9	6347	402	33318		
1961	135	46	9	4190	165	9024		
1962	136	34	9	3298	150	6983		
1963	144	30	10	3950	172	6771		
1964	143	29	12	5889	228	15911		
1965	134	43	11	7563	211	17000		
1966	131	42	12	12797	271	20571		
1967	137	35	15	12074		12054		
1968	124	35	17	8811		15185		
1969	104	26	18	6551		10694		
1970	106	25	19	15149		10028		
1971	119	28	20	7886	293	10799		
1972	137	42	15	10072	515	20134		
1973	134	40	20	11340	1056	31744		
1974	136	49	18	12170	1226	33662		
1975	137	40	17	15181	1656	33861		
1976	137	72	19	9457	10239	38363		
1977	137	74	20	14588	822	36931		
1978	141	72	19	16479	1296	31921		
1979	137	76	20	16685	1372	33685		
1980	138	77	22	21745	1169	34801		
1981	140	85	19	28012	1437	33070		
1982	139	91	13	30514	1656	36050		
1983	137	98	15	30013	1925	52655		
1984	126	101	19	30240	3019	63653		
1985	115	110	31	35629	5944	67727	50.3	75.1

18-1 续表 Continued

年份 Year	艺术表演团体（个） Art Performance Troupes (unit)	公共图书馆（个） Public Libraries (unit)	博物馆（个） Museums (unit)	图书出版总印数（万册） Number of Books Published (10 000 copies)	杂志出版总印数（万册） Number of Magazines Published (10 000 copies)	报纸出版总印数（万份） Number of Newspapers Published (10 000 copies)	广播人口覆盖率（%） Listener Rating (%)	电视人口覆盖率（%） Viewer Rating (%)
1986	108	113	31	30202	5437	62209	50.3	78.0
1987	107	113	38	33376	6632	72898	54.0	85.0
1988	96	114	42	37715	6556	71960	54.8	86.5
1989	91	116	43	35055	5235	47146	54.8	86.5
1990	91	116	42	32134	5226	51749	54.8	86.5
1991	89	116	50	35085	6430	60658	54.8	86.9
1992	90	116	51	36436	7002	67890	54.8	86.9
1993	89	116	54	33503	8022	73754	54.8	86.9
1994	89	116	55	29597	7400	57718	54.8	86.9
1995	89	116	57	33677	7768	62425	54.8	86.9
1996	88	115	60	39393	7844	63585	68.5	88.1
1997	86	115	67	37494	7686	68726	78.6	87.7
1998	88	115	68	36582	8920	75879	79.1	88.2
1999	88	115	68	30765	12437	84995	81.1	90.4
2000	91	115	71	24844	10504	83467	81.5	91.4
2001	87	115	72	23808	10051	92273	81.6	91.7
2002	87	115	74	32600	11207	95198	81.7	91.8
2003	86	115	73	29556	12577	113514	81.8	91.9
2004	91	115	71	30525	19133	104165	82.1	92.1
2005	91	120	73	33238	11708	106428	82.5	92.4
2006	93	120	73	27946	9957	103489	88.4	94.0
2007	96	120	73	31310	8849	110207	89.0	94.7
2008	98	120	74	29103	9063	104235	91.1	95.7
2009	110	120	75	26192	11373	126346	91.7	96.1
2010	201	124	81	31153	12762	129101	92.0	96.4
2011	114	130	85	34528	12584	122640	92.6	96.8
2012	141	136	95	36290	12680	131889	93.0	97.2
2013	227	136	103	35803	12991	134113	93.3	97.4
2014	271	136	109	42194	13442	136738	93.5	97.5
2015	273	137	113	48545	14099	133554	94.1	98.0
2016	439	137	115	51704	13966	98425	94.7	98.3
2017	534	139	120	45901	11684	92912	98.5	99.3
2018	510	140	121	45340	8768	85143	99.0	99.6
2019	575	141	117	48747	9451	79440	99.4	99.7

注：2010 年起，艺术表演团体含民间职业剧团，此前为文化部门专业剧团数据。

From 2010, arts performance troupes included folk troupes. And before that, arts performance troupes included professional troupes of cultural department only.

18−2 文化机构和人员 (2019年)
Cultural Institutions and Personnel (2019)

类 别	Item	合 计 Total		文化部门 Culture Department		其他部门 Other Department	
		机构（个）Institutions (unit)	人员（人）Personnel (person)	机构（个）Institutions (unit)	人员（人）Personnel (person)	机构（个）Institutions (unit)	人员（人）Personnel (person)
总计	**Total**	**17242**	**158649**	**3460**	**30668**	**13782**	**127981**
艺术表演团体	Art Performance Troupes	575	12502	97	3934	478	8568
艺术表演场馆	Art Performance Places	119	4114	59	988	60	3126
公共图书馆	Public Libraries	141	2063	141	2063		
文化馆	Cultural Centers	146	2089	146	2089		
文化站	Cultural Stations	2366	6842	2366	6842		
其中：乡镇综合文化站	Cultural Stations in Townships	2042	5815	2042	5815		
艺术展览创作机构	Art Exhibition & Authoring Institutions	35	182	35	182		
艺术教育业	Art Education	4	739	4	739		
文化科研机构	Cultural Scientific Research Institutions	8	94	8	94		
文化市场经营机构	Cultural Marketing Institutions	11682	64413			11682	64413
文化行政主管部门	Cultural Administration Departments	142	5306	142	5306		
其他文化机构	Others	203	4536	201	4237	2	299

18−3 艺术业机构和人员
Art Institutions and Personnel

类 别	Item	2018		2019	
		机构（个）Institutions (unit)	人员（人）Personnel (person)	机构（个）Institutions (unit)	人员（人）Personnel (person)
艺术表演团体	**Art Performance Troupes**	**510**	**12018**	**575**	**12502**
话剧、儿童剧、滑稽剧类	Drama,Children's Play and Comedy Troupes	108	1780	58	885
歌舞团、音乐类	Song and Dance Troupe, Music	114	3083	119	3022
京剧、昆曲类	Beijing Opera,Kunqu Opera	3	200	3	175
地方戏曲类	Local Opera	152	3670	123	3722
曲艺类	Folk Arts	13	314	19	498
杂技、魔术、马戏类	Acrobatics, Magic and Circus	3	114	2	110
综合性艺术表演团体	Comprehensive performing arts groups	117	2857	251	4090
艺术表演场馆	**Art Performance Places(Theaters and Music Halls)**	**105**	**2652**	**119**	**4114**
艺术教育业	**Art Education**	**4**	**708**	**4**	**739**
文化科研	**Literature and Art research**	**8**	**96**	**8**	**94**

18-4 出版发行、文物、图书馆、群众文化业机构人员 (2019年)
Number of Institutions and Personnel in Publishing and Distribution, Cultural Relics, Libraries and Mass Culture (2019)

类 别	Item	合 计 Total		文化部门 Culture Department		其他部门 Other Department	
		机构（个）Institutions (unit)	人员（人）Personnel (person)	机构（个）Institutions (unit)	人员（人）Personnel (person)	机构（个）Institutions (unit)	人员（人）Personnel (person)
出版发行事业	**Publishing and Distribution**						
图 书	Books Published	13	1476			13	1476
报 纸	Newspaper Published	78	5245			78	5245
杂 志	Magazines Published	254	1654			254	1654
音像出版（不含电子出版权）	Audio-Visual Publishing (Excluding Electronic Publishing Rights)	6	103			6	103
音像电子出版（含两个出版权）	Audiovisual Electronic Publishing (Including Two Publishing Rights)	6	64			6	64
复制	Copy	4	38			4	38
出版物印刷	Publicationto Print	395	17002			395	17002
发行（邮政不计入）	Distribution(Posta Service Excluded)	4990	20063			4990	20063
印刷物质供销	Print Materiat Supply and Marketing	1	157			1	157
文物事业	**Cultural Relics**	**271**	**4862**	**261**	**4194**	**10**	**668**
博物馆	Museums	117	3082	108	2450	9	632
文物保护管理机构	Protection and Management Agencies	83	947	82	911	1	36
文物科研机构	Relics Scientific Research Institutions	4	161	4	161		
文物商店	Relics Stores	2	38	2	38		
其他文物机构	Others	65	634	65	634		
图书馆事业	**Libraries**	**141**	**2063**	**141**	**2063**		
群众文化服务	**Mass Culture**	**2512**	**8931**	**2512**	**8931**		
文化馆	Cultural Centers	146	2089	146	2089		
文化站	Cultural Stations	2366	6842	2366	6842		

注：文物保护管理机构的人员包含文物行政主管机关中文物事业编制的人员。
Protection and management agencies include administrative departments and other agencies.

18-5 图书、杂志、报纸出版情况
Statistics on Books, Magazines and Newspapers Published

年份 Year	图书 Books Published 种数（种）Number of Publications(kind)	总印数（万册）Printed Copies (10 000 copies)	总印张（亿印张）Printed Sheets (100million sheets)	杂志 Magazines Published 种数（种）Number of Publications(kind)	总印数（万册）Printed Copies (10 000 copies)	总印张（亿印张）Printed Sheets(100 million sheets)	报纸 Newspaper Published 种数（种）Number of Publications(kind)	总印数（万份）Printed Copies (10 000 copies)	总印张（亿印张）Printed Sheets (100million sheets)
1995	2357	33677	14.90	208	7768	1.75	63	62425	6.90
2000	3156	24844	12.37	244	10504	2.11	95	83467	12.75
2001	3346	23808	12.70	251	10051	2.27	109	92273	18.65
2002	3504	32600	18.10	263	11207	2.66	109	95198	21.59
2003	3702	29556	16.80	269	12577	3.20	106	113514	31.50
2004	3896	30525	16.11	247	19133	3.96	86	104165	34.60
2005	4068	33238	17.99	233	11708	4.20	88	106428	34.87
2006	4163	27946	15.96	244	9957	3.35	61	103489	38.06
2007	4354	31310	17.39	237	8849	3.72	85	110207	38.77
2008	5095	28094	18.72	235	9063	3.52	84	104235	40.14
2009	5938	26192	17.22	240	11508	5.45	86	126807	45.02
2010	7396	31153	18.71	247	12762	5.82	88	129101	54.52
2011	9949	34528	22.40	248	12584	5.63	87	122640	46.11
2012	10823	36290	24.10	248	12680	5.59	87	131889	52.57
2013	11418	35803	24.67	247	12991	2.66	86	134113	52.70
2014	10931	42194	29.89	247	13442	6.28	48	136738	51.45
2015	11364	48545	37.66	248	14099	6.86	48	133554	47.86
2016	12618	51704	39.32	250	13966	6.41	48	98425	28.30
2017	12219	45901	38.48	253	11684	5.44	48	92913	23.38
2018	9805	45340	39.44	253	8768	4.33	48	84801	20.64
2019	10397	48747	41.38	254	9451	4.70	47	79440	18.98

注：图书种数不包括租型图书。The total collection books excludes the books for rental.

18-6 广播、电视事业情况
Statistics on Broadcasting and Television Stations

项 目	Item	2000	2010	2018	2019
广播电视从业人员（万人）	**Number of Employees of Broadcasting and Television (10 000 person)**	**2.32**	**3.30**	**4.42**	**4.86**
广播	**Broadcasting**				
广播电台数（座）	Number of Broadcasting Stations (set)	11	13	14	2
广播电台节目套数（套）	Number of Broadcasting Program (set)	53	97	114	115
平均每日公共广播节目播出时间（小时）	Public Serrice Broadcasting Hours per Day (hour)	483	917	1292	1326
中、短波转播发射台数（座）	Fransmission and Relaying Stations of Medium and Short Ware Broad Cast (set)	25	25	23	20
中、短波发射机（部）	Medium Wave and Short Wave Broadcast Transmitters (set)	36	46	54	60
中、短波发射机功率（千瓦）	Power of Medium and Short Wave Broadcast Transmitters (kw)	579	591	547	548
覆盖率（%）	Listener-Coverage Rate (%)	81.46	91.99	99.02	99.36
电视	**Television**				
电视台数（座）	Number of Television Stations (set)	16	15	15	7
电视节目套数（套）	Number of Television Program (set)	33	139	137	138
平均公共电视节目每周播出时间（小时）	Public Serrice Television Hours per Week (hour)	2338	13740	14511	14694
电视转播发射台（座）	Television Transmission Stations and Relang Station (set)	542	195	213	215
电视发射机（部）	Television Transmitters (set)	720	403	476	483
电视发射机功率（千瓦）	Power of Television Transmitters (kw)	291.00	434.37	547.68	556.4
覆盖率（%）	Viewer-Coverage Rate (%)	91.38	96.43	99.64	99.72

注：根据国家广电总局修订的《广播电视和网络视听统计调查制度》，2019年起，广播电台、电视台以呼号编码进行区分。

According to the Radio, Television and Internet Audio-visual Survey System, revised by the State Administration of Press, Publication, Radio, Film and Television (SARFT), starting in 2019, radio and TELEVISION stations will be separated by call-sign code.

18−7 卫生事业基本情况
Basic Statistics on Health Institutions

年份 Year	卫生机构数（个）Number of Health Institutions (unit)	#医院、卫生院 Hospitals	卫生机构床位数（万床）Number of Beds in Health Institution (10 000 beds)	#医院、卫生院 Hospitals	卫生技术人员数（万人）Medical Technical Personnel (10 000 person)	#医生 Doctors	每千人口拥有 Per 1000 Person 床位数（张）Number of Beds (bed)	每千人口拥有 Per 1000 Person 医生数（人）Number of Doctors (person)
1949	239	113	0.39	0.27	1.69	1.48	1.3	5.0
1950	264	123	0.39	0.28	1.67	1.48	1.3	4.8
1951	443	130	0.52	0.39	1.81	1.52	1.6	4.8
1952	2531	149	0.64	0.48	2.39	1.67	2.0	5.1
1953	3209	153	0.64	0.48	2.79	1.82	1.9	5.4
1954	3966	164	0.65	0.48	3.70	2.19	1.9	6.4
1955	4587	176	0.69	0.51	4.37	2.69	2.0	7.8
1956	7741	235	0.87	0.61	5.22	2.73	2.5	7.8
1957	8079	330	1.04	0.67	5.53	2.83	2.9	7.9
1958	12705	5307	5.00	1.75	6.44	3.04	13.6	8.3
1959	22495	5370	4.95	1.66	6.76	3.24	13.4	8.8
1960	21987	4289	5.01	2.35	6.97	3.29	14.0	9.2
1961	18517	3390	4.12	2.44	7.08	3.43	11.7	9.8
1962	12118	416	2.67	2.25	6.29	3.33	7.4	9.3
1963	11613	388	2.63	2.29	6.39	3.34	7.1	9.0
1964	11240	395	2.88	2.28	6.24	3.31	7.6	8.7
1965	11124	484	3.11	2.44	6.28	3.34	8.0	8.6
1966	10424	1014	3.68	2.69	6.29	3.24	9.2	8.1
1967	6285	3983	4.06	2.55	6.11	3.11	9.9	7.5
1968	6161	3945	4.27	2.45	6.25	3.31	10.1	7.8
1969	6144	4026	4.62	2.52	6.29	3.36	10.6	7.7
1970	7056	4447	5.83	3.31	6.54	3.54	13.0	7.9
1971	7042	4280	6.63	3.73	7.10	3.62	14.4	7.9
1972	7372	4264	7.28	4.96	7.95	3.72	15.5	7.9
1973	7898	4309	7.93	3.75	8.53	4.14	16.5	8.6
1974	8239	4340	8.67	4.02	9.26	4.43	17.7	9.0
1975	8707	4365	9.36	4.34	10.04	4.85	18.8	9.7
1976	8987	4383	9.88	4.45	10.73	5.23	19.5	10.3
1977	9259	4397	10.49	5.25	11.20	5.23	20.5	10.2
1978	9477	4374	11.14	5.52	11.54	5.38	21.6	10.4
1979	9753	4387	11.56	5.93	12.54	5.80	22.1	11.1
1980	9871	4402	11.58	6.05	13.16	5.88	21.9	11.1
1981	10222	4375	11.26	6.11	13.96	6.20	21.0	11.6
1982	10262	4334	11.41	6.28	14.29	6.40	20.9	11.7
1983	10324	4335	11.54	6.45	14.84	6.59	21.0	12.0
1984	10507	4357	11.80	6.75	15.26	6.76	21.2	12.2
1985	10552	4226	11.93	6.97	15.54	6.90	21.2	12.3

18-7 续表 Continued

年份 Year	卫生机构数（个） Number of Health Institutions (unit)	#医院、卫生院 Hospitals	卫生机构床位数（万床） Number of Beds in Health Institution (10 000 beds)	#医院、卫生院 Hospitals	卫生技术人员数（万人） Medical Technical Personnel (10 000 person)	#医生 Doctors	每千人口拥有 Per 1000 Person 床位数（张） Number of Beds (bed)	每千人口拥有 Per 1000 Person 医生数（人） Number of Doctors (person)
1986	10352	4112	12.22	7.35	15.81	6.91	21.5	12.1
1987	10392	4132	12.69	7.76	16.28	7.06	22.0	12.2
1988	10376	4114	12.93	8.12	16.89	7.83	21.9	13.2
1989	10492	4197	13.16	8.32	17.27	8.15	21.9	13.6
1990	10552	4191	13.36	8.48	17.63	8.26	21.9	13.5
1991	10557	4219	13.52	8.67	17.81	8.17	21.9	13.3
1992	10579	4229	13.65	8.85	18.29	8.23	22.0	14.3
1993	9604	4187	13.64	9.03	18.38	8.13	21.8	13.0
1994	9931	4314	13.42	8.92	18.98	8.39	21.3	13.3
1995	9137	3879	13.52	9.04	19.25	8.46	21.3	13.3
1996	9031	3423	13.36	9.08	20.22	9.57	20.8	14.1
1997	9177	3349	13.47	9.24	20.56	10.61	20.8	16.4
1998	9711	3318	13.43	9.28	21.25	9.32	20.7	14.3
1999	4259	3359	14.00	13.46	19.50	8.00	22.3	12.9
2000	4286	3339	14.34	13.21	19.88	8.80	21.9	13.5
2001	4205	3335	14.62	13.43	19.89	8.90	22.0	13.5
2002	4272	3332	14.00	13.00	19.00	8.00	21.6	11.9
2003	4016	3348	14.49	13.00	18.95	7.90	21.8	12.0
2004	4039	3340	14.79	13.70	18.89	7.90	22.1	11.9
2005	4097	3324	15.22	14.16	18.94	7.99	22.6	11.9
2006	4082	3242	16.02	14.97	19.00	8.05	23.7	11.9
2007	14521	3165	17.24	16.17	22.06	9.25	25.3	13.5
2008	14455	3111	18.79	17.47	23.21	9.63	27.5	14.1
2009	14374	3103	21.20	19.73	24.81	10.07	30.7	14.6
2010	14175	3066	23.33	21.59	26.26	10.42	32.9	14.7
2011	14266	3096	26.14	24.20	27.55	10.59	39.6	16.1
2012	14225	3092	29.44	26.78	29.71	11.67	44.3	17.6
2013	17364	3226	31.70	29.25	32.34	12.74	47.4	19.1
2014	16872	3318	35.55	33.05	34.14	13.34	52.8	19.8
2015	17824	3470	39.65	36.85	37.08	15.08	58.4	22.2
2016	16717	3534	42.81	39.56	39.27	16.07	62.8	23.6
2017	16500	3542	45.22	41.99	41.56	17.31	65.9	25.2
2018	16262	3764	48.46	45.02	43.76	18.10	70.2	26.2
2019	57232	3789	50.63	47.07	50.24	19.05	7.3	2.8

注：1. 2002年及以后卫生机构数为登记注册数，医生系执业（助理）医师数。机构数不含村卫生室。

2. 2007年起卫生部网络直报数据包含了诊所、医务室、卫生所、社区服务站；而2007年以前是没有包括的。

3. 2019年起卫生机构数为登记注册数，机构数包含村卫生室。

4. 按照国家卫生健康事业发展统计公报要求，从2019年起统计每千人口医疗卫生机构床位数、每千人口职业（助理）医师数。

a. Number of health institutions since 2002 are the number of registeration, doctors refer to the certified (assistant) doctors.

b. The Direct Network Report from the Ministry of Health data includes outpatient departments, medical stations clinics, health service centers since 2007. But before 2007, has not included.

c.Since 2019, the number of health institutions has been registered, including village clinics.

d.According to the requirements of the National Statistical Bulletin on the Development of Health Undertakings, the number of beds in medical institutions and professional (assistant) doctors per 1,000 population will be counted from 2019.

18-8 各类卫生机构、床位和人员 (2019年)

项 目	Item	机 构 (个) Number of Institutions (unit)	床位数 (张) Number of Reality Beds (bed)
总 计	**Total**	**57232**	**506335**
医院	Hospitals	1616	365129
综合医院	General Hospitals	874	230261
中医医院	Hospitals of Chinese Medicine	187	59222
中西医结合医院	Hospitals Which Integrate Traditional Chinese	38	3596
	Therapeutics with Western Therapeutics	1	40
民族医院	National Hospitals	507	71169
专科医院	Specialized Hospitals	49	1153
口腔医院	Hospitals for Oral Cavity Diseases	55	2947
眼科医院	Ophthalmology Hospitals	10	604
耳鼻喉科医院	Otorhinolaryngology Hospitals	7	3200
肿瘤医院	Tumor Hospitals	4	597
心血管病医院	Cardiovascular Hospitals	38	2709
妇产(科)医院	Hospitals for Maternity and Child Care	4	1769
儿童医院	Children's Hospitals	89	32829
精神病医院	Mental Hospitals	1	460
传染病医院	Hospitals for Infectious Diseases	13	465
皮肤病医院	Hospitals for Occupational Diseases	1	896
结核病医院	Tuberculosis Hospitals	1	
骨科医院	Orthopaedics Hospitals	33	2980
康复医院	Rehabilitation Hospitals	47	7570
整形外科医院	Plastic Hospitals	2	30
美容医院	Cosmetic Hospitals	21	832
其他专科医院	Other Specialized Hospitals	132	12128
社区卫生服务中心(站)	Health Service Center and Station for Community	806	15469
卫生院	Health Centers	2173	105617
村卫生室	The Village Health Room	39504	
门诊部	Clinics	591	258
诊所、卫生所、医务室	Outpatient Departments, Clinics and Medical Stations	11783	
疾病预防控制中心	Disease Prevention & Control Centers	146	
专科疾病防治院(所、站)	Specialized Disease Prevention and Treatment Institute	84	5126
健康教育所(站、中心)	Health Education Centers	2	
妇幼保健院(所、站)	Maternity and Child Care Centers	137	14522
急救中心(站)	First-aid Stations	3	**10**
采供血机构	Institutions for Collection and Supply of Blood	16	
卫生监督所(中心)	Medical Supervision Institutes	135	
计划生育技术服务机构	Family Planning Technical Service Institutions	176	
其他卫生机构	Other Health Care Institutions	57	199

Health Care Institutions, Beds and Personnel by Type (2019)

卫生工作人员（人）Health Personnel (person)	#卫生技术人员 Medical Technical Personnel	执业（助理）医师 Assistant Doctors	执业医师 Doctors	注册护士 Senior Nurse & Nurse	药师（士）Pharmacist	技师（士）Laboratory Technician	其他 Others
618401	**502399**	**190528**	**147285**	**240570**	**21209**	**23621**	**26471**
358368	305247	98326	90046	166686	12974	14800	12461
240245	207449	66477	61600	115235	7835	10110	7792
63796	55631	18750	17388	28640	3488	2618	2135
3390	2671	947	690	1392	132	142	58
42	36	13	6	16	1	5	1
50465	39163	11989	10261	21282	1508	1916	2468
3124	2560	967	800	1409	38	61	85
4909	3289	1059	894	1686	97	121	326
501	378	122	99	193	20	26	17
3369	2856	888	861	1478	153	221	116
565	481	161	152	261	27	23	9
3504	2768	913	760	1445	84	175	151
2228	1967	555	554	1179	79	91	63
13056	10187	2867	2491	6053	414	384	469
570	444	105	104	244	25	51	19
503	421	150	119	194	30	20	27
564	457	145	145	243	16	37	16
62	43	25	11	18			
2560	1970	588	426	909	78	120	275
4510	3409	935	791	1717	126	162	469
183	151	62	52	79	6	4	
1570	870	308	273	492	28	27	15
8687	6912	2139	1729	3682	287	393	411
21575	18803	7869	5719	7784	1181	847	1122
98800	86477	37256	19184	33854	5028	3877	6462
50993	14616	12343	3054	2273			
6189	5082	2458	2012	2244	110	160	110
30428	29648	16953	14198	11019	690	190	796
9526	7008	3517	2952	959	208	1426	898
4217	3401	1475	981	1370	130	216	210
11	3	2		1			
30570	26399	9710	8689	13073	869	1698	1049
80	48	19	18	28			1
1616	1188	121	85	765	4	263	35
3629	3008						3008
1013	503	194	96	63	1	9	236
1386	938	263	231	449	9	134	83

18-9 医疗机构运营情况 (2019年)

Basic Statistics of Operation on Health Care Institutions (2019)

类 别	Item	诊疗人次（人次）Number of Patients Treated (person-time)	#门诊、急诊人次 Out-Patients and Emergency Patients	病床周转次数（次）Turn Over of Beds (time)	病床工作日（天）Days Per Bed in Use (day)	病床使用率（%）Utilization Rate of Beds (%)
总 计	**Total**	**281312554**	**263931856**	**34.2**	**289.6**	**79.33**
医院	**Hospitals**	**115366642**	**111255142**	**32.2**	**305.5**	**83.70**
综合医院	General Hospitals	85564653	83019284	36.0	307.6	84.26
中医医院	Hospitals of Chinese Medicine	18328582	17668331	34.3	318.5	87.25
中西医结合医院	Hospitals Which Integrate Traditional Chinese	667690	584480	26.8	219.7	60.19
	Therapeutics with Western Therapeutics	9606	9606	34.0	202.7	55.53
民族医院	National Hospitals	10774076	9954065	16.6	291.3	79.82
专科医院	Specialized Hospitals	1161814	1136802	27.1	203.0	55.61
口腔医院	Hospitals for Oral Cavity Diseases	1574774	1486079	45.3	177.4	48.59
眼科医院	Ophthalmology Hospitals	81755	77666	28.0	187.9	51.49
耳鼻喉科医院	Otorhinolaryngology Hospitals	643714	585356	46.9	425.7	116.62
肿瘤医院	Tumor Hospitals	217693	209807	32.5	287.6	78.80
心血管病医院	Cardiovascular Hospitals	503217	429324	21.7	174.1	47.71
妇产（科）医院	Hospitals for Maternity and Child Care	1912031	1912031	40.7	336.7	92.24
儿童医院	Children's Hospitals	1641833	1498201	6.5	330.6	90.58
精神病医院	Mental Hospitals	82385	82385	20.2	355.6	97.43
传染病医院	Hospitals for Infectious Diseases	79363	71206	19.2	157.2	43.06
皮肤病医院	Hospitals for Occupational Diseases	100345	87522	34.8	451.3	123.64
结核病医院	Tuberculosis Hospitals	50040	11040			
麻风病医院	Leprology Hospitals	378169	361037	22.8	246.3	67.48
骨科医院	Orthopaedics Hospitals	439552	318576	10.9	270.1	74.01
康复医院	Rehabilitation Hospitals	12935	12935	43.4	202.7	55.55
整形外科医院	Plastic Hospitals	343319	332121	31.6	82.6	22.63
美容医院	Cosmetic Hospitals	1551137	1341977	24.2	192.2	52.66
其他专科医院	Other Specialized Hospitals	22035	19376	20.8	168.6	46.20
护理院	Nursing Home	3909	3909	2.7	31.9	8.75
疗养院	**Sanatoriums**	**15373270**	**14145588**	**26.8**	**211.8**	**58.03**
社区卫生服务中心（站）	**Health Service Center for Community**	**44083547**	**40872048**	**40.6**	**251.2**	**68.81**
卫生院	**Health Centers**	**60467854**	**53001837**			
村卫生室	**The Village Health Room**	**2103680**	**1788523**			
门诊部	**Clinics**	**28991320**	**28267598**			
妇幼保健院（所、站）	**Maternity and Child Care Centers**	**13751278**	**13548661**	**48.2**	**261.8**	**71.72**
专科疾病防治院（所、站）	**Specialized Disease Prevention and Treatment Institute**	**799128**	**676624**	**19.3**	**271.8**	**74.47**

18−10 诊所、卫生所、医务室基本情况 (2019年)
Statistics on Clinics,Health Service Stations and Health Center (2019)

项 目		Item		诊 所 Clinics	医务室、卫生所 Health Center and Health−room、Health Service Stations for Community
机构总数	**（个）**	**Number of Institutions**	**(unit)**	**10241**	**1542**
总人员数	**（人）**	**Number of Personnel**	**(person)**	**25986**	**4442**
卫生技术人员		Medical Technical Personnel		25290	4358
执业医师		Doctors		14649	2304
执业助理医师		Assistant Doctors		12419	1779
注册护士		Registered Nurse		9288	1731
药剂师（士）		Pharmacist		580	110
技师（士）		Skilled Technician		137	53
#检验人员		#Laboratory Technician		81	30
其他		Others		636	160
工勤技能人员		Logistic Personnel		317	31
总收入	**（万元）**	**Annual Income**	**(10 000 yuan)**	**196232.0**	**59130.2**
总支出	**（万元）**	**Annual Expenditure**	**(10 000 yuan)**	**165303.5**	**21266.1**
诊疗人次数	**（万人次）**	**Number of Visits**	**(10 000 person−times)**	**2513.25**	**385.88**

18−11 村卫生室基本情况 (2019年)
Statistics on Village Health Center (2019)

项 目		Item		合计 Total	按主办单位分 Grouped by Organizers				
					村办 Village	乡医院设点 Township	联合办 Combine	私人办 Private	其他 Other
机构数	（个）	Number of Institutions	(unit)	39504	26212	1613	920	7034	3725
执业（助理）医师	（人）	Number of Doctors and Assistant Doctors	(person)	12343	9098		167	1944	1134
注册护士	（人）	Registered Nurses	(Person)	2273	1442		25	582	224
乡村医生和卫生员	（人）	Number of Village Doctors & Assistants	(person)	36377	25439	1316	531	6247	2844
#乡村医生		#Number of Village Doctors		33893	23645	1226	500	5924	2598
卫生员		Health Professional		2484	1794	90	31	323	246
总收入	（万元）	Annual Income	(10 000 yuan)	218032.1	145761.4	8841.2	3808.8	39091.2	20529.5
总支出	（万元）	Annual Expenditure	(10 000yuan)	163970.0	110870.5	6761.6	2603.7	28746.6	14987.6
诊疗人次数	（万人次）	Number of Children Vaccinate	(10 000person−time)	6046.79	4109.06	215.19	85.71	1042.12	594.71

18-12 体育事业情况
Statistics on Sports

项　目	Item	2000	2010	2018	2019
体育系统从业人数　（人）	**Staff and Workers in Sports Commissions　(person)**	**5303**	**5341**	**5619**	**5798**
体育场地数　（个）	**Stadiums　(unit)**	**37**	**24216**	**112376**	**118506**
体育馆　（个）	**Gymnasiums　(unit)**	**55**	**186**	**259**	**263**
游泳跳水场（馆）　（个）	**Swimming and Diving (Pavilion)　(unit)**	**111**	**180**	**643**	**675**
举办县级以上运动会　（次）	**Number of Sports Meets Above County Level　(time)**	**1705**	**436**	**258**	**594**
等级运动员发展人数　（人）	**Number of Athletes in Grades　(person)**	**5175**	**1295**	**1463**	**2767**
#国际级运动健将	#International Master of Sports	2	2		
国家级运动健将	National Master of Sports	31	17		42
一　级	First Grade Sportsmen	13	277	378	497
二　级	Second Grade Sportsmen	890	998	1078	2174
三　级	Third Grade Sportsmen	2191			
少年级	Juvenile Grade Sportsmen	2048			
等级裁判员发展人数　（人）	**Number of Referees in Grades　(person)**	**4173**	**2901**	**4739**	**7758**
#国家级裁判员	#National Referees	21	33	21	
打破纪录情况　（人／次／项）	**Basic Situation of Records Chalked Up　(person/time/event)**			2/1/3	
#世界纪录	#World Records	3/1/5	2/3/3		4/11/11
亚洲纪录	Asia Records		2/3/3		1/1/1
全国纪录	National Records	1/1/1	36892	1/1/1	4/8/8
获奖情况　（枚）	**Basic Situation of Medallion Won　(piece)**				
参加全国比赛获奖	National Competitions			211	247
#金　牌	#Gold-plate	32	44	86	82
银　牌	Silver-plate	36	21	49	75
铜　牌	Copper-plate	36	52	76	90
参加国际比赛获奖	International Competitions			52	48
#金　牌	#Gold-plate	12	22	31	22
银　牌	Silver-plate	7	12	15	18
铜　牌	Copper-plate	6	6	6	8

注：1. 参加全国比赛指参加全国性的成人竞技比赛。参加国际比赛指参加世界锦标赛、世界杯赛、奥运会、亚洲锦标赛和亚运会。
2. 奖牌数包括我省运动员参加国家队集体项目所得的奖牌。
3. 从 2002 年起，等级运动员不含三级和少年级运动员。

a. National games refer to nation-wide adult athletics. International games include the world championship, the world cup, the Olympics,the Asia championship and the Asian Games.

b. The number of medals includes that of medals won by athletes of our province in national collective events.

c. The number of athletes in grades excludes third grade sportsmen and juvenile grade sportsmen since 2002.

主要统计指标解释

广播/电视节目综合人口覆盖率 指根据国家广播电视总局制定的《广播电视人口覆盖率统计技术标准和方法》进行统计调查的，在对象区内能接收到由中央、省、地市或县通过无线、有线或卫星等各种技术方式转播的各级广播/电视节目的人口数占对象区总人口数的百分比。

艺术表演团体 指由文化部门主办或实行行业管理（经文化行政部门审批并领取营业性演出许可证），专门从事表演艺术等活动的各类专业艺术表演团体，含民间职业剧团。不包括群众业余文艺表演团队。

艺术表演场馆 指由文化部门主办或实行行业管理（向文化行政部门备案或领取合资/合作演出场所许可证），有观众席、舞台、灯光设备，公开售票、专供文艺团体演出的文化活动场所。

文化市场经营机构 指经文化市场行政部门审批或备案并领取相关许可或备案文件的、从事文化经营和文化服务活动的机构。

医疗卫生机构 指从卫生（卫生计生）行政部门取得《医疗机构执业许可证》、《中医诊所备案证》、《计划生育技术服务许可证》，或从民政、工商行政、机构编制管理部门取得法人单位登记证书，为社会提供医疗服务、公共卫生服务或从事医学科研和医学在职培训等工作的单位。医疗卫生机构包括医院、基层医疗卫生机构、专业公共卫生机构、其他医疗卫生机构。

医院 包括综合医院、中医医院、中西医结合医院、民族医院、各类专科医院和护理院，不包括专科疾病防治院、妇幼保健院和疗养院，包括医学院校附属医院。

基层医疗卫生机构 包括社区卫生服务中心、社区卫生服务站、街道卫生院、乡镇卫生院、村卫生室、门诊部、诊所（医务室）。

专业公共卫生机构 包括疾病预防控制中心、专科疾病防治机构、妇幼保健机构（含妇幼保健计划生育服务中心）、健康教育机构、急救中心（站）、采供血机构、卫生监督机构、取得《医疗机构执业许可证》或《计划生育技术服务许可证》的计划生育技术服务机构。

卫生人员 指在医院、基层医疗卫生机构、专业公共卫生机构及其他医疗卫生机构工作的职工，包括卫生技术人员、乡村医生和卫生员、其他技术人员、管理人员和工勤人员。一律按支付年底工资的在岗职工统计，包括各类聘任人员（含合同工）及返聘本单位半年以上人员，不包括临时工、离退休人员、退职人员、离开本单位仍保留劳动关系人员、本单位返聘和临聘不足半年人员。

卫生技术人员 包括执业医师、执业助理医师、注册护士、药师（士）、检验技师（士）、影像技师、卫生监督员和见习医（药、护、技）师（士）等卫生专业人员。不包括从事管理工作的卫生技术人员（如院长、副院长、党委书记等）。

执业医师 指《医师执业证》“级别”为“执业医师”且实际从事医疗、预防保健工作的人员，不包括实际从事管理工作的执业医师。执业医师类别分为临床、中医、口腔和公共卫生四类。

执业助理医师 指《医师执业证》“级别”为“执业助理医师”且实际从事医疗、预防保健工作的人员，不包括实际从事管理工作的执业助理医师。执业助理医师类别分为临床、中医、口腔和公共卫生四类。

每千人口卫生技术人员 每千人口卫生技术人员＝卫生技术人员数/人口数 ×1000。人口数系年末常住人口。

每千人口执业（助理）医师 每千人口执业（助理）医师＝（执业医师数＋执业助理医师数）/人口数 ×1000。人口数系年末常住人口。

床位数 指年底固定实有床位（非编制床位），包括正规床、简易床、监护床、超过半年加床、正在消毒和修理床位、因扩建或大修而停用的床位，不包括产科新生儿床、接产室待产床、库存床、观察床、临时加床和病人家属陪待床。

每千人口医疗卫生机构床位 每千人口医疗卫生机构床位＝医疗卫生机构床位数/人口数 ×1000。人口数系年末常住人口。

Explanatory Notes on Main Statistical Indicators

Population Coverage Rate of Radio/Television Programs refers to the percentage of population in the target region who can receive radio/television programmes transmitted by national, provincial, municipal or county stations through wireless, cable or satellite techniques, according to Statistical Standard and Method on Television and Radio Coverage of Population established by the State Administration of Radio and Television.

Arts Performance Troupes refer to the various professional performing arts groups, sponsored by the cultural departments or guided by the cultural societies (approved by the cultural administration authority, or permitted with the commercial performance certificate), including non-public troupes. The mass amateur arts performance troupes are not included.

Arts Performance Venues refer to the various venues for cultural activities, which are sponsored by the cultural departments or guided by the cultural societies (registered in the cultural market administration, or permitted with the cooperative performance certificate), with the facility of auditorium, stage and lighting, and selling tickets to the public.

Institutions of Cultural Market Management refer to the institutions engaged in cultural management and cultural services, with registration and permits certificate and documents from cultural market administration.

Health Care Institutions refer to the units which have been qualified with the Certification of Health Care Institution, filing certificate of traditional Chinese medicine clinic, certification of family planning technical service by the administration of health (family planning), or qualified with the Certification of Corporate Unit by the civil affairs, administration for industry and commerce, and engaging in medical care services, public health services, or medicine research and on-job training, etc., including: hospitals, health care institutions at grass-root level, specialized public health institutions, and other health care institutions.

Hospitals include general hospitals, traditional Chinese medicine hospitals, hospitals of integrated traditional Chinese and western medicine, nationalities hospitals, specialized hospitals and nursing hospitals, as well as affiliated hospitals of medical colleges, excluding specialized disease prevention and treatment institutes, maternal and child health centers and convalescent hospitals.

Health Care Institutions at Grass-root Level include community health service centers, community health service stations, sub-district health centers, township health centers, village clinics, outpatient departments and clinics.

Specialized Public Health Institutions include CDC, specialized disease prevention and treatment institutions, maternal and children health centers (including maternal and children health care and family planning service centers), health education institutions, emergency centers (first-aid stations), blood gathering and supplying institutions, health inspection institutions, and family planning technical service institutions that obtained the Certification of Health Care Institution or certification of family planning technical service.

Health Personnel refer to all employees engaged in the health care institutions, such as hospitals, health care institutions at grass-root level, specialized public health institutions, and other health care institutions, including health technical personnel, village doctors and assistants, other technical personnel, administrative staffs and logistics technical workers. Data are based on the year end payroll, including personnel employed (including contract workers) and re-employed after retirement by the institution for more than 6 months, excluding temporary workers, retired personnel, resigned personnel, personnel who have left the institution but kept the contract relation and personnel who are re-employed after retirement or temporarily employed for less than 6 months.

Health Technical Personnel refer to the professional staff engaged in health care, including licensed physicians and physician assistants, registered nurses, pharmacists, laboratory and imaging technicians, health care supervisors and intern doctors, pharmacists, nurses, and technical personnel, excluding health technical personnel engaged in management (e.g. president, vice president and secretary of the party committee etc).

Licensed Physicians refer to the medical workers with licenses of qualified doctors and are employed in medical treatment, disease prevention or healthcare institutions, excluding the licensed doctors engaged in management. The physicians are divided into 4 categories: clinician, Chinese medicine, stomatology and public health.

Licensed Physician Assistants refer to the medical workers with licenses of qualified assistant doctors and are employed in medical treatment, disease prevention or healthcare institutions, excluding the licensed assistant doctors engaged in management. Physician assistants are divided into 4 categories: clinician, Chinese medicine, stomatology and public health.

Number of Health Technical Personnel per 1000 Population The formula is:

Number of health technical personnel per 1000 population = number of health technical personnel / population *1000

The population refer to permanent population at year-end.

Number of Licensed Physicians & Physician Assistants

per 1000 Population The formula is:

Number of licensed physicians & physician assistants per 1000 population = (number of licensed physicians + number of licensed physician assistants) / population *1000

The population refer to permanent resident population at year-end.

Number of Beds refer to the actual fixed beds (not the authorized beds) at year-end, including regular beds, simple beds, monitoring beds, extra bed over 6 months, beds under disinfection or repairing, beds deactivated due to expansion or overhaul, not including neonatal beds, pre-delivery beds, inventory beds, observation beds, temporary beds and family accompany beds.

Number of Beds of Health Care Institutions per 1000 Population the formula is:

Number of beds of health care institutions per 1000 population = number of beds of health care institutions / population *1000

The population refer to permanent resident population at year-end.

19 党群、政法和社会服务

Party and Mass, Politics and Law, Social Service

资料整理人员：蔡冬娥　肖首雄　赵莉淇

19-1 历届省人民代表大会的代表人数
Number of Deputies to All the Previous Provincial People' s Congress

单位：人 (person)

项 目	Item	代表总数 Total Number of All Deputies	#女性代表 Female Deputies	占代表总数（%） As Percentage to Total (%)	#少数民族代表 Deputies From National Minorities	占代表总数（%） As Percentage to Total (%)	#中青年代表 Midlife and Youth Deputies	占代表总数（%） As Percentage to Total (%)
第一届（1954）	First Congress (1954)	5.52	36	6.5	9	1.6	399	72.3
第二届（1958）	Second Congress (1958)	552	36	6.5	9	1.6	399	72.3
第三届（1964）	Third Congress (1964)	662	148	22.4	57	8.6	409	61.8
省革命委员会（1968）	The Provincial Revolutionary Committee (1968)	160						
第五届（1977）	Fifth Congress (1977)	1252	274	21.9	72	5.8	966	77.2
第六届（1983）	Sixth Congress (1983)	988	225	22.8	84	8.5	570	57.7
第七届（1988）	Seventh Congress (1988)	874	210	24.0	78	8.9	529	60.5
第八届（1993）	Eighth Congress (1993)	870	191	22.0	87	10.0	587	62.0
第九届（1997）	Ninth Congress (1997)	763	175	22.9	85	11.1	488	64.0
第十届（2003）	Tenth Congress (2003)	772	149	19.3	82	10.8	72	9.5
第十一届（2007）	Eleventh Congress (2007)	774	149	19.3	82	10.8	72	9.5
第十二届（2012）	Twelfth Congress (2012)	768	130	16.9	83	10.8		
第十三届（2018）	Thirteen Congress (2018)	764	207	27.1	97	12.7		

注：1968年省革命委员会召开了全体委员会议，代表人数为委员人数。

The plenary meeting was held by the provincial revolutionary committee in 1968, and the number of delegates was that of committee members.

19-2 历届省政治协商会议的委员人数
Number of Deputies to All the Previous Provincial People' s Political consultative Conferences

单位：人 (person)

项 目	Item	委员总数 Total Number of All Deputies	#中国共产党代表 Deputies from the Communist Party of China	占代表总数（%） As Percentage to Total (%)	#少数民族代表 Deputies From National Minorities	占代表总数（%） As Percentage to Total (%)
第一届（1955）	First Congress (1955)	175	39	22.3	6	3.4
第二届（1959）	Second Congress (1959)	396	131	33.1	15	3.8
第三届（1964）	Third Congress (1964)	398	134	33.7	20	5.0
第四届（1977）	Fourth Congress (1977)	500	222	44.4	26	5.2
第五届（1983）	Fifth Congress (1983)	732	270	36.9	38	5.2
第六届（1988）	Sixth Congress (1988)	703	280	39.8	58	8.3
第七届（1993）	Seventh Congress (1993)	724	288	39.8	61	8.4
第八届（1997）	Eighth Congress (1997)	716	280	39.1	70	9.8
第九届（2003）	Ninth Congress (2003)	728	281	38.6	72	10.6
第十届（2007）	Tenth Congress (2007)	750	289	38.5	65	8.7
第十一届（2012）	Eleventh Congress (2012)	749	278	37.1	69	9.2
第十二届（2018）	Twelfth Congress (2018)	751	281	37.4	73	9.7

19-3 工会工作情况
Labor Union Work

项 目	Item	2000	2010	2018	2019
工会基层组织个数 （万个）	Number of Grassroots Unions (10 000 unit)	4.10	9.01	16.02	15.95
工会会员人数 （万人）	Union membership (10 000 person)			1284.7	1218.32
其中：女性	#Female			435.91	429.04
已建工会组织的基层单位在岗职工人数 （万人）	Number of Staff and Workers in Grassroots Unions (10 000 person)	487.00	1067.85	1409.84	1338.59
#在岗女职工	#Female	186.00	355.33		
工会专职干部数 （万人）	Full-time Cadres (10 000 person)	2.14	4.41	10.27	6.58
已建立职代会制度的单位个数 （万个）	Number of Units Established With Workers Delegating Congress System (10 000 units)	1.34	2.67	16.99	15.38
本年度提出合理化建议 （万件）	Advanced Rationalization Proposals This Year (10 000 pieces)	66.60	17.66	17.04	25.34
实行厂务公开的企业单位（万个）	Implementation of Factory Affairs of the Business Units (10 000 units)			12.92	15.23
签订集体合同的企业单位（万个）	Sign a Collective Contract of the Business Units 10 000 units)			10.89	8.54
建立劳动争议调解组织（万个）	Establish a Labor Dispute Mediation Organizations (10 000 units)			3.26	1.96
建立工会劳动法律监督组织（个）	Number of Units Established With Labor Law Supervisional Organization (unit)	6295	6746	33718	24229

19-4 其他社会福利事业单位机构和人员
Institution and Personnel in Social Welfare and Special Care

项 目	Item	机构数（个） Number of Institutions (unit)		职工人数（人） Staff and Workers (person)	
		2018	2019	2018	2019
福利企业单位	**Social Welfare Institutions and Enterprises**				
假肢厂	Artificial Limb Factories	1	2	94	133
安置农场	Placement Farm	2	2	43	37
救助类社会服务机构	**Relief Type of Social Service Agencies**				
救助管理站	Salvation Management Station	102	103	964	931
流浪儿童救助保护中心	The Centers of Salvation and Safeguard Children on the Tramp	18	18	273	192
殡仪事业单位	**Funeral and Interment Institutions**	**141**	**142**	**2430**	**2505**

19-5 提供住宿的社会服务机构基本情况 (2019年)
Basic Statistics of Social Service Agencies with Accommodate (2019)

项 目	Item	机构（个）Institution (unit)	职 工（人）Staff and Workers (person)	床 位（张）Beds (unit)	年末在院人数（人）Number of Person Housed (person)
总计	**Total**	**2405**	**21960**	**208928**	**120737**
市场监管部门登记的提供住宿单位	Accommodation Units Registered by the Market Supervision Department	70	1635	10330	4679
编制部门提供住宿单位	Compiling Department Provide Accommodation Units	1984	14671	152957	95121
民政部门登记提供住宿单位	Civil Affairs Department Registration Provide Accommodation Units	301	4822	41710	18740
一个机构多块牌子的提供住宿单位	A Multi-brand Residential Unit of an Organization	41	832	3931	2197
在总计中	**Among Total**				
养老机构	Elderly and Disabled Service Agencies	2236	18660	193187	112631
#社会福利院	#City Pension Service Agencies	83	3214	20132	11814
#特困人员供养机构	#Pension Services in Rural Areas	1779	8142	117595	74799
#养老公寓等各类养老机构	#Psychopathic Welfare Homes	374	7304	55460	26018
精神疾病服务机构	Service Organization on Mental Retardation and Mental Illness	10	1655	5446	4409
儿童福利和救助保护机构	Child Welfare Agencies	40	604	4293	1844
其他提供住宿机构	Other Adoption Agencies	119	1041	6002	1853
复退军人精神病院	Reinstate a Military Psychiatric Hospital				
荣誉军人康复医院	Honorary Military Rehabilitation Hospital	3	981	1572	1081
复员军人疗养院	Nursing Home for Ex-servicemen				
光荣院	Glorious Institute	71	453	3221	1607
军休所	Soldier's Rest House	113	906		

注：我省暂时没有复原军人疗养院，由省荣军医院承担复原军人疗养任务，1-4级残疾人集中供养。

There is no convalescent homes for demobilized soldiers, and Rongjun Hospital provides convalescence services for demobilized soldiers and disabled soldiers of level 1-4.

19－6 社会救济和福利主要费用
Value of Major Social Relief and Welfare Funds

单位：万元 (10 000 yuan)

项 目	Item	2018	2019
民政事业费支出总计	**Total of Civil Administration Department Funds**	**1707022.3**	**1730690.3**
抚恤事业费	Commiserate	512497.1	545670.8
退役安置事业费	Settle Down	154339.5	195497.3
社会救助	Social Assistance	1045265.9	1023438.2
城市居民最低生活保障事业费	Funds for Urban Residents Receiving Mininum Income Relief	293995.0	255791.7
农村居民最低生活保障事业费	Funds for Rural Residents Receiving Mininum Income Relief	321752.0	359297.9
其他社会救助	Other Social Assistance	52229.2	13278.5
医疗救助	Medical Assistance	29856.0	37209.0
社会福利事业费	Social Welfware Funds	390873.4	411556.0
民政管理事务事业费	Civil Administation Affairs Furds	197023.1	203146.0
自然灾害救助费	Relief Funds for Natural Disasters	25764.0	69960.0
行政事业单位离退休人员经费	Administration Institution Retired Personnels Funds	5845.5	5172.9
其他款项用于民政支出	Other Funds use in the Civil Administation	68014.4	87377.2

19－7 婚姻登记情况
Basic Statistics on Marriage Registration

项 目		Item		2000	2010	2018	2019
准予登记结婚	**（万对）**	**Registered Marriages**	**(10 000 couples)**	**38.31**	**63.46**	**42.16**	**38.03**
初 婚	（万人）	First Marriages	(10 000 person)	71.77	113.53	62.65	54.77
再 婚	（万人）	Remarriages	(10 000 person)	4.85	13.39	21.66	21.29
离婚人数	**（万对）**	**Number of Divorces**	**(10 000 couples)**	**6.45**	**15.37**	**21.27**	**22.05**
离婚率	（‰）	Divorce Rate	(‰)	1.97	4.39	3.08	3.19

19-8 律师、公证、调解工作基本情况

Basic Statistics on Lawyers, Notarization and Mediation

项 目		Item		2000	2010	2018	2019
律师工作		**Lawyers**					
律师事务所	（个）	Number of Law Offices	(unit)	352	529	831	864
律师	（人）	Number of Lawyers	(person)	4888	7059	16018	18289
担任法律顾问工作	（家）	Number of Units with Permanent Legal Advisors	(unit)	7899	9310	18265	19214
刑事案件代理及辩护	（件）	Agent & Defender of Criminal Cases	(case)	13664	18804	30836	38715
民事案件诉讼代理	（件）	Agent of Civil Cases	(case)	25820	40756	56161	32539
非诉讼法律事务	（件）	Agent of Non-Litigious Legal Affairs	(case)	25883	26509	39460	41447
行政案件诉讼代理	（件）	Agent of Administrative Action	(case)	2156	2032	6487	5813
公证工作		**Notarization**					
公证处	（个）	Number of Notary Offices	(unit)	138	121	111	111
公证人员	（人）	Notarization Personnel	(person)	604	620	862	913
出证公证文书	（件）	Number of Show Notarized Documents	(case)	317705	126398	284207	300646
人民调解工作		**Number of People's Mediation**					
专职司法助理员	（人）	Number of Full-time Judicial Assistants	(person)	4114	5210	4924	5458
人民调解委员会	（个）	Number of People's Mediation Committees	(person)	57231	54535	34323	33709
调解人员	（人）	Number of Mediators	(person)	723389	254881	147369	141368
调解民间纠纷	（件）	Number of Civil Disputes Mediated	(case)	340612	374123	359729	354254

19-9 交通事故发生情况
Statistics on Traffic Accidents

指标 Item	合计 Total	按事故发生程度分 By Serious Degree of Traffic Accidents			
		特大 Extraordinarily Serious	重大 Serious	较大 More	一般 Ordinary
发生次数（起）Number of Traffic Accidents (case)					
2008	7637	50	2132		5455
2009	7444	43	1791		5610
2010	8651	54	1850		6747
2011	8121	34	1699		6388
2012	8756	34	1668		7054
2013	8709	25	1674		7010
2014	8786	1		25	8760
2015	9036		1	22	9013
2016	7505	1		24	7480
2017	5631			22	5609
2018	4730			15	4715
2019	3840		1	12	3827
死亡人数（人）Number of Deaths (person)					
2008	2555	222	2333		
2009	2154	183	1971		
2010	2250	240	2010		
2011	2039	137	1902		
2012	1955	137	1818		
2013	1894	93	1801		
2014	1921	54		85	1782
2015	1792		21	90	1681
2016	1628	35		91	1502
2017	1257			79	1178
2018	1183			55	1128
2019	941		10	41	890
受伤人数（人）Number of Injuries (person)					
2008	9918	220	1707		7991
2009	10083	254	1541		8288
2010	11621	303	1370		9948
2011	11058	220	1536		9302
2012	11770	216	1303		10251
2013	11306	79	1262		10037
2014	11382	6		52	11324
2015	11619		11	94	11514
2016	9232	15		37	9180
2017	6849			60	6789
2018	5506			41	5465
2019	4187		16	22	4149

注：从2014年开始，公安部门交通事故统计增加“较大”类分组。
Sine 2014,The public security department increased "categories grouped" in traffic accident statistics.

19—9 续表 Continued

指 标 Item	合计 Total	按事故发生程度分 By Serious Degree of Traffic Accidents			
		特大 Extraordinarily Serious	重大 Serious	较大 More	一般 Ordinary
损失折款 （万元） Losses Coverted into Cash (10 000 yuan)					
2008	3765.35	129.60	1475.40		2160.35
2009	3822.29	348.67	1454.33		2019.29
2010	4104.41	243.18	1590.70		2270.53
2011	5145.58	265.20	2212.64		2667.74
2012	6758.36	242.37	2562.01		3953.98
2013	6486.64	189.45	2230.69		4066.50
2014	7093.13	200.00		219.30	6673.83
2015	7230.93		800.00	257.85	6173.08
2016	6440.38	10.00		212.00	6218.38
2017	5329.46			314.56	5014.90
2018	5657.21			474.00	5183.21
2019	3738.30		8.00	262.60	3467.90
平均每起损失 （元） Average Loss per Traffic Accident (yuan)					
2008	4930.40	25920.00	6920.26		3960.37
2009	5134.73	81086.05	8120.21		3599.45
2010	4744.43	45033.33	8598.38		3365.24
2011	6336.14	78000.00	13023.19		4176.17
2012	7718.54	71285.29	15359.75		5605.30
2013	7448.20	75780.00	13325.51		5801.00
2014	8073.22	2000000.00		87720.00	7618.53
2015	8002.36		8000000.00	117204.55	6849.08
2016	8580.31	100000.00		88333.33	8313.34
2017	9464.50			142981.82	8940.81
2018	11960.28			316000.00	10993.03
2019	9735.16			218833.33	9061.67

注：从 2014 年开始，公安部门交通事故统计增加“较大”类分组。
Sine 2014,The public security department increased "categories grouped" in traffic accident statistics.

19-10 火灾发生情况
Statistics on Fires

指 标 Item	合计 Total	按事故发生程度分 By Serious Degree of Traffic Accidents			
		特大 Extraordinarily Serious	重大 Serious	较大 More	一般 Ordinary
发生次数 （起）Number of Traffic Accidents (case)					
2008	3393		6		3387
2009	2563			4	2559
2010	2928			3	2925
2011	3789		1	3	3785
2012	4898			1	4897
2013	16030			7	4897
2014	18237			4	18233
2015	15471			2	15469
2016	15091			3	15088
2017	8861			6	8855
2018	7093			7	7086
2019	7419			5	7414
死亡人数 （人）Number of Deaths (person)					
2008	83		20		63
2009	52			16	36
2010	33			11	22
2011	45		10	13	22
2012	33			5	28
2013	80			26	54
2014	72			9	63
2015	79			7	72
2016	62			10	52
2017	66			19	47
2018	85			27	58
2019	78			17	61
受伤人数 （人）Number of Injuries (person)					
2008	16		4		12
2009	16			3	13
2010	4				4
2011	14		4		10
2012	13				13
2013	59				59
2014	54				54
2015	52			3	49
2016	44			3	41
2017	60			3	57
2018	47			1	46
2019	69			1	68

19-10 续表 Continued

指 标 Item	合计 Total	按事故发生程度分 By Serious Degree of Traffic Accidents			
		特大 Extraordinarily Serious	重大 Serious	较大 More	一般 Ordinary
损失折款 （万元） Losses Coverted into Cash (10 000 yuan)					
2008	6876.09		172.76		6703.33
2009	9963.00			11.60	9951.40
2010	8753.60			4.50	8749.10
2011	7537.70		60.40	122.70	7354.60
2012	15841.10			14.00	15827.10
2013	28302.00			6399.80	21902.20
2014	25089.60			2519.90	22569.70
2015	22892.00			94.00	22798.00
2016	18212.00			88.00	18124.00
2017	14987.00			104.70	14833.00
2018	18149.00			973.00	17176.00
2019	18104.90			113.90	17991.00
平均每起损失 （万元） Average Loss per Fire (10 000 yuan)					
2008	2.03		28.79		1.98
2009	3.89			2.90	3.89
2010	2.99			1.50	2.99
2011	1.99		60.40	40.90	1.94
2012	3.23			14.00	3.23
2013	1.77			914.26	4.47
2014	1.38			629.98	1.24
2015	1.48			47.00	1.47
2016	1.21			29.33	1.20
2017	1.69			17.45	1.70
2018	2.56			139.00	2.42
2019	2.44			22.78	2.43

主要统计指标解释

律　师　指依法取得律师执业证书，担任法律顾问，民事（刑事、行政）案件代理人、刑事案件辩护人、办理非诉讼业务，解答法律询问，代写法律事务文书等，为社会提供法律服务的人员。

公证人员　指在公证处工作的人员总称，包括公证处主任、副主任、公证员、公证员助理（助理公证员）和其他从事辅助性工作的人员。

公证文书　指公证处根据当事人申请，依照事实和法律，按照法定程序制作的，具有法律效力的司法证明文书。

调解员　指在人民调解委员会担负调解民间纠纷工作的人员，包括调解委员会的委员和调解小组的调解员。该指标主要反映从事人民调解工作的人员数量。

调解民间纠纷　指调解委员会按照法律规定，根据自愿原则，用说服教育的方法调解民间发生的有关民事权利和义务争执的件数，包括调解成功数和调解未成功数。该指标主要反映人民调解委员会的工作量。

特大火灾　指造成30人以上死亡，或者100人以上重伤，或者1亿元以上直接财产损失的火灾。

重大火灾　指造成10人以上30人以下死亡，或者50人以上100人以下重伤，或者5000万元以上1亿元以下直接财产损失的火灾。

较大火灾　指造成3人以上10人以下死亡，或者10人以上50人以下重伤，或者1000万元以上5000万元以下直接财产损失的火灾。

一般火灾　指造成3人以下死亡，或者10人以下重伤，或者1000万元以下直接财产损失的火灾。

Explanatory Notes on Main Statistical Indicators

Lawyers are certified legal workers according to law, and who are employed by legal counseling firms to act as legal advisers, agents in criminal or civil lawsuits, or defenders in criminal lawsuits, or to handle non litigious legal affairs, to advise on matters of law or to write legal papers for others, and provide service to the public.

Notary Personnel refers to people working for notary offices including: directors, deputy directors, notaries, assistant notaries and other people providing assistance.

Notary Documents refer to the judicial notary documents drawn up at the request of the interested party and are in accordance with facts and the law and following certain legal proceedings.

Mediators refers to the personnel who are responsible for the mediation of civil disputes in the people's mediation committee, including members of the mediation committee and mediators of mediation teams. The index mainly reflects the number of people engaged in mediation work of the people.

Mediating Civil Disputes refers to the mediation committee shall, in accordance with the law and on a voluntary basis, use persuade education method on civil rights and obligations dispute mediation folk, the number of successful and unsuccessful mediation including mediation. The index mainly reflects the workload of the people's mediation committee.

Extraordinarily Serious Fire Case refers to a case which has caused over 30 deaths; or over 100 serious injuries; or a direct property loss over 100 million yuan.

Serious Fire Case refers to a case which has caused over 10 to 30 deaths; or over 50 to 100 serious injuries; or a direct property loss over 50 million to 100 million yuan.

Comparatively Serious Fire Case refers to a case which has caused over three to ten deaths; or over 10 to 50 serious injuries; or a direct property loss over 10 million to 50 million yuan.

Ordinary Fire Case refers to a case which has caused less than three deaths; or less than 10 serious injuries; or a direct property loss less than 10 million yuan.

20 区域经济

Regional Economy

资料整理人员：陈晗文　刘　洋　郑一璞　赵　宏
张　驰　田杰平　陈　慧　段嘉欣
廖闻菲　田　原　肖宇旻　王　璐
李清如

20−1 “长株潭城市群”主要经济指标情况 (2019年)
Main Economic Indicators of "Changsha, Zhuzhou & Xiangtan" City Clusters (2019)

指 标		Item		绝对值 Value	比上年增长 Increase over 2018 (%)	全省比重 Percentage (%)
常住人口	（万人）	Resident Population	(10 000 person)	1530.45	0.3	22.1
生产总值	（亿元）	Gross Domestic Products	(100 million yuan)	16834.98	8.0	41.6
第一产业增加值		Primary Industry		725.32	3.2	19.8
第二产业增加值		Secondary Industry		6911.20	8.1	45.3
第三产业增加值		Tertiary Industry		9198.46	8.2	42.6
人均地区生产总值	（元）	Per Capita Gross Regional Product	(yuan)	110957	6.1	
固定资产投资	（亿元）	Fixed Assets Investment	(100 million yuan)		10.7	40.1
地方一般公共预算收入	（亿元）	General Public Budget Revenue	(100 million yuan)	1266.71	6.0	42.1
一般公共预算支出	（亿元）	General Public Budget Expenditure	(100 million yuan)	2265.95	9.8	28.2
全体居民可支配收入	（元）	Disposable Income	(yuan)	42861	9.1	
城镇居民人均可支配收入	（元）	Disposable Income of Urban Households	(yuan)	50651	8.6	
农村居民人均可支配收入	（元）	Disposable Income of Rural Households	(yuan)	26828	8.8	
农林牧渔业总产值	（亿元）	Gross Output Value of Farming, Forestry, Animal, Husbandry and Fishery	(100 million yuan)	1200.53	3.2	18.9
规模以上工业企业单位数	（个）	Number of industrial enterprises above Designated Size	(unit)	5661	3.6	34.2
规模以上工业企业利润总额	（亿元）	Total Profits of industrial Enterprises above Designated Size	(100 million yuan)	1030.41	14.5	46.3
社会消费品零售总额	（亿元）	Total Retail Sales of Consumer Goods	(100 million yuan)	6475.73	10.1	38.8
进出口总额	（万美元）	Total Exports and Imports	(USD 10 000)	3539135	38.9	56.3
出口额		Exports		2487661	47.7	55.9
实际利用外资	（万美元）	Foreign Direct Investment Actually Used	(USD 10 000)	945378	11.3	52.2
金融机构人民币存款余额	（亿元）	Deposits in Financial Organizations	(100 million yuan)	26272.46	10.7	50.2
金融机构人民币贷款余额	（亿元）	Loans in Financial Organizations	(100 million yuan)	25251.83	15.5	59.9

注：地区生产总值、农林牧渔业总产值占全省比重为占全省市州汇总数据比重。

The proportion of regional GDP、Gross Output Value of Farming, Animal Husbandry and Fishery in the province is the proportion of the total data of the provinces and cities.

20−2 “环长株潭城市群”主要经济指标情况 (2019年)
Main Economic Indicators of the Rim Chang-Zhu-Tan City Clusters (2019)

指 标		Item		绝对值 Value	比上年增长 Increase over 2018 (%)	全省比重 Percentage (%)
常住人口	（万人）	Resident Population	(10 000 person)	4250.99	0.2	61.4
生产总值	（亿元）	Gross Domestic Products	(100 million yuan)	31045.30	7.9	76.7
第一产业增加值		Primary Industry		2336.45	3.2	63.8
第二产业增加值		Secondary Industry		12387.45	8.0	81.2
第三产业增加值		Tertiary Industry		16321.40	8.5	75.6
人均地区生产总值	（元）	Per Capita Gross Regional Product	(yuan)	73251	7.1	
固定资产投资	（亿元）	Fixed Assets Investment	(100 million yuan)		9.7	73.0
地方一般公共预算收入	（亿元）	General Public Budget Revenue	(100 million yuan)	1922.15	5.8	63.9
一般公共预算支出	（亿元）	General Public Budget Expenditure	(100 million yuan)	4710.23	8.6	58.6
全体居民可支配收入	（元）	Disposable Income	(yuan)	32215	9.3	
城镇居民人均可支配收入	（元）	Disposable Income of Urban Households	(yuan)	41916	8.5	
农村居民人均可支配收入	（元）	Disposable Income of Rural Households	(yuan)	19922	9.0	
农林牧渔业总产值	（亿元）	Gross Output Value of Farming, Forestry, Animal，Husbandry and Fishery	(100 million yuan)	4024.42	3.2	63.5
规模以上工业企业单位数	（个）	Number of industrial enterprises above Designated Size	(unit)	11614	5.1	70.1
规模以上工业企业利润总额	（亿元）	Total Profits of industrial Enterprises above Designated Size	(100 million yuan)	1826.13	11.6	82.0
社会消费品零售总额	（亿元）	Total Retail Sales of Consumer Goods	(100 million yuan)	12612.95	10.2	75.6
进出口总额	（万美元）	Total Exports and Imports	(USD 10 000)	5140880	38.6	81.8
出口额		Exports		3495247	48.4	78.5
实际利用外资	（万美元）	Foreign Direct Investment Actually Used	(USD 10 000)	1405536	11.7	77.6
金融机构人民币存款余额	（亿元）	Deposits in Financial Organizations	(100 million yuan)	40223.32	8.6	76.9
金融机构人民币贷款余额	（亿元）	Loans in Financial Organizations	(100 million yuan)	33957.29	16.2	80.5

20-3 “湘南地区”主要经济指标情况 (2019年)
Main Economic Indicators of "Southern Hunan" (2019)

指 标		Item		绝对值 Value	比上年增长 Increase over 2018 (%)	全省比重 Percentage (%)
常住人口	（万人）	Resident Population	(10 000 person)	1750.13	0.0	25.3
生产总值	（亿元）	Gross Domestic Products	(100 million yuan)	7800.43	7.7	19.2
第一产业增加值		Primary Industry		966.96	3.2	26.4
第二产业增加值		Secondary Industry		2642.07	7.8	17.3
第三产业增加值		Tertiary Industry		4191.40	8.7	19.4
人均地区生产总值	（元）	Per Capita Gross Regional Product	(yuan)	44649	7.5	
固定资产投资	（亿元）	Fixed Assets Investment	(100 million yuan)		11.2	22.2
地方一般公共预算收入	（亿元）	General Public Budget Revenue	(100 million yuan)	435.82	5.5	14.5
一般公共预算支出	（亿元）	General Public Budget Expenditure	(100 million yuan)	1537.57	9.1	19.1
全体居民可支配收入	（元）	Disposable Income	(yuan)	25582	9.4	
城镇居民人均可支配收入	（元）	Disposable Income of Urban Households	(yuan)	34637	8.6	
农村居民人均可支配收入	（元）	Disposable Income of Rural Households	(yuan)	17182	9.1	
农林牧渔业总产值	（亿元）	Gross Output Value of Farming, Forestry, Animal, Husbandry and Fishery	(100 million yuan)	1737.31	3.3	27.4
规模以上工业企业单位数	（个）	Number of industrial enterprises above Designated Size	(unit)	3278	3.6	19.8
规模以上工业企业利润总额	（亿元）	Total Profits of industrial Enterprises above Designated Size	(100 million yuan)	302.35	-10.8	13.6
社会消费品零售总额	（亿元）	Total Retail Sales of Consumer Goods	(100 million yuan)	3386.67	10.3	20.3
进出口总额	（万美元）	Total Exports and Imports	(USD 10 000)	1258662	15.8	20.0
出口额		Exports		848188	27.0	19.0
实际利用外资	（万美元）	Foreign Direct Investment Actually Used	(USD 10 000)	506421	11.5	28.0
金融机构人民币存款余额	（亿元）	Deposits in Financial Organizations	(100 million yuan)	8693.84	4.2	16.6
金融机构人民币贷款余额	（亿元）	Loans in Financial Organizations	(100 million yuan)	5384.49	17.0	12.8

20-4 "大湘西地区"主要经济指标情况(2019年)
Main Economic Indicators of "West Hunan" (2019)

指 标	Item	绝对值 Value	比上年增长 Increase over 2018 (%)	全省比重 Percentage (%)
常住人口 （万人）	Resident Population (10 000 person)	2041.45	-0.2	29.5
生产总值 （亿元）	Gross Domestic Products (100 million yuan)	6667.51	7.9	16.5
第一产业增加值	Primary Industry	914.59	3.4	25.0
第二产业增加值	Secondary Industry	1956.18	7.4	12.8
第三产业增加值	Tertiary Industry	3796.74	9.2	17.6
人均地区生产总值 （元）	Per Capita Gross Regional Product (yuan)	32617	7.9	
固定资产投资 （亿元）	Fixed Assets Investment (100 million yuan)		8.5	16.9
地方一般公共预算收入 （亿元）	General Public Budget Revenue (100 million yuan)	376.75	8.1	12.5
一般公共预算支出 （亿元）	General Public Budget Expenditure (100 million yuan)	1911.98	5.2	23.8
全体居民可支配收入 （元）	Disposable Income (yuan)	19061	10.3	
城镇居民人均可支配收入 （元）	Disposable Income of Urban Households (yuan)	28951	8.7	
农村居民人均可支配收入 （元）	Disposable Income of Rural Households (yuan)	11828	10.3	
农林牧渔业总产值 （亿元）	Gross Output Value of Farming, Forestry, Animal，Husbandry and Fishery (100 million yuan)	1535.93	3.3	24.2
规模以上工业企业单位数 （个）	Number of industrial enterprises above Designated Size (unit)	3674	7.9	22.2
规模以上工业企业利润总额（亿元）	Total Profits of industrial Enterprises above Designated Size (100 million yuan)	422.29	13.4	19.0
社会消费品零售总额 （亿元）	Total Retail Sales of Consumer Goods (100 million yuan)	3017.14	10.2	18.1
进出口总额 （万美元）	Total Exports and Imports (USD 10 000)	606665	41.7	9.6
出口额	Exports	477078	49.9	10.7
实际利用外资 （万美元）	Foreign Direct Investment Actually Used (USD 10 000)	117212	13.5	6.5
金融机构人民币存款余额 （亿元）	Deposits in Financial Organizations (100 million yuan)	9148.49	4.2	17.5
金融机构人民币贷款余额 （亿元）	Loans in Financial Organizations (100 million yuan)	5723.73	15.5	13.6

20-5 “洞庭湖生态经济区”主要经济指标情况(2019年)
Main Economic Indicators of "Dongting Lake Eco-economic Zone" (2019)

指 标	Item	绝对值 Value	比上年增长 Increase over 2018 (%)	全省比重 Percentage (%)
常住人口 （万人）	Resident Population (10 000 person)	1596.35	-0.2	23.1
生产总值 （亿元）	Gross Domestic Products (100 million yuan)	9197.06	7.7	22.7
第一产业增加值	Primary Industry	1056.61	3.2	28.8
第二产业增加值	Secondary Industry	3751.95	7.7	24.6
第三产业增加值	Tertiary Industry	4388.50	8.8	20.4
人均地区生产总值 （元）	Per Capita Gross Regional Product (yuan)	57478	7.8	
固定资产投资 （亿元）	Fixed Assets Investment (100 million yuan)		9.5	20.8
地方一般公共预算收入 （亿元）	General Public Budget Revenue (100 million yuan)	408.53	4.9	13.6
一般公共预算支出 （亿元）	General Public Budget Expenditure (100 million yuan)	1523.39	6.1	19.0
全体居民可支配收入 （元）	Disposable Income (yuan)	25886	8.9	
城镇居民人均可支配收入 （元）	Disposable Income of Urban Households (yuan)	34454	8.2	
农村居民人均可支配收入 （元）	Disposable Income of Rural Households (yuan)	17518	8.2	
农林牧渔业总产值 （亿元）	Gross Output Value of Farming, Forestry, Animal, Husbandry and Fishery (100 million yuan)	1868.61	3.2	29.5
规模以上工业企业单位数 （个）	Number of industrial enterprises above Designated Size (unit)	3965	8.2	23.9
规模以上工业企业利润总额（亿元）	Total Profits of industrial Enterprises above Designated Size (100 million yuan)	523.42	13.5	23.5
社会消费品零售总额 （亿元）	Total Retail Sales of Consumer Goods (100 million yuan)	3804.39	10.3	22.8
进出口总额 （万美元）	Total Exports and Imports (USD 10 000)	883732	51.5	14.1
出口额	Exports	640537	67.0	14.4
实际利用外资 （万美元）	Foreign Direct Investment Actually Used (USD 10 000)	241116	13.7	13.3
金融机构人民币存款余额 （亿元）	Deposits in Financial Organizations (100 million yuan)	8093.24	4.8	15.5
金融机构人民币贷款余额 （亿元）	Loans in Financial Organizations (100 million yuan)	5353.26	18.2	12.7

20-6 各市州市辖区人口情况 (2019年)
The Population of Municipal Districts of Each City or State (2019)

市 州	Cities and Prefecture	年平均户籍人口（万人） Average Annual Registered Population (10 000 person)	常住人口（万人） Resident Population (10 000 person)	年末总户籍户数（万户） The Household Registration Number (10 000 households)
长沙市	Changsha	360.07	457.32	128.67
株洲市	Zhuzhou	132.39	159.92	44.51
湘潭市	Xiangtan	86.37	108.53	30.67
衡阳市	Hengyang	101.47	150.73	37.68
邵阳市	Shaoyang	69.55	78.02	24.31
岳阳市	Yueyang	110.51	145.66	45.37
常德市	Changde	140.77	155.39	47.20
张家界市	Zhangjiajie	53.58	54.03	21.40
益阳市	Yiyang	135.32	132.22	45.81
郴州市	Chenzhou	79.83	87.83	30.51
永州市	Yongzhou	117.81	113.49	40.06
怀化市	Huaihua	40.07	63.25	16.15
娄底市	Loudi	61.60	62.51	25.18
湘西州	Xiangxizhou	31.19	36.18	11.01

注：市辖区是指城区，不包括市辖县（市）。
A municipal district refers to an urban area, excluding a county (city) governed by a city.

20−7 各市州市辖区从业人员情况 (2019年)
Employees of Municipal Districts of Each City or State (2019)

单位：万人 (10 000 person)

市 州	Cities and Prefecture	年末单位从业人员数（城镇） Employees at the year-end (town)	第一产业 Primary Industry	第二产业 Secondary Industry	第三产业 Tertiary Industry
长沙市	Changsha	100.65	0.02	29.27	71.36
株洲市	Zhuzhou	29.26	0.01	15.89	13.36
湘潭市	Xiangtan	22.93	0.00	10.24	12.69
衡阳市	Hengyang	15.30	0.02	6.05	9.23
邵阳市	Shaoyang	12.95	0.00	5.39	7.56
岳阳市	Yueyang	17.46	0.02	6.50	10.95
常德市	Changde	22.15	0.06	7.10	15.00
张家界市	Zhangjiajie	5.69	0.03	1.01	4.66
益阳市	Yiyang	13.63	0.01	5.17	8.45
郴州市	Chenzhou	16.36	0.03	5.51	10.82
永州市	Yongzhou	10.60	0.02	2.61	7.97
怀化市	Huaihua	8.21	0.01	1.13	7.07
娄底市	Loudi	11.94	0.00	4.24	7.70
湘西州	Xiangxizhou	6.09	0.00	0.94	5.16

20−8 各市州市辖区土地面积情况(2019年)
Land Area of Municipal Districts of Each City or State (2019)

单位：平方公里 (sq.km)

市 州	Cities and Prefecture	行政区域土地面积 Administrative Region Land Area	建成区面积 Developed Areas	城市建设用地面积 City Construction Use Land	居住用地面积 Living Space
长沙市	Changsha	2151	484	392	170
株洲市	Zhuzhou	1915	155	145	68
湘潭市	Xiangtan	656	80	110	43
衡阳市	Hengyang	698	137	131	42
邵阳市	Shaoyang	436	78	77	29
岳阳市	Yueyang	1413	114	100	28
常德市	Changde	2752	105	105	34
张家界市	Zhangjiajie	2567	39	34	16
益阳市	Yiyang	1851	87	75	29
郴州市	Chenzhou	2246	79	70	31
永州市	Yongzhou	3181	68	67	16
怀化市	Huaihua	673	65	54	19
娄底市	Loudi	628	60	72	23
湘西州	Xiangxizhou	1093	38	31	20

20-9 各市州市辖区生产总值情况(2019年)
GDP of Municipal Districts of Each City or State (2019)

市 州	Cities and Prefecture	地区生产总值(当年价格)(万元) Gross Domestic Product (10 000 yuan)	第一产业增加值 Value added of the first Primary Industry	第二产业增加值 Added value of the Secondary Industry	第三产业增加值 Added value of the tertiary Industry
长沙市	Changsha	73862496	661426	23628392	49572678
株洲市	Zhuzhou	15886589	534379	7531146	7821064
湘潭市	Xiangtan	12306146	216608	5939761	6149777
衡阳市	Hengyang	12553130	205012	4006332	8341786
邵阳市	Shaoyang	4003267	149504	1459441	2394322
岳阳市	Yueyang	16071281	534680	6128635	9407966
常德市	Changde	16232345	734897	7933649	7563799
张家界市	Zhangjiajie	2758880	239934	353739	2165207
益阳市	Yiyang	7621912	679804	3836219	3105889
郴州市	Chenzhou	7162875	290928	2582370	4289577
永州市	Yongzhou	5576393	754232	1752186	3069975
怀化市	Huaihua	3981354	111892	733171	3136291
娄底市	Loudi	5797360	206137	2667642	2923581
湘西州	Xiangxizhou	1935560	83773	680896	1170891

20-10 各市州市辖区财政收支情况 (2019年)
Revenue and Expenditure of Municipal Districts of Each City or State (2019)

单位：万元 (10 000 yuan)

市 州	Cities and Prefecture	地方一般公共预算收入 General Public Budget Revenue	各项税收 Taxes Revenue	地方一般公共预算支出 General Public BudgetExpenditure
长沙市	Changsha	7049726	4747061	9924422
株洲市	Zhuzhou	1476611	1009003	3367505
湘潭市	Xiangtan	792565	512866	1849384
衡阳市	Hengyang	783201	490744	1626587
邵阳市	Shaoyang	397954	241511	1174870
岳阳市	Yueyang	969397	580309	2245296
常德市	Changde	1251575	784002	2544741
张家界市	Zhangjiajie	255094	170728	946273
益阳市	Yiyang	431387	300191	1450249
郴州市	Chenzhou	148279	109921	620043
永州市	Yongzhou	276359	205978	913519
怀化市	Huaihua	362994	253060	890774
娄底市	Loudi	413896	277671	968121
湘西州	Xiangxizhou	103798	73808	441275

20-11 各市州市辖区规模以上工业情况 (2019年)

Above Scale Industry of Municipal Districts of Each City or State (2019)

市 州	Cities and Prefecture	规模以上工业企业数（个）Number of Enterprises (unit)	主营业务收入（万元）Revenue of Main Business (10 000 yuan)	主营业务成本（万元）Cost of Major Business (10 000 yuan)	利润总额（万元）Total Profits (10 000 yuan)
长沙市	Changsha	922			
株洲市	Zhuzhou	556	15120303	12727821	639453
湘潭市	Xiangtan	491	16463028	13717691	769341
衡阳市	Hengyang	226	7051167	5615406	313419
邵阳市	Shaoyang	255	4085264	4101000	175157
岳阳市	Yueyang	387	19527570	16026626	694025
常德市	Changde	451	15459748	9570190	1131248
张家界市	Zhangjiajie	89	580272	476278	29772
益阳市	Yiyang	537	15638967	12518169	437032
郴州市	Chenzhou	244	6426402	5363640	-12894
永州市	Yongzhou	263	4266747	3416954	138530
怀化市	Huaihua	69	1609620	1407768	72456
娄底市	Loudi	296	10613242	9152259	720676
湘西州	Xiangxizhou	79	646006	446408	61279

20-12 各市州市辖区贸易主要情况(2019年)
Trade of Municipal Districts of Each City or State (2019)

市 州	Cities and Prefecture	社会消费品零售总额（万元） Total Retail Sales of Consumer Goods (10 000 yuan)	限额以上批发零售企业	
			法人数（个） Number of Corporate Enterprises (unit)	商品销售总额（万元） Total sales of goods (10 000 yuan)
长沙市	Changsha	38875890	1277	41107501
株洲市	Zhuzhou	6498847	342	5220153
湘潭市	Xiangtan	5009000	210	5188006
衡阳市	Hengyang	8191786	327	5611337
邵阳市	Shaoyang	2499016	135	2456310
岳阳市	Yueyang	8311435	370	5155534
常德市	Changde	5783000	226	3780000
张家界市	Zhangjiajie	1368129	37	685946
益阳市	Yiyang	3281729	158	2259389
郴州市	Chenzhou	5661061	276	5755827
永州市	Yongzhou	2762347	156	1462894
怀化市	Huaihua	2410424	121	2461442
娄底市	Loudi	1379269	117	2442201
湘西州	Xiangxizhou	1172227	42	1169584

20-13 各市州市辖区教育情况(2019年)
Education of Municipal Districts of Each City or State (2019)

市　州	Cities and Prefecture	普通中学专任教师数（人）Regular Secondary Schools Teachers (person)	小学专任教师数（人）Primary Schools Teachers (person)	普通中学在校学生数（万人）Regular Secondary Schools Students (10 000 person)	小学在校学生数（万人）Primary Schools Students (10 000 person)
长沙市	Changsha	17741	21153	23.29	38.29
株洲市	Zhuzhou	5894	6111	7.43	11.75
湘潭市	Xiangtan	2565	3223	3.15	5.89
衡阳市	Hengyang	4463	5672	6.94	10.62
邵阳市	Shaoyang	3024	3217	4.97	6.57
岳阳市	Yueyang	5142	5018	6.44	9.63
常德市	Changde	4895	4822	5.41	8.05
张家界市	Zhangjiajie	2124	2381	2.94	4.34
益阳市	Yiyang	4715	4453	6.30	8.60
郴州市	Chenzhou	4949	5915	7.55	10.56
永州市	Yongzhou	4632	6116	8.08	10.48
怀化市	Huaihua	3198	2859	4.84	6.81
娄底市	Loudi	3742	3599	5.27	7.50
湘西州	Xiangxizhou	1859	1844	2.46	3.64

20－14 各市州市辖区文化、体育、卫生情况(2019年)
Culture, Sports and Health of Municipal Districts of Each City or State (2019)

市 州	Cities and Prefecture	剧场、影剧院数（个）Number of Theater, Theater (unit)	公共图书馆图书总藏量（千册）Books of Total Reserves of Public Libraries (1000 copies)	体育场馆数（个）The number of Stadiums (unit)	卫生机构数（个）Number of Health Institutions (unit)	卫生机构床位数（张）Number of beds in Health Institutions (bed)	医生数（执业医师+执业助理医师）（人）The number of Doctors (Doctors and Assistant Doctors) (person)
长沙市	Changsha	8	9834	63	2296	57395	22702
株洲市	Zhuzhou	11	1600	18	1102	14102	5669
湘潭市	Xiangtan	5	780	11	769	11283	4172
衡阳市	Hengyang	13	1050	26	957	17294	6197
邵阳市	Shaoyang	13	1454	3	509	10760	3601
岳阳市	Yueyang	21	462	40	662	11968	4498
常德市	Changde	11	628	87	1469	14093	5434
张家界市	Zhangjiajie	11	222	51	406	4199	1743
益阳市	Yiyang	15	622	27	1047	11141	4158
郴州市	Chenzhou	13	658	13	820	14294	4313
永州市	Yongzhou	3	1194	3	1118	11898	3954
怀化市	Huaihua	10	237	2	537	7523	3282
娄底市	Loudi	1	146	6	325	8598	2606
湘西州	Xiangxizhou	6	81	1	456	6539	2020

20－15 各市州市辖区社会保障情况（2019年）
Social Security of Municipal Districts of Each City or State (2019)

单位：人 (person)

市 州	Cities and Prefecture	城镇职工基本养老保险参保人数 Number of People Participating in Basic Endowment Insurance for Urban Employees	城乡居民基本医疗保险参保人数 Number of People Participating in Basic Medical Insurance for Urban and Rural Residents	失业保险参保人数 Person Covered of Unemployment Insurance Contributors	工伤保险参保人数 Work Injury Insurance Contributors	生育保险参保人数 Maternity Insurance Contributors	城市居民最低生活保障人数 City Residents Minimum Living Security Number
长沙市	Changsha	2323960	2162128	1310369	1183540	1516538	19654
株洲市	Zhuzhou	732600	683300	333400	411500	282000	11258
湘潭市	Xiangtan	409797	575361	273412	259289	204934	14868
衡阳市	Hengyang	521823	682225	344595	215873	183955	23354
邵阳市	Shaoyang	261460	412379	119389	157413	97699	21826
岳阳市	Yueyang	193802	282860	223306	435683	163011	18362
常德市	Changde	613843	1041195	166600	238780	161732	12290
张家界市	Zhangjiajie	73940	413926	29716	47240	37877	4784
益阳市	Yiyang	299435	1392899	93308	181623	106458	16407
郴州市	Chenzhou	226082	503998	197814	171098	168472	4325
永州市	Yongzhou	224666	953538	135562	124894	98390	8282
怀化市	Huaihua	88910	450927	104763	71553	51645	4428
娄底市	Loudi	243400	425192	170500	148200	93134	3863
湘西州	Xiangxizhou	21406	255487	17522	32578	15936	2930

21 各市、州主要经济和社会统计指标

Main Economic and Social Statistics Indicators of Cities and Prefecture

资料整理人员：郑一璞　欧阳普　王　丹　赵　宏
邓鸿鹄　张　驰　吕　涛　田杰平
谢　凡　贺淑贞　陈　慧　段嘉欣
贺　震　杨　未　宋　超　何　达
户新刚　廖闻菲　彭开吾　刘　杰
陈晗文　朱　鹏　刘　洋　易　贝
周夜明　谢开来　田　原　凌　骞
谢妮莉　韩建芳　蔡冬娥　肖首雄
赵莉淇　郭开金　付硕果　彭铁桥
王　璐　李清如　王湘杰

21-1 按产业和主要行业分的地区生产总值 (2019年)

市 州	Cities and Prefecture	地区生产总值（亿元） Gross Domestic Product (100 million yuan)	第一产业 Primary Industry	第二产业 Secondary Industry	第三产业 Tertiary Industry	农、林、牧、渔业 Agriculture, Forestry, Animal Husbandry and Fishery	工 业 Industry
长沙市	Changsha	11574.22	359.69	4439.32	6775.21	380.17	3254.95
株洲市	Zhuzhou	3003.13	220.70	1358.75	1423.68	227.81	1057.31
湘潭市	Xiangtan	2257.63	144.93	1113.13	999.57	152.55	926.69
衡阳市	Hengyang	3372.68	380.08	1091.61	1900.99	404.64	788.39
邵阳市	Shaoyang	2152.48	351.31	595.61	1205.55	366.66	440.66
岳阳市	Yueyang	3780.41	380.62	1525.83	1873.96	402.10	1286.88
常德市	Changde	3624.20	395.73	1462.73	1765.73	425.17	1166.20
张家界市	Zhangjiajie	552.10	69.46	81.36	401.28	72.18	41.92
益阳市	Yiyang	1792.46	280.26	763.39	748.81	296.68	643.89
郴州市	Chenzhou	2410.89	236.54	924.49	1249.85	244.56	790.54
永州市	Yongzhou	2016.86	350.33	625.97	1040.56	365.80	483.58
怀化市	Huaihua	1616.64	224.52	448.26	943.86	229.73	364.94
娄底市	Loudi	1640.58	174.44	632.69	833.45	180.01	510.25
湘西州	West Hunan	705.71	94.86	198.26	412.59	96.17	158.26

21-2 按产业和主要行业分的地区生产总值指数 (2019年)

市 州	Cities and Prefecture	地区生产总值（%） Gross Domestic Product (%)	第一产业 Primary Industry	第二产业 Secondary Industry	第三产业 Tertiary Industry	农、林、牧、渔业 Agriculture, Forestry, Animal Husbandry and Fishery	工 业 Industry
长沙市	Changsha	108.1	103.2	108.0	108.4	103.4	109.0
株洲市	Zhuzhou	107.9	103.3	108.8	107.3	103.5	108.6
湘潭市	Xiangtan	107.6	102.7	108.1	107.5	103.1	108.5
衡阳市	Hengyang	108.1	102.9	108.1	109.2	103.3	108.9
邵阳市	Shaoyang	108.0	103.3	107.1	109.8	103.5	107.8
岳阳市	Yueyang	108.0	103.1	107.9	108.9	103.4	108.1
常德市	Changde	107.9	102.9	107.8	109.0	103.2	108.0
张家界市	Zhangjiajie	107.6	103.4	106.7	108.5	103.6	107.5
益阳市	Yiyang	107.1	103.4	107.3	108.1	103.7	107.8
郴州市	Chenzhou	107.8	103.2	107.5	108.9	103.5	107.7
永州市	Yongzhou	107.1	103.3	107.7	107.8	103.6	108.3
怀化市	Huaihua	108.0	103.4	108.4	108.8	103.5	108.7
娄底市	Loudi	108.1	103.6	107.5	109.6	103.7	107.7
湘西州	West Hunan	107.2	103.4	105.9	108.7	103.5	107.0

Gross Domestic Product by Three Strata of Industry and Main Sectors (2019)

建筑业 Construction	批发和零售业 Wholesale and Retail Trade	交通运输、仓储和邮政业 Traffic, Transport, Storage and Post	住宿和餐饮业 Accommodation and Restaurants	金融业 Finance	房地产业 Real Estate	其他服务业 Other Services	人均地区生产总值（元） Per Capita Gross Domestic Product (yuan)
1186.76	1269.48	429.93	344.94	849.26	781.08	3077.66	139877
301.86	407.78	105.21	55.75	112.30	192.30	542.82	74618
188.24	211.89	54.20	35.78	87.18	214.04	387.06	78575
303.37	372.80	142.02	63.12	122.35	265.09	910.89	46379
155.09	122.43	77.14	22.89	98.39	186.14	683.09	29339
240.52	330.67	152.06	70.33	105.34	254.46	938.05	65357
297.49	479.72	160.28	101.54	115.13	192.84	685.83	62493
39.49	51.09	41.91	21.96	40.00	56.30	187.24	35767
119.77	137.14	52.51	22.68	74.34	113.59	331.85	40578
135.03	251.10	88.15	58.04	94.98	131.73	616.74	50760
142.42	163.88	70.16	21.87	91.35	170.21	507.60	37013
83.72	112.33	105.17	34.28	79.05	141.55	465.89	32453
122.53	158.17	95.73	35.15	64.02	85.55	389.18	41675
40.52	30.06	29.93	25.20	48.26	47.11	230.20	26691

Indices of Gross Domestic Product by Three Strata of Industry and Main Sectors (2019)

建筑业 Construction	批发和零售业 Wholesale and Retail Trade	交通运输、仓储和邮政业 Traffic, Transport, Storage and Post	住宿和餐饮业 Accommodation and Restaurants	金融业 Finance	房地产业 Real Estate	其他服务业 Other Services	人均地区生产总值（%） Per Capita Gross Domestic Product (%)
103.7	106.2	110.2	104.1	109.2	103.4	110.4	105.0
110.3	105.6	101.5	108.5	105.5	103.6	109.9	107.8
105.6	106.8	99.6	108.0	104.5	103.9	110.7	107.0
104.8	106.3	100.9	106.9	107.6	106.3	112.7	107.4
104.8	105.8	101.7	109.4	106.3	103.6	113.1	108.5
106.7	107.4	106.7	108.6	107.8	109.8	109.8	107.7
106.8	106.5	106.2	110.3	106.6	105.9	112.1	108.5
105.8	106.1	99.1	107.2	106.9	109.2	111.8	107.0
104.4	106.1	106.8	106.7	107.4	102.8	110.6	106.7
106.2	105.3	100.0	109.1	105.6	105.0	113.0	107.5
105.4	105.9	103.0	106.2	103.5	106.3	110.6	107.4
106.3	106.3	107.8	107.5	107.1	104.6	110.8	107.8
106.7	105.3	111.3	107.0	107.4	105.8	112.2	107.8
101.6	105.5	107.2	110.7	106.3	108.2	109.7	107.2

21-3 年末常住人口 (2019年)
Population at the Year-end (2019)

市 州	Cities and Prefecture	总户数（万户）Households (10 000 households)	年末常住人口（万人）Population at the Year-end (10 000 person)	按性别分 By Gender		按城乡分 By Residence		城市化水平（%）City Level (%)
				男 Male	女 Female	城镇人口 Urban	乡村人口 Rural	
全 省	**Total**	**2143.04**	**6918.38**	**3570.95**	**3347.43**	**3958.70**	**2959.68**	**57.22**
长沙市	Changsha	271.67	839.45	421.80	417.65	667.83	171.62	79.56
株洲市	Zhuzhou	120.22	402.85	205.93	196.92	273.59	129.26	67.91
湘潭市	Xiangtan	84.25	288.15	148.07	140.08	183.88	104.27	63.81
衡阳市	Hengyang	208.45	730.06	380.31	349.75	400.99	329.07	54.93
邵阳市	Shaoyang	214.77	730.24	380.66	349.58	356.20	374.04	48.78
岳阳市	Yueyang	174.89	577.13	299.16	277.97	341.66	235.47	59.20
常德市	Changde	193.69	577.15	293.55	283.60	314.24	262.91	54.45
张家界市	Zhangjiajie	55.09	154.92	78.88	76.04	78.21	76.71	50.48
益阳市	Yiyang	131.35	442.07	226.64	215.43	233.98	208.09	52.93
郴州市	Chenzhou	153.32	475.46	247.23	228.23	266.47	208.99	56.04
永州市	Yongzhou	159.68	544.61	286.61	258.00	277.21	267.40	50.90
怀化市	Huaihua	172.96	498.33	259.62	238.71	244.35	253.98	49.03
娄底市	Loudi	124.73	394.13	205.47	188.66	194.11	200.02	49.25
湘西州	West Hunan	77.97	263.83	137.02	126.81	125.98	137.85	47.75

21-4 国有经济各行业在岗职工年末人数(2019年)
Employed Staff and Workers in State-Owned Units by Sector at the Year-end (2019)

单位：人 (person)

市 州	Cities and Prefecture	农林牧渔 业 Agriculture Forestry, Forestry, Farming of Animals and Fishing	采掘业 Mining	制造业 Manu-facturing	电力、热力、燃气及水生产和供应业及水的生产和供应 Production and Supply of Electricity, Heat,Gas and Water	建筑业 Construc-tion	批发和零售业 Wholesale and Retail Trade	交通运输、仓储和邮政业 Transport, Storage and Post
全 省	**Total**	**7139**	**1078**	**17323**	**88713**	**36923**	**21588**	**52757**
长沙市	Changsha	334		867	758	1146	1703	6815
株洲市	Zhuzhou	256	589	644	1652	349	622	3254
湘潭市	Xiangtan	15		1146	350	70	473	1011
衡阳市	Hengyang	616		3	3201	1635	1673	4160
邵阳市	Shaoyang	1457		97	3709	2836	2063	4552
岳阳市	Yueyang	826	289	2203	2634	6822	2852	6001
常德市	Changde	788	12	216	1166	3966	1238	3809
张家界市	Zhangjiajie	281		11	592	355	221	1183
益阳市	Yiyang	521	133	165	1115	5728	1065	2518
郴州市	Chenzhou	422	45	1459	1918	5025	5969	5281
永州市	Yongzhou	691		1215	3061	2766	1528	4223
怀化市	Huaihua	710		249	2172	3207	902	3265
娄底市	Loudi	92		156	666	2669	519	2182
湘西州	West Hunan	130	10	267	3836	349	760	4503
其 他	Others			8625	61883			

21-4 续表

单位：人

市 州	Cities and Prefecture	住宿和餐饮业 Acco-mmodation and Restaurants	信息传输、软件和信息技术服务业 Information Transfer, Computer Services and Software	金融业 Finance	房地产业 Real Estate Trade	租赁和商务服务业 Tenancy and Business Services
全 省	**Total**	**4921**	**6433**	**29465**	**4273**	**22255**
长沙市	Changsha	2225	533	7208	1167	3150
株洲市	Zhuzhou	384	530	1924	201	1161
湘潭市	Xiangtan	366	243	1566	94	497
衡阳市	Hengyang	81	326	2316	421	3016
邵阳市	Shaoyang	50	784	1867	317	939
岳阳市	Yueyang	286	635	2348	324	2459
常德市	Changde	228	352	2241	192	1219
张家界市	Zhangjiajie	20	101	781	128	495
益阳市	Yiyang	38	328	1408	135	1011
郴州市	Chenzhou	279	1188	1954	464	2085
永州市	Yongzhou	24	194	1657	128	2744
怀化市	Huaihua	530	406	1782	578	1414
娄底市	Loudi	299	571	1343	9	952
湘西州	West Hunan	111	242	1070	115	1113
其 他	Others					

Continued

(person)

科学研究和技术服务业 Scientific Research and Technical Services	水利、环境和公共设施管理业 Management of Water Conservancy, Public Facilities	居民服务、修理和其他服务业 Services to Households, Repair and Other Services	教　育 Education	卫 生 和社会工作 Health and Social Service	文化体育和娱乐业 Culture, Sports and Entertainment	公共管理、社会保障和社会组织 Management, Social Security and Social Organiza tion
52450	**61959**	**3854**	**641199**	**377602**	**28042**	**838717**
22365	6013	385	105177	63564	10099	110653
2472	2037	37	32913	23316	1212	43119
1741	2374	235	23414	17895	1263	34451
3373	6446	279	54461	37414	1881	83863
1213	2741	108	56246	31145	640	72618
3702	9295	1123	51345	23678	2346	73764
2517	6353	210	45406	30166	1408	63145
407	1823	48	15884	8204	614	22109
1935	3228	170	36042	20849	1102	42546
4011	5971	220	49088	26302	1341	60793
2671	4386	102	54517	28485	1899	72373
2323	5071	600	49187	28736	1700	65484
1803	4208	337	38512	20445	579	47362
1917	2013		29007	17403	1958	46437

21-5 城镇集体经济各行业在岗职工年末人数 (2019年)

单位：人

市　州	Cities and Prefecture	农林牧渔业 Agriculture Forestry, Forestry, Farming of Animals and Fishing	采掘业 Mining	制造业 Manu-facturing	电力、热力、燃气及水生产和供应业及水的生产和供应 Production and Supply of Electricity, Heat,Gas and Water	建筑业 Construc-tion	批发和零售业 Wholesale and Retail Trade	交通运输、仓储和邮政业 Transport, Storage and Post	住宿和餐饮业 Acco-mmodation and Restaurants
全　省	**Total**	**895**	**3212**	**14451**	**3814**	**51495**	**4337**	**4680**	**926**
长沙市	Changsha	97	248	3415	57	2181	328	161	607
株洲市	Zhuzhou	63	70	1504	50	130	76	84	40
湘潭市	Xiangtan		5	2478		423	3	186	
衡阳市	Hengyang	99	35	1189	82	6083	204	582	91
邵阳市	Shaoyang	152		123	444	6973	1385	101	9
岳阳市	Yueyang	232	157	2958	1149	2844	922	395	37
常德市	Changde	143	39	656	264	17	184	69	5
张家界市	Zhangjiajie			28	13	1442	82	59	27
益阳市	Yiyang	69		514	315	450	200	604	10
郴州市	Chenzhou	8	358	242	342	1607	289	123	33
永州市	Yongzhou	16		62	379	13635	229	238	
怀化市	Huaihua	4	115	327	462	4093	97	666	
娄底市	Loudi	12	2185	941	214	7173	308	1330	
湘西州	West Hunan			14	43	4444	30	82	67

Employed Staff and Workers in Urban Collective-Owned Units by Sector at the Year-end (2019)

(person)

信息传输、软件和信息技术服务业 Information Transfer, Computer Services and Software	金融业 Finance	房地产业 Real Estate Trade	租赁和商务服务业 Tenancy and Business Services	科学研究和技术服务业 Scientific Research and Technical Services	水利、环境和公共设施管理业 Management of Water Conservancy, Public Facilities	居民服务、修理和其他服务业 Services to Households, Repair and Other Services	教 育 Education	卫 生 和社会工作 Health and Social Service	文化体育和娱乐业 Culture, Sports and Enter-tainment	公共管理、社会保障和社会组织 Management, Social Security and Social Organiza-tion
94	**62**	**2076**	**2261**	**1024**	**897**	**276**	**8843**	**16929**	**747**	**1979**
		1155	229	259	113	61	2584	4537	89	163
		365	87	37			2	557	14	
		20	46			27	301	709	10	24
		30	102	116	62	23	499	1053	36	780
		28	82	14	120	3	253	1109		16
54	55	53	372	226	148	44	1715	2432	293	353
		15	130	47	79		1089	1936	45	417
		24	4	49			119	175	41	18
4		131	61	45	268	9	1059	1612	51	80
		18	67	32	27		265	803	47	55
33	7	173	287	58		2	453	515	47	9
		18	86	130	75		312	1165	74	9
		7	649		5	107	185	170		21
3		39	59	11			7	156		34

21-6 在岗职工工资总额和年平均工资 (2019年)
Total Wage Bill and Average Annual Wage of Employed Staff and Workers (2019)

市 州	Cities and Prefecture	在岗职工工资总额（亿元） Total Wages of Staff and Workers on the Job (100 million yuan)	#国有经济 Stateowned Units	#城镇集体经济 Urban Collective Owned Units	在岗职工年平均工资（元） Average Annual Wages of Staff and Workers on the Job (yuan)	#国有经济 Stateowned Units	#城镇集体经济 Urban Collective Owned Units	#其他 Others	在岗职工年平均工资发展速度（上年=100） The Growth Rate of Average Annual Wages (preceding year=100)
全 省	**Total**	**4137.22**	**1990.73**	**63.89**	**77563**	**87187**	**54756**	**70981**	**105.8**
长沙市	Changsha	1221.52	433.70	10.82	98459	126844	69011	87991	105.5
株洲市	Zhuzhou	310.59	105.77	1.70	81646	91241	56118	77688	106.1
湘潭市	Xiangtan	203.75	80.95	3.28	69324	93867	73163	58823	103.6
衡阳市	Hengyang	300.32	159.05	5.58	66236	77973	52767	56808	106.3
邵阳市	Shaoyang	222.05	138.26	5.66	65835	76023	53136	53971	103.1
岳阳市	Yueyang	296.45	126.21	8.24	64156	65776	57669	63304	108.4
常德市	Changde	288.40	142.97	3.09	70688	87788	60185	59309	106.6
张家界市	Zhangjiajie	61.98	42.73	1.17	70521	80618	56685	55087	99.8
益阳市	Yiyang	156.18	94.74	3.39	69867	79323	61999	58852	103.5
郴州市	Chenzhou	216.81	131.67	2.21	67178	76910	51675	56314	102.8
永州市	Yongzhou	206.08	135.99	6.86	66406	74436	47264	55892	105.2
怀化市	Huaihua	178.82	131.20	3.91	71893	78821	49554	58761	108.4
娄底市	Loudi	169.23	83.06	6.01	64351	67889	43678	63180	101.5
湘西州	West Hunan	110.15	87.52	2.00	72800	78073	40623	60178	100.8
其 他	Others	194.90	96.92		129280	135755		123454	121.5

21−7 年末在岗职工人数 (2019年)

Number of Staff and Workers on the Job of Cities and Prefecture at the Year-end (2019)

单位：万人 (10 000 person)

市 州	Cities and Prefecture	在岗职工 Staff and Workers on the Job	国有经济 State-owned Economic	城镇集体经济 Urban Collective-owned Economic	其他经济 Others
全 省	**Total**	**541.95**	**229.67**	**11.90**	**300.38**
长沙市	Changsha	126.14	34.42	1.63	90.09
株洲市	Zhuzhou	38.87	11.67	0.31	26.89
湘潭市	Xiangtan	30.09	8.72	0.42	20.95
衡阳市	Hengyang	46.24	20.52	1.11	24.61
邵阳市	Shaoyang	33.97	18.34	1.08	14.55
岳阳市	Yueyang	46.72	19.29	1.44	25.98
常德市	Changde	41.79	16.46	0.51	24.82
张家界市	Zhangjiajie	8.92	5.33	0.21	3.39
益阳市	Yiyang	22.79	12.00	0.55	10.23
郴州市	Chenzhou	32.74	17.38	0.43	14.93
永州市	Yongzhou	31.61	18.27	1.61	11.73
怀化市	Huaihua	25.28	16.83	0.76	7.68
娄底市	Loudi	26.65	12.27	1.33	13.05
湘西州	West Hunan	15.12	11.12	0.50	3.49
其他	Others	15.04	7.05		7.99

21−8 年末城镇单位从业人员 (2019年)

Number of Employed Person in Urban Unit at the Year-end (2019)

单位：万人 (10 000 person)

市 州	Cities and Prefecture	城镇单位从业人员合计 Number of Employed Person in Urban Unit	国有经济 Stateo-wned Economic	城镇集体经济 Urban Collective-owned Economic	其他经济 Economic Units of Other Types	内资经济 Domestic Funded Economic	港澳台投资经济 Economioc With Funded From H.K, Macao and Taiwan	外商投资经济 Economic With Funded
全 省	**Total**	**596.70**	**243.31**	**14.02**	**339.37**	**302.94**	**23.66**	**12.77**
长沙市	Changsha	136.85	36.61	1.68	98.55	78.69	13.32	6.55
株洲市	Zhuzhou	42.65	12.30	0.38	29.96	28.27	0.61	1.09
湘潭市	Xiangtan	33.83	9.24	0.44	24.15	22.89	0.31	0.95
衡阳市	Hengyang	50.01	21.96	1.32	26.73	25.37	0.89	0.47
邵阳市	Shaoyang	38.21	19.27	1.42	17.52	15.63	1.34	0.54
岳阳市	Yueyang	50.66	20.75	1.70	28.20	27.17	0.41	0.63
常德市	Changde	47.27	17.14	0.53	29.59	28.00	1.25	0.33
张家界市	Zhangjiajie	9.89	5.78	0.33	3.77	3.58	0.14	0.06
益阳市	Yiyang	26.89	13.08	0.66	13.15	12.52	0.37	0.26
郴州市	Chenzhou	37.33	18.19	0.48	18.66	16.82	1.60	0.24
永州市	Yongzhou	33.67	19.32	1.97	12.38	9.51	1.77	1.10
怀化市	Huaihua	27.78	18.22	0.93	8.63	8.18	0.30	0.15
娄底市	Loudi	29.88	12.81	1.52	15.55	14.19	1.03	0.34
湘西州	West Hunan	16.68	11.57	0.65	4.46	4.36	0.04	0.06
其 他	Others	15.10	7.05		8.05	7.76	0.29	

21−9 固定资产投资增速、按行业分固定资产投资占比 (2019年)

单位：%

市 州	Cities and Prefecture	固定资产投资增速 Fixed Asset Investment Growth	按行业分固定资产投资占比 农、林、牧、渔业 Agriculture, Forestry, Farming of Animals and Fishing	采矿业 Mining	制造业 Manufacturing	电力、燃气及水的生产和供应业 Production and Distribution of Electricity, Gas and Water	建筑业 Construction	批发和零售业 Wholesale and Retail Trade	交通运输、仓储和邮政业 Transportation, Storage and Postal Services	住宿和餐饮业 Accommodation and Catering
全 省	**Total**	**10.1**	**5.0**	**0.9**	**30.6**	**3.5**	**0.1**	**7.1**	**1.3**	**1.7**
长沙市	Changsha	10.1	1.3	0.2	28.4	3.3	0.1	7.3	2.0	1.9
株洲市	Zhuzhou	12.2	6.2	1.0	35.0	1.9	0.0	3.3	1.1	1.4
湘潭市	Xiangtan	11.2	1.5	0.5	40.3	2.2	0.9	2.9	2.3	2.3
衡阳市	Hengyang	11.8	8.7	1.5	28.1	3.1	0.1	5.5	1.9	1.5
邵阳市	Shaoyang	9.7	12.8	1.0	28.0	4.3	0.2	9.9	0.3	2.1
岳阳市	Yueyang	11.3	3.2	0.8	39.8	4.2		4.7	0.9	1.8
常德市	Changde	9.7	4.0	0.8	32.1	2.1	0.1	3.5	0.3	1.6
张家界市	Zhangjiajie	7.8	0.2	1.1	8.1	1.3		12.9	1.1	0.3
益阳市	Yiyang	7.9	4.6	0.2	36.3	3.7	0.1	3.8	0.6	0.5
郴州市	Chenzhou	11.5	9.9	3.2	27.9	5.8	0.0	3.5	1.1	2.5
永州市	Yongzhou	10.0	7.0	0.7	31.3	5.6	0.0	6.2	0.8	1.4
怀化市	Huaihua	10.6	7.7	0.4	18.1	5.3		9.8	1.3	1.3
娄底市	Loudi	10.5	6.4	1.9	39.9	1.7	0.2	7.3	1.1	0.8
湘西州	West Hunan	−4.9	4.6	0.8	9.7	4.9		18.9	0.2	0.2

Fixed Asset Investment Growth, The Proportion of Iinvestment in Fixed Assets by Sector (2019)

(%)

The Proportion of Iinvestment in Fixed Assets by Sector										
信息传输、软件和信息技术服务业 Information Transmission, Software and IT Services	金融业 Finance	房地产业 Real Estate Trade	租赁和商务服务业 Tenancy and Business Services	科学研究、技术服务业 Scientific Research, Technical Services	水利、环境和公共设施管理业 Management of Water Conservancy, Environment and Public Establishment	居民服务、修理和其他服务业 Resident Services, Repairs and Other Services	教育 Education	卫生和社会工作业 Health and Social Work Sector	文化、体育和娱乐业 Culture, Sports and Entertainment	公共管理、社会保障和社会组织 Public Administration, Social Security and Social Organizations
0.8	**0.1**	**20.7**	**3.4**	**1.9**	**14.2**	**0.3**	**2.7**	**1.7**	**2.9**	**0.8**
0.8	0.2	28.6	4.8	1.5	11.6	0.1	2.6	1.5	2.9	0.8
0.8	0.1	22.1	2.5	1.3	16.3	0.2	3.0	1.4	2.0	0.4
1.0	0.1	15.5	4.7	3.8	13.9	0.5	3.3	2.0	2.1	0.3
0.4	0.4	17.3	5.2	2.5	11.9	0.8	3.1	2.2	5.6	0.4
0.7	0.2	21.3	1.8	0.6	9.1	0.2	2.1	1.7	2.2	1.6
0.5	0.2	13.5	2.2	1.7	16.3	0.6	2.7	1.8	2.8	2.3
1.3	0.0	20.6	3.7	2.0	19.9	0.6	2.1	2.5	2.2	0.5
4.2		42.5	1.4	0.1	16.2	0.9	2.2	2.6	3.8	1.2
0.3		18.1	1.4	0.4	21.4	0.3	1.7	2.0	3.6	1.2
1.3	0.1	11.9	4.4	6.1	14.3	0.2	2.7	1.7	2.6	0.8
0.4	0.0	15.4	2.9	0.8	16.8	0.1	5.2	1.8	3.2	0.5
0.9	0.1	27.1	1.8	0.7	16.8	0.2	2.8	1.0	4.6	0.2
0.4	0.1	16.1	0.8	1.0	14.7	0.1	1.5	1.5	2.9	1.8
2.3		37.8	1.6	0.4	7.8	0.1	5.1	2.5	2.3	0.7

21-10 固定资产投资项目个数、项目投产率(2019年)
Number of Fixed Assets Investment Projects, Project Production Rate (2019)

市 州	Cities and Prefecture	施工项目个数（个）Number of Projects under Construction (unit)	全部建成投产项目个数（个）Number of Projects Completed and Put into Use (unit)	项目投产率（%）Rate of Projects Completed and Put into Use (%)
全 省	**Total**	**43788**	**27796**	**63.5**
长沙市	Changsha	8039	3838	47.7
株洲市	Zhuzhou	3754	2289	61.0
湘潭市	Xiangtan	3728	3273	87.8
衡阳市	Hengyang	3830	2971	77.6
邵阳市	Shaoyang	3715	2474	66.6
岳阳市	Yueyang	4925	3425	69.5
常德市	Changde	2745	1693	61.7
张家界市	Zhangjiajie	394	231	58.6
益阳市	Yiyang	1684	1167	69.3
郴州市	Chenzhou	4178	2514	60.2
永州市	Yongzhou	2746	1582	57.6
怀化市	Huaihua	1612	1044	64.8
娄底市	Loudi	1840	1026	55.8
湘西州	West Hunan	582	268	46.0

注：施工、全投项目及项目投产率未包括房地产开发统计资料。

The data of projects under construction, projects completed put into use and rate of projects completed put into use excluded information of real estate development.

21-11 房地产开发情况 (2019年)
Real Estate Development (2019)

市 州	Cities and Prefecture	开发公司个数（个）Number of Development Enterprises (unit)	国有经济 State-owned Enterprises	集体经济 Collective-owned Enterprises	外商投资经济 Foreign Funded Enterprises	港澳台投资经济 Funded by Entrepreneurs from Hong Kong, Macao and Taiwan	房地产开发投资（亿元）Investment (100 million yuan)
全 省	**Total**	**4347**	**146**	**4**	**22**	**60**	**4445.47**
长沙市	Changsha	851	47		8	24	1668.40
株洲市	Zhuzhou	409	21	1	3	5	402.86
湘潭市	Xiangtan	174	10			2	268.20
衡阳市	Hengyang	429	10	1	4	6	290.92
邵阳市	Shaoyang	265	4	1		1	218.80
岳阳市	Yueyang	421	9		4	4	205.38
常德市	Changde	241	9			3	324.97
张家界市	Zhangjiajie	91	1		1	2	118.88
益阳市	Yiyang	204	5	1		1	138.25
郴州市	Chenzhou	375	11			7	187.39
永州市	Yongzhou	261	3		1	2	152.91
怀化市	Huaihua	294	6		1	1	238.41
娄底市	Loudi	166	2			2	115.24
湘西州	West Hunan	166	8				114.85

21-11 续表 Continued

市 州	Cities and Prefecture	主营业务收入（亿元）Main Business Revenue (100 million yuan)	土地转让收入 Land Transferred	商品房屋销售收入 Commercial Houses Sold	房屋出租收入 Houses Leased	其他收入 Others	营业税金及附加（亿元）Business Taxes and Additional (100 million yuan)	利润总额（亿元）Total Profits (100 million yuan)
全 省	**Total**	**39005.39**	**389.75**	**37229.71**	**203.53**	**1060.99**	**2076.13**	**3578.63**
长沙市	Changsha	15332.75	42.93	14439.27	126.33	688.08	1013.13	1606.82
株洲市	Zhuzhou	3254.25	124.07	2993.16	32.10	98.48	157.50	248.11
湘潭市	Xiangtan	2023.78	0.00	2000.43	2.18	18.42	89.55	317.39
衡阳市	Hengyang	2781.83	26.28	2689.10	4.27	30.87	114.18	235.67
邵阳市	Shaoyang	1449.43	18.84	1409.60	2.49	17.04	64.04	106.50
岳阳市	Yueyang	2594.50	2.05	2547.93	6.25	31.08	95.68	98.92
常德市	Changde	2394.11		2357.93	7.14	27.15	128.38	227.82
张家界市	Zhangjiajie	608.18	27.15	567.77	1.35	11.92	23.95	48.41
益阳市	Yiyang	969.97	22.51	895.10	1.05	51.27	58.06	70.54
郴州市	Chenzhou	1928.19	38.84	1863.80	10.39	8.66	106.78	146.93
永州市	Yongzhou	2177.82	0.01	2142.34	1.38	7.92	79.60	281.40
怀化市	Huaihua	1923.04	36.49	1860.15	4.24	20.98	82.15	143.03
娄底市	Loudi	1016.57	4.13	988.26	3.67	20.36	31.23	66.91
湘西州	West Hunan	550.96	46.46	474.88	0.69	28.76	31.90	-19.80

21-12 商品房屋销售情况 (2019年)
Sales of Commercial House (2019)

市 州	Cities and Prefecture	商品房屋销售面积（平方米）		商品房屋销售额（万元）		商品房平均销售价格（元/平方米）	
		Floor Space of Selling Commercial House (sq.m)	#住宅 Residential Buildings	Total Sales of Commercial House (10 000 yuan)	#住宅 Residential Buildings	Floor Space of Selling Commercial House (yuan/sq.m)	#住宅 Residential Buildings
全 省	**Total**	**91035015**	**80732485**	**55779856**	**47214318**	**6127.30**	**5848.24**
长沙市	Changsha	23348623	20062030	20210846	16502700	8656.12	8225.84
株洲市	Zhuzhou	6844581	5870346	4195584	3587625	6129.79	6111.44
湘潭市	Xiangtan	4400690	3999008	2517363	2203677	5720.38	5510.56
衡阳市	Hengyang	5772667	5549672	2825036	2680345	4893.81	4829.74
邵阳市	Shaoyang	4390967	3891095	1931517	1631745	4398.84	4193.54
岳阳市	Yueyang	6220250	5277994	3662492	3060543	5888.01	5798.69
常德市	Changde	6214157	5865554	3283588	2998657	5284.04	5112.32
张家界市	Zhangjiajie	1524158	1361454	969975	788612	6364.01	5792.42
益阳市	Yiyang	4151777	3684597	2061426	1766213	4965.17	4793.50
郴州市	Chenzhou	7666493	6551926	3992180	3223181	5207.31	4919.44
永州市	Yongzhou	6802660	6083894	3524261	3087118	5180.71	5074.25
怀化市	Huaihua	8153339	7546405	3839347	3342026	4708.93	4428.63
娄底市	Loudi	3273518	2915028	1734546	1457816	5298.72	5001.04
湘西州	West Hunan	2271135	2073482	1031695	884060	4542.64	4263.65

21-13 房地产开发建设房屋建筑面积和价值 (2019年)
Floor Space of Building and Value of Real Estate Development (2019)

市 州	Cities and Prefecture	施工房屋面积（平方米） Floor Space of Buildings under Construction (sq.m)	竣工房屋面积（平方米） Floor Space of Buildings Completed (sq.m)	房屋建筑面积竣工率（%） Rate of Floor Space of Buildings Completed(%)	竣工房屋价值（万元） Value of Buildings Completed (10 000 yuan)
全 省	**Total**	**400451156**	**39752412**	**9.9**	**11540333**
长沙市	Changsha	117753620	12861115	10.9	4853770
株洲市	Zhuzhou	42105230	3049133	7.2	875837
湘潭市	Xiangtan	21931020	1812234	8.3	518906
衡阳市	Hengyang	32558987	2322360	7.1	445125
邵阳市	Shaoyang	21636930	2161618	10.0	425129
岳阳市	Yueyang	26100458	2491799	9.5	807420
常德市	Changde	22996440	2710656	11.8	823445
张家界市	Zhangjiajie	5494609	194953	3.5	128833
益阳市	Yiyang	15311061	1278626	8.4	299332
郴州市	Chenzhou	29667706	2582444	8.7	520460
永州市	Yongzhou	15501125	3890764	25.1	778788
怀化市	Huaihua	22935087	1698077	7.4	479123
娄底市	Loudi	13983054	2133218	15.3	466694
湘西州	West Hunan	12475829	565415	4.5	117471

21-14 地方财政收入情况 (2019年)
Public Budgetary Revenue (2019)

单位：亿元 (100 million yuan)

市 州	Cities and Prefecture	地方一般公共预算收入 General Public Budget Revenue	各项税收收入 Taxes Revenue	增值税 Value Added Tax	企业所得税 Income Tax of Enterprises	个人所得税 Individual Income Tax	非税收入 No-tax Revenue
全 省	**Total**	**3007.15**	**2061.96**	**789.71**	**247.16**	**74.15**	**945.19**
长沙市	Changsha	950.23	665.41	207.38	69.62	27.02	284.82
株洲市	Zhuzhou	200.96	133.46	44.87	10.75	3.30	67.50
湘潭市	Xiangtan	115.52	75.50	29.15	7.23	2.14	40.02
衡阳市	Hengyang	170.20	110.40	35.29	8.27	2.89	59.80
邵阳市	Shaoyang	102.94	63.40	21.97	6.15	1.86	39.54
岳阳市	Yueyang	150.18	96.14	37.98	8.49	2.17	54.04
常德市	Changde	183.52	120.69	31.66	10.96	2.63	62.83
张家界市	Zhangjiajie	37.69	25.57	8.13	3.49	0.90	12.12
益阳市	Yiyang	74.83	52.50	18.81	5.63	1.60	22.33
郴州市	Chenzhou	140.34	97.29	31.98	6.40	1.92	43.05
永州市	Yongzhou	125.27	85.21	24.15	4.69	1.65	40.06
怀化市	Huaihua	95.29	67.27	20.67	5.23	1.56	28.02
娄底市	Loudi	76.70	52.28	24.98	5.71	1.24	24.42
湘西州	West Hunan	64.13	38.50	14.17	3.99	1.02	25.63

21-15 公共财政支出情况 (2019年)
Public Budgetary Expenditure (2019)

单位：亿元 (100 million yuan)

市 州	Cities and Prefecture	一般公共预算支出 General Public Budget Expenditure	教育 Education	社会保障和就业 Social Security Progams and Employmenr	卫生健康 Health	农林水利事务 Agriculture, Forest and Irrigation	一般公共服务 General Public Services
全 省	**Total**	**8034.42**	**1270.02**	**1160.33**	**661.58**	**978.68**	**850.66**
长沙市	Changsha	1425.98	211.18	115.38	71.84	91.78	179.70
株洲市	Zhuzhou	523.38	62.51	72.85	35.16	42.13	61.32
湘潭市	Xiangtan	316.59	40.62	55.68	22.56	28.68	38.68
衡阳市	Hengyang	600.02	96.91	105.63	61.42	69.72	59.40
邵阳市	Shaoyang	581.68	99.06	98.30	61.04	91.86	61.45
岳阳市	Yueyang	532.43	69.95	65.16	51.96	83.65	57.82
常德市	Changde	608.54	76.45	108.50	56.01	91.10	57.40
张家界市	Zhangjiajie	187.95	26.21	24.43	16.23	32.64	19.55
益阳市	Yiyang	382.42	57.36	69.31	40.45	66.93	40.56
郴州市	Chenzhou	440.54	75.39	64.31	41.62	61.51	41.15
永州市	Yongzhou	497.00	91.57	80.28	53.62	81.74	50.17
怀化市	Huaihua	470.31	82.34	77.71	46.29	84.38	53.40
娄底市	Loudi	320.88	57.28	44.70	31.52	43.52	41.42
湘西州	West Hunan	351.16	56.57	41.27	37.93	71.21	40.15

21-16 金融机构人民币存款情况 (2019年)
RMB Deposits of Financial Institutions (2019)

单位：亿元 (100 million yuan)

市 州	Cities and Prefecture	各项存款 Deposits	住户存款 Personal Deposits	非金融企业存款 Corporate Deposits	财政性存款 Fiscal Deposits	机关团体存款 Corporate Deposits	非银行业金融机构存款 Non-banking Financial Institutions Deposit
全 省	**Total**	**52312.47**	**28299.87**	**12852.61**	**1104.73**	**7917.60**	**2107.71**
长沙市	Changsha	20820.17	6530.52	7913.59	476.08	3787.41	2092.34
株洲市	Zhuzhou	3256.16	1997.57	784.42	51.02	419.99	2.13
湘潭市	Xiangtan	2196.13	1480.19	466.06	17.01	231.98	0.27
衡阳市	Hengyang	3892.12	2784.62	535.79	69.29	499.78	0.60
邵阳市	Shaoyang	3007.70	2239.74	384.61	36.27	344.59	1.52
岳阳市	Yueyang	2751.10	1685.04	535.64	75.51	453.40	0.57
常德市	Changde	3295.48	2219.25	526.91	151.11	396.65	0.89
张家界市	Zhangjiajie	869.07	543.86	146.93	18.85	158.99	0.22
益阳市	Yiyang	2046.66	1478.57	239.38	44.75	281.55	1.75
郴州市	Chenzhou	2491.65	1741.18	381.75	37.05	329.89	0.96
永州市	Yongzhou	2310.07	1747.25	251.26	30.92	278.75	1.06
怀化市	Huaihua	2098.81	1562.51	202.28	41.82	289.04	2.71
娄底市	Loudi	1965.50	1462.25	233.31	14.30	255.04	0.23
湘西州	West Hunan	1207.41	822.79	182.15	40.74	160.72	0.92

21-17 金融机构人民币贷款情况 (2019年)
RMB Loans of Financial Institutions (2019)

单位：亿元 (100 million yuan)

市 州	Cities and Prefecture	各项贷款 Loans	住户贷款 Households Loans	非金融企业及机关团体贷款 Non-financial Enterprises and Institutions Loans
全 省	**Total**	**42159.45**	**15705.65**	**26406.63**
长沙市	Changsha	21061.33	6444.58	14571.97
株洲市	Zhuzhou	2164.60	995.21	1167.97
湘潭市	Xiangtan	2025.90	579.88	1445.98
衡阳市	Hengyang	2183.78	1008.13	1175.45
邵阳市	Shaoyang	1627.08	793.54	833.53
岳阳市	Yueyang	1987.67	738.52	1249.02
常德市	Changde	2102.71	938.30	1164.23
张家界市	Zhangjiajie	780.55	315.12	465.36
益阳市	Yiyang	1262.88	526.47	736.30
郴州市	Chenzhou	1644.48	878.83	765.58
永州市	Yongzhou	1556.24	834.95	721.22
怀化市	Huaihua	1279.37	711.92	567.35
娄底市	Loudi	1168.42	442.96	725.44
湘西州	West Hunan	868.32	415.89	452.43

21-18 农业基本情况(2019年)
Basic Indicators of Agriculture (2019)

市 州	Cities and Prefecture	乡村劳动力（万人）Number of Laborers (10 000 person)	造林面积（万公顷）Afforesta-tion Areas (10 000 hectares)	乡村户数（万户）Number of Rural Households (10 000 households)	乡村从业人员（万人）Number of Rural Laborers (10 000 person)	农林牧渔业 Farming, Forestry, Animal Husbandry and Fishery Laborers
全 省	**Total**	**3423.1**	**57.69**	**1553.0**	**3115.1**	**1644.1**
长沙市	Changsha	264.2	0.87	120.3	235.6	87.0
株洲市	Zhuzhou	189.5	3.14	77.1	165.9	75.8
湘潭市	Xiangtan	127.3	0.95	57.4	125.6	62.1
衡阳市	Hengyang	350.3	7.61	166.6	323.1	202.7
邵阳市	Shaoyang	427.2	8.40	186.2	390.7	218.6
岳阳市	Yueyang	245.6	3.50	120.5	227.4	115.4
常德市	Changde	298.2	4.25	147.2	273.7	146.9
张家界市	Zhangjiajie	88.1	2.31	44.1	80.1	50.1
益阳市	Yiyang	221.8	3.09	106.2	204.8	112.1
郴州市	Chenzhou	275.5	6.23	119.1	245.2	103.9
永州市	Yongzhou	302.7	6.34	130.8	278.7	144.6
怀化市	Huaihua	263.1	5.16	119.0	243.6	131.2
娄底市	Loudi	227.6	2.39	99.7	197.1	116.6
湘西州	West Hunan	142.1	3.44	59.0	123.6	77.2

21-19 农业生产条件 (2019年)
Condition of Agricultural Production (2019)

市 州	Cities and Prefecture	农业机械总动力（万千瓦）Total Power of Agricultural Machinery (10 000 kw)	有效灌溉面积（千公顷）Effective Irrigated Area (1000 hectares)	化肥施用量（万吨）Consumption of Chemical Fertilizers (10 000 tons)	农村用电量（万度）Electricity Consumed in Rural Areas (10 000 kwh)	每公顷面积产量（公斤）Yield per hectare (kg) 粮食 Grain Crops	棉花 Cotton	油料 Oil-bearing Crops
全 省	**Total**	**6471.82**	**3176.11**	**229.01**	**1329776**	**6444**	**1299**	**1752**
长沙市	Changsha	607.75	232.20	17.46	194488	6883	1707	1750
株洲市	Zhuzhou	405.98	165.11	10.32	87585	7136	1486	1666
湘潭市	Xiangtan	287.67	141.52	9.82	64045	7224	750	1573
衡阳市	Hengyang	588.83	288.53	22.47	204398	6779	1106	1618
邵阳市	Shaoyang	503.51	292.53	21.66	107481	6615	652	1833
岳阳市	Yueyang	658.06	336.33	21.29	87011	6384	1233	1703
常德市	Changde	651.87	469.84	34.29	135592	6429	1317	1968
张家界市	Zhangjiajie	118.20	54.91	5.65	21512	5032	851	1747
益阳市	Yiyang	560.96	238.46	20.08	117353	6415	1425	1756
郴州市	Chenzhou	442.75	196.51	16.73	73517	5911	590	1677
永州市	Yongzhou	644.77	290.02	22.41	80599	6239	1213	1853
怀化市	Huaihua	462.76	201.86	11.08	62305	6296	523	1540
娄底市	Loudi	352.27	100.65	8.68	74427	6476	1540	1676
湘西州	West Hunan	186.44	167.64	7.07	19464	5358	600	1537

注：化肥施用量1989年及以前均为实物量，1990年及以后为折纯量。

Data of consumption of fertilizers refer to the consumption in quantity prior to 1989, and the consumption in purity in and after 1990.

21-20　主要农业机械年末拥有量 (2019年)

Year-End Possession of Major Agriculture Machinery (2019)

市　州	Cities and Prefecture	大中型拖拉机 Large and Medium Tractors		小型及手扶拖拉机 Mini and Walking Tractors		排灌机械 Machinery for Agricultural Drainage and Irrigation
		台 (unit)	千瓦 (kw)	台 (unit)	千瓦 (kw)	台 (unit)
全　省	**Total**	**122262**	**4524951**	**239862**	**2876245**	**2320341**
长沙市	Changsha	8752	352684	25459	318444	215435
株洲市	Zhuzhou	5233	200116	26019	294889	35934
湘潭市	Xiangtan	2318	82563	2986	44082	185407
衡阳市	Hengyang	8981	324477	16116	239601	236995
邵阳市	Shaoyang	7182	263557	9975	128267	204384
岳阳市	Yueyang	17263	618408	31149	356888	182251
常德市	Changde	17924	820859	26904	336509	198982
张家界市	Zhangjiajie	3031	91251	3749	41926	38548
益阳市	Yiyang	10641	535110	25380	293654	271018
郴州市	Chenzhou	12659	371978	21479	255613	72057
永州市	Yongzhou	20278	590824	25763	305091	305722
怀化市	Huaihua	3398	124610	10898	72153	143055
娄底市	Loudi	2653	91448	8523	104464	205379
湘西州	West Hunan	1949	57067	5462	84665	25174

21-21　机耕面积及水库、堤防 (2019年)

Tractor-Ploughed Area, Reservoirs and Dikes (2019)

市　州	Cities and Prefecture	机耕面积（千公顷） Tractor Ploughed Area (1000 hectares)	水　库（座） Number of Reservoirs (set)	堤防长度（公里） Total Length of Dikes (km)
全　省	**Total**	**6346.40**	**14050**	**20457.53**
长沙市	Changsha	515.59	657	1550.59
株洲市	Zhuzhou	252.48	956	951.69
湘潭市	Xiangtan	256.65	387	992.69
衡阳市	Hengyang	729.24	1781	2658.28
邵阳市	Shaoyang	517.78	1250	332.39
岳阳市	Yueyang	724.77	1489	2591.24
常德市	Changde	1061.42	1424	3381.39
张家界市	Zhangjiajie	82.02	258	333.68
益阳市	Yiyang	531.60	623	3354.80
郴州市	Chenzhou	342.61	1084	1136.31
永州市	Yongzhou	579.02	1395	1058.96
怀化市	Huaihua	358.07	1311	928.97
娄底市	Loudi	207.17	754	439.74
湘西州	West Hunan	187.99	681	746.80

注：机耕面积由农机部门提供，水库、堤防长度数据由水利部门提供。

The Date of Tractor-Ploughed Area are provided by Department of agriculture machinery, The Data of Reservoirs and Dikes are provided by Department of the water conservancy.

21−22 农林牧渔业总产值 (2019年)
Gross Output Value of Farming, Forestry, Animal Husbandry and Fishery (2019)

单位：万元 (10 000 yuan)

市 州	Cities and Prefecture	农林牧渔业总产值 Gross Output Value of Farming, Forestry, Animal Husbandry and Fishery	指 数 (上年=100) Indices (preceding year=100)	农业产值 Output Value of Farming	林业产值 Output Value of Forestry	牧业产值 Output Value of Animal Husbandry	渔业产值 Output Value of Fishery	农林牧渔专业及辅助性活动产值 Output Value of Farming, Forestry, Animal Husbandry, Fishery and Auxiliary Activities
长沙市	Changsha	6076974	103.2	3782294	382424	1354874	191116	366265
株洲市	Zhuzhou	3407325	103.3	1731238	310365	1102860	134632	128230
湘潭市	Xiangtan	2520972	102.9	1097683	141000	1015350	123367	143572
衡阳市	Hengyang	6666998	103.1	2547991	573501	2556906	549770	438829
邵阳市	Shaoyang	5694229	103.3	3227861	201986	1807861	159744	296776
岳阳市	Yueyang	6498991	103.2	2915286	210867	1802294	1201461	369082
常德市	Changde	7021482	103.0	3148270	193417	2538823	646675	494297
张家界市	Zhangjiajie	1137806	103.4	664848	94656	293106	39421	45776
益阳市	Yiyang	5165624	103.5	2709447	160353	1301048	678448	316329
郴州市	Chenzhou	4169038	103.3	2133743	432609	1288155	146403	168128
永州市	Yongzhou	6537095	103.4	2999859	862630	1951733	392653	330220
怀化市	Huaihua	3991016	103.3	2001269	329446	1436675	135542	88084
娄底市	Loudi	2885831	103.5	1521125	83880	1013425	161199	106202
湘西州	West Hunan	1650387	103.3	1098159	55818	452797	21982	21631

21−23 经济作物播种面积 (2019年)
Sown Area of Cash Crops (2019)

单位：千公顷 (1000 hectares)

市 州	Cities and Prefecture	油料面积 Area of Oil	烤烟面积 Area of Flue-cured Tobacco	蔬菜面积 Area of Vegetables
全 省	**Total**	**1365.53**	**82.33**	**1313.24**
长沙市	Changsha	56.25	5.20	151.40
株洲市	Zhuzhou	43.64	1.49	77.03
湘潭市	Xiangtan	24.21		55.39
衡阳市	Hengyang	185.88	4.70	62.92
邵阳市	Shaoyang	105.30	3.99	147.12
岳阳市	Yueyang	120.26	0.07	77.57
常德市	Changde	296.57	4.37	119.78
张家界市	Zhangjiajie	45.15	6.34	37.74
益阳市	Yiyang	128.95	0.09	128.12
郴州市	Chenzhou	68.91	26.99	103.46
永州市	Yongzhou	88.29	17.91	188.14
怀化市	Huaihua	113.78	0.64	68.30
娄底市	Loudi	36.97	0.12	40.40
湘西州	West Hunan	51.38	10.40	55.87

21-24 主要经济作物及水产品产量 (2019年)
Output of Main Cash Crop and Aquatic Product (2019)

单位：吨 (ton)

市 州	Cities and Prefecture	油料产量 Oilbearing	油菜籽 Rapeseeds	苎麻 Wheat	烤烟 Fluecured Tobacco	蔬菜 Vegetables
全 省	**Total**	**2391994**	**2080081**	**4161**	**183633**	**39694388**
长沙市	Changsha	98465	84460	11	10348	5276653
株洲市	Zhuzhou	72726	58870	1469	3838	3215302
湘潭市	Xiangtan	38097	34615	24		1631478
衡阳市	Hengyang	300659	275720	56	10935	2103281
邵阳市	Shaoyang	192973	142527	89	8523	2905034
岳阳市	Yueyang	204819	179506	80	248	2541688
常德市	Changde	583636	565635	1350	9008	3344044
张家界市	Zhangjiajie	78867	68052	242	14742	1014900
益阳市	Yiyang	226397	209840	281	112	4539256
郴州市	Chenzhou	115582	81736		65375	3204175
永州市	Yongzhou	163628	109573	262	40515	6013148
怀化市	Loudi	175209	162075	2	1512	1610777
娄底市	Huaihua	61983	44457	99	207	1561515
湘西州	West Hunan	78953	63015	196	18270	733137

21-24 续表 Continued

单位：吨 (ton)

市 州	Cities and Prefecture	茶叶 Tea	水果产量 Fruit	柑桔 Citrus	水产品产量 Aquatic Products
全 省	**Total**	**233450**	**10619894**	**5604681**	**2648451**
长沙市	Changsha	39772	395167	107613	98698
株洲市	Zhuzhou	2474	390870	72857	97377
湘潭市	Xiangtan	1989	96208	18282	90758
衡阳市	Hengyang	4078	536874	77450	283673
邵阳市	Shaoyang	5915	949407	546068	104411
岳阳市	Yueyang	16465	579554	118215	538168
常德市	Changde	27429	1333720	1032076	461673
张家界市	Zhangjiajie	3751	336573	266173	12758
益阳市	Yiyang	93976	582371	222387	423308
郴州市	Chenzhou	8401	900405	409486	115800
永州市	Yongzhou	2797	1552272	652203	210963
怀化市	Loudi	10847	1814608	1364424	87756
娄底市	Huaihua	6039	250232	55051	97305
湘西州	West Hunan	9517	901633	662396	25804

21−25 主要林产品产量 (2019年)
Output of Major Forest Products (2019)

市 州	Cities and Prefecture	油茶籽（吨）Tea-oil Seeds (ton)	板栗（吨）Chestnuts (ton)	竹笋干（吨）Bamboo Shoots (ton)	木 材 采伐量（万方）Woods Cuts (10 000 cu.m)	竹 材 采伐量（万根）Bamboo Cuts (10 000 roots)
全 省	**Total**	**1100375**	**107812**	**64342**	**331.41**	**28235.86**
长沙市	Changsha	63710	19380	632	17.02	1382.50
株洲市	Zhuzhou	146814	2518	10122	14.18	6238.11
湘潭市	Xiangtan	11916	926	44	2.96	13.82
衡阳市	Hengyang	227945	16264	3690	9.69	2023.81
邵阳市	Shaoyang	135905	5508	4047	38.10	942.43
岳阳市	Yueyang	28090	5294	8585	48.70	9375.93
常德市	Changde	46588	4863	706	40.51	810.64
张家界市	Zhangjiajie	8684	1928	326	4.35	5.07
益阳市	Yiyang	23329	1674	3051	44.80	4100.72
郴州市	Chenzhou	138398	8835	16930	29.44	996.40
永州市	Yongzhou	160179	12981	6173	33.12	464.86
怀化市	Huaihua	59710	12063	7586	42.47	921.56
娄底市	Loudi	24180	8690	2205	3.01	951.65
湘西州	West Hunan	24925	6888	245	3.07	8.37

21-26 规模以上工业企业个数(2019年)
The Number of Units of Industrial Enterprises above Designated Size (2019)

单位：个 (unit)

市 州	Cities and Prefecture	工业企业单位个数 The Number of Units of Industrial Enterprises	按轻重工业分 According to Light and Heavy Industries		按登记注册类型分 Divided by Type of Registration			
			轻工业 Light Industry	重工业 Heary Industry	国有控股 Stste-owned Enterprises	内资企业 Domestic Funde	港澳台商投资企业 Enterprises with Funds from Hongkong, Macao and Taiwan	外商投资企业 Foreign Funded
全 省	**Total**	**16562**	**6464**	**10098**	**757**	**16111**	**251**	**200**
长沙市	Changsha	2984	929	2055	155	2845	63	76
株洲市	Zhuzhou	1619	438	1181	90	1588	13	18
湘潭市	Xiangtan	1058	305	753	42	1027	13	18
衡阳市	Hengyang	1052	423	629	67	1027	17	8
邵阳市	Shaoyang	1581	972	609	44	1564	13	4
岳阳市	Yueyang	1452	659	793	48	1430	10	12
常德市	Changde	1371	600	771	65	1337	23	11
张家界市	Zhangjiajie	214	125	89	8	211	2	1
益阳市	Yiyang	1142	549	593	39	1121	11	10
郴州市	Chenzhou	1150	325	825	68	1108	34	8
永州市	Yongzhou	1076	453	623	50	1019	37	20
怀化市	Huaihua	692	255	437	45	679	7	6
娄底市	Loudi	936	325	611	29	923	6	7
湘西州	West Hunan	251	109	142	23	248	1	2

21－27 规模以上工业企业基本情况(2019年)

Basic Indicators of Industrial Enterprises above Designated Size (2019)

单位：亿元 (100 million yuan)

市 州	Cities and Prefecture	工业增加值指数（上年 =100） Index of Value Added of Industry (precending year=100)	营业收入 Revenue of Bussiness	利润总额 Total Profits	资产总计 Total Assets of Industrial Enterprises	负债合计 Total Liabilities of Industrial Enterprises
全 省	**Total**	**108.3**	**37919.60**	**2227.27**	**29616.35**	**14872.72**
长沙市	Changsha	109.1	8599.68	742.89	9869.44	5393.50
株洲市	Zhuzhou	108.6	2714.47	151.37	3766.89	1785.71
湘潭市	Xiangtan	108.5	3476.81	136.15	1852.05	1020.16
衡阳市	Hengyang	109.0	1638.78	96.72	1603.43	910.45
邵阳市	Shaoyang	107.8	2170.47	168.76	977.99	424.71
岳阳市	Yueyang	108.1	5511.29	216.99	2248.42	893.25
常德市	Changde	108.1	3167.50	204.75	2153.42	1003.69
张家界市	Zhangjiajie	108.0	108.78	7.53	116.88	55.08
益阳市	Yiyang	107.8	2691.49	101.68	1155.63	591.46
郴州市	Chenzhou	107.7	2847.00	132.24	1952.88	965.00
永州市	Yongzhou	108.3	1680.86	73.39	999.79	408.73
怀化市	Huaihua	108.5	1021.35	61.62	804.54	275.79
娄底市	Loudi	107.6	2196.96	175.58	1313.08	665.47
湘西州	West Hunan	107.0	237.97	8.80	325.62	196.85

21-28 主要工业产品产量(2019年)

市 州	Cities and Prefecture	纱 (万吨) Yarn (10 000 tons)	布 (亿米) Cloth (100 million meters)	针棉织品 (折用纱线) (万吨) Cotton Knitwear (10 000tons)	机制纸及纸板 (万吨) Machine-made Paper and Paperboard (10 000 tons)	卷 烟 (万箱) Cigarettes (10 000 cases)
全 省	**Total**	**114.92**	**1.78**	**4.77**	**331.27**	**330.29**
长沙市	Changsha	13.76			31.51	108.75
株洲市	Zhuzhou	5.06			1.40	
湘潭市	Xiangtan	1.27			0.01	
衡阳市	Hengyang	1.52			21.89	
邵阳市	Shaoyang	18.18	0.06		67.05	
岳阳市	Yueyang	22.75	0.59	3.79	108.91	
常德市	Changde	28.66	0.49		55.05	160.89
张家界市	Zhangjiajie					
益阳市	Yiyang	18.88	0.54	0.98	2.88	
郴州市	Chenzhou	0.61			29.43	34.65
永州市	Yongzhou	0.01	0.08		0.20	26.00
怀化市	Huaihua	2.04	0.03		12.65	
娄底市	Loudi	0.06			0.29	
湘西州	West Hunan	2.13				

21-28 续表

市 州	Cities and Prefecture	钢 材 (万吨) Steel (10 000 tons)	水 泥 (万吨) Cement (10 000 tons)	平板玻璃 (万重量箱) Plate Class (10 000 weight cases)	硫 酸 (万吨) Sulfuric Acid (10 000 tons)	烧 碱 (万吨) Caustic Sode (10 000 tons)
全 省	**Total**	**2451.58**	**11194.89**	**3394.59**	**171.58**	**58.38**
长沙市	Changsha	0.61	694.17	96.46	3.35	
株洲市	Zhuzhou		529.20	2463.15		
湘潭市	Xiangtan	914.39	531.18			
衡阳市	Hengyang	152.48	861.19		116.97	38.74
邵阳市	Shaoyang	2.11	1094.55	8.71		
岳阳市	Yueyang	2.25	440.14		4.16	9.43
常德市	Changde	1.98	1472.43	162.54		
张家界市	Zhangjiajie		182.72			
益阳市	Yiyang	11.06	709.47	2.91		
郴州市	Chenzhou	0.02	1152.26	648.92	15.14	
永州市	Yongzhou		1321.77	11.90	0.49	
怀化市	Huaihua	4.03	597.67		6.50	10.21
娄底市	Loudi	1362.66	1303.33			
湘西州	West Hunan		304.82		24.95	

Output of Major Industrial Products (2019)

化学药品原药 （吨） Original Chemical Drug (ton)	食用植物油 （万吨） Edible Vegetable Oil (10 000 tons)	饲　料 （万吨） Mixed Fodder (10 000 tons)	粗　钢 （万吨） Crude Steel (10 000 tons)	生　铁 （万吨） Pig Iron (10 000 tons)	原　煤 （万吨） Coal (10 000 tons)	发电量 （亿千瓦时） Electricity (100 million kw.h)	水力发电 Hydro-power
117579.51	**321.28**	**1732.90**	**2385.72**	**1973.87**	**1374.66**	**1505.52**	**527.97**
40057.74	12.95	207.24				73.28	18.57
68.19	1.54	98.94			154.44	99.06	19.77
0.99	0.33	26.56	960.22	796.84		115.82	1.25
	20.20	57.96	171.19	116.99	320.66	78.57	29.78
2083.57	1.88	85.59			16.21	124.95	62.12
68684.94	165.39	574.80				132.91	1.07
1764.37	91.23	228.45				150.54	33.88
1570.18	0.39	5.19				8.03	7.52
	6.52	210.05				132.28	46.82
	0.40	72.88			344.79	153.63	44.16
42.69	6.63	62.46		6.33		82.33	62.14
3306.84	12.03	73.56				197.10	184.69
	1.73	27.69	1254.31	1053.71	538.55	143.03	3.72
	0.05	1.53				14.01	12.48

Continued

化学农药（原药）（万吨） Chemical Pesticide (10 000 tons)	化学肥料（折纯量）（万吨） Chemical Fertilizers (10 000 tons)	氮　肥 Nitrogen Fertilizers	磷　肥 Phosphate Fertilizers	电　石 （万吨） Calcium Carbide (10 000 tons)	初级形态的塑料 （万吨） Pimary Plastics (10 000 tons)	矿山专用设　备 （万吨） Mining Special Equipment (10 000 tons)	金属切削机　床 （台） Metal-Cutting Machine Tools(unit)
3.64	**52.57**	**42.76**	**9.81**	**13.48**	**57.07**	**65.82**	**4958**
0.41	1.38		1.38		1.25	1.30	2502
0.04					1.65	0.13	
						7.88	
	0.93	0.93			14.97	0.95	
0.08						12.41	
0.45	35.30	35.30			28.84	2.48	325
1.35	8.03	1.33	6.70		0.83	1.74	
					0.22		
1.12					6.02	0.03	2131
					0.00	0.67	
					3.28	10.42	
0.19	1.73		1.73	13.48		0.91	
	5.20	5.20				26.91	

21-29 建筑企业概况 (2019年)
Main Economic Indicators on Construction Enterprises (2019)

单位：亿元 (100 million yuan)

市 州	Cities and Prefecture	企业单位数（个）Number of Enterprises (unit)	从业人员数（万人）Number of Employees (10 000 person)	建筑业总产值 Gross Output Value of Construction	企业总收入 Total Income of Enterprises	利税总额合计 Total Pre-tax Profits	利润总额合计 Total Profits
全 省	**Total**	**2986**	**294.62**	**10800.62**	**9693.34**	**719.09**	**324.84**
长沙市	Changsha	841	125.72	5503.65	5217.64	321.61	167.89
株洲市	Zhuzhou	272	25.27	883.58	698.86	55.33	22.63
湘潭市	Xiangtan	174	20.47	519.88	457.25	29.42	12.32
衡阳市	Hengyang	203	24.10	613.86	529.49	42.53	15.47
邵阳市	Shaoyang	198	13.20	521.06	465.04	38.25	14.91
岳阳市	Yueyang	290	15.04	551.18	487.23	52.58	24.00
常德市	Changde	143	13.03	422.74	400.79	28.64	11.15
张家界市	Zhangjiajie	55	1.90	67.13	68.99	7.11	2.42
益阳市	Yiyang	108	9.79	336.45	276.06	30.31	10.44
郴州市	Chenzhou	182	12.29	419.83	291.83	28.64	10.95
永州市	Yongzhou	146	10.56	283.34	206.75	28.89	11.66
怀化市	Huaihua	162	6.88	207.95	151.23	18.91	8.10
娄底市	Loudi	142	14.11	412.33	384.05	30.67	10.53
湘西州	West Hunan	69	2.23	55.69	58.13	6.18	2.35

21-30 房屋建筑面积 (2019年)
Floor Space of Building Construction (2019)

单位：万平方米 (10 000 sq.m)

市 州	Cities and Prefecture	房屋建筑面积 Floor Space of Building Construction	
		施工面积 Floor Space Under Construction	竣工面积 Floor Space Completed
全 省	**Total**	**65247.34**	**21043.78**
长沙市	Changsha	37406.25	7783.66
株洲市	Zhuzhou	4899.83	2031.02
湘潭市	Xiangtan	2056.23	638.29
衡阳市	Hengyang	3076.47	1527.58
邵阳市	Shaoyang	3955.76	1703.51
岳阳市	Yueyang	1865.63	1326.87
常德市	Changde	2909.41	782.50
张家界市	Zhangjiajie	454.81	253.08
益阳市	Yiyang	1582.29	983.99
郴州市	Chenzhou	2053.29	1014.54
永州市	Yongzhou	2140.72	1537.92
怀化市	Huaihua	1143.74	537.89
娄底市	Loudi	1287.22	819.52
湘西州	West Hunan	415.68	103.41

注：2014年开始国有经济适用国有及国有控股企业。
Beginning in 2013,state-owned economic enterprises reper to state-owned and state holding enterprises.

21-31 公路长度 (2019年)
Length of Highways (2019)

单位：公里 (km)

市 州	Cities and Prefecture	里程总计 Total Length of Highways	等级公路 Expressway and Class Ⅰ to Ⅳ Highway	高速公路 Express-way	一级公路 First Class	二级公路 Second Class	三级公路 Third Class	四级公路 Fourth Class	等外路 Highway Below Class Ⅳ
全 省	**Total**	**240566**	**226590**	**6802**	**2232**	**15298**	**5953**	**196306**	**13976**
长沙市	Changsha	16239	14588	693	313	1180	699	11704	1651
株洲市	Zhuzhou	13906	13753	489	124	1117	86	11937	153
湘潭市	Xiangtan	7944	5682	285	92	479	230	4596	2262
衡阳市	Hengyang	21143	18339	665	87	1247	206	16134	2804
邵阳市	Shaoyang	22585	21043	582	90	1484	627	18260	1542
岳阳市	Yueyang	20644	20492	487	309	1127	412	18157	152
常德市	Changde	22651	22626	430	392	1217	580	20007	25
张家界市	Zhangjiajie	9057	7514	163	73	430	453	6396	1543
益阳市	Yiyang	16287	15884	433	170	1214	146	13920	404
郴州市	Chenzhou	17991	16935	575	159	1475	440	14285	1055
永州市	Yongzhou	23099	22152	492	173	1283	527	19677	947
怀化市	Huaihua	20818	20229	717	102	1396	674	17340	589
娄底市	Loudi	15100	14602	309	133	733	395	13032	498
湘西州	West Hunan	13103	12750	482	14	916	477	10861	353

注：资料来源于省交通厅。2006 年起等外路包含村道。

Figures in this table form Transpotation Bureau of Hunan Province. Highway below class Ⅳ includes country road since 2006.

21-32 民用车辆拥有量 (2019年)
Number of Civil Motor Vehicles (2019)

市 州	Cities and Prefecture	合 计（辆）Total (unit)	私人汽车 Private car	汽车 Civil Motor Vehicles: 载客 Passenger Vehicles	汽车 Civil Motor Vehicles: 载货 Trucks Vehicles	摩托车 Motors	拖拉机 Tractors	其他类型车 Other Motor Vehicles	机动车驾驶员（人）Number of Motor Drivers (person)	#汽车驾驶员 Automobile Drivers
全 省	**Total**	**14276080**	**8126791**	**7851365**	**817745**	**5079557**	**282085**	**108282**	**16538825**	**14237262**
长沙市	Changsha	3042919	2384485	2487280	143553	343820	29120	9176	3298712	3202019
株洲市	Zhuzhou	794629	514830	502849	45664	208262	24896	8493	1113187	974145
湘潭市	Xiangtan	601350	362165	358609	26366	193883	9438	9129	757881	680705
衡阳市	Hengyang	1052808	591899	564584	61635	382848	25200	8690	1313010	1180421
邵阳市	Shaoyang	1076465	584732	527162	79486	441969	13434	4857	1400411	1207610
岳阳市	Yueyang	1080780	612632	583411	57404	383699	29671	16462	1306302	1131766
常德市	Changde	1298721	588729	560526	62969	600028	40906	20429	1290305	1053413
张家界市	Zhangjiajie	410357	157860	149340	19799	232283	5932	448	381318	272717
益阳市	Yiyang	864984	438355	405957	48098	346806	36420	16757	1097887	907622
郴州市	Chenzhou	772255	473378	436648	64722	241157	17267	4242	913347	824310
永州市	Yongzhou	934212	456931	406342	66170	417967	26478	4405	1035810	786985
怀化市	Huaihua	1119843	393922	354350	58046	688669	6608	2097	1076190	749046
娄底市	Loudi	841516	391492	353925	54879	412631	9202	2289	1049187	895559
湘西州	West Hunan	385241	175381	160382	28954	185535	7513	808	505278	370944

21−33 邮电业务量(2019年)
Volume of Postal and Telecommunications Services (2019)

市 州	Cities and Prefecture	邮政业务总量（亿元）Revenue From Postal (100 million yuan)	电信业务总量（亿元）Revenue From Telecommunication (100 million yuan)	邮政业务收入（亿元）Income From Postal (100 million yuan)	电信业务收入（亿元）Income From Telecommunication (100 million yuan)	函件（万件）Letters (10 000 pieces)	报刊期发数（万份）Parcels (10 000 copies)	固定电话用户（万户）Fixed Telephone Subscribers (10 000 subscribers)	移动电话用户（万户）Mobile Telephone Subscribers (10 000 subscribers)	固定互联网用户数（万户）Number of Local Internet Users (10 000 households)	移动互联网用户数（万户）Number of Mobile Internet Users (10 000 households)
全 省	**Total**	**321.79**	**4248.82**	**191.13**	**453.57**	**2096.28**	**481.52**	**623.14**	**6648.08**	**1873.77**	**5489.68**
长沙市	Changsha	155.21	1003.47	74.77	112.57	1316.82	77.58	157.35	1308.27	379.51	1177.22
株洲市	Zhuzhou	22.96	249.81	11.87	28.93	244.28	29.44	46.35	421.52	127.97	363.34
湘潭市	Xiangtan	7.81	204.80	5.56	20.67	30.28	22.29	23.57	296.47	101.29	253.83
衡阳市	Hengyang	20.29	347.90	15.18	35.25	81.12	42.55	75.34	587.14	157.86	483.87
邵阳市	Shaoyang	18.26	318.16	12.81	31.68	63.57	43.92	36.09	546.64	139.48	440.52
岳阳市	Yueyang	18.63	277.03	10.58	33.35	88.66	32.52	81.62	501.60	143.81	423.10
常德市	Changde	13.28	303.42	10.07	33.80	117.00	39.18	40.33	533.41	152.15	440.62
张家界市	Zhangjiajie	2.96	115.37	2.65	11.22	10.62	13.49	10.06	161.30	51.67	136.46
益阳市	Yiyang	15.01	209.14	9.70	22.78	17.04	28.79	27.06	378.01	102.62	308.73
郴州市	Chenzhou	13.35	272.78	10.01	27.72	55.99	34.43	45.15	452.55	126.10	378.36
永州市	Yongzhou	9.13	248.77	7.98	25.10	12.22	40.72	21.50	425.05	113.05	340.85
怀化市	Huaihua	8.98	277.93	8.61	28.50	21.93	32.00	26.91	438.23	114.65	365.71
娄底市	Loudi	11.58	230.39	7.12	22.50	26.09	23.13	23.03	360.98	99.99	299.89
湘西州	West Hunan	4.31	186.68	4.21	17.41	10.66	21.48	8.78	236.92	63.60	201.58

注：电信业务总量从2017年起，由2010年不变价调整为2015年不变价。邮政业务总量从2010年起，由2000年不变价调整为2010年不变价。市州电信业务数据来源于湖南省通信管理局；2019年全省电信业务数据为国家反馈数据。

From 2017, the total of Telecommunications service is adjusted from 2010's constant price to 2015's constant price. From 2010, the total of Postal service is adjusted from 2000's constant price to 2010's constant price.The data of municipal and prefectural telecommunication service come from Hunan communication administration bureau; The number of telecom businesses in 2019 is the national feedback data.

21-34 规模以上服务业企业主要经济指标 (2019年)

Major Economic Indicators of Service Enterprises above Designated Size (2019)

单位：亿元 (100 million yuan)

市 州	Cities and Prefecture	单位数（个）Number of Enterprises (unit)	年初存货 Inventory Year-early	流动资产合计 Circulating Funds	应收账款 Net Value of Account Received	存货 Inventory
全 省	**Total**	**6713**	**4569.75**	**16046.18**	**1347.85**	**4817.20**
长沙市	Changsha	1834	1853.47	8873.39	447.50	1808.62
株洲市	Zhuzhou	521	463.47	1073.16	165.90	448.12
湘潭市	Xiangtan	241	9.75	109.65	26.14	8.99
衡阳市	Hengyang	559	796.68	1831.33	237.38	937.31
邵阳市	Shaoyang	518	284.16	733.24	98.99	357.77
岳阳市	Yueyang	753	72.56	167.73	25.53	54.26
常德市	Changde	652	514.28	1836.21	139.86	582.48
张家界市	Zhangjiajie	107	2.38	64.30	10.17	2.17
益阳市	Yiyang	115	92.47	180.29	11.26	101.78
郴州市	Chenzhou	566	169.12	421.08	48.85	177.31
永州市	Yongzhou	231	17.14	44.20	6.36	17.22
怀化市	Huaihua	232	46.97	157.16	12.60	67.77
娄底市	Loudi	289	242.86	521.73	113.31	249.58
湘西州	West Hunan	95	4.44	32.71	4.01	3.83

21-34 续表 1 Continued

单位：亿元 (100 million yuan)

市 州	Cities and Prefecture	固定资产原价 Original Price of Fixed Assets	累计折旧 Accumulated Depreciation	本年折旧 Depreciation this Year	资产总计 Total Assets	负债合计 Total Liability
全 省	**Total**	**4922.46**	**1490.05**	**253.32**	**26515.82**	**15441.02**
长沙市	Changsha	2097.07	562.97	93.59	13423.48	7957.76
株洲市	Zhuzhou	560.93	88.69	15.80	2164.66	1220.64
湘潭市	Xiangtan	127.84	59.25	8.92	286.10	198.66
衡阳市	Hengyang	442.43	152.44	22.12	2846.26	1642.20
邵阳市	Shaoyang	185.36	78.36	11.17	1174.03	592.65
岳阳市	Yueyang	193.16	82.91	14.51	443.19	221.74
常德市	Changde	396.35	112.98	19.39	3016.83	1822.60
张家界市	Zhangjiajie	101.88	40.31	6.53	209.27	140.36
益阳市	Yiyang	107.06	51.39	9.71	466.15	315.59
郴州市	Chenzhou	243.15	69.41	14.38	917.00	424.49
永州市	Yongzhou	117.30	46.87	7.40	330.74	147.67
怀化市	Huaihua	157.34	58.45	7.44	323.34	189.95
娄底市	Loudi	116.94	49.23	16.50	823.44	511.62
湘西州	West Hunan	75.65	36.80	5.87	91.32	55.09

21-34 续表 2 Continued

单位：亿元 (100 million yuan)

市 州	Cities and Prefecture	所有者权益合计 Tatol Rights of Owners	营业收入 Operating Income	营业成本 Operating Cost	税金及附加 Tax and Extra Charges
全 省	**Total**	**11074.80**	**4341.66**	**3222.98**	**51.79**
长沙市	Changsha	5465.72	2208.57	1625.33	29.91
株洲市	Zhuzhou	944.02	307.47	227.89	3.20
湘潭市	Xiangtan	87.44	145.50	114.92	1.27
衡阳市	Hengyang	1204.05	272.02	203.14	4.27
邵阳市	Shaoyang	581.38	131.39	96.30	0.91
岳阳市	Yueyang	221.46	276.75	196.98	5.45
常德市	Changde	1194.23	335.81	266.71	2.27
张家界市	Zhangjiajie	68.90	81.72	55.27	0.38
益阳市	Yiyang	150.56	82.32	58.99	0.44
郴州市	Chenzhou	492.51	164.86	130.41	1.23
永州市	Yongzhou	183.07	79.91	59.37	0.40
怀化市	Huaihua	133.39	87.30	61.70	0.96
娄底市	Loudi	311.82	126.26	95.88	0.92
湘西州	West Hunan	36.23	41.79	30.09	0.18

21-34 续表 3 Continued

单位：亿元 (100 million yuan)

市 州	Cities and Prefecture	销售费用 Operation Expense	管理费用 Management Expense	财务费用 Financial Expense	利息收入 Interest Revenue
全 省	**Total**	**233.48**	**364.79**	**233.79**	**19.52**
长沙市	Changsha	127.23	177.96	167.80	14.29
株洲市	Zhuzhou	14.48	24.26	8.88	1.43
湘潭市	Xiangtan	7.36	14.08	2.87	0.31
衡阳市	Hengyang	11.33	20.25	16.37	0.01
邵阳市	Shaoyang	8.02	16.20	2.41	0.53
岳阳市	Yueyang	12.41	22.20	5.04	0.12
常德市	Changde	12.69	27.35	8.65	2.14
张家界市	Zhangjiajie	6.42	5.79	3.63	0.27
益阳市	Yiyang	4.54	7.89	6.42	-0.38
郴州市	Chenzhou	7.82	15.36	2.77	0.35
永州市	Yongzhou	4.96	7.66	3.12	0.16
怀化市	Huaihua	6.67	9.20	2.50	-0.02
娄底市	Loudi	6.28	10.56	2.60	0.23
湘西州	West Hunan	3.26	6.05	0.71	0.09

21-34 续表 4 Continued

单位：亿元 (100 million yuan)

市 州	Cities and Prefecture	利息支出 Interest Expense	投资收益 Income from Investment	营业利润 Operating Profit	营业外收入 Non-operating Income	营业外支出 Non-operating Income
全 省	**Total**	**108.35**	**48.20**	**299.23**	**46.93**	**21.27**
长沙市	Changsha	55.85	39.60	122.25	19.79	10.23
株洲市	Zhuzhou	4.29	4.93	36.86	1.90	0.88
湘潭市	Xiangtan	2.33	0.48	3.85	2.23	0.65
衡阳市	Hengyang	16.03	0.67	22.00	5.36	1.13
邵阳市	Shaoyang	2.12	0.35	9.15	2.83	0.92
岳阳市	Yueyang	1.85	0.52	27.26	3.71	2.55
常德市	Changde	10.19	0.42	29.21	1.52	1.00
张家界市	Zhangjiajie	3.23	0.59	10.53	0.61	0.92
益阳市	Yiyang	2.31	0.06	5.18	2.27	0.56
郴州市	Chenzhou	2.30	0.09	9.68	3.00	0.78
永州市	Yongzhou	2.50		5.37	0.49	0.41
怀化市	Huaihua	2.38	0.08	5.62	1.37	0.45
娄底市	Loudi	2.45	0.33	10.73	1.05	0.41
湘西州	West Hunan	0.51	0.07	1.56	0.82	0.37

21-34 续表 5 Continued

单位：亿元 (100 million yuan)

市 州	Cities and Prefecture	利润总额 Total Profit	所得税费用 Income Tax and Fee	应付职工薪酬 Total Sum of Wages Payable	应交增值税 Value Added Payable	平均用工人数（万人） Average Number of Empolyment of the Current Year (10 000 person)
全 省	**Total**	**324.68**	**45.63**	**682.64**	**80.59**	**88.50**
长沙市	Changsha	131.53	24.42	349.10	41.78	34.06
株洲市	Zhuzhou	37.88	4.64	51.34	8.76	7.45
湘潭市	Xiangtan	5.42	1.05	20.77	2.67	3.22
衡阳市	Hengyang	26.22	2.88	37.24	3.85	6.26
邵阳市	Shaoyang	11.05	1.35	31.26	1.99	5.45
岳阳市	Yueyang	28.42	2.82	35.92	5.52	5.92
常德市	Changde	29.79	2.05	43.34	4.23	6.79
张家界市	Zhangjiajie	10.21	2.90	7.42	1.65	1.03
益阳市	Yiyang	6.89	0.29	12.73	1.46	1.51
郴州市	Chenzhou	11.90	0.65	28.16	2.59	5.08
永州市	Yongzhou	5.45	0.26	17.62	1.13	3.51
怀化市	Huaihua	6.54	0.78	17.66	1.76	2.81
娄底市	Loudi	11.37	1.30	20.37	2.21	4.04
湘西州	West Hunan	2.01	0.22	9.70	0.98	1.37

21-35 国内外贸易、对外经济和旅游 (2019年)
Domestic Trade, Foreign Trade, Foreign Economy And Tourism (2019)

市 州	Cities and Prefecture	社会消费品零售总额（亿元）Total Retail Sales of Consumer Goods (100 million yuan)	社会消费品零售总额增速（%）Total Retail Sales of Consumer Goods Growth Rate (%)	实际利用外商直接投资金额（万美元）Total Amount of Foreign Capital Actually Used (USD 10 000)	旅游业总收入（亿元）Income of Tourism (100 million yuan)
全 省	**Total**	**16683.94**	**10.2**	**1810127**	**9762.32**
长沙市	Changsha	4589.40	10.1	637366	2028.97
株洲市	Zhuzhou	1115.74	10.2	153591	638.20
湘潭市	Xiangtan	770.58	10.4	154421	647.62
衡阳市	Hengyang	1637.17	10.3	158032	679.83
邵阳市	Shaoyang	1240.14	10.3	34056	521.76
岳阳市	Yueyang	1611.69	10.4	63861	665.09
常德市	Changde	1464.29	10.3	141929	521.14
张家界市	Zhangjiajie	206.25	10.2	14689	830.90
益阳市	Yiyang	728.40	10.2	35326	383.80
郴州市	Chenzhou	945.33	10.3	211530	788.73
永州市	Yongzhou	804.18	10.3	136859	542.03
怀化市	Huaihua	622.10	10.3	6508	538.24
娄底市	Loudi	695.67	10.3	61010	452.57
湘西州	West Hunan	252.99	9.7	949	530.01

21-36 限额以上批发零售贸易业商品购销存总额 (2019年)
Total Purchases, Sales and Inventory of Enterprise above Designated Size in Wholesale and Retail Trade (2019)

单位：万元 (10 000 yuan)

市 州	Cities and Prefecture	购进总额 Total Goods Purchase	销售总额 Total Sales			年末库存总额 Inventory at the Yearend
				批发额 Wholesale	零售额 Retail Trade	
全 省	**Total**	**103637834**	**119550783**	**67872375**	**51021994**	**8015645**
长沙市	Changsha	53515196	52622460	35342174	17098609	3656303
株洲市	Zhuzhou	6756412	7678557	4146164	3473479	593405
湘潭市	Xiangtan	4381435	5637332	1888252	3749081	575722
衡阳市	Hengyang	4661463	6341923	3027017	3293951	602741
邵阳市	Shaoyang	4266642	5979155	2008822	3937517	299227
岳阳市	Yueyang	5505371	7774074	4026751	3648042	784537
常德市	Changde	4159294	5358402	2233372	3124384	255249
张家界市	Zhangjiajie	509717	929719	373168	556551	104054
益阳市	Yiyang	2571788	3416201	1703235	1707329	185125
郴州市	Chenzhou	7733573	10151352	6565952	3458419	404578
永州市	Yongzhou	2624221	3762629	1344806	2413336	157517
怀化市	Huaihua	2064732	3061121	1363752	1695286	197611
娄底市	Loudi	3995604	5200387	2810756	2269211	117851
湘西州	West Hunan	892387	1637472	1038155	596800	81726

21-37 限额以上批发零售、住宿餐饮业法人企业数(2019 年)

Number of Corporation Units above Designated Size in Wholesale and Retail Trade, Hotels and Catering Services(2019)

单位:个 (unit)

市 州	Cities and Prefecture	合计 Total	批发业 Wholesale Trade	零售业 Retail Trade	住宿业 Hotels	餐饮业 Catering Services
全 省	**Total**	**11844**	**2968**	**6609**	**1017**	**1250**
长沙市	Changsha	2619	1152	1022	184	261
株洲市	Zhuzhou	1091	315	549	95	132
湘潭市	Xiangtan	449	59	318	26	46
衡阳市	Hengyang	866	203	488	98	77
邵阳市	Shaoyang	1399	183	944	97	175
岳阳市	Yueyang	881	279	470	51	81
常德市	Changde	839	119	553	63	104
张家界市	Zhangjiajie	170	14	94	49	13
益阳市	Yiyang	538	106	342	49	41
郴州市	Chenzhou	1079	251	581	113	134
永州市	Yongzhou	715	58	506	61	90
怀化市	Huaihua	478	88	295	51	44
娄底市	Loudi	575	117	364	49	45
湘西州	West Hunan	145	24	83	31	7

21-38 限额以上批发零售、住宿餐饮业从业人员(2019 年)

Number of Person Employed in Enterprises Units above Designated Size in Wholesale and Retail Trade, Hotels and Catering Services(2019)

单位:人 (person)

市 州	Cities and Prefecture	合计 Total	批发业 Wholesale Trade	零售业 Retail Trade	住宿业 Hotels	餐饮业 Catering Services
全 省	**Total**	**564692**	**128888**	**289433**	**73219**	**73152**
长沙市	Changsha	196572	56335	86410	19237	34590
株洲市	Zhuzhou	33734	9698	14821	5262	3953
湘潭市	Xiangtan	43527	3450	34738	2600	2739
衡阳市	Hengyang	33016	6378	17090	6476	3072
邵阳市	Shaoyang	43168	7266	24892	5316	5694
岳阳市	Yueyang	33351	8825	16160	4853	3513
常德市	Changde	36846	5566	21809	4521	4950
张家界市	Zhangjiajie	11757	1124	4849	5204	580
益阳市	Yiyang	18630	4998	9799	2448	1385
郴州市	Chenzhou	38934	12075	15694	6786	4379
永州市	Yongzhou	25310	4260	13811	2873	4366
怀化市	Huaihua	21016	3412	13247	2655	1702
娄底市	Loudi	20041	3381	12028	2616	2016
湘西州	West Hunan	8790	2120	4085	2372	213

21-39 亿元及以上商品交易市场基本情况 (2019年)

Basic Statistics on Commodity Exchange Markets of Turnover above 100 Million Yuan(2019)

市 州	Cities and Prefecture	市场数（个）Number of Markets (unit)	摊位总数（个）Number of Stalls (unit)	出租摊位个数（个）Number of Rented Stall (unit)	营业面积（万平方米）Operation Area (10 000 sq.m)	成交额（亿元）Turnover (100 million yuan)
全 省	**Total**	**303**	**206475**	**169828**	**1108.80**	**4339.08**
长沙市	Changsha	56	60087	45602	527.66	2773.59
株洲市	Zhuzhou	44	25192	18739	109.70	250.18
湘潭市	Xiangtan	11	7174	4138	40.09	53.45
衡阳市	Hengyang	34	13641	11872	35.17	178.31
邵阳市	Shaoyang	21	15942	14722	76.89	226.86
岳阳市	Yueyang	20	17241	16204	70.86	91.71
常德市	Changde	26	12706	11999	61.35	186.69
张家界市	Zhangjiajie					
益阳市	Yiyang	10	4146	3790	22.89	61.71
郴州市	Chenzhou	19	10068	9276	33.84	108.00
永州市	Yongzhou	11	7484	7209	15.28	69.68
怀化市	Huaihua	26	14237	8580	69.44	167.43
娄底市	Loudi	14	10320	10131	25.14	118.84
湘西州	West Hunan	11	8237	7566	20.50	52.62

21−40 星级饭店数 (2019年)
The Number of Star-Rated Hotels (2019)

单位：个 (unit)

市 州	Cities and Prefecture	星级饭店合计 Total Number of Tourist Hotels	五星级 Five Star	四星级 Four Star	三星级 Three Star	二星级 Two Star
全 省	**Total**	**315**	**19**	**65**	**169**	**62**
长沙市	Changsha	43	10	19	14	
株洲市	Zhuzhou	19	1	3	7	8
湘潭市	Xiangtan	11	2	4	5	
衡阳市	Hengyang	26		7	13	6
邵阳市	Shaoyang	25		5	7	13
岳阳市	Yueyang	26	1	5	16	4
常德市	Changde	19	1	2	14	2
张家界市	Zhangjiajie	26	3	6	17	
益阳市	Yiyang	12		3	5	4
郴州市	Chenzhou	20	1	3	16	
永州市	Yongzhou	26		3	15	8
怀化市	Huaihua	27		1	25	1
娄底市	Loudi	12		1	9	2
湘西州	West Hunan	23		3	6	14

21−41 进出口商品总值 (2019年)
Major Expors Commodities in Value (2019)

市 州	Cities and Prefecture	进出口总值（万美元） Total Exports and Imports (USD 10 000)	出 口 Exports	进 口 Imports	比上年增减（%） Increase Rate in 2019 Over 2018 (%)
全 省	**Total**	**6288194**	**4453465**	**1834729**	**35.3**
长沙市	Changsha	2898697	2021557	877141	49.9
株洲市	Zhuzhou	293382	228822	64559	6.7
湘潭市	Xiangtan	347056	237282	109774	1.9
衡阳市	Hengyang	534043	298219	235824	26.8
邵阳市	Shaoyang	375672	366660	9012	64.3
岳阳市	Yueyang	478295	277580	200714	53.2
常德市	Changde	191216	171228	19988	25.2
张家界市	Zhangjiajie	15513	15055	458	41.0
益阳市	Yiyang	214221	191729	22492	81.1
郴州市	Chenzhou	464995	301177	163818	−1.3
永州市	Yongzhou	259624	248792	10832	33.1
怀化市	Huaihua	14973	11336	3637	84.1
娄底市	Loudi	183970	68829	115140	18.0
湘西州	West Hunan	16537	15198	1339	−32.4

21−42 外商直接投资 (2019年)
Foreign Direct Investment (2019)

市　州	Cities and Prefecture	项目个数（个）Number of Projects (case)	实际利用外资（万美元）Actually Used Amount (USD 10 000)
全　省	**Total**	**269**	**1810127**
长沙市	Changsha	160	637366
株洲市	Zhuzhou	9	153591
湘潭市	Xiangtan	8	154421
衡阳市	Hengyang	10	158032
邵阳市	Shaoyang	6	34056
岳阳市	Yueyang	9	63861
常德市	Changde	10	141929
张家界市	Zhangjiajie	3	14689
益阳市	Yiyang	15	35326
郴州市	Chenzhou	12	211530
永州市	Yongzhou	15	136859
怀化市	Huaihua	5	6508
娄底市	Loudi	4	61010
湘西州	West Hunan	3	949

21−43 内联引资情况 (2019 年)
Inline Capital Introduction(2019)

市　州	Cities and Prefecture	项目个数（个）Number of Projects (case)	实际到位资金（亿元）Amount of Domestic Capital Actually Used (100 million yuan)
全　省	**Total**	**8835**	**7133.34**
长沙市	Changsha	899	1252.44
株洲市	Zhuzhou	1134	575.46
湘潭市	Xiangtan	437	480.88
衡阳市	Hengyang	876	548.15
邵阳市	Shaoyang	951	466.12
岳阳市	Yueyang	743	750.07
常德市	Changde	384	579.02
张家界市	Zhangjiajie	79	81.39
益阳市	Yiyang	830	463.28
郴州市	Chenzhou	816	763.31
永州市	Yongzhou	901	372.76
怀化市	Huaihua	258	326.92
娄底市	Loudi	381	369.30
湘西州	West Hunan	146	104.24

注：内联引资是指吸收的省外境内资金。

Domestic Direct Investment is refers to the capital absorbed from other provinces in China.

21−44 对外经济合作情况 (2019年)
Foreign Economic Cooperation (2019)

市 州	Cities and Prefecture	新签合同额(万美元) The New Contract Amount (USD 10 000)	完成营业额(万美元) Complete Turnover (USD 10 000)	外派劳务人数(人) The Number of Field Labor (person)	月末在外人数(人) At the End of the Number of Outside (people)
全 省	**Total**	**1254633**	**1021548**	**163841**	**208045**
长沙市	Changsha	240114	241454	33274	23598
株洲市	Zhuzhou	81000	78400	7778	9500
湘潭市	Xiangtan	45655	38134	9808	12530
衡阳市	Hengyang	30862	72769	6440	9705
邵阳市	Shaoyang	46200	43456	14877	13996
岳阳市	Yueyang	74059	59743	11613	11979
常德市	Changde	82794	71202	14214	23734
张家界市	Zhangjiajie	1837	1837	1267	2300
益阳市	Yiyang	5808	4389	300	1935
郴州市	Chenzhou	29667	24726	15653	15635
永州市	Yongzhou	17229	38883	22035	19894
怀化市	Huaihua	3266	4492	3409	1887
娄底市	Loudi	26735	24264	5986	6733
湘西州	West Hunan	1882	3760	1324	1884

注：全省总计中包括省直企业数。

The number of provincial enterprises are including in the total of province.

21−45 旅游业基本情况 (2019年)
Basic Statistics of Tourism (2019)

市 州	Cities and Prefecture	接待旅游总人数(万人次) Number of Tourists (10 000 person)	接待国内游客(万人次) Domestic Tourists (10 000 person-times)	国内旅游总收入(亿元) Earning from Domestic Tourists (100 million yuan)	接待境外游客(人次) International Tourists (person-times)	#外国人 Foreign Tourists	旅游创汇收入(万美元) Earning from International Tourists (USD 10 000)
全 省	**Total**	**83154.10**	**82687.15**	**9613.37**	**4669513**	**2501382**	**225087.02**
长沙市	Changsha	16832.61	16699.63	1983.41	1329766	664640	65931.95
株洲市	Zhuzhou	6465.93	6459.93	636.74	60039	23721	2102.23
湘潭市	Xiangtan	7034.57	7018.93	644.03	156468	71956	5198.49
衡阳市	Hengyang	7692.30	7683.59	678.27	87082	8121	2255.19
邵阳市	Shaoyang	5616.74	5608.64	520.49	81043	20072	1846.85
岳阳市	Yueyang	6860.58	6817.97	653.27	426086	271181	17105.40
常德市	Changde	6076.75	6060.52	516.30	162312	104626	7017.75
张家界市	Zhangjiajie	6721.28	6584.24	770.68	1370382	1080302	87147.68
益阳市	Yiyang	4299.54	4295.74	383.01	37974	13839	1150.99
郴州市	Chenzhou	8006.16	7951.22	771.29	549374	77724	25240.44
永州市	Yongzhou	6329.90	6325.47	541.21	44240	6973	1184.31
怀化市	Huaihua	6720.16	6712.48	537.08	76756	12844	1668.74
娄底市	Loudi	5290.94	5285.77	451.62	51716	34713	1376.80
湘西州	West Hunan	5746.93	5723.30	525.96	236287	110670	5860.20

21-46 高新技术产业情况 (2019年)
Basic Statistics on High-tech Industries (2019)

单位:亿元 (100 million yuan)

市 州	Cities and Prefecture	企业单位数(个) Number of Enterprises (unit)	高新技术产业总产值 Gross Output Value of Hightech Industries	高新技术产业增加值 Added Value of Hightech Industries	高新技术产业主营业务收入 Main Bussiness Revenue of Hightech Industries	#出口收入 Exports Revenue	高新技术产业利税总额 Peofits and Tax of Hightech Industries	#利润总额 Total of Profit and Tax
全 省	**Total**	**10213**	**32089.87**	**9472.89**	**29980.62**	**1284.44**	**2319.88**	**1545.15**
长沙市	Changsha	3074	11250.53	3624.01	10539.90	727.10	1046.48	713.65
株洲市	Zhuzhou	795	2477.71	810.65	2261.11	126.14	199.39	136.18
湘潭市	Xiangtan	517	2916.54	853.09	2666.78	25.03	123.64	79.50
衡阳市	Hengyang	540	1683.96	550.95	1520.23	74.32	122.57	80.62
邵阳市	Shaoyang	857	1696.91	420.26	1575.38	115.45	80.82	63.18
岳阳市	Yueyang	694	3607.22	857.61	3535.92	14.78	251.85	121.40
常德市	Changde	807	1680.79	408.44	1562.57	42.69	114.36	85.15
张家界市	Zhangjiajie	108	62.01	21.54	55.04	1.01	4.70	3.41
益阳市	Yiyang	668	1657.32	395.70	1602.08	34.11	93.87	69.85
郴州市	Chenzhou	584	1683.56	575.99	1591.60	43.95	67.29	40.30
永州市	Yongzhou	728	1270.05	367.02	1086.85	42.11	48.81	35.04
怀化市	Huaihua	485	803.61	270.03	680.32	9.39	34.71	23.57
娄底市	Loudi	237	1184.84	279.21	1196.81	19.21	127.88	91.33
湘西州	West Hunan	119	114.83	38.41	106.04	9.14	3.50	1.98

21-47 规模以上工业企业 R&D 人员情况 (2019年)
R&D Personnel in Industrial Enterprises above Designated Size (2019)

市 州	Cities and Prefecture	有 R&D 活动的单位数（个）Number of Enterprises Having R&D Activities (unit)	R&D 人员（人）R&D Personnel (person)	#全时人员 Fulltime Personnel	R&D 人员全时当量（人年）Fulltime Equivalent of R&D Personnel (man-year)
全 省	**Total**	**7122**	**160880**	**117824**	**106946**
长沙市	Changsha	1575	49870	39528	36272
株洲市	Zhuzhou	594	17040	13717	10687
湘潭市	Xiangtan	418	11257	7876	7420
衡阳市	Hengyang	579	12415	8680	8060
邵阳市	Shaoyang	379	5461	3522	2972
岳阳市	Yueyang	495	11629	7229	6786
常德市	Changde	637	11040	7996	7071
张家界市	Zhangjiajie	117	1144	754	882
益阳市	Yiyang	614	11769	8217	7109
郴州市	Chenzhou	277	6030	4525	3707
永州市	Yongzhou	647	9557	6262	6399
怀化市	Huaihua	390	5937	4038	4470
娄底市	Loudi	337	6431	4537	4555
湘西州	West Hunan	63	1300	943	557

21-48 规模以上工业企业按经费来源分 R&D 经费内部支出情况 (2019年)
Intramural R&D Expenditures in Industrial Enterprises above Designated Size by Sources (2019)

单位：万元 (10 000 yuan)

市 州	Cities and Prefecture	R&D 经费内部支出 Intramural Expenditure on R&D	政府资金 Government Funds	企业资金 Self-raised Funds by Enterprises	境外资金 Foreign Funds	其 他 Other Funds
全 省	**Total**	**5931485**	**123909**	**5806795**	**757**	**24**
长沙市	Changsha	1851423	44510	1806914		
株洲市	Zhuzhou	615606	28248	586900	439	20
湘潭市	Xiangtan	421077	7951	413127		
衡阳市	Hengyang	376717	4250	372466		
邵阳市	Shaoyang	190184	7897	182287		
岳阳市	Yueyang	554478	4717	549442	319	
常德市	Changde	468932	4617	464311		4
张家界市	Zhangjiajie	23469	948	22521		
益阳市	Yiyang	313369	4785	308584		
郴州市	Chenzhou	250288	2920	247368		
永州市	Yongzhou	298086	2938	295148		
怀化市	Huaihua	261301	6331	254970		
娄底市	Loudi	280706	2542	278164		
湘西州	West Hunan	25850	1254	24596		

21-49 规模以上工业企业按支出用途分 R&D 经费内部支出情况 (2019年)

Intramural R&D Expenditures in Industrial Enterprises above Designated Size by Use (2019)

单位：万元 (10 000 yuan)

市 州	Cities and Prefecture	R&D经费内部支出 Intramural Expenditure on R&D	经常费支出 Operating Expenses	#人员劳务费 Service Fees	资产性支出 Capital Expenditures	#仪器和设备 Instruments & Equipments
全 省	**Total**	**5931485**	**5738996**	**1180242**	**192489**	**180787**
长沙市	Changsha	1851423	1755790	487067	95634	92883
株洲市	Zhuzhou	615606	599519	211965	16087	14480
湘潭市	Xiangtan	421077	416383	78338	4695	4443
衡阳市	Hengyang	376717	366378	56792	10339	9533
邵阳市	Shaoyang	190184	186801	33879	3383	3191
岳阳市	Yueyang	554478	543772	57811	10706	8769
常德市	Changde	468932	455756	56997	13175	12063
张家界市	Zhangjiajie	23469	22333	3706	1136	1087
益阳市	Yiyang	313369	304174	58093	9195	8562
郴州市	Chenzhou	250288	244265	26960	6023	5475
永州市	Yongzhou	298086	293142	45479	4944	4214
怀化市	Huaihua	261301	257720	22143	3580	2997
娄底市	Loudi	280706	269626	37798	11081	10602
湘西州	West Hunan	25850	23338	3215	2513	2488

21-50 规模以上工业企业科技活动产出情况 (2019年)

Basic Statistics on Scientific and Technological Outputs in Industrial Enterprises above Designated Size (2019)

市 州	Cities and Prefecture	新产品销售收入（万元） Sales Revenue of New Products (10 000 yuan)	#出口 Exported	专利申请数（件） Patent Applications (item)	有效发明专利数（件） Inventions In Force (item)
全 省	**Total**	**81053560**	**5078210**	**30900**	**39642**
长沙市	Changsha	30674665	3337842	13013	18759
株洲市	Zhuzhou	6554854	549985	4375	8974
湘潭市	Xiangtan	7423403	74300	1970	1869
衡阳市	Hengyang	2799237	154346	1379	1566
邵阳市	Shaoyang	2142769	105702	1009	382
岳阳市	Yueyang	10145842	53752	1506	1599
常德市	Changde	4330421	135467	1650	1711
张家界市	Zhangjiajie	168121	9166	133	194
益阳市	Yiyang	2902264	239533	1837	1473
郴州市	Chenzhou	5047565	88125	906	924
永州市	Yongzhou	1556265	156645	1346	844
怀化市	Huaihua	1256660	56311	781	607
娄底市	Loudi	5831943	89922	836	608
湘西州	West Hunan	219551	27116	159	132

21−51 大中型工业企业 R&D 人员情况 (2019年)
R&D Personnel in Large and Medium-Sized Industrial Enterprises (2019)

市 州	Cities and Prefecture	有 R&D 活动的单位数（个）Number of Enterprises Having R&D Activities (unit)	R&D 人员（人）R&D Personnel (person)	#全时人员 Fulltime Personnel	R&D 人员全时当量（人年）Fulltime Equivalent of R&D Personnel (man-year)
全 省	**Total**	**1191**	**81704**	**60350**	**55289**
长沙市	Changsha	222	29805	23784	21942
株洲市	Zhuzhou	225	12416	10103	7725
湘潭市	Xiangtan	49	6038	4307	3879
衡阳市	Hengyang	100	6056	3919	4101
邵阳市	Shaoyang	46	1874	1303	1129
岳阳市	Yueyang	137	5545	3564	3378
常德市	Changde	103	4575	3249	3016
张家界市	Zhangjiajie	2	23	17	19
益阳市	Yiyang	78	4710	3063	2646
郴州市	Chenzhou	43	2523	1889	1718
永州市	Yongzhou	101	2736	1654	1680
怀化市	Huaihua	23	1750	1173	1437
娄底市	Loudi	50	3132	1955	2449
湘西州	West Hunan	12	521	370	171

21−52 大中型工业企业按经费来源分 R&D 经费内部支出情况 (2019年)
Intramural R&D Expenditures in Large and Medium-Sized Industrial Enterprises by Sources (2019)

单位：万元 (10 000 yuan)

市 州	Cities and Prefecture	R&D 经费内部支出 Intramural Expenditure on R&D	政府资金 Government Funds	企业资金 Self-raised Funds by Enterprises	境外资金 Foreign Funds	其 他 Other Funds
全 省	**Total**	**3328494**	**85364**	**3242667**	**439**	**24**
长沙市	Changsha	1322978	30808	1292170		
株洲市	Zhuzhou	513050	25737	486854	439	20
湘潭市	Xiangtan	251918	4540	247379		
衡阳市	Hengyang	201613	2601	199012		
邵阳市	Shaoyang	64443	4853	59590		
岳阳市	Yueyang	242728	1419	241308		
常德市	Changde	184458	2527	181927		4
张家界市	Zhangjiajie	449		449		
益阳市	Yiyang	108851	3050	105801		
郴州市	Chenzhou	84828	1564	83264		
永州市	Yongzhou	77631	1301	76330		
怀化市	Huaihua	68256	5266	62990		
娄底市	Loudi	199606	1502	198104		
湘西州	West Hunan	7686	195	7491		

21-53 大中型工业企业按支出用途分 R&D 经费内部支出情况 (2019年) Intramural R&D Expenditures in Large and Medium-Sized Industrial Enterprises by Use (2019)

单位：万元 (10 000 yuan)

市 州	Cities and Prefecture	R&D经费内部支出 Intramural Expenditure on R&D	经常费支出 Operating Expenses	#人员劳务费 Service Fees	日常比支出 Daily Expenditures	#仪器和设备 Instruments & Equipments
全 省	**Total**	**3328494**	**3224090**	**796109**	**104404**	**98641**
长沙市	Changsha	1322978	1260454	355845	62524	61096
株洲市	Zhuzhou	513050	501541	184736	11509	10189
湘潭市	Xiangtan	251918	250381	55021	1537	1496
衡阳市	Hengyang	201613	196772	34823	4841	4553
邵阳市	Shaoyang	64443	63473	14976	970	936
岳阳市	Yueyang	242728	236677	34851	6050	4999
常德市	Changde	184458	179244	30946	5214	4633
张家界市	Zhangjiajie	449	449	64		
益阳市	Yiyang	108851	107113	28653	1738	1599
郴州市	Chenzhou	84828	82855	11246	1973	1695
永州市	Yongzhou	77631	77070	14981	561	335
怀化市	Huaihua	68256	67275	5618	981	830
娄底市	Loudi	199606	195018	23626	4588	4376
湘西州	West Hunan	7686	5766	722	1919	1903

21-54 大中型工业企业科技活动产出情况 (2019年) Basic Statistics on Scientific and Technological Outputs in Large and Medium-Sized Industrial Enterprises (2019)

市 州	Cities and Prefecture	新产品销售收入（万元） Sales Revenue of New Products (10 000 yuan)	#出口 Exported	专利申请数（件） Patent Applications (item)	有效发明专利数（件） Inventions In Force (item)
全 省	**Total**	**59145632**	**4540252**	**14718**	**23280**
长沙市	Changsha	26537139	3195792	6875	11225
株洲市	Zhuzhou	5555085	499355	3138	7334
湘潭市	Xiangtan	5561972	42795	947	1084
衡阳市	Hengyang	1615475	144744	556	503
邵阳市	Shaoyang	958796	19764	315	165
岳阳市	Yueyang	6295630	26940	503	663
常德市	Changde	2379543	124783	502	678
张家界市	Zhangjiajie	3672		4	
益阳市	Yiyang	1355361	200708	681	559
郴州市	Chenzhou	2834026	72386	338	478
永州市	Yongzhou	530778	84362	376	219
怀化市	Huaihua	402685	40938	159	167
娄底市	Loudi	5014358	85684	299	188
湘西州	West Hunan	101112	2000	25	17

21−55 幼儿园与小学基本情况 (2019年)
Statistics on Kingdergartens and Primary Schools (2019)

市 州	Cities and Prefecture	幼儿园数（个） kinder-gartens (unit)	在园儿童数（人） Student Enrollment (person)	普通小学学校数（个） Primary Schools (person)	普通小学专任教师数（人） Primary Schools Fulltime Teachers (person)	普通小学招生数（人） Primary Schools New Student Enrollment (person)	普通小学在校学生数（人） Primary Schools Student Enrollment (person)	普通小学毕业生数（人） Primary Schools Graduates (person)
全 省	**Total**	**15717**	**2276122**	**7245**	**287097**	**895433**	**5287730**	**839304**
长沙市	Changsha	2150	354588	909	36000	128808	666506	90654
株洲市	Zhuzhou	1154	152719	358	14725	52255	299408	42834
湘潭市	Xiangtan	725	81545	371	9221	29568	159855	24372
衡阳市	Hengyang	1498	228757	1047	31056	90358	572690	95416
邵阳市	Shaoyang	1624	199140	964	30376	94803	592987	107757
岳阳市	Yueyang	1242	174015	639	19531	60552	358064	55606
常德市	Changde	1020	141148	424	18181	51833	308976	47629
张家界市	Zhangjiajie	309	47959	96	6162	17865	113012	18477
益阳市	Yiyang	822	124157	406	14522	47098	266452	40718
郴州市	Chenzhou	1196	166405	386	25667	73747	471579	79269
永州市	Yongzhou	1682	218372	469	28742	82389	504711	89340
怀化市	Huaihua	822	161414	238	21540	65015	383366	58291
娄底市	Loudi	818	125768	726	17858	61562	358725	54458
湘西州	West Hunan	655	100135	212	13516	39580	231399	34483

21-56 普通中学基本情况 (2019年)
Statistics on Regular Secondary Schools (2019)

市 州	Cities and Prefecture	普通中学学校数 (个) Number of Sckools (unit)	普通中学专任教师数 (人) Number of Fulltime Teachers (person)	普通中学招生数 (人) New Student Enrollment (person)	普通中学在校学生数 (人) Student Enrollment (person)	普通中学毕业生数 (人) Graduates (person)
全 省	**Total**	**4010**	**266201**	**1288589**	**3703871**	**1149037**
长沙市	Changsha	341	31973	148870	417674	128695
株洲市	Zhuzhou	194	14250	66915	187412	57065
湘潭市	Xiangtan	166	9332	39788	117045	39098
衡阳市	Hengyang	452	29014	149507	433061	136997
邵阳市	Shaoyang	466	28024	157217	458070	143798
岳阳市	Yueyang	305	20241	86189	252699	81849
常德市	Changde	278	18898	75552	216675	69857
张家界市	Zhangjiajie	101	6108	28440	82420	26493
益阳市	Yiyang	214	14931	63674	185108	57894
郴州市	Chenzhou	304	21942	118524	342087	101232
永州市	Yongzhou	342	23656	127261	362348	106886
怀化市	Huaihua	371	18668	88653	253626	75424
娄底市	Loudi	294	17425	85211	243975	75193
湘西州	West Hunan	182	11739	52788	151671	48556

21-57 普通高等学校基本情况 (2019年)
Statistics on Regular Institutions of Higher Education (2019)

市 州	Cities and Prefecture	普通高等学校数 (个) Number of Sckools (unit)	普通高等学校专任教师数 (人) Number of Full-time Teachers (person)	普通高等学校招生数 (人) New Student Enrollment (person)	普通高等学校在校学生数 (人) Student Enrollment (person)	普通高等学校毕业生数 (人) Graduates (person)
全 省	**Total**	**110**	**76527**	**456160**	**1407108**	**361908**
长沙市	Changsha	51	37046	210500	665860	172684
株洲市	Zhuzhou	9	4603	35999	101896	26953
湘潭市	Xiangtan	10	7533	42430	140579	36361
衡阳市	Hengyang	8	6714	41210	128770	31934
邵阳市	Shaoyang	3	2100	11613	36590	8149
岳阳市	Yueyang	4	2598	18532	53253	14994
常德市	Changde	5	3105	19232	57271	14389
张家界市	Zhangjiajie	1	826	5844	16204	4335
益阳市	Yiyang	4	2410	15818	44329	11105
郴州市	Chenzhou	3	1828	9727	30634	8673
永州市	Yongzhou	3	1911	11329	32673	8338
怀化市	Huaihua	3	1706	10957	33239	8174
娄底市	Loudi	3	2140	13148	35931	8196
湘西州	West Hunan	3	2007	9821	29879	7623

21－58 各级学校 (2019年)

Number of Schools by Level (2019)

单位：个 (unit)

市 州	Cities and Prefecture	普通高等学校 Regular Institutions of Higher Education	中等学校 Secondary Schools	中等职业教育 Vocational Secondary Education	普通中学 Regular Secondary Schools	普通小学 Primary Schools
全 省	**Total**	**110**	**4497**	**487**	**4010**	**7245**
长沙市	Changsha	51	398	57	341	909
株洲市	Zhuzhou	9	216	22	194	358
湘潭市	Xiangtan	10	189	23	166	371
衡阳市	Hengyang	8	500	48	452	1047
邵阳市	Shaoyang	3	535	69	466	964
岳阳市	Yueyang	4	339	34	305	639
常德市	Changde	5	320	42	278	424
张家界市	Zhangjiajie	1	110	9	101	96
益阳市	Yiyang	4	236	22	214	406
郴州市	Chenzhou	3	329	25	304	386
永州市	Yongzhou	3	384	42	342	469
怀化市	Huaihua	3	414	43	371	238
娄底市	Loudi	3	317	23	294	726
湘西州	West Hunan	3	210	28	182	212

21－59 各级学校教职工 (2019年)

Number of School Staff and Workers by Level (2019)

单位：人 (person)

市 州	Cities and Prefecture	普通高等学校 Regular Institutions of Higher Education	中等学校 Secondary Schools	中等职业教育 Vocational Secondary Education	普通中学 Regular Secondary Schools	普通小学 Primary Schools
全 省	**Total**	**108434**	**379789**	**39075**	**340714**	**247537**
长沙市	Changsha	55207	44752	6136	38616	32991
株洲市	Zhuzhou	6420	20228	1963	18265	13023
湘潭市	Xiangtan	10257	12593	1533	11060	8558
衡阳市	Hengyang	9098	41434	4979	36455	29450
邵阳市	Shaoyang	2741	39262	4087	35175	26357
岳阳市	Yueyang	3528	27511	2703	24808	17387
常德市	Changde	4294	29426	3188	26238	13953
张家界市	Zhangjiajie	979	8669	713	7956	5026
益阳市	Yiyang	2966	20824	2022	18802	13401
郴州市	Chenzhou	2318	31260	2160	29100	20972
永州市	Yongzhou	2711	34065	3979	30086	25397
怀化市	Huaihua	2625	28644	2352	26292	16080
娄底市	Loudi	2787	24456	1816	22640	14048
湘西州	West Hunan	2503	16665	1444	15221	10894

21-60 各级学校专任教师(2019年)
Number of Full-time Teachers by Level (2019)

单位:人 (person)

市 州	Cities and Prefecture	普通高等学校 Regular Institutions of Higher Education	中等学校 Secondary Schools	中等职业教育 Vocational Secondary Education	普通中学 Regular Secondary Schools	普通小学 Primary Schools
全 省	**Total**	**76527**	**297228**	**31027**	**266201**	**287097**
长沙市	Changsha	37046	36444	4471	31973	36000
株洲市	Zhuzhou	4603	15788	1538	14250	14725
湘潭市	Xiangtan	7533	10518	1186	9332	9221
衡阳市	Hengyang	6714	32618	3604	29014	31056
邵阳市	Shaoyang	2100	31146	3122	28024	30376
岳阳市	Yueyang	2598	22455	2214	20241	19531
常德市	Changde	3105	21428	2530	18898	18181
张家界市	Zhangjiajie	826	6746	638	6108	6162
益阳市	Yiyang	2410	16605	1674	14931	14522
郴州市	Chenzhou	1828	23733	1791	21942	25667
永州市	Yongzhou	1911	27107	3451	23656	28742
怀化市	Huaihua	1706	20656	1988	18668	21540
娄底市	Loudi	2140	18980	1555	17425	17858
湘西州	West Hunan	2007	13004	1265	11739	13516

21-61 各级学校在校学生(2019年)
Number of Students Enrollment by Level (2019)

单位:人 (person)

市 州	Cities and Prefecture	普通高等学校 Regular Institutions of Higher Education	中等学校 Secondary Schools	中等职业教育 Vocational Secondary Education	普通中学 Regular Secondary Schools	普通小学 Primary Schools
全 省	**Total**	**1407108**	**4373863**	**669992**	**3703871**	**5287730**
长沙市	Changsha	665860	534158	116484	417674	666506
株洲市	Zhuzhou	101896	210804	23392	187412	299408
湘潭市	Xiangtan	140579	136806	19761	117045	159855
衡阳市	Hengyang	128770	502566	69505	433061	572690
邵阳市	Shaoyang	36590	536371	78301	458070	592987
岳阳市	Yueyang	53253	302463	49764	252699	358064
常德市	Changde	57271	263544	46869	216675	308976
张家界市	Zhangjiajie	16204	95983	13563	82420	113012
益阳市	Yiyang	44329	212881	27773	185108	266452
郴州市	Chenzhou	30634	386081	43994	342087	471579
永州市	Yongzhou	32673	430145	67797	362348	504711
怀化市	Huaihua	33239	301787	48161	253626	383366
娄底市	Loudi	35931	281901	37926	243975	358725
湘西州	West Hunan	29879	178373	26702	151671	231399

21-62 公共图书馆、广播和电视综合人口覆盖情况 (2019年)
Statistics on Public Libraries、Coverage of Radio and TV Program Broadcasting (2019)

市 州	Cities and Prefecture	公共图书馆（个）Public Libraries (unit)	公共图书馆藏书量（千册）Collections (1000 copies)	艺术馆、文化馆个数（个）Art Galleries, Cultural Centers Number of Projects(Unit)	广播综合人口覆盖率（%）Listener Rating (%)	电视综合人口覆盖率（%）Viewer Rating (%)
全 省	**Total**	**141**	**35669**	**146**	**99.36**	**99.72**
长沙市	Changsha	12	33261	11	100.00	100.00
株洲市	Zhuzhou	8	345	10	100.00	100.00
湘潭市	Xiangtan	7	164	6	100.00	100.00
衡阳市	Hengyang	15	250	13	99.89	99.86
邵阳市	Shaoyang	14	270	13	97.34	99.25
岳阳市	Yueyang	11	152	11	99.99	99.99
常德市	Changde	9	188	10	100.00	99.83
张家界市	Zhangjiajie	4	43	5	93.85	99.34
益阳市	Yiyang	7	133	9	99.53	99.91
郴州市	Chenzhou	11	162	14	99.89	99.89
永州市	Yongzhou	12	278	13	99.00	99.14
怀化市	Huaihua	15	202	15	99.49	99.72
娄底市	Loudi	6	109	6	99.95	99.95
湘西州	West Hunan	10	112	10	98.62	98.75

21-63 卫生机构基本情况 (2019年)
Basic Statistics on Health Institutions (2019)

市 州	Cities and Prefecture	卫生机构数（个） Number of Health Institutions (unit)	医院、卫生院 Hospitals、Health Centers	卫生机构床位数（张） Number of Reality Beds (unit)	医院卫生院数 Hospitals、Health Centers	卫生机构人员数（人） Number of Employed Person in Health Institutions (person)	卫生技术人员 Medical &Technical Personnel	执业（助理）医生 Certified (Assistant) Doctors	注册护士 Senior Nurse
全 省	**Total**	**57232**	**3789**	**506335**	**470746**	**618401**	**502399**	**190528**	**240570**
长沙市	Changsha	4633	336	81242	73664	103086	85866	32286	41005
株洲市	Zhuzhou	3030	211	29645	27616	35455	29151	10978	13876
湘潭市	Xiangtan	2400	122	20546	19410	27020	22727	8118	11274
衡阳市	Hengyang	4657	371	48567	45604	66947	54945	19486	29150
邵阳市	Shaoyang	6227	337	44818	42780	56534	42883	16166	20724
岳阳市	Yueyang	4470	264	35311	31558	43883	35852	14684	16174
常德市	Changde	5218	296	41659	37170	48483	39547	18034	16329
张家界市	Zhangjiajie	1284	119	10037	9258	12669	10229	4213	4235
益阳市	Yiyang	3682	192	29146	25927	35066	28610	11032	13925
郴州市	Chenzhou	4365	345	36971	35620	40848	33652	12310	16350
永州市	Yongzhou	5574	321	41735	39157	45712	36905	14111	17565
怀化市	Huaihua	4774	411	37558	36290	44562	35835	12430	17728
娄底市	Loudi	3630	187	27984	26347	35626	28355	10456	14201
湘西州	West Hunan	3288	277	21116	20345	22510	17842	6224	8034

21-64 居民消费价格分类指数(2019年)
Consumer Price Indices by Category (2019)

以上年为 100

(Preceding year=100)

市 州	Cities and Prefecture	居民消费价格指数 Consumer Price Index	食品烟酒 Food tabacoo and Liquor	衣着 Clothing	居住 Residence	生活用品及服务 Articles for Daily Use and Services	交通和通信 Transport and Commun-ications	教育文化和娱乐 Education, Culture and Recreation	医疗保健 Health Care	其他用品和服务 Other Articles and Services
全 省	**Total**	**102.9**	**107.3**	**101.1**	**101.5**	**100.5**	**98.6**	**102.0**	**101.4**	**102.5**
长沙市	Changsha	102.9	107.6	101.3	100.6	100.6	98.3	103.2	102.0	103.9
株洲市	Zhuzhou	102.9	107.4	101.5	101.7	100.4	98.7	101.6	101.9	102.8
湘潭市	Xiangtan	102.8	106.4	101.2	102.2	101.4	99.0	101.9	101.0	102.8
衡阳市	Hengyang	102.4	107.3	100.7	101.6	100.3	98.7	99.4	100.2	101.3
邵阳市	Caoyang	102.9	107.3	101.7	101.0	101.7	99.9	101.6	100.8	102.5
岳阳市	Yueyang	102.5	106.0	100.4	102.7	99.5	98.9	101.1	101.0	101.6
常德市	Changde	102.7	106.8	101.1	101.4	100.6	98.9	100.9	101.8	104.8
张家界市	Zhangjiang	103.2	108.6	101.6	101.0	101.1	99.9	100.9	100.5	101.7
益阳市	Yiyang	103.1	107.2	101.1	102.8	100.2	98.9	100.6	102.4	105.4
郴州市	Chcenzhou	103.2	107.6	101.3	101.4	100.6	98.8	102.5	102.5	101.9
永州市	Yongzhou	103.4	108.6	100.7	101.8	100.6	99.7	101.7	100.5	102.6
怀化市	Huaihua	103.0	107.4	100.5	101.6	101.4	98.8	100.9	102.8	102.9
娄底市	Loudi	103.5	109.0	101.2	101.6	100.4	99.9	101.2	101.5	104.1
湘西州	West Hunan	103.1	108.3	100.1	101.0	100.3	98.5	101.4	103.6	101.4

21−65 商品零售价格指数 (2019年)
Retail Price Index (2019)

以上年为 100 (Preceding year=100)

市 州	Cities and Prefecture	商品零售价格指数 Retail Price Index	食品 Food	饮料、烟酒 Brages, Tobacco and Liquor	服装、鞋帽 Garments, Shoes and Hats	纺织品 Textiles	家用电器及音像器材 Household Appliances Music and Video Equipment	文化办公用品 Cultural and Office Appliances	日用品 Articles for Daily Use	体育娱乐用品 Sports and Recreation Articles
全 省	**Total**	**102.3**	**108.2**	**101.4**	**101.0**	**100.8**	**100.0**	**100.8**	**100.4**	**100.2**
长沙市	Changsha	102.2	108.2	102.4	101.1	100.2	100.0	101.1	100.7	100.2
株洲市	Zhuzhou	102.1	109.0	100.1	101.5	100.0	99.9	100.4	100.8	100.0
湘潭市	Xiangtan	101.9	107.5	100.9	101.2	101.9	100.4	100.8	101.5	100.6
衡阳市	Hengyang	101.9	108.2	102.3	100.6	99.9	99.9	100.8	99.9	100.2
邵阳市	Caoyang	102.3	107.9	104.3	101.7	100.0	99.9	100.3	102.0	101.4
岳阳市	Yueyang	101.5	107.5	99.1	100.4	101.5	100.1	100.3	98.4	99.3
常德市	Changde	102.4	107.9	102.3	101.0	100.0	99.8	102.6	101.0	100.1
张家界市	Zhangjiang	102.3	109.8	103.4	101.7	100.2	100.7	100.9	101.6	99.9
益阳市	Yiyang	102.4	108.3	103.3	101.0	102.6	99.8	101.1	99.6	100.7
郴州市	Chcenzhou	102.5	108.8	101.5	101.4	100.2	100.0	100.3	101.2	101.2
永州市	Yongzhou	102.4	109.6	101.9	100.4	100.0	99.6	101.3	101.9	99.9
怀化市	Huaihua	102.3	108.1	102.7	100.5	100.6	100.7	99.3	101.4	100.4
娄底市	Loudi	103.2	109.9	105.4	101.2	100.3	99.1	103.3	99.6	103.9
湘西州	West Hunan	102.6	109.9	101.0	100.2	101.2	99.5	106.3	100.0	100.2

21-65 续表 Continued

以上年为 100 (Preceding year=100)

市 州	Cities and Prefecture	交通、通信用品 Transport-ation and Commu-nication Appliances	家 具 Furniture	化妆品 Cosmetics	金银饰品 Gold and Silver Ornaments	中西药品及医疗保健用品 Traditional chinese and Western Medicines and Health Care Articles	书报杂志及电子出版物 Book, Newspapers, Magazines and Electronic Pubblication	燃 料 Fuels	建筑材料及五金电料 Building Materials and Hardware
全 省	**Total**	**99.5**	**100.0**	**100.5**	**108.9**	**104.3**	**100.7**	**97.2**	**101.1**
长沙市	Changsha	99.4	99.7	100.6	109.9	104.9	100.0	96.8	101.4
株洲市	Zhuzhou	99.5	100.4	100.4	108.7	103.7	100.3	97.5	100.0
湘潭市	Xiangtan	99.4	102.3	100.3	109.3	102.2	104.6	98.2	100.0
衡阳市	Hengyang	99.5	99.7	100.6	103.1	100.0	100.0	98.1	101.6
邵阳市	Caoyang	99.6	100.2	101.2	106.5	102.2	100.2	97.1	100.7
岳阳市	Yueyang	99.8	100.0	97.9	108.9	102.7	102.6	95.6	101.4
常德市	Changde	99.5	101.1	100.2	109.2	104.5	102.4	97.1	101.6
张家界市	Zhangjiang	99.6	100.0	101.1	103.4	101.6	100.0	96.8	101.3
益阳市	Yiyang	99.3	100.0	102.8	109.3	105.5	100.0	97.5	101.1
郴州市	Chcenzhou	99.5	100.1	100.6	105.7	106.9	100.8	95.6	102.0
永州市	Yongzhou	99.3	100.0	101.6	110.3	101.4	100.4	98.4	100.4
怀化市	Huaihua	98.9	100.7	102.5	108.6	104.5	100.3	97.6	100.1
娄底市	Loudi	99.7	104.2	101.1	108.3	104.3	100.4	98.1	107.4
湘西州	West Hunan	97.2	100.7	99.4	106.0	106.7	100.2	101.1	98.5

21-66 住户调查主要指标 (2019年)
Major Households Survey Indicators (2019)

市 州	Cities and Prefecture	全体居民人均可支配收入（元） Per Capita Disposable Income Provincewide (yuan)	城镇居民人均可支配收入 Per Capita Disposable Income of Urban Households		农村居民人均可支配收入 Per Capita Disposable Income of Rural Households	
			绝对值（元） Value (yuan)	增速（%） Growth Rate (%)	绝对值（元） Value (yuan)	增速（%） Growth Rate (%)
全 省	**Total**	**27679.7**	**39841.9**	**8.6**	**15394.8**	**9.2**
长沙市	Changsha	48723.6	55210.8	8.7	32328.9	8.8
株洲市	Zhuzhou	37099.9	46553.4	8.6	21679.5	9.0
湘潭市	Xiangtan	32548.5	39889.5	8.2	21115.8	8.8
衡阳市	Hengyang	28222.1	36541.8	8.3	19874.2	8.9
邵阳市	Shaoyang	19821.4	29503.0	8.6	13054.7	10.1
岳阳市	Yueyang	27050.8	35116.3	8.3	16877.7	8.8
常德市	Changde	24669.6	33896.2	8.9	16483.6	9.2
张家界市	Zhangjiajie	18025.7	26811.3	8.0	10479.9	9.6
益阳市	Yiyang	23899.3	31569.6	8.4	17295.7	9.1
郴州市	Chenzhou	25636.3	35160.2	8.5	16339.3	8.8
永州市	Yongzhou	22212.1	31089.3	9.2	15275.0	9.7
怀化市	Huaihua	18574.0	29106.6	9.0	10870.4	10.8
娄底市	Loudi	20553.7	30512.5	9.3	12927.7	10.9
湘西州	West Hunan	16933.6	26755.7	8.2	10046.2	9.4

21−67 能源消耗指标(2019年)
Index of Energy Consumption (2019)

市 州	Cities and Prefecture	万元地区生产总值能耗上升或下降(±%) Energy Consumption Per 10 000 yuan GDP Increase/Decrease (±%)	能源消费总量增速(%) Total Energy Consumption Growth (%)	万元地区生产总值电耗上升或下降(±%) Electric Power Consumption per 10 000 yuan GDP Increase/Decrease (±%)
全 省	**Total**	**-4.29**	**2.94**	**-0.68**
长沙市	Changsha	−4.83	2.84	0.74
株洲市	Zhuzhou	−6.04	1.34	−12.08
湘潭市	Xiangtan	−3.96	3.30	−1.56
衡阳市	Hengyang	0.08	8.15	2.42
邵阳市	Shaoyang	−4.31	3.32	0.92
岳阳市	Yueyang	−3.80	3.85	−2.57
常德市	Changde	−5.05	2.39	1.55
张家界市	Zhangjiajie	−3.98	3.35	−1.36
益阳市	Yiyang	−5.00	1.71	−4.51
郴州市	Chenzhou	−3.60	3.91	−3.63
永州市	Yongzhou	−6.16	0.46	3.99
怀化市	Huaihua	−3.87	3.83	−1.02
娄底市	Loudi	−5.29	2.41	−5.74
湘西州	West Hunan	−1.26	5.91	5.53

21−68 规模以上工业企业综合能源消费量
Total Energy Consumption of Scale Industry

单位：万吨标准煤 (10 000 tce)

市 州	Cities and Prefecture	2015	2016	2017	2018	2019
长沙市	Changsha	499.91	475.83	487.71	416.80	405.19
株洲市	Zhuzhou	350.22	369.88	413.69	406.92	388.22
湘潭市	Xiangtan	622.22	623.75	647.32	695.20	725.57
衡阳市	Hengyang	413.87	391.90	390.16	399.32	428.98
邵阳市	Shaoyang	295.92	271.50	279.25	283.63	283.16
岳阳市	Yueyang	961.42	963.82	932.66	984.85	1014.57
常德市	Changde	477.85	398.70	428.18	467.55	476.52
张家界市	Zhangjiajie	40.88	38.90	30.40	24.39	23.25
益阳市	Yiyang	342.21	335.29	360.27	361.99	341.79
郴州市	Chenzhou	522.54	497.73	482.28	477.57	482.04
永州市	Yongzhou	180.94	159.43	168.42	183.42	180.86
怀化市	Huaihua	198.83	183.50	177.45	166.24	151.94
娄底市	Loudi	1072.44	1044.19	1043.77	1085.38	1089.32
湘西州	West Hunan	65.00	60.80	60.45	47.38	53.16

21-69 规模以上工业企业主要能源品种工业生产消费量 (2019年)
Main Energy Consumption of Industrial Enterprises above Designated Size (2019)

市 州	Cities and Prefecture	能源合计（吨标准煤）Total Energy (tce)	原 煤（吨）Raw Coal (ton)	洗精煤（吨）Cleaned Coal (ton)	焦 炭（吨）Coke (ton)	天然气（万立方米）Natrual Gas (10 000 cu.m)	原 油（吨）Crude Oil (ton)
全 省	**Total**	**106510198**	**58139688**	**8409644**	**9494778**	**162043**	**9351227**
长沙市	Changsha	4909843	3010863		1309	45421	29
株洲市	Zhuzhou	4837335	4286303		705	35105	2
湘潭市	Xiangtan	13899010	4279982	3239907	3629530	2587	
衡阳市	Hengyang	5688829	4228765		587187	15540	948
邵阳市	Shaoyang	3540725	3268075		9040	2376	79
岳阳市	Yueyang	28136635	9147374		2844	32988	9350169
常德市	Changde	6339551	6135984		13966	11355	
张家界市	Zhangjiajie	257640	242185	.	.	117	.
益阳市	Yiyang	4465669	4412785		15416	2972	
郴州市	Chenzhou	6867672	6823002	275080	207946	6489	
永州市	Yongzhou	1994945	1540633		91195	228	
怀化市	Huaihua	1577665	702755		107330	500	
娄底市	Loudi	21872397	9676852	4894656	4828310	4354	
湘西州	West Hunan	540254	384131			70	

21-69 续表 Continued

市 州	Cities and Prefecture	汽油（吨）Gasoline (ton)	煤油（吨）Kerosene (ton)	柴油（吨）Diesel Oil (ton)	燃料油（吨）Fuel Oil (ton)	液化石油气（吨）LPG (ton)	电力（万千瓦时）Electric Power (10 000 kwh)
全 省	**Total**	**107065**	**19829**	**264170**	**124378**	**170647**	**9474550**
长沙市	Changsha	23380	379	49213	1837	948	1303234
株洲市	Zhuzhou	1477	118	25339	66043	135303	465046
湘潭市	Xiangtan	285	71	2695	1239	12	767121
衡阳市	Hengyang	9949	59	31686	167	3	778609
邵阳市	Shaoyang	3659	864	17567	703	26831	371643
岳阳市	Yueyang	49999	17317	55474	22389	4707	833015
常德市	Changde	1107	180	10647	2008	28	619665
张家界市	Zhangjiajie	992		2258			37397
益阳市	Yiyang	9911	274	19675	169	57	391685
郴州市	Chenzhou	2554	455	14796	206	27	646956
永州市	Yongzhou	595	15	8213		315	369444
怀化市	Huaihua	2108	2	4479	29499	1992	441933
娄底市	Loudi	1023	97	13626	5	389	984169
湘西州	West Hunan	25		5926	114	35	199636

21-70 规模以上工业企业取水总量
Water Intake Amount of Scale Industry

单位：万立方米 (10 000 cu.m)

市　州	Cities and Prefecture	2015	2016	2017	2018	2019
全　省	**Total**	**375964.33**	**367437.23**	**386128.39**	**386225.28**	**396468.75**
长沙市	Changsha	102674.19	107488.17	111628.24	101080.88	108045.11
株洲市	Zhuzhou	28383.70	29003.25	29648.88	30792.72	30641.74
湘潭市	Xiangtan	24803.10	20390.27	22509.74	22886.40	21009.45
衡阳市	Hengyang	28459.35	28710.00	27028.93	27742.63	30423.21
邵阳市	Shaoyang	26059.34	26954.17	26896.29	28899.46	26994.75
岳阳市	Yueyang	43998.59	35271.82	36511.75	35028.44	34919.53
常德市	Changde	23370.52	26360.79	27890.28	30087.38	31608.13
张家界市	Zhangjiajie	4234.19	3940.00	4292.12	4676.77	6625.29
益阳市	Yiyang	13945.31	13160.23	14401.83	15390.56	12333.00
郴州市	Chenzhou	23302.04	22904.47	22346.02	21358.55	20909.89
永州市	Yongzhou	18103.10	18016.10	21351.25	21471.63	23562.85
怀化市	Huaihua	13470.59	12526.96	14357.03	18984.21	20870.38
娄底市	Loudi	21140.34	18624.44	18238.23	18974.20	19240.79
湘西州	West Hunan	4019.97	4086.53	7814.48	7835.77	8363.73

注：根据国家新修订的报表制度，水、火电企业用于冷却机组的河湖海冷却用水（包括循环冷却用水和直抽直排冷却用水）不计入取水量。

According to the new revision of the reporting system,thermal power enterprises for the rivers and lakes water cooling water cooling unit (including circulating cooling water and cooling water straight pulling straight row) are not included in the water.

21-71 分产业法人单位数 (2019年)
Corporate Units by Industry (2019)

单位：个 (unit)

市 州	Cities and Prefecture	合计 Total	第一产业 Primary Industry	第二产业 Secondary Industry	第三产业 Tertiary Industry
全 省	**Total**	**693318**	**58256**	**108035**	**527027**
长沙市	Changsha	183521	10161	23421	149939
株洲市	Zhuzhou	36470	1752	8051	26667
湘潭市	Xiangtan	24821	2372	4982	17467
衡阳市	Hengyang	50767	5927	7032	37808
邵阳市	Shaoyang	58468	6760	10156	41552
岳阳市	Yueyang	65292	4340	11229	49723
常德市	Changde	51778	2874	8391	40513
张家界市	Zhangjiajie	12760	1754	1716	9290
益阳市	Yiyang	41246	3394	8308	29544
郴州市	Chenzhou	40218	5219	6136	28863
永州市	Yongzhou	42494	3749	6172	32573
怀化市	Huaihua	29433	4163	3785	21485
娄底市	Loudi	32172	5686	5342	21144
湘西州	West Hunan	23878	105	3314	20459

21−72 分机构类型法人单位数 (2019年)
Corporate Units by Organization Type (2019)

单位：个 (unit)

市 州	Cities and Prefecture	合计 Total	企业 Enterprises	事业单位 Public Institution	机关 Government Department	社会团体 Social Organization	民办非企业单位 Private Non-enterprise Units	基金会 Foundation	居委会 Neighborhood Committee	村委会 Village Committee	农民专业合作社 Farmer Specialized Cooperative	其他组织机构 Other Organization
全 省	**Total**	**693318**	**495739**	**44606**	**10678**	**12162**	**18339**	**223**	**5289**	**24521**	**73943**	**7818**
长沙市	Changsha	183521	164907	3943	804	1457	3264	85	707	879	6489	986
株洲市	Zhuzhou	36470	25739	1824	606	569	1271	6	368	1015	4546	526
湘潭市	Xiangtan	24821	17560	1135	408	755	883	15	203	769	2812	281
衡阳市	Hengyang	50767	32850	4467	1010	922	1880	15	491	2279	6264	589
邵阳市	Shaoyang	58468	36432	4874	968	1234	1537	9	440	3220	8625	1129
岳阳市	Yueyang	65292	47544	4568	987	1138	1544	26	478	1805	6482	720
常德市	Changde	51778	36969	4030	946	1279	1186	19	726	1581	4493	549
张家界市	Zhangjiajie	12760	7410	1139	371	323	343	2	155	855	2017	145
益阳市	Yiyang	41246	29286	2481	516	890	872	8	253	1180	5180	580
郴州市	Chenzhou	40218	26053	2593	798	823	1038	12	336	2078	5793	694
永州市	Yongzhou	42494	23954	4657	1184	925	1591	11	348	2963	6535	326
怀化市	Huaihua	29433	15152	3934	940	754	804	2	287	2480	4493	587
娄底市	Loudi	32172	21261	1335	466	566	1063	7	272	1832	4971	399
湘西州	West Hunan	23878	10622	3626	674	527	1063	6	225	1585	5243	307

21-73 分行业法人单位数 (2019年)
Corporate Units by Sector (2019)

单位：个 (unit)

市 州	Cities and Prefecture	合计 Total	农、林、牧、渔业 Agriculture, Forestry, Animal Husbandry and Fishing	采矿业 Mining	制造业 Manufacturing	电力、燃气及水的生产和供应业 Production and Supply of Electricity, Gas and Water	建筑业 Construction	批发和零售业 Whole-sale and Retail Trade	交通运输、仓储和邮政业 Transport, Storage and Post	住宿和餐饮业 Lodging and Catering Services	信息传输、计算机服务和软件业 Information Transmission, Computer Services and Software
全 省	**Total**	**693318**	**79149**	**3837**	**65841**	**6927**	**32198**	**156356**	**14013**	**11828**	**25163**
长沙市	Changsha	183521	11372	127	13864	408	9421	45402	3808	3750	14291
株洲市	Zhuzhou	36470	2613	297	5668	440	1696	10308	723	591	869
湘潭市	Xiangtan	24821	3108	81	3649	87	1210	4742	507	381	601
衡阳市	Hengyang	50767	8869	314	4141	276	2333	9937	982	701	1122
邵阳市	Shaoyang	58468	10271	375	6402	884	2511	11885	886	1009	1137
岳阳市	Yueyang	65292	6393	315	6949	579	3450	15444	1828	849	1850
常德市	Changde	51778	4189	307	5610	522	2013	14413	1106	1244	1151
张家界市	Zhangjiajie	12760	2024	154	784	200	580	2660	205	417	140
益阳市	Yiyang	41246	6076	143	5938	341	1925	11523	814	670	656
郴州市	Chenzhou	40218	6356	497	3282	865	1516	8568	795	701	949
永州市	Yongzhou	42494	6515	316	3333	962	1566	6967	809	490	904
怀化市	Huaihua	29433	4579	220	1932	564	1080	4880	582	391	499
娄底市	Loudi	32172	6235	364	3050	532	1409	6505	614	413	709
湘西州	West Hunan	23878	549	327	1239	267	1488	3122	354	221	285

21-73 续表 Continued

单位：个 (unit)

市 州	Cities and Prefecture	金融业 Banking	房地产业 Real Estate	租赁和商务服务业 Leasing and Business Services	科学研究、技术服务和地质勘查业 Scientific Research, Technical Service and Geologic Perambulation	水利、环境和公共设施管理业 Water Conservancy, Environment and Public Facilities Management	居民服务和其他服务业 Services to Households and Other Services	教育 Education	卫生、社会保障和社会福利业 Sanitation, Social Security and Social Welfare	文化、体育和娱乐业 Culture, Sports and Entertainment	公共管理和社会组织 Public Management and Social Organization	国际组织 International Organization
全 省	**Total**	**1975**	**21882**	**66616**	**46482**	**6865**	**13163**	**32085**	**11989**	**24337**	**72612**	
长沙市	Changsha	630	6183	29492	17689	1407	4568	5284	1806	8683	5336	
株洲市	Zhuzhou	106	1306	2494	1465	334	554	1981	551	922	3552	
湘潭市	Xiangtan	89	691	2383	1501	249	393	1314	386	838	2611	
衡阳市	Hengyang	152	2042	3838	2489	479	692	3157	992	1624	6627	
邵阳市	Shaoyang	109	1596	3975	1942	614	847	3481	1293	1348	7903	
岳阳市	Yueyang	195	2168	5922	3971	818	1578	3163	1038	2424	6358	
常德市	Changde	138	1259	3826	2863	637	1237	2025	1099	1601	6538	
张家界市	Zhangjiajie	40	349	972	302	185	279	701	295	398	2075	
益阳市	Yiyang	75	964	2326	1315	310	743	1609	641	1150	4027	
郴州市	Chenzhou	120	1455	2587	2496	426	593	1940	754	1123	5195	
永州市	Yongzhou	111	1420	3074	2809	422	545	2930	833	1105	7383	
怀化市	Huaihua	73	1020	1756	1154	317	401	1730	835	959	6461	
娄底市	Loudi	86	827	2388	1326	270	471	1503	475	1271	3724	
湘西州	West Hunan	51	602	1583	5160	397	262	1267	991	891	4822	

21-74 "一套表"联网直报调查单位数(2019年)
"A Set of Table" Networking Straight Survey Respondent Numbers (2019)

单位：个 (unit)

市 州	Cities and Prefecture	合计 Total	工业 Industry	建筑业 Construction	批发零售业 Wholesale and Retail Trade	住宿餐饮业 Lodging and Catering Services	房地产业 Real Estate	服务业 Service
全 省	**Total**	**43061**	**16538**	**3454**	**9578**	**2267**	**4366**	**6858**
长沙市	Changsha	9257	2974	950	2174	445	850	1864
株洲市	Zhuzhou	3976	1615	335	864	227	410	525
湘潭市	Xiangtan	2124	1053	205	378	72	174	242
衡阳市	Hengyang	3170	1049	259	691	175	429	567
邵阳市	Shaoyang	3997	1580	223	1127	272	265	530
岳阳市	Yueyang	3857	1450	336	749	132	421	769
常德市	Changde	3323	1368	180	672	167	248	688
张家界市	Zhangjiajie	650	213	64	108	62	93	110
益阳市	Yiyang	2123	1140	117	448	90	204	124
郴州市	Chenzhou	3369	1148	196	832	247	375	571
永州市	Yongzhou	2439	1073	148	564	151	263	240
怀化市	Huaihua	1894	690	194	383	95	294	238
娄底市	Loudi	2151	935	176	481	94	171	294
湘西州	West Hunan	731	250	71	107	38	169	96

注："一套表"联网直报单位是指规模以上工业企业、限额以上批发零售住宿餐饮企业、资质以内的建筑业企业和房地产开发企业、规模以上服务业企业。

"A set of table" Networking straight survey respondent refers to within the industrial enterprises above Designated Size, enterprises above Designated Size of whole sale and retai trade and hotels and catering services.

21-75 新增“一套表”联网直报调查单位数(2019年)
Newly Increased “A Set of Table” Networking Straight Survey Respondent Numbers (2019)

单位:个 (unit)

市 州	Cities and Prefecture	合计 Total	工业 Industry	建筑业 Construction	批发零售业 Wholesale and Retail Trade	住宿餐饮业 Lodging and Catering Services	房地产业 Real Estate	服务业 Service
全 省	**Total**	**7426**	**2547**	**497**	**1944**	**447**	**745**	**1246**
长沙市	Changsha	1859	428	194	562	122	154	399
株洲市	Zhuzhou	649	224	64	181	47	39	94
湘潭市	Xiangtan	383	173	24	83	22	30	51
衡阳市	Hengyang	457	184	16	83	32	69	73
邵阳市	Shaoyang	849	356	40	267	42	44	100
岳阳市	Yueyang	661	227	32	138	21	53	190
常德市	Changde	457	205	16	86	28	50	72
张家界市	Zhangjiajie	148	29	12	33	11	33	30
益阳市	Yiyang	323	167	7	85	19	30	15
郴州市	Chenzhou	492	153	18	157	34	55	75
永州市	Yongzhou	396	126	22	128	27	63	30
怀化市	Huaihua	310	102	36	60	15	51	46
娄底市	Loudi	334	138	10	64	22	41	59
湘西州	West Hunan	108	35	6	17	5	33	12

21-76 退出“一套表”联网直报调查单位数(2019年)
Exited“A Set of Table”Networking Straight Survey Respondent Numbers (2019)

单位：个 (unit)

市 州	Cities and Prefecture	合计 Total	工业 Industry	建筑业 Construction	批发零售业 Wholesale and Retail Trade	住宿餐饮业 Lodging and Catering Services	房地产业 Real Estate	服务业 Service
全 省	**Total**	**4423**	**1654**	**18**	**1086**	**250**	**426**	**989**
长沙市	Changsha	1487	383	2	509	95	125	373
株洲市	Zhuzhou	233	142	2	33	16	17	23
湘潭市	Xiangtan	158	84		37	13	12	12
衡阳市	Hengyang	397	156	3	82	17	37	102
邵阳市	Shaoyang	306	180		62	18	11	35
岳阳市	Yueyang	209	77		42	10	31	49
常德市	Changde	317	105	3	57	17	37	98
张家界市	Zhangjiajie	55	20		4	6	17	8
益阳市	Yiyang	255	121	4	44	6	46	34
郴州市	Chenzhou	353	129	3	82	25	28	86
永州市	Yongzhou	183	68		50	16	15	34
怀化市	Huaihua	134	61	1	19	3	24	26
娄底市	Loudi	284	96		61	7	22	98
湘西州	West Hunan	52	32		4	1	4	11

22 各县（市、区）主要经济和社会统计指标

Main Economic and Social Statistics Indicators of Counties and Cities (Districts)

资料整理人员：郑一璞　欧阳普　王　丹　赵　宏
张　驰　田杰平　谢　凡　贺淑贞
陈　慧　段嘉欣　廖闻菲　彭开吾
陈晗文　朱　鹏　刘　洋　易　贝
周夜明　林　嘉　曾　郁　王　璐
谢开来　李清如　田　原　凌　骞
蔡冬娥　肖首雄　赵莉淇　郭开金

22-1 年末常住人口 (2019年)
Population at the Year-end (2019)

市县名称	Cities and Counties	总户数（万户）Households (10 000 households)	总人口（万人）Total Population (10 000 person)	按性别分 By Gender		按城乡分 By Residence		城市化水平（%）City Level (%)
				男 Male	女 Female	城镇人口 Urban	乡村人口 Rural	
芙蓉区	Furong District	19.97	58.29	29.02	29.27	58.29		100.00
天心区	Tianxin District	23.74	66.60	32.78	33.82	64.36	2.24	96.64
岳麓区	Yuelu District	29.64	95.80	46.43	49.37	85.30	10.50	89.04
开福区	Kaifu District	23.96	69.08	34.79	34.29	67.60	1.48	97.86
雨花区	Yuhua District	34.55	94.98	47.49	47.49	92.83	2.15	97.74
望城区	Wangcheng District	21.73	72.57	36.41	36.16	47.69	24.88	65.72
长沙县	Changsha County	35.22	110.94	57.18	53.76	76.17	34.77	68.66
浏阳市	Liuyang City	39.68	137.35	70.33	67.02	90.95	46.40	66.22
宁乡市	Ningxiang City	43.18	133.84	67.37	66.47	84.64	49.20	63.24
荷塘区	Hetang District	7.45	29.75	14.93	14.82	28.43	1.32	95.56
芦淞区	Lousong District	8.67	29.18	14.91	14.27	25.28	3.90	86.63
石峰区	Shifeng District	11.49	36.10	18.46	17.64	34.42	1.68	95.35
天元区	Tianyuan District	10.99	34.03	18.06	15.97	28.34	5.69	83.28
渌口区	Lukou District	10.28	30.86	15.62	15.24	15.81	15.05	51.23
攸　县	You County	22.17	66.48	33.70	32.78	39.96	26.52	60.11
茶陵县	Chaling County	17.07	59.36	30.27	29.09	29.57	29.79	49.81
炎陵县	Yanling County	6.43	20.34	10.43	9.91	9.37	10.97	46.07
醴陵市	Liling City	25.67	96.75	49.55	47.20	62.41	34.34	64.51
雨湖区	Yuhu District	17.82	60.51	31.18	29.33	51.25	9.26	84.70
岳塘区	Yuetang District	13.91	48.02	24.85	23.17	45.94	2.08	95.67
湘潭县	Xiangtan County	25.60	87.35	44.56	42.79	41.23	46.12	47.20
湘乡市	Xiangxiang City	23.89	81.89	42.05	39.84	38.71	43.18	47.27
韶山市	Shaoshan City	3.03	10.38	5.43	4.95	6.75	3.63	65.03
珠晖区	Zhuhui District	11.93	43.35	21.74	21.61	39.51	3.84	91.14
雁峰区	Yanfeng District	8.52	28.07	14.03	14.04	26.63	1.44	94.87
石鼓区	Shigu District	8.74	30.65	15.15	15.50	28.56	2.09	93.18
蒸湘区	Zhengxiang District	11.41	40.91	20.42	20.49	37.55	3.36	91.79
南岳区	Nanyue District	1.97	7.75	3.87	3.88	5.58	2.17	72.00
衡阳县	Hengyang County	29.36	103.74	53.95	49.79	45.79	57.95	44.14
衡南县	Hengnan County	25.24	91.59	48.62	42.97	38.01	53.58	41.50
衡山县	Hengshan County	10.45	36.56	19.14	17.42	15.27	21.29	41.77
衡东县	Hengdong County	16.53	60.94	31.56	29.38	25.13	35.81	41.24
祁东县	Qidong County	28.91	95.63	50.68	44.95	40.98	54.65	42.85
耒阳市	Leiyang City	33.92	111.13	58.83	52.30	58.55	52.58	52.69
常宁市	Changning City	21.47	79.74	42.32	37.42	39.43	40.31	49.45
双清区	Shuangqing District	10.10	32.03	16.34	15.69	26.62	5.41	83.11
大祥区	Daxiang District	11.86	35.21	17.97	17.24	27.40	7.81	77.82
北塔区	Beita District	3.91	10.78	5.49	5.29	7.92	2.86	73.47

22-1 续表 1 Continued

市县名称	Cities and Counties	总户数（万户）Households (10 000 households)	总人口（万人）Total Population (10 000 person)	按性别分 By Gender		按城乡分 By Residence		城市化水平（%）City Level (%)
				男 Male	女 Female	城镇人口 Urban	乡村人口 Rural	
邵东市	Shaodong City	25.06	90.76	47.19	43.57	52.47	38.29	57.81
新邵县	Xinshao County	21.43	79.21	41.98	37.23	33.35	45.86	42.10
邵阳县	Shaoyang County	25.37	90.15	46.86	43.29	39.91	50.24	44.27
隆回县	Longhui County	33.02	110.34	58.49	51.85	44.46	65.88	40.29
洞口县	Dongkou County	24.39	80.23	40.91	39.32	36.79	43.44	45.86
绥宁县	Suining County	12.46	36.85	19.53	17.32	14.66	22.19	39.78
新宁县	Xinning County	16.83	58.77	30.55	28.22	25.87	32.90	44.02
城步县	Chengbu County	7.48	27.54	14.59	12.95	11.13	16.41	40.41
武冈市	Wugang City	22.86	78.37	40.76	37.61	35.62	42.75	45.45
岳阳楼区	Yueyanglou District	33.42	101.83	53.44	48.39	88.06	13.77	86.48
云溪区	Yunxi District	6.07	17.84	9.29	8.55	11.81	6.03	66.20
君山区	Junshan District	8.71	25.99	13.33	12.66	15.61	10.38	60.06
岳阳县	Yueyang County	20.19	71.05	36.51	34.54	38.10	32.95	53.62
华容县	Huarong County	21.97	72.17	36.66	35.51	37.79	34.38	52.36
湘阴县	Xiangyin County	21.81	71.08	36.21	34.87	36.86	34.22	51.86
平江县	Pingjiang County	26.88	95.42	49.91	45.51	43.77	51.65	45.87
汨罗市	Miluo City	21.37	70.14	36.83	33.31	40.98	29.16	58.43
临湘市	Linxiang City	14.47	51.61	26.98	24.63	28.68	22.93	55.57
武陵区	Wuling District	25.30	73.30	37.28	36.02	67.24	6.06	91.73
鼎城区	Dingcheng District	27.29	82.09	41.75	40.34	44.34	37.75	54.01
安乡县	Anxiang County	14.79	53.16	27.04	26.12	24.46	28.70	46.01
汉寿县	Hanshou County	27.29	80.86	41.13	39.73	35.26	45.60	43.61
澧　县	Li County	25.83	77.94	39.64	38.30	37.82	40.12	48.52
临澧县	Linli County	15.40	41.68	21.20	20.48	21.56	20.12	51.73
桃源县	Taoyuan County	28.72	84.48	42.97	41.51	38.51	45.97	45.58
石门县	Shimen County	18.68	58.05	29.52	28.53	27.73	30.32	47.77
津市市	Jinshi City	10.39	25.59	13.02	12.57	17.32	8.27	67.68
永定区	Yongding District	17.98	47.78	24.37	23.41	27.53	20.25	57.62
武陵源区	Wulingyuan District	2.11	6.25	3.19	3.06	3.84	2.41	61.44
慈利县	Cili County	21.40	61.96	31.73	30.23	29.31	32.65	47.30
桑植县	Sangzhi County	13.60	38.93	19.59	19.34	17.53	21.40	45.03
资阳区	Ziyang District	12.55	42.23	21.73	20.50	25.15	17.08	59.55
赫山区	Heshan District	26.61	89.99	46.07	43.92	59.21	30.78	65.80
南　县	Nan County	22.13	74.32	38.06	36.26	38.68	35.64	52.05
大通湖区	Datonghu District	3.35	11.25	5.64	5.61	6.13	5.12	54.52
桃江县	Taojiang County	23.65	79.55	40.72	38.83	39.74	39.81	49.96
安化县	Anhua County	25.63	86.10	44.71	41.39	33.39	52.71	38.78
沅江市	Yuanjiang City	20.78	69.88	35.35	34.53	37.81	32.07	54.11
北湖区	Beihu District	14.62	43.86	22.57	21.29	35.39	8.47	80.69
苏仙区	Suxian District	14.93	43.97	22.95	21.02	30.93	13.04	70.34
桂阳县	Guiyang County	25.05	72.42	37.91	34.51	39.48	32.94	54.52
宜章县	Yizhang County	16.43	59.83	31.16	28.67	28.44	31.39	47.53
永兴县	Yongxing County	19.02	54.60	28.28	26.32	30.36	24.24	55.60

22-1 续表 2 Continued

市县名称	Cities and Counties	总户数（万户）Households (10 000 households)	总人口（万人）Total Population (10 000 person)	按性别分 By Gender 男 Male	女 Female	按城乡分 By Residence 城镇人口 Urban	乡村人口 Rural	城市化水平（%）City Level (%)
嘉禾县	Jiahe County	11.33	33.81	18.15	15.66	17.45	16.36	51.61
临武县	Linwu County	10.94	34.85	18.20	16.65	17.46	17.39	50.10
汝城县	Rucheng County	12.27	35.53	18.23	17.30	15.72	19.81	44.24
桂东县	Guidong County	5.98	21.23	11.00	10.23	9.49	11.74	44.70
安仁县	Anren County	10.74	40.02	20.84	19.18	18.96	21.06	47.38
资兴市	Zixing City	12.01	35.34	17.94	17.40	22.79	12.55	64.49
零陵区	Lingling District	18.13	58.12	30.58	27.54	34.97	23.15	60.17
冷水滩区	Lengshuitan District	19.22	55.37	29.20	26.17	38.46	16.91	69.46
祁阳县	Qiyang County	24.70	85.67	44.70	40.97	43.35	42.32	50.60
东安县	Dongan County	16.78	54.04	27.97	26.07	23.41	30.63	43.32
双牌县	Shuangpai County	6.56	20.04	10.55	9.49	9.12	10.92	45.51
道　县	Dao County	16.17	60.63	32.94	27.69	30.21	30.42	49.83
江永县	Jiangyong County	7.67	24.20	12.77	11.43	9.95	14.25	41.12
宁远县	Ningyuan County	18.79	71.43	37.53	33.90	33.09	38.34	46.33
蓝山县	Lanshan County	9.61	34.70	18.09	16.61	17.95	16.75	51.73
新田县	Xintian County	10.07	34.76	18.22	16.54	15.65	19.11	45.02
江华县	Jianghua County	11.98	45.65	24.06	21.59	21.05	24.60	46.11
鹤城区	Hecheng District	22.30	63.25	33.23	30.02	58.98	4.27	93.25
中方县	Zhongfang County	9.37	26.79	13.96	12.83	10.54	16.25	39.34
沅陵县	Yuanling County	21.01	60.93	31.82	29.11	25.72	35.21	42.21
辰溪县	Chenxi County	16.72	47.64	24.22	23.42	19.15	28.49	40.20
溆浦县	Xupu County	27.20	77.32	40.33	36.99	32.21	45.11	41.66
会同县	Huitong County	11.71	33.43	17.12	16.31	13.42	20.01	40.14
麻阳县	Mayang County	12.29	35.02	18.25	16.77	14.20	20.82	40.55
新晃县	Xinhuang County	8.13	24.74	12.96	11.78	10.33	14.41	41.75
芷江县	Zhijiang County	11.97	34.04	17.71	16.33	13.99	20.05	41.10
靖州县	Jingzhou County	8.84	26.14	13.74	12.40	12.94	13.20	49.50
通道县	Tongdao County	6.69	21.37	11.71	9.66	8.82	12.55	41.27
洪江市	Hongjiang City	14.30	40.74	21.25	19.49	17.99	22.75	44.16
洪江区	Hongjiang District	2.43	6.92	3.32	3.60	6.06	0.86	87.57
娄星区	Louxing District	21.27	62.51	32.43	30.08	47.82	14.69	76.50
双峰县	Shuangfeng County	25.52	81.59	42.91	38.68	32.12	49.47	39.37
新化县	Xinhua County	34.63	115.52	60.22	55.30	44.70	70.82	38.69
冷水江市	Lengshuijiang City	11.69	35.07	18.16	16.91	27.11	7.96	77.30
涟源市	Lianyuan City	31.62	99.44	51.75	47.69	42.36	57.08	42.60
吉首市	Jishou City	11.50	36.18	18.45	17.73	26.84	9.34	74.18
泸溪县	Luxi County	8.47	29.22	15.03	14.19	13.00	16.22	44.49
凤凰县	Fenghuang County	10.01	34.93	18.16	16.77	14.60	20.33	41.80
花垣县	Huayuan County	7.95	28.36	14.54	13.82	12.76	15.60	44.99
保靖县	Baojing County	8.58	29.02	15.36	13.66	12.91	16.11	44.49
古丈县	Guzhang County	3.75	13.45	6.99	6.46	5.52	7.93	41.04
永顺县	Yongshun County	13.41	44.49	23.35	21.14	19.05	25.44	42.82
龙山县	Longshan County	14.30	48.18	25.14	23.04	21.30	26.88	44.21

22-2 城镇单位从业人员年末人数(2019年)
Number of Employed Person in Urban Areas at the Year-end (2019)

单位：万人 (10 000 person)

市县名称	Cities and Counties	城镇单位从业人员人数 Number of Employees in Urban Units	在岗职工 Staff and Workers on the Job	#国有经济 State-owned Units	#城镇集体经济 Urban Collec-tive Owned Units	#其他经济 Other Economic	其他从业人员 Other Em-polyed Person
芙蓉区	Furong District	14.76	13.49	5.43	0.31	7.75	1.27
天心区	Tianxin District	17.34	16.19	3.59	0.07	12.53	1.15
岳麓区	Yuelu District	23.74	22.56	6.73	0.14	15.69	1.18
开福区	Kaifu District	13.90	11.09	3.36	0.06	7.68	2.80
雨花区	Yuhua District	20.51	18.30	4.67	0.12	13.51	2.21
望城区	Wangcheng District	10.40	9.99	1.62	0.23	8.14	0.41
长沙县	Changsha County	17.51	17.22	3.20	0.15	13.87	0.28
浏阳市	Liuyang City	13.27	12.26	3.10	0.38	8.77	1.02
宁乡市	Ningxiang City	5.42	5.04	2.70	0.18	2.16	0.38
荷塘区	Hetang District	4.51	4.22	1.01	0.04	3.16	0.29
芦淞区	Lusong District	5.39	4.69	1.27	0.01	3.41	0.71
石峰区	Shifeng District	6.41	5.72	0.73	0.01	4.98	0.69
天元区	Tianyuan District	9.67	9.25	2.55	0.01	6.69	0.42
渌口区	Lukou District	3.28	2.27	0.71	0.03	1.53	1.01
攸　县	You County	3.15	3.05	1.62	0.02	1.41	0.10
茶陵县	Chaling County	2.53	2.16	1.15	0.02	1.00	0.37
炎陵县	Yanling County	1.00	0.95	0.58	0.04	0.34	0.05
醴陵市	Liling City	6.70	6.56	2.05	0.14	4.37	0.14
雨湖区	Yuhu District	10.34	9.92	2.41	0.09	7.42	0.42
岳塘区	Yuetang District	12.59	9.80	2.19	0.22	7.39	2.79
湘潭县	Xiangtan County	4.83	4.68	1.85	0.05	2.78	0.15
湘乡市	Xiangxiang City	5.09	4.73	1.82	0.04	2.87	0.36
韶山市	Shaoshan City	0.98	0.96	0.45	0.02	0.49	0.02
珠晖区	Zhuhui District	2.84	2.68	1.29	0.09	1.30	0.16
雁峰区	Yanfeng District	4.79	4.55	1.06	0.04	3.44	0.24
石鼓区	Shigu District	4.37	3.97	1.35	0.08	2.53	0.41
蒸湘区	Zhengxiang District	7.10	6.41	2.14	0.08	4.19	0.69
南岳区	Nanyue District	0.79	0.63	0.34	0.01	0.28	0.16
衡阳县	Hengyang County	5.03	4.98	2.22	0.31	2.45	0.05
衡南县	Hengnan County	5.42	4.89	2.23	0.07	2.59	0.53
衡山县	Hengshan County	1.88	1.83	1.01	0.03	0.79	0.05
衡东县	Hengdong County	3.24	3.11	1.50	0.10	1.51	0.13
祁东县	Qidong County	4.49	3.89	1.96	0.15	1.78	0.60
耒阳市	Leiyang City	5.95	5.39	2.99	0.09	2.31	0.56
常宁市	Changning City	4.13	3.92	2.40	0.06	1.46	0.21
双清区	Shuangqing District	6.87	6.13	1.66	0.16	4.31	0.74
大祥区	Daxiang District	4.65	2.90	1.76	0.09	1.04	1.76
北塔区	Beita District	1.43	1.38	0.42		0.95	0.05

22-2 续表 1 Continued

单位：万人 (10 000 person)

市县名称	Cities and Counties	城镇单位从业人员人数 Number of Employees in Urban Units	在岗职工 Staff and Workers on the Job	#国有经济 State-owned Units	#城镇集体经济 Urban Collec-tive Owned Units	#其他经济 Other Economic	其他从业人员 Other Em-polyed Person
邵东市	Shaodong City	4.09	3.90	2.13	0.03	1.75	0.19
新邵县	Xinshao County	2.32	2.22	1.57		0.65	0.10
邵阳县	Shaoyang County	3.21	3.12	1.86	0.36	0.90	0.09
隆回县	Longhui County	3.94	3.78	2.41	0.04	1.34	0.16
洞口县	Dongkou County	3.18	2.90	1.67	0.01	1.22	0.27
绥宁县	Suining County	1.85	1.56	0.95		0.60	0.29
新宁县	Xinning County	2.60	2.47	1.40	0.06	1.00	0.13
城步县	Chengbu County	1.12	1.05	0.87	0.01	0.16	0.07
武冈市	Wugang City	2.95	2.58	1.64	0.31	0.63	0.38
岳阳楼区	Yueyanglou District	16.80	15.27	5.53	0.07	9.67	1.53
云溪区	Yunxi District	3.12	2.90	0.46	0.21	2.24	0.22
君山区	Junshan District	1.69	1.60	1.03	0.10	0.48	0.08
岳阳县	Yueyang County	3.43	3.24	1.67	0.14	1.43	0.19
华容县	Huarong County	3.12	2.91	1.54	0.17	1.21	0.21
湘阴县	Xiangyin County	4.94	4.58	2.40	0.17	2.02	0.36
平江县	Pingjiang County	5.23	4.62	2.96	0.23	1.43	0.61
汨罗市	Miluo City	8.92	8.55	2.21	0.12	6.23	0.36
临湘市	Linxiang City	3.41	3.03	1.50	0.25	1.28	0.38
武陵区	Wuling District	16.91	13.15	4.83	0.04	8.29	3.76
鼎城区	Dingchen District	5.24	4.62	1.53	0.07	3.02	0.63
安乡县	Anxiang County	4.18	4.16	1.27	0.03	2.86	0.02
汉寿县	Hanshou County	3.40	3.23	1.51	0.10	1.62	0.17
澧　县	Li County	4.64	4.47	1.92	0.10	2.45	0.17
临澧县	Linli County	2.22	2.09	1.04	0.04	1.02	0.12
桃源县	Taoyuan County	4.94	4.74	1.99	0.03	2.72	0.20
石门县	Shimen County	3.38	3.02	1.58	0.05	1.40	0.36
津市市	Jinshi City	2.36	2.30	0.79	0.07	1.44	0.05
永定区	Yongding District	4.81	4.45	2.25	0.03	2.17	0.36
武陵源区	Wulingyuan District	0.89	0.82	0.44		0.38	0.07
慈利县	Cili County	2.66	2.24	1.58	0.16	0.50	0.42
桑植县	Sangzhi County	1.52	1.41	1.06	0.01	0.34	0.11
资阳区	Ziyang District	2.69	2.59	1.51	0.03	1.05	0.10
赫山区	Heshan District	10.94	8.40	3.39	0.08	4.93	2.54
南　县	Nan County	2.39	2.22	1.38	0.04	0.80	0.16
大通湖区	Datonghu District	0.40	0.34	0.23	0.01	0.10	0.05
桃江县	Taojiang County	4.02	3.33	1.60	0.08	1.65	0.69
安化县	Anhua County	3.44	3.17	2.10	0.18	0.89	0.27
沅江市	Yuanjiang City	3.01	2.72	1.78	0.13	0.81	0.29
北湖区	Beihu District	10.01	8.34	3.97	0.06	4.31	1.67
苏仙区	Suxian District	6.35	4.78	2.19	0.03	2.56	1.57
桂阳县	Guiyang County	3.62	3.29	1.81	0.06	1.42	0.34
宜章县	Yizhang County	2.60	2.50	1.69	0.03	0.79	0.10
永兴县	Yongxing County	2.65	2.59	1.57	0.07	0.94	0.07

22-2 续表 2 Continued

单位：万人 (10 000 person)

市县名称	Cities and Counties	城镇单位从业人员人数 Number of Employees in Urban Units	在岗职工 Staff and Workers on the Job	#国有经济 State-owned Units	#城镇集体经济 Urban Collective Owned Units	#其他经济 Other Economic	其他从业人员 Other Empolyed Person
嘉禾县	Jiahe County	1.56	1.46	0.96	0.06	0.45	0.09
临武县	Linwu County	1.90	1.90	1.14	0.09	0.67	
汝城县	Rucheng County	1.88	1.72	1.17	0.02	0.53	0.17
桂东县	Guidong County	1.06	0.97	0.58		0.38	0.10
安仁县	Anren County	1.69	1.66	1.12	0.02	0.53	0.03
资兴市	Zixing City	4.00	3.54	1.18	0.01	2.35	0.46
零陵区	Lingling District	3.39	3.23	2.16	0.17	0.91	0.16
冷水滩区	Lengshuitan District	7.44	6.94	3.33	0.13	3.48	0.50
祁阳县	Qiyang County	4.96	4.53	2.41	0.42	1.69	0.43
东安县	Dongan County	3.01	2.89	1.58	0.07	1.24	0.11
双牌县	Shuangpai County	1.12	1.06	0.63	0.07	0.36	0.06
道　县	Dao County	2.78	2.57	1.65	0.47	0.46	0.21
江永县	Jiangyong County	1.21	1.13	0.87	0.03	0.23	0.08
宁远县	Ningyuan Couny	3.41	3.32	1.90	0.03	1.39	0.09
蓝山县	Lanshan County	2.36	2.19	0.96	0.16	1.07	0.18
新田县	Xintian County	1.94	1.82	1.38		0.44	0.12
江华县	Jianghua County	2.05	1.93	1.40	0.06	0.46	0.12
鹤城区	Hecheng District	8.21	7.29	4.15	0.04	3.10	0.92
中方县	Zhongfang County	1.32	1.27	0.74	0.01	0.52	0.06
沅陵县	Yuanling County	2.90	2.60	1.58	0.02	1.00	0.30
辰溪县	Chenxi County	2.15	1.91	1.22	0.19	0.50	0.24
溆浦县	Xupu County	2.71	2.67	2.25	0.07	0.35	0.04
会同县	Huitong County	1.36	1.15	0.88	0.06	0.21	0.21
麻阳县	Mayang County	1.71	1.70	1.17	0.15	0.39	0.02
新晃县	Xinhuang County	1.14	1.02	0.72	0.07	0.23	0.12
芷江县	Zhijiang County	1.56	1.50	1.09	0.05	0.36	0.06
靖州县	Jingzhou County	1.26	1.06	0.76	0.04	0.26	0.20
通道县	Tongdao County	1.21	1.06	0.87	0.01	0.19	0.15
洪江市	Hongjiang City	1.58	1.46	1.11	0.08	0.27	0.12
洪江区	Hongjiang District	0.66	0.59	0.29		0.30	0.07
娄星区	Louxing District	11.94	9.75	3.78	0.26	5.71	2.20
双峰县	Shuangfeng County	3.92	3.81	1.77	0.20	1.84	0.11
新化县	Xinhua County	4.38	4.12	2.69	0.16	1.27	0.26
冷水江市	Lengshuijiang City	5.08	4.79	1.66	0.45	2.68	0.29
涟源市	Lianyuan City	4.56	4.18	2.38	0.25	1.55	0.38
吉首市	Jishou City	6.18	5.07	3.28	0.08	1.71	1.11
泸溪县	Luxi County	1.29	1.29	1.09	0.04	0.16	
凤凰县	Fenghuang County	1.65	1.60	1.26	0.03	0.30	0.05
花垣县	Huayuan County	1.50	1.30	0.97	0.02	0.31	0.20
保靖县	Baojing County	1.12	1.11	0.95	0.05	0.12	
古丈县	Guzhang County	0.65	0.57	0.51		0.06	0.08
永顺县	Yongshun County	2.18	2.16	1.42	0.25	0.50	0.02
龙山县	Longshan County	2.12	2.02	1.65	0.04	0.33	0.10

22-3　国有经济各行业在岗职工年末人数(2019年)

Employed Staff and Workers in State-Owned Units by Sector at the Year-end (2019)

单位：人　　　　(person)

市县名称	Cities and Counties	农林牧渔业 Agriculture, Forestry, Farming of Animals and Fishing	采矿业 Minging Industry	制造业 Manu-facturing	电力、热力、燃气及水的生产和供应业 Production and Distribution of Electricity, Heat,Gas and Water	建筑业 Construction	批发和零售业 Wholesale and Retail Trade	交通运输仓储和邮政业 Traffic, Transport, Storage and Post
芙蓉区	Furong District			14			231	2729
天心区	Tianxin District	42		84		619	498	
岳麓区	Yuelu District			422	10		3	468
开福区	Kaifu District			48			25	101
雨花区	Yuhua District			128		312	870	2353
望城区	Wangcheng District	22					20	20
长沙县	Changsha County	5		55	18		12	335
浏阳市	Liuyang City	207			685		42	192
宁乡市	Ningxiang City	58		116	45	215	2	617
荷塘区	Hetang District			26		9	50	1132
芦淞区	Lusong District				781		471	67
石峰区	Shifeng District							228
天元区	Tianyuan District					277		1324
渌口区	Lukou District				65			155
攸　县	You County	106	364		281		61	
茶陵县	Chaling County		225	182	243		34	111
炎陵县	Yanling County	150			116		6	93
醴陵市	Liling City			436	166	63		144
雨湖区	Yuhu District			8			157	891
岳塘区	Yuetang District	15		1138			287	120
湘潭县	Xiangtan County				60		28	
湘乡市	Xiangxiang City				186	70		
韶山市	Shaoshan City				104		1	
珠晖区	Zhuhui District	19		3				19
雁峰区	Yanfeng District	30						48
石鼓区	Shigu District					99	31	850
蒸湘区	Zhengxiang District					12	1546	2195
南岳区	Nanyue District	118			68			64
衡阳县	Hengyang County	157			254			292
衡南县	Hengnan County	72			62	700	20	62
衡山县	Hengshan County	30			67			105
衡东县	Hengdong County	31			983			
祁东县	Qidong County	146			348	289	8	231
耒阳市	Leiyang City				588	535	29	25
常宁市	Changning City	13			831		39	269
双清区	Shuangqing District	17			809	218	762	2573
大祥区	Daxiang District				135	1620		140
北塔区	Beita District							9

22-3 续表 1 Continued

单位:人

市县名称	Cities and Counties	住宿和餐饮业 Accommodation and Restaurants	信息传输软件和信息技术服务业 Information Transfer, Software and Information technology Services	金融业 Finance	房地产业 Real Estate Trade	租赁和商务服务业 Tenancy and Business Services
芙蓉区	Furong District	1034	195	4470	155	789
天心区	Tianxin District	74		887	21	247
岳麓区	Yuelu District	151	256	512	22	449
开福区	Kaifu District	200		333	786	683
雨花区	Yuhua District	584	10	812	177	457
望城区	Wangcheng District					130
长沙县	Changsha County		69	123		
浏阳市	Liuyang City	46		71		131
宁乡市	Ningxiang City	136	3		6	264
荷塘区	Hetang District	2	7		49	28
芦淞区	Lusong District	35		696	80	138
石峰区	Shifeng District		28	11	3	12
天元区	Tianyuan District	207	406	1217	19	339
渌口区	Lukou District	50	60			44
攸　县	You County		29			120
茶陵县	Chaling County					23
炎陵县	Yanling County	48			50	59
醴陵市	Liling City	42				398
雨湖区	Yuhu District		15	1529	7	184
岳塘区	Yuetang District			37	10	93
湘潭县	Xiangtan County		115		18	28
湘乡市	Xiangxiang City		113		18	117
韶山市	Shaoshan City	366			41	75
珠晖区	Zhuhui District	8	17		65	59
雁峰区	Yanfeng District			1094	166	14
石鼓区	Shigu District		5	73		1237
蒸湘区	Zhengxiang District	19	11	1149	20	106
南岳区	Nanyue District	54			29	232
衡阳县	Hengyang County					317
衡南县	Hengnan County					158
衡山县	Hengshan County				10	
衡东县	Hengdong County					44
祁东县	Qidong County		128		74	273
耒阳市	Leiyang City		160		20	223
常宁市	Changning City		5		37	353
双清区	Shuangqing District		18			
大祥区	Daxiang District		57	1423	182	30
北塔区	Beita District		274		21	3

Continued

(person)

科学研究和技术服务业 Scientific Research, Technical Service	水利环境和公共设施管理业 Management of Water Conservancy, Environment and Public Establishment	居民服务修理和其他服务业 Resident Services, Repair and Other Services	教育 Education	卫生和社会工作 Sanitation and Social Work	文化体育和娱乐业 Culture, Sports and Enter-tainment	公共管理社会保障和社会组织 Public Management, Social Security and Social Organization
4017	660	5	8763	10184	1208	19895
5285	1067	40	11898	2731	558	11891
2998	1645	75	30840	8921	78	20469
696	418	94	5802	10953	6180	7256
7254	686	171	8572	12450	940	10940
1174	617		5879	1487	76	6757
384	110		13963	4722	77	12135
276	226		10651	7113	609	10791
281	584		8809	5003	373	10519
1001	189		2518	1665		3458
83	666	2	3030	3958	152	2537
	215		2608	1413		2749
773	299		4969	4825	419	10439
	103		2213	1144		3290
109	68		4606	3596	268	6602
112	132		4327	1814	148	4102
37	136		1500	714	74	2790
357	229	35	7142	4187	151	7152
1295	1137	136	6288	6209	103	6125
381	295	11	5577	4115	555	9296
46	66		6290	3321	81	8470
10	859	69	4338	4075	106	8249
9	17	19	921	175	418	2311
14	55	45	5797	3406	64	3355
1074	229		1555	3134	85	3197
116	350	52	2731	3570	222	4202
987	197	22	1581	3234	826	9535
94	109		523	585	61	1504
105	973		5096	4087	88	10859
175	429	15	7745	3455	96	9336
35	66		3635	1613	87	4488
123	792	17	3186	2332	174	7341
237	1427	66	6351	3578	32	6459
399	260	28	9087	4271	45	14207
14	1559	34	7174	4149	101	9380
43			2864	3941	135	5177
165	403		3860	4781	71	4751
123			471	156	2	3181

22-3 续表 2

单位：人

市县名称	Cities and Counties	农林牧渔业 Agri-culture, Forestry, Farming of Animals and Fishing	采矿业 Minging Industry	制造业 Manu-facturing	电力、热力、燃气及水的生产和供应业 Production and Distribution of Electricity, Heat,Gas and Water	建筑业 Construc-tion	批发和零售业 Whole-sale and Retail Trade	交通运输仓储和邮政业 Traffic, Transport, Storage and Post	住宿和餐饮业 Acco-mmodation and Restaurants
邵东市	Shaodong City	37			234		54	285	
新邵县	Xinshao County	101			160			336	
邵阳县	Shaoyang County	102			242		773	6	
隆回县	Longhui County	303			865	998		254	
洞口县	Dongkou County	57		17	113		22	183	
绥宁县	Suining County	200		80	388		307	218	
新宁县	Xinning County	149			458			341	
城步县	Chengbu County	410			95		35	113	
武冈市	Wugang City	81			210		110	94	50
岳阳楼区	Yueyanglou District	139			1030	1643	1078	4374	160
云溪区	Yunxi District						3	81	
君山区	Junshan District	18		403	289	2584	35	113	
岳阳县	Yueyang County	115		861	79	598	276	236	
华容县	Huarong County	67		12	307		88	110	7
湘阴县	Xiangyin County	160	17	17	199		63	403	96
平江县	Pingjiang County	156	272	741	442		259	160	
汨罗市	Miluo City	18		92	127	1997	250	441	12
临湘市	Linxiang City	153		77	161		800	83	11
武陵区	Wuling District	46		95		3260	1096	2204	151
鼎城区	Dingchen District	24		8	230		3	277	
安乡县	Anxiang County	39		48	113			132	
汉寿县	Hanshou County	37			263			130	12
澧　县	Li County	417	12	26	150	706	92	49	
临澧县	Linli County	75			205			381	
桃源县	Taoyuan County	55		27	17		36	341	
石门县	Shimen County	76		12	188		11	195	
津市市	Jinshi City	19						100	65
永定区	Yongding District	197			473	352	182	609	
武陵源区	Wulingyuan District				10	3	6	51	20
慈利县	Cili County	20		6			26	362	
桑植县	Sangzhi County	64		5	109		7	161	
资阳区	Ziyang District					5345		4	
赫山区	Heshan District	24		26	74	108	524	2008	38
南　县	Nan County	94			168	17			
大通湖区	Datonghu District			5	34				
桃江县	Taojiang County	65			220	223	80	139	
安化县	Anhua County	61	133	113	427	35	189	302	
沅江市	Yuanjiang City	277		21	192		272	65	
北湖区	Beihu District			1367	3	1003	5277	3759	112
苏仙区	Suxian District	78		65		1714			40
桂阳县	Guiyang County	22			6		84	299	
宜章县	Yizhang County	43			582	46	17	289	
永兴县	Yongxing County	59	45		260	1554	330	240	57

Continued

(person)

信息传输软件和信息技术服务业 Information Transfer, Software and Information technology Services	金融业 Finance	房地产业 Real Estate Trade	租赁和商务服务业 Tenancy and Business Services	科学研究和技术服务业 Scientific Research, Technical Service	水利环境和公共设施管理业 Management of Water Conservancy, Environment and Public Establishment	居民服务修理和其他服务业 Resident Services, Repair and Other Services	教育 Education	卫生和社会工作 Sanitation and Social Work	文化体育和娱乐业 Culture, Sports and Enter-tainment	公共管理社会保障和社会组织 Public Management, Social Security and Social Organization
55	444		280	91	149		8123	3670	46	7791
51			48	34	333	52	6159	2443	23	5990
			28	153	114		6423	2689	33	8020
133			22	17	48		7357	3459	89	10527
		15	70	218	48	8	6393	2521	24	6996
33		15	38	75	104		2632	1445	43	3947
72			173	98	772	40	4180	2050	100	5573
91		66	67	39	422		2623	966	37	3764
		18	180	157	348	8	5161	3024	37	6901
283	2179	61	924	789	3597	964	11853	8407	461	17400
16			89		71		1341	241	35	2707
29		7	111	71	279		1331	814	14	4190
36	12	73	254	965	260	17	4129	1819	265	6706
3		57	115	336	1338		5001	2489	105	5318
131		74	340	402	1271	12	7562	3699	336	9224
48	133	16	246	493	1158	68	11625	2797	383	10607
35	24	29	182	273	520		4727	2287	499	10542
54		7	198	373	801	62	3776	1125	248	7070
191	2241	115	321	1589	3012	80	7873	8385	437	17171
			176	228	546		3931	2513	258	7135
		20	71	16	332	36	3714	2281	108	5799
88		9	98	65	311		5883	2500	118	5587
		12	202	330	1031	6	6127	3332	127	6590
		27	94	16	95		3208	1937	71	4292
		9	117	75	742	33	7606	3676	119	7038
2			84	159	247		5095	4156	160	5401
71			56	39	37	55	1969	1386	10	4132
19	781	45	274	293	231		5453	3302	388	9947
			89		1120		609	199	6	2270
82		83	76	68	414	9	6195	2985	127	5306
			56	46	58	39	3627	1718	93	4586
				112	551		3114	2292	39	3664
39	1408		517	1195	1012	53	8690	6263	309	11604
26			175	114	678	81	4738	2440	214	5094
20			14				542	385		1332
		5	17	109	214	24	5088	3370	153	6281
102		71	188	277	350		7102	3578	321	7787
141		59	100	128	423	12	6768	2521	66	6784
431	1445	209	902	2878	1824		4560	6351	465	9138
	165	67	59	293	1573	26	7339	2966	281	7207
		30	227	97	372	13	6896	3034	194	6796
50	335	63	139	236	314	68	5803	2741	74	6077
94	9	58	103	141	93	24	4484	2140	54	5968

22-3 续表 3

单位：人

市县名称	Cities and Counties	农林牧渔业 Agriculture, Forestry, Farming of Animals and Fishing	采矿业 Minging Industry	制造业 Manufacturing	电力、热力、燃气及水的生产和供应业 Production and Distribution of Electricity, Heat,Gas and Water	建筑业 Construction	批发和零售业 Wholesale and Retail Trade	交通运输仓储和邮政业 Traffic, Transport, Storage and Post	住宿和餐饮业 Accommodation and Restaurants
嘉禾县	Jiahe County	36			212		50		
临武县	Linwu County			9	272			297	39
汝城县	Rucheng County	58				303			
桂东县	Guidong County					5		216	
安仁县	Anren County				122	400	146	157	
资兴市	Zixing City	126		18	461		65	24	31
零陵区	Lingling District	117			594	94		310	
冷水滩区	Lengshuitan District	20		1102	23	526	1414	2135	
祁阳县	Qiyang County				605	550	36	231	
东安县	Dongan County	38		26	217	263	43	217	24
双牌县	Shuangpai County	90		69	143			90	
道　县	Dao County	70			235	91		168	
江永县	Jiangyong County	46			78	50		220	
宁远县	Ningyuan Couny	31		18	881	926		152	
蓝山县	Lanshan County	133			88	71	35	98	
新田县	Xintian County	77			97	80		295	
江华县	Jianghua County	69			100	115		307	
鹤城区	Hecheng District	42			197	1337	602	1957	108
中方县	Zhongfang County	14						259	
沅陵县	Yuanling County				388	1870	32	25	
辰溪县	Chenxi County	160			4				
溆浦县	Xupu County	23			485			25	103
会同县	Huitong County	2					48		17
麻阳县	Mayang County	8			172		81	157	70
新晃县	Xinhuang County				107			93	
芷江县	Zhijiang County	7			120		37	66	91
靖州县	Jingzhou County	176		122	139			156	
通道县	Tongdao County	8		127	214			213	141
洪江市	Hongjiang City	266			328		102	182	
洪江区	Hongjiang District	4			18			132	
娄星区	Louxing District	15		20		1298	320	1385	
双峰县	Shuangfeng County	68			121			254	
新化县	Xinhua County				43		42	82	
冷水江市	Lengshuijiang City	3		136	282		110	393	102
涟源市	Lianyuan City	6			220	1371	47	68	197
吉首市	Jishou City			18	374	94	718	4278	12
泸溪县	Luxi County	33		33	568				
凤凰县	Fenghuang County				181	2	7	14	
花垣县	Huayuan County	10			856		24	40	
保靖县	Baojing County	87		163	772				
古丈县	Guzhang County				60				
永顺县	Yongshun County		10		344	18		142	23
龙山县	Longshan County			53	681	235	11	29	76

Continued

(person)

信息传输软件和信息技术服务业 Information Transfer, Software and Information technology Services	金融业 Finance	房地产业 Real Estate Trade	租赁和商务服务业 Tenancy and Business Services	科学研究和技术服务业 Scientific Research, Technical Service	水利环境和公共设施管理业 Management of Water Conservancy, Environment and Public Establishment	居民服务修理和其他服务业 Resident Services, Repair and Other Services	教育 Education	卫生和社会工作 Sanitation and Social Work	文化体育和娱乐业 Culture, Sports and Enter-tainment	公共管理社会保障和社会组织 Public Management, Social Security and Social Organization
			172	27	267	10	2995	1629	40	4185
		2	87	140	262		4034	1596	39	4647
408			119	26	430	41	3930	1597	13	4777
59			81	15	26		1649	759	61	2976
82		28	104	70	583		3853	1623	76	3926
64		7	92	88	227	38	3545	1866	44	5096
16	353	18	191	108	1100		7725	2984	184	7774
73	1304	4	113	780	310	91	4472	7261	521	13126
			1301	137	18		6559	3921	323	10456
			155	999	534	11	4412	2119	98	6654
			54	59	150		1786	667	33	3140
			329	250	685		6157	2457	210	5820
		31	260	48	369		2515	1141	75	3836
		75	101	26	321		6495	2352	173	7494
			87	57	58		3240	1047	90	4638
			114	117	377		6136	2098	82	4284
105			39	90	464		5020	2438	110	5151
72	1758	416	413	1393	2801	91	9377	7865	734	12347
			277	27			1795	729	13	4266
		24	179	101	142	8	4640	2482	166	5739
			64	47	211	18	3685	2252	158	5591
155		10	36	127	645	33	9177	4141	46	7508
	24		57	97	99	88	2787	1421	94	4089
			85	132	425	88	3379	1930	40	5088
20		126	33	46	168	9	2138	1176	105	3225
90			57	17	75	240	3613	1540	51	4910
			90	66	84	19	2235	1207	69	3230
69		2	119	38	262		2503	1509	53	3421
				216	117		3255	2100	118	4441
			4	16	42	6	603	384	53	1629
338	1343		330	1238	1695	77	8260	8705	146	12593
		9	8	154	154		5574	2547	157	8651
121			93	28	425	190	12175	2870	62	10753
106			153	247	1273	43	4957	2634	124	6029
6			368	136	661	27	7546	3689	90	9336
118	1070	55	229	1193	194		6369	5880	1254	10988
			119	34	510		3492	1694	100	4270
		30	89	117	222		4051	1702	164	6043
			114	120	287		2698	1552	110	3914
			61	115	40		2494	1602	48	4084
25				53	59		1445	366		3085
82		30	177	58	476		4240	2252	149	6160
17			324	227	225		4218	2355	133	7893

22-4 城镇集体经济各行业在岗职工年末人数(2019年)

单位：人

市县名称	Cities and Counties	农林牧渔业 Agri-culture, Forestry, Farming of Animals and Fishing	采矿业 Minging Industry	制造业 Manu-facturing	电力、热力、燃气及水的生产和供应业 Production and Distribution of Electricity, Heat,Gas and Water	建筑业 Construc-tion	批发和零售业 Whole-sale and Retail Trade	交通运输仓储和邮政业 Traffic, Transport, Storage and Post	住宿和餐饮业 Acco-mmodation and Restaurants
芙蓉区	Furong District	3		74		926	33	84	547
天心区	Tianxin District			77			14		
岳麓区	Yuelu District			425		98	59		
开福区	Kaifu District			69		281	1	12	22
雨花区	Yuhua District			334		5	146		37
望城区	Wangcheng District			604	55	5	35	65	
长沙县	Changsha County		19	246					
浏阳市	Liuyang City	28	164	766	2	866	8		1
宁乡市	Ningxiang City	66	65	820			32		
荷塘区	Hetang District	51		299			9		
芦淞区	Lusong District							12	
石峰区	Shifeng District			73				6	
天元区	Tianyuan District			43					40
渌口区	Lukou District					7		30	
攸　县	You County		8	131				21	
茶陵县	Chaling County		62	24	20		15		
炎陵县	Yanling County	12		4	22	123			
醴陵市	Liling City			930	8		52	15	
雨湖区	Yuhu District		5	418		78	3	105	
岳塘区	Yuetang District			1867		103		81	
湘潭县	Xiangtan County			18					
湘乡市	Xiangxiang City			175					
韶山市	Shaoshan City					242			
珠晖区	Zhuhui District	37	4	259		213	11	36	
雁峰区	Yanfeng District			25		190		119	
石鼓区	Shigu District			105		468	105		
蒸湘区	Zhengxiang District			18		561	21	6	50
南岳区	Nanyue District								41
衡阳县	Hengyang County					2781	10		
衡南县	Hengnan County				35	232			
衡山县	Hengshan County		31						
衡东县	Hengdong County	32		551	7				
祁东县	Qidong County	30		10	32	446	57	397	
耒阳市	Leiyang City			221		647		24	
常宁市	Changning City				8	545			
双清区	Shuangqing District			5		1314	30	66	6
大祥区	Daxiang District			118		684			
北塔区	Beita District								

Employed Staff and Workers in Urban Collective-Owned Units by Sector at the Year-end (2019)

(person)

信息传输软件和信息技术服务业 Information Transfer, Software and Information technology Services	金融业 Finance	房地产业 Real Estate Trade	租赁和商务服务业 Tenancy and Business Services	科学研究和技术服务业 Scientific Research, Technical Service	水利环境和公共设施管理业 Management of Water Conservancy, Environment and Public Establishment	居民服务修理和其他服务业 Resident Services, Repair and Other Services	教育 Education	卫生和社会工作 Sanitation and Social Work	文化体育和娱乐业 Culture, Sports and Enter-tainment	公共管理社会保障和社会组织 Public Management, Social Security and Social Organization
		1096	32	22			30	250		
		4	21	17			185	364	9	
			11	6	14	12	135	592	2	
		40		4		4	20	125	3	
			125	119			279	149		
			10	2	42	7	668	699	68	4
		5		70		3	703	335		137
		10	30	19	36		560	1279	7	22
					21	35	4	744		
		35	32	17						
		104	15	13						
				5						
								5		
								229		
								10		
		16		2					14	
							2	198		
		210	40					115		
		20	8				59	209	7	6
			30			27		50		
			8				4	446		18
							238			
								4	3	
		19	29			23	62	139		28
			4	19			10	41		
			21				16	69		
			26	33			18	41	33	
								12		6
								11		326
							16	279		126
								280		
		7	14	35			7	81		279
				29	62		338	60	3	15
		4	8					12		
							32	28		
		3	2				113	110		
		19					122			
										5

22-4 续表 1

单位：人

市县名称	Cities and Counties	农林牧渔业 Agri-culture, Forestry, Farming of Animals and Fishing	采矿业 Minging Industry	制造业 Manu-facturing	电力、热力、燃气及水的生产和供应业 Production and Distribution of Electricity, Heat,Gas and Water	建筑业 Construc-tion	批发和零售业 Whole-sale and Retail Trade	交通运输仓储和邮政业 Traffic, Transport, Storage and Post	住宿和餐饮业 Acco-mmodation and Restaurants
邵东市	Shaodong City					110		12	
新邵县	Xinshao County								
邵阳县	Shaoyang County				77	1892	1250		
隆回县	Longhui County				364				
洞口县	Dongkou County							23	
绥宁县	Suining County								
新宁县	Xinning County	152							
城步县	Chengbu County						105		
武冈市	Wugang City				3	2973			3
岳阳楼区	Yueyanglou District			197	25	43	73	111	
云溪区	Yunxi District			1289		298	26	40	
君山区	Junshan District			422	53		148	134	
岳阳县	Yueyang County		147	44	47	882	106	43	
华容县	Huarong County			369	12	1085			
湘阴县	Xiangyin County	33		329	234		85		
平江县	Pingjiang County	46		234	750	108	244	13	
汨罗市	Miluo City	9		26	18	428	63	48	37
临湘市	Linxiang City	144	10	48	10		177	6	
武陵区	Wuling District			64		17	1		5
鼎城区	Dingchen District	129		8	38				
安乡县	Anxiang County	2			17		46		
汉寿县	Hanshou County	6		4	4		16		
澧　县	Li County			16			58		
临澧县	Linli County	6			12			44	
桃源县	Taoyuan County		12	43	159		20	25	
石门县	Shimen County		27	3			43		
津市市	Jinshi City			518	34				
永定区	Yongding District				7		40	3	
武陵源区	Wulingyuan District								
慈利县	Cili County			28		1442	42	56	27
桑植县	Sangzhi County				6				
资阳区	Ziyang District	9		71					
赫山区	Heshan District	2		238	6	21	14	93	5
南　县	Nan County			10	16				
大通湖区	Datonghu District			6					
桃江县	Taojiang County	6		21	14			295	
安化县	Anhua County			131	228	30	85	216	5
沅江市	Yuanjiang City	52		37	51	399	101		
北湖区	Beihu District			61	50	222	61		3
苏仙区	Suxian District			25	93		27	75	
桂阳县	Guiyang County			21	10		34	48	30
宜章县	Yizhang County		137		52		37		
永兴县	Yongxing County	2			56	320	12		

Continued

(person)

信息传输软件和信息技术服务业 Information Transfer, Software and Information technology Services	金融业 Finance	房地产业 Real Estate Trade	租赁和商务服务业 Tenancy and Business Services	科学研究和技术服务业 Scientific Research, Technical Service	水利环境和公共设施管理业 Management of Water Conservancy, Environment and Public Establishment	居民服务修理和其他服务业 Resident Services, Repair and Other Services	教育 Education	卫生和社会工作 Sanitation and Social Work	文化体育和娱乐业 Culture, Sports and Enter-tainment	公共管理社会保障和社会组织 Public Management, Social Security and Social Organization
					118					11
					2					
								394		
			80	9						
							18	24		
								467		
		6		5						
						3		114		
		3	48				24	68		101
				42	28			353		3
				16			6	6	187	
				32			13	5		36
5					12		9	176	9	
5				52	48		624	189	30	21
40	55		50	34			622	112	21	3
			120		16	32	94	323		6
4		50	154	50	44	12	323	1200	46	183
			51				46	159		24
			50		8		209	219	8	
				4			88	133		
			18				324	637	4	2
			5	16			202	278		391
		9	5	27	49			212	5	
					17		29	15	7	
		6	1		5		191	176	15	
								107	6	
		21		49			119	40	41	18
		3	2					39		
			2					96		
							14	197		14
		8	38	19	38	9	109	186	11	20
4		4	11		1		277	29		
							65			
			10				218	232		28
		119	2	18	42		299	550	40	18
				8	187		77	418		
			16		22			158		
		3	25	5	5			38		
			9				46	334	33	
		15							14	
				4			132	145		41

22-4 续表 2

单位：人

市县名称	Cities and Counties	农林牧渔业 Agriculture, Forestry, Farming of Animals and Fishing	采矿业 Minging Industry	制造业 Manufacturing	电力、热力、燃气及水的生产和供应业 Production and Distribution of Electricity, Heat,Gas and Water	建筑业 Construction	批发和零售业 Wholesale and Retail Trade	交通运输仓储和邮政业 Traffic, Transport, Storage and Post	住宿和餐饮业 Accommodation and Restaurants
嘉禾县	Jiahe County					457			
临武县	Linwu County		221		32	608			
汝城县	Rucheng County			102	48				
桂东县	Guidong County	6		23					
安仁县	Anren County				1		118		
资兴市	Zixing City			10					
零陵区	Lingling District					1323			
冷水滩区	Lengshuitan District	5			5	1060	34	20	
祁阳县	Qiyang County	11				4089			
东安县	Dongan County			7	334		101	5	
双牌县	Shuangpai County			8	39	658	5		
道　县	Dao County			22		4426		156	
江永县	Jiangyong County			15		325			
宁远县	Ningyuan Couny								
蓝山县	Lanshan County					1303	84	57	
新田县	Xintian County					31			
江华县	Jianghua County			10	1	420	5		
鹤城区	Hecheng District			3		212		57	
中方县	Zhongfang County				38			13	
沅陵县	Yuanling County				23		2	3	
辰溪县	Chenxi County			278	131	1174		26	
溆浦县	Xupu County		115		171			270	
会同县	Huitong County	2		4	5	96	9	23	
麻阳县	Mayang County					1350			
新晃县	Xinhuang County					497		130	
芷江县	Zhijiang County	2		7	21		2		
靖州县	Jingzhou County				10	235		92	
通道县	Tongdao County					52			
洪江市	Hongjiang City			35	63	477	84	50	
洪江区	Hongjiang District							2	
娄星区	Louxing District	12	743	876	56	11	91	67	
双峰县	Shuangfeng County		447		8	1255		143	
新化县	Xinhua County		600		89	883			
冷水江市	Lengshuijiang City		310	65		3124	217	780	
涟源市	Lianyuan City		85		61	1900		340	
吉首市	Jishou City			13	2	562	11	41	5
泸溪县	Luxi County					401			
凤凰县	Fenghuang County					307	11		
花垣县	Huayuan County				35	110			
保靖县	Baojing County					400		41	
古丈县	Guzhang County								
永顺县	Yongshun County				6	2274			62
龙山县	Longshan County			1		390	8		

Continued

(person)

信息传输软件和信息技术服务业 Information Transfer, Software and Information technology Services	金融业 Finance	房地产业 Real Estate Trade	租赁和商务服务业 Tenancy and Business Services	科学研究和技术服务业 Scientific Research, Technical Service	水利环境和公共设施管理业 Management of Water Conservancy, Environment and Public Establishment	居民服务修理和其他服务业 Resident Services, Repair and Other Services	教育 Education	卫生和社会工作 Sanitation and Social Work	文化体育和娱乐业 Culture, Sports and Enter-tainment	公共管理社会保障和社会组织 Public Management, Social Security and Social Organization
							38	51		14
				3						
								25		
							20			
							29	44		
			17	20				8		
			285				50			9
17	7	58	2	53				34		
							1	59	35	
16		115		5		2	88	24		
								35		
							52		12	
							194	105		
							68	47		
								211		
		3	75					2	6	8
								26		
		8	11	76			27	52		
								318		
					75		10		10	
				22			41	336	58	
								100		
		4						37		
				17			189	242		
				9				40		
								12		1
		3					45			
				6						
		7	638				2	72		8
					5		129	51		
							54			
			11							13
						107		47		
		34	59					43		17
								7		
								10		
										17
3		5		11			7	96		

22-5 在岗职工工资总额和年平均工资 (2019年)

Total Wage Bill and Average Annual Wage of Employed Staff and Workers (2019)

市县名称	Cities and Counties	在岗职工工资总额（万元）Total Wages of Staff and Workers on the Job (10 000 yuan)	#国有经济 State-owned Units	#城镇集体经济 Urban Collective Owned Units	在岗职工年平均工资（元）Average Annual Wages of Staff and Workers on the Job (yuan)	#国有经济 State-owned Units	#城镇集体经济 Urban Collective Owned Units	在岗职工年平均工资发展速度（上年=100）The Growth Rate of Average Annual Wages (preceding year=100)
芙蓉区	Furong District	1466553	784568	16345	111087	145519	54868	109.5
天心区	Tianxin District	1568201	377587	5353	98157	105915	82220	99.5
岳麓区	Yuelu District	2651073	1014217	8740	119674	151382	64648	105.3
开福区	Kaifu District	1315211	536751	2913	119679	161497	49872	99.9
雨花区	Yuhua District	1791760	522251	9160	97995	112225	77039	103.0
望城区	Wangcheng District	713319	180358	15188	72627	113042	69992	126.1
长沙县	Changsha County	1507560	361478	13768	88050	113330	92338	105.5
浏阳市	Liuyang City	792364	302908	25572	68605	98449	68760	105.0
宁乡市	Ningxiang City	409133	256860	11136	82375	95271	72314	103.3
荷塘区	Hetang District	326896	118323	4464	81172	116689	99200	109.6
芦淞区	Lousong District	376756	135075	504	80111	106940	35007	108.2
石峰区	Shifeng District	613139	79052	496	107653	109749	57674	110.0
天元区	Tianyuan District	850151	274870	459	96322	108498	55253	106.8
渌口区	Lukou District	163417	58251	1445	72973	81894	54131	102.6
攸　县	You County	190898	116463	957	62762	72051	59781	95.2
茶陵县	Chaling County	131701	88140	845	61866	78000	55954	104.0
炎陵县	Yanling County	58683	40853	1998	61583	70533	54149	104.7
醴陵市	Liling City	394212	146649	5875	61345	72441	44276	106.8
雨湖区	Yuhu District	643967	259837	3744	65811	108887	40781	103.1
岳塘区	Yuetang District	752608	221268	21833	78526	101193	90146	99.6
湘潭县	Xiangtan County	296714	157067	3116	64915	85103	63071	108.6
湘乡市	Xiangxiang City	280130	136060	2918	62117	77110	70644	103.1
韶山市	Shaoshan City	64058	35247	1145	68082	79978	49761	96.3
珠晖区	Zhuhui District	230811	137036	5432	86229	107093	62655	119.4
雁峰区	Yanfeng District	287291	97229	1197	68111	93787	30383	95.4
石鼓区	Shigu District	316276	164615	3854	81994	122019	50514	110.5
蒸湘区	Zhengxiang District	473263	185629	4097	73434	86239	50642	112.2
南岳区	Nanyue District	43049	31041	368	69873	91349	62288	128.3
衡阳县	Hengyang County	284830	145516	15188	58684	65565	56712	109.4
衡南县	Hengnan County	280612	155219	3898	59400	70308	62363	98.1
衡山县	Hengshan County	105609	71206	2091	57735	70175	63547	101.8
衡东县	Hengdong County	171327	97848	6406	56534	65358	58398	109.5
祁东县	Qidong County	221911	132442	7049	57675	67759	48410	108.9
耒阳市	Leiyang City	336007	205490	3012	62349	69212	34620	106.3
常宁市	Changning City	252211	167247	3200	65441	70328	51120	99.2
双清区	Shuangqing District	413396	153321	8431	66670	93517	49333	103.1
大祥区	Daxiang District	239625	157422	4808	83750	89945	53601	97.7
北塔区	Beita District	84933	36294	27	60675	87392	53000	110.2

22-5 续表 1 Continued

市县名称	Cities and Counties	在岗职工工资总额（万元）Total Wages of Staff and Workers on the Job (10 000 yuan)	#国有经济 State-owned Units	#城镇集体经济 Urban Collective Owned Units	在岗职工年平均工资（元）Average Annual Wages of Staff and Workers on the Job (yuan)	#国有经济 State-owned Units	#城镇集体经济 Urban Collective Owned Units	在岗职工年平均工资发展速度（上年=100）The Growth Rate of Average Annual Wages (preceding year=100)
邵东市	Shaodong City	234232	150398	1768	61399	71093	70438	100.7
新邵县	Xinshao County	158337	116323	5	71860	74219	24000	101.4
邵阳县	Shaoyang County	196082	122251	23041	62706	66060	63650	101.7
隆回县	Longhui County	243796	178094	1592	66071	75000	44472	108.0
洞口县	Dongkou County	173694	120842	571	60632	73653	51423	102.9
绥宁县	Suining County	90814	63251	290	57995	65852	68952	110.8
新宁县	Xinning County	137690	94013	3326	56356	67398	53038	102.7
城步县	Chengbu County	73034	63720	300	70171	73504	26113	107.0
武冈市	Wugang City	174836	126687	12421	69484	78643	42670	102.5
岳阳楼区	Yueyanglou District	1103823	408153	4727	72527	73902	68108	110.8
云溪区	Yunxi District	273719	31267	14495	94071	68253	70362	103.9
君山区	Junshan District	80732	57678	3206	51109	57204	33052	110.4
岳阳县	Yueyang County	175061	100288	5395	54150	60346	39871	121.1
华容县	Huarong County	155798	105734	7275	53640	69393	44601	103.9
湘阴县	Xiangyin County	262374	153778	10537	57908	64264	65694	103.1
平江县	Pingjiang County	261041	180427	12711	56738	61159	54696	104.2
汨罗市	Miluo City	476802	131014	7745	57453	60071	65085	107.6
临湘市	Linxiang City	175164	93780	16302	59766	62969	66241	104.0
武陵区	Wuling District	1062918	501248	1983	82358	106156	54025	106.1
鼎城区	Dingchen District	318076	129155	3979	72686	85319	60021	115.7
安乡县	Anxiang County	224123	91703	1704	55347	72258	58560	105.4
汉寿县	Hanshou County	210083	115281	6383	66251	76609	63890	103.4
澧　县	Li County	279686	143439	6108	63317	75805	61569	105.0
临澧县	Linli County	142796	85755	2494	68115	82839	67780	107.2
桃源县	Taoyuan County	293440	164163	1407	64721	82644	43144	103.3
石门县	Shimen County	214802	132900	3037	72171	84661	64895	101.0
津市市	Jinshi City	137984	66023	3793	60759	83321	57637	116.3
永定区	Yongding District	317235	195788	1423	72958	87405	42098	99.3
武陵源区	Wulingyuan District	52997	30883		64324	70525		109.7
慈利县	Cili County	154619	121505	9647	69286	77550	59473	99.8
桑植县	Sangzhi County	93497	77645	630	67875	74124	60596	94.1
资阳区	Ziyang District	173970	110315	1681	68417	73691	54925	107.4
赫山区	Heshan District	608684	309402	3426	73545	91229	42037	105.6
南　县	Nan County	138344	101009	2185	66409	73772	63145	101.1
大通湖区	Datonghu District	22140	16980	558	64624	73031	78521	109.9
桃江县	Taojiang County	206308	118760	4291	63405	74636	52266	99.9
安化县	Anhua County	221536	153128	12595	70338	73295	71236	100.3
沅江市	Yuanjiang City	190782	137799	9123	70524	77730	68388	103.1
北湖区	Beihu District	616928	349065	2605	74774	89081	44005	102.6
苏仙区	Suxian District	369505	196268	1754	77827	91071	58070	103.8
桂阳县	Guiyang County	213486	122202	3888	68076	68338	68931	98.1
宜章县	Yizhang County	172500	131509	1070	69397	78719	42126	103.0
永兴县	Yongxing County	144561	94871	3779	57716	63651	54774	102.4

22-5 续表 2 Continued

市县名称	Cities and Counties	在岗职工工资总额（万元）Total Wages of Staff and Workers on the Job (10 000 yuan)	#国有经济 State-owned Units	#城镇集体经济 Urban Collective Owned Units	在岗职工年平均工资（元）Average Annual Wages of Staff and Workers on the Job (yuan)	#国有经济 State-owned Units	#城镇集体经济 Urban Collective Owned Units	在岗职工年平均工资发展速度（上年=100）The Growth Rate of Average Annual Wages (preceding year=100)
嘉禾县	Jiahe County	88008	65021	2713	60762	68256	48795	104.8
临武县	Linwu County	107440	76075	3808	56681	66961	45221	98.5
汝城县	Rucheng County	107101	85310	1040	64538	74872	59787	108.5
桂东县	Guidong County	60379	42497	216	63297	72930	44082	106.7
安仁县	Anren County	85158	63375	954	51774	57342	49708	111.2
资兴市	Zixing City	203044	90485	228	57239	76636	42962	103.8
零陵区	Lingling District	247149	197481	5795	77899	91967	43636	100.5
冷水滩区	Lengshuitan District	513900	294671	4062	74897	88885	31683	112.3
祁阳县	Qiyang County	266783	169878	23317	59438	70197	60391	100.3
东安县	Dongan County	159812	100766	3668	59602	63958	53155	102.0
双牌县	Shuangpai County	59660	39688	2820	57321	63278	37756	111.7
道　县	Dao County	143212	105386	15304	58209	64638	39092	102.4
江永县	Jiangyong County	73778	59065	1494	65446	68784	45688	107.0
宁远县	Ningyuan Couny	219429	131054	2265	65916	68311	76007	108.7
蓝山县	Lanshan County	127154	61276	6449	60400	63882	46066	100.1
新田县	Xintian County	110332	91504	171	61173	66490	59000	107.2
江华县	Jianghua County	139580	109180	3258	71088	75720	51067	101.5
鹤城区	Hecheng District	577503	385178	1790	81582	94520	48644	116.0
中方县	Zhongfang County	89574	57992	364	70994	78634	47299	102.6
沅陵县	Yuanling County	173386	116128	1193	67774	73920	58180	102.7
辰溪县	Chenxi County	123685	81900	12363	64245	67877	56017	108.2
溆浦县	Xupu County	161535	140648	2314	61343	63289	34688	105.8
会同县	Huitong County	87056	71905	3814	76661	82195	63997	115.3
麻阳县	Mayang County	116249	91101	6508	69378	79012	45191	100.2
新晃县	Xinhuang County	69796	56485	2688	68968	77611	43712	103.3
芷江县	Zhijiang County	98139	76756	3216	66671	72051	66859	97.7
靖州县	Jingzhou County	78103	62850	1557	73989	82697	43742	101.7
通道县	Tongdao County	76195	66347	255	73173	77049	39169	104.1
洪江市	Hongjiang City	102838	82513	2955	70786	74362	37026	111.1
洪江区	Hongjiang District	34189	22166	43	59813	78911	61000	107.1
娄星区	Louxing District	736018	310707	13363	75466	82209	39938	103.0
双峰县	Shuangfeng County	218399	106327	9980	58535	60365	48729	98.4
新化县	Xinhua County	235539	159828	6026	57534	59942	37591	88.4
冷水江市	Lengshuijiang City	254743	98135	18601	54845	58922	43349	103.2
涟源市	Lianyuan City	247634	155610	12110	60759	65881	49086	108.8
吉首市	Jishou City	424991	304670	3263	82938	90120	41881	104.0
泸溪县	Luxi County	83800	74075	1752	65505	68228	44354	96.9
凤凰县	Fenghuang County	110373	92690	1890	69518	73616	58686	97.7
花垣县	Huayuan County	88618	74379	742	68877	76388	41239	97.9
保靖县	Baojing County	78894	71987	1598	69910	74637	35358	108.2
古丈县	Guzhang County	41627	38055		73599	75550		104.7
永顺县	Yongshun County	136549	104682	8695	63188	74496	35634	94.7
龙山县	Longshan County	136694	114641	2031	68409	70027	58351	96.2

22-6 地区生产总值（2019年）
Gross Domestic Product (2019)

市县名称	Cities and Counties	地区生产总值（万元）GDP (10 000 yuan)	第一产业 Primary Industry	第二产业 Secondary Industry	第三产业 Tertiary Industry	指数（上年=100）Indices (preceding year=100)	人均GDP（元）Per Capita GDP (yuan)
芙蓉区	Furong District	11263188	52	1430206	9832930	108.0	192139
天心区	Tianxin District	10806445	14498	3248922	7543025	108.5	161822
岳麓区	Yuelu District	12882000	103954	3379407	9398639	108.8	139190
开福区	Kaifu District	10060860	10436	1440483	8609941	107.3	148434
雨花区	Yuhua District	20757656	53544	11189024	9515088	107.7	221156
望城区	Wangcheng District	8092347	478942	2940350	4673055	108.8	116353
长沙县	Changsha County	17099645	741630	8790315	7567700	108.2	155564
浏阳市	Liuyang City	14088486	1078397	7163406	5846683	109.2	103409
宁乡市	Ningxiang City	10691033	1115427	4557331	5018275	109.1	80889
荷塘区	Hetang District	2405125	44728	1148268	1212129	108.9	81145
芦淞区	Lousong District	3936378	63572	1801856	2070950	108.5	134807
石峰区	Shifeng District	3478114	57993	2092152	1327969	102.3	95213
天元区	Tianyuan District	4629056	119185	1924091	2585780	111.1	137770
渌口区	Lukou District	1437917	248901	564779	624237	108.6	47006
攸　县	You County	3971815	595273	1326381	2050161	107.9	59745
茶陵县	Chaling County	2153478	346500	692094	1114884	107.4	36309
炎陵县	Yanling County	855928	125754	328134	402040	108.2	42019
醴陵市	Liling City	7163500	605072	3709732	2848696	108.3	74026
雨湖区	Yuhu District	6405106	152027	2802295	3450783	108.1	105887
岳塘区	Yuetang District	5901040	64581	3137465	2698994	107.5	123118
湘潭县	Xiangtan County	4849792	590831	2590373	1668587	108.0	55681
湘乡市	Xiangxiang City	4830423	577521	2370979	1881923	107.8	59233
韶山市	Shaoshan City	922867	64329	405261	453276	107.8	89948
珠晖区	Zhuhui District	2678491	99454	924802	1654234	108.4	64433
雁峰区	Yanfeng District	2584244	21365	1418021	1144858	108.4	96212
石鼓区	Shigu District	2610384	25248	586430	1998706	108.6	88970
蒸湘区	Zhengxiang District	4197966	35070	1027805	3135091	108.6	107200
南岳区	Nanyue District	482045	23875	49273	408896	108.7	64966
衡阳县	Hengyang County	3489389	637130	1251864	1600395	107.8	33452
衡南县	Hengnan County	3410924	642171	1147264	1621489	108.0	37015
衡山县	Hengshan County	1647912	304468	657218	686226	107.9	44780
衡东县	Hengdong County	2757323	444272	913078	1399973	108.1	45032
祁东县	Qidong County	2857040	494912	869588	1492540	108.2	29668
耒阳市	Leiyang City	3679346	541439	1033322	2104586	108.1	32863
常宁市	Changning City	3331714	531381	1037441	1762892	108.3	41584
双清区	Shuangqing District	1681245	45911	774104	861230	106.8	52490
大祥区	Daxiang District	1808665	67644	512244	1228777	108.1	51973
北塔区	Beita District	513357	35949	173093	304315	106.6	47621

注：总量指标按当年价格计算，指数按可比价格计算。

Aggregate data are calculated at current prices, while indices are calculated at comparable prices.

22-6 续表 1 Continued

市县名称	Cities and Counties	地区生产总值（万元）GDP (10 000 yuan)	第一产业 Primary Industry	第二产业 Secondary Industry	第三产业 Tertiary Industry	指数（上年=100）Indices (preceding year=100)	人均GDP（元）Per Capita GDP (yuan)
邵东市	Shaodong City	6056449	511427	1993766	3551256	110.0	66620
新邵县	Xinshao County	1600629	340654	405579	854396	105.2	20269
邵阳县	Shaoyang County	1757885	402853	496600	858432	107.2	19328
隆回县	Longhui County	2244915	441298	472214	1331403	108.2	19852
洞口县	Dongkou County	1778220	542165	396880	839175	108.0	22123
绥宁县	Suining County	950442	214521	207178	528743	107.2	25667
新宁县	Xinning County	1141717	294527	236497	610693	108.0	19361
城步县	Chengbu County	535796	113250	71893	350653	107.8	19441
武冈市	Wugang City	1607257	502927	220951	883379	108.1	20551
岳阳楼区	Yueyanglou District	10883463	124487	3218041	7540935	108.6	112770
云溪区	Yunxi District	3594785	100810	2372857	1121118	106.3	193893
君山区	Junshan District	1593033	309838	537737	745458	108.0	61153
岳阳县	Yueyang County	3537931	556477	1597252	1384202	108.0	48638
华容县	Huarong County	3586987	749030	1264552	1573405	107.5	49204
湘阴县	Xiangyin County	3333156	587178	1333253	1412725	107.4	46906
平江县	Pingjiang County	3224885	496183	1267877	1460824	108.1	33079
汨罗市	Miluo City	5056838	549409	2325388	2182041	107.6	70953
临湘市	Linxiang City	2992989	332751	1341367	1318871	108.0	57679
武陵区	Wuling District	12586025	90034	6767340	5728651	107.1	170196
鼎城区	Dingchen District	3646320	607752	1166309	1872259	108.9	44235
安乡县	Anxiang County	2108741	367542	593815	1147384	107.8	39668
汉寿县	Hanshou County	3030768	506615	1033296	1490857	108.0	37431
澧　县	Li County	3735603	526836	1134090	2074677	107.7	47874
临澧县	Linli County	1930429	307498	675651	947280	108.7	45572
桃源县	Taoyuan County	4075242	813522	1277660	1984060	109.7	48063
石门县	Shimen County	2956715	451897	1044430	1460388	108.9	50646
津市市	Jinshi City	1714904	214889	723079	776936	108.0	66238
永定区	Yongding District	2295738	219371	341654	1734713	107.8	48474
武陵源区	Wulingyuan District	463142	20563	12085	430495	107.6	74341
慈利县	Cili County	1782853	316830	311078	1154945	107.4	28835
桑植县	Sangzhi County	979231	137799	148754	692678	107.4	25147
资阳区	Ziyang District	1874395	236362	945623	692410	106.5	44417
赫山区	Heshan District	5747517	443442	2890596	2413479	107.8	63918
南　县	Nan County	2683505	661003	744341	1278161	108.3	36137
大通湖区	Datonghu District	376103	127573	101637	146893	106.7	33461
桃江县	Taojiang County	2710263	409759	1243763	1056741	107.6	34096
安化县	Anhua County	2321780	446090	768862	1106828	106.7	26985
沅江市	Yuanjiang City	2581228	605967	1011920	963341	103.9	36964
北湖区	Beihu District	4049033	128450	1066974	2853609	108.1	92634
苏仙区	Suxian District	3113842	162478	1515396	1435968	107.5	71125
桂阳县	Guiyang County	3655792	485357	1382099	1788336	108.0	50599
宜章县	Yizhang County	2159940	237493	744735	1177712	107.9	36144
永兴县	Yongxing County	3168156	301810	1193131	1673215	108.2	58195

22-6 续表 2 Continued

市县名称	Cities and Counties	地区生产总值（万元）GDP (10 000 yuan)	第一产业 Primary Industry	第二产业 Secondary Industry	第三产业 Tertiary Industry	指数（上年=100）Indices (preceding year=100)	人均GDP（元）Per Capita GDP (yuan)
嘉禾县	Jiahe County	1411050	199578	562964	648508	107.9	42096
临武县	Linwu County	1421872	144425	604887	672560	107.9	40894
汝城县	Rucheng County	874566	147822	226565	500179	107.7	24712
桂东县	Guidong County	433597	57203	96868	279526	107.8	19514
安仁县	Anren County	1084483	214871	347442	522170	107.6	27187
资兴市	Zixing City	3194109	285961	1709039	1199109	108.0	90613
零陵区	Lingling District	2225341	406791	859340	959210	106.8	38641
冷水滩区	Lengshuitan District	3351052	347441	892846	2110765	107.3	61420
祁阳县	Qiyang County	3320628	509231	977088	1834309	107.2	38770
东安县	Dongan County	1855243	374371	647002	833870	107.1	33159
双牌县	Shuangpai County	707630	178893	270279	258458	106.8	35276
道　县	Dao County	2217694	470701	586150	1160843	106.7	36255
江永县	Jiangyong County	776620	233051	185303	358266	106.1	32158
宁远县	Ningyuan Couny	2255378	319895	671306	1264177	107.4	31539
蓝山县	Lanshan County	1212249	177541	499830	534878	107.1	34986
新田县	Xintian County	933193	203720	237107	492366	106.8	26924
江华县	Jianghua County	1313604	281701	433481	598422	107.2	29198
鹤城区	Hecheng District	3981354	111892	733171	3136291	107.8	63478
中方县	Zhongfang County	1187327	159551	546196	481580	108.0	45026
沅陵县	Yuanling County	1698059	269413	719167	709478	107.6	27728
辰溪县	Chenxi County	1131397	194124	256536	680736	108.6	23799
溆浦县	Xupu County	1729531	351389	409453	968689	108.3	22470
会同县	Huitong County	884937	148775	121350	614812	108.4	26559
麻阳县	Mayang County	886352	192393	253624	440335	108.0	25231
新晃县	Xinhuang County	679927	97787	190410	391730	108.4	27219
芷江县	Zhijiang County	1015974	212836	258282	544856	108.5	29279
靖州县	Jingzhou County	832568	147045	231167	454356	108.1	32059
通道县	Tongdao County	534254	78534	152894	302826	108.2	25082
洪江市	Hongjiang City	1214783	259997	413987	540800	107.8	29607
洪江区	Hongjiang District	389950	21426	196370	172154	107.7	56514
娄星区	Louxing District	5797360	206137	2667642	2923581	108.7	93130
双峰县	Shuangfeng City	2553489	526312	777413	1249764	108.1	31076
新化县	Xinhua County	2778372	493500	813984	1470888	107.6	24109
冷水江市	Lengshuijiang City	2372569	103368	1064989	1204212	108.0	67826
涟源市	Lianyuan City	2904006	415086	1002830	1486090	108.1	29325
吉首市	Jishou City	1935560	83773	680896	1170891	107.2	53766
泸溪县	Luxi County	694778	97775	240223	356780	108.4	23777
凤凰县	Fenghuang County	878783	106486	170850	601447	105.8	25509
花垣县	Huayuan County	721215	81008	229671	410536	106.1	25016
保靖县	Baojing County	701658	97384	246178	358096	108.4	23898
古丈县	Guzhang County	311767	68573	71982	171212	107.8	23180
永顺县	Yongshun County	864003	192348	153600	518055	106.7	19372
龙山县	Longshan County	949372	221281	189217	538874	108.0	19575

22-7 农林牧渔业总产值 (2019年)

Gross Output Value of Farming, Forestry, Animal Husbandry and Fishery (2019)

单位：万元 (10 000 yuan)

市县名称	Cities and Counties	农林牧渔业总产值 Gross Output Value of Farming, Forestry, Animal Husbandry and Fishery	指数（上年=100） Indices (preceding year=100)	农业产值 Output Value of Farming	林业产值 Output Value of Forestry	牧业产值 Output Value of Animal Husbandry	渔业产值 Output Value of Fishery	农林牧渔专业及辅助性活动产值 Output Value of Farming, Forestry, Animal Husbandry, Fishery and Auxiliary Activities
芙蓉区	Furong District	128	18.7	2			85	40
天心区	Tianxin District	24343	95.0	19074		2153	1890	1225
岳麓区	Yuelu District	157534	94.1	124187	5620	11380	9052	7295
开福区	Kaifu District	20530	84.8	13708	104	4635	1280	802
雨花区	Yuhua District	83289	97.5	76460	30	1629	1460	3710
望城区	Wangcheng District	830676	104.0	544189	14417	150068	63349	58653
长沙县	Changsha County	1232626	103.8	850896	44586	246828	24591	65724
浏阳市	Liuyang City	1843759	103.8	1044572	244047	402019	39248	113873
宁乡市	Ningxiang City	1884090	103.4	1109206	73620	536161	50160	114943
荷塘区	Hetang District	83742	103.3	59484	3631	15696	3672	1259
芦淞区	Lousong District	101640	103.2	50537	954	45219	3529	1401
石峰区	Shifeng District	74798	103.5	45431	3214	20217	4285	1651
天元区	Tianyuan District	163657	103.0	106280	1586	46610	7445	1736
渌口区	Lukou District	368991	103.5	162316	38088	135064	18045	15478
攸　县	You County	990249	103.4	543374	87832	276303	32590	50150
茶陵县	Chaling County	520749	103.3	263946	51834	167425	25066	12478
炎陵县	Yanling County	187275	103.1	79870	66375	29140	1463	10427
醴陵市	Liling City	916224	103.2	420000	56851	367186	38537	33650
雨湖区	Yuhu District	280822	103.3	110919	8462	134013	8332	19095
岳塘区	Yuetang District	122829	103.1	53654	8656	36126	4067	20325
湘潭县	Xiangtan County	1019549	102.7	451786	55770	399758	54650	57584
湘乡市	Xiangxiang City	985485	102.9	433212	63319	394413	51798	42742
韶山市	Shaoshan City	112287	103.2	48111	4792	51040	4519	3826
珠晖区	Zhuhui District	164151	103.0	108221	798	38959	8852	7321
雁峰区	Yanfeng District	36113	103.1	19700	1049	8325	4341	2698
石鼓区	Shigu District	40617	103.2	20492	3060	9593	5722	1751
蒸湘区	Zhengxiang District	57311	103.3	34268	1693	10983	6928	3439
南岳区	Nanyue District	40215	102.9	17076	5345	14551	1085	2158
衡阳县	Hengyang County	1137984	103.0	400072	80155	458538	121593	77626
衡南县	Hengnan County	1137395	102.8	419072	85674	439751	114295	78603
衡山县	Hengshan County	512959	103.2	173042	83770	207350	24633	24162
衡东县	Hengdong County	749432	103.1	296685	106071	265456	36813	44407
祁东县	Qidong County	879574	102.9	366294	32400	325369	95471	60041
耒阳市	Leiyang City	1002755	103.4	368132	60064	424406	62761	87391
常宁市	Changning City	908493	103.3	324935	113421	353625	67277	49235
双清区	Shuangqing District	106516	102.9	39523	53	29046	2669	35224
大祥区	Daxiang District	142088	103.0	56956	1000	32947	3514	47673
北塔区	Beita District	63080	102.8	25772	397	18837	2537	15537

22-7 续表 1 Continued

单位：万元 (10 000 yuan)

市县名称	Cities and Counties	农林牧渔业总产值 Gross Output Value of Farming, Forestry, Animal Husbandry and Fishery	指数（上年=100）Indices (preceding year=100)	农业产值 Output Value of Farming	林业产值 Output Value of Forestry	牧业产值 Output Value of Animal Husbandry	渔业产值 Output Value of Fishery	农林牧渔专业及辅助性活动产值 Output Value of Farming, Forestry, Animal Husbandry, Fishery and Auxiliary Activities
邵东市	Shaodong City	852079	102.8	565477	4427	206399	46733	29044
新邵县	Xinshao County	537713	103.1	269605	17095	206124	10143	34745
邵阳县	Shaoyang County	621933	103.4	335598	30275	217527	17805	20728
隆回县	Longhui County	782713	103.3	512440	23730	212881	14605	19056
洞口县	Dongkou County	903400	103.4	539703	29000	249692	30505	54500
绥宁县	Suining County	376708	103.5	158206	50040	156540	3453	8470
新宁县	Xinning County	403562	103.2	254156	12083	114496	9016	13811
城步县	Chengbu County	208943	103.6	88096	18435	94156	1173	7083
武冈市	Wugang City	695494	103.6	382330	15452	269217	17590	10905
岳阳楼区	Yueyanglou District	211635	103.9	105280	6309	37226	50145	12676
云溪区	Yunxi District	173533	103.8	65855	6098	44176	47570	9834
君山区	Junshan District	524863	103.8	283472	12841	81560	117014	29976
岳阳县	Yueyang County	952926	102.9	413545	17393	355054	113301	53633
华容县	Huarong County	1302246	103.1	622474	13352	226067	368157	72196
湘阴县	Xiangyin County	1009691	103.0	398661	31394	218370	304539	56728
平江县	Pingjiang County	849981	103.3	407120	77535	299040	18545	47741
汨罗市	Miluo City	906818	103.5	377425	18284	364818	91965	54327
临湘市	Linxiang City	567297	103.2	241456	27662	175983	90225	31972
武陵区	Wuling District	177750	103.2	91292	840	6095	33235	46288
鼎城区	Dingcheng District	1154452	103.5	475671	55400	411186	128687	83508
安乡县	Anxiang County	628066	103.6	292174	5957	143360	145401	41174
汉寿县	Hanshou County	953953	103.0	458740	23852	289241	115923	66197
澧 县	Li County	981273	102.6	427797	20299	331180	93332	108665
临澧县	Linli County	561005	102.6	244621	13570	235496	33880	33438
桃源县	Taoyuan County	1397830	102.8	679790	19689	603524	46807	48020
石门县	Shimen County	748267	103.7	369069	12059	318777	15427	32935
津市市	Jinshi City	418886	102.5	109116	41751	199964	33983	34072
永定区	Yongding District	360718	103.4	223463	25798	68116	14785	28555
武陵源区	Wulingyuan District	34523	103.5	17018	4563	10329	542	2071
慈利县	Cili County	521802	103.3	289667	43227	162517	16092	10300
桑植县	Sangzhi County	220764	103.5	134699	21068	52143	8003	4850
资阳区	Ziyang District	429369	103.5	267873	3104	98197	43317	16878
赫山区	Heshan District	845001	103.6	436907	27741	286576	38618	55159
南 县	Nan County	1220024	103.8	636670	6033	232804	278125	66393
大通湖区	Datonghu District	229840	103.7	149809	3116	21179	44816	10920
桃江县	Taojiang County	787874	103.4	380090	61306	267016	13734	65728
安化县	Anhua County	812421	103.3	447672	49958	228612	28982	57197
沅江市	Yuanjiang City	1070935	103.2	540234	12212	187842	275673	54974
北湖区	Beihu District	250442	103.5	150394	22624	65247	5569	6607
苏仙区	Suxian District	300021	103.5	131861	19883	121125	15039	12112
桂阳县	Guiyang County	840601	103.1	438444	81728	254068	20294	46067
宜章县	Yizhang County	389800	103.3	226142	13046	130748	7274	12590
永兴县	Yongxing County	446271	103.2	207403	45814	148285	24885	19884

22-7 续表 2 Continued

单位：万元 (10 000 yuan)

市县名称	Cities and Counties	农林牧渔业总产值 Gross Output Value of Farming, Forestry, Animal Husbandry and Fishery	指数（上年=100）Indices (preceding year=100)	农业产值 Output Value of Farming	林业产值 Output Value of Forestry	牧业产值 Output Value of Animal Husbandry	渔业产值 Output Value of Fishery	农林牧渔专业及辅助性活动产值 Output Value of Farming, Forestry, Animal Husbandry, Fishery and Auxiliary Activities
嘉禾县	Jiahe County	369237	103.6	160634	25740	164229	3877	14756
临武县	Linwu County	249110	103.6	148702	15199	70735	4426	10049
汝城县	Rucheng County	350488	103.2	181699	82686	79057	1410	5637
桂东县	Guidong County	106929	103.4	56932	15955	28860	461	4720
安仁县	Anren County	378608	103.2	220931	45371	80426	12244	19636
资兴市	Zixing City	487531	103.7	210602	64562	145374	50924	16069
零陵区	Lingling District	766627	103.5	371782	49320	275000	36272	34253
冷水滩区	Lengshuitan District	652301	103.6	313228	38166	216502	51082	33323
祁阳县	Qiyang County	916866	103.3	457668	102864	192058	117311	46965
东安县	Dongan County	688567	103.5	352375	58068	209221	41070	27833
双牌县	Shuangpai County	347512	103.4	54509	163300	100484	8739	20480
道　县	Dao County	868258	103.4	456094	85510	216570	58451	51633
江永县	Jiangyong County	439458	103.5	219680	40910	147651	9317	21900
宁远县	Ningyuan County	611206	103.6	251665	53238	229950	46435	29918
蓝山县	Lanshan County	337919	103.5	149815	72861	86886	3682	24675
新田县	Xintian County	379903	103.3	189113	28540	133041	14919	14290
江华县	Jianghua County	528478	103.3	183930	169853	144370	5375	24950
鹤城区	Hecheng District	194864	103.2	113395	7064	59858	7376	7171
中方县	Zhongfang County	272990	103.3	121480	46189	93115	8928	3279
沅陵县	Yuanling County	455077	103.3	248859	43528	121818	33869	7003
辰溪县	Chenxi County	348190	103.4	172305	16774	138233	13312	7566
溆浦县	Xupu County	625996	103.4	286848	65780	242027	16238	15104
会同县	Huitong County	256252	103.3	100492	58025	83784	7574	6378
麻阳县	Mayang County	336212	103.2	207173	4389	109260	8103	7287
新晃县	Xinhuang County	193612	103.2	61912	6202	116443	2503	6552
芷江县	Zhijiang County	386613	103.4	188239	14511	163266	11272	9324
靖州县	Jingzhou County	269079	103.2	120326	13299	121385	9222	4846
通道县	Tongdao County	168230	103.3	73043	27596	63007	3372	1212
洪江市	Hongjiang City	447347	103.5	292253	24675	105763	13045	11610
洪江区	Hongjiang District	36554	103.2	14944	1414	18717	726	753
娄星区	Louxing District	329839	103.4	200549	11733	89394	16237	11926
双峰县	Shuangfeng County	864124	103.5	505913	23194	257447	44621	32948
新化县	Xinhua County	817986	103.4	404223	23951	303460	58485	27867
冷水江市	Lengshuijiang City	178215	103.5	66558	5943	91265	8446	6003
涟源市	Lianyuan City	695667	103.6	343881	19060	271858	33410	27457
吉首市	Jishou City	147147	103.6	104155	3313	33857	3212	2611
泸溪县	Luxi County	171452	102.9	108904	6370	51363	2548	2268
凤凰县	Fenghuang County	186504	103.0	123291	5623	53298	1579	2713
花垣县	Huayuan County	146385	103.0	76048	4835	60362	2907	2232
保靖县	Baojing County	169581	103.1	113436	3028	48419	2445	2254
古丈县	Guzhang County	118576	103.8	83811	6725	24009	1822	2209
永顺县	Yongshun County	332461	103.0	218400	13518	93188	3832	3524
龙山县	Longshan County	378282	103.0	270115	12406	88302	3639	3821

22-8 灌溉面积及水库、堤防 (2019年)
Irrigated Area and Reservoirs, Dikes (2019)

市县名称	Cities and Counties	有效灌溉面积（千公顷）Irrigated Area (1 000 hectares)	水库（座）Number of Reservoirs (set)	堤防长度（公里）Total Length of Dikes (km)
芙蓉区	Furong District	0.01		14.95
天心区	Tianxin District	0.74	5	22.56
岳麓区	Yuelu District	11.28	42	86.87
开福区	Kaifu District	2.93	19	59.93
雨花区	Yuhua District	0.20	19	55.41
望城区	Wangcheng District	28.44	58	242.95
长沙县	Changsha County	53.23	147	141.54
浏阳市	Liuyang City	63.55	201	139.80
宁乡市	Ningxiang City	71.82	166	786.58
荷塘区	Hetang District	2.92	18	19.16
芦淞区	Lousong District	3.80	15	28.91
石峰区	Shifeng District	2.98	13	22.99
天元区	Tianyuan District	6.67	26	46.55
渌口区	Lukou District	19.74	101	88.02
攸　县	You County	41.98	293	66.98
茶陵县	Chaling County	26.11	244	87.17
炎陵县	Yanling County	13.25	39	29.25
醴陵市	Liling City	47.66	207	562.66
雨湖区	Yuhu District	12.68	10	72.67
岳塘区	Yuetang District	2.94	6	59.02
湘潭县	Xiangtan County	67.19	133	130.95
湘乡市	Xiangxiang City	52.62	189	672.94
韶山市	Shaoshan City	6.09	49	57.11
珠晖区	Zhuhui District	3.66	25	76.08
雁峰区	Yanfeng District	0.95	9	32.98
石鼓区	Shigu District	1.11	20	35.67
蒸湘区	Zhengxiang District	1.16	10	41.57
南岳区	Nanyue District	2.03	10	116.91
衡阳县	Hengyang County	52.43	223	367.63
衡南县	Hengnan County	55.94	401	162.74
衡山县	Hengshan County	18.59	134	608.11
衡东县	Hengdong County	28.31	164	104.39
祁东县	Qidong County	41.08	189	955.07
耒阳市	Leiyang City	41.06	327	49.68
常宁市	Changning City	42.21	269	107.45
双清区	Shuangqing District	3.28	15	1.51
大祥区	Daxiang District	5.05	26	6.20
北塔区	Beita District	2.30	13	9.67

22-8 续表 1 Continued

市县名称	Cities and Counties	有效灌溉面积（千公顷）Irrigated Area (1 000 hectares)	水 库（座）Number of Reservoirs (set)	堤防长度（公里）Total Length of Dikes (km)
邵东市	Shaodong City	31.22	129	60.65
新邵县	Xinshao County	21.07	93	38.40
邵阳县	Shaoyang County	45.01	240	7.06
隆回县	Longhui County	45.23	250	28.38
洞口县	Dongkou County	43.38	168	11.48
绥宁县	Suining County	18.77	41	96.50
新宁县	Xinning County	28.19	117	17.32
城步县	Chengbu County	13.12	32	29.67
武冈市	Wugang City	35.91	126	25.55
岳阳楼区	Yueyanglou District	8.81	69	23.96
云溪区	Yunxi District	6.49	26	144.13
君山区	Junshan District	25.77	37	267.46
岳阳县	Yueyang County	43.68	249	152.67
华容县	Huarong County	66.11	74	728.05
湘阴县	Xiangyin County	65.06	144	583.49
平江县	Pingjiang County	39.20	289	115.59
汨罗市	Miluo City	43.52	308	224.47
临湘市	Linxiang City	37.69	293	351.42
武陵区	Wuling District	6.27	1	165.46
鼎城区	Dingcheng District	83.45	200	828.99
安乡县	Anxiang County	47.70	11	403.19
汉寿县	Hanshou County	85.98	347	866.67
澧　县	Li County	72.35	152	402.40
临澧县	Linli County	40.18	151	62.33
桃源县	Taoyuan County	86.32	323	304.48
石门县	Shimen County	36.15	211	241.97
津市市	Jinshi City	11.44	28	105.90
永定区	Yongding District	15.02	91	73.83
武陵源区	Wulingyuan District	1.05	10	53.99
慈利县	Cili County	26.17	109	29.43
桑植县	Sangzhi County	12.67	48	176.43
资阳区	Ziyang District	22.44	36	262.21
赫山区	Heshan District	42.38	175	406.96
南　县	Nan County	67.22	1	878.96
大通湖区	Datonghu District	13.9		189.5
桃江县	Taojiang County	38.82	224	43.53
安化县	Anhua County	27.20	170	934.25
沅江市	Yuanjiang City	40.40	17	828.89
北湖区	Beihu District	9.65	15	99.90
苏仙区	Suxian District	14.19	61	51.76
桂阳县	Guiyang County	33.29	254	116.16
宜章县	Yizhang County	23.67	134	104.12
永兴县	Yongxing County	21.94	144	17.97

22−8 续表 2 Continued

市县名称	Cities and Counties	有效灌溉面积（千公顷）Irrigated Area (1 000 hectares)	水 库（座）Number of Reservoirs (set)	堤防长度（公里）Total Length of Dikes (km)
嘉禾县	Jiahe County	13.69	95	2.10
临武县	Linwu County	11.73	83	84.30
汝城县	Rucheng County	17.91	79	406.89
桂东县	Guidong County	12.33	23	178.98
安仁县	Anren County	21.83	110	62.45
资兴市	Zixing City	16.28	86	11.68
零陵区	Lingling District	32.02	144	82.37
冷水滩区	Lengshuitan District	22.17	142	42.32
祁阳县	Qiyang County	50.31	259	40.03
东安县	Dongan County	37.29	203	375.20
双牌县	Shuangpai County	7.56	59	198.45
道 县	Dao County	44.15	100	22.71
江永县	Jiangyong County	13.37	84	57.52
宁远县	Ningyuan County	35.38	168	42.89
蓝山县	Lanshan County	15.14	55	113.10
新田县	Xintian County	11.95	69	44.41
江华县	Jianghua County	20.68	112	39.96
鹤城区	Hecheng District	7.09	45	51.11
中方县	Zhongfang County	11.46	111	129.11
沅陵县	Yuanling County	20.67	114	74.63
辰溪县	Chenxi County	17.90	167	98.79
溆浦县	Xupu County	32.42	141	125.69
会同县	Huitong County	15.77	106	221.35
麻阳县	Mayang County	13.91	170	15.92
新晃县	Xinhuang County	10.53	53	78.95
芷江县	Zhijiang County	16.52	152	38.41
靖州县	Jingzhou County	19.93	67	22.67
通道县	Tongdao County	14.02	42	31.64
洪江市	Hongjiang City	19.70	136	35.83
洪江区	Hongjiang District	1.94	7	4.87
娄星区	Louxing District	10.40	74	64.55
双峰县	Shuangfeng County	28.36	201	101.92
新化县	Xinhua County	26.22	280	189.56
冷水江市	Lengshuijiang City	5.12	31	36.23
涟源市	Lianyuan City	30.55	168	47.48
吉首市	Jishou City	10.30	43	27.46
泸溪县	Luxi County	19.76	141	18.76
凤凰县	Fenghuang County	29.08	95	338.77
花垣县	Huayuan County	19.83	53	22.25
保靖县	Baojing County	19.30	90	35.88
古丈县	Guzhang County	10.10	47	63.35
永顺县	Yongshun County	33.40	117	194.18
龙山县	Longshan County	25.87	95	46.15

22-9 农作物播种面积 (2019年)
Sown Area of Crops (2019)

单位：千公顷 (1 000 hectares)

市县名称	Cities and Counties	农作物播种面积 Total Sown Area	粮食作物 Area of Grain Crops	稻谷面积 Area of Rice	油料面积 Area of Oil	蔬菜面积 Area of Vegetables
芙蓉区	Furong District					
天心区	Tianxin District	2.52	1.10	1.05	0.05	1.29
岳麓区	Yuelu District	16.44	8.35	7.99	1.19	5.61
开福区	Kaifu District	3.12	2.12	2.07	0.02	0.93
雨花区	Yuhua District	0.90	0.24	0.23	0.03	0.63
★望城区	Wangcheng District	89.60	45.15	41.17	5.59	31.13
★长沙县	Changsha County	115.01	69.11	59.70	9.34	26.63
★浏阳市	Liuyang City	164.61	71.66	65.00	31.58	41.12
★宁乡市	Ningxiang City	167.67	103.49	96.21	8.47	44.06
荷塘区	Hetang District	10.35	4.77	4.14	0.58	3.24
芦淞区	Lousong District	8.74	4.44	4.13	0.32	2.99
石峰区	Shifeng District	8.04	3.63	3.26	0.45	3.08
天元区	Tianyuan District	17.24	11.92	11.67	0.61	4.46
★渌口区	Lukou District	46.79	27.09	26.48	3.89	11.25
★攸　县	You County	105.94	56.51	54.68	13.78	22.65
★茶陵县	Chaling County	64.98	38.69	37.43	10.91	7.43
炎陵县	Yanling County	22.14	13.75	9.66	2.38	3.03
★醴陵市	Liling City	101.42	62.74	59.44	10.73	18.90
雨湖区	Yuhu District	23.17	14.36	13.14	0.62	6.89
岳塘区	Yuetang District	3.44	0.95	0.85	0.17	2.11
★湘潭县	Xiangtan County	124.69	86.06	84.50	11.09	19.93
★湘乡市	Xiangxiang City	114.35	62.17	60.59	11.39	23.57
韶山市	Shaoshan City	11.94	5.46	5.25	0.94	2.88
珠晖区	Zhuhui District	10.26	5.13	4.59	1.69	2.96
雁峰区	Yanfeng District	2.53	1.41	1.24	0.15	0.83
石鼓区	Shigu District	4.82	3.30	3.25	0.62	0.83
蒸湘区	Zhengxiang District	3.94	2.47	2.34	0.39	0.89
南岳区	Nanyue District	3.51	2.45	2.02	0.09	0.69
★衡阳县	Hengyang County	145.61	85.78	79.24	43.23	5.81
★衡南县	Hengnan County	144.24	88.83	82.04	35.56	6.27
★衡山县	Hengshan County	45.73	28.24	26.94	9.14	4.84
★衡东县	Hengdong County	88.64	56.26	52.01	18.63	6.80
★祁东县	Qidong County	113.68	65.96	58.92	26.06	13.35
★耒阳市	Leiyang City	121.69	71.47	63.36	30.18	11.27
★常宁市	Changning City	96.17	56.52	53.74	20.15	8.37
双清区	Shuangqing District	9.92	6.14	5.25	0.50	2.09
大祥区	Daxiang District	17.91	10.56	8.99	1.52	2.68
北塔区	Beita District	5.02	2.77	1.98	0.40	1.50

注：标★区县的粮食数据使用调查总队抽样调查数据，其余区县使用统计局全面统计数据。

The data of district grain output marked ★ are survey data collected by Hunan Survey Office of the National Bureau of Statistics, while the others are from census conducted by Hunan bureau of statistics.

22-9 续表 1 Continued

单位：千公顷 (1 000 hectares)

市县名称	Cities and Counties	农作物播种面积 Total Sown Area	粮食作物 Area of Grain Crops	稻谷面积 Area of Rice	油料面积 Area of Oil	蔬菜面积 Area of Vegetables
★邵东市	Shaodong City	113.88	65.83	51.90	20.23	16.74
★新邵县	Xinshao County	75.60	47.05	36.69	7.69	12.60
★邵阳县	Shaoyang County	106.98	66.62	54.50	16.51	15.94
★隆回县	Longhui County	131.36	69.31	59.06	6.94	37.23
★洞口县	Dongkou County	135.67	70.45	59.84	26.54	21.02
绥宁县	Suining County	43.70	20.52	17.17	5.07	10.44
★新宁县	Xinning County	67.11	41.94	31.96	6.16	8.59
城步县	Chengbu County	29.34	14.29	11.21	2.92	5.80
★武冈市	Wugang City	96.68	64.09	51.49	10.84	12.49
岳阳楼区	Yueyanglou District	14.65	6.86	5.42	1.94	4.42
云溪区	Yunxi District	12.15	6.64	5.32	1.84	2.36
君山区	Junshan District	53.57	28.09	20.94	10.73	7.29
★岳阳县	Yueyang County	117.31	78.12	69.28	18.05	11.97
★华容县	Huarong County	146.12	77.36	72.28	38.56	13.91
★湘阴县	Xiangyin County	110.16	76.27	67.47	10.37	10.28
★平江县	Pingjiang County	95.63	63.13	55.57	14.99	10.13
★汨罗市	Miluo City	96.52	70.61	62.85	9.41	9.42
★临湘市	Linxiang City	79.73	51.55	45.99	14.35	7.80
武陵区	Wuling District	24.39	15.73	14.95	3.71	3.71
★鼎城区	Dingcheng District	181.54	97.85	90.51	44.16	24.40
★安乡县	Anxiang County	118.60	49.60	45.50	40.06	14.51
★汉寿县	Hanshou County	158.53	88.14	85.45	42.23	20.59
★澧　县	Li County	151.13	76.24	64.91	42.05	15.70
★临澧县	Linli County	99.04	50.17	47.11	30.19	9.31
★桃源县	Taoyuan County	191.11	108.83	96.80	51.71	17.01
★石门县	Shimen County	90.43	46.40	28.07	26.99	11.28
津市市	Jinshi City	46.62	24.52	23.05	15.47	3.25
永定区	Yongding District	55.32	27.68	15.86	9.67	13.70
武陵源区	Wulingyuan District	5.33	2.76	1.26	0.71	1.16
★慈利县	Cili County	94.44	54.64	25.92	22.84	10.93
桑植县	Sangzhi County	65.59	37.61	13.23	11.93	11.95
★资阳区	Ziyang District	69.01	40.59	38.27	4.82	16.76
★赫山区	Heshan District	104.77	69.92	66.21	4.91	18.45
★南　县	Nan County	163.35	72.14	64.48	42.76	30.86
★大通湖区	Datonghu District	42.14	19.25	17.37	8.46	7.80
★桃江县	Taojiang County	104.86	56.03	49.62	19.18	19.54
★安化县	Anhua County	97.50	42.72	28.70	25.90	17.22
★沅江市	Yuanjiang City	145.07	68.46	64.86	31.37	25.29
北湖区	Beihu District	27.92	9.99	8.46	1.00	11.49
苏仙区	Suxian District	33.57	19.72	15.93	3.07	6.59
★桂阳县	Guiyang County	93.58	47.35	32.81	7.79	13.47
★宜章县	Yizhang County	76.86	43.93	28.80	5.46	12.20
★永兴县	Yongxing County	89.19	42.34	35.66	14.48	14.62

22-9 续表 2 Continued

单位：千公顷 (1 000 hectares)

市县名称	Cities and Counties	农作物播种面积 Total Sown Area	粮食作物 Area of Grain Crops	稻谷面积 Area of Rice	油料面积 Area of Oil	蔬菜面积 Area of Vegetables
嘉禾县	Jiahe County	36.29	21.34	15.10	3.80	5.89
临武县	Linwu County	38.89	21.50	14.93	3.65	7.63
汝城县	Rucheng County	37.52	21.35	16.49	4.23	9.76
桂东县	Guidong County	17.92	11.22	8.33	2.40	2.32
*安仁县	Anren County	75.57	42.40	39.29	17.44	7.62
资兴市	Zixing City	49.04	26.76	18.80	5.60	11.88
*零陵区	Lingling District	101.62	53.68	48.37	14.52	26.57
*冷水滩区	Lengshuitan District	82.90	48.44	41.55	6.49	16.96
*祁阳县	Qiyang County	136.95	81.70	68.48	22.20	26.23
*东安县	Dongan County	103.47	56.63	47.22	4.74	23.90
双牌县	Shuangpai County	26.02	14.36	10.50	1.30	5.91
*道　县	Dao County	104.05	55.37	44.34	7.70	30.64
江永县	Jiangyong County	52.89	23.60	18.00	9.17	17.21
*宁远县	Ningyuan County	66.55	45.90	38.39	5.96	8.79
蓝山县	Lanshan County	47.36	21.84	18.24	7.14	8.74
新田县	Xintian County	49.82	28.68	19.58	2.20	12.40
*江华县	Jianghua County	62.29	36.61	24.56	6.86	10.80
鹤城区	Hecheng District	16.98	7.38	6.40	1.39	7.50
中方县	Zhongfang County	34.42	19.44	13.01	7.89	3.29
*沅陵县	Yuanling County	72.49	42.77	27.59	16.89	11.96
*辰溪县	Chenxi County	63.33	31.22	21.41	16.65	6.88
*溆浦县	Xupu County	82.29	52.64	30.40	18.04	7.36
会同县	Huitong County	31.13	19.38	14.68	6.58	4.50
麻阳县	Mayang County	32.04	19.87	14.03	7.42	2.35
新晃县	Xinhuang County	23.48	16.17	10.44	4.31	2.78
*芷江县	Zhijiang County	56.13	32.73	21.08	11.31	8.63
*靖州县	Jingzhou County	33.31	20.59	16.67	5.68	4.54
通道县	Tongdao County	28.48	13.71	12.14	6.60	2.94
*洪江市	Hongjiang City	57.05	26.61	18.67	10.63	5.19
*洪江区	Hongjiang District	1.92	1.01	0.68	0.38	0.38
娄星区	Louxing District	36.27	21.77	17.19	4.35	6.94
*双峰县	Shuangfeng County	106.85	73.53	63.02	12.75	12.60
*新化县	Xinhua County	112.47	74.32	53.25	10.32	9.54
冷水江市	Lengshuijiang City	11.99	7.07	5.30	1.26	2.28
*涟源市	Lianyuan City	81.37	59.68	41.92	8.28	9.04
吉首市	Jishou City	24.71	8.75	5.61	4.51	6.08
泸溪县	Luxi County	38.46	14.90	11.56	8.28	7.24
凤凰县	Fenghuang County	54.32	26.75	16.04	7.10	10.92
花垣县	Huayuan County	30.96	17.98	10.40	4.08	4.77
保靖县	Baojing County	33.24	17.15	8.58	5.33	4.91
古丈县	Guzhang County	15.65	8.13	4.48	2.47	2.97
*永顺县	Yongshun County	63.88	36.81	23.05	10.79	9.73
龙山县	Longshan County	62.81	33.81	17.12	8.82	9.26

22-10 主要农产品产量 (2019年)
Output of Major Farm Crops (2019)

单位：吨 (ton)

市县名称	Cities and Counties	粮食合计 Total Grain	稻谷 Rice	小麦 Wheat	玉米 Corn	大豆 Beans	薯类折粮 Tubers
芙蓉区	Furong District						
天心区	Tianxin District	8082	7803		110	39	123
岳麓区	Yuelu District	63236	61692		342	86	934
开福区	Kaifu District	13447	13258			24	145
雨花区	Yuhua District	1935	1725				210
*望城区	Wangcheng District	309931	292348		2668	1317	12175
*长沙县	Changsha County	455832	409709		16748	5355	19274
*浏阳市	Liuyang City	520080	488852	92	11434	5362	10694
*宁乡市	Ningxiang City	700779	660816	467	27946	3894	6570
荷塘区	Hetang District	36379	33150		493	323	1831
芦淞区	Lousong District	32618	31398		525	229	259
石峰区	Shifeng District	22542	21099		114	256	962
天元区	Tianyuan District	81947	80643		180	90	1019
*渌口区	Lukou District	196720	188641		885	528	1405
*攸　县	You County	411139	401641		1783	2370	4631
*茶陵县	Chaling County	271237	265154		1268	1942	1886
炎陵县	Yanling County	91714	75564		3618	2197	9431
*醴陵市	Liling City	455349	437739		12016	1073	3319
雨湖区	Yuhu District	99336	93013		2022	427	2554
岳塘区	Yuetang District	7392	6865		44	22	396
*湘潭县	Xiangtan County	623528	614805		5010	256	3131
*湘乡市	Xiangxiang City	448423	439545	19	6630	400	1550
韶山市	Shaoshan City	42120	41381		166	76	463
珠晖区	Zhuhui District	31832	29939			244	1450
雁峰区	Yanfeng District	7934	7169		548	26	115
石鼓区	Shigu District	17262	17084			20	140
蒸湘区	Zhengxiang District	14766	14366		41	55	218
南岳区	Nanyue District	14363	12564		408	218	907
*衡阳县	Hengyang County	589863	555464	204	16590	5873	9396
*衡南县	Hengnan County	600802	567302	1155	12191	3525	9782
*衡山县	Hengshan County	201863	194900		758	399	5472
*衡东县	Hengdong County	385289	364443		4576	5949	6661
*祁东县	Qidong County	446310	407354	1040	23825	3389	8847
*耒阳市	Leiyang City	475758	434504	136	6006	7505	23524
*常宁市	Changning City	385430	371242	2886	7500	1787	1395
双清区	Shuangqing District	35005	31219	28	1615	342	1570
大祥区	Daxiang District	58031	51431	72	3436	804	2208
北塔区	Beita District	17556	12735	124	3062	341	1227

注：标*区县的粮食数据使用调查总队抽样调查数据，其余区县使用统计局全面统计数据。

The data of district grain output marked * are survey data collected by Hunan Survey Office of the National Bureau of Statistics, while the others are from census conducted by Hunan bureau of statistics.

22-10 续表 1 Continued

单位：吨 (ton)

市县名称	Cities and Counties	粮食合计 Total Grain	稻谷 Rice	小麦 Wheat	玉米 Corn	大豆 Beans	薯类折粮 Tubers
★邵东市	Shaodong City	424294	348221	2972	39716	10911	18600
★新邵县	Xinshao County	297233	242622	4781	36268	7634	4403
★邵阳县	Shaoyang County	437106	366898	715	51103	3535	8773
★隆回县	Longhui County	496549	436398	959	28117	2142	25060
★洞口县	Dongkou County	461336	405930	1758	37004	4858	8017
绥宁县	Suining County	144726	129699		4853	1448	6376
★新宁县	Xinning County	282031	218452	221	50813	1753	10121
城步县	Chengbu County	79767	67597	74	8452	596	2406
★武冈市	Wugang City	438683	356888	283	65411	3348	11852
岳阳楼区	Yueyanglou District	35457	31479	215	478	1186	1552
云溪区	Yunxi District	43419	37502	470	2023	299	2976
君山区	Junshan District	160308	128733	12425	16482	661	1607
★岳阳县	Yueyang County	501153	458690	1065	24859	1866	13819
★华容县	Huarong County	499011	477170	3112	15492	1248	1417
★湘阴县	Xiangyin County	497962	453939	674	29706	2733	9660
★平江县	Pingjiang County	408369	378574	1514	18839	2420	5916
★汨罗市	Miluo City	459194	420448	944	28451	2485	5728
★临湘市	Linxiang City	323011	303221	4125	7621	2407	4616
武陵区	Wuling District	96151	93211		1466	872	496
★鼎城区	Dingcheng District	619583	586448	9186	13583	3358	4813
★安乡县	Anxiang County	327971	308636	9410	7561	1299	227
★汉寿县	Hanshou County	559894	548364	411	2256	2486	4970
★澧　县	Li County	513312	454585	8809	39321	1766	6686
★临澧县	Linli County	321836	305674	1199	10468	424	3923
★桃源县	Taoyuan County	708070	648597	686	36118	6793	9930
★石门县	Shimen County	298437	197433	4227	73585	2292	15487
津市市	Jinshi City	138875	134509	2122	203	432	1287
永定区	Yongding District	145534	95830		27379	2497	19161
武陵源区	Wulingyuan District	14289	7701		4490	122	1971
★慈利县	Cili County	317886	185303	248	91412	6248	33772
桑植县	Sangzhi County	139712	76514	311	31684	3215	27594
★资阳区	Ziyang District	259821	247378		5826	263	6011
★赫山区	Heshan District	464199	445608	844	9001	375	6361
★南　县	Nan County	496036	459286	3672	21845	2991	5590
★大通湖区	Datonghu District	122970	111648	171	10115	200	814
★桃江县	Taojiang County	352500	321751	1168	15504	854	10847
★安化县	Anhua County	233346	181155	92	39659	2335	7318
★沅江市	Yuanjiang City	438436	421436	2558	10154	467	2948
北湖区	Beihu District	56277	49915		2466	410	3373
苏仙区	Suxian District	113733	95544		9692	104	8107
★桂阳县	Guiyang County	287991	222862		31590	7996	25395
★宜章县	Yizhang County	253648	179617		48708	3331	20433
★永兴县	Yongxing County	252259	221427		11395	958	17058

22-10 续表 2 Continued

单位：吨 (ton)

市县名称	Cities and Counties	粮食合计 Total Grain	稻谷 Rice	小麦 Wheat	玉米 Corn	大豆 Beans	薯类折粮 Tubers
嘉禾县	Jiahe County	123585	93201		20128	2796	6709
临武县	Linwu County	120425	89247		24269	1281	4734
汝城县	Rucheng County	140313	118102		11572	2549	7904
桂东县	Guidong County	63167	54607		6660	380	1520
★安仁县	Anren County	277339	266689		3719	2563	3686
资兴市	Zixing City	131293	103689		18501	572	7621
★零陵区	Lingling District	348657	321114		11928	5462	8024
★冷水滩区	Lengshuitan District	315171	280926		21791	6563	3703
★祁阳县	Qiyang County	535994	468099	50	22259	10885	28893
★东安县	Dongan County	361325	313463		22160	7204	13257
双牌县	Shuangpai County	71287	56290	120	8400	945	4650
★道　县	Dao County	352958	300464		27722	6746	14240
江永县	Jiangyong County	125027	100524		16906	896	6080
★宁远县	Ningyuan County	295836	259133		10488	8781	13099
蓝山县	Lanshan County	129085	113494	173	8581	1291	4306
新田县	Xintian County	154218	123819	72	16471	6429	6061
★江华县	Jianghua County	222784	152540		64077	610	4694
鹤城区	Hecheng District	53621	50157		2011	343	935
中方县	Zhongfang County	113288	94100		12100	1136	4768
★沅陵县	Yuanling County	241300	187103		30977	4465	17777
★辰溪县	Chenxi County	200115	160733	19	23239	1885	11686
★溆浦县	Xupu County	350327	243356	522	88235	1434	12376
会同县	Huitong County	129990	111628		15329	148	1888
麻阳县	Mayang County	113993	95642		13290	82	4516
新晃县	Xinhuang County	80547	54558		19024	93	6790
★芷江县	Zhijiang County	223485	167362		42879	916	11501
★靖州县	Jingzhou County	133000	117732		5216	714	8952
通道县	Tongdao County	91216	84316		4167	265	2375
★洪江市	Hongjiang City	168245	138168		20052	1045	8980
★洪江区	Hongjiang District	6223	5074		450	133	566
娄星区	Louxing District	153309	132122	537	12231	3529	4383
★双峰县	Shuangfeng County	497653	440489	857	48233	3012	4454
★新化县	Xinhua County	459731	361490	4020	78661	3188	7090
冷水江市	Lengshuijiang City	43036	35623	864	4978	250	956
★涟源市	Lianyuan City	377033	291818	1408	65523	5529	9017
吉首市	Jishou City	48171	36050		6120	900	4970
泸溪县	Luxi County	81698	69908	140	6879	845	3153
凤凰县	Fenghuang County	128697	91736		22531	2746	11627
花垣县	Huayuan County	91578	63943		17802	2298	7392
保靖县	Baojing County	90800	53314	19	23950	1704	11520
古丈县	Guzhang County	32026	23310		5380	680	2140
★永顺县	Yongshun County	223275	155945	740	33573	3079	29644
龙山县	Longshan County	184027	113964	24	29206	2281	38373

22-10 续表 3 Continued

单位：吨 (ton)

市县名称	Cities and Counties	棉花 Cotton	油料 Oil-bearing	#油菜籽 Rapeseeds	黄红麻 Jute and Ambary Hemp	苎麻 Ramie	烤烟 Fluecured Tobacco	茶叶 Tea	柑桔 Citrus
芙蓉区	Furong District								
天心区	Tianxin District		138	138					75
岳麓区	Yuelu District		2992	2730				65	4920
开福区	Kaifu District		35	35					20
雨花区	Yuhua District		29	29					
望城区	Wangcheng District		11889	8996				682	6952
长沙县	Changsha County		16246	14081				32750	16044
浏阳市	Liuyang City	218	51803	48149		11	5653	1770	57737
宁乡市	Ningxiang City	82	15333	10302			4695	4505	21865
荷塘区	Hetang District		1059	974				49	1511
芦淞区	Lousong District	39	397	351				56	3304
石峰区	Shifeng District		648	553					1287
天元区	Tianyuan District		347	310				158	2579
渌口区	Lukou District	709	7571	5427		230		665	7038
攸　县	You County	352	20513	16789		655		357	21784
茶陵县	Chaling County	1034	23908	18893		584	3838	337	28754
炎陵县	Yanling County	38	3187	2106				300	2370
醴陵市	Liling City	40	15096	13467				552	4230
雨湖区	Yuhu District		1740	1125				100	1734
岳塘区	Yuetang District		346	249				9	195
湘潭县	Xiangtan County	183	18738	17277		24		1030	11188
湘乡市	Xiangxiang City	44	15959	14868				764	4691
韶山市	Shaoshan City	5	1314	1096				86	474
珠晖区	Zhuhui District		2513	2015					3343
雁峰区	Yanfeng District		219	180					1491
石鼓区	Shigu District		823	823					973
蒸湘区	Zhengxiang District		641	555					1491
南岳区	Nanyue District		149	88				180	411
衡阳县	Hengyang County	5147	68712	67043	21	14	1749	24	19287
衡南县	Hengnan County	3718	57962	52594			2890	655	10510
衡山县	Hengshan County	500	15538	14860				422	2585
衡东县	Hengdong County	509	30557	27496		5		377	5171
祁东县	Qidong County	987	37211	33049			2080	103	8457
耒阳市	Leiyang City	701	50960	46027	40	37	1494	297	13526
常宁市	Changning City	1290	35374	30990			2722	2020	10205
双清区	Shuangqing District		1237	660					2764
大祥区	Daxiang District		2416	1382				16	22036
北塔区	Beita District		631	396				1	1939

22-10 续表 4 Continued

单位：吨 (ton)

市县名称	Cities and Counties	棉花 Cotton	油料 Oil-bearing	#油菜籽 Rapeseeds	黄红麻 Jute and Ambary Hemp	苎麻 Ramie	烤烟 Fluecured Tobacco	茶叶 Tea	柑桔 Citrus
邵东市	Shaodong City		46712	30834	102			428	21605
新邵县	Xinshao County		14494	10920				76	24950
邵阳县	Shaoyang County		32831	24181		19	2984	36	15940
隆回县	Longhui County		12910	8676		1	4136	237	23335
洞口县	Dongkou County	25	40323	35250		55	97	4135	81406
绥宁县	Suining County		5982	5086		8		105	39436
新宁县	Xinning County		10974	6860		6	1283	31	213755
城步县	Chengbu County		4108	3186				163	2724
武冈市	Wugang City		20355	15096			23	687	96178
岳阳楼区	Yueyanglou District	5	3394	3162				280	7672
云溪区	Yunxi District	301	2835	2368				182	2266
君山区	Junshan District	6583	16460	15986			11	106	14157
岳阳县	Yueyang County	4765	29945	23590			42	1266	12697
华容县	Huarong County	16240	65983	65620			95	864	27327
湘阴县	Xiangyin County	16	18069	14996		80		2763	28748
平江县	Pingjiang County	947	28493	20193			47	3496	14485
汨罗市	Miluo City	911	16083	13941			53	2745	8534
临湘市	Linxiang City	2257	23557	19650				4763	2329
武陵区	Wuling District	773	6495	6131					22888
鼎城区	Dingcheng District	9129	82492	80134			15	171	44639
安乡县	Anxiang County	12824	75748	75242		353		51	43931
汉寿县	Hanshou County	3815	82926	80345		527		1309	50416
澧　县	Li County	13846	86887	84424				411	152497
临澧县	Linli County	4012	55734	55275			2415	125	73026
桃源县	Taoyuan County	6279	112658	106330		452	3138	10020	195066
石门县	Shimen County	1590	50549	49301		18	3440	15211	427424
津市市	Jinshi City	3421	30147	28453				131	22189
永定区	Yongding District	39	18767	14072		242	2305	415	61228
武陵源区	Wulingyuan District		1598	1228				204	1335
慈利县	Cili County	604	38179	35240			4912	2088	181072
桑植县	Sangzhi County	3	20323	17512			7525	1044	22538
资阳区	Ziyang District	1460	7710	7581		10		1837	8635
赫山区	Heshan District		8579	6412		33		3828	20768
南　县	Nan County	6869	79327	79044		119			58503
大通湖区	Datonghu District	1154	12947	12947		28			16049
桃江县	Taojiang County	100	29302	24545				15208	16149
安化县	Anhua County		41275	32354		12	112	72919	28500
沅江市	Yuanjiang City	1960	60204	59904		107		184	89832
北湖区	Beihu District		1425	744			2231	125	7888
苏仙区	Suxian District		5759	4602			5807	133	6952
桂阳县	Guiyang County		15649	7651			28357	286	16260
宜章县	Yizhang County	12	8129	3736			5178	915	129854
永兴县	Yongxing County	45	20405	17084			4222	427	98679

22-10 续表 5 Continued

单位:吨 (ton)

市县名称	Cities and Counties	棉花 Cotton	油料 Oil-bearing	#油菜籽 Rapeseeds	黄红麻 Jute and Ambary Hemp	苎麻 Ramie	烤烟 Fluecured Tobacco	茶叶 Tea	柑桔 Citrus
嘉禾县	Jiahe County		8814	4023			7426	48	26821
临武县	Linwu County		7200	4663			1821	46	10153
汝城县	Rucheng County		7321	4953			1685	284	7631
桂东县	Guidong County		1238	1136				3145	1022
安仁县	Anren County	8	29678	24282			8631	1054	23492
资兴市	Zixing City	12	9964	8862			17	1938	80734
零陵区	Lingling District	10	22096	17410	27		580	780	75207
冷水滩区	Lengshuitan District	434	12387	7696			611		35121
祁阳县	Qiyang County	541	40637	28579			155	269	89085
东安县	Dongan County	10	11105	4102		251	856	6	32235
双牌县	Shuangpai County	66	2079	1445				66	6888
道　县	Dao County	141	15600	9896			3709	21	153536
江永县	Jiangyong County	14	15259	11760			3039	116	157791
宁远县	Ningyuan County		11466	8260			10739	360	69435
蓝山县	Lanshan County	360	14970	11811			6913	310	19216
新田县	Xintian County		4555	1888		11	6263	169	1106
江华县	Jianghua County	148	13474	6726			7650	700	12583
鹤城区	Hecheng District		2108	2091					11578
中方县	Zhongfang County	84	10902	10220				38	23068
沅陵县	Yuanling County	13	26130	23857			15	8800	18468
辰溪县	Chenxi County	82	27743	26992				18	143378
溆浦县	Xupu County	184	28012	26546				1006	102675
会同县	Huitong County	6	8882	8616	12	2		663	62720
麻阳县	Mayang County	31	12614	9012				23	458176
新晃县	Xinhuang County		4858	4545			21		5287
芷江县	Zhijiang County	35	18757	15960			928	29	139860
靖州县	Jingzhou County		8811	8465			468	5	26420
通道县	Tongdao County	132	9781	9616			2	201	12564
洪江市	Hongjiang City	16	15988	15532			78	64	357874
洪江区	Hongjiang District		623	623					2356
娄星区	Louxing District		7967	4832			34	493	12931
双峰县	Shuangfeng County	272	20768	17611		23	16	1583	10067
新化县	Xinhua County	256	16218	10679	88	50	102	2465	6196
冷水江市	Lengshuijiang City		1965	1704				213	11713
涟源市	Lianyuan City	17	15065	9631		26	55	1285	14144
吉首市	Jishou City		6431	5350		23	364	1350	87828
泸溪县	Luxi County	97	12363	11235		143	796	2	187842
凤凰县	Fenghuang County		9690	7931		30	2431	18	76352
花垣县	Huayuan County		6250	4815			1945	6	14379
保靖县	Baojing County		7582	4690			992	798	119534
古丈县	Guzhang County	1	4420	4076			373	7050	24917
永顺县	Yongshun County		18864	14206			3968	274	89887
龙山县	Longshan County		13353	10712			7401	19	61657

22-11 主要林产品和水产品产量(2019年)
Output of Major Forest Products and Aquatic Products (2019)

市县名称	Cities and Counties	油茶籽（吨）Tea-oil Seeds (ton)	板栗（吨）Chestnuts (ton)	竹笋干（吨）Bamboo Shoots (ton)	木材采伐量（万方）Woods Cuts (10 000 cu.m)	竹材采伐量（万根）Bamboo Cuts (10 000 roots)	水产品（吨）Bamboo Cuts (ton)	#鱼 Fish
芙蓉区	Furong District						54	54
天心区	Tianxin District						1210	1208
岳麓区	Yuelu District	2300	40	22	1.50	24.50	5631	5365
开福区	Kaifu District				0.25	10.00	825	825
雨花区	Yuhua District	20					900	900
望城区	Wangcheng District	350	6000	100	0.72	32.00	29074	23041
长沙县	Changsha County	6840	7314	10	2.23	28.00	13686	13340
浏阳市	Liuyang City	43250	6026	500	5.29	500.00	19610	19222
宁乡市	Ningxiang City	10950			7.03	788.00	27708	27664
荷塘区	Hetang District	950	119	30	0.02	11.06	3900	3695
芦淞区	Lousong District	86			0.02	4.74	2290	2151
石峰区	Shifeng District	4145		320	0.06	1.30	3308	3271
天元区	Tianyuan District	3900	118		0.14		5096	4928
渌口区	Lukou District	34200	38	25	0.81	96.00	12463	11787
攸　县	You County	40000	500	21	7.44	1050.00	25007	24634
茶陵县	Chaling County	22000	1000	2000	1.22	4600.00	17050	17050
炎陵县	Yanling County	2995	560	7128	4.08	450.00	1371	1349
醴陵市	Liling City	38538	183	598	0.39	25.00	26892	26586
雨湖区	Yuhu District	534		6	0.21	2.98	5679	5553
岳塘区	Yuetang District	284	19				979	979
湘潭县	Xiangtan County	6923	30	20	2.15	5.10	45349	44213
湘乡市	Xiangxiang City	3945	777	18	0.61	5.74	35031	32712
韶山市	Shaoshan City	230	100				3720	3705
珠晖区	Zhuhui District	240	100	50	0.50	22.00	4002	3839
雁峰区	Yanfeng District				0.07		2248	2248
石鼓区	Shigu District				0.22	15.93	2490	2488
蒸湘区	Zhengxiang District				0.39	3.60	3591	3439
南岳区	Nanyue District	10	90	185	0.08	20.00	534	534
衡阳县	Hengyang County	27800	855	230	0.88	32.00	64698	63022
衡南县	Hengnan County	24700	669	205	2.14	23.50	57589	51777
衡山县	Hengshan County	5120	600	20	0.70	15.00	12471	11875
衡东县	Hengdong County	36290	200	20	2.25	420.00	18629	16274
祁东县	Qidong County	3924	11000	80	0.20	1.00	49651	48282
耒阳市	Leiyang City	77832	1750	1500	1.17	1408.00	35765	34818
常宁市	Changning City	52029	1000	1400	1.10	62.78	32006	31296
双清区	Shuangqing District	81			0.38	0.21	1682	1483
大祥区	Daxiang District	1044	1524	156			2728	2648
北塔区	Beita District	48			0.12	0.26	1714	1660

22-11 续表 1 Continued

市县名称	Cities and Counties	油茶籽（吨）Tea-oil Seeds (ton)	板栗（吨）Chestnuts (ton)	竹笋干（吨）Bamboo Shoots (ton)	木材采伐量（万方）Woods Cuts (10 000 cu.m)	竹材采伐量（万根）Bamboo Cuts (10 000 roots)	水产品（吨）Bamboo Cuts (ton)	#鱼 Fish
邵东市	Shaodong City	21500		315	0.60		27703	27084
新邵县	Xinshao County	2843	315	590	0.13	11.20	11983	11573
邵阳县	Shaoyang County	81640	980	46	0.12		12343	12098
隆回县	Longhui County	3490	1009	680	3.20		11506	11380
洞口县	Dongkou County	8500	638	100	9.36	30.00	17100	16573
绥宁县	Suining County	5490	141	832	6.55	350.00	1970	1826
新宁县	Xinning County	3000	234	110	2.30	198.60	5905	5843
城步县	Chengbu County	5560	578	1130	5.44	290.00	894	894
武冈市	Wugang City	2709	89	88	9.91	62.16	8885	8745
岳阳楼区	Yueyanglou District	11			3.05	56.80	21353	20674
云溪区	Yunxi District	425	836	64	2.68	146.33	19551	17740
君山区	Junshan District	280					36141	31986
岳阳县	Yueyang County	3300	2000	1860	1.50	32.00	53615	49515
华容县	Huarong County	290	100	5	5.00	18.00	149475	136735
湘阴县	Xiangyin County	640	28	4500	4.25	22.00	161810	158119
平江县	Pingjiang County	18206	1286	431	4.09	355.00	9607	8882
汨罗市	Miluo City	3728	544	600	21.39	1590.80	47343	40691
临湘市	Linxiang City	1210	500	1125	6.73	7155.00	39274	34839
武陵区	Wuling District	914			10.42	1.00	21481	21061
鼎城区	Dingcheng District	12525	320	400	1.19	402.50	75540	71131
安乡县	Anxiang County				5.10		132000	125656
汉寿县	Hanshou County	8701	56		11.20	299.50	78627	75131
澧　县	Li County	1423	150	250	8.45	8.00	57265	56374
临澧县	Linli County	6597	78		0.12	0.80	22560	20592
桃源县	Taoyuan County	14606	874	50	1.20	91.00	35268	34014
石门县	Shimen County	1277	3380		1.58	5.00	13256	13218
津市市	Jinshi City	545	5	6	1.25	2.84	25677	25296
永定区	Yongding District	1434	400		1.85		4730	4594
武陵源区	Wulingyuan District		115		0.39	2.00	100	72
慈利县	Cili County	2250	1413	326	1.64	3.00	6111	5952
桑植县	Sangzhi County	5000			0.47	0.07	1817	1663
资阳区	Ziyang District	1929	74	42	2.42	45.00	31557	26569
赫山区	Heshan District	6000		84	10.56	122.42	30532	23878
南　县	Nan County				1.40	12.50	122615	21139
大通湖区	Datonghu District				1.05		36293	25915
桃江县	Taojiang County	5400		2030	4.06	3680.00	12435	12073
安化县	Anhua County	10000	1600	895	9.31	240.00	16176	15792
沅江市	Yuanjiang City				16.00	0.80	173700	152797
北湖区	Beihu District	5233	2286	3280	1.63	49.00	3558	3558
苏仙区	Suxian District	12143	575	375	1.70	120.00	15651	15195
桂阳县	Guiyang County	15742	72	3	2.41	10.00	14541	13788
宜章县	Yizhang County	14800	680	2290	2.49	19.90	7124	7122
永兴县	Yongxing County	37120	194	1603	3.86	34.00	25440	23565

22-11 续表 2 Continued

市县名称	Cities and Counties	油茶籽（吨）Tea-oil Seeds (ton)	板栗（吨）Chestnuts (ton)	竹笋干（吨）Bamboo Shoots (ton)	木材采伐量（万方）Woods Cuts (10 000 cu.m)	竹材采伐量（万根）Bamboo Cuts (10 000 roots)	水产品（吨）Bamboo Cuts (ton)	#鱼 Fish
嘉禾县	Jiahe County	12188		3500	1.20	1.20	2556	2470
临武县	Linwu County	5400	336	307	1.25	8.20	4906	4570
汝城县	Rucheng County	8870	1089	2711	4.80	294.40	678	678
桂东县	Guidong County	10439	88	221	3.62	140.00	318	300
安仁县	Anren County	11973	1950	1075	1.55	9.70	7675	7249
资兴市	Zixing City	4490	1565	1565	4.91	310.00	33353	33071
零陵区	Lingling District	1835	1751	1850	1.33	100.00	19478	16166
冷水滩区	Lengshuitan District	12586	50	880	1.86	0.60	25770	25343
祁阳县	Qiyang County	32806	2010	880	5.13	26.00	66025	64273
东安县	Dongan County	18605	24	155	1.28	46.03	22095	21782
双牌县	Shuangpai County	428	2055	560	4.84	31.00	4707	4629
道　县	Dao County	33704	535	185	2.12	8.13	32396	31768
江永县	Jiangyong County	2905	85	37	2.63		5349	5136
宁远县	Ningyuan County	24904	448	520	1.62	50.00	23235	22769
蓝山县	Lanshan County	4894	1285	156	3.94	186.00	1675	1583
新田县	Xintian County	5012	2638		1.13	15.00	7272	6634
江华县	Jianghua County	22500	2100	950	7.25	2.10	2961	2925
鹤城区	Hecheng District	525	2176	135	0.54		4695	4534
中方县	Zhongfang County	11768	750	130	2.91	12.00	6300	6257
沅陵县	Yuanling County	500	2451	273	1.30	180.00	20028	19955
辰溪县	Chenxi County	10540	189	53	3.97	0.69	10609	10562
溆浦县	Xupu County	11916	125	420	7.46	44.20	11250	11235
会同县	Huitong County	6500	1098	6000	1.22	530.00	4974	4862
麻阳县	Mayang County	482	785		1.06		3222	3151
新晃县	Xinhuang County		195	97	3.39	2.02	1497	1479
芷江县	Zhijiang County	6429	292	306	4.49	10.66	9412	8855
靖州县	Jingzhou County	485	75	41	6.36	4.00	3810	3326
通道县	Tongdao County	8960	222	58	5.60	11.00	2608	2509
洪江市	Hongjiang City	1338	3675	38	3.98	65.00	8840	8698
洪江区	Hongjiang District	267	30	35	0.07	62.00	512	512
娄星区	Louxing District	2365	2850	200	0.30	11.00	10547	9905
双峰县	Shuangfeng County	6800	195	420	0.27	470.00	27000	26087
新化县	Xinhua County	6430	5120	1585	2.16	450.00	35377	35153
冷水江市	Lengshuijiang City	2585	525		0.05	8.65	5155	5061
涟源市	Lianyuan City	6000			0.22	12.00	19227	18320
吉首市	Jishou City	367	450	141	0.05	0.37	3386	3379
泸溪县	Luxi County	3176	1827		0.11		3796	2672
凤凰县	Fenghuang County	960	267	20	0.07		2437	2287
花垣县	Huayuan County	754	34				3268	3268
保靖县	Baojing County	800	1200	15	0.11		2822	2822
古丈县	Guzhang County	5268	210	2	0.50		2157	2134
永顺县	Yongshun County	10450	2720	2	1.31	1.20	4161	4035
龙山县	Longshan County	3150	180	65	0.92	6.80	3776	3776

22-12 规模以上工业营业收入(2019年)
Revenue of Major Business of Industrial Enterprises above Designated Size (2019)

单位:万元 (10 000 yuan)

市县名称	Cities and Counties	营业收入 Revenue of Business	#国有经济 State-owned Economic	#集体经济 Collective Owned Economic
芙蓉区	Furong District	509065		
天心区	Tianxin District	2921187	2153892	
岳麓区	Yuelu District	8897814	120227	
开福区	Kaifu District	1069010		
雨花区	Yuhua District	5199124	2791897	
望城区	Wangcheng District	8085476		30760
长沙县	Changsha County	24114514	5376	8086
浏阳市	Liuyang City	21592794	11330	46331
宁乡市	Ningxiang City	13607867	24180	14184
荷塘区	Hetang District	1971720	581056	
芦淞区	Lousong District	1878544	220300	
石峰区	Shifeng District	5288822		2739
天元区	Tianyuan District	5394221		
渌口区	Lukou District	586997	2915	
攸　县	You County	2869451	14325	6542
茶陵县	Chaling County	811172	18616	3368
炎陵县	Yanling County	766165		
醴陵市	Liling City	7577650	17486	11664
雨湖区	Yuhu District	6968359	4045	10172
岳塘区	Yuetang District	10154657	643309	92432
湘潭县	Xiangtan County	6306739		
湘乡市	Xiangxiang City	8931147		66393
韶山市	Shaoshan City	2407196		
珠晖区	Zhuhui District	540634	157680	
雁峰区	Yanfeng District	3013904		
石鼓区	Shigu District	1305537		4071
蒸湘区	Zhengxiang District	2189073	815826	
南岳区	Nanyue District	2030		
衡阳县	Hengyang County	1835316	2779	
衡南县	Hengnan County	880822	10118	
衡山县	Hengshan County	1171822	2481	2136
衡东县	Hengdong County	1146711	23845	3373
祁东县	Qidong County	578914	809	
耒阳市	Leiyang City	1450580	18368	6534
常宁市	Changning City	2272487	8514	
双清区	Shuangqing District	2730217	18377	
大祥区	Daxiang District	1681541	492015	2863
北塔区	Beita District	425465		

22-12 续表 1 Continued

单位：万元 (10 000 yuan)

市县名称	Cities and Counties	营业收入 Revenue of Business	#国有经济 State-owned Economic	#集体经济 Collective Owned Economic
邵东市	Shaodong City	7712398	8624	
新邵县	Xinshao County	1754060	10092	
邵阳县	Shaoyang County	1211316		
隆回县	Longhui County	1602791	10175	7010
洞口县	Dongkou County	1826223		
绥宁县	Suining County	963036	12948	
新宁县	Xinning County	911163	6257	
城步县	Chengbu County	159078		
武冈市	Wugang City	727399	2644	
岳阳楼区	Yueyanglou District	6332870	686598	
云溪区	Yunxi District	11400284		75799
君山区	Junshan District	1794416	111022	89963
岳阳县	Yueyang County	6459112	235564	52307
华容县	Huarong County	6206202	55945	17292
湘阴县	Xiangyin County	2827176	4335	10549
平江县	Pingjiang City	5585201	281504	27491
汨罗市	Miluo City	9633199		
临湘市	Linxiang County	4874440	3205	
武陵区	Wuling District	11553159	6658102	9531
鼎城区	Dingcheng District	3951033	3078	
安乡县	Anxiang County	1166205		
汉寿县	Hanshou County	2622036	3951	
澧　县	Li County	2855251		
临澧县	Linli County	1068519	2590	
桃源县	Taoyuan County	2562043		
石门县	Shimen County	2959545	23720	
津市市	Jinshi City	2937216		74613
永定区	Yongdi District	569644	8119	
武陵源区	Wulingyuan District	10627		
慈利县	Cili County	365706		
桑植县	Sangzhi County	141790	2180	
资阳区	Ziyang District	3499086		12299
赫山区	Heshan District	12139881	424776	6155
南　县	Nan County	1757214	2362	
大通湖区	Datonghu District	381402		
桃江县	Taojiang County	4529568		
安化县	Anhua County	1236489	156940	
沅江市	Yuanjiang City	3752627		
北湖区	Beihu District	1978051	614710	
苏仙区	Suxian District	5055728	459942	5919
桂阳县	Guiyang County	6633547		
宜章县	Yizhang County	1443080		4036
永兴县	Yongxing County	5015101		

22-12 续表 2 Continued

单位：万元 (10 000 yuan)

市县名称	Cities and Counties	营业收入 Revenue of Business	#国有经济 State-owned Economic	#集体经济 Collective Owned Economic
嘉禾县	Jiahe County	1958562		
临武县	Linwu County	1017828		5939
汝城县	Rucheng County	267545		
桂东县	Guidong County	85670		
安仁县	Anren County	686331		
资兴市	Zixing City	4328530	46832	
零陵区	Lingling District	1315213	19249	
冷水滩区	Lengshuitan District	3001653	480555	
祁阳县	Qiyang County	2492767	21676	
东安县	DonganCounty	1400147	11344	13613
双牌县	Shuangpai County	824167	21835	
道　县	Dao County	1401049	4149	
江永县	Jiangyong County	493594	5550	
宁远县	Ningyuan County	1503173	59569	
蓝山县	Lanshan County	1621591		
新田县	Xintian County	988489		
江华县	Jianghua County	1766736	3273	
鹤城区	Hecheng District	1595282	511929	
中方县	Zhongfang County	1406938		
沅陵县	Yuanling County	1553139	5094	
辰溪县	Chenxi County	536503	140556	11906
溆浦县	Xupu County	777747	3380	18581
会同县	Huitong County	140854		
麻阳县	Mayang County	617796	2666	
新晃县	Xinhuang County	539381		
芷江县	Zhijiang County	671917	3354	
靖州县	Jingzhou County	691552	2623	
通道县	Tongdao County	454129	4490	
洪江市	Hongjiang City	1228264	34474	
洪江区	Hongjiang District	529577		
娄星区	Louxing District	10603007	517374	192347
双峰县	Shuangfeng County	2637931	2412	27704
新化县	Xinhua County	2068417		35886
冷水江市	Lengshuijiang City	3426951	5590	17247
涟源市	Lianyuan County	3233293	3348	6501
吉首市	Jishou County	930671	257262	
泸溪县	Luxi County	422428	4695	
凤凰县	Fenghuang County	26517	2617	
花垣县	Huayuan County	296784		
保靖县	Baojing County	275903	28854	
古丈县	Guzhang County	92647		
永顺县	Yongshun County	114281	28194	
龙山县	Longshan County	220457	37333	

22-13 规模以上工业企业基本情况 (2019年)

Basic Indicators of Industrial Enterprises above Designated Size (2019)

单位：万元 (10 000 yuan)

市县名称	Cities and Counties	利润总额 Total Profits	资产总计 Total Aassets	负债合计 Total Liabilities	全部从业人员年平均人数（万人） Average Number of Empolyment of the Current Year (10000person)
芙蓉区	Furong District	23259	927309	445723	0.56
天心区	Tianxin District	-2006	4520240	3192889	2.31
岳麓区	Yuelu District	1025809	24679177	12078266	6.65
开福区	Kaifu District	53595	1197956	682669	0.92
雨花区	Yuhua District	246640	5892994	2814991	2.30
望城区	Wangcheng District	645219	7711715	4245801	5.72
长沙县	Changsha County	2666734	33992986	21424687	15.41
浏阳市	Liuyang City	1354130	9842896	4086588	19.01
宁乡市	Ningxiang City	1415510	9929174	4963351	9.06
荷塘区	Hetang District	146730	2196845	1193141	1.89
芦淞区	Lousong District	107997	3797313	1950920	2.56
石峰区	Shifeng District	518088	8014882	3922328	3.78
天元区	Tianyuan District	-191469	8588790	6963842	3.76
渌口区	Lukou District	58107	613376	385006	0.52
攸　县	You County	144655	2666635	1168027	3.59
茶陵县	Chaling County	51727	653240	212495	1.54
炎陵县	Yanling County	21417	581370	345169	1.20
醴陵市	Liling City	656465	10556494	1716123	22.22
雨湖区	Yuhu District	311460	7370607	4390339	4.38
岳塘区	Yuetang District	494556	8859418	4926306	4.43
湘潭县	Xiangtan County	326764	1462184	553756	5.61
湘乡市	Xiangxiang City	82621	579550	284066	3.47
韶山市	Shaoshan City	146104	248779	47148	0.81
珠晖区	Zhuhui District	24618	629961	379682	0.53
雁峰区	Yanfeng District	133491	3328556	2113477	2.66
石鼓区	Shigu District	73507	1211088	676900	1.02
蒸湘区	Zhengxiang District	81567	2733834	1834673	1.54
南岳区	Nanyue District	248	2139	411	0.00
衡阳县	Hengyang County	155344	941234	419833	2.57
衡南县	Hengnan County	78379	1225932	425741	1.30
衡山县	Hengshan County	88264	553069	259485	1.66
衡东县	Hengdong County	121509	1060935	463566	2.33
祁东县	Qidong County	41853	868188	392688	2.09
耒阳市	Leiyang City	111735	1897573	1044166	2.60
常宁市	Changning City	56658	1581777	1093877	2.01
双清区	Shuangqing District	155284	1798606	1043322	2.60
大祥区	Daxiang District	199020	1219145	755866	0.76
北塔区	Beita District	13624	269170	143645	0.38

22-13 续表 1 Continued

单位:万元 (10 000 yuan)

市县名称	Cities and Counties	利润总额 Total Profits	资产总计 Total Aassets	负债合计 Total Liabilities	全部从业人员年平均人数(万人) Average Number of Empolyment of the Current Year (10000person)
邵东市	Shaodong City	724498	1770725	379840	7.47
新邵县	Xinshao County	94619	1040473	346528	2.01
邵阳县	Shaoyang County	217599	669557	203870	1.91
隆回县	Longhui County	68161	597519	258910	2.53
洞口县	Dongkou County	84568	570719	214572	1.88
绥宁县	Suining County	58420	558687	204254	1.34
新宁县	Xinning County	38029	441847	258875	1.40
城步县	Chengbu County	7581	347437	229168	0.25
武冈市	Wugang City	26176	496036	208244	0.93
岳阳楼区	Yueyanglou District	401525	6453926	3379082	3.84
云溪区	Yunxi District	221723	4769097	2316837	5.54
君山区	Junshan District	70777	747663	203177	2.39
岳阳县	Yueyang County	332732	2568266	614102	3.00
华容县	Huarong County	247361	1076102	243528	3.36
湘阴县	Xiangyin County	115235	1347719	561791	1.37
平江县	Pingjiang City	203985	967419	433495	8.08
汨罗市	Miluo City	434234	2129222	827689	5.82
临湘市	Linxiang County	142366	2424762	352800	2.22
武陵区	Wuling District	903131	9471542	3527066	4.31
鼎城区	Dingcheng District	224559	3256092	2138027	2.62
安乡县	Anxiang County	18730	478614	267913	1.24
汉寿县	Hanshou County	227159	1590557	818836	2.81
澧　县	Li County	172533	1351493	713430	2.14
临澧县	Linli County	63289	944916	486239	1.56
桃源县	Taoyuan County	116472	1709048	589201	1.97
石门县	Shimen County	182425	1523950	843227	1.81
津市市	Jinshi City	139237	1208017	652983	2.74
永定区	Yongdi District	29107	728671	392755	0.68
武陵源区	Wulingyuan District	665	8549	4557	0.03
慈利县	Cili County	26053	258675	104264	0.56
桑植县	Sangzhi County	19489	172937	49256	0.19
资阳区	Ziyang District	173108	1399012	724188	2.66
赫山区	Heshan District	263924	4015243	2284468	5.29
南　县	Nan County	70696	1364258	705005	1.73
大通湖区	Datonghu District	9919	279996	160045	0.22
桃江县	Taojiang County	183119	1690447	763288	4.65
安化县	Anhua County	136300	1243708	646632	1.30
沅江市	Yuanjiang City	189690	1843637	791023	3.47
北湖区	Beihu District	98446	3856097	2197689	1.43
苏仙区	Suxian District	-67853	4717789	3073388	3.15
桂阳县	Guiyang County	318709	2139584	343302	2.89
宜章县	Yizhang County	136463	856589	421135	1.85
永兴县	Yongxing County	168573	4019122	1827411	3.53

22-13 续表 2 Continued

单位：万元 (10 000 yuan)

市县名称	Cities and Counties	利润总额 Total Profits	资产总计 Total Aassets	负债合计 Total Liabilities	全部从业人员年平均人数（万人） Average Number of Empolyment of the Current Year (10000person)
嘉禾县	Jiahe County	199472	584582	138988	1.41
临武县	Linwu County	67833	559372	225769	1.23
汝城县	Rucheng County	29411	463653	289399	0.36
桂东县	Guidong County	12190	170064	96524	0.15
安仁县	Anren County	18933	346580	163963	0.62
资兴市	Zixing City	340182	1815333	872481	3.41
零陵区	Lingling District	89665	963143	318451	0.86
冷水滩区	Lengshuitan District	55904	2119346	1157721	2.55
祁阳县	Qiyang County	195048	1612798	909865	2.36
东安县	DonganCounty	51558	444012	223984	1.99
双牌县	Shuangpai County	67247	402993	96208	1.16
道　县	Dao County	14372	1012058	189605	2.03
江永县	Jiangyong County	30678	393644	169467	0.59
宁远县	Ningyuan County	96409	674284	247956	2.69
蓝山县	Lanshan County	33543	460302	123486	1.83
新田县	Xintian County	32446	263125	92594	0.94
江华县	Jianghua County	67007	1652187	558004	1.50
鹤城区	Hecheng District	68969	1088249	687932	0.83
中方县	Zhongfang County	214794	1629948	866389	1.35
沅陵县	Yuanling County	74970	1068069	-371148	0.65
辰溪县	Chenxi County	30832	744263	458597	0.55
溆浦县	Xupu County	18178	387119	213716	1.06
会同县	Huitong County	6318	138736	77317	0.23
麻阳县	Mayang County	22596	164855	83453	0.35
新晃县	Xinhuang County	12408	318076	130929	0.62
芷江县	Zhijiang County	36832	268754	84030	0.43
靖州县	Jingzhou County	6791	140174	48663	0.73
通道县	Tongdao County	26841	191638	74307	0.39
洪江市	Hongjiang City	96663	1905499	403735	1.25
洪江区	Hongjiang District	62538	495589	144543	0.40
娄星区	Louxing District	719583	6926158	3937830	4.07
双峰县	Shuangfeng County	286408	999407	210678	3.46
新化县	Xinhua County	151895	1059735	437860	3.08
冷水江市	Lengshuijiang City	300945	2402891	1466854	2.40
涟源市	Lianyuan County	296944	1742643	601458	2.39
吉首市	Jishou County	64623	1378089	727042	1.04
泸溪县	Luxi County	8836	249040	141105	0.39
凤凰县	Fenghuang County	1271	99009	63166	0.08
花垣县	Huayuan County	4122	611920	455258	0.45
保靖县	Baojing County	-1035	217538	144615	0.31
古丈县	Guzhang County	5617	148157	96577	0.13
永顺县	Yongshun County	599	277419	168531	0.17
龙山县	Longshan County	3922	275014	172236	0.41

22-14 固定资产投资比上年增长情况 (2019年)
Investment in Fixed Assets Increased over the Previous Year (2019)

单位：%　　(%)

市县名称	Cities and Counties	比上年增长 Growth Rate over Preceding Year	市县名称	Cities and Counties	比上年增长 Growth Rate over Preceding Year	市县名称	Cities and Counties	比上年增长 Growth Rate over Preceding Year
芙蓉区	Furong District	8.5	隆回县	Longhui County	16.3	临武县	Linwu County	11.9
天心区	Tianxin District	10.0	洞口县	Dongkou County	2.1	汝城县	Rucheng County	11.3
岳麓区	Yuelu District	11.3	绥宁县	Suining County	12.8	桂东县	Guidong County	11.2
开福区	Kaifu District	10.3	新宁县	Xinning County	11.4	安仁县	Anren County	11.3
雨花区	Yuhua District	10.9	城步县	Chengbu County	11.1	资兴市	Zixing City	11.6
望城区	Wangcheng District	11.7	武冈市	Wugang City	10.0	零陵区	Lingling District	10.3
长沙县	Changsha County	11.0	岳阳楼区	Yueyanglou District	11.2	冷水滩区	Lengshuitan District	10.3
浏阳市	Liuyang City	12.0	云溪区	Yunxi District	11.5	祁阳县	Qiyang County	9.5
宁乡市	Ningxiang City	10.2	君山区	Junshan District	11.6	东安县	Dongan County	10.5
荷塘区	Hetang District	16.8	岳阳县	Yueyang County	11.4	双牌县	Shuangpai County	9.3
芦淞区	Lusong District	16.5	华容县	Huarong County	11.3	道　县	Dao County	9.1
石峰区	Shifeng District	15.1	湘阴县	Xiangyin County	11.3	江永县	Jiangyong County	9.3
天元区	Tianyuan District	2.4	平江县	Pingjiang County	11.5	宁远县	Ningyuan County	10.0
渌口区	Lukou District	14.7	汨罗市	Miluo City	11.4	蓝山县	Lanshan County	9.9
攸　县	You County	10.1	临湘市	Linxiang City	11.4	新田县	Xintian County	9.8
茶陵县	Chaling County	14.6	武陵区	Wuling District	22.7	江华县	Jianghua County	10.7
炎陵县	Yanling County	13.0	鼎城区	Dingcheng District	2.2	鹤城区	Hecheng District	10.7
醴陵市	Liling County	14.2	安乡县	Anxiang County	11.1	中方县	Zhongfang County	10.3
雨湖区	Yuhu District	9.8	汉寿县	Hanshou County	17.0	沅陵县	Yuanling County	10.3
岳塘区	Yuetang District	12.6	澧　县	Li County	2.0	辰溪县	Chenxi County	11.6
湘潭县	Xiangtan County	16.2	临澧县	Linli County	16.4	溆浦县	Xupu County	11.8
湘乡市	Xiangxiang City	15.8	桃源县	Taoyuan County	17.5	会同县	Huitong County	10.4
韶山市	Shaoshan City	-16.7	石门县	Shimen County	4.8	麻阳县	Mayang County	11.0
珠晖区	Zhuhui District	13.1	津市市	Jinshi City	6.2	新晃县	Xinhuang County	11.5
雁峰区	Yanfeng District	13.9	永定区	Yongding District	4.9	芷江县	Zhijiang County	10.5
石鼓区	Shigu District	13.9	武陵源区	Wulingyuan District	13.0	靖州县	Jingzhou County	10.7
蒸湘区	Zhengxiang District	8.0	慈利县	Cili County	12.9	通道县	Tongdao County	11.9
南岳区	Nanyue District	13.4	桑植县	Sangzhi County	16.1	洪江市	Hongjiang City	9.0
衡阳县	Hengyang County	7.6	资阳区	Ziyang District	-13.3	洪江区	Hongjiang District	7.3
衡南县	Hengnan County	13.0	赫山区	Heshan District	12.9	娄星区	Louxing District	10.2
衡山县	Hengshan County	12.6	南　县	Nan County	27.0	双峰县	Shuangfeng County	10.6
衡东县	Hengdong County	12.7	大通湖区	Datonghu District	15.7	新化县	Xinhua County	10.5
祁东县	Qidong County	12.7	桃江县	Taojiang County	10.2	冷水江市	Lengshuijian City	10.8
耒阳市	Leiyang City	12.9	安化县	Anhua County	10.4	涟源市	Lianyuan City	10.7
常宁市	Changning City	13.2	沅江市	Yuanjiang City	-10.1	吉首市	Jishou City	-13.0
双清区	Shuangqing District	15.9	北湖区	Beihu District	11.6	泸溪县	Luxi County	-17.1
大祥区	Daxiang District	18.7	苏仙区	Suxian District	11.8	凤凰县	Fenghuang County	4.3
北塔区	Beita District	-5.0	桂阳县	Guiyang County	11.5	花垣县	Huayuan County	-13.7
邵东市	Shaodong City	16.0	宜章县	Yizhang County	11.5	保靖县	Baojing County	23.2
新邵县	Xinshao County	11.7	永兴县	Yongxing County	11.7	古丈县	Guzhang County	-17.7
邵阳县	Shaoyang County	-14.7	嘉禾县	Jiahe County	11.5	永顺县	Yongshun County	-4.7
						龙山县	Longshan County	16.1

22-15　房地产开发投资情况(2019年)
Real Estate Development Investment (2019)

单位：万元　　(10 000yuan)

市县名称	Cities and Counties	房地产开发投资 Real Estate Development Investment	市县名称	Cities and Counties	房地产开发投资 Real Estate Development Investment	市县名称	Cities and Counties	房地产开发投资 Real Estate Development Investment
芙蓉区	Furong District	797777	隆回县	Longhui County	127010	临武县	Linwu County	102572
天心区	Tianxin District	1071681	洞口县	Dongkou County	85255	汝城县	Rucheng County	100698
岳麓区	Yuelu District	4762811	绥宁县	Suining County	51778	桂东县	Guidong County	27394
开福区	Kaifu District	1928374	新宁县	Xinning County	73862	安仁县	Anren County	82548
雨花区	Yuhua District	2360225	城步县	Chengbu County	9446	资兴市	Zixing City	73167
望城区	Wangcheng District	1564701	武冈市	Wugang City	154607	零陵区	Lingling District	180995
长沙县	Changsha County	2488372	岳阳楼区	Yueyanglou District	1166289	冷水滩区	Lengshuitan District	450938
浏阳市	Liuyang City	1141768	云溪区	Yunxi District	78444	祁阳县	Qiyang County	130238
宁乡市	Ningxiang City	568320	君山区	Junshan District	23860	东安县	Dongan County	203754
荷塘区	Hetang District	504872	岳阳县	Yueyang County	117260	双牌县	Shuangpai County	18859
芦淞区	Lusong District	303300	华容县	Huarong County	164053	道　县	Dao County	163141
石峰区	Shifeng District	315231	湘阴县	Xiangyin County	182642	江永县	Jiangyong County	21570
天元区	Tianyuan District	1480960	平江县	Pingjiang County	116398	宁远县	Ningyuan County	77902
渌口区	Lukou District	145648	汨罗市	Miluo City	122094	蓝山县	Lanshan County	53386
攸　县	You County	340994	临湘市	Linxiang City	59501	新田县	Xintian County	68699
茶陵县	Chaling County	157763	武陵区	Wuling District	1523533	江华县	Jianghua County	148418
炎陵县	Yanling County	32962	鼎城区	Dingcheng District	226136	鹤城区	Hecheng District	984090
醴陵市	Liling County	395965	安乡县	Anxiang County	220382	中方县	Zhongfang County	71119
雨湖区	Yuhu District	249328	汉寿县	Hanshou County	200320	沅陵县	Yuanling County	103612
岳塘区	Yuetang District	458318	澧　县	Li County	320572	辰溪县	Chenxi County	135933
湘潭县	Xiangtan County	376448	临澧县	Linli County	168994	溆浦县	Xupu County	452038
湘乡市	Xiangxiang City	269998	桃源县	Taoyuan County	128584	会同县	Huitong County	74936
韶山市	Shaoshan City	93410	石门县	Shimen County	253157	麻阳县	Mayang County	52298
珠晖区	Zhuhui District	305727	津市市	Jinshi City	149986	新晃县	Xinhuang County	80478
雁峰区	Yanfeng District	192979	永定区	Yongding District	811030	芷江县	Zhijiang County	115359
石鼓区	Shigu District	319695	武陵源区	Wulingyuan District	85740	靖州县	Jingzhou County	65094
蒸湘区	Zhengxiang District	405467	慈利县	Cili County	204283	通道县	Tongdao County	47993
南岳区	Nanyue District	36361	桑植县	Sangzhi County	87788	洪江市	Hongjiang City	172255
衡阳县	Hengyang County	219476	资阳区	Ziyang District	102366	洪江区	Hongjiang District	28852
衡南县	Hengnan County	204847	赫山区	Heshan District	377467	娄星区	Louxing District	651090
衡山县	Hengshan County	68179	南　县	Nan County	95020	双峰县	Shuangfeng County	118978
衡东县	Hengdong County	175377	大通湖区	Datonghu District	21570	新化县	Xinhua County	209677
祁东县	Qidong County	152165	桃江县	Taojiang County	149134	冷水江市	Lengshuijian City	94466
耒阳市	Leiyang City	315849	安化县	Anhua County	165679	涟源市	Lianyuan City	78168
常宁市	Changning City	100997	沅江市	Yuanjiang City	144066	吉首市	Jishou City	522959
双清区	Shuangqing District	437288	北湖区	Beihu District	561059	泸溪县	Luxi County	27356
大祥区	Daxiang District	300470	苏仙区	Suxian District	295460	凤凰县	Fenghuang County	126617
北塔区	Beita District	285140	桂阳县	Guiyang County	202016	花垣县	Huayuan County	38110
邵东市	Shaodong City	492456	宜章县	Yizhang County	250680	保靖县	Baojing County	32789
新邵县	Xinshao County	112682	永兴县	Yongxing County	99207	古丈县	Guzhang County	2270
邵阳县	Shaoyang County	58019	嘉禾县	Jiahe County	79067	永顺县	Yongshun County	87955
						龙山县	Longshan County	237316

22-16 社会消费品零售总额(2019年)
Total Value of Retail Sales of Consumer Goods (2019)

市县名称	Cities and Counties	消费品零售总额（亿元）Total Retail Sales of Consumer Goods (100 million yuan)	增速（%）Growth Rate (%)	市县名称	Cities and Counties	消费品零售总额（亿元）Total Retail Sales of Consumer Goods (100 million yuan)	增速（%）Growth Rate (%)
芙蓉区	Furong District	595.05	9.3	衡山县	Hengshan County	44.36	10.4
天心区	Tianxin District	422.21	9.3	衡东县	Hengdong County	113.63	10.4
岳麓区	Yuelu District	548.53	9.8	祁东县	Qidong County	137.00	10.3
开福区	Kaifu District	528.46	9.7	耒阳市	Leiyang City	168.69	10.3
雨花区	Yuhua District	675.53	8.4	常宁市	Changning City	120.42	10.1
望城区	Wangcheng District	398.84	15.0	双清区	Shuangqing District	132.78	0.2
长沙县	Changsha County	583.42	9.4	大祥区	Daxiang District	94.48	12.0
浏阳市	Liuyang City	396.40	10.8	北塔区	Beita District	22.64	11.7
宁乡市	Ningxiang City	440.97	11.1	邵东市	Shaodong City	276.19	12.2
荷塘区	Hetang Distract	81.86	10.2	新邵县	Xinshao County	94.13	11.7
芦淞区	Lusong Distract	212.88	9.9	邵阳县	Shaoyang County	117.51	11.8
石峰区	Shifeng Distract	75.01	10.4	隆回县	Longhui County	149.76	12.0
天元区	Tianyuan Distract	164.93	10.1	洞口县	Dongkou County	105.31	9.0
渌口区	Lukou Distract	51.13	10.5	绥宁县	Suining County	48.94	11.9
攸 县	You County	151.72	10.2	新宁县	Xinning County	68.04	12.1
茶陵县	Chaling County	90.72	10.2	城步县	Chengbu County	35.82	10.3
炎陵县	Yanling County	32.42	10.5	武冈市	Wugang City	94.53	11.7
醴陵市	Liling City	255.07	10.4	岳阳楼区	Yueyanglou District	735.74	10.3
雨湖区	Yuhu District	371.94	10.1	云溪区	Yunxi District	39.32	10.3
岳塘区	Yuetang District	128.60	10.4	君山区	Junshan District	56.08	10.5
湘潭县	Xiangtan County	111.06	10.7	岳阳县	Yueyang County	136.86	10.7
湘乡市	Xiangxiang City	133.77	10.8	华容县	Huarong County	130.73	10.4
韶山市	Shaoshan City	25.23	10.4	湘阴县	Xiangyin County	128.57	10.6
珠晖区	Zhuhui District	125.18	10.4	平江县	Pingjiang County	145.66	10.3
雁峰区	Yanfeng District	118.68	10.3	汨罗市	Miluo City	143.92	10.5
石鼓区	Shigu District	231.43	10.5	临湘市	Linxiang City	94.81	10.4
蒸湘区	Zhengxiang District	304.87	10.4	武陵区	Wuling District	384.96	9.4
南岳区	Nanyue District	39.01	10.3	鼎城区	Dingcheng District	203.78	10.8
衡阳县	Hengyang County	117.06	10.0	安乡县	Anxiang County	101.89	10.2
衡南县	Hengnan County	116.82	10.3	汉寿县	Hanshou County	129.23	10.7

22-16 续表 1 Continued

市县名称	Cities and Counties	消费品零售总额（亿元）Total Retail Sales of Consumer Goods (100 million yuan)	增速（%）Growth Rate (%)	市县名称	Cities and Counties	消费品零售总额（亿元）Total Retail Sales of Consumer Goods (100 million yuan)	增速（%）Growth Rate (%)
澧 县	Li County	181.97	11.0	道 县	Dao County	79.26	10.4
临澧县	Linli County	84.23	10.4	江永县	Jiangyong County	26.15	10.0
桃源县	Taoyuan County	183.67	10.1	宁远县	Ningyuan County	81.93	10.4
石门县	Shimen County	124.87	10.8	蓝山县	Lanshan County	46.04	10.0
津市市	Jinshi City	69.67	10.6	新田县	Xintian County	35.73	10.0
永定区	Yongding District	96.87	10.3	江华县	Jianghua County	64.39	9.5
武陵源区	Wulingyuan District	18.05	10.0	鹤城区	Hecheng District	264.28	10.3
慈利县	Cili County	57.71	10.2	中方县	Zhongfang County	15.98	10.6
桑植县	Sangzhi County	33.60	10.1	沅陵县	Yuanling County	44.85	10.1
资阳区	Ziyang District	69.36	10.4	辰溪县	Chenxi County	34.08	9.9
赫山区	Heshan District	258.81	10.3	溆浦县	Xupu County	67.89	10.5
南 县	Nan County	107.16	10.2	会同县	Huitong County	20.77	10.2
大通湖区	Datonghu District	20.15	10.0	麻阳县	Mayang County	27.17	10.8
桃江县	Taojiang County	109.95	10.3	新晃县	Xinhuang County	26.03	10.1
安化县	Anhua County	88.00	9.8	芷江县	Zhijiang County	30.84	10.7
沅江市	Yuanjiang City	95.12	9.9	靖州县	Jingzhou County	29.36	10.9
北湖区	Beihu District	234.17	10.2	通道县	Tongdao County	17.10	10.4
苏仙区	Suxian District	119.54	10.1	洪江市	Hongjiang City	30.26	10.0
桂阳县	Guiyang County	134.63	10.5	洪江区	Hongjiang District	13.49	9.8
宜章县	Yizhang County	82.14	10.6	娄星区	Louxing District	207.71	10.4
永兴县	Yongxing County	109.88	10.3	双峰县	Shuangfeng County	108.58	10.3
嘉禾县	Jiahe County	43.73	10.7	新化县	Xinhua County	160.09	10.3
临武县	Linwu County	44.31	10.4	冷水江市	Lengshuijiang City	74.16	10.1
汝城县	Rucheng County	37.37	10.3	涟源市	Lianyuan City	145.13	10.5
桂东县	Guidong County	25.45	10.0	吉首市	Jishou City	106.33	9.8
安仁县	Anren County	56.60	10.3	泸溪县	Luxi County	17.91	9.4
资兴市	Zixing City	57.51	10.7	凤凰县	Fenghuang County	42.62	9.9
零陵区	Lingling District	99.03	10.5	花垣县	Huayuan County	13.26	8.9
冷水滩区	Lengshuitan District	168.92	10.4	保靖县	Baojing County	10.02	9.7
祁阳县	Qiyang County	114.04	10.6	古丈县	Guzhang County	6.67	9.6
东安县	Dongan County	61.36	10.4	永顺县	Yongshun County	24.81	9.8
双牌县	Shuangpai County	27.31	10.2	龙山县	Longshan County	31.36	9.5

22-17 地方财政收入与支出(2019年)
Public Budgetary Revenue and Expenditure (2019)

单位：万元 (10 000 yuan)

市县名称	Cities and Counties	地方一般公共预算收入 General Public Budget Revenue	一般公共预算支出 General Public Budget Expenditure	市县名称	Cities and Counties	地方一般公共预算收入 General Public Budget Revenue	一般公共预算支出 General Public Budget Expenditure
芙蓉区	Furong District	327553	588826	衡山县	Hengshan County	73003	272328
天心区	Tianxin District	461948	631933	衡东县	Hengdong County	81542	417552
岳麓区	Yuelu District	392695	652557	祁东县	Qidong County	88545	585714
开福区	Kaifu District	450508	754881	耒阳市	Leiyang City	150427	661126
雨花区	Yuhua District	613618	916087	常宁市	Changning City	105039	563753
望城区	Wangcheng District	580853	1103187	双清区	Shuangqing District	35727	133068
长沙县	Changsha County	1112354	1862496	大祥区	Daxiang District	37770	131541
浏阳市	Liuyang City	802122	1420745	北塔区	Beita District	10402	69236
宁乡市	Ningxiang City	538088	1052147	邵东市	Shaodong City	165752	694326
荷塘区	Hetang District	47439	227980	新邵县	Xinshao County	68016	464451
芦淞区	Lusong District	47606	222275	邵阳县	Shaoyang County	53845	575399
石峰区	Shifeng District	80552	226933	隆回县	Longhui County	87379	652137
天元区	Tianyuan District	523072	598057	洞口县	Dongkou County	65880	651682
渌口区	Lukou District	81432	338466	绥宁县	Suining County	33390	304269
攸　县	You County	137095	479902	新宁县	Xinning County	59881	451886
茶陵县	Chaling County	77190	426931	城步县	Chengbu County	24106	296529
炎陵县	Yanling County	34022	195762	武冈市	Wugang City	73171	551282
醴陵市	Liling City	284729	763676	岳阳楼区	Yueyanglou District	102634	226274
雨湖区	Yuhu District	86877	176541	云溪区	Yunxi District	36331	116906
岳塘区	Yuetang District	110650	147242	君山区	Junshan District	30735	235319
湘潭县	Xiangtan County	179068	638807	岳阳县	Yueyang County	70923	433608
湘乡市	Xiangxiang City	132703	545380	华容县	Huarong County	62275	451311
韶山市	Shaoshan City	50815	132298	湘阴县	Xiangyin County	115964	480483
珠晖区	Zhuhui District	30413	181350	平江县	Pingjiang County	98469	722739
雁峰区	Yanfeng District	35104	130041	汨罗市	Miluo City	107941	461376
石鼓区	Shigu District	36125	108847	临湘市	Linxiang City	63878	413644
蒸湘区	Zhengxiang District	48630	114163	武陵区	Wuling District	122523	306610
南岳区	Nanyue District	62866	149319	鼎城区	Dingcheng District	153931	630067
衡阳县	Hengyang County	99839	625214	安乡县	Anxiang County	36513	415011
衡南县	Hengnan County	107294	564214	汉寿县	Hanshou County	83659	509327

22-17 续表 Continued

单位：万元 (10 000 yuan)

市县名称	Cities and Counties	地方一般公共预算收入 General Public Budget Revenue	一般公共预算支出 General Public Budget Expenditure	市县名称	Cities and Counties	地方一般公共预算收入 General Public Budget Revenue	一般公共预算支出 General Public Budget Expenditure
澧　县	Li County	117079	607775	道　县	Dao County	99963	408262
临澧县	Linli County	55641	369077	江永县	Jiangyong County	41243	222539
桃源县	Taoyuan County	138273	720851	宁远县	Ningyuan County	136182	525083
石门县	Shimen County	100239	596805	蓝山县	Lanshan County	75365	293031
津市市	Jinshi City	48588	265000	新田县	Xintian County	48058	289020
永定区	Yongding District	75379	406590	江华县	Jianghua County	76899	455740
武陵源区	Wulingyuan District	34610	140471	鹤城区	Hecheng District	79840	267121
慈利县	Cili County	83910	522121	中方县	Zhongfang County	45729	226000
桑植县	Sangzhi County	37917	411117	沅陵县	Yuanling County	86341	483996
资阳区	Ziyang District	60558	315332	辰溪县	Chenxi County	50337	391067
赫山区	Heshan District	123305	530802	溆浦县	Xupu County	58957	591174
南　县	Nan County	60548	495018	会同县	Huitong County	37685	272907
大通湖区	Datonghu District	18056	140265	麻阳县	Mayang County	37954	335000
桃江县	Taojiang County	79518	497431	新晃县	Xinhuang County	37488	246259
安化县	Anhua County	84949	643175	芷江县	Zhijiang County	54467	293087
沅江市	Yuanjiang City	73814	598050	靖州县	Jingzhou County	31724	243274
北湖区	Beihu District	64583	280697	通道县	Tongdao County	26504	255934
苏仙区	Suxian District	60382	266039	洪江市	Hongjiang City	51854	298988
桂阳县	Guiyang County	167726	556916	洪江区	Hongjiang District	20794	116730
宜章县	Yizhang County	86210	387173	娄星区	Louxing District	75266	291020
永兴县	Yongxing County	144860	399885	双峰县	Shuangfeng County	75123	550194
嘉禾县	Jiahe County	74862	248097	新化县	Xinhua County	108840	819956
临武县	Linwu County	78046	285426	冷水江市	Lengshuijiang City	94239	298390
汝城县	Rucheng County	45715	323000	涟源市	Lianyuan City	74898	572089
桂东县	Guidong County	24859	189045	吉首市	Jishou City	103798	441275
安仁县	Anren County	38806	284858	泸溪县	Luxi County	34562	328537
资兴市	Zixing City	167081	425420	凤凰县	Fenghuang County	80271	428538
零陵区	Lingling District	130560	479544	花垣县	Huayuan County	50460	327615
冷水滩区	Lengshuitan District	120116	399191	保靖县	Baojing County	32326	310802
祁阳县	Qiyang County	146699	593625	古丈县	Guzhang County	22936	209692
东安县	Dongan County	89072	368263	永顺县	Yongshun County	46830	498409
双牌县	Shuangpai County	44650	190811	龙山县	Longshan County	63819	527059

22−18 各级学校 (2019年)
Number of Schools by Level (2019)

单位：所 (unit)

市县名称	Cities and Counties	中等学校 Secondary Schools	中等职业教育 Vocational Secondary Education	普通中学 Regular Secondary Schools	普通小学 Primary Schools
芙蓉区	Furong District	13	5	8	37
天心区	Tianxin District	18	3	15	51
岳麓区	Yuelu District	53	13	40	81
开福区	Kaifu District	21	1	20	52
雨花区	Yuhua District	35	9	26	72
望城区	Wangcheng District	39	6	33	82
长沙县	Changsha County	56	8	48	136
浏阳市	Liuyang City	70	3	67	213
宁乡市	Ningxiang City	93	9	84	185
荷塘区	Hetang District	23	11	12	20
芦淞区	Lusong District	12		12	21
石峰区	Shifeng District	11	1	10	15
天元区	Tianyuan District	12	1	11	32
渌口区	Lukou District	24	1	23	23
攸　县	You County	34	2	32	60
茶陵县	Chaling County	27	1	26	35
炎陵县	Yanling County	20	1	19	10
醴陵市	Liling City	53	4	49	142
雨湖区	Yuhu District	28	9	19	45
岳塘区	Yuetang District	17	5	12	26
湘潭县	Xiangtan County	74	5	69	140
湘乡市	Xiangxiang City	60	3	57	150
韶山市	Shaoshan City	10	1	9	10
珠晖区	Zhuhui District	18	5	13	37
雁峰区	Yanfeng District	24	11	13	27
石鼓区	Shigu District	10	1	9	28
蒸湘区	Zhengxiang District	17	5	12	36
南岳区	Nanyue District	5	1	4	10
衡阳县	Hengyang County	86	6	80	259
衡南县	Hengnan County	62	4	58	139
衡山县	Hengshan County	38	4	34	44
衡东县	Hengdong County	48	1	47	76
祁东县	Qidong County	62	3	59	132
耒阳市	Leiyang City	70	3	67	177
常宁市	Changning City	60	4	56	82
双清区	Shuangqing District	32	14	18	35
大祥区	Daxiang District	36	17	19	37
北塔区	Beita District	8	3	5	14

22-18 续表 1 Continued

单位：所 (unit)

市县名称	Cities and Counties	中等学校 Secondary Schools	中等职业教育 Vocational Secondary Education	普通中学 Regular Secondary Schools	普通小学 Primary Schools
邵东市	Shaodong City	71	3	68	184
新邵县	Xinshao County	51	3	48	164
邵阳县	Shaoyang County	55	3	52	114
隆回县	Longhui County	77	4	73	115
洞口县	Dongkou County	63	6	57	138
绥宁县	Suining County	23	2	21	29
新宁县	Xinning County	38	4	34	50
城步县	Chengbu County	25	2	23	20
武冈市	Wugang City	56	8	48	64
岳阳楼区	Yueyanglou District	52	13	39	78
云溪区	Yunxi District	11	1	10	22
君山区	Junshan District	10	2	8	29
岳阳县	Yueyang County	35	3	32	66
华容县	Huarong County	35	1	34	82
湘阴县	Xiangyin County	52	4	48	67
平江县	Pingjiang City	61	3	58	160
汨罗市	Miluo City	53	5	48	94
临湘市	Linxiang County	30	2	28	41
武陵区	Wuling District	43	14	29	39
鼎城区	Dingcheng District	45	4	41	34
安乡县	Anxiang County	27	3	24	9
汉寿县	Hanshou County	39	4	35	61
澧　县	Li County	36	4	32	72
临澧县	Linli County	22	2	20	48
桃源县	Taoyuan County	55	5	50	62
石门县	Shimen County	39	3	36	83
津市市	Jinshi City	14	3	11	16
永定区	Yongdi District	29	3	26	40
武陵源区	Wulingyuan District	3		3	5
慈利县	Cili County	41	3	38	30
桑植县	Sangzhi County	37	3	34	21
资阳区	Ziyang District	17	3	14	42
赫山区	Heshan District	53	10	43	76
南　县	Nan County	34	2	32	72
大通湖区	Datonghu District	4		4	12
桃江县	Taojiang County	50	2	48	91
安化县	Anhua County	49	2	47	74
沅江市	Yuanjiang City	33	3	30	51
北湖区	Beihu District	32	3	29	34
苏仙区	Suxian District	30	6	24	21
桂阳县	Guiyang County	45	1	44	49
宜章县	Yizhang County	44	3	41	45
永兴县	Yongxing County	34	2	32	85

22-18 续表 2 Continued

单位：所 (unit)

市县名称	Cities and Counties	中等学校 Secondary Schools	中等职业教育 Vocational Secondary Education	普通中学 Regular Secondary Schools	普通小学 Primary Schools
嘉禾县	Jiahe County	30	2	28	21
临武县	Linwu County	20	1	19	41
汝城县	Rucheng County	27	2	25	13
桂东县	Guidong County	14	1	13	28
安仁县	Anren County	29	2	27	23
资兴市	Zixing City	24	2	22	26
零陵区	Lingling District	34	5	29	61
冷水滩区	Lengshuitan District	46	7	39	38
祁阳县	Qiyang County	50	4	46	100
东安县	DonganCounty	39	5	34	35
双牌县	Shuangpai County	15	1	14	14
道　县	Dao County	41	3	38	49
江永县	Jiangyong County	20	2	18	18
宁远县	Ningyuan County	50	8	42	63
蓝山县	Lanshan County	31	2	29	19
新田县	Xintian County	30	2	28	22
江华县	Jianghua County	28	3	25	50
鹤城区	Hecheng District	57	15	42	32
中方县	Zhongfang County	24	1	23	11
沅陵县	Yuanling County	52	4	48	14
辰溪县	Chenxi County	37	3	34	15
溆浦县	Xupu County	61	2	59	30
会同县	Huitong County	29	2	27	17
麻阳县	Mayang County	27	3	24	23
新晃县	Xinhuang County	24	1	23	17
芷江县	Zhijiang County	32	3	29	22
靖州县	Jingzhou County	17	1	16	15
通道县	Tongdao County	14	2	12	24
洪江市	Hongjiang City	36	4	32	13
洪江区	Hongjiang District	4	2	2	5
娄星区	Louxing District	40	7	33	75
双峰县	Shuangfeng County	63	1	62	167
新化县	Xinhua County	118	6	112	239
冷水江市	Lengshuijiang City	36	6	30	45
涟源市	Lianyuan County	60	3	57	200
吉首市	Jishou County	31	10	21	26
泸溪县	Luxi County	20	2	18	20
凤凰县	Fenghuang County	26	3	23	29
花垣县	Huayuan County	26	3	23	23
保靖县	Baojing County	19	2	17	28
古丈县	Guzhang County	14	2	12	10
永顺县	Yongshun County	41	2	39	31
龙山县	Longshan County	33	4	29	45

22-19 各级学校教职工 (2019年)
Number of School Staff and Workers by Level (2019)

单位：人 (person)

市县名称	Cities and Counties	中等学校 Secondary Schools	中等职业教育 Vocational Secondary Education	普通中学 Regular Secondary Schools	普通小学 Primary Schools
芙蓉区	Furong District	2007	550	1457	2301
天心区	Tianxin District	2682	268	2414	2582
岳麓区	Yuelu District	6856	868	5988	4861
开福区	Kaifu District	3074	30	3044	2467
雨花区	Yuhua District	7349	1582	5767	4483
望城区	Wangcheng District	4409	700	3709	2147
长沙县	Changsha County	5592	878	4714	4816
浏阳市	Liuyang City	6469	355	6114	5433
宁乡市	Ningxiang City	6314	905	5409	3901
荷塘区	Hetang District	2825	971	1854	1154
芦淞区	Lusong District	1454	19	1435	1088
石峰区	Shifeng District	1055	58	997	675
天元区	Tianyuan District	1756	43	1713	1718
渌口区	Lukou District	1729	123	1606	789
攸　县	You County	3855	224	3631	1784
茶陵县	Chaling County	2869	120	2749	1767
炎陵县	Yanling County	969	50	919	441
醴陵市	Liling City	3716	355	3361	3607
雨湖区	Yuhu District	2420	638	1782	1960
岳塘区	Yuetang District	1598	255	1343	1127
湘潭县	Xiangtan County	4594	412	4182	2658
湘乡市	Xiangxiang City	3484	182	3302	2590
韶山市	Shaoshan City	497	46	451	223
珠晖区	Zhuhui District	1228	320	908	1145
雁峰区	Yanfeng District	3421	1940	1481	993
石鼓区	Shigu District	875	17	858	963
蒸湘区	Zhengxiang District	2447	368	2079	2127
南岳区	Nanyue District	417	22	395	438
衡阳县	Hengyang County	5021	345	4676	3458
衡南县	Hengnan County	5564	270	5294	3489
衡山县	Hengshan County	2400	328	2072	1495
衡东县	Hengdong County	3334	136	3198	2515
祁东县	Qidong County	5355	411	4944	3566
耒阳市	Leiyang City	6963	417	6546	5825
常宁市	Changning City	4409	405	4004	3436
双清区	Shuangqing District	1840	417	1423	1152
大祥区	Daxiang District	2614	887	1727	1596
北塔区	Beita District	701	116	585	356

22-19 续表 1 Continued

单位：人 (person)

市县名称	Cities and Counties	中等学校 Secondary Schools	中等职业教育 Vocational Secondary Education	普通中学 Regular Secondary Schools	普通小学 Primary Schools
邵东市	Shaodong City	5901	379	5522	4071
新邵县	Xinshao County	3496	217	3279	2807
邵阳县	Shaoyang County	3819	209	3610	3086
隆回县	Longhui County	5873	509	5364	3553
洞口县	Dongkou County	4322	447	3875	2831
绥宁县	Suining County	1774	99	1675	1098
新宁县	Xinning County	2609	197	2412	2302
城步县	Chengbu County	1475	70	1405	1067
武冈市	Wugang City	4838	540	4298	2438
岳阳楼区	Yueyanglou District	5705	968	4737	3587
云溪区	Yunxi District	931	22	909	517
君山区	Junshan District	767	100	667	588
岳阳县	Yueyang County	2787	243	2544	2024
华容县	Huarong County	3079	185	2894	1846
湘阴县	Xiangyin County	3494	292	3202	1496
平江县	Pingjiang City	4780	320	4460	3862
汨罗市	Miluo City	3680	379	3301	1581
临湘市	Linxiang County	2288	194	2094	1886
武陵区	Wuling District	5078	1123	3955	1957
鼎城区	Dingcheng District	3257	47	3210	1691
安乡县	Anxiang County	2611	295	2316	527
汉寿县	Hanshou County	4058	217	3841	1794
澧　县	Li County	3899	361	3538	2274
临澧县	Linli County	1889	143	1746	1151
桃源县	Taoyuan County	4781	546	4235	2019
石门县	Shimen County	2897	333	2564	2000
津市市	Jinshi City	956	123	833	540
永定区	Yongdi District	2532	201	2331	1989
武陵源区	Wulingyuan District	347	36	311	215
慈利县	Cili County	3052	293	2759	1667
桑植县	Sangzhi County	2738	183	2555	1155
资阳区	Ziyang District	1519	142	1377	1276
赫山区	Heshan District	5566	632	4934	2490
南　县	Nan County	3229	271	2958	2358
大通湖区	Datonghu District	289		289	331
桃江县	Taojiang County	3536	327	3209	2171
安化县	Anhua County	3884	334	3550	2915
沅江市	Yuanjiang City	3090	316	2774	2191
北湖区	Beihu District	4895	469	4426	2683
苏仙区	Suxian District	3053	257	2796	1655
桂阳县	Guiyang County	3737	252	3485	3770
宜章县	Yizhang County	3500	183	3317	2475
永兴县	Yongxing County	3637	174	3463	1933

22-19 续表 2 Continued

单位：人 (person)

市县名称	Cities and Counties	中等学校 Secondary Schools	中等职业教育 Vocational Secondary Education	普通中学 Regular Secondary Schools	普通小学 Primary Schools
嘉禾县	Jiahe County	2323	134	2189	1406
临武县	Linwu County	1964	77	1887	1810
汝城县	Rucheng County	2737	236	2501	1459
桂东县	Guidong County	988	54	934	573
安仁县	Anren County	2586	146	2440	1757
资兴市	Zixing City	1840	178	1662	1451
零陵区	Lingling District	3467	496	2971	2580
冷水滩区	Lengshuitan District	4384	352	4032	2668
祁阳县	Qiyang County	5823	521	5302	4608
东安县	DonganCounty	2635	218	2417	2079
双牌县	Shuangpai County	930	114	816	687
道　县	Dao County	3845	799	3046	2920
江永县	Jiangyong County	1628	161	1467	1088
宁远县	Ningyuan County	3897	492	3405	3702
蓝山县	Lanshan County	2507	261	2246	1116
新田县	Xintian County	2637	280	2357	1522
江华县	Jianghua County	2312	285	2027	2427
鹤城区	Hecheng District	5087	561	4526	2190
中方县	Zhongfang County	1637	122	1515	762
沅陵县	Yuanling County	3729	194	3535	1166
辰溪县	Chenxi County	2629	89	2540	1395
溆浦县	Xupu County	4007	242	3765	2768
会同县	Huitong County	1647	113	1534	1091
麻阳县	Mayang County	1630	147	1483	1464
新晃县	Xinhuang County	1553	97	1456	767
芷江县	Zhijiang County	1800	258	1542	1133
靖州县	Jingzhou County	1198	145	1053	1071
通道县	Tongdao County	1096	125	971	1099
洪江市	Hongjiang City	2357	212	2145	892
洪江区	Hongjiang District	274	47	227	282
娄星区	Louxing District	5249	374	4875	2425
双峰县	Shuangfeng County	4431	211	4220	2765
新化县	Xinhua County	7050	370	6680	4688
冷水江市	Lengshuijiang City	3511	608	2903	1028
涟源市	Lianyuan County	4215	253	3962	3142
吉首市	Jishou County	2650	492	2158	1726
泸溪县	Luxi County	1793	195	1598	1177
凤凰县	Fenghuang County	2127	173	1954	1581
花垣县	Huayuan County	1757	128	1629	1159
保靖县	Baojing County	1325	122	1203	1108
古丈县	Guzhang County	843	38	805	473
永顺县	Yongshun County	3098	134	2964	1600
龙山县	Longshan County	3072	162	2910	2070

22-20 各级学校专任教师(2019年)
Number of Full-time Teachers by Level (2019)

单位：人 (person)

市县名称	Cities and Counties	中等学校 Secondary Schools	中等职业教育 Vocational Secondary Education	普通中学 Regular Secondary Schools	普通小学 Primary Schools
芙蓉区	Furong District	1684	333	1351	2294
天心区	Tianxin District	2176	179	1997	2716
岳麓区	Yuelu District	5468	627	4841	5481
开福区	Kaifu District	2428	25	2403	2724
雨花区	Yuhua District	5921	1223	4698	4804
望城区	Wangcheng District	2978	527	2451	3134
长沙县	Changsha County	4297	639	3658	5109
浏阳市	Liuyang City	5955	268	5687	5699
宁乡市	Ningxiang City	5537	650	4887	4039
荷塘区	Hetang District	2190	716	1474	1239
芦淞区	Lusong District	1155	19	1136	1189
石峰区	Shifeng District	854	34	820	790
天元区	Tianyuan District	1251	27	1224	1881
渌口区	Lukou District	1343	103	1240	1012
攸　县	You County	3050	198	2852	1944
茶陵县	Chaling County	2055	96	1959	2094
炎陵县	Yanling County	634	44	590	680
醴陵市	Liling City	3256	301	2955	3896
雨湖区	Yuhu District	1888	461	1427	2045
岳塘区	Yuetang District	1343	205	1138	1178
湘潭县	Xiangtan County	4099	350	3749	2696
湘乡市	Xiangxiang City	2839	125	2714	2949
韶山市	Shaoshan City	349	45	304	353
珠晖区	Zhuhui District	967	219	748	1195
雁峰区	Yanfeng District	2481	1227	1254	948
石鼓区	Shigu District	661	8	653	1021
蒸湘区	Zhengxiang District	1772	279	1493	2100
南岳区	Nanyue District	332	17	315	408
衡阳县	Hengyang County	4188	264	3924	3688
衡南县	Hengnan County	4525	171	4354	3641
衡山县	Hengshan County	1791	256	1535	1581
衡东县	Hengdong County	2569	125	2444	2727
祁东县	Qidong County	4445	376	4069	3707
耒阳市	Leiyang City	5299	365	4934	6324
常宁市	Changning City	3588	297	3291	3716
双清区	Shuangqing District	1444	253	1191	1148
大祥区	Daxiang District	1985	537	1448	1583
北塔区	Beita District	460	75	385	486

22-20 续表 1 Continued

单位：人 (person)

市县名称	Cities and Counties	中等学校 Secondary Schools	中等职业教育 Vocational Secondary Education	普通中学 Regular Secondary Schools	普通小学 Primary Schools
邵东市	Shaodong City	4631	314	4317	4661
新邵县	Xinshao County	3010	204	2806	3065
邵阳县	Shaoyang County	3246	166	3080	3190
隆回县	Longhui County	4600	413	4187	4375
洞口县	Dongkou County	3662	375	3287	3243
绥宁县	Suining County	1235	88	1147	1486
新宁县	Xinning County	2176	157	2019	2508
城步县	Chengbu County	1057	67	990	1401
武冈市	Wugang City	3640	473	3167	3230
岳阳楼区	Yueyanglou District	4507	742	3765	3831
云溪区	Yunxi District	762	21	741	609
君山区	Junshan District	689	53	636	578
岳阳县	Yueyang County	2389	202	2187	2191
华容县	Huarong County	2449	170	2279	2116
湘阴县	Xiangyin County	2736	216	2520	2040
平江县	Pingjiang City	4023	310	3713	4297
汨罗市	Miluo City	2852	347	2505	1906
临湘市	Linxiang County	2048	153	1895	1963
武陵区	Wuling District	3237	753	2484	2629
鼎城区	Dingcheng District	2445	34	2411	2193
安乡县	Anxiang County	1615	245	1370	1131
汉寿县	Hanshou County	2746	205	2541	2763
澧　县	Li County	3173	343	2830	2758
临澧县	Linli County	1614	119	1495	1146
桃源县	Taoyuan County	3394	427	2967	2786
石门县	Shimen County	2397	290	2107	2157
津市市	Jinshi City	807	114	693	618
永定区	Yongdi District	2081	175	1906	2134
武陵源区	Wulingyuan District	251	33	218	247
慈利县	Cili County	2495	275	2220	1970
桑植县	Sangzhi County	1919	155	1764	1811
资阳区	Ziyang District	1228	117	1111	1314
赫山区	Heshan District	4082	478	3604	3139
南　县	Nan County	2668	243	2425	2258
大通湖区	Datonghu District	280		280	321
桃江县	Taojiang County	2904	271	2633	2226
安化县	Anhua County	3154	289	2865	3094
沅江市	Yuanjiang City	2569	276	2293	2491
北湖区	Beihu District	3391	298	3093	3559
苏仙区	Suxian District	2073	217	1856	2356
桂阳县	Guiyang County	3413	241	3172	3887
宜章县	Yizhang County	2661	162	2499	2941
永兴县	Yongxing County	2594	151	2443	2792

22-20 续表 2 Continued

单位：人 (person)

市县名称	Cities and Counties	中等学校 Secondary Schools	中等职业教育 Vocational Secondary Education	普通中学 Regular Secondary Schools	普通小学 Primary Schools
嘉禾县	Jiahe County	1771	126	1645	1736
临武县	Linwu County	1658	69	1589	2010
汝城县	Rucheng County	2043	205	1838	2023
桂东县	Guidong County	736	45	691	744
安仁县	Anren County	2014	118	1896	1938
资兴市	Zixing City	1379	159	1220	1681
零陵区	Lingling District	2973	400	2573	2752
冷水滩区	Lengshuitan District	3178	312	2866	3364
祁阳县	Qiyang County	4539	385	4154	4693
东安县	DonganCounty	2063	203	1860	2431
双牌县	Shuangpai County	721	99	622	830
道　县	Dao County	3359	720	2639	3206
江永县	Jiangyong County	1146	121	1025	1409
宁远县	Ningyuan County	3295	456	2839	3870
蓝山县	Lanshan County	1638	244	1394	1774
新田县	Xintian County	2181	274	1907	1852
江华县	Jianghua County	2014	237	1777	2561
鹤城区	Hecheng District	3586	388	3198	2859
中方县	Zhongfang County	1022	115	907	1249
沅陵县	Yuanling County	2421	162	2259	2331
辰溪县	Chenxi County	1687	85	1602	2071
溆浦县	Xupu County	2968	234	2734	3669
会同县	Huitong County	1306	112	1194	1367
麻阳县	Mayang County	1455	144	1311	1528
新晃县	Xinhuang County	1062	91	971	1074
芷江县	Zhijiang County	1407	211	1196	1380
靖州县	Jingzhou County	1051	131	920	1151
通道县	Tongdao County	895	105	790	1106
洪江市	Hongjiang City	2176	169	2007	872
洪江区	Hongjiang District	230	41	189	273
娄星区	Louxing District	4022	280	3742	3227
双峰县	Shuangfeng County	3651	203	3448	3298
新化县	Xinhua County	5248	319	4929	5934
冷水江市	Lengshuijiang City	2382	532	1850	1966
涟源市	Lianyuan County	3677	221	3456	3433
吉首市	Jishou County	2275	416	1859	1844
泸溪县	Luxi County	1509	176	1333	1398
凤凰县	Fenghuang County	1609	152	1457	1960
花垣县	Huayuan County	1328	118	1210	1485
保靖县	Baojing County	1107	115	992	1270
古丈县	Guzhang County	573	29	544	704
永顺县	Yongshun County	2317	116	2201	2190
龙山县	Longshan County	2286	143	2143	2665

22-21 各级学校在校学生 (2019年)
Number of Students Enrollment by Level (2019)

单位：人 (person)

市县名称	Cities and Counties	中等学校 Secondary Schools	中等职业教育 Vocational Secondary Education	普通中学 Regular Secondary Schools	普通小学 Primary Schools
芙蓉区	Furong District	20798	2540	18258	42004
天心区	Tianxin District	31086	3497	27589	48498
岳麓区	Yuelu District	82873	21097	61776	101352
开福区	Kaifu District	31508	190	31318	48013
雨花区	Yuhua District	88436	25620	62816	88245
望城区	Wangcheng District	45054	13922	31132	54749
长沙县	Changsha County	74114	26757	47357	92694
浏阳市	Liuyang City	82836	7940	74896	108841
宁乡市	Ningxiang City	77453	14921	62532	82110
荷塘区	Hetang District	31877	10284	21593	28289
芦淞区	Lusong District	14269	668	13601	24853
石峰区	Shifeng District	10727	1740	8987	17326
天元区	Tianyuan District	17817	491	17326	33473
渌口区	Lukou District	13683	883	12800	13593
攸　县	You County	38784	2482	36302	51066
茶陵县	Chaling County	30587	1710	28877	48711
炎陵县	Yanling County	8220	341	7879	13155
醴陵市	Liling City	136806	19761	117045	159855
雨湖区	Yuhu District	26673	9983	16690	34524
岳塘区	Yuetang District	16595	1763	14832	24347
湘潭县	Xiangtan County	51397	4810	46587	48781
湘乡市	Xiangxiang City	39287	2767	36520	46572
韶山市	Shaoshan City	2854	438	2416	5631
珠晖区	Zhuhui District	17250	6298	10952	21315
雁峰区	Yanfeng District	44285	22945	21340	19578
石鼓区	Shigu District	14035	4956	9079	18623
蒸湘区	Zhengxiang District	27236	3815	23421	38486
南岳区	Nanyue District	4976	395	4581	8162
衡阳县	Hengyang County	59879	4556	55323	64384
衡南县	Hengnan County	63545	3170	60375	62891
衡山县	Hengshan County	24510	3700	20810	28710
衡东县	Hengdong County	35775	2218	33557	53383
祁东县	Qidong County	61665	5226	56439	66385
耒阳市	Leiyang City	90027	6501	83526	121006
常宁市	Changning City	59383	5725	53658	69767
双清区	Shuangqing District	25277	6136	19141	23337
大祥区	Daxiang District	47048	22435	24613	32553
北塔区	Beita District	9183	3189	5994	9769

22-21 续表 1 Continued

单位：人 (person)

市县名称	Cities and Counties	中等学校 Secondary Schools	中等职业教育 Vocational Secondary Education	普通中学 Regular Secondary Schools	普通小学 Primary Schools
邵东市	Shaodong City	81320	6674	74646	87466
新邵县	Xinshao County	45257	2754	42503	52245
邵阳县	Shaoyang County	47562	4069	43493	55294
隆回县	Longhui County	87214	7900	79314	108383
洞口县	Dongkou County	63472	9121	54351	68183
绥宁县	Suining County	18447	1402	17045	24977
新宁县	Xinning County	36624	3174	33450	49545
城步县	Chengbu County	13868	694	13174	22355
武冈市	Wugang City	61099	10753	50346	58880
岳阳楼区	Yueyanglou District	64212	15589	48623	74994
云溪区	Yunxi District	9115	944	8171	9873
君山区	Junshan District	8931	1365	7566	11470
岳阳县	Yueyang County	32296	4798	27498	41550
华容县	Huarong County	25837	3307	22530	30928
湘阴县	Xiangyin County	32598	4068	28530	33793
平江县	Pingjiang City	58986	5519	53467	75780
汨罗市	Miluo City	41019	10212	30807	45047
临湘市	Linxiang County	29469	3962	25507	34629
武陵区	Wuling District	263544	46869	216675	308976
鼎城区	Dingcheng District	48001	16839	31162	45702
安乡县	Anxiang County	24177	1273	22904	34761
汉寿县	Hanshou County	17645	2781	14864	18767
澧　县	Li County	38843	6664	32179	46973
临澧县	Linli County	36979	5437	31542	45864
桃源县	Taoyuan County	18672	1873	16799	22602
石门县	Shimen County	42064	5824	36240	51445
津市市	Jinshi City	30378	5514	24864	34051
永定区	Yongdi District	6785	664	6121	8811
武陵源区	Wulingyuan District	31426	5469	25957	38867
慈利县	Cili County	4187	766	3421	4545
桑植县	Sangzhi County	32385	4556	27829	36852
资阳区	Ziyang District	27985	2772	25213	32748
赫山区	Heshan District	19631	3641	15990	22657
南　县	Nan County	57206	10218	46988	63352
大通湖区	Datonghu District	25219	2432	22787	36111
桃江县	Taojiang County	41236	4142	37094	48280
安化县	Anhua County	44900	4784	40116	62058
沅江市	Yuanjiang City	24689	2556	22133	33994
北湖区	Beihu District	57441	10241	47200	64523
苏仙区	Suxian District	33193	5935	27258	41092
桂阳县	Guiyang County	57987	6857	51130	69114
宜章县	Yizhang County	47557	3520	44037	61501
永兴县	Yongxing County	41671	2897	38774	53138

22-21 续表 2 Continued

单位：人 (person)

市县名称	Cities and Counties	中等学校 Secondary Schools	中等职业教育 Vocational Secondary Education	普通中学 Regular Secondary Schools	普通小学 Primary Schools
嘉禾县	Jiahe County	27415	2469	24946	33061
临武县	Linwu County	31988	1975	30013	39259
汝城县	Rucheng County	30089	2977	27112	37235
桂东县	Guidong County	11521	1397	10124	13446
安仁县	Anren County	28179	2800	25379	34353
资兴市	Zixing City	19040	2926	16114	24857
零陵区	Lingling District	46811	11828	34983	45613
冷水滩区	Lengshuitan District	48845	6707	42138	59273
祁阳县	Qiyang County	65423	9006	56417	69154
东安县	DonganCounty	31843	3215	28628	44327
双牌县	Shuangpai County	8991	1329	7662	11660
道　县	Dao County	58235	11990	46245	64517
江永县	Jiangyong County	18894	2267	16627	25306
宁远县	Ningyuan County	57830	5796	52034	66406
蓝山县	Lanshan County	27776	5164	22612	33972
新田县	Xintian County	32194	5196	26998	35103
江华县	Jianghua County	33303	5299	28004	49380
鹤城区	Hecheng District	60926	12504	48422	68080
中方县	Zhongfang County	15861	5954	9907	16615
沅陵县	Yuanling County	30824	3685	27139	37429
辰溪县	Chenxi County	21878	1211	20667	31360
溆浦县	Xupu County	49102	4660	44442	70397
会同县	Huitong County	19284	2517	16767	24826
麻阳县	Mayang County	20461	2282	18179	28476
新晃县	Xinhuang County	14145	1110	13035	18915
芷江县	Zhijiang County	21148	5748	15400	23009
靖州县	Jingzhou County	15162	3302	11860	20373
通道县	Tongdao County	12678	1678	11000	17943
洪江市	Hongjiang City	18083	3261	14822	23117
洪江区	Hongjiang District	2235	249	1986	2826
娄星区	Louxing District	65740	13072	52668	74985
双峰县	Shuangfeng County	51577	4850	46727	56832
新化县	Xinhua County	81251	6204	75047	129427
冷水江市	Lengshuijiang City	31919	7653	24266	35814
涟源市	Lianyuan County	51414	6147	45267	61667
吉首市	Jishou County	37209	12608	24601	36422
泸溪县	Luxi County	17450	2239	15211	21766
凤凰县	Fenghuang County	23840	2752	21088	32591
花垣县	Huayuan County	17919	1841	16078	27495
保靖县	Baojing County	14350	1369	12981	18405
古丈县	Guzhang County	5812	360	5452	8262
永顺县	Yongshun County	30252	2550	27702	38496
龙山县	Longshan County	31541	2983	28558	47962

22-22 卫生机构、人员与床位(2019年)
Health Care Institutions, Personnel and Beds (2019)

市县名称	Cities and Counties	机构(个) Number of Institutions (unit)	床位(张) Number of Beds (unit)	卫生技术人员(人) Medical Technical Personnel (person)	执业(助理)医师 Assistant Doctors	注册护士 Senior Nurse	药师(士) Pharmaeist	技师(士) Laboratory Technician	其他 Others
芙蓉区	Furong District	308	9561	14014	4142	6649	385	440	472
天心区	Tianxin District	287	4710	6823	2244	2555	229	244	328
岳麓区	Yuelu District	395	13206	14587	4242	5895	585	709	645
开福区	Kaifu District	274	9267	15265	4348	6174	482	731	738
雨花区	Yuhua District	469	16615	19652	5744	7914	720	777	711
望城区	Wangcheng District	563	4036	5144	1982	1699	199	196	261
长沙县	Changsha County	477	5811	8057	2741	3124	286	369	364
浏阳市	Liuyang City	1071	9883	10473	3398	3768	615	433	600
宁乡市	Ningxiang City	789	8153	9071	3445	3227	395	282	379
荷塘区	Hetang District	264	3402	3700	1202	1517	120	126	79
芦淞区	Lusong District	223	3451	5111	1575	2285	199	207	180
石峰区	Shifeng District	152	1778	2364	693	914	84	96	115
天元区	Tianyuan District	266	3844	5783	1651	2493	216	316	277
渌口区	Lukou District	197	1627	1670	548	538	59	50	96
攸　县	You County	485	4479	4483	1534	1496	144	170	275
茶陵县	Chaling County	557	3583	3625	1171	1089	151	183	163
炎陵县	Yanling County	200	1230	1366	476	441	67	61	37
醴陵市	Liling City	686	6251	7353	2128	3103	291	265	270
雨湖区	Yuhu District	416	6968	8487	2517	3685	351	413	264
岳塘区	Yuetang District	353	4315	5980	1655	2684	213	239	364
湘潭县	Xiangtan County	803	3808	5666	1745	2163	254	188	253
湘乡市	Xiangxiang City	737	4908	6037	1973	2412	244	207	203
韶山市	Shaoshan City	91	547	850	228	330	59	36	47
珠晖区	Zhuhui District	227	4642	4875	1264	2279	169	152	130
雁峰区	Yanfeng District	183	2541	4125	1245	1894	137	178	99
石鼓区	Shigu District	172	4372	6007	1720	3010	166	241	157
蒸湘区	Zhengxiang District	319	4981	5984	1719	2613	226	203	155
南岳区	Nanyue District	56	758	861	249	332	55	47	25
衡阳县	Hengyang County	781	5372	7033	2252	3363	178	146	78
衡南县	Hengnan County	639	4965	7331	2329	3183	220	193	207
衡山县	Hengshan County	249	2175	3076	843	1167	192	86	181
衡东县	Hengdong County	341	3565	4827	1336	2005	264	143	125
祁东县	Qidong County	435	4715	7714	2346	3080	249	265	215
耒阳市	Leiyang City	535	5663	8223	2378	3672	235	209	208
常宁市	Changning City	720	4818	6891	1805	2552	272	219	284
双清区	Shuangqing District	188	3818	4955	1368	2088	180	217	183
大祥区	Daxiang District	236	6606	6850	2037	2788	208	302	184
北塔区	Beita District	85	336	573	196	194	13	34	8

注:本表资料包含医务室、卫生保健所、诊所和村卫生室。

The Infirmary, health care, Clinicc and Village health were included.

22-22 续表 1 Continued

市县名称	Cities and Counties	机构（个）Number of Instituti-ons (unit)	床位（张）Number of Beds (unit)	卫生技术人员（人）Medical Technical Personnel (person)	执业（助理）医师 Assistant Doctors	注册护士 Senior Nurse	药师（士）Pharmaeist	技师（士）Laboratory Technician	其他 Others
邵东市	Shaodong City	737	5202	6023	1974	1915	200	223	196
新邵县	Xinshao County	665	4965	5451	1454	2266	159	177	193
邵阳县	Shaoyang County	976	4035	4917	1081	1104	137	172	277
隆回县	Longhui County	1266	5510	8300	2219	3693	241	328	179
洞口县	Dongkou County	450	3078	4797	1712	1139	161	188	219
绥宁县	Suining County	272	2162	3068	957	1194	86	116	124
新宁县	Xinning County	711	3192	4230	1138	1180	129	178	212
城步县	Chengbu County	222	1331	1859	448	727	60	72	69
武冈市	Wugang City	419	4583	5511	1582	2436	152	201	215
岳阳楼区	Yueyanglou District	378	9549	12310	3608	5231	454	603	518
云溪区	Yunxi District	119	1315	1214	396	390	48	73	27
君山区	Junshan District	165	1104	1163	494	252	54	60	56
岳阳县	Yueyang County	679	3962	5360	1653	2170	100	127	223
华容县	Huarong County	546	4464	4512	1836	1544	90	118	140
湘阴县	Xiangyin County	600	4079	5042	1689	2029	146	130	275
平江县	Pingjiang City	989	4509	6188	2224	1506	307	238	249
汨罗市	Miluo City	667	3444	4300	1605	1358	206	175	207
临湘市	Linxiang County	327	2885	3794	1179	1694	91	114	165
武陵区	Wuling District	696	9272	11483	3492	5052	294	473	465
鼎城区	Dingcheng District	773	4821	4733	1942	1255	137	165	147
安乡县	Anxiang County	386	3722	3042	1087	965	125	95	112
汉寿县	Hanshou County	783	5619	7183	3237	2043	197	328	141
澧 县	Li County	640	5106	5940	2771	1550	155	197	187
临澧县	Linli County	379	2399	3280	1203	1125	114	132	71
桃源县	Taoyuan County	856	5077	5924	2249	1804	190	223	324
石门县	Shimen County	477	4267	4772	1456	1730	204	197	239
津市市	Jinshi City	228	1376	2126	597	805	78	70	124
永定区	Yongdi District	361	3913	5395	1594	1997	220	259	319
武陵源区	Wulingyuan District	45	286	405	149	161	11	15	15
慈利县	Cili County	595	3620	4105	1630	1183	199	137	152
桑植县	Sangzhi County	283	2218	2764	840	894	106	181	167
资阳区	Ziyang District	325	2561	3033	1041	1027	106	107	107
赫山区	Heshan District	722	8580	9618	3117	3576	305	414	382
南 县	Nan County	625	3555	4868	1407	2169	155	159	169
大通湖区	Datonghu District	79	498	815	293	411	34	35	52
桃江县	Taojiang County	466	4530	5551	1723	2395	163	180	140
安化县	Anhua County	891	5595	6699	2339	2470	269	205	187
沅江市	Yuanjiang City	653	4325	5297	1405	2288	185	190	230
北湖区	Beihu District	458	10609	9598	2948	4048	245	345	664
苏仙区	Suxian District	362	3685	4106	1365	1673	155	171	118
桂阳县	Guiyang County	662	4058	5167	1564	2280	152	160	225
宜章县	Yizhang County	542	3499	4491	1163	1809	150	134	269
永兴县	Yongxing County	444	3159	4060	1186	1751	86	95	163

22-22 续表 2 Continued

市县名称	Cities and Counties	机构（个）Number of Institutions (unit)	床位（张）Number of Beds (unit)	卫生技术人员（人）Medical Technical Personnel (person)	执业（助理）医师 Assistant Doctors	注册护士 Senior Nurse	药师（士）Pharmaeist	技师（士）Laboratory Technician	其他 Others
嘉禾县	Jiahe County	288	2704	2548	766	906	121	129	129
临武县	Linwu County	402	1915	2125	606	655	67	81	144
汝城县	Rucheng County	343	1963	2470	725	1027	78	90	120
桂东县	Guidong County	177	944	1025	383	298	39	50	79
安仁县	Anren County	374	2262	2484	752	777	110	97	205
资兴市	Zixing City	313	2173	2774	852	1126	88	82	151
零陵区	Lingling District	636	4882	5574	1685	2157	168	242	238
冷水滩区	Lengshuitan District	482	7016	7148	2269	2818	227	314	272
祁阳县	Qiyang County	921	7251	6551	2333	2365	185	176	196
东安县	DonganCounty	611	3418	3759	1186	1183	119	140	120
双牌县	Shuangpai County	226	1283	1559	437	637	60	69	73
道　县	Dao County	508	3498	4157	1509	1638	96	139	171
江永县	Jiangyong County	240	1733	1896	522	787	63	85	51
宁远县	Ningyuan County	616	4779	5624	1658	2335	148	173	363
蓝山县	Lanshan County	442	2269	2938	846	1095	94	108	153
新田县	Xintian County	443	2341	2816	714	1107	103	121	90
江华县	Jianghua County	449	3265	3690	952	1443	118	161	393
鹤城区	Hecheng District	537	7523	10156	3282	4536	311	427	361
中方县	Zhongfang County	192	1137	1312	421	383	56	66	93
沅陵县	Yuanling County	466	3563	4304	1004	1763	145	138	309
辰溪县	Chenxi County	505	2942	3384	717	1499	121	144	114
溆浦县	Xupu County	803	5649	6536	1700	2434	181	193	328
会同县	Huitong County	402	2197	2518	697	1066	86	97	131
麻阳县	Mayang County	344	2464	3049	758	1168	119	116	163
新晃县	Xinhuang County	207	2217	2108	538	794	53	72	271
芷江县	Zhijiang County	371	2077	2588	850	840	80	94	145
靖州县	Jingzhou County	237	1368	1832	553	641	64	77	165
通道县	Tongdao County	295	1615	1859	515	692	56	69	143
洪江市	Hongjiang City	415	4806	4916	1395	1912	189	269	231
娄星区	Louxing District	325	8598	9137	2606	3700	311	429	270
双峰县	Shuangfeng County	829	4039	6213	2309	2497	139	187	154
新化县	Xinhua County	1206	7353	9484	2589	3698	291	293	480
冷水江市	Lengshuijiang City	274	2498	3270	1116	1174	146	122	89
涟源市	Lianyuan County	996	5496	7522	1836	3132	253	196	338
吉首市	Jishou County	456	6539	6866	2020	2883	224	355	266
泸溪县	Luxi County	249	1414	1636	435	571	61	67	148
凤凰县	Fenghuang County	411	1525	2042	653	502	77	104	163
花垣县	Huayuan County	381	1868	2344	551	729	87	121	294
保靖县	Baojing County	471	1730	2309	599	823	81	95	231
古丈县	Guzhang County	184	755	1024	259	308	40	48	107
永顺县	Yongshun County	533	3705	2721	765	1040	115	128	248
龙山县	Longshan County	603	3580	3568	942	1178	105	159	260

22-23 住户调查主要指标(2019年)
Major Households Survey Indicators (2019)

单位：元 (yuan)

市县名称	Cities and Counties	全体居民人均可支配收入 Per Capita Disposable Income Provincewide	城镇居民人均可支配收入 Per Capita Disposable Income of Urban Households		农村居民人均可支配收入 Per Capita Disposable Income of Rural Households	
			绝对值 Value	增速（%） Growth Rate (%)	绝对值 Value	增速（%） Growth Rate (%)
芙蓉区	Furong District	59033.0	59033.4	8.6		
天心区	Tianxin District	59158.8	59159.1	8.6		
岳麓区	Yuelu District	50474.9	58948.4	9.0		
开福区	Kaifu District	58334.0	58334.3	8.8		
雨花区	Yuhua District	59375.0	59374.5	8.9		
望城区	Wangcheng District	43956.2	51213.3	8.5	35105.7	8.9
长沙县	Changsha County	43919.6	50755.9	8.7	34582.3	8.8
浏阳市	Liuyang City	43252.6	50345.2	8.5	34562.4	8.7
宁乡市	Ningxiang City	38167.5	46900.3	8.4	29338.0	8.7
荷塘区	Hetang District	49179.5	49179.1	8.7		
芦淞区	Lusong District	51510.4	51510.5	8.8		
石峰区	Shifeng District	49590.0	49590.0	8.6		
天元区	Tianyuan District	56667.7	56667.6	8.4		
渌口区	Lukou District	25315.5	37034.4	8.8	20557.0	9.2
攸　县	You County	35472.0	41797.8	8.6	28269.9	8.6
茶陵县	Chaling County	23028.3	36098.6	8.7	10502.9	9.7
炎陵县	Yanling County	18924.3	30933.7	8.4	9734.6	9.6
醴陵市	Liling City	36582.3	42920.6	8.9	28736.5	9.0
雨湖区	Yuhu District	40605.8	40991.8	8.2	33184.3	8.7
岳塘区	Yuetang District	39760.2	40083.7	8.1	33346.9	8.6
湘潭县	Xiangtan County	26646.5	37665.4	8.1	20075.8	8.9
湘乡市	Xiangxiang City	26605.1	37997.4	8.3	19711.5	8.8
韶山市	Shaoshan City	37922.1	43576.5	8.5	28172.6	8.7
珠晖区	Zhuhui District	38249.9	38755.2	8.6	22661.8	8.9
雁峰区	Yanfeng District	37714.9	37714.6	8.6	22686.0	8.8
石鼓区	Shigu District	39879.0	39878.9	9.0	22827.6	9.2
蒸湘区	Zhengxiang District	38748.3	38821.5	8.8	22726.5	9.1
南岳区	Nanyue District	42693.9	43075.4	8.3	22636.6	8.9
衡阳县	Hengyang County	25271.6	35612.1	8.3	19111.9	8.9
衡南县	Hengnan County	27266.2	35265.7	8.6	22456.5	8.9
衡山县	Hengshan County	27340.0	35783.5	8.5	22438.0	8.7
衡东县	Hengdong County	26508.0	35521.8	8.1	21481.1	8.6
祁东县	Qidong County	20613.0	28721.3	8.0	15409.4	9.1
耒阳市	Leiyang City	29471.0	37123.6	8.3	22159.0	8.8
常宁市	Changning City	26033.0	34630.6	8.2	18334.8	9.2
双清区	Shuangqing District	30326.2	32262.1	9.3	21434.5	9.6
大祥区	Daxiang District	29019.6	31491.1	9.2	21097.0	9.8
北塔区	Beita District	26017.1	28812.2	9.1	19187.7	9.6

22-23 续表 1 Continued

单位：元 (yuan)

市县名称	Cities and Counties	全体居民人均可支配收入 Per Capita Disposable Income Provincewide	城镇居民人均可支配收入 Per Capita Disposable Income of Urban Households		农村居民人均可支配收入 Per Capita Disposable Income of Rural Households	
			绝对值 Value	增速（%）Growth Rate (%)	绝对值 Value	增速（%）Growth Rate (%)
邵东市	Shaodong City	29007.2	36103.0	9.0	23014.2	10.1
新邵县	Xinshao County	17867.4	28925.6	8.8	12328.1	10.2
邵阳县	Shaoyang County	17882.4	28891.9	8.6	11940.6	10.5
隆回县	Longhui County	16096.4	27266.1	8.5	11378.5	10.6
洞口县	Dongkou County	18751.7	29209.3	8.5	11848.1	10.4
绥宁县	Suining County	15504.5	26809.8	8.2	11159.5	10.0
新宁县	Xinning County	17027.7	27868.6	8.4	11025.2	9.9
城步县	Chengbu County	14120.5	25751.6	8.3	9291.2	13.1
武冈市	Wugang City	19698.5	28755.5	8.7	13379.4	10.3
岳阳楼区	Yueyanglou District	38715.2	38715.4	8.5		
云溪区	Yunxi District	40678.3	40677.5	8.1		
君山区	Junshan District	27762.3	34279.0	8.2	19698.7	8.8
岳阳县	Yueyang County	23842.3	31116.9	8.2	17914.9	8.9
华容县	Huarong County	25940.9	31988.3	8.6	21187.5	8.9
湘阴县	Xiangyin County	26110.3	33498.1	7.7	19865.6	8.0
平江县	Pingjiang City	16464.6	25516.0	8.1	10479.5	9.4
汨罗市	Miluo City	27375.8	34446.4	8.3	19460.5	8.4
临湘市	Linxiang County	23810.1	31075.9	8.7	17305.2	9.0
武陵区	Wuling District	40125.0	41129.7	9.5	28682.4	10.1
鼎城区	Dingcheng District	26143.1	36460.1	8.8	17195.2	9.2
安乡县	Anxiang County	21406.2	29151.5	8.5	16701.7	8.7
汉寿县	Hanshou County	23318.1	33146.9	9.2	17641.0	9.4
澧　县	Li County	22577.9	31769.0	8.7	18019.5	8.8
临澧县	Linli County	25410.6	34726.4	9.3	18298.8	9.6
桃源县	Taoyuan County	21934.9	32723.0	9.0	16138.1	9.5
石门县	Shimen County	18458.1	27070.6	8.6	12813.3	9.4
津市市	Jinshi City	28998.1	35798.8	8.3	16847.9	8.9
永定区	Yongdi District	21222.2	30405.3	8.8	11211.2	10.8
武陵源区	Wulingyuan District	25589.1	32040.3	7.8	14384.1	9.4
慈利县	Cili County	17399.9	25904.8	7.9	11650.3	9.3
桑植县	Sangzhi County	12563.1	18545.8	8.5	9058.3	10.7
资阳区	Ziyang District	27021.1	32711.1	8.6	20552.5	9.1
赫山区	Heshan District	32401.7	39776.5	8.5	20656.5	9.3
南　县	Nan County	23518.9	31068.2	8.9	17825.2	9.4
桃江县	Taojiang County	23116.4	31892.6	8.3	16956.0	9.0
安化县	Anhua County	13016.0	19995.2	8.7	9882.2	9.8
沅江市	Yuanjiang City	27786.1	36347.0	8.1	19999.0	8.6
北湖区	Beihu District	36308.0	39330.9	9.0	24091.4	9.2
苏仙区	Suxian District	32237.2	37757.2	8.6	22074.9	8.7
桂阳县	Guiyang County	28380.8	37211.5	8.3	21061.2	8.4
宜章县	Yizhang County	19806.1	32396.1	8.0	10556.4	9.8
永兴县	Yongxing County	26345.9	34621.0	8.1	19425.8	8.8

22-23 续表 2 Continued

单位：元 (yuan)

市县名称	Cities and Counties	全体居民人均可支配收入 Per Capita Disposable Income Provincewide	城镇居民人均可支配收入 Per Capita Disposable Income of Urban Households		农村居民人均可支配收入 Per Capita Disposable Income of Rural Households	
			绝对值 Value	增速（%）Growth Rate (%)	绝对值 Value	增速（%）Growth Rate (%)
嘉禾县	Jiahe County	23353.2	30593.5	8.2	17567.7	8.6
临武县	Linwu County	20528.8	30057.8	8.4	14239.3	9.7
汝城县	Rucheng County	15262.9	23473.2	8.3	10949.6	9.6
桂东县	Guidong County	14847.6	22005.8	8.5	10533.2	9.7
安仁县	Anren County	18030.5	26693.5	8.8	12070.0	9.9
资兴市	Zixing City	31179.1	37064.7	8.5	21688.8	8.7
零陵区	Lingling District	27139.5	32386.5	9.5	20961.0	9.4
冷水滩区	Lengshuitan District	31240.3	35705.5	9.6	22519.0	9.5
祁阳县	Qiyang County	23218.1	34015.1	9.7	15338.6	9.5
东安县	DonganCounty	22115.4	32368.0	9.2	16135.0	10.0
双牌县	Shuangpai County	16960.9	27652.8	9.1	9960.6	10.1
道　县	Dao County	22404.8	30106.1	9.1	17154.7	9.6
江永县	Jiangyong County	16258.7	26314.9	9.1	11324.0	9.8
宁远县	Ningyuan County	20985.9	29133.8	9.3	15942.8	10.3
蓝山县	Lanshan County	22344.9	31217.5	9.4	15822.1	10.2
新田县	Xintian County	16276.4	26763.3	9.0	10336.0	9.9
江华县	Jianghua County	17363.9	26982.5	8.9	11676.0	9.9
鹤城区	Hecheng District	34188.0	35797.1	9.1	16132.9	11.4
中方县	Zhongfang County	17978.9	29978.5	8.5	12457.1	10.8
沅陵县	Yuanling County	15600.1	24873.0	9.5	10564.4	10.7
辰溪县	Chenxi County	15807.0	25276.0	9.4	11006.2	10.3
溆浦县	Xupu County	17049.4	25652.8	8.8	12479.8	10.5
会同县	Huitong County	15458.0	24158.2	9.2	11177.2	11.2
麻阳县	Mayang County	14664.1	25402.1	9.7	9612.8	12.8
新晃县	Xinhuang County	13856.1	22806.9	9.9	9697.3	11.5
芷江县	Zhijiang County	15110.4	26246.0	8.7	9953.5	10.8
靖州县	Jingzhou County	16787.0	24008.0	9.0	10872.3	11.0
通道县	Tongdao County	13267.8	23323.8	10.0	9052.0	13.6
洪江市	Hongjiang City	17648.9	26135.9	9.0	12298.0	10.4
娄星区	Louxing District	33402.0	35161.2	9.2	20587.2	11.3
双峰县	Shuangfeng County	16424.0	23199.6	9.4	13424.9	11.2
新化县	Xinhua County	13900.0	22954.6	9.6	9837.9	10.9
冷水江市	Lengshuijiang City	33685.0	37422.3	9.2	21127.1	10.7
涟源市	Lianyuan County	15840.0	24436.2	9.8	11218.5	10.8
吉首市	Jishou County	27357.3	32762.3	8.2	11761.2	9.3
泸溪县	Luxi County	15778.1	25403.5	8.4	9146.0	9.4
凤凰县	Fenghuang County	16164.1	26771.2	8.4	11102.3	9.6
花垣县	Huayuan County	16064.2	26516.0	8.2	9510.0	9.4
保靖县	Baojing County	15644.1	24000.2	8.5	10562.5	9.9
古丈县	Guzhang County	13827.0	23062.1	8.1	8616.5	9.8
永顺县	Yongshun County	14167.1	23498.9	8.3	8823.2	9.7
龙山县	Longshan County	14990.0	23825.5	8.6	10315.0	9.6

22-24 全体居民人均可支配收入及消费支出 (2019年)

市县名称	Cities and Counties	人均可支配收入（元）Per Capita Disposable Income (yuan)	工资性收入 Income of Wages and Salaries	经营净收入 Net Business Income	财产净收入 Net Income from Property	转移净收入 Net Income from Transfer
芙蓉区	Furong District	59033.0	27236.0	7704.1	12306.2	11786.7
天心区	Tianxin District	59158.8	30486.7	8999.7	7601.9	12070.6
岳麓区	Yuelu District	50474.9	31720.7	7687.9	3960.3	7106.0
开福区	Kaifu District	58334.0	28701.9	4132.0	7712.4	17787.6
雨花区	Yuhua District	59375.0	31334.6	8931.8	5230.3	13878.3
望城区	Wangcheng District	43956.2	26085.3	12234.5	2915.1	2721.3
长沙县	Changsha County	43919.6	29618.5	5919.8	6083.7	2297.7
浏阳市	Liuyang City	43252.6	25298.4	11276.4	2252.8	4425.0
宁乡市	Ningxiang City	38167.5	22185.1	6867.0	3644.7	5470.8
荷塘区	Hetang District	49179.5	34443.0	1332.1	2690.1	10714.2
芦淞区	Lusong District	51510.4	38579.5	1679.5	4258.1	6993.3
石峰区	Shifeng District	49590.0	34504.2	4754.3	6774.7	3556.8
天元区	Tianyuan District	56667.7	42420.1	1640.4	4302.1	8305.1
渌口区	Lukou District	25315.5	14028.5	4124.5	859.7	6302.9
攸　县	You County	35472.0	11596.0	11192.1	2909.1	9774.8
茶陵县	Chaling County	23028.3	9470.7	2858.2	1483.0	9216.5
炎陵县	Yanling County	18924.3	11023.4	3008.5	861.9	4030.5
醴陵市	Liling City	36582.3	15280.0	10459.9	2803.2	8039.3
雨湖区	Yuhu District	40605.8	21518.7	5049.8	2643.8	11393.5
岳塘区	Yuetang District	39760.2	23036.5	2405.0	2984.8	11333.8
湘潭县	Xiangtan County	26646.5	14799.2	6428.0	1021.5	4397.9
湘乡市	Xiangxiang City	26605.1	14617.6	4459.6	2794.9	4733.1
韶山市	Shaoshan City	37922.1	22876.4	8299.7	1318.7	5427.2
珠晖区	Zhuhui District	38249.9	21752.2	2881.9	4003.3	9612.5
雁峰区	Yanfeng District	37714.9	26868.0	2888.6	1645.1	6313.3
石鼓区	Shigu District	39879.0	26314.4	5954.6	4234.0	3376.0
蒸湘区	Zhengxiang District	38748.3	25064.0	1985.3	4116.2	7582.8
南岳区	Nanyue District	42693.9	19269.5	8472.7	10144.3	4807.5
衡阳县	Hengyang County	25271.6	14972.1	5381.3	1202.2	3716.0
衡南县	Hengnan County	27266.2	15463.7	3915.0	1608.5	6279.0
衡山县	Hengshan County	27340.0	13784.2	7555.8	1182.0	4817.9
衡东县	Hengdong County	26508.0	17050.4	3162.9	1350.8	4944.0
祁东县	Qidong County	20613.0	7713.8	3569.0	1720.6	7609.5
耒阳市	Leiyang City	29471.0	16093.2	4405.1	3010.5	5962.1
常宁市	Changning City	26033.0	14381.7	5272.0	1063.8	5315.5
双清区	Shuangqing District	30326.2	15515.3	2700.9	3176.1	8933.9
大祥区	Daxiang District	29019.6	15693.9	4604.8	1619.6	7101.3
北塔区	Beita District	26017.1	18232.7	3393.7	2288.7	2102.1

Per Capita Disposable Income and Consumption Expenditure (2019)

人均消费支出（元）Per Capita Consumption Expenditure (yuan)	食品烟酒 Food,Tobacco and Liquor	衣着 Clothing	居住 Residence	生活用品及服务 Household Facilities, Articles and Services	医疗保健 Health Care and Medical Services	交通通信 Transport and Communications	教育文化娱乐服务 Education, Cultural and Recreation	其他用品和服务 Miscellaneous Goods and Services
44853.9	11466.2	3646.4	8479.7	3214.8	4998.1	8196.4	3253.6	1598.7
45007.1	11170.3	2338.6	7118.3	2914.9	8760.4	8437.8	3301.6	965.3
42092.4	10604.6	2379.3	8099.7	2783.4	6116.8	7593.7	3807.4	707.5
33933.1	10525.0	2157.2	6655.9	2239.0	2552.0	6086.1	3342.9	375.1
49202.2	12355.8	3005.8	9338.0	6303.8	4488.6	9317.5	3462.7	930.0
29700.7	7648.7	1824.9	5550.4	1789.1	5349.5	5522.5	1465.3	550.3
29761.3	7675.0	2093.4	5532.6	2051.7	4856.7	5572.4	1668.8	310.7
25980.3	6481.0	1600.3	5994.3	1298.4	3749.8	4591.5	1610.2	654.8
27028.5	6811.1	1620.8	5998.0	1835.9	3787.6	5060.8	1330.1	584.2
34171.8	11623.8	2366.1	4291.2	1812.7	4166.0	5516.6	3306.0	1089.3
33201.1	9928.1	1984.0	5144.9	2657.4	4171.1	5309.1	3558.3	448.2
34077.4	10633.0	2501.7	4516.1	2682.1	5388.8	4476.6	2597.6	1281.5
36996.6	10292.9	2395.1	7510.4	2009.6	5166.7	5771.7	2412.5	1437.8
18386.4	5887.6	908.9	3871.9	1047.7	2447.5	2284.0	1629.8	308.9
21976.9	4891.5	1115.5	6263.8	1119.2	2726.0	2576.2	2917.8	367.0
15918.2	4182.0	697.0	4753.9	780.2	1352.8	1985.3	1933.2	233.8
13799.7	4096.0	718.9	3220.8	668.1	2012.6	1849.8	1128.0	105.5
23780.3	6277.4	1546.3	4711.2	1622.3	2590.1	4437.0	1984.2	611.8
30368.5	9031.9	2176.9	4834.8	2378.1	3651.0	5758.3	1955.7	581.7
31507.7	10309.4	2402.4	4648.0	1850.9	3993.1	6048.5	1708.4	547.0
18006.0	5316.9	1118.0	3585.1	990.3	1917.1	3096.3	1678.3	304.1
21027.5	5851.7	1652.5	4662.8	1341.0	1977.0	3519.5	1629.9	393.1
27597.7	8159.4	2358.8	4702.3	2131.2	3490.2	5323.7	1140.8	291.2
27615.3	6847.7	1606.7	5005.1	1848.1	5194.7	5213.5	1422.8	476.7
24996.0	9102.2	2155.4	3933.1	2548.7	1947.4	3316.5	1384.9	607.7
33250.6	9438.3	2822.2	5105.0	1986.6	3224.9	7295.9	2017.5	1360.1
33941.5	11545.9	2741.5	6406.7	1539.3	2645.5	5821.3	2300.7	940.6
26943.5	6374.0	1415.3	8792.2	1633.0	3316.8	2838.8	1813.4	759.9
18564.2	5617.4	1355.4	3953.8	1082.6	1545.8	3277.5	1449.7	281.9
21473.7	7110.1	1393.9	3157.2	1101.1	3315.6	2875.5	1895.5	624.9
20886.5	5972.5	1101.4	5165.0	1497.1	2111.3	3099.9	1582.8	356.6
18700.3	5176.0	1554.8	3930.0	1066.3	2175.1	3275.4	1335.5	187.2
17847.7	4890.1	804.1	4819.8	912.6	2351.8	2390.0	1444.3	235.1
18941.4	5375.7	1417.0	3422.5	1332.3	1931.3	3148.5	1999.3	314.8
20134.5	5947.7	1164.4	3735.9	1067.2	2190.5	3809.8	1764.7	454.3
16658.1	6316.1	1071.0	2682.5	1035.2	1517.0	2090.3	1465.0	481.0
21500.4	6677.6	1274.7	3675.2	865.8	2959.2	3111.6	2071.1	865.2
22307.7	5845.4	1183.2	3307.9	1112.8	3787.2	2904.2	3765.4	401.5

22-24 续表 1

市县名称	Cities and Counties	人均可支配收入（元） Per Capita Disposable Income (yuan)	工资性收入 ncome of Wages and Salaries	经营净收入 Net Business Income	财产净收入 Net Income from Property	转移净收入 Net Income from Transfer
邵东市	Shaodong City	29007.2	29007.2	12693.6	6976.9	4655.2
新邵县	Xinshao County	17867.4	17867.4	8492.7	3102.4	716.0
邵阳县	Shaoyang County	17882.4	17882.4	7562.1	3970.9	1260.2
隆回县	Longhui County	16096.4	16096.4	6622.9	4168.6	868.3
洞口县	Dongkou County	18751.7	18751.7	9705.5	3665.9	583.5
绥宁县	Suining County	15504.5	15504.5	8452.8	2439.0	777.0
新宁县	Xinning County	17027.7	17027.7	9086.1	2164.7	2006.0
城步县	Chengbu County	14120.5	14120.5	7037.0	1739.5	862.8
武冈市	Wugang City	19698.5	19698.5	12925.5	2219.4	633.4
岳阳楼区	Yueyanglou District	38715.2	38715.2	28351.2	2296.1	2575.0
云溪区	Yunxi District	40678.3	40678.3	26081.5	3915.0	3308.0
君山区	Junshan District	27762.3	27762.3	12587.9	6468.3	680.8
岳阳县	Yueyang County	23842.3	23842.3	9026.6	6143.0	1069.0
华容县	Huarong County	25940.9	25940.9	11772.3	7405.5	2253.4
湘阴县	Xiangyin County	26110.3	26110.3	12086.0	6049.7	744.7
平江县	Pingjiang City	16464.6	16464.6	9399.1	1379.8	739.2
汨罗市	Miluo City	27375.8	27375.8	15649.1	3228.1	1471.1
临湘市	Linxiang County	23810.1	23810.1	11704.0	6684.1	1666.3
武陵区	Wuling District	40125.0	40125.0	23221.8	4923.1	3405.7
鼎城区	Dingcheng District	26143.1	26143.1	10693.3	9112.0	2678.7
安乡县	Anxiang County	21406.2	21406.2	7770.6	6704.7	1001.1
汉寿县	Hanshou County	23318.1	23318.1	9137.7	7444.3	951.5
澧　县	Li County	22577.9	22577.9	11669.2	6028.6	846.2
临澧县	Linli County	25410.6	25410.6	12209.3	7713.7	1453.1
桃源县	Taoyuan County	21934.9	21934.9	9379.4	7697.1	1076.8
石门县	Shimen County	18458.1	18458.1	7305.5	5943.1	880.2
津市市	Jinshi City	28998.1	28998.1	12603.7	6749.4	1159.7
永定区	Yongdi District	21222.2	21222.2	10101.4	3216.1	2664.1
武陵源区	Wulingyuan District	25589.1	25589.1	14749.8	4989.5	4415.8
慈利县	Cili County	17399.9	17399.9	9374.1	3157.2	492.8
桑植县	Sangzhi County	12563.1	12563.1	5531.7	3734.2	585.9
资阳区	Ziyang District	27021.1	27021.1	12647.6	5599.5	1233.7
赫山区	Heshan District	32401.7	32401.7	16505.6	10759.6	1598.6
南　县	Nan County	23518.9	23518.9	8905.1	8330.4	1246.7
桃江县	Taojiang County	23116.4	23116.4	11307.9	6368.4	1232.8
安化县	Anhua County	13016.0	13016.0	6035.9	1916.7	906.6
沅江市	Yuanjiang City	27786.1	27786.1	11563.3	10303.7	2398.4
北湖区	Beihu District	36308.0	36308.0	20469.5	6586.7	3209.8
苏仙区	Suxian District	32237.2	32237.2	17385.6	3931.3	4094.2
桂阳县	Guiyang County	28380.8	28380.8	13994.9	5989.5	2635.5
宜章县	Yizhang County	19806.1	19806.1	13356.0	2314.3	738.7
永兴县	Yongxing County	26345.9	26345.9	13978.6	5170.7	1298.7

Continued

人均消费支出（元）Per Capita Consumption Expenditure (yuan)	食品烟酒 Food,Tobacco and Liquor	衣着 Clothing	居住 Residence	生活用品及服务 Household Facilities, Articles and Services	医疗保健 Health Care and Medical Services	交通通信 Transport and Communications	教育文化娱乐服务 Education, Cultural and Recreation	其他用品和服务 Miscellaneous Goods and Services
4681.5	6651.7	1454.5	4815.4	1208.7	3457.2	3118.3	1125.1	180.8
5556.3	4196.8	831.0	3238.1	750.2	913.0	2111.0	1409.8	153.0
5089.2	4764.2	1032.6	3187.9	680.8	1688.0	2444.7	1181.8	184.2
4436.6	4147.1	763.0	4114.3	692.5	1073.5	1815.9	1980.7	277.1
4796.8	4793.0	898.1	3087.2	829.2	1625.7	1815.6	1287.2	256.2
3835.7	3769.5	607.9	2283.9	607.2	1082.7	1569.6	1532.6	141.3
3770.9	4267.9	897.8	4616.6	812.7	1780.7	1671.8	2534.3	218.5
4481.2	4253.5	765.5	3366.4	643.4	2907.2	1665.7	1793.6	128.2
3920.3	3825.2	664.3	3947.6	856.0	1338.7	2327.6	1354.8	173.1
5493.0	9429.1	2185.4	5804.7	1635.8	3725.3	5443.0	2081.7	984.4
7373.8	9243.0	2970.2	2865.0	1960.0	2838.6	4499.6	1898.5	656.7
8025.3	6104.3	1534.4	3190.7	1350.6	3080.0	2641.8	1528.0	464.6
7603.7	4475.1	819.4	3010.8	812.1	1099.6	1903.4	1407.0	126.7
4509.7	4720.0	1043.1	3002.1	997.1	1662.7	3813.0	1469.1	286.1
7229.9	5450.0	1309.1	4176.3	1383.3	2563.2	3460.4	2096.6	337.6
4946.5	4147.4	927.8	3037.7	908.9	1258.2	2252.7	1589.4	348.7
7027.6	5701.6	1685.7	4097.6	1450.9	2812.6	3562.5	1492.6	425.0
3755.6	5937.6	1456.7	3543.2	1049.1	1953.0	2565.0	1230.2	171.0
8574.5	11083.7	2793.1	7620.4	2636.4	3986.7	6668.7	2562.5	985.8
3659.0	7070.3	1383.5	4841.8	1196.9	2361.0	2621.4	1838.2	399.0
5929.9	5326.2	1101.4	4174.5	1243.1	1269.4	1726.0	2169.1	359.7
5784.7	5546.4	1065.0	3422.9	1118.9	1755.9	2270.6	1581.5	330.7
4033.8	5420.9	1256.9	4194.4	989.7	2558.1	3078.0	1761.9	428.5
4034.4	5344.7	1231.5	4515.7	1185.1	2253.3	2694.1	1503.2	401.7
3781.6	4607.6	1082.7	4053.1	1113.8	2006.5	2826.3	1646.6	266.9
4329.3	5044.1	992.3	4430.0	1287.9	2596.4	2688.7	1765.1	350.6
8485.3	7256.1	1844.1	3996.9	1412.5	2597.1	4302.0	1269.5	526.1
5240.5	4618.3	1134.7	5239.7	797.4	1679.5	2680.5	952.9	182.8
1434.0	5007.0	1474.0	5328.3	1056.3	1877.4	3125.9	1182.8	253.4
4375.8	4209.8	1135.4	3595.9	1183.9	1786.9	2236.9	1644.0	277.5
2711.3	3544.0	732.0	3390.7	717.9	1006.8	2052.0	678.7	419.1
7540.3	6941.4	1647.0	3273.2	1330.2	2297.3	2349.1	1856.5	328.1
3537.9	6698.8	1437.4	4266.7	1017.5	3101.0	3227.6	1712.8	385.2
5036.8	5114.8	1080.4	3197.7	1149.3	3136.0	1887.0	2337.1	268.8
4207.3	5067.7	1087.3	4648.6	1069.1	2376.5	2479.5	1595.8	244.8
4156.8	3441.0	756.0	3521.9	668.1	730.3	2117.7	580.5	112.2
3520.7	5389.8	1018.9	3132.3	1008.6	4280.4	3596.2	1808.3	370.4
6041.9	7510.7	1475.3	6289.3	1334.8	4119.4	5438.1	1880.0	362.7
6826.1	6937.6	1481.5	5112.3	1387.9	2487.7	2996.3	1459.5	366.7
5760.9	5855.9	1167.0	4065.4	1042.6	2568.2	2613.6	2171.4	372.5
3397.0	4833.4	1035.8	2792.9	817.3	1656.3	2305.3	1499.2	262.4
5897.8	5818.0	1084.5	2974.5	1067.6	1694.9	2042.6	917.6	250.0

22-24 续表 2

市县名称	Cities and Counties	人均可支配收入（元）Per Capita Disposable Income (yuan)	工资性收入 ncome of Wages and Salaries	经营净收入 Net Business Income	财产净收入 Net Income from Property	转移净收入 Net Income from Transfer
嘉禾县	Jiahe County	23353.2	13245.5	4487.7	1840.9	3778.9
临武县	Linwu County	20528.8	13061.7	2601.5	1157.8	3707.7
汝城县	Rucheng County	15262.9	10334.2	1315.9	722.4	2890.4
桂东县	Guidong County	14847.6	8072.7	2526.5	755.4	3493.0
安仁县	Anren County	18030.5	8357.9	2678.5	1425.9	5568.1
资兴市	Zixing City	31179.1	13277.2	9027.4	1907.5	6967.1
零陵区	Lingling District	27139.5	16247.8	4922.0	1740.6	4229.0
冷水滩	Lengshuitan District	31240.3	15155.5	10564.3	1789.9	3730.5
祁阳县	Qiyang County	23218.1	11419.5	4281.7	2017.9	5498.8
东安县	DonganCounty	22115.4	10384.7	5235.9	1792.4	4702.3
双牌县	Shuangpai County	16960.9	9653.6	2769.5	646.7	3891.0
道　县	Dao County	22404.8	9239.3	6030.5	1831.5	5303.5
江永县	Jiangyong County	16258.7	6679.9	6039.9	957.7	2581.2
宁远县	Ningyuan County	20985.9	9939.9	3360.3	1247.3	6438.4
蓝山县	Lanshan County	22344.9	10588.7	3662.9	3570.6	4522.6
新田县	Xintian County	16276.4	6547.4	3958.3	2048.1	3722.6
江华县	Jianghua County	17363.9	9109.1	2925.9	1239.5	4089.4
鹤城区	Hecheng District	34188.0	21764.9	2688.0	3034.8	6700.3
中方县	Zhongfang County	17978.9	10664.3	4840.4	759.5	1714.8
沅陵县	Yuanling County	15600.1	6718.0	2895.8	926.7	5059.5
辰溪县	Chenxi County	15807.0	9165.6	1708.4	355.8	4577.2
溆浦县	Xupu County	17049.4	7961.9	4120.0	537.5	4430.0
会同县	Huitong County	15458.0	7282.3	2471.7	541.5	5162.5
麻阳县	Mayang County	14664.1	7296.4	2689.2	372.1	4306.3
新晃县	Xinhuang County	13856.1	7402.2	2395.5	597.3	3461.1
芷江县	Zhijiang County	15110.4	6503.3	4415.3	816.7	3375.2
靖州县	Jingzhou County	16787.0	8030.1	4438.5	459.7	3858.8
通道县	Tongdao County	13267.8	7110.4	2189.8	599.3	3368.4
洪江市	Hongjiang City	17648.9	8398.0	4734.7	610.0	3906.3
娄星区	Louxing District	33402.0	18129.4	5091.5	2158.9	8022.1
双峰县	Shuangfeng County	16424.0	8417.0	2462.7	495.8	5048.4
新化县	Xinhua County	13900.0	7310.0	1977.5	690.9	3921.6
冷水江市	Lengshuijiang City	33685.0	17423.1	4383.2	1618.1	10260.6
涟源市	Lianyuan County	15840.0	6938.8	2728.7	650.4	5522.1
吉首市	Jishou County	27357.3	18480.4	1533.5	1473.4	5870.0
泸溪县	Luxi County	15778.1	7087.2	3519.7	408.7	4762.6
凤凰县	Fenghuang County	16164.1	7042.7	2884.9	583.1	5653.4
花垣县	Huayuan County	16064.2	9284.0	3035.5	622.4	3122.3
保靖县	Baojing County	15644.1	7920.6	2847.5	656.7	4219.3
古丈县	Guzhang County	13827.0	6869.8	2510.4	679.0	3767.7
永顺县	Yongshun County	14167.1	9187.4	2063.1	699.7	2216.9
龙山县	Longshan County	14990.0	6469.0	3894.2	949.0	3677.7

Continued

人均消费支出（元） Per Capita Consumption Expenditure (yuan)	食品烟酒 Food,Tobacco and Liquor	衣着 Clothing	居住 Residence	生活用品及服务 Household Facilities, Articles and Services	医疗保健 Health Care and Medical Services	交通通信 Transport and Communications	教育文化娱乐服务 Education, Cultural and Recreation	其他用品和服务 Miscellaneous Goods and Services
18666.7	5531.4	828.1	3272.3	1103.2	2370.9	3067.7	2248.7	244.4
14926.6	5028.3	1058.9	2808.1	873.1	1357.6	2298.9	1199.0	302.7
15310.8	4163.6	1148.3	3148.6	1077.4	2316.7	2249.7	910.9	295.5
12773.0	4163.1	674.8	2793.9	628.6	1205.6	1350.4	1797.3	159.4
16306.3	4773.0	1067.5	4043.3	861.5	1813.9	2055.0	1386.0	306.0
20554.0	6042.9	1251.2	3560.9	1058.1	2552.3	3251.9	2145.8	690.9
20567.6	6754.9	1413.2	4219.9	838.2	3050.1	2453.2	1609.7	228.4
20139.5	5733.1	1355.7	3782.1	1265.5	3711.1	2348.5	1445.8	497.7
21708.4	6257.2	1278.9	4804.5	1664.0	2674.2	2694.8	1827.1	507.7
17384.3	5479.9	1110.6	2995.7	1105.2	1768.1	3505.2	989.7	430.1
14313.7	5144.7	702.1	3232.2	527.4	1281.4	1799.5	1474.2	152.2
15637.1	4620.6	628.4	4649.4	784.9	1749.4	1997.6	1046.9	159.9
12416.4	3997.6	647.2	2813.7	693.4	1438.6	1445.0	1241.0	139.9
16415.3	5275.7	653.2	4333.4	819.7	1252.2	2979.3	871.8	230.0
21965.7	6239.1	1298.2	5797.8	1252.6	2542.9	2886.5	1648.7	300.0
13288.1	3995.2	535.4	4115.8	645.9	1460.0	1395.6	1000.1	140.0
11579.0	3434.2	574.6	2835.7	542.7	1293.5	2030.8	801.5	66.0
29412.5	7416.8	2193.1	5774.7	2472.5	3383.5	4720.7	2208.4	1242.8
13198.5	3883.5	780.5	2020.5	645.1	2175.7	2172.7	1388.9	131.6
12850.8	4456.2	813.2	2852.1	691.4	1196.4	1686.3	1020.0	135.2
13994.6	4850.1	991.2	2495.7	926.1	1741.7	1823.1	940.2	226.5
13845.0	4219.4	921.0	3120.5	749.5	1414.2	2141.3	1065.5	213.5
12987.4	3925.4	785.5	2449.3	653.6	1239.3	2159.4	1488.5	286.4
11999.3	4047.6	745.9	2759.3	669.0	1027.6	1830.0	719.4	200.6
11762.8	4024.7	671.9	2412.2	601.2	930.9	1948.2	966.9	206.7
12537.0	3774.1	1056.0	2411.6	743.4	1533.5	1803.6	866.4	348.4
12885.6	4369.3	873.1	2642.4	770.0	1251.9	1747.9	1011.1	219.9
10940.5	3553.6	585.2	2220.6	562.4	961.8	1743.5	1145.5	167.9
15845.4	4676.4	1022.8	3093.6	840.6	2242.9	2476.4	1243.9	248.8
23872.8	6494.4	1815.9	4155.4	2054.4	2882.3	4056.4	1853.8	560.1
12931.3	4100.1	872.5	3131.0	686.5	1066.1	1962.2	996.1	116.8
14513.2	4779.4	964.6	2675.3	829.4	1392.9	1893.8	1652.8	325.0
18131.0	5865.1	1245.1	2859.2	1629.7	1497.2	2779.0	1749.0	506.6
14851.1	4282.0	1011.8	3741.4	899.7	1465.5	2085.2	1073.0	292.6
18780.8	5161.6	1429.5	3171.5	1238.9	2825.6	2366.4	2114.4	473.0
11521.3	3728.1	768.9	2693.5	748.8	904.2	1599.3	989.4	89.1
12546.5	3230.2	753.5	3128.0	800.6	1760.1	1733.4	907.6	233.1
10934.4	3041.7	800.6	2531.4	642.0	1134.7	1424.0	1175.2	184.8
14802.3	4023.7	929.8	2269.7	1556.0	1884.3	2123.5	1730.2	285.2
10245.6	3233.2	706.7	1699.3	734.2	869.5	1539.5	910.4	552.8
13707.1	4404.4	1100.2	2827.0	814.0	1391.9	1812.4	970.8	386.4
13823.0	3122.3	766.3	3481.5	1124.5	1369.1	2157.6	1564.2	237.4